PÁGINA 48

EN RUTA

Reseñas, listados detallados y consejos

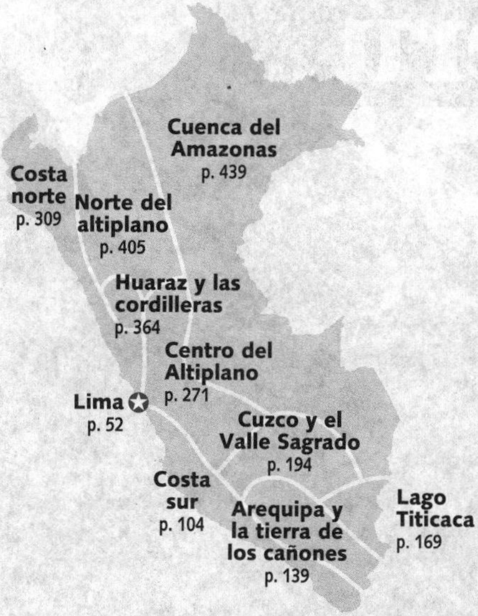

PÁGINA 529

GUÍA PRÁCTICA

INFORMACIÓN PRÁCTICA DE FÁCIL CONSULTA

EDICIÓN ESCRITA Y DOCUMENTADA POR

Carolyn McCarthy

Carolina A. Miranda, Kevin Raub,

Brendan Sainsbury, Luke Waterson

bienvenidos a Perú

Lo antiguo

Una visita a Sudamérica no está completa sin una peregrinación a la espléndida ciudadela inca de Machu Picchu, aunque esta no es más que un destello en la historia de unos pueblos con 5000 años de antigüedad. Se invita a pasear por los polvorientos restos de la grandiosa ciudad de Chan Chan, las mayores ruinas precolombinas de toda América; a sobrevolar los desconcertantes geoglifos de la árida tierra de Nazca; o a aventurarse en la escarpada naturaleza que rodea la fortaleza de Kuélap. Los excelentes museos de Lima y su inestimable cerámica, objetos de oro y algunos de los tejidos más bellos del mundo muestran la maestría y pasión de esas civilizaciones perdidas. Al visitar sus remotas comunidades se entra en contacto con costumbres inmemoriales y, tras sumirse en ellas, se abandona el Perú más próximo a su pasado.

El placer y el paladar

A algunas culturas les preocupa su existencia. A muchos peruanos la cuestión que les atenaza a diario es más sencilla: ¿qué comer? Ceviche con chile picante y maíz, guisos a fuego lento con cerveza y cilantro, chocolate amazónico... La profusión de opciones de la capital de la cocina latina es abrumadora. Su rica diversidad geográfica y cultural ha aportado los ingredientes –de tubérculos del Altiplano a frutas de la sel-

Perú es tan complejo como sus intrincados tejidos. Mezcla antiguas ceremonias con vibrantes bandas, la vanguardia emana innovación, y sus senderos conducen desde la jungla hasta los picos glaciales.

(izda.) Paso de San Antonio, circuito de la cordillera Huayhuash (p. 386)
(abajo) Niña con vestido tradicional, Cuzco (p. 196).

va– a una cocina nacida de una compleja historia con influencias españolas, indígenas, africanas y asiáticas. La fusión en este país existe desde hace mucho tiempo. Las visitas a sus caóticos mercados, los anticuchos (brochetas de ternera) de los puestos callejeros y la exquisita cocina novoandina agasajan el paladar. Es impensable pasar hambre.

Aventuras

De la agitación de la capital a dunas gigantescas, picos cincelados y el Pacífico solo hay cortas excursiones: del centro de Lima a los rincones más remotos, este extenso país es un paraíso para los viajeros dinámicos. Ofrece todas las actividades habituales: *rafting*, parapente, tirolina, pistas para bicicletas..., lo que no implica que las aventuras hayan de tener un carácter olímpico. Pueden traducirse en observar guacamayos color escarlata y seguir las huellas de grandes felinos en el Amazonas, observar la puesta de sol en las ruinas de una antigua civilización o unirse a una peregrinación a un pico andino que se venera como a un dios. ¿Un consejo? No apresurarse. Conviene proponerse menos metas de las que se cree son obligatorias. Se producen retrasos, las fiestas absorben días enteros y uno se da cuenta de que la aventura consiste en llegar a esos lugares.

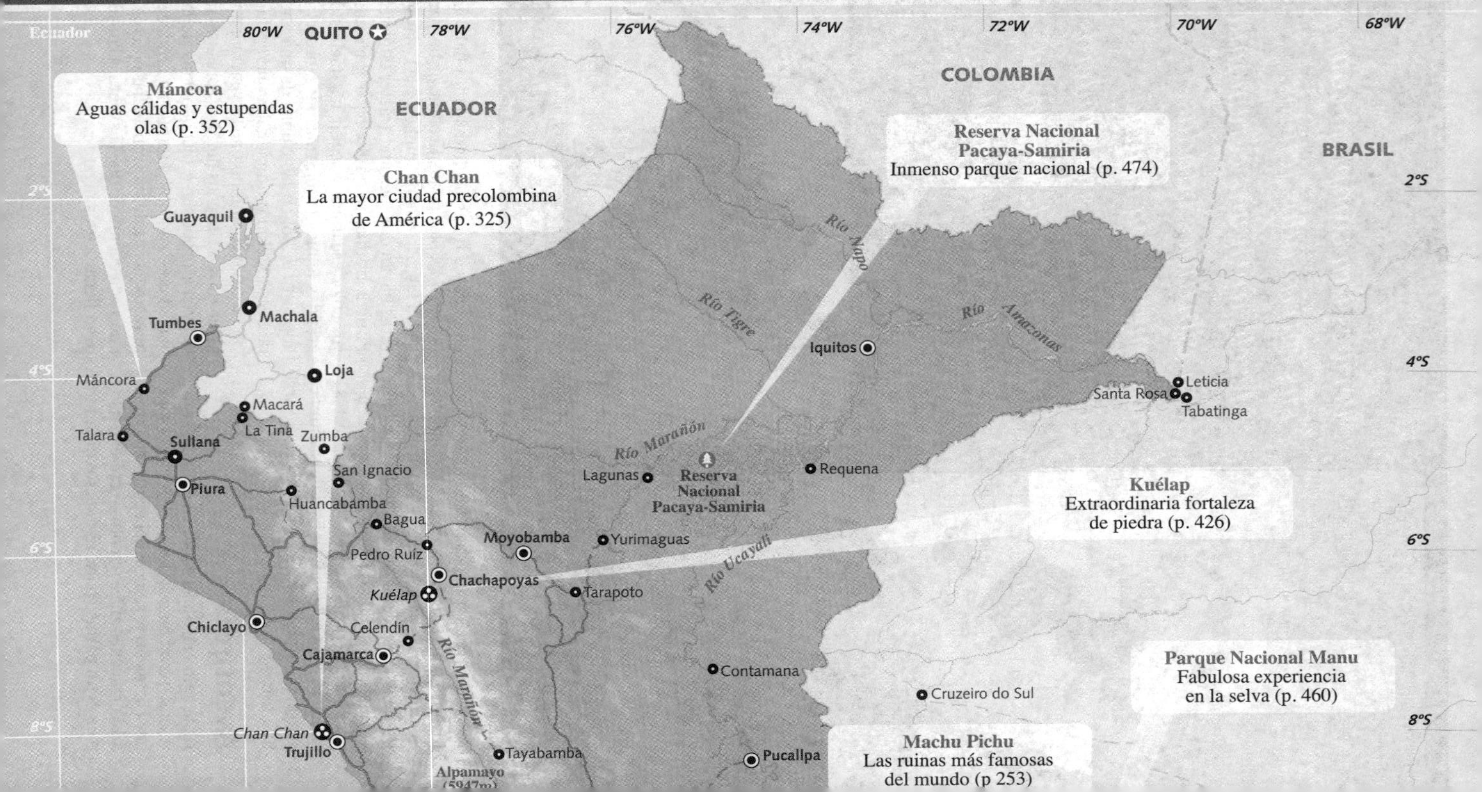
Máncora
Aguas cálidas y estupendas olas (p. 352)
Chan Chan
La mayor ciudad precolombina de América (p. 325)
Reserva Nacional Pacaya-Samiria
Inmenso parque nacional (p. 474)
Kuélap
Extraordinaria fortaleza de piedra (p. 426)
Parque Nacional Manu
Fabulosa experiencia en la selva (p. 460)
Machu Pichu
Las ruinas más famosas del mundo (p 253)
Ecuador
80°W
78°W
76°W
74°W
72°W
70°W
68°W
2°S
4°S
6°S
8°S
QUITO
ECUADOR
COLOMBIA
BRASIL
Guayaquil
Machala
Tumbes
Loja
Máncora
Macará
La Tina
Talara
Zumba
Sullana
San Ignacio
Piura
Huancabamba
Bagua
Pedro Ruíz
Chachapoyas
Kuélap
Moyobamba
Yurimaguas
Tarapoto
Chiclayo
Celendín
Cajamarca
Chan Chan
Trujillo
Tayabamba
Alpamayo
Río Marañón
Río Tigre
Río Napo
Río Amazonas
Iquitos
Lagunas
Reserva Nacional Pacaya-Samiria
Requena
Río Ucayali
Contamana
Pucallpa
Cruzeiro do Sul
Leticia
Santa Rosa
Tabatinga

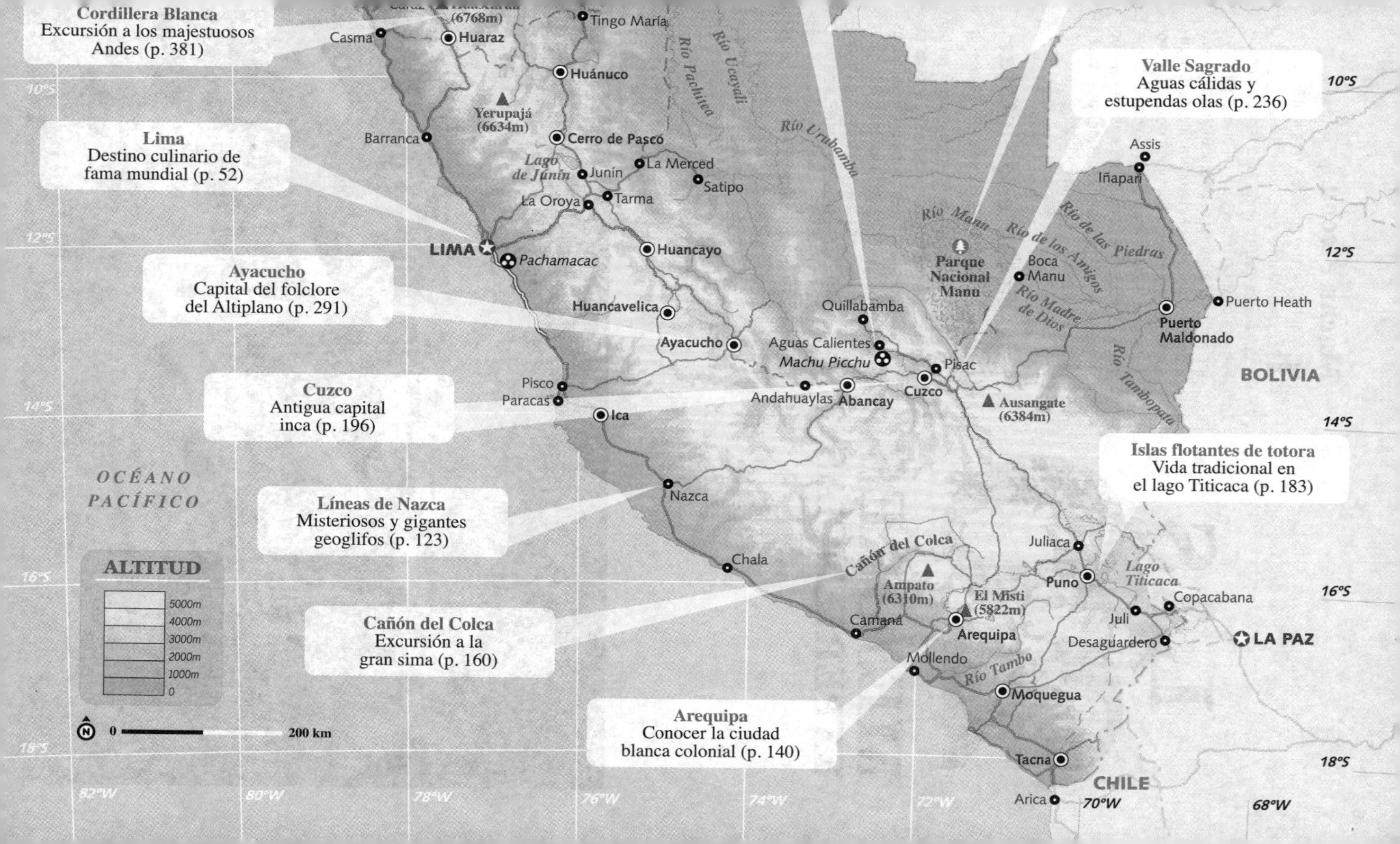

Cordillera Blanca
Excursión a los majestuosos Andes (p. 381)
Lima
Destino culinario de fama mundial (p. 52)
Ayacucho
Capital del folclore del Altiplano (p. 291)
Cuzco
Antigua capital inca (p. 196)
Líneas de Nazca
Misteriosos y gigantes geoglifos (p. 123)
Cañón del Colca
Excursión a la gran sima (p. 160)
Arequipa
Conocer la ciudad blanca colonial (p. 140)
Islas flotantes de totora
Vida tradicional en el lago Titicaca (p. 183)
Valle Sagrado
Aguas cálidas y estupendas olas (p. 236)
OCÉANO PACÍFICO
ALTITUD
5000m
4000m
3000m
2000m
1000m
0
0
200 km
Casma
Huaraz
(6768m)
Tingo María
Huánuco
Yerupajá (6634m)
Barranca
Cerro de Pasco
Lago de Junín
Junín
La Merced
Satipo
La Oroya
Tarma
LIMA
Pachamacac
Huancayo
Huancavelica
Ayacucho
Pisco
Paracas
Ica
Nazca
Chala
Camaná
Río Pachitea
Río Ucayali
Río Urubamba
Quillabamba
Aguas Calientes
Machu Picchu
Andahuaylas
Abancay
Cuzco
Pisac
Ausangate (6384m)
Río Manu
Parque Nacional Manu
Boca Manu
Río de los Amigos
Río de las Piedras
Río Madre de Dios
Río Tambopata
Assis
Iñapari
Puerto Heath
Puerto Maldonado
BOLIVIA
Cañón del Colca
Ampato (6310m)
El Misti (5822m)
Arequipa
Mollendo
Río Tambo
Moquegua
Juliaca
Puno
Lago Titicaca
Copacabana
Juli
Desaguardero
LA PAZ
Tacna
Arica
CHILE
10°S
12°S
14°S
16°S
18°S
82°W
80°W
78°W
76°W
74°W
72°W
70°W
68°W

LAS 20 MEJORES EXPERIENCIAS

Machu Picchu

1 Machu Picchu (p. 253), una fantástica ciudadela inca descubierta a principios del s. XX, se alza entre ruinas. Sus terrazas color esmeralda, con picos y cordilleras andinas, con forman un hermoso espectáculo que supera todo lo imaginable. Esta maravilla de la ingeniería ha soportado seis siglos de terremotos, invasiones extranjeras y tiempo desapacible. El mejor descubrirla por uno mismo, pasear por sus templos de piedra y ascender a las vertiginosas alturas del Huayna Picchu.

Islas flotantes de totora, lago Titicaca

2 Más un océano en el Altiplano que un lago la zona del Titicaca alberga fabulosos puntos de interés, y el mejor son las maravillosas islas flotantes creadas con totora entretejida. Hace siglos los uros las construyeron (p. 183) para escapar de pueblos más agresivos del interior, como los incas. Los juncos requieren una renovación constante y se utilizan también para construir viviendas, barcas e incluso arcadas y columpios. Es posible el alojamiento en casas particulares, que incluye la pesca y el aprendizaje de costumbres tradicionales.

2

CUAN HANSEN/GETTY IMAGES©

1

SEAN CAFFREY/GETTY IMAGES©

ALFREDO MAIQUEZ/GETTY IMAGES©

Excursionismo en la cordillera Blanca

3 Los espectaculares picos de la cordillera Blanca (p. 381) vigilan Huaraz y la región circundante como un guardia de granito. Es la cordillera más alta después de la del Himalaya y 16 de sus cimas alcanzan los 6000 m, que conforman la colección de picos más atractiva del continente. Sus lagos glaciales, enormes plantas *Puya raimondii* y rocas que apuntan al cielo culminan en el Parque Nacional Huascarán, donde el sendero Santa Cruz recompensa con un museo de afilados picos.

Arequipa colonial

4 La segunda metrópolis de Perú salva la distancia histórica entre el esplendor inca de Cuzco y la modernidad de Lima. Con una deslumbrante arquitectura barroca-mestiza realizada con sillares blancos locales, Arequipa (p. 140) es una ciudad colonial española cuya concepción original apenas ha cambiado. Su etéreo emplazamiento, entre volcanes y la pampa alta, se completa con un monasterio de 400 años, una gran catedral y una interesante cocina en las tradicionales picanterías. Catedral de Arequipa (p. 142)

Parque Nacional Manu

5 Para llegar a las entrañas de la jungla del Parque Nacional Manu (p. 460), la mejor aventura del Amazonas, se atraviesan tres zonas climáticas, de las elevadas montañas de los Andes a los bosques nubosos envueltos en niebla de las laderas bajas. Manu ha sido siempre la zona natural más protegida de Perú, donde es posible ver fabulosas criaturas de la jungla, como anacondas, tapires, miles de guacamayos y jaguares. Las tribus de este profundo bosque siguen viviendo con escaso contacto con el exterior.

5

FRANS LEMMENS/GETTY IMAGES©

Camino Inca

6 La vía peatonal más famosa del continente, el Camino Inca (p. 38), serpentea a lo largo de 43 km, asciende escalones de piedra y atraviesa densas nieblas de bosques nubosos. La excursión de cuatro a cinco días, una verdadera peregrinación, finaliza en el famoso Intipunku –o Puerta del Sol– desde donde se divisan las extraordinarias ruinas de Machu Picchu. A pesar de las numerosas vías antiguas que hay en Perú, el Camino Inca, con sus vistas majestuosas y conjuntos de ruinas, es el favorito de los viajeros. Vista desde Runkurakay (p. 257)

6

MICHAEL TAYLOR/GETTY IMAGES©

Cuzco

7 Por sus antiguas calles adoquinadas, grandiosas iglesias barrocas y restos de templos incas, ninguna ciudad destaca en la historia andina como Cuzco (p. 196), habitada desde tiempos prehispánicos. Antaño capital del Imperio inca, esta turística población es la puerta a Machu Picchu. Mística, comercial y caótica, esta ciudad única sigue siendo una maravilla. ¿Dónde iban a encontrarse mujeres engalanadas llevando llamas con correa, un museo de plantas mágicas y la vida nocturna más animada de los altos Andes? Iglesia de la Compañía de Jesús (p. 199)

Cocina de Lima

8 Algunas ciudades son famosas por sus parques o su política, pero Lima (p. 83) lo es porque la vida gira en torno a la comida. La capital costera está llena de opciones –desde puestos callejeros a restaurantes de alta cocina– que ofrecen unas exquisitas interpretaciones de la excepcional cocina de fusión de Perú. Los platos muestran una compleja mezcla de influencia española, indígena, africana y asiática (china y japonesa). Revistas como *Bon Appetit* la elogian como la "próxima gran ciudad culinaria". Tentempiés en La Rosa Náutica (p. 89)

El Valle Sagrado

9 Conforme el río Urubamba serpentea y se ensancha en el Valle Sagrado (p. 236), va enlazando pueblos andinos, demolidos puestos de militares incas y terrazas agrícolas usadas desde tiempos inmemoriales. Su estratégica ubicación entre Cuzco y Machu Picchu convierte a este destino en una base ideal para explorar los mercados y ruinas de la zona. El alojamiento va desde acogedoras posadas a lujosos complejos hoteleros y su oferta de aventuras incluye paseos a caballo, *rafting* y excursiones a remotos pueblos de tejedores y agrícolas. Mercado de Chinchero (p. 244)

Líneas de Nazca

10 ¿Obra de extraterrestres? ¿Trazos de aeronautas prehistóricos? ¿Un inmenso mapa astronómico? Ninguna explicación sobre los gigantescos geoglifos del sur de Perú, conocidos como Líneas de Nazca (p. 123), coincide. Su misterio ha atraído a visitantes desde la década de 1940, cuando la arqueóloga alemana Maria Reiche dedicó la mitad de su vida a estudiarlas. Pero ni Reiche ni ningún arqueólogo posterior ha conseguido descifrarlas. Son líneas arcanas, enigmáticas y cargadas de una intriga histórica que impresiona.

Chavín de Huántar

11 Las ruinas de Chavín de Huántar (p. 398), catalogadas por la Unesco, fueron en su día un centro ceremonial. Hoy, esta proeza de la ingeniería, datada entre el 1200 y el 800 a.C., muestra unas impresionantes estructuras similares a templos y una laberíntica red de corredores, pasajes y cámaras subterráneos que invitan a recorrerlos. Cerca, el asombroso Museo Nacional de Chavín alberga la mayor parte de las complejas y aterradoras cabezas clavas que en tiempos embellecían las murallas de Chavín.

Semana Santa en Ayacucho

12 Por si no bastara una semana para festejar, la Semana Santa de Ayacucho (p. 295) dura 10 días (desde el viernes anterior hasta el Domingo de Ramos hasta el Domingo de Resurrección). El espectáculo religioso es conmovedor, como en la procesión de Cristo en burro por las calles, entre flores y palmas. Los festejos posteriores son más notorios, con ferias, fiestas y fuegos artificiales, tras un sábado en el que se cree que –Cristo murió un viernes y resucitó un domingo– no pueden cometerse pecados.

Kuélap

13 La fortaleza de piedra de Kuélap (p. 426) es el segundo sitio arqueológico más famoso de Perú, y solo porque está menos publicitado, no ha sido reconocido por la Unesco y –¡aleluya!– carece de las multitudes de Machu Picchu. Escondida en las profundidades de un bosque nuboso a 3100 m por encima del río Urubamba, junto a Chachapoyas, es la herencia del enigmático y decidido "pueblo de las nubes". Unas 400 viviendas circulares, algunas rodeadas de una imponente pared de roca, son el punto culminante de estas bellas y misteriosas moles de piedra.

14

TRAVELSTOCK.CA/ALAMY©

15

JANE SWEENEY/GETTY IMAGES©

Islas Ballestas

14 Las islas Ballestas (p. 113), un grupo de áridas rocas cubiertas de guano en el océano Pacífico, poseen un extraordinario ecosistema de aves, mamíferos marinos y peces (en especial anchoas). También son el resultado de uno de los proyectos de conservación más exitosos de Perú; el Ministerio de Agricultura gestiona el guano y el archipiélago está protegido en una reserva nacional. Los paseos en barco a sus acantilados y arcos permiten ver de cerca aulladores leones marinos, pingüinos de Humboldt acurrucados y miles de aves.

Trujillo

15 La colonial Trujillo (p. 315), que se eleva en el arenoso desierto como un colorido espejismo, posee una deslumbrante muestra de su esplendor bien conservado. El centro histórico está repleto de iglesias, mansiones y construcciones coloniales de gran belleza y que hoy en día se han impregnado de rasgos modernos que proporcionan a la ciudad un ambiente encantador y habitable. Si se añaden las cercanas e impresionantes ruinas chimúes de Chan Chan y las huacas del Sol y de la Luna mochicas, Trujillo supera a sus rivales norteños en estilo y gracia. Plaza de Armas (p. 315)

GRANT DIXON/GETTY IMAGES©

Cañón del Colca

16 Es profundo, muy profundo, pero el cañón del Colca (p. 160) es mucho más que una estadística. La cultura de esta zona colonizada por civilizaciones preincaica, inca y española es tan seductora como sus infinitas opciones de hacer excursiones. Con una longitud de 100 km y 3400 m de profundidad en la parte más honda, el cañón se embelleció con terrazas agrícolas, pueblos, iglesias coloniales españolas y ruinas de tiempos preincaicos. Se puede recorrer a pie, en bicicleta, haciendo *rafting* o en tirolina, solo hay que estar ojo avizor a sus emblemáticos cóndores.

Museos de Lima

17 Para comprender las antiguas civilizaciones de Perú hay que empezar el viaje por aquí. Estos museos contienen tesoros milenarios: de cerámica y estelas de roca talladas a bellos y ancestrales tejidos. Algunas de las mejores colecciones se hallan en el Museo Larco (p. 67), el Museo Andrés del Castillo (p. 63) y el Museo Nacional de Antropología, Arqueología e Historia del Perú (p. 67). El amplio horario del Museo Larco es una alternativa a la vida nocturna convencional. Vasija de cerámica inca, Museo Nacional de Antropología, Arqueología e Historia del Perú (p. 67)

Chan Chan

18 La fabulosa capital chimú de Chan Chan (p. 325) es la ciudad precolombina más grande de América y la mayor ciudad de adobe del mundo. Antaño habitada por unas 60 000 personas y llena de tesoros, su reconstrucción está en curso y el complejo Tschudi es la única de sus 10 ciudadelas amuralladas a la que se ha conferido su antiguo esplendor. A pesar de los muchos daños causados por El Niño a lo largo de los años, sus patios ceremoniales, muros decorativos y laberínticas salas de audiencias siguen resistiendo.

Surf en la costa norte

19 Los surfistas resueltos a pasar un verano interminable acuden a la costa norte de Perú para deslizarse en algunas de las olas más grandes y constantes del mundo. El ambiente surfista alcanza su auge en la tumultuosa Máncora (p. 352), único centro turístico genuino de Perú. Máncora atrae a surfistas y amantes de la arena a su costa en forma de media luna durante todo el año.
Surf en Los Órganos, Piura (p. 344)

Reserva Nacional Pacaya-Samiria

20 El parque nacional más grande de Perú (p. 474) alberga extrañas y maravillosas criaturas: manatíes del Amazonas, delfines rosados, caimanes y tortugas de río gigantes. Llegar es un desafío, pues se encuentra a un día de viaje en barco desde los pueblos más cercanos, pero es un auténtico paseo por el lado salvaje. El transporte consiste en piraguas, no hay alojamiento de lujo y se necesitan varios días de preparación para disfrutar de la naturaleza pura y virgen.

19
PAUL KENNEDY/GETTY IMAGES©

20
VILLE PALONEN /ALAMY©

lo esencial

Moneda
» Nuevo sol (PEN)

Idioma
» Español, aimara y quechua

Cuándo ir

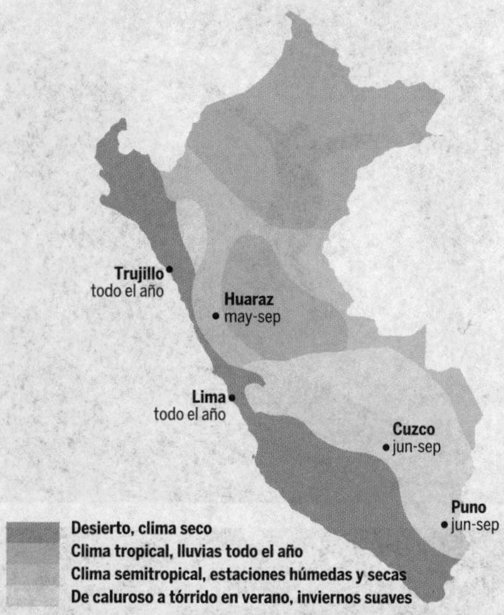

Temporada alta (jun-ago)
» Estación seca en el Altiplano andino y selvas orientales
» Mejor época para fiestas, deportes de altura y excursiones
» Temporada concurrida

Temporada media (sep-nov y mar-may)
» Primavera y otoño en el Altiplano
» Ideal para visitas sin multitudes
» De septiembre a noviembre estupendas excursiones en la selva

Temporada baja (dic-feb)
» Estación de lluvias en el Altiplano
» El Camino Inca cierra en febrero
» Temporada alta en la costa y para las actividades playeras
» Lluvia en el Amazonas hasta mayo

Presupuesto diario

Hasta

130 PEN

» Habitación de hotel barato o dormitorio colectivo: 25-85 PEN

» Menú del día: menos de 10 PEN; comida de supermercado

» Entrada a monumentos: media 10 PEN

Entre

130 y 390 PEN

» Habitación doble en hotel de precio medio: 130 PEN

» Almuerzo en restaurante de precio medio: 30 PEN

» Circuitos en grupo desde: 104 PEN

A partir de

390 PEN

» Habitación doble en hotel de precio alto: 250 PEN

» Circuito privado en la ciudad: desde 150 PEN/persona

» Cena en restaurante refinado: desde 70 PEN

Dinero
» En las grandes ciudades y pueblos abundan los cajeros automáticos. Las tarjetas de crédito se suelen aceptar, aunque no tanto los cheques de viaje.

Visados
» No suelen ser necesarios para estancias de hasta 90 días.

Teléfono móvil
» Las tarjetas SIM locales (y las recargas) son baratas, omnipresentes y sirven para teléfonos tribanda GSM 1900 liberados.

Transporte
» Vuelos y autobuses nacionales prácticos y frecuentes. Se conduce por la derecha.

Webs
» **Lonely Planet** (www.lonelyplanet.com) Para planear el viaje.
» **Expat Peru** (www.expatperu.com) Útil para departamentos gubernamentales y aduanas.
» **Latin America Network Information Center** (www.lanic.utexas.edu) Enlaces informativos.
» **Portal del Estado** (www.peru.gob.pe) Información institucional y enlaces de organismos oficiales.
» **Peru Links** (www.perulinks.com) En español y otras lenguas.
» **PromPerú** (www.turismoperu.info) Página de la Oficina de Turismo oficial de Perú.

Tipos de cambio

Argentina	1 ARS	0,50 PEN
Brasil	1 BRL	1,30 PEN
Colombia	1000 COP	1,41 PEN
Estados Unidos	1 US$	2,57 PEN
México	10 MXN	2,13 PEN
Venezuela	1 VEF	0,41 PEN
Zona euro	1 €	3,38 PEN

Para consultar las últimas actualizaciones, véase www.xe.com.

Teléfonos útiles

Prefijo de Perú	☎133
Prefijo llamadas internacionales	4 dígitos compañía + 00 + prefijo país
Información telefónica	☎103
Información turística nacional (24 h)	☎511-574-800
Policía	☎105

Cómo llegar
» **Aeropuerto Internacional Jorge Chávez**
Muchos vuelos llegan de madrugada, conviene reservar un hotel con antelación. Para más información véase p. 547.
» **Autobús**
La empresa de 'combis' La S (2-3 PEN/persona) opera varias rutas a Miraflores y más allá. Al sur de la Av. Elmer Faucett.
» **Taxi**
45 PEN, 30 min-1 h (hora punta) a Miraflores, Barranco o San Isidro, más rápido al centro de Lima.

Indispensable
» Pasaporte válido por seis meses después del viaje y, de ser necesario, un visado.
» Vacunas y artículos médicos recomendados.
» Reserva para el Camino Inca o ruta alternativa.
» Ropa de abrigo impermeable necesario todo el año en los Andes.
» Navaja multiusos, linterna de cabeza y cinta adhesiva.
» Tapones para los oídos para mitigar los vídeos de los autobuses y hoteles ruidosos.
» Papel higiénico: en los lavabos públicos y en muchos restaurantes no hay.
» Cargadores y adaptador.
» Vaciar el servidor en la nube para las fotografías del viaje.
» Fotocopias del pasaporte, seguro de viaje, etc.; copias en el correo electrónico.

lo nuevo

Para esta nueva edición de Perú, los autores han buscado lo nuevo, lo cambiado, lo que está de moda y lo actual. Estos son algunos de sus favoritos. Para recomendaciones de último momento véase lonelyplanet.com/peru.

Carretera transoceánica, Amazonas

1 El gran proyecto de construcción es una controvertida carretera desde Cuzco al sur del Amazonas, que daría acceso a selvas antes aisladas. (p. 444)

Noche en Blanco, Lima

2 Fiesta nocturna de arte y música. Se celebra en parques y por Miraflores a principios de mayo. (p. 22)

Huellas de los dinosaurios, cerca de Huaraz

3 Las excavaciones para construir una carretera desenterraron huellas y restos fosilizados de 12 especies de animales prehistóricos. (p. 400)

Casa-Hacienda San José, cerca de Chincha

4 Reabierta tras el terremoto del 2007, esta antigua hacienda de esclavos se ha renovado con esmero. (p. 109)

Selvámonos

5 El festival más innovador del país con cumbia y música rock-electrónica en un bonito parque nacional del centro del Amazonas. (p. 440)

La Sirena d'Juan, Máncora

6 Este restaurante de marisco, que sirve pescado a la brasa con mango y pimientos, es una deliciosa novedad. (p. 355)

Alojamientos en el Altiplano norte

7 Pernoctar en Gocta Andes Lodge (p. 425), Kentitambo (p. 428) y Pumarinri Amazon Lodge (p. 433) es un lujo.

Los Tambos Hostal, Arequipa

8 Este elegante hotel-*boutique* con desayuno para *gourmets* está junto a la plaza principal de Arequipa. (p. 150)

Escena culinaria de Ayacucho

9 El Barrio Gastronómico se centra en la cocina andina y la Plaza More está llena de comida sensacional. (p. 295)

Museo Julio C. Tello, Reserva de Paracas

10 Este renovado museo expone objetos antiguos del yacimiento arqueológico y necrópolis cercanos. (p. 114)

Alojamiento en el lago Titicaca

11 Casa Andina Isla Suasi (p. 186) y Titilaka (p. 188) miman a sus clientes en plena naturaleza.

Hotel El Molino, Lunahuaná

12 Nuevo hotel de lujo con jardines y piscinas en las afueras de Lunahuaná, junto al río Cañete. (p. 108)

en busca de...

Ruinas

Aparte del imprescindible Machu Picchu, Perú posee un auténtico tesoro de ruinas de austera belleza, misterio y escasos visitantes. En Lima no es necesario ir a un museo para conocer su historia, pues hay muchos yacimientos repartidos por la ciudad.

Kuélap Esta monumental ciudad fortificada, en lo alto de una montaña de piedra caliza, es el monumento mejor conservado de Chachapoyas (p. 426)

Tambo Colorado Para disfrutar a fondo esta subestimada joya de la costa sur es mejor ir con guía (p. 115)

Cahuachi En Nazca hay que ver estas pirámides y otras ruinas de 2000 años (p. 126)

Huari o Wari La capital del imperio que gobernó el Altiplano antes de la invasión inca ofrece una aventura poco convencional (que se comparte con unos cerditos gruñones; p. 300)

Ollantaytambo Unas espléndidas ruinas (unas gratis, otras de pago) rodean este pueblo inca del Valle Sagrado (p. 245)

Excursionismo

En el corazón de los Andes, Perú ofrece algunas de las mejores excursiones del continente, que no solo implican ascender picos alpinos. También se puede explorar la selva o descender a las profundidades de un cañón.

El Clásico La mejor excursión del cañón del Colca para ver un poco de todo, excepto una carretera asfaltada (p. 166)

Ausangate La excursión más desafiante de la región de Cuzco, en una sensacional zona de glaciares, lagos color turquesa y aldeas, es también la que más merece la pena si se dispone de cuatro o cinco días (p. 266)

Santa Cruz Excursión de cinco días por aldeas y valles andinos, con excelentes vistas del Huascarán, el pico más alto de Perú (p. 381)

Lares Sus hermosos paisajes andinos son un extra, pues su principal atractivo es conocer la cultura rural de las zonas remotas del Valle Sagrado (p. 38)

Delicias peruanas

Todos han oído hablar del ceviche y el cuy (cobaya), pero la diversidad de la cocina peruana propicia que el paladar descubra nuevos y deliciosos placeres a todas horas.

Cursos de cocina Tras completar los excelentes cursos en Arequipa uno acaba siendo un docto gastrónomo, como Gastón Acurio (p. 148)

Patarashca Plato de la selva, con gambas gigantes o pescado, tomates, pimientos dulces, cebollas, ajo y sascha culantro, envueltos en una hoja de bijao; se puede probar en Tarapoto, en el restaurante homónimo (p. 435)

Café Tostado Este comedor de Lima, con mesas de *picnic* y antiguos pucheros de hierro, ofrece auténtica comida casera. Se puede encargar conejo o unirse a los lugareños para desayunar chicharrones los domingos (p. 90)

Chocolate En el nuevo Choco Museo de Cuzco sirven un sabroso cacao caliente al estilo andino, con chiles y miel (p. 199)

Picanterías Los humildes comedores de Arequipa hacen hincapié en la autenticidad y las especias (p. 152)

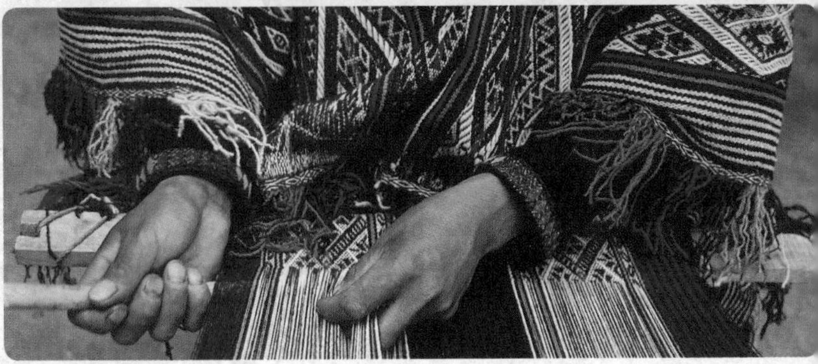

» Tejedor con traje tradicional, Cuzco (p. 196).

Culturas que viajan a través del tiempo

En Perú la cultura no solo se halla en museos, sino que lo envuelve todo. Las tradiciones de las culturas indígenas están presentes en muchas festividades religiosas o relacionadas con las estaciones. Para experimentarlas más de cerca, se recomiendan estas:

Casas particulares de Colca La estancia en las casas de los pueblos de Sibayo y Yanque, en el cañón del Colca, permiten apreciar la vida rural (p. 164)

Pueblos de tejedores Los operadores turísticos de Cuzco ofrecen acceso a los pueblos tradicionales más remotos, cercanos a Ollantaytambo y Pisac, en el Valle Sagrado (p. 212)

Nazca Además de las famosas Líneas, su colorida cerámica también asombra (p. 123)

Turismo comunitario Los operadores turísticos sostenibles conectan a los visitantes con los lugareños de la zona de Huaraz (p. 367)

Parque Nacional Manu No aparece en los listados oficiales de itinerarios, pero en alguna excursión a la selva profundida se han podido ver las tribus "aisladas" (p. 460)

Naturaleza

Los ecosistemas de Perú van de áridos desiertos a exuberantes selvas amazónicas y picos andinos con glaciares, por lo que sus paisajes son impresionantes.

Circuito de la cordillera Huayhuash Esta odisea de 10 días, que rivaliza con el senderismo en los Himalayas, conduce a lagos alpinos con cóndores que sobrevuelan picos de 6000 m de altura (p. 386)

Nacimiento del Amazonas Esta excursión de tres días desde el cañón del Colca lleva al nacimiento del río –certificado en el 2007– más largo del mundo (p. 162)

Cotahuasi El viaje por carretera de 12 horas desde Arequipa y unas espartanas instalaciones no disuaden a los más valientes de visitar el cañón más profundo del mundo (p. 167)

Choquequirao Estas remotas ruinas, similares a las de Machu Picchu, requieren cuatro días de dura excursión (p. 267)

Río Heath El mágico Parque Nacional Bahuaja-Sonene, una de las maravillas amazónicas poco conocidas, está en una de las regiones más grandes, salvajes y biodiversas de Perú (p. 454)

Pisco

Este fuerte brandy, emblemático de Perú, es más conocido como pisco sour y los camareros peruanos lo preparan con habilidad (y espectacularidad), con azúcar y zumo de lima. Las nuevas fusiones (con frutas tropicales maceradas, hojas de coco y hierbas) lo hacen aún más atractivo. Este es un viaje del productor a la hora del cóctel.

Tacama Esta encantadora hacienda colonial ofrece el mejor vino de Ica y, por definición, pisco, y organiza circuitos y catas gratis (p. 119)

Museo del Pisco Elegante bar de Cuzco con personal entendido que aconseja entre una extensa lista de piscos y cócteles originales (p. 228)

Bares de Lima Se puede hacer un circuito propio, degustar pisco sour en el histórico bar que lo preparó por primera vez, El Bolivarcito, y descubrir sus mejores reencarnaciones en el enrollado bar-mansión Ayahuasca (p. 91)

Luanahuná Para probar pisco realmente fuerte (o vinos dulces) en la Bodega Santa María, una excursión asequible desde Lima (p. 107)

mes a mes

Principales celebraciones

1 **Qoylloriti,** mayo/junio

2 **Semana Santa,** marzo/abril

3 **Carnaval,** febrero/marzo

4 **Verano Negro,** febrero/marzo

5 **Fiesta de la Vendimia,** marzo

Enero

La temporada más animada (y más cara) en la costa va de enero a marzo, las instalaciones están abiertas y las fiestas en pleno auge. En las montañas y cañones es época de lluvias y es mejor que los excursionistas los eviten.

Año Nuevo

Uno de enero, importante sobre todo en Huancayo, donde la fiesta dura hasta la Epifanía (6 de enero; p. 283).

Danza de los Negritos

Los participantes, engalanados y con máscaras negras, conmemoran a sus antepasados esclavos que trabajaron en las minas de la zona. Se celebra en Huánuco, ciudad del centro del Altiplano (p. 305).

Fiesta de la Marinera

El festival nacional de danza de Trujillo (p. 319) se celebra la última semana de enero.

Febrero

El Camino Inca está cerrado todo el mes. Muchas fiestas peruanas se hacen eco del calendario católico romano y se celebran con gran boato, en especial en pueblos indígenas del Altiplano, donde las festividades católicas suelen estar ligadas a fiestas agrícolas tradicionales.

La Virgen de la Candelaria

Esta fiesta del Altiplano, que se celebra el 2 de febrero, es muy colorida en los alrededores de Puno, donde los festejos de música y baile folclóricos duran dos semanas (p. 175).

Carnaval

Esta fiesta de los días previos a la Cuaresma (febrero/marzo) a menudo se "celebra" con semanas de batallas de agua. Es muy popular en el Altiplano y el de Cajamarca es uno de los más importantes (p. 411). También se festeja en los pueblos playeros.

Festival de Deportes de Aventura de Lunahuaná

En Lunahuaná se practican diversos deportes de aventura, en especial el descenso de ríos. Se celebra a finales de febrero/principios de marzo.

Marzo

Los precios bajan y las multitudes se dispersan en las zonas playeras, aunque la costa sigue soleada. Las orquídeas florecen tras la estación de las lluvias en el Camino Inca y las aves amazónicas inician sus ritos de apareamiento.

Fiesta de la Vendimia

Se celebra a lo grande en las dos principales regiones vinícolas de la costa sur, Ica (p. 119) y Lunahuaná (p. 105). Se suele pisar uva.

Verano Negro

Este festival de Chincha (p. 109) a finales de febrero o principios de marzo, obligado para los aficionados a la cultura afroperuana, se celebra con profusión de música y bailes.

Abril

Las multitudes y la temporada alta marcan la Semana Santa. Abunda el turismo nacional en marzo o abril.

Semana Santa

La semana anterior al Domingo de Pascua, la Semana Santa, se celebra con espectaculares procesiones religiosas casi diarias y Ayacucho cuenta con la mayor celebración de Perú, que dura 10 días. En Arequipa y Huancayo también hay procesiones. (p. 276)

Mayo

La temporada de excursionismo en Huaraz y los alrededores de Cuzco empieza con la llegada del tiempo seco.

Noche en Blanco

Inspirada por las noches blancas europeas, las calles de Miraflores, en Lima, se cierran al tráfico y se llenan de arte, música y baile. Se celebra a principios de mayo.

Qoylloriti

Peregrinación indígena a la montaña sagrada de Ausangate, a las afueras de Cuzco, en mayo/junio (p. 268). Aunque poco conocida por los forasteros, merece la pena.

Fiesta de las Cruces

Se celebra el 3 de mayo en Lima, Apurímac, Ayacucho, Junín, Ica y Cuzco. (p. 290)

Junio

La temporada alta para el turismo internacional va de junio a agosto y conviene reservar los billetes de tren y la entrada a Machu Picchu. También es tiempo de más fiestas en Cuzco y sus alrededores.

Corpus

Las procesiones en Cuzco son espectaculares. Se celebra el noveno jueves después de Semana Santa. (p. 215)

Inti Raymi

La Fiesta del Sol o Fiesta de San Juan Bautista y Día del Campesino, es la mayor festividad inca y celebra el solsticio de verano el 24 de junio. Es el evento anual más destacado de Cuzco (p. 215) y atrae a miles de peruanos y forasteros. También es importante en muchos pueblos de la selva.

Selvámonos

Reggae, cumbia y música electrónica animan la selva en este nuevo festival (p. 440), que se celebra cerca de Oxapampa, en un espectacular parque nacional.

San Juan

La festividad de San Juan (p. 478) es sinónimo de disipación en Iquitos, en la que la víspera del 24 de junio los bailes, la comida y las peleas de gallos se alargan hasta la madrugada.

San Pedro y San Pablo

Más celebraciones el 29 de junio, en especial en los alrededores de Lima y el Altiplano.

Julio

Continúa la temporada alta de turismo. En Lima el tiempo lo protagoniza la *garúa*, una espesa y grisácea bruma que se instala en la ciudad durante unos meses y refresca el ambiente.

La Virgen del Carmen

Esta fiesta se celebra el 16 de julio principalmente en la sierra sur, en especial en Paucartambo y Pisac (p. 238) junto a Cuzco, y Pucará cerca del lago Titicaca.

Fiestas Patrias

Los Días de la Independencia Nacional se celebran en todo el país el 28 y 29 de julio; en la sierra sur las festividades comienzan con la Fiesta de Santiago, el 25 de julio. (p. 283)

Agosto

Último mes de afluencia turística y aglomeraciones en Machu Picchu.

Fiesta de Santa Rosa de Lima

Conmemora la principal santa del país, el 30 de agosto se celebran solemnes procesiones en Lima, Arequipa y Junín para honrar a la patrona de Lima y de América. (p. 75)

Septiembre

Septiembre y octubre, temporada baja en todo el país, siguen ofreciendo a los excursionistas buena temperatura en el Altiplano, sin aglomeraciones. Las aves

migratorias son otro de sus atractivos.

Mistura

Esta masiva feria gastronómica reconocida internacionalmente se celebra en Lima durante una semana de septiembre (p. 53).

El Festival Internacional de la Primavera

Se celebra la última semana de septiembre en Trujillo, con impresionantes exhibiciones ecuestres, bailes y actos culturales. Imprescindible (p. 319).

Octubre

La mejor temporada para visitar el Amazonas es de septiembre a noviembre, cuando la estación seca propicia la observación de aves.

Carrera de balsas en el río Amazonas

La mayor carrera en balsas del mundo se disputa entre Nauta e Iquitos en septiembre o principios de octubre.

La Virgen del Rosario

Se celebra el 4 de octubre en Lima, Apurímac, Arequipa y Cuzco. La de Ancash, con un enfrentamiento simbólico entre moros y cristianos, es su mayor exponente.

El Señor de los Milagros

Esta importante fiesta religiosa (p. 75) se celebra en Lima el 18 de octubre y por esas fechas da comienzo la temporada taurina.

Noviembre

Buen mes para fiestas, las desenfrenadas celebraciones de Puno merecen la pena.

Todos los Santos

Esta fiesta religiosa, antesala de las actividades del día siguiente, se celebra el 1 de noviembre.

Día de los Muertos

Se celebra el 2 de noviembre con ofrendas de alimentos, bebida y flores en las tumbas de los familiares. En los Andes, donde se consumen algunas de las "ofrendas" y el ambiente es más festivo que sombrío, es una fiesta muy colorida.

Semana de Puno

Este festival comienza el 5 de noviembre (p. 175), con espectaculares vestidos y bailes en la calle para conmemorar la aparición del primer inca, Manco Cápac.

Diciembre

La temporada playera regresa con temperaturas más cálidas en el Pacífico. Conviene evitar el Amazonas por las intensas lluvias que la azotan desde finales de mes hasta comienzos de abril.

Fiesta de la Inmaculada Concepción

Esta fiesta nacional se celebra el 8 de diciembre con procesiones religiosas en honor a la Virgen María.

Navidad

Se celebra el día 25 de diciembre y es menos secular y más religiosa, en especial en el Altiplano andino.

La Virgen del Carmen de Chincha

Bailes desenfrenados y música toda la noche en las peñas (bares o clubes con música folclórica en directo) de El Carmen el 27 de diciembre.

itinerarios

Tanto si se dispone de 6 o 60 días, estos itinerarios son un punto de partida para el viaje. Para saber más, se recomienda chatear con otros viajeros en el foro de www.lonelyplanet.es.

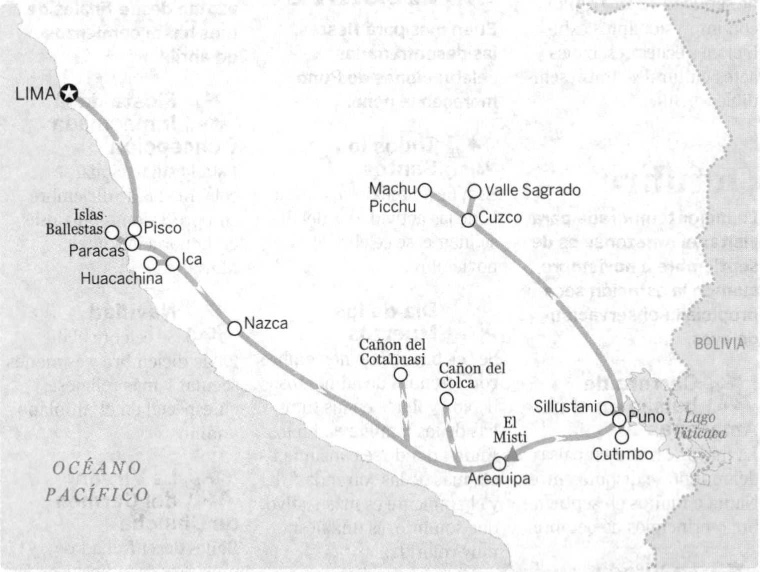

De dos a cuatro semanas

El Sendero Gringo

Se recorren algunos de los puntos más destacados del continente. Desde **Lima,** se viaja al sur a **Pisco** y **Paracas,** y de allí se toma un barco a las **islas Ballestas,** ricas en fauna y flora. Luego se va a **Ica,** capital vinícola y de pisco, y al oasis de **Huacachina,** con palmeras y dunas, y famoso por su *sandboard*. Se sigue a **Nazca** en un vuelo sobre las misteriosas Líneas de Nazca.

Se regresa al interior, a la "Ciudad Blanca" de **Arequipa,** con su arquitectura colonial y su vida nocturna. Se atan las botas para recorrer el increíble **cañón del Colca** o **cañón del Cotahuasi** -quizá el más profundo del mundo- o ascender el **Misti,** un volcán de 5822 m de altura. Se sigue hasta **Puno,** el puerto peruano en el **lago Titicaca,** uno de los lagos navegables a mayor altura del planeta, desde donde se va en barco a las islas para explorar la extrañas *chullpas* (torres funerarias) en **Sillustani** y **Cutimbo.**

Se serpentean los Andes hasta **Cuzco,** la ciudad siempre habitada más antigua de Sudamérica. Se visitan sus mercados, se exploran los yacimientos arqueológicos del **Valle Sagrado** y se va a **Machu Picchu** por una ruta alternativa.

Cuatro semanas

Lo mejor de Perú

Si se desea conocer un poco de todo, este itinerario lleva a las atracciones imprescindibles. Para verlo se necesita un mes.

El desfase horario se combate familiarizándose con los exquisitos sabores del país en los restaurantes de **Lima** y paseando por sus parques y museos. Se va al sur por el desierto costero para sobrevolar las **Líneas de Nazca** antes de llegar a la cosmopolita **Arequipa,** con sus misteriosos monasterios, profundos cañones y humeantes volcanes.

Se vuela a los Andes para ir a la antigua capital inca de **Cuzco** y aclimatarse durante unos días; se explora esta adoquinada ciudad y se visitan los pueblos del **Valle Sagrado** para ver coloridos mercados donde se venden telas, talismanes y docenas de tubérculos diferentes. Se sigue en tren a **Machu Picchu,** el yacimiento arqueológico más visitado de Sudamérica.

De Cuzco se vuela a **Puerto Maldonado** (o se soportan las 10 horas de autobús) para relajarse en un alojamiento en plena naturaleza, en uno de los imponentes ríos de la cuenca del Amazonas. También se puede hacer un circuito por tierra desde Cuzco a la **zona de Manu,** que alberga una de las mayores biodiversidades del planeta y en cuyos remotos bosques vírgenes viven animales como el kinkajú o el caimán. Otra opción para explorar la selva amazónica es volar a Lima y dirigirse a **Iquitos,** un animado puerto desde el que adentrarse en la jungla.

Se vuelve a Lima y se va en autobús o avión hacia el norte, hasta el campo base para aventureros de **Huaraz,** desde donde una corta excursión lleva a los escarpados picos de la **cordillera Blanca.** Otra excursión a Chavín de Huántar conduce a uno de los yacimientos más antiguos de Perú. Se regresa a la costa en **Chimbote** y se va hacia el norte hasta la histórica **Trujillo,** que ofrece picantes platos norteños en un entorno en el que abundan los yacimientos arqueológicos, como las ruinas de la mayor ciudad precolombina de América, Chan Chan, y las fascinantes huacas del Sol y de la Luna. El viaje finaliza con un respiro playero en el animado pueblo para surfistas de **Máncora.**

AXEL FASSIO/GETTY IMAGES©

» (arriba) Barca tradicional hecha con totora en el lago Titicaca (p. 169).
» (izda.) *Chullpas* funerarias incas, Cutimbo (p. 183).

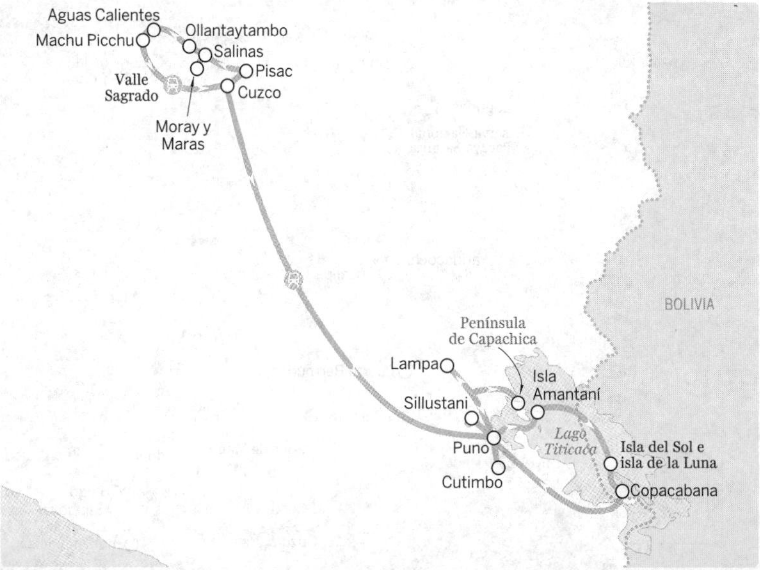

Dos semanas y media

El corazón inca

Desde Lima se vuela a Cuzco y se va al **Valle Sagrado** para pasar los primeros tres o cuatro días para aclimatarse a la altitud. Se visita el mercado de **Pisac,** se ven las ruinas y se pasea a caballo en **Moray** y **Maras.** El pintoresco pueblo inca de **Ollantaytambo** ofrece el mejor alojamiento en un lujoso complejo del valle o en los B&B de la zona.

Por la mañana se visitan las ruinas o las **salinas,** y por la tarde se toma un tren a **Aguas Calientes.** Tras una relajada cena, conviene acostarse pronto para tomar el primer autobús a la gran ciudadela de **Machu Picchu** y pasar allí el día.

A la mañana siguiente se va en tren hasta **Cuzco.** Una vez aclimatado, se pasan unos días disfrutando del encanto colonial de esta antigua capital inca, se hace un circuito a pie, se visitan algunos museos y el esplendoroso **Qorikancha,** un espectacular templo inca, y se degusta la excepcional cocina de la ciudad.

En un cómodo autobús para turistas (o el tren histórico) se viaja hasta la ciudad de **Puno,** en el Altiplano. Si es posible, hacerlo coincidir con alguna fiesta con trajes, bandas de metales y mucha alegría. También se puede disfrutar de la música folclórica en una cena con espectáculo o decidirse por un alojamiento acuático en el antiguo barco de vapor *Yavari.*

Desde Puno se puede hacer una fácil excursión a las torres funerarias de los collas, lupacas e incas en **Sillustani** y **Cutimbo,** que merece combinarse con la encantadora **Lampa** y su histórica iglesia. Se hace un circuito en barco por el **lago Titicaca,** se visitan las famosas islas de juncos y se pernocta en una vivienda familiar tradicional en la **isla Amantaní.** Si se dispone de unos días extra, se toma un catamarán, que también lleva a las bolivianas **isla del Sol** e **isla de la Luna,** y finaliza en **Copacabana,** desde donde se toma un autobús turístico a Puno.

Una vez allí se explora la costa de la **península de Capachica,** que alberga poblaciones enraizadas en las antiguas tradiciones del Altiplano, con pocos turistas.

Preparados ya para el choque cultural de la vida en una gran ciudad, se vuela a Lima.

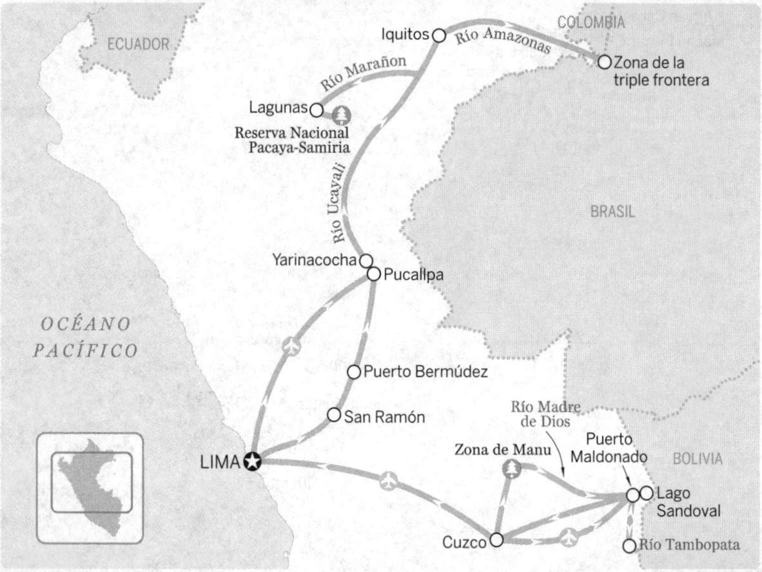

De dos a cuatro semanas

Explorando la Amazonia

Más de la mitad de Perú es selva, poblada por una espectacular fauna y pueblos tribales. Por tierra se desciende de las laderas orientales de los Andes para adentrarse en la cuenca del Amazonas, que se extiende hasta el Atlántico. Completar este itinerario requiere un mes, pero puede dividirse por regiones, en tramos de una o dos semanas.

La excursión más popular comienza en **Cuzco** y se dirige hacia la **zona de Manu,** del tamaño de un país pequeño, cuyos reinos son los alojamientos de la jungla. Otra opción es volar de Cuzco a **Puerto Maldonado** y relajarse en un bungaló con buenas vistas en el **río Madre de Dios,** acceso al encantador **lago Sandoval,** o el **río Tambopata,** en el que una reserva nacional protege una de las mayores paredes de arcilla del país. La estación seca (julio y agosto) es tradicionalmente la mejor para regresar por tierra a Cuzco, aunque el reciente asfaltado de la carretera permite hacerlo en otros meses.

Si uno se concentra en el norte, la mejor forma de llegar es volando desde Lima a **Pucallpa** y alojarse en un hotel o bungaló en la cercana **Yarinacocha.** Este encantador lago con forma de herradura está rodeado de pueblos tribales. Algunos pueden visitarse, como el pueblo matriarcal shipibo, famoso por su cerámica. Los viajeros más resueltos pueden optar por llegar a Pucallpa desde Lima a través del asentamiento cafetero de **San Ramón,** en el minúsculo pueblo de **Puerto Bermúdez,** baluarte de los asháninkas, la mayor tribu amazónica de Perú.

Desde Pucallpa se comienza el lento viaje en barca hacia el norte por el **río Ucayali** hasta **Iquitos,** la mayor ciudad del mundo sin acceso por carretera. Esta capital de la jungla norteña cuenta con un mercado flotante y un concurrido puerto del que parte el crucero más cómodo hacia el mayor parque nacional de Perú, la **Reserva Nacional Pacaya-Samiria,** vía **Lagunas.** También resulta tentador navegar hasta Brasil a través de la **zona de la triple frontera.**

De carecer de tiempo, es mejor ir en avión; si no, se invierten semanas en épicos viajes por el río y la carretera. Conviene ir cargado de paciencia y provisiones, la suerte tampoco viene mal.

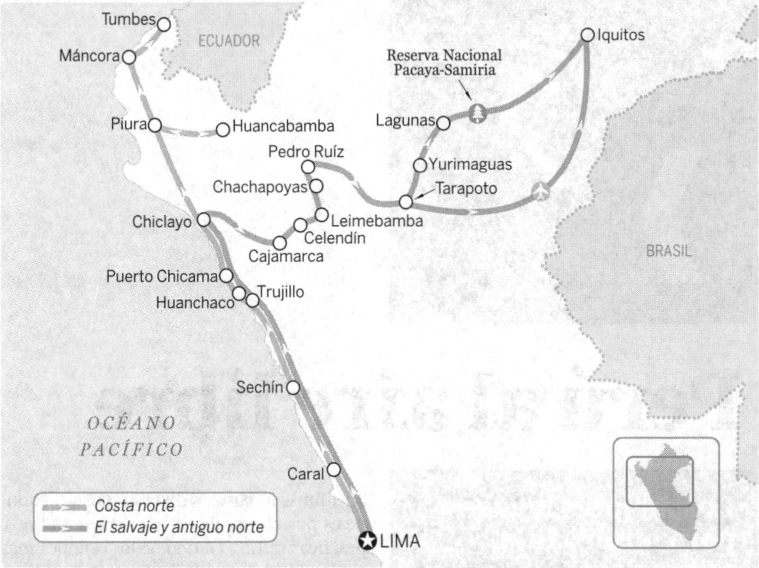

De 10 días a dos semanas

La costa norte

La primera parada al norte de **Lima** puede ser **Caral,** cuna de la civilización más antigua de Sudamérica, de unos 5000 años. Más al norte se visitan los antiguos grabados de sacrificios humanos en **Sechín** y se sigue hasta **Trujillo.** Las atracciones cercanas son las pirámides mochicas de las **huacas del Sol y de la Luna** y las ruinas de la antaño poderosa **Chan Chan.**

En las playas de **Huanchaco** los surfistas buscan las olas mientras los pescadores locales rastrean la costa. Hacia el norte, el destino surfista de **Puerto Chicama** ofrece una de las mayores olas de izquierda del mundo. Luego se llega a **Chiclayo,** cuyos museos exhiben los tesoros del cercano yacimiento arqueológico de **Sipán.**

Piura ofrece buenas opciones culinarias, además de un mercado de artesanía, pero los hechiceros de **Huancabamba** se ocultan en los Andes. Las mejores playas de Perú se hallan más al norte, en la costa del Pacífico, con complejos turísticos como **Máncora,** donde se puede comer buen marisco y bailar en sus agradables noches.

El viaje finaliza en **Tumbes,** puerta de acceso a Ecuador, donde empiezan los manglares en peligro de extinción de Perú, ricos en fauna (¡cuidado con los cocodrilos!).

De dos a cuatro semanas

El salvaje y antiguo norte

De **Lima** se va a **Trujillo,** se prueba la picante cocina costera y se exploran las ruinas de **Chan Chan** y de las **huacas del Sol y de la Luna.** Más al norte se hallan las ruinas y el mercado de brujas de **Chiclayo.**

Desde allí, por una agreste carretera se llega al encantador pueblo del Altiplano de **Cajamarca,** donde los conquistadores capturaron al inca Atahualpa. En la estación seca se recorre la espectacular y lenta ruta a la cordial **Celendín** y **Leimebamba** para ver el maravilloso colibrí de cola de espátula. Se continúa hasta **Chachapoyas,** cuyo bosque nuboso oculta la fortaleza monolítica de **Kuélap.**

De Chachapoyas se va a **Tarapoto** vía **Pedro Ruiz** para ver las cascadas. Después se vuela a la ciudad de **Iquitos,** en la jungla, o se continúa vía **Yurimaguas,** donde hay cargueros que hacen el accidentado viaje de dos días a Iquitos pasando por el pueblo de **Lagunas,** punto de entrada a la **Reserva Nacional Pacaya-Samiria,** principal parque nacional de Perú para contemplar la mayor cuenca fluvial del mundo. En Iquitos se organizan viajes en barco para adentrarse en la selva y llegar hasta Brasil o Colombia.

Perú al aire libre

Los mejores lugares para observar la naturaleza

Parque Nacional Manu Este gran parque en la selva, uno de los más salvajes del continente, en el Amazonas, está habitado por jaguares, tapires y monos.

Cañón del Colca Los cóndores andinos sobrevuelan este cañón, el segundo más profundo del mundo.

Islas Ballestas Las colonias de leones marinos y de pingüinos reivindican estos afloramientos rocosos del Pacífico frente a la costa sur de Perú.

Parque Nacional Huascarán Las titancas gigantes *(Puya raimondii)* florecen mientras las vicuñas y vizcachas corretean por el paisaje alpino de la cordillera Blanca.

Tumbes Excepcional manglar en la costa norte, hogar de cocodrilos, aves marinas, flamencos y cangrejos.

Su impresionante y diverso paisaje -donde es posible escalar gélidos picos andinos, practicar rafting en uno de los cañones más profundos del mundo, hacer surf en el Pacífico, pasear por las laderas de un venerado volcán latente- hace de Perú un centro natural de aventuras. Su dilatada historia propicia ir en bicicleta de montaña por las rutas de los mensajeros incas o hacer excursiones por los campos en terrazas de las antiguas rutas comerciales. Sin embargo, como algunas de estas actividades al aire libre son muy recientes, en ciertos lugares y temporadas, se puede disfrutar de la montaña, playa o ruinas en solitario. Prepárense, comienza un viaje emocionante.

Excursionismo y senderismo

Habrá que llevarse las botas de montaña, pues hay muchísimos senderos. Los principales centros de senderismo son Cuzco y Arequipa, en el sur de los Andes, y Huaraz, en el norte. Hay senderos accesibles alrededor de las ruinas arqueológicas, que son también el destino final de rutas más osadas.

El sendero más famoso es el Camino Inca a Machu Picchu. Su aforo limitado obliga a reservar la excursión con guías y meses de antelación. Si no se ha planificado de antemano, existen rutas alternativas que valen la pena. Además, otras opciones cercanas a Cuzco incluyen la espectacular excursión de seis días al venerado Ausangate (6372 m), que atraviesa pasos a más de 5000 m de al-

TOCANDO EL VACÍO

¿Qué lleva a una persona a soportar climas inhóspitos, hambre, agotamiento y falta de oxígeno a fin de conquistar imposibles cimas montañosas? Sobre esta pregunta ha reflexionado en profundidad Joe Simpson en su célebre libro *Tocando el vacío*. Esta apasionante obra narra la historia de la ascensión que Simpson realizó junto a su compañero de escalada Simon Yates. Todo empezó bien, con un desafiante –y finalmente exitoso– ascenso por el abrupto Siula Grande, en la cordillera Huayhuash. Pero en el descenso, un accidente casi le cuesta la vida. El libro trata de las emociones, recompensas y angustias del montañismo. Un galardonado documental británico del 2003 recrea esta aventura.

titud y se ven manadas de alpacas y diminutas aldeas que no han cambiado en siglos. El yacimiento inca de Choquequirao es otro fabuloso destino.

En la cercana Arequipa se puede bajar por varios de los cañones más profundos del planeta, como los célebres cañones del Colca y de Cotahuasi. El paisaje deja sin aliento y es más accesible que otros destinos situados a mayor altitud. En la temporada de lluvias, cuando algunas rutas andinas son impracticables, el Colca se muestra verde y frondoso. Además, es el mejor lugar de Perú para la práctica del senderismo por cuenta propia entre aldeas rurales. El cañón del Cotahuasi, más remoto y accidentado, conviene visitarlo con un guía local experimentado y solo en temporada seca.

A las afueras de Huaraz, las vistas de los montes rocosos nevados de la cordillera Blanca no tienen parangón, así como la escarpada cordillera Huayhuash. La ruta clásica y preferida es el viaje de cuatro días desde Llanganuco a Santa Cruz, donde los montañeros curtidos escalan el paso de 4760 m de Punta Unión, rodeado de picos cubiertos de hielo. La ruta septentrional por los alrededores del Alpamayo brinda otra excursión más larga, de una semana como mínimo. En viajes más cortos de una noche por la zona se visitan campamentos base, lagos alpinos e incluso una antigua carretera inca.

En Cuzco y Huaraz –y en menor grado en Arequipa– hay especialistas que ofrecen equipamiento, guías y porteadores. Si se prefiere viajar ligero de peso es mejor llevar el equipo propio, sobre todo el saco de dormir, pues los artículos de alquiler suelen ser anticuados y, por tanto, pesados. La decisión de contratar un guía dependerá de adónde se vaya. En ciertas zonas de Perú, como el Camino Inca, son necesarios. En otras, como la cordillera Huayhuash, se han producido atracos, de modo que es mejor ir acompañado de un lugareño. Por suerte, un sinfín de otras rutas de senderismo pueden recorrerse muy bien por cuenta propia. Habrá que hacerse con mapas topográficos de las rutas principales en las ciudades más cercanas que sirvan de base o, mejor aún, en el Instituto Geográfico Nacional (IGN) o en el South American Explorers Club, en Lima.

Sea cual fuere la aventura elegida habrá que pasar unos días aclimatándose a la altitud, o se corre el riesgo de sufrir del mal de altura.

La mejor época para el senderismo en los Andes es la temporada seca (may-sep). Conviene evitar el período de lluvias (dic-mar), pues algunas zonas son infranqueables.

Escalada en montaña, roca y hielo

Perú posee las montañas tropicales más altas del mundo, que permiten excelentes ascensos, aunque es esencial aclimatarse a la altura. La cordillera Blanca, con sus docenas de picos nevados de más de 5000 m, es uno de los mejores destinos de Sudamérica para la práctica de la escalada. El pueblo andino de Huaraz cuenta con agencias de circuitos, tiendas de artículos deportivos, guías, información y alquiler de equipo de escalada. Con todo, en los ascensos más difíciles conviene llevar equipo propio. Ishinca (5530 m) y Pisco (5752 m), cerca de Huaraz, son ascensos fáciles para montañeros novatos. También son un buen entrenamiento para los expertos que emprenden aventuras de mayor calibre, como el Huascarán (6768 m), el pico más alto de Perú. Otros picos arriesgados son el imponente y afilado Alpamayo (5947 m) y el Yerupajá (6634 m), el segundo más alto de Perú, en la cordillera Huayhuash. La es-

TODD LAWSON/GETTY IMAGES©

» (arriba) Alpinistas en la cordillera Blanca (p. 381)
» (izda.) *Rafting* en Caraz (p. 392)

SENDERISMO RESPONSABLE

» No se hacen hogueras, se cocina en hornillos de *camping* ligeros y los cartuchos se tiran de forma responsable.

» Se acarrea toda la basura.

» La contaminación de manantiales con desechos humanos puede transmitir infecciones. Si hay lavabos, deben utilizarse. Si no, se entierran los excrementos: se excava un agujero de unos 15 cm de profundidad, al menos a 100 m de cualquier cauce, y se cubre con tierra y una piedra; el papel higiénico se guarda.

» Para lavar, se utiliza jabón biodegradable y una palangana, al menos a 50 m de cualquier cauce. El agua utilizada se desparrama para que la filtre la tierra.

» No se alimenta a los animales salvajes.

» Algunos senderos pasan por propiedades privadas. Conviene pedir permiso antes de cruzarlas; los cercados para ganado se dejan tal como estaban.

» No debe darse dinero, dulces o regalos a los niños. Fomenta la mendicidad, que se ha convertido en un problema en algunas de las rutas más transitadas. Si se desea ayudar, se aconseja dar un donativo a las escuelas locales, ONG y organizaciones de voluntarios (p. 367).

» Conviene ser discreto, el equipo que se acarrea cuesta más de lo que ganan muchos lugareños en un mes (¡o un año!). Por la noche hay que guardarlo todo en la tienda.

calada en roca y hielo está tomando forma en los alrededores de Huaraz, donde algunos especialistas tienen muros de escalada interiores, alquilan equipo técnico y organizan viajes para grupos.

Algunos montañeros novatos se atreven con los nevados picos volcánicos cercanos a Arequipa, en el sur de Perú. El más popular es el Misti (5822 m), un antiguo lugar de sacrificios humanos incas. A pesar de su altitud, es, de hecho, un largo y arduo paseo. Chachani (6075 m) es uno de los picos de 6000 m más fáciles del mundo, aunque requiere crampones, piolet y un buen guía. Por encima del cañón del Colca se alzan otros tentadores picos.

Para los principiantes ávidos de acometer sus primeros ascensos serios, tal vez Perú no sea el lugar más indicado. No todos los guías saben de primeros auxilios y de búsqueda y salvamento en la naturaleza. Conviene comprobar sus credenciales, elegir los recomendados personalmente y comprobar el equipo de alquiler antes de la escalada.

Como sucede con el senderismo, la mejor época para la escalada a gran altura es la temporada seca (med jun-med jul).

'Rafting' y kayak

El descenso de ríos es cada vez más popular, con opciones que van de viajes de dos horas a más de dos semanas.

Cuzco es el punto de partida de la mayor variedad de descensos. Desde unas horas de *rafting* moderado en el Urubamba hasta circuitos para expertos por el Santa Teresa o varios días por el Apurímac –técnicamente la fuente del Amazonas–, con *rafting* de talla mundial entre mayo y noviembre. Una salida de *rafting* por el Tambopata, que puede hacerse entre junio y octubre, desciende por las laderas orientales de los Andes y culmina en un par de días de suave viaje a la deriva por la selva virgen.

Arequipa es otro centro de descensos y el río Chili el más utilizado en descensos de medio día para novatos entre marzo y noviembre. El río Majes, más lejos y arriesgado, cuenta con rápidos de IIª y IIIª clase. En la costa sur, el Lunahuaná, no muy lejos de Lima, es excelente para principiantes y expertos. Entre diciembre y abril, los rápidos pueden llegar a ser de IVª clase.

Debe tenerse en cuenta que en Perú el *rafting* no está regulado. Todos los años se producen accidentes mortales y algunos ríos son tan remotos que los rescates pueden llevar días. Además, algunas empresas no respetan el medio ambiente y dejan sucias las playas. Por ello, se aconseja contratar excursiones solo con agencias recomendadas y de buena reputación, y evitar los viajes muy baratos. Un buen operador estará asegurado, mostrará su acreditación y contará con guías expertos y con certificados sobre primeros auxilios, y llevarán consigo un completo botiquín. Se recomienda escoger uno con equipo de primera clase que incluya balsas autoachicables, chalecos salvavidas aprobados por la US Coast Guard, cascos de primera y remos de recambio. Muchas compañías profesionales llevan en sus salidas de *rafting* un experto en kayak especializado en rescates en ríos.

Para más información sobre *rafting* en aguas rápidas en Perú, visítese www.peruwhitewater.com.

Surf

El panorama surfista de Perú, con olas contundentes, pocos visitantes y un sinfín de rompientes remotas por explorar, atrae por igual a lugareños y forasteros.

Hay olas nada más al llegar. En todo el sur de Lima los surfistas se deslizan en zonas populares y rompientes playeras en Miraflores (conocida como Waikiki), Barranquito y La Herradura. Las excepcionales olas que se abren por la izquierda en La Herradura están muy concurridas cuando hay fuerte oleaje. Los surfistas experimentados prefieren Punta Hermosa, más al sur y con menos gente. En la cercana Punta Rocas y en Pico Alto –un arrecife "kamikaze" solo para expertos, con algunas de las olas más grandes de Perú– se celebran competiciones nacionales e internacionales. La isla San Gallán, frente a la península de Paracas, ofrece olas de derecha de talla mundial a los expertos, a las que solo se puede acceder en barco; los pescadores locales y los hoteles ofrecen información.

La costa norte tiene una hilera de rompientes excelentes. El más famoso es Puerto Chicama, donde se hacen deslizamientos de más de 2 km, en una ola de izquierda considerada la más larga del mundo. Pacasmayo, y Pimentel y Santa Rosa, cerca de Chiclayo, también ofrecen olas constantes.

El agua está fría de abril a mediados de diciembre (baja hasta 15°C) y son necesarios los trajes isotérmicos. De hecho, muchos surfistas los llevan todo el año (bastan 2/3 mm), aunque el agua esté algo más templada de enero a marzo (20°C aprox. en la zona de Lima). El extremo de la costa norte (al norte de Talara) permanece por encima de los 21°C casi todo el año.

Aunque no suele haber mucha gente, practicar surf puede ser todo un reto, pues la infraestructura es limitada y el alquiler del equipo, caro. En la costa norte está más organizado. Hay tiendas de surf y albergues que ofrecen información, alquilan tablas y organizan excursiones de un día para surfistas. Huanchaco es una buena base y cuenta con todos esos servicios. Los surfistas veteranos deberían llevar su propia tabla.

Las mejores webs para surfistas son www.peruazul.com, www.vivamancora.com y www.wannasurf.com, que ofrecen una exhaustiva y detallada lista de casi todos los rompientes de Perú, y www.magicseaweed.com y www. windguru.com, que publican lugares con buenas olas y partes meteorológicos.

'Sandboard'

El *sandboard* por las gigantes dunas del desierto gana popularidad en lugares como Huacachina y las inmediaciones de Nazca, en la costa sur de Perú. Cerro Blanco (2078 m), en Nazca, es la duna de arena más alta del mundo. Varios hoteles y agencias de viajes ofrecen circuitos en *areneros* (vehículos que llevan a lo alto de las dunas y recogen a sus pies). Hay que escoger bien al conductor; algunos son muy temerarios.

Para más información sobre *sandboard* en el mundo, consúltese la revista *Sandboard Magazine* en www.sandboard.com.

Bicicleta de montaña y ciclismo

En los últimos años la bicicleta de montaña ha ganado muchos adeptos, aunque en Perú sigue siendo un deporte en ciernes. Se puede practicar en muchas partes, y hay pistas de un solo carril, de fáciles a solo para expertos, a las afueras de Huaraz, Arequipa e incluso Lima. Los más expertos gozarán de una increíble oferta de rutas de montaña en los alrededores del Valle Sagrado y descensos hasta la selva amazónica, todos accesibles desde Cuzco. Entre las rutas más sencillas se cuentan las tierras de viñedos que rodean Lunahuaná y el cañón del Colca, empezando desde Chivay.

Las tiendas de alquiler peruanas suelen tener bicicletas de montaña muy sencillas, de modo que si se tiene pensado practicar ciclismo en serio será mejor llevar la propia. El transporte de bicicletas en avión depende de cada compañía, por lo que conviene consultar varias. También habrá que llevar piezas de recambio y herramientas de reparación.

Natación

La natación es muy popular en la costa del desierto de Perú de enero a marzo, cuando el agua del océano Pacífico está más caliente y los cielos son azules. Algunos de los mejores lugares se hallan al sur de Lima. Pero es mucho más bonito el tramo de la costa norte, sobre todo la tranquila Huanchaco, los alrededores de Chiclayo y los complejos turísticos para la jet set siempre llenos de Máncora.

El agua solo está templada todo el año al norte de Talara. Mucho cuidado con las corrientes peligrosas y recuérdese que las playas cercanas a las grandes ciudades suelen estar contaminadas.

Submarinismo

En Perú es una actividad limitada. El agua está fría salvo de mediados de diciembre a marzo. Durante esos meses está muy turbia, debido al vertido de los ríos de montaña. Las tiendas de submarinismo de Lima imparten clases para obtener el certificado PADI, alquilan equipo y ofrecen viajes a las colonias de leones marinos de la costa.

Equitación

En muchos destinos turísticos se alquilan caballos, pero no siempre se los trata bien, por lo que conviene examinarlos antes de montarlos. Un verdadero capricho es dar un paseo sobre un grácil caballo de paso peruano. Los descendientes de los caballos con pedigrí español y marroquí, como los que montaban los conquistadores, tienen fama de dar el paso más fino del mundo. Hay establos por todo Perú que ofrecen paseos de medio día o más, en especial en el Valle Sagrado, en Urubamba.

Parapente

Entre los diversos rincones para practicar este deporte se cuentan los acantilados costeros de la residencial Miraflores, ubicada a las afueras de Lima, y varios parajes de la costa sur, como Pisco y Paracas (y tal vez hasta puedan sobrevolarse las enigmáticas Líneas de Nazca).

Como en Perú hay pocos operadores de parapente, conviene reservar con antelación a través de las agencias limeñas.

Machu Picchu

Esta ciudadela inca del s. xv se alza 2430 m en lo alto de una estrecha cresta montañosa por encima del río Urubamba. Considerada tradicionalmente un centro político, religioso y administrativo, las nuevas teorías apuntan a que se trataba de un recinto real diseñado por Pachacuti, el soberano inca cuyas conquistas militares transformaron el imperio. Unos caminos lo unían a la capital inca de Cuzco y a importantes puntos de la jungla. Como los españoles nunca lo descubrieron, los expertos siguen debatiendo sobre cuándo y por qué se abandonó.

Se cree que en su apogeo Machu Picchu contaba con unos 500 habitantes. Las murallas incas, una maravilla de la ingeniería, están formadas por piedras pulidas encajadas sin uso de mortero. Miles de obreros tardaron 50 años en levantar la ciudadela; hoy, su construcción superaría los mil millones de dólares.

Para que fuera habitable hubo que nivelar el yacimiento, canalizar el agua desde los arroyos de las altas cimas a través de canales de piedra y construir murallas verticales de contención que se convirtieron en bancales agrícolas para el cultivo del maíz, la patata y la coca. El sistema de desagües también contribuyó a luchar contra las fuertes lluvias (separándolas para el riego), mientras que los tejados y los bancales de cultivo orientados al este aprovechaban al máximo las horas de sol.

El yacimiento es un imán para los místicos, los aventureros y los estudiantes de historia: la majestuosidad de Machu Picchu es indiscutible.

CONSEJOS

» **Cuándo** antes del gentío de media mañana

» **Tiempo** al menos 3 horas

» **Ropa** calzado para caminar y sombrero

» **No olvidar** agua potable

» **Recorrer** los caminos preliminares para ganar perspectiva

CAROLYN MCCARTHY

Intihuatana

El "amarradero del Sol" es una roca tallada que, al parecer, usaron los astrónomos incas para predecir los solsticios. Este es un raro superviviente, ya que durante la conquista, los españoles los destruyeron por considerarlos una blasfemia pagana.

Templo de las Tres Ventanas

Se divisan imponentes vistas de la plaza a través de las enormes ventanas trapezoidales enmarcadas por dinteles de tres toneladas. La presencia de tres ventanas, poco común en la arquitectura inca, podría tener un significado especial.

CAROLYN MCCARTHY

Huayna Picchu

Esta cima de 2720 m con escaleras, cuevas y un pequeño templo puede coronarse tras 45-90 min trepando. Cuidado con los resbaladizos escalones. Cómprese el permiso por adelantado con la entrada.

CAROLYN MCCARTHY

Plaza Central

Esta vasta área verde con llamas pastando separa la zona de ceremonias de las otras residenciales y de producción, más mundanas.

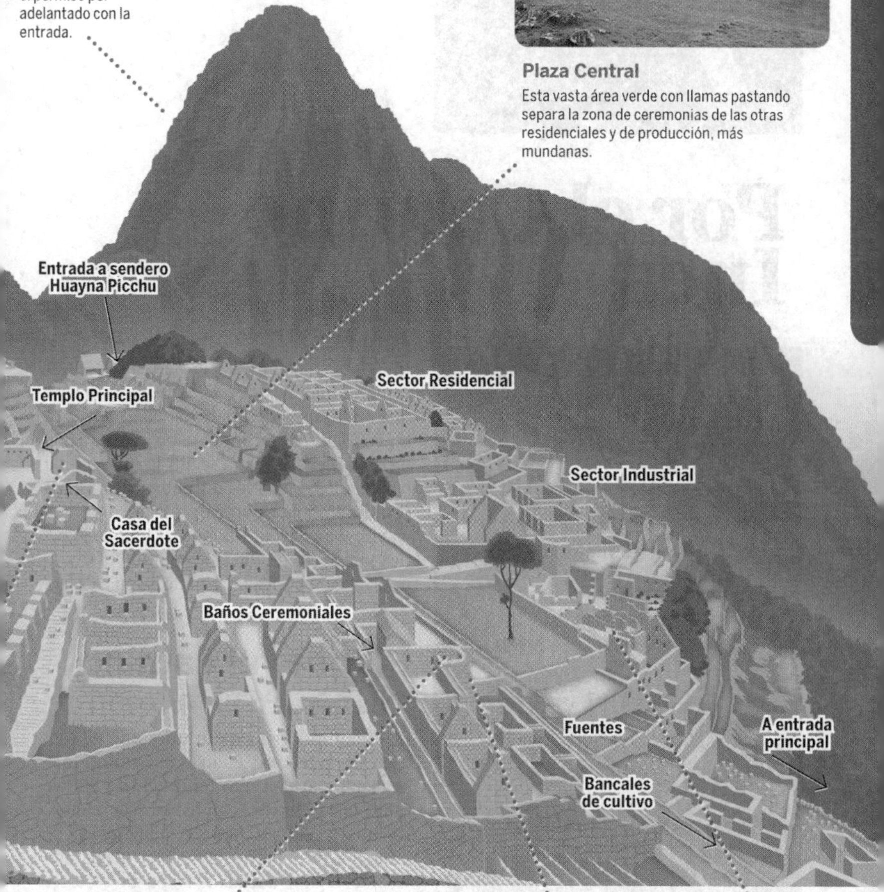

Templo del Sol

Se observa mejor desde arriba. Tiene un altar y ventanas trapezoidales y es la mejor obra de mampostería del yacimiento. Quizá se usó con fines astronómicos. Acceso prohibido.

Tumba Real

Al parecer esta cueva natural de roca ubicada bajo el Templo del Sol tenía fines ceremoniales. Se prohíbe el acceso, pero desde la entrada se puede observar el altar escalonado y los nichos sagrados.

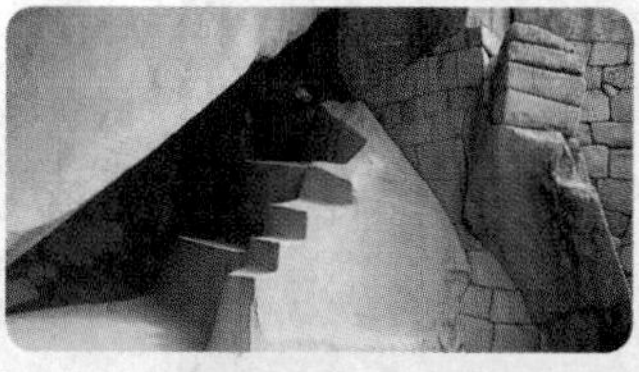

CAROLYN MCCARTHY

Templo del Cóndor

Búsquese la cabeza de cóndor tallada con unos afloramientos rocosos que parecen las alas abiertas. Detrás, una cavidad prohibida conduce a una diminuta celda subterránea.

Por el Camino Inca

Rutas alternativas a Machu Picchu

Camino Inca de dos días Ruta guiada con pernocta en los puntos destacados del camino. Los permisos son limitados: conviene reservar con mucha antelación.

Lares Esta opción, más cultural, se hace mejor con guía. Es una excursión flexible de varios días a pintorescos pueblos andinos, con viaje en tren de Ollantaytambo a Aguas Calientes.

Camino de Salkantay Pintoresca, aunque agotadora, excursión de cinco días que va de la jungla a terrenos alpinos a 4700 m de altitud. Se puede ir por libre o con guía.

Camino Inca por la selva Esta ruta guiada, con opciones de excursionismo, ciclismo y *rafting*, lleva a Machu Picchu pasando por Santa Teresa.

Imagínense profundas gargantas de color verde, perdidas ciudadelas y neblinosos picos que aparecen y desaparecen en el horizonte. Es increíble ascender estas escaleras de piedra milenarias para seguir la ruta andina oculta a los españoles durante siglos. Hacer el Camino Inca es un rito iniciático para el viajero y una aventura única. Como la logística puede confundir, este capítulo ofrece la información básica para ponerse en camino.

Planear el camino

Cuándo ir

Se organizan grupos durante todo el año, excepto en febrero, cuando el Camino Inca se cierra para su mantenimiento y llueve tanto que es una locura hacer excursiones. Los meses más fríos, secos y populares son de junio a agosto, pero si se va bien preparado y con el equipo adecuado se puede recorrer en cualquier mes.

Para evitar las aglomeraciones conviene ir antes o después de la estación de las lluvias: de marzo a mayo (más vegetación, orquídeas y aves) o de septiembre a noviembre.

Expectativas

Requiere estar en buena forma física, aunque no se cargue una mochila grande. Además de hacer ejercicio regularmente, las semanas previas al viaje (buen momento para comprobar el equipo) habrá que prepararse con otras

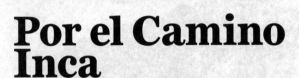

ADVERTENCIA

Debido a la popularidad del Camino Inca es necesario hacer la reserva al menos con seis semanas de antelación en fechas fuera de temporada alta y de seis meses a un año de mayo a principios de septiembre. Esa misma antelación ha de aplicarse a la ruta de dos días.

Si todas las fechas están reservadas, se puede realizar alguna de las rutas alternativas.

excursiones y largos paseos. Las botas han de estar ya domadas. Por el camino quizá deba hacerse frente a cuestiones como el calor y la altitud. Se aconseja no apresurarse; a un paso razonable se evitan muchos problemas.

Reservar el viaje

Entre mayo y agosto conviene reservar el viaje con al menos seis meses de antelación. El resto de meses se puede conseguir un permiso con pocas semanas de antelación, pero es difícil predecirlo. Solo los operadores autorizados obtienen permisos, aunque se puede comprobar la disponibilidad general en www.camino-inca.com.

Para relajar el paso y disfrutar de la naturaleza y las ruinas es mejor acordar un viaje de cinco días. Así, también, es más fácil encontrar lugares de acampada menos concurridos y pernoctar la tercera noche en el más pintoresco, Phuyupatamarka (3600 m).

Deben sondearse bien las opciones, no se lamentará. Conviene asesorarse en las agencias hasta dar con la que encaje. También hay que contratar un seguro de viaje internacional que cubra las actividades al aire libre.

Reglamento y precios

El Camino Inca es la única excursión en la zona de Cuzco que no puede hacerse por libre; es obligatorio reservarla a través de un operador autorizado. Los precios oscilan entre 480 y 600 US$ o más.

Solo se permite el acceso diario al trayecto a 500 personas (incluidos guías y porteadores), por lo que se precisa la mediación de un operador autorizado, que recibe los permisos por orden de solicitud. Es necesario proporcionar el número del pasaporte y enseñarlo en los controles a lo largo del camino. Si se tiene un nuevo pasaporte y se ha solicitado un permiso con el antiguo quizá surjan problemas.

Los permisos no pueden transferirse: no se permiten cambios de nombres.

Elegir un operador

A pesar de que resulta tentador reservar cuanto antes la excursión es mejor estudiar las opciones con atención antes de dejar un depósito. Si el precio es lo esencial, conviene tener presente que las agencias más baratas pueden recortar gastos pagando poco a sus guías y porteadores. Otros inconvenientes son la peor calidad del equipo (p. ej., tiendas con goteras) y guías poco motivados.

El pagar más tampoco significa mayor calidad, pues los operadores internacionales se llevan su parte y contratan agencias peruanas. Es mejor contactar con varias agencias para comprobar la calidad de sus servicios. Se puede pedir un listado de lo que está incluido e información sobre el tamaño del grupo y el transporte que se utilizará. Hay que asegurarse de que el circuito incluye tienda, comida, cocinero, entrada de un día a las ruinas y viaje de regreso en tren.

Si se sigue una dieta específica hay que indicarlo claramente antes de partir e insistir en las alergias (y no en cuestiones de preferencias). A los veganos se les suele ofrecer mucha quinua y lentejas. De ser posible, conviene confirmar por escrito la aceptación de estos requerimientos.

Los porteadores del equipo –tiendas, comida etc.– están incluidos. Cada uno transporta su equipaje personal, incluido el saco de dormir, a menos que se pague un porteador aparte, que suele costar unos 50 US$/día por 10 kg.

Una parte del encanto del viaje es conocer a viajeros de otros países. Hay que tener en cuenta que el paso de cada uno varía y que la dinámica del grupo requiere cierto grado de compromiso.

Los que prefieran servicios más exclusivos quizá deseen organizar excursiones priva-

AGUA

De camino se aconseja calentar el agua del día siguiente y guardarla en una botella hermética; sirve para calentar el saco de dormir y cuando se comienza a andar ya está fría para beberla.

das con un guía autorizado independiente (de 1250 a 2000 US$/persona). Es más caro, pero en grupos de seis o más personas puede resultar más barato que los grupos estándar. Los precios varían mucho, así que se recomienda comparar varios.

La protección social de los porteadores es una cuestión de suma importancia en la región de Cuzco (véase recuadro en p. 41) y el Ministerio de Trabajo de Perú hace respetar las leyes mediante multas y suspensión de licencias.

Los operadores citados no han sido sancionados en el último año. Por supuesto, existen muchos otros operadores respetables. Las siguientes empresas ofrecen excursiones y circuitos en Perú. Para más opciones con base en Cuzco véase p. 208.

Amazonas Explorer (☑84-25-2846; www.amazonas-explorer.com) Proveedor más veterano de Cuzco, social y ecológicamente responsable. Ofrece excursiones de cinco días y rutas alternativas.

Aracari (☑in Lima 01-651-2424; www.aracari.com) Reputada agencia de Lima con circuitos de lujo.

Aventours (☑84-22-4050; www.aventours.com; Saphi 456, Cuzco) Agencia responsable con personal veterano.

Culturas Peru (☑84-24-3629; www.culturasperu.com; Tandapata 354-A, Cuzco) Agencia muy experta y respetada, de propiedad y dirección local, con prácticas sostenibles.

Explorandes (☑en Lima 01-715-2323; www.explorandes.com) Ofrece itinerarios de cinco días y una versión de lujo; con certificado ISO.

Eco Trek Peru (☑24-7286; www.ecotrekperu.com; Atocsaycuchi 599) Una agencia de especialistas en senderismo con sede en Cuzco.

Peruvian Odyssey (☑84-22-2105; www.peruvianodyssey.com; Pasaje Pumaqchupan 204, Cuzco) Operador con 20 años de experiencia que también ofrece una ruta alternativa vía Santa Teresa.

Tambo Trek (☑84-23-7718; www.tambotreks.net) Agencia pionera que ofrece rutas clásicas y alternativas, y apoya las iniciativas de limpieza.

Qué llevar

Se recomienda llevar bastones. En el Camino Inca hay varios descensos de escalones de piedra que destrozan los cartílagos. Otras cosas útiles son: botiquín, filtro solar, sandalias o Crocs para acampar, chaqueta de plumas para las noches frías, impermeable, gorro y guantes, sobrero para el sol, toalla de viaje, botas de montaña domadas, calcetines gruesos, ropa interior térmica, forro polar, cantimplora o mochila de hidratación, repelente de insectos, pantalones largos y gafas de sol. Hay que asegurarse de que la mochila no pesa demasiado y que se llevan suficientes pilas para la cámara, pues por el camino no hay tiendas.

Conviene llevar dinero en efectivo (soles) para las propinas; la cantidad adecuada para un porteador es 100 PEN y 200 PEN para un cocinero.

Para más información sobre el equipaje en las excursiones de la región de Cuzco véase p. 209.

Rutas alternativas a Machu Picchu

Para más información sobre las siguientes excursiones, la asesoría sobre caminos incas alternativos del South American Explorers Club (p. 98) es un excelente recurso.

Camino Inca de dos días

Esta versión de 10 km del Camino Inca es una buena muestra de lo que implica el trayecto más largo. Es todo un entrenamiento y pasa por algunos de los paisajes más bonitos y las ruinas y terrazas más impresionantes del camino.

Consta de una empinada ascensión de tres a cuatro horas desde el km 104 hasta Wiñay Wayna y después otras dos horas por terreno más o menos llano hasta Machu Picchu. Se puede permanecer en el camino un par de horas más para disfrutar de las vistas o explorar. Se recomienda tomar el primer tren posible.

Se pernocta en Aguas Calientes y se visita Machu Picchu al día siguiente, por lo que en realidad solo se camina un día. El precio medio va de 400 a 535 US$.

Excursión al valle de Lares

No se trata de un camino en sí, sino de una excursión por alguna de las diferentes rutas que llevan a Ollantaytambo por el espectacular valle de Lares. La ruta comienza en unas fuentes termales y pasa por pueblos agrícolas andinos, yacimientos arqueológicos incas poco conocidos, exuberantes lagunas y gargantas de río. Finaliza en un viaje en tren de

PROTECCIÓN DE LOS PORTEADORES

Antes, los porteadores del Camino Inca tenían sueldos muy bajos, cargas demasiado pesadas y pésimas condiciones de trabajo. Hoy en día, las leyes actuales estipulan un pago mínimo de 170 PEN, equipo adecuado para dormir y comida, y tratamiento para las lesiones producidas en horas de trabajo. La carga se pesa en los controles del camino (cada porteador carga 20 kg de equipo del grupo y 5 kg de equipo propio).

Sin embargo, esas condiciones pueden mejorarse y una buena forma de hacerlo es elegir bien la agencia. Hay operadores muy respetables, pero solo unos pocos se atreven a cobrar el precio que requiere un viaje bien organizado, equipado y guiado. Una excursión de calidad cuesta unos 500 US$. Las agencias más baratas recortan gastos –en detrimento de los porteadores– en el Camino Inca y en otras excursiones. Conviene contratar empresas como las recomendadas en este capítulo y en la p. 209.

En el trayecto se puede hacer más:

» No llevar una carga excesiva. Alguien tendrá que acarrear la carga extra y los porteadores quizá no puedan llevar su equipo personal.

» No permanecer en la tienda-comedor hasta tarde; allí duermen los porteadores.

» Dar propina a los cocineros si gusta la comida y siempre a los porteadores.

» Dar propina a los porteadores directamente y en soles. No hay que hacerlo a través de la agencia o el guía.

» Si no se va a utilizar más el equipo, los pertrechos, como los sacos de dormir, son muy apreciados entre los porteadores. La ropa de abrigo, herramientas de bolsillo y linternas de cabeza son buenos regalos de fin de viaje.

» Si no gusta lo que se recibe hay que quejarse al guía y a la agencia, y formalizar una queja oficial en iPerú (www.peru.info), en una de sus sucursales o en línea.

A pesar de las evaluaciones anuales a los guías y las agencias, inhabilitar una empresa que haya actuado de forma irresponsable puede llevar tiempo, por lo que la información de los excursionistas es muy importante. Para conocer más sobre la vida de los porteadores se recomienda el documental *Mi Chacra*, galardonado con el premio a la mejor película del Banff Film Festival en el 2011.

Ollantaytambo a Aguas Calientes. A pesar de ser una excursión más cultural que técnica, el paisaje montañoso es impresionante y el paso de montaña más alto (4450 m) no es poca cosa. El precio medio es 460 US$.

Excursión a Salkantay

Es una excursión más larga y espectacular, con un acceso a Machu Picchu algo más difícil que el del Camino Inca. El punto más alto es un paso a más de 4700 m de altura cerca del magnífico pico cubierto por glaciares de Salkantay (6271 m; "montaña salvaje" en quechua). Desde allí se desciende hasta los vertiginosos valles subtropicales. Se tardan de cinco a siete días en llegar a Machu Picchu y el precio medio es 400 US$.

Mountain Lodges of Peru (☎84-26-2640; mountainlodgesofperu.com; 2390-2990 US$/persona) ofrece un enfoque más lujoso de la excursión, con guías de calidad y alojamiento en cómodas cabañas con *jacuzzi* exterior. El precio varía según la temporada.

Camino Inca por la jungla: la puerta trasera de Machu Picchu

Esta ruta ideada por proveedores y guías entre Cuzco y Machu Picchu pasa por Santa Teresa y ofrece opciones de dos a cinco días para hacer el camino en bicicleta, andando o en balsa. El número de días y de actividades varían, pero la parte esencial de los circuitos es la misma.

Comienza con un largo viaje en automóvil de cuatro a cinco horas de Cuzco a Abra Málaga –el paso más alto (4350 m) entre Ollantaytambo y la cuenca del Amazonas–. En un punto en el lado del Amazonas se sube a bicicleta de montaña para hacer el largo viaje a Santa María. Se empieza en una carretera asfaltada que se convierte en pista a los 20 km y es un increíble y paisajístico descenso de la zona glacial a la tropical, de 71 km en total.

Con algunos operadores se recorren a pie los 23 km de Santa María a Santa Teresa y con otros, que argumentan que no es una excursión interesante, aunque se hace un corto tramo del "*camino de hierro*" anterior a la conquista, la versión inca de una autopista, se va en automóvil (1 h).

De cualquier forma, se llega a las aguas termales de Cocalmayo en Santa Teresa. Algunas empresas incluyen *rafting* cerca de Santa Teresa; véase p. 210.

Desde Santa Teresa se pueden caminar los 20 km a Machu Picchu, 12 de ellos por vías férreas. El paisaje del río es bonito, aunque no especialmente atractivo y suele haber polvo y se pasa calor. También existe la opción de ir en un autobús y un tren. Se puede desandar esta ruta para volver a Cuzco, pero es mucho más rápido tomar el tren que pasa por el Valle Sagrado.

Hay muchas variantes de este viaje y las más básicas no incluyen hoteles o el precio de la entrada, por lo que conviene leer la letra pequeña. Tanto si se está en una tienda o un albergue, lo más importante es la calidad de las bicicletas, guías profesionales y si se camina o se toma el tren a Aguas Calientes. Una excursión de tres días/dos noches cuesta unos 379 US$ y suele incluir un circuito guiado en Machu Picchu y viaje de regreso en tren a Ollantaytambo.

Gravity Peru (☎84-22-8032; www.gravityperu.com; Santa Catalina Ancha 398, Cuzco) ofrece las bicicletas de mayor calidad. Otros operadores respetados son **Reserv Cusco** (☎84-26-1548; www.reserv-cusco-peru.com; Plateros 326, Cuzco) y **X-treme Tourbulencia** (☎84-22-4362; www.x-tremetourbulencia.com; Plateros 358, Cuzco).

Viajar con niños

Las mejores regiones para niños

Lima

A los niños les encanta el Parque del Amor, el Circuito Mágico del Agua, visitar los mercados y participar en las actividades al aire libre.

Cuzco y el Valle Sagrado

Ofrece algo para todas las edades, ya sea explorar los estrechos pasajes del casco antiguo de Cuzco, visitar un mercado tradicional o ascender la vía ferrata.

La costa

Los complejos costeros como Paracas y Huanchaco ofrecen playas y olas. Su suave y soleado clima facilita los objetivos.

Machu Picchu

¿Qué puede resultar más intrigante para un adolescente que los misterios de los incas? Los yacimientos cercanos de Ollantaytambo, Pisac y Maras también son interesantes.

Viajar con niños a Perú comporta evidentes ventajas. Esta sociedad, centrada en la familia, adora a los pequeños. Para los padres es una forma de entablar conversación con los lugareños y ayuda a franquear las barreras culturales. A su vez, es un destino fantástico para que los niños interactúen y exploren.

Este capítulo facilita la planificación de todas las fases del viaje.

Perú para niños

Los niños son bienvenidos, aunque es aconsejable tomar las mismas precauciones que en el país de origen. Hay que asegurarse de que viajen con las vacunas necesarias. Algunas actividades y espectáculos ofrecen entradas gratis o a precio reducido para ellos.

Lo básico

En Perú los niños suelen viajar en transporte público y se suele ceder el asiento a una madre con un niño u ofrecerse para llevarlo en el regazo. En general, los niños no pagan el billete si viajan sentados sobre sus padres.

Las embarazadas disfrutan de plazas de aparcamiento especiales y no hacen cola en las tiendas de alimentación. Dar el pecho en público es muy frecuente, aunque debe hacerse de forma discreta. Los servicios de canguros o los clubes de actividades infantiles suelen restringirse a los hoteles de lujo y complejos turísticos.

DIVERTIRSE COMO UN NIÑO

Perú ofrece muchas formas de satisfacer a los jóvenes aventureros; estas son algunas.

Aventura

» *Rafting* cerca de Cuzco

» Paseos a caballo en las estribaciones andinas

» Chapotear en las piscinas calientes de La Calera, en el cañón del Colca

» Tirolinas en el Valle Sagrado

» Ascender los escalones "Super Mario" de las ruinas de Moray

» Explorar las ruinas de Chachapoyas, el Valle Sagrado y Machu Picchu

» Contemplar la naturaleza del Amazonas

Ocio

» Fiestas con bailes tradicionales

» Cuerdas elásticas y muros de escalada en verano

» Llamas y alpacas en granjas y zoos infantiles

Comida

» *Quintas* (restaurantes de comida andina) con parrillas enormes y jardines con entretenimientos

» *Picnics* en afloramientos rocosos con vistas al mundo

Refugios en días lluviosos

» Chiquity Club en Cuzco y ludotecas en Lima

» Preparar chocolate en los museos del chocolate de Lima y Cuzco

En general, los lavabos públicos no están bien cuidados. Siempre hay que llevar papel higiénico. Una mujer puede entrar en el lavabo para señoras con un niño, pero está mal visto que un hombre entre en el de caballeros con una niña.

Salud y seguridad

Lo más importante es la dieta. Solo debe beberse agua filtrada o mineral. También conviene evitar las verduras crudas, a menos que se hayan preparado de forma correcta. Cuando se viaja con niños pequeños es necesario prestar especial atención a su dieta porque la diarrea puede ser peligrosa y no se puede vacunar a niños menores de 2 años de hepatitis A y fiebre tifoidea.

El sol puede ser peligroso, en especial en las alturas, por lo que deben estar bien tapados y protegidos con filtro solar. La altitud también puede conllevar problemas, hay que aclimatarse poco a poco. Es mejor no subir a grandes alturas con niños menores de 3 años.

No deben llevarse a niños menores de nueve meses a zonas de la jungla de poca altitud porque la vacuna de la fiebre amarilla no es segura en ese grupo de edad.

Los dos medicamentos principales para la malaria, Lariam y Malarone, puede administrarse a los niños, pero el repelente para insectos ha de aplicarse en concentraciones bajas.

Debido a que abundan los perros callejeros no está de más vacunarlos contra la rabia. La mayoría de los perros son tranquilos, pero es mejor evitar los que parezcan agresivos.

Para más información véase el capítulo Salud (p. 555).

Comida

Los restaurantes no cuentan con menús para niños, pero la mayoría ofrece platos adecuados para ellos o atiende peticiones especiales. Se pueden pedir platos sin picante para compartirlo con otro niño o con un adulto. No hay que esperar a que todos tengan hambre, pues el servicio puede ser lento. Algunos restaurantes grandes cuentan con tronas.

Aventura

Los viajes en tren o en piragua por la selva son toda una aventura para ellos. El turismo comunitario en zonas rurales puede ser una estupenda opción. Muchas de las actividades para adultos pueden adaptarse a los niños. Los paseos a caballo o el barranquismo suelen tener un límite de edad (a partir de 8 años), pero son perfectos para los adolescentes. Algunos ríos son apropiados para que los niños vayan en barca o hagan *rafting*; hay que asegurarse de que las agencias proporcionan salvavidas y trajes de neopreno de la talla adecuada.

Planificación

Cuándo ir

En verano (de diciembre a febrero) hay más posibilidades de disfrutar de buen tiempo y divertirse en la playa, aunque puede irse todo el año a la costa. Conviene evitar el Altiplano durante los meses de lluvia (de diciembre a marzo). La estación seca en el Altiplano, de junio a agosto, es ideal para explorar Cuzco y Machu Picchu, aunque es la temporada de mayor afluencia de turistas.

Alojamiento

La mayoría de los hoteles de precio medio y alto ofrecen descuentos si los padres comparten la habitación con niños menores de 12 años, y solo los de lujo proporcionan cunas. Las cabañas y apartamentos, con mayor presencia en destinos playeros, son una buena opción para cocinar por cuenta propia.

Qué llevar y qué alquilar

Si se viaja con bebés es mejor proveerse de pañales en Lima u otra gran ciudad antes de dirigirse a zonas rurales. También es conveniente llevar sus medicinas, termómetro y, por supuesto, su juguete preferido. La leche en polvo y la comida para bebé se encuentran fácilmente.

Los niños deben llevar ropa cómoda para las actividades al aire libre, bañador, sombrero para el sol, chaqueta de chándal y ropa de abrigo para los días y noches fríos. Antes de partir hay que asegurarse de que llevan calzado domado. Las sandalias o Crocs también son útiles en la costa. Una cámara digital barata o unos binoculares proporcionan grandes dosis de esparcimiento. Se puede alquilar bicicletas y cascos para niños y equipo de surf.

Los cochecitos para niños solo son útiles en las ciudades. Las mochilas portabebés son prácticas en las visitas a los mercados o en las excursiones con bebés o niños de más de seis meses.

Los juegos electrónicos y las tabletas atraen la atención si se utilizan en público; quizá es mejor limitar su uso a los hoteles.

Antes de partir

Cuando se planea un itinerario conviene tener presentes a los niños e involucrarlos en la planificación desde el principio. Si se alquila un automóvil es preciso indicar si se van a necesitar sillas para niños, pues no siempre están disponibles. *Travel with Children* de Lonely Planet ofrece buena información, consejos y anécdotas.

Los niños menores de 12 años tienen descuentos en los viajes en avión y los menores de 2 años solo pagan un 10% del precio si se sientan en el regazo de sus padres.

Si no se desea estar sujeto a un programa, hay muchas actividades que pueden reservarse con pocos días de antelación.

de un vistazo

Las distintas regiones de Perú, desde resecos desiertos costeros y afilados picos andinos hasta la exuberante extensión de la selva del Amazonas, cuentan con una rica diversidad de culturas y paisajes. La vida urbana en Lima es una de las más sofisticadas del continente, mientras que en las zonas remotas se sigue anclado en tradiciones milenarias. En este deslumbrante mosaico, las solemnes peregrinaciones honran a dioses indígenas y al cristiano, los neones de los clubes parpadean con regocijo juvenil y las ruinas transportan a la prehistoria. Además, la comida, sublimes creaciones que cambian con el paisaje, se prepara con ingredientes autóctonos y contemporáneos. Bienvenidos a Perú, un deleite para los sentidos.

Lima

Comida ✓✓✓
Cultura ✓✓✓
Vida nocturna ✓✓

Comida
La cocina multicultural de Lima, que ha revolucionado el mundo culinario, introduce ingredientes frescos e indígenas en sofisticadas elaboraciones. El festival gastronómico de Lima, que atrae a medio millón de personas, es un buen lugar para probarla.

Cultura
Lima, fundada en el s. xv, posee cultura a raudales, desde sus catacumbas coloniales y numerosos museos hasta novedosas galerías de arte en el vibrante barrio de Barranco.

Vida nocturna
Cuando el sol se pone en el Pacífico, Lima se ilumina con un millón de luces. Es la hora de disfrutar de la vida nocturna latina. Primero, se toma un pisco sour o un *chilcano* en un bar curtido o en un aterciopelado salón. Luego, se va a un club a bailar cumbia, house, techno, rock latino o *reggaetón* hasta la madrugada.

p. 52

Costa sur

Historia ✓✓
Aventura ✓✓
Vino ✓

Historia
En la costa sur de Perú vivieron dos civilizaciones preincaicas muy importantes. Nazca dejó su impronta en los famosos geoglifos del desértico paisaje al sur de Ica. Paracas enterró tejidos profusamente bordados en necrópolis cercanas a Pisco.

Aventura
Lunahuaná cuenta con algunos de los mejores descensos de ríos de Perú y el oasis de Huacachina y el cercano cerro Blanco, la duna más alta del mundo, ofrecen oportunidades igual de vertiginosas para practicar *sandboard*.

Vino
Las mejores uvas de Perú, un país que no hace mucho entró en el mundo de la viticultura, crecen en su bien regado desierto del sur. Ica es la capital vinícola, pero también hay buenas bodegas en Lunahuaná cerca de Lima, y en Moquegua, a pocas horas al sur de Arequipa.

p. 104

Arequipa y los cañones

Senderismo ✓✓✓
Arquitectura ✓✓
Comida ✓✓

Senderismo
Para muchos viajeros el senderismo en Perú se limita al Camino Inca. Si a uno le produce claustrofobia ver a más de 25 senderistas en un día, es mejor ir a los cañones del Colca y del Cotahuasi, que poseen espectaculares y aislados senderos kilométricos.

Arquitectura
Arequipa, bellamente construida con sillares volcánicos blancos, se promociona como una de las ciudades coloniales españolas mejor conservadas de América. Sin embargo, a las muy bien mantenidas iglesias barrocas de los pueblos del cañón del Colca se les hace menos propaganda.

Comida
Arequipa ya fusionaba las influencias quechua, española y china para elaborar una excepcional cocina híbrida, elemento esencial de sus tradicionales picanterías, mucho antes de que Perú se convirtiera en la "capital gastronómica de América".

p. 139

Lago Titicaca

Fiestas ✓✓✓
Cultura ✓✓✓
Desvíos ✓✓

Fiestas
Puno se toma en serio sus fiestas, en las que se ven trajes muy elaborados y más de 300 bailes tradicionales. No todas las ciudades tienen una virgen patrona; puede que por ello el día de la Virgen de la Candelaria (2 de febrero) se celebre con una ruidosa fiesta callejera, la más importante del año.

Cultura
La mejor forma de conocer la vida de esta gran extensión azul a casi 4000 m de altura es el turismo comunitario. Sus isleños viven en otra dimensión, desde las islas de los uros, confeccionadas con juncos, a los ritmos rurales de la isla Amantani.

Desvíos
Una visita a la reserva natural de la isla Suasi o pasar unos días en una casa particular de la orilla del lago para experimentar el intemporal Titicaca.

p. 169

Cuzco y el Valle Sagrado

Ruinas ✓✓✓
Aventura ✓✓✓
Cultura ✓✓

Ruinas
Muchas personas van de visita un día desde Cuzco, pero también se puede hacer una excursión por una ruta alternativa. Se agradece el poder sumergirse en la cultura y paisajes andinos antes de llegar a la meta.

Aventura
Cuzco, que posee muchas agencias de viajes, rivaliza con Huaraz en cuanto a centro de aventuras de Perú. Se puede ir a toda velocidad de los Andes a la jungla en una bicicleta de montaña, ascender una pared vertical por la vía ferrata o explorar la naturaleza en los alrededores de Ausangate.

Cultura
La cultura inca está presente en las ruinas y museos, pero las culturas indígenas vivas tienen otro tanto que ofrecer. Se puede hacer turismo comunitario, unirse al fervor de alguna fiesta o hacer la fascinante excursión cultural a Lares, a través de remotos pueblos andinos.

p. 194

Centro del Altiplano

Arquitectura ✓✓
Desvíos ✓✓✓
Fiestas ✓✓✓

Arquitectura
Las ciudades olvidadas de Ayacucho y Huancavelica ofrecen una mejor visión del esplendor del Perú colonial que Cuzco. Quizá carezcan de fondos para su conservación, pero tampoco las han estropeado las cadenas de tiendas y al pasear por sus antiguas calles se regresa al pasado.

Desvíos
El centro del Altiplano sigue semejándose a los Andes de los buenos tiempos: aventuras a través de espectaculares cañones en viejos autobuses por carreteras pésimas, hacia pueblos o templos poco visitados por los turistas.

Fiestas
Cuando en un valle hay una fiesta todos los días del año, la animación está servida. Las celebraciones se toman muy en serio en una región que cuenta con la mejor Semana Santa de Sudamérica. Los pueblos del río Mantaro son los más dispuestos a los festejos.

p. 271

Costa norte

Ruinas ✓✓✓
Comida ✓✓✓
Playas ✓✓

Ruinas
En la costa norte, en la que cada grano de arena de su desértico paisaje de grandes dunas oculta una ruina antediluviana casi intacta, no es difícil despertar el Indiana Jones que se lleva dentro.

Comida
El plato estrella de Perú, el ceviche (pescado crudo marinado en zumo de limón y chile, servido con cebolla, maíz y boniatos), desempeñó un papel importante en el renacimiento gastronómico del país y no hay nada mejor para hacer una cruzada en busca de marisco que su costa norte.

Playas
Sería extraño ir a Perú solo para pasar unas vacaciones en la playa, pero una vez allí uno se sorprende al pasear por la amplia arena de Huanchaco, Colán, Máncora o Punta Sal.

p. 309

Huaraz y las cordilleras

Senderismo ✓✓✓
Aire libre ✓✓
Ruinas ✓✓

Senderismo
Los majestuosos picos de la cordillera Blanca, la cordillera Negra y la cordillera Huayhuash vigilan algunos de los senderos más representativos de Sudamérica y ofrecen una multitud de excursiones en terrenos distintos y paisajes de postal.

Aire libre
La oferta de las cordilleras no se limita al senderismo. Estas imponentes montañas ofrecen abundantes aventuras al aire libre, desde bicicleta de montaña, paseos a caballo y escalada en roca a hitos más serios como la escalada en hielo y el montañismo.

Ruinas
Las cordilleras –empezando por las imprescindibles ruinas de Chavín de Huántar, Patrimonio Mundial y uno de los yacimientos más importantes de Perú– ofrecen maravillosas opciones de combinar las alegrías al aire libre con un poco de cultura antigua.

p. 364

Norte del Altiplano

Naturaleza ✓✓✓
Ruinas ✓✓
Comida ✓✓

Naturaleza
Desde los impresionantes 771 m de la catarata Gocta a la observación de aves y los nuevos alojamientos en la naturaleza, el norte del Altiplano sabe cómo afrontar el disfrute de algunos de los paisajes más impactantes de Perú.

Ruinas
Las ruinas de Kuélap, muy bien conservadas y casi tan impresionantes como Machu Picchu, se esconden en bosques nubosos de ensueño cercanos a Chachapoyas, y son razón suficiente para aventurarse en este rincón de la selva.

Comida
La cocina costera de Perú es más famosa, pero las recetas con influencias de la jungla de Tarapoto y Chachapoyas también deleitan los paladares. Se acompañan con elixires regionales macerados con raíces y enredaderas para brindar por la selva.

p. 405

Cuenca del Amazonas

Aventura ✓✓✓
Flora y fauna ✓✓✓
Fiestas ✓✓

Aventura
Senderismo en un denso follaje que obliga a cortarlo; recorrer ríos en piraguas como las de los exploradores del s. XVII; lanzarse en tirolina por encima de las copas de los árboles..., el Amazonas es sinónimo de aventura y es inevitable experimentar alguna.

Flora y fauna
No se trata solo de anacondas o insectos gigantes, ni de delfines rosados de río, del reflejo escarlata del gallito de roca cuyo único hábitat son los bosques nubosos de Manu, o de los avistamientos de jaguares, sino de su búsqueda y el placer del viaje lo que obliga a la observación de la naturaleza en el Amazonas.

Fiestas
Aquí se trata de divertirse. Las dos fiestas más importantes del Amazonas, San Juan (Iquitos) y Selvámonos (Oxapampa), son de las mejores de Perú; se celebran en junio, con solo una semana de diferencia entre ellas.

p. 439

Atención a estos iconos:

Recomendación del autor

Propuesta sostenible

GRATIS Gratis

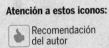

En el Índice se muestra la lista completa de los destinos incluidos en este libro.

En ruta

Lima

Sumario »

Los mejores restaurantes

» Central (p. 86)
» Astrid y Gastón (p. 86)
» El Verídico de Fidel (p. 83)
» El Rincón que no Conoces (p. 91)
» El Enano (p. 86)

Los mejores alojamientos

» 3B Barranco B&B (p. 82)
» Backpacker's Family House (p. 77)
» DUO Hotel Boutique (p. 77)

Por qué ir

La niebla que envuelve sus edificios coloniales y torres de pisos suaviza la adusta impresión que causa Lima. Esta gran metrópolis, que se alza sobre un largo litoral de acantilados, es la segunda capital más seca del mundo después de El Cairo. Para disfrutarla no hay nada como sumergirse en el caos de altas torres de pisos erigidas junto a templos precolombinos y en el ruidoso tráfico acompañado del rumor de las olas que avanzan del Pacífico. Es como el sur de California con una gran dosis de América Latina.

Con todo, también es sofisticada y su cultura, milenaria. Sus museos exhiben una cerámica sublime; las galerías exponen arte de vanguardia; las solemnes procesiones religiosas datan del s. XVIII y sus locales nocturnos vibran con ritmos tropicales. Nadie debería pasar por alto su talento culinario, una revolución gastronómica gestada durante más de 400 años.

Esta es Lima. Envuelta en historia, en su encantador desorden, pletórica de delicias estéticas. Imposible obviarla.

Cuándo ir

Lima

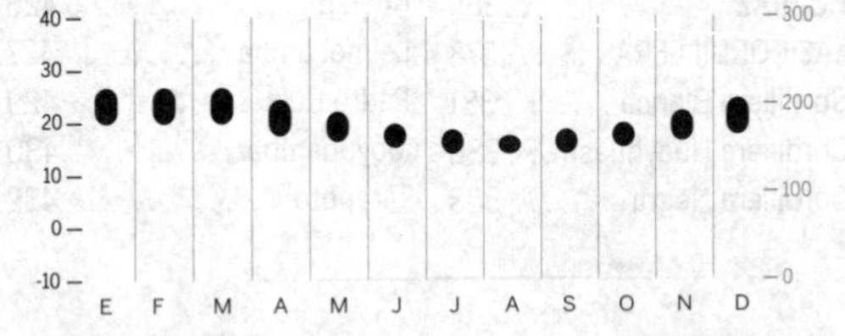

Dic-mar Meses más cálidos y cielos azules para hacer surf.

Todo el año Clima suave y seco: la capital puede visitarse todo el año.

Finales ago Procesiones en la fiesta de Santa Rosa de Lima, la principal santa del país.

Cocina urbana

En Lima la comida inspira tanto fervor como la religión. Así que la cuestión más difícil es qué comer. Se empieza probando platos locales:

Un sencillo puesto callejero (Anticuchos de la Tía Grima, p. 87) y un elegante comedor de Miraflores (Panchita, p. 89) sirven los mejores anticuchos, unas tiernas brochetas de corazón de ternera.

Las sublimes versiones del plato más seductor del país, el ceviche, tanto en locales económicos (El Verídico de Fidel, p. 83) como en los más caros (Pescados Capitales, p. 86); para algo muy diferente, pruébese el de Fiesta (p. 86).

La cocina criolla –una genial fusión de influencias españolas, andinas, chinas y africanas– del barato local de barrio Rincón Chami (p. 88), de El Rincón que No Conoces (p. 91) y del elegante Restaurant Huaca Pucllana (p. 87), no tiene parangón.

El servicio de primera, las largas cartas de vinos y los platos que combinan la tradición y lo nuevo alcanzan su cúspide en Astrid y Gastón (p. 86) y Malabar (p. 85).

La causa, un plato tan bonito como delicioso, ensalza la humilde patata y se ofrece en todos los restaurantes tradicionales.

INDISPENSABLE

La prestigiosa feria culinaria internacional, **Mistura** (www.mistura.pe), se celebra en septiembre en Lima y dura 10 días. Se accede con entrada y en ella participan, con platos asombrosos, desde los restaurantes más refinados a los mejores puestos callejeros.

Los mejores museos de Lima

» Museo Larco (p. 67), exhibe vasijas eróticas y es todo menos aburrido. Cuenta con la mayor colección mundial de arte precolombino y ofrece visitas nocturnas con cena y un patio iluminado.

» Fundación Museo Amano (p. 67), los antiguos tejidos y la cerámica de esta colección se disfrutan en la intimidad en circuitos privados con cita previa.

» Museo de Arte de Lima (p. 64), una reforma a fondo ha revitalizado a esta gran dama de las bellas artes.

» Monasterio de San Francisco (p. 59), es todo un tesoro de catacumbas centenarias, pero también alberga textos anteriores a la conquista y asombrosos accesorios coloniales.

» Museo Pedro de Osma (p. 69), aporta una visión de los tiempos coloniales en un bonito entorno, decorado con exquisitos cuadros de la Escuela de Cuzco y reliquias del virreinato.

PRINCIPALES PUNTOS DE ENTRADA

Los vuelos internacionales aterrizan en el aeropuerto internacional Jorge Chávez de Lima. No hay una terminal principal de autobuses: estos parten a destinos regionales e internacionales desde sus respectivas terminales en Lima.

Datos básicos

» Población: 8,5 millones

» Superficie: 800 km^2

» Altitud: nivel del mar

Consejo práctico

Una misma calle puede tener varios nombres en distintos tramos, como la Av. Arequipa (también Garcilaso de la Vega o Wilson). El nombre de algunas de ellas se repite en varios distritos, por lo que conviene indicar el barrio adecuado a los taxistas. Otras pueden cambiar de nombre: en esta guía se utilizan los más comunes.

Webs

» www.lonelyplanet.com/peru/lima (en inglés)

» www.livinginperu.com

» www.peru.travel

» www.saexplorers.org

» www.munlima.gob.pe

Imprescindible

1 Probar las delicias peruanas en los innovadores restaurantes de **Miraflores** (p. 86).

2 Tomar cócteles de pisco en los bares y *lounges* de **Barranco** (p. 92).

3 Admirar las obras maestras precolombinas en el **Museo Larco** (p. 67).

4 Explorar las arenosas ruinas con templos de distintas civilizaciones en **Pachacámac** (p. 101).

5 Saltar en **parapente** (p. 73) desde los acantilados de Miraflores y volar con el Pacífico en el horizonte.

6 Observar las calaveras de los santos más venerados de Latinoamérica en la **iglesia de Santo Domingo** (p. 57) en Lima Centro.

7 Pasear o pedalear por los barrios coloniales de **Barranco** (p. 69) y los parques del litoral de **Miraflores** (p. 67).

A Cajamarquilla (12km); Puruchuco (13km); Chosica (35km)
SANTA ANITA
Carretera Central
McCheca Eguiguren
Av La Molina
Av J P Pringles
Universidad Agraria
Av R Ferrero
LA MOLINA
Cerro El Agustino (482m)
Vía de Evitamiento
Río Surco
Club Golf Los Incas
Alameda del Corregidor
Cerro San Cristóbal (409m)
Av Ancash
Av N Ayllon
EL AGUSTINO
Av Grau
Hipódromo de Monterrico
MONTERRICO
Cerro San Francisco (629m)
Av Nicolás Arriola
SAN LUIS
Av Canada
Av El Polo
Museo de Oro del Perú
Iglesia de Santo Domingo
Av 28 de Julio
LA VICTORIA
Parque Zonal Túpac Amaru
Museo de la Nación
Av Panamericana Sur
Av de Molina
Av Manco Cápac
Av México
Av Javier Prado Este
SAN BORJA
SANTA BEATRIZ
Paseo de la República
Av Aviación
Av Primavera
Véase "Lima y La Victoria", p. 64
Paseo de la República (Vía Expresa)
LINCE
Av Brasil
SURQUILLO
Av A Benavides
Paseo de la República (Vía Expresa)
Av Aramburu
Av República de Panamá
A 4 Pachacamac (25km)
Av Santiago de Surco
JESÚS MARÍA
SAN ISIDRO
Av Arequipa
Av Benavides
Museo Nacional de Antropología
SANTIAGO DE SURCO
Lima Golf Club
Av Salaverry
Av S Carrión
Av Jose Pardo
Av Santa Cruz
1 7 Miraflores
Véase "San Isidro", p. 78
A Lurín (28km); Punta Hermosa (30km); San Bartolo (33km); Pico Alto (36km); Punta Rocas (38km)
Av Sucre
Véase "Miraflores", p. 68
Av Jorge Chávez
MAGDALENA DEL MAR
5
2 7 Barranco
Playa Costa Verde
Acantilados de Miraflores
Av Aguilar Pastor
Véase "Barranco", p. 72
Playa Agua Dulce
Paseo de la República
Av Huaylas
Malecón de Chorrillos
OCÉANO PACÍFICO
CHORRILLOS
Playa la Herradura
Playa la Chira
0 2 km

Historia

La antigua y la nueva Lima ha sobrevivido a terremotos, guerras y al esplendor y el declive de varias civilizaciones. Esta ciudad ha renacido tras cada devastación. En tiempos prehispánicos la zona fue el centro urbano de los pueblos lima, huari, ichsma e incluso de las culturas incas en diferentes períodos.

Cuando en enero de 1535 Francisco Pizarro esbozó los límites de su "Ciudad de los Reyes" vivían en el lugar unos 200 000 indígenas. En el s. XVIII la aldea española original de adobe y madera había dado paso a la capital del virreinato a la que acudían las flotas para cargar el oro con destino a Europa. En 1746, un fuerte terremoto destruyó gran parte de la ciudad, que se reconstruyó con bellas iglesias y amplias casonas. Tras la independencia, en 1821, la ciudad empezó a declinar, pues otros centros urbanos se erigieron como capitales de los nuevos estados independientes.

En 1880 Lima fue saqueada y ocupada por las tropas chilenas durante la llamada Guerra del Pacífico (1879-1883); el ejército chileno se llevó miles de tomos de la Biblioteca Nacional (devueltos en el 2007). En la década de 1920, gracias a la expansión posterior a la guerra, Lima creció surcada por una red de anchos bulevares inspirados en el diseño urbano de París. En 1940, otro devastador terremoto obligó a reconstruirla de nuevo.

A mediados del s. XX la población aumentó de forma exponencial. La llegada de campesinos pobres hizo crecer el número de habitantes del área metropolitana, que pasó de 661 000 en 1940 a 8,5 millones en el 2007. La inmigración fue especialmente intensa en la década de 1980, cuando los conflictos armados en los Andes desplazaron a muchas personas. Surgieron las chabolas, proliferó la delincuencia y la ciudad empezó a decaer. En 1992, el grupo terrorista Sendero Luminoso atentó con camiones bomba contra el barrio de clase media de Miraflores y sumió a Lima en uno de los más tristes períodos de su historia.

La Lima actual se ha rehecho y hoy goza de un nivel impresionante. Una economía sólida y un conjunto de mejoras municipales destinadas a su recuperación han llevado a pavimentar sus calles, renovar los parques y crear zonas públicas más seguras.

DISTRIBUCIÓN

El casco histórico de Lima, que cuenta con más de 30 municipios, es Lima Centro. La Av. Arequipa, una de las principales arterias de la ciudad, discurre en dirección sureste hacia el acaudalado San Isidro y el moderno barrio costero de Miraflores y, al sur, a Barranco.

Las principales rutas de autobús que comunican Lima Centro con San Isidro y Miraflores recorren amplias avenidas como Tacna, Garcilaso de la Vega y Arequipa. A estos barrios llega también el Paseo de la República o Vía Expresa, popularmente llamada el "Zanjón".

Puntos de interés

Lima Centro, el casco histórico de la ciudad, es una cuadrícula de animadas calles trazadas en el s. XVI, en tiempos de Francisco Pizarro, que alberga la mayor parte de la arquitectura colonial que se conserva. El opulento San Isidro es el centro financiero y uno de sus distritos más acomodados. Bordea el contiguo barrio costero de Miraflores, el centro contemporáneo, lleno de comercios, restaurantes y vida nocturna. Al sur está Barranco, un antiguo complejo turístico transformado en activo núcleo bohemio, con concurridos bares y bonitas zonas para pasear.

LIMA CENTRO

Las bulliciosas y estrechas calles del centro histórico y comercial, en la orilla sur del río Rímac, están flanqueadas por iglesias barrocas muy ornamentadas. Hay pocas mansiones coloniales, pues desaparecieron con la expansión, los terremotos y la perenne humedad.

Zona de la plaza de Armas

Plaza de Armas PLAZA

(plano p. 60) Los 140 m² de la plaza de Armas, también llamada plaza Mayor, no solo fueron el centro del asentamiento establecido por Francisco Pizarro en el s. XVI, sino el de todo el Imperio español en el continente. Aunque no queda ni uno solo de sus edificios originales, en el centro hay una impresionante fuente de bronce instalada en 1650.

La plaza está rodeada por una serie de edificios públicos: al este se halla el **Palacio Arzobispal** construido en 1924 en estilo colonial, con algunos de los balcones moriscos más exquisitos de la ciudad. Al noreste está el **Palacio de Gobierno**, que ocupa todo un bloque, en estilo barroco; desde 1937 es la residencia del presidente de Perú. Enfrente puede verse la guardia presidencial, con vistosos uniformes (recuerdan a los de la legión extranjera francesa de c. 1900), que al lento paso de ganso y acompañada por una banda que interpreta como una marcha militar "El cóndor pasa" hace el cambio de guardia a diario a las 12.00.

Aunque el palacio ya no está abierto a los visitantes, alberga exhibiciones temporales que requieren reserva previa de 48 horas. En su web aparece el programa, y las reservas se solicitan en la **oficina de Relaciones Públicas** (☎311-3900; www.presidencia.gob.pe; ⌚8.30-13.00 y 14.30-17.30 lu-vi).

Catedral de Lima CATEDRAL
(plano p. 60; ☎427-9647; museo 10 PEN; ⌚9.00-17.00 lu-vi, 10.00-13.00 sa) Se alza junto al Palacio Arzobispal, en el lugar elegido por Pizarro para levantar la primera iglesia de la ciudad en 1535. Aunque conserva la fachada barroca, el edificio actual ha sido construido y reconstruido en varias ocasiones: en 1551, en 1622 y tras los terremotos de 1687 y 1746. Su principal restauración fue en 1940.

La pasión neoclásica de finales del s. XVIII le despojó de su decoración barroca interior (lo que sucedió en otras muchas iglesias de Lima). Aun así, merece una visita. Las capillas que flanquean la nave albergan más de una docena de altares tallados en variados estilos, y el ornamentado **coro** de madera de Pedro de Noguera, de principios del s. XVII, es una obra maestra de la escultura rococó. El **museo** conserva pinturas, ornamentos y una intrincada sacristía.

Junto a la entrada principal se halla la **capilla recubierta de mosaicos,** donde yacen los restos de Pizarro. Su autenticidad se cuestionó en 1977, cuando unos trabajadores que limpiaban una cripta descubrieron varios cuerpos y una urna de plomo sellada con la inscripción "Aquí yace la cabeza del caballero marqués don Francisco Pizarro, que descubrió y ganó los reinos del Perú...". Tras una serie de pruebas realizadas en la década de 1980, científicos forenses estadounidenses concluyeron que el cuerpo que había sido antes expuesto era el de un oficial desconocido, y que el cuerpo brutalmente acuchillado y decapitado de la cripta era el de Pizarro. Ambos, cabeza y cuerpo se llevaron a la capilla, donde también puede verse la urna de plomo con dicha inscripción.

Es posible acordar una visita guiada por una módica suma.

Iglesia de Santo Domingo IGLESIA
(plano p. 60; ☎427-6793; Camaná esq. Conde de Superunda; iglesia gratis, convento 5 PEN; ⌚9.00-13.00 y 17.00-19.30 lu-sa) Esta iglesia es uno de los edificios religiosos más ilustres de Lima. Su amplio **monasterio** se levanta sobre un terreno concedido al fraile dominico Vicente de Valverde, que acompañó a Pizarro en la conquista e influyó de forma decisiva en la ejecución del prisionero inca Atahualpa.

LIMA EN...

Dos días

Este circuito a pie empieza en el centro colonial. Para almorzar se aconseja el histórico **El Cordano** (p. 84) o el encantador **Domus** (p. 84). Luego se va al **Museo Andrés del Castillo** (p. 63), ubicado en una bonita mansión, para ver la cerámica chancay. El día termina con la peregrinación más importante: tomar un pisco sour en **El Bolivarcito** (p. 91), el famoso bar del Gran Hotel Bolívar.

El segundo día puede ser precolombino o contemporáneo: o bien admirar la alfarería moche del **Museo Larco** (p. 67) o visitar una exposición sobre el Conflicto Interno en el **Museo de la Nación** (p. 66). Por la tarde, un café exprés en el **Café Bisetti** (p. 90) y un paseo por los jardines de los acantilados de **Barranco** (p. 69); también se puede visitar **Huaca Pucllana** (p. 69), el centenario templo de adobe del centro de Miraflores. Por la noche, se degusta la cocina novoandina en uno de los excelentes restaurantes de la ciudad.

Tres días

¿Se busca lo colonial? Por la mañana, una visita al exquisito **Museo Pedro de Osma** (p. 69) de Barranco para ver interesantes telas de la escuela cuzqueña y reliquias de la época del virreinato. O se va de excursión de un día a **Pachacámac** (p. 101) para admirar unas ruinas de hace casi dos milenios. La tarde se puede pasar regateando artesanías en el **Mercado Indio** (p. 94) de Miraflores.

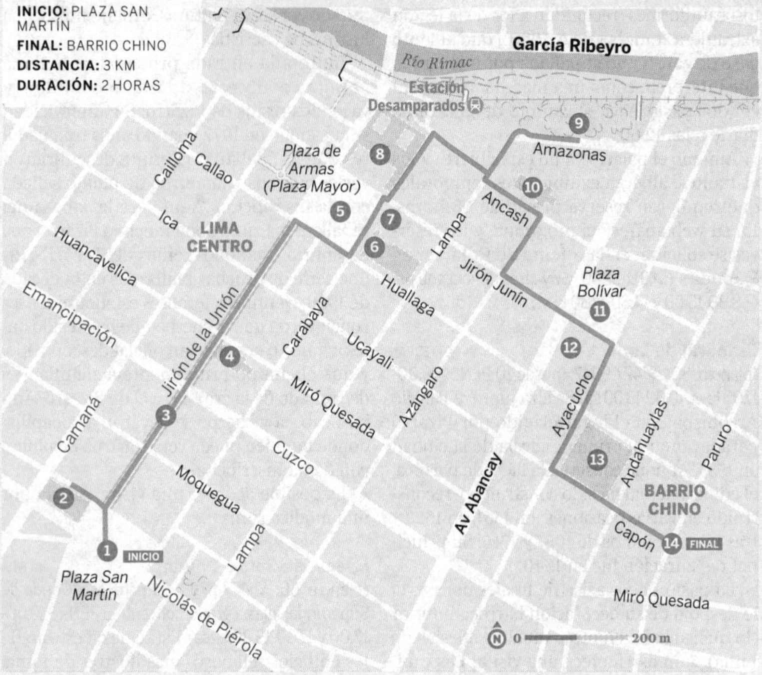

Circuito a pie
Lima Centro

Se empieza en la 1 **plaza San Martín,** para empaparse del desvaído esplendor del 2 **Gran Hotel Bolívar,** el primer hotel de la ciudad. Se recorre la calle peatonal 3 **Jirón de la Unión;** antiguo centro de la vida aristocrática y hoy llena de cines y zapaterías baratas. A la derecha se halla la 4 **iglesia de la Merced,** de 1541, donde se celebró la primera misa en Lima. El interior alberga bellos altares de caoba.

Este bulevar finaliza en el punto de referencia de la ciudad, la 5 **plaza de Armas,** rodeada por palmeras y embellecida con edificios color amarillo. En tiempos de los virreyes se utilizó como mercado, toril e incluso patíbulo. La restaurada 6 **catedral de Lima** alberga los antaño mal ubicados restos mortales del conquistador Francisco Pizarro, en una urna de plomo. En el rincón adyacente, el 7 **Palacio Arzobispal** posee algunos de los balcones moriscos mejor conservados de la ciudad, diseñados para no ser visto.

Hacia el noroeste, el grandioso 8 **Palacio del Gobierno,** barroco, actual sede presidencial, donde a las 12.00 tiene lugar el ceremonioso cambio de guardia, mientras una banda interpreta "El cóndor pasa".

El río Rímac discurre a espaldas del palacio. Detrás se halla el 9 **parque de la Muralla,** situado junto a los restos de la muralla de la ciudad. Se regresa por Amazonas a la calle Lampa y el 10 **monasterio de San Francisco** para ver las fascinantes catacumbas con calaveras y huesos formando dibujos geométricos.

Se cruza la avenida hasta la 11 **plaza Bolívar** o del Congreso, pasando por el macabro 12 **Museo de la Inquisición,** en cuyo sótano solo se torturan figuras de cera. Dos cuadras por Ayacucho llevan al 13 **Mercado Central,** con puestos que venden de todo y la calle peatonal Capón hasta el 14 **Barrio Chino** para comer en un restaurante cantonés.

La impresionante iglesia de color rosa se terminó de construir en el s. XVI, pero ha sido reconstruida y remodelada en varias ocasiones. Es célebre porque en ella reposan los restos mortales de tres santos peruanos: san Juan Macías, santa Rosa de Lima y san Martín de Porres (primer santo negro del continente). El convento –un amplio conjunto de patios con pinturas barrocas y adornado con antiguos azulejos españoles– alberga las tumbas de los santos. Pero las reliquias más interesantes están en la iglesia: los cráneos de san Martín y santa Rosa, conservados en urnas de cristal, están en un santuario situado a la derecha del altar principal. Para la historia de los santos del Perú colonial, véase recuadro en p. 496.

Monasterio de San Francisco MONASTERIO
(plano p. 60; ☎426-7377; www.museocatacumbas.com; Lampa esq. Ancash; adultos/niños menores de 15 años 7/1 PEN; ⏲9.30-17.30) Este monasterio e iglesia franciscanos, de intenso color amarillo, es famoso por sus catacumbas (un osario con unas 70 000 piezas) y su admirable biblioteca, que cuenta con 25 000 textos antiguos, algunos anteriores a la conquista. Pero el edificio barroco alberga otros tesoros: el más espectacular es la cúpula morisca geométrica, sobre la escalera principal, tallada en 1625 (y restaurada en 1969) en cedro nicaragüense. Además, el refectorio contiene 13 pinturas del patriarca bíblico Jacob y sus 12 hijos, que se atribuyen al taller del maestro español Francisco de Zurbarán.

La entrada incluye una visita guiada de 30 minutos, que empieza cuando se reúne un grupo.

GRATIS **Iglesia de la Merced** IGLESIA
(plano p. 60; ☎427-8199; Jirón de la Unión esq. Miró Quesada; ⏲10.00-12.00 y 17.00-19.00) La primera misa en latín en Lima se celebró en 1534, en el pequeño terreno donde hoy se alza esta iglesia. Construida en 1541, fue reconstruida a lo largo de los dos siglos siguientes. Gran parte de la estructura actual data del s. XVIII. Destaca la imponente fachada de granito, tallada en estilo churrigueresco (un estilo muy recargado, popular durante el barroco tardío español). En su interior, la nave está flanqueada por más de dos docenas de altares de estilo barroco y renacentista, algunos de ellos tallados en caoba.

A la derecha de la entrada se halla una gran cruz de plata que perteneció al padre Pedro Urraca (1583-1657), célebre por su visión de la virgen. Es un lugar de peregrinación para los fieles peruanos, que acuden para poner la mano en la cruz y rezar por sus milagros.

GRATIS **Santuario de Santa Rosa de Lima** IGLESIA
(plano p. 60; ☎425-1279; Tacna esq. Callao; ⏲7.30-12.00 y 17.00-20.00) Esta sencilla iglesia de color terracota, situada en una concurrida avenida, honra a la primera santa de América y se erige más o menos en el lugar donde ella nació. En el jardín hay un moderno santuario de adobe, del s. XVII, dedicado a la oración y la meditación de los devotos de la santa.

GRATIS **Casa-Capilla de San Martín de Porres** IGLESIA
(plano p. 60; ☎423-0707; Callao 535; ⏲9.00-13.00 y 15.00-18.00 lu-vi, 9.00-13.00 sa) Este edificio (hoy un centro de estudios religiosos), cruzando la calle desde el santuario de Santa Rosa de Lima, conmemora el lugar donde nació san Martín. Se pueden visitar los luminosos patios del interior y la diminuta capilla.

GRATIS **Iglesia de las Nazarenas** IGLESIA
(plano p. 60; ☎423-5718; Tacna esq. Huancavelica; ⏲7.00-13.00 y 17.00-21.00) Esta iglesia, una de las más profusamente decoradas de Lima, formaba parte de un antiguo barrio de chabolas habitado por esclavos en el s. XVII. Uno de ellos pintó la imagen de Cristo en la Cruz en un muro, que sobrevivió al devastador terremoto de 1655. La iglesia se construyó a su alrededor en el s. XVIII (la pintura está en el centro del altar principal). La iglesia ha sido reconstruida en numerosas ocasiones, pero el muro ha resistido. Cada año, el 18 de octubre se lleva en procesión el lienzo del Señor de los Milagros durante varios días y tiene miles de seguidores.

GRATIS **Iglesia de San Pedro** IGLESIA
(plano p. 60; ☎428-3010; www.sanpedrodelima.org; Azángaro esq. Ucayali; ⏲8.30-13.00 y 14.00-16.00 lu-vi) Esta pequeña iglesia del s. XVII es uno de los más bellos exponentes del barroco colonial de Lima. Consagrada por los jesuitas en 1638, poco ha cambiado desde entonces. Su interior está suntuosamente decorado con altares dorados, tallas de estilo morisco y azulejos.

GRATIS **Iglesia de San Agustín** IGLESIA
(plano p. 60; ☎427-7548; Ica esq. Camaná; ⏲8.00-9.00 y 16.30-19.30 lu-vi) Su fachada churrigueresca (concluida en 1720) está repleta de tallas en piedra de ángeles, flores, frutas (y,

Centro histórico

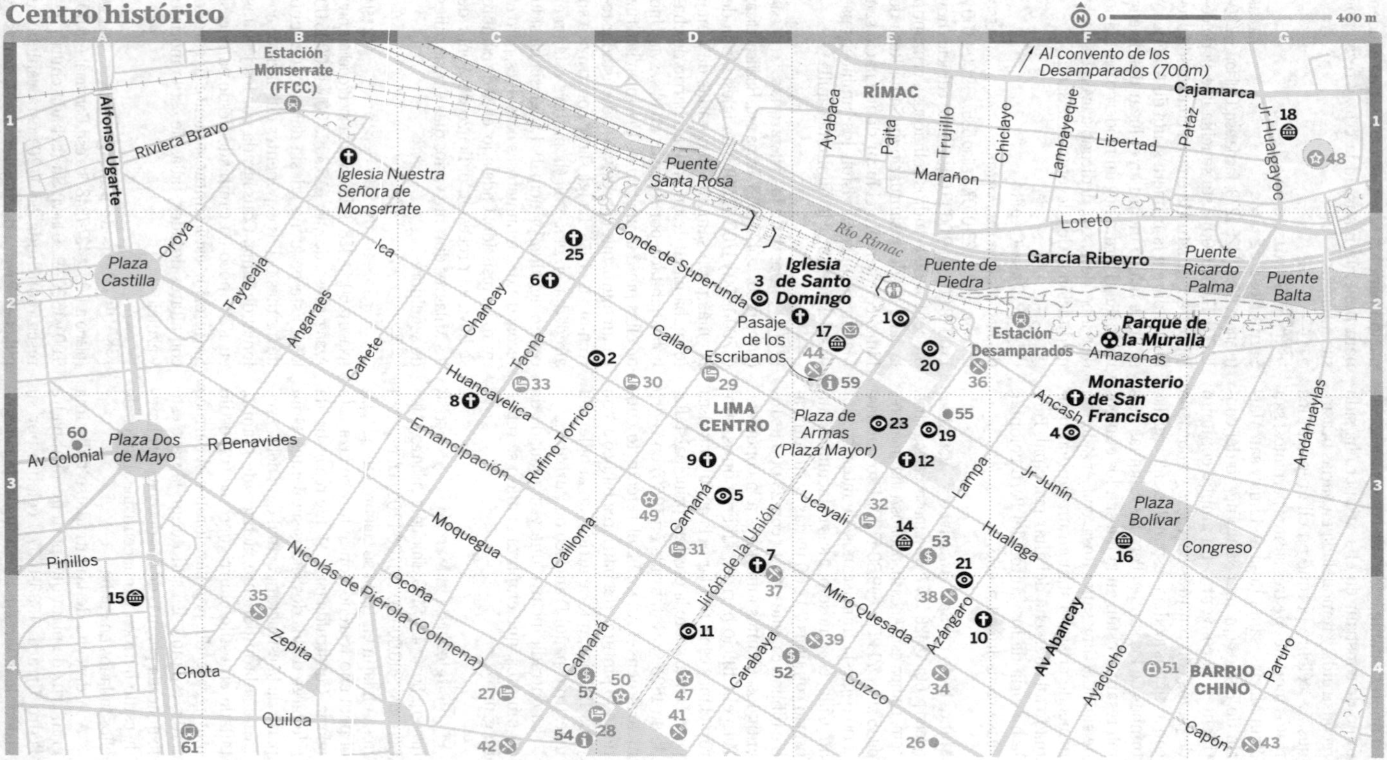

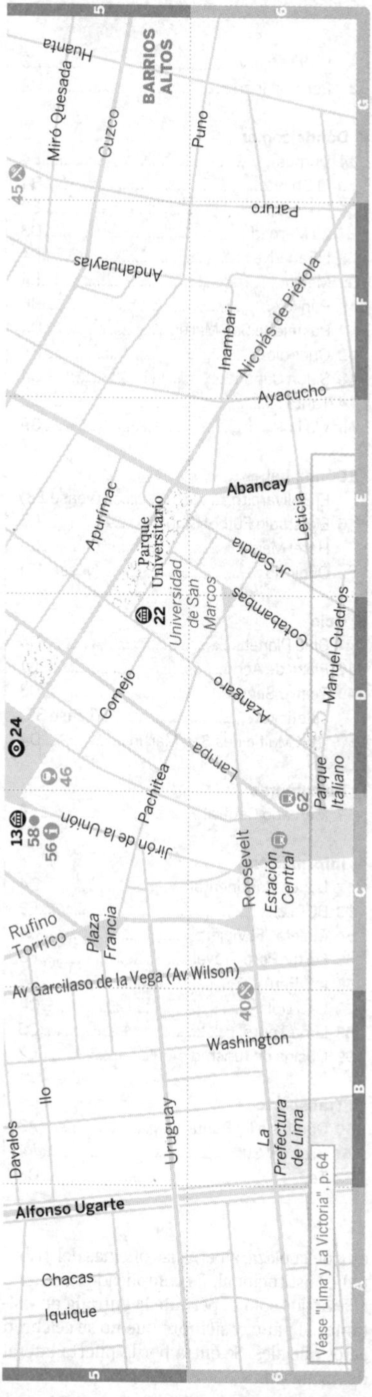

por supuesto, de san Agustín). El reducido horario de visita puede ser un inconveniente. El interior es soso, pero acoge una curiosa talla de madera llamada *La muerte*, del escultor dieciochesco Baltazar Gavilán. Según cuentan (tal vez es una historia falsa), Gavilán enloqueció tras aparecérsele su escalofriante escultura en plena noche y murió. A veces la obra se cede a exposiciones; conviene llamar antes.

Palacio Torre Tagle EDIFICIO HISTÓRICO
(plano p. 60; Ucayali 363; ⏲cerrado sa y do) La casona histórica más impecable de Lima se acabó de construir en 1735, con un pórtico barroco (el mejor de Lima) y llamativos balcones de estilo morisco. Hoy en día alberga el Ministerio de Asuntos Exteriores de Perú, por lo que el acceso está restringido. Sin embargo, los grupos e instituciones educativas pueden solicitar una visita con antelación a través de la **oficina cultural** (☎311-2400).

Casa de Aliaga EDIFICIO HISTÓRICO
(plano p. 60; http://casadealiaga.com; Jirón de la Unión 224; ⏲9.30-13.00, 14.30-17.45 lu-vi) Emplazada en una calle secundaria, junto a la oficina de correos la **Casa de Aliaga,** se levanta sobre un terreno otorgado en 1535 a Jerónimo de Aliaga, uno de los hombres de confianza de Pizarro, y ha sido ocupada por 16 generaciones de la misma familia. Su fachada no impresiona, pero el interior es maravilloso, con mobiliario antiguo y azulejos. También puede visitarse en un circuito organizado por Lima Tours (p. 98).

Casa de la Riva EDIFICIO HISTÓRICO
(plano p. 60; Ica 426; entrada 5 PEN; ⏲10.00-13.00 y 14.00-16.00 lu-vi) Espléndida mansión del s. XVIII, con bonitos balcones de madera, un elegante patio y mobiliario de época.

Casa de Oquendo EDIFICIO HISTÓRICO
(plano p. 60; ☎427-7987; Conde de Superunda 298; ⏲9.00-17.00 lu-vi, 9.00-12.00 sa) De color añil y ubicada dos manzanas al norte de la Casa de la Riva, esta casa data de principios del s. XIX y en su tiempo fue la más alta de Lima. Desde su torre de observación, en un día despejado, se ve Callao. Con antelación se organizan circuitos para grupos pequeños a cambio de un donativo.

Casa de Riva-Aguero EDIFICIO HISTÓRICO
(plano p. 60; ☎626-6600; Camaná 459; entrada 2 PEN; ⏲10.00-13.00, 14.00-19.00 lu-vi) Esta casona tradicional en dirección al centro alberga

Centro histórico

Principales puntos de interés
- Iglesia de Santo Domingo ... E2
- Monasterio de San Francisco ... F3
- Parque de la Muralla ... F2

Puntos de interés
- 1 Casa de Aliaga ... E2
- 2 Casa de la Riva ... D2
- 3 Casa de Oquendo ... D2
- 4 Casa de Pilatos ... F3
- 5 Casa de Riva-Aguero ... D3
- 6 Casa-Capilla de San Martín de Porres ... C2
- Gran Hotel Bolívar ... (véase 28)
- 7 Iglesia de la Merced ... D3
- 8 Iglesia de las Nazarenas ... C3
- 9 Iglesia de San Agustín ... D3
- 10 Iglesia de San Pedro ... E4
- 11 Jirón de la Unión ... D4
- 12 Catedral de Lima ... E3
- 13 Museo Andrés del Castillo ... C5
- 14 Museo Banco Central de Reserva del Perú ... E3
- 15 Museo de la Cultura Peruana ... A4
- 16 Museo de la Inquisición ... F3
- 17 Museo Postal y Filatélico ... E2
- 18 Museo Taurino ... G1
- 19 Palacio Arzobispal ... E3
- 20 Palacio de Gobierno ... E2
- 21 Palacio Torre Tagle ... E4
- 22 Panteón de los Próceres ... D5
- 23 Plaza de Armas ... E3
- 24 Plaza San Martín ... D5
- 25 Santuario de Santa Rosa de Lima ... C2

Actividades, cursos y circuitos
- 26 Instituto Cultural Peruano-Norteamericano ... E4
- Museo de la Cultura Peruana ... (véase 15)

Dónde dormir
- 27 Familia Rodríguez ... C4
- 28 Gran Hotel Bolívar ... D4
- 29 Hostal Bonbini ... D2
- 30 Hostal Roma ... D2
- 31 Hotel Kamana ... D3
- 32 Hotel Maury ... E3
- 33 Pensión Ibarra ... C2

Dónde comer
- 34 Domus ... E4
- 35 El Chinito ... B4
- 36 El Cordano ... E2
- 37 La Merced ... D3
- 38 L'Eau Vive ... E4
- 39 Metro ... E4
- 40 Panko's ... B6
- 41 Pastelería San Martín ... D4
- 42 Queirolo ... C4
- 43 Salón Capón ... G4
- 44 Tanta ... E2
- 45 Wa Lok ... G5

Dónde beber
- El Bolivarcito ... (véase 28)
- 46 El Estadio Fútbol Club ... D5
- Hotel Maury ... (véase 32)
- Queirolo ... (véase 42)

Ocio
- 47 Cine Planet ... D4
- 48 Plaza de Acho ... G1
- 49 Teatro Segura ... D3
- Teleticket ... (véase 39)
- 50 UVK Multicines San Martín ... D4

De compras
- 51 Mercado Central ... F4

Información
- 52 Banco Continental ... D4
- 53 BCP ... E3
- 54 Caseta "El Viajero" ... C4
- 55 Fertur Peru Travel ... E3
- 56 InfoPerú ... C5
- 57 LAC Dólar ... C4
- 58 Lima Tours ... C5
- 59 Oficina de turismo municipal ... E2

Transporte
- 60 Combis a La Punta ... A3
- 61 Cruz del Sur ... A4
- 62 Tepsa ... C6

el pequeño Museo de Artes y Tradiciones Populares.

GRATIS **Casa de Pilatos** EDIFICIO HISTÓRICO
(plano p. 60; ☎427-5814; Ancash 390; ⌚8.00-13.00 y 14.00-17.00 lu-vi) De color rojo y ubicada al este de la plaza, alberga las oficinas del Tribunal Constitucional. Es complicado acceder a ella ya que solo se permite la entrada de visitantes al patio, y siempre que no se celebren actos oficiales. Se entra por la puerta lateral de Azángaro.

Otros puntos de interés en Lima Centro

GRATIS **Parque de la Muralla** PARQUE

(plano p. 60; ☎427-4125; Amazonas, entre Lampa y Av. Abancay; ⌚9.00-21.00) Durante el s. XVII el centro de Lima estaba rodeado por una muralla que fue derribada en gran parte en la década de 1870, durante la expansión de la ciudad. Sin embargo, se puede ver un conjunto de restos excavados en el parque, donde además de la **muralla**, hay un pequeño **museo** (de horario variable) sobre el desarrollo de la ciudad y algunos objetos.

Más interesante es la estatua en bronce de Francisco Pizarro, obra del escultor estadounidense Ramsey MacDonald, de principios del s. XX. Antes se hallaba en el centro de la plaza de Armas, pero a medida que se ha ido cuestionando la figura histórica de Pizarro ha ido cambiando de ubicación. Lo curioso es que la escultura no representa a Pizarro, sino a un conquistador anónimo, una invención del escultor. MacDonald realizó tres piezas de esta estatua. Una se quedó en EE UU, otra fue a España y la tercera se donó a la ciudad de Lima tras la muerte del artista en 1934 (después de que México la rehusara). Por eso Pizarro –o mejor dicho su representante– se halla en los límites de este parque, testigo silencioso de los escarceos amorosos de los adolescentes peruanos.

GRATIS **Museo Banco Central de Reserva del Perú** MUSEO

(plano p. 60; ☎613-2000, ext. 2655; www.bcrp.gob.pe/proyeccion-institucional/museo.html; Lampa esq. Ucayali; ⌚10.00-16.30 ma-vi, 10.00-13.00 sa y do) Alojado en el elegante edificio sede de un banco, exhibe una visión de conjunto de varios milenios de arte peruano: de objetos de oro y cerámica precolombinos a una selección de cuadros de los ss. XIX y XX. No hay que perderse las acuarelas de Pancho Fierro expuestas en el piso superior, que ofrecen una relación insuperable de vestuario y clase en la Lima del s. XIX. Se requiere identificación para entrar.

GRATIS **Museo Postal y Filatélico** MUSEO

(plano p. 60; ☎428-0400; Conde de Superunda 170; ⌚9.00-17.00 ma-vi, 9.00-13.00 sa y do) Para conocer a fondo todo lo referente al sistema postal peruano. Está situado junto a la oficina principal de correos.

GRATIS **Museo de la Inquisición** MUSEO

(plano p. 60; ☎311-7777, ext. 5160; www.congreso.gob.pe/museo.htm; Jirón Junín 548; ⌚9.00-17.00) Un edificio neoclásico frente a la plaza Bolívar acoge este pequeño museo, antigua sede del Tribunal de la Inquisición española. En el s. XIX el edificio se amplió y reconstruyó para albergar el Senado. Hoy, se puede visitar la planta baja, con figuras de cera morbosamente torturadas. La antigua biblioteca del primer piso conserva un notable artesonado barroco de madera. Se puede acceder en una visita guiada de media hora, tras la cual se puede pasear libremente.

Jirón de la Unión LUGAR HISTÓRICO

(plano p. 60) Desde finales del s. XIX a principios del s. XX, las cinco manzanas peatonales de **Jirón de la Unión**, desde la plaza de Armas hasta la plaza San Martín, eran el lugar donde exhibirse y observar. Desde entonces estas calles han perdido su lustre aristocrático, pero conservan las conchas de los edificios neocoloniales y *art déco*. Atención a los carteristas que aprovechan la distracción del público que observa a los artistas callejeros.

Plaza San Martín PLAZA

(plano p. 60) Construida a principios del s. XX, se ha revitalizado en los últimos años tras la restauración de su parque y el lavado de cara de la arquitectura *beaux arts* que la rodea. Es especialmente encantadora al atardecer, cuando se ilumina. La plaza lleva el nombre del libertador de Perú, José de San Martín, cuya escultura ecuestre se halla en el centro. En la base de la estatua figura una pieza de bronce que representa a la Madre Patria. Se encargó en España con la consigna de dotar la cabeza de la dama con una corona de llamas, pero se produjo un equívoco por homonimia que hizo que el desafortunado artesano colocara una preciosa llamita (animal) en su cabeza.

El antaño majestuoso **Gran Hotel Bolívar** (p. 76), construido en la década de 1920, preside la plaza al noroeste.

Museo Andrés del Castillo MUSEO

(plano p. 60; ☎433-2831; www.madc.com.pe; Jirón de la Unión 1030; entrada 10 PEN; ⌚9.00-18.00, cerrado ma) En una prístina mansión del s. XIX, con suelos de azulejos españoles, este recomendable y nuevo museo privado alberga una gran colección de minerales, además de una asombrosa selección de telas de Nazca y alfarería chancay, que incluye notables representaciones de perros sin pelo peruanos.

Panteón de los Próceres MONUMENTO

(plano p. 60; ☎427-8157; parque Universitario; ⌚10.00-17.00) Este monumento, ubicado en

Lima y La Victoria

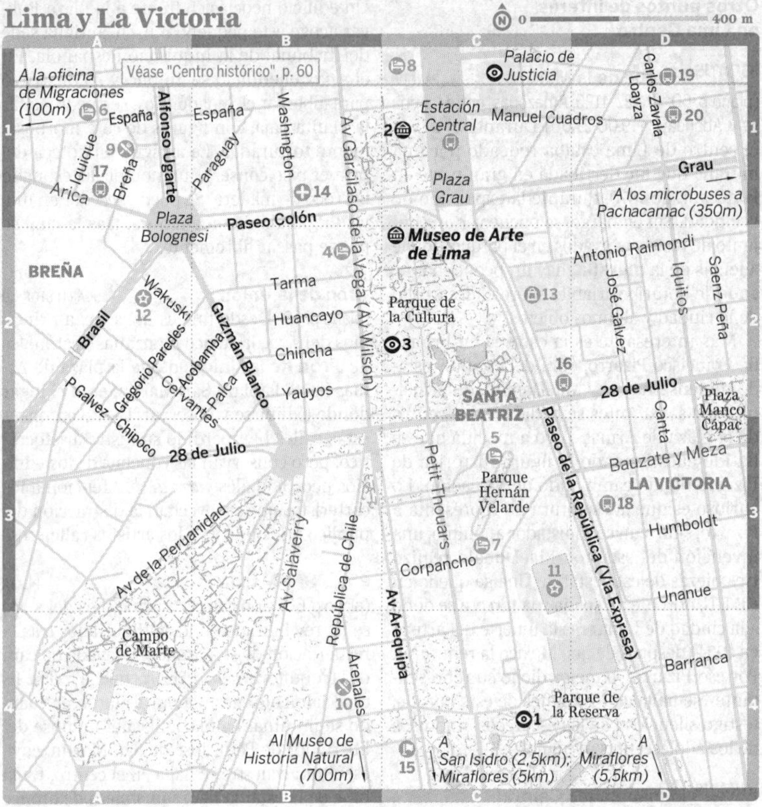

una iglesia jesuita del s. XVIII poco visitada, rinde homenaje a los próceres de la patria, de Túpac Amaru II, el líder quechua del s. XVIII que acaudilló una sublevación indígena, a José de San Martín, que condujo al país a la independencia en la década de 1820. La cripta, con hileras de mosaicos, contiene los restos de Ramón Castilla, presidente de Perú durante cuatro mandatos, que gobernó el país durante gran parte del s. XIX. Conserva un impresionante altar barroco tallado en caoba ecuatoriana, del s. XVI.

Museo de la Cultura Peruana MUSEO

(plano p. 60; ☎423-5892; Alfonso Ugarte 650; entrada 3,60 PEN; ⏲10.00-17.00 ma-vi, 10.00-14.00 sa) Unas seis calles al oeste de la plaza San Martín, en una concurrida avenida, se encuentra este museo de arte popular. La colección, formada por elaborados retablos de Ayacucho, alfarería de Puno y obras en pluma del Amazonas, se expone en un edificio cuya fachada exterior está inspirada en la arquitectura precolombina.

Museo de Arte de Lima MUSEO

(plano p. 64; ☎204-0000; www.mali.pe; paseo Colón 125; adultos/niños 12/4 PEN; ⏲10.00-17.00, cerrado mi) El principal museo de arte de Lima, conocido como MALI, se encuentra en un imponente edificio *beaux arts* renovado hace poco. Exhibe desde arte precolombino a arte contemporáneo y ofrece visitas guiadas a las exposiciones especiales. Los domingos la entrada solo cuesta 1 PEN. En Barranco se está construyendo un museo satélite.

Parque de la Cultura PARQUE

(plano p. 64) En origen conocido como parque de la Exposición, hoy alberga jardines y un pequeño anfiteatro para espectáculos al aire libre. Acoge dos de los museos de arte más importantes de Lima.

Lima y La Victoria

Puntos de interés
Museo de Arte de Lima C2

Actividades
1 El Circuito Mágico del Agua C4
2 Museo de Arte Italiano C1
3 Parque de la Cultura C2

Dónde dormir
4 1900 Backpackers B2
5 Clifford Hotel C3
6 Hostal Iquique A1
7 La Posada del Parque C3
8 Lima Sheraton C1

Dónde comer
9 Cevichería La Choza Nautica A1
10 Rovegno B4

Ocio
11 Estadio Nacional C3
12 Las Brisas del Titicaca A2

De compras
13 Polvos Azules C2

Información
14 Clínica Internacional B1
15 Israeli Embassy C4

Transporte
16 Civa C2
17 Minibuses a Chosica A1
18 Movil Tours D3
19 Ormeño D1
20 PeruBús D1

Museo de Arte Italiano MUSEO
(plano p. 64; ☎423-9932; paseo de la República 250; adultos/niños 3/1 PEN; ⏲10.00-17.00 lu-vi) Al norte del MALI, este museo expone una colección de arte académico italiano de los ss. XIX y XX. Lo más notable son los bellos mosaicos venecianos de su fachada principal.

Circuito Mágico del Agua FUENTE
(plano p. 64; parque de la Reserva, Av. Petit Thouars, cuadra 5; entrada 4 PEN; ⏲16.00-22.00) Este conjunto de 13 fuentes emociona incluso a los visitantes más imperturbables: de diversas formas y colores estas fuentes ofrecen un espectáculo con láser que concluye en la fuente de la Fantasía (de 120 m de altura). Todo ello acompañado de música, desde valses peruanos hasta canciones de Abba. Ver para creer.

Museo de Historia Natural MUSEO
(fuera de plano p. 64; ☎471-0117; http://museohn.unmsm.edu.pe; Arenales 1256, Jesús María; adultos/niños 7/5 PEN; ⏲9.00-17.00 lu-sa, 10.00-13.30 do) Este museo, una calle al oeste de la *cuadra* 12 de la Av. Arequipa, al sur del parque de la Reserva, depende de la Universidad de San Marcos. Alberga una modesta colección de taxidermia sobre la fauna peruana.

RÍMAC

El barrio de Rímac puede resultar peligroso. Lo mejor es ir en taxi o en un circuito organizado para visitar los siguientes puntos de interés:

Museo Taurino MUSEO
(plano p. 60; ☎481-1467; Hualgayoc 332; entrada 5 PEN; ⏲9.00-18.00 lu-vi) El coso de Lima, la plaza de Acho, se construyó al norte del río Rímac en 1766. Algunos de los toreros más famosos del mundo han toreado en ella, entre ellos Manolete, el célebre matador español. La visita incluye un circuito guiado gratis por las salas donde se exponen espadas, pinturas, fotografías y trajes de luces de varios toreros, algunos con agujeros y manchas de sangre.

Cerro San Cristóbal MIRADOR
Este **cerro** de 409 m de altura, al noreste de Lima Centro, tiene un **mirador** en lo alto con vistas a la ciudad que alcanzan hasta el Pacífico (aunque en invierno la garúa lo impide). Una gran **cruz,** construida en 1928 e iluminada de noche, es una de las maravillas de Lima y lugar de peregrinación en Semana Santa y el primer domingo de mayo. Hay un pequeño **museo** (entrada 1 PEN). Desde la plaza de Armas se puede tomar un taxi a la cima (desde 16 PEN) o esperar el **bus "Urbanito"** (☎428-5841; www.urbanito.com.pe; Jr. Manoa 391, Breña; 5 PEN/persona; ⏲10.00-19.00), en el extremo suroeste de la plaza, que realiza un circuito de una hora en la cima. Los autobuses pasan cada 30 minutos.

Convento de los Descalzos MUSEO
(plano p. 60; ☎481-0441; Alameda de los Descalzos s/n; entrada 6 PEN; ⏲10.00-13.00 y 15.00-18.00, cerrado ma) Este convento y museo del s. XVI

UNA CIUDAD EXTRAÑAMENTE TRISTE

Si se visita Lima en invierno (de abril a octubre), quizá se vea una ciudad sumida en la niebla, la llamada *garúa*. Y no perdona: el cielo parece de alabastro blanco y la ciudad se hunde en la melancolía. Lo que resulta curioso es que este microclima ultramundano ha sido fuente de inspiración literaria. La cita más famosa sobre Lima aparece nada menos que en *Moby Dick*, de Herman Melville, autor que visitó la ciudad en el s. XIX: "Es la ciudad más triste y extraña que se pueda imaginar", escribió; "Lima ha tomado el velo blanco, y así se acrecienta el horror de la angustia".

Muchos novelistas peruanos también escriben sobre la garúa, como el limeño Mario Vargas Llosa, galardonado con el Premio Nobel. En su tratado de 1964, *Lima la Horrible*, el ensayista Sebastián Salazar Bondy describe la niebla como la "tenaz garúa, un polvo flotante, una niebla fría". Alfredo Bryce Echenique la ha comparado con "la barriga de una ballena muerta", y Daniel Alarcón dice de ella que es "pesada, plana y oscura, un techo de algodón sucio".

¿Por qué construyeron los conquistadores españoles la capital de su imperio andino en un punto de la costa casi siempre cubierto por semejante niebla fantasmal? Quizá porque Francisco Pizarro fundó la ciudad un 18 de enero –en pleno verano–, cuando el cielo siempre es azul.

dirigido por los "descalzos" (en referencia a los frailes franciscanos) se halla en un extremo de la atractiva Alameda de los Descalzos. Se puede visitar la antigua sala de elaboración de vino en la cocina, un refectorio, una enfermería y las celdas monásticas. Hay también unas 300 pinturas coloniales, entre ellas, obras del reconocido artista de la escuela cuzqueña Diego Quispe Tito. Ofrece circuitos de 45 minutos. Un taxi desde la plaza de Armas cuesta un mínimo de 10 PEN.

LIMA ESTE

Conforme se avanza hacia el este, la ciudad empieza a encaramarse por las estribaciones de los Andes, una zona sembrada de edificios gubernamentales y ordenados barrios residenciales.

Museo de la Nación MUSEO

(☎476-9878; Av. Javier Prado Este 2466, San Borja; entrada 7 PEN; ⏲9.00-18.00 ma-do) Una colosal torre de cemento alberga este museo cajón de sastre, que ofrece una somera visión general de las civilizaciones de Perú, desde tallas en piedra de los chavín y quipus de cuerdas anudadas (una especie de archivo) de los incas a objetos coloniales. También cuenta con importantes exposiciones temporales internacionales (suelen ser con entrada aparte), pero la razón principal para visitar este museo es la muestra permanente del 6º piso llamada **Yuyanapaq**, palabra quechua que significa "recordar". Se trata de un conmovedor homenaje fotográfico sobre el Conflicto Interno (1980-2000), organizado por la Comisión de la Verdad y Reconciliación de Perú en el 2003, y de visita obligada para los estudiantes de la historia contemporánea latinoamericana. Para más información sobre la Comisión, véase recuadro en p. 508.

Desde San Isidro se puede tomar uno de los muchos autobuses o *combis* (furgonetas) que se dirigen al este por la Av. Javier Prado Este en dirección a La Molina.

Museo Oro del Perú MUSEO

(☎345-1292; www.museoroperu.com.pe; Alonso de Molina 1100, Monterrico; adultos/niños menores de 11 años 33/16 PEN; ⏲10.30-18.00) Este museo privado fue uno de los más importantes de Lima hasta el 2001, cuando un estudio reveló que el 85% de las piezas de metal de su colección eran falsas. Reabrió sus puertas garantizando que las obras expuestas eran auténticas, aunque en algunas piezas se indica que son reproducciones. Las abarrotadas y poco documentadas muestras siguen siendo objeto de deseo.

De mayor interés (y quizá más auténticas) son las miles de armas expuestas en el **Museo de Armas**, que ocupa la planta baja del edificio. Repartidos en varias salas se exponen rifles, espadas y pistolas de todas las épocas, e incluso un arma de fuego que perteneció a Fidel Castro.

Al Museo Oro del Perú se llega en taxi o en *combi* yendo hacia el noroeste por Angamos hacia Monterrico y bajándose en el puente Primavera. Desde allí hay unos 15 minutos a pie hasta el museo.

Asociación Museo del Automóvil MUSEO
(☎368-0373; www.museodelautomovilnicolini.com; Av. La Molina, cuadra 37, esq. Totoritas, La Molina; adultos 20 PEN; ⏲9.30-19.00) Muestra una impresionante colección de automóviles clásicos que datan de hasta 1901, desde un Ford T al Cadillac Fleetwood utilizado por cuatro presidentes peruanos.

SAN ISIDRO Y PUNTOS DE INTERÉS EN EL OESTE

Una serie de barrios de clase media y alta ofrecen algunos puntos de interés a destacar.

Museo Larco MUSEO
(☎461-1312; http://museolarco.org; Bolívar 1515, Pueblo Libre; adultos/niños menores de 15 años 30/15 PEN; ⏲9.00-22.00) Ubicado en una mansión virreinal del s. XVIII, este museo alberga una de las muestras mejores y más extensas de cerámica de Lima. Fundado en 1926 por Rafael Larco Hoyle, coleccionista y catalogador de objetos precolombinos, la colección incluye unas 45 000 piezas catalogadas y bien expuestas. Hay cerámica de las culturas cupisnique, chimú, chancay, nazca e inca, pero la estrella del museo son los retratos de navíos de la cultura moche, presentados en cajas sencillas y bien iluminadas. También destaca el huari que teje en una de las galerías posteriores, a razón de 398 hilos por cada 2,5 cm. Todo un hito. También exhibe oro y joyas. Muchos visitantes se sienten atraídos por la colección, en una sala aparte, de objetos eróticos precolombinos muy explícitos. No hay que perderse la vitrina que contiene las enfermedades de transmisión sexual.

El **Café del Museo** (platos ppales 28-40 PEN), muy recomendado, da a un jardín privado cubierto de buganvillas y es un lugar perfecto para comer ceviche.

Se puede tomar un autobús desde la Av. Arequipa, en Miraflores, con el rótulo "Todo Bolívar", para ir hasta la cuadra 15 de Bolívar. Una línea azul pintada en la acera une este edificio con el Museo Nacional de Antropología, Arqueología e Historia del Perú, a unos 15 minutos a pie.

Museo Nacional de Antropología, Arqueología e Historia del Perú MUSEO
(☎463-5070; plaza Bolívar, San Martín esq. Vivanco, Pueblo Libre; adultos/niños 10/1 PEN; ⏲9.00-17.00 ma-sa, 9.00-16.00 do) Este museo ofrece un recorrido por la historia de Perú, desde el período precerámico hasta el inicio de la República. La muestra incluye la famosa estela de Raimondi, una talla de roca de 2,1 m perteneciente a la cultura chavín, una de las primeras culturas andinas con un estilo artístico amplio y reconocible. Integrada en el museo está la Quinta de los Libertadores, donde vivieron los héroes revolucionarios San Martín (de 1821 a 1822) y Bolívar (de 1823 a 1826). Se exponen pinturas coloniales tardías y republicanas tempranas, entre ellas una representación dieciochesca de la *Última cena* en la que Jesucristo y sus discípulos toman *cuy* (conejillo de Indias).

Desde Miraflores se toma una *combi* "Todo Brasil" desde la Av. Arequipa (al norte desde el Óvalo) hasta la cuadra 22, en la esquina de Vivanco, y luego se suben a pie siete calles. Una línea azul conecta este museo con el Larco.

Huaca Huallamarca RUINAS
(plano p. 78; ☎222-4124; Nicolás de Rivera 201, San Isidro; adultos/niños 5,50/1 PEN; ⏲9.00-17.00 mado) Esta sencilla y muy restaurada pirámide de adobe de la cultura inca data de entre el 200 y el 500 d.C. y está escondida entre torres de apartamentos y lujosas residencias. Un pequeño museo informa sobre su excavación y exhibe unas momias.

Bosque El Olivar PARQUE
(plano p. 78) Este **parque** tranquilo, verdadero oasis en medio de San Isidro, está formado por los restos de un antiguo olivar que fue en parte plantado por el venerado san Martín de Porres en el s. XVII.

MIRAFLORES

El bullicioso centro urbano moderno –lleno de restaurantes, tiendas y locales nocturnos– mira al Pacífico desde un conjunto de abruptos acantilados.

GRATIS **Fundación Museo Amano** MUSEO
(plano p. 68; ☎441-2909; www.museoamano.com; Retiro 160; ⏲15.00-17.00 lu-vi, solo visitas concertadas) La bien diseñada Fundación Museo Amano expone una buena colección privada de cerámica, con una importante representación de objetos de las culturas chimú y nazca. También destacan la variedad de bordados y tejidos de la cultura litoral chancay. Solo se puede visitar en circuitos guiados de una hora.

Museo Enrico Poli Bianchi MUSEO
(plano p. 68; ☎422-2437; Cochrane 400; entrada 50 PEN; ⏲16.00-18.00 ma-vi, solo visitas concertadas) Este caro museo privado conserva una rica colección de telas de oro, plata colonial y

Miraflores

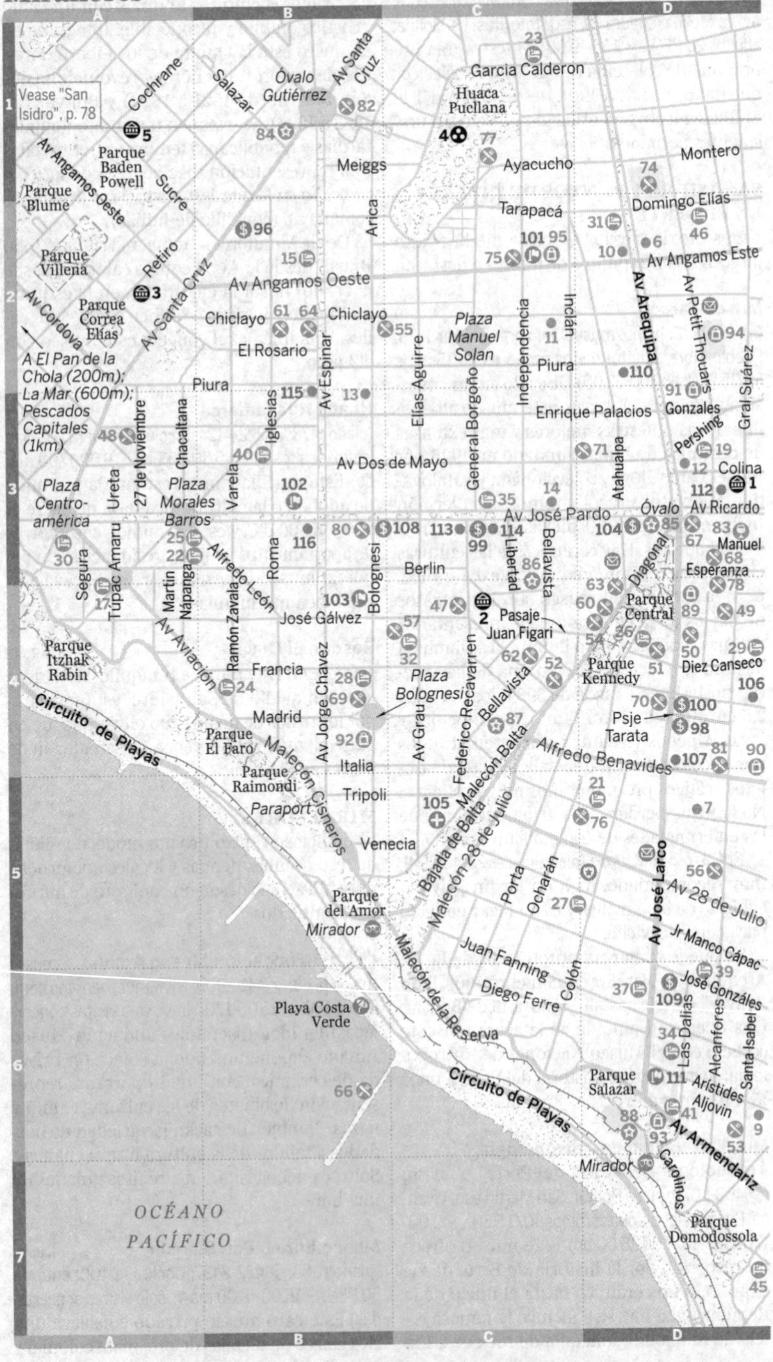
Vease "San Isidro", p. 78
A El Pan de la Chola (200m); La Mar (600m); Pescados Capitales (1km)
Cochrane
Salazar
Óvalo Gutiérrez
Av Santa Cruz
Garcia Calderon
Huaca Pucllana
Parque Baden Powell
Av Angamos Oeste
Parque Blume
Sucre
Meiggs
Ayacucho
Montero
Tarapacá
Domingo Elías
Arica
Parque Villena
Retiro
Av Angamos Oeste
Av Angamos Este
Av Cordova
Parque Correa Elías
Chiclayo
El Rosario
Plaza Manuel Solan
Independencia
Inclán
Av Arequipa
Av Petit Thouars
Gral Suárez
Piura
Av Espinar
Elías Aguirre
General Borgoño
Enrique Palacios
Gonzales
Pershing
Colina
Iglesias
Chacaltana
27 de Noviembre
Ureta
Varela
Av Dos de Mayo
Atahualpa
Plaza Centro-américa
Plaza Morales Barros
Av José Pardo
Óvalo
Av Ricardo
Manuel
Esperanza
Segura
Tupac Amaru
Martin Nápanga
Alfredo León
Roma
Bolognesi
Berlin
Libertad
Bellavista
Diagonal
Parque Central
Ramón Zavala
José Gálvez
Pasaje Juan Figari
Parque Itzhak Rabin
Av Aviación
Francia
Av Jorge Chavez
Plaza Bolognesi
Federico Recavarren
Parque Kennedy
Diez Canseco
Circuito de Playas
Madrid
Av Grau
Psje Tarata
Parque El Faro
Malecón Cisneros
Italia
Malecón Balta
Alfredo Benavides
Parque Raimondi
Tripoli
Paraport
Bajada de Balta
Malecón 28 de Julio
Venecia
Porta
Ocharán
Av José Larco
Av 28 de Julio
Parque del Amor
Mirador
Jr Manco Cápac
Juan Fanning
Diego Ferre
Colón
José Gonzáles
Malecón de la Reserva
Playa Costa Verde
Las Dalias
Alcanfores
Santa Isabel
Parque Salazar
Arístides Aljovin
Circuito de Playas
Av Armendariz
Mirador
Carolinos
Parque Domodossola
OCÉANO PACÍFICO
A
B
C
D
1
2
3
4
5
6
7

pinturas expuestas en *National Geographic*. Se accede solo en visitas concertadas.

Choco Museo MUSEO
(plano p. 68; ☎445-9708; Berlín 375; www.chocomuseo.com; entrada 2 PEN; ⏲10.30-20.30) La fabricación in situ de chocolate es el elemento más seductor de este nuevo "museo", que vende *fondue* y cacao caliente de comercio justo. De propiedad francesa (con una sucursal en Cuzco), es muy famoso por sus talleres, en los que se elabora chocolate ecológico (70 PEN/persona).

Casa de Ricardo Palma EDIFICIO HISTÓRICO
(plano p. 68; ☎617-7115; Gral. Suárez 189; adultos 6 PEN; ⏲10.00-13.00 y 15.00-17.00 lu-vi) Esta casa fue el hogar del escritor peruano Ricardo Palma desde 1913 hasta su muerte, en 1919. El lánguido circuito está incluido en el precio.

Huaca Pucllana RUINAS
(plano p. 68; ☎617-7138; Borgoño esq. Tarapacá; entrada 7 PEN; ⏲9.00-16.30 mi-lu) Esta *huaca* cercana a Óvalo Gutiérrez es un restaurado centro ceremonial de adobe de la cultura lima, que data del 400 d.C. En el 2010 se descubrieron cuatro importantes momias huari, que habían escapado al pillaje.

Aunque las excavaciones prosiguen, se puede acceder al lugar en circuitos guiados. Además de un diminuto museo, hay un restaurante muy recomendable (p. 87) que ofrece increíbles vistas a las ruinas, iluminadas de noche.

BARRANCO

Una urbanización elegante a la vuelta del s. xx, en Barranco se alinean magníficas casonas antiguas, muchas de ellas ocupadas hoy por restaurantes y hoteles.

Puente de los Suspiros PUENTE
(plano p. 72) Una calle al oeste de la plaza principal se halla el puente de los Suspiros, una estrecha construcción de madera sobre una antigua escalinata de piedra que conduce hasta la playa. El puente –muy apropiado para las primeras citas románticas– ha inspirado numerosas canciones populares peruanas.

Museo Pedro de Osma MUSEO
(plano p. 72; ☎467-0141; www.museopedrodeosma.org; Av. Pedro de Osma 423; entrada 20 PEN; ⏲10.00-18.00 ma-do) Situado en una bella mansión de estilo *beaux arts* rodeada de jardines, este museo poco visitado tiene una

Miraflores

Puntos de interés

1 Casa de Ricardo Palma D3
2 Choco Museo C4
3 Fundación Museo Amano A2
4 Huaca Pucllana C1
5 Museo Enrico Poli Bianchi A1

Actividades, curses y circuitos

6 Aventours D2
Big Head .... (véase 93)
7 Bike Tours of Lima D5
8 El Sol E5
9 Explorandes D6
10 Instituto Cultural Peruano-Norteamericano D2
11 Lima Vision C2
12 Peru Expeditions D3
13 Respons B3
14 Tika Tours C3

Dónde dormir

15 Albergue Miraflores House B2
16 Albergue Turístico Juvenil Internacional F4
17 Backpacker's Family House A4
18 Casa Andina Colección Privada E4
19 Casa Andina Miraflores Centro D3
20 Casa Andina San Antonio F6
21 Casa San Martín D5
22 Condor's House A3
23 Ekeko Hostel C1
24 El Faro Inn B4
25 Explorer's House A3
26 Flying Dog Hostel D4
27 Friend's House C5
28 Hitchhikers B4
29 Hostal El Patio D4
30 Hostal Torreblanca A3
31 Hotel Alemán D2
32 Hotel Antigua Miraflores C4
33 Hotel Ariosto E5
34 Hotel Bayview D6
35 Hotel El Doral C3
36 Hotel Esperanza E4
37 Hotel Ibis D6
38 Hotel San Antonio Abad F5
39 Hotel Señorial D6
40 Inka Frog B3
41 JW Marriott Hotel Lima D6
42 La Casa Nostra E4
43 La Castellana E4
44 La Paz Apart Hotel E4
45 Miraflores Park Hotel D7
46 Pensión Yolanda D2

Dónde comer

47 AlmaZen C4
48 Antichuchos de la Tía Grima A3
49 Astrid y Gastón D4
50 Bircher Benner D4
51 Bodega Miraflores D4
52 Café Z C4
53 Central D6
54 Dédalo Arte y Cafe D4
55 El Enano C2
56 El Punto Azul D5
57 El Rincón del Bigote C4
58 Fiesta E6
59 Govinda E4
60 Haití D4
61 Chocolates Helena B2
62 Kulcafé C4
63 La Lucha Sanguchería D4
64 La Pascana de Madre Natura B2

exquisita colección de muebles coloniales, platería y arte, que en algunos casos se remonta al s. XVI. Entre las muchas piezas notables destaca un lienzo de 2 m de ancho que representa la procesión del Corpus Christi en Cuzco, de finales del s. XVII.

Galería Lucía de la Puente GALERÍA
(plano p. 72; ☎477-9740; www.gluciadelapuente.com; Sáenz Peña 206; ⌚10.30-20.00 lu-vi, 11.00-20.00 sa) Una magnífica casona de dos pisos alberga la galería de arte contemporáneo más prestigiosa de Lima. Se exponen obras de los pintores más innovadores, como Fernando Gutiérrez, cuyos cuadros abordan la cultura popular peruana.

LIMA OESTE Y CALLAO

Al oeste de Lima Centro, los barrios abigarrados de clase media y baja acaban dando paso a la ciudad portuaria de Callao, donde antiguamente embarcaban el oro los españoles. Algunas zonas son peligrosas, incluso de día, así que conviene ser muy precavido.

Parque de Las Leyendas PARQUE
(☎717-9878; www.leyendas.gob.pe; Av. Las Leyendas 580-586, San Miguel; adultos/niños 10/5 PEN; ⌚9.00-18.00) Situado entre Lima Centro y Callao, el zoo abarca las principales zonas geográficas de Perú: costa, montaña y selva. Alberga unos 210 animales autóctonos,

65 La Preferida F5
66 La Rosa Nautica B6
67 La Tiendecita Blanca D3
68 La Trattoria di Mambrino D3
69 Las Brujas de Cachiche B4
70 Manolo D4
Mesa 18 .... (véase 45)
71 Panchita D3
72 Pardo's Chicken E5
73 Pastelería San Antonio E6
74 Plaza VEA D1
75 Quattro D C2
76 Rafael D5
77 Restaurant Huaca Pucllana C1
78 Rincón Chami D4
79 Tanta E6
80 Vivanda B3
81 Vivanda D4
82 Wong B1

Dónde beber

83 Café Bar Habana D3
Huaringas .... (véase 69)

Ocio

Aura .... (véase 88)
84 Cine Planet B1
85 Cinerama el Pacífico D3
86 Cocodrilo Verde C4
Gótica .... (véase 88)
Jazz Zone .... (véase 90)
87 Teatro Británico C4
Teleticket .... (véase 82)
88 UVK Multicines LarcoMar D6

De compras

89 Alpamayo D4
90 Centro Comercial El Suche D4
91 CompuPalace D3
92 El Virrey B4
93 LarcoMar D6
94 Mercado Indio D2
Tattoo Adventure Gear .... (véase 93)
95 Todo Camping C2

Información

96 American Express/Travex B2

98 Banco Continental D4
99 BCP C3
100 BCP D4

Botica Fasa .... (véase 67)
102 Embajada de Brasil B3

104 Citibank D3
105 Clínica Good Hope C5
106 Fertur Peru Travel D4
107 InkaFarma D4
iPerú .... (véase 93)

108 Scotiabank B3
109 Scotiabank D6
110 South American Explorers Club D2

Transporte

112 La S Combis al aeropuerto D3
113 LAN C3
114 Peruvian Airlines C3
115 Star Perú B3
116 TACA B3

y unos pocos de importación (como los hipopótamos). Está en buenas condiciones y bien conservado.

Desde Lima Centro se pueden tomar autobuses y colectivos (taxis compartidos) que llegan al parque atravesando la Av. Abancay y Garcilaso de la Vega. Pasan cada 30 minutos aproximadamente.

Fortaleza del Real Felipe FUERTE
(☎429-0532; plaza Independencia, Callao; entrada 1 PEN; ⌚9.00-14.00) Construido en 1747 para hacer frente a los ataques de corsarios y piratas, en la década de 1820 las tropas realistas españolas se atrincheraron en ella durante la guerra por la independencia. Aún hoy alberga un pequeño contingente militar. Se accede mediante visitas guiadas.

Se aconseja dar un paseo por el peculiar **parque temático de la Policía**, en la orilla oeste del fuerte, un bonito jardín, salpicado de tanques de policía y estatuas de tamaño natural de policías antidisturbios; es perfecto para tomar fotografías surrealistas de unas vacaciones familiares.

La cercana zona portuaria es bastante peligrosa; se recomienda ir en taxi.

LA PUNTA

Es una península estrecha que se adentra hacia el Pacífico por el oeste. **La Punta** fue

Barranco

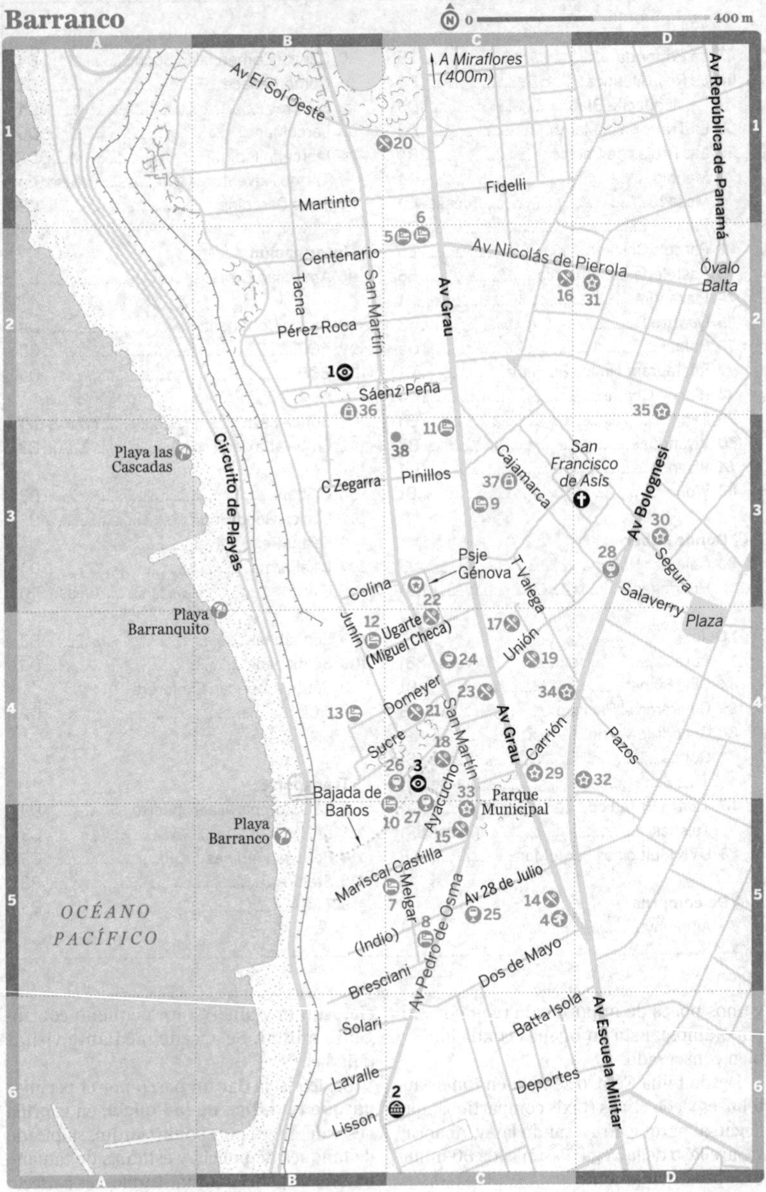

primero una aldea de pescadores, y luego, en el s. XIX, un centro veraniego de alto nivel. Hoy, este agradable barrio de clase media alta, con viviendas neocoloniales y *art déco,* es estupendo para pasear a orillas del mar y disfrutar de una mariscada.

Se puede tomar un taxi desde Miraflores (unos 30 PEN). En Lima Centro hay *combis* que van a Callao, en dirección oeste, por la Av. Colonial desde la plaza Dos de Mayo. Tómese el que indica "La Punta". Un buen lugar desde donde salir es la plaza Gálvez; desde

Barranco

Principales puntos de interés

1	Galería Lucía de la Puente	B2
2	Museo Pedro de Osma	C6
3	Puente de los Suspiros	C4

Actividades, cursos y circuitos

4	Wayo Whilar	C5

Dónde dormir

5	3B Barranco B&B	C2
6	Aquisito B&B	C2
7	Backpackers Inn	C5
8	D'Osma B&B	C5
9	Hostal Gemina	C3
10	Hostal Kaminu	C5
11	One Hostel Peru	C3
12	Point Lodge	B4
13	Second Home Perú	B4

Dónde comer

14	Burrito Bar	C5
15	Café Bisetti	C5
16	Café Tostado	C2
17	Canta Ranita	C4
18	Chala	C4
19	Chifa Chung Yion	C4
20	La 73	C1
21	La Bodega Verde	C4
22	La Canta Rana	C4
23	Las Mesitas	C4

Dónde beber

24	Ayahuasca	C4
25	Bar Piselli	C5
26	La Posada del Mirador	C4
27	Santos	C5
28	Wahio's	D3

Ocio

29	Déjà Vu	C4
30	Don Porfirio	D3
31	El Dragón	D2
32	La Candelaria	D4
33	La Estación de Barranco	C5
34	La Noche	C4
35	Sargento Pimienta	D2

De compras

36	Dédalo	B2
37	Las Pallas	C3

Información

38	Intej	C3

allí se puede ir al oeste recorriendo todo el malecón Figueredo, que ofrece magníficas vistas de la escarpada isla San Lorenzo, justo enfrente de la costa.

Actividades

Ciclismo

Entre las excursiones más populares desde Lima figuran el circuito de 31 km hasta Pachacámac, donde hay buenos senderos locales abiertos entre abril y diciembre. Los ciclistas expertos pueden preguntar por el descenso estelar de montaña, que va desde Olleros hasta San Bartolo, al sur de Lima. Para información general sobre ciclismo, infórmense en la **Federación Deportiva Peruana de Ciclismo** (346-3493; www.fedepeci.org; Av. San Luis 1308, San Luis) o en el portal de internet **Ciclismo Sin Fronteras Miraflores** (www.ciclismosinfronteras.com). Para vueltas ciclistas organizadas desde el extranjero, véanse las compañías internacionales en p. 549.

En las páginas amarillas de Lima hay docenas de tiendas de bicicletas en el apartado "Bicicletas". Se recomiendan:

Bike Tours of Lima CIRCUITO GUIADO
(plano p. 68; 445-3172; www.biketoursoflima.com; Bolívar 150, Miraflores; 9.00-19.00 lu-sa) Muy recomendado por sus circuitos organizados de un día por Barranco, Miraflores y San Isidro, además de por sus excursiones en domingo a Lima Centro (desde 65 PEN). Alquila bicicletas (desde 30 PEN/medio día).

Perú Bike CIRCUITO GUIADO
(260-8225; www.perubike.com; Punta Sal D7, Surco; 9.00-13.00 y 16.00-20.00 lu-sa) Tienda muy recomendada que ofrece circuitos en bicicleta de montaña y reparaciones.

Parapente

Para hacer parapente desde los acantilados de Miraflores hay que contactar con **Peru Fly** (993-086-795; www.perufly.com) o **Andean Trail Peru** (http://andeantrailperu.com). Los vuelos despegan desde el "parapuerto" del parque Raimondi (plano p. 68), en lo alto de los acantilados, y cuestan desde 150 PEN por un vuelo en tándem de 15 minutos. Las agencias de parapente no tienen oficinas en el lugar, por lo que si se desea volar hay que reservar con antelación.

Natación y surf

A pesar de las advertencias en los medios sobre la contaminación, los limeños acuden en masa a las playas en verano (de enero a marzo). La **playa Costa Verde** de Miraflores (apodada Waikiki) es la favorita de los surfistas autóctonos y tiene buenas rompientes todo el año. Las playas de Barranco tienen olas más adecuadas para tablas largas. Hay otras siete playas en Miraflores, y cuatro más en Barranco. Los surfistas expertos también pueden probar en la **playa La Herradura,** en Chorrillos, con olas de hasta 5 m de altura cuando hay crecida. Atención con las pertenencias, ya que se producen robos.

Las tiendas siguientes tienen material de surf:

Big Head SURF
(plano p. 68; ☎818-4156; www.bighead.com.pe; LarcoMar, Av. Malecón de la Reserva 610, Miraflores; ⏲11.00-22.00) Una cadena popular en los grandes almacenes. Vende moda y material de surf.

Focus SURF
(☎475-8459; www.focussurf.com; Leonardo da Vinci 208, Surquillo; ⏲8.00-20.00 lu-vi, 9.00-13.00 sa) Veterana tienda que repara tablas y organiza un campamento para surfistas al sur de Lima.

Wayo Whilar SURF
(plano p. 72; ☎247-6343; www.wayowhilar.com.pe; Av. Grau 111, Barranco; ⏲9.00-19.00 lu-ju, 9.00-16.00 vi y sa) Regentada por un veterano surfista peruano, esta tienda vende su propia línea de tablas de surf modeladas a mano.

Perú Divers SUBMARINISMO
(☎251-6231; www.perudivers.com; Santa Teresa 486, Chorrillos) La práctica del submarinismo frente a la costa sur de Perú tiene un precio razonable. Luis Rodríguez, un instructor con certificado PADI, es el propietario de esta excelente tienda que vende equipo y organiza excursiones de submarinismo y clases para obtener el certificado. También ofrecen excursiones todo el año a las islas Palomino, frente a la costa de Callao, para ver una colonia de leones marinos.

☞ Circuitos y guías

Para visitas guiadas a Lima y los yacimientos arqueológicos de los alrededores, como Pachacámac, además de circuitos por Perú, se recomiendan las agencias siguientes. Además, las agencias de viajes (véase p. 98) organizan circuitos locales, regionales y nacionales. Conviene buscar guías que pertenezcan a **Agotur** (www.agotur.com), la organización de guías peruanos. Otro buen recurso es www.leaplocal.com. Solo debe llamarse a los números de teléfono durante las horas diurnas de Perú.

Aventours CIRCUITO DE AVENTURAS
(plano p. 68; ☎444-9060; www.aventours.com; Av. Arequipa 4799, Miraflores) Circuitos privados, visitas guiadas y excursiones por todo el país.

Condor Travel CIRCUITO
(fuera de plano p. 78; ☎615-3000; www.condortravel.com; Blondet 249, San Isidro) Recomendado para el turismo de lujo y viajes a medida por los Andes.

Ecoaventura Vida CIRCUITO CULTURAL
(☎461-2555; www.ecoaventuravida.com) Especializado en viajes sostenibles por todo el país, Ecoaventura organiza una serie de viajes que incluyen estancias con familias peruanas.

Explorandes CIRCUITO DE AVENTURAS
(plano p. 68; ☎715-2323; www.explorandes.com; Aristides Aljovín 484, Miraflores) Especializado en viajes al aire libre, en especial de senderismo, ciclismo y deportes de aventura.

Inkanatura CIRCUITO DE AVENTURAS
(plano p. 78; ☎203-5000; Manuel Bañón 461; San Isidro) Circuitos de calidad por Perú, incluidos Chachapoyas y la jungla.

Lima Vision CIRCUITO
(plano p. 68; ☎447-7710; www.limavision.com; Chiclayo 444, Miraflores) Ofrece diversos circuitos por la ciudad de 4 horas (70 PEN), además de excursiones a las ruinas de Pachacámac.

Peru Expeditions CIRCUITO DE AVENTURAS
(plano p. 68; ☎447-2057; www.peru-expeditions.com; Colina 151, Miraflores) Reserva viajes y circuitos organizados por la región y las inmediaciones, y también se especializa en excursiones en todoterreno.

Peru Hands On CIRCUITO
(☎999-542-728; www.peruhandson.com; apt 401, Av La Paz 887, Miraflores) Agencia local especializada en itinerarios fijos y a medida por todo Perú.

Respons CIRCUITO
(plano p. 68; ☎989-526-095; www.responsibletravelperu.com; Arica 329, Miraflores) Circuitos de lujo por todo Perú, especializados en turismo sostenible.

Arturo Rojas CIRCUITO GUIADO
(☎99-738-9276; www.limatastytours.com) Además de servicios regulares de guía, pueden organizar circuitos gastronómicos.

Jorge Riveros Cayo CIRCUITO GUIADO
(jorgeriveros@yahoo.com) Ofrece excursiones por la ciudad, viajes largos personalizados y circuitos gastronómicos.

Mónica Velásquez CIRCUITO GUIADO
(☎99-943-0796; www.monicatoursperu.com) Recomendada por los lectores.

Tino Guzman CIRCUITO GUIADO
(☎420-1723, 99-909-5805) Experto guía miembro del South American Explorer Club.

Fiestas y celebraciones

Véase p. 21 para las fiestas principales y los eventos especiales, y la p. 540 para los festivos nacionales. Para otras celebraciones, consúltese la prensa local. Festividades específicas de Lima:

Fiesta de Lima GENERAL
Celebra la fundación de Lima el 18 de enero.

Fiesta de Santa Rosa de Lima FIESTA DE LA SANTA
Se celebra el 30 de agosto con procesiones en honor a santa Rosa, patrona de Lima y América.

El Señor de los Milagros RELIGIOSA
La ciudad se viste de púrpura en esta gran procesión religiosa del 18 de octubre en honor del Cristo de la iglesia de las Nazarenas; otras procesiones menores se celebran los domingos de octubre.

Dónde dormir

Desde diminutas pensiones familiares hasta hoteles en torres acristaladas y servicios de *spa:* en Lima hay numerosos y variados alojamientos. Es también uno de los destinos más caros del país (al margen de la meca turística de Cuzco).

El barrio preferido de los visitantes es Miraflores, ya que concentra un buen número de hostales, moteles y cadenas hoteleras exclusivas. El cercano y antiguo centro de recreo de Barranco se ha convertido en un barrio muy popular y es una de las mejores zonas para pasear, con abundantes jardines y arquitectura colonial. El centro financiero de San Isidro es más lujoso y normalmente más tranquilo. Los establecimientos con mejores precios se encuentran en Lima Centro, aunque queda algo lejos de los restaurantes y locales nocturnos más concurridos.

Si se llega de noche, vale la pena llamar a los hoteles con antelación para concertar una recogida en el aeropuerto; hasta los hostales más económicos facilitan este servicio, a veces por algo menos que el servicio oficial del aeropuerto.

LIMA CENTRO

El saturado casco histórico de la ciudad ofrece alojamiento a buen precio y está cerca de algunas de las atracciones más conocidas. Conviene tener presente que la actividad se limita a las horas diurnas. El comercio de lujo ha desaparecido de esta zona en beneficio de los barrios de San Isidro y Miraflores. A pesar de que la seguridad ha mejorado mucho, conviene tomar taxis por la noche y no exhibir cámaras caras o joyas.

1900 Backpackers ALBERGUE $
(plano p. 64; ☎424-3358; www.1900hostel.com; Av. Garcilaso de la Vega 1588; dc 21-29 PEN, d/tw/tr desayuno incl. 74/80/111; @ᯤ) Esta antigua mansión diseñada por Gustav Eiffel, que se ha renovado con toques modernos, aunque conserva los suelos de mármol y otras florituras *fin-de-siècle,* se ha convertido en un popular alojamiento de Lima Centro. Como albergue es muy bonito. Las habitaciones son elegantes y sencillas, con literas muy juntas. Cuenta con una cocina pequeña y espacios comunes, como una sala de billar con bar y araña de color rojo. Aunque durante el día se nota el humo de los tubos de escape, posee el extra de tener un museo de primera cruzando la calle.

Clifford Hotel HOTEL $$
(plano p. 64; ☎433-4249; www.thecliffordhotel.com.pe; parque Hernán Velarde 27; i/d/tr/ste desayuno incl. 143/169/208/247 PEN; @ᯤ) Este distinguido hotel está instalado en una elegante casona de la década de 1930 en un callejón sin salida. Ofrece relajadas zonas comunes con toques barrocos españoles. Sin embargo, sus 21 habitaciones enmoquetadas son modernas y están equipadas con ventiladores, televisión por cable y teléfonos. Posee

bar, restaurante y un encantador jardín con una fuente.

Gran Hotel Bolívar HOTEL HISTÓRICO $$
(plano p. 60; ☎619-7171; Jirón de la Unión 958; i/d/tr 169/195/234 PEN; @) Este venerable hotel de 1924 en la plaza San Martín gustará a los que busquen la atmósfera *retro* de la época dorada. Antaño fue uno de los alojamientos más lujosos de Latinoamérica y en él se hospedaron Clark Gable, Mick Jagger y Robert Kennedy. Hoy está un tanto raído, pero conserva la delicadeza de una gran dama. Es propiedad de los trabajadores, algo extraño en el mundo hotelero, lo que se traduce en un servicio impecable y acogedor.

Familia Rodríguez CASAS PARTICULARES $
(plano p. 60; ☎423-6465; jotajot@terra.com.pe; No 201, Nicolás de Piérola 730, apt 201; d desayuno incl. 70 PEN; @ wifi) Este edificio de principios del s. xx, al oeste de la plaza San Martín, alberga un amplio apartamento antiguo con suelos de parqué y baños inmaculados, en una tranquila y recomendada casa familiar. Todos los baños son compartidos.

Hostal Iquique HOTEL $
(plano p. 64; ☎433-4724; www.hostaliquique.com; Iquique 758; i/d sin baño 38/63 PEN, i/d/tr desayuno incl. 55/70/82 PEN; @) Este hotel recomendado es básico, pero limpio y seguro. Sus habitaciones son pequeñas, oscuras y de cemento, y los baños renovados con duchas de agua caliente. En la terraza de la azotea hay una mesa de billar y los clientes comparten la cocina. Acepta tarjetas de crédito.

Hotel Kamana HOTEL $$
(plano p. 60; ☎426-7204, 427-7106; www.hotelkamana.com; Camaná 547; i/d/tr desayuno incl. 120/150/180 PEN; ❄ @ wifi) Este seguro hotel, popular entre los grupos organizados y los viajantes de comercio, ofrece 46 habitaciones enmoquetadas limpias, con coloridas colchas. Acepta tarjetas de crédito. Su restaurante-café está abierto las 24 horas. En conjunto, buena relación calidad-precio.

Pensión Ibarra PENSIÓN $
(plano p. 60; ☎427-8603; pensionibarra@gmail.com; 14º, nº 152, Tacna 359; i/d sin baño desde 25/35 PEN) En una destartalada torre de apartamentos de cemento, las serviciales hermanas Ibarra ofrecen siete habitaciones básicas, limpias y con buenas camas. Hay cocina compartida y servicio de lavandería. Un balcón pequeño ofrece vistas a la ruidosa ciudad.

Hostal Bonbini HOTEL $$
(plano p. 60; ☎427-6477; www.hostalbonbini.com; Cailloma 209; i/d/tr desayuno incl. 105/135/165 PEN; @) Este cómodo hotel de 15 habitaciones, en una calle llena de imprentas, cuenta con habitaciones enmoquetadas sencillas, baños inmaculados y televisión por cable. El servicio podría ser más atento. Acepta tarjetas de crédito.

Hostal Roma HOTEL $
(plano p. 60; ☎427-7576; www.hostalroma.8m.com; Ica 326; i con/sin baño 43/35 PEN, d 66/53 PEN; @ wifi) Sus 22 limpias habitaciones son anodinas (algunas carecen de ventanas), pero silenciosas y rodean un soleado patio interior. Las camas se hunden –es difícil esperar lo contrario en una ganga–, pero algunas tienen televisión por cable. En la cafetería sirven desayunos.

La Posada del Parque HOTEL $$
(plano p. 64; ☎433-2412, 99-945-4260; www.incacountry.com; parque Hernán Velarde 60; i/d/tr desayuno incl. 96/127/164 PEN; @ wifi) Este elegante edificio colonial español se halla en un tranquilo óvalo bordeado de árboles en lo que antaño fue una pista de carreras de galgos. Sus pequeñas habitaciones enmoquetadas cuentan con detalles de arte popular y en las zonas comunes hay cuadros de estilo colonial y retablos de Ayacucho. Lo regentan Mónica y su hija. Todas las habitaciones tienen televisión por cable, y hay servicio de consigna.

Hotel Maury HOTEL $$
(plano p. 60; ☎428-8188; hotmaury@amauta.rep.net.pe; Ucayali 201; i/tw/d desayuno incl. 150/190/240 PEN; ❄ @ wifi) Veterano hotel de Lima, famoso por inventar un moderno cóctel conocido como *pisco sour* (cóctel de brandy) en la década de 1930. A pesar de que las zonas comunes conservan detalles clásicos como espejos dorados y mobiliario de estilo victoriano, sus 76 sencillas habitaciones son modernas, algunas con *jacuzzi* y cajas fuertes. Acepta tarjetas de crédito.

Lima Sheraton HOTEL $$$
(plano p. 64; ☎619-3300; www.sheraton.com.pe; paseo de la República 170; d 1039 PEN; ❄ @ wifi piscina) Alojado en un rascacielos que supera al adusto Palacio de Justicia, este hotel de lujo en pleno Centro tiene más de 400 habitaciones y suites decoradas en varios tonos arena. Además del servicio de habitaciones las 24 horas, cuenta con conserjería, dos restaurantes, bar, gimnasio, piscina y salón de belleza.

OESTE DE LIMA

Mami Panchita PENSIÓN $$
(☎263-7203; www.mamipanchita.com; Av. Federico Gallesi 198, San Miguel; i/d/tr desayuno incl. 69/98/127 PEN; @ᯤ) Esta pensión peruano-holandesa se encuentra en una cómoda casa de estilo español, en un agradable barrio cercano a Miraflores. Sus propietarios también dirigen una agencia de viajes. Buena opción para familias, con habitaciones amplias y hogareñas, cunas y patio engalanado con flores, ideal para relajarse.

SAN ISIDRO

Si no se quiere desentonar en San Isidro, que posee un campo de golf muy exclusivo y es la cuna de la élite de Lima, que vive en grandes casas modernistas y toma cócteles en selectos clubes privados, hay que ir con una raqueta de tenis. El alojamiento es inevitablemente lujoso, aunque existen algunas opciones escondidas en sus calles arboladas.

DUO Hotel Boutique HOTEL-'BOUTIQUE' $$$
(fuera de plano p. 78; ☎628-3245; www.duohotelperu.com; Valle Riesta 576; i/d/ste desayuno incl. 305/398/437 PEN; ❄@ᯤ≋) Este acogedor, minimalista y elegante hotel ofrece 20 habitaciones equipadas con flores frescas, suaves sábanas, zapatillas y baños de mármol. El servicio es exquisito y su restaurante ofrece cenas que maridan los mejores sabores peruanos e italianos. Está ubicado en una tranquila calle residencial, dos cuadras al oeste del Lima Golf Club. Acepta tarjetas de crédito.

Malka Youth Hostel ALBERGUE $
(plano p. 78; ☎222-5589; www.youthhostelperu.com; Los Lirios 165; dc con/sin baño 42/30 PEN, d 85/70 PEN; @ᯤ) Unas amables madre e hija regentan este silencioso albergue en un bonito barrio a una cuadra de un parque. La casa cuenta con 10 habitaciones limpias, un bonito jardín y pared de escalada. El desayuno está incluido. Cuenta con una amplia cocina compartida y lavandería, salón con TV y DVD, consigna, wifi gratis y un pequeño café que sirve comidas ligeras. Cercano a las muy transitadas avenidas Arequipa y Javier Prado.

Country Club Lima Hotel HOTEL DE LUJO $$$
(plano p. 78; ☎611-9000; www.hotelcountry.com; Los Eucaliptos 590; d desde 1678 PEN; ❄@ᯤ≋) Este regio hotel, rodeado de césped y palmeras, ocupa uno de los edificios más refinados de Lima, construido en 1927 en estilo español. Equipado con coloridas baldosas, techos con vigas a la vista y réplicas de cuadros de la Escuela de Cuzco, su atributo más distintivo es un atrio redondo de cristal en el que se sirve el desayuno. Las 83 habitaciones con todo tipo de comodidades van de las lujosas habitaciones matrimoniales a la opulenta suite presidencial. Acepta tarjetas de crédito.

Casa Bella Perú PENSIÓN $$
(plano p. 78; ☎421-7354; www.casabellaperu.net; Las Flores 459; i/d/tr desayuno incl. 183/199/262 PEN; @ᯤ) Una magnífica opción a precio medio en una zona muy cara. Esta antigua vivienda de la década de 1950 ofrece habitaciones modernas, decoradas con tejidos indígenas. Posee 14 unidades distintas con camas confortables, almohadas consistentes, grandes TV de plasma y baños renovados. Hay también cocina, un amplio jardín y salón. Acepta tarjetas de crédito.

Hotel Basadre Suites HOTEL $$
(plano p. 78; ☎442-2423; www.hotelbasadre.com; Jorge Basadre 1310; i/d/ste desayuno incl. 154/164/197 PEN; ❄@≋) Este hotel, con 20 atractivas y contemporáneas habitaciones, algunas muy espaciosas, es una buena opción. Construido alrededor de una antigua casa privada, todas las habitaciones cuentan con minibar, secador de pelo, televisión por cable y caja fuerte. El desayuno, servido en un pequeño salón junto al jardín, es abundante. Acepta tarjetas de crédito; consúltense en su página web las ofertas especiales.

Suites Antique APARTAMENTOS $$$
(plano p. 78; ☎222-1094; www.suites-antique.com; Av. Dos de Mayo 954; i/d/ste desayuno incl. 276/315/368 PEN; ❄@) Este pequeño hotel, céntrico y discreto, cuenta con una elegante y alegre decoración. Las 23 suites inmaculadas son espaciosas y contienen pequeñas cocinas equipadas con microondas y una mininevera. El desayuno se sirve en una cafetería acogedora.

MIRAFLORES

En este barrio, con vistas al océano y calles peatonales, abundan los cafés, restaurantes, hoteles, bloques de pisos, bancos, tiendas y clubes nocturnos que vibran con todo tipo de música, desde disco hasta cumbia. Hay también muchas zonas tranquilas.

Backpacker's Family House ALBERGUE $
(plano p. 68; ☎447-4572; www.backpackersfamilyhouse.com; Juan Moore 304; dc/d desayuno incl.

San Isidro

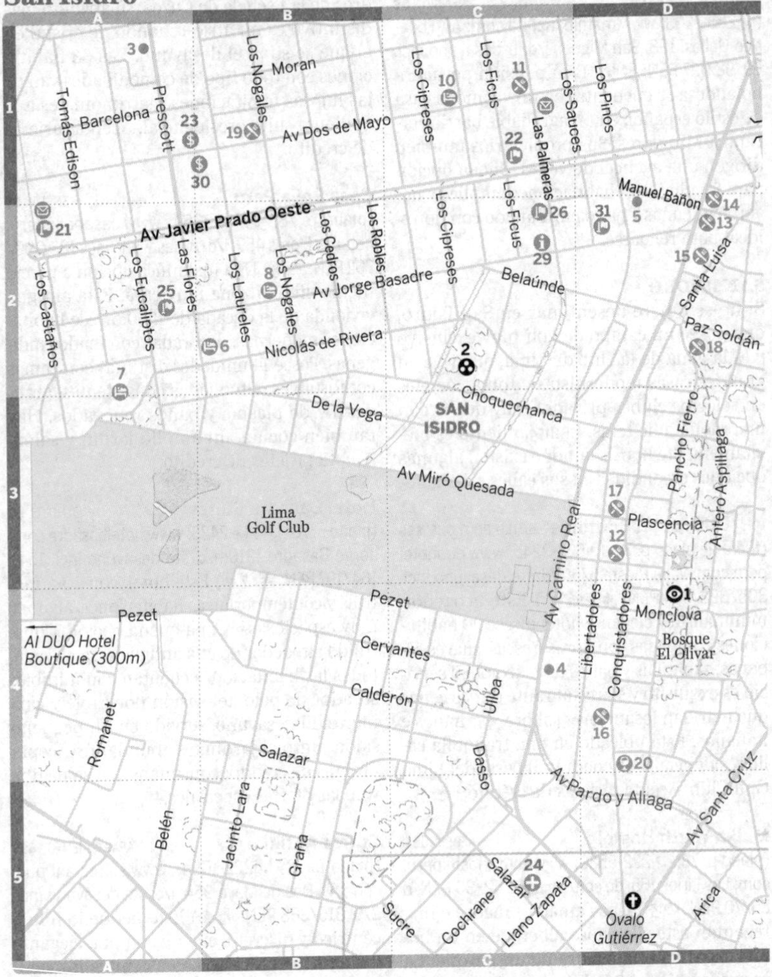

27/81 PEN; @📶) Este agradable albergue de diseño está instalado en un pequeño edificio de ladrillos, con suelos de parqué y paredes con dibujos. Es animado, muy limpio, con futbolines, ping-pong y un atento propietario.

Miraflores Park Hotel HOTEL DE LUJO **$$$**
(plano p. 68; ☎242-3000; www.miraflorespark.com; Av. Malecón de la Reserva 1035; d desde 921 USD; ❄@📶🏊) Propiedad del Orient Express, es el mejor de los hoteles de lujo pequeños de Lima. Cuenta con una magnífica ubicación junto al mar y todo tipo de detalles. Su escalera en espiral, la bonita biblioteca y una piscina fantástica consolidan su ambiente de cuento de hadas. Por 55 US$, un mayordomo prepara un baño afrodisíaco con sales, pétalos y velas, champán y fresas. Su restaurante, Mesa 18, es uno de los más cotizados de la ciudad.

Casa San Martín HOTEL **$$**
(plano p. 68; ☎241-4434, 243-3900; www.casasanmartinperu.com; San Martín 339; i/d/tr desayuno incl. PEN156/218/273; @📶) Este edificio del renacimiento español, una de las opciones más sugestivas, es moderno y poco recargado. Cuenta con 20 agradables habitaciones de

San Isidro

Puntos de interés

1 Bosque El Olivar D4
2 Huaca Huallamarca C2

Actividades, cursos y circuitos

5 Inkanatura D2

Dónde dormir

6 Casa Bella Perú B2
7 Country Club Lima Hotel A2
8 Hotel Basadre Suites B2
9 Malka Youth Hostel E1
10 Suites Antique C1

Dónde comer

11 Antica C1
12 Hanzo D3
13 Malabar D2
14 Matsuei D2
15 News Café D2
16 Punta Sal D4
17 Segundo Muelle D3
18 Tanta D2
19 Vivanda B1

Dónde beber

20 Bravo Restobar D4

Información

21 Embajada de Bolivia A2
22 Embajada de Chile C1
23 Citibank A1
24 Clínica Anglo-Americana C5
25 Embajada de Colombia A2
26 Embajada de Ecuador C2
27 Embajada de Francia E3
28 Embajada de Alemania E5
29 iPerú C2
30 Scotiabank B1
31 Embajada de España D2

Transporte

32 Colectivos a Chosica E1

techo alto, con baldosas de terracota y tejidos andinos. El desayuno se sirve en un luminoso café frente a la terraza. Acepta tarjetas de crédito.

Inka Frog HOTEL **$$**
(plano p. 68; ☎445-8979; www.inkafrog.com; Iglesias 271; i/d desayuno incl. 103/127 PEN; @☎) Es uno de los mejores alojamientos económicos de Lima. Tranquilo y acogedor, ofrece amplias e inmaculadas habitaciones modernas con ventiladores y TV de pantalla plana, algunas en un bonito patio cubierto. La hora del café, cortesía de la casa, se disfruta en cómodos sofás. El personal es servicial y la calle, silenciosa.

Hotel Antigua Miraflores HOTEL **$$$**
(plano p. 68; ☎241-6116; www.peru-hotels-inns.com; Av. Grau 350; i/d/tr desayuno incl. 216/257/351 PEN; ❄@☎) Este tranquilo y evocador hotel instalado en una reformada mansión del s. xx, con un encantador patio, exuda encanto colonial. Las habitaciones ofrecen todas las comodidades modernas, pero el mobiliario aporta toques barrocos. Las hay de diversos tamaños

y estilos; las más caras tienen bañeras de hidromasaje y pequeñas cocinas.

JW Marriott Hotel Lima HOTEL $$$
(plano p. 68; ☎217-7000; www.marriotthotels.com/limdt; Av. Malecón de la Reserva 615; d desde 320 USD;) Este animado hotel de cinco estrellas disfruta de una espléndida ubicación frente al mar, junto al centro comercial LarcoMar, ideal para ver parapentistas a través de sus paredes de cristal. Y si uno está nervioso por su próximo vuelo, en el vestíbulo se puede comprobar la pantalla de salidas y llegadas. Las habitaciones relucen y cuentan con todas las comodidades (aunque la wifi se paga aparte): minibar, TV de plasma y bañera de hidromasaje. También ofrece un salón para ejecutivos, restaurantes, bar, casino, pista de tenis, sauna y piscina.

Ekeko Hostel ALBERGUE $
(plano p. 68; ☎635-5031; García Calderón 274; dc/i/d desayuno incl. 27/42/85 PEN;) Este bien regentado albergue, escondido en un agradable barrio de clase media, es todo un hallazgo. Es una casa espaciosa, con una cocina enorme y una amplia mesa de desayuno, que cuenta con comodidades adicionales como secadores de pelo y un recepcionista que habla japonés. Sus huéspedes disfrutan del bonito jardín trasero y de su impecable servicio.

Casa Andina HOTEL $$$
(☎213-9739; www.casa-andina.com) San Antonio (fuera de plano p. 68; ☎241-4050; Av. 28 de Julio 1088; d desayuno incl. 289 PEN;); Miraflores Centro (plano p. 68; ☎447-0263; Av. Petit Thouars 5444; d desayuno incl. 397 PEN;); Colección Privada (plano p. 68; ☎213-4300; Av. La Paz 463; d/ste desayuno incl. desde 982/1291 PEN;) Esta lujosa cadena peruana cuenta con tres hoteles de distinto precio en Miraflores. Los de San Antonio y Miraflores Centro son más asequibles, con unas 50 habitaciones decoradas con estampados de colores andinos contemporáneos. El Colección Privada es su opción de lujo, situado en una torre que antaño albergó al desaparecido Hotel César (donde se alojó Frank Sinatra). El elegante salón del vestíbulo rinde homenaje a su historia y conserva el piano de cola de los tiempos del César. Las 148 habitaciones son elegantes, espaciosas, con toques precolombinos y productos ecológicos de baño. El servicio nocturno incluye la deliciosa *cocada* (galleta de coco) que el personal deja en las habitaciones.

Hotel Ibis HOTEL $$
(plano p. 68; ☎634-8888; www.ibishotel.com; Av. José Larco 1140; d 183 PEN;) Esta nueva cadena hotelera, nueva en Lima, es una buena opción con una estupenda ubicación. Posee un elegante estilo Ikea, cortinas opacas y ventanas insonorizadas. Está sabiamente dividido en pisos de fumadores y no fumadores, aunque las habitaciones son algo pequeñas. Los artículos de tocador biodegradables y la política de ahorro de agua son algunos de sus extras. El desayuno se paga aparte.

Albergue Miraflores House ALBERGUE $$
(plano p. 68; ☎447-7748; www.alberguemirafloreshouse.com; Av. Espinar 611; d/tr/q desayuno incl. 110/150/190 PEN;) La pasión viajera de su propietario marca la pauta de este acogedor albergue escondido en una concurrida calle. Merece la pena para los grupos de viajeros, pues los independientes pagan el doble. Los huéspedes pueden hacer llamadas nacionales a teléfonos fijos gratis, ofrece abundantes juegos y cuenta con una céntrica ubicación.

Hitchhikers ALBERGUE $
(plano p. 68; ☎242-3008; www.hhikersperu.com; Bolognesi 400; dc/i/d sin baño 28/64/70 PEN, i/d desayuno incl. 70/84 PEN;) Este veterano albergue, instalado en una hermosa y centenaria casona, cuenta con una amplia gama de habitaciones. Seguro y silencioso, incluye un salón con televisión por cable y biblioteca de DVD, y su sobrio patio cuenta con barbacoa y ping-pong. Una opción muy buena.

Pensión Yolanda PENSIÓN $
(plano p. 68; ☎445-7565; pensionyolanda@hotmail.com; Domingo Elías 230; h sin baño 40 PEN/persona, con baño 60 PEN/persona;) Modesta casa familiar, con habitaciones pequeñas y básicas, algunas con viejas literas y cocina compartida. Erwin, su propietario, es servicial y versado en idiomas. El desayuno está incluido.

El Faro Inn HOTEL $$
(plano p. 68; ☎242-0339; www.elfaroinn.com; Francia 857; i/d/tr desayuno incl. 106/159/212 PEN;) Esta tranquila opción se halla tras una serie de banderas internacionales (no tiene cartel), cerca del relajante parque, en lo alto de los acantilados de la zona norte de Miraflores. Las habitaciones son espaciosas y están bien equipadas; algunas disponen de wifi.

La Casa Nostra HOSTAL $$
(plano p. 68; ☎241-1718; www.lacasanostraperu.com; Grimaldo del Solar 265; i/d/tr desayuno incl.

110/140/180 PEN; @📶) Todos los espacios comunes de esta casona, incluido el vestíbulo con vigas a la vista, rezuman estilo español. Pero sus siete habitaciones, que si bien están limpias, no son muy confortables, tienen colchones poco mullidos y estrechas camas individuales.

Hotel Esperanza HOTEL **$$**
(plano p. 68; ☎444-2411; www.hotelesperanza.com.pe; Esperanza 350; i/d/tr desayuno incl. 119/146/186 PEN; 📶) El mobiliario de estilo barroco y las colchas de satén de este acogedor hotel contrastan con sus 39 monásticas habitaciones de ladrillo. Ventajas: es un alojamiento limpio, funcional y céntrico.

Hostal El Patio PENSIÓN **$$**
(plano p. 68; ☎444-2107; www.hostalelpatio.net; Diez Canseco 341A; i/d desayuno incl. 126/156 PEN, i/d superior 156/186 PEN; @📶) Esta joya, situada en una tranquila calle lateral a pocos pasos del parque Kennedy, merece su nombre por el patio lleno de flores y su fuente. Ofrece habitaciones pequeñas e inmaculadas, con camas de hierro forjado y objetos de arte de estilo colonial. Algunas están equipadas con cocinas pequeñas y minineveras. Consúltense en la página web las ofertas especiales.

Hotel Alemán HOTEL **$$**
(plano p. 68; ☎445-6999; www.hotelaleman.com.pe; Av. Arequipa 4704; i/d/tr desayuno incl. 143/169/195 PEN; @📶) Una ruidosa avenida abre paso a este hotel encantador de 23 habitaciones, construido en torno a una casona española. Las habitaciones son sencillas, estucadas, decoradas con tejidos peruanos y mobiliario de estilo colonial, y tienen televisión por cable, teléfono, mesa y mininevera. Acepta tarjetas de crédito.

Condor's House ALBERGUE **$**
(plano p. 68; ☎446-7267; www.condorshouse.com; Napanga 137; dc 28-33 PEN, d/tr 98/140 PEN; @📶) Este albergue bien situado ofrece un caos moderado, con barbacoas y música en directo los fines de semana, ping-pong y bar. Las habitaciones dobles tienen literas y los baños, duchas eléctricas. Cuenta con un bonito patio, pero no mucho espacio para guardar el equipaje.

Hotel San Antonio Abad HOTEL **$$**
(plano p. 68; ☎447-6766; www.hotelsanantonioabad.com; Ramón Ribeyro 301; i/d desayuno incl. 159/199 PEN; @📶) Mansión de color amarillo, de la década de 1940, que acoge un agradable hotel recomendado por los lectores. Ofrece 24 amplias habitaciones con paneles oscuros de madera (algunas tienen aire acondicionado), televisión por cable y ventanas insonorizadas. El desayuno se sirve en una terraza frente al jardín. Se puede concertar la recogida en el aeropuerto mediante reserva previa. Acepta tarjetas de crédito.

Hotel Señorial HOTEL **$$$**
(plano p. 68; ☎445-7306, 445-1870; www.senorial.com; José González 567; i/d/tr desayuno incl. 191/267/333 PEN; @📶) Este veterano hotel cuenta con más de 100 habitaciones y un agradable patio con césped. Calidad estándar y televisión por cable. Acepta tarjetas de crédito.

Hostal Torreblanca HOTEL **$$**
(plano p. 68; ☎447-3363; www.torreblancaperu.com; Av. José Pardo 1453; i/d/tr desayuno incl. 159/195/240 PEN) El vestíbulo está abarrotado y los pasillos son estrechos, pero las habitaciones de este edificio al estilo español son limpias, modernas y cómodas. Algunas del piso superior tienen techos con vigas de madera, baldosas rojas y chimenea. Las habitaciones cuentan con edredones de plumas, televisión por cable, minibar y teléfono. Acepta tarjetas de crédito.

Hotel Bayview HOTEL **$$**
(plano p. 68; ☎445-7321; www.bayviewhotel.com.pe; Las Dalias 276; i/d/tr desayuno incl. 169/221/229 PEN; @📶) Sencillo y agradable hotel de color rosa y restaurante. Ofrece habitaciones enmoquetadas, decoradas con rústicos cuadros peruanos y comodidades como minibar y televisión por cable. Suele llenarse.

Hotel El Doral HOTEL **$$$**
(plano p. 68; ☎242-7799; www.eldoral.com.pe; Av. José Pardo 486; i/d desayuno incl. 237/264 PEN; ❄@📶🏊) Por fuera parece muy comercial, pero sus 39 relucientes suites (de la década de 1980) dan a un agradable interior lleno de plantas. Todas las habitaciones tienen televisión por cable, minibar y sala de estar, además de ventanas de cristal doble para aislarlas del ruido. El desayuno se sirve en la terraza superior, frente a la piscina.

Hotel Ariosto HOTEL **$$$**
(plano p. 68; ☎444-1414; www.hotelariosto.com.pe; Av. La Paz 769; i/d/tr desayuno incl. 286/312/364 PEN; ❄@📶) Este hotel de siete pisos transpira formalidad peruana, aire colonial y de la década de 1960. El amplio vestíbulo

modernista tiene sofás de cuero y detalles barrocos. Las 96 habitaciones son espaciosas, con alfombras y camas de matrimonio grandes. Cuenta con un salón y un pequeño centro de negocios, y el bufé de desayuno es copioso. Las tarifas incluyen la recogida en el aeropuerto.

La Castellana HOTEL $$
(plano p. 68; ☎444-4662; www.castellanahotel.com; Grimaldo del Solar 222; i/d/tr desayuno incl. 167/199/233 PEN; 📶) Instalado en una mansión de estuco, ofrece 42 habitaciones agradables, aunque oscuras, muchas alrededor de un bonito patio con jardín, donde se sirve el desayuno. Algunas habitaciones no tienen wifi; conviene preguntar antes de reservarlas.

La Paz Apart Hotel APARTAMENTOS $$$
(plano p. 68; ☎242-9350; www.lapazaparthotel.com; Av. La Paz 679; i/d ste desayuno incl. 336/420 PEN, ste 2 dormitorios 700 PEN; ❄@📶) Puede que este moderno edificio tenga un aire serio, pero el servicio es atento y las habitaciones cómodas. Las impecables 25 suites, todas con una cocina pequeña, mininevera y sala de estar separada, están decoradas con buen gusto. Las más espaciosas son para cinco personas. El hotel tiene también un gimnasio y una sala de conferencias pequeños.

Flying Dog Hostel ALBERGUE $$
(plano p. 68; ☎444-5753; www.flyingdogperu.com; Lima 457; dc 30 PEN, d con/sin baño 90/66 PEN; @📶) Es el mejor de los cuatro albergues en Lima de Flying Dog, con un encantador bar exterior y salón en el tercer piso con amplias vistas al parque Kennedy. Tiene dos cocinas y el desayuno incluido se sirve en la terraza del restaurante, al otro lado del parque.

Albergue Turístico Juvenil Internacional ALBERGUE $$
(plano p. 68; ☎446-5488; www.limahostell.com.pe; Av. Casimiro Juan Ulloa 328; dc 48 PEN, i/d 124/135 PEN; @🏊) Este albergue de juventud de primera generación está orientado principalmente a grupos. Los dormitorios están impecables y sus amplias habitaciones cuentan con decoración hogareña, aunque el ambiente es un poco apagado (excepto por sus amistosos perros). La infraestructura es uno de sus fuertes, con una cocina amplia y un espacioso patio trasero con piscina.

Friend's House ALBERGUE $
(plano p. 68; ☎446-6248; friendshouse_peru@yahoo.com.mx; Jirón Manco Cápac 368; dc/d desayuno incl. 20/50 PEN) Este refugio para mochileros atestado de jóvenes es modesto y muy sociable, aunque los dormitorios están saturados y un tanto desvencijados. Ofrece acceso a la cocina y a un pequeño salón con televisión por cable.

Explorer's House ALBERGUE $
(plano p. 68; ☎241-5002; evaaragon_9@hotmail.com; Alfredo León 158; dc/i/d sin baño 28/64/70 PEN, i/d desayuno incl. 70/84 PEN; @) Un albergue básico algo deslucido frecuentado por huéspedes hispanoparlantes. La dirección es muy agradable y ofrece cocina compartida, wifi y terraza en la azotea con vistas.

BARRANCO

A principios del s. xx este era el destino veraniego de la clase alta limeña. En la década de 1960, el centro de la vida bohemia. Hoy en día está atestado de restaurantes y bares bulliciosos, y sus bellas mansiones se han convertido en hoteles de todos los precios.

3B Barranco B&B B&B $$
(plano p. 72; ☎247-6915; www.3bhostal.com; Centenario 130; i/d desayuno incl. 146/175 PEN; @📶) Este enrollado, limpio, moderno y nuevo hotel-*boutique* con vocación de servicio está listo para ser uno de los favoritos de los viajeros. Su zona común con obras de imitación a Warhol conduce a 16 habitaciones minimalistas, con colchas color arpillera, lavabos empotrados de cemento pulido y ventanas que dan a un césped bien cuidado. Buena relación calidad-precio.

One Hostel Peru PENSIÓN $$
(plano p. 72; ☎247-7989; www.operu.com; Av. Grau 717; dc 35 PEN, i con/sin baño 120/70 PEN, d con/sin baño 120/90 PEN; @📶) Esta antigua casa con baldosas de dibujos, techos altos y acogedores espacios es más una cómoda segunda casa que un albergue festivo. Pero quien marca la diferencia es Melissa, la sonriente propietaria provista de un arsenal de consejos. El desayuno incluye fruta y zumo, y cuenta con bicicletas para uso de los clientes.

Second Home Peru B&B $$$
(plano p. 72; ☎247-5522; www.secondhomeperu.com; Domeyer 366; d/ste desayuno incl. 286/325 PEN; @📶🏊) Encantadora casona de estilo bávaro, con cinco habitaciones y ambiente de cuento de hadas. Ofrece piscina e impresionantes vistas al mar. Dirigido por los hijos del artista Victor Delfín, cuenta con jardines con sus esculturas taurinas, obras de otros artis-

tas y un estudio de escultura para alquilar. Acepta tarjetas de crédito.

Backpackers Inn ALBERGUE $
(plano p. 72; ☎247-1326; www.barrancobackpackersinn.com; Mariscal Castilla 260; dc/tw desayuno incl. 27/92 PEN) En una tranquila calle, este refugio para mochileros, de ocho habitaciones y dirección británica, emplazado en una restaurada mansión con vigilancia las 24 horas, es una excelente opción. Los dormitorios son espaciosos, algunos con vistas al mar. Cuenta con cocina, asesoría sobre viajes y circuitos, salón de TV y buen acceso a Bajada de Baños, que conduce a la playa.

Aquisito B&B PENSIÓN $$
(plano p. 72; ☎247-0712; Centenario 114; i desayuno incl. 65-80 PEN, d desayuno incl. 95-110 PEN; @) Este acogedor y moderno B&B bien ubicado cuenta con ocho sencillas y limpias habitaciones de varios tamaños. Las que dan a la calle son menos silenciosas. Los espacios compartidos son algo pequeños, pero el personal es responsable. Excelente precio. No tiene cartel.

D'Osma B&B B&B $$
(plano p. 72; ☎251-4178; www.deosma.com; Av. San Pedro de Osma 240; d/tr desayuno incl. desde 95/111 PEN; @) En una tranquila casa familiar con bonito patio, ofrece cinco habitaciones pequeñas y enmoquetadas, con tragaluces y ventiladores. La calle es ruidosa, así que es mejor elegir una habitación trasera. No hay rótulo a la vista; búsquese la puerta de madera.

Hostal Gémina HOTEL $$
(plano p. 72; ☎477-0712; hostalgemina@yahoo.com; Av. Grau 620; i/d/tr desayuno incl. 135/175/216 PEN; @) Esta agradable sorpresa escondida en un pequeño centro comercial ofrece 31 espaciosas habitaciones. Son algo bastas y anticuadas, pero están limpias y ordenadas, y tienen TV. Cuenta con una amplia sala de estar. Acepta tarjetas de crédito.

Hostal Kaminu B&B $
(plano p. 72; ☎252-8680; www.kaminu.com; Bajada de Baños 342; dc 25-30 PEN, d sin baño 70-100 PEN; @) Este pequeño y laberíntico albergue está en el centro de la vida nocturna de Barranco, para bien o para mal. Sus puntos más destacados incluyen una animada terraza en la azotea.

Point Lodge ALBERGUE $
(plano p. 72; ☎247-7997; www.thepointhostels.com; Junín 300; dc 27-35 PEN, d con baño compartido 70 PEN; @) Veterano y festivo albergue equipado con todos los detalles que seducen a los mochileros: televisión por cable, colección de DVD, internet gratis, piscina, ping-pong, jardín con hamacas y un práctico bar.

Dónde comer

En Lima, la capital gastronómica del continente, se encuentran las creaciones culinarias más sublimes del país: desde sencillas *cevicherías* y paradas de *anticucho* hasta mecas de la fusión donde la cocina está bañada en espumas. Su ubicación litoral le permite el acceso a una gran variedad de marisco fresco y su estatus de capital central garantiza la presencia de todo tipo de especialidades regionales.

Hay cócteles con bayas del Amazonas, guisos de pollo con nuez de Arequipa (ají de gallina), y una de las especialidades más exquisitas del país (fuera de Chiclayo): el arroz con pato al estilo Chiclayo, cocido lentamente en cilantro, ajo y cerveza. La ciudad ofrece una variedad gastronómica tan amplia que uno puede pasar semanas en ella y no haberlo probado todo.

Resérvese un buen apetito; se va a necesitar.

LIMA CENTRO

Miraflores y San Isidro poseen los restaurantes más elegantes de la ciudad, pero Lima Centro tiene buenos precios e historia: desde comedores funcionales atestados de oficinistas hasta locales con ambiente que han tenido entre sus clientes a presidentes de Perú. Muchos de los restaurantes más económicos ofrecen menús en torno a los 10 PEN.

El Verídico de Fidel CEVICHE $$
(Abtao 935, La Victoria; ceviches 20-40 PEN; ⌚12.00-17.00) No es solo una *cevichería,* sino un lugar de peregrinación: este diminuto local situado frente al estadio del Alianza Lima es célebre por su *leche de tigre* (caldo de ceviche), servida en cuenco de sopa y no en el típico vaso de chupito, y salpicado de marisco fresco. Los ceviches son también espectaculares. El barrio es peligroso; se recomienda tomar un taxi incluso de día.

Cevichería La Choza Náutica CEVICHE $$
(plano p. 64; ☎423-8087; www.chozanautica.com; Breña 204; ceviches 20-36 PEN, platos ppales 19-32 PEN; ⌚8.00-23.00 lu-sa, 8.00-21.00 do) Un local muy animado en una zona algo lúgubre, atendido por camareros con pajarita, que ofrece más de una docena de ceviches

y *tiraditos* (ceviche al estilo japonés, con cebolla). También ofrece una larga lista de sopas, platos de marisco y arroces. Música en directo las noches más animadas.

Domus PERUANA **$**
(plano p. 60; ☎427-0525; Miró Quesada 410; menús de 3 platos 16 PEN; ⌚9.00-16.30 lu-vi) Mansión del s. XIX restaurada que alberga un restaurante moderno pero íntimo, con dos salones. Muchos de sus clientes son periodistas del cercano periódico *El Comercio*. No hay cenas a la carta, solo una lista de especialidades italoperuanas que cambia a diario e incluye una opción vegetariana. Hay zumos de fruta naturales. Excelente precio, muy recomendado.

El Cordano CAFETERÍA **$**
(plano p. 60; ☎427-0181; Ancash 202; platos ppales 8-26 PEN; ⌚8.00-21.00) Este clásico comedor, toda una institución en Lima desde 1905, ha atendido a casi todos los presidentes peruanos durante los últimos 100 años (el palacio presidencial está cruzando la calle). Es célebre por la calidad de su *tacu tacu* (arroz con frijoles fritos) y su *butifarra* (bocadillo de pan francés con jamón del país).

L'Eau Vive FRANCESA **$$**
(plano p. 60; ☎427-5612; Ucayali 370; platos ppales 30 PEN, menús de 3 platos 15-30 PEN; ⌚12.30-15.00 y 19.30-21.30 lu-sa) Este sencillo e inusual comedor instalado en un edificio del s. XVIII está regentado por monjas carmelitas francesas. Sirve especialidades francesas y continentales con influencias peruanas. No destaca por su comida, sino que su mayor reclamo es la serenata: todas las noches, después de cenar (hacia las 21.00 h), las monjas cantan el "Ave María".

Wa Lok CHINA **$$**
(plano p. 60; ☎447-1329, 427-2750; Paruro 878; platos ppales 10-80 PEN; ⌚9.00-23.00 lu-sa, 9.00-22.00 do) Es uno de los mejores chifas (restaurantes chinos) del Barrio Chino y sirve marisco, arroz frito ligero y recién hecho, y carnes humeantes servidas en bandejas. Su carta cantonesa de 16 páginas incluye bolas de masa, fideos, salteados y una buena selección de opciones vegetarianas (como el estofado de tofu). Las raciones son enormes.

El Chinito SÁNDWICHES **$**
(plano p. 60; ☎423-2197; Chancay 894; sándwiches 10 PEN; ⌚8.00-22.00 lu-sa, 8.00-13.00 do) Con casi medio siglo de antigüedad, este venerable local del centro, recubierto de azulejos españoles, es el destino clave para la degustación de sándwiches rellenos de variadas carnes recién asadas: de pavo, cerdo, ternera, jamón –y la más popular, el chicharrón (pollo frito)–, todos servidos con el tradicional salteado de cebolla roja, pimienta picante y cilantro.

Tanta CAFÉ **$$**
(plano p. 60; ☎428-3115; pasaje de los Escribanos 142; platos ppales 21-46 PEN; ⌚9.00-22.00 lu-sa, 9.00-18.00 do) Es uno de los poco ceremoniosos bistrós de la casa Gastón Acurio y sirve platos peruanos, pastas de fusión, copiosas ensaladas y sándwiches. El servicio es algo engreído, pero la comida es generalmente buena (aunque cara). Los postres son lo mejor: se recomienda la exquisita *mousse* de tarta de queso con fruta de la pasión, maridada con un exprés bien cargado.

Pastelería San Martín PASTELERÍA **$**
(plano p. 60; ☎428-9091; Nicolás de Piérola 987; tentempiés 5 PEN; ⌚9.00-21.00 lu-sa) Esta sencilla pastelería fundada en 1930 sirve el que se considera el mejor turrón de doña Pepa de Lima, un postre tradicional asociado con la fiesta religiosa del Señor de los Milagros (véase p. 75): es extremadamente dulce y va bien acompañarlo con un exprés cargado.

Salon Capon CHINA **$$**
(plano p. 60; ☎426-9286; Paruro 819; platos ppales 10-45 PEN; ⌚9.00-22.00 lu-sa, 9.00-19.00 do) Frente al Wa Lok, este restaurante más pequeño ofrece también una extensa carta cantonesa, buen dim sum y una pastelería tradicional que elabora deliciosas y hojaldradas tartas.

Queirolo PERUANA **$**
(plano p. 60; ☎425-0421; Camaná 900; platos ppales 10-33 PEN; ⌚9.30-1.00 lu-sa) Muy popular entre los oficinistas por sus menús baratos (9 PEN), con platos principales como la *papa rellena*. También es muy frecuentado por los lugareños, que al atardecer salen a tomar su *chilcano de pisco* (pisco con ginger ale y zumo de lima) y a charlar.

A LA LIMEÑA

Muchos restaurantes de Lima rebajan la condimentación de sus platos tradicionales para adaptarlos al gusto de los extranjeros. Si se desea tomar una comida picante, hay que pedirla "a la limeña", al estilo de Lima.

Rovegno DELICATESEN $
(plano p. 64; ☎424-8465; Arenales 456; platos ppales 13-25 PEN, bufé 28 PEN; ⊙7.00-22.00 lu-sa) Esta panadería y tienda de especialidades, con servicio de restauración, vende buen vino, panes, quesos, jamón y aceitunas, además de muchas pastas de todos los colores. Sus platos de restaurante son las especialidades peruanas típicas, como el lomo saltado (salteado de ternera con cebolla y pimiento).

La Merced PERUANA $
(plano p. 60; ☎428-2431; Miró Quesada 158; menús 10-18 PEN; ⊙9.00-20.00 lu-sa) Frecuentado por hombres de negocios a la hora del almuerzo, el exterior sin rótulo no permite sospechar el magnífico techo de madera barroco de su interior. En el menú abundan los platos tradicionales; en horas punta hay que esperar para conseguir mesa.

Metro COMPRA DE ALIMENTOS $
(plano p. 60; Cuzco esq. Lampa; ⊙9.00-22.00 diario) Este gran supermercado es el mejor de Lima Centro. También vende alimentos precocinados.

SAN ISIDRO

Restaurantes elegantes, cócteles espumosos y alta cocina de fusión: San Isidro es un bastión del buen comer, y poco más. Quienes viajen con presupuesto ajustado quizá prefieran prepararse su propia comida o dirigirse al cercano barrio de Miraflores, en general más económico.

Malabar DE FUSIÓN $$$
(plano p. 78; ☎440-5200; www.malabar.com.pe; Av. Camino Real 101; platos ppales 52-68 PEN; ⊙12.30-16.00 y 19.30-23.00 lu-sa) El prestigioso chef de este restaurante, de visita obligada en el corazón de San Isidro, es Pedro Miguel Schiaffino. Su menú de temporada –basado en la utilización de productos y técnicas culinarias de la selva amazónica– ofrece platos sofisticados como un cuy fresco dorado y caracoles de río del Amazonas bañados en salsa de chorizo picante. No hay que perderse los cócteles (su padre es un afamado experto en pisco) ni los postres, quizá los más ligeros y refrescantes de Lima.

Matsuei JAPONESA $$
(plano p. 78; ☎422-4323; Manuel Bañón 260; maki 30-49 PEN; ⊙12.30-17.30 y 19.30-23.00 lu-sa) Nada menos que el prestigioso chef japonés Nobu Matsuhisa fue copropietario de este diminuto bar de sushi, hoy situado en una calle secundaria de San Isidro. No hay que dejarse disuadir por su apariencia modesta: elabora algunos de los *sashimis* y *makis* (rollos de sushi) más espectaculares de Lima. Un imperativo: el "acevichado", un rollo relleno de gambas y aguacate bañado en una mayonesa casera hecha con caldo de ceviche. Un auténtico placer.

LA MEJOR COMIDA BARATA

» Copiosos sándwiches en El Enano (p. 86)

» Ceviche al aire libre en Canta Ranita (p. 90) o El Rincón del Bigote (p. 87)

» Sustanciosos panes, con aceitunas y queso en El Pan de la Chola (p. 87)

» Infusiones exóticas y zumos en Kulcafé (p. 88)

» *Picnics* de la bonita tienda Vivanda (pp. 86 y 90)

Segundo Muelle CEVICHE $$$
(plano p. 78; ☎421-1206; www.segundomuelle.com; Conquistadores 490; platos ppales 23-69 PEN; ⊙12.00-17.00) Un baluarte por su impecable servicio y sus afamados ceviches con toques innovadores. Pruébese el de marisco a los tres ajíes, una mezcla de pescado y marisco bañada en tres salsas distintas de pimienta picante. El menú también incluye variedad de arroces y otros platos de marisco, como la recomendada parrilla marina (marisco asado).

Punta Sal CEVICHE $$
(plano p. 78; ☎441-7431; www.puntasal.com; Conquistadores 958; platos ppales 30-40 PEN; ⊙11.00-17.00) Otra magnífica marisquería –en activo desde hace unos 20 años–, que sirve al menos nueve clases diferentes de ceviche. Pruébese el ceviche asesino: una paradisíaca mezcla de pulpo, calamar, cangrejo, platija y berberechos. Recomendado por los lectores.

Hanzo JAPONESA $$
(plano p. 78; ☎422-6367; www.hanzo.com.pe; Conquistadores 598; platos ppales 23-37 PEN; ⊙12.30-16.00 y 19.30-23.30 lu-sa, 12.30-16.00 do) Esta casa de fusión con bar y mucho ambiente es un animado lugar donde tomar sushi sin arruinarse. No es para puristas, el *maki* acevichado y los rollos de mantequilla con arroz frito son guiños a la influencia peruana.

Vivanda COMPRA DE ALIMENTOS $
(plano p. 78; www.vivanda.com.pe; Av. Dos de Mayo 1420; ⊙8.00-22.00) El mejor supermercado de Lima vende una suculenta gama de carnes, quesos, verduras, pasteles, comida precocinada e incluso tiene un café.

Antica PIZZERIA $$
(plano p. 78; ☎222-9488; Av. Dos de Mayo 732; platos ppales 24-42 PEN; ⊙12.00-24.00) Situado en una calle llena de restaurantes, es uno de los más razonables: sirve pastas caseras, gnocchis y pizzas preparados en horno de leña. Muy popular entre las familias locales. Ofrece antipasto y una buena carta de vinos, con predominio de marcas sudamericanas (desde 40 PEN).

News Café CAFÉ $$
(plano p. 78; ☎421-6278; Santa Luisa 110; sándwiches 9-26 PEN, platos ppales 18-36 PEN; ⊙9.00-23.00) Este poco ceremonioso café lleno de oficinistas a la hora del almuerzo sirve copiosos sándwiches, pastas, platos peruanos tradicionales y ofrece variedad de periódicos internacionales. El mostrador de helados sirve deliciosos cucuruchos de frutas andinas, como la chirimoya y la lúcuma.

Tanta CAFÉ $$
(plano p. 78; ☎421-9708; Pancho Fierro 115) Sucursal de la cadena de cafés-restaurantes Acurio en San Isidro (véase p. 84).

MIRAFLORES

Es, sin duda, el barrio más variado para comer, y ofrece todo tipo de cocina a diversos precios: desde comedores diminutos con menús de almuerzo baratos hasta algunos de los locales de innovación gastronómica más reverenciados. Los cafés con terraza son ideales para tomar pisco sour y ver pasar la gente.

Los locales informales con menús baratos abundan en las diminutas calles situadas al este de la Av. José Larco, saliendo del parque Kennedy.

Central NOVOANDINA $$$
(plano p. 68; ☎242-8515; www.centralrestaurante.com.pe; Santa Isabel 376; platos ppales 52-88 PEN; ⊙) Muy aclamado en Lima, sus seductoras creaciones han impresionado a muchos críticos. El chef Virgilio Martínez pasó una década en las mejores cocinas de Europa y Asia, y al regresar a su país decidió reinventar las tradiciones locales. Su marisco –como el pulpo a la brasa– es excelente, pero los platos clásicos peruanos como el cochinillo, reinventado con peras, mostaza y tomate en rama, fascinan. Su carta, nutrida con pescado sostenible, y su herbario en la terraza, realzan su saludable encanto.

Astrid y Gastón NOVOANDINA $$$
(plano p. 68; ☎444-1496, 242-5387; www.astridygaston.com; Cantuarias 175; platos ppales 53-89 PEN; ⊙12.30-15.30 y 18.30-24.00 lu-sa) Uno de los restaurantes más veteranos de cocina *novoandina* de Lima, el afrancesado restaurante pionero de Gastón Acurio sigue dejando una estela culinaria digna de mención. Su menú de temporada contiene ingredientes tradicionales peruanos, pero son sus exquisitas especialidades de fusión –como los filetes dorados de *cuy,* al estilo Pekín, con crepes de maíz púrpura– las que convierten una cena en una experiencia sublime. Cuenta con una carta de vinos internacionales de primera clase.

El Enano SÁNDWICHES $
(plano p. 68; Chiclayo 699; sándwiches 7-10 PEN; ⊙6.00-3.00) Desde un taburete de su mostrador exterior se contempla cómo se preparan los sándwiches de pollo asado, jamón, pavo y chicharrones en pan francés con cebollas y chiles marinados. Si se han tomado demasiados piscos, son una cura perfecta. Sirve zumos en jarra.

Pescados Capitales MARISCO $$$
(fuera de plano p. 68; ☎421-8808; www.pescadoscapitales.com; Av. La Mar 1337; platos ppales 35-50 PEN; ⊙12.30-17.00) En una calle donde antes solo había ruidosos talleres de automóviles, este local moderno (mezcla de almacén artístico y rusticidad peruana) sirve los mejores ceviches de los alrededores. Pruébese el "ceviche capital", con platija, salmón y atún macerados en cebolla roja, blanca y verde y bañados en crema de tres chiles. Una extensa carta de vinos ofrece una selección de añejos chilenos y argentinos.

Fiesta PERUANA $$$
(fuera de plano p. 68; ☎242-9009; www.restaurantfiestagourmet.com; Av. Reducto 1278; platos ppales 40-50 PEN; ⊙almuerzo y cena) Cualquiera que busque el mejor restaurante de cocina septentrional peruana en Lima debería reservar en este concurrido restaurante del lado este de Miraflores. No solo elabora un tierno arroz con pato a la *chiclayana,* sino también un ceviche tradicional a la brasa, con un rápido saltado antes de servirse a la mesa que da al pescado un toque ahumado pero muy tierno. Una maravilla. Tiene un restaurante filial en Chiclayo (p. 334).

Anticuchos de la Tía Grima BARBACOA $
(plano p. 68; ☎99-849-3137; www.anticuchosdelatiagrima.com; Enrique Palacio esq. 27 de Noviembre; anticucho 8 PEN; ⌚19.00-23.00 lu-sa) Este puesto callejero, regentado durante más de 30 años por la legendaria doña Grimanesa, vende los *anticuchos* más venerados en Lima. Su tierna carne y salsas picantes caseras hacen que a menudo haya cola de una hora. Es mejor llegar a las 18.45 y esperar a que abra o encargarlos por teléfono.

La Mar MARISCO $$$
(fuera de plano p. 68; ☎421-3365; www.lamarcebicheria.com; Av. La Mar 770; platos ppales 29-69 PEN; ⌚12.00-17.00 lu-vi, 11.45-17.30 sa y do) Esta cevichería estilo Gastón Acurio es un patio de cemento pulido lleno de VIP (con vigilantes en la puerta). Ofrece más de 10 tipos de ceviche, casi tantos tiraditos y una degustación de cinco clases diferentes. Hay asados, platos de arroz y sopas, pero el ceviche es lo mejor. Entre los cócteles figura el mejor sour con hoja de coca de Lima.

Las Brujas de Cachiche PERUANA $$$
(plano p. 68; ☎444-5310; www.brujasdecachiche.com.pe/ibien.html; Bolognesi 460; platos ppales 35-80 PEN; ⌚12.30-17.00 y 19.00-23.00 lu-sa, 12.30-17.00 do) Su carta de cocina peruana de calidad ofrece todos los platos populares (como ají de gallina) y especialidades menos conocidas como carapulca, un guiso de patatas secas. En el bufé del almuerzo se puede probar un poco de todo (89 PEN).

Mesa 18 DE FUSIÓN $$$
(plano p. 68; ☎610-4000 ext. 224; www.mesa18restaurant.com; Av. Malecón de la Reserva 1035; comida de 6 platos 98 PEN; ⌚12.30-15.00 y 19.00-22.30 lu-vi, 19.00-23.00 sa y do) Este restaurante de primera categoría sirve comida tradicional japonesa con un toque de ingredientes peruanos. Su chef, Toshiro, toda una celebridad, prepara a la perfección calamar a la parrilla, congrio con chardonnay y ligera tempura. Sus tiraditos y ceviches son más conocidos y el ambiente, en el Miraflores Park Hotel, es moderno y enrollado.

Restaurant Huaca Pucllana PERUANA $$
(plano p. 68; ☎445-4042; www.resthuacapucllana.com; Gral Borgoño, cuadra 8; platos ppales 18-60 PEN; ⌚12.30-24.00 lu-sa, 12.30-16.00 do) Sofisticado restaurante que da a las ruinas iluminadas de Huaca Pucllana. El menú consiste en una serie de platos peruanos modernos bien elaborados y presentados (desde cuy asado hasta sopa de marisco), con algunas especialidades de cocina italiana de fusión. Las raciones son copiosas. Hay que reservarse para el postre de parfait de pisco con limón.

El Punto Azul CEVICHE $$
(plano p. 68; ☎445-8078; San Martín 595; platos ppales 22-30 PEN; ⌚12.00-17.00) Este agradable comedor familiar prepara ceviches y tiraditos muy frescos, además de grandes platos de arroz que pueden compartirse. Pruébese el risotto con parmesano, gambas y ají amarillo... sin olvidar la sabrosa colección de postres. Los fines de semana está llenísimo, y conviene acudir antes de las 13.00 horas para encontrar una mesa libre. Precio excelente.

Rafael NOVOANDINA $$$
(plano p. 68; ☎242-4149; http://rafaelosterling.com; San Martín 300; platos ppales 35-68 PEN; ⌚13.00-15.30 y 20.00-24.00) No hay que dejarse engañar por su recatada apariencia externa: aquí acuden los limeños para ver y ser vistos. El chef Rafael Osterling elabora una gran variedad de platos de fusión, como el *tiradito* bañado en cítricos japoneses o el cabrito estofado en vino de Madeira. Los que consiguen ir más allá de sus generosos cócteles pueden elegir en una buena y extensa carta de vinos internacionales.

Quattro D HELADOS $
(plano p. 68; ☎445-4228; Av. Angamos Oeste 408; platos ppales 16-32 PEN, helados desde 7 PEN; ⌚6.30-23.45 lu-ju, 6.30-0.30 vi y sa, 7.00-11.00 do) Concurrido café que sirve sándwiches a la plancha, pasta y otros platos, además de un surtido de suculentos pasteles y el mejor helado de la ciudad (incluidas opciones sin azúcar).

El Rincón del Bigote CEVICHE $$
(plano p. 68; José Gálvez 529; 21-28 PEN; ⌚12.00-16.00 ma-do) Los fines de semana los lugareños hacen cola para sentarse en este sencillo comedor de ceviche. Su especialidad son las almejas en su concha que, si se maridan con crujiente yuca y una botella de cerveza fría, saben a gloria.

El Pan de la Chola CAFÉ $
(fuera de plano p. 68; Av. La Mar 918; platos ppales 8-15 PEN; ⌚8.00-20.00 ma-sa, 9.00-13.00 do) Encontrar pan integral crujiente en Sudamérica es tan difícil como encontrar oro, pero este pequeño café con paredes de ladrillo hornea cuatro deliciosas variedades y sirve

café ecológico del Amazonas peruano, yogur griego y pasteles. Cuenta con grandes mesas de madera para sentarse a la europea, en las que tomar un sándwich o compartir el plato degustación con pan, olivas, hummus y queso fresco (9 PEN).

La Pascana de Madre Natura CAFÉ $

(plano p. 68; Chiclayo 815; platos ppales 5-16 PEN; ☑) Esta tienda de alimentos naturales, panadería y café que sirve ensaladas, *pizza* y otras delicias en un patio estilo zen, es un paraíso para los vegetarianos. Sus hamburguesas vegetarianas son de primera, seguidas del pastel de zanahoria.

Kulcafé CAFÉ $

(plano p. 68; ☑993-325-5445; Bellavista 370; platos ppales 8-12 PEN; ⊙9.30-18.30 ma-do; 🛜) Ideal para tomar pasteles, café y batidos alemanes. Conviene atreverse; el batido de espinacas, sandía y mango es una delicia. También vende alimentos ecológicos y *bagels* integrales servidos en un acogedor ambiente familiar.

Dédalo Arte y Café CAFÉ $

(plano p. 68; Benavides 378; tentempiés 3-9 PEN; 8.00-22.00 lu-vi, 10.00-23.00 sa; 🛜) Los adictos a la cafeína saben encontrar este discreto café del parque Kennedy. Se sirve en todas sus formas habituales y también en el infrecuente *ristretto,* además de una versión australiana del café con leche. Pertenece a la familia propietaria de la tienda de decoración y accesorios del hogar de Barranco, que cuenta con una sucursal en el piso de arriba.

La Trattoria di Mambrino ITALIANA $$

(plano p. 68; ☑446-7002; Manuel Bonilla 106; platos ppales 30-50 PEN; ⊙13.00-15.00 y 20.00-23.00 lu-sa, 12.30-16.00 do) Uno de los mejores restaurantes italianos de la ciudad, a cargo de Ugo Plevisani y su esposa Sandra. Ofrece pastas caseras tradicionales (p. ej., raviolis rellenos de ternera y setas porcini), además de deliciosos *gnocchis.*

Bodega Miraflores CAFÉ $

(plano p. 68; Diez Canseco 109; café 3 PEN; ⊙9.30-13.00 y 15.30-19.30 lu-sa) Un local desaliñado, con un camarero gruñón que sirve cortados espesos como la tinta, hechos de café de Chanchamayo. Hay café sin moler, empaquetado y listo para llevar a casa.

Pastelería San Antonio CAFÉ $

(plano p. 68; ☑241-3001; Av. Vasco Núñez de Balboa 770; sándwiches 10-16 PEN; ⊙7.00-23.00) Esta ins-

titución de 50 años concentra una muestra de mermeladas de Miraflores y elabora una infinita variedad de sándwiches, además de una amplia selección de productos de panadería, entre ellos un cruasán de chocolate de ensueño (pídase caliente).

Rincón Chami PERUANA $

(plano p. 68; ☑444-4511; Esperanza 154; platos ppales 6-27 PEN; ⊙8.00-20.30 lu-sa, 12.00-17.00 do) Este sencillo comedor con 40 años de antigüedad, todo un clásico, sirve una selección de especialidades peruanas. Es famoso por sus platos bien preparados, como el caucáu (guiso de callos), el sabroso pastel de choclo (guiso de maíz) y sus milanesas, grandes como una fuente.

Chocolates Helena REPOSTERÍA $

(plano p. 68; ☑242-8899; www.chocolateshelena. com; Iglesias 498; chocolates desde 3 PEN; ⊙10.30-19.30 lu-vi) Tienda de chocolate artesanal que elabora, además de otras delicias, las riquísimas Chocotejas D'Gala, de fino chocolate *gourmet* y sabores de castaña, mazapán, cereza y frambuesas.

Haití CAFÉ $

(plano p. 68; ☑445-0539; Diagonal 160; tentempiés 12 PEN) Este café de casi medio siglo de antigüedad es como adentrarse en la década de 1960 en Lima: camareros de chaqueta verde atienden a señoras repeinadas y dan conversación a hombres de negocios. Es ideal para pedir un sándwich de cerdo cocido o un postre y ver pasar la gente. Una advertencia: los pisco sour de aspecto inocente son un auténtico latigazo.

La Lucha Sanguachería SÁNDWICHES $

(plano p. 68; ☑241-5953; Benavides 308; sándwiches 10-15 PEN; ⊙8.00-1.00 do-ju, 8.00-3.00 vi y sa) Este local de sándwiches, abierto hasta tarde, es perfecto para tomar algo a medianoche. Su especialidad es el lechón a la leña, pero también sirve pollo asado o jamón en esponjosos panecillos.

Bircher Benner VEGETARIANO $

(plano p. 68; ☑446-5791; 2º piso, Av. José Larco 413; platos ppales 15-22 PEN; ⊙9.00-23.00 lu-sa) Un restaurante vegetariano consolidado, con tienda, que posee una larga lista de platos, entre ellos versiones estrictamente vegetarianas de platos básicos peruanos, como el lomo saltado, además de ceviche preparado con champiñones, cebolla, cilantro, tomate y ricota salteados.

Manolo CAFÉ $$
(plano p. 68; ☎444-2244; www.manolochurros.com; Av. José Larco 608; platos ppales 15-50 PEN, churros 4 PEN; ⌚7.00-1.00 do-ju, 7.00-2.00 vi y sa) Este popular café con terraza, abierto hasta tarde, sirve una larga lista de sándwiches, pasta y pizza. Es célebre por sus churros calientes, que combinan muy bien con un chocolate caliente espeso.

AlmaZen VEGETARIANA $$
(plano p. 68; ☎243-0474; Federico Recavarren 298; platos ppales 30 PEN; ⌚11.00-23.00 lu-vi, 17.00-23.00 sa) Restaurante vegetariano con salón de té, ofrece una selección diaria de platos ecológicos como la sopa de boniato y jengibre, además de tartaletas y risottos. También hay especialidades sin gluten y veganas.

Panchita PERUANA $$
(plano p. 68; ☎242-5957; Av. Dos de Mayo 298; platos ppales 33-56 PEN; ⌚12.30-21.00 lu-sa, 12.30-17.00 do) Este restaurante Gastón Acurio rinde homenaje a los puestos callejeros de comida peruana en un entorno contemporáneo con decoración popular. Los *anticuchos* se asan hasta la perfección en un hornillo a la vista y se derriten en la boca. El cochinillo crujiente tacu tacu vale su colesterol. Una larga carta de vinos (sobre todo, suramericanos) ayuda a la digestión.

La Tiendecita Blanca EUROPEA $$
(plano p. 68; ☎445-9797; Av. José Larco 111; platos ppales 39-53 PEN) En este bistró *beaux arts* en una plaza, punto de referencia en Miraflores durante más de medio siglo, los amantes de la cocina suiza encontrarán *röstis* de patata, fondues y una exquisita selección de tartas de manzana, napoleones y quiches.

La Rosa Náutica MARISCO $$$
(plano p. 68; ☎445-0149; www.larosanautica.com; Circuito de Playas; platos ppales 36-75 PEN, menús 3 platos 110 PEN) Magnífica ubicación: aunque se puede comer el mismo marisco (o mejor) en otro sitio por un precio inferior, las vistas de este restaurante del muelle histórico son incomparables. Durante la *happy tour* (17.00 a 19.00) se puede ver a los últimos surfistas deslizarse por las crestas de las olas. Se toma un taxi hasta el muelle y solo hay que andar unos 100 m.

Tanta CAFÉ $$
(plano p. 68; ☎447-8377; Av. 28 de Julio 888) Sucursal de la cadena de restaurantes-cafés Gastón Acurio en Miraflores (véase p. 84).

> **MÁS, POR FAVOR**
>
> ¿Se desea comer como los lugareños? Cuando se come en hogares, fondas o *quintas* (restaurantes familiares) las raciones grandes se piden diciendo "bien taipá". Si se quiere repetir se dice "yapa", que se entiende como "más, por favor".

Pardo's Chicken PERUANA $
(plano p. 68; ☎446-4790; www.pardoschicken.pe; Alfredo Benavides 730; platos ppales 15-30 PEN) Lima está llena de cadenas de asadores de pollo; sin duda, este es el mejor.

Café Z CAFÉ $
(plano p. 68; ☎444-5579; Diagonal 598; sándwiches 15-23 PEN; ⌚7.00-24.00) Los modernos y *bricheros* (lugareños que flirtean con turistas) de Lima se reúnen en este animado café con música en directo, deliciosos sándwiches (como el *Butifarra Z*) y una impresionante oferta de cafés e infusiones, además de las sillas más incómodas del mundo.

Govinda VEGETARIANA $
(plano p. 68; ☎445-8487; Schell 630; platos ppales 12-16 PEN; ⌚12.00-20.00 lu-vi, 12.00-19.00 sa y do) Este animado café regentado por los hare krishna sirve comida de fusión peruana-india, como curries vegetarianos y versiones sin carne de platos como el lomo saltado.

Compra de alimentos

Los sábados se instala un pequeño mercado de verduras en el parque Reducto, junto a Alfredo Benavides y Ribeyro. También se pueden probar los excelentes mercados de barrio:

La Preferida COMPRA DE ALIMENTOS $$
(plano p. 68; ☎445-5180; Arias Araguez 698; platos ppales 13-30 PEN, tapas 5 PEN; ⌚8.00-17.00 lu-sa) Situado a un par de calles al norte de la Av. 28 de Julio, al este de la Vía Expresa, este encantador local de comidas prepara unas magníficas causas y especialidades de marisco fresco, como el pulpo al olivo (en aceite de oliva) o los choros a la chalaca (mejillones con salsa de maíz y tomate), que se sirven en raciones tipo tapa. Hay unos pocos taburetes para los comensales.

Plaza VEA SUPERMERCADO
(plano p. 68; ☎625-8000; www.plazavea.com.pe; Av. Arequipa 4651; ⌚8.00-22.00) Gran supermercado.

INDISPENSABLE

MARISCO EN LA PUNTA

Un barrio tranquilo, residencial, con magníficas vistas al mar; es ideal para un almuerzo de placer. En el modesto restaurante de pescado **Manolo** (☎429-8453; Malecón Pardo s/n, cuadra 1; ⏲solo almuerzo), los entusiastas del marisco hacen cola para tomar ceviche, pescado a la brasa o sustanciosas sopas. También se puede cenar con más estilo en **La Rana Verde** (☎429-5279; parque Gálvez s/n; platos ppales PEN29-55; ⏲solo almuerzo), perfecto para cenar un domingo con vistas a la isla San Lorenzo. Todos los platos están bien preparados, y el pulpo al olivo es uno de los mejores de Lima. Está en el muelle del Club Universitario de Regatas. Un taxi desde Miraflores cuesta unos 30 PEN.

Vivanda SUPERMERCADO
(☎620-3000; www.vivanda.com.pe) Alfredo Benavides (plano p. 68; Alfredo Benavides 487; ⏲24 h); José Pardo (plano p. 68; Av. José Pardo; ⏲8.00-22.30) Supermercado con algunos artículos para *gourmets*.

Wong SUPERMERCADO
(plano p. 68; ☎625-0000, ext. 1130; www.ewong.com; Óvalo Gutiérrez, Av. Santa Cruz 771) Enorme supermercado construido alrededor del patio de una casa antigua con escaleras de estilo barroco.

BARRANCO

Aunque Barranco ha mejorado su nivel en los últimos años, con restaurantes elegantes de cocina de fusión, el barrio conserva su ambiente local, donde no se va más allá del ceviche y la cerveza.

Unos cuantos restaurantes informales sirven *anticuchos* y menús económicos a lo largo de la Av. Grau y en el cruce con Unión.

Café Bisetti CAFÉ $
(plano p. 72; ☎713-9565; Av. Pedro de Osma 116; café 8-16 PEN; ⏲8.00-21.00 lu-vi, 10.00-23.00 sa, 15.00-21.00 do) Los lugareños dejan sus perros de diseño frente a este asador, que sirve los mejores cafés con leche de la ciudad, bien maridados con pasteles recién hechos o tarta de chocolate amargo. Ofrece cursos sobre asados y degustaciones.

La 73 INTERNACIONAL $$
(plano p. 72; ☎247-0780; Av. El Sol Oeste 175; platos ppales 34-39 PEN; ⏲12.00-24.00) Este bistró contemporáneo, bautizado con el nombre de un icónico autobús urbano, ofrece una carta peruana-mediterránea poco complicada que incluye pescado sostenible. No es muy extensa, pero contiene algunos platos destacados, como los raviolis caseros de alcachofa rellenos de queso de cabra y un sabroso risotto de pato. La sed se sacia con el extraordinario té helado de hierba luisa. En su agradable barra sirven vino y ocho clases de pisco. Como dulce colofón se comparten unos crujientes y calientes churros.

Café Tostado PERUANA $$
(plano p. 72; ☎247-7133; Av. Nicolás de Pierola 222; platos ppales 8-32 PEN, menú de la casa 20 PEN; ⏲12.30-21.00 lu-sa, 7.30-18.00 do) Este poco reformado taller mecánico convertido hace tiempo en un bastión de la cocina tradicional, con largas mesas de madera y cocina abierta, es una experiencia cultural. Los platos del día varían, pero su codiciado plato estrella es el conejo, para compartir hasta con tres personas, por 45 PEN. Para el desayuno típico peruano de los domingos sirve el premiado café Tunki con chicharrones.

Canta Ranita CEVICHE $
(plano p. 72; Unión s/n; platos ppales 16-20 PEN; ⏲12.30-16.00 mi-lu) Es como buscar un tesoro: hay que encontrar el mercado El Capullo, enfrente de Chung Yion, y seguir los puestos de baratijas y camisetas de fútbol hasta la parte de atrás. Este asador al aire libre es una maravilla de sencillez, donde los lugareños toman jarras de chicha (cerveza de maíz) o cervezas artesanales mientras esperan a que les sirvan el ceviche *apaltado* (con aguacate), pollo o pulpo a la pimenta con aceite de oliva. Lo regenta el hijo del dueño del restaurante homónimo.

Las Mesitas PERUANA $
(plano p. 72; ☎477-4199; Av. Grau 341; menús 10 PEN; ⏲12.00-2.00) Un local antiguo, con suelos de baldosas de terracota, que sirve clásicos peruanos económicos y una amplia gama de postres recomendables. Si se desea probar un suspiro limeño (dulce de caramelo y merengue), este es el lugar ideal.

La Canta Rana CEVICHE $$
(plano p. 72; ☎247-7274; Pje. Génova 101; platos ppales 25-38 PEN; ⏲8.00-23.00 ma-sa) Este modesto local abierto hace décadas, con banderas y

fotografías, se llena de lugareños gracias a sus más de 17 tipos de ceviche.

Burrito Bar MEXICANA $
(plano p. 72; ☎987-352-120; Av. Grau 113; platos ppales 12-15 PEN; ⏲12.00-23.00 ma-sa, 12.00-17.00 do) Se recomiendan los tacos de pescado estilo Baja California servidos con salsa en tortillas caseras. Puede que su refresco de lima con menta fresca sea el mejor de la ciudad, pero quizá se prefiera una de las cervezas artesanales de la sierra andina. De postre, sin duda, el tamal de chocolate.

La Bodega Verde CAFÉ $
(plano p. 72; ☎247-8804; Sucre 335A; platos ppales 10-23 PEN; ⏲9.00-22.00 lu-sa, 9.00-20.00 do; 📶) Este café y galería de arte instalado en un jardín vallado es agradable para relajarse. Se puede jugar al Scrabble (también hay juguetes para los niños) y pedir una ensalada, un batido de lúcuma (del árbol del jardín), un té servido en tetera de cerámica o un café ecológico. El desayuno incluye panes integrales y la pastelería, como la tarta de zanahoria, es especialmente buena.

Chifa Chung Yion CHINA $$
(plano p. 72; ☎477-0550; Unión 126; platos ppales 7-37 PEN; ⏲12.00-17.30 y 19.00-24.00) Este animado restaurante, conocido como "Chifa Unión", es famoso por sus cuencos de sopa wonton y su arroz frito con gambas. También cuenta con varias opciones vegetarianas.

Chala DE FUSIÓN $$$
(plano p. 72; ☎252-8515; Bajada de Baños 340; platos ppales 36-59 PEN; ⏲13.00-16.00 y 20.00-24.00 lu-sa, 13.00-16.00 do) Esta encantadora casona, con una amplia terraza, alberga uno de los restaurantes favoritos de los lugareños. Sirve platos modernos que mezclan sabores peruanos y asiáticos. No hay que perderse los raviolis de pollo bañados en ají de gallina y cubiertos con gambas a la brasa. Está en lo alto de la estrecha escalera que lleva a la playa.

LINCE

👍 **El Rincón que no Conoces** PERUANA $$
(☎471-2171; Av. Bernardo Alced 363; platos ppales 21-35 PEN; ⏲12.30-17.00 ma-do) Esta meca de la cocina criolla, que merece el viaje en taxi, fue fundada por Teresa Ocampo de Chincha, una cocinera autodidacta ya fallecida, que llegó a convertirse en un icono nacional. Todo es bueno: el cremoso ají de gallina, las *causas* y los abundantes platos de cordero al seco. Se acompañan con chicha morada, una bebida dulce de maíz. Hay que reservar apetito para los picarones, unos ligeros pasteles de calabaza empapados en melaza. Es muy popular, así que conviene ir pronto y prepararse para esperar.

Dónde beber

En Lima abundan los locales de todo tipo, desde tabernas de cerveza hasta salones de alta calidad, pasando por bares antiguos con ambiente. En el centro están los de mejor precio y en San Isidro, Miraflores y Barranco hay locales más modernos que cobran de 15 a 20 PEN por un cóctel.

LIMA CENTRO

La vida nocturna en Lima Centro es para los nostálgicos, donde abundan los bares de hoteles con solera y salones de época.

El Bolivarcito BAR
(plano p. 60; ☎427-2114; Jirón de la Unión 958) Enfrente de la plaza San Martín, mirando desde el Gran Hotel Bolívar, este local ajado pero muy concurrido se conoce como "la Catedral del Pisco" por haber elaborado algunos de los primeros pisco sours de Perú. Pídase un pisco catedral doble, si el hígado lo permite.

Hotel Maury BAR
(plano p. 60; ☎428-8188; Ucayali 201) Otro bar añejo, célebre por popularizar el pisco sour. Es un local íntimo, clásico, flanqueado de vidrieras y atendido por un batallón de camareros con pajarita.

El Estadio Fútbol Club BAR DEPORTIVO
(plano p. 60; ☎428-8866; Nicolás de Piérola 934; ⏲12.00-23.00 lu-ju, 12.00-2.00 vi y sa) Este veterano refugio para fanáticos del fútbol es otra buena opción.

SAN ISIDRO

Bravo Restobar COCTELERÍA
(plano p. 78; ☎221-5700; www.bravorestobar.com; Conquistadores 1005) Los hábiles camareros de este local preparan una enciclopédica carta de cócteles (se recomienda el *aguaymanto* sour, de pisco y bayas del Amazonas). Su excelente selección de piscos de producción limitada convierte este apacible *lounge* de San Isidro en un buen lugar donde beber y dejarse ver. También sirve una alabada comida de fusión italoperuana.

MIRAFLORES
Cafés clásicos, donde los camareros trajeados sirven espumosos pisco sours, y tugurios estentóreos donde resuenan el techno y la salsa... Miraflores tiene un poco de todo. Los alrededores del parque Kennedy son una zona adecuada para tomar copas y ver pasar la gente.

Café Bar Habana CAFÉ
(plano p. 68; ☎446-3511; www.cafebarhabana.com; Manuel Bonilla 107; ⏰18.00-hasta tarde lu-sa) Su inquieto propietario cubano, Alexis García, y su mujer peruana, Patsy Higuchi, regentan este hogareño establecimiento que sirve deliciosos mojitos. Ambos son artistas y a veces exponen sus obras en la galería contigua.

Huaringas 'LOUNGE'
(plano p. 68; ☎447-1883; Bolognesi 460; ⏰21.00-hasta tarde ma-sa) Popular bar y salón de Miraflores situado dentro del restaurante Las Brujas de Cachiche. Ofrece una amplia gama de cócteles, entre ellos un muy recomendable pisco sour de frutas de la pasión. Los fines de semana concurridos hay pinchadiscos.

BARRANCO
Los bares y clubes de Barranco se concentran en torno al parque Municipal, atestado de juerguistas las noches de los viernes y los sábados.

Cines, teatros, exposiciones itinerantes de arte y conciertos aparecen a diario en *El Comercio*, que publica una cartelera más detallada en la sección "*Luces*" *de los lunes*. También se puede consultar el portal internacional *Living in Peru* (www.livinginperu.com), que tiene un calendario de actividades actualizadas. Más orientada a la juventud es la *Oveja Negra* (www.ovejanegra.com.pe), guía de bolsillo que se distribuye gratis en restaurantes y bares y que ofrece una cartelera mensual de actividades culturales y vida nocturna.

Ayahuasca BAR DE CÓCTELES
(plano p. 72; ☎247-6751; www.ayahuascabar.com; San Martín 130; ⏰20.00-hasta tarde) El salón de moda en Lima se halla en una asombrosa casona restaurada y con florituras arquitectónicas moriscas. No es que su arquitectura no despierte interés, sino que todos se examinan unos a otros. La decoración es hiperrealista, con un móvil colgante hecho con trajes de las danzas folclóricas de Ayacucho. Cuenta con una extensa lista de cócteles de pisco, como el exquisito Ayahuasca sour, preparado con frutas de la jungla y hojas de coca.

Bar Piselli BAR
(plano p. 72; ☎252-6750; Av. 28 de Julio 297; ⏰10.00-23.00 lu-ju, 10.00-3.00 vi y sa) Este bar de barrio, que recuerda a los del antiguo Buenos Aires, supera a todos en ambiente. La música en directo los jueves suscita escandalosos coros de clásicos peruanos.

La Posada del Mirador BAR
(plano p. 72; ☎256-1796; Ermita 104; ⏰17.00-24.00) Establecimiento de dos pisos, con mesas en el exterior desde las que se contempla un magnífico atardecer.

Santos 'LOUNGE'
(plano p. 72; ☎247-4609; Jirón Zapita 203; ⏰17.00-1.00 lu-ju, 17.00-3.00 vi y sa; 📶) Este enrollado y agradable bar instalado en una decrépita mansión cuenta con varios salones y un balcón con vistas al mar (perfecto para ver pasar la gente). Los veinteañeros y treintañeros locales comienzan la noche con tapas y su oferta diaria de "dos por uno" hasta las 21.00.

Wahio's BAR
(plano p. 72; ☎477-4110; Plaza Espinosa; ⏰ju-sa) Un bar grande y animado, repleto de rastas y un fondo musical clásico de reggae, ska y dub.

☆ Ocio
Algunas de las mejores ofertas de la ciudad –cine, exposiciones de arte, teatro y danza– proceden de sus diversos institutos culturales, algunos de ellos con varias sedes. Consúltense las páginas web individuales o los periódicos) para conocer su programación.

Música en directo
Muchos restaurantes y bares ofrecen pequeñas actuaciones de carácter local, mientras que las bandas grandes suelen tocar en casinos y estadios. Los siguientes locales son los más conocidos actualmente por música en directo.

El Dragón MÚSICA EN DIRECTO
(plano p. 72; ☎477-5420; www.eldragon.com.pe; Av. Nicolás de Pierola 168, Barranco; entrada hasta 20 PEN; ⏰jueves-sa) Este popular local con música en directo o DJ atrae a un heterogéneo público con su rock latino, tropicalismo, soul y funk.

Cocodrilo Verde MÚSICA EN DIRECTO
(plano p. 68; ☎242-7583; Francisco de Paola 226, Miraflores; entrada mínima 20 PEN; ⏰18.30-hasta tarde lu-sa) Una enrollada sala donde actúan grupos desde música popular a jazz y bossa nova. Ideal para la noche.

La Noche MÚSICA EN DIRECTO
(plano p. 72; ☎247-1012; www.lanoche.com.pe; Av. Bolognesi 307, Barranco) Conocidísimo bar de tres niveles con destacadas actuaciones de rock, punk y música latinoamericana de Lima. El baile está.

La Estación de Barranco CLUB
(plano p. 72; ☎247-0344; www.laestaciondebarranco.com; Av. Pedro de Osma 112, Barranco) Espectáculos de *jazz*, cabaret, musicales y comedias.

Jazz Zone CLUB
(plano p. 68; ☎241-8139; www.jazzzoneperu.com; centro comercial El Suche, Av. La Paz 656, Miraflores; entrada desde 5 PEN) En un ambiente íntimo, muy recomendable, ofrece *jazz*, folk, cumbia, flamenco y otros estilos en el lado este de Miraflores.

PEÑAS

En las peñas se interpreta música y bailes folclóricos peruanos los fines de semana. La música es sobre todo de dos tipos: *folclórica* y *criolla*. La primera es típica de las tierras altas andinas, y la segunda es música del litoral, con ritmos de influencia africana. El precio de la entrada varía, y a veces esta incluye la cena.

Las Brisas del Titicaca MÚSICA TRADICIONAL
(plano p. 64; ☎715-6960; Wakuski 168, Lima Centro; entrada desde 25 PEN) Esta peña ofrece el mejor espectáculo folclórico de Lima; está cerca de la plaza Bolognesi, en el centro.

La Candelaria MÚSICA TRADICIONAL
(plano p. 72; ☎247-1314; www.lacandelariaperu.com; Av. Bolognesi 292, Barranco; entrada desde 31 PEN) Espectáculo que incorpora música y baile folclórico y criollo en Barranco.

La Oficina MÚSICA TRADICIONAL
(☎247-6544; www.laoficinabarranco.com; Enrique Barron 441, Barranco) Recomendado local de actuaciones de música tradicional criolla junto al cruce de las avenidas Grau y El Sol.

Don Porfirio MÚSICA TRADICIONAL
(☎477-3119; www.donporfirio.com; calle Manuel Segura 115, Barranco; ⊙vi y sa) Peña criolla muy popular entre los lugareños.

Clubes nocturnos

La vida nocturna de los clubes empieza bien entrada la noche y termina al amanecer. Barranco y Miraflores son los mejores barrios para catarla. Los locales abren y cierran con frecuencia, así que conviene informarse antes de ir. Los estilos musicales y el precio de las entradas varían según la noche de la semana.

Para otras opciones se puede ir a la "Pizza Street" (pasaje Juan Figari) de Miraflores, con una ristra de clubes estridentes.

Aura CLUB
(plano p. 68; ☎242-5516, ext 210; www.aura.com.pe; LarcoMar, Av. Malecón de la Reserva 610, Miraflores; entrada 40 PEN) Situado en el centro comercial LarcoMar, el club más exclusivo de Lima ofrece house y tiene DJ invitados que tocan una mezcla de música house, hip-hop, electrónica y latinoamericana. Hay que vestir elegante para estar en la onda.

Gótica CLUB
(plano p. 68; ☎628-3033; www.gotica.com.pe; LarcoMar, Av. Malecón de la Reserva 610, Miraflores; entrada 40 PEN) Local de moda para ir a bailar con ganas. Su interior parece una iglesia y variados DJ tocan música electrónica, hip-hop y pop. A veces sirve de escenario para bandas de música bailable latinoamericana en directo.

Sargento Pimienta CLUB
(plano p. 72; ☎247-3265; www.sargentopimienta.com.pe; Av. Bolognesi 755, Barranco; entrada 20 PEN) Más accesible es este local en Barranco, cuyo nombre refiere al Sergeant Pepper de los Beatles. El club, tipo establo, organiza noches temáticas y a veces tiene bandas que tocan en directo.

Déjà Vu CLUB
(plano p. 72; ☎247-3742; Av. Grau 294, Barranco) Bar añejo de dos ambientes para bailar: en

TELETICKET

Un cómodo lugar donde comprar entradas es **Teleticket** (☎613-8888; www.teleticket.com.pe), un punto de venta centralizado de entradas para eventos deportivos, conciertos, teatro y algunas peñas, además de billetes para el tren turístico a Huancayo. Las oficinas mejor situadas están en el segundo piso del supermercado Wong, en Óvalo Gutiérrez (p. 90) y en el supermercado Metro, en Lima Centro (p. 85). Su página web indica las ubicaciones en toda Lima.

el superior con estentóreos ritmos internacionales, en la planta baja actuaciones tradicionales peruanas.

Cines

Los últimos estrenos internacionales suelen proyectarse con subtítulos en castellano, excepto las películas infantiles, que son siempre dobladas. Algunos cines ofrecen día del espectador. La cartelera puede consultarse en línea o en las páginas culturales de los periódicos locales.

Cine Planet CINE
(☎624-9500; www.cineplanet.com.pe); Lima Centro (plano p. 60; Jirón de la Unión 819; entrada 5-9 PEN); Miraflores (plano p. 68; Av. Santa Cruz 814; entrada 9-17 PEN) Gran cine.

Cinerama El Pacífico CINE
(plano p. 68; ☎243-0541; www.cinerama.com.pe; Av. José Pardo 121, Miraflores; entrada 11 PEN)

UVK Multicines CINE
(www.uvkmulticines.com); LarcoMar (plano p. 68; ☎446-7336; LarcoMar, Av. Malecón de la Reserva 610, Miraflores; entrada 9-17 PEN); Plaza San Martín (plano p. 60; ☎428-6042; Ocoña 110, Lima Centro; entrada 6,50-8,50 PEN) La filial de LarcoMar tiene hasta un "CineBar" donde, por 23 PEN, uno puede sentarse en una sala de cine con mesas de bar y esperar a que le sirvan un cóctel.

Teatro

La programación es escueta. Los principales son el **Teatro Segura** (plano p. 60; ☎426-7189; Huancavelica 265, Lima Centro), construido en 1909 y con oferta de ópera, teatro y ballet, y el **Teatro Británico** (plano p. 68; ☎615-3434; www.britanico.edu.pe; Bellavista 527, Miraflores), con un programa variado.

Deportes

Estadio Nacional ESTADIO
(plano p. 64; Lima Centro) El fútbol es la obsesión nacional, y en este estadio, situado en las cuadras 7 a 9 del paseo de la República, se juegan los partidos más importantes y otros eventos deportivos. Teleticket (véase recuadro en p. 93) tiene programación y ventas.

Plaza de Acho DEPORTES ESPECTÁCULO
(plano p. 60; ☎481-1467; Jr. Hualgayoc 332, Rímac) Las corridas de toros son muy populares en Lima. La temporada tiene su punto álgido en octubre, durante la festividad religiosa del Señor de los Milagros, cuando se dan cita los mejores toreros de Perú. En Teleticket está el programa (véase recuadro en p. 93).

Jockey Club del Perú CARRERAS DE CABALLOS
(☎610-3000; www.jcp.org.pe; Hipódromo de Monterrico) Situado en el cruce de la Panamericana Sur y la Av. Javier Prado, el hipódromo programa carreras tres o cuatro días a la semana.

De compras

En general, en Lima se puede encontrar ropa, joyas y artesanía de todo Perú. Los precios suelen ser altos, pero si se dispone de poco dinero se puede regatear a conciencia en los mercados de artesanía. El horario comercial suele ser de 10.00 a 20.00 de lunes a sábado, aunque la hora del almuerzo varía. En algunos lugares aceptan tarjetas de crédito y cheques de viaje, pero se requiere que lleven foto para la identificación.

Se puede comprar pisco de calidad en la tienda libre de impuestos del aeropuerto, antes de la salida.

Artesanía

En las principales zonas turísticas alrededor del pasaje de los Escribanos, en Lima Centro, y cerca del cruce de Diez Canseco y La Paz, en Miraflores, hay pequeñas tiendas de artesanía. Para comprar directamente a los artesanos, véase el colectivo Ichimay Wari de Lurín (p. 102).

Varias boutiques de Miraflores venden tejidos modernos de alpaca de calidad.

Mercado Indio MERCADO
(plano p. 68; Av. Petit Thouars 5245, Miraflores) Aquí se encuentra de todo, desde alfarería de barro al estilo precolombino hasta alfombras de pelo de alpaca o asombrosas telas de la escuela cuzqueña. Los precios varían; conviene preguntar en varios sitios.

Feria Artesanal MERCADO
(Av. de la Marina, Pueblo Libre) Este mercado de artesanías es algo más barato.

Centro Comercial El Suche MERCADO
(plano p. 68; Av. La Paz, Miraflores) Un pasaje sombrío, lleno de tiendas de artesanías, antigüedades y joyas.

Dédalo ARTESANÍA
(plano p. 72; ☎477-0562; Sáenz Peña 295, Barranco; ⊙10.00-19.00 lu-sa) Instalada en una casona, es una tienda moderna de artesanía, con un encantador café en el patio.

Las Pallas ARTESANÍA
(plano p. 72; ☎477-4629; Cajamarca 212, Barranco; ⏲10.00-19.00 lu-sa) Para regalos especiales se recomienda esta tienda de artesanía, que vende una selección de productos peruanos de calidad; incluso la conoce Sotheby's. Si la puerta está cerrada en horario comercial hay que llamar al timbre.

La Casa de la Mujer Artesana Manuela Ramos ARTESANÍA
(☎423-8840; www.casadelamujerartesana.com; Av. Juan Pablo Fernandini 1550, Pueblo Libre; ⏲11.00-13.00 y 14.00-18.00 lu-vi) Cooperativa de artesanía en la cuadra 15 de la Av. Brasil, cuyos beneficios se destinan a programas de desarrollo económico para mujeres.

Mercados locales

Estos dos mercados están muy concurridos; atención a la cartera.

Mercado Central MERCADO
(plano p. 60; Ayacucho esq. Ucayali, Lima Centro) Desde pescado fresco hasta vaqueros, se puede comprar casi de todo en este mercado superpoblado, cerca del Barrio Chino.

Polvos Azules MERCADO
(plano p. 64) Si se necesita una llave de tubo o una camiseta con un Jesucristo luciendo la camiseta del club de fútbol de Alianza Lima, este es el lugar adecuado. Distribuido en varios pisos, este popular mercado atrae a personas de todas las clases sociales y ofrece un surtido aturdidor de objetos baratos.

Centros comerciales

La calle Conquistadores, en San Isidro, está llena de tiendas elegantes. Para una auténtica experiencia en centros comerciales peruanos, visítense estos dos:

Jockey Plaza CENTRO COMERCIAL
(Av. Javier Prado Este 4200, Monterrico) Un centro comercial grande, exclusivo, con tiendas, boutiques, salas de cine y zona de restaurantes.

LarcoMar CENTRO COMERCIAL
(plano p. 68; Av. Malecón de la Reserva 610, Miraflores) Un centro acomodado al aire libre, junto al acantilado y bajo el parque Salazar, lleno de tiendas elegantes, discotecas y muchos restaurantes. Cuenta con bolera.

Material de acampada

Las siguientes tiendas venden ropa especializada, mochilas y material diverso:

Alpamayo EQUIPO DE ACAMPADA
(plano p. 68; ☎445-1671; 2º, Av. José Larco 345, Miraflores) Material para actividades al aire libre.

Tatoo Adventure Gear EQUIPO DE ACAMPADA
(plano p. 68; ☎242-1938; www.tatoo.ws; LarcoMar, Av. Malecón de la Reserva 610, Miraflores) Ropa de la marca Tatoo y complementos.

Todo Camping EQUIPO DE ACAMPADA
(plano p. 68; ☎242-1318; Av. Angamos Oeste 350, Miraflores) Vende hornillos y también material de escalada.

Más compras

El Virrey LIBROS
(plano p. 68; ☎444-4141; www.elvirrey.com; Bolognesi 510, Miraflores; ⏲10.00-19.00) Tiene una sala con miles de ediciones antiguas únicas.

CompuPalace ELECTRÓNICA
(plano p. 68; Av. Petit Thouars 5358, Miraflores) Galería comercial de material electrónico que ocupa una cuadra y vende pilas recargables y de litio, componentes para ordenadores y piezas de recambio.

Información

Peligros y advertencias

Como en cualquier otra gran ciudad latinoamericana, en Lima conviven clases sociales muy diferenciadas, lo que fomenta las leyendas urbanas sobre la delincuencia. En cierto modo, los peligros de la ciudad han sido sobredimensionados. La situación ha mejorado mucho desde la década de 1980, cuando carteristas, atracadores y ladrones de automóviles campaban impunemente por Lima. Aun así, es una gran ciudad donde una de cada cinco personas vive en situación de pobreza, por lo que cabe esperar delincuencia. El delito más común es el robo y algunos lectores han informado sobre atracos. Es poco probable el asalto con violencia, pero sin duda hay que estar alerta.

No conviene lucir joyas vistosas, y se aconseja tener la cámara guardada cuando no se utiliza. El dinero es mejor guardarlo en el bolsillo o solo llevar lo que se necesita para pasar el día. Y, a menos que haga falta el pasaporte para fines oficiales, lo mejor es dejarlo en el hotel; con una fotocopia basta. Camuflarse también ayuda; los limeños suelen vestir discretamente, con vaquero y jersey. Pasear por la calle con zapatillas de deporte de diseño o ropa deportiva de marca atrae la atención.

Extrémese el cuidado en los eventos masivos y cerca de las paradas y terminales de autobús, que atraen a carteristas, incluso en los distritos ricos. Entrada la noche conviene desplazarse en taxi, sobre todo en el centro, o si se sale hasta tarde en Barranco. Las zonas de Rímac, Callao, Surquillo y La Victoria pueden ser peligrosas, así que se debe ser muy precavido (mejor ir en taxi). Los barrios más peligrosos son San Juan de Lurigancho, Los Olivos, Comas, Vitarte y El Agustino.

Además, hay que desconfiar de los reclamos y los taxistas que tratan de vender circuitos turísticos o informan de que el hotel reservado es casi un burdel. Muchos son artistas del timo que intentan llevar al forastero a los locales que les pagan comisión. Para más consejos sobre seguridad en Perú, véase p. 543.

Urgencias

Comisaría central de la policía nacional (460-0921; Moore 268, Magdalena del Mar; 24 h)

Policía turística (Poltur; plano p. 68; 460-0844; Colón 246; 24 h) Una división de la Policía Nacional que puede facilitar informes de robo para las reclamaciones al seguro o la restitución de los cheques de viaje. En zonas muy turísticas, es fácil identificar a los agentes de la Poltur por sus camisas blancas.

Inmigración

Para información general sobre visados, prórroga de permanencia y un listado de embajadas véase p. 545.

Si se quiere obtener una prórroga de la tarjeta de turista (20 USD) el mismo día hay que ir a primera hora a la **oficina de migraciones** (fuera de plano p. 64; 200-1000; www.migraciones.gob.pe; Prolongación España 734, Breña; 8.00-13.00 lu-vi). Los impresos timbrados pueden comprarse de antemano en el cercano Banco de la Nación (12,25 PEN). Se necesita una copia del formulario F-007 (descargable en su web, en la sección "Prórroga de Permanencia", el pasaporte y la ficha de inmigración que se recibió al entrar en Perú. Conviene hacer una fotocopia de cada uno de ellos para agilizar el proceso. Carecer de la ficha de inmigración puede suponer una multa y que la solicitud se retrase. Es posible que también haya que mostrar el billete de salida del país o una prueba de tener suficientes fondos. Cuanto más formal se vista, menos problemas se tienen. Hay que tramitar el documento con las autoridades dentro de la oficina, y no aceptar ofertas de la gente de la calle.

Mapas

ITBM (www.itbm.com), con sede en Canadá, ofrece un mapa de la ciudad. El plano del metro de Lima publicado por la Editorial Lima 2000 es mucho más detallado.

En el centro, el mejor lugar para comprar mapas es el quiosco que pone **Caseta "El Viajero"** (plano p. 60; 423-5436; Jirón de la Unión 1002), un atestado puesto frente a la plaza San Martín.

Asistencia médica

Las siguientes clínicas tienen servicio de urgencias. Las consultas cuestan a partir de 80 PEN, según la clínica y el doctor. Los tratamientos y la medicación suponen un coste adicional, como también las visitas a los especialistas.

Clínica Anglo-Americana (www.angloamericana.com.pe) La Molina (436 9933; Av. La Fontana 362); San Isidro (plano p. 78; 616-8900; Salazar 350) Hospital de prestigio y caro. Tiene un centro de atención primaria en La Molina, cerca de la embajada de EE UU.

Clínica Good Hope (plano p. 68; 610-7300; www.goodhope.org.pe; Malecón Balta 956) Atención de calidad a buen precio; cuenta con unidad dental.

Clínica Internacional (plano p. 64; 619-6161; www.clinicainternacional.com.pe; Garcilaso de la Vega 1420, Lima Centro) Bien equipada, con departamentos de gastroenterología, neurología y cardiología.

Clínica Montesur (317-4000; www.clinicamontesur.com.pe; Av. El Polo 505, Monterrico; diversas tarifas) Dedicada en exclusiva a la salud de la mujer.

Clínica San Borja (475-4000; www.clinicasanborja.com.pe; Av. Guardia Civil 337, San Borja) Otra reputada clínica con servicio de cardiología.

Otras opciones médicas:

Instituto de Medicina Tropical (482-3903, 482-3910; www.upch.edu.pe/tropicales; Hospital Nacional Cayetano Heredia, Av. Honorio Delgado 430, San Martín de Porras) Bueno para el tratamiento de enfermedades tropicales. Las inmediaciones del hospital son zona segura, pero el barrio que lo rodea es peligroso.

Instituto Nacional de Salud del Niño (330-0066; www.isn.gob.pe; Brasil 600, Breña) Hospital pediátrico; vacuna contra el tétanos y la fiebre amarilla.

En Lima hay muchas farmacias. **Botica Fasa** (plano p. 68; 619-0000; esq. Av. José Larco 129-135, Miraflores) e **InkaFarma** (plano p. 68; 315-9000, reparto 314-2020; www.inkafarma.com.pe; Alfredo Benavides 425, Miraflores) son cadenas bien surtidas, abiertas las 24 horas. A menudo hacen envíos gratis.

También pueden encargarse gafas baratas en las ópticas de Miró Quesada, cerca de Camaná, en Lima Centro o cerca de Schell y la Av. José Larco, en Miraflores.

Dinero

Hay muchos bancos, y casi todos tienen cajeros automáticos en servicio las 24 horas y con buen cambio de divisas. En los grandes supermercados también hay un cajero automático. Mucha atención si se utilizan de noche.

Las casas de cambio de Lima ofrecen tarifas similares o un poco mejores que las de los bancos para el dinero en efectivo (no para cheques de viaje). Están en el centro, en Ocoña y Camaná, y en la Av. José Larco en Miraflores. Debe tenerse cuidado con las casas de cambio, pues se han dado casos de falsificaciones. Para consejos sobre cómo evitar billetes falsos véase recuadro en p. 538.

Las siguientes opciones son las más útiles:

American Express/Travex (plano p. 68; ☎630-9800; www.amextravelresources.com/offices; Av. Santa Cruz 873, Miraflores; ⌚8.30-18.00 lu-vi, 9.00-13.00 sa) Para adquirir cheques de viaje o sustituir los perdidos.

Banco Continental (BBVA; ☎595-0000; www.bbvabancocontinental.com; ⌚9.00-18.00 lu-vi, 9.30-12.30 sa) Lima Centro (plano p. 60; Cuzco 290); Miraflores (plano p. 68; Av. José Larco 631) Representante de Visa; sus cajeros automáticos también aceptan Cirrus, Plus y MasterCard.

Banco de Crédito del Perú (BCP; www.viabcp.com; ⌚9.00-18.30 lu-vi, 9.30-13.00 sa) Lima Centro (☎427-5600; Lampa esq. Ucayali, Lima Centro); José Gonzáles (plano p. 68; Av. José Larco esq. José Gonzáles, Miraflores); José Pardo (plano p. 68; ☎445-1259; Av. José Pardo 425, Miraflores) Cuenta con cajeros automáticos las 24 horas, Visa y Plus; también proporciona anticipos en efectivo de Visa y cambia cheques de viaje Amex, Citicorp y Visa. La filial del centro tiene unos increíbles techos de vidriera.

Citibank (☎221-7000; www.citibank.com.pe; ⌚9.00-18.00 lu-vi, 9.30-13.00 sa) San Isidro (plano p. 78; Av. Dos de Mayo 1547); Miraflores (plano p. 68; Av. José Pardo 127, Miraflores) En estas direcciones hay cajeros automáticos las 24 horas que aceptan Cirrus, Maestro, MasterCard y Visa; también cambian cheques de viaje Citicorp.

LAC Dólar (⌚9.30-18.00 lu-vi, 9.00-14.00 sa) Lima Centro (plano p. 60; ☎428-8127; Camaná 779); Miraflores (☎242-4069; Av. La Paz 211) Oficina de cambio fiable. Envía efectivo al hotel a cambio de los cheques de viaje.

Scotiabank (☎311-6000; www.scotiabank.com.pe; ⌚9.15-18.00 lu-vi, 9.15-12.30 sa) San Isidro (plano p. 78; Av. Dos de Mayo 1510-1550); Miraflores Larco (plano p. 68; Av. José Larco 1119); Miraflores Pardo (plano p. 68; Av. José Pardo esq. Bolognesi, Miraflores) Sus cajeros automáticos (24 h) aceptan MasterCard, Maestro, Cirrus, Visa y Plus. Cambian soles y dólares estadounidenses.

Correos

Serpost, el servicio postal nacional, tiene oficinas en toda Lima. El correo enviado a "Lista de Correos, Correo Central, Lima", puede recogerse en la oficina central de correos, en el centro. Solo es preciso identificarse.

Serpost (www.serpost.com.pe; ☎511-5000) Lima Centro (oficina principal de correos; pasaje Piura s/n, Lima Centro; ⌚8.00-21.00 lu-sa); San Isidro (plano p. 78; ☎422-0985; Las Palmeras 205; ⌚9.00-13.00 y 14.00-17.40 lu-vi, 9.00-11.40 sa); Miraflores (plano p. 68; Av. Petit Thouars 5201; ⌚8.00-20.45 lu-sa, 9.00-13.30 sa, 9.00-14.00 do); Larco (plano p. 68; Av. José Larco 868; ⌚8.00-19.30 lu-sa)

Otros servicios de envíos:

DHL (plano p. 78; ☎652-2194; www.dhl.com.pe; Av. Dos de Mayo 595, San Isidro; ⌚9.00-18.00 lu-vi, 9.00-13.00 do)

Federal Express (FedEx; plano p. 68; ☎242-2280; www.fedex.com/pe; BSC Miraflores, pasaje Olaya 260, Miraflores; ⌚9.00-19.00 lu-vi, 10.00-15.00 sa)

Información turística

iPerú (www.peru.travel) aeropuerto internacional Jorge Chávez (☎574-8000; vestíbulo principal; ⌚24 h); Miraflores (plano p. 68; ☎445-9400; Módulo 14, junto a la taquilla del cine, LarcoMar, Av. Malecón de la Reserva 610; ⌚12.00-20.00); San Isidro (plano p. 78; ☎421-1627; Jorge Basadre 610; ⌚9.00-18.00 lu-vi) La oficina de turismo gubernamental distribuye planos, ofrece buenos consejos y atiende quejas. La oficina de Miraflores es diminuta, pero resulta muy útil los fines de semana.

Oficina de turismo municipal (plano p. 60; ☎315-1542; www.munlima.gob.pe; pasaje de los Escribanos 145, Lima Centro; ⌚9.00-17.00 lu-vi, 11.00-15.00 sa y do) De escasa utilidad; su web ofrece un exiguo listado de espectáculos locales e información sobre circuitos gratuitos en el centro.

Trekking & Backpacking Club (☎423-2515; www.angelfire.com/mi2/tebac; Huascar 1152, Jesús María) Información, planos, folletos, alquiler de material e información para senderistas independientes.

SOUTH AMERICAN EXPLORERS

El venerable **South American Explorers Club** (SAE; plano p. 68; ☎445-3306; www.saexplorers.org; Piura 135, Miraflores; ⏲9.30-17.00 lu-ma, ju-vi, 9.30-20.00 mi, 9.30-13.00 sa), con más de tres décadas de antigüedad, es un recurso indispensable para los viajeros en estancias prolongadas, periodistas y científicos que pasen largas temporadas en Perú, Ecuador, Bolivia o Argentina. Posee una gran biblioteca y tiene a la venta guías y mapas, desde planos topográficos hasta mapas de senderismo por el Camino Inca, el pico Ausangate, la cordillera Blanca y la cordillera Huayhuash. También ofrece información sobre las condiciones de viaje a zonas remotas, el voluntariado y da copias del *Lima Survival Kit* (35 USD), una práctica guía para residentes de larga duración.

Es una organización sin ánimo de lucro –contribuyó a la primera limpieza del Camino Inca y ha facilitado envíos médicos locales–, financiada por sus miembros. Las tarifas anuales son de 60 US$ por persona (90 US$ por pareja); hay descuentos especiales para miembros del ISIC y voluntarios. Los miembros pueden utilizar todas las instalaciones de la sede, como la consigna, lista de correos, intercambio de libros, acceso a la revista electrónica *South American Explorer* y descuentos en sus artículos. También se pueden obtener descuentos en las empresas participantes de Perú. El club tiene sede en Cuzco, Quito y Buenos Aires. (Búsquese la información sobre ellas en línea.)

Quienes no sean miembros pueden pedir información y comprar guías o mapas.

Agencias de viaje

Para empresas en Lima que ofrecen circuitos locales y regionales véase p. 74. Las siguientes agencias de viaje hacen reservas de vuelo y otros trámites:

Fertur Peru Travel (www.fertur-travel.com; ⏲9.00-19.00 lu-vi, 9.00-12.00 sa) Lima Centro (plano p. 60; ☎427-2626, 427-1958; Jirón Junín 211, Lima Centro); Miraflores (plano p. 68; ☎242-1900; Schell 485, Miraflores) Agencia muy recomendable que reserva viajes locales, regionales e internacionales y organiza circuitos en grupo a medida. Ofrece descuentos para estudiantes y miembros de SAE.

InfoPerú (plano p. 60; ☎431-0117; http://infoperu.com.pe; Jirón de la Unión 1066, Lima Centro; ⏲9.30-18.00 lu-vi, 10.00-14.00 sa) Reserva billetes de autobús y avión y ofrece información fiable sobre hoteles y puntos de interés.

Intej (plano p. 72; ☎247-3230; www.intej.org; San Martín 240, Barranco) Es la oficina oficial de la International Student Identity Card (ISIC). Tramita descuentos en billetes de avión, tren y autobús, además de otros servicios.

Lima Tours (plano p. 60; ☎619-6901; www.limatours.com.pe; Jirón de la Unión 1040, Lima Centro; ⏲9.30-18.00 lu-vi, 9.30-13.00 sa) Agencia muy popular que organiza todo tipo de viajes. Desde viajes destinados a viajeros homosexuales hasta circuitos gastronómicos por Lima.

Tika Tours (plano p. 68; ☎719-9990; www.tikagroup.com.pe; José Pardo 332-350, Miraflores) Operador turístico y agencia de viajes útil para información local y para viajar por Perú.

ℹ Cómo llegar y salir

Avión

El **aeropuerto Internacional Jorge Chávez** (código LIM; ☎517-3100; www.lap.com.pe; Callao) de Lima cuenta con las instalaciones habituales: una boutique de pisco, oficina de correos y consigna. Hay acceso a internet en el segundo piso. Para información sobre vuelos internacionales, véase p. 548.

Los principales destinos nacionales desde Lima son Arequipa, Ayacucho, Cajamarca, Chiclayo, Cuzco, Iquitos, Juliaca, Piura, Pucallpa, Puerto Maldonado, Tacna, Tarapoto, Trujillo y Tumbes. Se puede obtener información sobre vuelos, comprar billetes y confirmar salidas en línea o por teléfono, pero para cambiar billetes o solventar problemas lo mejor es acudir a la oficina de la compañía en persona.

Para información general sobre vuelos en Perú, véase p. 547. El impuesto internacional de salida de 31 US$ debería estar incluido en el billete, junto con los impuestos de salida nacionales.

Las oficinas de operadores nacionales abiertas hoy en día en Lima son:

LAN (plano p. 68; ☎213-8200; www.lan.com; Av. José Pardo 513, Miraflores) Vuela a Arequipa, Chiclayo, Cuzco, Iquitos, Juliaca, Piura, Puerto Maldonado, Tacna, Tarapoto y Trujillo. También ofrece servicios de enlace entre Arequipa y Cuzco, Arequipa y Juliaca, Arequipa y Tacna, Cuzco y Juliaca, y Cuzco y Puerto Maldonado.

LC Peru (☎204-1313; www.lcperu.pe; Av. Pablo Carriquirry 857, San Isidro) Vuela a Andahuaylas, Ayacucho, Cajamarca, Huancayo, Huánuco, Huaraz y Jauja en aviones pequeños de turbohélice.

Peruvian Airlines (plano p. 68; ☎716-6000; www.peruvianairlines.pe; Av. José Pardo 495, Miraflores) Vuela a Arequipa, Cuzco, Piura, Iquitos y Tacna.

Star Perú (plano p. 68; ☎705-9000; www.starperu.com; Av. Espinar 331, Miraflores) Vuela a Arequipa, Ayacucho, Cuzco, Huánuco, Iquitos, Juliaca, Pucallpa, Puerto Maldonado, Talara, Tarapoto y Tumbes; con servicio de enlace entre Tarapoto e Iquitos.

TACA (plano p. 68; ☎511-8222; www.taca.com; Av. José Pardo 811, Miraflores) Vuela a Cuzco.

Autobús

No existe una terminal central de autobuses; cada compañía vende sus propios billetes y ofrece puntos de salida independientes. Algunas compañías tienen varias terminales, por lo que al comprar los billetes conviene aclarar desde qué punto sale el autobús. Las épocas del año más concurridas son Semana Santa (la semana anterior al Domingo de Pascua) y las semanas cercanas a las Fiestas Patrias (28 y 29 de julio), en las que miles de limeños se escapan de la ciudad y los precios se duplican. En esas fechas conviene reservar con mucha antelación.

Algunas estaciones están en barrios peligrosos. Si se puede, lo mejor es comprar el billete previamente y tomar un taxi si se lleva equipaje.

El número de compañías de autobuses es infinito. Las más fiables son:

Civa (plano p. 64; ☎418-1111; www.civa.com.pe; 28 de Julio esq. paseo de la República 575, Lima Centro) Para ir a Arequipa, Cajamarca, Chachapoyas, Chiclayo, Cuzco, Ilo, Máncora, Nazca, Piura, Puno, Tacna, Tarapoto, Trujillo y Tumbes. La compañía también ofrece una línea con literas de categoría a varios destinos costeros, llamada Excluciva (www.excluciva.com).

Cruz del Sur (☎311-5050; www.cruzdelsur.com.pe) Lima Centro (plano p. 60; ☎431-5125; Quilca 531); La Victoria (☎311-5050; Av. Javier Prado Este 1109) Una gran compañía que cubre la costa –además de ciudades del interior como Arequipa, Cuzco, Huancayo y Huaraz– con tres clases de servicio: el Ideal económico y los lujosos Imperial y Cruzero. Los servicios más caros suelen salir de La Victoria.

Movil Tours (plano p. 64; ☎716-8000; www.moviltours.com.pe; paseo de la República 749, Lima Centro) Viaja a Chachapoyas, Chiclayo, Huancayo, Huaraz y Tarapoto.

Oltursa (fuera de plano p. 78; ☎708-5000, 225-4495; www.oltursa.pe; Av. Aramburu 1160, Limatambo) Cerca de San Isidro está la terminal principal de esta prestigiosa compañía que viaja a Arequipa, Chiclayo, Ica, Máncora, Nazca, Paracas, Piura, Trujillo y Tumbes.

Ormeño (☎472-1710; www.grupo-ormeno.com.pe) Lima Centro (plano p. 64; Carlos Zavala Loayza 177); La Victoria (fuera de plano p. 78;

INFORMACIÓN SOBRE AUTOBUSES

DESTINO	PRECIO* (PEN)	DURACIÓN (H)
Arequipa	101-143	15
Ayacucho	50-95	10
Cajamarca	80-130	16
Chiclayo	40-125	12-14
Cuzco	130-175	21
Huancayo	57-175	7
Huaraz	35-100	8
Ica	22-76	4½
Nazca	50-86	8
Piura	59-144	12-16
Puno	140-170	18-21
Tacna	50-144	18-22
Trujillo	25-100	8-9
Tumbes	132-165	19

* los precios para autobuses normales/de lujo son aproximados

Av. Javier Prado Este 1059) Gran compañía de autobuses limeña que ofrece servicios diarios a Arequipa, Ayacucho, Cajamarca, Cañete, Chiclayo, Chincha, Cuzco, Huaraz, Ica, Ilo, Nazca, Paracas, Piura, Puno, Tacna, Trujillo y Tumbes, todos con salida desde la terminal de La Victoria. Ofrece tres clases de servicio: Econo, Business y Royal. La terminal de Lima Centro es para comprar billetes o concertar transporte con una de las filiales más pequeñas: Expreso Continental (norte de Perú), Expreso Chinchano (costa sur y Arequipa) y San Cristóbal (Puno y Cuzco).

PeruBus (plano p. 64; ☎226-1515; www.perubus.com.pe; Carlos Zavala Loayza 221, Lima Centro) Autobuses frecuentes a Cañete, Chincha, Ica y Nazca.

Tepsa (☎202-3535; www.tepsa.com.pe) Lima Centro (plano p. 60; ☎427-5642, 428-4635; paseo de la República 151-A, Lima Centro); Javier Prado (☎617-9000; Av. Javier Prado Este 1091) Autobuses cómodos que viajan a Arequipa, Cajamarca, Chiclayo, Cuzco, Ica, Lambayeque, Máncora, Nazca, Piura, Tacna, Trujillo y Tumbes.

Automóvil

Lima tiene cruces principales sin semáforos, los conductores de autobús son como kamikazes, hay embotellamientos y el estacionamiento en la calle es mínimo o inexistente. Pero si a pesar de ello uno se anima a conducir, las siguientes compañías tienen oficinas abiertas las 24 horas en el aeropuerto. Los precios van de 130 a 338 PEN al día, recargos, seguro e impuestos aparte (casi un 19%). Hay servicios de envío.

Budget (☎442-8706; www.budgetperu.com)
Dollar (☎444-3050; www.dollar.com)
Hertz (☎447-2129; www.hertz.com.pe)
National (☎575-1111; www.nationalcar.com.pe)

Tren

El **Ferrocarril Central Andino** (☎226-6363; www.ferrocarrilcentral.com.pe) cubre la línea ferroviaria que va de la estación de Desamparados de Lima, en el interior, a Huancayo, ascendiendo desde el nivel del mar hasta 4829 m –el segundo punto más alto de trenes de pasajeros de todo el mundo–; luego desciende a Huancayo, a 3260 m. No hay un servicio de pasajeros regular, pero el tren realiza el trayecto un par de veces al mes como atracción turística; toda una odisea de 12 horas que discurre por paisajes andinos y puentes vertiginosos. El viaje de ida y vuelta cuesta entre 130 y 350 PEN. Compruébese el horario con antelación, ya que las líneas no están siempre habilitadas. Se pueden comprar billetes a través de Teleticket (véase recuadro en p. 93).

ℹ Cómo desplazarse

A/desde el aeropuerto

El aeropuerto está en la ciudad portuaria de Callao, unos 12 km al oeste del centro o 20 km al noroeste de Miraflores. Al salir de la aduana, dentro del aeropuerto y a mano derecha está el servicio oficial de taxis: **Taxi Green** (☎484-4001; www.taxigreen.com.pe; aeropuerto internacional Jorge Chávez; 1-3 personas a Lima Centro, San Isidro, Miraflores y Barranco 50 PEN). Fuera del perímetro del aeropuerto hay también taxis "locales". Tomar uno no siempre supone un ahorro, y existen riesgos: pueden ser desaprensivos que recogen a extranjeros y aprovechan para robarles. Es preferible utilizar un taxi oficial del aeropuerto, o concertar un servicio de recogida con el alojamiento.

El modo más económico de ir y volver del aeropuerto es con la compañía de *combis* **La S** (2-3 PEN por persona) –llevan una "S" gigante impresa en el parabrisas–, que tiene varias rutas desde el puerto de Callao hasta Miraflores y más allá. Desde el aeropuerto se hallan avanzando hacia el sur por la Av. Elmer Faucett. Para el viaje de vuelta al aeropuerto, las combis La S están al norte, siguiendo la Av. Petit Thouars, y al este por la Av. Angamos de Miraflores. Su emplazamiento más céntrico es el del "paradero" (parada de autobuses) de la Av. Petit Thouars, al norte de la Av. Ricardo Palma (plano p. 78). Hay que pagar un precio adicional si el equipaje ocupa asientos. Las compañías de *combis* cambian regularmente de ruta, por lo que conviene preguntar antes de salir.

En un taxi privado, calcúlese al menos una hora para llegar al aeropuerto desde San Isidro, Miraflores o Barranco; en *combis*, el trayecto dura al menos dos horas, con muchas paradas intermedias. El tráfico es menos denso antes de las 6:30.

Autobús

El Metropolitano (www.metropolitano.com.pe) es una nueva red de autobuses de Lima. Funciona con gas natural y es la forma más rápida y eficiente de llegar al centro de la ciudad. Cuenta con pocas rutas, pero está previsto ampliar la cobertura a la parte norte. La Ruta Troncal (1,50 PEN) va por Barranco, Miraflores y San Isidro hasta la plaza Grau, en el centro de Lima. Los usuarios deben comprar una "tarjeta inteligente"(4,50 PEN) que puede recargarse.

También hay muchos microbuses que pasan a toda velocidad y atascan el tráfico, con un cobrador agarrado a la puerta que anuncia las paradas. Hay que fijarse en los letreros del parabrisas. Lo mejor es conocer la intersección principal más próxima o lugar destacado más cercano a la parada (p. ej., parque Kennedy) y decírselo al cobrador; él indicará cuándo bajar. Las *combis* suelen ser más lentas y van más llenas, pero resultan baratísimas: los billetes cuestan de 1 a 3 PEN, según la duración del trayecto.

Las rutas más útiles son las que unen Lima Centro y Miraflores por la Av. Arequipa o el paseo de la República. Los microbuses que van por Garcilaso de la Vega (también llamada Av. Wilson) y la Av. Arequipa llevan el cartel "Todo Arequipa" o "Larco/Schell/Miraflores" cuando se dirigen a Miraflores, y "Todo Arequipa" y "Wilson/Tacna" cuando van de Miraflores al centro. En Miraflores se toman a lo largo de las avenidas José Larco o Arequipa.

Para ir a Barranco, búsquense los autobuses que circulan por la Av. Arequipa con el rótulo "Chorrillos/Huaylas/Metro" (algunos también llevan carteles que anuncian "Barranco"). También se encuentran en la Diagonal, al oeste del parque Kennedy, en Miraflores.

Taxi

Los taxis de Lima no tienen taxímetro, así que hay que negociar el precio antes de subir. Este varía según la duración del trayecto, las condiciones del tráfico, la hora (por la noche son más caros), entre otros. Los taxis registrados o los que se toman cerca de una atracción turística son más caros. Como indicación (muy) aproximada, un viaje dentro de Miraflores cuesta de 5 a 8 PEN. De Miraflores a Lima Centro de 10 a 15 PEN, a Barranco de 5 a 10 PEN, y a San Isidro de 6 a 12 PEN. Se puede regatear, pero es más difícil en hora punta. Cuando viajan dos o más pasajeros hay que aclarar si el precio es por persona o por trayecto.

La mayor parte de los taxis de Lima no están registrados (no son oficiales); sin embargo, las inspecciones indican que al menos uno de cada siete vehículos es un taxi. Durante el día no suele haber problemas en utilizar uno u otro tipo de taxis. Por la noche es más seguro ir en los registrados, que llevan un adhesivo rectangular con la autorización del SETAME en la esquina superior izquierda del parabrisas. También suelen llevar una decoración amarilla y un número de licencia en los laterales.

Los taxis registrados pueden llamarse por teléfono o tomarse en las paradas de taxis, como la que está ante el Sheraton en el centro o ante el centro comercial Larco-Mar de Miraflores. Cuestan entre un 30 y un 50% más que los taxis que circulan por la calle, y pueden alquilarse por horas desde 25 PEN.

Las siguientes compañías trabajan a todas horas y aceptan reservas con antelación:

Moli Taxi (☎479-0030)
Taxi América (☎165-1960)
Taxi Lima (☎271-1763)
Taxi Móvil (☎422-6890)
Taxi Real (☎470-6263; www.taxireal.com) Recomendado.
Taxi Seguro (☎241-9292)

ALREDEDORES DE LIMA

Los fines de semana y festivos, los limeños van a la playa o las colinas. Si se dispone de unos días extra hay mucho que hacer fuera de la ciudad, desde explorar ruinas a relajarse en la playa.

Pachacámac

☎01

Situado unos 31 km al sureste del centro urbano, el conjunto arqueológico de **Pachacámac** (☎430-0168; entrada 6 PEN; ⊙9.00-17.00 lu-vi) es una ciudadela precolombina hecha de adobe, palacios de piedra y templos piramidales. Si se ha estado en Machu Picchu, tal vez parezca poca cosa, pero fue un importante centro inca y era una ciudad relevante cuando llegaron los españoles. Empezó siendo un centro ceremonial de la cultura lima hacia principios del año 100, y luego se ex-

NUEVOS DESCUBRIMIENTOS EN PACHACÁMAC

El saqueo de los tesoros arqueológicos de Perú dejó muchas de sus ruinas con más preguntas que respuestas. Así que el descubrimiento en mayo del 2012 de una cámara funeraria con 80 personas en Pachacámac fue todo un éxito. Arqueólogos de la Universidad Libre de Bruselas encontraron una cámara oval de 18 m frente al templo de Pachacámac, escondida bajo enterramientos posteriores. En su perímetro había niños y recién nacidos, que rodeaban a los más de 70 esqueletos del centro de la tumba. Las momias estaban envueltas en telas y tenían objetos de valor, ofrendas e incluso perros y conejillos de indias. Según *National Geographic*, los investigadores creen que puede ser la tumba de peregrinos que acudían al lugar en busca de curas para enfermedades graves.

ESTUDIOS DE ARTESANOS EN LURÍN

Lurín es una población de clase trabajadora ubicada 50 km al sur de Lima Centro por la Panamericana. En su extremo sur están los talleres del colectivo de artesanos de Ayacucho **Ichimay Wari** (☎430-3674; www.ichimaywari.org; Jr. Jorge Chávez, Manzana 22, Lote A; ⏲8.00-13.00 y 14.00-17.00 lu-vi). Producen retablos tradicionales (dioramas religiosos), cerámica, decoraciones navideñas de estilo andino y los coloridos árboles de arcilla conocidos como "arbolitos de la vida". Conviene concertar con 24 horas de antelación el circuito por sus talleres.

Un taxi desde Lima cuesta unos 70 PEN. En autobús se toma uno en Puente Primavera que vaya a Lurín, San Bartolo o San Miguel y se baja en el semáforo principal de Lurín. Desde allí se llama a un mototaxi y se pide al conductor que se dirija al sur, hasta el barrio Artesano. Cuesta 2 PEN. Algunas zonas de Lurín son peligrosas; se recomienda ir en taxi y guardar la cámara.

pandió con los huaris, para ser finalmente tomada por los ichsma. Los incas añadieron muchas construcciones cuando llegaron a la zona, en 1450. El topónimo Pachacámac, que puede traducirse de diversos modos, como "El que animó el mundo" o "El que creó la tierra y el tiempo", procede del dios huari de dos cabezas, representado en madera, que se conserva en el **museo** del lugar.

Gran parte de los edificios son poco más que montículos de escombros esparcidos por un paisaje desierto, pero algunos templos principales han sido excavados y sus rampas y laterales escalonados están a la vista. Se puede ascender por el sendero en zigzag que culmina en el **templo del Sol**, desde donde en días claros se observan excelentes vistas de la costa. Sin embargo, el edificio más destacado es el palacio de las Mamacuna ("Casa de las mujeres elegidas"), comúnmente llamado **Acllahuasi**, con entradas trapezoidales de estilo inca. Por desgracia, un fuerte terremoto en el 2007 afectó su estructura, por lo que los visitantes solo pueden verlo desde lejos. La falta de financiación para restaurarlo lo sitúa entre los yacimientos en peligro de extinción del mundo.

Hay un centro de visitantes y un café a la entrada, que se encuentra en la carretera de Lurín. Se puede conseguir un mapa sencillo en la taquilla, desde la que un sendero lleva directamente al conjunto. La visita a pie supone al menos dos horas. En verano conviene llevar agua y gorra, no hay sombra durante el camino. En vehículo propio se puede ir de un monumento a otro.

Varias agencias de Lima (véase p. 74) ofrecen circuitos guiados (medio día unos 115 PEN/persona) que incluyen transporte y guía. Los circuitos en bicicleta de montaña son una excelente opción. También se puede subir a un microbús con el cartel "Pachacámac" en la esquina de Andahuaylas y Grau en Lima Centro (2 PEN, 45 min); los microbuses salen cada 15 minutos durante las horas diurnas. Desde Miraflores se toma un taxi al cruce de Angamos con la Panamericana, también conocido como el Puente Primavera, y desde allí un autobús con la indicación "Pachacámac/Turín" (1 a 2 PEN, 30 min). En ambos casos hay que pedir al conductor que pare cerca de las ruinas, o uno acaba en el pueblo de Pachacámac, a casi 1 km de la entrada. Para regresar a Lima, se puede llamar a cualquier autobús desde la puerta, pero suelen tardar en pasar. También se puede alquilar un taxi por horas (a partir de 20 PEN) desde Lima.

Playas del sur

☎01

Todos los veranos, los limeños invaden las playas que se alinean a lo largo de la Panamericana, en sentido sur. El éxodo tiene lugar los fines de semana, cuando la carretera se colapsa y temporalmente se convierte en vía de un solo sentido. Los principales pueblos playeros son El Silencio, Señoritas, Caballeros, Punta Hermosa, Punta Negra, San Bartolo, Santa María, Naplo y Pucusana. No hay centros veraniegos al estilo tropical; este tramo de costa estéril y desierta está bañado por agua fría y corrientes fuertes. Pregúntese a los lugareños antes de tomar un baño, pues todos los años hay accidentes.

Un destino familiar es **San Bartolo**, salpicado de albergues con tarifas económicas y medias en pleno verano. **Hostal 110** (☎430-7559; www.hostal110.com; Malecón San Martín Norte 110; d 100-130 PEN, ocupante adicional 30 PEN; 🏊), por encima de la bahía, ofrece 14 habitaciones espaciosas y limpias, y apartamentos –algunos hasta para seis personas– escalonados en el acantilado sobre una piscina. Los sábados es más caro. En el extremo sur del pueblo (tómese un mototaxi), frente al campo de fútbol, el recomendable **Restaurant Rocío** (☎430-8184; Urb. Villa Mercedes, Mz A, Lte 5-6; platos ppales 15-38 PEN; ⏲11.00-23.00) sirve pescado fresco asado, frito y bañado en ajo.

Más al sur, **Punta Hermosa**, con olas continuas, es el destino de los surfistas. **Punta Hermosa Surf Inn** (☎230-7732; www.puntahermosasurfinn.com; Bolognesi 407, esq. Pacasmayo; dc/i/d desayuno incl. 45/60/120 PEN; @), con seis habitaciones, agradable zona común con hamacas y televisión por cable, es una buena opción. En fin de semana las habitaciones cuestan 30 PEN más y las habitaciones compartidas 10 PEN más. Las olas más altas de Perú, que pueden ser de 10 m de altura, se hallan en las cercanías de **Pico Alto** (km 43 de la Panamericana).

Punta Rocas, un poco más al sur, también es popular entre los surfistas más avezados (se celebran competiciones anuales), que normalmente se hospedan en el básico **Hostal Hamacas** (☎88-104-144; www.hostalhamacas.com; Panamericana km 47; i/d con aire acondicionado 104/117 PEN, con ventilador 60/78 PEN, apt para 2 personas 143 PEN), justo en la playa. Tiene 15 habitaciones y 5 bungalós (con cabida para seis), todos con baño privado, agua caliente y vistas al mar. En temporada alta (de octubre a abril) abre su propio restaurante. También alquila tablas. En general, no se alquilan muchas tablas, así que conviene llevar la propia.

Para llegar a estas playas se toma un autobús con el rótulo "San Bartolo" desde la Panamericana Sur, en el puente Primavera de Lima. Se puede bajar en todos los pueblos playeros del trayecto, pero casi siempre hay que andar 1 km o 2 hasta la playa. (Suele haber taxis locales esperando en la carretera.) Un taxi desde Lima cuesta entre 70 y 80 PEN.

Para playas más meridionales, como Pucusana, véase p. 105.

Carretera Central

La carretera Central avanza hacia el este desde Lima siguiendo el valle del Rímac, hasta los pies de los Andes, y prosigue hasta La Oroya, en las tierras altas centrales de Perú.

Los microbuses que van a Chosica salen de la plaza Bolognesi (plano p. 64) con frecuencia. Pueden utilizarse para ir a Puruchuco (2-3 PE N, 50 min) y Chosica (3-4 PEN, 2 h). Los taxis colectivos también realizan el trayecto desde el cruce de Arequipa y la Av. Javier Prado, en San Isidro, por 8 PEN. Puede que sea difícil reconocer los destinos desde la carretera, por lo que se recomienda avisar al conductor de dónde se desea bajar.

PURUCHUCO

☎01

El yacimiento de **Puruchuco** (☎494-2641; entrada 5 PEN; ⏲9.00-16.00 ma-do) se dio a conocer en el 2002, cuando las excavaciones sacaron a la luz 2000 momias bien conservadas en este enorme cementerio inca. Es uno de los mayores hallazgos de estas características, y entre los muchos objetos funerarios encontrados figuran numerosos *quipus* en buen estado. La casa del jefe está muy reconstruida; una sala se identifica como granja de cobayas. Situado en medio del barrio de chabolas de Túpac Amaru, Puruchuco queda a 13 km de Lima Centro. (Se recomienda ir en taxi.) En la carretera hay un desvío señalizado a la derecha, del que parte otra carretera de unos cientos de metros.

CAJAMARQUILLA

☎01

Otro yacimiento precolombino es el de **Cajamarquilla** (entrada 5 PEN; ⏲9.00-16.00), una ciudad de adobe en ruinas, erigida por los huaris (700-1100 d.C), sobre un antiguo asentamiento de la cultura lima. Cerca del km 10 desde Lima (a 18 km desde Lima Centro) hay una carretera que sale a la izquierda hacia la refinería de zinc de Cajamarquilla, a casi 5 km de la autopista. Las ruinas se hallan casi a medio camino por esa carretera; se toma un corto desvío a la derecha. Está indicado, pero en caso de duda, se puede preguntar a los lugareños.

CHOSICA

☎01

A unos 40 km de Lima se encuentra el pueblo montañés de Chosica, a 860 m sobre el nivel del mar, por encima de la línea de la *garúa*. Durante la primera mitad del s. xx fue un destino popular de fin de semana entre los limeños que intentaban tomar el sol en invierno. Hoy, su popularidad ha disminuido, pero aún acuden visitantes en excursiones de un día. La plaza está rodeada de restaurantes y, al atardecer, los vendedores de *anticucho* se concentran a lo largo de algunos paseos con fuentes. Desde Chosica, la carretera principal lleva a las ruinas de **Marcahuasi** (véase p. 274).

Costa sur

Sumario »

Los mejores restaurantes

» Café Da Vinci (p. 135)

» As de Oro's (p. 112)

» Via La Encantada (p. 128)

» El Chorito (p. 117)

Los mejores alojamientos

» Casa-Hacienda San José (p. 109)

» Hotel El Huacachinero (p. 122)

» Hotel El Molino (p. 108)

» Nazca Lines Hotel (p. 128)

Por qué ir

La primera pregunta que se formulan los forasteros cuando ven por primera vez el árido, brumoso y seco desierto de la costa sur de Perú –en general desde la ventanilla de un abarrotado autobús– es: ¿cómo se puede vivir aquí? Pero pronto descubren que la gente no solo vive, sino que prospera. Como prueba basta con informarse sobre la industria vinícola de Ica o la cultura afroperuana de Chincha. Y lo que es más, llevan siglos haciéndolo. Las Líneas de Nazca, un extraño conjunto de geoglifos gigantescos grabados en el desierto, datan del 400 al 650 d.C., mientras que las telas desenterradas en la península de Paracas se tejieron 1000 años antes de que Pachacuti expulsara a los incas de Cuzco. A pesar de que Machu Picchu acapara casi toda la atención en el sur de Perú, el "Sendero Gringo", menos conocido, recorre la costa sur y sus paradas obligadas incluyen el centro de aventuras de Lunahuaná, el santuario de la naturaleza de Paracas, Nazca y el oasis de Huacachina.

Cuándo ir

Nazca

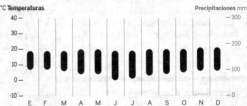

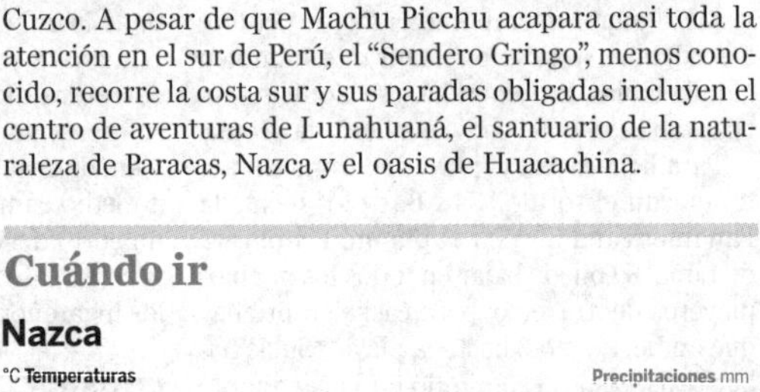

Ene-mar Pleno verano, los complejos playeros desbordan actividad.

Mar Vendimia y fiestas del vino en Lunahuaná e Ica.

Jun y jul Tiempo más fresco, menos turistas y fiestas esotéricas en Chincha e Ica.

Pucusana

01 / 10 000 HAB.

La primera parada que merece la pena en la costa es Pucusana, que aparece entre la niebla y la contaminación que se cierne sobre los barrios del sur de Lima. En apariencia es un típico pueblo pesquero peruano: ruidoso, algo sucio y con cientos de barcas de madera en su puerto. Pero tiene también una cualidad vital innata. Si se ha salido de Miraflores pensando que se había estado en una versión latinoamericana de LA, en Pucusana están presentes todas las imperfecciones de Perú.

Las pequeñas playas de Pucusana y Las Ninfas están frente al pueblo, pero también se puede tomar un barco a "la isla" (1 PEN), una pequeña isla frente a la costa, con una alta colina y un tramo de arena. La playa más exclusiva de la zona es Naplo, a 1 km, a la que se llega por un túnel. El **Gremio de Pescadores de Puscana** (puerto pesquero), donde los pescadores bregan con peces del tamaño de una ballena mientras los pelícanos los observan de cerca, es todo un espectáculo a cualquier hora del día. A la entrada hay barcos que ofrecen excursiones para ir de pesca y circuitos por el puerto (desde 40 PEN).

El mejor de los sencillos hoteles de Pucusana, **El Mirador de Pucusana** (430-9228; i/d/tr 30/40/55 PEN) disfruta de buenas vistas. Las habitaciones son básicas, pero tienen agua caliente. Si se desea tomar marisco, nada mejor que las cevicherías del paseo marítimo. El **Restaurante Jhony** (platos ppales 20-30 PEN) es el mejor; se recomienda la sabrosa tortillita de camarones sin pelar.

Desde el centro de Lima hay *combis* (microbuses) que salen con frecuencia hacia Pucusana desde la plaza Bolognesi (5 PEN ida). También se puede tomar un taxi desde Lima al puente Primavera, en el cruce de la Av. Primavera y la carretera Panamericana Sur. Desde allí salen los autobuses costeros que circulan por la Panamericana Sur y paran en el km 57, y de allí parten microbuses durante el día al centro de Pucusana (1 PEN, 10 min).

Para playas más cercanas a Lima véase p. 102.

Asia

01 / 4000 HAB.

La Asia peruana, cuya tasa de crecimiento emula a su homónima al otro lado del Pacífico, es una imprecisa zona comercial al sur de Lima que abarca más de 30 playas, miles de lujosas casas de veraneo y un enorme centro comercial conocido como El Sur Plaza Boulevard, inaugurado en el 2003. Gran parte de la actividad se centra alrededor del km 97,5 de la carretera Panamericana Sur, aunque los clubes, restaurantes y condominios llegan hasta Pucusana hacia el norte y Cerro Azul hacia el sur. No es el Perú tradicional (más bien es un mini Dubai), aunque es un animado rincón lleno de jóvenes limeños adinerados que acuden por su vida nocturna y para relajarse en la playa en verano (enero-marzo). El resto del año suele estar vacío.

La mayoría de los autobuses que circulan por la carretera Panamericana Sur paran en Asia si se solicita. En el bulevar principal hay algunas pensiones bastante caras, pero Lima está a menos de una hora y hay numerosos autobuses a todas horas. Los billetes cuestan a partir de 16 PEN.

Cañete y Cerro Azul

01 / 37 000 HAB.

El nombre completo de esta pequeña población con mercado y centro de transportes, 145 km al sur de Lima, es San Vicente de Cañete. La mayoría de los veraneantes peruanos acude al norte del pueblo, a Cerro Azul, una playa muy popular entre los surfistas más avezados. Está a 15 minutos a pie al oeste del km 131 de la carretera Panamericana Sur, 15 km al norte del pueblo. En la zona hay un pequeño fuerte inca conocido como **Huarco**, pero está en mal estado.

En Cerro Azul, el **Hostal Cerro Azul** (271-1302, www.cerroazulhostal.com; Puerto Viejo 106; d/tr/c/ste 150/ 185/200/220 PEN), orientado a surfistas, está a menos de 100 m de la costa. Todos los restaurantes de la playa sirven marisco. El **Restaurant Juanito** (335-3710; Ribera del Mar; platos ppales 20-25 PEN; 8.00-21.00) es muy popular.

Desde Lima los autobuses a Pisco o Ica paran en Cañete y, a veces, en Cerro Azul (18-21 PEN, 2½ h). Los de regreso a Lima están siempre llenos, en especial los domingos de enero a abril. También hay *combis* entre Cañete y Cerro Azul (1 PEN, 30 min) o hacia el sur hasta Chincha (2 PEN, 1 h).

Lunahuaná

01 / 3600 HAB. / ALT. 1700 M

Este pequeño pueblo, una romántica sección del desierto, se alza sobre la brumosa

Imprescindible

❶ Descifrar los misterios de las **Líneas de Nazca** (p. 123) al sobrevolarlas o en un circuito terrestre.

❷ Ver leones marinos y aves, y esquivar guano en un paseo en barco por las **islas Ballestas** (p. 113).

❸ Contemplar la puesta de sol en una duna gigante del oasis de **Huacachina** (p. 122).

❹ Disfrutar de música y danza afroperuana en la **Casa-Hacienda San José** (p. 109) de El Carmen.

❺ Hacer *rafting* en los rápidos del río Cañete, en el centro de aventuras de **Lunahuaná** (p. 105).

❻ Catar algunos de los mejores vinos y piscos de Perú en la **Bodega Tacama** (p. 105), cerca de Ica.

❼ Hacer excursionismo en la desierta península de Paracas y almorzar marisco en **Lagunillas** (p. 114).

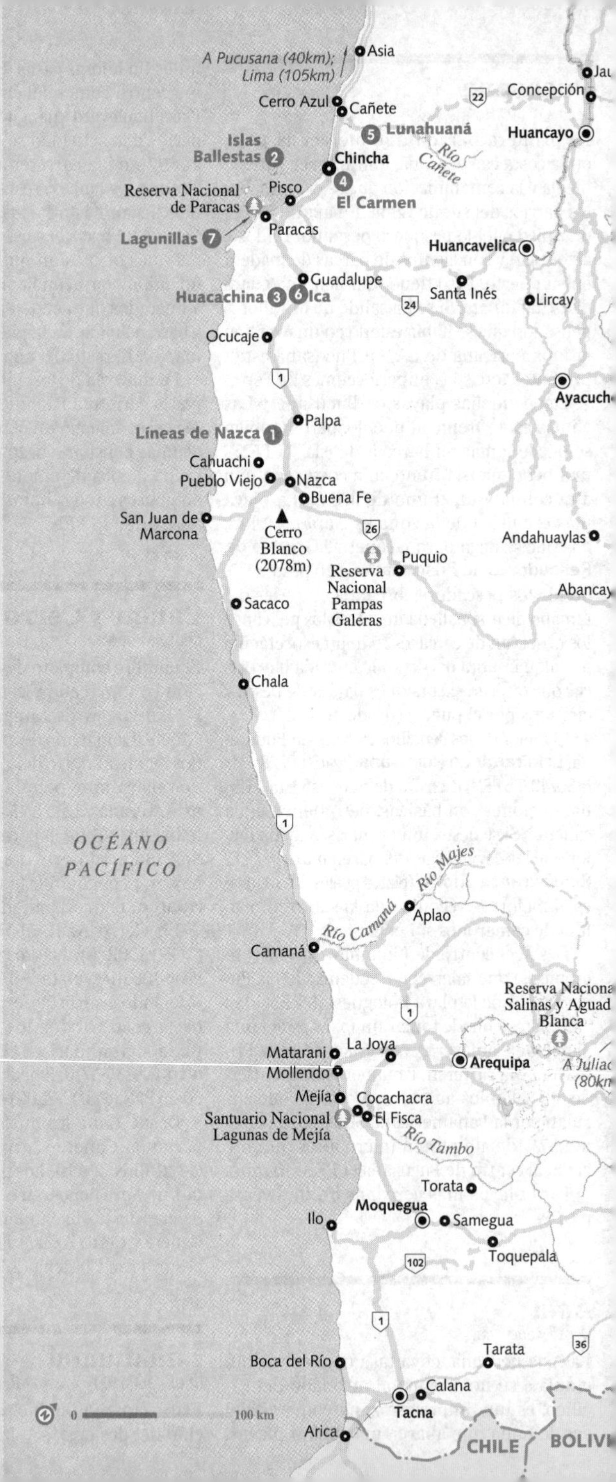

y descuidada costa del sur de Lima. Se llega por una sinuosa carretera de 38 km que se dirige hacia el este desde Cañete y aparece casi como por arte de magia: un estrecho tramo verde en el polvoriento desierto, que brilla con indicios prometedores de Oriente Medio. Pero no hay tiendas de beduinos ni llamadas desde los minaretes, sino que su actividad se divide entre la producción vinícola y el descenso de ríos. Ambas actividades existen gracias al turbulento río Cañete, cuyos rápidos de clase IV procuran emociones a los practicantes de *rafting* e irrigación a los viñedos locales.

Algunos viajeros que acuden desde Lima pernoctan en Lunahuaná, lo que, sin duda, merece la pena. La mejor época para ir es la segunda semana de marzo, para la **Fiesta de la Vendimia.** A finales de febrero o principios de marzo suele celebrarse un **festival de deportes de aventura.**

Puntos de interés

Lunahuaná es pequeño y, aparte de la plaza mayor, coronada con la **iglesia de Santiago Apóstol** de 1690, cuenta con pocos tesoros arquitectónicos. Los rectangulares portales de la plaza cobijan bares y tiendas especializadas en vino y pisco, y a 5 minutos a pie hay un **mirador** con estupendas vistas del pueblo y alrededores.

Bodega Santa María BODEGA

(www.bodegasantamaria.com; km 39 ctra. Cañete-Lunahuaná) Refinada y semiindustrial bodega 1 km al norte del pueblo, cuyas instalaciones y grandes cubas de madera recuerdan a una bodega andaluza. Su aromática sala de catas ofrece degustaciones de vinos dulzones (tinto, blanco y rosado) y fuertes piscos. También vende miel casera.

Catapalla PUEBLO

Este pequeño asentamiento a 6 km subiendo el valle desde Lunahuaná alberga una de las bodegas artesanales más antiguas del valle, **La Reyna de Lunahuaná** (☎99-477-7117; entrada y circuitos gratis; ⌚7.00-13.00 y 14.00-17.00), que preside la plaza mayor. Sus propietarios ofrecen todo tipo de información sobre la producción de pisco y vino. El otro punto de interés del pueblo es el **puente colgante** sobre los rápidos del río Cañete. La ida en taxi desde Lunahuaná cuesta a partir de 6 PEN, pero hay que esperar a que aparezca otro para regresar.

Incahuasi RUINAS

(km 39 ctra. Cañete-Lunahuaná; entrada 3,50 PEN; ⌚9.00-17.00) Las ruinas amuralladas del cuartel general del 10º inca, Túpac Yupanqui, situadas en las afueras occidentales de Lunahuaná, son el yacimiento arqueológico más importante del valle del Cañete. Se cree que sus edificios datan más o menos de 1438, poco después de la subida al poder del soberano Pachacuti. No hay muchas indicaciones ni viajeros, pero en ello reside su atractivo. Se encuentran en la carretera principal, a 10 km al oeste de Lunahuaná. Un taxi ida y vuelta cuesta entre 10 y 12 PEN.

Actividades

Descenso de ríos

Puede hacerse *rafting* todo el año, pero la mejor temporada es de diciembre a abril, los meses de lluvias en los Andes, cuando más crecido discurre el río Cañete. A finales de febrero o principios de marzo se celebran campeonatos de deportes de aventuras, como el descenso de ríos. El río se divide en tres secciones para hacer *rafting*. La más difícil (ruta alta) es la sección al este de Lunahuaná hasta Catapalla, que en verano tiene nivel III-IV. Las secciones más fáciles, al oeste, entre Lunahuaná y Paullo, y Paullo y Socsi tienen nivel I-III y solo se descienden en verano.

Las empresas de *rafting* más reputadas son **Río Cañete Expediciones** (☎284-1271; www.riocanete.com), con base en el **Camping San Jerónimo** (p. 108) y **Laberinto Explorer** (☎284-1057; Av. Grau 365) a un par de cuadras de la plaza mayor de Lunahuaná.

'Tirolina'

Luanahuaná ofrece cinco fabulosos cables que suman 2500 m, una de las distancias más largas de Latinoamérica, y lanzan sobre el río Cañete a los interesados en desafiar al vértigo. El precio de los cinco cables, que parten del Camping San Jerónimo, es 100 PEN.

Rápel

Para descensos más verticales se puede hacer rápel en la pared de uno de los acantilados del río Cañete, unos 7 km al norte del pueblo. La mayoría de las agencias de la Av. Grau organizan excursiones.

Ciclismo

Luanahuaná, situada por encima de la costa saturada de automóviles, se puede recorrer fácilmente en bicicleta; de hecho, es una buena forma de visitar los lugares más remotos y las bodegas. La mayoría de las agencias de viajes de la Av. Grau alquilan bicicletas con marchas por unos 40 PEN/2 horas.

Dónde dormir

Hotel El Molino HOTEL $$$
(☎378-6061; www.hotelelmolino.com.pe; Malecón Araoz km 39 ctra. Cañete-Lunahuana; i/d/ste 260/280/340 PEN;) Este cuidado complejo hotelero instalado en la orilla del río Cañete, cerca de Lunahuaná, no queda lejos de los barrios meridionales de Lima. Se inauguró en el 2011 con habitaciones estilo *boutique,* con grandes cristaleras que dan al río. Cuenta con dos piscinas, futbolín y un buen restaurante en sus ajardinadas instalaciones.

Refugio de Santiago HOTEL $$$
(☎436-2717; www.refugiodesantiago.com; km 31 ctra. Cañete-Lunahuaná; h/persona comidas incl. adultos/niños 200/100 PEN) Este renovado hogar colonial a pocos kilómetros al oeste de Lunahuaná es el refugio perfecto para relajarse. Las habitaciones son rústicas pero elegantes, y sus instalaciones cuentan con un jardín botánico y un restaurante de especialidades locales (platos ppales 32-48 PEN). El precio incluye desayuno, almuerzo, cena y paseos guiados por los huertos locales.

Hostal Río Alto HOTEL $$
(☎284-1125; www.rioaltohotel.com; km 39 ctra. Cañete-Lunahuaná; i/d 91/147 PEN;) Esta agradable pensión a 1 km por la autopista que discurre al este de Lunahuaná mira al río desde una sombreada terraza llena de plantas. Las habitaciones, sencillas pero modernas, tienen duchas con agua caliente.

Camping San Jerónimo 'CAMPING' $
(☎284-1271; km 33 ctra. Cañete-Lunahuaná; 15 PEN/persona) Este *camping* bordea el río en el extremo oeste del pueblo. Es el campamento base de Río Cañete Expediciones y ofrece buenas instalaciones y una pared de roca artificial gratis para los clientes.

Hostal Los Andes HOTEL $
(☎284-1041; Los Andes; i/d/tr 40/50/70 PEN) Básico pero serio edificio amarillo de tres pisos. Algunas habitaciones del 2º ofrecen exiguas vistas al río. Cuenta con agua caliente y televisión por cable, pero no wifi.

Dónde comer

Sabores de mi Tierra PERUANA $
(Bolognesi 199: comidas desde 6 PEN) Sabores sencillos, un plato principal más entrante, por solo 6 PEN. Se recomienda el guiso de pollo y la sopa de gambas.

Don Ignacio La Casa del Pisco PERUANA $
(plaza de Armas; platos ppales desde 10 PEN) Es uno de los mejores restaurantes de la plaza mayor que sirven pisco, en el que se empapa el "combustible para cohetes" local con comida típica de la zona, incluido un memorable cangrejo de río.

Cómo llegar y salir

Desde Cañete se toma una *combi* a Imperial (1 PEN, 10 min), desde donde hay *combis* a Lunahuaná (3,50 PEN, 45 min). Los colectivos (taxis compartidos), más rápidos, esperan a los pasajeros en la carretera principal, bajando desde la plaza de Lunahuaná, para volver a Imperial (4 PEN, 25 min).

Chincha

☎056 / 194 000 HAB.

Deliciosamente caótico o frustrantemente anárquico (según la tolerancia de cada uno al polvo y el ruido), es Perú en bruto y a granel, una vorágine de autobuses, taxis e imprudentes peatones. En apariencia podría ser cualquier ciudad de provincias de la costa sur, pero al recorrerla revela detalles fascinantes: puestos callejeros de zumo de caña de azúcar, figuritas africanas y cartas con especialidades criollas (¿apetece sopa seca?). Chincha es el venero de la cultura afroperuana, un pequeño y desconocido integrante del acervo nacional, testigo de un brutal pasado esclavista.

Puntos de interés

En el centro no hay mucho que ver, aunque la plaza principal, con su **iglesia** de terracota y altas y sinuosas palmeras sorprende. La industria vinícola local está presente en las tiendas de la Av. Benavides, entre la plaza y la estación de autobuses. **La Plazuela** (Av. Benavides 501) sirve vasos gratis del dulce vino y el fortísimo pisco locales. Si apetece tomar más, los propietarios regentan el restaurante de al lado.

Distrito El Carmen PUEBLO
Algunos veteranos de Cuba se sorprenden en El Carmen, un lugar donde la convergencia de las culturas africana y latinoamericana

se ha traducido en meneo de caderas. Este pequeño y rústico "pueblo" es famoso por su música afroperuana que se oye en las peñas (bares y clubes con música folclórica en directo), a unos 15 km del pueblo. El mejor momento para visitarlo es durante los festivales culturales, aunque en el **Ballumbrosio Estate** (San José 325) siempre se celebra algo. La casa de la familia de bailarines más famosa de El Carmen es un museo dedicado a la cultura afroperuana y la mayoría de los fines de semana la música brota de forma espontánea. Merece la pena ver las fotos y cuadros, y lo que acontezca.

Casa-Hacienda San José MUSEO

(☎31-3332; www.casahaciendasanjose.com; El Carmen) Esta antigua plantación de esclavos con majestuosa hacienda, razón de sobra para hacer el viaje desde Lima, es una oportunidad única de sumergirse en la historia afroperuana, en parte dorada y en parte aterradora. Se puede pernoctar rodeado de la opulencia de la era colonial, pues en el 2012 la hacienda se transformó en un **hotel** (h 210-250 PEN; ❄≋) de 12 habitaciones, tras el compás de espera de cinco años al que estuvo sujeta a causa del terremoto del 2007. Los visitantes pueden hacer circuitos de una hora por la hacienda y sus famosas catacumbas por 20 PEN; solo hay que llamar al timbre de la puerta principal. El edificio original y su hermosa capilla barroca datan de 1688. Entre los objetos que sobrevivieron hay frescos, herramientas agrícolas y un brutal sistema para someter a los esclavos, como una extensa red de catacumbas y túneles subterráneos (que se exploran con velas). Si se va en domingo se aconseja el espectáculo-bufé de la cena (70 PEN), que se remata con bailes afroperuanos en el sombreado patio. Al lado hay una espectacular fábrica de algodón de 1913 en ruinas.

Yacimientos arqueológicos

En tiempos, el pequeño Imperio chincha floreció en esta región hasta que fue arrasado por los incas a finales del s. xv. Los yacimientos más destacados de la zona son **Tambo de Mora**, en la costa, a unos 10 km de Chincha, y el templo de **La Centinela**, al noroeste de la ciudad, a unos 8 km saliendo de la carretera Panamericana Sur. Pueden visitarse en taxi (15 PEN ida).

Fiestas y celebraciones

La abundante oferta de fiestas locales incluye el **Verano Negro** (finales febrero-comienzos marzo), las **Fiestas Patrias** (independencia nacional, finales julio) y **La Virgen del Carmen de Chincha** (fiesta de la patrona, 27 de diciembre). En esas fechas hay microbuses de Chincha a El Carmen durante toda la noche y las peñas se llenan de frenéticos limeños y lugareños ansiosos por bailar. Un baile tradicional es "El Alcatraz", en el que el bailarín intenta encender con una vela un pañuelo sujeto a la parte trasera de la falda de su pareja.

Dónde dormir y comer

Hay hoteles y chifas (restaurantes chinos) básicos y baratos en la plaza de Chincha. La mayoría se llenan y duplican o triplican sus precios durante las fiestas, aunque es un problema que puede evitarse si se baila toda la noche y se toma un autobús por la mañana a Lima o hacia el sur por la costa.

En El Carmen algunas familias admiten huéspedes y preparan comidas por 10-20 PEN/persona y noche. También se puede pernoctar en el único hotel del pueblo, el

MÚSICA Y BAILE AFROPERUANOS

Los hipnotizantes ritmos y movimientos de esta danza tradicional inducen a participar en el baile. Durante el período colonial, cuando los colonizadores españoles prohibieron el uso de tambores, los esclavos africanos que trabajaban en las plantaciones peruanas comenzaron a utilizar cajas de madera (lo que hoy en día se llama *cajón*) y quijadas de burro para acometer la percusión, propia de este estilo musical. La música a menudo se acompaña de un impresionante baile tipo flamenco llamado *zapateo* y un apasionado cante.

En las últimas décadas grupos como Perú Negro y la familia Ballumbrosio han seducido a muchos, dentro y fuera del país, y se han propuesto preservar la herencia africana de Perú a través de su música y sus bailes. Si se está en el lugar adecuado en el momento oportuno se puede presenciar uno de esos espectáculos en la comunidad que los ha hecho famosos, El Carmen.

Parador Turístico (☎27-4060; plaza de Armas; i/d 25/40 PEN).

Casa Andina-Chincha Sausal HOTEL-'BOUTIQUE' $$$
(☎213-9739; www.casa-andina.com; ctra. Panamericana Sur km 197.5; d/tr 261/290 PEN;) Esta sucursal de la cadena hotelera más lujosa de Perú, junto a la carretera Panamericana Sur, 1 km al norte de la estación de autobuses de Chincha, está orientada a la clientela empresarial, por lo que resulta algo estirada. Sin embargo, sus instalaciones son inmejorables, con jardines con flores, suntuosa ropa de cama y buen restaurante.

Hostal El Condado HOTEL $$
(☎26-1424; Pan Am Km 195; h desde 100 PEN;) Las limpias habitaciones, cordial servicio y bonito restaurante con generosas raciones son un soplo de aire fresco en la atestada carretera Panamericana Sur.

Restaurant Doña Jita PERUANA $
(Av. Benavides 293; platos ppales desde 6 PEN) Su ambiente familiar, similar al de una *picantería* (restaurante tradicional) de Arequipa, anima a pedir los menús de la casa. Se elige entre el ejecutivo de dos platos (10 PEN) o el económico (6 PEN). Los garbanzos y lomo saltado (tiras de ternera salteadas con cebollas, tomates, patatas y chiles) son de lo mejor (y barato) que se prueba a este lado de Lima.

Cómo llegar y desplazarse

En la carretera Panamericana Sur hay muchas empresas que ofrecen autobuses a Chincha, en la ruta entre Lima (20-23 PEN, 2½ h) e Ica (7-10 PEN, 2 h). Si se desea ir a Pisco, la mayoría de los autobuses en dirección sur paran en el desvío a San Clemente de la carretera Panamericana Sur (4 PEN), desde donde hay frecuentes *colectivos* y *combis* para hacer los 6 km a Pisco (3 PEN). Desde Chincha hay *combis* dirección norte hasta Cañete (2 PEN, 1 h) y sur hasta Paracas (3 PEN, 1 h), que salen cerca de la plazuela Bolognesi.

Las *combis* a El Carmen (2 PEN, 30 min) salen del mercado central de Chincha, a pocas cuadras de la plaza.

La plaza está a 500 m de la carretera Panamericana Sur, donde paran los autobuses de la costa.

Pisco

☎056 / 58 200 HAB.

Asolada en el 2007 por un terremoto que acabó con sus infraestructuras, pero no con su espíritu, es una ciudad que se repone y reinventa casi a diario cual ave fénix. Indolente ante el daño sufrido, sigue abierta al comercio y se promociona, junto con el cercano centro turístico de El Chaco (Paracas), como base para visitar la Reserva Nacional de Paracas y las islas Ballestas, aunque El Chaco la supera en términos de ubicación y servicios.

Pisco comparte nombre con la bebida nacional, un licor que se elabora en toda la región. La zona despierta interés histórico y arqueológico, pues entre el 700 a.C. y el 400 d.C. estuvo habitada por una de las civilizaciones preincaicas más desarrolladas, la Paracas. Más tarde, a comienzos del s. XIX, fue la cuna de la fiebre revolucionaria de Perú.

A pesar de ser muy extensa, la zona de Pisco-Paracas se recorre con facilidad. El transporte público entre Pisco y el puerto de Paracas, 15 km al sur por la costa, sale del mercado de Pisco y la plaza mayor de El Chaco, en la zona de Paracas.

Puntos de interés

La **plaza de Armas** de Pisco es un batiburrillo de lo que destruyó y se recuperó tras el terremoto. La **estatua ecuestre de José de San Martín,** con la espada en ristre, pertenece a la segunda categoría. Otro superviviente es la **Municipalidad** (Ayuntamiento), un edificio morisco que data de 1929 y cuyo dañado exterior aún espera reformas. En Pisco la principal víctima del terremoto fue la **catedral colonial de San Clemente,** en cuyo solar se ha construido una moderna iglesia de ladrillo rojo financiada por España, no tan bonita, pero que, en cualquier caso, es todo un logro. El comercio ha regresado a la peatonal San Martín, que discurre hacia el oeste desde la plaza y se ha embellecido con bancos, enrejados con flores y una refrescante fuente.

Actividades

Pisco es viable como base para hacer circuitos por la península de Paracas y las islas Ballestas. En la zona centro hay varias agencias.

Aprotur CIRCUITO
(☎50-7156; San Francisco 112) Su estoico personal dirige una relajada, aunque profesional, agencia de viajes desde una oficina en la plaza mayor, que organiza viajes a puntos de interés locales, como las islas Ballestas (45 PEN), la península de Paracas (25 PEN) y Tambo Colorado (20 PEN). Sus guías hablan varios idiomas.

Pisco

Pisco

Puntos de interés

1 Catedral de San Clemente C2
2 Estatua de José de San Martín B2

Actividades, cursos y circuitos

3 Aprotur B2

Dónde dormir

4 Hostal La Casona C2
5 Hostal Residencial San Jorge B1
6 Hostal Villa Manuelita C2
7 Posada Hispana Hotel A2

Dónde comer

8 El Dorado B2

Dónde beber

9 Taberna de Don Jaime B2

Información

10 Interbank B2
11 Muncipalidad C2

Transporte

12 Colectivos a Paracas y desvío a San Clemente en la Panamericana A4
13 Combis a Paracas A4
14 Flores B2
15 Ormeño C2

Dónde dormir

La mayoría de los hoteles ofrece servicio de recogida en el desvío a San Clemente de la carretera Panamericana Sur.

Posada Hispana Hotel HOTEL $

(☎53-6363; www.posadahispana.com; Bolognesi 236; i/d/tr desayuno incl. 15/25/35 US$; @) Este acogedor hotel que posee cientos de devotos

LA GUERRA DEL GUANO

En la historia de las guerras sin sentido, la escaramuza entre España y sus antiguas colonias de Perú y Chile de 1864 a 1866 parece la más inútil de todas. No la provocó la supervivencia o para salvar al mundo de los extraterrestres, sino el guano, o, expresado en román paladino, la caca de pájaro. Desde hace mucho el guano ha sido uno de los principales puntales de la economía peruana y un recurso merecedor de protección ante la intromisión extranjera. A comienzos del s. XIX, el botánico alemán Alexander von Humboldt envió muestras a Europa y los granjeros ingleses descubrieron que como fertilizante era 30 veces más eficaz que el estiércol de vaca. En la década de 1850, Gran Bretaña, en pleno proceso industrializador, importaba 200 000 t anuales de excrementos para fortalecer su agricultura. Pronto, las blancas deyecciones que cubrían las islas peruanas del Pacífico abarrotadas de aves aportaron gran parte del PIB de Perú. España se percató de ello en 1864, cuando en una manifiesta prepotencia poscolonial ocupó las islas de Chincha para asegurarse la indemnización de Perú tras un pequeño incidente en Lambayeque. Perú no dudó en contraatacar y estalló una prolongada guerra que involucró a Chile antes de que las islas y su preciada caca se recuperaran en 1866.

Hoy, y sin mediar conflictos, aún es una industria lucrativa. El guano endurecido al sol y rico en nitrógeno sigue cubriendo las islas de Chincha y las cercanas islas Ballestas, aunque la sobrepesca de anchoas (principal alimento de las aves) en las décadas de 1960 y 1970 causaron un descenso de existencias. La producción de guano actual está regulada rigurosa y pacíficamente por el Ministerio de Agricultura de Perú.

cuenta con bonita decoración en madera, restaurante y terraza en la azotea para relajarse. Algunas de sus ajadas habitaciones huelen a humedad, pero todas tienen ventiladores y televisión por cable.

Hotel Residencial San Jorge HOTEL **$$**
(☎53-2885; www.hotelsanjorgeresidencial.com; Barrio Nuevo 133; i/d/tr desayuno incl. 85/110/130 PEN; @) Su edificio resistió el terremoto y se ha ampliado hace poco. Su agradable y moderna entrada es reflejo de su ambiente. Cuenta con un animado café, jardín trasero con tumbonas y mesas para picnic alrededor de la piscina. Las habitaciones de la ala nueva tienen toques de color tropical; las antiguas son oscuras e incómodas.

Hostal Villa Manuelita HOTEL **$$**
(☎53-5218; www.villamanuelitahostal.com; San Francisco 227; i/d/tr desayuno incl. 70/95/125 PEN; @) A pesar de la gran reconstrucción tras el terremoto, aún conserva el esplendor de sus raíces coloniales. Excelente ubicación, a media cuadra de la plaza.

Hostal La Casona HOTEL **$**
(☎53-2703; www.hostallacasona.com; San Juan de Dios 252; i/d 55/80 PEN;) La enorme puerta de madera de este hotel a media cuadra de la plaza puede llamar a engaño, pues, aunque limpio, no es tan espléndido como sugiere su entrada. Su pequeña cafetería sirve comidas.

Dónde comer y beber

Pocos cafés en Pisco abren temprano para tomar un desayuno antes del circuito por las islas Ballestas, por lo que muchos hoteles lo incluyen en el precio.

As de Oro's PERUANA **$$**
(San Martín 472; platos ppales 30-50 PEN; 12.00-24.00 ma-do) Mientras la ciudad se recupera, el lujoso As de Oro's sirve un picante puré de patata con pulpo, platija con mantequilla y alcaparras, y gambas a la plancha con yuca frita y salsa tártara, con vistas a una pequeña piscina.

La Concha de Tus Mares PERUANA **$**
(calle Muelle 992; platos ppales 15-25 PEN) Unas fotografías de Pisco antes del 2007 adornan las paredes de este nostálgico local cercano al Colegio Alexander Von Humboldt, 1 km al sur del centro. Sirve copiosas raciones de pescado y es muy apreciado entre los lugareños.

El Dorado DESAYUNO, INTERNACIONAL **$**
(☎53-4367; Progreso 171; platos ppales 10-20 PEN; 6.30-23.00) Popular precisamente por no ser lujoso: sirve Nescafé, excelente tarta tres leches y sencillos, pero logrados, desayunos en la plaza.

Taberna de Don Jaime BAR
(☎53-5023; San Martín 203; 16.00-2.00) Es la taberna preferida de los lugareños y los turis-

tas. Buena para degustar vinos y piscos artesanales. Los fines de semana se baila música latina y rock en directo hasta la madrugada.

Información

En Pisco no hay oficina de turismo, pero las agencias de viajes de la plaza y la **policía** (☎53-2884; San Francisco 132; ⏲24 h) ofrecen información. El resto de lo necesario se encuentra cerca de la plaza de Armas, incluidos varios cibercafés.

Peligros y advertencias

Tras el terremoto Pisco quedó a merced de la delincuencia, pero las cosas están cambiando. Durante el día y en las calles comerciales no se tienen problemas (en el centro hay presencia policial). Por la noche es mejor utilizar taxis, sobre todo cerca de la estación de autobuses y el mercado. Si se llega tarde, conviene pedir al vendedor de billetes de la compañía de autobuses con la que se viaja que llame a un taxi de confianza.

Dinero

Interbank (San Martín 101) cuenta con un cajero automático 24 horas.

Cómo llegar y desplazarse

Pisco está 6 km al oeste de la carretera Panamericana Sur y solo se llega en autobuses cuyo destino final sea Pisco. **Ormeño** (☎53-2764; San Francisco), **Flores** (☎79-6643; San Martín) y **Soyuz** (www.soyuz.com.pe; Av. Ernesto R Diez Canseco 4) ofrecen múltiples salidas al norte hasta Lima y al sur hasta Ica, Nazca y Arequipa.

Si no se viaja en un autobús directo a Pisco o Paracas hay que pedir que pare en el desvío de San Clemente, en la carretera Panamericana Sur, donde hay colectivos que llevan a los pasajeros a la plaza de Armas de Pisco (3 PEN, 10 min) o Paracas (10 PEN, 20 min). En dirección contraria, los colectivos hacia el desvío de San Clemente salen de las cercanías del mercado central de Pisco. Por la noche conviene evitar la peligrosa zona del mercado central y tomar un taxi (5 PEN). En el desvío de San Clemente se pueden parar los autobuses que pasan con frecuencia hacia el norte o el sur.

De Pisco a Paracas puede irse en *combi* (1,50 PEN, 30 min) o colectivo (2,50 PEN, 20 min), que salen del mercado central de Pisco.

AUTOBUSES EN PISCO

DESTINO	TARIFA (PEN)	DURACIÓN (H)
Arequipa	60-144	12-15
Ica	4-15	1½-2
Lima	28-76	4½
Nazca	17-35	4

Paracas (El Chaco)

El principal pueblo de la península de Paracas, El Chaco –a veces llamado erróneamente Paracas–, es una mezcla de edificios semiderruidos y semirrestaurados, en una variopinta zona "turística" compartida por mochileros, ornitólogos de mediana edad y un creciente número de limeños adinerados. En sus calles llenas de baches, aún maltrechas por el terremoto del 2007, hay perros callejeros, camareros que exhiben cartas y hambrientos pelícanos sobrevuelan el puerto en busca de comida. El turismo es la razón de ser del pueblo y los elegantes nuevos hoteles y condominios similares a los de Lima que embellecen su periferia aún no han forjado una identidad colectiva. En la carretera norte, en dirección a Pisco, las piscifactorías emiten su inconfundible y pestilente olor.

Puntos de interés

El principal negocio de la reserva son los circuitos imprescindibles en barco por las islas Ballestas y la estancia de un día en la árida y desierta península de Paracas. Las aves y los mamíferos marinos son su reclamo, aunque no hay que olvidar los tesoros preincaicos, uno de los yacimientos arqueológicos más importantes de Perú descubierto en la década de 1920 por el arqueólogo Julio Tello.

EL CHACO

Museo de Historia de Paracas MUSEO

(Av. Los Libertadores; entrada 10 PEN; ⏲9.00-17.30) Este pequeño museo solo exhibe algunos de los restos arqueológicos descubiertos en las cercanías, ya que la mayor parte se ha llevado a Lima. Destacan las calaveras alargadas.

ISLAS BALLESTAS

Apodadas pomposamente como las "Galápagos del pobre", su visita es inolvidable. La única forma de llegar es en los circuitos en barco que ofrecen las agencias de viajes (p. 116). No se desembarca en ellas, pero es posible ver de cerca gran variedad de fauna. Los barcos son descubiertos, por lo que ha de irse provisto contra el viento, la espuma y el sol. En ocasiones el mar se encrespa y, si se tiene tendencia al mareo, conviene tomar alguna medicación antes de subir a bordo. Lo mejor es llevar un sombrero (en el puerto los venden baratos), pues suelen recibirse impactos de guano de las aves.

En el viaje de ida, de unos 30 minutos, se para frente a la costa para admirar el famoso geoglifo Candelabro.

Se dedica otra hora a recorrer los arcos y cuevas de las islas, y ver manadas de ruidosos leones de mar en las rocas. Las colonias de miles de cormoranes guanay, piqueros peruanos y pelícanos peruanos son los mayores productores de guano de esta zona. También se ven cormoranes, pingüinos de Humboldt y, con suerte, delfines. Aunque se está cerca, algunas especies como los delfines se ven mejor con binoculares.

De regreso se puede tomar algo en los restaurantes frente al mar junto al muelle de El Chaco o hacer un circuito por la Reserva Nacional de Paracas.

RESERVA NACIONAL DE PARACAS

Esta extensa reserva en el desierto ocupa gran parte de la península de Paracas. Para operadores turísticos véase p. 116. También hay taxistas-guías, que esperan en el muelle de El Chaco en el que desembarcan los pasajeros y hacen circuitos para grupos de 3 horas por unos 50 PEN. Desde El Chaco se puede ir a pie, siempre que se tenga tiempo y se lleve abundante comida y agua. Se sale del **obelisco** que conmemora el desembarco del libertador José de San Martín, junto a la entrada de El Chaco, y se sigue la carretera asfaltada que se dirige al sur.

Centro de Interpretación — MUSEO

(⌚7.00-18.00) Las exposiciones de este modesto centro situado 1,5 km al sur del acceso al parque, donde se pagan 5 PEN por entrar, comienzan con un vídeo de 12 minutos destinado, al parecer, a cándidos adolescentes. El resto de exposiciones sobre fauna, arqueología y geología son más profundas e interesantes. El contiguo y nuevo **Museo Julio C. Tello,** inaugurado en julio del 2012, ha elevado su calidad. La bahía frente al complejo es un buen lugar para ver flamencos chilenos, y hay una pasarela que lleva a un **mirador** desde donde, de junio a agosto, aún se ven mejor.

Necrópolis de Paracas — YACIMIENTO ARQUEOLÓGICO

A unos cientos de metros detrás del centro de visitantes de Cerro Colorado se hallan los restos de una necrópolis de hace 5000 años relacionada con la cultura Paracas, mil años anterior a la inca. En ella se descubrieron más de 400 fardos funerarios envueltos en varias capas de los coloridos tejidos por los que es famosa esta cultura. Hay poco que ver y las señales desaconsejan acercarse. El Museo Larco de Lima (p. 67) y el Museo Regional de Ica (p. 117) exhiben algunos de esos exquisitos tejidos y otros hallazgos del yacimiento.

La carretera de detrás del centro de visitantes rodea la península hasta Puerto General San Martín, que posee una fábrica de harina de pescado y un puerto en el extremo norte de la península.

Lagunillas — PUEBLO, PLAYA

Los gallinazos comunes se abalanzan sobre los restos de animales que el mar arrastra a su solitaria playa, 5 km al sur del Centro de Interpretación, en la que tres excelentes restaurantes casi idénticos constituyen "el pueblo". **La Tía Fela** (platos ppales 35 PEN; ⌚9.00-17.00) prepara una excelente corvina a la plancha, que se disfruta mientras se observa a los pelícanos que pelean por los deshechos. Es un local muy básico. Si se pregunta por los servicios indican la duna más cercana. Conviene llevar desinfectante para las manos.

Punta Arquillo — MIRADOR

Desde Lagunillas, la carretera continúa unos kilómetros hasta un aparcamiento junto a este mirador, con imponentes vistas del mar, una colonia de leones marinos en las rocas cercanas y abundantes aves.

Otros animales de la costa de la reserva son las medusas (cuidado al bañarse), que alcanzan hasta 70 cm de diámetro, con tentáculos de 1 m de largo con aguijón. A menudo varan en la playa, donde se secan y conforman dibujos similares a un mándala. En la arena también hay caracoles, cangrejos fantasmas y conchas. Los cóndores andinos descienden a veces a la costa en busca de capturas.

Playa La Mina — PLAYA

Queda a poca distancia en automóvil o a pie al sur de Lagunillas por una pista de tierra. En verano (enero-marzo) se va a tomar el sol y hay algún puesto de bebidas. También está permitido acampar. Hay que llevar abundante agua y no acampar solo, pues se sabe de robos. Al lado está la **playa El Raspón,** más rocosa.

Reserva Nacional de Paracas

Reserva Nacional de Paracas

Principales puntos de interés
Centro de Interpretación C3

Puntos de interés
1 Geoglifo Candelabro B2
2 Playa La Mina B3
3 Mirador C3
4 Museo Julio C. Tello C3
5 Obelisco C2
6 Necrópolis de Paracas B3
7 Punta Arquillo B3
8 Playa de Yumaque C3

Dónde dormir
9 Hotel Libertador Paracas C3
10 La Hacienda Bahía Paracas C3

Transporte
11 Barcos a las islas Ballestas C2

Playa Yumaque y La Catedral PLAYA, PUNTO DE INTERÉS
La reserva se extiende unos kilómetros al sur de la península de Paracas. Unas pistas de tierra salen al este de Lagunillas hacia la playa de Yumaque y La Catedral. Esta última –un majestuoso arco que sobresalía en el mar– fue destruida en el terremoto del 2007. Tras formarse durante miles de años de viento y erosión de las olas, se desplomó en menos de un minuto. Hoy apenas es una columna de roca.

Geoglifo Candelabro YACIMIENTO ARQUEOLÓGICO
Es una gigantesca figura con tres puntas de más de 150 m de longitud y 50 m de ancho grabada en las arenosas colinas. Nadie sabe quién lo hizo ni cuándo, ni lo que significa, aunque abundan las teorías. Algunas lo relacionan con las Líneas de Nazca y otras plantean que fue una guía de navegación para los navegantes basada en la constelación de la Cruz del Sur. Hay quien cree que lo inspiró una especie de cactus local con propiedades alucinógenas.

TAMBO COLORADO

Este **puesto de avanzada** (entrada 8,50 PEN; amanecer-anochecer) inca en las tierras bajas, 45 km al noroeste de Pisco, recibió su nombre por la pintura roja que cubría sus muros de adobe. Es uno de los lugares mejor conservados de la costa sur y se cree que se utilizó como base administrativa y puesto de control del tránsito, sobre todo de pueblos conquistados.

Desde Pisco se tarda una hora en automóvil. Se puede alquilar un taxi durante medio día (50 PEN) o hacer un circuito desde Pisco (60 PEN, mínimo 2 personas). Hay *combis* a Humay que pasan por Tambo Colorado 20 minutos después; salen temprano del mercado de Pisco (8 PEN, 3 h). Una vez allí los lugareños informan sobre el autobús de regreso, pero el transporte a Pisco es poco frecuente y suele ir lleno, por lo que puede no haber forma de volver.

Circuitos y guías

Los precios y servicio de los circuitos en las islas Ballestas y la Reserva Nacional de Paracas son similares. Los mejores cuentan con un naturalista titulado. La mayoría de los circuitos en barco a las islas zarpan a las 8.00 y cuestan 35 PEN/persona, pero no incluyen los 6 PEN del impuesto del muelle. Los circuitos y horarios de salida varían; conviene reservar con un día de antelación. Por la tarde hay circuitos terrestres menos interesantes por la península de Paracas (25 PEN), que paran brevemente en el centro de visitantes de la reserva nacional, pasan por formaciones geológicas costeras y dedican un buen rato a almorzar en un remoto pueblo de pescadores. Los circuitos por la reserva pueden combinarse con otro en las islas Ballestas para hacer una excursión de un día completo (60 PEN).

Los operadores turísticos son:

Paracas Explorer CIRCUITOS GUIADOS
(53-1487, 54-5089; www.pparacasexplorer.com; Paracas 9) Esta agencia de El Chaco para mochileros ofrece los circuitos habituales a las islas y la reserva, y viajes de varios días a Ica y Nazca (48-75 US$/persona).

Paracas Overland CIRCUITOS GUIADOS
(53-3855; www.paracasoverland.com.pe/home.htm; San Francisco 111) Esta popular agencia para mochileros ofrece circuitos por las islas Ballestas en su propia flota y a la Reserva Nacional de Paracas y Tambo Colorado. También organiza viajes para hacer *sandboard* en las dunas cercanas.

Dónde dormir

Si se llega directamente a Paracas y se solicita, la mayoría de los hoteles y albergues recogen en la terminal de autobuses.

Hotel Gran Palma HOTEL $
(665-5933: www.hotelgranpalma.com; calle 1 lote 3; d 48 PEN;) El hotel más nuevo de Paracas es un alojamiento muy limpio, que sirve el desayuno en una agradable terraza en la azotea. Sus funcionales y minimalistas habitaciones relucen, pero carecen de espacio para el equipaje.

Hotel Libertador Paracas COMPLEJO TURÍSTICO $$$
(en Lima 01-518-6500; www.libertador.com.pe; Av. Paracas 178; h desde 230 US$; @) Un lugar de ensueño, con cojines mullidos, sonriente personal, excelentes instalaciones para los niños y una lujosa y limpia playa. Ofrece alojamiento con todos los complementos en villas de dos pisos frente al mar, con jardines tranquilos y elegantes.

La Hacienda Bahía Paracas COMPLEJO TURÍSTICO $$$
(213-1000: www.hoteleslahacienda.com: Santo Domingo lote 25; i/d 220/260 US$;) Este lujoso complejo turístico con todo incluido, 2 km al sur de El Chaco, posee toques locales. Sus encantadoras terrazas dan a piscinas y a un bonito tramo de playa privada junto a la bahía de Paracas. A la par que el contiguo Hilton, ofrece un elegante restaurante, *spa, jacuzzi* y sauna en sus jardines.

Hostal Santa María HOTEL $$
(54-5045; www.santamariahostal.com; Av. Paracas s/n; i/d/tr desayuno incl. 80/100/120 PEN; @) Sus habitaciones son funcionales y limpias, con televisión por cable. El personal está bien informado y ayuda con los circuitos, aunque, a veces, ha de ocuparse del restaurante de al lado.

Paracas Backpackers House ALBERGUE $
(77-3131; www.paracasbackpackershouse.com.pe; Av. Los Libertadores; dc/d/tr 20/70/100 PEN, dc/i/d/tr sin baño 17/35/40/55 PEN;) Alberto, toda una fuente de información local, agradable y deseoso de complacer, atiende este adecuado albergue que ofrece intimidad en habitaciones dobles, triples o cuádruples, y un dormitorio, además de agua caliente y wifi fiable.

Hostal Refugio del Pirata HOTEL $$
(54-5054; www.refugiodelpirata.com; Av. Paracas 6; i/d/tr desayuno incl. 60/70/90 PEN; @) Sus habitaciones son anodinas, pero cumplen su cometido, algunas con vistas al mar. En la

terraza de la azotea se puede tomar un pisco sour y contemplar la puesta de sol. La cocina es de uso compartido.

Dónde comer y beber

En el muelle hay muchos restaurantes parecidos, que sirven marisco todo el día.

El Chorito MARISCO, PERUANA $$

(Paracas; platos ppales 20-30 PEN; 12.00-21.00) Los italianos acuden al rescate en el limpio y reluciente Chorito –parte del Hostal Santa María–, donde el café Illy salva del omnipresente Nescafé. El pescado, cocinado al gusto y local, tampoco está mal.

Juan Pablo MARISCO $$

(Blvd. Turístico; platos ppales 15-40 PEN; 7.00-21.00) Quizá el mejor de los restaurantes con vistas al muelle en cuanto a marisco, ofrece desayuno a los que viajan temprano a las islas Ballestas.

Punta Paracas CAFÉ, INTERNACIONAL $

(Blvd. Turístico; platos ppales 15-35 PEN; 7.00-22.00) Estupendo café y magdalenas de chocolate en este local abierto todo el día, que sigue animado cuando cierran los demás.

Cómo llegar y desplazarse

Algunos autobuses circulan a diario entre Lima y el distrito playero de El Chaco en Paracas (40-55 PEN, 3½ h) antes de continuar hacia el sur, como los de **Cruz del Sur** (53-6336) y **Oltursa** (en Lima 01-708-5000; www.oltursa.pe); esta última compañía también ofrece autobuses directos a Nazca, Ica, Arequipa y Lima desde Paracas. Los precios son los mismos que desde Pisco. La mayoría de las agencias de El Chaco venden billetes de autobús, incluida **Paracas Explorer** (53-1487, 54-5089; www.pparacasexplorer.com; Paracas 9).

Puede irse de Paracas a Pisco en *combi* (1,50 PEN, 30 min) o colectivo (2,50 PEN, 20 min).

Ica

056 / 125 000 HAB. / ALT. 420 M

Cuando uno cree que todo el paisaje es desértico, aparece Ica, el "milagro del desierto" de Perú, que produce tanta cantidad de espárragos, algodón y fruta como California, además de declararse como el principal (y el mejor) productor de vino del país. Al igual que Pisco, sufrió grandes daños durante el terremoto del 2007 y su elegante catedral, aunque en pie, quedó muy afectada, y en otras dos de sus iglesias se están realizando lentas reparaciones. La mayoría de los visitantes se aloja en Huacachina, más atractivo, 4 km al oeste, aunque Ica tiene motivos para alegrarse: posee el mejor museo de la costa sur (aparte de Arequipa) y, sin duda, la mejor bodega de Perú. Si Nazca da la impresión de ser un circo, también se pueden organizar excursiones a las Líneas de Nazca desde Ica; los geoglifos se hallan a 1½ horas hacia el sur.

Puntos de interés

Tras el terremoto, la principal plaza de Ica se pintó en tono mostaza para realzar su apodo: "Ciudad del sol eterno". Los dos obeliscos del centro representan las culturas Nazca y Paracas, y el resto de la ciudad ha recuperado su animado comercio.

Múseo Regional de Ica MUSEO

(Ayabaca cuadra 8; entrada 10 PEN; 8.00-19.00 lu-vi, 9.00-18.00 sa y do) Ica ofrece su mejor baza en el barrio de San Isidro: un museo propio de una gran ciudad. Esta subestimada joya cataloga las dos principales civilizaciones preincaicas de la costa sur de Perú: la Paracas y la Nazca, la primera, famosa por sus intrincados tejidos y la segunda, por su característica cerámica. Todo intento de conocer la historia de la región debería comenzar en su amplia gama de objetos expuestos y descubiertos en las cercanías.

Por desgracia, en el 2004 se produjo un robo en el que los ladrones se llevaron tres tejidos de incalculable valor. En el 2012 solo se había recuperado uno de ellos. En el lugar en el que se hallaban los otros dos se han colgado carteles que rezan "Se busca" y unas fotografías borrosas.

Está 2,5 km al suroeste de la ciudad. Se toma un taxi desde la plaza de Armas (3 PEN). También se puede ir a pie, pero no es seguro hacerlo solo, pues incluso grandes grupos pueden tener problemas.

Iglesia de La Merced IGLESIA

(Bolívar esq. Libertad) La catedral de Ica fue la última iglesia construida por los jesuitas en Perú antes de su expulsión. Se reconstruyó en el s. XIX y posee un altar de madera de delicada talla. En el terremoto del 2007, una de sus agujas y parte del techo se derrumbaron. En el momento de redactar esta reseña la iglesia seguía cerrada y se decía que podía ser demolida. Se han realizado varias campañas para salvarla.

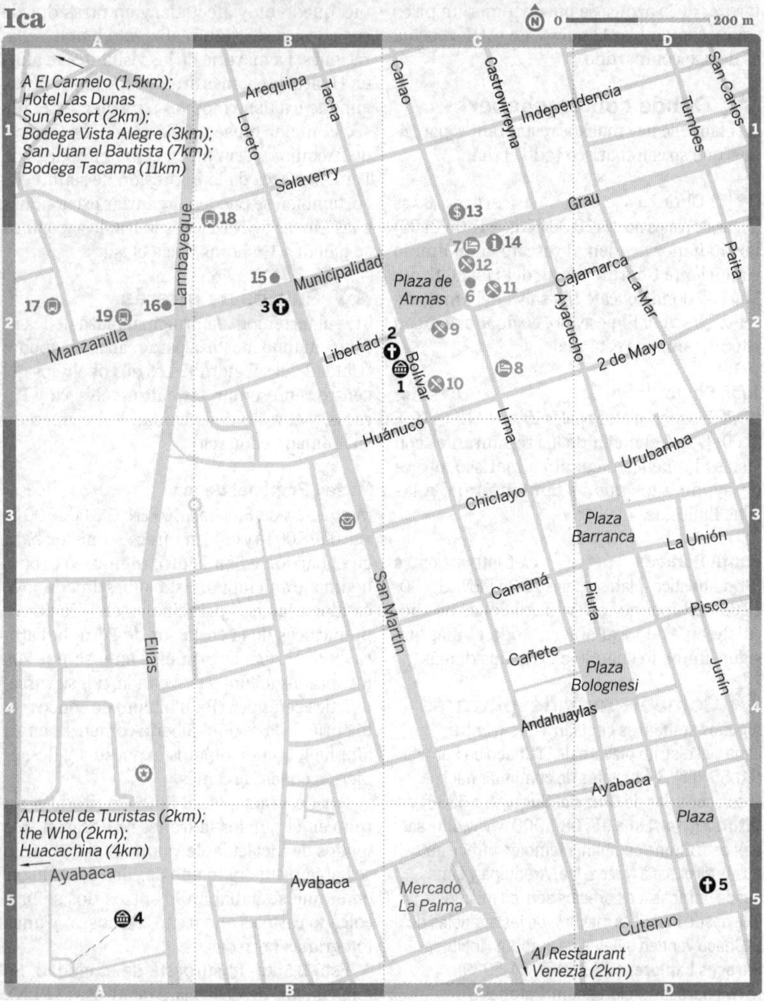

Santuario de El Señor de Luren IGLESIA
(Cutervo) Esta bonita iglesia alberga la imagen del patrono de la ciudad, venerado por los peregrinos en Semana Santa y en octubre. En las calles que circundan la plaza de Armas y en la primera cuadra de Libertad hay algunas mansiones coloniales españolas impresionantes. La torre de la iglesia no resistió el terremoto del 2007, pero sí su cúpula. Cinco años después sigue su importante restauración.

Iglesia de San Francisco IGLESIA
(Municipalidad esq. San Martín) Tercera del trío eclesiástico, esta gran iglesia resistió el terremoto y muestra orgullosa sus hermosas vidrieras.

GRATIS **Centro Cultural de la Unica** GALERÍA DE ARTE
(calle Bolívar 232; ⏲9.00-17.00) Nueva galería de arte cercana a un patio recién restaurado, junto a la catedral condenada; sus exposiciones son pequeñas, pero rebosan talento local.

Bodegas

Ica es el mayor y más venerado productor de vinos de Perú, aunque es difícil que sus viñedos, que desafían al desierto, atraigan a

Ica

Puntos de interés
1 Centro Cultural de la Unica C2
2 Iglesia de La Merced C2
3 Iglesia de San Francisco B2
4 Museo Regional de Ica A5
5 Santuario de El Señor de Luren D5

Actividades y circuitos
6 Desert Travel C2

Dónde dormir
Hostal Soyuz .... (véase 19)
7 Hotel Colón Plaza C2
8 Hotel Sol de Ica C2

Dónde comer
9 Anita C2
10 El Otro Peñoncito C2
11 Helena C2
12 Plaza 125 .... C2

Información
13 BCP C1
14 DIRCETUR C2

Transporte
15 Colectivos a San Juan Bautista B2
16 Combis y colectivos a Pisco A2
17 Cruz del Sur A2
18 Ormeño B1
19 Soyuz A2

los entendidos en vinos europeos. Su mayor desventaja es su "dulzura". Incluso los vinos semisecos son dulces para muchos paladares. Con todo, los circuitos por los viñedos merecen la pena y la mayoría ofrece catas gratuitas. Las bodegas pueden visitarse todo el año, pero el mejor momento es durante la vendimia, de finales de febrero a comienzos de abril.

En los alrededores de Ica abundan las bodegas familiares artesanales, como la de **San Juan Bautista**, a 7 km en taxi (7 PEN/ida) o colectivo (1,50 PEN) desde Ica. Los colectivos salen de la esquina de la Municipalidad y Loreto.

GRATIS **Bodega Tacama** BODEGA
(www.tacama.com; 9.00-16.30) La bodega más profesional y alabada de Ica se dirige desde una gran hacienda de color rosa, con campos llenos de viñas. Evita la tendencia peruana por los vinos dulces y produce unos buenos chardonnay y malbec, que con el tiempo harán sudar tinta a los vinos chilenos. El circuito, con cata gratis, incluye un mirador, un guía durante el proceso de envejecimiento (en barricas francesas de roble) y una antigua capilla dañada en el terremoto del 2007. Está 11 km al noroeste de la ciudad y es necesario ir en taxi (15 PEN/ida).

GRATIS **Bodega Ocucaje** BODEGA
(Av. Principal s/n; catas 9.00-12.00 y 14.00-17.00 lu-vi, 9.00-12.00 sa, circuitos 11.00-15.00 lu-vi) Se comenta que produce algunos de los mejores vinos de Perú, pero, por desgracia está muy aislada, a más de 30 km al sur de Ica, saliendo de la carretera Panamericana Sur. Alquilar un taxi para ir cuesta unos 30 PEN cada viaje. También se puede visitar en un circuito que sale de Ica.

Bodega Vista Alegre BODEGA
(camino a La Tinguiña, km 2,5; entrada 5 PEN; 8.00-12.00 y 13.45-16.45 lu-vi, 7.00-13.00 sa) Es la bodega comercial más fácil de visitar (ida en taxi 5 PEN), 3 km al noroeste de Ica, en el distrito de La Tinguiña. Lo mejor es ir por la mañana, pues a veces cierra por la tarde.

Circuitos

Las agencias de viaje cercanas a la plaza de Armas ofrecen circuitos por Ica, excursiones a bodegas y viajes hasta Paracas y Nazca. **Desert Travel** (22-7215; calle Lima 171) posee una oficina en la seductora tienda de chocolate Tejas Don Juan de la plaza.

Fiestas y celebraciones

En Ica se celebran muchas fiestas. Febrero predispone a la travesura de arrojar agua, típica de cualquier **carnaval** latinoamericano, y bailes con bonitos trajes. A comienzos y mediados de marzo se celebra la famosa **Fiesta de la Vendimia**, con todo tipo de procesiones, concursos de belleza, peleas de gallos, espectáculos ecuestres, música y baile y, por supuesto, pisco y vino sin restricciones. La fundación de la ciudad por parte de los conquistadores españoles el 17 de junio de 1563 se conmemora durante la **Semana de Ica** y la **Semana Turística** se celebra a mediados de septiembre. A finales de octubre la peregrinación religiosa en honor al **Señor de Luren** culmina con fuegos artificiales y una tradicional procesión de los fieles que dura toda la noche.

Dónde dormir

Conviene tener en cuenta que los hoteles se llenan y duplican o triplican sus precios durante muchas fiestas.

La mayoría de los viajeros con presupuesto ajustado se dirigen a Huacachina, 4 km al oeste de la ciudad, pero en Ica hay varias opciones.

El Carmelo HOTEL HISTÓRICO **$$**
(☎23-2191; www.elcarmelohotelhacienda.com; ctra. Panamericana Sur km 301; i/d/tr/c desde 100/150/200/250 PEN; @🛜🏊) Romántico hotel de carretera a las afueras de la ciudad. Es una encantadora hacienda de hace 200 años, con innegable encanto rústico. Cuenta con un buen restaurante y bodega. Se llega en taxi desde la ciudad (3 PEN).

Hotel Las Dunas Sun Resort COMPLEJO TURÍSTICO **$$$**
(☎25-6224; www.lasdunashotel.com; Av. La Angostura 400; d/tr desde 333/376 PEN; ❄@🛜🏊) Este extenso complejo turístico, sin duda el hotel más lujoso de la ciudad, posee piscina, sauna, pistas de tenis, pista de minigolf, centro de negocios, restaurantes y bares. Ofrece excursiones (no incluidas en el precio) como paseos a caballo, *sandboard* y circuitos por bodegas. El servicio es un tanto descuidado. Se sitúa saliendo en el km 300 de la carretera Panamericana Sur.

Hotel Sol de Ica HOTEL **$$**
(☎23-6168; www.hotelsoldeica.com; Lima 265; i/d/tr bufé de desayuno incl. 110/140/190 PEN; @🏊) A este blanco y céntrico hotel de tres pisos se llega tras recorrer un largo y oscuro pasaje detrás de la recepción, que recompensa con algo mejor de lo esperado. Sus reducidas habitaciones cuentan con TV y teléfono. Tiene sauna y dos piscinas.

Hotel Colón Plaza HOTEL **$**
(☎21-6487; Av. Grau 120; i/d/ste 50/80/100 PEN; @🛜) Merece la pena solo si se consigue una de las suites (tiene cuatro), muy superiores al resto de las habitaciones, con pantallas planas tamaño cine, mobiliario antiguo, camas *king size,* duchas potentes y vistas a la plaza.

Hostal Soyuz HOTEL **$**
(☎22-4743; Manzanilla 130; i/d/tr 40/50/70 PEN; ❄) Esta opción frente a la terminal de autobuses Soyuz, con habitaciones enmoquetadas, aire acondicionado y televisión por cable, es muy práctica si se llega tarde o se quiere salir de viaje temprano, y si se consigue dormir con el ruido de la calle. La reserva se hace en la taquilla de los autobuses.

Dónde comer

Varias tiendas de las calles al este de la plaza venden tejas (dulces cubiertos de caramelo y rellenos de frutas, frutos secos, etc.), como **Helena** (Cajamarca 139).

Anita PANADERÍA, PERUANA **$$**
(Libertad 135; menús desde 12 PEN, platos ppales 15-36 PEN; ⏲8.00-24.00) Los camareros con pajarita están un poco de más (no es el Ritz), pero sirve un estupendo aguacate relleno y el mostrador de la panadería vende unos tentadores pasteles. El mejor restaurante de la plaza mayor con diferencia.

El Otro Peñoncito PERUANA, INTERNACIONAL **$$**
(Bolívar 225; platos ppales 9-26 PEN; ⏲8.00-24.00 lu-vi) El restaurante más histórico y con carácter de Ica sirve una variada carta de comida peruana e internacional que incluye numerosas opciones para los vegetarianos. Sus correctos camareros preparan un excelente pisco sour.

Restaurant Venezia ITALIANA **$$**
(☎21-0372; San Martín 1229; platos ppales 12-29 PEN; ⏲almuerzo y cena ma-do) Popular restaurante italiano regentado por una familia en un barrio 2,5 km al sur del centro. Hay que ir con tiempo pues todos los platos se preparan en el momento.

Plaza 125 PERUANA **$**
(Lima 125; platos ppales 10-16 PEN) En una parada rápida en la plaza mayor se puede tomar lomo saltado casero, espaguetis boloñesa con sabor internacional y filetes de pollo. Es muy popular entre los lugareños que tienen prisa.

Dónde beber

Aparte de las fiestas no hay mucho que hacer en Ica, aunque, si lo que se busca es vida nocturna gringa, Huacachina (p. 121) es como la llamada de una sirena en el desierto. En la plaza de Armas de Ica hay varias salas de catas de vino y pisco en las que tomar un trago rápido. Al sur de la plaza los bares y clubes de la calle Lima anuncian música en directo, DJ

AUTOBUSES DE ICA

DESTINO	TARIFA (PEN)	DURACIÓN (H)
Arequipa	50-144	12
Ayacucho	40	8
Cañete	12-15	3
Chincha	7-10	2
Lima	22-76	4½
Nazca	7-35	2½
Pisco	4-15	1½-2

y baile, pero son bastante toscos. La discoteca más alocada y abierta hasta tarde, **Who** (Av. de Los Maestros 500; entrada 10 PEN), está al norte del Hotel de Turistas, 3 km al suroeste de la plaza; un taxi cuesta 3 PEN.

Información

En la zona de la plaza de Armas abundan las agencias de viajes y los cibercafés.

BCP (plaza de Armas) Cuenta con cajero automático Visa/MasterCard y cambia dólares estadounidenses y cheques de viajes.

DIRCETUR (☎21-0332; www.dirceturica.gob.pe; Grau 148) Oficina de turismo financiada por el Gobierno.

Hospital (☎23-4798, 23-4450; Cutervo 104; ⏲24 h) Para urgencias.

Policía (☎23-5421; Elías cuadra 5; ⏲24 h) En un extremo del centro de la ciudad.

Serpost (☎23-3881; San Martín 156) Al suroeste de la plaza de Armas.

Peligros y advertencias

En Ica se producen pequeños robos. Hay que tomar las precauciones habituales, en especial en los alrededores de las terminales de autobuses y mercados.

Cómo llegar y salir

Ica es uno de los destinos principales de los autobuses que circulan por la carretera Panamericana Sur, así que es fácil ir y volver de Lima o Nazca. La mayoría de las compañías de autobuses se concentran en una zona muy peligrosa en el extremo oeste de Salaverry, y en Manzanilla, al oeste de Lambayeque.

Soyuz (☎23-3312; Manzanilla 130) opera el "Perubus" a Lima vía Chincha y Cañete, que sale cada 15 minutos. **Cruz del Sur** (☎22-3333; Lambayeque 140) y **Ormeño** (☎21-5600; Lambayeque s/n) ofrecen servicios más lujosos al norte y al sur.

Hay *combis* y colectivos, más rápidos aunque algo más caros, a Pisco y Nazca que salen cuando están llenos del cruce de Lambayeque y Municipalidad en Ica.

Ormeño y algunas compañías pequeñas tienen servicios al Altiplano del centro de Perú, como Ayacucho y Huancavelica.

Huacachina

☎056 / 200 HAB.

Son las seis de la tarde y se está en lo alto de una gigantesca duna esculpida por el viento, observando la psicodélica puesta de sol en un paisaje de amarillos dorados y rojos óxido. Doscientos metros más abajo hay una onírica laguna en el desierto, rodeada de exóticas palmeras y equipada con un puñado de rústicos, aunque elegantes hoteles. Llegar a la cima de ese punto panorámico ha costado 20 agotadores minutos, pero con una tabla de *sandboard* bien encerada bajo el estómago se puede descender en menos de uno.

A pesar de no ser tan famoso como Nazca, más al sur, Huacachina, un oasis estéticamente perfecto 4 km al oeste de Ica, es una parada fija en el frecuentado Sendero Gringo del sur de Perú, y por una buena razón. Su oferta del día es *sandboard*, paseos en *buggy* por las dunas y un romántico relajamiento. No es de extrañar que sea un destino para mochileros, con la parafernalia que conlleva en su mayor expresión: rastas, camisetas teñidas, discotecas abiertas toda la noche y fibrosos tipos con ralas barbas aferrados a desgastadas copias de *Shantaram*. Pero, a pesar del ruido nocturno y el exceso de cafés que sirven tortitas de plátano, el lugar sigue siendo sublime para pasar un día, o tres, y seguro que se perfecciona la técnica de escalar dunas.

Actividades

La arena es parte esencial en la mayoría de las actividades de Huacachina.

'Sandboard'

Pueden alquilarse tablas de *sandboard* por 5 PEN la hora para deslizarse, hacer surf o esquiar en las dunas y que la arena penetre en todos los orificios del cuerpo. No hay remolques ni telesillas, sino que se debe subir con esfuerzo las dunas para disfrutar de 45 segundos de subidón de adrenalina. Cuando se alquila una tabla conviene pedir cera (normalmente ofrecen una vela usada), pues si no se enceran con regularidad son inútiles. Se empieza en las laderas más bajas y no hay que dejarse engañar por una falsa sensación de seguridad; mucha gente ha sufrido serios accidentes al perder el control de las tablas. La mayoría de los aficionados acaban deslizándose con la tabla debajo del vientre y utilizando los pies como frenos de emergencia. Imprescindible tener la boca cerrada.

'Buggies' en las dunas

Muchos hoteles ofrecen emocionantes viajes en **areneros** (*buggies* de dunas) que salen por la mañana temprano (8.00) o por la tarde (16.00) para evitar el sol más intenso. Paran en lo alto de las suaves laderas, desde donde se desciende haciendo *sandboard,* y después pasan a recogerle. Algunos conductores corren riesgos innecesarios, por lo que conviene elegir bien la agencia. Hay que asegurarse de que las cámaras están bien protegidas, pues la arena puede dañarlas. El precio de los circuitos es de 45 PEN, pero hay que preguntar si está incluido el alquiler de la tabla y la duración del circuito. No incluyen la tarifa de 3,60 PEN que se paga al entrar en las dunas (que no afecta a los que van a pie).

La basura es un problema en las dunas de Huacachina, y en gran parte de Perú. Huelga decir que hay que llevarse todos los residuos después de la visita.

Natación y barcos

Se dice que las turbias aguas de la laguna tienen propiedades curativas, aunque **nadar** en las piscinas (hay media docena) de los hoteles quizá resulta más atractivo. También se pueden alquilar barcos –de remos y a pedales– en un par de puntos de la laguna por 12 PEN la hora.

Circuitos

Casi todos los hoteles organizan viajes en *buggy* por las dunas. Otros ofrecen viajes a Paracas, las islas Ballestas y Nazca. Una excelente opción es **Pelican Travel & Service** (☎22-5211; Perotti), que posee una oficina junto a El Huacachinero Hotel y otra en Ica.

Dónde dormir y comer

Hotel El Huacachinero HOTEL $$
(☎21-7435; www.elhuacachinero.com; Perotti; i/d/tr desayuno incl. 100/110/140 PEN; ❄📶🏊) Recién modernizado, cuenta con el mejor restaurante del oasis (con diferencia), una relajante zona cerca de la piscina (sin música atronadora) y acceso inmediato a las dunas por una puerta trasera si apetece ascender dando un paso adelante y dos atrás a 45º para contemplar la puesta de sol soñada. Sus rústicas habitaciones cuentan con camas muy cómodas, pero no TV; pero ¿quién las necesita?

Hotel Mossone HOTEL HISTÓRICO $$$
(☎21-3630; Balneario de Huacachina; i/d/ste 200/260/315 PEN; ❄@📶🏊) En tiempos elegante balneario y único hotel del fértil oasis de Huacachina, posee un ambiente de maravillosa dejadez. Las habitaciones son enormes –de hecho son dos, un salón y un dormitorio de techo alto– y ofrece una piscina privada cruzando la calle. Su evocador patio central, con desconchadas losas y pajarera de malla, parece sacado de la Cuba detenida en el tiempo de Fidel Castro.

Hostería Suiza HOTEL $$
(☎23-8762; www.hosteriasuiza.com.pe; Balneario de Huacachina; d 172-215 PEN; ❄📶🏊) El hotel más lujoso del oasis disfruta de un ambiente de limpieza suiza, por lo que sus suites muy amuebladas son populares entre las familias y los viajeros mayores. Situado estratégicamente en un extremo de la laguna, está fuera del alcance del ruido de los escandalosos bares de Huacachina, para algunos una bendición.

Desert Nights ALBERGUE, INTERNACIONAL $
(☎22-8458; Blvd. de Huacachina; dc desde 15 PEN; @📶) Este albergue internacional, con un decente y popular café en la parte delantera, es un lugar donde sin duda se conocerá a otros viajeros. Su excelente café peruano de sombra se acompaña con sándwiches de mantequilla de cacahuete y mermelada, hamburguesas, pizza y pastelillos. Los dormitorios compartidos son básicos, pero los propietarios son muy cordiales.

Casa de Arena HOTEL $
(☎21-5274, 23-7398; www.casa-de-arena.com; Balneario de Huacachina; h sin/con baño 40/50 PEN/persona; @) Tiene fama de ser muy ruidoso y ofrece ajadas habitaciones con o sin baño, que permiten hacer economías a los ahorradores. Sus bulliciosas noches de discoteca en viernes no gustan a los establecimientos cercanos, que sienten que se altera su preciada tranquilidad. Si se desea sosiego es mejor ir a otro sitio. Si se quiere fiesta, es el sitio adecuado.

Hostal Curasi HOTEL $$
(☎21-6989; www.huacachinacurasi.com; Balneario de Huacachina; i/d 80/110 PEN;) Por extraño que parezca, el hotel más nuevo de Huacachina no parece tan sensacional como alguno de los veteranos, aunque cuenta con piscina, restaurante y habituales habitaciones, y el precio no está mal.

Dónde beber y ocio

En general, los bares y discotecas de Huacachina están junto a los hoteles y su clientela es casi toda extranjera. La bulliciosa **Casa de Arena,** con sus noches de discoteca en fines de semana, es famosa e infame. Al lado, el **Pub** (Balneario de Huacachina) es un enrollado bar-restaurante nuevo, de los mismos propietarios que Desert Nights. La **House of Avinoam** (☎21-5439; Perotti) en el Carola del Sur Lodge cuenta con un decente restaurante de pizzas y uno de los bares más grandes y evocadores del oasis.

Información

Peligros y advertencias

Aunque más seguro que Ica, Huacachina no es un lugar en el que descuidar la seguridad o desatender las posesiones. Algunas pensiones tienen fama de estafar a los viajeros y molestar a las jóvenes con insinuaciones. Antes de elegir una habitación hay que estudiar con atención todas las opciones. Las pocas y pequeñas tiendas de la laguna tienen abundantes recuerdos, pero carecen de productos básicos y hay que ir preparado.

Cómo llegar y salir

La única forma de llegar a Huacachina desde Ica es en taxi (5-7 PEN ida).

Palpa

☎056 / 7200 HAB. / ALT. 300 M

Desde Ica, la carretera Panamericana Sur se dirige hacia el sur a través del pequeño oasis de Palpa, famoso por sus naranjales. Al igual que Nazca, Palpa está rodeado de unos asombrosos geoglifos, las llamadas **Líneas de Palpa,** eclipsadas por las más famosas pero menos numerosas Líneas de Nazca más al sur. Las Líneas de Palpa muestran una gran abundancia de formas humanas, como la **Familia Real de Paracas,** un grupo de ocho figuras en una colina. Debido a su elevada ubicación es fácil observarlas desde el **mirador** que hay 8 km al sur del pueblo. Un pequeño museo cercano ofrece explicaciones. La mejor manera de ver más líneas es sobrevolándolas desde Nazca.

Nazca y alrededores

☎056 / ALT. 590 M

Resulta difícil hablar de Nazca sin anteponerle las "Líneas de", una referencia no solo a las antiguas y geométricas líneas que se entrecruzan en el desierto de Nazca, sino a los enigmáticos geoglifos de animales que las acompañan. Al igual que todos los grandes misterios sin resolver, esos enormes grabados en la pampa, que se cree fueron realizados por una civilización preincaica entre el 450 y el 600 d.C., atraen a una variopinta amalgama de arqueólogos, científicos, aficionados a la historia, místicos de la nueva era, turistas curiosos y peregrinos de camino a (o de regreso de) Machu Picchu. Sigue sin saberse cómo y quién las hizo, y las respuestas que se aportan a menudo son o descabelladas conjeturas o puramente científicas (¿extraterrestres? ¿aeronautas prehistóricos?). Documentadas por primera vez por el científico estadounidense Paul Kosok en 1939 y declaradas Patrimonio Mundial en 1994, en la actualidad son la mayor atracción turística de la costa sur, lo que conlleva que, la pequeña y sin ellas insignificante ciudad del desierto de Nazca (57 500 hab.) se haya convertido en una especie de circo.

Puntos de interés

LÍNEAS DE NAZCA

Las líneas más conocidas se hallan en el desierto 20 km al norte de Nazca y, sin duda, la mejor forma de apreciarlas es a vista de pájaro en un sobrevuelo.

Mirador MIRADOR
(entrada 1 PEN) Desde este mirador en la carretera Panamericana Sur, 20 km al norte de Nazca, que ofrece una vista oblicua de tres figuras: el lagarto, el árbol y las manos (o rana,

Nazca

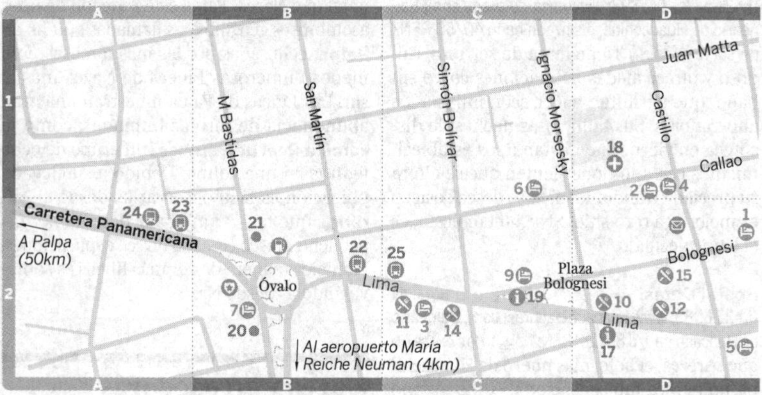

Nazca

Puntos de interés

Planetario Maria Reiche .... (véase 9)

Actividades y circuitos

Alas Peruanas .... (véase 3)
Alegría Tours .... (véase 3)
Kunan Tours .... (véase 8)

Dónde dormir

1 Casa Andina D2
2 Hospedaje Yemayá D1
3 Hotel Alegría C2
4 Hotel La Encantada D1
5 Hotel Nazca D2
6 Hotel Oro Viejo C1
7 Hotel Sol del Sur B2
8 Kunan Wasi Hotel E1
9 Nazca Lines Hotel C2

Dónde comer

10 El Portón D2
11 La Kañada C2
12 La Taberna D2
13 Plaza Mayor E2
14 Rico Pollo C2
15 Via La Encantada D2

Información

16 BCP E2
17 DIRCETUR D2
18 Hospital D1
19 Puesto de información C2

Transporte

20 Colectivos y microbuses a Chala B2
21 Colectivos y microbuses a Ica B2
22 Cruz del Sur B2
23 Flores A2
24 Ormeño A2
25 Soyuz C2

según el punto de vista), uno solo se forma una idea aproximada de lo que son las líneas. También sirve para informar sobre el peligro que estas corren: la carretera Panamericana Sur corta por el medio al lagarto, que desde cerca parece casi destruido. Los carteles que advierten sobre minas recuerdan que está estrictamente prohibido caminar sobre las líneas. Causa un daño irreparable y, además, a ras de suelo no se ve nada. Para ir al mirador desde Nazca se toma cualquier autobús o colectivo en dirección norte por la carretera Panamericana Sur (1,50 PEN, 30 min). Algunos circuitos (desde 50 PEN/persona, p. 127) combinan un viaje al mirador con una visita a otro mirador natural y el Museo Maria Reiche. Desde el **mirador natural,** situado en una pequeña colina parecida a un otero, 1 km al sur del mirador artificial, se puede ver de cerca una de las líneas geométricas que se realizó retirando las piedras rojizas de la tierra grisácea.

Museo Maria Reiche MUSEO
(entrada 5 PEN; 9.00-18.00) Cuando Maria Reiche –la matemática alemana que durante

largo tiempo investigó las Líneas de Nazca– murió en 1998, su casa, 5 km al norte del mirador de la carretera Panamericana Sur, se convirtió en un pequeño museo. Aunque desprovisto de información, se puede ver dónde vivió, sus herramientas y obsesivos bocetos, y se visita su tumba. A pesar del sol abrasador, se puede ir al mirador en una sudorosa hora o subir a alguno de los colectivos que pasan (1 PEN). Para regresar a Nazca solo hay que pedir al portero que pare algún autobús o colectivo en dirección sur. La visita al museo puede organizarse como parte del circuito al cercano mirador.

Museo Didáctico Antonini MUSEO
(http://digilander.libero.it/MDAntonini; Av. de la Cultura 600; entrada 15 PEN, cámaras 5 PEN; ⌚9.00-19.00) Este excelente museo arqueológico en la parte oriental de la ciudad posee un acueducto que discurre por el jardín trasero, interesantes reproducciones de tumbas, una valiosa colección de flautas de Pan de cerámica y una maqueta a escala de las Líneas de Nazca. Ofrece una visión general de la cultura Nazca e información más limitada sobre sus asentamientos más remotos. Para llegar al museo se sigue la calle Bolognesi hacia el este hasta salir a 1 km de la ciudad o se toma un taxi (2 PEN).

Planetario Maria Reiche PLANETARIO
(☎52-2293; Nazca Lines Hotel, Bolognesi; entrada 20 PEN) Este pequeño planetario se encuentra en el Nazca Lines Hotel y ofrece conferencias nocturnas sobre las líneas, acompañadas de imágenes reproducidas en una pantalla abovedada, que duran 45 minutos. Hay que llamar o comprobar los horarios para los espectáculos en español o inglés (en francés e italiano son solo con reserva).

PUNTOS DE INTERÉS REMOTOS

Todos los puntos de interés listados pueden visitarse en circuitos desde Nazca (véase p. 127), aunque los viajeros en solitario o las parejas quizá deban esperar un día o dos hasta que la agencia encuentre suficientes personas interesadas en un circuito en concreto.

Cementerio Chauchilla YACIMIENTO ARQUEOLÓGICO
(entrada 7,50 PEN; ⌚8.00-14.00) Este cementerio, 30 km al sur, es la excursión más popular desde Nazca y satisface todos los deseos de ver huesos, calaveras y momias. Hasta hace poco las momias –que datan de la cultura ica-chinca de alrededor del 1000 d.C.– estaban esparcidas por el desierto, pues habían sido abandonadas allí por los ladrones de tumbas. Hoy en día todo está dispuesto cuidadosamente en el interior de una docena de tumbas, aunque fuera del camino señalado sigue habiendo trozos de tejido, cerámica y huesos. Los circuitos organizados duran 3 horas y cuestan 10-35 US$/persona.

GRATIS **Ruinas de Pardeones** RUINAS
Se encuentran 2 km al sureste de la ciudad, pasando Arica y el río, pero no se han conservado muy bien, sobre todo porque eran construcciones de adobe y no de piedra. Su ubicación en una ladera sobre la ciudad es imponente y quizá por ello los incas la utilizaron como centro de control administrativo entre las montañas y la costa.

Acueductos de Cantallo YACIMIENTO ARQUEOLÓGICO
(entrada 10 PEN) A unos 2 km de las ruinas se hallan los más de 30 acueductos subterráneos de Cantallo, que siguen utilizándose y son esenciales para irrigar los campos cercanos. Aunque en tiempos era posible acceder a ellos por las ventanas en espiral que los lugareños utilizaban para limpiarlos una vez al año, en la actualidad la entrada está prohibida, pero desde fuera se puede admirar el excepcional trabajo de cantería realizado por los nazca. Se puede ir a pie, aunque no es muy seguro, y conviene no llevar objetos de valor. También se puede alquilar un taxi (y quizá visitar las ruinas de Paredones a la vez). El viaje ida y vuelta cuesta 40-50 PEN. Los circuitos desde Nazca duran 2½ horas, cuestan a partir de 5 US$ por persona y pue-

LAS LÍNEAS DE NAZCA: ANTIGUOS MISTERIOS EN LA ARENA

Las Líneas de Nazca, que se extienden a lo largo de 500 km^2 en la árida llanura de la Pampa Colorada cubierta de rocas, sigue siendo uno de los grandes misterios arqueológicos del mundo. Comprenden más de 800 líneas rectas, 300 figuras geométricas (geoglifos) y, concentradas en una zona relativamente pequeña, unos 70 dibujos de animales y plantas (biomorfos). Son casi imperceptibles a ras de suelo y solo cuando se sobrevuelan se distingue la impresionante red de enormes y estilizadas figuras y canales, muchos de los cuales parten de un eje central. La mayoría de las figuras están grabadas en líneas continuas y los geoglifos que las rodean forman triángulos, rectángulos y líneas rectas que se despliegan en varios kilómetros de desierto.

Se llevaron a cabo retirando las oscuras piedras quemadas por el sol de la superficie del desierto y amontonándolas a ambos lados de las líneas, con lo que se dejó al descubierto la tierra, más ligera y arenosa, rica en yeso. Los diseños más elaborados muestran animales, como un lagarto de 180 m de longitud, un mono con una cola exageradamente enrollada y un cóndor de 130 m. También hay un colibrí, una araña y una intrigante figura humana con cabeza de búho en una colina, a la que popularmente se la denomina "astronauta" debido a su cabeza en forma de pecera, aunque hay quien opina que es un sacerdote con una mística cabeza de búho.

Son innumerables las preguntas sin respuesta. ¿Quién las hizo y por qué? ¿Cómo sabían lo que estaban haciendo si solo pueden verse bien desde el aire? Maria Reiche (1903-1998), una matemática alemana que investigó las líneas durante largos años, llegó a la conclusión de que habían sido realizadas por las culturas Paracas y Nazca entre el 900 a.C. y el 600 d.C., con añadidos de los colonizadores huari de las tierras altas en el s. VII. También aseguró que se trata de un calendario astronómico desarrollado para usos agrícolas y que se habían trazado con exactitud matemática (y una cuerda muy larga). Sin embargo, los alineamientos que descubrió entre el sol, las estrellas y las líneas no consiguieron convencer a los expertos.

Más tarde, el director de documentales británico Tony Morrison planteó la hipótesis de que podían ser caminos que enlazaban huacas (lugares ceremoniales). Una teoría algo más surrealista del explorador Jim Woodman dice que el pueblo nazca sabía construir globos de aire caliente y que observaban las líneas desde el aire. O, si se cree al escritor George Von Breunig, las líneas eran una gigantesca pista de atletismo.

El antropólogo Johann Reinhard aportó una teoría más realista y, dado el valor del agua en el desierto reseco por el sol, sugirió que las líneas estaban relacionadas con la adoración a la montaña y el culto a la fertilidad y el agua. Las recientes investigaciones del **Swiss-Liechtenstein Foundation** (SLSA; www.slsa.ch) coinciden en que tenían relación con el culto al agua, con lo que resulta paradójico que su teoría sobre la desaparición de la cultura Nazca sugiera que se debió no a la sequía, sino a una devastadora lluvia causada por un fenómeno como El Niño.

Lo único cierto es que cuando los nazca decidieron convertir su enorme hogar del desierto en un artístico lienzo dieron pie a un debate que mantendría ocupados a los arqueólogos durante décadas o incluso siglos.

den combinarse con una visita a **El Telar**, un geoglifo descubierto en el pueblo de **Buena Fe**, y a sus turísticos talleres de orfebrería y cerámica.

GRATIS **Cahuachi** RUINAS

(⏲9.00-16.00) Una pista de tierra de 25 km sale del oeste de Nazca hasta Cahuachi, el centro nazca más importante y en el que aún hoy se realizan excavaciones. Comprende varias pirámides, un cementerio y un enigmático espacio llamado Estaquería, que podría haberse utilizado como lugar de momificación. Los circuitos desde Nazca duran 3 horas, cuestan 15-50 US$ por persona y pueden incluir un viaje a **Pueblo Viejo**, un asentamiento cercano anterior a la cultura Nazca.

Reserva Nacional Pampas Galeras RESERVA NATURAL

Esta reserva nacional es un santuario de vicuñas (camélido similar a la alpaca y en peligro de extinción) en lo alto de las montañas, 90 km al este de Nazca, en la carretera a Cuzco. Es el mejor lugar de Perú para ver a esos tímidos animales, aunque los servicios turísticos son casi inexistentes. Todos los años a finales de mayo o principios de junio se lleva a cabo el **'chaccu'**, en el que cientos de lugareños acorralan a las vicuñas para esquilarlas y se celebran tres días festivos de ceremonias tradicionales, con música y baile y, por supuesto, bebida. Los circuitos de día completo o con pernocta desde Nazca cuestan 30-90 US$ por persona.

Cerro Blanco CIRCUITO DE AVENTURAS

Cerro Blanco, 14 km al este de Nazca, supera al resto de aspirantes y es la duna más alta del mundo: se alza a 2078 m por encima del nivel del mar y –lo que es más importante– tiene 1176 m de la base a la cima, con lo que sobrepasa a la montaña más alta de Inglaterra y de muchos otros países. Si la arena de Huacachina no ha arruinado irremediablemente la ropa interior, es una experiencia que gustará. Debido a su altura y pronunciada inclinación, es mejor ir en una excursión organizada desde Nazca, que normalmente salen a las 4.00 para evitar el intenso calor. Se tardan unas 3 horas en completar la ardua ascensión a la cima (los *buggies* no consiguen subir este gigante). Se baja en cuestión de minutos, con descensos de hasta 800 m seguidos. Muchas agencias de Nazca, como Kunan Tours, organizan esta excursión.

☞ Circuitos

La mayoría de los visitantes sobrevuela las líneas y luego se va, pero en los alrededores de Nazca hay mucho que ver. Los numerosos circuitos locales suelen incluir una demasiado prolongada visita a talleres de ceramistas o de mineros de oro para ver cómo trabajan (los que enseñan sus técnicas esperan que se les dé una propina).

Los hoteles y agencias de viaje anuncian sus circuitos. Nazca Lines Hotel y Casa Andina son buenas opciones. Otras agencias son:

Alegría Tours CIRCUITO DE AVENTURAS

(☎52-3775; www.alegriatoursperu.com; Hotel Alegría, Lima 168) Enorme agencia que ofrece los circuitos locales habituales y opciones poco convencionales y para hacer *sandboard*. Los circuitos individuales son caros, por lo que hay que pedir ser incluido con otros viajeros y disfrutar del descuento a grupos. Algunas excursiones cuentan con guías que hablan varias lenguas.

VISTA DE CONJUNTO DESDE EL AIRE

En el 2010, cuando en un período de ocho meses dos pequeñas avionetas con turistas se estrellaron y murieron 13 personas, la mala publicidad se cebó con las Líneas de Nazca. Anteriormente, en el 2008, se había producido otro accidente igual de catastrófico en el que cinco turistas franceses perdieron la vida y, en el 2009, una avioneta tuvo que realizar un aterrizaje de emergencia en la carretera Panamericana Sur.

Tras esos sucesos se llevaron a cabo varios cambios. Las 15 empresas de vuelos se han reducido a 6, todos los aviones vuelan con dos pilotos y los precios se han encarecido para evitar que se recorten gastos no revisando a conciencia los aviones o abarrotando los vuelos.

Con todo, cuando se elige una aerolínea no está de más anteponer la seguridad al dinero. Hay que recelar de cualquiera que pida menos de 80 US$ por la habitual excursión de 30 minutos y no dudar a la hora de preguntar por sus antecedentes en cuestión de seguridad y políticas de vuelo. **Aeroparacas** (www.aeroparacas.com) es una de las mejores; otras compañías veteranas son **Aerodiana** (☎444-3057; www.aerodiana.com.pe) y **Alas Peruanas** (☎52-2497; www.alasperuanas.com). Algunos países, como EE UU, publican advertencias sobre los vuelos en las webs de sus ministerios de Asuntos Exteriores.

Si se realiza uno hay que tener presente que, debido a que las avionetas viran a babor y estribor, la experiencia puede revolver el estómago, por lo que las personas que sufren mareos deberían tomar medicación antes de volar. Mirar al horizonte suele aliviar las náuseas ligeras.

La mayoría de las avionetas utilizan el **aeropuerto Maria Reiche Neuman**, 4 km al suroeste de Nazca, aunque también se puede despegar en Pisco y Lima. Además del precio del circuito el aeródromo suele cobrar un impuesto de salida de 20 PEN.

Kunan Tours CIRCUITO GUIADO
(☎52-4069; www.kunantours.com; Arica 419) Esta completa agencia de viajes posee una oficina en el Kunan Wasi Hotel y otra en Miraflores, Lima, y ofrece todos los circuitos en Nazca y excursiones a las islas Ballestas, Huacachina y Chincha.

Dónde dormir

Fuera de la temporada alta, de mayo a agosto, los precios bajan hasta un 50%.

Nazca Lines Hotel HOTEL $$$
(☎52-2293; www.peru-hotels.com/nazlines.htm; Bolognesi s/n; i/d/tr/c bufé de desayuno incl. 288/337/399/459 PEN;) Ese elogiado hotel, muy tranquilo si se tiene en cuenta su céntrica ubicación, está dispuesto alrededor de un gran patio con una encantadora piscina y una fuente. Sus toques de elegancia incluyen azulejos de estilo sevillano, planetario (con espectáculos diarios), tienda, un cómodo salón y personal eficiente, aunque no muy servicial.

Kunan Wasi Hotel HOTEL $
(☎52-4069; www.kunanwasihotel.com; Arica 419; i/d/tr 40/50/60 PEN;) Muy limpio y luminoso, todas sus habitaciones combinan diferentes de colores. Está regentado por Yesenia, que ha acertado en el sector económico del mercado, con unas instalaciones que justifican sobradamente el precio. Una ganga en Nazca, perfectamente presentada.

Casa Andina HOTEL-'BOUTIQUE' $$$
(☎52-3563; www.casa-andina.com; Bolognesi 367; h bufé de desayuno incl. desde 272 PEN;) Este recién renovado hotel de una cadena peruana, situado a medio camino entre la estación de autobuses y la plaza de Armas, tiene la mejor relación calidad-precio de todos los hoteles de categoría de Nazca. Sus habitaciones cuentan con mobiliario moderno y con estilo, atrevidas combinaciones de colores, aire acondicionado y televisión por cable.

Hotel Oro Viejo HOTEL $$
(☎52-3332, 52-1112; www.hoteloroviejo.net; Callao 483; i/d/tr/ste bufé de desayuno incl. 100/140/170/315 PEN;) Este encantador hotel ofrece ambiente familiar y habitaciones espaciosas y bien amuebladas, un acogedor salón, un cuidado jardín e incluso tienda de recuerdos.

Hotel Nuevo Cantalloc HOTEL $$$
(☎52-2283; www.hotelnuevocantalloc.com; i/d desayuno incl. 299/516 PEN;) En tiempos estuvo regentado por italianos, pero en la actualidad sus propietarios son peruanos. El rebautizado como Nuevo Cantalloc (anteriormente Hotel Cantayo Spa & Resort) está a las afueras de la ciudad y es más un elegante refugio que un hotel. Las habitaciones de su edificio estilo hacienda son amplias, con mobiliario antiguo y sus extensos jardines están llenos de atractivos esotéricos como pavos reales, avestruces, un círculo para meditar y un ficus de 200 años que se cree tiene propiedades místicas.

Hotel La Encantada HOTEL $$
(☎52-2930; www.hotellaencantada.com.pe; Callao 592; i/d/tr 95/115/140 PEN;) Adecuado, limpio y nuevo hotel asociado al también profesional y cercano restaurante Via La Encantada, mira por encima del hombro a la competencia gracias a sus luminosas y recién pintadas habitaciones y a una agradable terraza delantera.

Hotel Alegría HOTEL $$
(☎52-2702; www.hotelalegria.com; Lima 168; i/d desayuno incl. 100/130 PEN;) Es un veterano refugio para viajeros, con restaurante, cuidados jardines y piscina. Ofrece estrechas y enmoquetadas habitaciones con TV y ventiladores, y su propia agencia de circuitos. El precio incluye media hora gratuita de acceso a internet y recogida en las estaciones de autobuses, donde hay que desoír los ganchos del Hotel Alegría II.

Hospedaje Yemayá HOTEL $
(☎52-3146; www.hospedajeyemaya.com; Callao 578; i y d/tr desayuno incl. 55/75 PEN;) Una familia acogedora se ocupa hábilmente de todos los mochileros que entran por su puerta. Ofrece algunos pisos de pequeñas pero cuidadas habitaciones, con duchas de agua caliente y televisión por cable. Cuenta con una agradable terraza con lavadora y secadora.

Hotel Sol del Sur HOTEL $$
(☎52-3716; www.hotelsoldelsur.com; Av. Guardia Civil 120; i/d 70/100 PEN;) Con más categoría que la de los habituales hoteles cercanos a una estación de autobuses (aunque está junto a ella), este nuevo hotel con restaurante en la planta baja ofrece habitaciones limpias y ventanas lo suficientemente gruesas como para amortiguar el chirriante ruido de un autobús de 10 t.

Hotel Nazca HOTEL $
(☎52-2085; marionasca13@hotmail.com; Lima 438; i/d/tr 35/45/65 PEN) En un sótano, con propie-

tarios cordiales y ancianos, y un precio muy económico. Sus habitaciones tipo cuartel ofrecen servicios muy básicos; algunas tienen baño.

Dónde comer y beber

La calle Bolognesi, al oeste de la plaza de Armas, está llena de pizzerías, restaurantes y bares orientados a los forasteros.

Via La Encantada EUROPEA, PERUANA **$$**
(www.hotellaencantada.com.pe; Bolognesi 282; platos ppales 20-40 PEN) El mejor restaurante del "bulevar" (Bolognesi) resplandece en el polvoriento centro de Nazca, con tableros que anuncian vino, buen café y atentos y cordiales camareros. Su extensa carta combina comida para europeos (pasta y similares) con favoritos peruanos.

Rico Pollo PARRILLA **$**
(Lima 190; platos ppales desde 12 PEN) Esta barata y concurrida parrilla, un fenómeno local a la hora del almuerzo, ofrece algunas de las mejores carnes a la brasa de la costa sur. Por 12 PEN sirve una comida de pechuga de pollo con patatas fritas y verdura. Las tartas y ensaladas (10 PEN) son unos excelentes teloneros.

El Porton PERUANA **$**
(www.elportonrestaurante.com; Ignacio Moreseky 120; platos ppales 20-30 PEN) Los comensales independientes quizá se sientan solos en este laberíntico restaurante nutrido con una dieta habitual de grupos de los circuitos de las Líneas de Nazca. Su carta se basa en patatas con salsa Huancayo, mejores que las habituales, aguacates rellenos y algunos platos principales más elaborados. Hay tríos musicales que se acercan a las mesas y cuya canción por defecto es "El cóndor pasa".

La Taberna PERUANA **$**
(☎52-3803; Lima 321; menús 6 PEN, platos ppales desde 15 PEN; ⌚almuerzo y cena) Es un cuchitril y los grafitis que llenan sus paredes atestiguan su popularidad. Se puede tomar el pescado picante, retadoramente apodado "Pescado a lo macho", o sus opciones vegetarianas.

La Kañada PERUANA **$**
(☎52-253; Lima 160; menús 10 PEN, platos ppales 12-16 PEN; ⌚8.00-23.00) Cercano a las estaciones de autobuses, este veterano recurso sirve comida peruana básica. Su decente carta de cócteles incluye la algarrobina, un cóctel de pisco, leche y sirope de huarango.

Plaza Mayor I PARRILLA **$$**
(calle Bolognesi esq. Arica; comidas 15-25 PEN) Parrilla de carbón con mesas en un rústico entresuelo de madera y bambú con vistas a la plaza de Armas. Se especializa en barbacoas de carne.

Información

BCP (Lima 495) Posee cajero automático Visa/MasterCard y cambia dólares estadounidenses y cheques de viajes.
DIRCETUR (Parque Bolognesi, 3º) Oficina de información turística financiada por el Gobierno que recomienda operadores turísticos. En el parque hay un puesto de información.
Hospital (☎52-2586; Callao s/n; ⌚24 h) Para urgencias.
Oficina de correos (Castillo 379) Dos cuadras al oeste de la plaza de Armas.

Peligros y advertencias

Nazca es generalmente segura para los viajeros, aunque no hay que bajar la guardia cuando se cruzan los puentes al sur de la ciudad por la noche. A los viajeros que lleguen en autobús los recibirán unos insistentes jaladores (representantes) que intentan vender circuitos o llevarlos a hoteles. Estos ganchos puede que utilicen los nombres que se listan en esta guía, pero es mejor no confiar en ellos. No hay que desembolsar dinero hasta hablar personalmente con el propietario del hotel o de la agencia de circuitos y conseguir un itinerario confirmado por escrito. Conviene hacer los circuitos terrestres con una agencia de confianza, pues se han denunciado asaltos y robos a turistas extranjeros.

Cómo llegar y desplazarse

Nazca es un destino principal de los autobuses que circulan por la carretera Panamericana Sur y se llega fácilmente desde Lima, Ica o Arequipa. Las compañías de autobuses se congregan en el extremo oeste de la calle Lima, junto al *óvalo* (rotonda principal) y a una cuadra hacia la ciudad en esa misma calle. Los autobuses a Arequipa generalmente salen de Lima y para conseguir asiento hay que pagar la tarifa de Lima.

La mayoría de los servicios de largo recorrido salen a última hora de la tarde o por la noche. **Cruz del Sur** (☎52-3713) y **Ormeño** (☎52-2058), situadas en la Av. Los Incas, ofrecen algunos autobuses de lujo diarios a Lima. Algunas compañías de autobuses más pequeñas y económicas como **Flores** y **Soyuz** (☎52-1464), que ofrece autobuses a Ica cada media hora desde la Av. Los Incas, tienen servicios más frecuentes a destinos intermedios como Ica y Pisco. Sus autobuses también paran en Palpa (3 PEN, 1 h).

AUTOBUSES DE NAZCA

DESTINO	TARIFA (PEN)	DURACIÓN (H)
Arequipa	40-144	10-12
Camaná	45	7
Chala	15	3½
Cuzco	120-180	14
Lima	50-86	8
Ica	7-35	2½
Pisco	5-15	1½-2
Tacna	70-120	15

Para ir directamente a Cuzco, algunas compañías como Cruz del Sur toman la carretera asfaltada hacia el este vía Abancay. Esta ruta sube a 4000 m de altura y hace mucho frío, por lo que se aconseja vestir ropa de abrigo y llevar el saco de dormir si se dispone de uno. También hay compañías que ofrecen autobuses directos a Cuzco vía Arequipa.

Para ir a Ica hay colectivos rápidos (15 PEN, 2 h) y microbuses más lentos que salen cuando están llenos desde la gasolinera cercana al *óvalo.* Unos anticuados colectivos esperan llenarse en la parte sur de la principal rotonda para ir a Chala (15 PEN, 2½ h).

Un taxi desde el centro de Nazca al aeródromo, a 4 km, cuesta unos 4 PEN.

Chala

☎054 / 2500 HAB.

El pequeño y destartalado pueblo de pescadores de Chala, a 170 km de Nazca, proporciona a los viajeros intrépidos la oportunidad de hacer una escala en el viaje a Arequipa para visitar el yacimiento arqueológico de **Puerto Inca** (entrada gratis; ⏲24 h), en el que en tiempos se utilizaban mensajeros para enviar el pescado a Cuzco, todo un esfuerzo. El desvío, bien señalizado, está 10 km al norte del pueblo, en el km 603 de la carretera Panamericana Sur, desde el que una pista de tierra de 3 km hacia el oeste lleva a las ruinas costeras.

Cerca de las ruinas, el **Hotel Puerto Inca** (☎25-8798; www.puertoinka.com.pe; ctra. Panamericana Sur km 603; i/d/tr/c 96/153/202/242 PEN; @≋) es un extenso complejo turístico instalado en una bonita bahía. Posee una zona de acampada que cuesta 13 PEN por persona, con un edificio para las duchas junto al mar. También ofrece paseos a caballo y alquila *bodyboards,* kayaks y motos acuáticas.

Los colectivos a Chala (15, 2½ h PEN) salen del *óvalo* de Nazca cuando están llenos, de primera hora de la mañana hasta media tarde. Los autobuses a Arequipa (35 PEN, 8 h) paran en Chala en una pequeña taquilla en la carretera Panamericana Sur y la mayoría de los autobuses salen por la noche.

Camaná

☎054 / 14 600 HAB.

Tras dejar Chala en el polvo, la carretera Panamericana Sur se dirige 220 km hacia el sur aferrándose tortuosamente a las dunas que se abalanzan hacia el mar, hasta llegar al núcleo urbano de Camaná. Este pueblo costero ha sido desde siempre un popular complejo turístico veraniego para los arequipeños, que acuden a sus playas, a unos 5 km del centro.

La plaza principal está a 15 minutos a pie hacia la costa por la carretera en la que paran los autobuses. Para llegar a la costa hay colectivos a la playa La Punta (1 PEN, 10 min) que salen del cruce en el que la Av. Lima se convierte en pasarela peatonal.

En la playa hay restaurantes y hoteles, algunos todavía con cicatrices del tsunami del 2001. Los hoteles se llenan los fines de semana de verano, de enero a abril, incluso en el centro de la ciudad. El **Hotel de Turistas** (☎57-1113; Lima 138; i/d/tr desayuno incl. 90/115/155 PEN; @≋), de más categoría que la competencia, está instalado en un elegante edificio con extensos jardines. Posee restaurante y está a poca distancia a pie o en taxi de las estaciones de autobuses.

Varias compañías, todas ellas en la calle Lima, como la lujosa **Cruz del Sur** (☎57-1491;

Lima 474) y la económica **Flores** (☎57-1013; Lima 200) ofrecen frecuentes servicios en autobús a Arequipa (12-45 PEN, 3½ h). Cruz del Sur y otras compañías de autobuses más pequeñas también ofrecen servicios diarios a Lima (35-135 PEN, 12 h) que paran en la mayoría de los puntos costeros intermedios como Chala (15 PEN, 4½ h) y Nazca (45 PEN, 7 h).

Mollendo

☎054 / 22 800 HAB.

El Sendero Gringo da un pronunciado giro a la izquierda al sur de Camaná para dirigirse hacia el interior hasta Arequipa y deja la siguiente parada en la costa, Mollendo, a los acérrimos lugareños y a una afluencia de temporada de arequipeños hambrientos de playa. Sus playas son amplias, pero no cuentan con restaurantes de tortitas de plátano estilo Huacachina y carecen de ambiente fuera de la estación veraniega (enero-abril). La historia de Mollendo atestigua su ocupación inca y chilena. Es más famoso por ser el lugar en el que nació Abimael Guzmán, alias presidente Gonzalo, el profesor de filosofía convertido en agitador político y líder de Sendero Luminoso en 1980. Entre los que no toman el sol, Mollendo es venerado por su reserva de aves en la cercana laguna de Mejía.

Puntos de interés

Cuando las temperaturas son abrasadoras, de enero hasta al menos marzo, el **parque acuático** (adultos/niños 4/2 PEN) abre junto al mar y las discotecas playeras ponen música hasta altas horas de la noche. El resto del año Mollendo es un pueblo fantasma.

Un rico arequipeño enamorado de la arquitectura europea construyó el **castillo de Forga** en 1908 sobre un risco entre las playas dos y tres. En tiempos fue una llamativa e imponente casa, pero en la actualidad está deshabitada y ha habido propuestas para convertirla en un casino.

Dónde dormir y comer

Mollendo posee un puñado de hoteles algo anodinos. En temporada alta, de enero a abril, es imperativo reservar.

Hotel Bahía del Puerto HOTEL **$$**
(☎53-2990; Ugarte 301; i/d desayuno incl. 50/90 PEN; ❄@📶≋) La oferta económica más limpia de Mollendo posee habitaciones con exiguas vistas al mar y se ha renovado hace poco. En la planta baja hay una chifa (restaurante chino) independiente.

Hostal La Casona HOTEL **$**
(☎53-3160; Arequipa 188-192; i/d 30/40 PEN; 📶) La opción más práctica en el centro ofrece luminosas habitaciones de techos altos, con televisión por cable y agua caliente. El personal es algo estirado, pero el ambiente es relajado.

Marco Antonio PERUANA **$$**
(☎53-4258; Comercio 258; platos ppales 15-24 PEN; ⌚8.00-20.00 lu-sa, 8.00-19.00 do; 📶) Buen café peruano sin lujos que sirve platos básicos decentes, como un bien presentado lomo saltado.

Cómo llegar y desplazarse

La terminal terrestre (estación de autobuses) está 2 km al noroeste del centro; cobra un impuesto de salida de 1 PEN. **Santa Ursula** (☎53-2586) ofrece autobuses frecuentes todo el día a Arequipa (8 PEN, 2 h). Los colectivos esperan fuera de la terminal para llevar a los pasajeros que llegan a las plazas y la playa del pueblo (1 PEN, 10 min) también se puede ir a pie.

Las *combis* (1,20 PEN, 20 min) y colectivos (2 PEN, 15 min) al complejo playero de Mejía salen de la esquina de Valdivia y Arequipa. Por desgracia, no hay autobuses directos a Moquegua o Tacna. Los colectivos y microbuses

SANTUARIO NACIONAL LAGUNAS DE MEJÍA

Este **santuario** (ctra. Mollendo, km 32; entrada 5 PEN; ⌚amanecer-anochecer) de 690 Ha, que abarca una sucesión de playas 6 km al sureste de Mejía, protege las lagunas costeras, los mayores lagos permanentes en 1500 km de costa del desierto. Atraen a más de 200 especies de aves costeras y migratorias, que se observan mejor a primera hora de la mañana. El centro de visitantes ofrece mapas de los senderos que conducen a los miradores a través de las dunas. Durante el día hay frecuentes colectivos desde Mollendo que pasan junto al centro de visitantes (3 PEN, 30 min). El personal ayuda a conseguir transporte, que es más escaso a últimas horas de la tarde.

con el cartel "El Valle" salen de Mollendo desde el extremo de Mariscal Castilla, junto a una gasolinera, y pasan por Mejía y el valle del río Tambo antes de llegar a Cocachacra (4 PEN, 1½ h). Allí se puede tomar un colectivo en dirección El Fiscal (3 PEN, 15 min), una gasolinera de mala muerte en la que paran los atestados autobuses a Moquegua, Tacna, Arequipa y Lima.

Moquegua

053 / 56 000 HAB. / ALT. 1420 M

Esta ciudad, situada en el extremo del desierto más seco del mundo, desafía la casi ausencia total de lluvia con su próspera industria vinícola y un valle repleto de campos verdes y vacas, que parece sacado del norte de Francia (sin duda por los ríos). Posee una pintoresca plaza (al parecer diseñada por Gustave Eiffel), aunque poco más con lo que entretenerse durante una rápida, pero en absoluto desagradable, parada para pernoctar.

⊙ Puntos de interés

PLAZA DE ARMAS Y ALREDEDORES

La pequeña y sombreada plaza posee una fuente de hierro forjado del s. XIX, que se cree se diseñó en el taller de Gustave Eiffel, y unos jardines con flores que la convierten en un preciado oasis lejos del invasor desierto.

El **Museo Contisuyo** (www.museocontisuyo.com; Tacna 294; adultos/niños 1,50/0,50 PEN; ⊙8.30-13.00 y 14.30-17.30), con financiación extranjera, es un excelente almacén de objetos arqueológicos locales y fotografías de las recientes excavaciones, junto con exposiciones de la obra de artistas locales.

Frente a la fachada de la **iglesia** más antigua de la ciudad, que se derrumbó en gran parte durante un gran terremoto en 1868, se encuentra una **cárcel colonial** española del s. XVIII, con intimidatorias ventanas enrejadas. En una esquina de la plaza de Armas puede verse la **Casa Posada de Teresa Podesta** (Ancash esq. Ayacucho; entrada 2 PEN; ⊙10.00-15.00 lu-vi), una imponente mansión colonial cuyo interior sigue intacto.

El centro invita a pasear para conocer los típicos tejados de paja de caña de azúcar, en especial en la calle Moquegua y ver el interior de la **catedral de Santa Catalina** (Ayacucho), que alberga el cuerpo de santa Fortunata, del s. XVIII, cuyo cabello y uñas al parecer siguen creciendo.

El **Cristo Blanco,** una estatua blanca de Cristo instalada en el 2002, domina el parque del acantilado cercano a la ciudad, que cuenta con columpios, un pequeño puente colgante y amplias vistas del oasis de Moquegua y el circundante desierto.

CERRO BAÚL

Una excursión fuera de la ciudad que merece la pena es la empinada colina con cima plana del **cerro Baúl,** 18 km al noroeste de Moquegua, que en tiempos fue una cervecería real del pueblo huari. Al igual que en las posteriores tradiciones incas, las encargadas de elaborar la cerveza eran las mujeres huari de clase alta. Los arqueólogos que continúan trabajando en las excavaciones creen que fue destruido por un incendio ceremonial tras una última fiesta con chicha (cerveza de maíz fermentado), aunque sigue siendo un misterio por qué se abandonó con tal celeridad. La accidentada ascensión a la cima, que ofrece vistas panorámicas, dura cerca de una hora. Un taxi ida y vuelta desde Moquegua cuesta 30 PEN, pero también se puede tomar una *combi* (1,50 PEN) o un colectivo (3 PEN) en dirección a Torata desde el centro de Moquegua y pedir que pare en Cerro Baúl.

🛏 Dónde dormir y comer

Se recomienda evitar los albergues baratos cercanos a las estaciones de autobuses y elegir una opción más segura en el centro.

Hostal Plaza HOTEL $
(☑46-1612; Ayacucho 675; i/d/tr 35/45/55 PEN; 🛜) Limpio hotel junto a la plaza. Algunas de las habitaciones de la parte superior tienen buenas vistas a la catedral y todas son espaciosas y cuentan con televisión por cable de pantalla grande.

Hostal Arequipa HOTEL $
(☑46-1338; Arequipa 360; i/d/tr 37/48/59 PEN) Ubicado en una animada calle principal cercana a la plaza, ofrece habitaciones limpias y acogedoras, con duchas de agua caliente y televisión por cable. El servicio es razonablemente agradable y servicial.

Vissios Pizzeria PIZZERIA $
(plaza de Armas 343; platos ppales 13-23 PEN) Las modernas fotografías de sus paredes rojas y el servicio de sus camareros consiguen que su ambiente sea más elegante que el de las pizzerías habituales. Las pizzas, pastas y un sospechoso y dulzón vino de Moquegua encabezan su próspero negocio de comidas para tomar o llevar. A pesar de no ser Nápoles, se agradece su presencia en medio del desierto peruano.

AUTOBUSES DE MOQUEGUA

DESTINO	TARIFA (PEN)	DURACIÓN (H)
Arequipa	30	3½-4
Ilo	7	1½
Lima	50-144	16-20
Puno	25	9
Tacna	10	3

Roda Fruta DESAYUNO $
(Moquegua 439; desayuno 8-12 PEN) Saludable establecimiento de desayunos que sirve huevos, cereales, yogur y ensalada de frutas en un ambiente distendido. Cuenta con una sucursal en la calle Arequipa.

❶ Información
BCP (Moquegua 861) Posee un cajero automático Visa/MasterCard 24 horas.
Oficina municipal de turismo (Casa de la Cultura, calle Moquegua; ⊙7.00-16.00) Oficina de turismo gubernamental situada junto al BCP.

❶ Cómo llegar y salir
Los autobuses salen de varias terminales pequeñas situadas al suroeste de la plaza de Armas, donde también hay colectivos más rápidos, aunque menos seguros y más caros, que salen cuando están llenos a Ilo (12 PEN, 1½ h) y Arequipa (30 PEN, 3½ h).

Los autobuses de calidad de **Ormeño** (☑76-1149; Av. La Paz 524) y los de **Flores** (☑46-2647; Av. Ejercito s/n), más baratos, se dirigen al norte hasta Lima, vía Nazca e Ica, y al sur hasta Tacna. Flores y otras dos compañías también van al oeste hasta Ilo. Hay muchas compañías con servicios a Arequipa.

Los autobuses de otras empresas más pequeñas, como **San Martín** (☑95-352-1550; Av. La Paz 175), toman una ruta casi toda asfaltada hasta Puno (25 PEN, 9 h) vía Desaguadero, en la frontera boliviana (18 PEN, 6 h), que normalmente salen por la noche.

Ilo
☑053 / 58 700 HAB.

Es un feo puerto departamental 95 km al suroeste de Moquegua que se utiliza principalmente para enviar por barco el cobre de la mina de Toquepala y vino y aguacates de Moquegua más al sur. Cuenta con un agradable paseo marítimo y algunos hoteles de lujo en la playa, que en verano se llenan de peruanos de vacaciones, pero aunque la playa es larga y en curva, el agua está turbia y no invita al baño.

◎ Puntos de interés
Museo Municipal de Sitio MUSEO
(Centro Mallqui; adultos 5 PEN; ⊙10.00-15.00 lu-sa, 10.00-14.00 do) Posee una notable colección de exposiciones sobre la arqueología y la agricultura de la zona, con cerámica, tejidos, sombreros de plumas y una llama momificada. Está 15 km hacia el interior, en El Algarrobal. Un taxi ida y vuelta cuesta 30 PEN.

🛏 Dónde dormir y comer
No es necesario pernoctar, pero de ser imperioso, hay abundantes opciones:

Hotel Kristal Azul HOTEL $
(☑48-4050; Av. 28 de Julio 664; i/d 60/70 PEN; 🖥) Limpio, aunque anodino, y con el desayuno incluido. Se halla encima de un restaurante de pizzas, a dos cuadras de la estación de autobuses.

Los Corales MARISCO $$
(Malecón Miramar 504; platos ppales 14-30 PEN; ⊙almuerzo y cena; 🖥) Su excelente ubicación frente al mar garantiza la frescura de su marisco, como el pulpo al olivo (con aceite de oliva), el aperitivo frío favorito de los lugareños.

❶ Cómo llegar y salir
La mayoría de los autobuses salen de la terminal del centro, a un par de cuadras de la plaza y de la playa.

Flores (☑48-2512; Ilo esq. Matará) va a Tacna (10 PEN, 3½ h), Moquegua (8 PEN, 1½ h) y Arequipa (18 PEN, 5½ h), donde se pueden hacer conexiones para seguir viaje.

Los colectivos a Tacna, más rápidos y algo más caros, y a veces a Moquegua, salen cuando están llenos de las calles cercanas a las estaciones de autobuses más pequeñas.

Tacna

052 / 262 700 HAB. / ALT. 460 M

Un acerado patriotismo reina en esta ciudad, el asentamiento más sureño del país, que perteneció a Chile hasta 1929 (Salvador Allende pasó en ella ocho años de su infancia) y en la actualidad es parte orgullosa e inequívoca de Perú. Para recordarlo, los domingos por la mañana se lleva a cabo una seria ceremonia en la plaza principal, en la que se iza la bandera, y abundan las estatuas de héroes, frondosas avenidas e hiperbólicas exposiciones en museos dedicados al glorioso pasado de Perú.

Para los forasteros su papel principal es el de una escala, de camino a su antigua enemiga, Chile. Las cordiales relaciones actuales entre los dos países simplifican enormemente el cruce de la frontera. Si se sufre algún retraso en la ciudad, un trío de pequeños museos y algunos bares y restaurantes de estilo europeo entretienen la espera.

Puntos de interés

Plaza de Armas PLAZA

Es un popular lugar de reunión salpicado de palmeras y grandes pérgolas coronadas con unos extraños arbustos en forma de hongo, donde los domingos por la mañana se realiza una patriótica ceremonia de izado de bandera. Esta plaza, que aparece en el anverso de los billetes de 100 PEN, cuenta con un gran arco, un monumento a los héroes de la Guerra del Pacífico. Está flaqueado por las épicas estatuas en bronce del almirante Grau y el coronel Bolognesi. La **fuente** de bronce cercana, de 6 m de altura, es una creación del ingeniero francés Gustave Eiffel, que también diseñó la **catedral**, famosa por sus pequeñas, pero exquisitas vidrieras y altar mayor de ónice.

Museo Ferroviario MUSEO

(entrada 5 PEN; 8.00-18.00) Está ubicado en la estación de trenes –hay que llamar al timbre en la puerta sur– y da la impresión de que se retrocede en el tiempo. Se pasea entre unas bonitas, aunque poco cuidadas, locomotoras de vapor y material rodante del s. xx, en su mayoría británicos. Las salas tipo cobertizo de la estación están llenas de parafernalia histórica, como una curiosa colección de sellos internacionales.

Unos 15 minutos a pie al sur de la estación, una locomotora británica construida en 1859 y utilizada para transportar a la tropa en la Guerra del Pacífico es la atracción principal del **parque de la Locomotora**, que, por lo demás, es un vacío parque junto a la carretera.

Casa Museo Basadre MUSEO

(plaza de Armas 212; donativo recomendado; 9.00-17.00) Bautizada con el nombre de un historiador local nacido en 1903, es más un centro cultural que un museo (aunque cuenta con algunas fotos y exposiciones). En el interior hay carteles que anuncian actividades musicales y artísticas.

GRATIS **Museo de Zela** MUSEO

(Zela 542; 8.00-12.00 y 15.00-17.00 lu-sa) Este pequeño y anticuado museo proporciona acceso al interior de uno de los edificios coloniales más antiguos de Tacna, la Casa de Zela. Alberga una abigarrada colección de cuadros del s. xix con majestuosos personajes.

Museo Histórico Regional MUSEO

(Casa de la Cultura, Apurímac 202; entrada 5 PEN; 8.00-12.00 y 13.30-17.00 lu-vi) Este museo en la parte superior de la biblioteca y tan patriótico como todo en Tacna, transmite una sensación de grandeza y triunfalismo. Cinco grandes cuadros adornan las paredes y hay bustos de héroes como Zela, Bolognesi y Ugarte entre vetustas espadas, cartas amarillentas e información sobre la Guerra del Pacífico contra el antiguo enemigo, Chile.

Dónde dormir

En Tacna hay gran cantidad de hoteles orientados a los viajeros que cruzan la frontera, pero casi todos tienen un precio excesivo y se llenan rápidamente, en especial de chilenos que acuden los fines de semana para ir de compras.

Dorado Hotel HOTEL $$

(41-5741, 42-1111; www.doradohoteltacna.com; Av. Arias Aragüez 145; i/d/tr desayuno incl. 100/130/165 PEN; @) Presume de ser el hotel más distinguido de Tacna. Sus cortinas son gruesas, en el vestíbulo hay relucientes balaustradas y los botones llevan las maletas a la habitación. A pesar de que no logra emular la elegante exclusividad de un hotel urbano europeo, hace todo lo posible por intentarlo.

Gran Hotel Tacna HOTEL $$

(42-4193; www.granhoteltacna.com; Bolognesi 300; i/d desayuno incl. 214/244 PEN; @) Este hotel de arquitectura poco interesante da la sensación de un *resort* en el centro de la ciudad y, ciertamente, posee varios bares y restaurantes, tienda, piscina y camareros con chaleco que se afanan por parecer muy ocupados. No es el establecimiento más elegante de la ciudad, pero sin duda es el más completo (y caro).

Maximo's Hotel HOTEL **$$**
(☎24-2604; Av. Arias Aragüez 281; i/d/tr desayuno incl. 90/115/130 PEN; 📶) Este peculiar hotel cuenta con un recargado vestíbulo lleno de plantas, balcones y candelabros bañados con una luz verdusca. También ofrece una cafetería y decentes y limpias habitaciones con ventiladores. Su nueva sauna (8 PEN para los huéspedes) abre a diario de 14.00 a 22.00.

Hostal Le Prince HOTEL **$**
(☎42-1252; Zela 728; h desde 70 PEN; 📶) Económico pero moderno establecimiento junto al Hostal Universo, más destartalado, que es difícil de resistir si se puede pagar la diferencia de precio.

Hotel Camino Real HOTEL **$$**
(☎42-1891; San Martín 855; i/d/tr desayuno incl. 100/130/165 PEN; 📶) Hospedarse en él es como adentrase en la década de 1970, pero no a la enrollada y *retro* de los vinilos de los Rolling Stones, sino a los raídos años setenta que piden a gritos: "¡dame una mano de pintura!". A pesar de todo, cuenta con lo más elemental: grandes habitaciones, cómodas camas, restaurante y cafetería.

Hostal Universo HOTEL **$**
(☎41-5441; Zela 724; i/d/tr 30/40/60 PEN) Este ajado hotel junto al Hostal Le Prince es una opción segura, con personal complaciente, duchas de agua caliente y televisión por cable, aunque las habitaciones son algo pequeñas.

Dónde comer

Los platos locales más populares son la patasca a la tacneña, una espesa y picante sopa de verdura y carne, y el picante a la tacneña, callos muy picantes (sabe mejor de lo que parece). Un sorprendente número de pequeños cafés sirven fruta y yogures, y otros saludables tentempiés vegetarianos.

Café Da Vinci EUROPEA, PERUANA **$$**
(calle Arias Aragüez esq. San Martín; platos ppales 23-40 PEN; ⌚11.00-23.00) Sin duda hay algo europeo en la comida y decoración de este establecimiento con paneles de madera, en el que los camareros bien vestidos y sonrisa a lo Mona Lisa ofrecen cartas en las que aparecen fabulosas baguettes, pizzas, generosas copas de vino tinto seco y decente comida peruana. El lugar de honor lo ocupa su auténtica cafetera italiana.

Uros Restaurante PERUANA, DE FUSIÓN **$$**
(www.restauranteuros.com; Av. San Martín 608; platos ppales 22-35 PEN) La versión de la cocina novoandina que hay en Tacna no tiene muchas pretensiones, aparte de las fotografías de la comida (muy fotogénicas) en la carta. Hay otra sucursal ubicada en las afueras de la ciudad.

Café Verdi CAFÉ **$**
(Vigil 57; menús 7,50 PEN, tentempiés 3-8 PEN; ⌚8.30-21.00 lu-sa) Es un café de la vieja escuela, con repostería y postres, además de un menú del día muy asequible, servido en unas mesas siempre ocupadas. La mitad de la

CHILE POR EL PASO FRONTERIZO DE TACNA

Las formalidades para atravesar la frontera son relativamente sencillas. Hay tres tipos de transporte: tren, autobús público o colectivo (taxi compartido), este último es el más eficaz. Unas empresas profesionales con mostradores en la terminal internacional de autobuses de Tacna gestionan los taxis de cinco pasajeros. Cobran en torno a 18 PEN por el viaje de 65 km hasta Arica, en Chile, con paradas en los dos puestos fronterizos. La mayoría del papeleo se realiza antes de subir al vehículo. En un buen día el viaje se realiza en poco más de una hora. El autobús público es más barato (10 PEN), pero más lento, pues hay que esperar a que bajen todos los pasajeros y pasen por la aduana.

El puesto fronterizo chileno abre de 8.00 a 24.00 de domingo a jueves, y las 24 horas los viernes y sábados. Chile tiene una hora de adelanto respecto a Perú y dos durante el horario de verano, del último domingo de octubre al primer domingo de abril. Desde Arica se puede continuar hacia el sur hasta Chile en avión o autobús, o hacia el noroeste hasta Bolivia en avión o autobús. Para más información consúltese *Sudamérica para mochileros*, *Chile y la isla de Pascua* y *Bolivia* de Lonely Planet.

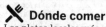

Tacna

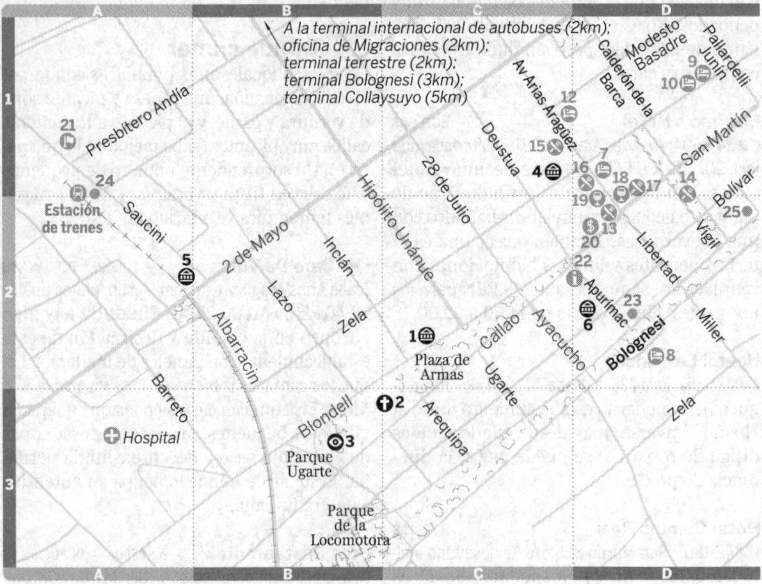

Tacna

Puntos de interés

1 Casa Museo Basadre C2
2 Catedral C3
3 Fundación B3
4 Museo de Zela C1
5 Museo Ferroviario A2
6 Museo Histórico Regional D2

Dónde dormir

7 Dorado Hotel D1
8 Gran Hotel Tacna D2
9 Hostal Le Prince D1
10 Hostal Universo D1
11 Hotel Camino Real E1
12 Maximo's Hotel C1

Dónde comer

13 Café Da Vinci D2
14 Café Verdi D1
15 La Mia Mama C1
16 Mushna D1
17 Uros Restaurante D1

Dónde beber

18 Jethro Pub D1
19 München Brauhaus D2

Información

20 BCP D2
21 Consulado de Chile A1
22 iPerú D2

Transporte

23 LAN D2
24 Oficina de venta de billetes PeruRail A1
25 Peruvian Airlines D2

clientela parece llevar 50 años utilizándolas. Seguramente lo ha hecho.

La Mia Mama ITALIANA **$**

(☎24-2022; Av. Arias Aragüez 204; platos ppales 10-18 PEN; ⌚18.00-23.00 lu-sa) Este pequeño establecimiento italiano es un buen lugar para tomar una copa de vino de chacra (vino de mesa local) con una de las pizzas o pastas clásicas de la carta. Las mesas se llenan rápidamente.

Mushna INTERNACIONAL, DE FUSIÓN **$$**

(Av. Arias Aragüez 204; platos ppales 25-35 PEN) Restaurante-bar posmoderno que parece proceder de Arica, Chile. La presentación de

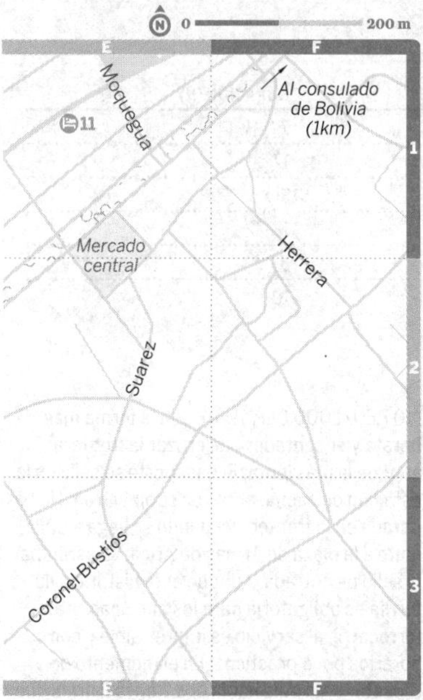

los platos es muy artística y su interior es más de local nocturno que de restaurante. Abundan los cócteles.

Dónde beber

Las pequeñas calles peatonales de Libertad y Vigil son el centro de la limitada vida nocturna de Tacna. Cuentan con un par de pubs y clubes, algunos con música en directo y baile los fines de semana. Los obsesos de la cerveza la toman en el ostentoso **München Brauhaus** (☎24-6125; ⏲20.00-hasta tarde), y los roqueros comparan sus brillantinas en el **Jethro Pub**; ambos están en la Av. Arias Aragüez.

Información

Hay abundantes cibercafés y la mayoría ofrece llamadas locales, de larga distancia e internacionales baratas. Es fácil cambiar pesos chilenos, nuevos soles peruanos y dólares estadounidenses. En la terminal terrestre hay un cajero automático de la unión mundial.

BCP (San Martín 574) Posee un cajero automático Visa/MasterCard, cambia cheques de viajes y proporciona adelantos en efectivo de tarjetas Visa.

Consulado de Bolivia (☎24-5121; Bolognesi 1721; ⏲8.00-15.30 lu-vi) Los ciudadanos de algunos países (estadounidenses incluidos) han de solicitar un visado con un mes de antelación y pagar un impuesto de entrada de 130 US$; hay otro consulado boliviano en Puno.

Consulado de Chile (☎42-3063; www.minrel.cl; Presbítero Andía esq. Saucini; ⏲8.00-13.00 lu-vi) La mayoría de los viajeros no necesita visado chileno para cruzar la frontera.

Hospital (☎42-2121, 42-3361; Blondell s/n; ⏲24 h) Para urgencias.

iPerú (☎42-5514; iperutacna@promperu.gob.pe; San Martín 491) Oficina de turismo nacional, proporciona información y folletos gratis.

Oficina de Migraciones (☎24-3231; Circunvalación s/n, Urb. El Triángulo; ⏲8.00-16.00 lu-vi)

Policía (☎41-4141; Calderón de la Barca 353; ⏲24 h)

Cómo llegar y salir

Avión

El **aeropuerto** de Tacna (código TCQ; ☎31-4503) está 5 km al oeste de la ciudad. **LAN** (www.lan.com; calle Apurímac 101; ⏲8.30-19.00 lu-vi, 9.00-14.00 sa) y **Peruvian Airlines** (www.peruvian.pe; Av. Bolognesi 670) ofrecen vuelos diarios a Lima y algunos vuelos de temporada a Arequipa y Cuzco.

Autobús

La mayoría de los autobuses de largo recorrido salen de la **terminal terrestre** (☎42-7007), en Hipólito Unanue, en el extremo noroeste de la ciudad, excepto algunos autobuses a Juliaca, Desaguadero y Puno, que salen de la **terminal Collaysuyo** (☎31-2538), situada en el distrito de Alta Alianza, en el norte de la ciudad.

Hay autobuses frecuentes (10 PEN) a Arica, en Chile, entre las 6.00 y las 22.00 desde la terminal internacional, frente a la terminal terrestre.

Algunas compañías, entre ellas **Sagitario** (☎952-843-439) y **San Martín** (☎952-524-252), ofrecen servicios nocturnos económicos y de lujo a Puno vía Desaguadero, en la frontera boliviana, con destino final en Cuzco. Suelen salir por la noche de la terminal Collaysuyo. Para hacer esta ruta conviene elegir el mejor autobús, pues si no el viaje puede resultar una pesadilla: frío, sacudidas y pocas paradas para ir al servicio, ¡en serio! También se puede volver a Arequipa y hacer un transbordo allí.

Los agentes de inmigración o de aduanas paran y registran con frecuencia los autobuses de largo recorrido cerca de Tacna. Conviene tener el pasaporte a mano.

En la terminal terrestre se paga un impuesto de 1 PEN por el uso de la terminal. Las compañías habituales ofrecen servicios a todos los

AUTOBUSES DE TACNA

DESTINO	TARIFA (PEN)	DURACIÓN (H)
Arequipa	15-35	7
Cuzco	60-125	17
Ilo	10	3½
Lima	50-144	18-22
Moquegua	10	3
Puno	25-45	10

destinos del norte, incluidas **Ormeño** (☎42-3292) y **Flores** (☎74-1150), más económica.

Taxi

Muchos colectivos (18 PEN, 1-2 h) a Arica, en Chile, salen de la terminal internacional, frente a la terminal terrestre, para cruzar la **frontera chilena** (⊙8.00-24.00 do-ju, 24 h vi y sa). Para las formalidades del paso fronterizo véase p. 135.

Los colectivos, más rápidos, pero mucho menos seguros, salen cuando están llenos a Moquegua (15 PEN, 2½ h) y a veces a Ilo desde el mercado Grau, a corta distancia a pie de la terminal terrestre. En la peligrosa zona del mercado conviene andar con cuidado.

Tren

Los trenes entre la **estación de trenes** (☎42-4981; Av. 2 de Mayo) de Tacna y Arica, en Chile (10 PEN/2000 CLP, 1½ h), son la forma más barata y encantadora de cruzar la frontera, aunque la más lenta. El pasaporte se sella en la estación de Tacna, antes de subir al tren. No hay parada en la frontera y cuando se llega a Chile, junto a la plaza de Armas de Arica, se estampa el sello de entrada. Aunque esta histórica vía férrea es obligatoria para los aficionados al ferrocarril, el servicio es imprevisible y con horarios poco prácticos. En el momento de redactar esta guía había dos trenes diarios que salían de Tacna a las 4.00 y 6.00. Los trenes de regreso salen de Arica a las 16.00 y 18.00. Conviene comprobar los horarios actualizados en la estación.

ℹ Cómo desplazarse

Un taxi entre el aeropuerto y el centro de la ciudad cuesta unos 5 PEN. Un taxi desde el centro a las terminales de autobuses unos 3 PEN.

Arequipa y la tierra de los cañones

Sumario »

Los mejores restaurantes

» Zingaro (p. 152)

» Tradición Arequipeña (p. 152)

» Zig Zag (p. 152)

» Chicha (p. 153)

Los mejores alojamientos

» Hostal Casona Solar (p. 150)

» Los Tambos Hostal (p. 150)

» Colca Lodge (p. 164)

» Casa Andina (p. 151)

Por qué ir

La provincia de Arequipa es la gran entrada combinada de Perú: auténtica inmersión histórica y apasionante aventura andina en el mismo espacio vital. Un espectacular contraste donde las riquezas culturales de una de las más refinadas ciudades coloniales de Sudamérica quedan a una hora por carretera de los dos cañones más profundos del mundo. Arequipa, la artística, audaz e infatigable metrópolis a la sombra del volcán Misti, ofrece abundante esparcimiento urbano. Hacia el noroeste se hallan los cañones del Colca y del Cotahuasi, cuya profundidad impresionante es pura estadística comparada con los cóndores andinos, épicas excursiones y antiguas tradiciones españolas, incas y preincaicas que cobijan. Otras de sus propuestas son el valle de los Volcanes, incrustado en lava, los inquietantes petroglifos de Toro Muerto y el árido paso de Patopampa, cuya carretera asciende a 4910 m, una altitud que no poseen ni Europa Occidental ni Norteamérica.

Cuándo ir

Arequipa

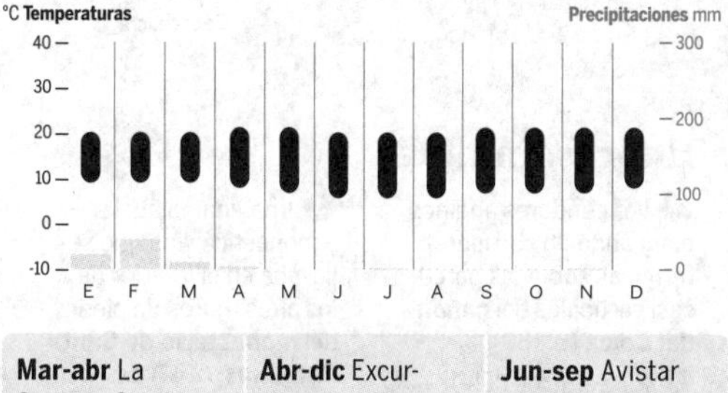

Mar-abr La Semana Santa de Arequipa rivaliza con la española.

Abr-dic Excursiones por los cañones del Colca y del Cotahuasi, al finalizar las lluvias.

Jun-sep Avistar cóndores andinos en el Cañón del Colca.

AREQUIPA

054 / 864 300 HAB. / ALT. 2350 M

Ser comparsa de Cuzco y Machu Picchu en el circuito turístico de Perú no es agradable, aunque ese detalle preocupa poco a los arequipeños. Hay peruanos que bromean sobre la necesidad de un pasaporte distinto para entrar en la segunda ciudad más grande de Perú, una metrópolis diez veces menor que Lima, pero igual en términos culinarios, importancia histórica y conciencia de sí misma. Esta ciudad, protegida por *tres* espectaculares volcanes, disfruta de una espléndida ubicación, aunque precaria, pues se halla en una región sacudida por terremotos. El último causó importantes daños en el 2001. Por suerte, su arquitectura, un conjunto de

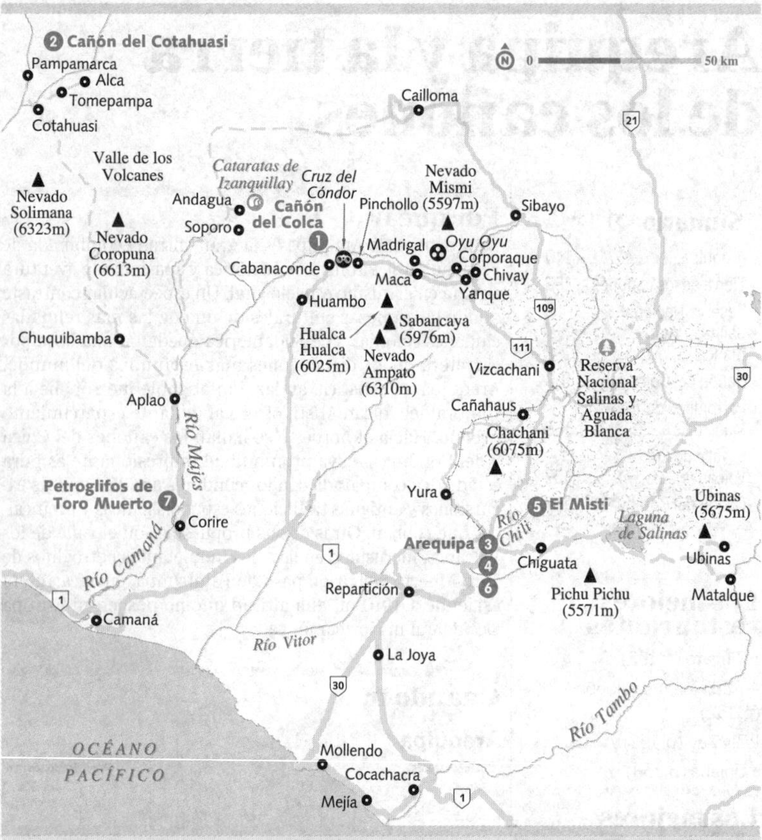

Imprescindible

1 Ver cóndores andinos planeando en corrientes térmicas sobre las paredes casi verticales del **cañón del Colca** (p. 160).

2 Pasear lejos del mundanal ruido en el aislado **cañón del Cotahuasi** (p. 167).

3 Imaginar la austera y monástica vida que se llevaba en el interior de los altos muros de piedra del **monasterio de Santa Catalina** (p. 141) de Arequipa.

4 Tomar una cena tradicional en una de sus **picanterías** (p. 152).

5 Intentar llegar a la cima del cono casi simétrico del **volcán Misti** (p. 159).

6 Observar los restos congelados de Juanita en el **Museo Santuarios Andinos** (p. 142).

7 Meditar sobre el sentido de los misteriosos **petroglifos de Toro Muerto** (p. 166).

edificios barroco-mestizos de sillares blancos locales, ha soportado el embate de la madre naturaleza. En el 2000, su casco viejo fue declarado Patrimonio Mundial por la Unesco y la imagen de su enorme catedral, con la etérea silueta de los 5825 m del Misti como telón de fondo, es razón de sobra para visitarla. Aparte de su bonito paisaje urbano, desempeñó un papel fundamental en el renacimiento gastronómico de Perú; los clásicos platos picantes como el rocoto relleno, el chupe de camarones y la ocopa, que se disfrutan más en sus picanterías, proceden de Arequipa. Los arequipeños también son proclives al debate intelectual, en especial sobre sus convicciones políticas, que expresan en reiteradas manifestaciones en la plaza de Armas. No sorprende que sea la cuna de Mario Vargas Llosa, uno de los novelistas más influyentes de Latinoamérica y genio literario, que en 1990 fue candidato a la presidencia del país.

Historia

Los restos de asentamientos de pueblos indígenas preincaicos procedentes del lago Titicaca llevaron a pensar a algunos eruditos que los aimara dieron nombre a la ciudad (en aimara *ari* significa "pico" y *quipa* "detrás"; por lo que Arequipa es "el lugar detrás del pico" del Misti). Sin embargo, según otra leyenda muy reiterada, el cuarto inca, Mayta Cápac, que estaba de viaje por el valle, le encantó y ordenó a su séquito: *"Ari, quipay"*, que quiere decir "Sí, parad". Los españoles volvieron a fundar la ciudad el 15 de agosto de 1540, una fecha que se celebra con una semana de festejos.

Arequipa se halla en una zona propensa a los desastres naturales; fue totalmente destruida por terremotos y erupciones volcánicas en 1600 y desde entonces ha sufrido devastadores terremotos en 1687, 1868, 1958, 1960 y el último en el 2001. Por ello, y para dotarlos de más estabilidad, muchos de sus edificios son bajos. A pesar de los desastres, muchas de sus atractivas estructuras históricas siguen en pie.

Puntos de interés

Monasterio de Santa Catalina MONASTERIO, MUSEO

(☎22-9798; www.santacatalina.org.pe; Santa Catalina 301; entrada 35 PEN; ⏰9.00-17.00, última entrada 16.00, 19.00-21.00 ma y ju) De visita obligada, incluso si se sufre una sobredosis de edificios coloniales. Ocupa toda una cuadra, está resguardado por unos imponentes muros y es uno de los edificios religiosos más fascinantes de Perú. Y no solo eso, este complejo de 20 000 m² es casi una ciudadela dentro de la ciudad. Fue fundado en 1580 por una rica viuda, doña María de Guzmán.

Hay dos formas de visitarlo: una, paseando por cuenta propia por su meditativo ambiente y perderse ligeramente (en el reverso de la entrada hay un mapa en miniatura, si se consigue descifrarlo) y otra ir con guías por 20 PEN. Los circuitos guiados duran una hora y después se sigue la visita solo, hasta la hora de cierre. También abre dos noches a la semana para que los visitantes puedan recorrer sus tenebrosas instalaciones con velas, tal como hacían las monjas hace siglos.

Una buena forma de emprender el circuito por libre es comenzar en los tres **claustros** principales. El arco del silencio conduce al **claustro de las novicias,** con un árbol de caucho en el centro del patio. Una vez atravesado el arco, las novicias debían cerrar los labios en un solemne voto de silencio y entregarse a una vida de trabajo y oración. El noviciado duraba cuatro años, durante los cuales sus familias debían pagar una dote de 100 monedas de oro al año. Luego podían hacer los votos y entrar en la orden, o abandonar el convento, opción que sin duda habría deshonrado a la familia.

Las novicias graduadas pasaban al **claustro de los naranjos,** que debe su nombre a los naranjos de su patio, que representaban la renovación y la vida eterna. Desde allí se accede a la **sala profundis,** la capilla ardiente en la que se lloraba a las monjas fallecidas y en cuyas paredes hay cuadros de las difuntas. Los pintores tenían 24 horas para hacer esos retratos póstumos, pues realizarlos en vida era impensable.

La **calle Córdoba,** que sale del claustro de los naranjos, está flanqueada por las celdas de las religiosas. En esos aposentos vivían una o más monjas, junto con algunas sirvientas, puesto que esas moradas eran austeras o lujosas, dependiendo de la riqueza de sus ocupantes. La **calle Toledo** conduce a la cafetería, que sirve pasteles recién horneados y cafés, y finalmente al lavadero comunal, en el que las sirvientas lavaban con el agua de las escorrentías de la montaña, canalizadas a tinajas de barro.

Al bajar por la **calle Burgos** hacia la reluciente torre de sillares de la catedral, se entra en la oscura y húmeda cocina comunal, utilizada como iglesia hasta la reforma de 1871. Detrás está la **plaza Zocodober** (palabra árabe para "trueque"), en la que las monjas se reunían los domingos para intercambiar los jabones y repostería artesanos que elabora-

JUANITA, LA DONCELLA DEL HIELO

En 1992, el escalador local Miguel Zárate, guía de una expedición al nevado Ampato (6310 m), encontró unos curiosos restos de madera cerca de la helada cumbre que podían pertenecer a un lugar de enterramiento. En septiembre de 1995 convenció al montañero y arqueólogo estadounidense Johan Reinhard para ascender a la cima, que tras una reciente erupción del cercano volcán Sabancaya estaba cubierta de ceniza. Esta había fundido la nieve y había dejado al descubierto la sepultura. Al llegar encontraron una estatua y otras ofrendas, pero la tumba se había derrumbado y no vieron ningún cuerpo. El equipo hizo rodar piedras por la ladera y al seguirlas Zárate divisó el fardo momificado de una niña inca, que había caído cuesta abajo al desplomarse la tumba.

La niña estaba envuelta y se había conservado casi perfectamente durante cerca de 500 años gracias a la gélida temperatura reinante, y por la remota ubicación de su tumba y por el cuidado y ceremonia que habían acompañado su entierro (además del golpe que mostraba en la ceja derecha) parecía claro que aquella niña de 12 o 14 años había sido sacrificado a los dioses. Para los incas las montañas eran dioses que podían matar mediante erupciones volcánicas, avalanchas o catástrofes climáticas. Solo los sacrificios de sus súbditos, siendo el máximo el de un niño, podían aplacar esas violentas deidades.

Se tardaron días en bajar el fardo helado hasta el pueblo de Cabanaconde, desde donde se transportó, en un principesco lecho improvisado con alimentos congelados de la nevera de Zárate, a la Universidad Católica de Arequipa para someterlo a una serie de estudios científicos. Se la bautizó "Juanita, la doncella del hielo" y en 1998 se le dedicó un museo (Museo Santuarios Andinos; véase abajo). Desde la década de 1950 se han descubierto casi dos docenas de sacrificios incas en distintas montañas andinas.

ban. Más adelante, a la izquierda, se encuentra la **celda** de la legendaria sor Ana, una monja famosa por sus precisas predicciones y los milagros que se dice realizó hasta su muerte en 1686.

Por último, el **claustro mayor** está flanqueado por la **capilla** a un lado, y al otro, la **galería de arte,** que se utilizaba como dormitorio colectivo. El edificio tiene planta de cruz y los murales de las paredes muestran escenas de la vida de Jesús y la Virgen María.

Museo Santuarios Andinos — MUSEO

(20-0345; www.ucsm.edu.pe/santury; La Merced 110; entrada 20 PEN; 9.00-18.00 lu-sa, 9.00-15.00 do) Un gradual dramatismo invade el ambiente de este museo teatralmente presentado, dedicado a cuerpo de una "momia" congelada. Su obligado circuito guiado comienza con un corto de 20 minutos bellamente filmado sobre cómo se desenterró a Juanita, bautizada como la "doncella del hielo", en el nevado Ampato en 1995. Después, unos versados guías, estudiantes de la universidad, conducen por una serie de lúgubres y poco iluminadas salas con objetos de la expedición que la descubrió. Se llega al cenit con la algo macabra visión de la pobre Juanita, una niña inca de 12 años sacrificada a los dioses en la década de 1450 y conservada en una urna de cristal. Los circuitos duran una hora.

Plaza de Armas — PLAZA

La plaza mayor de Arequipa, sin mácula de modernas interferencias (excepto el omnipresente claxon de los taxis), es el museo de la arquitectura de sillares de la ciudad: blanca, robusta y estéticamente única. Tres de sus lados están bordeados por unos impresionantes balcones con columnas. El cuarto pertenece a la catedral más ancha de Perú, un monumental edificio con dos elevadas torres, aunque eclipsado por los centinelas coronados de nieve del Misti y el Chanchani, visibles desde varios puntos del parque del centro.

GRATIS Catedral de Arequipa — CATEDRAL

(7.00-11.30 y 17.00-19.30 lu-sa, 7.00-13.00 y 17.00-19.00 do) La constancia ha sido un elemento clave en la historia de la catedral que domina la plaza mayor de Arequipa. La estructura original, de 1656, fue destruida por un incendio en 1844. Tras su reconstrucción, pronto fue arrasada por el terremoto de 1868 y gran parte de lo que se ve en la actualidad es lo que se ha reconstruido desde entonces. El terremoto del 2001 derribó una de sus enormes torres y consiguió que la otra se inclinara de forma precaria, aunque a finales del año siguiente la catedral lucía como nueva.

Es la única en Perú que abarca todo el lateral de una plaza. El interior es sencillo

Arequipa

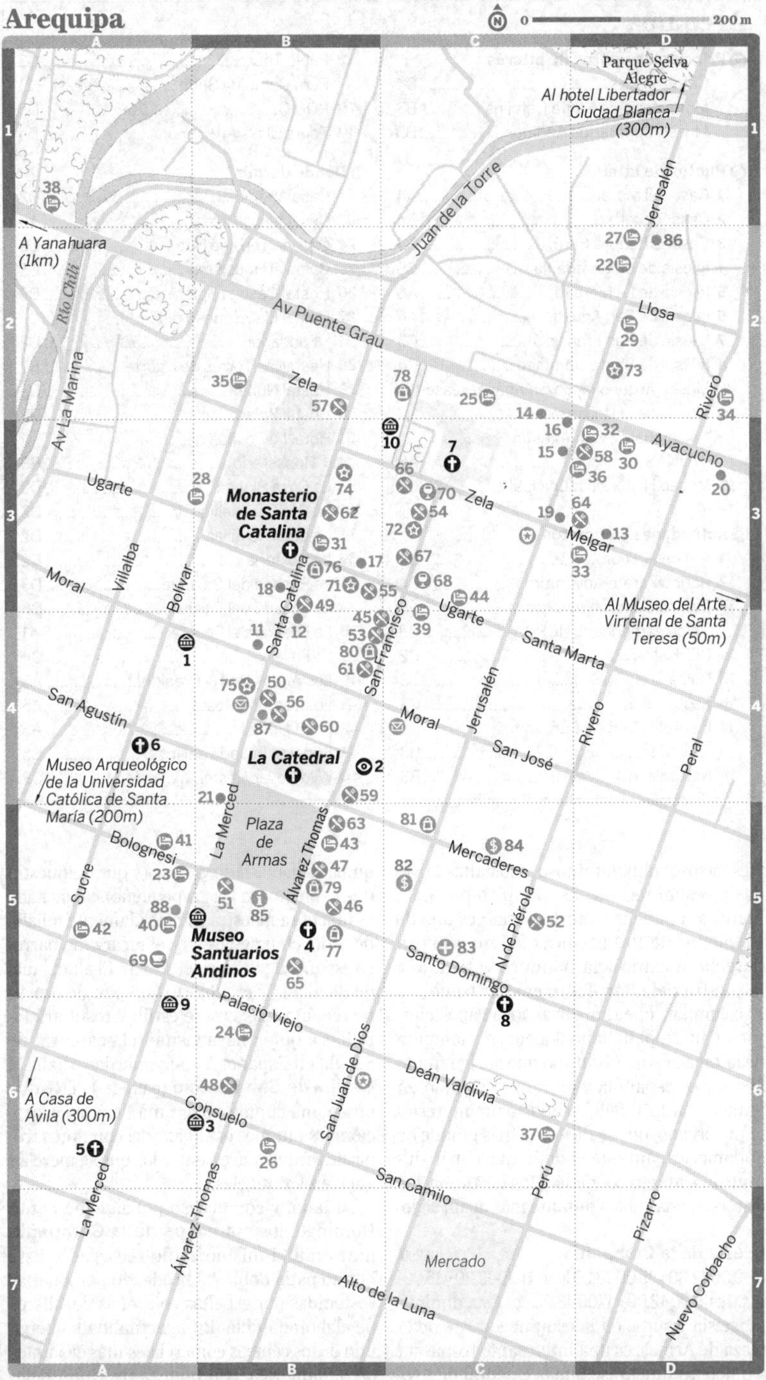
0
200 m
Parque Selva Alegre
Al hotel Libertador Ciudad Blanca (300m)
A Yanahuara (1km)
Río Chili
Juan de la Torre
Jerusalén
Av Puente Grau
Llosa
Av La Marina
Zela
Rivero
Ayacucho
Ugarte
Monasterio de Santa Catalina
Melgar
Moral
Villalba
Bolívar
Santa Catalina
San Francisco
Al Museo del Arte Virreinal de Santa Teresa (50m)
Santa Marta
San Agustín
Museo Arqueológico de la Universidad Católica de Santa María (200m)
La Catedral
San José
Peral
La Merced
Plaza de Armas
Álvarez Thomas
Bolognesi
Mercaderes
Sucre
Museo Santuarios Andinos
N de Piérola
Santo Domingo
Palacio Viejo
San Juan de Dios
Deán Valdivia
A Casa de Ávila (300m)
Consuelo
San Camilo
Perú
Pizarro
Mercado
Alto de la Luna
Nuevo Corbacho

Arequipa

Principales puntos de interés

Catedral B4
Monasterio de Santa Catalina B3
Museo Santuarios Andinos B5

Puntos de interés

1 Casa del Moral A4
2 Casa Ricketts B4
3 Casona Editora Perú B6
4 Iglesia de La Compañía B5
5 Iglesia de La Merced A6
6 Iglesia de San Agustín A4
7 Iglesia de San Francisco C3
8 Iglesia de Santo Domingo C6
Museo Arqueológico Chiribaya (véase 10)
9 Museo de la Universidad Nacional de San Agustín (UNAS) A6
10 Museo Histórico Municipal C3

Actividades y circuitos

11 Al Travel Tours B4
12 Carlos Zárate Adventures B4
13 Centro Cultural Peruano Norteamericano (ICPNA) D3
14 CEPESMA C2
15 Colca Trek C3
16 Ecotours C3
17 Instituto Cultural Peruano Alemán B3
18 Naturaleza Activa B3
19 Pablo Tour C3
Peru Camping Shop .... (véase 32)
20 ROCIO D3
21 Tours Class Arequipa B4

Dónde dormir

22 Casa Andina D2
23 Casablanca Hostal A5
24 Casona Terrace Hotel B6
25 Colonial House Inn C2
26 Hostal Casona Solar B6
27 Hostal El Descanso del Fundador D2
28 Hostal las Torres de Ugarte B3
29 Hostal Núñez D2
30 Hostal Solar D3
31 Hotel La Posada del Monasterio B3
32 La Casa Blanca D3
33 La Casa de Melgar D3
34 La Casa de Sillar D2
35 La Hostería B2
36 La Posada del Cacique D3
37 La Posada del Parque C6
38 La Posada del Puente A1
39 Le Foyer C4
40 Los Andes Bed & Breakfast A5
41 Los Tambos Hostal A5
42 Point Hostel A5
43 Sonesta Posada del Inca B5
44 Wild Rover Hostel C3

y espacioso, muy luminoso y sus altas bóvedas no están recargadas. También posee un marcado ambiente internacional; es una de las menos de 100 basílicas del mundo con derecho a exhibir la bandera vaticana, a la diestra del altar. Tanto el altar como sus 12 columnas (que simbolizan los 12 apóstoles) son de mármol italiano. La enorme lámpara de latón de estilo bizantino que cuelga frente al altar es española y el púlpito se talló en Francia. En 1870 Bélgica aportó un impresionante órgano, que se dice es el más grande de Sudamérica, aunque el daño que sufrió durante el trayecto condenó a los devotos a sus distorsionadas notas durante más de un siglo.

Iglesia de la Compañía IGLESIA
(9.00-12.30 y 15.00-18.00 lu-vi, 11.30-12.30 y 15.00-18.00 sa, 9.00-12.00 y 17.00-18.00 do) Esta diminuta iglesia jesuita, en la esquina sureste de la plaza de Armas, es una interesante respuesta a quien argumentase que la catedral de Arequipa es demasiado grande (y que demuestra que lo bueno, en frasco pequeño). Su fachada es una obra maestra intrincadamente tallada de estilo churrigueresco (el recargado barroco español de finales del s. XVII). El altar, igual de detallado y recubierto con pan de oro, se recrea aún más en ese estilo y resultará familiar a quien haya visitado la catedral de Sevilla en España. A su izquierda se halla la **capilla de San Ignacio** (entrada 4 PEN), que posee una cúpula policroma llena de excepcionales murales estilo jungla, con flores tropicales, frutas y aves, entre los que se mezclan guerreros y ángeles.

Al lado, y con acceso por la calle Santo Domingo, los **claustros de la Compañía** muestran el mismo estilo recargado. Este bonito patio doble está rodeado por galerías sostenidas por esbeltas columnas de sillares de elaborada talla. En la actualidad alberga uno de los centros comerciales más elegantes de Sudamérica, con bodega de vinos, heladería, tiendas de lana de alpaca y un par de refinados cafés.

Monasterio de la Recoleta MONASTERIO
(La Recoleta 117; entrada 5 PEN; 9.00-12.00 y 15.00-17.00 lu-sa) Este húmedo monasterio, en un inseguro barrio a corta distancia en taxi desde el centro, fue construido en 1648 por monjes franciscanos en la orilla occidental del río Chili y se ha reconstruido completamente. El estudio era un elemento importante de esa orden y los bibliófilos disfrutarán en su enorme biblioteca, que contiene más de 20 000 libros y mapas polvorientos; el ejemplar más antiguo data de 1494. Está abierta a visitas supervisadas; en la entrada ofrecen información. Posee un conocido museo de objetos amazónicos reunidos por los misioneros (entre ellos animales disecados) y una amplia colección de objetos anteriores a la conquista y de arte religioso de la escuela cuzqueña. Hay guías en varios idiomas y agradecen las propinas.

Museo de Arte Virreinal de Santa Teresa MUSEO
(Melgar 303; entrada 10 PEN; 9.00-17.00 lu-sa, 9.00-13.00 do) Este espléndido convento carmelita del s. XVII se abrió al público como museo viviente hace unos años. Sus edificios coloniales tienen justa fama por sus muros decorados y salas restauradas llenas de inestimables objetos de arte votivos, murales, bonitas obras de forjas, cuadros anteriores a la época colonial y otros objetos históricos. En sus circuitos guiados, unos estudiantes que hablan diversas lenguas ofrecen explicaciones muy competentes; agradecen las propinas. Una encantadora tienda a la entrada del complejo vende repostería y jabón de rosas hechos por las monjas.

Casa del Moral EDIFICIO HISTÓRICO
(Moral 318; entrada 5 PEN; 9.00-17.00 lu-sa) Esta elegante casa de estilo barroco-mestizo construida en 1730 debe su nombre a un moral de

200 años de su patio central. Propiedad de BCP (un banco) desde el 2003, es un museo que destaca por sus mapas antiguos, tosco mobiliario, arte religioso y una gran colección de monedas y billetes (cortesía de BCP). Los billetes están impresos en español e inglés.

GRATIS **Casa Ricketts** EDIFICIO HISTÓRICO
(Casa Tristán del Pozo; San Francisco 108; ⏲9.15-12.45 y 16.30-18.30 lu-vi, 9.30-12.45 sa) Esta ornamentada casa construida en 1738 se utilizó como seminario, palacio del arzobispo, colegio y hogar de familias adineradas. En la actualidad es el banco más imponente de la ciudad y quizá de Perú. Merece la pena ver sus patios interiores, con fuentes con cabeza de puma, aunque no se haga ninguna transacción.

La Mansión del Fundador EDIFICIO HISTÓRICO
(entrada 10 PEN; ⏲9.00-18.00) Esta mansión del s. XVII, que en tiempos fue propiedad de Garcí Manuel de Carbajal, fundador de Arequipa, se ha renovado con mobiliario y cuadros originales, y posee una capilla. Se encuentra en el pueblo de Huasacache, a 9 km de Arequipa, al que se llega fácilmente en taxi (20 PEN ida y vuelta). Los circuitos por la ciudad suelen parar en ella.

Iglesia de San Francisco IGLESIA
(Zela cuadra 1; entrada 5 PEN; ⏲iglesia y convento 9.00-12.30 y 15.00-18.30 lu-vi) Se construyó en el s. XVI, pero sufrió grandes daños en varios terremotos. Sin embargo, sigue en pie y los visitantes apreciarán una gran grieta en la cúpula, testimonio de la intensidad de los seísmos. Otras iglesias coloniales del centro son San Agustín, La Merced y Santo Domingo.

Museo Arqueológico de la Universidad Católica de Santa María MUSEO
(Cruz Verde 303; donación voluntaria; ⏲9.00-17.00 lu-vi) Este museo gestionado por la universidad posee unas interesantes exposiciones sobre los yacimientos arqueológicos locales y algunos objetos de cerámica muy bien conservados. Ofrece circuitos guiados; se agradecen las propinas.

Museo Histórico Municipal MUSEO
(plazuela San Francisco 407; entrada 5 PEN; ⏲9.00-17.00 lu-sa, 9.00-13.00 do) Este educativo, aunque poco interesante museo, dividido en salas dedicadas a distintas épocas, expone la trayectoria histórica de Arequipa y, por ende, de Perú. Muestra el período prehispánico, la independencia, la República y la Guerra del Pacífico. Cuando se acaba de contar los héroes caídos (y hay muchos) se va al adyacente **Museo Arqueológico Chiribaya** (incluido en la entrada), que alberga una impresionante colección de objetos de la civilización preincaica chiribaya, como tejidos bien conservados y la única colección de oro preincaico del sur de Perú.

Museo de la Universidad Nacional de San Agustín (UNAS) MUSEO
(Álvarez Thomas 200; entrada 5 PEN; ⏲9.00-16.00 lu-vi) Es otro pequeño museo gestionado por la universidad, pero más esotérico y con piezas que van desde restos arqueológicos, a mobiliario barroco y arte colonial de la escuela cuzqueña.

GRATIS **Casona Editora Perú** MUSEO
(Consuelo 202; ⏲9.00-12.00) Este homenaje al periódico *El Peruano*, fundado en 1825 por el legendario político y libertador Simón Bolívar (el más antiguo en activo en Latinoamérica) está instalado en otra preciosa casa colonial. Su pequeño museo exhibe prensas antiguas y algunas amarillentas primeras páginas. Una sala aparte exhibe exposiciones temporales de arte.

Actividades

Arequipa ofrece muchos puntos de interés y actividades en la zona montañosa al norte y el este del núcleo urbano. Las tres principales actividades que se practican son senderismo, alpinismo y descenso de ríos, pero hay muchas más opciones.

Senderismo y alpinismo

INFORMACIÓN

Los espectaculares cañones cercanos a Arequipa ofrecen excelentes oportunidades para hacer excursiones. Las agencias de senderismo organizan rutas poco frecuentadas que se adaptan al tiempo disponible y al nivel de forma física.

Hacer senderismo por cuenta propia en el concurrido cañón del Colca es muy popular y fácil, pero si se recela de hacerlo sin la asistencia de guías o se desean hacer rutas menos limitadas, en Arequipa hay docenas de agencias de circuitos que organizan excursiones guiadas.

Los alrededores proporcionan unas fantásticas montañas para la práctica de la escalada. Es necesario aclimatarse a la zona y conviene pasar un tiempo en Cuzco o Puno antes de emprender expediciones de altura. En los campamentos a mayor altitud, donde

MERECE LA PENA

YANAHUARA

Una buena excursión desde el centro de Arequipa es visitar este tranquilo barrio. Para ir a pie se va hacia el oeste por la Av. Puente Grau, se pasa el puente Grau y se continúa seis cuadras más por la Av. Ejército. Se tuerce a la derecha en la Av. Lima y se camina otras cinco cuadras hasta una pequeña plaza, en la que se encuentra la **iglesia de San Juan Bautista** (gratis), que data de 1750. Alberga la muy venerada Virgen de Chapi, pues la iglesia en su honor quedó destruida tras el terremoto del 2001. La popular fiesta de esta virgen se celebra el 1 de mayo. En un lado de la plaza hay un mirador con excelentes vistas de Arequipa y el Misti.

Se regresa por la Av. Jerusalén, paralela a la Av. Lima, y antes de llegar a la Av. Ejército se ve el conocido restaurante Sol de Mayo (p. 154), que invita a detenerse para tomar un sabroso almuerzo arequipeño. Se tardan unas 2 horas en hacer el paseo de ida y vuelta, pero si se quiere ir más rápido también hay *combis* (microbuses) a Yanahuara desde la Av. Puente Grau (y de regreso desde la plaza de Yanahuara) cada pocos minutos (1 PEN, 10 min).

la temperatura baja a -29°C, es imprescindible la ropa de abrigo.

La Asociación de Guías de Montaña de Perú advierte que muchos guías carecen de certificación o formación, y avisa a los montañeros que se informen sobre cuestiones médicas y de supervivencia en la naturaleza. La mayoría de las agencias ofrece paquetes de escalada que incluyen transporte, por lo que los precios varían, según el número de participantes y de la montaña, pero el coste habitual de un guía es de 70 US$/día.

CUÁNDO IR

Se puede ir de excursión todo el año, pero la mejor temporada (la más seca) es de abril a diciembre.

MAPAS

Colca Trek (☎20-6217, 9-60-0170; www.colcatrek.com.pe; Jerusalén 401-B) en Arequipa y el Instituto Geográfico Nacional (véase p. 541) y el South American Explorers Clubs (véase recuadro en p. 98) en Lima ofrecen mapas de la zona.

EQUIPO Y ALQUILER

Carlos Zárate Adventures (☎20-2461; www.zarateadventures.com; Santa Catalina 204) y **Peru Camping Shop** (☎22-1658; www.perucampingshop.com; Jerusalén 410) alquilan tiendas, piolets, crampones, cocinas y botas.

Descenso de ríos

Arequipa es uno de los mejores lugares de Perú para practicar el descenso de ríos y el kayak. Durante la temporada de lluvias (diciembre-marzo), cuando el nivel del agua es demasiado alto, se desaconseja hacer algunos descensos. Para más información y asesoramiento, véase www.peruwhitewater.com.

El **río Chili**, a 7 km de Arequipa, es el cauce que más se desciende. Hay excursiones de medio día adecuadas para principiantes casi a diario de abril a noviembre (desde 35 US$). El **río Majes**, en el que desemboca el Colca, también ofrece excursiones relativamente fáciles. Los tramos más recorridos tienen rápidos de nivel II y III.

Una opción menos convencional es el remoto **río Cotahuasi**, una aventura en aguas rápidas –desaconsejada para los pusilánimes– que pasa por las secciones más hondas del supuesto cañón más profundo del mundo. Las pocas excursiones que se ofrecen suelen durar nueve días, solo son aptas para deportistas experimentados y pasan por rápidos de nivel IV y V. El **río Colca** se descendió por primera vez en 1981, pero es una excursión peligrosa y difícil que no ha de tomarse a la ligera. Algunas agencias ofrecen escasos y caros viajes para hacer *rafting*, y hay secciones más fáciles subiendo río arriba desde el cañón.

Bicicleta de montaña

La zona de Arequipa ofrece infinidad de posibilidades de practicar bicicleta de montaña. Muchas de las empresas que ofrecen senderismo o montañismo (véase p. 148) también organizan descenso de volcanes en bicicleta de montaña en el Chachani y el Misti, y circuitos personalizados. Si se tiene experiencia y medios, esas agencias alquilan bicicletas de calidad y ofrecen asesoramiento experto a fin de practicar ese deporte por cuenta propia.

YA LO HAS PROBADO, AHORA COCÍNALO

Si uno sabe quién es Gastón Acurio y está de acuerdo en que Perú es la capital gastronómica de Latinoamérica, quizá se desee hacer un **curso de cocina** en Arequipa. El guía local y cualificado chef Miguel Fernández, que regenta Al Travel (abajo), organiza **Peru Flavors,** un curso de cocina de 4 horas (50 PEN) donde se aprende a preparar tres aperitivos y platos principales de tres regiones geográficas de Perú: la Amazonia, los Andes y la costa. Algunos de esos platos son rocoto relleno (pimientos rojos picantes rellenos), lomo saltado (ternera salteada con cebollas y pimientos) y chupe de camarones (sopa de camarones).

Otra opción muy popular es la **Peruvian Cooking Experience** (www.peruviancookingexperience.com; San Martín 116, Vallecito), organizada en el hotel Casa de Avila (p. 152), cuatro cuadras al suroeste de la plaza de Armas. Los cursos de 3 horas (11.00-14.00) se imparten en lunes, miércoles y viernes, y cuestan 45 PEN (35 PEN para huéspedes del hotel). Se aprende el arte de preparar ceviche e incluso permite optar por recetas vegetarianas. Las clases se imparten en grupos de un máximo de seis personas.

Para opciones más básicas, **Peru Camping Shop** (www.perucampingshop.com; Jerusalén 410) alquila bicicletas por 35 PEN/medio día, incluidos el casco, los guantes y el mapa de la zona. También organiza descensos rápidos en bicicleta cerca del Misti por 68 PEN (1 día), incluido el transporte.

Cursos

CEPESMA IDIOMAS

(☎9-59-961-638; www.cepesmaidiomasceci.com; Puente Grau 108) Este centro ofrece cursos de español para extranjeros y también otras actividades que pueden interesar a los hispanohablantes, como clases de cocina, baile y posibilidades de trabajo voluntario.

Centro Cultural Peruano Norteamericano IDIOMAS

(ICPNA; ☎39-1020; www.cultural.edu.pe; Melgar 109) Aparte de ofrecer muchas actividades culturales (teatro, música y similares), este veterano centro cultural instalado en una agradable casona del centro organiza clases de español para extranjeros desde 35 PEN por 90 minutos.

Circuitos y guías

En las calles Santa Catalina y Jerusalén hay docenas de agencias de viajes que ofrecen circuitos por la ciudad y excursiones a los cañones, la mayoría con salidas diarias. Algunas son profesionales, pero también hay muchos oportunistas, por lo que conviene elegir con cuidado. No se deben aceptar los circuitos que ofrecen los ganchos en la calle y, de ser posible, hay que pagarlos en efectivo, pues se ha informado de fraudes en tarjetas de crédito.

El circuito habitual de dos días por el cañón del Colca cuesta 65-225 PEN/persona, dependiendo de la temporada, el número de integrantes y el hotel que se elija en Chivay. Todos los circuitos salen de Arequipa de 7.00 a 9.00. Las paradas incluyen la Reserva Nacional Salinas y Aguada Blanca, Chivay, las aguas termales de Calera, una noche en una peña (bar o club con música folclórica en directo) y visita a la Cruz del Cóndor.

Circuitos de un día

Al Travel Tours CULTURAL

(☎22-2052; www.aitraveltours.com; Santa Catalina 203) Su propietario, Miguel Fernández, ofrece circuitos únicos, como el popular Reality Tour (desde 40 PEN/persona según el número de integrantes), que visita un barrio pobre de canteros de Arequipa. Gran parte del precio se destina a las cooperativas locales de trabajadores.

Tours Class Arequipa CIRCUITO EN AUTOBÚS

(www.toursclassarequipa.com.pe; Portal de San Agustín 103, plaza de Armas) Este circuito en autobús descubierto (2/4 h 35/45 PEN) es una buena forma de visitar algunos puntos de interés del extrarradio de Arequipa. El de la Campiña incluye paradas en Cayma, Yanahuara y la Mansión del Fundador.

Excursionismo y alpinismo

Carlos Zárate Adventures SENDERISMO, AVENTURA

(☎20-2461; www.zarateadventures.com; Santa Catalina 204) Carlos Zárate, el abuelo de la escalada de Arequipa, fundó esta empresa en 1954. Miguel, uno de sus hijos, acompañado de varios arqueólogos, desenterró a Juanita, "la doncella del hielo", en el monte Ampato en 1995. Otro de sus hijos, Carlos Zárate Flores, también guía experimentado hablan dirige esta profesional agencia. Sus guías varias lenguas. Ofrece todo tipo de excursiones y escaladas a los picos locales, a precios que varían según el número de participantes y el transporte; cobra unos 250 PEN/persona en grupos de cuatro para escalar el Misti y 365 PEN por una excursión de tres días al cañón del Colca, con transporte incluido. También alquila todo tipo de equipo a los senderistas y escaladores independientes, como piolets, crampones y botas.

Colca Trek SENDERISMO, AVENTURA
(☎20-6217, 9-60-0170; www.colcatrek.com.pe; Jerusalén 401-B) Es una tienda y agencia de circuitos de aventura ecologista dirigida por Vlado Soto, un experto en la materia. Además de circuitos de senderismo, organiza alpinismo, bicicleta de montaña y descensos de ríos, y es uno de los pocos establecimientos que vende mapas topográficos decentes de la zona. Es una venerable fuente de información para los que aspiren a explorar la zona por cuenta propia. Hay que tener cuidado con las agencias de viajes que utilizan el nombre o una dirección de internet similar a la de esta agencia.

Naturaleza Activa SENDERISMO, AVENTURA
(☎69-5793; Santa Catalina 211) Preferida por los que buscan circuitos de aventuras, ofrece variadas opciones de senderismo, escalada y bicicleta de montaña. Sus guías hablan varias lenguas.

Pablo Tour SENDERISMO, AVENTURA
(☎20-3737; www.pablotour.com; Jerusalén 400 AB-1) Sus guías, muy recomendados por los lectores, son expertos en senderismo y circuitos culturales por la región, y proporciona el equipo necesario y mapas topográficos a los senderistas.

Descenso de ríos

Casa de Mauro 'RAFTING'
(☎9-59-336-684; www.lacasademaurotoursperu.com; Ongoro Km 5) Este práctico campamento base para hacer *rafting* en el río Majes se encuentra en el pueblo de Ongoro, 190 km por carretera al oeste de Arequipa. Ofrece descensos de 1 a 3 horas para principiantes o deportistas experimentados (60-240 PEN/persona) y *camping* (15 PEN/persona) o habitaciones con baño (30 PEN/persona). Sale más barato tomar un autobús de Transportes del Carpio desde la terminal terrestre de Arequipa a Aplao (10 PEN, 3 h, cada hora) y después una *combi* (1,50 PEN) o un taxi (12 PEN) a Ongoro.

Majes River Lodge 'RAFTING'
(☎83-0297, 9-59-797-731; www.majesriver.com) Ofrece *rafting* fácil de una hora (70 PEN) o más difícil y de 3 horas en rápidos de nivel IV (120 PEN) en el río Majes. El alojamiento en bungalós con duchas de agua caliente solar cuesta 70/100 PEN individual/doble; también ofrece *camping*, comidas de camarones de río y circuitos a los cercanos petroglifos de Toro Muerto. Se toma un taxi (10 PEN) o una *combi* (1,50 PEN) de Aplao a Majes River Lodge.

Ecotours CIRCUITOS DE AVENTURA
(☎20-2562; Jerusalén 409) Lleva veinte años en el negocio en Arequipa y organiza viajes de medio día (35 US$) por los rápidos de nivel II-IV del río Chili, y excursiones de tres días al cañón de Colca (250 US$).

Fiestas y celebraciones

Semana Santa RELIGIOSA
Los arequipeños aseguran que las celebraciones de su Semana Santa previas a la Pascua son muy similares a las solemnes y tradicionales festividades españolas de Sevilla. Las procesiones de Jueves Santo, Viernes Santo y Sábado Santo son especialmente coloridas y a veces acaban con la quema de una figura de Judas.

Fiesta de la Virgen de Chapi RELIGIOSA
Arequipa se llena para esta fiesta, que se celebra el 1 de mayo en el distrito de Yanahuara.

August 15 CULTURAL
El aniversario de la fundación de la ciudad se celebra durante varios días con procesiones, bailes, concursos de belleza, competiciones de escalada en el Misti y otras actividades plenas de vitalidad. No hay que perderse los fuegos artificiales nocturnos en la plaza de Armas el 14 de agosto.

Dónde dormir

En el centro de Arequipa hay hoteles de todo tipo y precio. Gracias a la arquitectura de esta zona declarada Patrimonio Mundial, muchos se encuentran en atractivos edificios con gruesas paredes de sillares. Casi todos ofrecen televisión por cable y wifi, excepto los más económicos. También suelen incluir el desayuno, aunque en los más baratos se reduce a pan, jamón y café. Los precios listados corresponden a la temporada alta (junio-agosto), pero varían durante esos meses.

Hostal Casona Solar HOTEL $$
(☎22-8991; www.casonasolar.com; Consuelo 116; h desde 104 PEN; 📶) En este espléndido jardín secreto, ubicado –extraño dada su tranquilidad– a tres cuadras de la plaza principal, se disfruta como un caballero colonial. Sus distinguidas habitaciones del s. XVIII se construyeron con grandes sillares y los dormitorios están en altillos. El servicio (lavandería, reservas de autobús, facturación en líneas aéreas) es igual de excelente. También hay que destacar su precio, la mejor ganga de la ciudad, quizá incluso de Perú.

Los Tambos Hostal HOTEL-'BOUTIQUE' $$$
(☎60-0900; www.lostambos.com.pe; Puente Bolognesi 129; d 219-289 PEN; ❄@📶) Este moderno hotel-*boutique* junto a la plaza, con pequeños, pero importantes extras y excepcional servicio que justifican cada uno de los soles de su precio, rompe moldes en la histórica Arequipa. Las botellas de agua gratis, chocolatinas en la almohada, selección de jabones aromáticos, copiosos desayunos de *gourmet* (incluidos en el precio) y transporte gratis a/desde el aeropuerto o terminal de autobuses son algunos de sus atractivos.

Casablanca Hostal HOTEL $$
(☎22-1327; www.casablancahostal.com; Puente Bolognesi 104; i/d/tr desayuno incl. 80/120/160 PEN; @) El "Frugal Traveler" del *New York Times* no fue el único buscador de gangas que se maravilló con lo que ofrecía este hotel. Está en una esquina de la plaza principal y cuenta con hermosos sillares a la vista y habitaciones como para albergar a un caballo (o dos). El servicio es discreto y el desayuno se toma en una encantadora cafetería bañada por el sol.

Libertador Ciudad Blanca HOTEL DE LUJO $$$
(☎21-5110; www.libertador.com.pe; plaza Bolívar s/n, Selva Alegre; h 400-600 PEN, ste 500-775 PEN; ❄@📶≋) Es la gran dama de los hoteles de Arequipa, 1 km al norte del centro. Su elegante edificio posee jardines con piscina y columpios. Ofrece habitaciones espaciosas y opulentas zonas comunes, y su *spa* cuenta con sauna, *jacuzzi* y gimnasio. Los domingos, su sobrio restaurante sirve un excelente *brunch*. El vecino parque Selva Alegre es bonito, pero es preferible no alejarse de la gente y evitarlo por la noche.

La Hostería HOTEL $$
(☎28-9269; www.lahosteriaqp.com.pe; Bolívar 405; i/d desayuno incl. 140/165 PEN; 📶) Este pintoresco hotel colonial con un patio engalanado con flores, luminosas y tranquilas habitaciones (con minibar), antigüedades bien elegidas, soleada terraza y salón, merece cada uno de los soles que cuesta. En algunas habitaciones se oye el ruido de la calle, por lo que convienen las de la parte trasera. Las suites tipo apartamento (68 US$) de los pisos superiores ofrecen vistas estelares de la ciudad. El precio incluye la recogida en el aeropuerto.

Casona Terrace Hotel HOTEL $$
(☎21-2318; www.hotelcasonaterrace.com; Álvarez Thomas 211; i/d 120/170 PEN; ❄@📶) Otra encantadora casa colonial que reabrió como hotel en el 2012, con habitaciones que optaron por la sencillez moderna en vez de por el esplendor clásico. Este sólido edificio se encuentra a una cuadra de la plaza, cuenta con una terraza en la azotea e incluye el bufé de desayuno.

Casa Arequipa HOTEL-'BOUTIQUE' $$
(☎28-4219; www.arequipacasa.com; Av. Lima 409, Vallecito; i/d 150/235 PEN; 📶) Este B&B frecuentado por gays, en el interior de una mansión colonial color algodón de azúcar rosa situada en los jardines del barrio de Vallecito, ofrece más de media docena de habitaciones con bonitos detalles de diseño, como paredes suntuosamente pintadas, lavabos con pie, mobiliario antiguo hecho a mano y mantas de lana de alpaca. En el vestíbulo hay un agradable bar de cócteles.

La Casa de Melgar HOTEL $$
(☎22-2459; www.lacasademelgar.com; Melgar 108; i/d bufé de desayuno incl. 120/150 US$; 📶) A pesar de estar instalado en un edificio del s. XVIII, cuenta con todas las comodidades modernas. Sus altos techos abovedados y excepcional decoración realzan su ambiente clásico y sus cómodas camas y escondidos patios interiores lo convierten en un romántico refugio dentro de los límites de la ciudad.

La Posada del Puente HOTEL $$$
(☎25-3132; www.posadadelpuente.com; Bolognesi 101; i/d 437/492 PEN; @📶) Los amplios jardines que descienden hasta el río de este exclusivo hotel son un tranquilo entorno sorprendentemente ajeno al ruido del tráfico. La estancia proporciona acceso gratuito a las instalaciones deportivas y piscina del cercano complejo deportivo Club Internacional.

Sonesta Posada del Inca HOTEL $$$
(☎21-5530; www.sonesta.com; Portal de Flores 116; i/d/ste desayuno incl. 695/730/925 PEN; ❄@📶🏊) Este hotel de la plaza de Armas, aceptable aunque excesivamente caro, ofrece una encantadora terraza con estupendas vistas al Misti, pero un interior menos seductor, con toscas alfombras industriales y feos sofás de cuero marrones en sus zonas comunales. Es hora de que se incorpore a la década del 2010 o que baje los precios.

La Casa Blanca HOTEL $
(☎28-2218; Jerusalén 412; h sin/con baño 35/70 PEN; @📶) La segunda Casa Blanca de Arequipa (con 2 palabras en vez de una) es otro "hallazgo" a precio razonable, con un fantástico café-bar en el patio delantero. Las habitaciones son básicas, pero el personal es amable y deseoso de agradar.

La Casa de Sillar HOTEL $
(☎28-4249; www.lacasadesillar.com; Rivero 504; i sin/con baño 35/45 PEN, d 60/70 PEN; @📶) Esta mansión colonial de gruesas paredes hechas –como su nombre indica– con sillares extraídos del Misti no pretende ser *boutique*, sino que ofrece gangas si se comparte baño. Unos enormes mapas y un TV adornan el salón.

Wild Rover Hostel ALBERGUE $
(☎21-2830; www.wildroverhostels.com; calle Ugarte 111; dc desde 25 PEN; @📶🏊) Si a mitad del viaje por Perú apetece comer salchichas con puré de patatas, rodeado de mochileros suecos en el ambiente familiar de un pub irlandés, este establecimiento recibe con los brazos abiertos.

Le Foyer HOTEL, ALBERGUE $
(☎28-6473; www.hlefoyer.com; Ugarte 114; dc/i/d sin baño 25/35/55 PEN, i/d/tr con baño 50/65/90 PEN; @📶) Este barato albergue-hotel con una veranda que rodea el piso superior, donde se puede disfrutar del habitual desayuno de pan con jamón viendo la ajetreada calle Jerusalén, posee un marcado ambiente de Nueva Orleans. Las habitaciones no son nada del otro mundo, pero la proximidad a muchos restaurantes y vida nocturna (en el piso de abajo hay un atractivo local mexicano) hace que no sea necesario poseer un teléfono con GPS para orientarse.

Los Andes Bed & Breakfast HOTEL, B&B $
(☎33-0015; www.losandesarequipa.com; La Merced 123; i/d sin baño 31/50 PEN, con baño 48/72 PEN; @📶) Las grandes habitaciones y amplia cocina comunal de este hotel, popular entre los grupos que hacen escalada y huéspedes a largo plazo, transmiten cierta sensación de hospital, pero tiene buen precio y es una fuente de información sobre espacios abiertos cercanos.

Casa Andina HOTEL-'BOUTIQUE' $$$
(☎213-9739; www.casa-andina.com; Jerusalén 603; i/d/ste 270/365/426 PEN; ❄@📶) Al igual que los otros establecimientos de la cadena Casa Andina, flirtea con la decoración tipo *boutique*, pero es un poco caro si se tiene en cuenta su oscuro restaurante, adulador servicio y habitaciones de motel con detalles de color. Su *spa* le concede cierta credibilidad, con masajes a 90 PEN (1 h).

La Posada del Parque HOTEL, B&B $
(☎21-2275; www.parkhostel.net; Deán Valdivia 238A; dc/i/d 25/50/70 PEN; @📶) Las habitaciones de techos altos bajo una deslucida pero maravillosa terraza desde la que parece que puede tocarse el Misti compensan la algo fría bienvenida de este barato B&B junto al mercado. Ofrece cocina compartida.

Point Hostel ALBERGUE $
(☎28-6920; www.thepointhostels.com; Palacio Viejo 325; dc 19-24 PEN; @📶) Es uno de los cinco albergues para mochileros de Point en Perú y se ha trasladado hace poco al centro (a dos cuadras de la plaza principal) desde la zona de Vallecito. Sigue ofreciendo mesas de billar, pero hay que tener en cuenta que es un lugar para gente a la que le gusta relacionarse y no necesita irse a la cama a las 22.00. Desayuno incluido.

Hostal Núñez ALBERGUE $
(☎21-8648; www.hotel-nunez.de; Jerusalén 528; i/d sin baño 30/45 PEN, i/d/tr 45/80/90 PEN, desayuno incl.; @) Este seguro y acogedor albergue en una calle llena de anodinas pensiones siempre está lleno de norteamericanos. Sus coloridas habitaciones cuentan con una decoración recargada y televisión por cable, aunque las individuales son un poco pequeñas.

La Posada del Cacique HOTEL $
(☎20-2170; Jerusalén 404; i/d/tr 30/50/60 PEN; @📶) Este albergue en un segundo piso ofrece habitaciones espaciosas y soleadas, cocina compartida bien equipada, agua caliente y una tranquila zona para sentarse en la azotea. Los propietarios, padre e hijo, son una buena fuente de información y consiguen que sus huéspedes se sientan como en casa.

Casa de Ávila HOTEL $$
(☎21-3177; www.casadeavila.com; San Martín 116, Vallecito; i/d/tr/c 70/90/120/150 PEN; @📶) Si su espacioso patio con jardín no atrae, seguro que su agradable servicio sí lo hace, pues no es una cadena de hoteles tipo "sí señor, no señor". También organiza un curso de cocina (véase recuadro en p. 148) en su soleado jardín.

Colonial House Inn PENSIÓN $
(☎22-3533; colonialhouseinn@hotmail.com; Av. Puente Grau 114; i/d desayuno incl. 48/72 PEN; @) Tranquila, aunque algo ajada casa colonial con acogedor personal. Terraza en la azotea con jardín e impresionantes vistas del Misti en días despejados.

Hostal Solar HOTEL $$
(☎24-1793; www.hostalsolar.com; Ayacucho 108; i/d desayuno incl. 90/150 PEN; 📶) Esta elegante opción es limpia y espaciosa, con decoración contemporánea. El precio incluye detalles, como la recogida en el aeropuerto y el bufé de desayuno servido en la terraza de la azotea.

Hostal las Torres de Ugarte HOTEL $$
(☎28-3532; www.hotelista.com; Ugarte 401A; i/d/tr desayuno incl. 96/128/144 PEN; @📶) Cordial albergue en una tranquila ubicación detrás del monasterio de Santa Catalina. Ofrece habitaciones inmaculadas con TV y coloridas colchas de lana. Es mejor no hacer caso al cacofónico eco de los pasillos. El precio se reduce considerablemente en temporada baja.

Hotel La Posada del Monasterio HOTEL $$
(☎40-5728; www.posadadelmonasterio.com.pe; Santa Catalina 300; i/d/tr bufé de desayuno incl. desde 160/205/260 PEN; @📶🏊) Este hotel junto a una calle peatonal está instalado en un edificio cuya arquitectura combina lo mejor de ambos mundos y es muy popular entre los grupos de europeos que hacen circuitos. Sus confortables y modernas habitaciones cuentan con todos los servicios habituales. Desde la terraza de la azotea se ve el convento de Santa Catalina al otro lado de la calle.

Posada Nueva España HOTEL $$
(☎25-2941; Antiquilla 106, Yanahuara; i/d/tr desayuno incl. 75/100/125 PEN; @) Esta distinguida casa colonial del s. XIX cuenta con poco más de 12 habitaciones con duchas de agua caliente solar. Se encuentra en el pintoresco barrio de Yanahuara y ofrece recogidas gratis.

Hostal El Descanso del Fundador HOTEL $
(☎20-2341; www.eldescansodelfundador.com; Jerusalén 605; i/d 70/80 PEN; 📶) Está antigua y encantadora mansión color azul pálido en lo alto del centro colonial posee un ambiente más clásico que las que se encuentran más al sur y son más barrocas. A las habitaciones les vendría bien una reforma, pero el servicio es agradable y servicial.

Dónde comer

Si se quiere conocer bien Arequipa hay que probar su comida. Se empieza con lo básico: rocoto relleno (pimientos rojos picantes rellenos) y chupe de camarones (sopa de camarones), y se continúa con comidas que no se encuentran al este del Amazonas (al menos en un plato). ¿Apetece cobaya? En la calle San Francisco, al norte de la plaza de Armas, hay modernos y lujosos restaurantes, y en el pasaje Catedral, detrás de la catedral, turísticos cafés con terraza.

👍 **Zingaro** PERUANA, PARRILLA $$
(www.zingaro-restaurante.com; San Francisco 309; platos ppales 25-45 PEN; ⏲12.00-23.00 lu-sa) En este antiguo edificio de sillares con balcones de madera, vidrieras y pianista se preparan leyendas culinarias. Toma los restaurantes Zig Zag y Chicha como fuente de innovación gastronómica, por lo que es el lugar ideal para probar nuevas interpretaciones de clásicos peruanos como costillas de alpaca, ceviche o quizá el primer cuy (cobaya). Dos puertas más adelante, un nuevo negocio del mismo dueño (Lazos-Parrilla de Zingaro) se especializa en carnes al estilo argentino, con resultados igual de satisfactorios.

Zig Zag PERUANA, EUROPEA $$
(☎20-6020; www.zigzagrestaurant.com; Zela 210; platos ppales 33-40 PEN; ⏲18.00-24.00) Exclusivo, pero no excesivamente caro, es un restaurante peruano con modulaciones europeas instalado en una casa colonial de dos pisos, con escalera metálica diseñada por Gustave Eiffel (¡si que estaba ocupado ese hombre!). Su clásica carta propone una selección de carnes, servidas en una parrilla de piedra volcánica con distinta salsas. Las fondues también son sabrosas. Algunos heréticos afirman que es incluso mejor que el Chicha de Gastón Acurio.

Tradición Arequipeña PERUANA $
(☎42-6467; Av. Dolores 111; comidas 18-40 PEN; ⏲11.30-18.00 lu-vi, 11.30-1.00 sa, 8.30-18.00 do) Este restaurante localmente famoso ofrece

jardines tipo laberinto, música folclórica y criolla (animada música de la costa) en directo y los domingos por la mañana desayuno de adobo de cerdo, un plato tradicional preparado a fuego lento. Está 2 km al sureste del centro; un taxi cuesta 4 PEN.

Chicha PERUANA, DE FUSIÓN **$$$**
(☎28-7360; www.chicha.com.pe; Santa Catalina 210; platos ppales 26-58 PEN; ⏲12.00-24.00 lu-sa, hasta 21.00 do) Gastón Acurio, el chef más famoso de Perú, es el propietario de este experimental restaurante cuya carta no se aparta nunca en exceso de las raíces incas y españolas del país. En temporada (abril-diciembre) los camarones de río son su plato fuerte, pero también sirve platos clásicos peruanos –tacu tacu, lomo saltado, ceviche– con igual cuidado y tiernas hamburguesas de alpaca y pastas lo suficientemente genuinas como para apaciguar a los italianos más quisquillosos. Al igual que muchos establecimientos de famosos hay división de opiniones entre los esnobs y los puristas gastronómicos. Una vez en su colonial interior se puede participar en ese desacuerdo.

Crepísimo CREPERÍA **$**
(www.crepisimo.com; Alianza Francesa, Santa Catalina 208; platos ppales 6-16 PEN; ⏲8.00-23.00 lu-sa, 12.00-23.00 do; 📶) Para tomar un buen café se necesita que los ingredientes esenciales –comida, entorno, servicio, ambiente y demás– estén reunidos en un todo sensacional. Crepísimo lo consigue ofreciendo la sencilla crepe con 100 rellenos diferentes: de trucha ahumada chilena a exóticas frutas sudamericanas. Además disfruta de un elegante entorno colonial en el centro cultural francés local, cuyos camareros sirven un café tan bueno como el parisino.

Cafe Fez-Istanbul ORIENTE PRÓXIMO **$**
(San Francisco 229; platos ppales 6-11 PEN; ⏲7.30-23.00) El nombre sugiere dos ciudades, pero la comida es más de Oriente Próximo que de Marruecos. El falafel es su principal reclamo –en pan plano o en sándwich–, servido en un moderno restaurante-bar con altillo para observar a la gente. Otras de sus especialidades son hummus, patatas fritas y sándwiches. Las raciones son tipo tentempié, pero el entorno es agradable.

Nina-Yaku PERUANA, DE FUSIÓN **$$**
(San Francisco 211; menús 35 PEN, platos ppales 25-36 PEN; ⏲15.00-23.00) Huye del tumulto de la calle San Francisco y ofrece asequibles especialidades arequipeñas como suflé de brócoli, patatas con salsa de huacatay y fettuchini al pesto con alpaca, en un ambiente refinado.

Ras El Hanout MARROQUÍ **$$**
(www.raselhanout40.com; Santa Catalina 300B; platos ppales 28-40 PEN) Sin duda no se ha viajado a Perú para tomar comida clásica marroquí pero, en caso de que la cobaya y el pescado crudo parezcan demasiado originales, se puede recurrir a exotismos más reconfortantes en este restaurante-salón norteafricano, cuyo nombre significa "mezcla de especias". Sus platos estrella son tagine de cordero, kefta y una "hora del té", restauradora de energía, de 16.00 a 18.30.

La Trattoria del Monasterio ITALIANA, DE FUSIÓN **$$**
(☎20-4062; www.latrattoriadelmonasterio.com; Santa Catalina 309; platos ppales 18-33 PEN; ⏲almuerzo a partir de las 12.00 a diario, cena a partir de las 19.00 lu-sa) Las delicias epicúreas han llegado al monasterio de Santa Catalina. Su carta de especialidades italianas se creó con la colaboración del famoso chef peruano Gastón Acurio y está imbuida de sabores de Arequipa. Imprescindible reservar.

La Nueva Palomino PERUANA **$$**
(Leoncio Prado 122; platos ppales 14-29 PEN; ⏲almuerzo) El ambiente de esta picantería, la favorita de los lugareños, es poco ceremonioso y puede resultar demasiado bullicioso incluso entre semana, cuando grupos de familiares y amigos acuden para tomar especialidades locales y beber grandes cantidades de chicha de jora. Está en el distrito de Yanahuara, 2 km al noroeste el centro.

Café y Más POSTRES **$**
(Portal de Flores 122; tartas 7-9 PEN) Cinco mesas pequeñas, pero el doble de tartas gigantes atraen a este diminuto café de la plaza de Armas para tomar un dulce después de la cena bajo los arcos coloniales.

El Charrúa ARGENTINA **$$**
(☎34-6688; www.elcharrua.com; Cuesta del Olivo 318; platos ppales 30-50 PEN) Este nuevo asador argentino-uruguayo de madera oscura y bar de cócteles estilo club de caballeros se encuentra en el barrio de Yanahuara, junto a la frondosa plaza Yanahuara. Su terraza ofrece una de las mejores vistas de la ciudad y la simétrica joroba del Misti, semejante a un pudin de Navidad boca abajo, parece lo bastante cerca como para tocarla. Su carta, muy

orientada a las carnes, se marida bien con unos buenos tintos malbec. No extraña que no sea barato.

El Tío Darío MARISCO **$$**
(☎27-0473; callejón de Cabildo 100; platos ppales 22-50 PEN) ¿Gusta el pescado? ¿Y un entorno de jardines íntimos? Entonces se toma un taxi (o se camina) hasta el agradable distrito de Yanahuara para probar los platos definitivos de ceviche o pescado a la parrilla, servidos en un jardín lleno de flores que enmarca unas soberbias vistas del volcán. Está 2 minutos a pie desde el mirador de Yanahuara.

Hatunpa PERUANA **$**
(Ugarte 208; platos 7-12 PEN; ⏲11.00-22.00 lu-vi, 17.00-23.00 sa) Con solo cuatro mesas y un humilde tubérculo de huerto como ingrediente estrella, seguramente no parece nada prometedor, pero cuenta con una acérrima y creciente clientela. ¿El truco? Las patatas son de Perú y los arequipeños saben cómo prepararlas con imaginativas salsas y guarniciones. Y lo que es mejor, son baratas (y llenan).

Sol de Mayo PERUANA **$$**
(www.restaurantsoldemayo.com; Jerusalén 207, Yanahuara; menú 14 PEN, platos ppales 18-47 PEN; ⏲11.30-18.00) Esta picantería del distrito Yanahuara sirve buena comida peruana y ofrece música folclórica en directo de 13.00 a 16.00. Conviene reservar con antelación. Se puede combinar con una visita al mirador de Yanahuara (véase recuadro en p. 147).

Café Casa Verde CAFÉ **$**
(Jerusalén 406; tentempiés 2-6 PEN; ⏲8.00-18.00) Esté café sin ánimo de lucro en un patio es el lugar perfecto para hacer una pausa por la mañana o la tarde. Prepara una deliciosa pastelería y sándwiches tipo alemán. Cuenta con la colaboración de niños desfavorecidos a quienes intenta integrar. Además, tiene una tienda de artesanía aneja al café cuyos beneficios también revierten en los niños necesitados.

Lakshmivan ASIÁTICA
(Jerusalén 400; menús 4-6 PEN; ⏲9.00-21.00) Este establecimiento instalado en un colorido edificio antiguo con un pequeño patio ofrece varios menús y una amplia selección a la carta, con sabor del sur de Asia.

Restaurante Gopal PERUANA, VEGETARIANA **$**
(Melgar 101B; menús PEN5, platos ppales 4-11 PEN; ⏲8.00-21.00; ✍) Este básico y saludable café vegetariano se especializa en platos tradicionales peruanos, con sucedáneos de carne, así que se puede disfrutar de un lomo saltado sin carne.

Ribs Café BARBACOA, DESAYUNO **$**
(Álvarez Thomas 107; costillas y empanadas 5-18 PEN; ⏲8.00-18.00) Este sorprendente café prepara costillas a la barbacoa con todo un abanico de salsas, desde chocolate a mostaza con miel o vino tinto, empanadas (de carne o queso) y consistentes desayunos al estilo de EE UU.

El Turko TURCA **$**
(www.elturko.com.pe; San Francisco 225; platos ppales 6-14 PEN; ⏲7.00-24.00 do-mi, 24 h ju-sa) Este marchoso y pequeño local, parte de un imperio otomano siempre en expansión, sirve kebabs a una hambrienta clientela por la noche y durante el día ensaladas de Oriente Próximo, excelente café y dulce pastelería.

Inkari Pub Pizzeria PIZZERÍA **$**
(pasaje Catedral; pizzas desde 14 PEN; ⏲8.00-24.00) Este popular establecimiento detrás de la catedral mima los paladares occidentales con una *happy-hour* de pizza y copa de vino por 14 PEN.

Manolo's PERUANA **$**
(Mercaderes 107 y 113; platos ppales 10-30 PEN; ⏲7.30-24.00) ¿Se está viendo doble? Sí, hay dos Manolo's a 20 m de distancia en la peatonal y comercial calle Mercaderes de Arequipa. A los cansados compradores les cuesta resistirse al silbido de su cafetera y a su escaparate lleno de generosas raciones de tarta.

Café Restaurant Antojitos de Arequipa CAFÉ **$**
(Morán, cuadra 1; platos ppales 14-32 PEN; ⏲24 h) Favoritos arequipeños sin adulterar ni refinar servidos en la esquina de la plaza principal, sin concesiones al paladar de los turistas. Se recomienda centrarse en el cocoto relleno y todo lo que tenga patatas. El Restaurant at the Top, a la vuelta de la esquina, sirve la misma carta con precios algo más caros (por las vistas).

Mixtos ITALIANA, MARISCO **$**
(pasaje Catedral 115; platos ppales 15-36 PEN; ⏲11.30-21.30) Escondido en un callejón detrás de la catedral de la plaza de Armas, es un peculiar y popular restaurante que sirve platos italianos y criollos (comida picante peruana con influencias españolas e indígenas) de marisco. Merece la pena disfrutar de su copioso y sabroso sudado de pescado (guiso

de pescado) mientras se disfruta de la vista desde la terraza.

Cevichería Fory Fay CEVICHE $$
(Álvarez Thomas 221; platos ppales 20-25 PEN; ⌚almuerzo) Pequeña y concisa, solo sirve el mejor ceviche (pescado crudo marinado con zumo de lima). Uno se sienta a una de sus desvencijadas mesas y le sirven cerveza, aunque solo una por persona. El nombre es la reproducción de la forma en que los peruanos pronuncian 45 en inglés.

El Viñedo PERUANA $$
(www.vinedogrill.com; San Francisco 319; platos ppales 20-50 PEN; ⌚12.00-24.00) Este veterano de la calle San Francisco parece más serio de lo que es y prepara especialidades arequipeñas con distinta fortuna. Para hacerse una idea es mejor pedir la bandeja Americano, que consta de cinco tipos de patatas guisadas, incluida la ocupa (con salsa picante) y el pastel de papas. La carta de vinos propone variedades sudamericanas.

El Carpriccio CAFÉ $
(Santa Catalina 120; tentempiés desde 10 PEN; ⌚9.00-24.00; 📶) Café, pastel de zanahoria y wifi; el lugar en el que escribir el blog de las vacaciones.

El Super COMPRA DE ALIMENTOS $
(⌚9.00-14.00 y 16.00-21.00 lu-vi, 9.00-21.00 sa, 9.30-13.30 do); plaza de Armas (Portal de la Municipalidad 130); Piérola (N. de Piérola, cuadra 1) Vende productos de alimentación.

Dónde beber

Entre semana la vida nocturna de Arequipa es escasa, pero se anima los fines de semana. Muchos de los bares de la calle San Francisco ofrecen *happy hours* que merece la pena aprovechar.

Cusco Coffee Company CAFÉ
(La Merced 135; bebidas 5-11 PEN; ⌚8.00-22.00 lu-sa, 12.00-19.00 do; 📶) Si se echan de menos las magdalenas de chocolate, los cafés con leche y los sofás llenos de enganchados a la wifi nada comunicativos, hay que ir a este aspirante a Starbucks.

Déjà Vu BAR
(San Francisco 319B; ⌚9.00-hasta tarde) Este popular local con una terraza en la azotea que da a la iglesia de San Francisco ofrece una larga lista de peligrosos cócteles y una *happy hour* letal. Por la noche unos decentes DJ lo mantienen animado los siete días de la semana.

Farren's Irish Pub 'PUB'
(pasaje Catedral; ⌚12.00-23.00) ¿Qué es una ciudad sin un *pub* irlandés? Este refugio para gringos escondido detrás de la catedral ofrece, ¡sorpresa!, Guinness, comida de pub y fútbol en televisión por satélite.

Brujas Bar BAR
(San Francisco 300; ⌚17.00-hasta tarde) *Pub* de estilo nórdico con banderas británicas, *happy hour* de cócteles y muchos lugareños y expatriados de cháchara.

☆ Ocio

La vida nocturna de Arequipa es tan vital como la de Lima, pero confinada a una zona céntrica más pequeña. Los viernes y los sábados después de las 21.00 todo el que se precia pasea por la calle San Francisco. La cuadra 300 (entre Ugarte y Zela) posee la mayor concentración de locales en los que intercambiar comentarios sobre moda. Otro punto concurrido es la Av. Dolores, 2 km al sureste del centro (un taxi cuesta 3 PEN ida), en la que predomina la música y baile de salsa y cumbia (música y baile colombiano parecido a la salsa).

Café Art Montréal MÚSICA EN DIRECTO
(Ugarte 210; ⌚17.00-1.00) Este íntimo bar lleno de humo, con grupos que actúan en un escenario de la parte trasera, podría ser perfectamente un local de estudiantes bohemios de la margen izquierda de París.

Las Quenas MÚSICA EN DIRECTO
(Santa Catalina 302; ⌚lu-sa) Esta peña tradicional, una excepción a la regla, ofrece actuaciones casi cada noche a partir de las 21.00. La música varía, aunque predomina la folclórica. También sirve comida arequipeña a partir de las 20.00.

La Quinta MÚSICA EN DIRECTO
(Jerusalén 522; ⌚10.00-22.00) Otro local con buena comida y melódica música folclórica. En temporada alta (junio-agosto) hay grupos en directo todos los días y se llena para el almuerzo, pero el resto del tiempo hay que conformarse con lo que haya.

Casona Forum CLUB
(www.casonaforum.com; San Francisco 317) Un pretexto cinco en uno para acudir una noche a este edificio de sillares con pub (Retro),

club de billares (Zero), bar con sofás (Chill Out), local nocturno (Forum) y restaurante (Terrasse).

Zoom CLUB
(Santa Catalina 111) Los sábados a las 20.00 ya se está bailando en este juvenil pub/club a una cuadra de la plaza mayor, con suficientes espacios como para encontrar el rincón preferido. Cuidado con el poco melodioso karaoke.

Deportes

Las peleas de toros estilo arequipeño son menos sangrientas que la mayoría. En ellas se enfrentan dos toros por los favores de una hembra fértil hasta que uno se da por vencido. Se celebran los domingos entre abril y diciembre. En los alojamientos dan información sobre dónde presenciarlas, normalmente en plazas en las afueras de las ciudades. Las tres más importantes son en abril, mediados de agosto y principios de diciembre (entrada 15 PEN).

De compras

Arequipa posee numerosas tiendas de antigüedades y artesanía, en especial en las calles cercanas al monasterio de Santa Catalina. En muchas de ellas venden artículos de calidad de alpaca, vicuña (semejante a la alpaca y en peligro de extinción), cuero y artesanales.

Casona Santa Catalina ROPA, RECUERDOS
(www.santacatalina-sa.com.pe; Santa Catalina 210; ⌚mayoría de las tiendas 10.00-18.00) En el interior de este elegante complejo turístico hay tiendas de las marcas de exportación más importantes, como Sol Alpaca y Biondi Piscos.

Patio del Ekeko ROPA, RECUERDOS
(☎21-5861; www.patiodelekeko.com; Mercaderes 141; ⌚10.00-21.00 lu-sa, 11.00-20.00 do) Este lujoso centro comercial para turistas ofrece abundantes artículos de lana de alpaca y vicuña, caros pero buenos, joyería, cerámica y otros recuerdos artísticos.

Galería de Artesanías El Tumi de Oro MERCADO DE ARTESANÍA
(126 Portal de Flores; ⌚10.00-18.00) Pequeño mercado de artesanos bajo los portales de la plaza de Armas.

Fundo El Fierro MERCADO DE ARTESANÍA
El primer mercado de artesanía de la ciudad ocupa un bonito patio colonial de sillares cercano a la iglesia de San Francisco. Predomina la ropa, cuadros, artesanía y joyería, pero también se ven poco frecuentes alfombras de alpaca de Cotahuasi. Durante el mes de agosto se celebra una feria artesanal con puestos especiales.

Librería el Lector LIBROS
(www.libreriaellector.com; San Francisco 221; ⌚9.00-12.00 lu-sa) Excelente selección de títulos nuevos de interés local, guías y CD. Cuenta también con diversas áreas especializadas, además de un importante fondo de libro peruano.

Información

Peligros y advertencias

En Arequipa se denuncian con frecuencia pequeños robos, por lo que se insta a los viajeros a esconder sus objetos de valor. La mayoría de los delitos son oportunistas, cuando se está en restaurantes y cibercafés conviene mantener las pertenencias a la vista. La zona al sur de la plaza de Armas es segura, pero se debe tener cuidado al pasear por zonas no turísticas por la noche. En el parque Selva Alegre, al norte del centro, se recomienda ser especialmente precavido, pues se ha informado de atracos. En vez de parar un taxi en la calle es mejor pedir en el alojamiento o al operador turístico que solicite uno oficial; la seguridad compensa el tiempo y dinero extra. Solo hay que pagar por los circuitos a una agencia reconocida y nunca a los ganchos de la calle; engatusan a un gran número de viajeros.

Urgencias

Policía de Turismo (☎20-1258; Jerusalén 315-317; ⌚24 h) Útil si se necesita la denuncia de robo para reclamar al seguro.

Inmigración

Oficina de Migraciones (☎42-1759; Parque 2, Bustamente esq. Rivero, Urb. Quinta Tristán; ⌚8.00-15.30 lu-vi) Para ampliaciones de visados.

Acceso a internet

La mayoría de los cibercafés cobra 1,50 PEN/hora. Muchos también ofrecen llamadas locales e www.cepesmaidiomasceci.com; internacionales baratas. Todos los hoteles, excepto los más económicos, ofrecen wifi gratis, al igual que muchos cafés.

Asistencia médica

Clínica Arequipa (☎25-3424, 25-3416; Bolognesi esq. Puente Grau; ⌚8.00-20.00 lu-vi, 8.00-12.30 sa) La mejor clínica y la más cara de Arequipa.
Hospital Regional Honorio Delgado Espinoza (☎21-9702, 23-3812; Av. Daniel Alcides Carrión s/n; ⌚24 h) Urgencias las 24 horas.

InkaFarma (☎20-1565; Santo Domingo 113; ⏲24 h) Una de las cadenas farmacéuticas más grandes de Perú; bien provista.
Policlínica Paz Holandesa (☎43-2281; www.pazholandesa.com; Av. Jorge Chávez 527; ⏲8.00-20.00 lu-sa) Esta clínica también vacuna, pero solo con cita previa. Los beneficios se destinan a proporcionar atención médica gratuita a los niños peruanos desfavorecidos.

Dinero

En las calles al este de la plaza de Armas hay oficinas de cambio y cajeros automáticos. Es más fácil encontrar cajeros automáticos las zonas frecuentadas por viajeros, como el complejo Casona Santa Catalina, la terminal de autobuses y el aeropuerto.

Estos bancos cambian cheques de viaje:
BCP (San Juan de Dios 125) Posee un cajero automático Visa y cambia dólares estadounidenses.
Interbank (Mercaderes 217) Posee un cajero automático.

Correos

DHL (☎22-5332; Santa Catalina 115; ⏲8.30-19.00 lu-vi, 9.00-13.00 sa)
Oficina principal de correos (Moral 118; ⏲8.00-20.00 lu-sa, 9.00-13.00 do)

Información turística

Indecopi (☎21-2054; Hipólito Unanue 100A, Urb. Victoria; ⏲8.30-16.00 lu-vi) Agencia nacional para la protección de los turistas, que se encarga de las quejas contra empresas locales, incluidos operadores turísticos y agencias de viajes.
iPerú aeropuerto (☎44-4564; 1º, terminal principal, aeropuerto Rodríguez Ballón; ⏲10.00-19.30); plaza de Armas (☎22-3265; iperuarequipa@promperu.gob.pe; Portal de la Municipalidad 110; ⏲8.30-19.30) Fuente de información objetiva financiada por el Gobierno sobre atracciones locales y regionales.

ℹ Cómo llegar y salir

Avión

El **aeropuerto internacional Rodríguez Ballón** (código AQP; ☎44-3458) de Arequipa está 8 km al noroeste del centro.

LAN (☎20-1224; www.lan.com; Santa Catalina 118C) ofrece vuelos diarios a Lima y Cuzco.
Sky Airline (☎28-2899; www.skyairline.cl; La Merced 121) también ofrece vuelos a Arica y Santiago de Chile.

Autobús

Los autobuses nocturnos son una práctica forma de llegar a destinos lejanos en una ciudad con limitada oferta de vuelos, aunque en algunas rutas se han producido accidentes, secuestros y robos. A menudo compensa pagar un poco más por la seguridad y comodidad de un autobús de lujo. En los autobuses conviene tener cuidado con las pertenencias y no colocar las maletas en el portaequipaje superior. También se recomienda llevar comida en viajes largos, en caso de avería o de la carretera cortada.

Internacional

Ormeño (☎42-7788) ofrece dos autobuses semanales a Santiago, Chile (130 US$, 2½ días) y tres semanales a Buenos Aires, Argentina (190 US$, 3 días), desde la terminal de autobuses Terrapuerto.

Largo recorrido

La mayoría de las compañías de autobuses ofrece salidas desde la terminal terrestre o la terminal de autobuses Terrapuerto, más pequeña, de la Av. Andrés Avelino Cáceres, a menos de 3 km al sur del centro (un taxi cuesta 5 PEN). Se debe comprobar de qué terminal sale el autobús y vigilar las pertenencias mientras se espera. Ambas terminales cobran un impuesto de salida de 1 PEN y cuentan con tiendas, restaurantes y consigna. La terminal terrestre, más caótica, posee un cajero automático y una oficina de información turística.

Hay docenas de compañías de autobuses; se recomienda comparar. Los precios indicados en el recuadro abarcan una amplia gama, entre las lujosas **Cruz del Sur** (☎42-7375) y **Ormeño** (☎42-3855) con butacas-cama que se reclinan 180º y la sencilla **Flores** (☎42-9905, 43-2228), que ofrece viajes a más destinos, incluidos Mollendo, Moquegua e Ilo.

Servicios regionales

Desde la terminal terrestre y Terrapuerto también salen muchos autobuses para hacer turismo por las tierras de los cañones. Los horarios y precios varían según las condiciones de las carreteras. En temporada de lluvias (diciembre-abril) se producen grandes retrasos.

Las mejores compañías que van al cañón del Colca (Cabanaconde y Chivay) son **Andalucía** (☎44-5089) y **Reyna** (☎43-0612). Es mejor tomar el primer autobús que salga por la mañana, normalmente a las 5.00 y reservar los billetes con antelación.

Para ver los petroglifos de Toro Muerto, Transportes del Carpio y Eros Tour ofrecen servicios cada hora durante el día a Corire (10 PEN, 3 h), desde donde se puede continuar hasta Aplao, en el valle del Majes (10 PEN, 3 h) para hacer descenso de ríos. **Transportes Trebol** (☎42-5936) ofrece un servicio que sale a las 16.00 y

AUTOBUSES DE AREQUIPA

DESTINO	TARIFA (PEN)	DURACIÓN (H)
Cabanaconde	17	6
Camaná	45	7
Chivay	15	3
Cotahuasi	30	12
Cuzco	25-126	9-11
Ica	40-114	13-15
Juliaca	15-72	6
Lima	50-144	14-16
Mollendo	15	2
Moquegua	18	4
Nazca	40-144	10-12
Pisco	40-144	15
Puno	15-72	6
Tacna	20-57	6

continúa hasta Andagua (25 PEN, 10-12 h) para visitar el valle de los Volcanes. El autobús de regreso a Arequipa sale de Andagua a las 17.30.

Reyna ofrece una salida a las 16.00 y **Transportes Alex** (☎42-4605) otra a las 16.30 para ir al cañón del Cotahuasi (30 PEN, 12 h).

Cómo desplazarse

A/desde el aeropuerto

No hay autobuses al aeropuerto. Un taxi oficial desde el centro de Arequipa cuesta 15 PEN. De ser posible, las *combis* con carteles "Río Seco" o "Zamacola" que salen de la Av. Puente Grau y Ejército llevan a un inseguro barrio a unos 700 m de la entrada del aeropuerto. Para salir del aeropuerto los colectivos (taxis compartidos) cobran 6 PEN por persona y dejan en el hotel.

Autobús

Las *combis y* microbuses circulan hacia el sur por Bolívar hasta la terminal terrestre (2 PEN, 20 min), junto a la terminal de autobuses Terrapuerto, pero es un viaje lento por la zona del mercado.

Taxi

Normalmente se puede alquilar un taxi con conductor por menos de lo que cuesta alquilar un vehículo en una agencia de viajes. Dos compañías locales de taxis son **Tourismo Arequipa** (☎45-8888) y **Taxitel** (☎45-2020). Un trayecto corto por la ciudad cuesta 3 PEN y uno de la plaza de Armas a las terminales de autobuses 4 PEN. Para las recogidas es preferible llamar a una compañía reputada, pues se ha informado de viajeros estafados o robados por conductores de taxi. De tener que parar un taxi en la calle, son mejores los sedanes de tamaño normal o los ranchera que los taxis amarillos.

TIERRA DE LOS CAÑONES

Ir a Arequipa y no ver el cañón del Colca es como ir a Cuzco y perderse Machu Picchu. Los viajeros que tengan tiempo podrán elegir entre muchas excursiones que merecen la pena, como la escalada al guardián de la ciudad, el volcán Misti, hacer *rafting* en el cañón del Majes y ver los petroglifos de Toro Muerto, explorar el valle de los Volcanes y hacer senderismo en Cotahuasi, el cañón más profundo del mundo. La mayoría de estos lugares pueden visitarse combinando autobuses públicos y haciendo senderismo. También se puede alquilar un taxi o un todoterreno con conductor; un viaje de dos días cuesta más de 150 US$.

Reserva Nacional Salinas y Aguada Blanca

El problema con los circuitos organizados al cañón del Colca es que pasan volando por una de las mejores **reservas** (☎054-25-7461;

gratis; ⌚24 h) protegidas del sur de Perú, una vasta extensión andina de volcanes dormidos y poderosa fauna que lucha por su supervivencia con todo en contra, a varios kilómetros por encima del nivel del mar. En vehículo se asciende a 4910 m, donde mareado y jadeando por la falta de oxígeno se reflexiona sobre extrañas formaciones rocosas erosionadas por el viento, se recorren antiguos caminos incas y se ven veloces vicuñas correteando por la desierta pampa a más de 85 km/h. Al ser reserva nacional, Salinas y Aguada Blanca disfruta de más protección que el cañón del Colca, principalmente porque, aparte de algún pastor de llamas, nadie vive allí. Su misión es proteger a una rica variedad de especies de altura como las vicuñas, tarucas (venado andino), guanacos y distintas aves, en especial flamencos. Los volcanes Misti y Chachani están dentro de la reserva.

DE AREQUIPA A CHIVAY

Patahuasi — PUNTO DE REFERENCIA

El único rastro de civilización entre Arequipa y Chivay, aparte de algunas granjas alejadas entre ellas, es esta bifurcación en la carretera, que sirve de parada de camiones y autobuses y de punto para repostar (hay autobuses hacia el sureste en dirección Puno cada hora). En este descuidado paraje se encuentran algunos puestos de tentempiés y a un kilómetro, pasado del desvío a Puno, aparece **El Chinito** (tentempiés desde 5 PEN), la parada favorita de los autobuses para desayunar. Al lado del restaurante hay varias tiendas de artesanía. Muy cerca, y accesible por una corta pista, se llega al **bosque de Piedras**, una surrealista colección de piedras con forma de champiñón erosionadas por el viento que montan guardia junto al río Sumbay.

Pampa de Toccra — MIRADOR

Las altas llanuras (pampa) entre Misti/Chachani y el cañón del Colca tienen una altura media de 4300 m y en ellas abundan las aves y otros animales. En esta pampa habitan cuatro especies de la familia sudamericana de los camélidos: las domesticadas llama y alpaca y los salvajes vicuña y guanaco. En la "zona de vicuñas", cerca de Patahuasi, estas aparecen junto a la carretera, pero los guanacos son más tímidos y difíciles de ver. Más adelante, un pantanoso y a veces helado lago en la pampa de Toccra, sirve de residencia en temporada de aves acuáticas y flamencos. En las cercanías se está construyendo un mirador para la observación de aves. También cuenta con el **Centro de Interpretación de la Reserva Nacional Salinas** (gratis; ⌚9.00-17.00) con explicaciones más detalladas sobre la geología y la fauna de la zona.

Paso de Patopampa — MIRADOR

El punto más alto en la carretera de Arequipa a Chivay es este desolado paso a 4910 m, mucho más alto que el Mont Blanc en Europa y que las Montañas Rocosas en Norteamérica. Si los glóbulos rojos lo soportan, desde el enrarecido aire del **mirador de los Volcanes** se divisa un poderoso consorcio de ocho volcanes coronados de nieve: Ubinas (5675 m), Misti (5822 m), Chachani (6075 m), Ampato (6310 m), Sabancaya (5976 m), Huaca Huaca (6025 m), Mismi (5597 m) y Chucura (5360 m). Menos espectacular, aunque no menos extraordinaria, es la achaparrada yareta, una de las pocas plantas que sobrevive en este inclemente paisaje. Las yaretas viven varios milenios y su crecimiento anual se mide en milímetros en vez de en centímetros. Durante el día unas mujeres con vestidos tradicionales ofrecen sus mercancías en el mirador. ¿Es el tal vez el centro comercial más alto del mundo?

MISTI

El volcán protector de la ciudad se alza 5822 m sobre Arequipa y ofrece la escalada más popular de la zona. Técnicamente es uno de los ascensos más fáciles del mundo en una montaña de esa altura, pero es una ardua empresa que normalmente requiere piolet y a veces crampones. Se recomienda contratar un guía. Una excursión de dos días suele costar entre 50 y 70 US$/persona. El ascenso se realiza mejor de julio a noviembre y los últimos de esos meses son los menos fríos. Bajo la cima hay un cráter amarillo sulfuroso con fumarolas volcánicas que expulsan gas y vistas espectaculares de la laguna de Salinas y de la ciudad.

Hay varias rutas para ascenderlo, unas más utilizadas que otras, y la mayoría se hacen en dos días. La del Apurímac es conocida por los robos. Una ruta muy popular comienza en Chiguata con unas arduas 8 horas de ascensión hasta el campamento base (4500 m), desde el que se tardan 8 horas en llegar y regresar de la cima, mientras que solo cuesta 3 horas o menos regresar del campamento base a Chiguata. La ruta Aguada Blanca está restringida a unos pocos operadores turísticos oficiales y permite ascender a 4100 m antes de comenzar a escalar.

Los escaladores más resueltos pueden llegar a la ruta Chiguata en transporte público.

MERECE LA PENA

LAGUNA DE SALINAS

Este lago (a 4300 m de altitud), al este de Arequipa y bajo el Pichu Pichu y el Misti, es un lago salado que se convierte en una blanca llanura de sal en los meses secos, de mayo a diciembre. Su tamaño y volumen de agua varía de año a año según el tiempo. En la temporada de lluvias se pueden ver tres especies de flamencos y multitud de otras aves acuáticas andinas.

Los autobuses a Ubinas (12 PEN, 3½ h), que se toman en la Av. Sepúlveda, pasan por el lago. Los billetes se compran en una pequeña taquilla en esa misma avenida. Conviene informarse porque los horarios varían. La excursión alrededor del lago dura unos dos días y se regresa en los abarrotados autobuses diarios de las 15.00 (hay que esperar) o se intenta subir a los vehículos de los trabajadores de la mina cercana. Un circuito de un día en microbús desde Arequipa cuesta 150 PEN/persona; también puede recorrerse en bicicleta de montaña.

Los autobuses a Chiguata salen de la Av. Sepúlveda de Arequipa (7 PEN ida, 1 h) cada hora a partir de las 5.30 y dejan al comienzo de un sendero sin señalizar, desde donde se inicia la larga ascensión hasta el campamento base. A la vuelta se puede tomar el mismo autobús en dirección opuesta. La forma más habitual de llegar a la montaña es alquilando un todoterreno (200 PEN), que recoge de regreso, para subir hasta los 3300 m.

CHACHANI

Chachani (6075 m), tan cercano a Arequipa como el Misti, es uno de los picos de 6000 m más fáciles del mundo. Se necesitan crampones, piolet y buen equipo. Hay varias rutas para ascenderlo; por una de ellas se sube en todoterreno hasta el campamento de Azufrera, a 4950 m. Desde allí se asciende a la cima en 9 horas y se regresa en 4. En una ascensión de dos días hay un buen lugar para acampar a 5200 m. Por otras rutas se tardan tres días, pero son más fáciles de hacer en todoterreno (110-160 US$).

OTRAS MONTAÑAS

Sabancaya (5976 m) forma parte del macizo del borde meridional del cañón del Colca, que también incluye el extinto **Hualca Hualca** (6025 m) y el **nevado Ampato** (6310 m). El Sabancaya ha entrado en erupción en los últimos años y solo debería visitarse con un guía que conozca la actividad geológica de la zona; el vecino Ampato requiere una ascensión más sencilla, aunque agotadora, de tres días, y desde él se disfrutan de unas vistas más seguras del activo Sabancaya.

Otras montañas interesantes cerca de Arequipa son **Ubinas** (5675 m), que era la cima más fácil de coronar, pero que en la actualidad emite cenizas tóxicas y no se recomienda su escalada. El **nevado Mismi** (5597 m) requiere una fácil ascensión de tres o cuatro días por la cara norte del cañón del Colca. Se puede ir en transporte público y con un guía encontrar el lago en el que se supone nace el Amazonas. La montaña más alta del sur de Perú es el difícil **nevado Coropuna** (6613 m).

Cañón del Colca

Lo que lo hace tan fantástico no es su inmensidad o profundidad, sino su diversidad. En sus 100 km hay más cambios de paisaje que en la mayoría de los países europeos; desde la árida estepa de Sibayo, pasando por las antiguas tierras de cultivo en terrazas de Yanque y Chivay, al propio cañón de profundas caras más allá de Cabanaconde, que no se exploró a fondo hasta la década de 1980. Por supuesto, también importa su tamaño. Es el segundo cañón más profundo del mundo, un poquito menos que el vecino Cotahausi y el doble de profundo que el famoso Gran Cañón estadounidense. Pero, aparte de eso, está lleno de historia, cultura, ruinas, tradiciones y –al igual que Machu Picchu– intangible magia peruana.

A pesar de su profundidad es geológicamente joven. El río Colca se abrió paso en lechos de roca volcánica depositados hace menos de 100 millones de años por una gran falla en la corteza terrestre. Aunque frío y seco en las colinas, el profundo valle y el tiempo generalmente soleado producen frecuentes corrientes ascendentes que los cóndores enfilan a poca distancia. En el borde del cañón también abundan las viscachas (unos roedores parientes cercanos de las chinchillas), que corretean furtivamente entre las rocas. En las laderas hay cactus y si están en flor quizá se vean las diminutas aves nectívoras que desafían a las espinas para alimentarse. Las profundidades del cañón son casi tropicales, con palmeras, helechos e incluso orquídeas en algunas zonas aisladas.

Los lugareños son descendientes de dos grupos enfrentados que ocuparon la zona: los cabana y los collagua. Para diferenciarse, ambos practicaban una deformación propia de los cráneos de los niños al nacer, pero en la actualidad utilizan diferentes sombreros y trajes tradicionales con intrincados bordados para indicar su ascendencia. En la zona de Chivay, en el extremo oriental del cañón, los sombreros blancos de las mujeres se tejen con paja y se embellecen con encajes, lentejuelas y medallones. En el extremo occidental del cañón la parte superior de los sombreros es redondeada y están hechos de algodón laboriosamente bordado.

Para circuitos guiados por el cañón desde Arequipa véase p. 148.

Parte alta del cañón

En la parte alta (en realidad aún es un valle), el paisaje es más frío y áspero que en los campos en terrazas cercanos a Chivay y Yanque, y recibe pocas visitas. La recorre una sola carretera que se dirige hacia el noroeste, pasando por el pueblo de Tuti, hasta Sibayo. En su herboso paisaje pasta el ganado y su todavía joven río es ideal para hacer *rafting* y pescar truchas.

SIBAYO

Está situado a 3900 m en la cabecera del cañón y es un tradicional pueblo rural poco frecuentado por el turismo. Muchas de sus casas de adobe siguen conservando sus techos de paja y su diminuta plaza está enmarcada por la **iglesia de San Juan Bautista**, restaurada hace poco. Al noroeste del pueblo hay un tranquilo punto en el río que se ha embellecido con el **puente colgante Portillo**, que cruza el Colca, y el **mirador del Largarto**, bautizado así por una montaña en forma de lagarto en la parte superior del valle. Se puede ir de excursión hacia el suroeste, bajando el cañón hasta Tuti y después Chivay.

Sibayo cuenta con alojamiento básico en casas tradicionales particulares. Una de ellas es **Samana Wasi** (☎990-049-5793; Av. Mariscal Castilla; h 25 PEN), cuyos propietarios, deseosos de agradar, improvisan una cena (14 PEN) y llevan a pescar truchas.

TUTI

Es otro de los pueblos con poco turismo a solo 19 km al noreste de la población principal del Colca, Chivay. Su economía se basa en el cultivo de habas y en la elaboración de tejidos artesanales, y está rodeado por algunos puntos de interés conectados por senderos. La excursión más fácil es hacia el norte, a dos cuevas en unas colinas bien visibles desde la carretera y accesibles tras una jadeante ascensión de 3,5 km desde el pueblo. Desde el mismo punto de partida se pueden hacer 8 km hasta un pueblo abandonado del s. XVII, conocido localmente como **Ran Ran** o "Espinar de Tute". Después de Ran Ran se llega al sendero que lleva al nacimiento del Amazonas, en la cara norte del nevado Mismi. Bajando el valle se puede tomar un taxi o colectivo de Chivay a Tuti y regresar a pie a Chivay por un sendero bien señalizado paralelo al río Colca. Este tramo del río es muy popular entre los practicantes de rafting.

Parte media del cañón

Es la sección más accesible y popular del cañón, con un paisaje dominado por la agricultura y algunas de las laderas con más terrazas del mundo. Esa facilidad de acceso y su vegetación la han convertido en la región más activa del cañón, con la mayoría de sus negocios concentrados en el pequeño pueblo de Chivay.

CHIVAY

☎054 / 6300 HAB. / ALT. 3630 M

Chivay es el desvencijado núcleo del cañón del Colca, un pueblo tradicional que ha acogido el turismo sin perder de momento su descuidada identidad del Altiplano. ¡Ojalá le dure mucho tiempo!

En la zona del mercado y la plaza se pueden ver los adornados vestidos de las mujeres del Colca. El pueblo también ofrece unas encantadoras vistas de picos cubiertos de nieve y laderas con terrazas y sirve de base desde la cual explorar pueblos más pequeños valle arriba.

Puntos de interés y actividades

Observatorio astronómico OBSERVATORIO
(Huayna Cápac; entrada 25 PEN) La ausencia de contaminación lumínica permite excelentes vistas de la Vía Láctea. El hotel Casa Andina cuenta con un pequeño observatorio que ofrece funciones con vistas nocturnas del cielo. La entrada incluye una explicación de 30 minutos y la oportunidad de mirar por el

EXCURSIÓN AL NACIMIENTO DEL AMAZONAS

Fue uno de los grandes misterios del mundo durante siglos. El ser humano había lanzado sondas a Marte y dividido el átomo antes de encontrar y –lo que es más importante– ponerse de acuerdo sobre el nacimiento del río más caudaloso y el más largo de la Tierra, el Amazonas. Muchos, desde Alexander von Humboldt a Jean-Michel Cousteau, aportaron sus teorías (a menudo avaladas por costosas expediciones) antes de que en el 2007 se estableciera su cabecera: una fisura en un abrupto acantilado a 5170 m de la ladera septentrional del nevado Mismi y a 6992 km de la desembocadura del río en la costa atlántica de Brasil. Las aguas del deshielo recogidas en la laguna McInytre fluyen a los ríos Apacheta, Apurímac, Ucayali y Marañón antes de formar el Amazonas.

Desde el cañón del Colca es fácil llegar al nacimiento del Amazonas (marcado con una cruz de madera). Hay senderos en dirección norte que llevan allí desde los pueblos de Lari y Tuti. Desde este último se tardan dos días en ir y volver, aunque hay quien prefiere hacer la sinuosa ruta que comienza en Lari y acaba en Tuti, con la que se circunda el nevado Mismi. En la estación seca se puede ir en todoterreno y después hacer una excursión de 30 minutos hasta el risco del Apacheta. En Arequipa, Carlos Zárate Adventures (p. 147) organiza unas memorables excursiones guiadas. Los viajeros independientes deben ir provistos de mapas, comida, tienda y ropa de abrigo.

telescopio. Entre diciembre y abril los cielos suelen estar despejados.

La Calera Hot Springs TERMAS
(entrada 15 PEN; ⌚4.30-19.00) Si se acaba de llegar por carretera desde Arequipa, una buena forma de aclimatarse es dar el paseo de 3 km a estas termas y observar las laderas del cañón (muy poco profundo en su tramo final) desde sus famosas piscinas al aire libre. No es un *spa* de centro comercial (es bastante espartano), pero el agua está caliente, el entorno es idílico y uno se entretiene viendo los descensos en *tirolina* que pasan por encima. Los colectivos desde Chivay cuestan 1-2 PEN.

EXCURSIONISMO

Chivay es un buen punto de partida para hacer excursiones por el cañón, cortas o largas. El sendero de 7 km hasta Coporaque, en la parte norte del cañón, empieza en el extremo norte del pueblo. Se va a la izquierda en la bifurcación de la carretera a La Calera Hot Springs, se cruza el puente inca y se siguen los fértiles campos hasta el pueblo. En vez de regresar, se puede ir colina abajo saliendo de Coporaque, pasando por unas pequeñas ruinas, y descender hasta el puente de color naranja que cruza el río Colca. Desde Yanque, en la margen meridional, los autobuses o colectivos que pasan llevan de regreso los 7 km hasta Chivay (también se puede caminar). Para disfrutar de una estancia más veloz se puede alquilar una bicicleta de montaña en Chivay (véase p. 161).

Si se desea ir más al oeste se continúa subiendo la cara norte del cañón desde Coporaque hasta los pueblos de **Ichupampa, Lari** y finalmente **Madrigal.** Hay algunas *combis* que recorren esos pueblos y salen de las calles cercanas al mercado de Chivay. Otra opción es ir hacia el noroeste desde cerca del puente inca y emprender un sendero que sigue el río hasta los pueblos de Tuti y Sibayo.

'TIROLINAS'

El nuevo deporte del cañón, la *tirolina,* permite cruzar vertiginosamente el río Colca y entretener a los bañistas de La Calera Hot Springs. La salida se encuentra pasada La Calera Hot Springs, a 3,5 km de Chivay, pero se pueden organizar descensos con alguna de las agencias del pueblo o directamente con **Colca Zip-lining** (☎95-898-9931; www.colcaziplining.com; 2/4 cables 50/100 PEN).

Dónde dormir

A pesar de ser pequeño, Chivay cuenta con muchas pensiones baratas dónde elegir.

Hotel Pozo del Cielo HOTEL $$
(☎34-6547; www.pozodelcielo.com.pe; Huascar; d/ste 88/135 PEN; 📶) Parece salido de la imaginación de Antonio Gaudí, con puertas bajas, habitaciones con formas extrañas y pasillos sinuosos. Uno puede llegar a imaginar que los siete enanitos pasan por allí. Pero, aparte de esto, es un establecimiento funcional y cómodo, con cierto aire de hotel-*boutique* en sus diseñadas habitaciones y su excelente restaurante-mirador.

Hostal La Pascana HOTEL $
(☎53-1001; Siglo XX 106; i/d/tr desayuno incl. 55/70/87 PEN; 📶) Agradable y anticuado, seguramente parecerá un lujo después de varios días de excursión por el cañón. Sus sencillas habitaciones disponen de mantas (¡por suerte!), el personal es amable y cuenta con un pequeño, pero decente, restaurante. Es muy superior al resto de pensiones modestas y está junto a la plaza.

Casa Andina HOTEL-'BOUTIQUE' $$$
(☎53-1020, 53-1022; www.casa-andina.com; Huayna Cápac; i/d desayuno incl. desde 250 PEN; 📶) Ofrece habitaciones de estilo rústico en casitas de piedra con techo de paja, rodeadas de jardines bien cuidados, aunque lo que atrae son sus inusuales extras, como un observatorio, oxígeno (si se está mareado por su falta), espectáculos culturales nocturnos que combinan músicos y artesanos locales y un chamán que predice la buenaventura con hojas de coca.

Hostal Estrella de David HOTEL $
(☎53-1233; Siglo XX 209; i/d/tr 20/20/40 PEN) Sencillo y limpio hospedaje, con baños y algunas habitaciones con televisión por cable. Está a pocas cuadras de la plaza, en dirección a la terminal de autobuses.

Hostal Anita ALBERGUE $
(☎53-1114; plaza de Armas 607; i/d/tr 20/40/50 PEN) Este acogedor albergue justo en la plaza posee un bonito patio interior, duchas de agua caliente y amables propietarios. Sirve desayuno si se solicita.

Dónde comer y beber

Innkas Café PERUANA, CAFÉ $
(plaza de Armas 705; platos ppales 12-20 PEN; ⏲7.00-23.00) Está instalado en un edificio antiguo con agradables rincones junto a las ventanas y calentado con modernas estufas de gas (que se agradecen). Quizá sea la altura, pero el lomo saltado sabe tan bueno como el de Gastón Acurio. Su dulce servicio se ve subrayado por unos pasteles aún más dulces con café.

Cusi Alina PERUANA $$
(plaza de Armas 201; bufé 25 PEN) Es uno de los dos restaurantes de Chivay que ofrece bufé de almuerzo, donde están presentes variadas comidas peruanas y abundantes opciones vegetarianas. Es muy popular entre los autobuses que hacen circuitos, por lo que conviene llegar antes de las 13.00 para encontrar sitio.

Aromas Caffee CAFÉ
(plaza de Armas esq. Av. Salaverry) Al meticuloso camarero de este diminuto café tipo "tres son multitud" le cuesta 10 minutos operar la pequeña máquina para hacer capuchinos, pero el café peruano, cuando llega, merece la espera.

Información

En la plaza hay una útil **oficina de información** (☎53-1143; plaza de Armas 119; ⏲8.00-13.00 y 15.00-19.00). La comisaría de policía está junto a la Municipalidad, también en la plaza. En la calle Salaverry, una cuadra al oeste de la plaza, se encuentra el único cajero automático del pueblo. Algunos de los mejores hoteles y unas pocas tiendas cambian dólares estadounidenses, euros y cheques de viaje con tipos poco ventajosos. Unos pocos cibercafés cercanos a la plaza ofrecen acceso a internet.

Cómo llegar y desplazarse

La terminal de autobuses está 15 minutos a pie de la plaza. Hay nueve salidas diarias a Arequipa (15 PEN, 3 h) y los autobuses a Cabanaconde (5 PEN, 2½ h), que paran en los pueblos del lado meridional del cañón y en Cruz del Cóndor, salen cuatro veces a diario.

Las *combis* y los taxis colectivos a los pueblos cercanos parten de las calles próximas a la zona del mercado, al norte de la plaza, y también se puede solicitar un taxi privado. Las agencias de viajes de la plaza o **BiciSport** (☎9-58-807-652; Zaramilla 112; ⏲9.00-18.00), detrás del mercado, alquilan bicicletas de montaña de distinta calidad por 5 PEN/día.

Desde Chivay se puede viajar a Cuzco, pero es muy complicado y poco recomendable. A pesar de que algunos viajeros han conseguido *combis* a Puente Callalli y después han parado un auto-

BOLETO TURÍSTICO

Para visitar los lugares de interés del cañón del Colca es necesario comprar un boleto turístico (70 PEN) en la taquilla de la carretera de Arequipa, a las afueras de Chivay. Los circuitos organizados no suelen incluir ese pago adicional. Si se viaja por cuenta propia, las entradas pueden comprarse en casi todos los autobuses públicos que entran o salen de Chivay, o en Cabanaconde. La mitad de lo recaudado se destina al mantenimiento y conservación de las atracciones turísticas de Arequipa y la otra mitad a la Agencia Nacional de Turismo.

bús allí, es mucho más seguro y quizá igual de rápido regresar a Arequipa.

YANQUE

054 / 1900 HAB.

De la docena o más de pueblos del cañón, Yanque, 7 km al oeste de Chivay, posee la plaza más bonita y animada. Allí se encuentra la elegante (al menos su exterior) **iglesia de la Inmaculada Concepción**, cuya decorada puerta barroca-mestiza parece casi churrigueresca. Muchas mañanas, las mujeres del lugar bailan ataviadas con trajes tradicionales en la plaza en torno a las 7.00 para atraer a los turistas que van a Cruz del Cóndor.

Puntos de interés

Museo Yanque MUSEO

(entrada 5 PEN; 9.00-17.00 lu-sa) Este museo gestionado por la universidad, bastante completo para estar en un pueblo pequeño, explica la cultura del cañón del Colca con todo lujo de detalles. Está en la plaza, frente a la iglesia. Sus exposiciones proporcionan información sobre tejidos incas, deformaciones craneales, agricultura local, arquitectura religiosa, además de una pequeña muestra sobre Juanita, la "doncella del hielo".

Baños Chacapi TERMAS

(entrada 10 PEN; 4.00-19.00) Desde la plaza se descienden 30 minutos a pie hacia el río para llegar a estas termas, una especie de La Calera a lo pobre. Su temprana hora de apertura se debe a que la mayoría de los lugareños no dispone de agua caliente en sus casas.

Dónde dormir

Varias pensiones familiares sencillas de Yanque se han unido en un proyecto de desarrollo local; están repartidas por el pueblo y ofrecen alojamiento desde 15 PEN/noche. **Sumaq Huayta Wasi** (83-2174; www.casabellaflor.com; Cusco 303), también conocida como Casa Bella Flor, a dos cuadras de la plaza, ofrece un excelente equilibrio entre tradición y comodidad. Una opción más exclusiva es el **Hotel Collahua** (22-6098; www.hotelcollahua.com; Av. Collahua, cuadra 7; i/d/tr 65/85/95 PEN;), que ofrece luminosas habitaciones en bungalós independientes, con grandes jardines en los que pastan las alpacas. Cuenta con un restaurante muy completo.

COPORAQUE

Coporaque, que no se ha comercializado, posee la iglesia más antigua del valle y poco más, a menos que se cuenten las espléndidas vistas de las laderas del cañón, llenas de campos en terrazas.

Puntos de interés

Los visitantes pueden utilizar las termas de Colca Lodge por 30 PEN (el precio incluye una comida en el restaurante).

Oyu Oyu RUINAS

Aunque no se ven desde la carretera, en media hora de ascenso a pie se llega a los restos de este asentamiento preincaico. Después se puede continuar hasta una cascada que proviene de las escorrentías del nevado Mismi. Colca Lodge proporciona guías.

Dónde dormir

Colca Lodge HOTEL DE LUJO $$$

(53-1191; www.colca-lodge.com; d/ste con desayuno 546/852 PEN;) Caro pero muy romántico, es la oferta en el cañón del Colca para los decadentes, y sus artísticos y cuidados jardines son como una bocanada de oxígeno junto al susurrante río Colca. Sus suntuosas habitaciones cuentan con batas, estufas de leña, velas, cafeteras y camas *king size*, pero su verdadero atractivo son las termas al aire libre (37°-39°C) esculpidas en unas fantasiosas piscinas junto al río. Las reservas previas se realizan en la **oficina de Arequipa** (054-20-2587, 054-20-3604; Benavides 201).

La Casa de Mamayacchi PENSIÓN $$

(www.lacasademamayacchi.com; d/tr desayuno incl. desde 192/250 PEN) Escondida colina abajo desde la plaza, se construyó con materiales tradicionales y ofrece vistas a las terrazas del valle. Sus acogedoras habitaciones no tienen TV, pero cuenta con una estantería con juegos, chimenea y bar. Las reservas previas se realizan en la **oficina de Arequipa** (24-1206; Jerusalén 606).

LARI

El tranquilo Lari, 16 km al oeste de Corporaque, en la parte norte del río, posee la mayor iglesia del cañón. También es un posible punto de partida para la excursión al nacimiento del Amazonas (p. 162), que de regreso puede ampliarse a Tuti, en el noroeste. En la plaza hay un hotel muy barato y dos restaurantes muy básicos, pero es mejor pernoctar en Chivay o Cabanaconde.

MADRIGAL

Es el último pueblo de la parte norte del cañón al que llega la carretera (sin asfaltar a partir de él). Aparte de su gran iglesia y el penoso alojamiento en el **Hostal Municipalidad** (plaza de Armas; h 12 PEN), es un lugar bucólico perfecto para una lenta y relajada digestión de la vida tradicional en el Colca. Hacia el oeste se puede ir a pie hasta dos yacimientos arqueológicos: la **Fortaleza de Chimpa**, una ciudadela amurallada collagua en lo alto de una colina, y el **Pueblo Perdido Matata**, unas ruinas abandonadas hace tiempo.

PINCHOLLO

Está a 30 km de Chivay y es uno de los pueblos más pobres del valle. Desde él sale un sendero hacia el **Hualca Hualca** (volcán coronado de nieve a 6025 m de altitud), hasta una zona geotérmica activa con un interesante paisaje. Aunque no está muy bien señalizado, hay un sendero de 4 horas hasta un géiser que solía entrar en erupción hasta que lo cerró un reciente terremoto. Se pueden pedir indicaciones o ascender hacia la izquierda en dirección a la montaña y seguir el curso del agua hasta el final.

CRUZ DEL CÓNDOR

Algunos puntos de interés muy publicitados resultan decepcionantes a la luz del día, pero no este. Ningún tipo de propaganda consigue reflejar lo que es la **Cruz del Cóndor** (entrada con boleto turístico), un famoso mirador conocido localmente como Chaclla, 50 km al oeste de Chivay. Una gran familia de cóndores andinos anida en un afloramiento rocoso cercano y, si el tiempo y la estación lo permiten, se ven sobrevolando las corrientes térmicas del cañón y planeando sobre las cabezas de los visitantes (los cóndores casi nunca baten sus alas) de 8.00 a 10.00. Es una escena fascinante, intensificada por la espectacular caída de 1200 m hasta el río y la vista del **nevado Mismi**, que se alza a más de 3000 m sobre el lecho del cañón, al otro lado de la quebrada.

En los últimos tiempos resulta más difícil ver cóndores, debido sobre todo a la contaminación del aire provocada por los fuegos de los viajeros y los autobuses de los circuitos. También es más raro ver cóndores en días lluviosos, por lo que conviene ir en la estación seca. En el mirador nunca se está solo, en temporada hay que contar con un par de cientos de personas durante el espectáculo de las 8.00. Después se pueden hacer a pie los 12,5 km desde el mirador a Cabanaconde.

Parte baja del cañón

La parte baja y estrecha del cañón es el Colca más profundo. Se extiende de Cabanaconde a Huambo. En Tapay y Sangalle hay árboles frutales, pero esta parte no tiene mucha actividad económica.

CABANACONDE

☎054 / 2700 HAB. / ALT. 3290M

Solo cerca de un 20% de los visitantes del Colca llegan al malparado Cabanaconde (la mayoría de los itinerarios organizados regresan en la Cruz del Cóndor). Para los que llegan, los atractivos son evidentes: menos gente, más autenticidad y mayor tranquilidad. Es el auténtico cañón. El Colca es mucho más profundo y ofrece empinados y zigzagueantes caminos que tientan a los aptos y valientes a descender 1200 m hasta el río homónimo. No hay cajeros automáticos; es necesario llevar dinero en efectivo.

Actividades

Si no se ha bajado al cañón a pie (la única forma al oeste de Madrigal), solo se conoce el Colca a medias. El camino más corto es la espectacular excursión de 2 horas desde Cabanaconde a **Sangalle** (conocido popularmente como "el oasis"), en el fondo del cañón, en el que se han instalado cuatro grupos de básicos bungalós y zonas de acampada, que cuestan entre 10 y 15 PEN/persona. Hay dos piscinas naturales para bañarse y la mayor de ellas pertenece a Oasis Bungalows, que cobra 5 PEN (gratis si uno se aloja en sus bungalós) por usarla. Paraíso Bungalows no cobra por la piscina pequeña y existe cierto desacuerdo entre los lugareños sobre si debe cobrarse a los viajeros por su uso. No se deben encender fuegos, pues la mitad de los árboles de la zona se han quemado en incendios y hay que llevarse toda la basura. El regreso a Cabanaconde implica una empinada y sedienta ascensión que requiere 1½ horas (muy en forma), 2-2½ horas (en forma) o 3 horas o más (estado físico normal). En Sangalle se puede conseguir comida y bebida.

Circuitos y guías

Los alojamientos y la Municipalidad de Cabanaconde ofrecen guías locales. El precio es de 30 a 60 PEN/día, según el tipo de excursión, temporada y número de participantes. También puede alquilarse un caballo o una mula, que es una forma excelente de llevar agua al cañón y cargar la basura, por 60 PEN/día.

Dónde dormir y comer

En Cabanaconde las opciones de alojamiento son limitadas. La mayoría de los visitantes

SENDERO "EL CLÁSICO"

¿Se tiene poco tiempo? ¿Desorienta la cantidad de senderos del Colca? ¿No se soportan las multitudes del Camino Inca? Lo que se necesita es "El Clásico," nombre extraoficial de la excursión de dos a tres días que recorre lo mejor de la parte media y baja del cañón del Colca, por debajo de la Cruz del Cóndor y Cabanaconde. Se parte a pie de Cabanaconde por la carretera a Chivay. En el mirador de San Miguel se emprende un descenso de 1200 m hacia el cañón por un serpenteante camino. Se cruza el río Colca por un puente y se llega al pueblo de **San Juan de Chuccho,** donde **Casa de Rivelino** (h 10 PEN) ofrece alojamiento en bungalós, con agua caliente y un sencillo restaurante. También se puede subir al encantador pueblo de **Tapay** y allí acampar o alojarse en el **Hostal Isidro,** cuyo propietario es guía, tiene una tienda, teléfono por satélite y alquila mulas. El segundo día se baja al puente Cinkumayu, antes de subir a los pueblos de **Coshñirwa** y **Malata.** Este último cuenta con un pequeño **Museo Familiar,** de hecho, una casa típica local cuyo propietario explica la cultura colca. De Malata se desciende al bonito oasis de **Sangalle** (se cruza el río de nuevo), con más opciones para pernoctar, antes de realizar los asfixiantes 4 km de regreso a Cabanaconde (1200 m de ascensión).

Aunque es fácil hacerlo por cuenta propia, esta excursión puede organizarse en cualquier reputada agencia de viajes de Arequipa.

come donde se aloja, aunque hay un par de restaurantes baratos cerca de la plaza.

Hotel Kuntur Wassi HOTEL $$
(81-2166; www.arequipacolca.com; Cruz Blanca s/n; i/d/ste desayuno incl. 125/150/190 US$; @) Lo más exclusivo que se encuentra en Cabanaconde es este hotel, realmente encantador, que se encuentra en una ladera cercana al pueblo y ofrece, baños de piedra y ventanas trapezoidales. Las suites poseen unas enormes bañeras. También cuenta con bar, restaurante, biblioteca, lavandería y cambio de moneda. La comida es de lo mejor, para los estándares del pueblo.

Pachamama Backpacker Hostal ALBERGUE $
(9-59-316-322, 25-3879; www.pachamamahome.com; San Pedro 209; dc 15 PEN, d sin/con baño 35/50 PEN, todas con desayuno incl.; @) Regentado por el simpático y atento Ludwig, ofrece abundantes opciones (dormitorios, dobles y otras combinaciones), horno de pizzas, un fantástico desayuno de crepes y un acogedor bar. Organiza excursiones en bicicleta, solo ida, desde la Cruz del Cóndor por 25 PEN.

La Posada del Conde HOTEL $
(40-0408, 83-0033; www.posadadelconde.com; San Pedro s/n; i/d desayuno incl. 35/50 PEN;) Este pequeño hotel para obreros ofrece sobre todo habitaciones dobles, pero cuidadas y con baños limpios. El precio suele incluir un mate (té de hierbas) de bienvenida o un pisco sour en el restaurante. Los mismos propietarios regentan un hotel más pequeño, lujoso y caro subiendo la carretera.

Restaurante Las Terrazas INTERNACIONAL $
(958-10-3553; www.villapastorcolca.com; plaza de Armas; tentempiés 10-15 PEN; @) Pizza, pasta, sándwiches y cubalibres baratos con vistas a la plaza y su bucólico tráfico de burros. También cuenta con un ordenador con acceso gratis a internet. Dispone de habitaciones.

Cómo llegar y salir

Los autobuses de **Andalucía** (44-5089) y **Reyna** (43-0612) a Chivay (5 PEN, 2½ h) y Arequipa (17 PEN, 6 h) vía Cruz del Cóndor salen de la plaza de Cabanaconde siete veces al día. Los horarios suelen cambiar, por lo que conviene comprobarlos en la oficina de las compañías de autobuses en la plaza. Si se solicita, paran en los pueblos de la carretera principal de la parte meridional del cañón.

Petroglifos de Toro Muerto

Este fascinante y místico lugar en el desierto debe su nombre a las manadas de ganado que morían allí por deshidratación cuando se llevaban de las montañas a la costa. Esta árida ladera posee unas rocas volcánicas blancas con grabados de estilizadas figuras humanas, animales y aves. Los arqueólogos han documentado más de 5000 petroglifos, repartidos en varios kilómetros cuadrados del desierto. Aunque se desconoce el origen cultural del lugar, la mayoría de los estudiosos atribuyen esas misteriosas formas al período del dominio huari, hace unos 1200 años. La interpretación de los dibujos varía; los guías explican algunos de los más sencillos y al pasear entre las rocas cada cual formula su propia versión del mensaje que se quería transmitir con esas imágenes.

Para llegar en transporte público se toma un autobús a Corire desde Arequipa (10 PEN, 3 h). Si no se desea pernoctar en Corire es mejor tomar un autobús muy temprano (empiezan a circular a las 4.00) y apearse en la gasolinera pasado el cartel en el que comienza el pueblo de Corire. Desde allí se ascienden los 2 km de cálida y polvorienta carretera hasta un puesto de control donde los visitantes han de firmar. También se puede continuar hasta Corire y tomar un taxi hasta donde comienzan los petroglifos (desde 40 PEN ida y vuelta si el taxi espera). En Corire, el **Hostal Willy** (☎054-47-2046; Av. Progresso; h desde 35 PEN/persona) ofrece alojamiento básico y proporciona información para llegar a los petroglifos. Hay que llevar agua en abundancia, filtro solar y repelente de insectos (en el camino hay muchos mosquitos).

Los autobuses regresan de Corire a Arequipa cada hora, normalmente 30 minutos después de cada hora. Los petroglifos de Toro Muerto también pueden visitarse con mayor comodidad en caros circuitos de un día en todoterreno desde Arequipa.

El valle de los Volcanes

Se trata de un amplio valle, al oeste del cañón del Colca y al pie del nevado Coropuna (6613 m), famoso por sus inusuales características geológicas. Su lecho está alfombrado de ríos de lava de la que se elevan pequeños (hasta de 200 m de altura) conos de ceniza, unos 80 en total, alineados en una gran fisura y cada uno formado en una sola erupción. La escasa erosión de algunos conos y la poca vegetación en los ríos de lava hace suponer que la actividad volcánica se produjo hace unos pocos miles de años, y una parte de ella en época más reciente: algunas reseñas históricas apuntan hasta el s. XVII.

Este valle de 65 km rodea el pueblo de **Andagua,** cercano a la cima nevada del Coropuna. Los visitantes que busquen un destino repleto de maravillas naturales y casi inalterado por el turismo disfrutarán de este remoto entorno. Andagua cuenta con varios lugares para visitar a pie o en automóvil, como el ascenso a la cima de los volcanes cónicos gemelos que hay a 10 km del pueblo, aunque el sendero no está bien definido. Otras excursiones populares son al cercano mirador, a 3800 m de altura, y a las cascadas de 40 m de **Izanquillay,** que se forman en el lugar donde el río Andahua pasa por un estrecho cañón de lava al noreste del pueblo. En **Soporo,** a 2 horas de excursión o media hora en automóvil hacia el sur de Andagua, hay varias *chullpas* (torres funerarias). De camino a Soporo se encuentran las ruinas de una ciudad precolombina llamada **Antaymarca. Colca Trek** (☎054-20-6217, 9-60-0170; www.colcatrek.com.pe; Jerusalén 401-B), en Arequipa, proporciona mapas topográficos de la zona. Otra forma de entrar al valle es empezar en Cabanaconde, cruzar el cañón del Colca y ascender a un paso a 5500 m antes de descender al valle de los Volcanes. Esa excursión requiere al menos cinco días (más el tiempo previo para aclimatarse) y es mejor hacerla con un guía experimentado y mulas de carga.

En Andagua hay varios albergues y restaurantes baratos y básicos, como el recomendado **Hostal Trebol** (calle 15 de Agosto; h 20 PEN). También está permitida la acampada, aunque se necesita abundante agua y protección solar. Para llegar al valle desde Arequipa se toma un autobús Reyna hasta Andagua (40 PEN, 10-12 h), que sale de Arequipa a las 16.00. Los autobuses de regreso salen de Andagua a las 14.00. Algunas empresas de circuitos también van al valle de los Volcanes, como parte de unos caros circuitos en todoterreno, que pueden incluir visitas al cañón del Cotahuasi y Chivay.

Cañón del Cotahuasi

A pesar de que el cañón del Colca ha acaparado todo el protagonismo durante años, lo cierto es que el cañón más profundo del mundo es este remoto, 200 km al noroeste de Arequipa en línea recta. Es dos veces más profundo que el Gran Cañón, con tramos que se hunden hasta a 3500 m. Aunque la quebrada solo es accesible a los más experimentados, el resto de este fértil valle ofrece un impresionante paisaje y oportunidades para hacer senderismo. También alberga varios asentamientos rurales tradicionales que solo visitan un puñado de avezados viajeros.

⊙ Puntos de interés y actividades

El pueblo de acceso tiene el apropiado nombre de **Cotahuasi** (3800 hab.) y se encuentra a 2620 m de altitud, en la parte sureste del cañón. Al noreste de Cotahuasi y subiendo el cañón están los pueblos de **Tomepampa** (a 10 km; 2500 m) y **Alca** (a 20 km; 2660 m), que ofrecen alojamiento básico. De camino se pasa por un par de **termas** (entrada 2 PEN).

Los autobuses al puente Sipia (3 PEN, 1 h) salen a diario de la plaza de Cotahuasi a las 6.30, desde donde pueden acometerse varias excursiones interesantes a las partes más profundas del cañón. Subiendo el sendero 45 minutos, la **cascada Sipia** se forma en una impresionante caída de 100 m del río Cotahuasi. En hora y media por un camino muy frecuentado se llega a **Chaupo**, un oasis de cactus y restos de asentamientos preincaicos. La acampada está permitida. Desde allí un polvoriento camino asciende a **Velinga** y otras remotas comunidades que ofrecen alojamiento o desciende a **Mallu**, unas verdes tierras de cultivo a la orilla del río, en las que su propietario, Ignacio, permite acampar y alquila una cocina por 10 PEN/noche. Un autobús de regreso a Cotahuasi sale a diario del puente Sipia a las 11.30.

Otra posible excursión de un día es de Cotahuasi a la comunidad de **Pampamarca**. Desde allí un ascenso de 2 horas por un empinado sendero conduce a un interesante conjunto de formaciones rocosas que se ha relacionado con figuras místicas. Un corto paseo desde el pueblo lleva a un mirador con vistas a las **cascadas Uscune**, de 80 m. Para llegar a Pampamarca hay *combis* que salen de la plaza de Cotahuasi dos veces al día temprano por la mañana y por la tarde (5 PEN, 2 h), y regresan al poco de llegar.

En Arequipa (p. 140) pueden organizarse excursiones de varios días; algunas se combinan con los petroglifos de Toro Muerto, y, de requerirse, regresan pasando por una colección de huellas de dinosaurios en el extremo oeste del cañón.

Dónde dormir y comer

En Pampamarca hay varias **pensiones** (10 PEN/persona) familiares básicas que ofrecen cama y comida.

Hotel Vallehermoso HOTEL $$
(☎054-58-1057; www.hotelvallehermoso.com; calle Tacna 106-108, Cotahuasi; i/d 70/100 PEN) El establecimiento más elegante de Cotahuasi, con el que seguramente se sueña después de 12 polvorientas horas en autobús, ofrece confort en medio de la nada. Su restaurante incluso sirve su propia interpretación de la cocina novoandina.

Hostal Hatunhuasi HOTEL $
(☎054-58-1054, en Lima 01-531-0803; www.hatunhuasi.com; Centanario 309, Cotahuasi; i/d 25/50 PEN) Esta acogedora pensión, superior al resto de opciones, ofrece abundantes habitaciones alrededor de un soleado patio interior y agua caliente la mayor parte del tiempo. De requerirse, prepara comidas y los propietarios son una buena fuente de información.

Hospedaje Casa Primavera PENSIÓN $
(☎054-28-50-89; primaverahostal@hotmail.com; calle Unión 112, Tomepampa; h 20 PEN/persona) Este envejecido edificio tipo hacienda, un buen hallazgo en el pequeño pueblo de Tomepampa, posee un balcón con adornos florales y vistas. Ofrece varias habitaciones, sencillas pero limpias, con desayuno incluido.

Hostal Alcalá PENSIÓN $
(☎054-83-0011; plaza de Armas, Alca; i/d 25/40 PEN, dc/i/d sin baño 10/15/25 PEN) Esta pensión de Alca ofrece una buena combinación de habitaciones limpias y precio, algunas son las más cómodas del valle. Agua caliente las 24 horas.

Cómo llegar y salir

Si no hay problemas en el viaje de 420 km en autobús desde Arequipa, la mitad por carreteras sin asfaltar, se tardan 12 horas en llegar (25 PEN). Transcurridas las tres cuartas partes del viaje la carretera asciende a un paso de 4500 m de altura entre las montañas de Coropuna y Solimana (6323 m), coronadas por enormes glaciares, antes de descender a Cotahuasi, donde se ven vicuñas salvajes correteando por el Altiplano. **Reyna** (☎43-0612) y **Transportes Alex** (☎42-4605) ofrecen autobuses que salen de Arequipa a las 16.00 y regresan desde Cotahuasi a las 17.00.

Desde la plaza de Cotahuasi hay *combis* cada hora a Alca (3 PEN, 1 h) vía Tomepampa (2 PEN, 30 min) y dos autobuses diarios (PEN5, 2 h) a Pampamarca que salen temprano por la mañana y a media tarde.

Lago Titicaca

Sumario »

Los mejores alojamientos y restaurantes

» Titilaka (p. 188)

» Casa Andina Isla Suasi (p. 186)

» Casa Panq'arani (p. 176)

» Estancias en la comunidad de Capachica (p. 187)

» Mojsa (p. 178)

Las mejores fiestas

» La Virgen de la Candelaria (p. 191)

» Semana de Puno (p. 175)

» Fiesta de San Juan (p. 175)

» Alacitas (p. 175)

» Fiesta de Santiago (p. 176)

Por qué ir

Según las creencias andinas, en Titicaca nació el Sol. Además, es el mayor lago de Sudamérica y la masa de agua navegable a mayor altitud del mundo. Sus cielos de azul intenso contrastan con unas noches extremadamente frías. En el fascinante y excepcional Titicaca han habitado culturas del Altiplano inmersas en sus tradiciones desde tiempos inmemoriales.

Los pucarás preincaicos son parte de la impronta que dejaron en el paisaje los tiahuanaco (o tiwanaku) y los colla. Hoy en día, la región posee una mezcla de catedrales en ruinas, desolado Altiplano y parcelados campos con colinas y picos. En esta parte del mundo se sigue sembrando y cosechando a mano. Los campesinos calzan sandalias hechas con llantas de camión, las mujeres visten enaguas y sombreros hongos y sus animales domésticos son las llamas.

A primera vista quizá parezca un lugar austero, pero sus ancestrales festividades se celebran con apasionadas procesiones, elaborados trajes y música que da paso al frenesí.

Cuándo ir

Puno

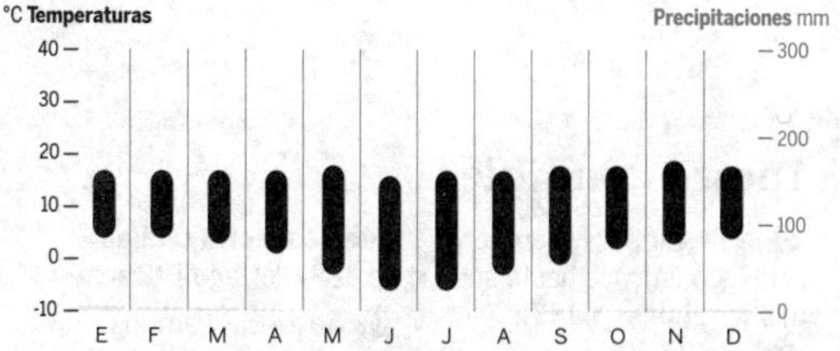

Ppios feb Para disfrutar del espectáculo de la fiesta de la Virgen de la Candelaria.

Jun-ago La estación seca de invierno augura noches frías y soleados días.

Ppios nov En Puno se celebra el nacimiento de Mánco Capac, el primer Inca.

Cómo llegar y desplazarse

Desde Lima y Cuzco hay vuelos diarios a Juliaca (1 h desde Puno) y autobuses frecuentes de Arequipa, Cuzco y Lima a Juliaca y Puno. También existe un histórico ferrocarril desde Cuzco (véase p. 180). Si se llega desde una población a nivel del mar es mejor viajar hacia el interior para ir aclimatándose a la altura; volar directamente desde Lima puede provocar dolores de cabeza.

También se puede llegar en autobús desde Bolivia o en un circuito por las islas del lago Titicaca.

Juliaca

051 / NUDO DE TRANSPORTE / ALT. 3826 M

El único aeropuerto comercial de la región convierte esta ciudad, la mayor del Altiplano,

Imprescindible

1 Navegar por el sereno y azul lago Titicaca hasta sus místicas **islas** (p. 183).

2 Celebrar las fiestas con bandas de metales y trajes disparatados en **Puno** (p. 173), capital folclórica de Perú.

3 Admirar los elaborados templos de los bucólicos **pueblos meridionales** (p. 188) del lago Titicaca.

4 Atravesar campos de cultivo y subir colinas hasta las ruinas cubiertas de maleza de **Ichu** (p. 189).

5 Visitar las asombrosas *chullpas* de **Sillustani** (p. 181) y **Cutimbo** (p. 183).

6 Recargar las pilas en la soleada y somnolienta **península de Capachica** (p. 186).

7 Observar las estrellas y dormir en el histórico barco de vapor **Yavari** (p. 178).

8 Ir a Bolivia para explorar la legendaria **isla del Sol** (p. 193).

INFORMACIÓN DE LOS AUTOBUSES

DESTINO	TARIFA* (SOLES)	DURACIÓN (H)
Arequipa	15/72	6
Cuzco	20	5-6
Puno	3,50	1
Lima	130/170	20
Tacna	25/45	10-11

* Precios aproximados de autobuses normales/de lujo

en un inevitable nudo de comunicaciones. Dada su proximidad a la frontera, Juliaca cuenta con un floreciente comercio (y contrabando). Los atracos a la luz del día y los borrachos en la calle son algo habitual. Puesto que tiene poco que ofrecer, es mejor pernoctar en la cercana Lampa o continuar hasta Puno.

En San Román, junto a la plaza Bolognesi hay muchos hoteles, restaurantes, casas de cambio y cibercafés. Cerca, en Núñez, hay cajeros automáticos y bancos.

Si se carece de presupuesto, el **Royal Inn Hotel** (☎32-1561; www.royalinnhoteles.com; San Román 158; i/d/tr 100/130/150 PEN) es una excelente opción por su precio. Este imponente hotel cuenta con habitaciones modernas renovadas hace poco, con ducha de agua caliente, calefacción, televisión por cable y uno de los mejores restaurantes de Juliaca (platos ppales desde 18 PEN).

Cómo llegar y salir

Avión

El **aeropuerto** (☎32-8974) está 2 km al oeste de la ciudad. **LAN** (☎32-2228; San Román 125; ⊙8.00-19.00 lu-vi, hasta 18.00 sa) fleta vuelos diarios a/desde Lima, Arequipa y Cuzco. **Taca** (☎32-7966; centro comercial Real Plaza, Jr. San Martín, cuadra 1) y **Star Peru** (☎32-3816; San Román 154) vuelan a Lima.

Los taxis oficiales del aeropuerto van a Puno (80 PEN) y Juliaca (10 PEN). Una opción más barata son los colectivos (15 PEN), autobuses lanzadera que van directos a Puno y dejan a los pasajeros en los hoteles.

Autobús y taxi

Las compañías de autobuses de largo recorrido se encuentran en la **terminal terrestre** (Jr. San Martín esq. Av. Miraflores). Hay autobuses cada hora a Cuzco de 5.00 a 23.00 y a Arequipa de 2.30 a 23.30.

Los autobuses a la costa salen de San Martín y alrededores, pasando las vías férreas, a poca distancia de la plaza Bolognesi; las *combis* (microbuses) a Puno salen de la plaza Bolognesi.

Julsa (☎32-6602, 33-1952) ofrece las salidas más frecuentes a Arequipa y **Power** (☎32-1952) las más frecuentes a Cuzco. Civa, Ormeño y San Cristóbal van a Lima.

Sur Oriente fleta un autobús diario a Tacna a las 19.00. Mucho más céntricas, **San Martín** (☎32-7501) y otras empresas en Tumbes (entre Moquegua y Piérola) viajan a Tacna (25 PEN, 7 h) vía Moquegua.

Las *combis* a Puno (3,50 PEN, 50 min) salen de la plaza Bolognesi cuando están llenas, igual que las *combis* a Lampa (2,50 PEN, 30 min), desde Jirón Huáscar. Las *combis* a Huancané (3 PEN, 1 h) salen cada 15 minutos de Ballón y Sucre, a cuatro cuadras al este de Apurímac y 1½ cuadras al norte de Lambayeque. Las *combis* a Capachica (4 PEN, 1½ h) salen de la **terminal zonal** (Av. Tacna, cuadra 11). Las *combis* a Escallani (3 PEN, 1½ h), por una pintoresca carretera secundaria sin asfaltar, salen de la esquina de Cahuide y Gonzáles Prada. Todas estas estaciones se hallan a un corto trayecto del centro de la ciudad en un mototaxi de tres ruedas (2 PEN).

Cómo desplazarse

La mejor opción para moverse por la ciudad son los mototaxis. Los trayectos a destinos urbanos, incluidas las estaciones de autobuses, cuestan menos de 3 PEN. La línea 1B de autobuses rodea la ciudad y baja por la calle 2 de Mayo antes de dirigirse al aeropuerto (0,60 PEN).

Alrededores de Juliaca

LAMPA

☎051 / 1655 HAB. / ALT. 3860 M

A esta pequeña y encantadora población situada 36 km al noroeste de Juliaca se la conoce como la "ciudad rosada" por sus polvorientos edificios de color rosa. Fue un destacado centro comercial en la época virreinal y hoy

LOS PUNTOS DE INTERÉS MÁS PECULIARES

Incluso si no se cree en las historias de colonias de extraterrestres y extraños avistamientos, en el lago Titicaca abundan las leyendas surrealistas.

» Islas hechas con juncos (p. 183)

» Falsa *Piedad* de Miguel Ángel (p. 172)

» La antigua tradición de comer arcilla (p. 183)

» Enormes falos de piedra (p. 189)

aún conserva su influencia española. Excelente para pasar varias horas antes de tomar un vuelo en Juliaca o para disfrutar de una noche tranquila.

Puntos de interés

Iglesia de Santiago Apóstol IGLESIA
(circuito 10 PEN; 9.00-12.30, 14.00-16.00) Esta bonita iglesia de mortero de cal, orgullo de los lugareños, alberga elementos fascinantes. Entre ellos, una escultura de tamaño natural de la última cena; una imagen de Santiago sobre un caballo disecado, que regresa de entre los muertos para aplastar a los moros; catacumbas; túneles secretos y una enorme tumba abovedada coronada por una maravillosa copia de la *Piedad* de Miguel Ángel. También tiene un osario con cientos de esqueletos y calaveras que cuelgan de sus paredes. Cuenta con excelentes guías.

Museo Kampac MUSEO
(951-82-0085; Ugarte esq. Ayacucho; entrada 5 PEN; 7.00-18.00) El personal de la tienda frente al museo, situado dos cuadras al oeste de la plaza de Armas, ofrece circuitos guiados por la pequeña pero importante colección formada principalmente por cerámicas, monolitos y una momia del período preincaico; además, se puede admirar un excepcional jarrón con grabados sobre la cosmología sagrada de los incas.

Municipalidad de Lampa AYUNTAMIENTO
La **Municipalidad** (Ayuntamiento; entrada 2 PEN; 8.00-12.45 y 13.30-16.00 lu-vi; 9.00-13.00 sa y do), situada en la pequeña plaza junto a la iglesia, se reconoce por los murales sobre la historia de Lampa (pasado, presente y futuro). Su interior alberga un magnífico patio, otra réplica de la *Piedad* y un museo que rinde homenaje al famoso pintor Víctor Humareda (1920-1986), nacido en Lampa.

En las afueras de la localidad hay un precioso **puente** colonial. Unos 4 km al oeste de Lampa se halla la **cueva de los Toros**, cuya entrada tiene forma de toro. En el interior hay grabados prehistóricos de llamas y otros animales. Se halla a mano derecha de la carretera hacia el oeste. La entrada forma parte de una peculiar formación rocosa. En el camino se pueden admirar varias *chullpas* (torres funerarias) parecidas a las de Sillustani y Cutimbo.

Dónde dormir y comer

Lampa no está muy preparada en cuanto a hospedaje, pero cuenta con algunos alojamientos básicos.

Casa Romero PENSIÓN
(952-65-1511, 952-71-9073; Aguirre 327; i/d/tr desayuno incl. 50/80/120 PEN) Recomendada, con servicio agradable, cálidos edredones de plumas y habitaciones bien amuebladas. Ofrece pensión completa si se reserva con antelación. En la zona de la plaza de Armas hay un par de restaurantes.

Cómo llegar y salir

Desde Jirón Huáscar, en Juliaca, salen *combis* hacia Lampa (2,50 PEN, 30 min) cuando están llenos. Si se dispone de tiempo después de facturar en el aeropuerto de Juliaca se puede tomar un taxi para visitar Lampa (4 PEN).

PUCARÁ

051 / 675 HAB. / ALT. 3860 M

Este aletargado pueblo, situado más de 60 km al noroeste de Juliaca, es famoso por su fiesta de **la Virgen del Carmen** (16 de julio) y por su cerámica color tierra, sobre todo por los toritos que suelen verse sobre los tejados de las casas andinas como amuletos de la buena suerte. Hay varios talleres abiertos al público que ofrecen clases de cerámica, como el recomendado **Maki Pucará** (951-79-0618), en la carretera cercana a la parada de autobuses.

El **Museo Lítico Pucará** (Jirón Lima; 8.30-17.00 ma-do), situado junto a la iglesia, expone una buena selección de monolitos antropomorfos procedentes del yacimiento preincaico del pueblo: **Kalasaya.** Las ruinas están ubicadas por encima de la localidad, a un paseo corto subiendo por Jirón Lima desde la plaza principal. Por solo 6 PEN se pueden visitar el yacimiento y el museo, aunque en las ruinas no hay nadie para revisar las entradas.

Si no hay más remedio, se puede pernoctar en uno de los sencillos alojamientos cerca de la parada de autobuses. Los autobuses a Juliaca (3,50 PEN, 1 h) circulan de 6.00 a 20.00.

ABRA LA RAYA

Desde Ayaviri, la ruta asciende durante casi otros 100 km hasta este **puerto de montaña andino** (4470 m), el punto más alto del trayecto a Cuzco. Los autobuses suelen parar aquí para que los pasajeros disfruten de las fotogénicas vistas de las montañas nevadas y compren en los puestos de artesanías. El puerto es también la frontera entre los departamentos de Puno y Cuzco. Para informarse sobre los puntos de interés de la zona norte, véase p. 259.

Puno

051 / 120 200 HAB. / ALT. 3830M

Puno, que posee una regia plaza, edificios de apartamentos y ladrillos desmoronados que se funden con las colinas, combina desánimo y alegría. Sirve de punto de partida para ir al lago Titicaca y como práctica parada para los viajeros entre Cuzco y La Paz. Pero también cautiva por su bullicioso encanto.

El humo de las cocinas flota en sus calles junto con ruidosas oleadas de tráfico, incluidos mototaxis y triciclos, que confinan a los peatones en sus estrechas aceras. El centro urbano está contaminado y es frío, pero sus habitantes son optimistas, atrevidos y están dispuestos a dejarlo todo por pasar un buen rato.

Al ser un centro de comercio (y de contrabando) entre Perú, Bolivia y las dos costas de Sudamérica, es mayoritariamente comercial y progresista. Para hacerse una idea de su identidad colonial y naval basta con examinar su antigua arquitectura, los coloridos trajes regionales que visten muchos de sus habitantes y la abundancia de jóvenes cadetes en sus calles.

Se la conoce como "la capital folclórica de Perú". Sus desfiles para la fiesta de la Virgen de la Candelaria se retransmiten para todo el país y las borracheras asociadas a la misma son legendarias (véase p. 191). La diversión no se limita a las festividades religiosas, en Puno se encuentran algunos de los bares más animados de Perú.

Puntos de interés

Puno es compacta y práctica. Si se llega lleno de energía, se puede ir andando al centro desde el puerto o las estaciones de autobuses; en caso contrario, puede tomarse un mototaxi. Desplazarse a pie por el centro es fácil. Jirón Lima, la principal calle peatonal, se llena por la tarde de puneños que salen a pasear.

GRATIS Catedral de Puno IGLESIA

(gratis; 8.00-12.00 y 15.00-18.00) En el extremo occidental de la plaza de Armas se yergue la **catedral** barroca de Puno, que se terminó de construir en 1757. Su interior es más espartano de lo que cabe esperar tras admirar su magnífica fachada; destaca su altar recubierto de plata, con una bandera del Vaticano a mano derecha en honor a la visita del papa Pablo VI en 1964.

GRATIS Casa del Corregidor EDIFICIO HISTÓRICO

(35-1921; www.casadelcorregidor.pe; Deustua 576; 9.30-19.30 lu-vi, 12.30-19.00 sa) Esta casa del s. XVII, atracción por derecho propio, es una de las residencias más antiguas de Puno. Antiguo centro comunitario, hoy alberga una pequeña tienda de artesanía y de comercio justo.

Museo Carlos Dreyer MUSEO

(Conde de Lemos 289; entrada con guía 15 PEN; 9.30-19.00 lu-sa) Este museo cercano a la Casa del Corregidor alberga una fascinante colección de objetos arqueológicos relacionados con la ciudad. En la parte superior hay tres momias y una *chullpa* de fibra de vidrio de tamaño natural.

Museo de la Coca MUSEO

(36-5087; Deza 301; entrada 5 PEN; 9.00-13.00 y 15.00-20.00) Este pequeño y curioso museo ofrece abundante e interesante información –histórica, medicinal y cultural– sobre la planta de la coca y sus muchos usos, aunque su presentación deja que desear: montones de texto (solo en inglés) pegados a la pared e intercalados con fotografías y antiguos anuncios de Coca-Cola. La exposición de trajes tradicionales sí merece la pena.

A pesar de que no pueda establecerse la relación de la coca con los trajes tradicionales, sirve de ayuda para entender los que se ven en las procesiones.

Circuitos

Conviene comparar los precios de los operadores turísticos. Hay abundantes agencias y la competencia propicia que los ganchos en la calle y en las terminales de autobuses prometan precios tan bajos que no permiten salarios justos. Varias de las agencias más baratas tienen fama de explotar a los habitantes de Amantaní y Taquile, con los que pernoctan los viajeros y cuya cultura constituye uno de los principales atractivos de estas rutas.

Puno

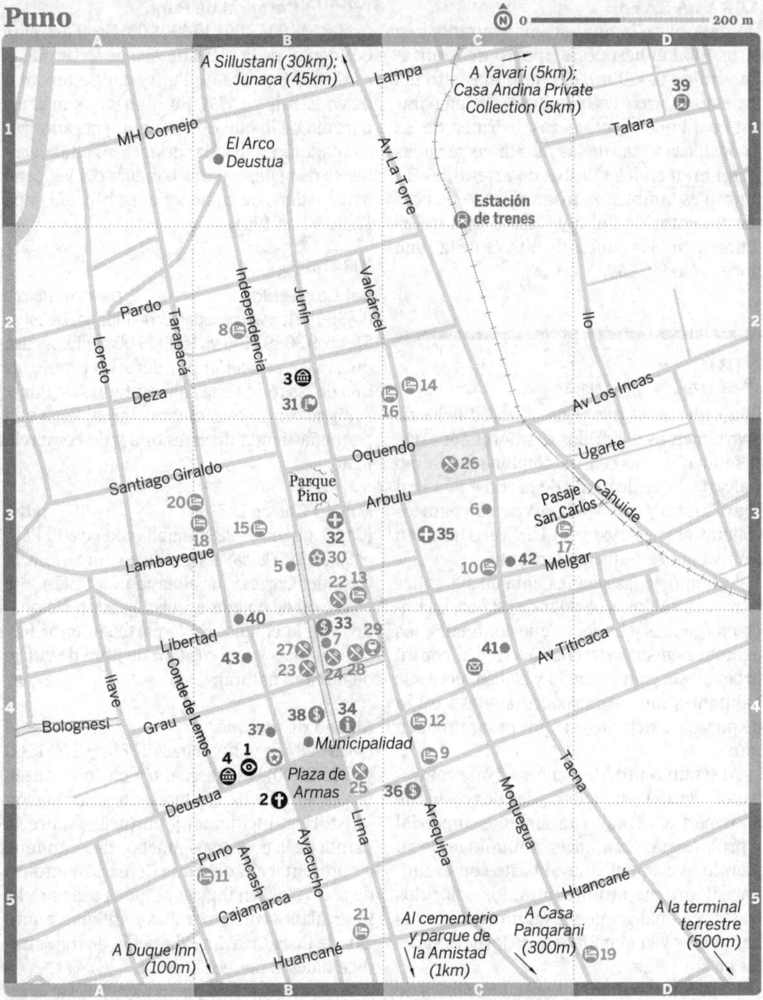

Los circuitos que van de isla en isla suelen resultar decepcionantes, incluso con las mejores agencias: formales, anodinos y rígidos y atestados de turistas. Se recomienda la visita a las islas por cuenta propia para pasear libremente y disfrutar sin prisas de lo que más guste.

Las siguientes agencias ofrecen circuitos responsables en la región:

All Ways Travel CIRCUITOS
(☎35-3979; www.titicacaperu.com; Deustua 576, 2º) Ofrece circuitos clásicos y no turísticos.

Edgar Adventures CIRCUITOS
(☎35-3444; www.edgaradventures.com; Lima 328) Agencia veterana con participación positiva en la comunidad.

Las Balsas Tours CIRCUITOS
(☎36-4362; www.balsastours.com; Tacna 240) Ofrece circuitos clásicos diarios.

Nayra Travel CIRCUITOS
(☎36-4774, 975-1818; www.nayratravel.com; Lima 419, oficina 105) Operador turístico que ofrece paquetes.

Puno

Puntos de interés
1 Casa del Corregidor B4
2 Catedral de Puno B4
3 Museo de la Coca B2
4 Museo Carlos Dreyer B4

Actividades, cursos y circuitos
All Ways Travel .... (véase 1)
5 Edgar Adventures B3
6 Las Balsas Tours C3
7 Nayra Travel B4

Dónde dormir
8 Casa Andina Classic B2
9 Casona Plaza Hotel C4
10 Colón Inn C3
11 Conde de Lemos Inn B5
12 Hostal La Hacienda C4
13 Hostal Pukara B3
14 Hostal Uros C2
15 Hotel El Buho B3
16 Hotel Italia C2
17 Inka's Rest C3
18 Intiqa Hotel B3
19 Mosoq Inn D5
20 Posada Don Giorgio B3
21 San Antonio Suites B5

Dónde comer
22 Balcones de Puno B3
23 Café Tunki B4
Colors .... (véase 5)
IncAbar .... (véase 5)
24 La Casona B4
25 Mojsa B4
26 Supermercado Central C3
27 Tulipans B4
28 Ukuku's B4

Dónde beber
29 Kamizaraky Rock Pub B4

Ocio
30 Ekeko's B3

Información
31 Consulado de Bolivia B2
32 Botica Fasa B3
33 Interbank B4
34 iPerú B4
35 Medicentro Tourist's Health Clinic C3
36 Moneygram C4
37 Oficina de Migraciones B4
38 Scotiabank B4

Transporte
39 Parada del autobús de Capachica D1
40 Crillon Tours B4
41 Inka Express C4
42 LAN C3
Star Peru .... (véase 23)
43 Transturin B4

Fiestas y celebraciones

Ningún listado de fiestas y celebraciones regionales consigue ser exhaustivo. La mayoría se celebran durante varios días antes y después del día de la festividad. En todas estas fiestas hay música y bailes tradicionales, y reina un alegre caos.

La Virgen de la Candelaria FIESTA
La fiesta más espectacular de la región dura varios días antes y después del 2 de febrero, dependiendo de en qué día de la semana cae la Candelaria. Si es entre domingo y martes, la celebración empieza el sábado anterior; si cae entre miércoles y viernes, se alarga hasta el siguiente sábado.

Semana de Puno FIESTA
Importante conmemoración del legendario nacimiento de Manco Cápac, el primer inca. Las celebraciones se festejan la primera semana de noviembre y se concentran en el día de Puno (5 de noviembre).

Epifanía FIESTA
Se celebra el 6 de enero.

Fiesta de San Juan FIESTA
Se celebra el 8 de marzo.

Alacitas FIESTA
Tras la bendición de objetos en miniatura como automóviles o casas, los devotos rezan por conseguirlos a tamaño real al año siguiente. El 2 de mayo se instala una feria de artesanía en Puno.

Las Cruces FIESTA
Se celebra del 3 al 4 de mayo con fiestas en la isla Taquile y Huancané.

FIESTAS Y FOLCLORE EN EL LAGO TITICACA

Puno, capital folclórica de Perú, presume de tener 300 bailes tradicionales y celebra numerosas fiestas al año. Aunque los bailes suelen verse en las fiestas católicas, muchos hunden sus raíces en las celebraciones precoloniales (en general, vinculados al calendario agrícola). Los elaborados e imaginativos trajes que visten en estas ocasiones suelen costar más que la ropa de toda una familia y abarcan desde las máscaras grotescas y los disfraces de animales hasta los brillantes uniformes de lentejuelas.

En la música que los acompaña intervienen muchos instrumentos musicales, desde los de metal y viento de influencia española hasta los de percusión y viento que han cambiado poco desde la época inca. Entre ellos se encuentran las *tinyas* (tambores de madera que se tocan con las manos) y las *wankaras* (tambores más grandes que antes se usaban en la guerra), así como un coro de *zampoñas* que abarcan desde las diminutas de tono agudo hasta las enormes, graves y casi tan altas como una persona. También destacan las flautas: desde las sencillas de bambú, llamadas *quenas*, a grandes flautas de madera ahuecada. El más esotérico es el piruru, que se talla tradicionalmente en el hueso del ala de un cóndor andino.

Puede planearse ver alguna fiesta en la calle, pero a veces es cuestión de suerte. Algunas se concentran en una población y en otras se desmelena toda la región. En la oficina turística de Puno informan sobre las fiestas de la zona. Las que se listan son importantes sobre todo en la región del lago Titicaca, pero también se celebran muchas fiestas nacionales.

Si se pretende disfrutar de alguna fiesta, hay que reservar con antelación o llegar varios días antes; conviene saber que el alojamiento será más caro.

Fiesta de Santiago FIESTA
Se celebra en gran parte en la isla Taquile el 25 de julio.

Nuestra Señora de la Merced FIESTA
Se celebra el 24 de septiembre.

Dónde dormir

Casa Panq'arani B&B $$
(☎36-4892, 951-677-005; www.casapanqarani.com; Jirón Arequipa 1086; i/tw/d desayuno incl. 70/120/130 PEN; wifi) Esta casa tradicional de Puno, un delicioso hallazgo, ofrece un patio lleno de flores y acogedoras habitaciones que bordean un balcón del segundo piso, aunque su verdadero atractivo es la hospitalidad de sus propietarios, Edgar y Consuelo. Las habitaciones son espaciosas, con cómodas camas. Cuenta con amplios y soleados rincones para relajarse. No hay que perderse la comida del Altiplano de Consuelo (comidas 30 PEN, solicitadas con antelación).

Casa Andina Private Collection HOTEL DE LUJO $$$
(☎213-9739; www.casa-andina.com; Av. Sesqui Centenario 1970; d desayuno incl. desde 446 US$; @wifi) Esta exclusiva versión de una cadena de lujo, a las afueras de Puno, y con un encantador entorno junto al lago, ofrece 46 habitaciones, jardines y restaurante para *gourmets*. Incluso cuenta con su propia parada de trenes para los viajeros que llegan desde Cuzco. Las habitaciones poseen ropa de cama impecablemente blanca y delicada decoración, algunas tienen chimenea y todas cuentan con oxígeno para ayudar a aclimatarse. Acepta tarjetas de crédito.

Colón Inn HOTEL $$
(☎35-1432; www.coloninn.com; Tacna 290; i/d/tr desayuno incl. 150/180/225 PEN; @wifi) Parte del encanto de esta elegante casona de propiedad europea con atento personal se debe a su edificio de la época republicana, decorado con cuadros de la Escuela de Cuzco y frescos. Posee un patio cubierto. Su restaurante se especializa en cocina belga y francesa; conviene reservar. Las habitaciones son pequeñas, pero cuentan con todas las comodidades, y los espacios comunes son suntuosamente coloniales.

Casa Andina Classic HOTEL $$$
(☎213-9739; www.casa-andina.com; Jirón Independencia 143; d desayuno incl. 258 PEN; @wifi) La versión clásica de esta moderna cadena peruana ofrece un servicio eficiente y 50 habitaciones decoradas con gusto y con motivos populares andinos. Las habitaciones disponen de calefacción, caja fuerte, cortinas opacas y TV de pantalla plana. Ofrece oxígeno y mate a los huéspedes para que se

aclimaten. Su acogedor comedor sirve pizzas y sopas después de las excursiones. Acepta tarjetas de crédito.

Mosoq Inn HOTEL $$
(☎36-7518; www.mosoqinn.com; Jr Moquegua 673; i/d/tr desayuno incl. 106/133/172 PEN; @📶) Este moderno y recomendado hotel cuenta con 15 habitaciones distribuidas en tres pisos. La calidad de sus colchones asegura el sueño en unas espaciosas habitaciones en tonos mandarina. También cuenta con amplios armarios, televisión por cable y estufas, además de un centro de negocios.

Hotel Italia HOTEL $$
(☎36-7706; www.hotelitaliaperu.com; Valcárcel 122; i/d/tr 110/150/190 PEN; @📶) Las confortables habitaciones de este enorme y veterano hotel cuentan con suelos de parqué, televisión por cable, duchas de agua caliente y calefacción, pero varían en calidad. Su maduro personal es eficiente y su delicioso bufé de desayuno incluye el anisado pan triangular de Puno. Acepta tarjetas de crédito.

Intiqa Hotel HOTEL $$
(☎36-6900; www.intiqahotel.com; Tarapacá 272; i/d desayuno incl. 159/186 PEN; @📶). Las 33 amplias habitaciones con calefacción de este hotel de precio medio con estilo cuentan con confortables edredones y tonos terrosos, almohadas extra, escritorios, TV de pantalla plana y caja fuerte. El ascensor es algo poco común en Puno. Recogida gratis en la terminal terrestre. Acepta tarjetas de crédito.

Hostal Pukara HOTEL $$
(☎78-4240/28; www.pukaradeltitikaka.com; Libertad 328; i/d 75/120 PEN; @📶) Todos los rincones de este luminoso y alegre hotel están decorados con distintos detalles. Las habitaciones cuentan con televisión por cable, teléfono, calefacción y están insonorizadas. Posee un café con cubierta de cristal en la azotea, con estupendas vistas.

Casona Plaza Hotel HOTEL $$
(☎36-5614; www.casonaplazahotel.com; Arequipa 655; i/d desayuno incl. 212/239 PEN; @📶) Este céntrico hotel está bien gestionado y tiene 64 habitaciones. Es uno de los más grandes de Puno, pero suele estar lleno. Las habitaciones están bien y sus baños son excelentes. Perfecto para los enamorados: casi todas las suites *matrimoniales* son lo bastante grandes como para bailar la *marinera* (el baile nacional) entre la cama y el salón.

Inka's Rest ALBERGUE $
(☎36-8720; www.inkasresthostel.com; pasaje San Carlos 158; dc/d desayuno incl. 24/60 PEN; @📶) El servicio de este albergue escondido en un callejón es excelente. Es limpio y ofrece literas con edredones de plumas, bonitos azulejos antiguos y suelos de parqué. Cuenta con una agradable sala para desayunar, cocina para huéspedes y un salón con un televisor de enorme pantalla plana. Las habitaciones son menos atractivas. Si se llega de noche conviene ir en taxi.

Duque Inn HOTEL $
(☎20-5014; Ayaviri 152; h/persona con/sin baño 20/15 PEN) Agradable pero peculiar, este económico alojamiento está engalanado con colchas de satén y arañas de luces. Su propietario y arqueólogo, Ricardo Conde, es una joya excéntrica que ofrece circuitos gratis. En general, es una ganga para los viajeros con presupuesto limitado y los senderistas más veteranos. Si no se desea gastar en un taxi hay que hacer una larga ascensión por una interminable colina.

Para llegar se sigue por Ilave, tres cuadras detrás de Huancané, y después se tuerce a la derecha en Ayaviri.

Hostal La Hacienda HOTEL $$$
(☎35-6109; www.hhp.com.pe; Deustua 297; d/tr 239/292 PEN; @📶) De estilo colonial, tiene unos espacios comunes preciosos y amplios y un comedor en la 6ª planta con vistas panorámicas. Las habitaciones son cómodas y cálidas. Tienen televisión por cable y teléfono; algunas incluso bañera.

Hostal Uros HOTEL $
(☎35-2141; www.losuros.com; Valcárcel 135; i/d/tr desayuno incl. 30/50/75 PEN; @📶) Las mejores habitaciones de este acogedor albergue de buen precio, tranquilo, pero cercano a los lugares más animados, se encuentran en los pisos superiores. En su patio pueden guardarse bicicletas o motocicletas. Conviene solicitar una habitación con ventana. Si se desea economizar, las que tienen baño compartido son 5 PEN más baratas por persona.

San Antonio Suites HOTEL $$
(☎35-1767; www.sanantoniosuitespuno.com; Huancané 430; i/d/tr desayuno incl. 66/93/119 PEN; @📶) Aunque a primera vista no parece nada especial, los huéspedes alaban este hotel económico, con alfombra de plástico en las escaleras y habitaciones pasables con televisión por cable, teléfono y calefacción.

MERECE LA PENA

SUEÑOS EN UN BARCO DE VAPOR

El barco de vapor más antiguo del lago Titicaca, el famoso **'Yavari'** (36-9329; www.yavari.org; entrada museo con donativo; 8.00-13.00, 15.00-17.30; B&B desayuno incl. 99 PEN/persona), una cañonera británica, se ha convertido en un museo y un recomendado B&B con literas y atento servicio a las órdenes del capitán. Para alojarse en él no es necesario ser un amante de los barcos: este es seguramente el lugar más tranquilo de Puno.

Su viaje no fue fácil. En 1862 se construyeron el *Yavari* y su gemelo el *Yapura* en Birmingham y se enviaron desmontados doblando el cabo de Hornos hasta Arica (en el actual norte de Chile), se transportaron en tren a Tacna y finalmente se acarrearon en mulas a través de los Andes hasta Puno, un periplo que duró seis años.

Tras ensamblar las partes, el *Yavari* se botó el día de Navidad de 1870. El *Yapura* adoptó el nuevo nombre de *BAP Puno* y se convirtió en buque médico de la Marina peruana; aún se puede admirar en Puno. Ambos tenían motores de vapor alimentados por carbón, pero dada su escasez se utilizaron excrementos secos de llama.

Tras numerosos años de servicio, la Marina peruana se deshizo de él y dejó el casco oxidándose a orillas del lago. En 1982 la inglesa Meriel Larken visitó el barco, decidió recuperarlo y fundó el Proyecto Yavari para adquirirlo y restaurarlo.

Hoy en día está amarrado detrás del Sonesta Posada Hotel del Inca, a 5 km del centro de Puno, y su abnegada tripulación ofrece circuitos guiados. Si se avisa, es posible ver cómo se ponen en marcha los motores. Gracias a su restaurado motor, el *Yavari* cruza el lago siete veces al año, aunque habrá que descubrir por uno mismo si el combustible sigue siendo el excremento de llama.

Hotel El Búho HOTEL $$
(36-6122; Lambayeque 142; www.hotelbuho.com; i/d desayuno incl. 98/172 PEN; @) Este tranquilo hotel ofrece habitaciones bonitas, aunque algo anodinas. El personal es servicial y cuenta con una agencia de circuitos.

Posada Don Giorgio HOTEL $$
(36-3648; dongiorgio@titicacalake.com; Tarapacá 238; i/d/tr 90/155/180 PEN; @) Su decoración mezcla varias culturas y las habitaciones son limpias y cómodas. Proporciona servicio personalizado y las habitaciones cuentan con teléfono, televisión por cable y espaciosos armarios.

Conde de Lemos Inn HOTEL $$
(36-9898; www.condelemosinn.com; Puno 675-681; i/d desayuno incl. 122/159 PEN; @) Situado en plena plaza de Armas. Muchos viajeros han recomendado este hotel por su agradable personal y su excelente calidad. Se aconsejan las habitaciones de las esquinas, que poseen balcones.

Dónde comer

Mojsa PERUANA $$
(36-3182; Lima 394; platos ppales 18-35 PEN; 8.00-22.00) Favorito de lugareños y viajeros, hace honor a su nombre aimara que significa "delicioso". Ofrece una amplia variedad de comida peruana e internacional, como innovadores platos de trucha y la opción de elegir los ingredientes de las ensaladas. Todas las comidas se sirven con pan y un cuenco de aceitunas locales. Por la noche ofrece crujientes pizzas de horno de ladrillos.

La Casona PERUANA $$
(]35-1108; http://lacasona-restaurant.com; Lima 423, 2º; platos ppales 12-36 PEN) Otra buena opción, con exclusiva comida criolla e internacional, pero las raciones son pequeñas. Sirve trucha con ajo o salsa de chile. También ofrece pasta, ensalada y sopa.

Tulipans PIZZERIA $$
(35-1796; Lima 394; platos ppales 12-22 PEN) Muy recomendada por sus sabrosos sándwiches y grandes fuentes de carne y verdura, que sirve al calor del horno para pizzas de uno de sus rincones. Ofrece una selección de vinos sudamericanos y su patio es muy atractivo en los días cálidos. Solo sirve pizzas por la noche.

Café Tunki CAFÉ $
(Lima 394; 10.00-19.00 lu-sa) Esta diminuta cafetería sirve café preparado con el alabado grano de la parte tropical de la provincia de Puno, que puede comprarse al peso.

Balcones de Puno PERUANA $$

(☎36-5300; Libertad 354; platos ppales 14-32 PEN) Comida tradicional y espectáculo (19.30-21.00). Destaca por su calidad y sinceridad, nada de flautas de Pan machacando "El cóndor pasa". Hay que reservarse para el postre, uno de sus grandes atractivos. Conviene reservar con antelación.

Ukuku's PERUANA $$

(Grau 172, 2ª planta; platos ppales desde 20 PEN) Muchos viajeros y lugareños se protegen del frío en este cálido restaurante que sirve buena comida local y andina (pruébese el filete de alpaca con manzanas asadas o la tortilla de quinua), así como pizzas, platos de pasta, comida vegetariana al estilo asiático y cafés exprés.

IncAbar CAFÉ $$

(☎36-8031; Lima 348; platos ppales 30 PEN; ⌚8.30-22.00; 📶) Restaurante transformado en reclamo para gringos. Sus desayunos ligeros, curries, verduras salteadas están orientados al viajero y los lugareños no lo frecuentan. Ofrece carta de bebidas y *happy hour*.

Colors DE FUSIÓN $$

(☎36-9254; Lima 342; platos ppales 16-28 PEN; ⌚7.00-23.00; 📶) Café con sofás y conexión a internet gratis. Ofrece un ambiente elegante y comida de fusión. Su carta es tan extensa que resulta difícil escoger y el personal colabora poco.

Muchos restaurantes no anuncian sus menús, más baratos que la carta. Los lugareños comen pollo a la brasa y menús baratos en Jirón Tacna, entre las calles Deustua y Libertad.

El api (zumo de maíz dulce caliente) es un tentempié barato que se encuentra en varios locales de la calle Oquendo, entre el parque Pino y el supermercado. Se suele pedir con una deliciosa y finísima masa frita.

Si se tiene antojo de comida oriental hay que dirigirse a la calle Arbulú, donde están unos baratos y animados chifas (restaurantes chinos). En el **Supermercado Central** (Oquendo s/n; ⌚8.00-22.00) se pueden comprar alimentos; allí hay que tener mucho cuidado con los carteristas.

🍷 Dónde beber

La vida nocturna del centro de Puno está orientada al turismo y se concentra en los animados bares de la iluminada Jirón Lima (en la que los ganchos ofrecen vales para beber gratis) y junto a la plaza de Jirón Puno.

Kamizaraky Rock Pub PUB

(Grau 158) Ofrece rock clásico, camareros muy enrollados y cafés con licores, imprescindibles para mantener el calor en las frías noches de Puno.

☆ Ocio

Ekeko's CLUB

(Lima 355, 2ª planta) Viajeros y lugareños acuden a esta diminuta pista de baile decorada con luz ultravioleta y murales psicodélicos. Pincha una mezcla de ritmos modernos y antiguos éxitos, desde salsa a techno y trance. Se oye desde varias manzanas de distancia.

🔒 De compras

Numerosas tiendas del centro de la ciudad venden artesanías (desde instrumentos musicales y joyas hasta maquetas de islas de totora), jerséis de lana de oveja y alpaca y otros objetos típicos para turistas. Para utensilios domésticos y ropa hay que ir al **mercado Bellavista**, en la Av. El Sol (atención con los carteristas).

ℹ Información

Peligros y advertencias

En las colinas que rodean la ciudad hay miradores, pero debido a las agresiones y robos (incluso a grupos) no se recomienda visitarlos hasta que mejore su seguridad.

EN FORMA EN LAS ALTURAS

Si se asciende a casi 4000 m directamente desde la costa se corre el riesgo de padecer soroche (mal de altura; véase p. 556). Conviene pasar un tiempo en lugares elevados como Arequipa (2350 m) o Cuzco (3326 m) para aclimatarse, o tomárselo con calma al llegar a Puno. Los hoteles más exclusivos (e incluso algunos autobuses) ofrecen oxígeno, pero solo es un remedio pasajero; el cuerpo ha de aclimatarse.

La altura propicia un tiempo extremo y las noches son muy frías, por lo que conviene saber si el hotel dispone de calefacción. En los meses de invierno, junio-agosto (temporada alta turística), los termómetros bajan del cero. Al tiempo, los días son muy cálidos y las quemaduras frecuentes.

Urgencias

Policía de Turismo (☎35-3988; Deustua 558; ⊙24 h) En caso de necesidad, en la terminal terrestre también hay un policía de guardia (24 h).

Inmigración

Consulado de Bolivia (☎35-1251; Arequipa 136, 2 º; ⊙8.00-14.00 lu-vi)

Oficina de Migraciones (☎35-7103; Ayacucho 270-280; ⊙8.00-13.00 y 14.00-16.15 lu-vi) Ayuda con los visados de estudiantes y de negocios; no se encarga de las prórrogas de tarjetas de turista.

Asistencia médica

Botica Fasa (%36-6862; Arequipa 314; h24 h) Una farmacia bien surtida con servicio las 24 horas, aunque de madrugada quizá haya que aporrear la puerta.

Medicentro Tourist's Health Clinic (☎36-5909, 951-62-0937; Moquegua 191; ⊙24 h) Ofrece asistencia médica en los hoteles.

Dinero

Los bolivianos se pueden cambiar en Puno o en la frontera. En la terminal terrestre hay un cajero que acepta casi todas las tarjetas bancarias y expende dólares estadounidenses y soles. **Scotiabank** (Jirón Lima 458), **Interbank** (Lima esq. Libertad) **y Banco Continental** (Lima esq. Grau) tienen sucursales y cajeros en Jirón Lima; en Libertad hay otro Banco Continental. Hay una sucursal de **Moneygram** en Jirón Puno, bajando desde la plaza.

Correos

Serpost (Moquegua 267; ⊙8.00-20.00 lu-sa)

Información turística

iPerú (☎36-5088; plaza de Armas, esq. Lima y Deustua; ⊙9.00-18.00 lu-sa, 9.00-13.00 do) La oficina de turismo de Puno es práctica y ofrece buena información. También gestiona Indecopi, la agencia de protección al turista que se encarga de las reclamaciones sobre agencias de viajes y hoteles.

ℹ Cómo llegar y salir

Avión

El aeropuerto más cercano se encuentra en Juliaca, a una hora de distancia aproximadamente. Véase p. 171 para más información sobre vuelos. Los hoteles pueden reservar un autobús directo por unos 15 PEN. Algunas aerolíneas con oficina en Puno son **LAN** (☎36-7227; Tacna 299) y **Star Perú** (Lima 154).

Barco

No hay *ferries* de pasajeros que crucen el lago de Puno a Bolivia, pero se puede ir a La Paz en los lujosos circuitos de uno o dos días que visitan la isla del Sol y otros puntos de interés. **Transturin** (☎35-2771; www.transturin.com; Ayacucho 148; circuito de 2 días 241 US$) ofrece una combinación de autobús/catamarán/autobús que sale a las 6.30 de Puno y llega a La Paz a las 19.30 o al día siguiente a las 12.00, con pernocta a bordo. Desde Puno, **Crillon Tours** (☎35-2771; www.titicaca.com; Ayacucho 148) visita la isla del Sol (p. 193) en hidrodeslizadores, de camino a La Paz. Es un viaje de 13 horas. Leon Tours es su operador en Puno.

Autobús

En la **terminal terrestre** (☎36-4737; Primero de Mayo 703) se encuentran las empresas de autobuses de largo recorrido de Puno. Cuenta con cajero automático y cobra un impuesto de salida de 1 PEN.

Hay autobuses a Cuzco cada hora de 4.00 a 22.00 y a Arequipa cada hora de 2.00 a 22.00. Los nuevos autobuses de **Ormeño** (☎36-8176; www.grupo-ormeno.com.pe), más rápidos, son los más seguros. **Cruz del Sur** (☎en Lima 01-311-5050; www.cruzdelsur.com.pe) ofrece servicios a Arequipa. **Civa** (☎365-882; www.civa.com.pe) va a Lima. **Tour Peru** (☎35-2991; www.tourperu.com.pe) va a Cuzco y cruza a La Paz, Bolivia, vía Copacabana, a diario a las 7.30.

La manera más agradable de viajar a Cuzco es con **Inka Express** (☎36-5654; www.inkaexpress.com; Tacna 346), cuyos autobuses de lujo con ventanas panorámicas salen cada mañana a las 8.00. Incluye bufé de almuerzo, guía del circuito y oxígeno. Se visitan brevemente Andahuaylillas, Raqchi, Abra la Raya y Pucará. El viaje dura 8 horas y cuesta 143 PEN.

Las *combis* locales a Chuquito, Juli, Pomata y la frontera boliviana salen de la **terminal zonal** (Simón Bolívar s/n), varias cuadras al noroeste de la terminal terrestre. Hay que bajar por la Av. El Sol hasta ver el hospital a mano derecha; luego hay que girar a la izquierda para llegar a la *terminal zonal* (estación regional) tras dos largas cuadras.

Para llegar a Capachica (1¼ h, 4 PEN) se toma una *combi* de Jirón Talara, junto a El Sol, frente al mercado Bellavista. Sale una cada hora de 6.00 a 14.00. Las *combis* a Luquina salen por las mañanas, cada hora aproximadamente, de enfrente de la distribuidora de cerveza Brahma en Manchero Rossi, alrededor de 1,5 km al sur de la ciudad.

AUTOBUSES DE PUNO

DESTINO	TARIFA* (SOLES)	DURACIÓN (H)
Arequipa	56/72	5
Cuzco	20/40	6-7
Juliaca	3,50	1
Lima	140/170	18-21
Copacabana, Bolivia	25	3-4
La Paz, Bolivia	30	6

* Precios aproximados en autobuses normales/de lujo

Tren

El viaje en tren de Puno a Cuzco mantiene la fama de la lejana época en que la carretera no estaba asfaltada y el trayecto en autobús era una pesadilla. Los precios de los billetes se han disparado en los últimos años y la mayoría de los viajeros prefieren el autobús. El lujoso tren Explorador Andino, que ofrece un vagón acristalado e incluye el almuerzo, cuesta 150 US$; no hay opción más barata. Se trata de un tren para entusiastas del ferrocarril, pues es poco más cómodo que los mejores autobuses y circula junto a una carretera gran parte del camino, con lo que el paisaje es parecido al de un viaje mucho más barato en autobús.

Los trenes salen de la **estación de trenes** (☎36-9179; www.perurail.com; Av. La Torre 224; ⊙7.00-12.00 y 15.00-18.00 lu-vi, 7.00-15.00 sa) de Puno a las 8.00 y llegan a Cuzco en torno a las 18.00. Realizan el trayecto los lunes, miércoles y sábados de noviembre a marzo, así como los viernes de abril a octubre. Los billetes se pueden comprar en línea.

ℹ Cómo desplazarse

Un trayecto corto en taxi a cualquier punto de la ciudad (hasta las terminales de transporte) cuesta 4 PEN. Los mototaxis salen un poco más baratos (2 PEN) y los triciclos son los más económicos (1,50 PEN). Sin embargo, se trata de un trayecto cuesta arriba, por lo que quizá convenga darle una generosa propina al conductor.

Alrededores de Puno

SILLUSTANI

Situadas sobre las colinas de la península del lago Umayo, las *chullpas* (torres funerarias) de **Sillustani** (entrada 10 PEN; ⊙8.00-17.00) se divisan desde kilómetros de distancia en medio del desolado paisaje del Altiplano.

El antiguo pueblo colla dominó en su día la zona del lago Titicaca. Eran guerreros de lengua aimara, que más tarde se integraron al grupo sudoriental de los incas. Enterraban a sus nobles en *chullpas,* que se pueden ver diseminadas por todas las colinas de la región.

Las más impresionantes están en Sillustani: la más alta mide 12 m. Estos edificios cilíndricos albergaban los restos mortales de familias completas, así como comida y sus pertenencias personales para el viaje al más allá. La única abertura era un agujero orientado hacia el este lo bastante grande como para que accediera una persona a gatas; se sellaba justo después del enterramiento. Hoy en día no queda nada de ello en su interior, pero las *chullpas* están bien conservadas. La luz de la tarde es ideal para tomar fotografías, aunque el yacimiento puede estar muy concurrido a esas horas.

Las paredes de las torres se levantaron con enormes bloques que recuerdan a los de la mampostería inca, aunque era incluso más complicada que esta. Del yacimiento destacan unos bloques tallados sin colocar y una rampa que se usaba para levantarlos. También se puede visitar la cantera improvisada. Varios bloques están decorados; en una de las *chullpas* situadas más cerca del aparcamiento hay un bloque con la famosa talla de un lagarto.

Sillustani está parcialmente rodeado por el lago Umayo (3890 m), hábitat de una amplia variedad de plantas y aves acuáticas andinas. El lago también alberga una pequeña isla con vicuñas. Se trata de uno de los mejores lugares de la zona para la observación de aves.

Los circuitos a Sillustani salen de Puno a diario en torno a las 14.30 y cuestan un mínimo de 35 PEN. El viaje de ida y vuelta dura unas 3½ horas y la estancia en las ruinas es de cerca 1½ horas. Si se desea pasar

CRUCE FRONTERIZO: BOLIVIA

Existen dos rutas viables de Puno a Bolivia. La de la orilla septentrional recorre zonas muy remotas y rara vez se usa. Hay dos modos de cruzar por la orilla meridional: a través de Yunguyo o de Desaguadero. La única razón para cruzar por Desaguadero es tener prisa. La ruta por Yunguyo es más segura, bonita y mucho más popular; además, pasa por la relajada población boliviana de Copacabana, a orillas del lago, desde donde se puede visitar la isla del Sol (quizá el lugar más importante de la mitología andina).

Los ciudadanos de EE UU tienen que pagar 135 US$ en efectivo para entrar a Bolivia con un visado de turista; pueden hacerlo en la frontera o en el consulado boliviano de Puno (p. 180).

Perú tiene 1 hora más que en Bolivia y los funcionarios de la frontera boliviana cobran de forma oficiosa 30 BOB (impuesto de colaboración) por utilizar la frontera. Cuando se cruce hay que llevar el equipaje siempre encima.

A Copacabana vía Yunguyo

Existen dos maneras de hacerlo.

La más fácil y rápida es con una empresa de autobuses transfronterizos como Tour Peru u Ormeño (☎36-8176; www.grupo-ormeno.com.pe). Los billetes se compran al menos con un día de antelación. Este servicio para en una casa de cambio en la frontera y espera a que crucen los pasajeros antes de continuar hasta Copacabana (25 PEN, 3-4 h), donde otro autobús espera para ir directamente a La Paz (30 BOB, 3½ h).

La otra alternativa es ir en un *micro* desde la terminal zonal. Ese lento medio de transporte se recomienda para parar en los pueblos de la orilla meridional (véase p. 188). Conviene salir pronto y disponer de tiempo. Hay *micros* regulares entre los pueblos, sobre todo en domingo, día de mercado en Juli y Yunguyo. Es una buena forma de alejarse de los recorridos más convencionales y relacionarse con los lugareños.

Yunguyo es final de trayecto. Las casas de cambio ofrecen mejores tipos que las bolivianas.

Primero se va a la policía peruana y después al Control Migratorio, a la izquierda. Para realizar los trámites bolivianos de inmigración se cruza el arco con el letrero "Bienvenido a Bolivia".

Una *combi* a Copacabana cuesta 3 BOB. Las *combis* salen con más frecuencia los domingos. Si se prefiere caminar los 8 km, es un sencillo paseo bordeando el lago.

La frontera está abierta de 7.30 a 18.00, hora peruana.

A La Paz vía Desaguadero

Si se va a viajar directo de Puno a La Paz es más rápido, barato y directo hacerlo por el "antipático" Desaguadero que por Yunguyo, aunque también es menos pintoresco y seguro. No se aconseja pernoctar en Desaguadero.

Las *combis* a Desaguadero (8 PEN, 2½ h) salen durante el día de la terminal zonal de Puno.

En Desaguadero hay que ir a la Dirección General de Migraciones y Naturalización peruana para conseguir el sello de salida de Perú. Luego hay que ir al edificio de "Migraciones Desaguadero", a la izquierda del puente, para las formalidades bolivianas.

Se toma un triciclo a la terminal de transportes del lado boliviano, desde donde se llega a La Paz en 3½ horas, en *combi* o colectivo (transporte compartido; 30 BOB).

La frontera está abierta de 8.30 a 20.30, hora boliviana.

Atención: la policía peruana tiene muy mala reputación aquí. A veces exigen un "impuesto de salida" que no existe. No es obligatorio ir a la policía peruana antes de salir del país, así que hay que negarse educada, pero firmemente. En Desaguadero no hay cajeros automáticos; si se necesita un visado de turista conviene llevar dinero efectivo.

más tiempo en el lugar, conviene alquilar un taxi por 70 PEN, con una hora de espera. Si se quiere ahorrar, se toma un autobús a Juliaca y se solicita que pare en la bifurcación de la carretera (3 PEN, 25 min), desde donde hay *combis* (2 PEN, 20 min) a las ruinas.

Para estancias más largas, **Atun Colla** (☎365-808, 951-50-2390; www.turismoatuncolla.com) ofrece el llamado "turismo vivencial" (alojamiento con familias). El huésped puede ayudar a su familia anfitriona en las labores del campo, practicar senderismo hasta los miradores y yacimientos menos conocidos y visitar el diminuto museo de la localidad. También puede comer tierra, pues esta zona es conocida por su arcilla comestible; resulta sorprendente lo bien que pasa si se sirve como salsa sobre una patata hervida.

CUTIMBO

A poco más de 20 km de Puno, este espectacular **yacimiento** (entrada 3 PEN; ⌚8.00-17.00) goza de una magnífica ubicación en lo alto de una colina volcánica de cima plana rodeada por una fértil llanura. Sus escasas *chullpas* bien conservadas son de planta cuadrada o cilíndrica y fueron erigidas por las culturas colla, lupaca e inca; todavía se pueden admirar las rampas que usaron para levantarlas. Si se observa bien, se verán monos, pumas y serpientes tallados en sus bloques.

Pocos visitan este remoto yacimiento, por lo que resulta muy atractivo aunque más peligroso para los viajeros por libre, en especial si son mujeres. Es preferible ir en grupo y estar atento a los atracadores. Al parecer, se esconden detrás de las rocas en lo alto del empinado sendero de 2 km que sube desde la carretera.

Las *combis* con destino a Laraqueri salen del cementerio junto al parque Amista, situado a 1 km del centro de Puno (3 PEN, 1 h). El yacimiento está a mano izquierda de la carretera y bien señalizado; solo hay que preguntarle al conductor dónde bajarse. El precio de un taxi (unos 30 PEN ida) hace que merezca la pena hacer un circuito (94 PEN) desde Puno.

Islas del lago Titicaca

Son famosas por su apacible belleza y las tradiciones vivas de su cultura agrícola, que data de tiempos precolombinos. Alojarse en una casa particular permite experimentar otra forma de vida.

Hay que tener presente que no todos los isleños reciben con agrado al turismo, algo comprensible ya que no todos se benefician de él y algunos lo consideran una intrusión en sus vidas. Se debe ser respetuoso con su intimidad. Para más consejos sobre turismo responsable en las islas del lago Titicaca véase recuadro en p. 185.

Todas las agencias de viajes de Puno ofrecen circuitos de uno y dos días a Uros, Taquile y Amantaní. Muchos viajeros se quejan de que los circuitos de isla en isla solo ofrecen una visión superficial de ellas y de sus culturas. Para conocerlas mejor se recomienda ir por cuenta propia. Todos los billetes de *ferry* son válidos durante 15 días, por lo que es posible cambiar de isla cuando se quiera.

ISLAS UROS

Estas excepcionales **islas flotantes** (entrada 5 PEN), 7 km al este de Puno, son la principal atracción del lago Titicaca. Su singularidad se debe a su construcción. Se crearon de la nada utilizando los juncos de totora flotantes que crecen en las aguas poco profundas del lago. La vida del pueblo uro está entretejida con esos juncos, pues su interior es comestible (tiene sabor a palmito) y se utilizan para hacer casas, barcos y artesanía. Las islas se construyen con muchas capas de totoras, que se reponen continuamente desde arriba a medida que las capas inferiores se pudren, por lo que el suelo siempre es mullido.

Algunas islas también cuentan con elaboradas versiones de los fuertemente entretejidos barcos tradicionales de juncos y otras caprichosas creaciones, como arcos y columpios. Normalmente se paga por los paseos en barca y por hacer fotografías.

Debido a los matrimonios mixtos con otros pueblos de lengua aimara, los uros de pura sangre han desaparecido; hoy en día todos hablan aimara. Siempre fueron un pueblo

VIAJE EN BARCO POR EL LAGO TITICACA

Los viajes en barco por el Titicaca a veces requieren entereza, por lo que conviene preguntar en qué barco se viajará y llevar ropa de abrigo para estar en cubierta. Hay tres tipos de barcos: los barcos de alta velocidad transportan grupos de 30 a 40 personas; las lanchas rápidas, la opción más común, son algo más lentas, pero las más lentas son las embarcaciones artesanales, que tardan el doble tiempo en llegar al destino. A veces los *ferries* tienen motores de camión y transportan mucha carga, lo que los ralentiza. Los barcos que tienen el motor en la cabina despiden un olor que puede provocar mareos.

pequeño que inició su peculiar vida flotante hace siglos para aislarse de los agresivos collas e incas.

La popularidad de las islas ha provocado su creciente comercialización. Las islas de juncos más tradicionales, a las que se llega en barcos privados a través de un laberinto de pequeños canales, están más alejadas de Puno. Los isleños siguen viviendo de forma relativamente tradicional y prefieren no ser fotografiados.

Llegar a las islas Uros resulta fácil; no es necesario contratar un circuito organizado. Los *ferries* salen del puerto hacia Uros (ida y vuelta 12 PEN) al menos cada hora de 6.00 a 16.00. El servicio de *ferries*, propiedad de la comunidad, visita dos islas siguiendo un orden rotatorio. Los *ferries* a Taquile y Amantaní también pueden dejar al viajero en las islas Uros.

Una opción extraordinaria es alojarse en la isla Khantati, en las cabañas de juncos de **Cristina Suaña** (☎951-69-5121, 951-47-2355; uroskhantati@hotmail.com; pensión completa 165 PEN/persona), una nativa uro de personalidad desbordante cuyo espíritu emprendedor le ha procurado elogios en todo el mundo. A lo largo de los años, su familia ha construido una serie de impecables cabañas semitradicionales (con energía solar y excusados exteriores) que ocupan la mitad de la diminuta isla, con terrazas cubiertas, gatos y algún flamenco. El precio incluye el transporte desde Puno, comidas variadas, pesca, explicaciones sobre la cultura y el placer de la compañía de la animada Cristina. El relajado ritmo de vida no encaja con las personas que disponen de poco tiempo.

ISLA TAQUILE

Habitada durante miles de años, **Taquile** (entrada 5 PEN), situada 35 km al este de Puno, es una diminuta isla de 7 km² con una población de unas 2200 personas. Su encantador paisaje recuerda al del Mediterráneo. Bajo la fuerte luz de la isla, la tierra roja contrasta con el intenso azul del lago y el brillante fondo de la Cordillera Real nevada de Bolivia, que se puede apreciar al otro lado del lago. Varias colinas tienen terrazas incas en las laderas y pequeñas ruinas en lo alto.

Lo que distingue a esta isla es su belleza natural. Sus habitantes hablan quechua y son muy diferentes de la mayoría de las comunidades de las islas circundantes, de lengua aimara. Además, conservan una fuerte identidad de grupo. Rara vez se casan con gente de fuera de la isla.

Taquile mantiene una fascinante tradición artesana. Las artesanías se realizan conforme a un sistema de costumbres sociales muy arraigadas. Los hombres llevan sombreros de lana que parecen gorros de dormir y que tejen ellos mismos. Estos sombreros poseen un simbolismo social: los hombres casados llevan sombreros rojos y los solteros, rojos y blancos. Además, los diferentes colores indican la posición social actual o pasada de un hombre.

Las mujeres de Taquile tejen fajas gruesas y coloridas para sus maridos, que estos combinan con camisas blancas toscamente tejidas y pantalones negros y gruesos hasta media pierna. Las mujeres visten llamativos trajes compuestos por faldas de varias capas y blusas bordadas. Se trata de uno de los trajes tradicionales mejor elaborados de Perú y se pueden comprar en la cooperativa situada en la plaza principal de la isla.

También hay que asegurarse de traer billetes pequeños de la moneda local, pues el cambio no abunda y no hay ningún lugar en la isla para cambiar dólares. Quizá convenga traer más dinero de lo previsto para comprar algunas de las exquisitas artesanías que se venden en la cooperativa. En la década de 1990 se introdujo un limitado suministro de electricidad en la isla, con la que no siempre se puede contar, por lo que conviene llevar una linterna si se va a pernoctar.

Puntos de interés

Los visitantes pueden deambular a sus anchas, explorar las ruinas y disfrutar de la tranquilidad. La isla es maravillosa para ver la puesta de sol y admirar la luna, que parece mucho más brillante mientras surge majestuosa entre los espectaculares picos de la Cordillera Real. Conviene recorrer la isla de día; sin carreteras, iluminación o edificios grandes que puedan servir de punto de referencia, muchos viajeros se han perdido en la oscuridad y han tenido que dormir a la intemperie.

Una escalera de más de 500 peldaños conduce del muelle al centro de la isla. El duro ascenso se realiza en 20 minutos si uno está aclimatado.

Fiestas y celebraciones

La **Fiesta de San Diego** (25 julio) se celebra a lo grande en Taquile. Los bailes, la música y la alegría general siguen durante varios días hasta principios de agosto, cuando los isleños hacen ofrendas a la Pachamama (Madre Tierra). **Semana Santa** y **Año Nuevo**

TURISMO ÉTICO COMUNITARIO

Después de Cuzco, Puno es la población más turística de Perú, ya que es la base principal para las excursiones al lago Titicaca y sus alrededores. La arqueología y la mitología atraen a los turistas, pero lo que consigue que permanezcan es su cultura rica y fascinante. El turismo vivencial empezó a florecer en Puno y hoy es el eje de la industria turística local.

Existen decenas de agencias de viajes que, en muchos casos, ofrecen lo mismo a precios muy diferentes. Lo que marca esa diferencia es sobre todo el precio que la agencia paga a las familias. La mayoría de las agencias baratas (y algunas de las caras) pagan poco más del coste de las comidas del huésped. Aunque resulta difícil saber qué agencias las compensan mejor, los siguientes consejos ayudan a mejorar la experiencia:

» Utilizar una de las agencias listadas aquí o una recomendada por los viajeros.

» Comprobar que el guía alterna las casas particulares y las visitas a las islas flotantes.

» Insistir en entregar el dinero por el alojamiento directamente a la familia.

» Se suele pagar bien por este tipo de experiencia; al menos 50 US$ por la típica excursión de dos días a las islas para que la familia anfitriona pueda obtener beneficios de la estancia del viajero.

» Viajar a las islas por cuenta propia; es muy fácil.

» Llevarse toda la basura, los isleños no tienen forma de hacerlo.

» Llevar regalos o artículos que los isleños no pueden conseguir, como fruta o material escolar (bolígrafos, lápices, cuadernos).

» No hay que dar caramelos ni dinero a los niños: fomenta que vuelvan a pedir.

» Apoyar las iniciativas comunitarias que benefician a todos. En Taquile, las familias se turnan en el Restaurante Comunal, lo que supone que muchos se beneficien de las oleadas de turistas que llegan a diario a la isla. Luquina Chico y la isla Ticonata organizan el turismo de forma comunal, rotando el alojamiento, compartiendo los beneficios y trabajando unidos para proporcionar comida, transporte, guías y actividades.

» Visitar una de las comunidades a orillas del lago. Son más difíciles de visitar que las de las islas, pero son más tranquilas y menos turísticas, y se conoce una comunidad agrícola.

también son festivos y bulliciosos. Muchos isleños acuden a Puno durante las fiestas de la Virgen de la Candelaria y la Semana Jubilar Turística de Puno, épocas en que la isla se queda casi desierta.

Dónde dormir y comer

Los hospedajes (pequeñas pensiones familiares) de Taquile ofrecen alojamiento básico por 20 PEN/noche. Las comidas se pagan aparte (10-15 PEN desayuno, 20 PEN almuerzo). Las opciones abarcan desde una habitación en una casa familiar a pequeños hostales. La mayoría ofrecen baños interiores y duchas eléctricas. El alojamiento puede reservarse mediante un operador turístico o por cuenta propia. Como la comunidad aloja a los visitantes de forma rotativa, hay pocas posibilidades de elegir.

Todos los restaurantes ofrecen la misma sopa de quinua (deliciosa en todo el lago Titicaca) y trucha de lago; el precio es a partir de 20 PEN. No es mala idea comer en el **Restaurante Comunal**, el único restaurante comunitario de Taquile.

Cómo llegar y salir

Los *ferries* (ida y vuelta 20 PEN; entrada a la isla 5 PEN) salen del puerto de Puno a Taquile a partir de las 6.45. Si el *ferry* para en las islas Uros también hay que pagar la entrada allí. Hay un *ferry* de Amantaní a Taquile por la mañana; también se puede llegar en *ferry* desde Llachón.

ISLA AMANTANÍ

La **isla Amantaní** (entrada 5 PEN), la más remota y con 4000 habitantes, está a pocos kilómetros de Taquile, más pequeña. Casi todos los viajes a Amantaní incluyen una noche de alojamiento con los isleños. Los huéspedes ayudan a cocinar en hogueras encendidas sobre suelos de tierra. Ser testigo de la diversidad de la vida rural procura una memorable y encantadora experiencia.

A veces los lugareños organizan bailes tradicionales y permiten a los viajeros vestirse con sus trajes de fiesta para bailar durante toda la noche. Por supuesto, las botas de montaña les delatan. No hay que olvidarse de mirar al increíble cielo estrellado cuando se vuelva a casa dando tumbos.

La isla es muy tranquila (no se permiten perros), ofrece unas vistas excelentes y no tiene carreteras ni vehículos. Algunas colinas están coronadas por ruinas; entre las más altas y conocidas se encuentran las de **Pachamama** (Madre Tierra) y **Pachatata** (Padre Tierra), que se remontan a la cultura Tiahuanaco, principalmente boliviana, y que surgió en torno al lago Titicaca y se expandió con rapidez entre el 200 a.C. y el 1000 d.C.

Como en Taquile, los isleños hablan quechua, pero su cultura está más influenciada por los aimaras.

Dónde dormir y comer

El sistema de **alojamiento comunal de Amantani** (36-9714) está formado por casi todas las familias de la isla y es rotativo. Es necesario respetar el orden de este proceso, incluso si se viaja en grupo con guía. No hay ningún problema en solicitar alojarse juntos toda la familia o un grupo de amigos. El precio de la cama y pensión completa comienza en 30 PEN por persona y noche.

Cómo llegar y salir

A diario, a las 8.00, salen **'ferries'** (ida y vuelta 30 PEN; entrada a la isla 5 PEN) del puerto de Puno en dirección a Amantaní. También hay servicios de Amantaní a Taquile y Puno todos los días alrededor de las 16.00 (conviene asegurarse, pues los horarios cambian) y a veces de Amantaní a Puno alrededor de las 8.00, según la demanda.

ISLA SUASI

Esta bonita isla en la orilla noroeste del lago, con energía solar, ofrece un retiro absoluto en plena naturaleza. Es la única isla de propiedad privada en el Titicaca y se ha alquilado a un hotel de lujo. El remoto hotel ecológico **Casa Andina Isla Suasi** (1-213-9739; www.casa-andina.com; 2 días/1 noche todo incluido 1090 PEN/persona) es todo lo exclusivo que pueda ser un complejo turístico. Sus habitaciones en terrazas están bien equipadas, con edredones de plumas, chimenea y vistas al lago. Es excepcional en esta región, pues sus exuberantes jardines llenos de flores, senderos, vicuñas y lugares para bañarse (sí, la gente se baña) ofrecen una experiencia más natural que cultural. Los tratamientos de su *spa* y las saunas con vapor y hojas de eucalipto proporcionan cierto nivel de complacencia. Gracias a los juegos, canoas y actividades con guía, también es un buen destino para las familias. Esta a 5 horas en barco desde Puno y a 3 horas en automóvil por una pista de tierra, con un corto trasbordo en barco desde Cambria. La entrada de 12 US$ (incluida en el precio del alojamiento) se destina a proyectos locales de conservación.

El hotel ofrece traslados a las 7.30 para los huéspedes desde el muelle de Puno, con paradas para visitar las islas Uros y la isla Taquile.

Península de Capachica y alrededores

Esta península, que sobresale en la orilla noroeste del lago, entre Juliaca y Puno, posee la misma belleza que las islas del lago, pero sin aglomeraciones ni predisposición comercial. Cada pueblito posee su propio paisaje espectacular que abarca desde lo bucólico hasta lo majestuoso. Unos días entre los lugareños –hombres bien parecidos y dignos, vestidos con chalecos y sombreros negros, y tímidas y sonrientes mujeres con intrincados tocados– sin nada que hacer excepto comer bien, subir a colinas y árboles y mirar al lago, son un auténtico retiro. El alojamiento es solo en casas particulares, lo que contribuye al disfrute.

Ubicados a lo largo de la península entre las poblaciones de Capachica y Llachón, los pueblos de Ccotos y Chifrón están unidos por pistas de tierra desiertas (que se recorren sobre todo a pie) y servicios de autobús bastante lentos (suele ser más rápido subir la colina a pie que dar la vuelta por la carretera en autobús). Escallani está más al norte, no muy lejos de Juliaca y algo apartado de la península propiamente dicha. Los lugareños viajan a la península en lanchas que suelen alquilar a los extranjeros.

En esta península no hay señal de internet, pero los teléfonos móviles sí funcionan. Tampoco hay bancos ni cajeros y, como ocurre en el resto del país, puede resultar muy difícil encontrar cambio para billetes grandes. Hay que llevar todo el dinero necesario en billetes de 20 PEN o menos si es posible.

Las agencias de viajes en Puno (p. 173) pueden llevar al viajero a cualquiera de las comunidades de la península. **Cedesos** (36-7915; www.cedesos.org; 3ª planta, Moquegua 348, Puno) ofrece viajes guiados (estándar y personalizados) a estas comunidades y a otras de la zona.

Esta ONG trabaja para mejorar los ingresos y la calidad de vida locales a través del turismo. Ofrece programas de capacitación y créditos baratos a los habitantes de la zona para prepararlos para el turismo. Los circuitos no son baratos, pero están bien organizados y los lectores los recomiendan.

Todas las comunidades detalladas a continuación ofrecen las mismas opciones de comida y alojamiento, parecidas a las de la isla Amantaní. Las familias de la zona han construido o adaptado en sus casas habitaciones sencillas para turistas; cobran unos 25 PEN por persona y noche por una cama o unos 70 PEN la pensión completa. Se recomienda la opción de pensión completa; todos los pueblos tienen al menos una tienda, pero los víveres son limitados y las comidas que preparan las familias son saludables y deliciosas. A excepción de la trucha, la dieta es vegetariana y hace especial hincapié en la quinua, las patatas y las habas cultivadas en la región.

Llachón y, en menor medida, Escallani están preparados para viajeros que llegan sin avisar. Sin embargo, en otras comunidades es muy importante reservar el alojamiento con antelación, pues los anfitriones tienen que comprar víveres y demás. Es mejor llamar por teléfono que reservar por internet.

CAPACHICA

El centro comercial de la península es poco memorable. Tiene un par de restaurantes y hospedajes muy básicos, así como una iglesia bonita y un estadio enorme; todo se ve desde el autobús. No hay razón para detenerse, a menos que haya que cambiar de autobús, utilizar internet o un teléfono público (hay dos en la plaza); servicios que no se encuentran en el resto de la península.

LLACHÓN

Unos 75 km al nordeste de Puno, este hermoso pueblito, cerca de la punta meridional de la península ofrece unas vistas fantásticas y excursiones cortas a pie a los yacimientos preincaicos de los alrededores. Aunque es la comunidad más desarrollada de la península gracias al turismo gestionado localmente, conserva un ambiente muy alejado del Perú moderno. Con pocos automóviles y ningún perro, es un lugar muy tranquilo, ideal para relajarse y disfrutar de las vistas del lago Titicaca mientras se ven pasar las ovejas, vacas, cerdos, llamas y niños. De enero a marzo, las aves autóctonas también son un atractivo a tener en cuenta.

A continuación se detallan algunos alojamientos recomendados, pero también se puede aparecer por el pueblo y preguntar ahí.

El líder comunitario **Félix Turpo** (☎951-66-4828; hospedajesamary@hotmail.com) posee un magnífico jardín y las vistas más espectaculares de la península que dominan la isla Taquile. Aquí se puede también disfrutar de una ducha de agua caliente, que consiste en una tubería de goma de color negro sobre una roca caliente (se recomienda ducharse durante el día).

Magno Cahui (☎951-82-5316; hospedajetikawasi@yahoo.es), su mujer y sus preciosos hijos ofrecen agradables cabañas alrededor del altar de piedra de su abuelo e increíbles vistas del lago Titicaca.

El legendario **Valentín Quispe** (☎951-82-1392; llachon@yahoo.com) y su esposa Lucila son los dueños de un bonito hostal escondido junto a un sendero de piedra y un encantador cementerio lleno de maleza. También alquilan kayaks.

Richard Cahui Flores (☎951-63-7382; hospedajesamary@hotmail.com) aloja a familias y es el mejor punto de contacto para reservar con antelación, pues si no dispone de alojamiento en su tranquila granja, deriva a otros hospedajes.

CHIFRÓN

Si Llachón parece demasiado urbanizado, el diminuto y somnoliento Chifrón (24 hab.) resulta perfecto. Se halla cerca de la carretera principal, en el extremo nororiental de la península. Entre eucaliptos y sobre una playa desierta, tres familias ofrecen un alojamiento muy básico para un máximo de 15 personas. Se trata de una oportunidad única para adentrarse en otro mundo. Contáctese con **Emiliano** (☎951-91-9252/9652; playachifron_01@hotmail.com) para organizar la estancia.

CCOTOS Y LA ISLA TICONATA

Resulta casi imposible ir más allá del circuito turístico. En Ccotos, en la costa este de la península, en todo el año no ocurre nada, excepto el certamen de Miss Playa, durante el cual los trajes de baño son motivo de encendidas polémicas. Conviene alojarse donde el amable **Alfonso Quispe** (☎951-85-6462; incasamanatours@yahoo.es) y su familia, a orillas del lago. Uno podrá pescar el pescado para el desayuno, observar aves, caminar hasta el mirador y unas ruinas cubiertas de maleza y relajarse en la playa, al parecer la más bonita de Capachica, aunque resulta difícil elegir.

A unos 200 m de Ccotos, la isla Ticonata alberga una comunidad muy unida y algunas

TITILAKA

El hotel de lujo **Titilaka** (en Lima ☎1-700-5105; www.titilaka.com; lago Titicaca; i/d con pensión completa desde 301/530 US$; @ 📶), escondido en la escarpada costa del lago Titicaca, es un destino en sí mismo. El ambiente es euroandino, con una variada paleta de colores. Sus detalles de arte tradicional combinan con las esculturas y fotografías en blanco y negro de conocidos artistas peruanos. Sus grandes ventanales absorben el sereno paisaje. Las habitaciones disponen de camas king size calentadas con bolsas de agua caliente, grandes bañeras, consolas para iPod y espacio junto a las ventanas para sentarse. Ofrece juegos para niños, spa y restaurante para gourmets. El personal está dispuesto a agradar. Sus circuitos guiados ofrecen una visita íntima a las islas. A pesar de que muchos de los huéspedes optan por el paquete de tres días, el precio por noche incluye pensión completa y excursiones como paseos o kayaks. Está a una hora al sur de Puno.

interesantes momias, fósiles y yacimientos arqueológicos. A la isla solo se puede acceder en circuito organizado. Se trata de un ejemplo peculiar de una comunidad del lago Titicaca que tiene la última palabra frente a las agencias de viajes en beneficio de todos. Los circuitos se pueden reservar en Puno avisando con poca antelación a través de Cedesos o las agencias de viajes. Entre las actividades que incluyen está la pesca, la danza, la cocina y ayudar a cultivar las chacras familiares.

ESCALLANI

Se pueden pasar días observando las majestuosas vistas de los juncos, el mosaico de campos, las escarpadas rocas y las nieves perpetuas del nevado Illimani (la montaña más alta de la cordillera Real en Bolivia). Desde el asentamiento de Escallani, situado junto a la península, de camino a Juliaca, el lago se ve de forma distinta. **Rufino** (☎951-64-5325) y su familia han erigido un laberíntico complejo de más de una docena de cabañas rústicas con techo de paja por encima de la localidad. Rufino no tiene teléfono; para reservar hay que llamar a sus parientes en Juliaca con mucha antelación. Este lugar está un poco más preparado que otras comunidades para recibir a huéspedes sin previo aviso; para encontrarlo hay que preguntar en la plaza. Se rumorea que hay zonas de escalada.

El viaje en microbús de Juliaca a Escallani por Pusi es muy recomendable para los viajeros resistentes. El paisaje en esta carretera sin asfaltar y poco transitada es incomparable; para poder ver el lago hay que sentarse en el lado izquierdo del autobús si se viaja de Juliaca a Escallani.

ℹ Cómo llegar y desplazarse

Desde Puno se toma una *combi* en dirección a Capachica o Llachón desde el exterior del mercado Bellavista. Todas paran en Capachica (4 PEN, 80 min). Desde la plaza se continúa hasta Llachón (2 PEN, 45 min) u otros destinos.

Para ir a Ccotos (1,50 PEN, 35 min) o Escallani (2,50 PEN, 45 min) las *combis* salen de la plaza de Capachica, solo los domingos de 8.00 a 14.00. También se puede tomar un taxi (15 PEN) o un mototaxi (10 PEN) a Ccotos; el camino a Escallani (40 PEN) es algo más empinado.

No hay transporte público a Chifrón. Se toma un taxi en Capachica (10 PEN) o un mototaxi (7 PEN). También se puede cruzar la colina desde Llachón o caminar los 3 km desde Capachica.

Otra forma de acceder a Llachón es con el *ferry* de Taquile. El modo más fácil de combinar los dos consiste en llegar por carretera y preguntar a la familia anfitriona de Llachón dónde se toma el *ferry* a Taquile.

Pueblos de la orilla sur

La carretera a Bolivia que recorre la orilla meridional del lago Titicaca pasa por bucólicos pueblos famosos por sus iglesias coloniales y sus hermosas vistas. Esta ruta permite observar la cultura tradicional de la región de un modo poco turístico. Si se coordinan las conexiones desde Puno en un día se pueden visitar los siguientes pueblos, o continuar hasta Bolivia.

Para utilizar el transporte público a cualquier pueblo de la orilla meridional se va a la terminal zonal de Puno. Las *combis* salen cuando están llenas. La ruta incluye Ichu (1 PEN, 15 min), Chucuito (1,50 PEN, 30 min), Juli (4 PEN, 1 h), Pomata (6 PEN, 1½ h) y la frontera boliviana en Yunguyo (6,50 PEN, 2¼ h) o Desaguadero (7,50 PEN, 2½ h). El transporte directo a las poblaciones cercanas a Puno es frecuente, pero las *combis* a las otras localidades salen por lo menos cada hora.

ICHU

Esta comunidad rural, ubicada a 10 km de Puno, se extiende por un maravilloso valle verde y alberga ruinas poco conocidas y vistas increíbles. Es ideal para disfrutar de una caminata.

Hay que salir de la carretera Panamericana por la segunda salida de Ichu (pasada la gasolinera) y dirigirse hacia el interior hasta la casa que reza "Villa Lago 1960". Luego hay que caminar 2 km y girar a la izquierda en el cruce en dirección a las dos pequeñas colinas con terrazas que se ven a la izquierda del valle. Después de girar a la izquierda en el segundo cruce (si el caminante se ha pasado verá el colegio), la carretera pasa entre las dos colinas. Hay que girar a la izquierda de nuevo y empezar a subir la primera colina. Tras un ascenso empinado de 15 minutos se llega a la cima, donde se verán los restos de un complejo de templos en varios niveles y unas espectaculares vistas de 360 grados.

Esta caminata se puede realizar en medio día desde Puno. Hay que llevar suficiente agua y comida, pues no hay tiendas.

CHUCUITO

☎051 / 1100 HAB.

La principal atracción de la tranquila Chucuito es el extravagante **templo de la Fertilidad** (Inca Uyu; entrada 5 PEN; ⊙8.00-17.00). Por su polvoriento recinto hay diseminados enormes falos de piedra, algunos de hasta 1,2 m de altura. Los guías locales cuentan divertidas historias sobre ellos, como las de las solteras que se sentaban encima para aumentar su fertilidad. Más arriba de la carretera se halla la plaza principal, que alberga dos bonitas iglesias coloniales: **Santo Domingo** y **Nuestra Señora de la Asunción.** Para ver su interior hay que localizar a los escurridizos guardianes.

Dónde dormir y comer

Junto a la plaza hay un par de alojamientos básicos para comer, ambos poseen restaurantes con menús turísticos.

Taypikala Lago HOTEL $$$

(☎79-2266; www.taypikala.com; calle Sandia s/n; i/d/tr 201/254/320 PEN) Este elegante y nuevo hotel cruzando la carretera, similar al Tapikala original, ofrece mejores vistas, rodeadas de lujo discreto y delicada arquitectura.

Albergue Las Cabañas CABAÑAS $$

(☎36-8494; www.chucuito.com; Tarapacá 153; i/d/tr 64/96/126 PEN) Este alojamiento, cercano a la plaza, cuenta con un agradable y descuidado jardín, cabañas rústicas de piedra y bungalós para familias con estufas de leña.

LUQUINA CHICO

Esta pequeña comunidad a 53 km al este de Puno, en la península de Chucuito, está progresando gracias al turismo. Ofrece el alojamiento en casas particulares con mayor nivel de todas las comunidades del lago.

Tanto desde la parte alta del cabo como desde las fértiles llanuras cercanas al lago, las vistas de Puno, Juliaca y las islas son magníficas. En la estación de lluvias se forma una laguna que atrae a aves migratorias de zonas húmedas.

Hay *chullpitas* (torres funerarias en miniatura) diseminadas por toda la zona. Según dicen, albergan los cuerpos de los gentiles, un pueblo enano que vivió en los "tiempos oscuros", antes de que naciera el Sol, que los envió bajo tierra.

En las estancias en casas particulares (desde 20 PEN) se puede solicitar pensión completa (28 PEN). Para llegar se toma una *combi* con el letrero "Luquina Chico" (2,50 PEN, 1½ h) desde Puno o el *ferry* a o desde Taquile y se solicita al capitán que desembarque allí. Hay kayaks de alquiler. **Edgar Adventures** (p. 174) también lleva a los viajeros en bicicleta de montaña; se trata de un trayecto de 3 horas bastante agotador pero muy bello a lo largo de la península.

JULI

☎051 / 8000 HAB.

Pasado Chucuito, la carretera se separa del lago hacia el sureste y pasa por el centro de **Ilave,** conocido por su mercado de ganado y por su extremo sentido de la justicia, cuya manifestación más célebre fue el linchamiento del alcalde en el 2004. Es mejor evitarlo en momentos de conflicto. La aletargada y acogedora Juli es más adecuada para los viajeros. La llaman "la pequeña Roma de Perú" por sus cuatro iglesias coloniales de los ss. XVI y XVII, que están siendo restauradas poco a poco. Quizá las iglesias estén abiertas los domingos, aunque los horarios no deben tomarse muy en serio. Merece la pena llamar con fuerza a la puerta si están cerradas.

San Juan de Letrán (entrada 6 PEN; ⊙8.30-17.00 ma-do) es una iglesia barroca de adobe de 1570; alberga cuadros de la escuela cuzqueña con suntuosos marcos que representan las vidas de santos. La imponente iglesia de **Nuestra Señora de la Asunción** (entrada 6 PEN; ⏲8.30-17.00 ma-do), acabada en 1557, tiene un amplio patio que incita a la oración. Su interior es amplio y el púlpito está cubierto con pan de oro. La iglesia de **Santa Cruz** ha perdido la mitad de su tejado y está cerrada hasta nuevo aviso. En la plaza principal, la iglesia de **San Pedro,** erigida en piedra en 1560, está en óptimas condiciones; alberga techos de madera tallada y una pila bautismal de mármol. La misa se celebra todos los domingos a las 8.00.

El domingo también es el día de mercado en Juli (el más grande de la región). El miércoles hay uno más pequeño.

Los *micros* (4 PEN, 1 h) desde la terminal zonal de Puno dejan junto al mercado, 10 minutos a pie del centro, pero salen de Jirón Lima, dos cuadras subiendo desde la plaza. En esta zona se pueden encontrar cibercafés y hostales básicos.

POMATA

☎051 / 1800 HAB.

Pasado Juli, la carretera sigue hacia el sudeste hasta Pomata, a 105 km de Puno. Nada más llegar se ve el **templo de Santiago Apóstol** (entrada 2 PEN), una iglesia dominica de dimensiones y esplendor desproporcionados en relación con el pueblo, situado en lo alto de una pequeña colina. Fundado en 1700, es conocido por sus ventanales de alabastro translúcido y su fachada barroca de arenisca con intrincadas tallas. Búsquense las tallas de los pumas (Pomata significa "lugar del puma" en aimara).

Al salir de Pomata la carretera se bifurca. La carretera principal sigue hacia el sudeste y cruza Zepita hasta la población fronteriza nada acogedora de Desaguadero. La bifurcación de la izquierda sigue la orilla del lago Titicaca y llega hasta otro cruce fronterizo más agradable llamado Yunguyo. Si se sigue esta última ruta conviene detenerse en el **mirador natural de Asiru Patjata,** situado a varios kilómetros de Yunguyo. Aquí se extiende una formación rocosa de 5000 m de longitud que tiene forma de culebra; su cabeza constituye un mirador con vistas a la isla del Sol. Esta zona es conocida por sus pueblos aislados y sus chamanes.

Los colectivos desde la terminal zonal de Puno paran allí (6 PEN, 1½ h); están indicados con los letreros Yunguyo o Desaguadero.

Orilla boliviana

Si se piensa pasar un tiempo en Bolivia, la guía de Lonely Planet *Bolivia* proporciona información más completa.

COPACABANA

☎591-02 / 54 300 HAB. / ALT. 3808 M

Al otro lado de la frontera frente a Yunguyo, Copacabana es una tranquila población boliviana en la orilla meridional del lago Titicaca. Durante siglos fue un centro de peregrinaciones religiosas y hoy en día los peregrinos locales e internacionales acuden a sus fiestas. Pequeña y luminosa, es una práctica base para visitar las famosas islas del Sol y de la Luna. Los fines de semana se llena de visitantes de La Paz y entre semana está vacía.

En el s. XVI ofrecieron a la población una imagen de la Virgen de la Candelaria (la actual patrona de Bolivia), que realizó numerosos milagros. La catedral mudéjar de Copacabana, donde reside la Virgen en una sórdida y desconcertante capilla, sigue siendo un importante punto de peregrinación.

Hay que estar preparado para las fuertes lluvias, en especial en diciembre y enero, y para las noches heladas durante todo el año.

Puntos de interés

Gran parte de las actividades de Copacabana se llevan a cabo en la plaza 2 de Febrero y en la Av. 6 de Agosto, la principal calle comercial, que va de este a oeste. El centro de transportes está en la plaza Sucre. En su extremo occidental está el lago y un paseo marítimo (Costañera) por la orilla.

Catedral IGLESIA

Esta blanca catedral mudéjar, con cúpulas y coloridos azulejos, domina la ciudad.

La negra imagen del **camarín de la Virgen de la Candelaria,** tallado por Francisco Yupanqui, nieto del inca Tupac Yupanqui, se encuentra sobre el altar. Las horas de visita son poco de fiar. La imagen nunca ha salido de la catedral y se dice que molestarla provocaría una devastadora inundación procedente del lago.

La catedral posee arte religioso local y europeo, y el **Museo de la Catedral** (10 BOB/persona; ⏲todo el día) exhibe algunos objetos muy interesantes, ofrecidos por personas esperanzadas. Por desgracia, solo abre a grupos de cuatro personas o más (a menos que se quieran pagar cuatro entradas) y normalmente hay que localizar a una hermana para que organice la visita.

Cerro Calvario MIRADOR
En media hora se llega a su cima y la ascensión merece la pena, en especial por la tarde, para ver la puesta del sol en el lago. El sendero comienza junto a la **iglesia,** al final de la calle Destacamento y se pasa por las 14 estaciones de la cruz.

GRATIS **Museo Taypi** MUSEO
(Hotel Rosario del Lago) Es un pequeño museo privado en los jardines del Hotel Rosario. Exhibe una reducida y encantadora colección de antigüedades y exposiciones culturales sobre la región, y la tienda de comercio justo Jalsuri vende artesanía de calidad.

Fiestas y celebraciones

Feria de Alasitas FIESTA
Se celebra el 24 de enero.

Fiesta de la Virgen de la Candelaria FIESTA
Conmemora la patrona de Copacabana y de Bolivia con música, bailes tradicionales aimara, bebida y comida. Culmina con el acorralamiento de 100 toros. Del 2 al 5 de febrero.

Semana Santa FIESTA RELIGIOSA
La ciudad se llena de peregrinos y procesiones, en especial el Viernes Santo.

Día de la Independencia Boliviana FIESTA NACIONAL
La primera semana de agosto la ciudad organiza su fiesta mayor con música, desfiles, bandas de metales, fuegos artificiales y un impresionante consumo de alcohol a todas horas. Coincide con una peregrinación tradicional que atrae a miles de peruanos para ver a la Virgen.

Circuitos

Para visitar las islas del Sol y de la Luna se puede tomar un *ferry* (p. 183) o hacer la ruta de lujo con uno de los operadores turísticos de La Paz que ofrecen excursiones guiadas (y que añaden una noche o dos en sus hoteles de la isla del Sol).

Dónde dormir

En Copacabana los hoteles (muchos de poca calidad) surgen como setas. Abundan las opciones económicas, que cobran 30 BOB/persona (mucho más en temporada alta y fiestas), en especial en la calle Jáuregui.

Las Olas HOTEL- 'BOUTIQUE' $$
(7-250-8668; www.hostallasolas.com; Michel Pérez 1-3; i 210-224 BOB, d 266-294 BOB;) Creativo, con estilo y vistas excepcionales, ofrece una experiencia única que compensa el dispendio. Cuenta con cocinas, terrazas privadas con hamacas y *jacuzzi* de energía solar. Conviene reservar con antelación.

Hotel La Cúpula HOTEL $$
(862-2029; www.hotelcupula.com; Michel Pérez 1-3; i/d/ste 133/210/266 BOB;) Atractivo oasis en la ladera de cerro Calvario. Sus habitaciones son muy básicas (y las camas demasiado blandas), pero se agradecen los jardines, hamacas, cocina compartida y agradable ambiente. Conviene reservar con antelación.

Hostal Flores del Lago HOTEL $
(862-2117; www.taypibolivia.com; Jauregui; i/d/tr 80/120/180 BOB;) Otra excelente opción de cuatro pisos en la parte norte del puerto. Sus limpias habitaciones son un poco húmedas, pero las vistas y su agradable vestíbulo lo compensan.

Ecolodge del Lago HOTEL $$
(862-2500; i/d/tr 180/320/480 BOB) Este ecologista alojamiento, a 20 minutos a pie por Costañera (o un corto viaje en taxi), está junto al lago, en un maravilloso paraíso natural. Sus peculiares habitaciones de adobe y apartamentos totalmente equipados se calientan gracias a los ladrillos de barro y el agua con energía solar. El jardín de dalias y gladiolos permite unas excelentes vistas del lago.

Hostel Leyenda HOTEL $
(7-067-4097; hostel.leyenda@gmail.com; Av. Busch esq. Constañera; i/d 80/120 BOB desayuno incl.;) Buena opción económica con vistas al lago, exuberante jardín y habitaciones "*boutique*-boliviana". Por el mismo precio, las de las esquinas son más espaciosas y la suite del último piso (el mismo precio) tiene techo de totora y su propia terraza.

Hostal Sonia HOTEL $
(862-2019; hostalsoniacopacabana@gmail.com; Murillo 256; i/d 40/70 BOB;) Animado alojamiento con habitaciones luminosas y acogedoras, buenas vistas desde las de los pisos superiores y una terraza en la azotea. Es una de las mejores opciones económicas de la ciudad.

Dónde comer y beber

La última manzana de la calle 6 de Agosto está llena de restaurantes turísticos, aunque la comida variada y fascinante no abunda en Copacabana. La especialidad local es la trucha del lago Titicaca. A lo largo de la orilla del lago hay puestos muy competitivos que la preparan de diversas maneras. En una mañana fría hay que dirigirse al mercado para degustar una reponedora taza de api (una bebida dulce y caliente elaborada con maíz morado).

La Orilla INTERNACIONAL **$$**
(☎862 2267; 6 de Agosto; platos ppales 25-45 BOB; ⊙16.00-21.30 lu-sa; ✎) Agradable restaurante de temática marinera que sirve verdura recién recogida, crujientes y sabrosas pizzas y unas interesantes creaciones con trucha, que incorporan espinacas y beicon.

La Cúpula Restaurant INTERNACIONAL **$$**
(www.hotelcupula.com; Michel Pérez 1-3; platos ppales 20-50 BOB; ⊙cerrado almuerzo ma; ✎) Su imaginativo uso de los productos locales incluye una lasaña vegetariana y opciones para carnívoros. La *fondue* de auténtico queso gruyère es excelente. Las vistas del lago son fabulosas.

Kota Kahuaña INTERNACIONAL **$$**
(☎862-2141; Paredes esq. Costañera; platos ppales 25-55 BOB) Este hotel-restaurante ofrece excelentes vistas, buen servicio y platos internacionales bien preparados. Su trucha rellena, un excelente mostrador de ensaladas, sustanciosos platos y vinos bolivianos aseguran una buena cena.

Pueblo El Viejo INTERNACIONAL **$$**
(6 de Agosto 684; platos ppales 35-50 BOB) A los lectores les encanta este rústico, agradable y distendido café-bar, con decoración étnica y ambiente relajado. Sirve buenas hamburguesas y pizzas, y abre hasta tarde. El servicio es lento, por lo que hay que ir con tiempo.

Pensión Aransaya BOLIVIANA **$**
(6 de Agosto 121; almuerzo 15 BOB, platos ppales 25-40 BOB; ⊙almuerzo) Acogedor local para tomar una cerveza fría y trucha con guarnición. Tradicional y muy popular entre los lugareños.

Waykys BAR
(16 de Julio esq. Busch) Cálido refugio con agradables rincones, grafiti en las paredes y techos (se puede escribir), mesa de billar, intercambio de libros y música variada.

Nemos Bar BAR
(6 de Agosto 684) Local nocturno poco iluminado para tomar una copa.

ℹ Información

PELIGROS Y ADVERTENCIAS

Conviene tener cuidado con los microbuses y taxis ilegales que ofrecen viajes entre Copacabana y La Paz: se ha informado de secuestros. Conviene tomar los autobuses para turistas (o autobuses más grandes) y viajar de día.

Durante las fiestas hay que apartarse de los fuegos artificiales y estar atento a los juerguistas amigos de lo ajeno.

ASISTENCIA MÉDICA

En la periferia meridional de la ciudad hay un hospital básico. Las urgencias se derivan a La Paz.

DINERO

Las tiendas de la Av. 6 de Agosto cambian moneda extranjera (en especial dólares). El **cajero automático del Banco Bisa** (6 de Agosto y Pando) no funciona siempre.

CORREOS

Oficina de correos (⊙8.30-12.00 y 14.30-16.00 ma-do) Está en el lado norte de la plaza 2 de Febrero, pero a menudo está cerrado o no hay personal.

TELÉFONO

Hay locutorios en la Av. 6 de Agosto y por toda la ciudad.

INFORMACIÓN TURÍSTICA

Centro de Información Turística (16 de Julio esq. plaza Sucre; ⊙9.00-13.00, 14.00-18.00 mi-do) Personal amable, pero solo proporciona información rudimentaria.

Turismo comunitario de Copacabana (www.copacabana-bolivia.com) Cuenta con un buen programa de actividades e información actualizada sobre proyectos comunitarios de turismo.

ℹ Cómo llegar y salir

AUTOBÚS

La mayoría de los autobuses salen de las cercanías de las plazas 2 de Febrero y Sucre. Los autobuses directos más cómodos de La Paz a Copacabana –incluidos Milton Tours y Combi Tours– cuestan 25-30 BOB y salen de Copacabana a las 13.30 (3½ h). Los billetes se compran en las agencias de circuitos. Es necesario apearse del autobús en el estrecho de Tiquina para cruzar en **'ferry'** (1,50 BOB/persona, 35-40 BOB/automóvil; ⊙ 5.00-21.00) del pueblo de San Pedro de Tiquina (oficina de información turística en la plaza) al de San Pablo de Tiquina.

Los autobuses a Perú, incluidas Arequipa, Cuzco y Puno salen y llegan a la Av. 6 de Agosto de Copacabana. También se puede ir a Puno en un microbús público desde la plaza Sucre hasta Kasani (3 BOB, 15 min), en la frontera.

BARCO

Las agencias de la Av. 6 de Agosto y los quioscos cercanos a la playa venden los billetes de los circuitos en barco a las islas de la Luna y del Sol. Hay servicio de regreso por separado desde ambas islas.

Asociación Unión Marines (Costañera; ⏲sale de Copacabana a 8.30 y 13.30; 20 BOB ida, 25 BOB ida y vuelta) Servicio de *ferries* al norte y sur de la isla del Sol con parada a la vuelta en una isla flotante.

Titicaca Tours (Costañera; ⏲salen de Copacabana a 8.30, 35 BOB ida y vuelta) Ofrece un circuito en barco que para una hora en la isla de la Luna y otras dos en el sur de la isla del Sol antes de regresar a Copacabana.

ISLAS DEL SOL Y DE LA LUNA

La isla más famosa del lago Titicaca es la isla del Sol donde, según la leyenda, nacieron Manco Cápac y su hermana-esposa Mama Ocllo, así como el Sol. Tanto la isla del Sol como la de la Luna albergan ruinas incas, a las que se llega por maravillosos senderos que cruzan espectaculares paisajes salpicados por pueblos tradicionales. No hay automóviles en las islas. El sol y la altitud se hacen sentir, por lo que conviene llevar mucha agua, comida y crema de protección solar. Se pueden visitar los principales puntos de interés en un día, pero pernoctar en la zona resulta mucho más interesante.

El agua escasea. La isla aún no cuenta con suministro de agua y la acarrean hombres y burros. Hay que tenerlo en cuenta y pensárselo dos veces antes de ducharse (al fin y al cabo, todos vamos en el mismo barco).

En temporada alta (junio-agosto y durante las fiestas) los precios se duplican.

Puntos de interés y actividades

Entre las **ruinas incas** de la isla del Sol se halla el laberíntico complejo de **Chincana** en el norte, y la fortaleza de **Pilkokayna** y la impresionante **escalinata inca** cubierta de hierba en el sur. En Chincana está la Titi Khar'ka (Roca del Puma) sagrada, que aparece en la leyenda inca de la creación del mundo y dio al lago su nombre. Los pueblos más grandes son Yumani al sur y Ch'allapampa al norte.

Mucho menos turística, la tranquila isla de la Luna alberga las **ruinas** parcialmente reconstruidas del convento que albergaba las vírgenes del Sol, que se elegían de niñas para que sirvieran al dios del Sol Inti.

Dónde dormir y comer

Los básicos albergues del tranquilo y playero Ch'allapampa cobran 25-35 BOB/persona. También hay varios restaurantes y tiendas básicas.

El lugar más pintoresco donde alojarse es Yumani, en el otro extremo de la isla. Está más urbanizado y ofrece docenas de alojamientos por 25-90 BOB/persona y algunas opciones más sofisticadas para comer (pizza y comida vegetariana).

En la isla de la Luna hay tres albergues en el principal asentamiento al este de la isla, con habitaciones muy básicas por 15-25 BOB/persona. La comida cuesta 25-30 BOB. Conviene comparar. El hotel en el turístico muelle oriental cuesta 20 BOB/persona, pero uno se pierde el estar en la comunidad principal.

Si se va a acampar conviene pedir permiso a las autoridades locales y hacerlo lejos de los pueblos, evitando las tierras de cultivo (debe ofrecerse un pago simbólico de 10 BOB).

Cómo llegar y desplazarse

BARCO

A la isla de la Luna se va en *ferry* desde Copacabana o Yampupata, o en un circuito guiado.

Los billetes se compran en los quioscos de la playa o en las agencias de Copacabana. Los barcos al extremo septentrional de la isla atracan en Cha'llapampa y los que van al extremo meridional, en Pilko Kaina o en la Escalera del Inca (Yumani).

Las lanchas embarcan en la playa de Copacabana a las 8.30 y 13.30 a diario. Según la estación y la compañía, dejan donde se elija, en el norte o sur de la isla (hay que preguntar en la agencia). Los viajes de vuelta salen de Yampupata a las 10.30 y 16.00 (20 BOB ida) y de Cha'llapampa a las 13.00 (20 BOB).

La mayoría de los viajes de un día van al norte hasta Cha'llapampa (2-2½ h). Los barcos solo fondean 1½ horas, tiempo suficiente para ir a las ruinas de Chincana y regresar para subir al barco de las 13.00 a la Escalera del Inca y Pilko Kaina en el sur de la isla, donde se pasan 2 horas antes de zarpar hacia Copa.

Los viajes de medio día normalmente solo van al sur de la isla del Sol.

Los viajeros que deseen cruzar a pie la isla pueden desembarcar en Cha'llapampa por la mañana y dirigirse hacia el sur hasta la Escalera del Inca (Yumani) para tomar el barco de regreso por la tarde.

También se puede pernoctar o estar más tiempo en la isla (muy recomendado) y comprar un billete de ida a Copacabana en cualquiera de las compañías de barcos. Véase a la izda.

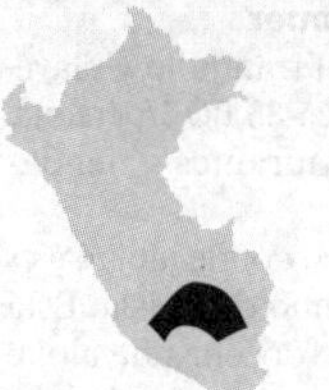

Cuzco y el Valle Sagrado

Sumario »

Los mejores restaurantes

- » Cicciolina (p. 223)
- » La Bodega 138 (p. 223)
- » Huacatay (p. 243)
- » Indio Feliz (p. 252)
- » Chicha (p. 223)

Los mejores alojamientos

- » Machu Picchu Pueblo Hotel (p. 251)
- » Greenhouse (p. 241)
- » Ecopackers (p. 216)
- » Niños Hotel (p. 216)
- » Inkaterra La Casona (p. 216)

Por qué ir

Para los incas, era el ombligo del mundo. En efecto, Cuzco es el reino cósmico de la antigua cultura andina, que desapareció y se fusionó con el esplendor colonial y religioso de la conquista española, y hoy se muestra como un próspero negocio turístico. Bienvenidos a un mundo místico y enigmático. Pero Cuzco no es más que la puerta de acceso. Detrás se halla el Valle Sagrado, la campiña andina salpicada de pueblitos, aldeas y ruinas del Altiplano comunicadas por senderos y vías de tren solitarias que conducen hasta la gran atracción del país: Machu Picchu.

Las viejas costumbres subsisten. Los coloridos tejidos son un vínculo con el pasado, así como las fiestas y los carnavales con tintes de tradición pagana inmersos en solemnes ritos católicos. Un dinamismo que también se observa en el paisaje, desde las altas cumbres andinas hasta los bosques nubosos repletos de orquídeas y las tierras bajas amazónicas. Explórese a pie o sobre ruedas, por los ríos o aventurándose en un autobús local hasta los rincones más olvidados y lejanos.

Cuándo ir

Cuzco

Jun-ago Temporada alta turística, eventos y fiestas, días soleados y noches frías.

Finales jun Celébrese el solsticio en la Inti Raymi, la mayor festividad del año.

Sep-oct Temporada media turística, con menos gentío en Machu Picchu.

Gastronomía regional

En Cuzco, los domingos se come fuera de la ciudad. Los lugareños se dirigen a los pueblos del sur: a **Tipón** se va por el cuy, **Saylla** es la cuna de los chicharrones y **Lucre** es famoso por el pato.

En restaurantes peruanos, por la calle y en las fiestas, se aconsejan estos platos:

Anticucho Brocheta de corazón de res y patatas, el tentempié callejero perfecto para la noche.

Caldo de gallina Sana y sustanciosa sopa, la receta de los lugareños contra la resaca.

Chicharrones Este plato es más que la suma de sus elementos: cerdo frito servido con mote, hojas de menta, patatas fritas y cebolla.

Choclo con queso Enormes mazorcas de maíz tierno servidas con un trozo de queso que rechina al masticarlo; en el Valle Sagrado.

Cuy Criados con cereales en casa, ¿hay algo más ecológico? Los pusilánimes pueden pedirlo en filetes (sin la cabeza ni las patas).

Lechón Cochinillo joven crujiente, servido con tamales.

INDISPENSABLE

Durante el Corpus Christi, celebrado a principios de junio en la plaza de Armas de Cuzco, se desempolvan los santos y se sacan en procesión entre el gentío en éxtasis.

Boleto turístico y boleto religioso

Para visitar casi todos los yacimientos de la región es necesario el **boleto turístico** (entrada turística; adultos/estudiantes menores de 26 años con carné ISIC 130/70 PEN) oficial de Cuzco, válido por 10 días. Da acceso, entre otros, a: Sacsayhuamán, Q'enqo, Pukapukara, Tambomachay, Pisac, Ollantaytambo, Chinchero y Moray, así como a un espectáculo nocturno de danzas y música andina en el Centro Qosqo de Arte Nativo. Si bien algunos son un fiasco, es imposible visitar un yacimiento sin dicho carné.

Hay tres boletos *parciales* (adultos/estudiantes 70/35 PEN) para los yacimientos a las afueras de Cuzco, los museos cuzqueños y las ruinas del Valle Sagrado. Este último vale por dos días, los otros, uno.

Pueden comprarse en **Dircetur/Cosituc** (☎261-465; www.boletoturisticocusco.net; La Municipalidad, despacho 102, Av. El Sol 103; ⌚8.00-18.00 lu-vi) o en los mismos yacimientos, menos el del Centro Qosqo de Arte Nativo. Los estudiantes deben mostrar una identificación vigente.

El **boleto religioso** (entrada turística religiosa; adultos/estudiantes 50/25 PEN), con una validez de 10 días, permite visitar las iglesias de Cuzco, el Museo de Arte Religioso y el Museo Quijote, con la exposición de arte contemporáneo más importante de la ciudad. Disponible en los lugares de interés.

PRINCIPALES ACCESOS

Los vuelos nacionales aterrizan en el aeropuerto internacional Alejandro Velazco Astete de Cuzco, pero se prevé construir un aeropuerto en el Valle Sagrado, cerca de Chinchero. Los autobuses (también los internacionales) llegan a la terminal terrestre de Cuzco.

Lo esencial

» Si se procede de zonas más bajas se puede sufrir mal de altura. Los primeros días hay que tomárselo con calma, o empezar por el Valle Sagrado, de menor altitud.

Consejo

» Las entradas a Machu Picchu ya no pueden adquirirse por internet; cómprense cuanto antes a través de alguna de las agencias autorizadas citadas en www.machupicchu.gob.pe o acúdase a la Dirección Regional de Cultura de Cuzco. La excursión al Wayna Picchu requiere aún mayor antelación.

Webs

» www.lonelyplanet.com/peru/cuzco-and-the-sacred-valley/cuzco

» www.machupicchu.gob.pe

» www.peru.travel

» www.saexplorers.org

CUZCO

084 / 350 000 HAB. / ALT. 3326 M

La cosmopolita capital inca (también llamada Cusco o Qosq'o en quechua) prospera inmersa en contradicciones. Ricas catedrales se elevan sobre templos incas, masajistas ambulantes abarrotan las callejuelas adoquinadas, una mujer con traje regional y bombín ofrece agua embotellada a una llama doméstica, mientras en las tiendas más elegantes se pregonan prendas de alpaca por pequeñas fortunas. Hoy en día, la ciudad principal del Imperio inca es la capital arqueológica indiscutible de América, así como la ciudad más antigua del continente habitada sin interrup-

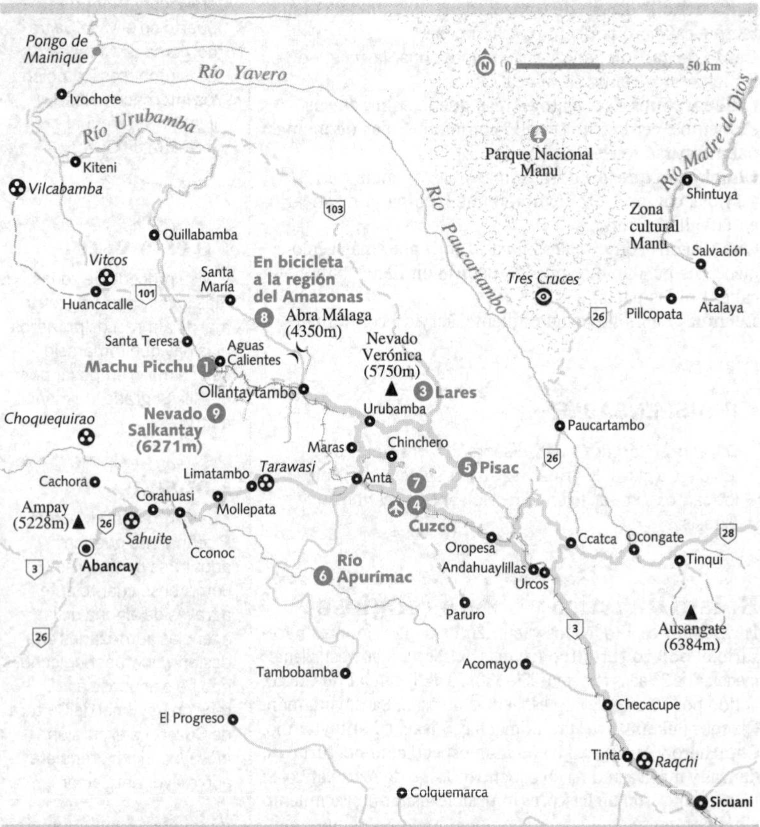

Imprescindible

1 Empaparse de la majestuosidad de **Machu Picchu** (p. 249).

2 Sumergirse en el frenesí de un **festival** (p. 215) tradicional.

3 Emprender la caminata a **Lares** (p. 211) por pueblos 211 y cultivos en bancales.

4 Explorar las callejas y tiendas del bohemio **San Blas** (p. 207).

5 Vagar entre antiguas ruinas en los alrededores del **Valle Sagrado** (p. 236).

6 Desafiar los ríos Apurímac o Tampobata practicando **'rafting' por sus aguas bravas** (p. 209).

7 Catar la alta cocina o el cuy: los **restaurantes de Cuzco** (p. 223) satisfacen cualquier antojo.

8 Descender en **bicicleta de montaña** (p. 211) desde el altiplano andino hasta el Amazonas.

9 Ascender desde el trópico hasta Machu Picchu por la ruta **Salkantay** (p. 41).

ción. Son pocos los visitantes que se saltan este destino clave, puerta a Machu Picchu.

A llegar a Cuzco, enseguida se percibe su rico valor patrimonial. Con el ajetreo propio del s. XXI, en ocasiones resulta algo desconcertante (véase el KFC y el McDonalds tras unos muros incas). El aumento de los alquileres en la plaza de Armas y en el moderno San Blas empuja a los lugareños a vivir en las afueras. No cabe duda de que quienes llevan la voz cantante son los huéspedes extranjeros, pero es menester respetar la imagen actual de esta cultura puntal.

Historia

Cuenta la leyenda que en el s. XII, el dios Sol, Inti, le pidió al primer Inca, Manco Cápac, que buscara un lugar donde pudiera clavar una vara de oro en el suelo hasta enterrarla. En ese punto, considerado el ombligo de la Tierra (*qosq'o* en quechua), fundó Cuzco, ciudad que se convertiría en la próspera capital del mayor imperio de las Américas.

La mayor expansión del Imperio inca se produjo cien años antes de la llegada de los conquistadores en 1532. Con el noveno Inca, Pachacuti, se saboreó por primera vez la conquista gracias a su inesperada victoria en 1438 frente a los chancas, el pueblo dominante. Esta primera expansión crearía el Imperio incaico.

Pachacutec también demostró ser un sofisticado urbanista; a él se debe la famosa forma de puma de Cuzco y el desvío de los ríos para que cruzaran la ciudad. Construyó hermosos edificios, entre ellos el célebre templo de Qorikancha y un palacio en una esquina de la actual plaza de Armas. Entre otros monumentos erigidos en honor a las victorias incas están Sacsayhuamán, el templo-fortaleza de Ollantaytambo y puede que incluso Machu Picchu.

La expansión siguió hasta la llegada de los europeos al Nuevo Mundo; entonces, el imperio abarcaba desde Quito (Ecuador) hasta la zona al sur de Santiago de Chile. Poco antes de la conquista, Huayna Cápac lo había dividido entre sus dos hijos: el norte lo cedió a Atahualpa y la zona meridional con Cuzco se lo dio a Huáscar. La herencia desencadenó una lucha fratricida. Huáscar, cuzqueño de pura cepa, contaba con el apoyo del pueblo, pero Atahualpa gozaba del respaldo del ejército norteño, curtido por la lucha. A principios de 1532 ganó una batalla clave y capturó a Huáscar a las afueras de Cuzco.

Entre tanto, Francisco Pizarro desembarcó en el norte de Perú y marchó hacia el sur. Atahualpa había estado demasiado absorto en la guerra civil para preocuparse por un puñado de extranjeros, pero en 1532 se concertó un fatídico encuentro con los españoles en Cajamarca. Este hecho cambiaría de forma radical el curso de la historia de Sudamérica. Unas cuantas docenas de conquistadores armados tendieron una emboscada a Atahualpa, lo apresaron, mataron a miles de nativos y sometieron a otras decenas de miles.

En un intento por recobrar su libertad, el soberano inca ofreció un rescate consistente en una cámara repleta de oro y dos de plata, que incluía el oro de los muros del templo de Qorikancha. Pero, tras retenerlo preso durante meses, Pizarro lo asesinó y emprendió de inmediato la marcha hacia Cuzco. La caballería española, protegida por sus armaduras y sus espadas de acero, era sin duda imparable.

Pizarro entró en Cuzco el 8 de noviembre de 1533. Para entonces ya había colocado a Manco, hermanastro de Huáscar y Atahualpa, como nuevo dirigente títere. Sin embargo, tras unos años como fiel servidor, la dócil marioneta se rebeló. En 1536, Manco Inca se dispuso a expulsar a los españoles de su imperio y sitió Cuzco con un ejército de más de cien mil soldados. De hecho, los españoles se salvaron de la aniquilación completa gracias a una última, desesperada y violenta batalla en Sacsayhuamán.

Tras su derrota, Manco Inca se retiró a Ollantaytambo y luego a la selva de Vilcabamba. Después de recuperar Cuzco, saquearla y establecerse de nuevo en ella, los españoles centraron su atención en Lima, la recién fundada capital colonial. Y así decayó la importancia de Cuzco, que acabó por convertirse en otra estancada población colonial. Se la despojó de todo su oro y plata, y se derribaron muchos edificios incas para dar cabida a iglesias y casas coloniales.

Los españoles escribieron crónicas sobre Cuzco, como la historia inca contada por los mismos protagonistas. La más famosa son los *Comentarios reales de los incas*, escrita por el Inca Garcilaso de la Vega, hijo de una princesa inca y de un capitán militar español.

⊙ Puntos de interés

Pese a la extensión de la ciudad, las zonas de interés turístico quedan cerca entre sí a pie, con alguna que otra cuesta empinada. El centro de la urbe es la plaza de Armas, y la cercana y embotellada Av. El Sol es la principal calle comercial. Unas manzanas al

INDISPENSABLE

LA ASTRONOMÍA Y LOS ANTIGUOS

Los incas fueron el único pueblo del mundo que describió no solo las constelaciones luminosas sino también las oscuras. Se tomaban la astrología muy en serio: algunas de las calles principales de Cuzco, por su diseño, se alinean con las estrellas en ciertas épocas del año. Entender su interés es una forma amena de conocer su cosmovisión. Se aconseja visitar el **Cuzco Planetarium** (unos 30 PEN persona) antes de emprender una caminata nocturna y observar el cielo por cuenta propia. ¡Y lo bien que queda uno al reconocer la Llama Negra! Imprescindible reservar. El precio varía según el tamaño del grupo e incluye recogida y traslado.

norte y al este de la plaza se llega a unas empinadas calles adoquinadas y sinuosas, que el paso de los siglos apenas ha cambiado. Las zonas llanas al sur y al oeste forman el centro comercial.

El callejón que sale del lado noroeste de la plaza se llama Procuradores, pero se apoda "callejón del gringo" por sus restaurantes turísticos, agencias y demás servicios dirigidos a mochileros. Hay que resguardarse de los vendedores a la caza de clientes. Junto a la catedral, en la misma plaza, la estrecha calle Triunfo asciende abrupta hacia la plaza San Blas, corazón del ecléctico barrio artístico cuzqueño.

Con el resurgir del orgullo indígena muchos nombres de calles se indican con su nueva denominación en quechua, aunque la gente suele usar los nombres españoles. El ejemplo más notable es el de la calle Triunfo, que hoy se llama Sunturwasi.

En los lugares turísticos hay guías independientes que hablan varios idiomas. Si se desea hacer circuitos más amplios en grandes puntos de interés, como Qorikancha o la catedral, se aconseja acordar un precio justo por adelantado. Por otro lado, la propina mínima por un circuito breve es de 5 PEN por persona en grupos pequeños, y un poco más por uno individual.

Los horarios de abertura son muy irregulares y cambian por cualquier motivo, desde las fiestas religiosas de guardar hasta las escapadas del encargado para tomarse unas cervezas con sus amigos. Un buen momento para visitar las iglesias coloniales, conservadas en perfecto estado, es a primera hora de la mañana (de 6.00 a 8.00), cuando abren para misa. En teoría, a esas horas están cerradas a los turistas, pero se pueden ver si uno entra en silencio y se comporta de forma respetuosa como un miembro más de la congregación. No se permite fotografiar con flash en iglesias ni museos.

CENTRO DE CUZCO

Plaza de Armas PLAZA

En tiempos de los incas, esta plaza, llamada Huacaypata o Aucaypata, era el corazón de la capital. Hoy es el centro neurálgico de la ciudad moderna. Suelen ondear dos banderas: la rojiblanca peruana y la multicolor de Tahuantinsuyo, que representa las cuatro regiones del Imperio inca, aunque suele confundirse con el estandarte internacional gay.

Los soportales coloniales rodean la plaza, que antaño era el doble de grande, pues comprendía la actual plaza Regocijo. En su lado nororiental se alza la imponente catedral, precedida por un largo tramo de escaleras y flanqueada por las iglesias de Jesús María y El Triunfo. En el lado sureste está la iglesia de la Compañía de Jesús, que destaca por su ornamentación. El tranquilo callejón peatonal de Loreto, con sus muros incas, es una vía histórica de acceso a la plaza.

Merece la pena visitarla al menos dos veces, de día y de noche, pues cuando se ilumina cambia por completo.

Catedral de Cuzco IGLESIA

(plano p. 200; plaza de Armas; entrada 25 PEN o con boleto religioso; ⏲10.00-17.45) Construida sobre el palacio de Viracocha Inca, se utilizaron bloques de piedra robados del cercano yacimiento de Sacsayhuamán. Iniciada en 1559, tardaron casi un siglo en erigirla. A su derecha se le une la **iglesia del Triunfo** (1536) y a su izquierda se alza la **iglesia de Jesús María** (1733).

El Triunfo, la iglesia más antigua de Cuzco, alberga una bóveda con los restos del famoso cronista Inca Garcilaso de la Vega, que nació en Cuzco en 1539 y murió en Córdoba (España), en 1616. El rey Juan Carlos I devolvió sus restos a la ciudad en 1978.

La catedral es uno de los mayores exponentes de arte colonial de Cuzco, sobre todo de obras de la escuela cuzqueña, célebre por su combinación de los estilos pictóricos religiosos europeos del s. XVII y la paleta e iconografía de los artistas indígenas andinos. Un ejemplo clásico de ello es el retrato de la Virgen María luciendo una falda en forma de montaña, con un río que recorre el dobladillo. Dicho retrato la identifica con Pachamama ("la madre tierra").

Uno de los cuadros más famosos de la escuela cuzqueña es *La última cena* del artista quechua Marcos Zapata. Situada en el ángulo noreste del templo, representa una de las escenas más solemnes de la fe cristiana, pero adornado con un pequeño banquete de pitanzas andinas ceremoniales; el rollizo y jugoso cuy asado, boca arriba, acapara la atención.

Merece la pena ver también el cuadro más antiguo de Cuzco, que muestra la ciudad durante el gran terremoto de 1650. Los cuzqueños desfilan en torno a la plaza con un crucifijo, rezando para que pare el terremoto, lo que, milagrosamente, ocurrió. Este precioso crucifijo, llamado **El Señor de los Temblores**, aún puede verse en la hornacina a la derecha de la puerta que da a Triunfo. Todos los años en Lunes Santo se lleva en procesión y los fieles le arrojan flores de *ñucchu*, que como gotas de sangre recuerdan las heridas del Cristo. Las flores dejan una resina pegajosa que atrapa el humo de los cirios votivos encendidos a los pies de la estatua: por eso hoy el Cristo es negro. Se dice que bajo el faldón es de un blanco inmaculado.

La **sacristía** está llena de cuadros de los obispos de Cuzco, entre ellos el de Vicente de Valverde, el fraile que acompañó a Pizarro en la conquista. *La Crucifixión*, al fondo de la sacristía, se atribuye al pintor flamenco Anton van Dyck, aunque según ciertos guías es obra del español del s. XVII Alonso Cano. El **altar** original de madera está al fondo de la catedral, tras el altar de plata, y frente a ambos se halla el magnífico **coro** tallado, que data del s. XVII. También hay **capillas laterales** con oro y plata e historiados altares y plataformas que contrastan con la austera mampostería del templo.

Las enormes puertas principales están abiertas a los fieles de 6.00 a 10.00. Las festividades religiosas brindan una ocasión única para visitarla. Por ejemplo, durante la fiesta del Corpus Christi (p. 215) se llena de imponentes estatuas de santos y miles de velas, con bandas de música que los honran con melodías andinas.

Iglesia de la Compañía de Jesús IGLESIA

(plano p. 200; plaza de Armas; entrada 15 PEN o con boleto religioso; ⏲9-11.30 y 13.00-17.30) Se construyó en el palacio de Huayna Cápac, el último Inca que gobernó un imperio unido e invicto.

Erigida por los jesuitas en 1571, fue reconstruida tras el terremoto de 1650. Los jesuitas pretendían que fuera la iglesia más suntuosa de Cuzco. Pero el arzobispo apuntó que su esplendor no podía hacer sombra a la catedral. La disputa llegó a tal punto que el papa Pablo III tuvo que mediar, y decidió en favor de la catedral. Sin embrago, cuando su sentencia llegó a Cuzco, la Compañía de Jesús ya estaba casi terminada, y lucía una increíble fachada barroca y el mayor altar de Perú, todo ello coronado por una elevada cúpula.

Dos grandes lienzos cerca de la puerta principal muestran las primeras bodas cuzqueñas, y merece la pena admirarlos por su riqueza de detalles de la época. Varios estudiantes hacen de guías locales y muestran la iglesia y la espectacular vista desde el coro en la segunda planta, a la que se accede por unas viejas escaleras. Se agradecen las propinas.

Choco Museo MUSEO

(plano p. 200; ☎24-4765; calle Garcilaso 210; www.chocomuseo.com; entrada 2 PEN; ⏲10.30-18.30) Los aromas de burbujeante chocolate cautivan nada más entrar. Aunque el museo es bastante soso, lo mejor de esta iniciativa de propiedad francesa son los talleres para elaborar chocolate ecológico (70 PEN/persona). Otro aliciente es la *fondue* o una taza de chocolate caliente de comercio justo. Se organizan circuitos a una fábrica chocolatera cerca de Santa María. Apto para niños.

Museo de Plantas Sagradas, Mágicas y Medicinales MUSEO

(plano p. 200; ☎22-2214; calle Santa Teresa 351; entrada 15 PEN; ⏲10.00-19.00 lu-sa, 12.00-18.00 do) En este fascinante museo nuevo se explora, hoja a hoja, la historia y los usos de las plantas medicinales, sagradas y alucinógenas de Perú. Destacan las exposiciones sobre la biopiratería, los 8000 años de cultivo de la coca y las alucinantes imágenes de varias capas que simulan la experiencia de la ayahuasca.

Hay una tienda de regalos con productos naturales de calidad y una loada cafetería en un patio privado en la planta superior.

Museo de Arte Precolombino MUSEO

(plano p. 200; ☎23-3210; plazoleta Nazarenas 231; entrada 22 PEN; ⏲9.00-22.00) Ocupa una

Centro de Cuzco

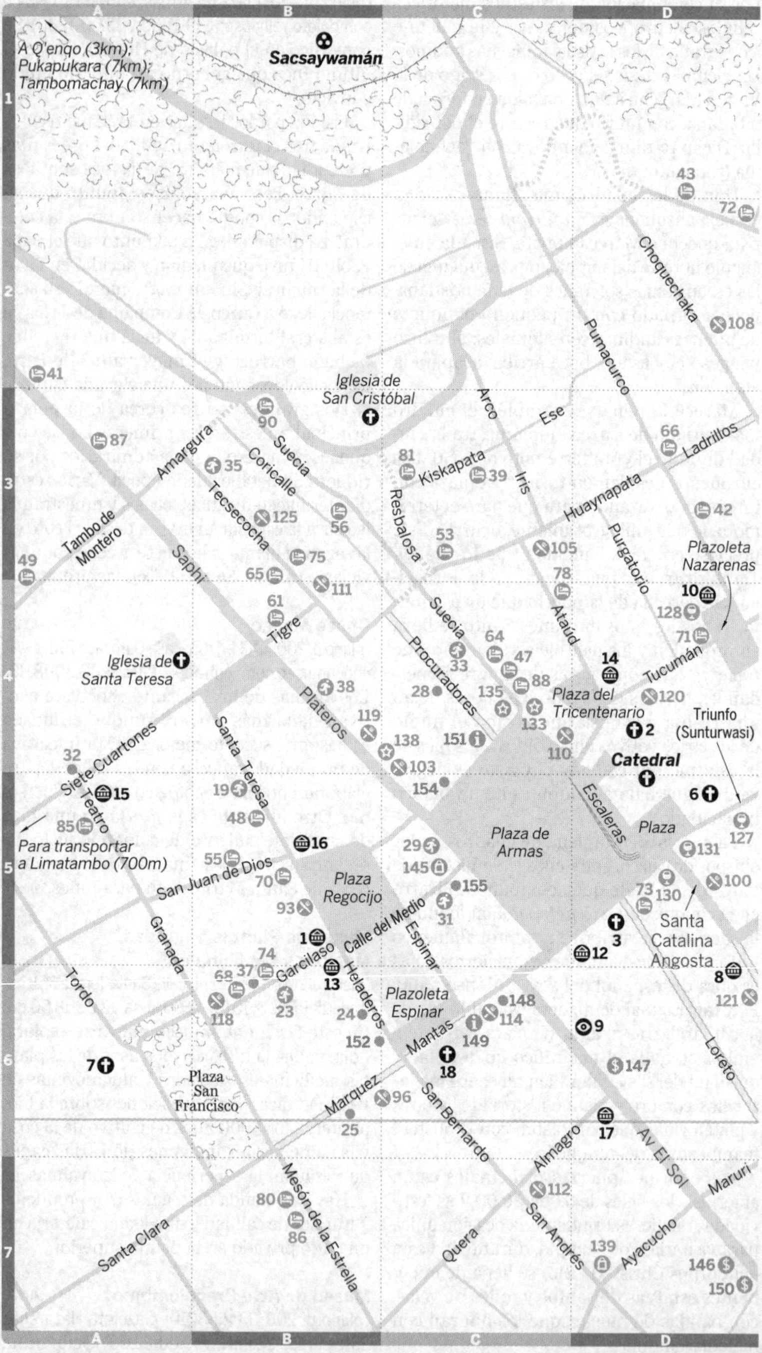

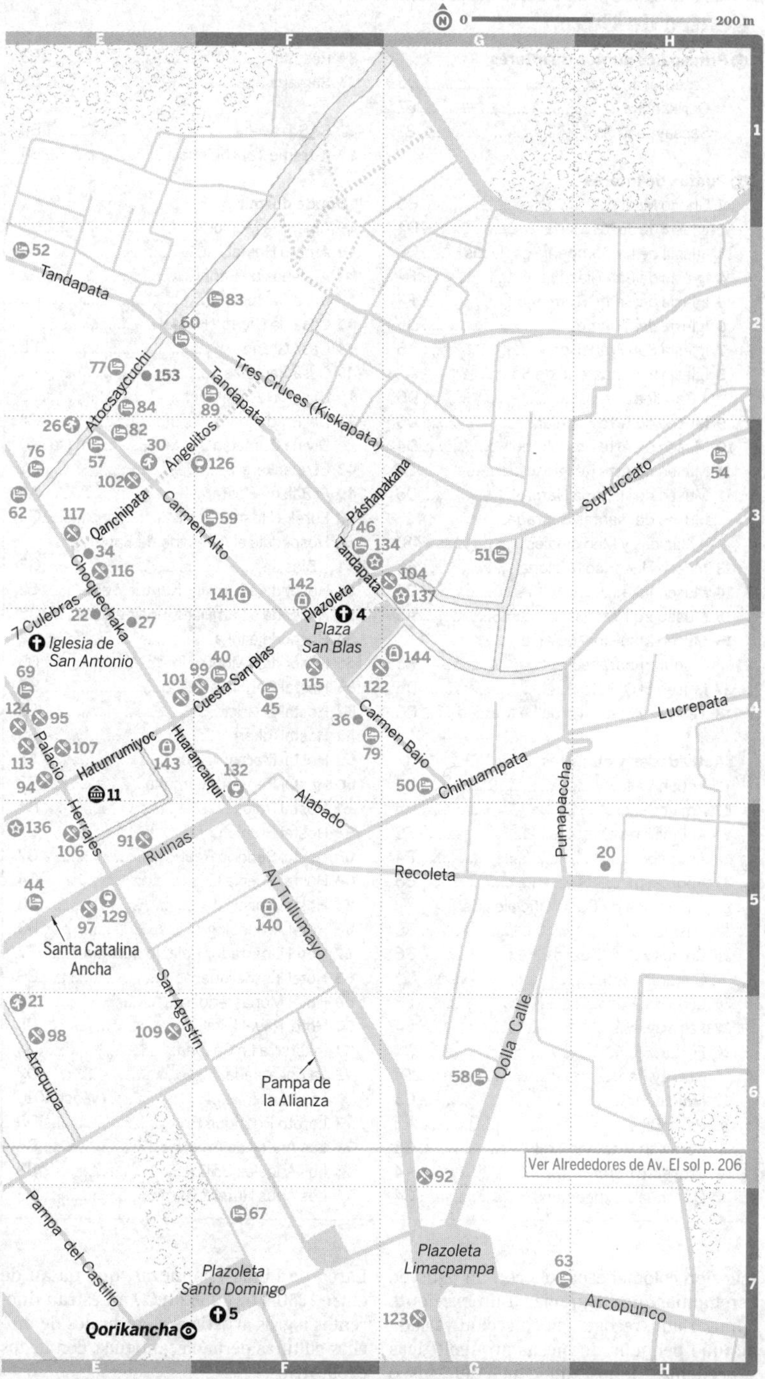
0
200 m
E
F
G
H
1
2
3
4
5
6
7
52
Tandapata
83
60
77
153
Atocsaycuchi
Tres Cruces (Kiskapata)
Tandapata
84
89
26
82
Angelitos
76
30
57
126
Suytuccato
54
102
62
Qanchipata
Carmen Alto
Páshapakana
117
59
46
134
34
Tandapata
51
116
104
142
141
137
Plazoleta
4
Plaza
San Blas
22
27
7 Culebras
Choquechaka
Iglesia de
San Antonio
144
40
99
69
101
Cuesta San Blas
115
122
45
124
95
36
Carmen Bajo
Lucrepata
Palacio
107
79
Hatunrumiyoc
143
Huarancalqui
113
132
Chihuampata
94
50
Alabado
11
Pumapaccha
136
Herrajes
106
91
Ruinas
20
Recoleta
44
Av Tullumayo
129
140
97
Santa Catalina
Ancha
San Agustín
21
98
109
Arequipa
Pampa de
la Alianza
58
Qolla Calle
Ver Alrededores de Av. El sol p. 206
92
Pampa del Castillo
67
Plazoleta
Limacpampa
63
Plazoleta
Santo Domingo
5
Arcopunco
Qorikancha
123

Centro de Cuzco

Principales puntos de interés

Catedral de Cuzco D5
Qorikancha E7
Sacsayhuamán B1

Puntos de interés

1 Choco Museo B5
2 Iglesia de Jesús María D4
3 Iglesia de La Compañía de Jesús D5
4 Iglesia de San Blas F4
5 Iglesia de Santo Domingo F7
6 Iglesia del Triunfo D5
7 Iglesia San Francisco A6
8 Iglesia y monasterio de Santa Catalina D6
9 Museo de Arte Popular D6
10 Museo de Arte Precolombino D4
11 Museo de Arte Religioso E4
12 Museo de Historia Natural D5
Museo de Plantas Sagradas, Mágicas y Medicinales .... (véase 48)
13 Museo Histórico Regional B6
14 Museo Inka D4
15 Museo Irq'i Yachay A5
16 Museo Municipal de Arte Contemporáneo B5
17 Museo El Quijote D6
18 Templo y convento de La Merced C6

Actividades y circuitos

19 Action Valley B5
20 Amigos H5
21 Andina Travel E6
22 Antipode E4
23 Apumayo B6
24 Asociación de Guías Oficiales de Turismo B6
25 Chiquity Club Cusco B6
Culturas Peru .... (véase 72)
26 Eco Trek Peru E3
27 Fairplay E4
28 Fertur C4
Gravity Peru .... (véase 129)
29 Mayuc C5
30 Party Bike E3
31 Peruvian Highland Trek C5
32 Proyecto Perú A4
33 Quechua's Expeditions C4
34 Respons E3
35 Samana Spa B3
37 SAS Travel B6
38 X-treme Tourbulencia B4

Dónde dormir

39 Albergue Municipal C3
40 Amaru Hostal F4
41 Andenes de Saphi A2
42 Casa Cartagena D3
43 Casa de Campo Hostal D1
44 Casa Grande E5
45 Casa San Blas F4
46 Casona les Pleiades F3
47 Del Prado Inn C4
Divina Comedia .... (véase 66)
48 Ecopackers B5
49 El Balcón Hostal A3
50 Eureka Hostal G4
51 Hospedaje el Artesano de San Blas G3
52 Hospedaje Familiar Kuntur Wasi E2
53 Hospedaje Familiar Munay Wasi C3
54 Hospedaje Inka H3
55 Hospedaje Monte Horeb B5
56 Hostal Corihuasi B3
57 Hostal El Grial E3
58 Hostal Inkarri G6
59 Hostal Marani F3
60 Hostal Pensión Alemana E2
61 Hostal Rojas B4
62 Hostal Rumi Punku E3
63 Hostal Señorio Real G7
64 Hostal Suecia I C4
65 Hostal Suecia II B3
66 Hotel Arqueólogo D3
67 Hotel Libertador Palacio del Inka F7
68 Hotel los Marqueses B6
69 Hotel Monasterio E4
70 Hotel Royal Inka I B5
71 Inkaterra La Casona D4
72 La Encantada D2
La Lune .... (véase 109)
73 Loreto Boutique Hotel D5
74 Los Andes de America B6
75 Los Angeles B&B B3
76 Los Apus Hotel & Mirador E3

mansión colonial española con un patio de ceremonias inca y, gracias a un excelente comisariado, recoge una colección variada aunque pequeña de piezas arqueológicas procedentes de los almacenes del Museo Larco de Lima. Las piezas, que datan de entre 1250 a.C. y 1532 d.C., muestran diferentes logros artísticos y culturales de muchas culturas peruanas antiguas, con textos explicativos.

77 Madre Tierra E2
78 Midori C4
79 Pantastico F4
80 Pariwana B7
81 Piccola Locanda C3
82 Pisko & Soul E3
83 Samay Wasi F2
84 Second Home Cusco E2
85 Teatro Inka B&B A5
86 The Point B7
87 Tierra Viva A3
88 Tierra Viva Plaza C4
89 Tika Wasi F2
90 WalkOn Inn B3

Dónde comer

A Mi Manera .... (véase 94)
91 Aldea Yanapay E5
93 Chicha B5
94 Cicciolina E4
95 Deli Monasterio E4
Divina Comedia .... (véase 66)
96 El Ayllu C6
97 El Encuentro E5
98 El Hada E6
99 Granja Heidi F4
100 Green's Organic D5
101 Jack's Café E4
102 Juanito's E3
103 Kintaro C4
104 Korma Sutra G3
105 Kukuly C3
106 La Bodega 138 .... E5
107 La Justina E4
108 La Quinta Eulalia D2
109 Le Soleil E6
110 Limo C4
111 Los Perros B4
112 Los Toldos C7
113 Marcelo Batata E4
114 Market C6
115 Pacha Papa F4
116 Picantería María Angola E3
117 Prasada E3
118 Q'ori Sara B6
119 Real McCoy B4
120 Restaurante Chihuanhuay D4
121 Restaurante Egos D6
122 The Meeting Place F4
123 Trujillo Restaurant G7
124 Uchu Peruvian Steakhouse E4
125 Victor Victoria B3

Dónde beber

126 7 Angelitos F3
127 Cross Keys D5
128 Fallen Angel D4
129 Museo del Pisco E5
130 Norton Rats D5
131 Paddy Flaherty's D5
Piscuo .... (véase 149)
132 The Frogs F4

Ocio

133 Inka Team C4
134 Km 0 .... F3
135 Mama Africa C4
136 Muse E5
137 Muse, Too G3
138 Ukuku's C4

De compras

Casa Ecológica .... (véase 94)
139 Centro comercial de Cusco D7
140 Inkakunaq Ruwaynin F5
141 Taller y Museo Mérida F3
142 Taller Mendivil F3
143 Taller Mendivil E4
144 Taller Olave G4
145 Tatoo C5

Información

146 Banco Continental D7
147 BCP D6
148 Quiosco C6
149 Dircetur C6
150 Interbank D7
151 iPerú C4
152 Jerusalén B6
153 South American Explorers Club E2

Transporte

154 Camino Inca C5
Peru Rail .... (véase 110)
155 Peruvian Airlines C5

Entre las más destacadas se cuentan las galerías de cerámica multicolor nazca y mochica, los queros (vasos de madera ceremoniales incas) y deslumbrantes e historiadas joyas de oro y plata.

Museo Inka MUSEO
(plano p. 200; ☎23-7380; Tucumán con Ataúd; entrada 10 PEN; ⏲8.00-18.00 lu-vi, 9.00-16.00 sa) Situado una cuadra empinada al noreste de la plaza de Armas, este encantador y modes-

CUZCO Y EL VALLE SAGRADO EN...

Dos días

El primer día se explora la propia Cuzco; se empieza con un jugo en el **mercado San Pedro** y se visita alguno de sus numerosos museos. Se aconsejan el **Museo Quijote** y el **Museo Histórico Regional** por sus excelentes obras; el **Museo de Arte Popular** y el **Museo Irq'i Yachay** por el arte popular; y el **Museo Inka** por sus piezas prehispánicas. Tras almorzar, véanse las impresionantes reliquias de **coricancha** y la **catedral**, obra de los incas y de los conquistadores españoles, respectivamente. A las 18.45 no hay que perderse el espectáculo nocturno de danza y música del **Centro Qosqo de Arte Nativo.** Al día siguiente, hay que madrugar para tomar un tren a **Machu Picchu**, el yacimiento más famoso de Perú.

Cuatro días

El primer día, se sigue el mismo itinerario de dos días. Al día siguiente, tras un colosal desayuno se visita **Sacsayhuamán** por la mañana. Luego se toma un autobús hasta el antiguo **Ollantaytambo** y se pasa la tarde caminando por las ruinas que coronan el pueblo. Se toma pronto un tren hasta **Aguas Calientes** y después un autobús a **Machu Picchu.** Inviértase el día en pasear por esta maravilla; para conocer a fondo el yacimiento, contrátese un guía. Retorno a Ollantaytambo. Queda tiempo para ir en un autobús local hasta las salinas espectaculares de **Salinas** de regreso a Cuzco.

Una semana

El primer día se organiza como en el itinerario de dos días. El segundo se hace el **circuito a pie** por el artesanal San Blas hasta la fortaleza de **Sacsayhuamán.** En un autobús local se va hasta los cercanos yacimientos de **Tambomachay, Q'enqo** y **Pukapukara.** El tercero, se dedica al senderismo por la bella y accidentada **ruta Salcantay** a **Machu Picchu.**

to museo es el mejor si interesa la cultura incaica. En el interior, restaurado, se acumula una excelente variedad de piezas de orfebrería y metal, joyas, tejidos, momias, maquetas y la mayor colección de queros del mundo. La información interpretativa es excelente.

El edificio que lo alberga descansa sobre cimientos incas y se conoce como la Casa del Almirante, en honor a su primer propietario, el almirante Francisco Aldrete Maldonado. Muy afectado por el terremoto de 1650, fue reconstruido por Pedro Peralta de los Ríos, conde de Laguna, cuyo emblema se halla encima del porche. En 1950 sufrió los daños de otro terremoto, pero hoy está totalmente restaurado y ha recobrado su posición entre las casas coloniales más bellas de Cuzco. Obsérvese su enorme escalera y sus dos esculturas de criaturas míticas, y la columna en la ventana esquinera que desde dentro parece la figura de un hombre barbado y desde fuera una mujer desnuda. Los techos están profusamente ornamentados, y las ventanas brindan buenas vistas de la plaza de Armas.

Abajo, en el soleado patio, las tejedoras del Altiplano andino exhiben su arte y venden telas tradicionales.

Museo de Historia Natural — MUSEO

(plano p. 200; plaza de Armas; entrada 2 PEN; ⌚9.00-17.00 lu-vi) Gestionado por la universidad, alberga una variopinta colección de animales de la zona y aves disecados y más de 150 serpientes del Amazonas. La entrada está en una bocacalle de la plaza de Armas, a la derecha de la iglesia de la Compañía de Jesús.

Iglesia y monasterio de Santa Catalina — IGLESIA

(plano p. 200; Arequipa s/n; entrada 8 PEN; ⌚8.30-17.30 lu-sa) El convento atesora muchas pinturas coloniales de la escuela cuzqueña, así como una impresionante colección de vestiduras y otros elaborados bordados. En la capilla barroca adyacente se observan espectaculares frisos y muchas figuras a tamaño real (algunas alarmantes) de monjas rezando, cosiendo o dedicándose a sus cosas. En el convento viven 13 monjas de clausura de carne y hueso.

GRATIS **Museo Irq'i Yachay** MUSEO
(plano p. 200; ☎24-1416; www.aylluyupaychay.org; Teatro 344; ⏰10.00-13.00 y 14.00-17.00 lu-vi) Más bien se trata de una exposición de arte y artesanía, ya que es el fascinante resultado de una ONG que pretende dar una oportunidad de desarrollo cognitivo a niños de comunidades lejanas. Como las poblaciones más aisladas y olvidadas ejercen también como guardianas de la cultura tradicional, se observa una completa muestra de la cultura andina.

Los niños pintan lo que conocen –animales, montañas, ríos, personas–, e incorporan los símbolos de los telares que los rodean desde que nacieron: el norte es esperanza y futuro, el rojo es amor y venganza. Y es que, junto con el propio arte, hay una impresionante muestra de telas. La información que acompaña las piezas explica su simbología con detalle y convierte al museo en visita obligada de los amantes del arte textil.

Templo y convento de La Merced IGLESIA
(plano p. 200; ☎23-1821; Mantas 121; entrada 6 PEN; h8.00-12.00 y 14.00-17.00 lu-sa) La tercera iglesia colonial más importante de Cuzco fue destruida por el terremoto de 1650, pero pronto se reconstruyó. A su izquierda, al fondo de un pequeño patio, se halla la entrada al monasterio y el museo. Los cuadros sobre la vida de san Pedro Nolasco, que fundó la orden de La Merced en Barcelona en 1218, cuelgan de las paredes de su hermoso claustro colonial.

La iglesia en sí, situada en el extremo más alejado del **claustro** (⏰8.00-11.00), contiene las tumbas de dos de los conquistadores más famosos: Diego de Almagro y Gonzalo Pizarro (hermano de Francisco). Esta parte del claustro alberga asimismo un museo religioso que guarda vestiduras que, al parecer, pertenecieron al fraile y conquistador Vicente de Valverde. Pero la pieza más famosa del museo es una custodia de oro macizo e incalculable valor de 1,2 m de altura, cubierta de rubíes, esmeraldas y, como poco, 1500 diamantes y 600 perlas. Si la sala que la alberga está cerrada, se puede pedir que la abran para verla.

Museo Histórico Regional MUSEO
(plano p. 200; calle Garcilaso con Heladeros; con boleto turístico; ⏰8.00-17.00 ma-do) Este ecléctico museo se halla en la colonial Casa Garcilaso de la Vega, residencia del cronista hispanoinca que yace enterrado en la catedral. Su colección, que se exhibe en orden cronológico, empieza con varias puntas de flecha del período precerámico y sigue con piezas de cerámica y joyería de las culturas wuari, pucará e inca. También hay una momia nazca, unos cuantos tapices incas, varios adornos pequeños de oro y una maqueta a escala algo siniestra de la plaza de Armas. La grande y práctica tabla del patio esboza la cronología y los personajes de la escuela cuzqueña.

Museo Municipal de Arte Contemporáneo MUSEO
(plano p. 200; plaza Regocijo; con boleto turístico; ⏰ 9.00-18.00 lu-sa) La pequeña colección de arte andino contemporáneo que se expone en el edificio municipal es para auténticos fans. El Museo Quijote tiene una colección mucho mejor, con un abanico representativo de artistas peruanos contemporáneos e información que sitúa el arte en su contexto histórico.

GRATIS **Iglesia San Francisco** IGLESIA
(plano p. 200; plaza San Francisco; ⏰6.30-8.00 y 17.30-20.00 lu-sa, 6.30-12.00 y 18.30-20.00 do) Esta iglesia, más austera que otras de sus hermanas cuzqueñas, data de los ss. XVI y XVII, y es una de las pocas que no tuvo que reconstruirse por completo tras el terremoto de 1650. Tiene una gran colección de cuadros religiosos coloniales y un coro de cedro de talla soberbia.

El contiguo **museo** (entrada 8 PEN; ⏰9.00-12.00 y 15.00-17.00 lu-vi, 9.00-12.00 sa) alberga el cuadro supuestamente más grande de Sudamérica, que mide 9 x 12 m y muestra el árbol genealógico de san Francisco de Asís, fundador de la orden. También hay dos criptas de interés macabro, que no están totalmente enterradas. Dentro hay huesos humanos, algunos colocados con formas que recuerdan la naturaleza transitoria de la vida.

Museo de Arte Religioso MUSEO
(plano p. 200; Hatunrumiyoc esq. Herrajes; entrada 15 PEN o con boleto religioso; ⏰8.00-11.00 y 15.00-18.00 lu-sa) Los cimientos de este museo, en su origen el palacio de Inca Roca, se convirtieron en una majestuosa residencia colonial y después en el palacio del arzobispo. La hermosa mansión alberga hoy una colección de arte religioso importante por sus detalles de época, en especial por su visión de la interacción de los pueblos nativos con los conquistadores españoles.

Asimismo, se observan algunos techos y alicatados de estilo colonial pero no originales, puesto que se sustituyeron en la década de 1940.

Alrededores de Av. El Sol

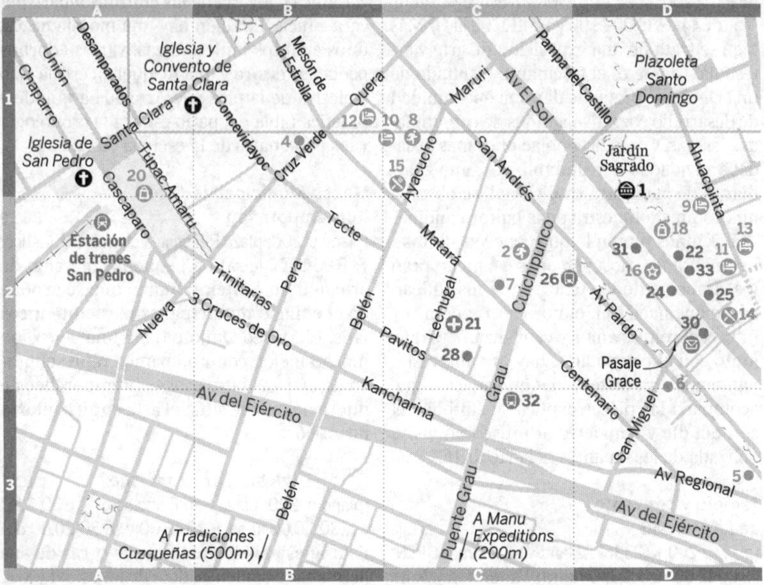

Alrededores de la Av. El Sol

Puntos de interés

1 Museo del Sitio de Qorikancha D1
Peru Treks .... (véase 26)

Actividades y circuitos

2 Apu's Peru C2
3 Chaski Ventura F2
5 Manu Nature Tours D3
6 Milla Turismo D2
7 SATO C2
8 Siluet Sauna & Spa C1

Dónde dormir

9 Hostal San Juan Masías D2
10 Los Áticos C1
11 Mirador Hostal D2
12 Picol Hostal B1
13 Yanantin Guest House D2

Dónde comer

14 Don Esteban y Don Pancho D2
15 Mega C1

Ocio

16 Centro Qosqo de Arte Nativo D2

De compras

17 Centro Artesanal Cuzco E3
18 Centro de Textiles Tradicionales del Cuzco D2
19 Mercado Modelo de Huanchac E2
20 Mercado San Pedro A1

Información

21 Clínica Paredes C2
22 DHL D2
23 Dirección Regional de Cultura Cusco F1
24 Oficina de Migraciones D2
25 Librería SBS D2

Transporte

26 Autobuses a la estación Poroy C2
27 Colectivos a Andahuaylillas, Piquillacta, Pisac, Tipón y Urcos E2
28 Colectivos a Chinchero, Ollantaytambo y Urubamba C2
29 Colectivos a Lucre E2
30 Combis al aeropuerto D2
LAN .... (véase 22)
31 Oficina del tren a Machu Picchu D2
32 Microbuses a Chinchero, Ollantaytambo y Urubamba C3
33 Star Perú D2
TACA .... (véase 16)

SAN BLAS

Conocido como el barrio de los artistas, se halla en una empinada ladera junto al centro. Su arquitectura clásica, las puertas azules y las callejas sin tráfico lo han convertido en una zona de moda, llena de restaurantes, bares y tiendas.

Iglesia de San Blas IGLESIA
(plano p. 200; plaza San Blas; entrada 15 PEN o con boleto religioso; ⌚10.00-18.00 lu-sa, 14.00-18.00 do) Esta sencilla **iglesia** de adobe es más bien pequeña, pero su altar mayor, de estilo barroco y revestido de pan de oro, es sorprendente. El púlpito, de exquisita talla y hecho en un solo tronco, se considera el ejemplo más bello de talla colonial en madera de las Américas. Cuenta la leyenda que su creador fue un indígena aquejado de una enfermedad letal que, tras su milagrosa recuperación, dedicó su vida a tallar el púlpito para la iglesia. Se dice que su cráneo descansa en lo alto de la talla, pero en realidad nadie sabe con certeza ni la identidad de la calavera ni la del tallista.

AVENIDA EL SOL Y PARTE BAJA

Museo de Arte Popular MUSEO
(plano p. 200; sótano, Av. El Sol 103; entrada con boleto turístico; ⌚9.00-18.00 lu-sa, 8.00-13.00 do) En este atractivo museo se exponen las piezas ganadoras del Concurso de Artes Plásticas Populares de Cuzco. Los artesanos y artistas de San Blas muestran su talento en todos los estilos, desde elitista hasta descarado; ofrece una perspectiva cómica de la vida diaria entre la pompa y la solemnidad de una cultura otrora imponente.

Sus maquetas de cerámica a pequeña escala representan el ebrio libertinaje de las *picanterías,* la tortura en la silla del dentista, las matanzas del carnicero e incluso la práctica de la cesárea.

También se exponen fotografías de Cuzco de 1900 a 1950, muchas del célebre fotógrafo local Martín Chambi.

Qorikancha RUINAS
(plano p. 200; plazoleta Santo Domingo; entrada 10 PEN; ⌚8.30-17.30 lu-sa, 14.00-17.00 do) Si solo se visita un yacimiento en Cuzco, que sean estas ruinas incas, cimientos de la iglesia colonial y el convento de Santo Domingo. En su día este fue el templo más rico del Imperio inca. Hoy solo se conserva su magnífica mampostería.

En tiempos de los incas, Qorikancha (en quechua, "patio dorado") estaba literalmente cubierto de oro. Sus muros estaban forrados con unas 700 láminas de oro macizo, cada una de unos 2 kg. Tenía réplicas de maíz de oro y plata a tamaño natural, que se "plantaban" en rituales agrícolas ceremoniales. Se dice que también había tesoros de oro macizo, como altares, llamas y bebés, así como una réplica del Sol, que se perdió. Pero, al poco de llegar los primeros conquistadores, toda esta riqueza se saqueó y se fundió.

En el templo se celebraban otros ritos religiosos. Se dice que aquí se guardaron los cuerpos momificados de varios incas (reyes), que se sacaban a la luz del día a diario para rendirles ofrendas de comida y bebida, que luego se quemaban de forma ritual. Qorikancha fue también un observatorio desde el que los altos sacerdotes contemplaban la actividad celeste. Casi todo esto se deja a la imaginación del visitante, pero la mampostería que ha sobrevivido está a la altura de la mejor arquitectura inca del país. Un perfecto muro curvo de 6 m de alto se ve desde dentro y desde fuera. Ha soportado los violentos terremotos que destruyeron casi todos los edificios coloniales de Cuzco.

Una vez dentro del recinto, se entra en un patio, en cuyo centro hay una fuente octagonal originalmente recubierta por 55 kg de oro macizo. A ambos lados del patio hay

GENIAL PARA NIÑOS: EL CHIQUITY CLUB

Este excelente **centro de actividades infantiles** (plano p. 200; ☎23-3344; www.chiquityclubcusco.com; Márquez 259; niño acompañado 15 PEN; ⏲9.00-20.00 ju-ma; 📶) es ideal para que las familias jóvenes se relajen. El espacio polifacético, creado por un profesor de la escuela Waldorf, propone zonas de juego interiores, una pared de escalada y cajones de arena con "fósiles". También hay una biblioteca, una sala de exposiciones, un teatro donde disfrazarse y una pista de baile, con luces estroboscópicas y música divertida. Es ideal para niños de 1 a 9 años. Además ofrece un servicio de canguros y kits de actividades para llevar.

cámaras incas. Se cree que las mayores, a la derecha, eran los templos de la Luna y las estrellas, y estaban cubiertas con láminas de plata maciza. Con sus paredes ahusadas y sus nichos y entradas, son un excelente ejemplo de arquitectura trapezoidal inca. Los bloques encajan de modo tan preciso que, en algunos puntos, no se distingue dónde acaba uno y empieza otro.

Frente a estas cámaras, al otro lado del patio, hay pequeños templos dedicados a los truenos y el arcoíris. En los muros de dicha sección se tallaron tres agujeros que conectan con la calle y que los eruditos creen que eran desagües, ya fueran para la *chicha* (cerveza de maíz fermentada) o la sangre sacrificial, o para algo más mundano, como el agua de lluvia. Pero también pudieron ser tubos para comunicar mensajes desde el exterior al templo. De este lado del complejo destaca también el suelo que hay frente a las cámaras, que data de tiempos incas y está adoquinado con guijarros.

El templo se erigió a mediados del s. xv, durante el reinado del décimo inca, Túpac Yupanqui. Tras la conquista, Francisco Pizarro se lo dio a su hermano Juan, si bien este no lo disfrutó por mucho tiempo, pues pereció en la batalla de Sacsayhuamán, en 1536. En su testamento, legó Qorikancha a los dominicos, en cuyas manos reside desde entonces. El recinto actual es una curiosa combinación de arquitectura inca y colonial, coronada por un tejado de cristal y metal.

Los cuadros coloniales que rodean la parte externa del patio representan la vida de santo Domingo y muestran a varios perros con antorchas en las mandíbulas. Son canes guardianes de Dios (*dominicanus* en latín), de ahí el nombre de la orden religiosa.

Iglesia de Santo Domingo IGLESIA
Se halla junto a Qorikancha. Es menos barroca que muchas de las iglesias cuzqueñas, y destaca por sus cuadros de arcángeles representados como niños andinos en vaqueros y camisetas. El horario de apertura es muy irregular.

Museo del Sitio de Qorikancha MUSEO
(plano p. 206; Av. El Son s/n; entrada con boleto turístico; ⏲9.00-18.00 lu-sa, 8.00-13.00 do) Desvencijado museo arqueológico, pequeño y subterráneo, con exposiciones apolilladas sobre las culturas inca y preincaica. Acceso por la Av. El Sol.

Museo El Quijote MUSEO
(plano p. 200; Galería Banco la Nación, calle Almagro s/n; entrada 10 PEN o con boleto religioso; ⏲9.00-18.00 lu-vi, 9.00-13.00 do) Este museo de propiedad privada, en el interior de un banco, expone una minuciosa y variada colección de pinturas y esculturas contemporáneas, desde lo popular hasta lo macabro. Ofrece información detallada sobre la historia del arte peruano del s. xx.

Actividades

En Cuzco hay montones de agencias de deportes al aire libre que proponen senderismo, *rafting*, bicicleta de montaña, alpinismo, paseos a caballo y parapente. La guerra de precios puede generar mal ambiente entre los lugareños, con guías mal pagados y vehículos abarrotados de gente. Los circuitos más baratos suelen ser los más llenos. Como las nuevas agencias gozan de exenciones fiscales, las más económicas a menudo cambian de nombre y de sede. Conviene dejarse aconsejar por otros turistas extranjeros.

Ninguna empresa es totalmente fiable, pero las de estas secciones son agencias acreditadas, con una evaluación por lo general positiva de los lectores.

Senderismo

El departamento de Cuzco es el paraíso de los excursionistas. En estas enormes cordilleras montañosas los ecosistemas van desde las selvas hasta los altos entornos alpinos. Puede que los senderistas den con aldeas aisladas y ruinas perdidas entre la maleza. Como la altitud varía mucho, es importante aclimatarse antes de emprender cualquier marcha.

Sin duda, la mayoría viene por el famoso Camino Inca a Machu Picchu, pero cuidado, porque no es el único "camino inca". Lo que los avispados representantes turísticos y agencias de circuitos han bautizado como el Camino Inca no es más que uno entre una docena de senderos que los incas construyeron para llegar a Machu Picchu, entre los miles que atravesaban el imperio. Y hoy en día se están llevando a cabo excavaciones arqueológicas en varias de estas rutas selváticas. Se han desarrollado otros tantos para el turismo y son cada vez más los excursionistas que optan por recorrerlos.

La publicación *Alternative Inca Trails Information Packet* (Paquete de información sobre otros caminos incas), del South American Explorers Club, ofrece información más detallada. Ya más cerca de Cuzco, varios operadores han desarrollado itinerarios de varios días por el Valle Sagrado que se apartan mucho de las rutas marcadas y llegan hasta aldeas y ruinas poco frecuentadas.

Para una información completa sobre el Camino Inca y las rutas de senderismo alternativas a Machu Picchu, véase p. 40. Otras excursiones a yacimientos arqueológicos son Choquequirao (p. 267) y Vilcabamba (p. 265).

Asimismo, se recomiendan las caminatas a Lares (p. 40) y Ausangate (p. 266).

Las siguientes agencias, con sede en Cuzco, están especializadas en senderismo y han sido aconsejadas por lectores. En cuanto a las internacionales o con propuestas para todo Perú, véase p. 39.

Andina Travel EXCURSIONISMO
(plano p. 200; ☎25-1892; www.andinatravel.com; plazoleta Santa Catalina 219)

Apu's Peru EXCURSIONISMO
(plano p. 206; ☎23-3691; www.apus-peru.com; Cuichipunco 366)

Eco Trek Peru EXCURSIONISMO
(plano p. 200; ☎24-7286; www.ecotrekperu.com; Atocsaycuchi 599)

X-treme Tourbulencia EXCURSIONISMO
(plano p. 200; ☎22-5872; www.x-tremetourbulencia.com; Plateros 358)

Peru Treks EXCURSIONISMO
(plano p. 206; ☎22-2722; www.perutreks.com; Av. Pardo 540)

Peruvian Highland Trek EXCURSIONISMO
(plano p. 200; ☎24-2480; www.peruvianhighland-trek.com; calle del Medio 139)

Quechua's Expeditions EXCURSIONISMO
(plano p. 200; ☎23-7994; www.quechuasexpeditions.com; Suecia 344)

CUÁNDO IR

La mejor época para practicar senderismo por los Andes o el Amazonas es la estación seca, más fría, que va más o menos de mayo a septiembre. Para las excursiones en temporada alta conviene reservar con meses de antelación, incluso un año para el Camino Inca. Durante los meses más húmedos, de enero a marzo, los caminos se convierten en lodazales por los que cuesta moverse y las vistas quedan ocultas bajo un manto de nubes. El Camino Inca se cierra durante todo febrero para ponerlo a punto. A causa de las fuertes lluvias se desaconseja emprender la excursión por la jungla alta a Vilcabamba si no es entre junio y agosto. Las temperaturas pueden descender por debajo de la congelación durante todo el año en el resto de senderos situados a mayor altitud, y de vez en cuando llueve incluso en temporada seca.

QUÉ LLEVAR

Modernas mochilas con armazón interno, tiendas, sacos de dormir y hornillos pueden alquilarse en varios puntos de la calle Plateros por unos 15-20 PEN diarios por artículo. Antes de alquilar, conviene comprobar con atención todo el equipo, pues hay cosas de mala calidad, o no precisamente modernas ni ligeras.

También hay que llevarse pastillas potabilizadoras o un sistema de potabilización del agua. Una vez en el sendero, no suele haber ningún lugar donde comprar comida, y en las pequeñas aldeas desde donde arrancan los senderos las existencias son limitadas, de modo que habrá que comprar por adelantado en Cuzco. Si se contrata una excursión con guía, se aconseja llevar algo de efectivo para darle propina a él y a los arrieros. Unos 10 US$ diarios por senderista es la mínima propina decente para un guía, y a los arrieros suele dárseles una cantidad similar a dividir entre ellos.

Para más consejos sobre el material de senderismo adecuado, véase p. 40.

'Rafting'

En Perú no es una actividad regulada, de modo que cualquiera –literalmente– puede montar una empresa de *rafting*. Para colmo, la competencia agresiva ha hecho que muchos operadores baratos descuiden la seguridad. Todo esfuerzo es poco para advertir el grado de riesgo: hay accidentes mortales cada año. Las empresas de *rafting* que aceptan reservas por adelantado en línea suelen tener más en cuenta la seguridad (y ser más caras) que las que operan frente a los escaparates de Cuzco.

Al elegir una, por prudencia, es mejor preguntar sobre el equipo de seguridad, la formación del instructor y la calidad del material usado (por ejemplo, la antigüedad de las barcas), así como saber qué piensan otros viajeros. Cuidado con las agencias nuevas sin referencias conocidas.

Las siguientes empresas de *rafting* tienen la mejor reputación en cuanto a seguridad:

Amazonas Explorer PASEOS EN BARCA
(☎25-2846; www.amazonas-explorer.com; Av. Collasuyu 910, Miravalle) Operador profesional internacional con equipos y guías de primera y rutas por los ríos Apurímac y Tambopata.

Apumayo PASEOS EN BARCA
(plano p. 200; ☎24-6018; www.apumayo.com; Jirón Ricardo Palma Ñ-11, Urb. Santa Monica) Agencia profesional que gestiona reservas internacionales con antelación para paseos por el río Tambopata. Adaptada para viajeros con discapacidades.

Mayuc PASEOS EN BARCA
(plano p. 200; ☎24-2824; www.mayuc.com; Portal Confiturías 211) Muy conocido por los buscadores de gangas, reduce la competición.

River Explorers PASEOS EN BARCA
(☎26-0926; www.riverexplorers.com; Urb. Kennedy A, B-15) Recorre toda clase de tramos y organiza excursiones de hasta seis días por el río Apurímac.

RÍO URUBAMBA

Hacer *rafting* por el Urubamba a través del Valle Sagrado puede brindar la mejor excursión de *rafting* de Sudamérica, pero Cuzco y todas las aldeas que hay a su paso disponen del río como una vía de alcantarillado sin tratar, lo que convierte el trayecto en un maloliente y contaminado viaje. Esto va en serio: que el viajero cierre la boca si se cae al agua.

Pero, pese a su repugnante aspecto, la sección de **Ollantaytambo a Chilca** (clase II a III) es muy popular. Ofrece 1½ horas de suave *rafting* con solo dos rápidos destacados. Otros tramos afectados por la contaminación son el de **Huarán** y el de **Huambutio a Pisac.**

Hay varios tramos más limpios al sur de Cuzco, en la parte superior del Urubamba (también llamado Vilcanota), como el popular trecho de **Chuquicahuana** (clase III a IV+; clase V+ en temporada de lluvias). Otro tramo menos frenético es el divertido y pintoresco de **Cusipata a Quiquihana** (principalmente clase II a III). En la temporada de lluvias suelen combinarse estas dos secciones. Más cerca de Cuzco, el trecho de **Pampa a Huambutio** (clase I a II) brinda una bella introducción al *rafting*, ideal para niños pequeños (de 3 años en adelante).

RÍO SANTA TERESA

Este río es espectacular para practicar *rafting* en el barranco entre los pueblos de Santa Teresa y Santa María y luego, corriente abajo, hasta Quillabamba. Una advertencia: el tramo de **Cocalmayo Hot Springs a Santa María** tiene rápidos casi ininterrumpidos de clase IV a V en un profundo cañón inaccesible. Solo debería recorrerse con operadores de excelente reputación, como los expertos Cola de Mono (p. 261). Se advierte que en este tramo, por seguridad, está fuera de las competencias de guías inexpertos (más baratos). Aquí no hay que ahorrar dinero. Antes de decidirse, no estaría de más recorrer otro tramo de la zona con el operador elegido.

OTROS RÍOS

De mayo a noviembre, el **río Apurímac** ofrece rutas de tres a diez días por profundos cañones y selvas protegidas. Este río presenta estimulantes rápidos (clase IV y V) y paisajes salvajes y remotos con profundos cañones. Se han avistado cóndores e incluso pumas. Las excursiones de cuatro días son las más relajadas y evitan las zonas de acampada de mayor afluencia, pero la oferta de salidas de tres días es más amplia. Se acampa en playas de arena, cada vez más abarrotadas. Los mosquitos pueden resultar molestos. Lo ideal es que la agencia deje el campamento limpio y se guíe por una ética de impacto mínimo.

Una expedición aún más fuerte es la de 10-12 días por el exigente **río Tambopata,** que solo puede hacerse de mayo a octubre. Se empieza en los Andes, al norte del lago Titicaca, y se desciende por el corazón del Parque Nacional Bahuaje-Sonene hasta la jungla amazónica. Desde Cuzco hasta el punto de partida son dos días de automóvil. En los primeros días en el río hay rápidos que exigen cierto nivel de técnica (clases III y IV) en el agreste paisaje andino, y el viaje acaba con un par de días de dulce navegación por la selva. Algunos viajeros atentos han visto tapires, capibaras, caimanes, nutrias gigantes y jaguares.

Los ríos lejos de Cuzco quedan a días de socorro en caso de enfermedad o accidente. Es importante realizar la reserva con una agencia de primera, con guías muy experimentados y con certificado de primeros auxilios y conocimientos de técnicas de rescate en aguas rápidas.

Bicicleta de montaña

Los circuitos en bicicleta de montaña son un negocio en pleno auge en Cuzco, cuyo terreno es soberbio. Las bicicletas de alquiler son de baja calidad y en su mayoría rígidas (suspensión individual), aptas para las fuertes pendientes. Tampoco resulta fácil comprar bicicletas buenas nuevas o de segunda mano en Cuzco. Por tanto, si se es un ciclista de verdad, se recomienda llevar su propia bici. Luego puede venderla en Cuzco, lo cual es más que factible.

Los ciclistas veteranos pueden disfrutar de rutas asombrosas a las que se llega rápido y fácilmente en transporte público. Se puede tomar el autobús a Pisac (hay que colocar la bici en el techo) y pedir que el conductor pare en **Abra de Ccorao.** Desde allí se puede girar a la derecha y regresar a Cuzco por varios caminos para carros y senderos de vía única. A medio camino hay un parque de saltos construido por lugareños aficionados. Esta ruta se conoce como **Yuncaypata,** y tiene muchas variaciones. Pero al final, se vaya por donde se vaya, se acabará en la periferia meridional de Cuzco, desde donde se puede tomar un taxi para volver a casa.

Si se va hacia el otro lado del paso, a la izquierda de la carretera, se llega a un sendero rápido que atraviesa un estrecho valle; es difícil perderse. Conduce a la carretera de Ccorao. Desde allí, hay que seguir la carretera a través de un tramo llano seguido de una serie de curvas. Cuando el valle se ensancha, hay que girar a la izquierda tras pasar una granja y descender por una abrupta cuesta a la izquierda para seguir luego por el desafiante sendero de vía única que surca otro estrecho valle. Habrá que cruzar un río espeluznante y bajar por varias cuestas traicioneras, empinadas y accidentadas en el último trecho, que conduce hasta la aldea de Taray. Desde allí hay un tramo de 10 minutos a orillas del río hasta Pisac, donde se puede tomar un autobús de vuelta a Cuzco.

Pueden hacerse salidas más largas, pero se necesitará un guía profesional y un vehículo de avituallamiento. La carretera parcialmente asfaltada que desciende desde Abra Málaga a Santa María, aunque no requiere de técnica, es recorrido obligado para todo ciclista y forma parte del Camino Inca por la jungla (véase p. 41), que incluyen muchos operadores de Cuzco. El de Maras a Salinas supone una pequeña gran misión. Y el del valle Lares ofrece un desafiante sendero de vía única, al que puede accederse desde Cuzco en un día largo. Si se va a Manu, en la cuenca del Amazonas, se puede interrumpir el largo viaje en autobús yendo en bici desde Tres Cruces a La Unión –espectacular y hermoso descenso–, o bien recorrer toda la ruta en bicicleta. Los operadores de viajes a Manu pueden encargarse del alquiler de la bici y de contratar a los guías. El descenso hasta el río Apurímac es toda una excursión, al igual que el viaje hasta el río Tambopata, que incluye un descenso de 3500 m en 5 horas. Unos cuantos ciclistas se atreven con el viaje de más de 500 km hasta Puerto Maldonado. Se llega acalorado y empapado en sudor, pero es todo un reto.

Se recomiendan los siguientes operadores:

Amazonas Explorer CIRCUITOS DE AVENTURA
(☎25-2846; www.amazonas-explorer.com) Ofrece excelentes aventuras de 2 a 10 días en bicicleta de montaña. Es excelente para familias, pues tiene bicis para niños.

Cusco Aventuras CIRCUITOS DE AVENTURA
(☎984-13-7403; cuscoaventura@hotmail.com) La leyenda local del loco Luchín brindará al viajero la excursión de su vida.

Party Bike CIRCUITOS DE AVENTURA
(plano p. 200; ☎24-0399; www.partybiketravel.com; Carmen Alto 246) Recomendada por los viajeros, ofrece descensos y rutas hasta el valle y por Cuzco.

Gravity Peru CIRCUITOS DE AVENTURA
(☎22-8032; www.gravityperu.com; Santa Catalina Ancha 398) Este operador profesional, aliado del célebre Gravity Bolivia, es el único que ofrece bicicletas con doble suspensión para excursiones de un día. Muy recomendable.

Paseos a caballo

La mayoría de las agencias organizan paseos matutinos o vespertinos. Si no, se puede ir a pie hasta Sacsayhuamán, donde hay muchos ranchos y allí negociar lo que uno quiere. De todos modos, escójase con cuidado porque los caballos a veces están en un estado lamentable.

Las agencias más selectas ofrecen viajes de varios días a los alrededores de Limatambo y hay varios ranchos de primera categoría con purasangres peruanos de paso muy bien entrenados en Urubamba (véase p. 241).

Observación de aves

Los auténticos amantes de las aves deberían hacerse con un ejemplar de *Birds of the High Andes* (Aves del altiplano andino), de Jon Fjeldså y Niels Krabbe. Una de las mejores excursiones es la de Ollantaytambo a Santa Teresa o Quillabamba, pasando por Abra Málaga. Esta brinda todo un abanico de hábitats, desde los 4600 m hasta por debajo de los 1000 m. El inglés Barry Walker es un confeso "loco de las aves" y el mejor ornitólogo residente para ofrecer a los amantes de los pájaros una ingente cantidad de consejos. Es autor de una guía de campo, *The Birds of Machu Picchu* (Las aves de Machu Picchu) y dirige una agencia de circuitos, Birding in Peru (☎22-5990; www.birding-in-peru.com), que organiza viajes para ver aves por Perú, Bolivia y Chile.

Otras actividades

El mejor premio tras una caminata es un masaje en uno de los spas, como el profesional **Siluet Sauna & Spa** (plano p. 206; ☎23-1504; Quera 253; ⌚10.00-22.00) y el lujoso **Samana Spa** (plano p. 200; ☎23-3721; www.samana-spa.com; Tecsecocha 536; ⌚10.00-19.00 lu-sa). Cuidado con los masajes baratos que se anuncian por la calle; la mayoría de los masajistas carecen de formación y puede haber sorpresas desagradables.

Sacred Valley Via Ferrata DEPORTES DE AVENTURA
(☎984-11-2732; www.naturavive.com; 160 PEN/persona) Esta ruta de ascenso consiste en un conjunto de escaleras, asideros y puentes construidos en una empinada ladera rocosa. Esta vía, que nació en los Alpes italianos en la II Guerra Mundial, permite que novatos de la escalada en roca en relativa buena forma se diviertan con una descarga de adrenalina. De su construcción y gestión se encargan escaladores y profesionales de la montaña. En el fascinante entorno del Valle Sagrado, presenta un ascenso vertical de 300 m, un puente colgante de infarto a 200 m del lecho del valle y 100 m de rápel. Tras una caminata de 40 minutos, se puede optar por lanzarse en *tirolina* (160 PEN). La duración de cada actividad es de 3 a 4 horas y el precio incluye los traslados a/desde Cuzco o Urubamba, el ascenso y el almuerzo.

Action Valley DEPORTES DE AVENTURA
(plano p. 200; ☎24-0835; www.actionvalley.com; Santa Teresa 325; ⌚9.00-17.00 do-vi, cerrado med ene-med feb) Excepcional parque de aventuras, es un infierno para los que padecen acrofobia y el paraíso para los niños y los adultos infantiles. Tiene *paintball* (75 PEN), una pared de escalada de 10 m (36 PEN), un *bungee jump* de 122 m (230 PEN) y una catapulta (230 PEN). Uno también puede lanzarse en parapente (315 PEN) desde el mirador de Racchi. Está a 11 km de Cuzco por la carretera a Poroy.

☞ Circuitos y guías

En Cuzco hay cientos de agencias de viajes oficiales, pero cambian constantemente, de modo que se aconseja consultar con otros viajeros. Se advierte de que muchas de las agencias pequeñas en torno a Procuradores y Plateros ganan comisiones con la venta de viajes que organizan otras empresas, lo cual puede llevar a malentendidos. Si la agencia también vende ponchos, cambia dinero y ofrece conexión a internet en la esquina, hay muchas probabilidades de que no organice los circuitos.

En los circuitos estándar se suele viajar en grandes grupos y con prisas. Entre las ofertas más clásicas se cuenta un circuito de medio día por la ciudad y/o las ruinas cercanas, una excursión de medio día a los mercados dominicales de Pisac o Chinchero y un circuito de día entero al Valle Sagrado (p. ej.: Pisac, Ollantaytambo y Chinchero). También pueden hacerse por libre y al ritmo que uno desee desplazándose en un taxi con licencia, sobre todo si se va en grupo. Como alternativa, úsese el transporte público.

Las agencias también ofrecen caros circuitos a Machu Picchu que incluyen el transporte, la entrada al yacimiento arqueológico, un guía y comida. Pero como solo pueden pasarse unas cuantas horas en las ruinas, es mucho más agradable (además de más barato) hacerlo por cuenta propia. Se puede contratar a un guía en Machu Picchu o bien hacerlo con antelación en Cuzco.

Se recomiendan las siguientes agencias de circuitos:

INICIO: PLAZA DE ARMAS
FINAL: SACSAYHUAMÁN
DISTANCIA: 4 KM
DURACIÓN: 3 HORAS, CON PARADAS

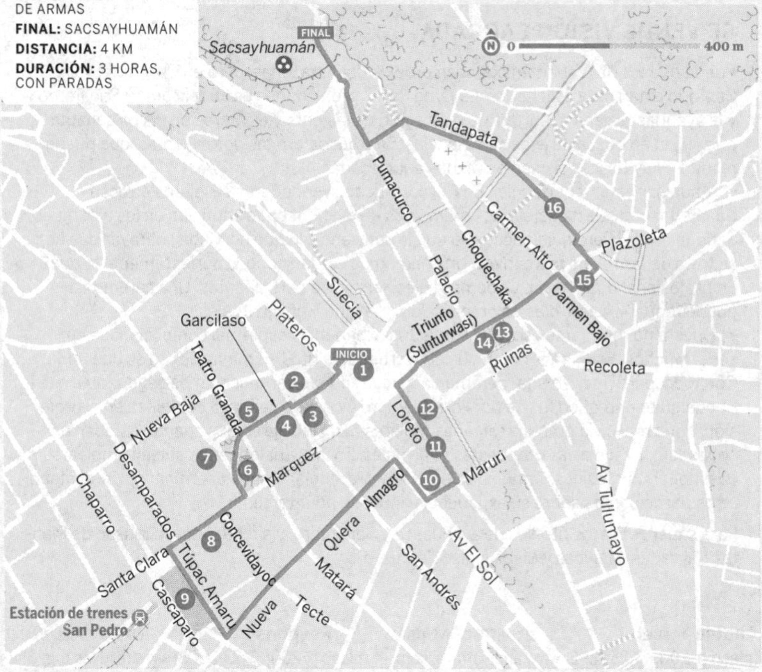

Circuito a pie
Cuzco

Se empieza en la **1 plaza de Armas,** uno de los espacios públicos más asombrosos de Sudamérica. De paseo por la calle del Medio, se va hacia el suroeste y se cruza la **2 plaza Regocijo.** A la izquierda, un hermoso **3 edificio,** alberga restaurantes y tiendas. Se sube por la calle Garcilaso, que debe su nombre al cronista Inca Garcilaso de la Vega, que vivió en el que hoy es el **4 Museo Histórico Regional.** Entre las mansiones coloniales destaca el **5 Hotel los Marqueses.**

Los domingos, los campesinos que hablan quechua se dan cita en la **6 plaza San Francisco.** Si apetece, visítese la **7 iglesia y el Museo de San Francisco.** Al otro lado de la arcada colonial están la **8 iglesia y el convento de Santa Clara.** Si está abierta, véanse los espejos, que en época colonial se usaban para atraer a los indígenas al rezo.

Detrás está el ajetreado **9 mercado San Pedro**. Se pueden reponer fuerzas en alguno de sus puestos y luego salir hacia la calle Nueva hasta la Av. El Sol a la altura del **10 Palacio de Justicia,** un edificio blanco con un par de llamas en el jardín. Saliendo por Maruri, gírese a la izquierda en **11 Loreto,** una vía peatonal flanqueada por muros incas. El muro occidental pertenece a Amaruqancha (patio de las serpientes). El oriental es uno de los más antiguos y mejor conservados de Cuzco y pertenece a la Acllahuasi (Casa de las Escogidas). Tras la conquista, se anexó al **12 convento de clausura de Santa Catalina.**

Loreto lleva de vuelta a la plaza de Armas. Se tuerce a la derecha en Triunfo (Sunturwasi) y al cruzar el Palacio se llega a Hatunrumiyoc, que debe su nombre a la **13 piedra de los 12 ángulos.** Pertenece a un muro del palacio del Inca Roca, que hoy alberga el **14 Museo de Arte Religioso.**

Hatunrumiyoc acaba en Choquechaca. Desde aquí se llega a la **15 plaza San Blas,** centro bohemio de Cuzco. Para observar el adoquinado, gírese a la izquierda por **16 Tandapata.** Los canales de riego incas bajan por antiguas escaleras, y rocas talladas adornan los muros y piedras del camino.

SE VENDE VISIÓN SAGRADA

Puede que los ritos chamánicos sean propios del Amazonas, pero en Cuzco y el Valle Sagrado están muy solicitados. La fama de las propiedades psicodélicas del San Pedro y la ayahuasca han despertado la curiosidad de la gente y el interés de los psiconautas que viajan en busca de esas experiencias. Se trata de drogas potentísimas, que pueden resultar muy tóxicas si caen en manos equivocadas.

Y aun así, están por doquier. En Cuzco, muchos vendedores callejeros ofrecen el San Pedro con sus masajes; las ceremonias de ayahuasca se anuncian en los albergues. Si duda es el viajero quien decide lo que le conviene y lo que no. Cabe subrayar que no se trata de fármacos recreativos. Un chamán de verdad conoce perfectamente lo que un profesional debe hacer, y además selecciona a los participantes. Una ceremonia puede requerir varios días de preparación, el ayuno y otros rituales.

Cuesta no mostrarse escéptico ante una experiencia espiritual confeccionada en serie. Muchos cuzqueños creen que convertir estos ritos en minas de oro es una burla. Con todo, participar en una "ceremonia guiada" puede ser mucho más seguro que ingerir cualquier narcótico fuerte por libre, siempre y cuando se tenga confianza en el profesional que realice la práctica (algunas mujeres han sido agredidas cuando estaban narcotizadas). Evítense las propuestas informales. En los rituales serios suelen emplearse cuestionarios médicos. También se aconseja presenciar alguna ceremonia y preguntar a otros participantes sobre su experiencia antes de apuntarse.

Para saber sobre los rituales de ayahuasca y San Pedro, visítese el nuevo Museo de Plantas Sagradas, Mágicas y Medicinales de Cuzco.

Andina Travel CIRCUITOS DE AVENTURA
(plano p. 200; ☎25-1892; www.andinatravel.com; plazoleta Santa Catalina 219) Circuitos clásicos y rutas de senderismo.

Antipode CIRCUITOS DE AVENTURA
(plano p. 200; ☎970-440-448; www.antipode-travel.com; Choquechaca 229) Solícita agencia de gestión francesa con circuitos clásicos, rutas de senderismo y otras propuestas breves de aventura en la zona.

Chaski Ventura CIRCUITOS CULTURALES
(plano p. 206; ☎23-3952; www.chaskiventura.com; Manco Cápac 517) Pioneros del turismo alternativo y en comunidades, con itinerarios y guías de calidad, comprometidos con el desarrollo de la comunidad. Ofrecen paquetes de viajes a la jungla, estancias en comunidades del Valle Sagrado y Machu Picchu.

Fertur CIRCUITOS
(plano p. 200; ☎22-1304; www.fertur-travel.com; San Agustín 317) Oficina local de una veterana agencia muy fiable de vuelos y circuitos convencionales.

Milla Turismo CIRCUITOS
(plano p. 206; ☎23-1710; www.millaturismo.com; Av. Pardo 800) Operador clásico de confianza con servicio de agencia de viajes y circuitos privados recomendados con conductores expertos.

Respons CIRCUITOS CULTURALES
(plano p. 200; ☎23-3903; www.respons.org; Choquechaca 216-C, escalera) Operador ecosostenible de primera calidad, colabora en el desarrollo de las comunidades del Valle Sagrado. Ofrece un circuito a una comunidad tejedora cerca de Pisac y otros de chocolate y café por la jungla del Camino del Inca (370 US$/3 días).

SAS Travel CIRCUITOS
(plano p. 200; ☎24-9194; www.sastravelperu.com; calle Garcilaso 270) Colabora directamente con propietarios locales. Propone paquetes de circuitos a Machu Picchu, senderismo por el Camino Inca, viajes por la jungla e itinerarios por Cuzco.

SATO CIRCUITOS
(plano p. 206; South American Travels Online ☎22-1304; www.southamericatravelsonline.com; Matara 437, interior-G) Agencia europea famosa que colabora con operadores locales en sus propuestas de senderismo, excursionismo y *rafting;* especialista en ofertas de última hora.

Turismo Caith CIRCUITOS CULTURALES
(☎23-3595; Centro Yanapanakusun, Urb. Ucchullo Alto, N4, Pasaje Santo Toribio) Líder en turismo en comunidades y en viajes clásicos de uno o varios días. Los participantes pueden colaborar en proyectos de educación.

Las siguientes agencias también se adentran en la jungla. Se recogen otras en la p. 457.

Manu Expeditions CIRCUITOS DE AVENTURA
(fuera de plano p. 206; ☎22-5990, 22-4235; www.manuexpeditions.com; Clorinda Matto de Turner 330, Urb. Magisterial) Entre sus destinos están la Reserva de la Biosfera del Manu y paseos a caballo por el Valle Sagrado.

Manu Nature Tours CIRCUITOS DE AVENTURA
(plano p. 206; ☎25 2721; www.manuperu.com; Pardo 1046) Agencia acreditada con cabañas propias en Manu.

Guías

Se recomiendan los guías siguientes de Machu Picchu y los alrededores de Cuzco:

Asociación de Guías Oficiales de Turismo CIRCUITOS GUIADOS
(plano p. 200; Agotur; ☎24-9758; www.agoturcusco.org.pe; Heladeros 157) Buen modo de ponerse en contacto con los guías.

Adam Weintraub CIRCUITOS GUIADOS
(☎962-859-000; www.photoexperience.net) Adam, originario de Seattle, cuenta con muchos años de experiencia en Perú y conduce circuitos fotográficos personalizados de calidad y talleres por todo el país; también organiza breves rutas fuera de Cuzco.

Alain Machaca Cruz CIRCUITOS GUIADOS
(☎984-056-635, 973-220-893; alain_313@hotmail.com) Se recomienda por los interesantes circuitos alternativos por la ciudad, durante los que se puede elaborar chicha o ver granjas de cuyes; también propone excursiones y visitas por las comunidades vecinas. Habla quechua.

Leo García CIRCUITOS GUIADOS
(☎984-70-2933, 984-75-4022; leogacia@hotmail.com) Agradable, apasionado y muy versado en todo lo relacionado con la cultura inca.

Raúl Castelo CIRCUITOS GUIADOS
(☎24-3234, 984-31-6345; raulcastelo10@hotmail.com) Cuenta con transporte propio y está especializado en circuitos personalizados al Valle Sagrado, Machu Picchu, Cuzco, Cuzco-Puno y Lares.

Fiestas y celebraciones

Cuzco y el Altiplano circundante celebran muchas y alegres festividades y fiestas de guardar. Además de las fiestas nacionales (p. 540), en las fechas siguientes llegan más visitantes y, por tanto, exigen reservar alojamiento con mucha antelación:

El Señor de los Temblores FESTIVAL
Esta procesión se celebra el lunes antes de Pascua y se remonta al terremoto de 1650.

Vigilia de la Cruz FESTIVAL
Los días 2 y 3 de mayo se celebra esta vigilia en todas las laderas, que se coronan con cruces.

Qoylloriti FESTIVAL
Los más tradicionales ritos andinos de este festival (véase recuadro en p. 268) son menos conocidos que la espectacular Inti Raymi, que se celebra a los pies del Ausangate el martes antes de Corpus Christi, a finales de mayo o principios de junio.

Corpus Christi RELIGIOSA
Es el noveno jueves después de Pascua, normalmente a principios de junio. Hay impresionantes procesiones religiosas y celebraciones en la catedral.

Inti Raymi FESTIVAL
El Festival del Sol es el más importante de Cuzco. Se celebra el 24 de junio y atrae a turistas de Perú y del mundo entero, y la ciudad se vuelca para celebrarlo. Culmina con una representación del festival inca del solsticio de invierno en Sacsayhuamán. Pese a ser muy turístico, merece la pena ver sus bailes y desfiles callejeros, así como el boato en Sacsayhuamán.

Santuranticuy Artisan Crafts Fair FESTIVAL
La acoge la plaza de Armas el 24 de diciembre.

Dónde dormir

En Cuzco hay cientos de hoteles de toda clase y casi lo único que tienen en común es que son de los más caros del país. Entre junio y agosto la ciudad se llena a rebosar, sobre todo los 10 días antes de Inti Raymi, que se celebra el 24 de junio, y en las Fiestas Patrias (en honor a la independencia), que son el 28 y 29 de julio. En esas fechas hay que reservar antes.

Los precios se rigen por el mercado y varían mucho según la estación y la demanda. Los que se citan en esta guía corresponden a la temporada alta.

La plaza de Armas es la zona más céntrica, pero carece de gangas, y el alojamiento en la

Av. El Sol es anodino, caro y está dirigido a grupos turísticos. Así que, como Cuzco es una ciudad muy compacta, es igual de práctico alojarse en otro barrio cercano. Por ejemplo, el escarpado San Blas tiene las mejores vistas y es muy popular. También hay mucha oferta al oeste de la plaza de Armas, en los alrededores de la plaza Regocijo, en la zona comercial hacia el Mercado Central y colina abajo desde el centro, en las calles al noreste de la Av. El Sol.

Muchos de los hoteles y pensiones están en bellos edificios coloniales con patios interiores que reverberan con el ruido de otros huéspedes o de la calle. Muchos de ellos ofrecen desayuno, que empieza a servirse a las 5.00 para atender a los senderistas del Camino Inca y los excursionistas que van a Machu Picchu. De ahí que el registro y la salida del hotel se hagan pronto.

Si se avisa de la llegada, casi todos los alojamientos de precio medio y alto recogen al viajero de forma gratuita en el aeropuerto, la estación de trenes o de autobuses.

Se aconseja insistir y cerciorarse de que hay agua caliente en las duchas antes de quedarse en un hotel, pues esta suele escasear, incluso en los alojamientos de precio medio, y no hay nada peor tras una salida de senderismo de varios días que una ducha tibia. En algunos hoteles hay más agua caliente en unas plantas que en otras. Lo mejor es evitar ducharse en hora punta y comunicar sin falta en recepción si se tiene algún problema a este respecto: a veces basta con que giren una válvula o cambien una bombona de gas.

Todos los alojamientos que se citan a continuación afirman tener agua caliente las 24 horas del día y, a menos que se indique lo contrario, los de precio medio para arriba tienen televisión por cable y acceso a internet. Los hoteles de precio alto tienen habitaciones con calefacción y teléfono; las excepciones se indican en su reseña. Asimismo, los hoteles de precio alto y algunos de precio medio tienen tanques de oxígeno –aunque caros– por si se padece de mal de altura.

Los hoteles de lujo suelen llenarse en temporada alta. Tal vez se obtengan mejores tarifas reservando a través de una agencia de viajes o por la página web del hotel.

CENTRO DE CUZCO

Muchas de las calles secundarias que suben por el noroeste de la plaza hacia Sacsayhuamán (sobre todo Tigre, Tecsecocha, Suecia, Kiskapata, Resbalosa y 7 Culebras) abundan en sitios baratos. Los hoteles de primera categoría de la plaza a menudo son caros por lo que ofrecen.

Ecopackers ALBERGUE $

(plano p. 200; ☎23-1800; www.ecopackersperu.com; Santa Teresa 375; dc 25-41 PEN, d/ste 120/135 PEN; @ wifi) Gran complejo para mochileros, situado cerca de plaza Regocijo. Ofrecen de todo (bar, sala de billares y terraza) y, además, está limpio, son agradables y cuidan el servicio. En el patio hay tumbonas de mimbre y las sólidas camas son larguísimas. Vigilancia las 24 horas.

Inkaterra La Casona HOTEL-'BOUTIQUE' $$$

(plano p. 200; ☎23-5873; www.lacasona.info; Atocsaycuchi 616; suites desayuno incl. desde 410 US$; @ wifi) Acogedor y elegante, esta majestuosa casona colonial renovada de la plazoleta Nazarenas es una auténtica delicia. Lo rústico se funde con lo majestuoso en detalles como las grandes puertas talladas, las chimeneas de piedra sobre suelos brillantes y los excepcionales tejidos andinos.

Aunque los televisores están escondidos, lo tecnológico está en las bases para iPod y el préstamo de portátiles. Servicio impecable y muy personal.

Niños Hotel HOTEL $$

(☎23-1424, 25-4611; www.ninoshotel.com; Meloc 442; i/d sin baño 63/126 PEN, d/tr desayuno incl. 137/200 PEN; @ wifi) Estos hoteles, muy valorados y recomendables, están gestionados por una fundación holandesa sin ánimo de lucro que trabaja en favor de los niños más desfavorecidos de Cuzco. Se trata de dos hoteles en laberínticas casas coloniales con soleados patios. Las habitaciones, con muebles nuevos, tienen vivos colores, mantas de *plaid* y calefactores portátiles. Para los meses más fríos, disponen de bolsas de agua caliente para la cama.

En la cafetería pública se sirven tartas y panes caseros y también fiambreras. No se incluye el desayuno. El otro hotel está en Fierro 476.

La Lune HOTEL-'BOUTIQUE' $$$

(plano p. 200; ☎24-0543; www.onesuitehotelcusco.com; San Agustín 275; d desayuno incl. 450-550 US$; @ wifi) Bautizado como el antihotel, cuesta encontrar algo más exclusivo: solo dos suites, con servicio de conserje las 24 horas a cargo del propietario francés, Artur. Su deseo es que el viajero se relaje, de ahí que la estancia incluya las bebidas de un bar completo y un masaje profesional bajo una vidriera. Por ahora ha sido todo un éxito entre famosos y diplomáticos de visita.

Las lujosas suites presentan una decoración moderna de buen gusto, ropa de cama orgánica de Cacharel y una cama opcional para el perro. Las suites alojan a dos personas y la más cara tiene *jacuzzi* (que llenan con pétalos de rosa si se desea).

Casa Cartagena HOTEL-'BOUTIQUE' $$$
(plano p. 200; ☎en Lima 01-242-3147; www.casacartagena.com; Pumacurco 336; suites desde 450 US$; @☎✱) De propiedad italiana, casa lo moderno con lo colonial. Es elegancia pura. Sus 16 suites tienen camas *king size,* bases para iPod, ramos de rosas y enormes bañeras con velas. Desde la dirección presumen de que Neruda y el Che Guevara se alojaron en esta histórica mansión, que hace medio siglo no era más que una modesta pensión. Cuenta con un encantador *spa* y el servicio de habitaciones es gratis.

Hotel Arqueólogo HOTEL-'BOUTIQUE' $$$
(plano p. 200; ☎23-2569; www.hotelarqueologo.com; Pumacurco 408; d/superior desayuno incl. 384/451 PEN; @☎) En esta antigua pensión de propiedad francesa, elegante y acogedora, se percibe el verdadero Cuzco, hasta en la cantería inca. Las habitaciones, decoradas con buen gusto, dan a un amplio patio empedrado. Uno puede relajarse en el jardín, jugar con el perro o saborear en el salón de la chimenea el pisco sour con que obsequian.

Los ingresos por la venta de tejidos locales se destinan a las bibliotecas públicas.

Hotel Monasterio HOTEL DE LUJO $$$
(plano p. 200; ☎60-4000; www.monasterio.orient-express.com; calle Palacio 136; d desde 700 US$, ste 2150-5952 PEN; @☎) Dispuesto en torno a un elegante claustro del s. XVI, este hotel de cinco estrellas lleva tiempo siendo el más preciado de Cuzco; cuenta con majestuosas áreas públicas y más de 100 habitaciones en torno a refinados patios. El origen jesuita se observa en los suelos irregulares, aunque algunos toques modernos parecen fuera de lugar.

Aparte de los dos restaurantes de primera categoría, no hay que perderse la capilla, que conserva las pinturas originales de pan de oro.

Midori HOTEL $$$
(plano p. 200; ☎24-8144; www.midori-cusco.com; Ataúd 204; i/d desayuno incl. 221/280 PEN; @☎) Popular entre los grupos organizados pequeños, es de estilo clásico y cómodo. Las enormes habitaciones tienen sala de estar, brocados y sólidas camas. Recomendado por los lugareños.

Pariwana ALBERGUE $
(plano p. 200; ☎23-3751; www.pariwana-hostel.com; Mesón de la Estrella 136; dc 24-36 PEN, d con/sin baño 98/85 PEN; @☎) Este albergue limpísimo y aún más nuevo está lleno de jóvenes que descansan en los pufs y juegan a *ping-pong* en el patio de la enorme casa colonial. En las zonas comunes hay wifi. Las camas, en dormitorios bastante nuevos, gozan de espacio y la suite del ático compensa el dispendio. Al elegante bar solo se entra con invitación.

Tierra Viva HOTEL $$$
(plano p. 200; ☎60-1317; www.tierravivahoteles.com; Saphi 766; i/d/tr desayuno incl. 300/330/360 PEN; @☎) Nuevo hotel de una cadena peruana, con decoración moderna y buen servicio, ofrece dos cómodas propuestas de categoría media en el centro de Cuzco. El **hotel de la plaza de Armas** (Suecia 345) es más amplio y tiene un patio interior. Las habitaciones dobles cuentan con sábanas blancas y coloridas mantas. El desayuno de bufé se sirve a partir de las 5.00.

The Point ALBERGUE $
(plano p. 200; ☎25-2266; www.thepointhostels.com; Mesón de la Estrella 172; dc 22-30 PEN, i/d sin baño 50/80 PEN; @☎) Es como una sala de fiestas de tamaño industrial, con actos organizados a diario, el bar The Horny Llama, futbolín y un frondoso patio con hamacas. Buena elección para los que tienden a socializarse. Celebra fiestas de música electrónica de cierto renombre.

Hostal Suecia I HOTEL $
(plano p. 200; ☎23-3282; www.hostalsuecia1.com; Suecia 332; i/d desayuno incl. 60/90 PEN; ☎) Casi todas las habitaciones de este minúsculo hostal son muy básicas, pero su ubicación y su personal son fabulosos, y tiene un patio interior de piedra ideal para socializarse. Las dos dobles más nuevas de la planta superior (311 y 312) son una ganga.

Hostal Rojas PENSIÓN $$
(☎22-8184; Tigre 129; i/d desayuno incl. 60/100 PEN; @☎) Este establecimiento familiar, agradable, limpio y lleno de cachivaches, sale barato para quienes viajan solos. Está a tres minutos a pie de la plaza de Armas.

Loreto Boutique Hotel HOTEL $$
(plano p. 200; ☎22-6352; www.loretoboutiquehotel.com; Loreto 115; i/d/tr desayuno incl. 199/252/305 PEN) Lo de *boutique* es exagerado, pero lo que sí se paga es su ubicación en la plaza. Ofrece habitaciones elegantes y cálidas de tonos neutros. Destacan las cuatro que conservan parte del muro inca.

El Balcón Hostal HOTEL $$
(☎23-6738; www.balconcusco.com; Tambo de Montero 222; i/d/tr desayuno incl. 160/220/270 PEN; @📶) Este edificio renovado de 1630 tan solo cuenta con 16 sencillas habitaciones, con balcón, teléfono y TV. El jardín de fucsias ofrece fabulosas vistas de Cuzco. También hay una sauna.

Hotel los Marqueses HOTEL $$
(plano p. 200; ☎26-4249; www.hotelmarqueses.com; calle Garcilaso 256; i/d/tr desayuno incl. desde 196/252/308 PEN; 📶) Emplazado en una romántica villa colonial mandada construir por los conquistadores españoles en el s. XVI, entre sus elementos clásicos hay cuadros de la escuela cuzqueña, patios con fuentes y balcones con vistas a la catedral, en la plaza de Armas. Las habitaciones son espaciosas, algunas con camas de bronce y puertas de madera tallada; otras, con la zona dormitorio en dos niveles y tragaluz. Casi todos los huéspedes proceden de circuitos organizados. Solo hay wifi en el patio.

Andenes de Saphi HOTEL $$
(plano p. 200; ☎22-7561; www.andenesdesaphi.com; Saphi 848; i/d/tr 146/164/190 PEN; 📶) Al final de Saphi, donde la ciudad se vuelve más rural, este moderno hotel fiable tiene una estructura rústica de madera con tragaluces y murales en todas las habitaciones.

Hotel Royal Inca I HOTEL $$$
(plano p. 200; ☎23-1067; www.royalinkahotel.com; plaza Regocijo 299; i/d desayuno incl. 205/269 PEN; @📶) Céntrico hotel, con menos ruido que una tumba, ofrece habitaciones de buena calidad. Las ubicadas en el edificio colonial están algo anticuadas pero son cómodas y lujosas; las modernas son amplias, luminosas y alegres. Resulta rara la mezcla de elementos *kitsch* en las zonas comunes, como las máscaras de oro o el enorme y curioso mural de la pared.

Renacimiento APARTAMENTO $$
(☎22-1596; www.cuscoapart.com; Ceniza 331; i/d 100/160 PEN; 📶) Joya independiente, se trata de una mansión colonial transformada en 12 elegantes apartamentos de una y dos habitaciones para 1-6 personas, cada uno con un diseño y un mobiliario exclusivos. Acogedor y cómodo, es ideal para las familias.

Mama Simona ALBERGUE $
(☎26-0408; www.mamasimona.com; calle Ceniza 364; dc 25-33 PEN; @📶) Nuevo albergue que apunta a los más modernos. Las camas tienen buenos edredones de plumón y la cocina común con mesitas es un encanto, aunque deberían estar algo más limpias. Está dos cuadras al noreste de plaza San Francisco.

Hospedaje Familiar Munay Wasi PENSIÓN $
(plano p. 200; ☎22-3661; Huaynapata 253; i/d/tr/c 40/50/90/100 PEN; @) Agradable y acogedora pensión familiar que ocupa un edificio de adobe destartalado sin un solo ángulo recto. La habitación 201, con ventanales, minibalcones y una panorámica mágica del centro de Cuzco, es la predilecta de las familias. La recepción está en el segundo piso del patio interior.

Loki Hostel ALBERGUE $
(☎24-3705; www.lokihostel.com; Cuesta Santa Ana 601; dc 23-30 PEN, d/tr desayuno incl. 85/110 PEN; @📶) Este monumento nacional de 450 años es perfecto para comer, beber y divertirse, pero no tanto para dormir. Es casi una aldea: tiene capacidad para 280 personas y es uno de los más grandes de la ciudad. Su bar acoge grupos locales y DJ los fines de semana.

WalkOn Inn ALBERGUE $
(plano p. 200; ☎23-5065; www.walkoninn.com; Suecia 504; dc/i/d 25/65/75 PEN; @📶) Albergue más tranquilo, a cinco minutos de la plaza de Armas, cuenta con buenas vistas pero con un servicio mediocre. Desayuno no incluido.

Del Prado Inn HOTEL $$$
(plano p. 200; ☎22-442; www.delpradoinn.com; Suecia 310; i/d/tr bufé de desayuno incl. 225/390/435 PEN; @📶) Es una buena opción, con personal eficiente y unas 12 acogedoras habitaciones con ascensor. Algunas gozan de balconcito con vista parcial de la plaza. El comedor posee muros incas originales.

Los Andes de América HOTEL $$$
(plano p. 200; ☎60-6060; www.cuscoandes.com; calle Garcilaso 150; i/d desayuno incl. 347/410 PEN) Un buen hotel occidental célebre por su bufé de desayuno, que incluye especialidades regionales como el mote con queso (maíz con

queso) y la papa helada. Las habitaciones son cálidas y cómodas, los baños son grandes y en el vestíbulo hay una maqueta a escala de Machu Picchu.

Hostal Suecia II HOTEL $

(plano p. 200; ☎23-9757; Tecsecocha 465; i/d/tr 40/60/80 PEN, i/d/tr sin baño 30/40/60 PEN) Desde siempre es la primera elección de los mochileros. Sus agradables propietarios siguen ofreciendo un excelente precio y una posición céntrica, un luminoso patio con flores, habitaciones decentes y una biblioteca con servicio de préstamo. La señora Yolanda lleva aquí 20 años.

Hostal Corihuasi PENSIÓN $$

(plano p. 200; ☎23-2233; www.corihuasi.com; Suecia 561; i/d/tr desayuno incl. 119/149/178 PEN) Tras un brioso paseo cuesta arriba desde la plaza principal se llega a esta pensión de ambiente familiar ubicada en un laberíntico edificio colonial con vistas de postal. Las amplias habitaciones están decoradas en un estilo cálido y rústico, con mantas de lana de alpaca, alfombras tejidas a mano y robustos muebles de madera. La habitación más solicitada es la 1 por sus ventanales, ideal para disfrutar del panorámico atardecer. Se incluyen traslados al aeropuerto.

Casa Grande HOTEL $$

(plano p. 200; ☎24-5871; www.casagrandelodging.com.pe; Santa Catalina Ancha 353; i/d/tr desayuno incl. 110/140/170 PEN; @📶) La posición supera con creces la calidad de este hotel colonial. Lo mejor es la desvencijada galería que rodea el encantador patio. Las habitaciones son sencillas pero tienen televisión por cable, y ducha y lavabo separados, algo atípico.

Hospedaje Monte Horeb PENSIÓN $$

(plano p. 200; ☎23-6775; montehoreb cusco@yahoo.com; San Juan de Dios 260, 2º piso; i/d desayuno incl. 84/112 PEN) Bien mantenido y tranquilo, con un patio interior de entrada, ofrece habitaciones grandes anticuadas, una sugerente terraza y una curiosa mezcla de muebles.

Piccola Locanda PENSIÓN $$

(plano p. 200; ☎23-6775; www.piccolalocanda.com; Kiskapata 215; d con/sin baño 140/126 PEN; 📶) Aunque esta animada pensión de propiedad italiana es algo cara para lo que ofrece, cuenta con luminosas habitaciones y una especie de salón-bodega con cojines. Colabora con una agencia de viajes de turismo responsable y patrocina proyectos de la comunidad. Se entra por la Resbalosa.

Teatro Inka B&B PENSIÓN $$

(plano p. 200; ☎24-7372, en Lima 01-976-0523; www.teatroinka.com; Teatro 391; i/d/tr desayuno incl. 66/98/119 PEN; @📶) El conjunto de habitaciones dobles oscuras pero decentes se dispone alrededor de un patio interior. Todas salen bien de precio y la suite del ático justifica de sobras el dispendio.

Albergue Municipal ALBERGUE $

(plano p. 200; ☎25-2506; albergue@municusco.gob.pe; Kiskapata 240; dc/d 17/40 PEN; @) El YMCA cuzqueño es perfecto para viajeros con un presupuesto limitado; ofrece espacios amplios, buenas vistas, uso de la cocina (solo para el desayuno) y lavandería. Todas las habitaciones tienen baño compartido.

Los Angeles B&B HOTEL $$

(plano p. 200; ☎26-1101; www.losangelescusco.com; Tecsecocha 474; i/d desayuno incl. 117/140 PEN; @📶) Vieja casa colonial con habitaciones ajadas con colchas doradas y muebles oscuros tallados, dispuestas alrededor de un patio central.

Hostal Andrea PENSIÓN $

(☎23-6713; andreahostal@hotmail.com; Cuesta Santa Ana 514; i/d 40/45 PEN, i/d sin baño 10/20 PEN; @📶) El establecimiento más barato de la ciudad está que se desmorona, pero el personal, amable y modesto, lo convierte en uno de los predilectos de los lectores. Solo hay wifi en la sala de estar.

SAN BLAS

Second Home Cusco HOTEL-'BOUTIQUE' $$$

(plano p. 200; ☎23-5873; www.secondhomecusco.com; Atocsaycuchi 616; d/tr desayuno incl. 318/384 PEN; @📶) Acogedor, cuenta con tres suites *chic* con originales cuadros, paredes de adobe y tragaluces. Carlos Delfín, el afable y cosmopolita propietario, arregla los traslados al aeropuerto gratis e incluso organiza circuitos privados; además, ha dado con las mejores *baguettes* de Cuzco para servirlas en el desayuno. Descuentos en estancias largas.

La Encantada HOTEL-'BOUTIQUE' $$$

(plano p. 200; ☎24-2206; www.encantadaperu.com; Tandapata 354; i/d desayuno incl. 212/265 PEN; @📶) Este moderno hotel, luminoso y alegre, tiene jardines en terraza y unas amplias vistas desde los balcones. Una escalera circular

EL AUGE CULINARIO DEL CUY

Se ama o se odia: el cuy, conejillo de Indias o cobaya (*Cavia porcellus* para ser exactos) es un plato clásico andino que forma parte de la oferta culinaria local desde la época preincaica. Y antes de que nadie desentierre recuerdos de infancia de adorables mascotas en señal de protesta, hay que dejar claro que estos pícaros roedores honraban las mesas andinas mucho antes de que en Europa los consideraran un animal doméstico.

El explicar con detalle la historia gastronómica del cuy, propio del Nuevo Mundo, es más difícil que intentar cazar uno solo con las manos. Se cree que el cuy se domesticó ya hace 7000 años en las montañas del sur de Perú, donde aún hoy habitan poblaciones salvajes. En Chavín de Huántar se han encontrado pruebas irrefutables de que poblaban la zona de los Andes alrededor del año 900 a.C. Tras la llegada de los españoles en el s. XVIII, el cuy fue llevado a Europa. Ya por esa época, este pequeño y simpático roedor cosechó gran fama en el Viejo Mundo como un animal de compañía exótico (dicen que la reina Isabel I de Inglaterra tenía uno).

Los cuyes son prácticos de criar y llevan siglos adaptándose para sobrevivir en entornos como los altiplanos andinos o los yermos desiertos costeros. Actualmente en muchos hogares andinos se crían cuyes como una cabeza de ganado más y a menudo se ven correteando por la cocina como animales de campo. Son una alternativa al ganado perfecta: tienen un alto contenido proteico, se alimentan de sobras, se reproducen con facilidad y necesitan mucho menos espacio y cuidados que otros animales domésticos tradicionales.

El cuy se considera un verdadero manjar, tanto, que en muchas interpretaciones indígenas de *La última cena*, Jesús y sus discípulos se disponen a comer un último y copioso banquete de cuy asado.

Como parte de la cultura andina, y no solo en la mesa, los utilizan los curanderos en sus ritos ceremoniales. A veces frotan el cuerpo de un paciente con un cuy para percibir el origen de una enfermedad y en las ceremonias chamánicas en ocasiones se ingiere su carne en lugar de las plantas alucinógenas.

Superadas las inhibiciones sentimentales, se recomienda probar esta delicia peluda. Su rico sabor es una mezcla entre conejo y codorniz y, si se prepara bien, es un plato excepcional con miles de años de historia.

conduce a las pequeñas pero coquetas habitaciones, de camas *king size* y suaves sábanas. Los excursionistas se sentirán como nuevos en el *spa*. Atención: hay que dejar la habitación a las 9.00.

Hostal Pensión Alemana HOTEL $$
(plano p. 200; 22-6861; www.cuzco-stay.de; Tandapata 260; i/d/tr desayuno incl. 154/184/232 PEN; @) Este establecimiento germanosuizo, solícito y encantador, no desentonaría en los Alpes. Cabe destacar los purificadores de aire y el té y la fruta gratis. Disponen de pocas camas matrimoniales. Disfrútese del jardín con suelo de cerámica, poco común en Cuzco, y de las terrazas con amplias vistas.

Madre Tierra B&B $$
(plano p. 200; 24-8452; www.hostalmadretierra.com; Atocsaycuchi 647; d/tr 130/207 PEN; @) Cálida y muy acogedora, en esta pequeña joya con enredaderas, algo claustrofóbica, abundan los toques elegantes. Las habitaciones tienen tragaluz y un aspecto a la moda. Buena relación calidad-precio.

Amaru Hostal HOTEL $$
(plano p. 200; 22-5933; www.amaruhostal.com; Cuesta San Blas 541; i/d/tr desayuno incl. 105/135/189 PEN; @) Este antiguo edificio con personalidad goza de una ubicación de primera y de una merecida popularidad. El estilo de las habitaciones, bien cuidadas, está algo pasado de moda. Algunas cuentan con mecedoras desde las que disfrutar de las vistas de las azoteas. Las del patio exterior son más ruidosas y las de la parte posterior, son más nuevas.

Hostal Marani HOTEL $$
(plano p. 200; 24-9462; www.hostalmarani.com; Carmen Alto 194; i/d/tr desayuno incl. 109/173/227 PEN;) Se recomienda este espacioso oasis, agradable y encantador. El patio de cerámica española está rodeado por las modestas habitaciones, que varían en tamaño y

forma. Algunas de la planta superior tienen techos abovedados, tragaluces y vistas de la ciudad.

Tika Wasi HOTEL $$
(plano p. 200; ☎23-1609; www.tikawasi.com; Tandapata 491; i/d/tr desayuno incl. 89/122/155 PEN, superior i/d/tr 89/166/199 PEN; 📶) Este moderno hotel, situado tras un alto muro, ofrece un servicio agradable. Las habitaciones son luminosas y amplias y dan a pequeñas galerías soleadas. El desayuno es de bufé. Los extranjeros deben asegurarse de que se les descuentan los impuestos del precio de la habitación.

Samay Wasi ALBERGUE $
(plano p. 200; ☎25-3108; www.samaywasiperu.com; Atocsaycuchi 416; dc 30 PEN, i/d/tr desayuno incl. 64/68/90 PEN; @📶) Agradable hotel destartalado, en precario equilibrio en una ladera, se esconde tras una larga escalinata en la zona alta de la ciudad. Cuenta con una cocina decente y habitaciones en orden. Como algunas huelen un poco a rancio, es mejor verlas antes. Buenas vistas de la ciudad. Aceptan tarjeta de crédito.

Hospedaje el Artesano de San Blas PENSIÓN $
(plano p. 200; ☎26-3968; hospedajeartesano790@hotmail.com; Suytuccato 790; i/d 30/50 PEN; 📶) ¿Por qué cuesta tan poco? Después de subir a pie con la mochila llena no hará falta responder. De todos modos, esta encantadora y tranquila casa colonial medio desmoronada ofrece habitaciones grandes, un soleado patio y wifi en la recepción. Hay cocina.

Hostal Rumi Punku HOTEL $$$
(plano p. 200; ☎22-1102; www.rumipunku.com; Choquechaca 339; i/d desayuno incl. 223/279 PEN; @📶) Este elegante complejo de viejas casas coloniales, jardines y terrazas, cuyo nombre significa "portada de piedra", se reconoce por la monumental mampostería inca de la entrada. Las terrazas de la azotea y otras zonas al aire libre son un encanto. Las habitaciones rebosan comodidad y clase, disponen de calefacción central, suelos de madera y fundas nórdicas. No vale la pena pagar por una habitación superior a menos que se quiera una cama más grande. Por un módico precio se puede disfrutar de una sauna o un *jacuzzi*.

Casona Les Pleiades B&B $$
(plano p. 200; ☎50-6430; www.casona-pleiades.com; Tandapata 116; d/tr desayuno incl. 165/210 PEN; @📶) Agradable B&B de gestión francesa, con un soleado patio con flores y una galería. El desayuno es de bufé. Las habitaciones cuentan con calefactor y taquilla.

Casa San Blas HOTEL-'BOUTIQUE' $$$
(☎23-7900; www.casasanblas.com; Tocuyeros 566; i/d/ste desayuno incl. 330/360/528 PEN; @📶) Al final de un callejón se halla esta casa colonial reformada, con habitaciones elegantes y sobrias. Se respira un ambiente acogedor, si bien el servicio es algo impersonal.

Casa de Campo Hostal HOTEL $$
(plano p. 200; ☎24-4404; www.hotelcasadecampo.com; Tandapata 298; i/d/tr desayuno incl. 119/145/172 PEN; @📶) Tras la empinada subida el viajero estará molido, pero las vistas impresionan. El ambiente es cálido y agradable, aunque sus instalaciones están algo viejas. Algunas habitaciones ni siquiera tienen enchufes que funcionen (y la mayoría tiene uno), por eso es mejor comprobarlo antes de acomodarse. En el generoso bufé de desayuno se sirven fruta del tiempo y cereales. Los calefactores se pagan aparte.

Pisko & Soul ALBERGUE $
(plano p. 200; ☎22-1998; info@piskoandsoul.com; Carmen Alto 294; dc/d desayuno incl. 27/108 PEN; @📶) Los pequeños dormitorios colectivos tienen edredones de plumón, pero en los baños falta un poco de lejía.

Hospedaje Familiar Kuntur Wasi HOTEL $
(plano p. 200; ☎22-7570; Tandapata 352A; h con/sin baño 60/35 PEN/persona) Tranquilo, sencillo y económico, con habitaciones ordenadas y bufé de desayuno gratis. Las habitaciones interiores carecen de luz natural y sobre el personal hay disparidad de opiniones, pero esta ganga es insuperable.

Los Apus Hotel & Mirador HOTEL $$$
(plano p. 200; ☎26-4243; www.losapushotel.com; Atocsaycuchi 515; i/d desayuno incl. 260/315 PEN; ❄@📶) Hotel de discreta elegancia y gestión suiza, cuenta con calefacción central, grandes habitaciones con edredones de plumón y decoración de estilo colonial cuzqueño. Parece algo caro, pero aquí también se paga por el sistema de alarma de alta tecnología y el depósito de agua de emergencia. Dispone de habitaciones para viajeros con silla de ruedas.

Eureka Hostal HOTEL $$
(plano p. 200; ☎23-3505; www.peru-eureka.com; Chihuampata 591; i/d/tr 198/231/297 PEN; @📶) El elegante vestíbulo y la soleada cafetería de

este hotel, invitan a pasar a su interior. Las habitaciones son cómodas, con motivos tradicionales pintados con un toque infantil. Los colchones anatómicos y las colchas las hacen tan cómodas como modernas. Y sus precios negociables lo convierten en una oferta aún más interesante.

Hostal el Grial HOTEL **$$**
(plano p. 200; ☎22-3012; www.hotelelgrial.com; Carmen Alto 112; i/d/tr 80/119/170 PEN) Propuesta bien de precio en un viejo edificio desvencijado con suelos de madera; todas las habitaciones tienen colchón anatómico y algunas, vistas.

Pantástico PENSIÓN **$**
(plano p. 200; ☎954-387; www.hotelpantastico.com; Carmen Bajo 226; i/d 65/90 PEN, dc/i/d/tr sin baño 30/45/70/90 PEN; @ 📶) Nuevo establecimiento que, aparte de cama, ofrece pan recién hecho a diario a las 5.00. El desayuno está incluido. La presión del agua también es buena y se respira un intenso ambiente desenfadado: si se quiere experimentar el San Pedro o elaborar una *pizza* biológica, este es el lugar ideal.

Hospedaje Inka PENSIÓN **$**
(plano p. 200; ☎23-1995; http://hospedajeinka.weebly.com; Suytuccato 848; dc/i/d desayuno incl. 20/25/40 PEN; 📶) Esta desaliñada pero encantadora granja remodelada situada en una ladera por encima de la plaza San Blas brinda unas vistas excelsas. No siempre tiene agua caliente, pero sí baños privados y una gran cocina para uso de los huéspedes. Los taxis no pueden subir por el último tramo de la cuesta, así que habrá que ir preparado para un empinado paseo.

AVENIDA EL SOL Y PARTE BAJA

Hostal San Juan Masías PENSIÓN **$**
(plano p. 206; ☎43-1563; hostalsanjuanmasias@yahoo.es; Ahuacpinta 600; i/d/tr 50/80/120 PEN, i/d/tr sin baño 35/60/90 PEN; @) Excelente pensión alternativa gestionada por unas monjas dominicas en el recinto del concurrido Colegio San Martín de Porres. Es limpio, seguro y agradable, y con vistas frecuentes de los partidos de voleibol en el patio. Las habitaciones, sencillas e inmaculadas, disponen de calefacción y están dispuestas en un largo pasillo soleado. Se incluye desayuno continental.

Hotel Libertador Palacio del Inka HOTEL DE LUJO **$$**
(plano p. 200; ☎23-1961; www.libertador.com.pe; plazoleta Santo Domingo 259; d/ste 210/260 US$; ❄ @ 📶) La opulencia viste esta mansión colonial construida sobre cimientos incas y elementos que se remontan al s. XVI, cuando Francisco Pizarro la ocupó durante un tiempo. Lujosa y bonita, cuenta con un elegante patio interior y amplias habitaciones renovadas hace poco. También tiene un restaurante peruano, bar y centro de negocios.

Yanantin Guest House PENSIÓN **$$**
(plano p. 206; ☎25-4205; www.yanantin.com; Ahuacpinta 775; i/d desayuno incl. 95/108 PEN; 📶) Pequeña pensión con un conjunto de buenas habitaciones, con un escritorio y mesita de café. Los artículos de aseo son ecológicos y las cómodas camas tienen sábanas de algodón y edredones de plumón. Bien de precio.

Mirador Hostal PENSIÓN **$**
(plano p. 206; ☎24-8986; soldelimperiocusco@yahoo.es; Ahuacpinta s/n; i/d/tr desayuno incl. 45/65/90 PEN; @ 📶) Alegre y laberíntica, da a la calle principal. Las habitaciones son sencillas y algo deterioradas pero están limpias. Su simpático y atento personal hacen de él un favorito. Los precios incluyen el desayuno.

Hostal Inkarri HOTEL **$$**
(plano p. 200; ☎24-2692; www.inkarrihostal.com; Qolla calle 204; i/d/tr desayuno incl. 106/133/180 PEN; @ 📶) Hotel amplio, con un agradable patio de piedra, balcones coloniales bien conservados y una colección de viejas máquinas de coser, teléfonos y máquinas de escribir. Muy bien de precio, pero las habitaciones son algo rancias.

Los Áticos HOTEL **$$**
(plano p. 206; ☎23-1710; www.losaticos.com; Quera 253, pasaje Hurtado Álvarez; d/apt desayuno incl. 132/172 PEN; @ 📶) Escondido en un pequeño callejón, es un hotel tranquilo y poco conocido pero que vale la pena. Las habitaciones tienen cómodas camas con edredones de plumón y parqué. Además, se puede usar la lavandería y la cocina. Si se viaja en grupo o en familia los tres miniapartamentos salen bien de precio y caben hasta cuatro personas.

Picol Hostal HOTEL **$$**
(plano p. 206; ☎24-9191; picolhostal@gmail.com; Quera 253, pasaje Hurtado Álvarez; i/d/tr desayuno incl. 60/90/110 PEN; 📶) Hotelito situado en un animado distrito comercial, con personal agradable y habitaciones dobles diminutas pero ventiladas y cuidadas. Las triples también son pequeñitas.

ÁREA METROPOLITANA DE CUZCO

Hospedaje Turismo Caith PENSIÓN $

(☎23-3595; Urb. Ucchullo Alto, Pasaje Sto Toribio N4; h desayuno incl. 70 PEN/persona; 📶) Esta destartalada pensión con aspecto de granja también gestiona una fundación para niñas. Enormes ventanales y varios balcones y patios dan a la plaza de Armas, situada a 20 minutos a pie o 5 en taxi. Es ideal para las familias: cuenta con habitaciones grandes y tiene cunas, y el verde jardín es perfecto para que los niños correteen.

Torre Dorada Residencial PENSIÓN $$

(☎24-1698; www.torredorada.com; Los Cipreses N-5, Residencial Huancaro; i/d desayuno incl. 252/292 PEN; @) Hotel moderno de gestión local, con una deliciosa decoración; está en un tranquilo barrio residencial cerca de la terminal de autobuses. No está en pleno centro, pero a los huéspedes les encanta por la alta calidad del servicio. Ofrece transporte gratis al aeropuerto, las estaciones de trenes y el centro.

Hostal San Juan de Dios PENSIÓN $$

(☎24-0135; www.hostalsanjuandedios.com; Manzanares 264, Urb. Manuel Prado; i/d desayuno incl. 93/119 PEN; @) Esta inmaculada pensión con un personal maravilloso forma parte de una iniciativa sin ánimo de lucro que respalda una clínica y da trabajo a jóvenes discapacitados. Las tranquilas habitaciones tienen grandes ventanas; casi todas tienen dos camas aunque hay alguna de matrimonio. El personal ayuda en todo, desde la lavandería hasta las llamadas telefónicas internacionales.

Está a 30 minutos a pie del centro o a 6 PEN de taxi, cerca de tiendas y otros servicios.

Dónde comer

La posición de la ciudad, que parece desprenderse del filo oriental de los Andes, le abre las puertas a una increíble variedad de cultivos, desde patatas del Altiplano y quinua hasta aguacates y ají picante.

CENTRO DE CUZCO

Cicciolina INTERNACIONAL $$$

(plano p. 200; ☎23-9510; Triunfo 393, 2º piso; platos ppales 30-55 PEN; ⌚8.00-hasta tarde) Ubicado en un elevado patio de una casona colonial, lleva tiempo siendo considerado el mejor restaurante de Cuzco. La cocina ecléctica y sofisticada es divina, como las aceitunas caseras marinadas, los cuadrados de crujiente polenta con conejo curado, las enormes ensaladas, el pulpo asado o generosos platos como la pasta a la tinta de calamar o el tierno cordero.

El servicio es impecable y la cálida iluminación del ambiente hará que cualquier trotamundos se sienta como en casa. Muy recomendable.

La Bodega 138 PIZZERÍA $$

(plano p. 200; ☎26-0272; Herrajes 138; platos ppales 18-35 PEN; ⌚18.30-23.00 lu-sa) Si se añoran los menús sencillos y el ambiente distendido debe acudirse a La Bodega, un fantástico restaurante relajado gestionado por una familia en su antigua casa. Las crujientes *pizzas* se cuecen en horno de adobe, las ensaladas de cultivo ecológico son fresquísimas y abundantes y los precios, razonables. Todo un tesoro.

Chicha NOVOANDINA $$$

(plano p. 200; ☎24-0520; Regocijo 261, 2º piso; platos ppales 24-50 PEN) Dirigido por Gastón Acurio, propone una revisión de los clásicos cuzqueños. Sus anticuchos son deliciosos pinchos de pulpo a la parrilla con crujientes rodajas de patatas a las finas hierbas. Otros de sus platos son el rocoto relleno, la sopa de gallina estilo *wonton* y el caldo chairo en cuenco de barro. La chicha morada es muy refrescante.

Claro está, la cuestión se centra en si los precios (y la pretensión) están justificados: pues sí.

Limo PERUANA $$$

(plano p. 200; ☎24-068; Portal de Carnes 236, 2º piso; platos ppales 24-60 PEN; ⌚11.00-23.00 lu-sa)

COMER BARATO

En estos populares restaurantes tal vez se comparta mesa con oficinistas en su descanso. Aunque a menudo no se anuncia, el menú fijo consta de sopa, un plato principal, una bebida y a veces, postre.

Restaurante Egos (Arequipa 248; menú 8 PEN)

Restaurante Chihuanhuay (Cuesta del Almirante frente al Museo Inka; menú 7 PEN)

Kukuly (Huaynapata 318; menú 7 PEN)

Q'ori Sara (calle Garcilaso 290; menú 8 PEN)

Empezar con un amargo pisco sour es el mejor cumplido para las frescas creaciones de pescado peruanoasiáticas de este restaurante. Como entrante, en lugar de pan, pídase la cesta de patatas indígenas con varias salsas. Los tiraditos, tiras de pescado crudo en una aromática salsa, se derriten en la boca. Destacan también las cremosas causas y el sudadito, a base de varios tipos de hortalizas, maíz y vieiras a la plancha. Ambiente elegante y servicio atento.

El Hada HELADERÍA **$**
(plano p. 200; Arequipa 167; helados desde 6 PEN; ⌚11.00-20.00 lu-sa) Estos helados, en cucuruchos con aroma de vainilla o limón, son un delirio. Sabores como la canela indonesia, el chocolate amargo o la manzana asada no defraudarán. Como guinda, un exprés Bisetti, el mejor café torrefacto de Perú.

Le Soleil FRANCESA **$$$**
(plano p. 200; ☎24-0543, San Agustín 275; platos ppales 39-65 PEN; ⌚12.30-15.00 lu-vi, 19.00-22.30 sa) Este romántico restaurante no decepciona si se busca cocina tradicional francesa. La carta recoge clásicos como la trucha al brandy, *ratatouille* con queso de cabra y hierbas y pato a la naranja. También proponen un menú degustación de ocho platos y tres menús del día de tres (69 PEN). Atención vegetarianos: algunos ingredientes, como el caldo de pescado, pueden formar parte de platos que no son de carne.

Green's Organic CAFÉ **$$**
(plano p. 200; ☎24-3399; Santa Catalina Angosta 235, 2º piso; platos ppales 21-44 PEN; ⌚11.00-22.00;) Entre la comida de cultivo ecológico y el luminoso aspecto casero, aquí se respira salud. Para variar, se agradecen sus ensaladas con hinojo tostado, queso de cabra, remolacha y verduras de primavera, y entre sus otras sanas propuestas hay pastas y platos de alpaca. Lléguese pronto (o tarde) puesto que se llena rápido y el servicio es particularmente lento.

Deli Monasterio PANADERÍA **$$**
(plano p. 200; calle Palacio 140; bocadillos 14 PEN; ⌚8.00-18.00) El producto estrella son las genuinas *baguettes* crujientes (lléguese pronto) pero también venden deliciosas fiambreras (perfectas para las excursiones de un día) con propuestas *gourmet* y vegetarianas. Tampoco están mal las galletas de maracuyá ni los mini *pan au chocolat*.

Trujillo Restaurant PERUANA **$**
(☎23-3465; Av. Tullumayo 542 con plaza Limacpampa; platos ppales 15-28 PEN; ⌚8.00-20.00 lu-sa, 12.00-18.00 do) Gestionado por una familia del norte del país, se trata de un sencillo comedor cerca de Qorikancha que centra su carta en platos típicos septentrionales, como el seco de cabrito (estofado en cerveza y cilantro) y un abanico de ceviches. Sirven el mejor ají de gallina de todo Cuzco.

Panadería Qosqo Maki PANADERÍA **$**
(plano p. 200; ☎23-4035; qosqomaki.org/talleres panaderia; Tullumayo 465; pastas 3 PEN; ⌚7.30-20.00 lu-sa) Los mejores cruasanes de chocolate de la ciudad, y otras delicias sacadas del horno, se elaboran en esta fundación benéfica, que funciona como taller donde se forma como panaderos a jóvenes cuzqueños conflictivos.

La Justina PIZZERÍA **$**
(plano p. 200; ☎25-5474; calle Palacio 110; *pizzas* 19-30 PEN; ⌚18.00-23.00 lu-sa) Tras un paseo por un patio de piedras, se llega a esta joya de excepcionales *pizzas* al horno de leña. El condimento clásico es tomate, beicon y albahaca o espinacas y ajo.

Uchu Peruvian Steakhouse PERUANA **$$**
(plano p. 200; ☎24-6598; calle Palacio 135; platos ppales 22-48 PEN; ⌚12:30-23.00) Este asador *chic* propone un ambiente íntimo e iluminación tenue. Su sencillo menú tiene platos de carne (ternera, alpaca o pollo) o de pescado, cocinados en una piedra volcánica caliente que se coloca en la mesa del comensal junto con deliciosas salsas. El experto personal sirve con presteza, toda una maravilla.

Kintaro JAPONESA **$**
(plano p. 200; Plateros 326, 2º piso; menú 15 PEN, rollitos 10-38 PEN; ⌚12.00-15.30 y 18.30-22.00 lu-sa) Los inmigrantes aquí afincados ponen los cuencos de fideos por las nubes. El menú fijo del almuerzo sale bien de precio y es un agradable cambio frente a los sabores locales. También sirven *sushi* y *sake*.

A Mi Manera PERUANA **$$**
(plano p. 200; ☎22-2219; www.amimaneraperu.com; Triunfo 392, 2º piso; platos ppales 22-42 PEN; ⌚10.00-22.00) En este romántico y algo caro restaurante sirven platos típicos peruanos y pasta. Propuestas como la ternera al oporto, la yuca picante o el puré de patatas con *muña* (ajedrea) son buenas y llenan.

Los Perros FUSIÓN $
(plano p. 200; Tecsecocha 436; platos ppales 17-24 PEN) En este punto de encuentro fundado por australianos se sirve comida de bar con un toque asiático, a buen precio y en un ambiente íntimo con sofás. Se recomienda el tierno bocadillo de pollo con sésamo, acompañado de guacamole y tan grande que da para dos.

Aldea Yanapay CAFÉ $
(plano p. 200; ☎25-5134; Ruinas 415, 2º piso; menú 15 PEN, platos ppales desde 22 PEN; ⏲9.00-23:30; 🖉) Con animales disecados, juegos de mesa y una decoración que evoca un circo, el Aldea Yanapay se dirige a familias pero atrae a cualquiera con gusto por lo quijotesco. Su comida incluye burritos, *falafels* y sabrosas frituras para picar, y además tiene un menú para vegetarianos. Destina beneficios a ayudar a niños abandonados. Muy recomendable.

Divina Comedia INTERNACIONAL $$
(☎23-2522; www.hotelarqueologo.com; Pumacurco 408; platos ppales 25-35 PEN; ⏲12.00-15.00 y 18.00-23.00 lu-sa) Este excepcional restaurante de categoría, con sopranos cantando arias en directo, cubre la demanda de locales románticos con espectáculo. La comida combina ingredientes peruanos con influencia mediterránea; se puede empezar con unas tapas u optar por la especialidad, el pato cocinado lentamente hasta que se derrite, como los comensales justo antes de que la música acabe.

El Encuentro VEGETARIANA $
(plano p. 200; Santa Catalina Ancha 384; menú 8 PEN; ⏲6.30-22.00; 🖉) Muy económico, ofrece un menú fijo a mediodía a base de ensalada, copiosa sopa de cebada y platos principales como el tofu con verduras salteadas y arroz. La falta de ingenio se compensa con las abundantes raciones. Hay otro restaurante en Choquechaca 136, pero con un horario más reducido.

El Ayllu CAFÉ $
(plano p. 200; Marquez 263; platos ppales 10 PEN; ⏲6.30-22.00) Los peruanos adoran este antiguo café, donde el personal de siempre charla con los clientes y sirve dulces típicos, como la lengua de suegra o bocadillos de cerdo. Merece la pena probar los desayunos tradicionales y el café se tuesta según la costumbre local: con naranja, azúcar y piel de cebolla.

Marcelo Batata PERUANA $$
(plano p. 200; calle Palacio 121; platos ppales 21-38 PEN; ⏲14.00-23.00) Apuesta segura de comida peruana, a menudo con un toque añadido. La sopa de pollo con hierbaluisa, una planta local, está exquisita, y eso solo es el principio de un ecléctico menú fusión. Quizá apetezca atreverse con sus variados cócteles en la terraza de la azotea, cuyas vistas lo convierten en el mejor local al aire libre de Cuzco.

Los Toldos PERUANA $
(plano p. 200; Almagro esq. San Andrés; platos ppales 12-20 PEN; ⏲almuerzo y cena lu-sa) Local predilecto de los lugareños por sus abundantes propuestas baratas y con un buen bufé de ensaladas (pruébese la salsa de olivas negras). Casi nadie sale sin el cuarto de pollo, un clásico de la cocina peruana, cocinado a la perfección.

Real McCoy PUB $$
(plano p. 200; ☎26-1111; Plateros 326, 2º piso; platos ppales desde 14 PEN; ⏲7.30-hasta tarde; 📶) Aquí tientan a los británicos nostálgicos con patatas con *gravy,* alubias a la inglesa de verdad y asados con *Yorkshire pudding*. La happy hour es de 17.00 a 20.00.

Victor Victoria PERUANA $$
(plano p. 200; ☎25-2854; Tecsecocha 466; platos ppales desde 15 PEN; ⏲7.00-22.00) Céntrico restaurante que sirve magníficas raciones de comida, sobre todo peruana, y cuenta con una fiel clientela de mochileros. La quinua con queso está genial y el cuy con pimientos rocoto rellenos, maíz y patatas, es de lo más genuina (pídase con antelación).

Compra de alimentos

Entre los pequeños y caros colmados próximos a la plaza de Armas están **Gato's Market** (plano p. 200; Santa Catalina Ancha 377; ⏲9.00-23.00) y **Market** (plano p. 200; Mantas 119; ⏲8.00-23.00). Para hacer una compra en condiciones, váyase al supermercado **Mega** (plano p. 206; Matará esq. Ayacucho; ⏲10.00-20.00 lu-sa, hasta 18.00 do).

SAN BLAS

Jack's Café CAFÉ $
(plano p. 200; ☎25-4606; Choquechaca 509; platos ppales 12-20 PEN; ⏲7.30-23.30) A menudo hay cola fuera de este local de estilo occidental y gestión australiana. Salir de la cama es fácil si se piensa en sus zumos recién hechos con menta o jengibre, el café fuerte y los huevos con salmón ahumado o tomates asados. También hay comida de cafetería y sopas, y el servicio es bueno.

Granja Heidi CAFÉ $$

(plano p. 200; ☎23-8383; Cuesta San Blas 525, 2º piso; platos ppales 18-38 PEN; ⊙11.30-21.30 lu-sa) Acogedor café de estilo alpino con comida sana, procedente en parte de la granjita del propietario alemán. Aparte de platos peruanos (el rocoto relleno se prepara en versión vegetariana con chile y cacahuetes), se sirven crepes y gigantescos cuencos de sopa y ensalada. Hay que reservarse para el postre.

The Meeting Place CAFÉ $

(plano p. 200; ☎24-0465; plazoleta San Blas; platos ppales 15-21 PEN; ⊙8.30-16.00 lu-sa; 📶) En este café se sirven desayunos estadounidenses. Empiécese con un café de cultivo ecológico o con un buen té en hojas para acompañar los enormes platos de gofres y huevos. Dicen que las hamburguesas con queso y beicon de casi un cuarto de kilo son dignas de un almuerzo. El servicio es rápido y agradable. La caja se destina a respaldar proyectos de la comunidad.

Prasada VEGETARIANA $

(plano p. 200; ☎25-3644; Canchipata 269; platos ppales 6 PEN; ⊙8.00-18.00; 🖉) Es el mejor mexicano, con tacos, sopa de tortilla y hamburguesas de lentejas, con ingredientes frescos y generosas raciones. Si se acompaña con una jarra de zumo recién exprimido, uno se sentirá listo para la caminata hasta Sacsayhuamán. Hay otro establecimiento en Choquechaca 152, que sirve solo para llevar (hay un taburete).

La Quinta Eulalia PERUANA $$

(plano p. 200; ☎22-4951; Choquechaca 384; platos ppales 25-50 PEN) Este clásico de la oferta cuzqueña lleva abierto más de medio siglo, con un concurrido patio cuando hace sol. El menú escrito en una pizarra anuncia un cordero asado jugosísimo, alpaca y acompañamientos típicos como el fantástico rocoto relleno, pimiento picante relleno de carne, guisantes y zanahorias con queso por encima. Es uno de los mejores sitios para comer cuy.

Juanito's BOCADILLOS $

(plano p. 200; Qanchipata 596; bocadillos 15 PEN; ⊙8.00-20.00) En su parrilla se preparan montones de bocadillos. Los vegetarianos optan por los grandes de huevos fritos y parece que las nuevas combinaciones, como pollo con nueces, son sabrosas.

Pacha Papa PERUANA $$

(plano p. 200; ☎24-1318; plazoleta San Blas 120; platos ppales 12-30 PEN; ⊙11.00-23.00) En este patio abierto se sirven platos típicos peruanos bien preparados, cocinados en fuego de leña o en cuencos de barro. Los fines de semana se anima con la música de un arpista. Perfecto para probar la mazorca con mantequilla a las hierbas, el ají de gallina o la trucha al horno. El cuy debe pedirse con antelación.

Korma Sutra INDIA $$

(plano p. 200; ☎23-3023; Tandapata 909; platos ppales 25 PEN; ⊙13.00-22.00 lu-sa; 🖉) Si uno tiene antojo de picante, este restaurante indio al estilo londinense le complacerá, con su *naan* de ajo, *lassies* y un abanico de cremosas *kormas* y *curries*. De noche su ambiente resulta relajante.

Picantería María Angola PERUANA $$

(plano p. 200; Choquechaca 292; platos ppales 15-25 PEN; ⊙11.00-19.00) Un buen sitio para probar comida local, como la ubre (que se toma empanada), la tripa o la panza apanada, o los más suculentos chicharrones y costillares. Nada más entrar, hay que girar a la derecha y subir por las escaleras.

AVENIDA EL SOL Y PARTE BAJA

Pampa de Castillo es la calle que hay cerca de Qorikancha, donde los trabajadores de la zona comen los clásicos cuzqueños. Son de esperar el caldo de gallina y los chicharrones, trozos de cerdo fritos con maíz, menta y, naturalmente, patata, en todo un conjunto de restaurantes.

Don Esteban y Don Pancho CAFÉ $$

(plano p. 206; ☎25-2526; Av. El Sol 765A; tentempiés 5-15 PEN; ⊙8.00-22.00) Toda una institución local por sus empanadas; la de ají de gallina está de rechupete. Sirven desayunos cuzqueños.

ÁREA METROPOLITANA DE CUZCO

Casi todos los restaurantes locales más frecuentados están fuera del centro histórico y sirven sobre todo comidas; pocos abren para cenar. La comida es excelente en todos ellos.

Tradiciones Cusqueñas PERUANA $$

(fuera de plano p. 206; ☎23-1988; Belén 835; platos ppales 20-40 PEN; ⊙11.00-22.00) Ideal para gozar de una buena comida dominical cuzqueña. Su decoración es alegre y funcional, sirve enormes montañas de carne y patatas,

EL SAPO DE LA SUERTE

¿Se ha preguntado el viajero alguna vez qué hacen los cuzqueños para relajarse en vez de pasar el rato jugando a cartas o al billar en el bar del barrio? Pues bien, la próxima vez que se visite una picantería o una quinta (casa donde se sirve comida andina típica) fíjese en un curioso sapo metálico colocado en lo alto de una caja y rodeado de ranuras y agujeros. Los hombres suelen pasar la tarde bebiendo chicha y cerveza mientras compiten en esta antigua prueba de habilidad que consiste en lanzar discos metálicos lo más cerca posible del sapo. Puntua más si se mete uno en la boca. Cuenta la leyenda que el juego nació entre la realeza inca, que solía lanzar monedas de oro al lago Titicaca con la esperanza de atraer al sapo, que se creía poseía poderes curativos mágicos y concedía los deseos.

y una deliciosa limonada casera. ¡Hay que venir con hambre!

Olas Bravas CEVICHE $$

(☎43-9328; Mariscal Gamarra 11A; ceviche 22 PEN; ⌚9.00-17.00) Según la mayoría de los cuzqueños, Olas Bravas sirve el mejor ceviche de la ciudad, de modo que suele estar abarrotado. Pero también son excepcionales los platos de criollo (costillar), como las causas o el seco a la norteña (estofado de cabra). No hay que perderse las hamacas y el mural del surfista.

Señor Carbón BARBACOA $$

(☎24-4426; Urb. Magisterio Segunda Etapa H5; bufé 40 PEN; ⌚almuerzo y cena) El único local de la ciudad donde se sirven parrilladas al estilo *rodizio*. El bufé es el sueño de todo carnívoro: toda la carne que se quiera, cocinada como uno prefiera, y bufé de ensaladas. De postre hay helado.

Dónde beber

En los *pubs* europeos se pueden seguir los partidos de fútbol más importantes, ya que suelen contar con televisión por satélite sintonizada casi siempre en los canales deportivos.

7 Angelitos BAR

(plano p. 200; Siete Angelitos 638; ⌚18.00-hasta tarde lu-sa) Este diminuto bar en la ladera es el *lounge* oficioso de los *hipsters* de la ciudad y plan B de última hora: cuando todo cierra y amanece, llámese a la puerta. La *happy hour* es de 19.30 a 21.30 y de 23.00 a 23.30.

Fallen Angel COCTELERÍA

(plano p. 200; ☎25-8184; plazoleta Nazarenas 221; ⌚18.00-hasta tarde) *Lounge* muy de moda que le da otro sentido a lo *kitsch*, con bolas brillantes, pieles sintéticas y mesas-acuario con pececitos de colores. No es barato, pero la decoración ya merece la pena y las ocasionales fiestas temáticas son históricas.

Norton Rats 'PUB'

(plano p. 200; Santa Catalina Angosta esq. plaza de Armas, 2º piso; ⌚19.00-hasta tarde) Regentado por un amante de las motos, este modesto bar para extranjeros da a la plaza de Armas. Es perfecto para contemplar a la gente pasar, si se consigue sitio en la terraza. Aunque es famoso por sus hamburguesas de 200 gr, las televisiones, los dardos y los billares también acaban dando sed. Evítense los burritos. *Happy hour* de 19.00 a 21.00.

Cross Keys 'PUB'

(plano p. 200; Triunfo 350; ⌚22.00-hasta tarde; 📶) Si se tiene sed de una Old Speckled Hen, se debe visitar esta institución de extranjeros y viajeros, un típico *pub* británico hasta en el último detalle, con taburetes de piel y madera oscura. Aparte de la larga lista de cervezas de importación, ofrece comida casera bien de precio.

The Frogs 'PUB'

(plano p. 200; Huarancalqui 185) Muy glamuroso y gestionado por modernillos, ofrece de todo un poco. Sirven cafés desde el desayuno hasta las 23.00, cada noche hay conciertos (desde acústicos hasta *reggae* o *funk*), billares, pufs, focos de colores y narguiles. Abre pronto y hasta tarde.

Piscuo COCTELERÍA

(plano p. 200; ☎231-782; Portal Belén 115, 2º piso) Bar minimalista y con iluminación tenue de moda entre lugareños profesionales que se sientan a la gran barra para pedir la variada selección de combinados. Los viernes y sábados tocan grupos.

INDISPENSABLE

MUSEO DEL PISCO

Tras una dosis de arte religioso colonial quizás apetezca echar un vistazo al nuevo **Museo del Pisco** (plano p. 200; ☎26-2709; museodelpisco.org; Santa Catalina Ancha 398; ⏲11.00-1.00), donde se exaltan y, por supuesto, se prueban las maravillas de la bebida nacional. Abierto hace poco por un extranjero entusiasta, este bar-museo es Pisco 101, donde también se toman tapas y *sushi*. Pero aquí no se limitan a servir el clásico pisco sour, aunque este roza la perfección. El experto coctelero prepara originales combinados como el *valicha*, pisco con kion (jengibre), menta verde y manzana ácida. Para placar el hambre, unas tapas como las deliciosas minihamburguesas de alpaca en pan de sésamo o el tiradito marinado en comino y chile. En su página de Facebook anuncian catas especiales y talleres para destiladores.

Paddy Flaherty's 'PUB'
(plano p. 200; ☎24-7719; Triunfo 124; ⏲11.00-hasta tarde) Este pequeño y abarrotado *pub* irlandés está lleno de curiosos recuerdos, además de viajeros europeos con morriña que acuden a comer sus bocadillos calientes de excelente relación calidad-precio. La *happy hour* se celebra de 19.00 a 20.00 y de 22.00 a 22.30.

☆ Ocio

Las discotecas abren temprano, pero se animan después de las 23.00. La *happy hour* es un fenómeno omnipresente y suele ofrecer dos por uno en cerveza y ciertas mezclas.

En las discotecas más famosas, sobre todo las de la plaza de Armas, tanto hombres como mujeres deben vigilar las bebidas para que no les echen nada raro (cuando un local se anuncia como *nightclub*, se refieren a un bar de alterne). Las paradas obligadas durante una noche de marcha en Cuzco son las discotecas Inka Team, Roots y Ukuku's.

Ukuku's MÚSICA EN DIRECTO
(☎24-2951; Plateros 316; ⏲20.00-hasta tarde) Es el local nocturno más popular de la ciudad. Ofrece una combinación ganadora de temas favoritos de las masas: *rock* latino y occidental, *reggae* y *reguetón* (mezcla de *bomba* puertorriqueña, *dancehall* y *hip-hop*), salsa, *hip-hop*, etc. Y además suele haber música en directo. Normalmente se llena a rebosar tras la medianoche, tanto de turistas como de peruanos, y brinda una excelente noche de maratón de baile. La *happy hour* es de 20.00 a 22.30.

Muse, Too MÚSICA EN DIRECTO
(plano p. 200; ☎984-76-2602; Tandapata 710; ⏲8.00-hasta tarde) Es la versión relajada de San Blas del legendario café bar del centro, una buena opción para escuchar música en directo. De día se sirven platos frescos y originales; por la tarde se ven películas o deportes en pantalla grande; y de noche, hay conciertos y cócteles.

Centro Qosqo de Arte Nativo ARTES ESCÉNICAS
(plano p. 206; ☎22-7901; Av. El Sol 604; entrada con boleto turístico) Espectáculos de música y danza andinas a diario a las 18.45.

Km 0 MÚSICA EN DIRECTO
(plano p. 200; ☎23-6009; Tandapata 100; ⏲11.00-hasta tarde ma-sa, 17.00-hasta tarde do y lu) Este alegre local en una bocacalle de la plaza San Blas tiene un poco de todo. Sirve buenas cenas tailandesas y ofrece música en directo todas las noches. Hay *happy hour* de 21.00 a 24.00.

Muse MÚSICA EN DIRECTO
(plano p. 200; ☎25-3631, 984-23-1717; Triunfo 338, 2º piso; 📶) Restaurante-*lounge* famoso para empezar la noche, un clásico de la movida cuzqueña, con música en directo por las noches. Carta con buenos platos vegetarianos.

Inka Team DISCOTECA
(plano p. 200; Portal de Carnes 298; ⏲20.00-hasta tarde) Aunque cambie de nombre, suele ofrecer lo último en música electrónica, que sazona con *trance*, *house* y *hip-hop*. En la planta superior hay sofás para relajarse, aunque no es ideal para charlar. Recibe a lugareños y turistas. La *happy hour* es de 21.00 a 24.00.

Mama Africa DISCOTECA
(plano p. 200; Portal Harinas 191, 2ª planta; ⏲19.00-hasta tarde) Este favorito de israelíes es el típico antro de mochileros, con gente

desparramada en cojines o bailando al ritmo de rock y *reggae*. La *happy hour* es de 20.30 a 23.00.

De compras

San Blas –la propia plaza, Cuesta San Blas, Carmen Alto y Tandapata, al este de la plaza– es la mejor zona comercial de Cuzco. Es el barrio artesano, lleno de talleres y salas de exposiciones de artesanía local. En algunos se puede ver a los artesanos manos a la obra y también el interior de sus edificios coloniales. Los precios y la calidad varían mucho, por lo que se recomienda darse una vuelta y regatear, salvo en las tiendas más caras, donde los precios suelen ser fijos. Entre las más conocidas está el **Taller Olave** (plano p. 200; ☎23-1835; plaza San Blas 651), que vende reproducciones de esculturas coloniales y cerámica precolonial. El **Taller Mendivil** (☎23-3247); San Blas (plano p. 200; Cuesta San Blas, plaza San Blas); centro ciudad (plano p. 200; Hatunrumiyoc esq. Choquechaca) es famoso en todo el país por sus figuras religiosas con cuello de jirafa y sus espejos con forma de soles, y el **Taller y Museo Mérida** (plano p. 200; ☎22-1714; Carmen Alto 133) tiene espléndidas estatuas de loza a caballo entre el arte y la artesanía.

En la misma zona también hay una serie de joyerías en constante evolución y de curiosas tiendas de ropa de diseño exclusivo, prueba de que la estética local no se limita a los ponchos y las representaciones de Machu Picchu en telas de piel de carnero. Estas y otras fruslerías que se fabrican en serie para turistas abarcan desde tapices a teteras y se venden en casi cualquier tienda del centro histórico, así como en el enorme **Centro Artesanal Cuzco** (plano p. 206; Av. El Sol esq. Av. Tullumayo; ⌚9.00-22.00).

Si se desea resolver con rapidez las compras de recuerdos, **Aymi Wasi** (Nueva Alta s/n) es ideal. Tiene de todo: ropa, adornos, juguetes, velas, joyas, arte, cerámica, bolsos... Y nadie jamás sospechará que todo se compró en una sola tienda. Además, todos los productos proceden del comercio justo y están hechos a mano.

Cuzco no es célebre por su oferta de ropa, aunque tiene unas cuantas tiendas ocultas en el **Centro Comercial de Cuzco** (plano p. 200; Ayacucho esq. San Andrés; ⌚11.00-22.00).

Tatoo (plano p. 200; ☎25-4211; calle del Medio 130; ⌚9.00-21.30) tiene una marca de ropa deportiva y equipo técnico a precios caros. Muchas tiendas de la calle Plateros y el mercado El Molino tienen un buen surtido de ropa mucho más barata y de peor calidad.

Tejidos

Centro de Textiles Tradicionales del Cuzco ARTESANÍA
(plano p. 206; ☎22-8117; www.textilescusco.org; Av. El Sol 603A; ⌚7.30-20.30 lu-sa, 8.30-20.30 do) Esta organización sin ánimo de lucro, fundada en 1996, fomenta la supervivencia del arte textil tradicional. Las demostraciones que ofrece en la planta comercial ilustran distintas técnicas de tejer en toda su complejidad manual. Los productos en venta son de primera calidad.

Inkakunaq Ruwaynin ARTESANÍA
(plano p. 200; ☎26-0942; www.tejidosandinos.com; dentro de CBC, Tullumayo 274; ⌚9.00-19.00) Esta cooperativa textil con productos de calidad está gestionada por 12 comunidades de montaña de Cuzco y Apurímac; está al final de un patio interno. Catálogo disponible en internet.

Casa Ecológica ARTESANÍA
(plano p. 200; ☎25-5646; www.casaecologicacusco.com; Triunfo 393; ⌚9.00-21.00 lu-do) Tapices hechos a mano de 29 comunidades de sitios tan lejanos como Ausangate, además de mermeladas y aceites esenciales de elaboración casera.

Mercados

Mercado San Pedro MERCADO
(plano p. 206; plazoleta San Pedro) Es el mercado central, y por tanto una visita obligada. Las cabezas de cerdo para el caldo, las ranas (para mayor la potencia sexual), los toneles de zumo de fruta, el lechón asado y los tamales son solo una muestra de la comida en oferta. En la periferia se vende ropa típica, baratijas, incienso y diversos productos que entretendrán durante horas.

Mercado Modelo de Huanchac MERCADO
(plano p. 206; Av. Garcilaso esq. Av. Huáscar) Menos turístico pero igual de interesante, aquí acuden los lugareños a desayunar tras una noche de marcha; está especializado en dos platos antirresaca: el ácido ceviche que sacude el cuerpo y los grasos chicharrones.

El Molino MERCADO
(fuera de plano p. 206; Urb. Ttio) Es la respuesta cuzqueña a los grandes almacenes, situado detrás de la terminal terrestre. Aún más congestionado que San Pedro, es el paraíso de las gangas en cuanto a ropa, menaje, comida a granel y alcohol, electrodomésticos, equipo de acampada, y CD y DVD piratas.

Información

Librerías

Muchas pensiones, cafeterías y pubs ofrecen intercambios de libros. La mejor fuente de información histórica y arqueológica sobre la ciudad y alrededores es la obra de bolsillo *Exploring Cuzco* (Explorando Cuzco), de Peter Frost.

Se recomiendan las siguientes librerías:

Quiosko (plano p. 200; Mantas 113; ⌚9.00-14.00 y 16.00-21.00 lu-sa) Situada justo en la puerta del centro comercial.

Jerusalén (plano p. 200; Heladeros 143; ⌚10.00-14.00 y 16.00-20.00 lu-sa) Intercambio de libros en Cuzco (dos libros usados, o uno más 8 PEN, a cambio de un libro). También vende guías, novedades y CD.

Peligros y advertencias

Casi nadie tendrá problemas en Cuzco. La mayoría de los delitos declarados son robos de bolsos en respaldos de sillas en zonas públicas o en portaequipajes superiores de autobuses nocturnos. Se recomienda salir a la calle con el dinero en efectivo justo y pocas pertenencias. Con la bolsa delante y estando atento a los carteristas en las calles más concurridas, terminales de transporte y mercados, es muy poco probable sufrir una agresión.

Se ha informado de robos e incluso violaciones en taxis. Por ello, se aconseja subir solo a taxis oficiales, sobre todo de noche (se identifican por el número de la empresa iluminado en lo alto del vehículo). Una vez dentro, hay que echar el seguro a las puertas y no permitir que el taxista admita a otro segundo pasajero.

Se recomienda no caminar a solas de noche o a primera hora de la mañana. Los trasnochadores que vuelven tarde de los bares o los madrugadores que se levantan antes del alba para emprender el Camino Inca son más vulnerables a sufrir un tirón. Para consejos sobre cómo evitar robos y timos, véase p. 543.

No deben comprarse drogas. Los traficantes y la policía suelen trabajar juntos, y Procuradores es una de las muchas zonas en que puede adquirirse droga y ser detenido en cuestión de minutos. También se ha informado de adulteración de bebidas con alcohol. Las mujeres deberían tener la precaución de no dejar su vaso desatendido ni aceptar copas de extraños.

Si se procede de zonas más bajas como Lima, conviene no hacer excesivos esfuerzos durante los primeros días en Cuzco. Es posible notar que falta el aliento al pasear por las callejuelas de la ciudad. Para más consejos sobre el mal de altura, véase p. 556.

Embajadas y consulados

Casi todos los consulados y embajadas extranjeros están en Lima (p. 539). Los siguientes son consulados honorarios en Cuzco:

EE UU (☎984-62-1369)

España (☎24-2224)

Urgencias

Policía de Turismo (PolTur; ☎23-5123; plaza Túpac Amaru s/n; h24 h) Si se es víctima de un robo habrá que denunciarlo a la policía para obtener un informe oficial a fin de reclamar la pérdida a la compañía de seguros.

Inmigración

Oficina de Migraciones (plano p. 206; ☎22-2741; www.digemin.gob.pe; Av. El Sol 612; ⌚8.00-16.30 lu-vi) Renuevan visados de turista y sustituyen cualquier Tarjeta Andina (turística) perdida; hay que ir preparado para el mucho papeleo.

Acceso a Internet

Hay un cibercafé casi en cada esquina, y muchos hoteles y cafeterías tienen wifi gratis.

Información en la Red

Andean Travel Web (www.andeantravelweb.com) Más de mil páginas de información y recomendaciones.

Diario del Cusco (www.diariodelcusco.com) Edición en línea del periódico local.

Municipalidad del Cusco (www.municusco.gob.pe) Página oficial de la ciudad.

Jack's Guide (www.jacksguide.com) Buena información bilingüe para los visitantes; con calendario de acontecimientos.

Lavanderías

Lavan, secan y doblan la ropa a partir de unos 3 PEN el kilo. Las hay por doquier, pero se concentran sobre todo alrededor de la plaza de Armas, en Suecia, Procuradores y Plateros, así como en Carmen Bajo, en San Blas. Las más alejadas de la plaza de Armas son más baratas.

Consigna

Si uno decide hacer senderismo durante unos días, o sale de excursión un día con noche incluida, cualquier albergue guardará sus pertenencias gratis. Siempre hay que pedir un recibo y cerrar el equipaje con candado. Lo ideal es identificar las maletas con etiquetas donde figure el nombre y las fechas de consigna y recogida de las mismas. Si se trata de bolsas de tela, se recomienda colocarlas dentro de una bolsa de plástico más grande y sellarla con cinta adhesiva, y escribir el nombre para poder comprobar luego si alguien la ha abierto en su ausencia. Lo mejor es llevarse consigo todos los objetos de valor (pasaporte, tarjetas de crédito y dinero). En el Camino Inca se exige a los senderistas que lleven el pasaporte.

Asistencia médica

La Av. del Sol está llena de farmacias. Los servicios médicos de Cuzco son limitados. Si ocurre algo de gravedad es mejor ir a Lima.

Clínica Pardo (☎24-0997; Av. de la Cultura 710; ⏲24 h) Cara y bien equipada; perfecta si el seguro del viajero cubre la asistencia médica.

Clínica Paredes (plano p. 206; ☎22-5265; Lechugal 405; ⏲24 h) Consultas 60 PEN.

Hospital Regional (☎23-9792, urgencias ☎22-3691; Av. de la Cultura s/n; ⏲24 h) Pública y gratuita; la espera puede ser muy larga y no se garantiza una buena atención.

Traveler's Clinic Cusco (☎22-1213; Puputi 148; ⏲24hr) Clínica privada y médico de guardia, trata principalmente pacientes con mal de altura y otras enfermedades del viajero. A 10 minutos a pie de San Blas.

Dinero

Hay muchos cajeros en la plaza de Armas y alrededores, así como en el aeropuerto, en la estación de trenes de Huanchaq y en la de autobuses. Todos aceptan Visa, casi todos MasterCard y muchos incluso permiten sacar de una cuenta de débito extranjera. En la Av. El Sol hay varias grandes sucursales bancarias. En ellas pueden sacarse cantidades en efectivo superiores al límite diario del cajero. Las "casas de cambio" ofrecen mejores tipos que los bancos. Se hallan en las plazas principales y sobre todo en la Av. El Sol. Hay cambistas fuera de los bancos, pero sus tarifas no son mucho mejores que las de las casas de cambio y los timos son frecuentes.

Banco Continental (plano p. 200; Av. El Sol 368; ⏲9.15-18.30 lu-vi, 9.30-12.30 sa)

BCP (plano p. 200; Av. El Sol 189; ⏲9.00-18.30 lu-ju, hasta 19.30 vi, hasta 13.00 sa)

Interbank (plano p. 200; Av. El Sol 380; ⏲9.00-18.30 lu-vi, 9.15-12.30 sa)

Correos

DHL (plano p. 206; ☎24-4167; Av. El Sol 608; ⏲8.30-19.00 lu-vi, 9.00-13.00 sa) Correo internacional exprés y servicios de mensajería.

Oficina principal de correos (plano p. 206; ☎22-4212; Av. El Sol 800; ⏲8.00-20.00 lu-sa) Esta oficina se encarga de las entregas generales (lista de correos). Hay que presentar un documento de identidad.

Información turística

Las agencias de viajes se prestan a ayudar en la organización de viajes... a cambio de una suculenta comisión. Se recomiendan los siguientes centros independientes de información turística:

DIRCETUR (plano p. 200; ☎22-3701; www.dirceturcusco.gob.pe; Mantas 117; ⏲8.00-20.00 lu-sa, 9.00-14.00 do) Proveedor oficial de información turística de Cuzco. Con buena intención pero demasiado heterogéneo y de calidad irregular; iPerú es más informativa.

Dirección Regional de Cultura Cusco (plano p. 206; ☎58-2030; www.drc-cusco.gob.pe; Av. de la Cultura 238; ⏲7.15-18.30 lu-sa) Para comprar los billetes a Machu Picchu; cierra en vacaciones.

iPerú (www.peru.travel) aeropuerto (☎23-7364; aeropuerto, vestíbulo principal; ⏲6.00-16.00); centro ciudad (plano p. 200; ☎25-2974; Portal de Harinas 177, plaza de Armas; ⏲8.00-20.00) Excelente fuente de información de la región y del país. Con cajeros automáticos vigilados en la sede de la plaza.

South American Explorers Club (plano p. 200; ☎24-5484; www.saexplorers.org; Atocsaycuchi 670; ⏲9.30-17.00 lu-vi, hasta 13.00 sa) Proporciona consejos objetivos y vende folletos de información, por ejemplo de alternativas al Camino Inca y aventuras por la selva amazónica. La sede cuzqueña vende mapas de buena calidad, libros y folletos y cuenta con un amplio fondo de información sobre viajes y sugerencias, acceso wifi, intercambio de libros y alquiler de habitaciones. Quienes no pertenecen al club disponen de información limitada sobre el voluntariado y sobre los acontecimientos de la semana.

ℹ Cómo llegar y salir

Avión

Casi todos los vuelos que salen desde el **aeropuerto internacional Alejandro Velasco Astete** (CUZ; ☎22-2611) de Cuzco son matinales, pues las condiciones climáticas de la tarde dificultan los despegues y aterrizajes. Si se tiene una escala con poco tiempo, es mejor reservar el primer vuelo disponible, pues, cuanto más tarde se vuele, más posibilidades hay de sufrir retrasos o cancelaciones.

Muchas líneas aéreas ofrecen vuelos diarios a y desde Lima, Juliaca, Puerto Maldonado y Arequipa. Se aconseja facturar al menos 2 horas antes de volar: a veces se ha negado la entrada al avión a viajeros con asientos ya confirmados y tarjetas de embarque por errores derivados del overbooking. Durante la temporada de lluvias, los vuelos a y desde Puerto Maldonado sufren serios retrasos.

AUTOBUSES DE CUZCO

DESTINO	PRECIO* (SOLES)	DURACIÓN (H)
Abancay	15-20	5
Arequipa	25/126	9-11
Ayacucho	65/95	14-16
Copacabana (Bolivia)	50/70	15
Ica	90/176	14-15
Juliaca	20-35	5-6
La Paz (Bolivia)	60/80	12
Lima	90/176	18-22
Nazca	90/180	14
Puerto Maldonado	50/70	11
Puno	20-40	6-7
Quillabamba	25-35	6-7
Tacna	60/125	17

*Precio aproximado para autobuses normales/de lujo.

Un taxi oficial desde el aeropuerto hasta una dirección cerca del centro ronda los 12-25 PEN.

Las siguientes líneas aéreas operan en Cuzco:

LAN (plano p. 206; ☎25-5555; www.lan.com; Av. El Sol 627B; ⌚8.30-19.00 lu-sa, hasta 13.00 do)

Peruvian Airlines (plano p. 200; ☎25-4890; www.peruvianairlines.pe; calle del Medio 117; ⌚9.00-19.00 lu-sa, 9.00-12 do)

Star Perú (plano p. 206; ☎01-705-9000; www.starperu.com; Av. El Sol 679; ⌚9.00-13.00 y 15.00-18.30 lu-sa, 9.00-12.30 do)

TACA (plano p. 206; ☎0800-18-2222; www.taca.com; Av. El Sol 602; ⌚9.00-18.00)

Autobús y taxi

Los horarios que se ofrecen en esta guía son aproximados y se aplican si las condiciones viales lo permiten. En temporada de lluvias suelen haber importantes retrasos en las salidas, sobre todo si se viaja a Puerto Maldonado o hacia Lima por Abancay. Hoy, dicha carretera está asfaltada, pero los derrumbes pueden bloquearla en temporada de lluvias.

INTERNACIONAL

Todos los servicios internacionales salen desde la **terminal terrestre** (fuera de plano p. 206; ☎22-4471, vía de Evitamiento 429), unos 2 km a las afueras de la ciudad hacia el aeropuerto. Tómese un taxi (3 PEN). Para ir a pie, váyase por Av. El Sol. Cuando se convierte en Alameda Pachacutec hay una vía peatonal en medio de la carretera. Detrás de la torre y la estatua de Pachacuti se tuerce a la derecha siguiendo las vías hacia la calle lateral, que desemboca en la terminal en 5 minutos.

Para ir a Bolivia, **Trans Salvador** (☎23-3680), **Littoral** (☎24-8989), **Real Turismo** (☎24-3540) o **San Luis** (☎22-3647) van a La Paz vía Copacabana; todas las salidas son a las 22.00. **Tour Peru** (☎24-9977, www.tourperu.com.pe) ofrece el servicio de mejor relación calidad-precio a Copacabana; sale a diario a las 8.00. **CIAL** (☎en Lima 01-330-4225) sale a las 22.30 para La Paz por Desaguadero (70 PEN, 12 h). Es el modo más rápido de ir a La Paz.

Ormeño (☎26-1704; www.grupo-ormeno.com.pe) ofrece billetes a casi todas las capitales de Sudamérica.

LARGO RECORRIDO

Los autobuses que viajan a grandes ciudades salen desde la terminal terrestre. Los que se dirigen a destinos menos frecuentados salen de muchos otros sitios. Se aconseja comprobarlo con antelación.

Ormeño (☎26-1704; www.grupo-ormeno.com.pe) y **Cruz del Sur** (☎24-3621; www.cruzdelsur.com.pe) tienen los vehículos más seguros y cómodos. Entre las empresas más económicas, **Wari** (☎22-2694) y sobre todo Tour Peru tienen los mejores autobuses.

Hay salidas a Juliaca y Puno cada hora de 4.00 a 23.00, y a horas al azar durante el día. Las compañías más baratas y lentas son **Power**

(☎22-7777) y **Libertad** (☎950-018-836); efectúan paradas a lo largo de la ruta para recoger o bajar pasajeros, de modo que son útiles para llegar a los pueblos del recorrido. Las de precio medio, **Littoral** (☎23-1155) y **CIAL** (☎965-401-414), son más rápidas y cómodas.

La forma más placentera de ir a Puno es con **Inka Express** (☎24-7887; www.inkaexpress.com; Av. La Paz C32, El Óvalo) o con **Turismo Mer**(☎24-5171; www.turismomer.com; Av. La Paz A3, El Óvalo), que fletan autobuses de lujo todas las mañanas. El servicio incluye la comida. El viaje dura unas 8 horas y ronda los 143 PEN.

Las salidas a Arequipa (de 25 a 30 PEN, 9 h) se concentran entre las 6.00 y las 7.00 y las 19.00 y las 21.30. Ormeño ofrece un servicio especial a las 9.00.

Cruz del Sur, **CIVA** (☎24-9961; www.civa.com.pe) y **Celtur** (☎23-6075) ofrecen servicios relativamente fáciles a Lima. Wari tiene el mejor de los servicios baratos. Casi todos los autobuses a Lima paran en Nazca (12 h) e Ica (14 h). Viajan a través de Abancay y pueden sufrir retrasos en temporada de lluvias. Entre enero y abril es mejor viajar por Arequipa (de 25 a 27 h).

Hacia Abancay y Andahuaylas los autobuses salen cada 2 horas a lo largo del día (45 PEN, 6-8 h). Celtur tiene vehículos algo más agradables que otras empresas en esta ruta. Hay que hacer transbordo en Andahuaylas para ir a Ayacucho por accidentadas carreteras donde un gélido frío reina de noche. Si se va a Ayacucho en autobús se aconseja llevar toda la ropa de abrigo disponible, y si se tiene saco de dormir subírselo al autobús.

San Martín (☎984-61-2520) y **Expreso Sagitario** (☎22-9757) tienen autobuses directos a Tacna (70 PEN, 17 h). Expreso Sagitario también va a Arequipa, Lima y Puno, y está más dispuesto a regatear que otras compañías.

Varias compañías salen hacia Puerto Maldonado entre las 15.00 y las 16.30; la mejor quizá es CIVA.

Los autobuses a Quillabamba que van por Santa María salen desde la terminal de Santiago, a 20 minutos del centro a paso ligero. A la vuelta de la esquina, en la calle Antonio Lorena, hay otras compañías que ofrecen confortables, rápidas y modernas furgonetas con aire acondicionado que cuestan el doble y tardan unas 2 horas menos en llegar a su destino. Hay salidas de ambos tipos de servicio a las 8.00, 10.00, 13.00 y 20.00. Debe hacerse transbordo en Santa María para llegar a Santa Teresa.

Transportes Siwar (fuera de plano p. 206; Av. Tito Condemayta 1613) tiene autobuses a Ocongate y Tinqui (9 PEN, 3 h), principio de la caminata a Ausangate; salen desde detrás del Coliseo Cerrado varias veces al día.

Transportes Gallito de las Rocas (☎22-6895; Diagonal Angamos) va a Paucartambo (9 PEN, 3 h) a diario y a Pilcopata (20 PEN, 10-12 h) los lunes, miércoles y viernes a las 5.00. La oficina está en la primera cuadra de la Av. de la Cultura; búsquese un poste de la luz con la pintada "Paucartambo" entre dos concesionarios.

REGIONAL

En el 2014, el Gobierno restringirá el uso de los viejos colectivos; así que algunos de estos servicios pueden haber sido suprimidos o reducidos.

Los microbuses a Calca (6 PEN, 1½ h) que pasan por Pisac (2,50 PEN, 1 h) salen con frecuencia desde la terminal de Tullumayo 207.

Los que van a Urubamba (8 PEN, 1½ h) por Pisac (2,50 PEN, 1 h) salen con frecuencia desde la terminal de Puputi, al norte de la Av. de la Cultura.

Los microbuses a Urubamba (6 PEN, 1½ h) y Ollantaytambo (12 PEN, 2 h) que van por Chinchero (4 PEN; 1 h) salen desde cerca del puente Grau. A la vuelta de la esquina, en Pavitos, los colectivos, más rápidos, salen cuando se llenan para Urubamba (7 PEN, 1 h) y Ollantaytambo (10-15 PEN, 1½ h) por Chinchero.

Los colectivos a Urcos (5 PEN) que viajan por Tipón (5 PEN), Piquillacta (5 PEN) y Andahuaylillas (5 PEN) salen desde el centro de la calle, a las puertas de la estación de Tullumayo 207. Por 80 PEN llevan a las ruinas de Tipón y Piquillacta, esperan y luego regresan.

Para estos destinos y hacia Saylla también puede tomarse un microbús a Urcos (5 PEN) desde una terminal que hay en Av. de la Cultura, delante del hospital regional. Los taxis compartidos a Lucre (2,50 PEN, 1 h) salen desde Huáscar, entre la Av. Garcilaso y Manco Cápac, entre las 7.00 y las 19.00.

Los microbuses a Limatambo (12 PEN, 2 h) y Curahuasi (15 PEN, 4 h) parten cuando se llenan en Arcopata, un par de cuadras al oeste de Meloc, hasta alrededor de las 15.00.

A menos que se indique lo contrario, estos servicios van de 5.00 a 19.00 como mínimo. Las salidas a primera y a última hora pueden ser más caras.

Automóvil y motocicleta

Dados los dolores de cabeza y los peligros potenciales de conducir por cuenta propia se aconseja alquilar un taxi para todo un día, que sale más barato que alquilar un coche. Pero si no hay más remedio, hay un par de agencias de alquiler de automóviles en la última manzana de la Av. El Sol. También hay un par de agencias en la primera manzana de Saphi, alejándose de la plaza de Armas.

Tren

Cuzco tiene dos estaciones de trenes. La **estación Huanchac** (☎58-1414; ⏲7.00-17.00 lu-vi, hasta 24.00 sa y do), cerca del final de la Av. El Sol, viaja a Juliaca y Puno, en el lago Titicaca. La de Poroy, al este de la ciudad, tiene servicios a Ollantaytambo y Machu Picchu. Estas estaciones no están conectadas entre sí, de modo que no se puede viajar directamente de Puno a Machu Picchu. La céntrica estación de San Pedro solo ofrece servicios de cercanías, pero no permite viajar a los extranjeros.

Desde Cuzco puede tomarse un taxi a Poroy (30 PEN) o la estación de Ollantaytambo (80 PEN). Los viajes de ida y vuelta son algo más caros.

Los pasajes pueden adquirirse en la estación Huanchac, donde también hay cajeros automáticos, aunque el modo más sencillo es comprarlos directamente a través de las compañías ferroviarias.

A OLLANTAYTAMBO Y MACHU PICCHU

A Aguas Calientes (para acceder a Machu Picchu) solo se puede llegar en tren y se tarda unas 3 horas. Hoy en día tres compañías ofrecen este servicio, las dos últimas, desde Ollantaytambo:

» **PeruRail** (www.perurail.com; taquilla: Portal de Panes 214, plaza de Armas; ⏲8.00-22.00) Antes era el único servicio a Aguas Calientes, con varias salidas al día desde la estación Poroy, a 20 minutos de Cuzco. Hay tres clases de servicios: Expedition (desde 144 US$ ida y vuelta), Vistadome (desde 160 US$ ida y vuelta) y el lujoso Hiram Bingham (desde 700 US$ ida y vuelta). Este último incluye *brunch*, té a media tarde, entrada a Machu Picchu y circuito guiado. A diario menos los domingos.

» **Inca Rail** (☎23-3030; www.incarail.com; taquilla en Cuzco: Portal de Panes 105, plaza de Armas) Nueva compañía con tres salidas diarias desde Ollantaytambo y cuatro clases de servicio (82-180 US$ ida y vuelta). Grandes descuentos para niños. Empresa con prácticas ecosostenibles.

» **Machu Picchu Train** (plano p. 206; ☎22-1199; www.machupicchutrain.com; taquilla en Cuzco: Av. El Sol 576; ⏲7.00-17.00 lu-vi, 7.00-12.00 sa) Nuevo servicio de trenes con vistas panorámicas. Sale solo desde Ollantaytambo (ida y vuelta adultos/niños desde 100/70 US$) tres veces al día en temporada alta. En ocasiones sirven desayuno o tentempiés.

Las tarifas varían según la hora de salida: los horarios más solicitados suelen costar más. Normalmente se agotan los billetes, sobre todo para las horas punta, por eso se recomienda comprarlo lo antes posible.

De los medios más "baratos" para ir de Cuzco a Aguas Calientes, el más rápido es en *combi* hasta Ollantaytambo y desde ahí en tren.

A PUNO

PeruRail (www.perurail.com; estación Huanchac; billete 150 US$; ⏲7.00-17.00 lu-vi, 7.00-12.00 sa) El Andean Explorer, un tren de lujo con un vagón acristalado, va hasta Puno. Los trenes salen de la estación Huanchac a las 8.00 y llegan a Puno hacia las 18.00 los lunes, miércoles y sábados de noviembre a marzo, con una salida adicional los viernes de abril a octubre. Se incluye el almuerzo. Para más información, véase p. 181.

ℹ Cómo desplazarse

A/desde el aeropuerto

El aeropuerto está unos 6 km al sur del centro. Las líneas de *combi* Imperial y C4M (0,60 PEN, 20 min) van desde la Av. El Sol hasta las puertas del aeropuerto. Un taxi a o desde el centro al aeropuerto cuesta 10 PEN; un teletaxi oficial desde el aeropuerto entre 12 y 25 PEN. Si se reserva con antelación, muchos hoteles ofrecen un servicio de recogida en el aeropuerto.

Autobús

Los trayectos locales en transporte público cuestan 0,60 PEN, aunque hay que estar atento a los carteles y el destino final.

Taxi

No llevan taxímetro y tienen tarifas fijas. En el momento de redactar esta guía, los viajes por el centro costaban 4 PEN, y los trayectos a destinos más alejados, como El Molino, 8 PEN. Se aconseja comprobar en el hotel si estos precios siguen vigentes, y, en vez de negociar, simplemente entregar la cantidad correcta al conductor al final del viaje. No suele discutirse el precio si uno parece saber de qué habla. Los taxis oficiales se identifican por el número de teléfono iluminado de su compañía que llevan en el techo. Son más caros que los que se paran en la calle, pero también más seguros.

Los taxis "piratas" no oficiales, que solo tienen un adhesivo que los identifica como taxis en la ventana, se han visto implicados en robos, atracos con violencia y raptos de turistas. Antes de subirse a uno, se aconseja hacer lo que hacen los lugareños: tomar nota –y de forma visible– de la matrícula.

AloCusco (☎22-2222) es una compañía fiable.

Tranvía

Este tranvía cuzqueño sin vías recorre un circuito de 1½ hora durante el cual los viajeros pueden bajar y subir para ver puntos de interés (15 PEN). Sale a las 8.30, 10.00, 11.30, 14.00, 15.30, 17.00 y 18.30 desde la plaza de Armas.

ALREDEDORES DE CUZCO

Las cuatro ruinas más cercanas a Cuzco son las de Sacsayhuamán, Q'enqo, Pukapukara y Tambomachay. Todas pueden visitarse en un día o en menos tiempo si se hace en un circuito guiado acelerado. Si solo se tiene tiempo para visitar un sitio, Sacsayhuamán es el más destacado. Está a una caminata de menos de 2 km colina arriba desde la plaza de Armas, en el centro de Cuzco.

La forma más barata de visitar los lugares de interés es tomando un autobús a Pisac y pedirle al conductor que pare en Tambomachay, el sitio más alejado de Cuzco y también el más elevado, con 3700 m de altitud. Hay un paseo de 8 km de vuelta a Cuzco, en el que se visitan todos los puntos de interés del camino. Otra opción es visitar los cuatro sitios en taxi, que cobrará unos 40 PEN por todo el trayecto.

A los yacimientos solo se accede con el boleto turístico. Abren a diario de 7.00 a 18.00. Abundan los guías locales que ofrecen sus servicios, a veces con mucha insistencia. Hay que acordar un precio antes de empezar el circuito.

No suele haber robos en estos sitios, pero alguno ha habido. La policía turística de Cuzco recomienda visitarlos entre 9.00 y 17.00.

Sacsayhuamán

Esta inmensa ruina de importancia religiosa y militar es la más impresionante de los alrededores de Cuzco. Su nombre significa en quechua "halcón satisfecho". Sacsayhuamán parece enorme, pero lo que hoy se ve no es más que cerca de un 20% de su estructura original. Poco después de la conquista, los españoles derribaron muchos de sus muros y usaron sus bloques de piedra para construir sus casas cuzqueñas. Sin embargo, dejaron las rocas más grandes e impresionantes, en especial las que componen las almenas principales.

En 1536 esta fortaleza fue el escenario de una de las batallas más amargas de la conquista española. Más de dos años después de que Francisco Pizarro entrara en Cuzco, el rebelde Manco Inca reconquistó la indefensa Sacsayhuamán y la utilizó como base para sitiar a los conquistadores en Cuzco. Estuvo a punto de derrotar a los españoles cuando un desesperado y último ataque de 50 soldados de la caballería hispana al mando de Juan Pizarro, hermano de Francisco, lograron retomar Sacsayhuamán y someter la rebelión. Manco Inca sobrevivió y se retiró a la fortaleza de Ollantaytambo, pero la mayoría de sus hombres murieron. Tras la derrota inca, miles de cadáveres cubrían el suelo y atrajeron a bandadas de carroñeros cóndores andinos. La tragedia fue inmortalizada en el escudo de armas de Cuzco con ocho cóndores.

El yacimiento se compone de tres áreas bien diferenciadas. La más imponente la forman las magníficas fortificaciones de tres plantas. Por increíble que parezca, una piedra pesa más de 300 t. Fue el noveno Inca, Pachacutec, quien imaginó Cuzco en forma de puma, con Sacsayhuamán por cabeza y sus 22 serpenteantes muros por dientes. Los muros constituían también un mecanismo defensivo muy eficaz que obligaba a los enemigos a exponer sus flancos al atacar.

Enfrente está la colina de Rodadero, con muros de contención, rocas pulidas y un conjunto de bancos de piedra de exquisita talla conocidos como el Trono del Inca. En su día se alzaron tres torres frente a estos muros. Hoy solo quedan los cimientos, pero el más grande, con un diámetro de 22 m, el Muyuc Marca, da una idea de cómo debieron ser. Con sus perfectos conductos de piedra, esta torre se usó quizá como depósito de agua para la guarnición. Otros edificios situados dentro de las murallas sirvieron de refugios y almacenes de víveres para unos 5000 soldados. Los españoles y los posteriores habitantes de Cuzco derribaron casi todas estas estructuras.

Entre las zigzagueantes murallas y la colina hay una gran plaza de armas donde se celebra el colorido espectáculo turístico de Inti Raymi todos los años el 24 de junio.

Ascender hasta aquí a pie desde la plaza de Armas lleva de 30 a 50 minutos, de modo que hay que asegurarse de que se está aclimatado antes de emprender la marcha. Si se llega al alba se tendrá el sitio prácticamente para uno solo, aunque no se recomienda visitar este lugar a solas a esa hora del día.

Como alternativa, óptese por un circuito en taxi que también incluya Q'enko, Pukapukara y Tambomachay (55 PEN).

OTRAS RUINAS PARA EXPLORAR

Cualquier medio de transporte hacia Pisac permite llegar a estos yacimientos, situados justo a las afueras de Cuzco. La entrada está incluida en el boleto turístico o en el parcial; abren a diario de 7.00 a 18.00.

Q'enqo

El nombre de estas pequeñas pero fascinantes ruinas significa "zigzag". Se componen de una vasta roca de piedra caliza sembrada de nichos, escaleras y tallas simbólicas, incluidos los tortuosos canales que tal vez le dieron nombre. En lo más alto hay una superficie lisa que usaban en las ceremonias: si se presta atención se observan los minuciosos grabados en forma de puma, cóndor y llama. Abajo se puede explorar una misteriosa cueva subterránea con altares labrados en la roca.

Q'enqo está unos 4 km al noreste de Cuzco, a la izquierda de la carretera según se desciende desde Tambomachay.

Pukapukara

Justo al otro lado de la carretera principal desde Tambomachay se halla esta estructura con vistas al valle de Cuzco. Según la luz del día, la roca parece rosada. No en vano su nombre significa "fortaleza roja", aunque lo más probable es que fuera un refugio de cazadores, un puesto vigía o parada de viajeros. Se compone de varias cámaras residenciales en la planta baja, despensas y una explanada superior con vistas panorámicas.

Tambomachay

Ubicado en un rincón abrigado, a unos 300 m de la carretera principal, se trata de un baño ceremonial de piedra labrada que canaliza agua cristalina de un manantial a través de fuentes que siguen en uso. Por ello se conoce popularmente como El Baño del Inca, y varias teorías lo vinculan a un culto inca al agua. Está 8 km al noreste de Cuzco.

VALLE SAGRADO

Encajado bajo unas formidables faldas montañosas, el precioso valle del río Urubamba, conocido como el Valle Sagrado, está unos 15 km al norte de Cuzco en línea recta, por una estrecha carretera de curvas cerradas. Durante tiempo acogió bonitas poblaciones coloniales y aldeas tejedoras aisladas, pero en los últimos años se ha convertido en una meta turística por méritos propios. Destacan los mercados y las altas ciudadelas incas de Pisac y Ollantaytambo, si bien el valle está repleto de otros yacimientos incas. Las rutas de senderismo se han ganado a pulso su popularidad. Para descargar adrenalina se puede practicar desde *rafting* hasta escalada en roca. Casi todas pueden organizarse desde Cuzco o a través de algunos hoteles de Urubamba.

Muchas agencias de viajes de Cuzco ofrecen circuitos relámpago por la zona, con paradas en los mercados y en los yacimientos arqueológicos más importantes. Si el viajero dispone de uno o dos días libres, puede dedicarse a explorar a su ritmo este tranquilo y cautivador rincón de los Andes. Los enclaves arqueológicos de Pisac, Ollantaytambo y Chinchero pueden visitarse con un boleto turístico, de venta en el lugar.

Pisac

☎084 / 900 HAB. / ALT. 2715 M

Cuesta no sucumbir a los encantos de la soleada Pisac, una animada aldea colonial a los pies de una espectacular fortaleza inca que se posa en el saliente de una montaña. Tiene una fuerza de atracción universal y en los últimos años se ha observado una afluencia de extranjeros y seguidores *new age* en busca del Shangri-la andino. Situada tan solo 33 km al noreste de Cuzco por una carretera asfaltada, es el punto de partida más práctico hacia el Valle Sagrado.

Puntos de interés

Mercado de Artesanía MERCADO

Pisac es célebre por su mercado, el más grande y turístico de la región . Los días oficiales de mercado son el martes, jueves

Valle Sagrado

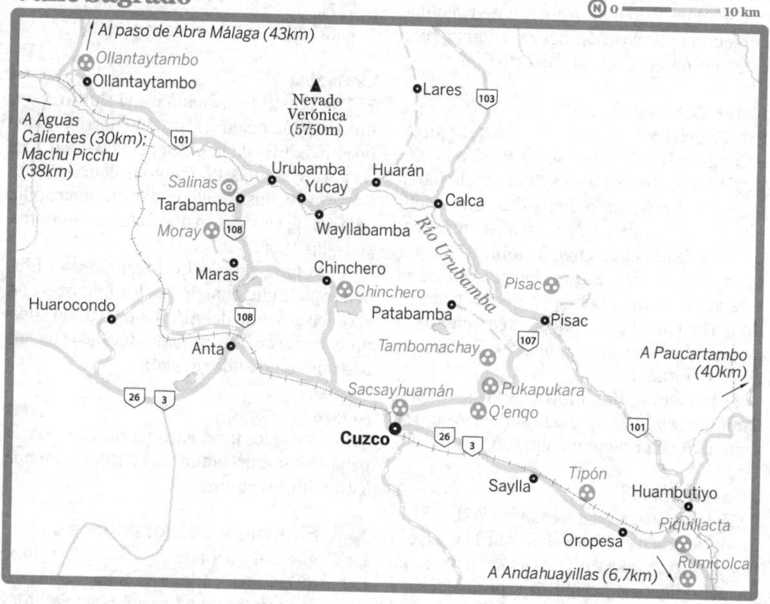

y domingo, y en ellos la ciudad recibe autobuses cargados de turistas. Sin embargo, el mercado ha invadido Pisac hasta tal punto que llena la plaza de Armas y las calles circundantes a diario. Para evitar las multitudes se aconseja visitarlo en lunes, miércoles, viernes o sábado.

Ruinas de Pisac RUINAS
(entrada con boleto turístico; ⏰amanecer-atardecer)
Esta ciudadela inca, en lo alto de una colina, descansa sobre una meseta triangular con un profundo barranco a cada lado. Pese a ser un yacimiento asombroso, recibe pocos turistas, menos los domingos, martes y jueves a media mañana, cuando lo invaden los grupos organizados.

Lo más impresionante son sus **bancales**, que invaden los flancos meridional y oriental de la montaña con sus vastas y suaves curvas, sin apenas escalones (que exigen un mantenimiento constante y fomentan la erosión). En su lugar, se ven tramos diagonales de escaleras de losas colocadas en los muros de los bancales. Por encima de los bancales hay senderos junto a riscos vigilados por halcones caracara y defendidos por enormes puertas de piedra, empinadas escaleras y un breve túnel tallado en la roca. Arriba hay vendedores de bebidas.

Este imponente sitio no solo preside el valle de Urubamba, que descansa a sus pies, sino también un paso que lleva a la selva del noreste. Coronando los bancales se halla su **centro ceremonial**, que tiene un intihuatana (literalmente, "amarradero del Sol", un artefacto astronómico inca), varios canales de agua en funcionamiento y exquisitas muestras de mampostería en los **templos**, muy bien conservados. Un sendero asciende por la colina hasta unos baños ceremoniales y a la zona militar. Si se contempla el cañón de Kitamayo desde el fondo, también se verán cientos de agujeros, como si el muro del acantilado fuese un panal. Se trata de **tumbas incas** que los *huaqueros* (saqueadores de tumbas) saquearon y que hoy se hallan cerradas a los turistas.

Las ruinas son enormes y se tardan varias horas en recorrerlas. Para llegar desde el pueblo, hay que recorrer el espectacular pero empinado sendero de 4 km. Se invierten unas 2 horas en subir y 1½ h en bajar. Merece mucho la pena, aunque es agotador: ¡un entrenamiento ideal para el Camino Inca! Una buena opción es tomar un taxi de subida y volver a pie.

El sendero nace por encima del lado oeste de la iglesia. Lo cruzan muchos caminitos, pero si se mantiene el rumbo hacia arriba en dirección a los bancales, es imposible perderse. Al oeste, o a la izquierda de la colina, subiendo está el cañón del río Kitamayo; al este, o la derecha, el valle del río Congo.

Horno Colonial San Francisco PUNTO DE INTERÉS

(Mariscal Castilla s/n; tentempiés 2,50 PEN; ⏲6.00-18.00) Por todas partes hay hornos de barro donde se preparan empanadas, otras delicias y castillos de cuyes (castillos en miniatura habitados por cuyes), sobre todo por Mariscal Castilla. Sin embargo, este es el más genuino del pueblo, ya que se trata de un horno colonial de 1830. Se recomienda la empanada caliente de queso y orégano con chicha morada.

Si por cualquier motivo solo se pasan 5 minutos en Pisac, que sea aquí: el viajero se marchará con un buen recuerdo.

Jardín Botánico JARDINES

(☎63-5563; Grau, cuadra 4; entrada 6 PEN; ⏲8.00-16.30) De paseo por la ciudad, vale la pena entrar aquí, una iniciativa privada con un enorme patio lleno de hermosos especímenes.

Club Royal Inka NATACIÓN

(entrada 10 PEN; ⏲8.00-16.00) Esta zona de recreo privada es ideal para que las familias pasen la tarde. La entrada de un día incluye el acceso a una piscina olímpica cubierta, con fuentes, zonas verdes y un estanque de patos decorativo. También hay restaurante, un estanque de truchas e instalaciones para barbacoas, billares, mesas de pimpón, pistas de voleibol y tenis, y un juego del sapo (véase p. 227).

Está cerca de 1,5 km del pueblo.

La Capilla IGLESIA

El INC (Instituto Nacional del Cultura), en una decisión polémica, ordenó derribar hace poco la iglesia de la plaza principal para reconstruirla en estilo colonial. Vale la pena asistir a las misas, celebradas en una capilla cercana. El servicio en quechua es los domingos a las 11.00.

A esa hora acuden los lugareños vestidos con ropa tradicional, incluidos hombres con el típico atuendo del Altiplano tocando cuernos y *varayocs* (autoridades locales) con sus bastones de mando de plata.

Amaru ALDEA

Si interesan los productos textiles, merece la pena visitar esta comunidad tejedora, situada a 40 minutos en taxi.

CIRCUITOS EN TAXI

Si se dispone de poco tiempo para visitar los puntos de interés fuera de Cuzco, un circuito en taxi puede ser la solución, sobre todo si se viaja en pareja o en grupo, porque sale bien de precio y además permite visitar con relativa calma varias ruinas y mercados. Desde Cuzco, un circuito al Valle Sagrado (posibles etapas en Pisac, Ollantaytambo, Chinchero, Maras y Moray) ronda los 120-150 PEN (por vehículo); hacia el Valle Sur (Tipón, Pikillacta y Raqchi, por definir) ronda los 90-170 PEN.

Virgin Estrella Taxi Tours (☎973-195-551, 974-955-374) en Cuzco es de confianza.

Fiestas y celebraciones

La Virgen del Carmen FESTIVAL

Las procesiones callejeras y los bailes de máscaras caracterizan la celebración de Mamacha Carmen, que derrota a los demonios subiendo por los tejados y balcones. Se celebra del 15 al 18 de julio aproximadamente.

Dónde dormir

Pisac se había convertido en una especie de núcleo *new age*. En las afueras del pueblo hay retiros místicos y espirituales de gestión extranjera que ofrecen paquetes con ceremonias chamánicas; algunos son más comerciales que otros.

Hotel Pisac Inca PENSIÓN $

(☎43-6921; www.hotelpisacinca.com; Vigil 242; i/d S35/70, i/d/tr sin baño 25/50/75 PEN; @📶) Gestionado por las hermanas Tatiana y Claudia, cuenta con un puñado de habitaciones de vivos colores alrededor de un diminuto patio. El uso de la cocina se paga aparte, pero es muy caro.

Pisac Inn HOSTAL $$

(☎20-3062; www.pisacinn.com; plaza de Armas; d desayuno incl. desde 146 PEN; @📶) Encantador hostal en la plaza, con un tentador patio y habitaciones románticas con edredones de plumón de ganso y decoración andina. Las que tienen la cama *king size* son de categoría algo superior. Por su ubicación, se oye el ajetreo de los comerciantes que montan las paradas fuera.

Pisac

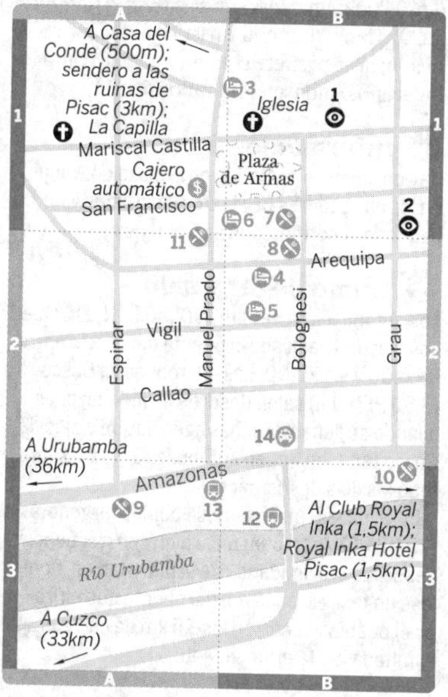

Pisac

Puntos de interés

1 Horno colonial San Francisco B1
2 Jardín Botánico B1

Dónde dormir

3 Hospedaje Beho B1
4 Hospedaje Kinsa Ccocha B2
5 Hotel Pisac Inca B2
6 Pisac Inn B1

Dónde comer

7 Mullu B1
8 Prasada B2
Restaurante Cuchara de Palo. (véase 6)
9 Restaurante Valle Sagrado A3
10 Restaurante Yoly B3
11 Ulrike's Café A2

Transporte

12 Autobuses B3
13 Autobuses a Cuzco A3
14 Taxis a las ruinas B2

La Casa del Conde PENSIÓN $$
(☎78-7818; www.cuzcovalle.com; i/d 50/70 PEN, i/d/tr desayuno incl. 119/159/212 PEN; 📶) A los huéspedes les encanta esta deliciosa casa de campo, enclavada en una ladera con parterres en flor. De gestión familiar, las habitaciones tienen edredones de plumón, calefacción y TV por cable. No se puede llegar en automóvil. Está 10 minutos a pie cuesta arriba desde la plaza, pero un mototaxi puede llevar hasta la capilla, que queda a 5 minutos.

Hospedaje Kinsa Ccocha HOTEL $
(☎20-3101; Arequipa 307A; i/d 50/70 PEN, i/d sin baño 25/50 PEN) Este sencillo hotel, con una higuera en el patio de piedra, ofrece un ambiente agradable y detalles que se agradecen, como los muchos enchufes, las toallas buenas y las duchas calientes y con presión. No sirven desayunos.

Royal Inka Hotel Pisac HOTEL $$
(☎20-3064, 20-3066; www.royalinkahotel.com; i/d desayuno incl. 154/212 PEN; 📶🏊) Esta antigua gran hacienda hoy es un hotel nada pretencioso. Las habitaciones son amplias, muchas con vistas a las ruinas, rodeadas de jardines bien cuidados y porches techados. Los huéspedes pueden disfrutar de las instalaciones del Club Royal Inka, al otro lado de la carretera, además del *jacuzzi* y del *spa*. La wifi solo funciona en algunos puntos.

Merece la pena el dispendio por alojarse en este hotel, situado a 1,5 km de la plaza, de subida hacia las ruinas.

Hospedaje Beho PENSIÓN $
(☎20-3001; artesaniasbeho@yahoo.es; Intihuatana 113; i/d/tr 35/70/105 PEN, i/d sin baño 20/40 PEN) Esta tienda de artesanía regentada por una familia está de camino a las ruinas y ofrece alojamiento sin florituras con duchas con agua caliente. Su asilvestrado jardín es un remanso de paz lejos de la locura de las calles del mercado, a sus puertas.

Club Royal Inka 'CAMPING' $
(☎20-3064, 20-3066, parcelas 20 PEN/persona; 🏊) No se hallará un *camping* mejor. Por 20 PEN, se puede montar una tienda en la parcela que se escoja, cercada y con chimenea, luz y toma de corriente, y además se puede disfrutar de todas las comodidades del club, incluida su piscina de tamaño olímpico. También hay un parque infantil.

Dónde comer

Ulrike's Café CAFÉ $
(☎20-3195; Manuel Prado s/s; menú vegetariano/con carne 17/20 PEN, platos ppales desde 11 PEN; ⌚9.00-21.00) Este soleado café sirve

un soberbio menú vegetariano, así como pasta de elaboración casera y un pastel de queso y *brownies* que hacen la boca agua. Ofrece también intercambio de libros, DVD y celebra eventos especiales, como clases de yoga.

Mullu FUSIÓN $$
(☎20-3073; www.mullu.pe; San Francisco s/n, 2º piso; platos ppales 14-44 PEN; ⌚9.00-21.00) Josip da la bienvenida a los comensales y ofrece una carta con influjos de todo el mundo (p. ej., platos tailandeses con toques amazónicos y de la cocina peruana del Altiplano). El cordero tradicional es tan tierno que se desmigaja, y las sopas y los rollitos de primavera de fusión también convencen.

Restaurante Cuchara de Palo INTERNACIONAL $$
(☎20-3062; plaza de Armas; platos ppales 15-38 PEN; ⌚7.30-9.30 y 12.00-20.00) Situado en el Pisac Inn, es un restaurante elegante, con ensaladas de cultivo ecológico y platos originales, como los raviolis de calabaza con maíz y nata. No siempre da en el blanco, pero el ambiente es fantástico.

Prasada VEGETARIANA $
(Arequipa 306; platos ppales 7-12 PEN; ⌚11.00-17.00 ma-do; ✍) Modesto café que sirve platos rápidos y sanos, como tacos y gigantescas hamburguesas de lentejas; sale a cuenta.

Restaurante Yoly PERUANA $
(☎20-3114; Amazonas s/n; menú 4 PEN; ⌚6.00-20.30) Este restaurante minimalista, popular entre los lugareños, ofrece menús fijos de platos caseros; se incluye sopa y bebida.

Restaurante Valle Sagrado PERUANA $
(☎20-3009; Amazonas s/n; menú 6-15 PEN; ⌚8.00-21.00) Tiene un menú turístico algo más sofisticado; si se prefiere comer (y pagar) como los lugareños, pídase el menú básico.

ℹ Información

Hay un cajero automático en la plaza de Armas. En los alrededores hay lentos cibercafés y un pequeño supermercado en Bolognesi.

ℹ Cómo llegar y salir

Los autobuses a Urubamba (2,50 PEN, 1 h) salen con frecuencia desde el puente del centro entre las 6.00 y las 20.00. Los microbuses a Cuzco (3,50 PEN, 1 h) salen desde la calle Amazonas cuando se llenan. Muchas agencias de viajes de Cuzco también tienen autobuses a Pisac, sobre todo los días de mercado.

Para ir a las ruinas, óptese por las furgonetas (25-30 PEN/persona) que salen con frecuencia desde las proximidades de la plaza o bien alquílese un taxi; están cerca del puente que entra en el pueblo y recorren los 7,5 km de carretera asfaltada hasta el yacimiento.

De Pisac a Urubamba

Entre Pisac y Urubamba hay un conjunto de bonitas aldeas que pueden explorarse en un solo día (también el pueblo de Calca, poco turístico pero soso). En **Yucay y Huarán** hay alojamiento de lujo y varios restaurantes, y además son bases excelentes para explorar el seguro y pintoresco Valle Sagrado y sus muchos y curiosos valles secundarios. En la comunidad de **Patabamba** se puede ver o participar en una demostración del proceso

MERECE LA PENA

TURISMO EN COMUNIDADES DEL VALLE SAGRADO

En los últimos años, las comunidades rurales del valle están más abiertas a los visitantes. Si bien suelen mostrarse hospitalarios con ellos, las infraestructuras son escasas, por lo que es mejor organizar la visita con antelación. Algunas buenas opciones son:

La Tierra de los Yachaqs (☎971-502-223; www.yachaqs.com) Red de turismo rural. Se visitan comunidades andinas, se va de excursión a los lagos del Altiplano y se aprende medicina natural y tradiciones artesanas.

Parque de la Papa (☎084-24-5021; www.parquedelapapa.org; Pisac) Esta nueva ONG organiza, entre otros, excursiones de un día y talleres de cocina; fomenta el cultivo comunitario y la diversidad de la patata.

Para visitar las comunidades tradicionales en ruta guiada se recomiendan **Journey Experience** (www.thejoex.com), **Chaski Ventura** (www.chaskiventura.com) y **Respons** (www.respons.org).

INDISPENSABLE

GREENHOUSE

Si lo que se busca es relajarse de verdad, se recomienda este **hostal campestre** (☎984-770-130; www.thegreenhouseperu.com; km 60,2 carretera Pisac-Ollantaytambo, Huarán; i/d/tr 165/210/335 PEN; @📶), con perros descansando en sus cojines y hamacas en un frondoso jardín. Las grandes habitaciones están bien amuebladas y garantizan una máxima intimidad. La zona común es una sala de estar-comedor con una pared acristalada hacia un jardín. Su política ecológica se refleja en su nombre (en inglés, "invernadero"): cuenta con paneles solares, crea *compost*, recicla y emplea agua del río para el riego y suministro a los huéspedes. Gabriel y Bryan son los anfitriones perfectos: aconsejan sobre excursiones, cortan internet durante el día para que los huéspedes desconecten del todo y organizan fabulosas cenas en familia (45 PEN) en torno a una única mesa.

de tejido, desde la elección de las plantas hasta la tintura, esquilar las ovejas o montar el telar, con explicaciones sobre el significado de los colores y los estampados. Las opciones de senderismo también son excelentes. Es posible alojarse en *campings* o en casas particulares si se avisa con antelación. Los precios varían según el tamaño del grupo y el tipo de transporte. Organizan visitas tanto **Journey Experience** (☎084-60-1203; www.thejoex.com) como **Chaski Ventura** (☎23-3952; www.chaskiventura.com; Manco Cápac 517; estancia con 3 comidas 156 PEN/persona).

En Huarán, un operador de circuitos de aventura muy recomendable es **Munaycha** (☎984-770-381; www.munaycha.com; km 60,2 carretera Pisac-Ollantaytambo, Huarán). Ofrece, entre otros viajes, caminatas guiadas a Lares y otras metas más cercanas, aparte de un abanico de rutas en bicicleta de montaña. Las opiniones sobre los circuitos mixtos de bicicleta de montaña y senderismo al lago de Huaipo, cerca de Chinchero, son excelentes.

Hay autobuses frecuentes entre Pisac y Urubamba.

Urubamba

☎084 / 2700 HAB. / ALT. 2870 M

Este ajetreado y sencillo centro urbano es un núcleo de transportes rodeado de bucólicas laderas y cimas nevadas. Es muy popular entre viajeros de circuitos organizados y abundan los hoteles buenos porque a su favor tiene la relativa cercanía a Machu Picchu y la altitud inferior. Aunque tiene poco interés histórico, el bonito paisaje y el buen tiempo lo convierten en una práctica base para explorar las extraordinarias salinas de Salinas y los bancales de Moray.

Urubamba es bastante extensa, así que la gente se desplaza en mototaxis. La plaza de Armas está cinco manzanas al este y cuatro al norte de la terminal, rodeada por la calle Comercio y Jirón Grau.

Puntos de interés y actividades

Muchas actividades al aire libre organizadas en Cuzco (véase p. 212) se desarrollan por la zona, como los paseos a caballo, la escalada en roca, la bicicleta de montaña, el parapente y los vuelos en globo aerostático.

Perol Chico PASEOS A CABALLO

(☎984-62-4475; www.perolchico.com; paquetes con estancia desde 510 US$) Eduard van Brunschot Vega, peruano de origen holandés, gestiona este excelente rancho de caballos de paso peruanos a las afueras de Urubamba. Organiza rutas a caballo de hasta quince días; la que se adentra en el Valle Sagrado pasando por Salinas, Maras y Moray, incluye todas las comidas y alojamiento de lujo. Hay que reservar con antelación.

Cusco for You PASEOS A CABALLO

(☎79-5301, 987-841-000; www.cuscoforyou.com; paseo de un día 165 US$) Muy recomendable por las rutas a caballo y a pie de uno a 8 días. Las salidas de un día a caballo cubren Moray y Salinas. Infórmese sobre las tarifas especiales para familias y grupos.

Dónde dormir

Como nuevo centro de hoteles de lujo, sorprende la poca oferta de alojamientos de precio medio y económico. Casi todos los hoteles se concentran en la carretera, al oeste de la ciudad y la estación de autobuses, de camino a Ollantaytambo.

Las Chullpas
CABAÑAS $$

(☎20-1568; www.chullpas.pe; valle de Pumahuanca; i/d/tr/c 120/150/180/220 PEN; @📶) Estas rústicas cabañas de bosque, escondidas 3 km más arriba del pueblo, son una vía de escape perfecta. Las habitaciones cuentan con cómodas camas y chimenea. El recinto, enclavado entre eucaliptos, se extiende entre sugerentes senderos y zonas de descanso con hamacas. Además, hay una cocina abierta donde se sirven platos vegetarianos; se realizan tratamientos holísticos (bajo pedido).

Gran parte de los productos son de cultivo ecológico del lugar y se esfuerzan por crear compost y reciclar. Su amable propietario chileno también es guía de senderismo, sobre todo de rutas por el valle de Lares. Muy recomendable. Conviene apuntar bien las señas, porque las carreteras no están señalizadas y no todos los taxistas lo conocen.

Río Sagrado Hotel
HOTEL DE LUJO $$$

(☎20-1631; www.riosagradohotel.com; d desayuno incl. desde 1311 PEN; @📶) Refugio de diseño, con habitaciones de estilo rústico y vigas irregulares, y énfasis en los bordados de Ayacucho: esta propiedad de la cadena Orient Express es el paradigma del lujo discreto. Su ubicación en una escarpada ladera confiere intimidad a las habitaciones, dispuestas en terrazas comunicadas por senderos. Desde las hamacas, entre las cascadas, se goza de vistas del río. El servicio es impecable y de primera.

Entre sus instalaciones se cuentan un *spa,* hidromasajes, sauna, restaurante y el desayuno servido en un globo aerostático suspendido sobre el jardín.

K'uychi Rumi
BUNGALÓ $$$

(☎20-1169; www.urubamba.com; d/c 470/810 PEN; @📶) "Piedra arcoíris" en quechua, este recinto cerrado está formado por casitas de dos pisos rodeadas de jardines que brindan un retiro total. Frecuentado por familias y popular entre viajeros europeos. La mayoría de los bungalós consta de dos habitaciones con cocina pequeña, chimenea, terraza y balcón; se comunican por un laberíntico sendero lleno de colibríes y simpáticos perros. Está entre el km 74 y el km 75 de la carretera principal, más de 2 km al oeste del pueblo.

Sol y Luna
HOTEL-'BOUTIQUE' $$$

(☎20-1620; www.hotelsolyluna.com; Fundo Huincho lote A-5; @📶🏊) Este lujoso recinto, una especie de cuento de hadas, casa lo salvaje con lo fantástico. Los apasionados del arte popular se sentirán abrumados: las 43 casitas presentan murales y cómicas esculturas gigantes originales del famoso artista peruano Federico Bauer. El ambiente alegre se difunde a través de los llamativos tonos tropicales y de una decoración con camas de madera tallada, bañeras de pie y refinadas arañas con varillas de hierro.

En esta propiedad francosuiza, todo cautiva al viajero. La diversión nocturna está asegurada con las actuaciones circenses de antiguos artistas del Cirque du Soleil. De día, se puede montar uno de los caballos peruanos de paso por las 15 Ha del recinto o salir de este. Su alabado restaurante, Wayra, es el proyecto del famoso chef del Malabar de Lima. Propone una oferta más informal al aire libre con circuitos gastronómicos y visitas de chefs.

Tambo del Inka
HOTEL DE LUJO $$$

(☎58-1777; www.libertador.com.pe; d desde 689 US$; @📶🏊) Como en Hogwarts, cuenta con estación propia de tren, muy práctica para una excursión matutina a Machu Picchu. Austero e imponente, este hotel con certificado LEED (cuenta con depuradora de agua y filtros UV de aire) ocupa una inmensa extensión junto al río salpicada por enormes eucaliptos.

Este árbol no pasa desapercibido: se emplea en la decoración de interiores e incluso en los tratamientos del *spa*. Lo mejor del hotel son la piscina interior-exterior de cromoterapia y el moderno salón con un inmenso mural retroiluminado de ónix fragmentado. Las habitaciones son atractivas y cómodas, pero se cobran aparte cosas básicas como el desayuno y la wifi.

Los Jardines
HOTEL $

(☎20-1331; www.los-jardines-urubamba.com; Jr. Convención 459; i/d 56/80 PEN) Famoso por su cortés servicio, este hotel familiar recomendado por los lectores ocupa una gran casa de adobe rodeada de jardines. Las habitaciones son sencillas pero limpias, algunas con ventanales. El desayuno de bufé servido en el jardín se paga aparte. Está a poca distancia a pie de la plaza.

Hostal los Perales
PENSIÓN $

(☎20-1151; ecolodgeurubamba.com; pasaje Arenales 102; h 25 PEN/persona) Ubicado al fondo de un camino campestre oculto, esta acogedora pensión familiar ofrece habitaciones sencillas a buen precio dispuestas en unos frondosos jardines. Los ancianos propietarios son un encanto y sirven tortitas de plátano y mermelada de tomate andino de su propio árbol para desayunar. Como es fácil perderse, tómese un mototaxi (1 PEN) desde la terminal.

Casa Andina HOTEL DE LUJO **$$$**
(☎en Lima 1-213-9739; www.casa-andina.com; d desayuno incl. 555 PEN; @📶) Este hotel de una cadena peruana se halla en un encantador entorno campestre y ofrece 92 habitaciones repartidas en una especie de casitas adosadas rodeadas de zonas ajardinadas bien cuidadas. El vestíbulo principal y el restaurante están en un recinto acristalado de techos altos. Las habitaciones clásicas ofrecen los servicios estándar y televisión de plasma. Organizan paseos a caballo, en bicicleta, visitas a Maras y Moray, entre otras actividades.

Los Cedros 'CAMPING' **$**
(☎20-1416; parcelas 8 PEN/persona, casa desde 265 PEN) Recinto de acampada rural situado unos 4 km más arriba del pueblo por una zigzagueante carretera. Desayuno (14 PEN). Es ideal para fiestas de la luna llena. También alquila una casa de dos pisos totalmente amueblada.

Dónde comer y beber

Los hoteles de categoría tienen buenos restaurantes abiertos al público. Hay alguna que otra quinta turística (casas donde se sirve comida andina típica) por la carretera al este del grifo (surtidor de gasolina).

Huacatay PERUANA **$$**
(☎20-1790; Arica 620; platos ppales 28-42 PEN; ⏰13.00-21.30 lu-sa) Está en una casita al final de una callejuela lateral, pero la búsqueda vale la pena. Imposible olvidar el tierno filete de alpaca, con una salsa de reducción de oporto y un cremoso *risotto* de quinua con volutas de patatas fritas. Pero no todo es tan perfecto: la trucha está algo seca. Pero está bien para salir a cenar. El personal es complaciente y el ambiente cálido.

Tres Keros Restaurant Grill & Bar NOVOANDINA **$$**
(☎20-1701; carretera esq. Señor de Torrechayoc; platos ppales desde 26 PEN; ⏰almuerzo y cena) El parlanchín chef Ricardo Behar prepara unos sabrosos platos *gourmet*, ahúma sus propias truchas e importa carne argentina. Disfrútese aquí del placer de comer como se merece. Está 500 m al oeste de la ciudad.

De compras

Seminario Cerámicas CERÁMICA
(☎20-1002; www.ceramicaseminario.com; Berriozabal 405; ⏰8.00-19.00) El ceramista local de fama internacional Pablo Seminario crea originales piezas de influencia prehispánica. Su taller, en realidad una pequeña fábrica, está abierto al público y ofrece un circuito organizado por todo el proceso de creación de la cerámica.

Información

El **Banco de la Nación** (Mariscal Castilla s/n) cambia dólares estadounidenses. Hay cajeros en el surtidor de gasolina de la esquina de la carretera con la calle principal, Mariscal Castilla, así como en la carretera que queda a su este. La **Clínica Pardo** (☎984-10-8948), en la carretera, un par de manzanas al oeste del surtidor, ofrece asistencia médica.

Cómo llegar y salir

Urubamba es el principal centro de transporte del valle. La terminal de autobuses está aproximadamente 1 km al oeste del pueblo por la carretera. Hay servicios cada 15 minutos a Cuzco (4 PEN, 2 h) vía Pisac (2,50 PEN, 1 h) o Chinchero (3 PEN, 50 min). Hay salidas frecuentes de autobuses (1,50 PEN, 30 min) y *colectivos* (2,50 PEN, 25 min) a Ollantaytambo.

Los colectivos a Quillabamba (35 PEN, 5 h) salen desde el surtidor (grifo).

Un viaje estándar en mototaxi por el pueblo cuesta 1 PEN.

Salinas

Es uno de los lugares de interés más espectaculares de la zona de Cuzco, con numerosas salinas de las que se extrae la sal desde la época incaica. Una fuente de agua termal en lo alto del valle vierte un pequeño arroyo de agua muy salada, que se desvía hacia las salinas y se evapora para suministrar pastos de sal para el ganado. Suena todo muy prosaico, pero el efecto general es bello y surrealista.

Para llegar, hay que cruzar el río Urubamba por encima del puente de Tarabamba, unos 4 km valle abajo desde Urubamba, girar a la derecha y seguir un sendero que discurre a lo largo de la orilla meridional hasta un pequeño cementerio, donde hay que girar a la izquierda y escalar un valle hasta las **salinas** (entrada 5 PEN; h9.00-16.30) de Salinas. Está a una caminata de 500 m colina arriba. Una agreste carretera que puede recorrerse en taxi se adentra en Salinas desde arriba y brinda espectaculares vistas. Casi a diario llegan grupos organizados por esta ruta. Un taxi desde Urubamba para visitar Salinas y la cercana Moray sale por unos 80 PEN. También se puede ir a pie o en bicicleta desde Maras. Si no hace calor, bájese a pie desde Maras y contrátese con antelación un taxi para la recogida.

Chinchero

☎084 / 900 HAB. / ALT. 3762 M

Esta típica aldea andina, que para los incas era la cuna del arcoíris, combina las ruinas incas con una iglesia colonial, magníficas vistas de las montañas y un colorido mercado dominical. Por su altitud, no se recomienda pasar la noche, a menos que uno ya se haya aclimatado. Para entrar en el recinto histórico, donde están las ruinas, la iglesia y el museo, se necesita un boleto turístico.

Puntos de interés

Iglesia Colonial de Chinchero IGLESIA
(⌚8.00-17.30; entrada con boleto turístico) Este templo colonial construido sobre unos cimientos incas es uno de los más hermosos del valle. Vale la pena visitar su interior, decorado con alegres motivos florales y religiosos.

Mercado de Chinchero MERCADO
Celebrado los martes, jueves y, sobre todo, domingos, es menos turístico que el de Pisac y merece el desplazamiento. Los domingos, lugareños en trajes típicos bajan de las montañas para acudir al mercado agrícola, donde todavía se hacen trueques auténticos. Será una de las pocas ocasiones de presenciarlos.

Wayllabamba EXCURSIONISMO
En el otro lado del valle, un camino despejado asciende antes de desviarse al norte y bajar hacia el valle del río Urubamba, a unas 4 horas. En el río, el camino se desvía a la izquierda y sigue hasta un puente en Huayna Picchu, donde se puede cruzar a la otra orilla. Desde allí, la carretera del Valle Sagrado lleva hasta Calca (a la derecha, unos 13 km) o Urubamba (a la izquierda, unos 9 km). Se puede parar cualquier autobús que pase por allí hasta media tarde, o bien seguir caminando hasta Yucay, final oficial del camino. Allí se hallará una iglesia colonial, unas ruinas incas y seductor alojamiento.

Centro de Textiles Tradicionales ARTESANÍA
(Manzanares s/n) El mejor taller de artesanía del pueblo, aunque los hay por todas las calles.

Ruinas incas RUINAS
El complejo arqueológico más extenso está formado por un conjunto de bancales. Si se recorren por el lado derecho del valle al salir del pueblo, se observan varias rocas talladas en forma de asiento y escaleras.

Museo del Sitio MUSEO
(☎22-3345; entrada 7 PEN; ⌚8.00-17.00 ma-do) Pequeño museo arqueológico delante de la iglesia, con una colección con abundantes cuencos rotos; no vale la pena la entrada extra.

Dónde dormir y comer

Ambos alojamientos cuentan con buenos restaurantes; no hay mucha más oferta en el pueblo.

La Casa de Barro HOSTAL $$
(☎30-6031; www.lacasadebarro.com; carretera esq. Miraflores; i/d/tr desayuno incl. 133/186/225 PEN) Maravilloso retiro para parejas o familias, con laberínticas escaleras, un jardín frondoso y bonitas habitaciones. La casa de adobe de vivos colores, diseñada por un arquitecto, presenta influencias italianas. Además, está preparado para los niños, con una sala de juegos y columpios. Organizan excursiones por la región. El menú fijo del restaurante cuesta 50 PEN.

Hospedaje Mi Piuray PENSIÓN $
(☎30-6029; www.hospedajemipiuraycusco.com; Garcilaso 187; i/d/tr/c desayuno incl. 40/70/80/90 PEN) Acogedor hospedaje familiar con habitaciones grandes y limpias en tonos pasteles y un soleado patio. Cuenta con un bar y restaurante.

Cómo llegar y salir

Los colectivos y las *combis* que viajan entre Cuzco (4/6 PEN, 1 h) y Urubamba (3/6 PEN, 30 min) paran en la esquina de la carretera y la calle Manco Cápac II. Basta con pararlos con la mano. También dejan en puntos intermedios, como el desvío a Maras.

Moray y Maras

Los profundísimos bancales a modo de anfiteatro de **Moray** (entrada 10 PEN; ⌚amanecer-atardecer), a los que se llega desde **Maras** (entrada 5 PEN), son un espectáculo fascinante. Como si fuera un cuenco gigante, los distintos niveles de terrazas están excavados en la tierra y cada uno tiene su propio microclima según la profundidad. De acuerdo con algunas teorías, los incas usaban los bancales como laboratorios para descubrir las condiciones óptimas de cultivo de varias especies. Hay tres cuencos, y uno está sembrado con distintas cosechas, como una suerte de museo vivo.

Aunque está fuera de las rutas marcadas, y por tanto brinda una bocanada de aire fresco, no es difícil acceder a este lugar. Hay que tomar cualquier transporte que viaje entre Urubamba y Cuzco por Chinchero y pedir al conductor que pare en el desvío de Maras/Moray. En este suele haber taxis que llevan a Moray y de vuelta por unos 30 PEN, o bien a Moray y a Salinas y de vuelta al desvío por unos 50 PEN. Si llega en temporada baja, es mejor llamar a la **compañía de taxis Maras** (☎75-5454, 984-95-6063) para asegurarse de que un taxi aguarde en el desvío. Un taxi desde Urubamba para visitar Salinas y Moray cuesta unos 80 PEN.

También se puede emprender por cuenta propia el camino de 4 km hasta la aldea de Maras y desde allí seguir la carretera durante otros 9 km hasta Moray.

Desde Maras se puede ir a pie o en bicicleta hasta Salinas, a unos 6 km. El sendero arranca detrás de la iglesia. La compañía de taxis de Maras alquila bicicletas a tal fin. Es un trayecto divertido, breve y de vía única.

Ollantaytambo

☎084 / 700 HAB. / ALT. 2800 M

Esta pintoresca aldea está dominada por dos vastas ruinas incas que todos conocen como Ollanta. Es el mejor ejemplo de planificación urbana inca que se conserva, con estrechas calles adoquinadas, habitadas sin interrupción desde el s. XIII. Una vez pasadas las hordas de turistas de camino a Machu Picchu, a última hora de la mañana, Ollanta se convierte en un sitio encantador, perfecto para deambular por sus laberínticos y angostos pasajes, edificios de piedra y susurrantes canales de riego, y creer que se ha viajado en el tiempo. Además, brinda la oportunidad de practicar ciclismo y excursionismo.

Hoy acusa el hecho de ser una vía importante entre Cuzco y la jungla. Como no hay carreteras alternativas, camiones y autobuses pasan de prisa por la estrecha calle principal (casi rozando a los peatones). Los lugareños debaten el trastorno que supone en la vida del pueblo, así como el desgaste de las ruinas, pero de momento queda lejos la construcción de una vía alternativa.

En la plaza de Armas y alrededores hay un par de cibercafés y cajeros automáticos. No hay bancos, pero sí varios sitios para cambiar dinero.

Puntos de interés y actividades

Ruinas de Ollantaytambo RUINAS

(entrada con boleto turístico; 🕒7.00-17.00) Los empinados bancales que vigilan las ruinas incas de Ollantaytambo señalan uno de los pocos lugares donde los conquistadores españoles perdieron una gran batalla.

El rebelde Manco Inca, tras la derrota en Sacsayhuamán, se había retirado hasta esta fortaleza. En 1536, Hernando Pizarro, hermanastro menor de Francisco, condujo un destacamento de 70 soldados de caballería hasta Ollantaytambo, con el apoyo de numerosos indígenas y efectivos españoles de a pie, con la intención de capturar a Manco Inca.

Los conquistadores fueron incapaces de ascender hasta la fortaleza ante la lluvia de flechas, lanzas y rocas que caía desde las terrazas. En una maniobra genial, Manco Inca había hecho construir unos canales en la llanura situada bajo la fortaleza y los inundó. Los caballos de los españoles se atascaron en el agua y Pizarro ordenó la retirada, mientras eran perseguidos por el ejército triunfante de Manco Inca.

MÁS POR EXPLORAR EN OLLANTA

¿Cautivado por este pueblecito? Pues aún queda mucho por hacer:

» Explorar las ruinas de Pinkulluna, con bellas vistas del pueblo (¡y son gratis!). Se entra por la calle Lari. El sendero es empinadísimo, así que camínese con cuidado y calce unas buenas botas de agarre.

» Ir de excursión a Intipunku, un antiguo mirador inca.

» Ir caminando o en bicicleta de montaña hasta Pumamarka, un yacimiento inca casi olvidado. Ruta de medio día.

Ollantaytambo

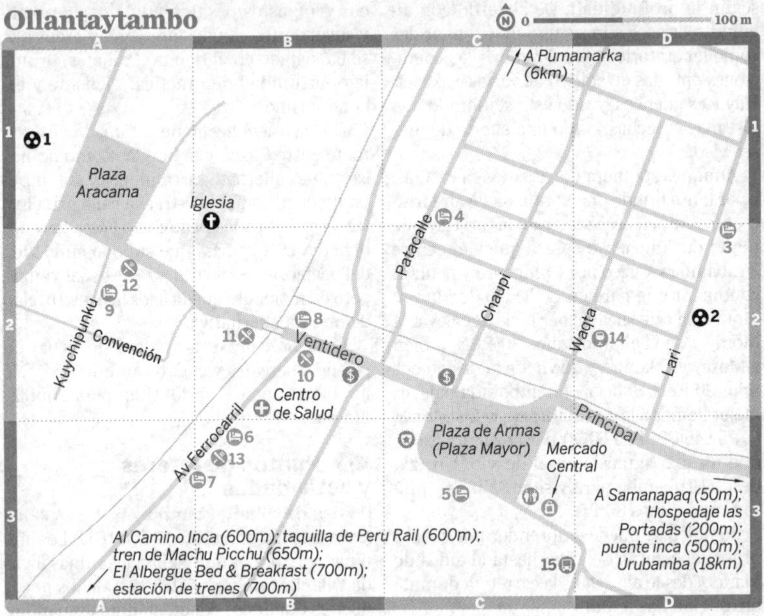

Ollantaytambo

Puntos de interés

1 Ruinas de Ollantaytambo A1
2 Acceso a las ruinas de Pinkulluna D2

Actividades, cursos y circuitos

KB Tambo .... (véase 8)

Dónde dormir

3 Apu Lodge D2
4 Casa de Wow C1
5 Chaska Wasi C3
6 Hostal las Orquídeas B3
7 Hotel Muñay Tika B3
8 KB Tambo Hostal B2
9 K'uychi Punku Hostal A2

Dónde comer

10 Hearts Café B2
11 Mayu Pata B2
12 Puka Rumi A2
13 Tutti Amore B3

Dónde beber

14 Ganso D2

Transporte

15 Autobuses a Urubamba y Cuzco C3

Aun así, la victoria inca no duró mucho. Pronto, las fuerzas españolas regresaron con su caballería cuadruplicada y Manco huyó a su fortaleza de Vilcabamba, oculta en la jungla.

Aunque Ollantaytambo fue una fortaleza muy eficiente, también ejerció como templo. En lo alto de las terrazas escalonadas se halla un **centro ceremonial** ricamente trabajado. En la época de la conquista se estaban construyendo unos muros de excelente factura que jamás se acabaron. La piedra para tal fin se extrajo de una ladera situada a 6 km, muy por encima de la orilla opuesta del río Urubamba, y el mero hecho de transportar los bloques hasta este lugar ya fue toda una proeza. Para desplazar los gigantescos bloques desde el otro lado del río, los incas tuvieron que arrastrarlos hasta la orilla y luego desviar el cauce a su alrededor.

La excursión de 6 km hasta la **cantera inca,** en la otra orilla, es un buen paseo desde Ollantaytambo. Parte del puente inca a la entrada de la aldea y se tarda unas horas en llegar al destino. De camino, se encuentran varios bloques de piedra abandonados, llamados "piedras cansadas". Si se echa la vista atrás hacia Ollantaytambo, se verá la enigmática ilusión óptica de una pirámide en los campos y muros frente a la fortaleza, que algunos eruditos creen que señala el legendario lugar donde los primeros incas brotaron de la Tierra.

KB Tambo BICICLETA DE MONTAÑA
(☎20-4091; www.kbperu.com; Ventiderio s/n) Está considerado el mejor operador turístico del pueblo para rutas en bicicleta de montaña; recomendado para familias. También ofrece excursiones.

Sota Adventure DEPORTES DE AVENTURA
(☎63-4003) Negocio de gestión familiar muy recomendado por los lectores, sobre todo los paseos a caballo. También ofrece rutas en bicicleta de montaña y excursiones de varios días.

Fiestas y celebraciones

Día de los Reyes Magos FESTIVAL
Se celebra del 5 al 8 de enero, cuando los habitantes de las comunidades aledañas se acercan a pie hasta Ollanta para celebrar la Epifanía. Tras la procesión, hay danzas tradicionales y una corrida de toros.

Señor de Choquechilca FESTIVAL
La celebración anual más importante, que tiene lugar en Pentecostés a finales de mayo o principios de junio, conmemora el milagro local del Señor de Choquechilca, cuando junto al puente inca apareció una cruz de madera. Se festeja con música, danzas y coloridas procesiones.

Dónde dormir

En las calles al este de la plaza de Armas hay abundante alojamiento de precio económico y medio.

Apu Lodge HOSTAL $$
(☎79-7162; www.apulodge.com; Lari s/n; i/d/c desayuno incl. 140/160/240 PEN; @☰) Este moderno alojamiento, con un amplio jardín y situado junto a las ruinas, es un auténtico refugio gracias al acogedor personal y las atenciones del propietario escocés. Las amplias y cálidas habitaciones disponen de potentes duchas de agua caliente que disiparán cualquier dolor muscular. Hay wifi en la zona común. El desayuno consta de yogur, cereales, fruta fresca y huevos.

Aparte de las caminatas guiadas y los paseos a caballo, el personal informa de montones de excursiones que se pueden realizar por su cuenta.

Casa de Wow ALBERGUE $
(☎20-4010; www.casadewow.com; Patacalle s/n; d 110 PEN, dc/i/d sin baño 40/55/90 PEN; @☰) Gracias a las atenciones de Winn, de Carolina del Norte, y su compañero Wow, un artista local, uno se sentirá como en casa. Las literas son cómodas y calientes y las parejas pueden optar por la fantástica cama real inca hecha a mano (a diferencia de la original, las tablas están sujetas con cuerdas y no con tripas de llama).

El Albergue Bed & Breakfast B&B $$$
(☎20-4014; www.elalbergue.com; estación de trenes; d/tr desayuno incl. 204/259 PEN, d superior 303 PEN; @☰) Este alojamiento romántico rezuma encanto andino. Rodeado de verdes prados y parterres de flores, sus habitaciones, ubicadas en un edificio de principios del s. XX, tienen ropa de cama de calidad. Hay calefactores portátiles, juegos para niños y sauna. Está a 800 m del centro del pueblo (cuesta arriba). Tiene un excelente restaurante.

KB Tambo Hostal PENSIÓN $
(☎20-4091; www.kbperu.com; Ventiderio s/n; con vistas al jardín/superior, desayuno incl. 58/77 PEN/persona; @☰) A los viajeros que disfrutan de un ambiente relajado les gusta más este lugar que un pisco sour tras un día polvoriento. Con sus cómodas habitaciones dobles, esta hogareña pensión de gestión estadounidense resulta agradable y es generosa a la hora de dar consejos sobre la zona. Si no se ha reservado puede costar encontrar habitación, sobre todo individual. KB también organiza rutas en bicicleta de montaña, las mejores de Ollanta.

La página web tiene una buena información para recorrer la región.

Samanapaq HOSTAL $$
(☎20-4042; www.samanapaq.com; Principal esq. Alameda de las Cien Ventanas; i/d/tr 199/244/318 PEN) Muy recomendable por el infatigable encanto de don Jaime y de su afable dogo alemán, este extenso complejo ofrece un jardín para que los niños correteen, cómodos espacios comunes y 20 habitaciones de estilo motel con duchas con masaje a chorro. En el recinto hay un taller de cerámica y en breve, wifi.

Chaska Wasi ALBERGUE $
(☎20-4045; www.hostalchaskawasi.com; plaza de Armas s/n; dc 35 PEN, d con/sin baño 50/40 PEN; @☰) Los mochileros acuden en masa para gozar de la compañía de la encantadora Katy

y su tribu gatuna. Ofrece sencillas estancias con duchas eléctricas de excelente relación calidad-precio, relajantes espacios comunitarios perfectos para conocer gente, alquiler de bicicletas y biblioteca de DVD.

Hotel Muñay Tika HOTEL $$
(☎20-4111; www.munaytika.com; Av. Ferrocarril s/n; i/d/tr desayuno incl. 107/133/170 PEN; @📶) Moderno y amplio. Las habitaciones con cristales ahumados tienen parqué y edredones de plumón. El jardín es ideal para pasar el rato.

K'uychi Punku Hostal HOTEL $$
(☎20-4175; www.kuychipunku.com; Kuyuchipunku s/n; i/d/tr desayuno incl. 75/105/135 PEN; 📶) Gestionado por la maravillosa familia Bejar-Mejía, a veces aceptan el regateo. Los alojamientos se dividen entre un edificio inca con paredes de 2 m de grosor y una construcción moderna con menos carácter. El desayuno, a base de huevos y zumo, se sirve en el comedor al aire libre más fotografiado de Ollanta. Recomendable.

Hotel Las Orquídeas HOTEL $$
(☎20-4032; www.hotellasorquideas.com.pe; Av. Ferrocarril s/n; i/d desayuno incl. 85/125 PEN) Tiene un pequeño patio verde y habitaciones con parqué, edredones de plumón y TV.

Hospedaje las Portadas PENSIÓN $
(☎20-4008; Principal s/n; dc/i/d/tr 15/30/50/75 PEN) De ambiente familiar, se respira calma pese al cercano tráfico de los autobuses locales y turísticos. Tiene un patio con flores, un jardín con césped y una terraza en la azotea. Se permite acampar por 10 PEN/persona.

Dónde comer

El Albergue Restaurante INTERNACIONAL $$
(☎20-4014; estación de trenes; platos ppales 19-45 PEN; ⏰5.00-21.00) Ubicado en El Albergue, esta cafetería de paso sirve elegantes cenas de platos típicos peruanos a precios razonables. Como entrante, se recomiendan las causas o las verduras de cultivo ecológico del jardín. Destacan los medallones de cordero con chimichurri, así como el filete al molle, una pimienta que procede del árbol del exterior. Si se tiene poco apetito, óptese por las medias raciones de pasta casera. Si se viaja en tren se puede pasar por el Café Mayu a tomarse un café exprés o una tarta de queso casera.

Puka Rumi CAFÉ $$
(☎20-4091; Ventiderio s/n; platos ppales 5-32 PEN; ⏰7.30-22.00) Diminuta cafetería donde los lugareños se pirran por los filetes, los viajeros por los desayunos y todos disfrutan con los originales burritos recién hechos, que con las tortillas como tortitas y gran variedad de ingredientes en cuencos distintos dan para que coman dos personas.

Tutti Amore HELADERÍA $
(Av. Ferrocarril s/n; helado 5 PEN; ⏰8.30-19.00) Andrés, de Rosario (Argentina), prepara artesanalmente estos helados al estilo italiano. Los típicos son el de dulce de leche y el *banana split*, pero no hay que descartar los sabores frutales de la selva. Está a mitad de camino bajando a la estación.

Hearts Café CAFÉ $
(☎20-4078; Ventiderio esq. Av. Ferrocarril; menú 18 PEN, bocadillos 10-14 PEN ⏰7.00-21.00; ✎) Todo un clásico entre los lugareños donde se sirven platos abundantes y sanos, cerveza, vino y un café excelente; algunos de sus ingredientes son de cultivo ecológico y además preparan fiambreras para excursiones.

Lleva tiempo gestionándolo una famosa ONG pero parece que van a traspasarlo, por lo que seguramente perderá su carácter benéfico.

Mayu Pata PERUANA $$
(platos ppales 12-34 PEN; ⏰10.00-22.00) Apartado junto a la orilla, este alegre restaurante ofrece ensaladas enormes, *pizzas* al horno de adobe y trucha. Lo regenta el propietario del Puka Rumi.

Dónde beber

Ganso BAR
(☎984-30-8499; Waqta s/n; ⏰ 14.00-hasta tarde) Cruce de cabaña arborícola, circo y Batman. Su alucinógena decoración atrae a cualquiera. La guinda son el poste de bomberos y los columpios.

Cómo llegar y salir

Autobús y Taxi

Hay *combis* y colectivos frecuentes entre Urubamba y Ollantaytambo (1,50/2,50 PEN, 30 min) desde las 6.00 hasta más o menos las 17.00. Para ir a Cuzco, lo más sencillo es cambiar en Urubamba, aunque hay alguna que otra salida directa desde la estación de trenes de Ollantaytambo hasta Puente Grau en Cuzco (*combis* 10 PEN, 2 h, colectivos 12 PEN, 1½ h).

Si bien Ollantaytambo está más cerca de Santa María (para quienes sigan hasta Santa Teresa) y Quillabamba, los autobuses que pasan ya están llenos. Lo mejor es retroceder hasta la terminal de Urubamba para asegurarse un sitio.

Tren

Ollantaytambo es un núcleo de transporte entre Cuzco y Machu Picchu, ya que el modo más rápido y barato de viajar entre ambos sitios es tomar una *combi* entre los mismos (2 h) y luego el tren entre Ollantaytambo y Aguas Calientes (2 h). Actualmente, tres empresas ofrecen el servicio:

PeruRail (www.perurail.com; Av. Ferrocarril s/n; ⊙5.00-21.00) Antes era el único servicio a Aguas Calientes, con varias salidas diarias. Hay tres clases de servicios: Expedition (desde 98 US$ ida y vuelta), Vistadome (desde 146 US$ ida y vuelta) y el lujoso servicio especial (desde 540 US$ ida y vuelta).

Inca Rail (☎43-6732; www.incarail.com; Av. Ferrocarril s/n) Nueva compañía con tres salidas diarias desde Ollantaytambo y cuatro clases de servicio (82-180 US$ ida y vuelta). Grandes descuentos para niños. Empresa con prácticas ecosostenibles.

Machu Picchu Train (www.machupicchutrain.com; Av. Ferrocarril s/n) Nuevo servicio de trenes con vistas panorámicas, con salida solo desde Ollantaytambo (ida y vuelta adultos/niños desde 100/70 US$) tres veces al día en temporada alta. En ocasiones sirven desayuno o tentempiés.

Lléguese por los menos un día antes para comprar los billetes y, en temporada alta, se aconseja reservarlos con la máxima antelación posible. Conviene comprarlos de ida y vuelta. Los trenes que parten de Aguas Calientes suelen ir llenos de viajeros que van a Machu Picchu o regresan a Cuzco en tren.

MACHU PICCHU Y EL CAMINO INCA

La extensa ciudadela inca de Machu Picchu, envuelta en neblina y rodeada por una frondosa vegetación y pronunciadas vertientes, es un icono que colma todas las expectativas. Con tiempo e interés, recorrer a pie el sugerente Camino Inca hasta Machu Picchu como antaño hacían sus habitantes es una experiencia completa. Pero no hay peregrinación sin obstáculos. Todos los viajeros deben pasar por Aguas Calientes, puerta de entrada a Machu Picchu. Esta pobre población, en parte trampa para turistas, en parte el salvaje Oeste, está aislada del resto de la región y solo tiene acceso ferroviario.

Aguas Calientes

☎084 / 1000 HAB. / ALT. 2410 M

Este pueblo, también llamado Machu Picchu Pueblo, descansa en un profundo cañón bajo las ruinas. Casi una isla, no llega carretera alguna y está cercado por peñascos, altos bosques nubosos y dos ríos torrenciales. Pese a este impresionante entorno, Aguas Calientes siempre ha sido una especie de tierra de nadie, con una población itinerante, pocos servicios orientados a clientes de paso y una tradición arquitectónica a base de acero corrugado y cemento por acabar. Con comerciantes dados a la venta agresiva, cuesta no sentirse agobiado. Lo mejor es llegar sin expectativas.

Aun así, pasar la noche comporta una ventaja de peso: llegar pronto a Machu Picchu.

El sendero que va de la estación de trenes a la parada de autobuses de Machu Picchu tiene escalones. Los viajeros con sillas de ruedas deben ir por el pequeño puente hasta Sinchi Roca y atravesar el centro del pueblo.

Puntos de interés y actividades

Museo de Sitio Manuel Chávez Ballón MUSEO

(entrada 22 PEN; ⊙9.00-17.00) Este museo ofrece buena información de las excavaciones arqueológicas de Machu Picchu y el sistema de construcción inca. Se puede visitar antes o después de las ruinas para hacerse una idea del contexto (y disfrutar del aire acondicionado y la relajante música si se llega después de ver las ruinas tras horas bajo el sol).

Fuera hay un pequeño jardín botánico, bajando por unas ingeniosas escaleras incas que ponen a prueba los nervios. Está cerca de Puente Ruinas, al principio del sendero a Machu Picchu.

Las Termas AGUAS TERMALES

(entrada 10 PEN; ⊙5.00-20.30) Los excursionistas agotados se recuperan de sus dolores poniéndose a remojo en las termas del pueblo, a 10 minutos a pie subiendo por Pachacutec desde las vías. Se trata de las pequeñas fuentes naturales que dan nombre a la población, y son buenas pero están lejos de ser las mejores de la zona (que son las de Cocalmayo, en

Aguas Calientes

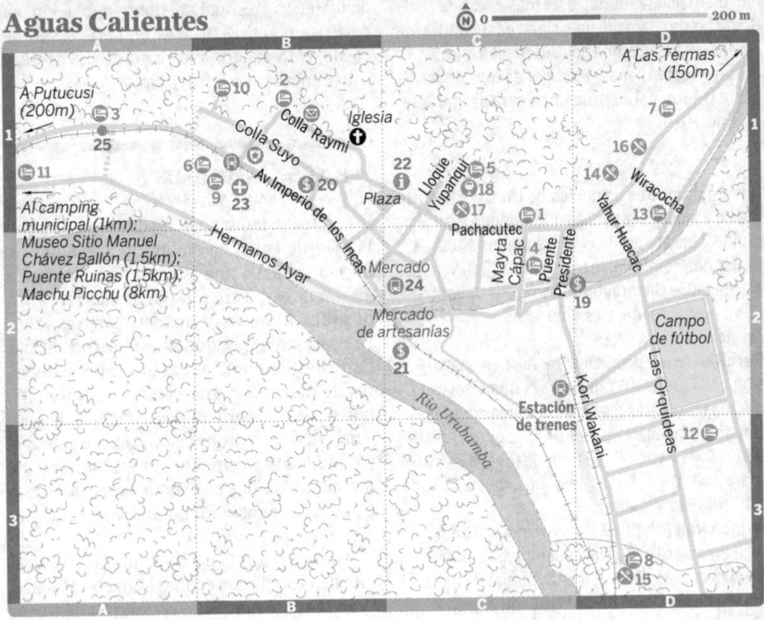

Aguas Calientes

Dónde dormir

- 1 El Mapi ... C1
- 2 Gringo Bill's ... B1
- 3 Hospedaje los Caminantes ... A1
- 4 Hostal John ... C2
- 5 Hostal Mayurina ... C1
- 6 Hotel Presidente ... B1
- 7 La Cabaña Hostel ... D1
- 8 Machu Picchu Pueblo Hotel ... D3
- 9 Machupicchu Hostal ... B1
- 10 Rupa Wasi ... B1
- 11 Sumaq Machu Picchu Hotel ... A1
- 12 Supertramp Hostel ... D3
- 13 Wiracocha Inn ... D1

Dónde comer

- 14 Café de París ... D1
- 15 Café Inkaterra ... D3
- 16 Govinda ... D1
- 17 Indio Feliz ... C1
- Tree House ... (véase 10)

Dónde beber

- 18 Wasicha ... C1

Información

- 19 ATM ... D2
- 20 ATM ... B1
- 21 BCP ... C2
- 22 iPerú ... C1
- Billetes para Machu Picchu ... (véase 22)
- 23 Medical Center ... B1

Transporte

- 24 Venta de billetes de autobús y parada de autobuses a Machu Picchu ... C2
- 25 Trenes a la estación hidroeléctrica ... A1

Santa Teresa), y hacia el final de la mañana se notan señales de desatención. Las toallas se alquilan en la entrada a buen precio.

Putucusi MONTAÑA
Si sobran fuerzas para seguir caminando se recomienda coronar esta montañita empinada, justo delante de Machu Picchu. Hay que seguir las vías del tren durante unos 250 m al oeste del pueblo hasta ver unas escaleras. Estas señalan el comienzo de un sendero bien señalizado. Por el camino hay muchas escaleras, que en temporada de lluvias están resbaladizas, pero el esfuerzo merece la pena por las vistas de Machu Picchu. Se tarda unas 3 horas.

Dónde dormir

El alojamiento es bastante caro, puede que hasta un 60% más que en otras zonas menos exclusivas. Hay hospedajes muy económicos en lo alto de la colina del mercado de objetos de recuerdo. Pocos son más baratos que el Hospedaje los Caminantes y el Hostal John.

Machu Picchu Pueblo Hotel CABAÑA **$$$**
(☎en Lima 01-610-0400; www.inkaterra.com; d casitas desde 1640 PEN, villas desde 2532 PEN;) Exuberante y entre jardines tropicales, estas casitas *chic* de estilo andino (muchas con piscina privada) y comunicadas por caminitos de piedras son todo un lujo. Los detalles son tentadores: bases para iPod, decoración sencilla y elegante, y duchas acristaladas con vistas a la frondosa vegetación. Su *spa* cuenta con una sauna de bambú y eucalipto, pero destacan sobre todo las excursiones guiadas que se incluyen en la estancia.

Entre los circuitos propuestos están el de observación de aves, las visitas a plantaciones de té o paseos entre orquídeas; si no, puede optarse por el viaje hasta el área de conservación del hotel donde se protege al oso de anteojos andino, un animal poco común. Las tarifas son por media pensión y los menores de 12 años no pagan.

El Mapi HOTEL DE DISEÑO **$$$**
(☎21-1011; www.elmapihotel.com; Pachacutec 109; d casitas desde 1640 PEN, villas desde 2532 PEN;) Sobrio y a la última, este nuevo hotel de diseño ocupa una posición céntrica en pleno pueblo. Los altos techos, el acero lustrado y las grandes fotos de la naturaleza crean una atmósfera moderna. Como alicientes tiene el pisco sour de bienvenida en el elegante bar y el enorme bufé de desayuno. También hay pozas de agua caliente donde darse un baño, un restaurante y una tienda.

Rupa Wasi HOTEL **$$$**
(☎21-1101; www.rupawasi.net; Huanacaure s/n; d desayuno incl. 472 PEN;) Es pintoresco y algo salvaje, pero el precio solo refleja la cercanía a Machu Picchu. Las habitaciones de estilo rústico tienen edredones de plumón y vistas; en el café Tree House se sirve un buen desayuno.

Gringo Bill's HOTEL **$$$**
(☎21-1046; www.gringobills.com; Colla Raymi 104; d/tr/ste desayuno incl. 199/278/358 PEN;) Este agradable hotel de varios pisos, uno de los primeros alojamientos de Aguas Calientes, cuenta con cómodas habitaciones elegantes y grandes baños. En las suites hay hidromasaje y TV. En la diminuta piscina solo caben dos personas. Hay suites más grandes para familias.

Hospedaje los Caminantes PENSIÓN **$**
(☎21-1007; los-caminantes@hotmail.com; Av. Imperio de los Incas 140; con/sin baño 35/20 PEN/persona;) El mejor alojamiento barato es esta gran pensión de varios pisos. Las habitaciones de suelo laminado, antiguas pero limpias, tienen agua caliente y algún balcón. No hay mejor alerta matutina que el silbido del tren de las 7.00 bajo la ventana. No se incluye el desayuno, pero puede tomarse (8-10 PEN) en la cafetería, de categoría aunque sorprenda.

La Cabaña Hotel HOTEL **$$$**
(☎21-1048; www.lacabanamachupicchu.com; Pachacutec s/n; i/d desayuno incl. 336/392 PEN;) Este popular hotel, un poco más arriba que la mayoría, ofrece habitaciones de madera acogedoras y calentitas, por los edredones de plumón y los calefactores. Aparte del bufé de desayuno, hay té y fruta gratis a todas horas.

Wiracocha Inn HOTEL **$$**
(☎21-1088; wiracochainn.com; Wiracocha s/n; i/d desayuno incl. 172/225 PEN) En una calle secundaria llena de hoteles de precio medio, este nuevo hotel ofrece estancias limpias y bien atendidas, un servicio afable y un patio resguardado cerca del río. Habitaciones con edredón de plumón y TV.

Hotel Presidente HOTEL **$$**
(☎21-1065; reservas@siahotels.com; Av. Imperio de los Incas s/n; d con vista 210 PEN, i/d/tr desayuno incl. 159/199/225 PEN;) Alojarse en este hotel con camas dobles pequeñas y TV de pantalla plana es una apuesta segura. Vale la pena pagar más por una habitación con vistas, no solo por el paisaje, sino por alejarse de las vías del tren.

Sumaq Machu Picchu Hotel HOTEL **$$$**
(☎21-1059; www.sumaqhotelperu.com; Hermanos Ayar s/n; i/d con algunas comidas desde 1312/1594 PEN;) Este hotel de categoría, poco práctico por estar a las afueras, tiene un reconfortante y luminoso interior de aire moderno y lujo discreto. Las habitaciones presumen de vistas al río y las montañas, o a una ladera con cascadas artificiales. Hay café bar y restaurante y un *spa* con sauna y *jacuzzi*. El precio de la habitación incluye el desayuno bufé, el té de la tarde y la comida o la cena.

Hostal Muyurina HOTEL $$
(☎21-1339; www.hostalmuyurina.com; Lloque Yupanqui s/n; i/d/tr desayuno incl. 199/239/292 PEN; 📶) Novísimo y entusiasta por complacer a los huéspedes, es una agradable propuesta. Habitaciones con teléfono y TV.

Supertramp Hostel ALBERGUE $
(☎79-1224; supertramphostel@hotmail.com; calle Chaskatika s/n; dc desayuno incl. desde 26 PEN; 📶) Unas tortitas a las 5.00 le alegran el día a cualquiera, así que da un poco igual si el agua caliente va y viene o si las habitaciones están un poco abarrotadas. Es el único albergue de verdad del pueblo, con buen personal, cocina y un pequeño colmado cerca. Recogida en la estación de trenes disponible.

Machupicchu Hostal HOTEL $$
(☎21-1212; reservas@siahotels.com; Av. Imperio de los Incas s/n; i/d/tr desayuno incl. 120/135/180 PEN; @📶) Es uno de los hostales de precio medio y limpios junto a las vías de tren. Tiene bufé de desayuno y un pequeño patio interior con flores. Las habitaciones, oscuras y pequeñas, recuerdan a las de una pensión y se oye el ruido de los trenes.

Hostal John HOTEL $
(☎21-1022; jtrujillo3@hotmail.com; Mayta Cápac 105; 20 PEN/persona) Subiendo desde la plaza se llega a este agradable alojamiento de habitaciones espartanas que recordarían a una cárcel en cualquier otro sitio menos en Aguas Calientes, donde son una ganga. Delante está el Hotel Joe, con el que colabora; es parecido pero menos atractivo.

Camping municipal 'CAMPING' $
(acampada 15 PEN/tienda) Pequeña y encantadora zona de acampada con lavabos, duchas y cocinas de alquiler. Está 20 minutos a pie cuesta abajo desde el centro del pueblo, yendo por la carretera a Machu Picchu, antes del puente.

Dónde comer

Por la calle, los anunciantes intentan atraer al visitante a su restaurante, pero mejor no tomar una decisión con prisas. La calidad en muchos de ellos no es muy alta; si se escoge alguno que no se cita en la siguiente lista, échese antes un vistazo para controlar la higiene.

Indio Feliz FRANCESA $$$
(☎21-1090; Lloque Yupanqui 4; menú 55 PEN, platos ppales desde 38 PEN; ⏰11.00-22.00) Cuesta expresar el placer que se experimenta en este galardonado restaurante. La hospitalidad es, por supuesto, el plato fuerte del cocinero francés Patrick, pero la comida no decepciona. Empiécese con una sopa criolla, de sabor intenso, servida con pan caliente, mantequilla casera y chiles (si se quieren). También se hace un guiño a la cocina típica gala, con tomates a la provenzal, crujientes patatas al ajillo y una suculenta *tarte aux pommes*. Su menú de 50 PEN brinda una cena decadente de excelente relación calidad-precio. Está adaptado para las sillas de ruedas.

Café Inkaterra PERUANA $$$
(☎21-1122; Machu Picchu Pueblo Hotel; platos ppales 25-60 PEN; ⏰11.00-21.00) Imbatible por su ambiente, este restaurante de arquitectura andina y techos de paja, está situado a orillas del río. Sus precios son bastante asequibles: se recomienda el lomo saltado con una sabrosa salsa y crujientes cebollas rojas, preparado a la perfección. Búsquese bien porque está escondido detrás de la estación de trenes.

Tree House FUSIÓN $$$
(☎21-1101; Huanacaure s/n; 32-59 PEN; ⏰4.30-22.00) Con pocas mesas y un ambiente rústico, crea un entorno acogedor donde saborear su tentador menú fusión. Preparan los platos con esmero, como la sopa de pollo con *wontons* y jengibre, el *risotto* a la quinua roja y la trucha crujiente. De postre, pídase el *crumble* de frutas, riquísimo. Resérvese con antelación. Forma parte del hotel Rupa Wasi.

Café de París PANADERÍA $
(plaza Wiyawaina s/n; pastas 1-4 PEN; ⏰7.00-21.00) Se desconoce cómo llegaron aquí estos franceses, pero su presencia es de agradecer. En su puesto al aire libre venden *pain au chocolat*, cruasanes recién hechos y postres. En la panadería de arriba imparten clases para la comunidad, que deberían dejar una interesante huella cultural en el sector panadero rural andino.

Govinda VEGETARIANA $$
(Pachacutec s/n; menú 15-30 PEN; ⏰10.30-21.00; ✎) Vegetariano Hare Krishna auténtico, donde se sirve pan *chapati* y versiones de platos típicos peruanos sin carne. Horario irregular.

Dónde beber

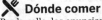

No hay mucha vida nocturna en Aguas Calientes. Los restaurantes, en un intento desesperado, anuncian *happy hours* de cuatro po uno (quizá no sea la mejor manera de preparar el ascenso al Wayna Picchu). **Wasicha** (☎21-1282; Lloque Yupanqui s/n) es una discoteca popular abierta hasta las tantas. Durante la redacción de esta guía, el restaurante Indio Feliz estaba añadiendo un bar en la azotea orientado a un público más adulto.

Información

Hay una práctica oficina de **iPerú** (☎21-1104; Pachacutec, cuadra 1; ⌚9.00-13.00 y 14.00-18.00) cerca de la **taquilla de Machu Picchu** (⌚5.20-20.45). Si el cajero automático de **BCP** (Av. Imperio de los Incas s/n) se queda sin dinero, hay otros cuatro por el pueblo, uno en la Av. Imperio de los Incas. En varios lugares cambian moneda y cheques de viaje a tipos muy altos, por eso lo mejor es proveerse de bastantes soles desde Cuzco. Por el pueblo hay teléfonos de pago y cibercafés, y también hay una pequeña **oficina de correos** (Colla Raymi s/n). Junto a las vías hay un **centro médico** (☎21-1005; Av. Imperio de los Incas s/n; ⌚urgencias 24 h).

Cómo llegar y salir

Solo hay tres modos de llegar a Aguas Calientes, y de allí a Machu Picchu: a pie, en tren a través de Cuzco y el Valle Sagrado o por carretera y tren por Santa Teresa.

Tren

Cómprese un billete de ida y vuelta para asegurarse el regreso; los de vuelta se agotan mucho antes que los de ida. Todas las compañías tienen taquillas en la estación, pero en las páginas web se pueden consultar los últimos horarios y comprar los billetes. Para más información, véase p. 234.

Hacia Cuzco (3 h), **PeruRail** (www.perurail.com) cuenta con un servicio a Poroy y los taxis llevan hasta la ciudad en otros 20 minutos.

Hacia Ollantaytambo (2 h) hay tres empresas: PeruRail, **Inca Rail** (☎en Cuzco 23-3030; www.incarail.com) y **Machu Picchu Train** (☎en Cuzco 22-1199; www.machupicchutrain.com).

Hacia Santa Teresa (45 min), PeruRail tiene salidas a las 6.44, 12.35 y 13.30 a diario. Los billetes (12 US$) solo se venden en la estación de Aguas Calientes el mismo día de la salida; los trenes salen desde el extremo oeste del pueblo, delante de la comisaría de policía. Esta ruta también puede hacerse con algún circuito guiado de aventura (véase p. 40).

Autobús

No hay accesos por carretera a Aguas Calientes. Solo circulan los autobuses que suben la colina hasta Machu Picchu (ida y vuelta 50 PEN, 25 min), de 5.30 a 14.30; hay regresos hasta las 17.45.

Machu Picchu

Para muchos viajeros a Perú, e incluso a Sudamérica, la visita a la ciudad inca de Machu Picchu es el anhelado clímax de su ruta. Por su espectacular ubicación, es el yacimiento arqueológico más famoso del continente. Los conquistadores jamás conocieron esta sobrecogedora ciudad antigua, que fue casi olvidada hasta principios del s. xx. En temporada alta, de finales de mayo a principios de septiembre, recibe a diario unas 2500 personas. Pese a este gran flujo turístico, conserva su aire de grandeza y misterio, y es visita obligada para todo el que viaja a Perú.

La mayor afluencia de visitas es entre las 10.00 y las 14.00. Los meses más concurridos son de junio a agosto.

Historia

Machu Picchu no se menciona en ninguna de las crónicas de los conquistadores españoles. Aparte de un par de aventureros alemanes en la década de 1860, que al parecer saquearon el lugar con permiso del Gobierno peruano, nadie al margen del pueblo quechua sabía de su existencia hasta que el historiador estadounidense Hiram Bingham llegó al mismo guiado por unos lugareños en 1911. Bingham narra su "descubrimiento" en *Machu Picchu, la ciudad perdida de los incas,* obra que se publicó en inglés por primera vez en 1922.

Bingham buscaba la ciudad perdida de Vilcabamba, última fortaleza de los incas, y creyó que la había encontrado en Machu Picchu. Hoy se sabe que las remotas ruinas de Espíritu Pampa, en las entrañas de la jungla, son de hecho los restos de Vilcabamba. Machu Picchu se encontró cubierto de una frondosa vegetación, lo que obligó al equipo de Bingham a conformarse con cartografiar el lugar de forma más o menos exacta. Bingham regresó en 1912 y 1915 para llevar a cabo la difícil tarea de limpieza, y entonces descubrió también algunas de las ruinas del llamado Camino Inca. A lo largo de sus viajes, se llevó a EE UU miles de objetos (para más información sobre la lucha por su devolución a Perú, véase p. 494). El arqueólogo peruano Luis E. Valcárcel llevó a cabo más estudios en 1934, al igual que la expedición peruano-estadounidense bajo el mando de Paul Fejos en 1940 y 1941.

LECTURA SOBRE LAS RUINAS

Si uno se pregunta cómo es recorrer el Camino Inca, o sus alternativas menos conocidas, léase *Turn Right at Machu Picchu* (2010, Gire a la derecha en Machu Picchu), de Mark Adams. No es la historia de un héroe, sino un divertido relato en primera persona del viaje de un editor aventurero y torpe. Ofrece una visión profana y amena de la historia inca y de las afanosas exploraciones de Hiram Bingham.

A pesar de las investigaciones más recientes, el conocimiento sobre Machu Picchu sigue siendo fragmentado. Incluso hoy en día los arqueólogos se ven forzados a especulaciones y conjeturas sobre su función. Algunos creen que la ciudadela se fundó durante los años de declive del Imperio inca en un intento de preservar su cultura o reavivar su dominio, mientras que otros creen que quizá ya era una ciudad deshabitada y olvidada en tiempos de la conquista. Una teoría más reciente sugiere que el lugar era un retiro real o un palacio rural de Pachacutec abandonado durante la invasión española. Para el director del yacimiento se trata de una ciudad, un centro religioso, político y administrativo. Su ubicación, y el hecho de que se hayan descubierto al menos ocho rutas de acceso, sugiere que era un nexo comercial entre la Amazonia y el Altiplano.

Por la excepcional calidad de la piedra labrada y la riqueza de su trabajo ornamental, parece claro que Machu Picchu fue en su día un importante centro ceremonial. De hecho, hasta cierto punto, lo sigue siendo. Alejandro Toledo, el primer presidente andino indígena, inauguró aquí su cargo con una celebración impresionante en el 2001.

Puntos de interés

No hay que perderse el Museo de Sitio Manuel Chávez Ballón (véase p. 249), junto a Puente Ruinas, en la base del ascenso a Machu Picchu. Los autobuses que salen de las ruinas para Aguas Calientes paran a petición en el puente. Desde allí hay menos de media hora a pie hasta la ciudad.

INTERIOR DEL COMPLEJO

A menos que se llegue por el Camino del Inca, se entrará oficialmente a las ruinas por una puerta con taquilla en la cara sur de Machu Picchu. Un sendero de unos 100 m lleva hasta la laberíntica entrada principal, desde donde se divisan las ruinas, divididas en dos zonas separadas por una serie de plazas.

Cada una de las ruinas lleva el nombre del que se supone que era su uso; de hecho, es poco lo que se sabe. Si se busca la clásica foto de postal y un punto desde el que contemplar todo el yacimiento, súbase la zigzagueante escalera a mano izquierda nada más entrar en el complejo, que conduce hasta la Cabaña del Guardián.

Cabaña del Guardián de la Roca Funeraria RUINAS

Excelente mirador de todo el yacimiento. Es uno de los pocos edificios restaurados con techo de paja, por lo que resguarda en caso de lluvia. El Camino Inca entra en la ciudad justo bajo dicha cabaña. Se cree que la roca tallada tras la misma se usó para momificar a los nobles, de ahí su nombre.

Baños Ceremoniales RUINAS

Si se sigue recto por las ruinas en vez de trepar hasta la cabaña, se llegará a través de unos extensos bancales a un hermoso conjunto de 16 **baños ceremoniales** conectados que descienden en cascada por las ruinas, acompañados de un tramo de escaleras.

Templo del Sol RUINAS

Situado justo encima y a la izquierda de los baños, es la única construcción redonda de Machu Picchu, una torre circular que se va estrechando realizada con una maravillosa mampostería.

Tumba Real RUINAS

Esta cueva de roca natural casi escondida, labrada cuidadosamente por los picapedreros incas, se halla bajo el templo del Sol. Su uso aún es motivo de acalorados debates y aunque se la conoce como la Tumba Real, nunca se halló allí ninguna momia.

Plaza Sagrada PLAZA

Si se sube por las escaleras de encima de los baños ceremoniales, se llegará a una zona llana con una serie de rocas que antaño se usó como cantera. Hay que girar a la derecha en lo alto de las escaleras y cruzar la cantera por el corto sendero que conduce a la **plaza Sagrada,** de cuarto lados. En el lado más alejado hay un pequeño mirador con un muro curvo que brinda una vista de la nevada cordillera de Vilcabamba a lo lejos y del río Urubamba abajo.

Templo de las Tres Ventanas RUINAS
En los otros tres lados de la plaza también hay edificios notables. Este templo presenta unos enormes ventanales trapezoidales, de ahí su nombre.

Templo Principal RUINAS
Denominado "templo" por la maciza solidez y la perfección de su construcción. Los daños que se aprecian en su esquina posterior derecha son el resultado del movimiento del suelo bajo esa esquina y no un fallo de la mampostería. Frente al Templo Principal se halla la **casa del Sacerdote Supremo.**

Casa del Sacerdote RUINAS
Enfrente del Templo Principal.

Sacristía RUINAS
Esta famosa construcción pequeña está detrás del Templo Principal, al que está unido. Tiene muchos nichos de exquisita talla, que quizá se usaron para guardar objetos ceremoniales, así como un banco de piedra tallada. La Sacristía es especialmente famosa por las dos rocas que flanquean su entrada. Se dice que cada una tiene 32 ángulos, pero cuando se cuentan se obtienen otras cifras.

Intihuatana RUINAS
Dicho término quechua se traduce más o menos como "amarradero del sol" y alude al pilar de roca tallada que suele confundirse con un reloj de sol y que se alza en lo alto de la colina de Intihuatana. Los astrónomos incas predecían los solsticios con los ángulos de esta columna y así controlaban el regreso de los largos días de verano. No está muy claro cómo se usaba el pilar con tal fin astronómico, pero su elegante simplicidad y excelsa artesanía lo convierten en una de las joyas del complejo.

Plaza Central PLAZA
Se llega bajando por unas escaleras desde la parte posterior del Intihuatana.

Grupo de las prisiones RUINAS
En la parte más baja de esta última zona se hallan las **cárceles,** un laberíntico complejo de celdas, nichos y pasajes que se halla por encima y por debajo del suelo.

Templo del Cóndor RUINAS
La pieza central del grupo de las prisiones es este templo que debe su nombre a la talla de una cabeza de cóndor con las alas extendidas.

INTIPUNKU
El Camino Inca acaba tras su descenso final desde la muesca en el horizonte llamada Intipunku (Puerta del Sol). Si se mira hacia la colina que queda a la espalda según se entra a las ruinas, se verá el camino e Intipunku. Esta colina, llamada Machu Picchu ("viejo pico"), da nombre al yacimiento. Se tarda en torno a una hora en llegar a Intipunku, y si se dispone para este trayecto al menos de medio día entre la ida y la vuelta, tal vez se pueda llegar hasta Wiñay Huayna. Se pagarán unos 15 PEN o más como una entrada reducida de carácter oficioso al Camino Inca. Hay que regresar antes de las 15.00, que es cuando suele cerrar el puesto de control.

PUENTE LEVADIZO INCA
Un bonito paseo llano desde la cabaña del Guardián de la Roca Funeraria pasa por lo alto de los bancales y lleva por un angosto sendero pegado a un risco hasta este puente. En menos de media hora de caminata, el sendero ofrece un panorama de la vegetación propia de bosque nuboso y unas vistas muy distintas de Machu Picchu. Es un paseo recomendado aunque hay que conformarse con sacar la foto del puente de lejos, pues hace unos años alguien intentó cruzarlo y tras una trágica caída, murió.

CERRO MACHU PICCHU
Una escalada de 1½ a 2 horas conduce hasta la cima de la montaña de Machu Picchu, donde aguardan las vistas más vastas del lugar. Se verá todo el Camino del Inca hasta Wiñay Huaynay Phuyupatamarka, bajando hasta el suelo del valle y los impresionantes bancales cerca del km 104 (donde arranca el Camino del Inca de dos días) y hasta el otro lado del yacimiento de Machu Picchu. Es un camino más espectacular que el de Huayna Picchu y menos frecuentado. Hay que darse tiempo para disfrutar del paisaje (¡y tomar aliento!). Se recomienda.

HUAYNA PICCHU
Huayna Picchu es la pequeña montaña escarpada al fondo de las ruinas. Suele traducirse por "Pico joven", aunque la palabra *picchu,* con su correcta pronunciación glotal, alude a la bola que se forma en la mejilla de los mascadores de coca. Se limita el acceso a 400 personas al día: las primeras 200 de la cola entran a las 7.00 y las otras 200, a las 10.00. Es necesaria otra **entrada** (24 PEN), que solo se obtiene al comprar el billete al recinto. Como se agotan una semana antes

en temporada baja y en menos tiempo en la alta, conviene planificarlo bien.

A primera vista, el ascenso a Huayna Picchu parece difícil, pero, pese a ser abrupto, carece de dificultad técnica. Sin embargo, se desaconseja a los que tienen vértigo. Los excursionistas deben firmar un registro al entrar y al salir en la cabaña situada entre los dos edificios de techo de paja, pasada la plaza Central. El ascenso de 45 a 90 minutos por un empinado sendero llevará por un breve trecho de túnel inca.

Si llueve hay que tener cuidado, pues las escaleras pueden estar muy resbaladizas. Es fácil de seguir, pero tiene tramos escarpados, una escalera y una cueva suspendida en un saliente, donde hay que agacharse para continuar. Durante el ascenso se verá un sendero señalizado que desciende a la izquierda y sigue por detrás de Huayna Picchu hasta el pequeño **templo de la Luna.** Desde aquí, hay otro sendero señalizado que sube por detrás de las ruinas y sigue empinado hacia la cara posterior del Wayna Picchu.

Dicho descenso lleva cerca de una hora y el ascenso de vuelta al sendero principal de Huayna Picchu algo más. Es un sendero espectacular que desciende y asciende de forma abrupta según rodea las laderas de Huayna Picchu, antes de hundirse en el bosque nuboso. Tras esto, de pronto llega a un claro donde se hallan las pequeñas y perfectas ruinas.

De no poder hacer esta ruta, el cerro Machu Picchu es una excelente alternativa.

Dónde dormir y comer

La gran mayoría llega en excursiones de un día desde Cuzco o se queda en Aguas Calientes.

Machu Picchu Sanctuary Lodge **$$$**
(☎984-81-6956; www.sanctuarylodgehotel.com; estándar/con vistas de las montañas/ste 975/1400/1750 US$) Este exclusivo hotel que ahora gestiona Orient Express tiene una baza única: su ubicación. No hay otro alojamiento en Machu Picchu, aunque tal ventaja no es para tanto, puesto que los autobuses empiezan a llegar pronto a las ruinas y se cierran a hora temprana, así que nadie consigue la ansiada foto del atardecer.

Como es de esperar, la atención del personal es impecable y las habitaciones son cómodas, con una decoración sobria, base para dispositivo musical y servicio de restauración en la habitación. También hay un *spa*, jardines cuidados y un servicio de guías personalizados para las ruinas. A menudo está lleno así que resérvese con una antelación mínima de tres meses. En sus dos restaurantes se sirven comidas y el popular **bufé del almuerzo** (97 PEN; ⏲11.30-15.00) está abierto al público e incluye las bebidas no alcohólicas.

Información

Santuario histórico de Machu Picchu (www.machupicchu.gob.org; adultos/estudiantes 128/65 PEN; ⏲6.00-16.00) Las entradas suelen agotarse: cómprense por adelantado en Cuzco. Los visitantes pueden acceder hasta las 16.00, aunque los de dentro pueden quedarse hasta las 17.00. Compruébese si hay cambios en cuanto a las compras por internet: antes podía usarse Verified de Visa, pero han aumentado los fraudes y se cerró a mediados del 2012.

Las ruinas reciben el mayor grueso de turistas entre las 10.00 y las 14.00, y los meses de más afluencia van de junio a agosto. Se aconseja planificar la visita a primera hora o última del día para evitar las horas de mayor concentración de gente. Una visita temprano por la mañana entre semana en temporada de lluvia dará más espacio para respirar, sobre todo en febrero, mes en que se cierra el Camino Inca.

No se permite entrar con bastones o mochilas de más de 20 l. Hay un depósito para equipajes fuera de la puerta de acceso (5 PEN/bulto; ⏲6.00-16.00) y dentro del complejo (3 PEN/bulto; ⏲6.00-17.00).

A la entrada están los guías locales disponibles (individual 100-150 PEN, en grupo de 6-10 20 PEN). Su experiencia varía; búsquese uno con la identificación de guía oficial de DIRCETUR. El precio debe acordarse por adelantado, tras asegurarse de si es por persona o grupo; también hay que determinar la duración y el tamaño del grupo.

La información y las fotos de esta guía deberían bastar para recorrer las rutas por libre. Si se quiere hacer una exploración en profundidad, es aconsejable llevarse una copia de *Exploring Cuzco* de Peter Frost.

Peligros y advertencias

En las ruinas no debe caminarse sobre los muros, pues estropea la mampostería y provoca una cacofonía de pitidos de los guardas. Acampar también es ilegal: los guardas comprueban todo el recinto antes del cierre. No se permite entrar con botellas de plástico desechables ni con comida, aunque la vigilancia hace un poco la vista gorda. Lo mejor es comer antes de entrar, usar botellas de *camping* y recoger toda la basura, incluso la orgánica. En el café antes de la entrada venden agua, pero en botella de vidrio.

Los servicios, justo debajo del café, cuestan 1 PEN.

Abundan unos diminutos bichos parecidos a los mosquitos. No se notan cuando pican, pero uno puede pasarse toda una semana rascándose. Úsese repelente de insectos.

El tiempo en Machu Picchu parece tener solo dos caras: lluvia torrencial o un sol ardiente. No hay que olvidar la ropa para la lluvia ni el protector solar.

ℹ Cómo llegar y desplazarse

Desde Aguas Calientes hay autobuses frecuentes hacia Machu Picchu (50 PEN ida y vuelta, 25 min); salen desde la taquilla junto a la carretera principal, de 5.30 a 14.30. Los vehículos regresan de las ruinas cuando se llenan. La última salida es a las 17.45.

La alternativa es recorrer a pie la empinada y zigzagueante carretera de montaña (8 km, 1,5 h). Al principio hay un tramo llano de 20 minutos desde Aguas Calientes hasta Puente Ruinas, donde se cruza el río Urubamba, cerca del museo. Un sendero bien señalizado, pero que quita el aliento, asciende otros 2 km hasta Machu Picchu, un trecho que se recorre en más o menos una hora (menos de bajada).

Para información sobre cómo llegar a Aguas Calientes, véase p. 234.

Camino Inca

Cada año miles de visitantes realizan esta caminata, la más famosa de Sudamérica, en la que se invierten cuatro días. En total son solo 38 km, pero este antiguo sendero abierto por los incas desde el Valle Sagrado hasta Machu Picchu asciende y desciende tortuosamente entre montañas, serpenteando a su paso por tres elevados pasos andinos. Las vistas de los picos coronados de nieve, los remotos ríos y cordilleras, y los bosques nubosos salpicados de orquídeas son estupendas, y caminar desde una ruina precolombina junto a un precipicio a la siguiente es una experiencia mística inolvidable.

Para más información sobre senderismo por rutas alternativas, véase p. 40.

La excursión

Casi todas las agencias de excursionismo organizan autobuses hasta el inicio del camino, también llamado Piscacucho o km 82 en el ferrocarril a Aguas Calientes.

Tras cruzar el río Urubamba (2600 m), y ocuparse del papeleo de registro, empieza un ascenso suave paralelo al río hasta el primer yacimiento arqueológico del camino, **Llactapata** (pueblo en lo alto de los bancales), antes de poner rumbo sur bajando por un valle lateral del río Cusichaca. Si se empieza en el km 88, hay que girar al oeste tras cruzar el río para ver el yacimiento poco visitado de **Q'ente** ("colibrí"), a cerca de 1 km, y luego regresar al este a Llactapata, en el sendero principal.

El sendero recorre 7 km hacia el sur hasta la aldea de **Huayllabamba** ("llanura herbosa"; 3000 m), cerca de la cual acampan la primera noche muchos grupos organizados. En este lugar se pueden comprar bebidas embotelladas y aperitivos calóricos, y darse un respiro para contemplar las vistas del **nevado Verónica** (5750 m), coronado de nieve.

Huayna Picchu está cerca de la bifurcación de los ríos Llullucha y Cusichaca. El sendero cruza el río Llullucha y luego asciende abruptamente junto a él. Esta zona se conoce como **Tres Piedras** (3300 m), aunque las rocas que le dan nombre ya no están. Desde aquí hay un largo y escarpado ascenso de 3 km a través de bosques húmedos.

El sendero desemboca en la elevada y desnuda ladera de **Llulluchupampa** (3750 m), donde hay agua y en los llanos hay lugares de acampada muy fríos de noche. Este es el punto más lejano al que puede llegarse razonablemente el primer día, aunque muchos grupos pasan aquí la segunda noche.

Desde Llulluchupampa, un buen sendero que recorre la cara izquierda del valle asciende durante 2 o 3 horas hasta llegar al paso de **Huarmihuañusca**, también conocido como el "paso de la mujer muerta". Se halla a 4200 m por encima del nivel del mar, es la cima más alta del camino y deja sin aliento a más de un excursionista. Desde Huarmihuañusca se ve el río Pacamayo (río Escondido), abajo, y las ruinas de Runkurakay, hacia la mitad de la siguiente colina, por encima del río.

El camino sigue descendiendo durante un largo trecho que debe bajarse con las rodillas dobladas hasta el río, donde hay grandes zonas de acampada en **Paq'amayo.** A una altura de unos 3600 m, el camino salva el río por un puentecito y asciende hacia **Runkurakay** (3750 m; "ovalado" o "huevo"), unas ruinas redondas con fantásticas vistas. Está en torno a una hora de camino.

Por encima de Runkurakay, el sendero asciende hasta una cima falsa antes de pasar por dos pequeños lagos hasta la cumbre del segundo paso, a 3950 m, con vistas de la nevada cordillera de Vilcabamba. Se observa

Camino Inca

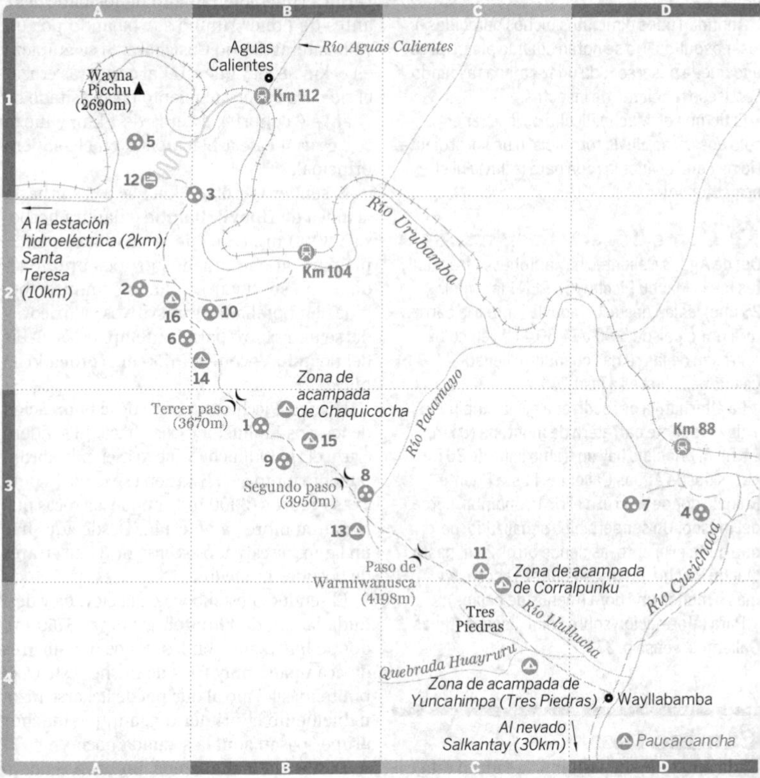

Camino Inca

Puntos de interés

1 Túnel inca B3
2 Intipata A2
3 Intipunku B1
4 Llactapata D3
5 Machu Picchu A1
6 Phuyupatamarka A2
7 Q'ente D3
8 Runkurakay B3
9 Sayaqmarka B3
10 Wiñay Wayna B2

Dónde dormir

11 Camping Llulluchupampa C3
12 Machu Picchu Sanctuary Lodge A1
13 Camping Paq'amayo B3
14 Camping Phuyupatamarka B2
15 Camping Sayaqmarka B3
16 Camping Wiñay Wayna A2

un cambio en la flora según se desciende de este paso. Y es que ahora uno se halla en la ladera oriental andina del Amazonas, donde la vegetación es más frondosa. El sendero asciende hasta las ruinas de **Sayaqmarka** ("pueblo dominante"), un denso complejo en lo alto de un saliente de un pequeño monte con unas vistas increíbles. El camino sigue hacia abajo y cruza un elevado afluente del río Aobamba ("llanura ondulada").

A continuación, la ruta atraviesa una carretera inca y sube por una ligera pendiente que cruza un bello bosque nuboso y un túnel inca tallado en la roca. Se trata de un tramo relativamente llano que enseguida llevará al tercer paso, a casi 3600 m, que goza de espléndidas vistas del valle del río Urubamba y de zonas de acampada donde algunos grupos pasan su última noche, con la ventaja de admirar la puesta de sol entre un paisaje espectacular, pero con la desventaja de tener que salir a las 3.00 para llegar a la Puerta

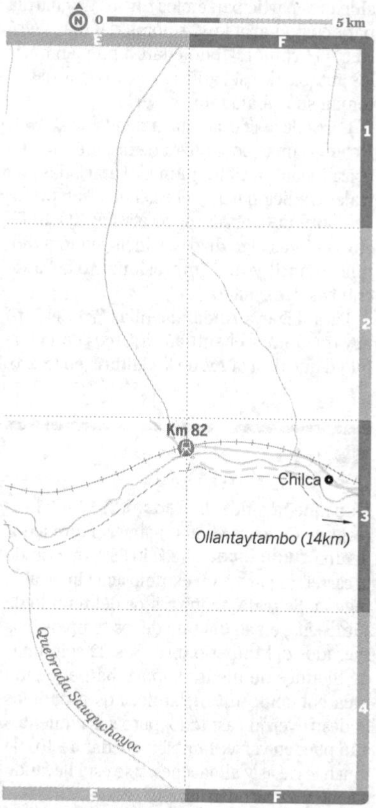

del Sol a tiempo para la salida del mismo. De acampar aquí, téngase cuidado a primera hora de la mañana con la fuerte pendiente y sus resbaladizos escalones.

Justo debajo de este paso están las bellas y bien restauradas ruinas de **Phuyupatamarka** ("ciudad encima de las nubes"), unos 3570 m por encima del nivel del mar, donde se encuentran seis bonitos baños ceremoniales con agua que fluye entre ellos. Desde Phuyupatamarka, el camino se adentra en picado en el bosque nuboso a través de un tramo de centenares de escalones incas de una construcción increíble (a primera hora del día es desquiciante, úsese un foco delantero). Al cabo de 2 o 3 horas, el sendero serpentea en su descenso hasta un edificio blanco con el techo rojo hundido: aquí se acampa la última noche. Un caminito de 500 m, detrás de una vieja taberna fuera de servicio, conduce hasta un pequeño yacimiento inca encantador, **Wiñay Wayna** (o Huiñay Huayna), que suele traducirse como "siempre joven". Peter Frost escribe que en quechua se refiere a una orquídea *(Epidendrum secundum)* que florece en la zona todo el año. Esta zona de acampada semitropical goza de una de las vistas más impresionantes de todo el sendero, sobre todo al alba. Para bien o para mal, la famosa taberna deteriorada está cerrada al público. Un sendero irregular lleva desde aquí hasta otras espectaculares ruinas en terrazas, **Intipata**, que conviene visitar cuando se llega a Wiñay Wayna; si se desean visitar, lo mejor es acordarlo con el guía.

Desde el puesto vigía de Wiñay Wayna, el sendero sigue tortuoso sin grandes cambios de altitud a través del bosque nuboso junto al precipicio durante unas 2 horas hasta **Intipunku** ("puerta del sol"), el penúltimo yacimiento del camino. Aquí los caminantes suelen detenerse para disfrutar de la primera visión del majestuoso Machu Picchu mientras se espera la salida del sol entre los montes circundantes.

El triunfal descenso final lleva casi una hora. Los senderistas suelen llegar mucho antes que las hordas matutinas de turistas que llegan en tren y por tanto pueden disfrutar del agotador entusiasmo de alcanzar su objetivo sin tener que abrirse paso a codazos entre los grandes grupos del primer tren de Cuzco.

DE CUZCO A PUNO

La desvencijada vía y la carretera asfaltada al lago Titicaca se hacen sombra según van al sureste desde Cuzco. Por el camino se pueden explorar antiguas ruinas y bucólicos pueblos andinos que brindan desvíos excelentes a los viajeros intrépidos deseosos de alejarse del Camino del Gringo. Casi todos los destinos que se incluyen a continuación pueden visitarse en excursiones de un día desde Cuzco; para puntos de interés más cercanos a Puno, véase p. 172. Inka Express y Turismo Mer organizan circuitos de lujo en autobús (véase p. 233) entre Cuzco y Puno que visitan algunos de estos sitios. Los autobuses locales y de largo recorrido son más frecuentes en esta ruta y menos caros.

Tipón

La demostración del dominio inca sobre el entorno se refleja en este vasto **yacimiento inca** (entrada con boleto turístico; ⏲7.00-18.00).

formado por unos impresionantes bancales en la parte alta de un pequeño valle con un ingenioso sistema de riego. Está a unos 30 km de Cuzco, justo antes de Oropesa. Hay que tomar cualquier autobús en dirección a Urcos frente al hospital de la Av. de la Cultura, en Cuzco, o un colectivo a las puertas del nº 207 de la Av. Tullumayo, y pedir al conductor que pare en el desvío a Tipón (3 PEN, 45 min). Aquí nace una empinada carretera no asfaltada de 4 km hasta las ruinas. O si no, contrátese un taxi en Cuzco (90 PEN) para ir hasta las ruinas de Tipón y Piquillacta, con espera y regreso incluidos.

Piquillacta y Rumicolca

Literalmente "pueblo de las pulgas", **Piquillacta** (entrada con boleto turístico; ⏲7.00-18.00) son las únicas ruinas preincaicas importantes de la zona, construidas hacia el año 1100 por los huaris. El gran centro ceremonial presenta edificios de dos pisos desmoronados, cuyas entradas están estratégicamente ubicadas en la planta superior. Está rodeado por un muro defensivo. La mampostería es más basta que la de otros yacimientos incas, y los suelos y paredes se asfaltaron con losas de yeso blanco, del que aún quedan restos. En la cara opuesta de la carretera, a cerca de 1 km más al este, está la gran puerta inca de **Rumicolca**, construida sobre cimientos waris. La tosca mampostería wari contrasta con los bloques incas. Es interesante ver a los indígenas trabajando el barro que rodea los pantanosos lagos de la zona; la fabricación de ladrillos de adobe es una de las mayores industrias de la región.

Los autobuses que van a Urcos desde Cuzco pasan por ambos yacimientos.

Andahuaylillas

☎084 / 840 HAB. / ALT. 3123 M

No debe confundirse con Andahuaylas, al oeste de Cuzco. Andahuaylillas está a más de 45 km al sureste de Cuzco, unos 7 km antes de que la carretera se bifurque en Urcos. Es una bonita aldea andina célebre por su ornamentada **iglesia de San Pedro** (entrada 10 PEN; ⏲7.00-17.30), de un barroco casi asfixiante. El edificio data del s. XVII y tiene numerosas tallas y cuadros, incluido un lienzo de la *Inmaculada Concepción* atribuido a Bartolomé Esteban Murillo. Se cree que contiene un sinfín de tesoros de oro y plata, y todos los aldeanos participan en los turnos de guardia para custodiarla las 24 horas del día. ¿Será cierto el rumor? Todo cuanto pueden decir los autores de esta guía es que los guardas se toman su trabajo muy en serio.

Cerca de la iglesia está la tienda de **Q'ewar Project**, una cooperativa de mujeres que fabrica inconfundibles muñecas ataviadas con trajes tradicionales, y el ecléctico **Museo Ritos Andinos** (entrada con donativo; ⏲7.00-18.00), cuyas piezas algo dispares incluyen una momia infantil y una impresionante cifra de cráneos deformados.

Para llegar a Andahuaylillas (7 PEN, 1 h) hay que tomar el autobús a Urcos en la terminal que da a la Av. de la Cultura, en Cuzco.

Raqchi

☎084 / 320 HAB. / ALT. 3480 M

La pequeña aldea de **Raqchi**, 125 km al sureste de Cuzco, se halla dispuesta alrededor de una **ruina inca** (entrada 10 PEN) que desde la carretera parece un extraño acueducto alienígena. Se trata de los restos del templo de Viracocha, en su día uno de los templos más sagrados del Imperio inca. Sus 22 columnas de bloques de piedra soportaban el tejado inca conocido más grande. Los españoles lo destruyeron casi todo, pero sus cimientos aún pueden verse. También quedan restos de muchas casas y almacenes, y se está llevando a cabo una reconstrucción.

Los aldeanos son personas encantadoras que cuidan el entorno y trabajan regularmente para eliminar la basura que dejan los visitantes. Además, son célebres ceramistas. Muchas de las piezas de cerámica a la venta en los mercados de Pisac y Chinchero son de aquí.

Para experimentar en primera persona la vida en Raqchi puede organizarse una **estancia particular** (☎984-82-0598, 984-67-9466; raqchitours55@hotmail.com; paquete 93 PEN/persona). Trece familias ofrecen alojamiento en habitaciones sencillas pero cómodas, con baño propio y ducha. La persona de contacto es Humberto Rodríguez. El paquete incluye las comidas, una fiesta de noche y un día de **actividades guiadas** muy recomendable. Entre estas se cuenta una visita a las ruinas (entrada no incluida), una trepidante excursión al mirador local y la visita a un taller de cerámica.

El tercer domingo de junio se celebra en Raqchi una colorida **fiesta** con música y danzas tradicionales.

De Raqchi a Abra La Raya

Unos 25 km después de Raqchi está el bullicioso Sicuani, un pueblo comerciante de 12 000 habitantes a medio camino entre Cuzco y Puno. No hay motivo para detenerse aquí, salvo para hacer un alto en el camino. Cerca de la terminal de autobuses hay algunos alojamientos económicos.

Veinte minutos más allá de Sicuani, justo antes de Abra la Raya, el paso de montaña que establece la frontera entre los departamentos de Cuzco y Puno, está **Aguas Calientes de Marangani** (entrada 5 PEN; ⌚durante el día). Se trata de un complejo de cinco fabulosas pozas termales comunicadas por puentes rústicos que salvan afluentes de agua hirviendo y sin ningún tipo de cerca. Puede chocar el ver a lugareños lavándose, o a sus hijos e incluso su ropa. Tómese como una experiencia alternativa popular.

Se puede usar el transporte local entre Cuzco, Andahuaylillas, Raqchi, Sicuani y los baños desde primera hora de la mañana hasta al menos las 15.00. Para informarse sobre puntos de interés situados al sur de este lugar, véase p. 172.

DE CUZCO A LA JUNGLA

Tres rutas terrestres llevan desde Cuzco a la jungla. La menos urbanizada, más barata y rápida va hacia el noroeste desde Ollantaytambo, atraviesa el paso de Abra Málaga y conduce hasta la selva secundaria que rodea Quillabamba, así como a las poco visitadas Ivochote y Pongo de Mainique, algo más lejos.

Las otras dos rutas son más populares, pero rara vez se accede a ellas por carretera. Se puede llegar a la zona que circunda el Parque Nacional Manu por Paucartambo, Tres Cruces y Shintuya, o hasta Puerto Maldonado por Ocongate y Quince Mil. Para adentrarse más en dichas zonas, la mayoría contrata circuitos organizados que incluyen vuelos en ultraligeros para entrar y salir, o, en algunos casos, transporte en todoterreno por carretera.

Algunas de estas carreteras están enfangadas y circular por ellas es lento y peligroso. Hay que pensárselo dos veces antes de viajar por tierra, y ni planteárselo siquiera en la temporada de lluvias (enero-abril). Una fuente inestimable de información para los viajeros independientes es el *Peruvian Jungle Information Packet* que vende el **South American Explorers Club** ((☎084-24-5484; www.saexplorers.org; Atocsaycuchi 670, Cuzco; ⌚9.30-17.00 lu-vi, hasta 13.00 sa).

De Cuzco a Ivochote

Poco después de Ollantaytambo, la carretera abandona el cada vez más estrecho Valle Sagrado y asciende de forma abrupta por Abra Málaga, a 4350 m. Desde allí hay un bello y vertiginoso descenso en su mayor parte sin asfaltar que lleva directo a la Amazonia. La rústica **Santa María** tiene oficinas de compañías de autobuses y un par de sencillos hospedajes y restaurantes. Señala la unión donde hay que desviarse para Santa Teresa y la ruta trasera a Machu Picchu, o bien el camino para continuar el descenso hasta Quillabamba.

SANTA TERESA

☎084 / 460 HAB. / ALT. 1900 M

A pesar de que han pasado algunos años desde las inundaciones del 2010, 1998 y las de una década antes, en Santa Teresa todo sigue pareciendo provisional. En su diminuto centro, la mayoría de los edificios son armazones prefabricados para situaciones de emergencia y, por extraño que parezca, la construcción más sólida es la desconcertante estatua de la plaza de Armas. Sin embargo, con el creciente flujo de mochileros en busca de un punto de acceso a Machu Picchu más barato, los servicios están aumentando lentamente. Los puntos de interés se hallan a las afueras de la población, y son las fuentes termales de Cocalmayo y la *tirolina* de Cola de Mono. Ambas merecen el esfuerzo y el tiempo invertidos en visitarlas.

◉ Puntos de interés y actividades

Para más información sobre la caminata alternativa a Machu Picchu, véase p. 40.

Cola de Mono DEPORTES DE AVENTURA

(☎79-2413, 959-743-060; www.canopyperu.com; *tirolina* 60 US$) La *tirolina* más alta de Sudamérica es una escala obligada para los amantes de las emociones fuertes. Un total de 2500 m de cable dividido en seis secciones distintas permiten pasar zumbando por encima del fabuloso paisaje del valle del Sacsara. Dos horas de duración.

Los propietarios, experimentados guías de actividades fluviales, organizan **'raftings'** por el río Santa Teresa, espectacular y hasta ahora no muy explotado (para más información

MERECE LA PENA

REFUGIO YELLOW RIVER

Este acogedor **alojamiento familiar** (☎63-0209; www.quellomayo.com; h con media pensión 60 PEN/persona, *camping* 10 PEN/persona) es una granja de cultivo ecológico de café arábiga, chocolate y frutas tropicales; se trata de una propuesta acogedora y tranquila en la ruta alternativa a Machu Picchu. Las sencillas habitaciones tienen cómodas camas y alegres colores, aunque se pasará más tiempo explorando el frondoso entorno. En el restaurante se preparan platos caseros (15-20 PEN). Si interesa profundizar sobre el café, se organizan talleres sobre la torrefacción.

En la zona de acampada junto al río hay una ducha, una barbacoa y un horno de adobe. Está en Quellomayo, a 25 minutos de Santa María hacia Santa Teresa. Se puede llegar en autobús desde Cuzco hasta Santa María y luego en taxi (25-50 PEN) o bien recorriendo un antiguo camino inca; más información en su página web.

véase p. 210), y ofrecen una zona de acampada en su vasto recinto.

Se puede llegar en taxi (10 PEN) o a pie por la carretera que sale del pueblo, tras un agradable paseo de 2 km (½ h) hacia el este.

Llactapata EXCURSIONISMO
Se puede hacer una excursión hasta la central hidroeléctrica vía Llactapata; es un ascenso de 6 horas que pasa por una montaña del Camino Inca, y que brinda una panorámica de Machu Picchu y acceso a unas ruinas a medio despejar. El sendero está bien señalizado y la ruta puede realizarse sin guía, aunque este es útil a la hora de entender las ruinas, la flora y la fauna del recorrido. Se recomienda partir pronto porque luego hace calor. Tómese un taxi (35 PEN, 30 min) hasta el inicio del camino en Lucmababamba. Luego puede tomarse un colectivo para volver de la hidroeléctrica o seguir hasta Machu Picchu.

Baños Termales Cocalmayo AGUAS TERMALES
(entrada 5 PEN; ⏲24 h) Estas preciosas fuentes termales naturales de gestión municipal son un atractivo de primer orden. Las pozas, que desaparecieron con las inundaciones del 2010, se han reconstruido, no así las zonas de acampada. Y por si estas enormes piscinas de agua caliente con una ducha natural directamente en la selva no fueran suficiente, se puede comprar cerveza y tentempiés.

Están a 4 km del pueblo. Se puede tomar un colectivo de Santa Teresa a Cocalmayo hacia las 15.00, cuando los vehículos acuden a recoger a los senderistas del Camino Inca que llegan de Santa María. O si no, habrá que desafiar el camino polvoriento y sin sombra (con vehículos que pasan a toda velocidad) o pagar unos 36 PEN de ida y vuelta en taxi.

Circuito del café CIRCUITO
(25 PEN/persona) Eco Quechua organiza estos circuitos de 2½ horas que permiten visitar el cafetal de una familia inmerso en la tradición local (¡crían los cuyes en la cocina!). También puede recolectarse fruta tropical y ver el funcionamiento de una piscifactoría. No se trata de una planta moderna, sino de cultivos que siguen los métodos antiguos pero en proceso de transición e introducción de nuevas técnicas para mejorar la productividad. El 50% de la tarifa pagada por esta interesante visita se destina a ayudar a los campesinos locales.

Dónde dormir y comer

En el centro hay un puñado de hospedajes con alojamiento sencillísimo. Durante la redacción de esta guía, el pueblo carecía de restaurantes recomendables. En el mercado y en los asadores de pollo de la plaza se sirven comidas calientes; elíjase según la higiene.

Eco Quechua REFUGIO $
(☎63-0877, 984-756-855; www.ecoquechua.com; Sauce Pampa; media pensión 75 PEN/persona, *camping* 12 PEN/tienda) Juan Carlos y Janet son la maravillosa pareja de jóvenes que gestiona este alegre refugio con techo de paja, justo a las afueras de Santa Teresa. La sala de estar abierta se esconde bajo un manto de espesa vegetación. Aunque las habitaciones tienen mosquiteras no está de más echarse repelente de insectos.

Los compartimentos del baño están fuera y aunque es algo rústico, no cabe duda de que es el lugar más agradable de Santa Teresa y un divertido punto de encuentro de grupos. El propietario también es un experto guía de excursiones y circuitos por la zona. Durante la redacción de esta guía estaban arreglando el camino más corto desde el pueblo y el viaje en taxi costaba 30 PEN.

Albergue Municipal ALBERGUE $
(☎984-145-049; dc/d 20/60 PEN) Esta construcción circular con cancela, junto al campo de fútbol, es uno de los mejores alojamientos del pueblo. Cuenta con un jardín cuidado y habitaciones amplias y alegres. Las dobles tienen el suelo embaldosado y una pequeña nevera. En el dormitorio pueden dormir hasta 11 personas. Resérvese con antelación a través de la Municipalidad. Si la verja está cerrada, puede que el guarda haya salido.

Hotel El Sol HOTEL $
(☎63-7158; Av. Calixto Sánchez G-6; i/d 40/60 PEN) Esta construcción de cemento de varios pisos a medio acabar es una de las mejores gangas del pueblo, ¡aunque puede que suban los precios con el aumento de plantas! Agradable, cuenta con habitaciones bonitas y limpias, con ropa de cama de vivos colores, baños con agua caliente y televisión por cable.

Información

Hay que llevar consigo todo el dinero necesario porque no hay ni bancos ni cajeros. Tal vez se consiga cambiar moneda, pero a tipos altísimos. La conexión a internet es mala, aunque la hay en algunos cafés.

Cusco Medical Assistance en Carrión proporciona asistencia médica las 24 horas.

Cómo llegar y salir

Para ir a Santa Teresa desde Cuzco hay que tomar un autobús hacia Quillabamba en la estación de Santiago, bajar en Santa María y tomar una *combi* o un colectivo (10 PEN, 1 h) hasta Santa Teresa. Estas furgonetas y camionetas compartidas recorren la serpenteante carretera sin asfaltar a Santa Teresa como si fueran automóviles de F1; inténtese elegir uno que parezca más conservador, no es fácil soportarlo.

Hacia Machu Picchu, los billetes de tren de este tramo se venden en cualquier taquilla de PeruRail. Hay trenes diarios (ida/ida y vuelta 18/30 US$) desde la estación hidroeléctrica, a unos 8 km de Santa Teresa, a las 7.54, 15.00 y 16.35. Se recomienda estar en la terminal de autobuses una hora antes del tren para tomar una *combi* (3 PEN, 25 min). En tren, el trayecto de 13 km hasta Aguas Calientes dura 45 minutos. Hay quien opta por lo más barato para llegar a Machu Picchu: caminar junto a las vías de ferrocarril; son unas 4 horas de trayecto tragando polvo y sudando.

Esta ruta también se puede recorrer en uno de los circuitos guiados de los deportes de aventura que se ofertan (véase p. 40).

Las *combis* que van directas a Quillabamba (10 PEN, 2 h) salen desde la plaza de Armas de Santa María cada 15 minutos. Hay frecuentes colectivos a Santa María desde la terminal de autobuses. Desde Santa María se puede llegar a Cuzco (25-50 PEN, 5-6 h).

QUILLABAMBA

☎084 / 8800 HAB. / ALT. 1050 M

¡Bienvenidos a la jungla! El ambiente tropical de este pueblo es más que evidente, entre el calor que se vuelve agobiante desde las 9.00, la música estridente toda la noche y la idea de que aquí el tiempo se ha parado en la mayoría de los hoteles y restaurantes. El pueblo en sí tiene con pocos atractivos y recibe escasos turistas, pero cerca cuenta con varios puntos de interés naturales acuáticos. Las calles al norte y al sur del mercado central, en lugar de la aletargada plaza de Armas, forman el centro comercial.

Puntos de interés

Los lugareños están orgullosos de **Sanbaray** (entrada 5 PEN; ⌚8.00-hasta tarde), un delicioso complejo de piscinas, zonas cubiertas de césped, bares y un decente restaurante especializado en trucha. Está a 10 minutos en mototaxi (3 PEN) del centro.

La Balsa, oculta en lo profundo de un espantoso camino sin asfaltar, es un meandro del río Urubamba perfecto para nadar y hacer *tubing* por el río. Los fines de semana los emprendedores lugareños venden cerveza y comida.

Mandor, Siete Tinajas y **Pacchac** son bellas cascadas donde se puede nadar, escalar y comer fruta de la selva recogida directamente de los árboles. A Siete Tinajas y Pacchac se llega en el transporte público hacia Charate por unos soles; un taxi a Mandor con tiempo de espera cuesta 25 PEN.

Circuitos y guías

Eco Trek Peru CIRCUITOS DE AVENTURA
(☎en Cuzco 24-7286; www.ecotrekperu.com) Esta agencia cuenta con especialistas en rutas de varios días por la zona.

Bici Aventura CICLISMO
(calle 2 de Mayo 423) Suministra información, bicicletas y guías para rutas por carretera y senderos.

PRECAUCIÓN EN LA JUNGLA

En los últimos años, la creciente actividad de los narcotraficantes y de las guerrillas de Sendero Luminoso en ciertas zonas de la jungla puede modificar las rutas recomendadas para viajar y practicar el senderismo. Durante la redacción de esta guía, el Gobierno incrementó la presencia militar en dichas zonas por motivos de seguridad. Sin embargo, no está de más informarse antes de ponerse en marcha a través de guías expertos y operadores turísticos, o de alguna organización independiente como South American Explorers (p. 261). Hoy en día se desaconseja visitar Vilcabamba, Ivochote, Kiteni y zonas más adentro, pero se incluye la información porque la situación puede cambiar.

Roger Jara CIRCUITOS GUIADOS
(rogerjaraalmiron@hotmail.com) Propone rutas guiadas a todos los puntos de interés anteriores y a la jungla virgen cerca de Quillabamba. También puede guiar por los grandes puntos de interés de la zona, Pongo de Mainique y Vilcabamba.

Dónde dormir

Hay muchos albergues baratos con agua fría en los alrededores de la plaza de Armas y el mercado.

Hostal Don Carlos HOTEL $$
(☎28-1150; www.hostaldoncarlosquillabamba.com; Jirón Libertad 556; i/d/tr 75/110/120 PEN; @) De estilo colonial y con un café, cuenta con habitaciones espaciosas y luminosas alrededor de un soleado patio interior. Además, tienen duchas de agua caliente y una pequeña nevera. Está a media cuadra de la plaza de Armas.

Hostal Alto Urubamba HOTEL $
(☎28-1131; altourubamba@gmail.com; 2 de Mayo 333; i/d/tr 45/75/85 PEN, i/d/tr sin baño 20/30/40 PEN) Habitaciones limpias y cómodas con ventiladores alrededor de un soleado patio. Es muy ruidoso, pero un veterano favorito de los viajeros.

Dónde comer y beber

Con una heladería en cada esquina, se puede perdonar al viajero por pensar que los lugareños se sustentan a base de helado. Y, dada la falta de alternativas, también se le podría perdonar por hacer lo mismo.

Pizzería Alamos PIZZERÍA $
(Espinar s/n; pizzas desde 10 PEN; ⌚7.00-23.00 lu-sa, 15.00-23.00 do) En ningún otro lugar de la población son tan amables con los turistas extranjeros. El personal se compone de jóvenes entusiastas, el restaurante hornea *pizzas* tan grandes que podrían alimentar a un ejército de guerreros incas y el bar al aire libre del patio es el favorito al caer la noche.

Heladería la Esquina HELADERÍA $
(Espinar esq. Libertad; bocadillos desde 3 PEN; ⌚8.00-23.00 lu-sa) Este café *retro* sirve deliciosos zumos, pasteles, helado y aperitivos. El servicio es arisco, pero la decoración de la década de 1950 lo compensa.

Niko's BAR
(Pio Concha s/n) Para tomar algo.

Información

BCP (Libertad 549) y el Banco Continental en Bolognesi, cerca de la esquina de Grau, tienen cajeros automáticos y cambian dólares estadounidenses. En algunos establecimientos de la plaza de Armas tienen conexión a internet, pero es extremadamente lenta. En el 3er piso de la Municipalidad disponen de algo de información turística.

Cómo llegar y salir

Si se camina hacia el sur por Torre, cuatro cuadras más allá de la plaza Grau, hasta la plaza de Banderas, se encontrará transporte hasta Huancacalle. Hay que girar a la derecha al final de la plaza de Banderas para dar con las furgonetas (35 PEN, 5 a 7 h) que van a Cuzco en la primera cuadra; en la siguiente está la terminal terrestre. Los autobuses a Cuzco (25 PEN) salen desde aquí varias veces al día antes de las 8.00 y entre las 13.30 y las 21.30. Las furgonetas salen por la mañana temprano y por la tarde. Todas paran en ruta en Ollantaytambo y Urubamba, pero cobran el trayecto entero se baje donde se baje.

También salen furgonetas desde la zona del mercado de Quillabamba para Kiteni (3 a 6 h) e Ivochote (6 a 8 h), más adentrada en la jungla.

Cómo desplazarse

El billete sencillo de mototaxi por la ciudad cuesta en torno a 2 PEN.

HUANCACALLE

☎084 / 300 HAB. / ALT. 3200 M

La pacífica y hermosa Huancacalle es sobre todo célebre como punto de partida de senderos a Vilcabamba, aunque desde aquí pueden hacerse muchas más excursiones de 3 a 10 días, incluidas las que visitan Puncuyo, Inca Tambo, Choquequirao y Machu Picchu. El edificio más grande del pueblo es el **Hostal Manco Sixpac** (☎84-6006, 84-005, en Cuzco 974-922-484; sin baño 20 PEN/persona), gestionado por los Cobos, una familia de guías locales. Es el único alojamiento con agua caliente. Se pueden organizar rutas guiadas y paseos en mula.

La enorme fortaleza palaciega de Manco Inca, **Vitcos** (también llamada Rosaspata), está a un paseo de una hora a pie colina arriba. Desde allí se puede continuar hasta la increíble roca sagrada blanca de **Yurac Rumi**. El circuito entero es fácil. Empieza pasado el puente, al final de la carretera, lleva unas 3 placenteras horas, e incluye tiempo de sobra para hacer fotos y admirar el paisaje y las ruinas.

VILCABAMBA

La verdadera "ciudad perdida de los incas", también llamada Espíritu Pampa, es lo que Hiram Bingham buscaba cuando topó con Machu Picchu. El asediado Manco Inca y sus seguidores huyeron a este refugio selvático tras su derrota frente a los españoles en Ollantaytambo, en 1536. El largo sendero a baja altitud, que lleva entre cuatro y nueve días, es muy accidentado y tiene muchos ascensos y descensos escarpados antes de llegar a Vilcabamba, situada a 1000 m sobre el nivel del mar. Se puede empezar en Huancacalle o en Kiteni. La zona puede no ser segura, véase recuadro en p. 264.

IVOCHOTE Y MÁS ALLÁ

Durante la redacción de esta guía, esta zona no era segura para los viajeros a causa de la actividad de los grupos guerrilleros y los narcotraficantes. Puede que hoy en día la situación haya mejorado, puesto que el Gobierno está llevando a cabo una activa campaña para atajar toda actividad ilícita. En cualquier caso, antes de viajar conviene informarse de las condiciones en la zona a través de alguna agencia fiable.

Durante un largo viaje de más de 8 horas en autobús desde Quillabamba se pasa por la población petrolífera de **Kiteni** y se llega hasta la remota **Ivochote**, una pequeña aldea de la jungla que ofrece algún que otro alojamiento espartano. Desde aquí hacia el Amazonas se sigue por vía fluvial.

El primer gran punto de interés pasado Ivochote es **Pongo de Mainique**, un cañón de pared abrupta tallado por cascadas en el bajo río Urubamba, que señala la frontera entre el altiplano amazónico y el bosque nuboso en tierras bajas. Entre la gran variedad de aves de la zona se observan guacamayos militares y quetzales; también hay monos araña y muchas especies de orquídea. Entre junio y noviembre hay barcos en Ivochote que llevan y traen a viajeros. El trayecto ocupa la mayor parte del día y cuesta entre 60 y 450 PEN por persona, según el tamaño del grupo.

Pasado el Pongo, en la comunidad nativa matsiguenka (o machigengua) de Timpía, se hallarán guías locales y transporte para visitar el Santuario Nacional Megantoni. Hay alojamiento disponible en el **Sabeti Lodge** (☎84-81-2555, 84-81-3885; i/d con pensión completa 105/160 US$), propiedad de la comunidad. Se puede practicar la pesca y la observación de la fauna, así como acampar en la ribera del río. Para llegar, es mejor pedir las indicaciones y, de paso, reservar con antelación.

De Cuzco a Manu

PAUCARTAMBO

1300 HAB. / ALT. 3200 M

Esta pequeña aldea se ubica en las laderas orientales de los Andes, unos 115 km y 3 horas al noreste de Cuzco por una carretera que bordea un risco, asfaltada solo hasta Huancarán.

Paucartambo es famosa por su pintoresca fiesta en honor a la **Virgen del Carmen**, que suele celebrarse entre el 15 y el 18 de julio y que incluye hipnóticas danzas callejeras, maravillosas procesiones y toda clase de extraños atuendos. Las danzas, muy simbólicas, se inspiran en todo, desde los febriles enfermos de malaria hasta las prácticas homosexuales de los conquistadores españoles.

Para alojarse aquí en la época del festival hay que reservar con antelación. O bien se paga una habitación en uno de sus austeros hoteles o se tiene la suerte de que un lugareño ofrezca un espacio en su suelo. Muchas agencias de turismo de Cuzco fletan autobuses para la fiesta y buscan alojamiento en casas particulares.

Los autobuses de **Transportes Gallito de las Rocas** (☎084-22-6895; Diagonal Angamos, 1º bloque en la bocacalle de la Av. de la Cultura, Cuzco) salen de Cuzco a Paucartambo (9 PEN, 3 h) a diario y a Pilcopata (20 PEN, 10-12 h) los lunes, miércoles y viernes. Para hallar la oficina hay que buscar "Paucartambo", pintado en una farola entre unos concesionarios.

TRES CRUCES

A unas 2 horas de Paucartambo aguarda la extraordinaria vista de la selva en Tres Cruces, un mirador en un desvío de la carretera de Paucartambo a Shintuya. La vista de las montañas adentrándose en la cuenca del Amazonas ya es hermosa, pero su magia se incrementa cuando se suma el fenómeno de la salida del sol que se da entre mayo y julio (otros meses son nubosos), sobre todo hacia la época del solsticio de invierno, el 21 de junio. La salida del sol provoca un efecto óptico de distorsión que crea dobles imágenes, halos y un increíble espectáculo de luces multicolores. En esta época del año muchas agencias de viajes y operadores de deportes de aventuras organizan viajes desde Cuzco para contemplarlo.

Durante la Fiesta de la Virgen del Carmen hay microbuses que recorren la ruta entre Paucartambo y Tres Cruces toda la noche. También se puede subir a un camión en ruta a Pillcopata y pedir al conductor que pare en el desvío a Tres Cruces (a 13 km a pie). O incluso se puede intentar alquilar un camión en Paucartambo. Hay que salir en mitad de la noche para llegar antes del alba y llevar ropa de abrigo. Se puede acampar pero hay que llevarse todo el equipo.

Tres Cruces está en el Parque Nacional Manu. Para más información sobre cómo seguir el viaje hasta Shintuya y la zona de Manu, véase p. 458.

De Cuzco a Puerto Maldonado

Para recorrer esta carretera de casi 500 km se tarda un día entero durante la estación seca. La mayoría de los viajeros prefiere el avión. La vía, hoy asfaltada, forma parte de la Interoceánica, la primera carretera en unir la costa este y oeste de Sudamérica.

Varias compañías salen a diario desde la terminal terrestre de Cuzco para Puerto Maldonado entre las 15.00 y las 16.30. CIVA (60 PEN, 17 h, sale a las 16.00) es quizá la mejor. Si se quiere escalonar el viaje, los mejores sitios donde parar son Ocongate y Quince Mil, que tienen alojamiento básico.

La ruta se dirige hacia Puno hasta poco después de Urcos, donde nace la carretera sin asfaltar que lleva a Puerto Maldonado. A unos 75 km y 2½ horas de Cuzco se llega a **Ocongate**, población del Altiplano con un par de hoteles sencillos alrededor de su plaza.

Desde allí viajan camiones hasta la aldea de **Tinqui**, a una hora en coche pasado Ocongate, que es el punto de partida del espectacular sendero de siete días que rodea el **Ausangate** (6384 m), el monte más alto del sur de Perú.

Tras Tinqui, la carretera desciende sin pausa hasta **Quince Mil**, a 240 km de Cuzco, punto medio del camino a menos de 1000 m sobre el nivel del mar. La zona es un centro de minas de oro y los hoteles suelen estar llenos. Tras otros 100 km, la carretera que conduce a la selva alcanza la llanura, donde discurre llana durante los últimos 140 km hasta Puerto Maldonado.

AUSANGATE

Con sus cimas cubiertas de nieve, el Ausangate (6384 m) es el pico más alto del sur de Perú, visible desde Cuzco si el día está despejado. El circuito alrededor de su falda es la excursión alpina más desafiante de la zona. Lleva entre cinco y seis días, y atraviesa cuatro pasos situados a gran altitud (dos a más de 5000 m). La ruta empieza en la ondulada y parda puna (las praderas de la meseta andina) y comprende un paisaje muy variopinto, que incluye cimas heladas, glaciares a punto de venirse abajo, lagos turquesa y verdes valles pantanosos. Por el camino se topará con enormes rebaños de alpacas y minúsculas aldeas que llevan siglos intactas. El sendero empieza y acaba en Tinqui, donde hay **fuentes minerales** de agua templada y un sencillo hotel, así como mulas y arrieros por 30 PEN diarios cada uno aproximadamente. Las caminatas guiadas con acampada organizadas por operadores como **Apus Peru** (☎23-2691; www.apus-peru.com) o guías especializados cuestan 500 US$.

Para vivir el Ausangate con más lujo y en una especie de refugio hay que alojarse en **Andean Lodges** (☎22-4613; www.andeanlodges.com; desde 610 US$). En los baños y restaurantes usan tecnologías ecosostenibles.

DE CUZCO AL CENTRO DEL ALTIPLANO

El autobús que va de Cuzco a Lima por Abancay y Nazca pasa por una ruta remota que estuvo cerrada desde finales de la década de

1980 hasta finales de la de 1990 debido a la actividad guerrillera y el bandolerismo. Antes de ponerse en marcha conviene informarse sobre la situación, ya que en época de lluvias los corrimientos de tierras pueden dificultar el viaje. El trayecto hacia el oeste desde Abancay a Andahuaylas y Ayacucho es duro, pues recorre una accidentada carretera que apenas usa nadie, salvo los viajeros más curtidos.

De Cuzco a Abancay

Varias paradas merecen la pena en este trayecto de 4 horas y 200 km. En un solo día pueden visitarse uno o dos, cambiando de autobús de camino a Abancay. El viaje empieza tomando un colectivo a Limatambo (12 PEN, 2 h) desde Arcopata, en Cuzco.

Limatambo, 80 km al oeste de Cuzco, llamado así en honor al yacimiento inca de Rimactambo, también conocido como **Tarawasi** (entrada 10 PEN), situado junto a la carretera, unos 2 km al oeste de la población. Se usó como centro ceremonial y como lugar de descanso de los *chasquis* (corredores incas que entregaban mensajes entre puntos muy distantes). Su excepcional muro de contención poligonal, con 28 nichos de tamaño humano, ya vale la pena el viaje desde Cuzco. En el muro de abajo se pueden observar formas de flores y un corazón de cuatro lados entre un mosaico de rocas encajadas a la perfección. En Limatambo hay alojamiento básico y difícil de encontrar.

Los baños naturales termales de **Cconoc** (entrada 3 PEN) están a 3 km a pie colina abajo desde el desvío que hay 10 km al este del núcleo menor de transporte de **Corahuasi**, 1½ horas al este de Abancay. Tienen un restaurante, taxis y un sencillo hotel.

El yacimiento inca de **Saihuite** (entrada 10 PEN), 45 km al este de Abancay, tiene una roca de tamaño razonable e historiada talla llamada Piedra de Saihuite, similar a la famosa roca esculpida de Q'enqo, cerca de Cuzco, aunque más pequeña y más elaborada. Los grabados de animales están especialmente trabajados. Hay que pedir al conductor que pare en el desvío a las ruinas, desde donde hay un paseo de 1 km colina abajo.

Cachora, a 15 km de la carretera desde el mismo desvío que Saihuite, es el punto de partida más habitual para emprender la caminata hasta Choquequirao. Hay unas cuantas pensiones, un *camping*, y guías locales y mulas en alquiler.

Choquequirao

Las remotas y espectaculares ruinas de Choquequirao, a medio despejar, suelen describirse como un Machu Picchu en miniatura. Y es que este rincón en la conjunción de tres ríos deja sin aliento, y la asequible excursión de cuatro días entre ir y volver ya hace unos cuantos años que se considera "lo mejor del momento".

Parece inevitable que se acaben estableciendo controles y permisos de acceso. En teoría, los viajeros pueden organizar la caminata por su cuenta, pero durante la redacción de esta guía algunos de los puentes peatonales eran impracticables y, por lo tanto, la excursión no podía completarse. Si se quiere ir por libre, será mejor informarse antes con los operadores.

La alternativa guiada cuesta una media de 380 US$. **Apus Peru** (☎84-23-2691; www.apus-peru.com) une el final de esta caminata con el Camino Inca; son un total de nueve días de paisajes espectaculares y un sinfín de ruinas incas impresionantes cuya guinda es Machu Picchu.

Abancay

☎083 / 13 800 HAB. / ALT. 2378 M

Este aletargado pueblo rural es la capital del departamento de Apurímac, una de las regiones menos exploradas de los Andes peruanos. Puede servir como un alto en el largo y cansado viaje en autobús entre Cuzco y Ayacucho.

Jirón Arequipa, con bancos, es la principal calle comercial; continúa por Av. las Arenas, con restaurantes y ocio.

Puntos de interés

En temporada seca (finales de mayo-septiembre), los excursionistas y escaladores pueden beneficiarse del buen tiempo para visitar el pico de **Ampay** (5228 m), cuya cima a veces se cubre de nieve. Está unos 10 km al noroeste de la población. Dicho monte es también el centro del **Santuario Nacional Ampay**, con 3635 Ha; se puede acampar y observar aves.

Fiestas y celebraciones

Abancay tiene un pintoresco **carnaval** que se celebra durante la semana antes de Cuaresma, y que brinda la ocasión de asistir a unos festejos sin influencias turísticas. La celebración incluye un concurso de danzas folclóri-

LA PEREGRINACIÓN AL QOYLLORITI

Para el pueblo andino, los *apus* (divinidades sagradas) son los accidentes geográficos más notorios, como ríos y montañas, y están dotados de *kamaq* (fuerza vital). Con sus 6384 m, el Ausangate es el monte más alto de la región de Cuzco y el *apu* más importante de la zona, y por tanto protagonista de numerosas leyendas. Se considera el *pakarina* (lugar mítico de origen sagrado) de llamas y alpacas, cuya salud y fertilidad controla. Sus gélidas cumbres son almas en pena, condenadas a vagar por sus pecados.

El Ausangate es la sede del festival tradicional de Qoylloriti ("estrella de la nieve"), que se celebra a finales de mayo o principios de junio entre las festividades cristianas de la Ascensión y Corpus Christi. Pese a su carácter católico –oficialmente conmemora la aparición de una imagen de Cristo en 1783–, el festival sigue siendo sobre todo una celebración para apaciguar al *apu*, que consiste en cuatro o más días de música y danza ininterrumpidas. Trajes y danzas –con fetos de llama y azotes mutuos en su expresión más extrema–, música de bandas de instrumentos de metal, fuegos artificiales y abundante agua bendita contribuyen a un delirante y vertiginoso espectáculo. Y algo muy poco habitual: no se permite el consumo de alcohol. El que se salta esta norma recibe los azotes de los encargados de mantener la ley y el orden, unos hombres vestidos de *ukukus* (espíritus de las montañas) con máscaras blancas que ocultan sus rostros y los mantienen en el anonimato.

Muchos cuzqueños creen con fervor que si se asiste al Qoylloriti tres veces se cumplirán sus deseos. El modo tradicional de lograrlo es comprando una *alacita* (miniaturas) del deseo. Por ello, los puestos que flanquean el sendero de los peregrinos ofrecen por unos soles los deseos más habituales: caballos, automóviles, camiones, gasolineras, carreras universitarias, carnés de conducir, dinero, etc. La alacita se lleva luego a la iglesia para que la bendiga un sacerdote. Hay que repetirlo tres años seguidos y ver qué pasa.

Qoylloriti es un peregrinaje. El único modo de verlo es ascender a pie la montaña durante 3 horas o más, por lo general de madrugada, para llegar al alba. La visión de una compacta e interminable cola de gente subiendo o bajando por el sendero y desapareciendo tras una curva en el monte es inolvidable, así como el estremecedor ambiente de Qoylloriti, que parece de otro mundo. Además, como todos están sobrios, la fiesta tiene un aire desacostumbrado. La mayoría de los asistentes son campesinos con trajes típicos para quienes ver un extranjero tal vez sea una novedad (incluso puede que le señalen con el dedo).

La incomodidad es otro aspecto del peregrinaje. Qoylloriti se celebra a 4750 m de altitud, con glaciares que se deslizan hasta el valle de Sinakara. El frío es intenso y no hay infraestructuras ni pueblo alguno, solo una enorme iglesia (rematada por luces titilantes alrededor del altar) que se erigió para albergar la imagen del Señor de Qoylloriti. Los lavabos provisionales son una dura experiencia. El mar de plástico azul de restaurantes, puestos y tiendas se ha llevado hasta allí a pie o en burro. Es una visión imponente: una ciudad provisional construida a los pies de un glaciar, que se monta y desmonta anualmente para honrar dos religiones opuestas pero que coexisten en un festival con danzas y atuendos cuyo origen nadie es capaz de recordar.

cas de fama nacional. Hay que reservar con antelación o llegar antes de que empiecen las fiestas. El **día de Abancay**, el 3 de noviembre, conmemora el día de su fundación.

Dónde dormir y comer

El alojamiento se orienta más bien a gente de negocios que a viajeros. Por Arenas abundan los restaurantes y cafés, con bastantes asadores y chifas. La vida nocturna se concentra en Arenas y Pasaje Valdivia, al lado.

Hotel Turistas HOTEL HISTÓRICO **$$**
(☎32-1017; www.turismoapurimac.com; Díaz Bárcenas 500; i 62-98 PEN, d 107-148 PEN; @ 📶) Mansión colonial, constituye un punto de referencia de la ciudad, donde aún se respira su antigua majestuosidad. Las habitaciones son más sencillas de lo que cabría esperar, pero son cómodas, tienen teléfono y TV. Se incluye el desayuno, pero se desaconseja tomar el café. Pídase que descuenten el impuesto del 18%.

Hotel Saywa HOTEL $
(☎32-4876; Arenas 302; i/d/tr desayuno incl. 60/75/120 PEN; 📶) Alojamiento agradable y adecuado para quienes viajan solos. Las atractivas habitaciones tienen parqué y TV; además, hay agencia de circuitos.

Villa Venecia PERUANA $$
(☎50-4662; Av. Bella Abanquina; platos ppales desde 15 PEN; 🕒11.00-16.00) Merece la pena el breve trayecto en taxi que lleva hasta aquí (está detrás del estadio), pues es el restaurante con más renombre de Abancay. Sirve toda clase de comida local y es la viva encarnación del mantra peruano "bueno, barato y bastante". Se recomiendan los tallarines, una de sus especialidades.

Cómo llegar y salir

Los colectivos a Corahuasi que pasan por Saihuite (10 PEN, 1½ h) salen desde Jirón Huancavelica, dos manzanas colina arriba desde Arenas. Los vehículos a Cachora salen desde una manzana situada en un punto más alto de la colina. Los autobuses hacia Cuzco, Andahuaylas y Lima salen de la terminal terrestre.

Hay al menos siete compañías de autobuses a Cuzco (15 PEN, 5 h); los horarios se concentran hacia las 6.00, 11.00 y 23.00. Muchos autobuses salen a diario hacia Lima (60-170 PEN, 14-18 h), en su mayoría por la tarde y entre las 22.30 y las 24.00. Las salidas a Andahuaylas (10 PEN 5 h) se concentran entre las 11.30 y las 23.30. También se puede llegar en microbús (20 PEN, 4 h), un medio un algo menos temerario, más rápido y cómodo.

La tasa de salida de la terminal es de 1 PEN. Hay taxis al centro (3 PEN).

Andahuaylas

☎083 / 6800 HAB. / ALT. 2980 M

Andahuaylas, 135 km al oeste de Abancay de camino a Ayacucho, es la segunda ciudad más importante del departamento de Apurímac, y una práctica parada a medio camino de la dura aunque hermosa ruta entre Cuzco y Ayacucho.

Puntos de interés

La principal atracción de Andahuaylas, la bella **laguna de Pacucha**, está a 17 km de la ciudad y se puede visitar en autobús o taxi. Unos 15 km después del final del lago está el imponente yacimiento de **Sondor**, construido en lo alto de una colina por los chancas, eternos enemigos de los incas, aunque es obvio que compartían su gusto por las buenas vistas. Se llega fácilmente tanto al lago como a las ruinas tomando un microbús a Sondor (3 PEN, 1 h), desde la esquina de la Av. Martinelli con Av. Casafranca. Mejor ir por la mañana, ya que el transporte escasea en torno a las 16.00. Si no, tómese un taxi.

Tanto Andahuaylas como Pacucha tienen **mercados** dominicales que vale la pena visitar.

Fiestas y celebraciones

La anual **Fiesta de Yahuar** (fiesta de la sangre) cae el 28 de julio y se celebra con danzas y música tradicionales. En la aldea de Pacucha, el festival incluye una representación del enfrentamiento entre el pueblo del Altiplano y los conquistadores españoles, que consiste en atar a un cóndor a lomos de un toro y dejar que luchen.

Dónde dormir

No siempre será posible darse una ducha con agua caliente en un hotel de Andahuaylas, pero la televisión por cable no falla. ¡Vaya, qué sorpresa!

Sol de Oro HOTEL $
(☎42-1152; soldeorohotel@hotmail.com; Jr. Trelles 164; i/d desayuno incl. 70/80 PEN; @📶) Este hotel reformado es lo mejor que el pueblo puede ofrecer, con cómodas camas y duchas con agua caliente. Las referencias de los huéspedes son buenas.

El Encanto de Oro Hotel HOTEL $
(☎42-3066; www.hotelandahuaylas.com; Av. Casafranca 424; i/d/tr desayuno incl. 50/80/100 PEN; 📶) Dispone de habitaciones inmaculadas de formas, tamaños distintos y teléfono. Servicio agradable y atento. Está cerca del mercado y de la parada de autobús a Pachuca.

Imperio Chanka HOTEL $$
(☎42-3065; www.imperiochankahotel.com; Vallejo 384; i/d desayuno incl. 80/100 PEN) Este edificio de varios pisos y aspecto moderno cuenta con buenas habitaciones limpias y cuidadas, así como con restaurante.

Hostal Cruz del Sur HOTEL $
(☎42-1571; Andahuaylas 117; d S45, i/d/tr sin baño 20/30/45 PEN) Es la mejor opción barata, con habitaciones amplias con balcones alrededor de un patio de flores.

Dónde comer y beber

El Cappuccino CAFÉ $
(☎42-1790; Cáceres Tresierra 321; platos ppales desde 9 PEN; 🕒9.00-23.00 lu-sa; @) Alegre y fresco,

está regentado por franceses y es un paraíso de caprichos occidentales caseros: crepes, gofres y bocadillos, un sinfín de platos vegetarianos, el mejor café de Andahuaylas y libros, revistas y juegos. Un local merecidamente popular entre lugareños y viajeros.

Chifa El Dragón CHINA $
(☎42-1749; Ramos esq. Trelles; menú desde 8 PEN; ⏲7.00-22.00) Restaurante elegante de platos chinos con un toque criollo.

Información

BCP (Ramón Castilla s/n) tiene cajero automático y cambia dólares estadounidenses. En Ramón Castilla hay una oficina de Western Union y varias casas de cambio. También hay muchos cibercafés, algunos de conexión rápida, se distinguen por el cartel Speedy. **Clínica Señor de Huanca** (☎42-1418; Andahuaylas 108) ofrece atención médica de urgencia las 24 horas.

Cómo llegar y salir

Avión

LC Peru (☎en Lima 1-204-1313; www.lcperu.pe) vuela a diario a Lima (292 PEN). Se reservan billetes en la agencia de viajes **Explora Apurímac** (☎42-2877; plaza de Armas s/n; ⏲8.00-13.00 y 15.00-20.00). Un taxi al aeropuerto ronda los 25 PEN.

Autobús

En dirección este, **Celtur** (☎42-2337; Vallejo esq. Ugarte), **Señor de Huanca** (☎42-1218; Martinelli 170), **Expreso los Chankas** (☎42-2441; Malecón Grau s/n) y **Molina Union** (☎42-1248; Av. los Sauces s/n) tienen servicios a diario a Cuzco (25 PEN, 9 h) vía Abancay (10 PEN, 5 h) durante todo el día.

Hay otras compañías con microbuses más rápidos, cómodos y caros a Abancay (20 PEN, 4 h).

Celtur y Los Chankas tienen servicios diarios en dirección este a Ayacucho hacia las 7.00 y las 19.00 (35 PEN, 6-7 h). **Wari** (☎42-1936; Malecón Grau s/n) ofrece autobuses directos a Lima (70 PEN, 20-22 h) con salidas a las 6.00, 11.00, 14.00 y 17.00; los de Molina Union son a las 10.00 y las 16.00.

Las compañías de autobuses tienen vehículos que salen desde la terminal terrestre pero llegan a sus oficinas, salvo Expreso Molino y Wari, que solo usan sus propias oficinas. Las compañías de microbuses operan fuera de la terminal. La tasa de salida de la estación es de 1 PEN.

Centro del Altiplano

Sumario »

Los mejores restaurantes

- » Huancahuasi (p. 284)
- » Via Via (p. 298)
- » Café Coqui (p. 284)
- » Pollos y Parrilladas el Centro (p. 290)

Los mejores alojamientos

- » Hacienda La Florida (p. 276)
- » Villa Jennifer (p. 308)
- » La Casa de la Abuela (p. 283)
- » Hotel Sevilla (p. 296)

Por qué ir

Si lo que apetece ver durante el viaje a Perú son ruinas o su interminable naturaleza, el rocoso y remoto centro del Altiplano está a la altura de los destinos más conocidos del país en ese sentido y en mucho otros, con escasa presencia de viajeros.

Esta zona de los Andes alcanza su cenit de Semana Santa a julio, cuando celebra la principal de su miríada de fiestas. No es un lugar para personas apocadas, pero los espíritus aventureros descubrirán unas cualidades en la vida local difíciles de encontrar en otros lugares: relacionándose con los lugareños en traqueteantes autobuses o subiendo altas colinas para visitar palacios incas poco conocidos.

La vida de esta región de austera belleza depende en gran parte de la tierra: en los caminos se ven más burros que automóviles y los coloridos trajes tradicionales predominan en unas comunidades que albergan la mejor artesanía de Perú. Las montañas y lagos de la parte ulterior de la región parecen protegerla del s. XXI.

Cuándo ir

Ayacucho

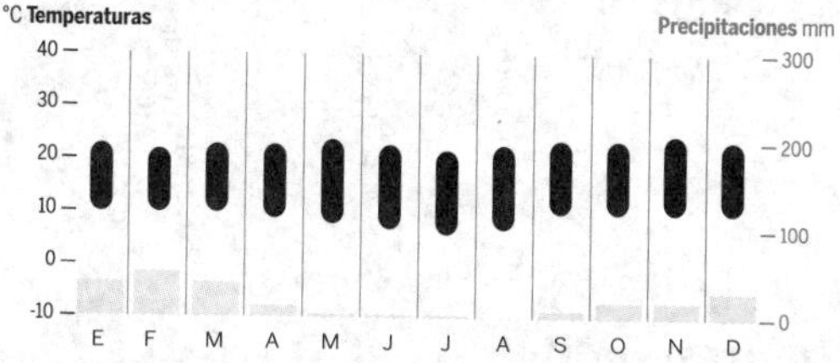

Ene Huancayo celebra Año Nuevo en un cálido verano, aunque propicio a la lluvia.

Mar/abr En Ayacucho se celebra la mayor y mejor Semana Santa de Perú.

Jul y ago Frías y estrelladas noches para relajarse en las termas de Huancavelica.

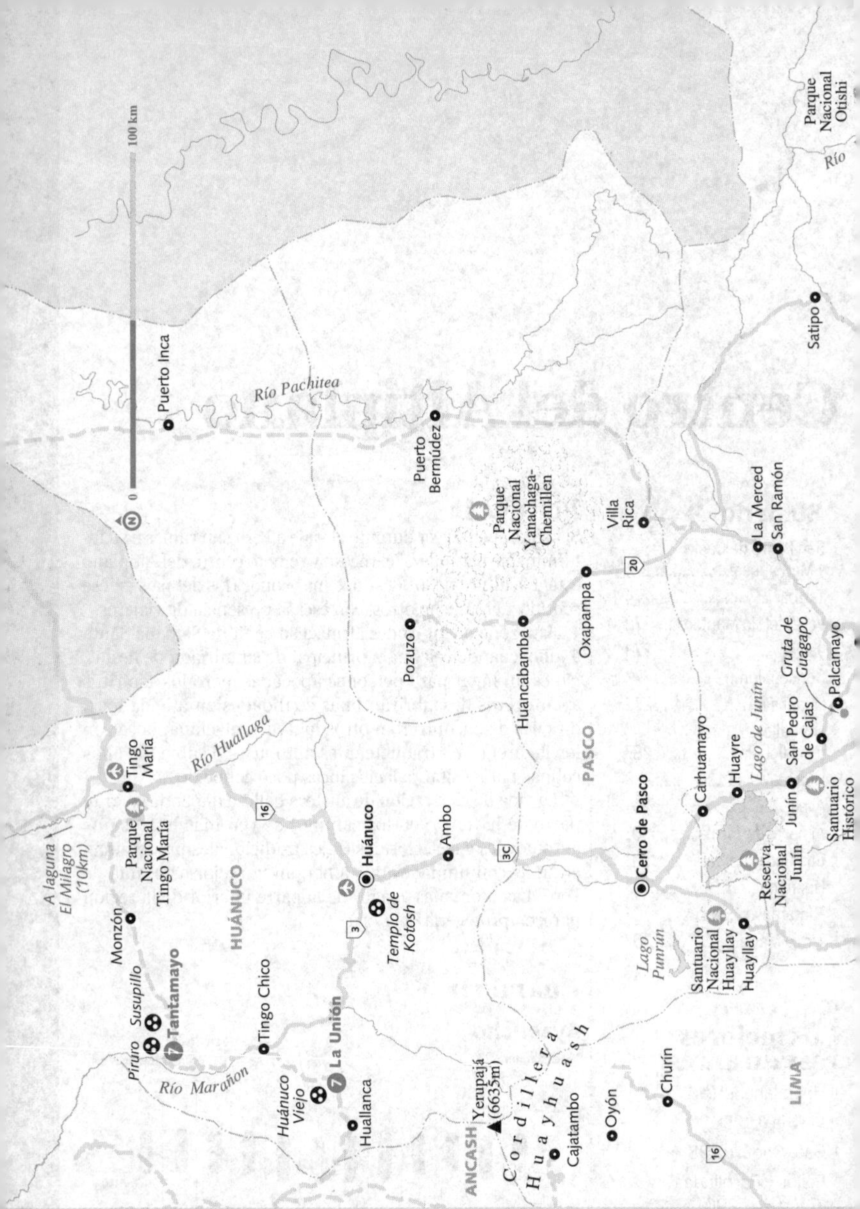

Imprescindible

1 Saborear su estilo de vida agrícola con tranquilidad en una antigua hacienda de **Tarma** (p. 274).

2 Admirar los más de 25 000 libros de la época colonial del convento de **Santa Rosa de Ocopa** (p. 279), Concepción.

3 Llegar al Altiplano a lo grande, en la segunda línea férrea más alta del mundo hasta **Huancayo** (p. 279).

4 Buscar artesanía en los pueblos del **valle del río**

Mantaro (p. 286), cerca de Huancayo.

5 Explorar las iglesias y bañarse en las termas de la olvidada y colonial **Huancavelica** (p. 288).

6 Disfrutar de las mejores celebraciones de Semana Santa del país en la encantadora **Ayacucho** (p. 291).

7 Visitar las aisladas ruinas incas y preincaicas cercanas a **La Unión** (p. 306) y **Tantamayo** (p. 307).

DE LIMA A TARMA

San Pedro de Casta y Marcahuasi

El aislamiento de San Pedro de Casta (500 hab., alt. 3200 m) sirve de introducción a la aventura de los Andes Centrales. La carretera desde Chosica serpentea y trepa espectacularmente durante 40 km rodeando un valle de paredes escarpadas antes de llegar a este pueblo montañés apiñado en una cresta donde resuenan los rebuznos de los burros.

La atracción principal es el yacimiento arqueológico poco conocido de Marcahuasi, en una llanura cercana de 4 km², a 4100 m. El sitio es conocido por sus rocas moldeadas por la erosión con formas que semejan animales como camellos, tortugas y focas. No falta quien ve un significado místico en estas rocas, según ellos, símbolos de una cultura preincaica o vórtices de energía.

Debido a la altitud no se recomienda ir de Lima a Marcahuasi en un solo día; conviene aclimatarse pernoctando en San Pedro. La excursión de 2 km hasta el yacimiento requiere 2 horas; a veces se puede tomar un autobús, si no se tiene otros cometidos municipales (sale a las 7.30 de la plaza casi a diario), para cubrir una parte y andar unos 45 minutos. El **centro de información** (plaza de Armas; San Pedro) ofrece una información limitada y mapas; el personal puede facilitar guías por 10 PEN. También se pueden alquilar mulas y caballos a un precio similar.

En Marcahuasi se puede acampar, pero hay que llevar agua: la de los lagos no es potable. El alojamiento de San Pedro incluye el básico **Gran Hotel Turístico Municipal** (i/d sin baño 10/20 PEN), junto a la plaza. Hay familias que ofrecen cama (pregúntese en el centro de información). Los sencillos restaurantes de la plaza sirven menú por unos 5 PEN.

Para llegar hasta aquí debe tomarse un autobús de Lima a Chosica; los microbuses a Chosica salen de la Av. Arica de Lima Centro, en la plaza Bolognesi (3,50 PEN, 2 h). Luego debe preguntarse por Transportes Municipal San Pedro, que sale de la cochera de autobuses que hay junto al parque Echenique, en la avenida principal (la carretera Central) de Chosica a las 9.00 y las 15.00 (6 PEN, 4 h). El autobús de regreso a Chosica sale a las 14.00.

La Oroya

☎ 064 / 35 000 HAB. / ALT. 3731 M

Sombría y fría, la autoproclamada "capital metalúrgica de Perú y Sudamérica" es un centro de fundición de los Andes Centrales (véase recuadro en p. 302). En relación con el turismo solo merece mencionarse por su ubicación en uno de los cruces de carreteras más importantes de la región. Las rutas salen de aquí hacia el norte en dirección a Cerro de Pasco, Huánuco y Tingo María (y se adentran en la selva norte); hacia el este hasta Tarma (y prosiguen hacia la selva central); hacia el sur hasta Huancayo y Ayacucho (y finalmente Cuzco), y al oeste hasta Lima. La ciudad tiene dos partes: una amplia franja industrial al sur del río, y el casco antiguo (donde se realizan las conexiones de autobuses) al noreste. No conviene andar de noche por ahí; hasta los lugareños lo advierten.

Pocos viajeros paran en La Oroya: si alguien lo hace, el básico **Hostal Inti** (☎39-1098; Arequipa 117; d sin baño 18 PEN) tiene duchas con agua caliente. En el casco antiguo hay otras opciones poco tentadoras pero bastante seguras y por un precio similar a lo largo de Darío León. No hay que contar con que haya agua caliente, aunque el hotel lo anuncie.

Los autobuses a Huancayo cruzan el casco antiguo. Los autobuses y *colectivos* (taxis compartidos) salen del otro lado del río, en Horacio Zevallos Gámez, en la parte occidental, hacia Tarma (15 PEN, con transbordo en El Cruce, bifurcación de la carretera a Tarma), Cerro de Pasco (20 PEN) y Huánuco.

Tarma

☎ 064 / 60 500 HAB. / ALT. 3050 M

Pocos viajeros llegan a Tarma, pero deberían hacerlo. Es una de las ciudades más acogedoras de la región, con un balsámico clima para ser el Altiplano y un excelente puerto de escala, rodeada de achaparradas montañas que obsequian con fascinantes excursiones, pero situada en lo alto de la ceja de la selva, con una carretera que une los Andes Centrales con la cuenca del Amazonas y las atracciones que ofrece. Los limeños acuden para conocer la jungla más cercana a su desértica capital y empieza a seducir al turismo con unas instalaciones mejoradas. También sirve de base para explorar la selva central (centro del Amazonas; véase p. 462).

Tarma

Tarma

Puntos de interés

- 1 Observatorio astronómico C1
- 2 Catedral C2

Dónde dormir

- 3 El Vuelo del Cóndor D1
- Hospedaje Central .... (véase 1)
- 4 Hospedaje El Dorado C1

Dónde comer

- 5 El Che Parrillas C2
- 6 Restaurant Chavín de Grima C2
- 7 Restaurant Señorial/El Braserito D1

Dónde beber

- 8 La Colonia 'H' B1

Información

- 9 BCP C2
- 10 Casas de Cambio A2
- 11 Oficina de turismo D2

Transporte

- 12 Colectivos a Lima, Cerro de Pasco, Huánuco, Junín y La Oroya A2
- 13 Los Angelitos A2
- 14 Los Canarios C1
- 15 Terminal terrestre A2
- 16 Transportes Chanchamayo A2
- 17 Transportes Junín C1

La zona también tiene una larga historia. Ocultas en las montañas hay ruinas incas y preincaicas medio devoradas por la vegetación, que aún no han sido excavadas. Tarma fue uno de los primeros asentamientos fundados por los españoles después de la conquista (en 1538). No queda nada del inicio de la era colonial, pero se conservan muchas casas bonitas del s. XIX y principios del XX con paredes blancas y tejados de color rojo.

Puntos de interés

Destaca la visita a uno de los principales lugares de peregrinación de Perú, el Señor de Muruhuay, cercano a Acobamba (a 9 km de Tarma; p. 301) y San Pedro de Cajas (a 41 km; p. 301).

Observatorio astronómico OBSERVATORIO
(☎32-2625; Huánuco 614; entrada 5 PEN; ⌚20.00-22.00 vi) Tarma está encaramada en las montañas y en las noches despejadas de junio, julio y agosto es un lugar ideal para ver las estrellas, aunque las montañas limitan la visión del firmamento. Existe un pequeño observatorio astronómico que dirigen los dueños del Hospedaje Central: la entrada incluye una charla sobre las constelaciones y la observación de algunas estrellas.

Catedral IGLESIA
(plaza de Armas) La catedral de la ciudad es moderna (1965) y contiene los restos del hijo más ilustre de Tarma, el presidente peruano Manuel Odría (1897-1974). Fue él quien organizó la construcción de la catedral durante

su presidencia. El antiguo reloj de la torre data de 1862.

Tarmatambo YACIMIENTO ARQUEOLÓGICO

De las innumerables ruinas arqueológicas de las inmediaciones de Tarma, la más conocida es **Tarmatambo,** 6 km al sur. Antigua capital de la cultura tarama y más tarde importante centro administrativo inca, incluye entre sus restos, bastante extensos, depósitos, palacios y un impresionante sistema de acueductos aún en uso. La oficina turística ofrece información sobre guías que llevan a estas y otras ruinas, ya que por cuenta propia resultan difíciles de encontrar.

Fiestas y celebraciones

Sin duda, la gran atracción anual es la Semana Santa. Para más información sobre las celebraciones regionales, visítese www.tarma.info.

Semana Santa RELIGIOSA

Decenas de procesiones recorren las calles a la luz de los cirios. Culminan el Domingo de Pascua, con una maravillosa procesión a la catedral por un trayecto de 11 calles alfombradas con pétalos de flores, lo que atrae a miles de visitantes peruanos. Los hoteles se llenan pronto e incrementan sus precios hasta en un 50%.

Semana turística de Tarma FIESTA

Se celebra a finales de julio y durante la misma hay desfiles de disfraces, música, baile y celebraciones escandalosas.

Dónde dormir

Las ofertas se limitan a opciones económicas poco espectaculares y un caro hotel en un complejo turístico. A poca distancia en automóvil algunos atractivos B&B en granjas compensan con un pintoresco alojamiento estilo hacienda.

Los siguientes hoteles económicos ofrecen agua caliente, en general solo por las mañanas, aunque afirmarán que el suministro es continuo.

Hacienda La Florida HACIENDA $$

(☎34-1041, 01-344-1358; www.haciendalaflorida.com; i con/sin cena desayuno incl. 140/120 PEN, d 236/186 PEN;) Situada a 6 km de Tarma, en la carretera de Acobamba, esta hacienda de trabajo de 300 años es hoy un B&B propiedad de una acogedora pareja peruana, Pepe e Inge. Las habitaciones poseen suelos de parqué y baños, ofrece una atractiva zona de acampada (14 PEN/persona) y su sustancioso desayuno muestra una deliciosa tendencia alemana. Los visitantes pueden participar en la vida de la granja o en los diversos talleres de dos días (mínimo seis personas) sobre técnicas de relajación y clases de cocina. El santuario del Señor de Muruhuay está a una hora a pie y los circuitos locales cuestan desde 26,50 PEN.

Los Portales HOTEL $$$

(☎32-1411; www.losportaleshoteles.com.pe; Castilla 512; i/d/ste desayuno incl. 220/320/670 PEN; @) Entre unos jardines apartados, al oeste de la ciudad, este hotel cuenta con un parque infantil y 45 habitaciones normales con televisión por cable y acceso a internet wifi. Las tarifas incluyen desayuno continental, y el restaurante ofrece servicio de habitaciones. Las dos suites tienen *jacuzzi*. Es el mejor alojamiento dentro de Tarma. También cuenta con la mejor discoteca, Kimera, y Pollo Stop (un popular restaurante de pollo).

Hospedaje El Dorado PENSIÓN $

(☎32-1914; fax 32-1634; Huánuco 488; i con/sin baño 30/20 PEN, d 50 PEN) Ofrece habitaciones espaciosas y limpias, algunas algo ajadas, frente a un frondoso patio interior, con televisión por cable y duchas de agua caliente. Su agradable personal y cafetería lo convierten en la mejor opción para mochileros del centro de Tarma.

Hacienda Santa María HACIENDA $$

(☎32-1232; www.haciendasantamaria.com; Vista Alegre 1249; i/d desayuno incl. 125/210 PEN) La calle Vienrich se convierte en Vista Alegre en el noreste de la ciudad y 1 km después llega a esta encantadora hacienda: una casa colonial de paredes blancas del s. XVIII, con balcones de madera, perfectos para contemplar los frondosos y floridos jardines con hamacas. Sus rústicas habitaciones cuentan con mobiliario antiguo. También ofrece circuitos locales alternativos que organizan los propietarios.

El Vuelo del Cóndor PENSIÓN $

(☎32-2399; Jirón 2 de Mayo 471; i/d/tr 50/75/90 PEN;) Los dueños de este limpio, veterano y bien equipado alojamiento cercano al bullicio del mercado se preocupan porque se disfrute de la estancia. No es nada del otro mundo, pero dispone de wifi fiable y agua caliente; las ventanas de las habitaciones dobles y triples dan al mercado.

Hospedaje Central PENSIÓN $
(☎32-2625; Huánuco 614; i con/sin baño 30/20 PEN, d 55 PEN) Envejecido hotel con observatorio astronómico, adecuadas pero oscuras y sencillas habitaciones, agradable personal y abundante información turística.

Dónde comer y beber

Tras el cierre del mejor comedor de la ciudad, hay pocos buenos restaurantes.

Restaurant Chavín de Grima PERUANA $
(Lima 270; comidas 10-15 PEN; ⊙7.00-22.00) Para desayunos y almuerzos fijos baratos en la plaza de Armas lo mejor es no equivocarse y acudir a este local popular. Un saludable menú del día de dos platos solo cuesta 4,50 PEN.

Restaurant Señorial/ El Braserito PERUANA $
(Huánuco 138/140; platos ppales 12-24 PEN; ⊙8.00-15.00 y 18.00-23.00) Estos dos restaurantes unidos (si hay poca clientela solo abre uno) son los favoritos de los lugareños. Conocieron mejores tiempos, pero sus opciones de carne, condimentadas con telenovelas y programas de telerrealidad de su televisor, siguen siendo inexplicablemente seductoras. Su salutífera carta ofrece los habituales platos peruanos, como cuy (cobaya) y trucha.

El Che Parrillas PARRILLA $
(Lima 558; platos ppales 15 PEN; ⊙11.00-24.00) Las parrillas de este restaurante en un segundo piso son sublimes.

La Colonia 'H' BAR
(Callao 822; ⊙hasta 2.00) Estupendo para tomar una cerveza o tres.

Información

Las casas de cambio se encuentran en el extremo occidental de la calle Lima.

BCP (☎32-2149; Lima esq. Paucartambo) Cambia moneda y hay cajero automático.

Locutorio Telefónica (Lima 288) Internet por 1,50 PEN/hora.

Oficina de turismo (☎32-1010, ext. 20; fax 32-3483; Jirón 2 de Mayo 775; ⊙8.00-13.00 y 15.00-18.00 lu-vi) En la plaza de Armas, proporciona información sobre circuitos locales. Los circuitos de un día a Tarmatambo, San Pedro de Cajas, Gruta de Huagapo y puntos cercanos de la jungla cuestan 45 PEN.

Cómo llegar y desplazarse

La mayoría del transporte a/desde Lima se realiza 800 m al oeste de la plaza de Armas, junto al óvalo del arco de entrada al centro de Tarma. Allí se encuentra la abandonada (aunque oficial) terminal terrestre, que ofrece autobuses diarios a Lima (20/30 PEN, 6 h) a las 11.30 y 13.30, y varios servicios entre las 11.00 y las 24.00. Las tarifas más altas son las de los asientos reclinables, normalmente en el piso inferior. Los autobuses a La Merced salen a las 15.00 y las 18.00.

Autobús

Las compañías de autobuses suelen tener terminales en Tarma.

Los Angelitos (Vlenrich 573) Furgonetas a La Merced a las 12.30, 15.30 y 19.00 (10 PEN, 2 h).

Los Canarios (☎32-3357; Amazonas 694) Autobuses pequeños a Huancayo (10 PEN, 3 h) vía Jauja (7 PEN, 2 h) casi cada hora de 17.00 a 18.00.

Transportes Chanchamayo (☎32-1882; Callao 1002) Ofrece salidas a Lima a las 9.00, 14.00 y 23.00 (20 PEN). Autobús a La Merced a las 14.30.

Transportes Junín (☎53-2333; Amazonas 669) Ocho servicios diarios a Lima (casi cada hora hasta 13.00, y a las 23.00) incluidos autobuses-cama a las 11.30 y las 23.45 (20-30 PEN) y a Cerro de Pasco a las 5.30 y 13.00 (12 PEN, 2-3 h).

Otros transportes

Junto a la gasolinera que está enfrente de la terminal terrestre, los taxis colectivos llevan hasta cuatro pasajeros a Lima (30 PEN por persona) o a destinos locales como Junín o La Oroya (15 PEN). Si se desea ir a Cerro de Pasco o Huánuco también hay colectivos, pero con cambio en El Cruce (cruce de las carreteras de Tarma y La Oroya-Cerro de Pasco). Los taxis colectivos rápidos a Huancayo (20 PEN) salen de Jauja, unos 600 m al sur de la terminal terrestre.

Los vehículos en dirección al Amazonas salen del noreste de la ciudad, junto al estadio Unión Tarma (mototaxi 2 PEN) incluidos los colectivos a La Merced (15-20 PEN, 1½ h) vía Acobamba (2 PEN, 10 min). La carretera a La Merced es espectacular, con una caída vertical de 2,5 km a la jungla, en poco más de una hora de viaje. Para destinos que van más allá de La Merced hay que hacer un trasbordo en la práctica terminal de autobuses de Transportes San Juan-La Merced. Para otros destinos se puede preguntar por la zona del estadio. Una compañía frente al estadio Unión Tarma ofrece microbuses a Acobamba y Palcamayo. Los vehículos a San Pedro de Cajas (5 PEN) salen del extremo septentrional de Moquegua. La oficina de turismo puede solucionar dudas relacionadas con el transporte.

VALLE DEL RÍO MANTARO

La amplia y fértil llanura agrícola del río Mantaro, al sureste de Tarma, muestra la cara amable del escarpado Altiplano: ondulados panoramas bucólicos, la sofisticada y moderna ciudad de Huancayo y una serie de pueblos con fama internacional por la calidad de su artesanía. Los que ansíen aventuras en lugares remotos disfrutarán de la Reserva Nor Yauyos-Cochas, de las excursiones de altura y los kayaks que ofrece el valle.

Las fiestas son una forma de vida. Los lugareños afirman que hay una fiesta todos los días del año y seguro que se asiste a alguna. El valle, surcado por el río Mantaro, se extiende de noroeste a sureste entre Jauja y Huancayo. Al sur de Jauja la carretera se divide y discurre por los lados occidental y oriental del valle hasta Huancayo. Los conductores de autobús las llaman derecha (oeste) e izquierda (este).

Desde Huancayo algunas rutas clásicas atraviesan los arduos pero bonitos valles del sur hasta Ayacucho y finalmente Cuzco.

Jauja

☎064 / 25 000 HAB. / ALT. 3250 M

Desde Lima, el primer lugar por el que se pasa al emprender esta ruta es Jauja, pequeño y bullicioso pueblecito colonial de transitadas calles estrechas, unos 60 km al sureste de Tarma y 50 km al norte de Huancayo. Ofrece algunos alojamientos decentes, que pueden servir de base para visitar puntos de interés como un centro veraniego junto al lago y para algunas excursiones a ruinas arqueológicas.

Puntos de interés y actividades

Jauja fue la primera capital de Francisco Pizarro en Perú, aunque el honor duró poco. De aquellos primeros tiempos coloniales se conservan algunos altares de madera bellamente tallados en la iglesia principal. Antes de la llegada de los incas, esta zona perteneció a una importante comunidad indígena huanca. Es posible visitar algunas **ruinas huancas** en una colina, unos 3 km al sureste de la ciudad. Se puede llegar caminando o en mototaxi.

A unos 4 km se encuentra la **laguna de Paca**, con restaurantes, botes de remos y pesca. Un paseo en barco por el lago cuesta unos 3 PEN por persona (mínimo 5 pasajeros). Hay patos y gaviotas, y se puede parar en la **isla del Amor**, una diminuta isla artificial. Un mototaxi hasta aquí cuesta 3 PEN.

El bien conservado **Camino Inca** va de Jauja a Tarma. La sección más espectacular es el tramo de Tingo (a 30 min de Jauja en taxi) a Inkapatakuna (30 min desde Tarma), una espectacular excursión de 6 u 8 horas

En la carretera a Lima, a media hora al oeste de Jauja, está **Pachacayo**, entrada a la remota **Reserva Nor Yauyos-Cochas**, un abanico de relucientes lagos de montaña verdeazulados cobijados por imponentes picos, que alberga el **glaciar Pariacaca**. Para llegar es necesario un todoterreno (se alquilan en Lima o Huancayo) y el personal del Hostal Manco Cápac proporciona ayuda.

Todos los miércoles por la mañana se celebra un **mercado** muy pintoresco. La web www.jaujamiperu.com ofrece información general.

Dónde dormir

Muchos viajeros pernoctan en Huancayo y van a Jauja en microbús o taxi colectivo.

Hostal Manco Cápac PENSIÓN $
(☎36-1620; www.hostal-mancocapac.com; Manco Cápac 575; sin baño desayuno incl. i 35-50 PEN, d 80 PEN) Es con diferencia la mejor opción en Jauja: una casa segura y tranquila, con grandes habitaciones y dos patios ajardinados. Los baños están limpios y las duchas tienen agua caliente; cada habitación dispone de baño propio. Está a tres calles al norte de la plaza de Armas y las tarifas incluyen un desayuno continental con café recién hecho. Los propietarios son buenas fuentes de información, pero conviene reservar con antelación, no siempre están allí.

Hostal María Nieves PENSIÓN $
(☎36-2543; Gálvez 491; i con/sin baño 40/35 PEN, d 50/40 PEN) Establecimiento recomendado y con un cordial propietario. Ofrece nueve hogareñas habitaciones, tres de ellas con baño. Sirve desayuno si se solicita.

Dónde comer

En la laguna de Paca, una hilera de restaurantes bordea la orilla e intenta atraer a los comensales con música andina. Aparte de la música, las mesas junto al lago son muy agradables. Hay poco que elegir y la mayoría ofrece encomiables platos de pachamanca (carne, patatas y verdura cocinados en un "horno" de piedras calientes). Otra especialidad del lugar es la trucha, marinada con chile, ajo y limón, envuelta en hojas de banana y cocida en barro de la laguna: deliciosa. Jauja también cuenta con algunos restaurantes sencillos y céntricos.

El Paraíso PERUANA $

(Ayacucho 917; platos ppales 12-14 PEN; almuerzo y cena) Este restaurante popular, lleno de plantas, es el mejor de la ciudad. Los lugareños acuden atraídos por especialidades a precio de ganga como la truca (de la laguna de Paca) o el picante de cuy. Al sur de la plaza principal.

Cómo llegar y salir

Jauja posee un aeropuerto regional (se está ampliando para recibir aviones más grandes), con vuelos diarios de **LC Peru** (www.lcperu.pe) a/desde Lima. El aeropuerto está al sur de la ciudad, en la carretera de Huancayo.

Los autobuses, microbuses y taxis se encuentran en la parte sur de la ciudad, en la estación de autobuses de la intersección de Ricardo Palma con 28 de Julio, a 800 m de la plaza de Armas. Durante el día salen frecuentes microbuses económicos (3 PEN) y colectivos (5 PEN) para Huancayo (50 min). Los microbuses también salen con destino Tarma (7 PEN, 1½ h) y La Oroya (2 h). Hay colectivos que salen hacia estos destinos a demanda; suelen salir cuando reúnen cinco pasajeros (de ellos dos viajen en el asiento delantero).

Cómo desplazarse

Los mototaxis circulan por toda la ciudad por unos 1,50 PEN. Se puede tomar un mototaxi para llegar hasta la laguna de Paca (3 PEN).

Jauja es una de las pocas ciudades de la zona que vende bibicletas. Las tiendas de Junín ofrecen bicicletas de montaña bastante fiables.

Concepción

064 / ALT. 3283 M

Desde Concepción, aldea a medio camino entre Jauja y Huancayo, en el lado izquierdo, se puede viajar a la encantadora aldea de Ocopa, donde está el famoso convento de **Santa Rosa de Ocopa** (entrada 5 PEN; 9.00-12.00 y 15.00-18.00 mi-lu). La entrada incluye una visita guiada de 45 minutos que comienza a cada hora o cuando hay un grupo (mínimo 7 personas). Los estudiantes tienen un descuento del 50%. El edificio, dispuesto en torno a hermosos jardines y patios interiores, fue construido por los franciscanos a principios del s. XVIII como centro de misioneros que se dirigían a la selva. En tiempos de las misiones, los frailes reunieron una impresionante colección de objetos indígenas y animales disecados, que se exhiben en el museo del convento. También expone una amplia selección de arte religioso colonial (sobre todo de la escuela cuzqueña, una combinación de estilos artísticos españoles y andinos). Sin embargo, lo más destacado es la fantástica biblioteca del segundo piso, con unos 25 000 volúmenes, muchos de los cuales son del s. XV.

Frecuentes colectivos (lu-sa) salen de la plaza de Concepción para Ocopa, a unos 5 km. Los mototaxis cobran 15 PEN por un viaje de ida vuelta, incluida la espera de una hora. Concepción se visita fácilmente con un autobús *"izquierda"* de Huancayo a Jauja.

Huancayo

064 / 323 050 HAB. / ALT. 3244 M

Metrópoli del centro del Altiplano, la bulliciosa Huancayo combina su apariencia moderna con un profundo sentido de la tradición. Para muchos viajeros esta ciudad cosmopolita y segura de sí misma –en un frondoso y arrebatador valle en la bella ruta de montaña a Cuzco– es su primera experiencia en el Altiplano peruano y, a pesar de que sus lugareños son menos encantadores que en otros destinos andinos, no decepciona.

Sus bulliciosas calles cuentan con algunos de los mejores restaurantes de Perú, aparte de los de Lima y Cuzco, y tras probar su café exprés y la célebre cocina de la región, el viajero estará mejor dispuesto para conocer la artesanía más interesante del país –que se vende en sus mercados y en todo el valle– y las vibrantes y variadas fiestas que se celebran casi a diario.

También se tiene oportunidad de aprender quechua, tocar instrumentos musicales o hacer pinitos en la cocina andina. Para los aventureros, las polvorientas montañas de los alrededores ocultan formaciones rocosas extrañas y lagos espectaculares, mientras que un poco más allá se puede hacer senderismo en los Andes, bicicleta de montaña y excursiones por la selva. Para rematarlo, es la última parada de dos de los mejores viajes en tren de Perú (y Sudamérica), incluido el segundo a mayor altura del mundo, en los Andes a/desde Lima.

Puntos de interés

Huancayo es un pueblo de tamaño considerable y hay que caminar bastante. La mayoría

Huancayo

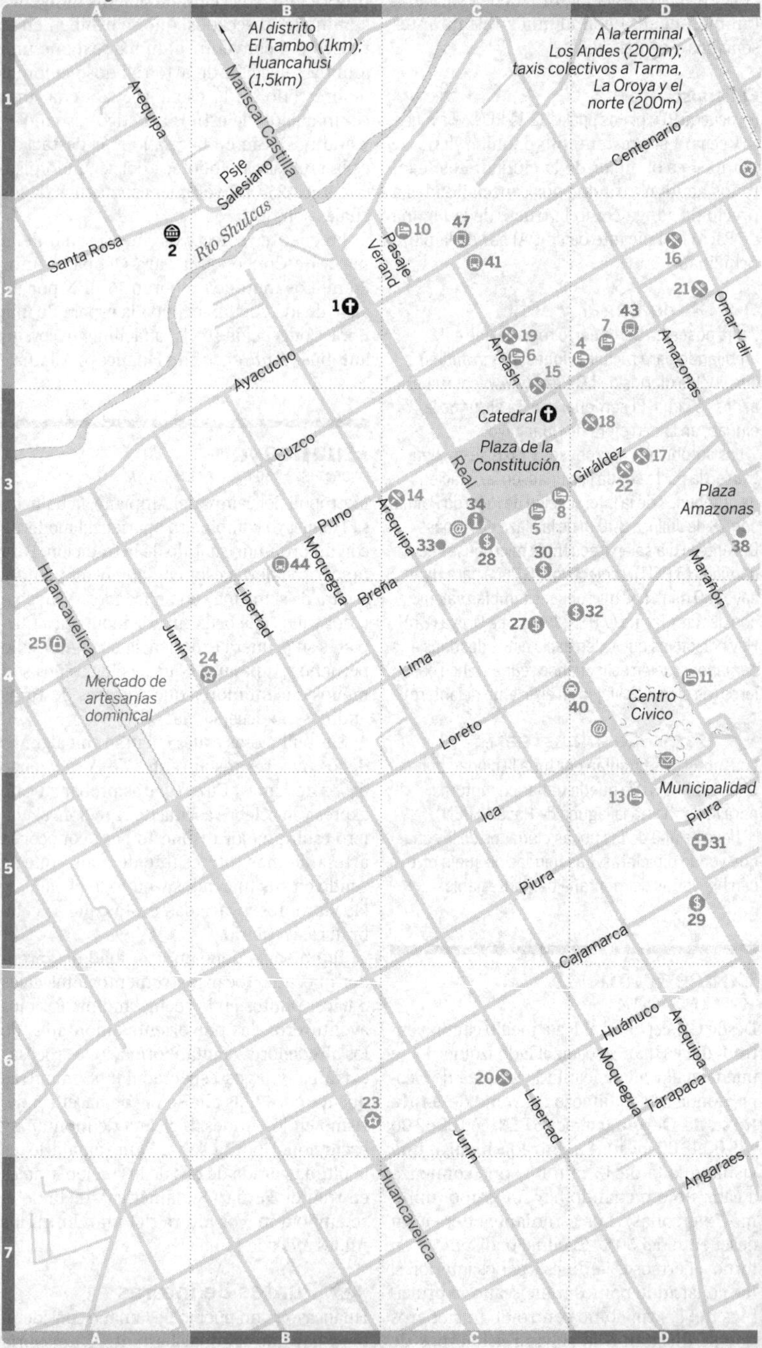
A
B
C
D
1
2
3
4
5
6
7
Al distrito El Tambo (1km); Huancahusi (1,5km)
A la terminal Los Andes (200m); taxis colectivos a Tarma, La Oroya y el norte (200m)
Arequipa
Mariscal Castilla
Psje Salesiano
Río Shulcas
Santa Rosa
Centenario
Pasaje Verand
Ayacucho
Ancash
Amazonas
Omar Yali
Catedral
Plaza de la Constitución
Real
Giráldez
Plaza Amazonas
Cuzco
Puno
Arequipa
Moquegua
Breña
Libertad
Huancavelica
Junín
Mercado de artesanías dominical
Lima
Marañón
Centro Cívico
Loreto
Municipalidad
Ica
Piura
Piura
Cajamarca
Huánuco
Arequipa
Moquegua
Tarapaca
Libertad
Junín
Angaraes
Huancavelica

de las atracciones están fuera del centro. El punto de mayor interés de la ciudad es la **iglesia de La Merced**, en la primera cuadra de la calle Real, en la que se aprobó la Constitución peruana de 1839.

Museo Salesiano MUSEO
(☎24-7763; Santa Rosa 299; entrada 5 PEN; ⏲8.00-12.00 y 14.00-18.00 lu-vi) Se puede acceder desde el colegio Salesiano y alberga exposiciones de fauna amazónica, cerámica y arqueología. Horario variable.

Cerro de la Libertad MIRADOR
(Giráldez esq. Torre Tagle; gratis; ⏲amanecer-anochecer) Al noreste de la Av. Giráldez hay una vista preciosa de la ciudad. A unos 2 km del centro se halla un conocido restaurante para cenar: además de disfrutar de las vistas de la ciudad, hay puestos de artesanía y un patio de juegos.

Parque de la Identidad Huanca PARQUE
(Santa Felicita esq. San Maros; gratis; ⏲amanecer-anochecer) Imaginativo parque en el barrio de San Antonio, con estatuas de piedra y edificios en miniatura que representan la cultura de la zona.

Actividades

Incas del Perú CIRCUITO DE AVENTURA
(☎22-3303; www.incasdelperu.org; Giráldez 652) El activo Lucho Hurtado, propietario de esta agencia en el mismo edificio que el restaurante La Cabaña, ofrece la mayoría de las actividades. Él conoce bien los alrededores y organiza arduos circuitos de varios días en bicicleta de montaña y excursiones de senderismo por los Andes hasta el lago y glaciar de Huaytapallana; la excursión de tres días para una/dos personas cuesta 1000/1700 PEN.

También organiza circuitos por las laderas orientales de los Andes y por la selva. Pueden realizarse a pie, a caballo o en transporte público. No es lujoso, pero sí un buen modo de contactar con el Perú rural auténtico: se puede pernoctar en el rancho del padre de Lucho en un lugar remoto. Las excursiones de cuatro días/tres noches cuestan 400 PEN/persona, incluida la comida. Los alojamientos son rústicos y las excursiones pueden incluir acampadas.

Asimismo ofrece clases de quechua, que cuestan menos esfuerzo físico y se personalizan según las preferencias, con comida y alojamiento en casas privadas (de desearse) por 400-600 PEN/semana. Además, se puede aprender a preparar platos locales, la arte-

Huancayo

Puntos de interés

1 Iglesia de La Merced ... B2
2 Museo Salesiano ... A2

Actividades y circuitos

3 Incas del Perú ... F1

Dónde dormir

4 Hostal El Marquez ... D2
5 Hostal Santa Felicita ... C3
6 Hotel Confort ... C2
7 Hotel los Balcones ... D2
8 Hotel Olímpico ... C3
9 Hotel Presidente ... E6
10 Hotel Sauna Blub ... C2
11 Hotel Turismo ... D4
12 Hotel Villa Rica ... E6
13 Susan's Hotel ... D5

Dónde comer

14 Antojitos ... C3
15 Café Coqui ... C2
16 Chicharronería Cuzco ... D2
17 Chifa Centro ... D3
18 Detrás de la Catedral ... D3
El Otro Lado ... (véase 3)
19 Govinda ... C2
La Cabaña ... (véase 3)
20 Leopardo ... C6
Restaurant Olímpico ... (véase 8)
21 Sofa Café Paris ... D2
22 Supermercado Día ... D3

Ocio

Antojitos ... (véase 14)
23 Discoteca Taj Mahal ... B6
24 Galileo Disco Pub ... B4
La Cabaña ... (véase 3)

De compras

Casa del Artesano ... (véase 34)
25 Feria Dominical ... A4
26 Mercado mayorista ... F2

Información

27 Banco Continental ... C4
28 BCP ... C3
29 BCP ... D5
30 Casas de cambio ... C3
31 Dr. Luis Mendoza ... D5
32 Interbank ... D4
33 Lavandería Chic ... C3
34 Oficina de turismo ... C3

Transporte

35 Autobuses a Cochas ... F2
36 Autobuses a Jauja ... E3
37 Colectivos a Huancavelica ... E6
38 Colectivos a San Jerónimo, Concepción y Jauja ... D3
39 Combis a Chupaca ... F2
40 Comité 12 Colectivos a Lima ... D4
41 Cruz del Sur ... C2
42 Expreso Molina ... E6
43 Etucsa ... D2
44 Los Canarios ... B3
45 Microbuses a San Jerónimo, Concepción y Jauja ... E3
46 Transportes Ticllas ... E6
47 Turismo Central ... C2

sanía local de talla de calabazas o a tocar las flautas de Pan andinas.

Torre Torre EXCURSIONISMO

Estas erosionadas formaciones geológicas se encuentran a 2 km subiendo las colinas, más allá del cerro de la Libertad. Hay una señalización y un sendero fácil de distinguir. Para ampliar la ruta se sigue por la cresta, dejando Huancayo a la izquierda (oeste). Finalmente se llega a otra formación rocosa conocida como Corona del Fraile, una roca redonda en la parte superior, rodeada por una corona de eucaliptos y varias cascadas. Se puede regresar a Huancayo desde ese extremo de la cresta. Es seguro durante el día, pero hay que estar atento a las jaurías de perros asilvestrados, en especial en las casas debajo de Torre Torre.

Fiestas y celebraciones

Hay cientos de fiestas en Huancayo y los pueblos de los alrededores (se dice que se celebra alguna a diario en algún lugar del valle del río Mantaro). Infórmese en la oficina de turismo.

Año Nuevo BAILE TRADICIONAL

(1-6 de enero) Su celebración en Huancayo es una de las más inusuales de Perú. Los bailes que se interpretan incluyen la huaconada, en la que los participantes se visten de peculiares hombres mayores con grandes narices, que representan a los ancianos que en tiempos pasaban por las casas de los vecinos vagos o alborotadores y les fustigaban para que al año siguiente se comportaran. Mito, a una hora al norte de Huancayo, también ofrece unas efusivas celebraciones.

Semana Santa RELIGIOSA
Una de las mayores fiestas de Huancayo, cuenta con grandes procesiones religiosas que en esta época atraen a gente de todo Perú.

Fiestas Patrias FIESTA
(28 y 29 de julio) Los días de la independencia de Perú se celebran con desfiles militares y de los colegios. Los hoteles se llenan y los precios suelen subir bastante.

🛏 Dónde dormir

Casa de la Abuela HOSTEL $
(☑23-4383; www.incasdelperu.com; Cuzco esq. José Gálvez; dc/i/d con baño compartido desayuno incl. 30/40/70 PEN; @🔊) Esta casa de colores vivos en una nueva ubicación a 20 minutos del centro de Huancayo está regentada por Incas del Perú y se esfuerza por recibir bien a los cansados viajeros. Está limpia, es acogedora y ofrece agradables zonas para relajarse, cocina, ping-pong, televisión por cable y DVD. Es muy popular entre los mochileros, que pueden elegir entre cómodos dormitorios o habitaciones con baño compartido. La zona de acampada del jardín cuesta 15 PEN/persona. El precio incluye desayuno continental con pan y mermelada caseros y buen café recién hecho. También facilita información turística fiable. Merece la pena aunque esté alejado del centro.

Peru Andino PENSIÓN $
(☑22-3956; www.peruandino.com; Pje. San Antonio 113; i con/sin baño 40/35 PEN, d con/sin baño 90/80 PEN, todas desayuno incl.) Favorita de los mochileros, esta tranquila casa residencial cerca del parque Túpac Amaru, a pocas calles al noreste del plano, es un lugar seguro. Regentada por una pareja, no se puede estar en mejores manos. Hay cocina para uso comunitario, lavadero, duchas de agua caliente, algo de información turística y recogidas gratuitas en las estaciones de autobús y tren si se solicita con tiempo.

Hotel los Balcones HOTEL $
(☑21-1041; Puno 282; i/d/tr 45/55/75 PEN; @🔊) Este atractivo, moderno, aireado y espacioso hotel posee muchos balcones. Las habitaciones están amuebladas con buen gusto, tienen televisión por cable, teléfono, reloj con alarma y luces de lectura. También hay acceso a internet y un restaurante propio muy concurrido. No hay que buscar más si se desea un alojamiento céntrico y cómodo a un precio razonable.

Hotel Sauna Blub HOTEL $$
(☑22-1692; http://hotelblubperu.com; Psj. Verand 187; i/d desayuno incl. 110/130 PEN; 🔊) Escondido un poco al oeste del centro y con vistas al río (o a su cauce seco), ofrece habitaciones acogedoras y bien equipadas, con televisión por cable, teléfono, pequeñas neveras y, como indica su nombre, sauna.

Hostal El Marquez HOTEL $$
(☑21-9026; www.elmarquezhuancayo.com; Puno 294; i/d/ste desayuno incl. 150/190/220 PEN; @🔊) Este confortable hotel es mejor que la mayoría, aunque carece de carácter y no está a la altura del precio. Las habitaciones, recién restauradas, tienen los habituales teléfonos directos y televisión por cable, mientras que las tres suites cuentan con un gran baño con bañera de hidromasaje, cama doble grande y minibar. Un pequeño café ofrece servicio de habitaciones. El desayuno continental está incluido.

Hotel Turismo HOTEL $$
(☑23-1072; Ancash 729; i/d 195/215 PEN; 🔊) Este antiguo edificio de aspecto atractivo posee balcones de madera, zonas comunes de marchito esplendor y vistas a los limpiabotas que trabajan frente al Centro Cívico. Las habitaciones varían en tamaño y calidad, pero todas tienen baño. Cuenta con restaurante y bar. Pertenece a la misma empresa que el Hotel Presidente, y tiene sus mismas tarifas. Se recomienda este: tiene más carácter.

Casa de la Abuela VIP PENSIÓN $$
(☑23-4383; Huancas 381; www.incasdelperu.com; i/d 80/120 PEN; 🔊) La última iniciativa de Incas del Perú es mejor que los alojamientos para mochileros. Tienen baños e incluso una suite (150 PEN), además de un delicioso desayuno que incluye café auténtico.

Susan's Hotel HOTEL $$
(☑20-2251; www.susanshotel.com; Real 851; i/d 70/90 PEN; 🔊) Este impoluto y animado hotel ofrece habitaciones con amplios baños, televisión por cable, escritorios y colchones consistentes. Sin embargo, sigue la pauta de los hoteles de Huancayo que alcanzan cierto nivel y después adoptan una actitud condescendiente. Las habitaciones son oscuras y caras; las posteriores son más tranquilas. El restaurante del quinto piso ofrece unas vistas insuperables.

Hotel Olímpico HOTEL $
(☑21-4555; Ancash 408; i/d 70/80 PEN; 🔊) Si se desean verdaderas vistas de la plaza, este

ofrece las mejores del achacoso trío de hoteles del sur de la plaza de la Constitución. El servicio es bueno en general y queda cerca del restaurante en el piso de abajo. Sus amplias aunque sombrías habitaciones cuentan con televisión por cable.

Hotel Villa Rica HOTEL $
(☎21-7040; Real 1291; i/d 13/22 PEN) Es un hotel seguro, próximo a las estaciones de autobuses del extremo sur de la calle Real y el mejor de los económicos de la zona. Cuenta con agua caliente por la noche y las habitaciones están limpias.

Hotel Santa Felicita HOTEL $
(☎23-5476; irmaleguia@hotmail.com; Giráldez 145; i/d 50/70 PEN; @) Atento hotel con amplias habitaciones, vistas a la plaza, espaciosas duchas de agua caliente, televisión por cable y teléfono.

Hotel Confort HOTEL $
(☎23-3601; Ancash 237; i/d 30/40 PEN) No hay que inquietarse por el nombre; ofrece las habitaciones medio decentes más baratas del centro. Además, es un veterano y la experiencia cuenta, ¿no?

Hotel Presidente HOTEL $$
(☎23-5419, 23-1736; Real 1138; i/d desayuno incl. 195/215 PEN; @ 📶) Un buen hotel moderno que incluye desayuno y ofrece habitaciones bonitas y baños amplios.

Dónde comer

Buenas noticias para los amantes del tentempié: en la calle Real, al sur de la plaza, abundan las pastelerías y puestos de comida que venden tiras de pollo y lomo asado, a menudo tipo kebab. En Huancayo hay restaurantes fabulosos: entre las especialidades regionales figuran las papas a la huancaína (patata hervida en una salsa cremosa de queso, aceite, pimienta picante, limón y yema de huevo, que se sirve con huevo duro y aceitunas). La ciudad es también célebre por su trucha, pescada en los lagos próximos.

Para comprar alimentos, el **supermercado Dia** (Giráldez).

Café Coqui PANADERÍA $
(Puno 298; tentempiés desde 3 PEN; ⏲7.00-22.30) Esta moderna panadería-cafetería aspira a ser el mejor lugar para desayunar en los Andes Centrales, pues sirve sabrosos sándwiches, empanadas, auténtico exprés y otros cafés. Muy concurrida de la mañana a la noche, también prepara pizzas y otras comidas más consistentes. A veces hay música en directo.

Huancahuasi PERUANA $$
(☎24-4826; Mariscal Castilla 222; platos ppales 16,50-29,50 PEN; ⏲8.00-19.00 do-ju, hasta 2.00 vi y sa) Al noroeste, la calle Real se convierte en Mariscal Castilla en el distrito de El Tambo y este establecimiento es el preferido de los vecinos. Su patio lleno de flores y los tapices de San Pedro de Cajas y los poemas de sus paredes crean el ambiente propicio para tomar delicias regionales como pachamanca, papas a la huancaína y ceviche de trucha. Todo está bien presentado, y el servicio es amable. El trayecto en taxi desde el centro cuesta 3 PEN.

Sofá Café París CAFÉ $
(Puno 254; tentempiés desde 3 PEN, comidas 12 PEN; ⏲16.00-23.00) Agradable y relajado como sugiere su nombre, se ha mudado a un nuevo local: mayor, mejor y más animado. Prefiere la música de Nirvana que la andina y lo frecuentan jóvenes y modernos huancaínos. Prepara buenos cafés y pasteles, además de comida peruana más sustanciosa.

Detrás de la Catedral PERUANA $$
(Ancash 335; platos ppales 15-22 PEN; ⏲11.00-23.00) Bien organizado y atractivo, exuda un ambiente cálido, y se ha ganado una clientela asidua gracias a una amplia carta ilustrada, muy útil para el comensal. Se recomiendan las consistentes hamburguesas (vegetarianas o carnívoras), especiales platos como el "asado catedral" (carnes a la barbacoa, al estilo de la casa) y postres sabrosos como el pionono helado (brazo de gitano relleno de caramelo) empapado en chocolate. De las paredes cuelgan pinturas surrealistas.

La Italia ITALIANA $$
(Torres 441; pizza grande 26-31 PEN, pastas 18-24 PEN; ⏲18.00-23.00 lu-sa) Es uno de los restaurantes cercanos al parque Túpac Amaru y sirve la mejor comida italiana en muchos kilómetros. Lo regenta un italiano, no hay más que decir.

Leopardo PERUANA $
(Libertad esq. Huánuco; platos ppales 14-23 PEN; ⏲6.30-19.30) Es auténticamente huancaíno, hasta en la maqueta de tren del comedor, y combina una cafetería normal con un exclusivo restaurante. Se recomienda la comida andina (mondongo especial, callos, maíz y caldo de verduras) o de la costa (tacu tacu: bistec con judías, arroz y chiles fritos). Es tan popular que abrió un restaurante idéntico enfrente.

Chicharronería Cuzco LATINOAMERICANA $
(Cuzco 173; platos ppales 5-10 PEN) Los tradicionales platos de chicharrones de esta madriguera para carnívoros salen a unos 7 PEN.

La Cabaña INTERNACIONAL $
(Giráldez 652; platos ppales 15 PEN; ⏲5-23.00) Esta madriguera es popular entre lugareños y viajeros por su ambiente relajado, comida consistente y sabrosos pisco sours. Si uno se siente en condiciones, debe pedir una riquísima *pizza* o deleitarse con trucha, jugosos asados, pastas al dente u otros aperitivos más ligeros. Hay bandas de música folclórica de jueves a sábado. El Otro Lado, anexo, abre para el almuerzo de abril a octubre.

Antojitos INTERNACIONAL $$
(Puno 599; 15-25 PEN; ⏲17.00-tarde lu-sa) Este restaurante tipo bar ocupa un edificio de dos pisos, con vigas en el techo, muchas antigüedades y carteles de Lennon y Santana. Atrae a una clientela vociferante de huancaínos de clase alta que conversan estruendosamente sobre un fondo musical que va de la cumbia a Pink Floyd. La comida, bien elaborada, consiste en hamburguesas, pizzas y asados.

Restaurant Olímpico PERUANA $$
(Giráldez 199; platos ppales 16,50-28 PEN) Es el más antiguo de Huancayo, seis décadas (aunque modernizado). Cuenta con una amplia cocina abierta en la que se ve cómo preparan los platos tradicionales peruanos. Tiene clase, con verdadero estilo retro.

Chifa Centro CHINA $
(Giráldez 245; www.chifacentro.com.pe; comidas 10-20 PEN) Sirve la comida china más sabrosa de Huancayo en generosas raciones.

Govinda VEGETARIANA $
(Cuzco 289; platos ppales 6-10 PEN; ⏲8.30-20.30 lu-vi, 9.00-17.00 sa) Uno de los mejores restaurantes vegetarianos de Huancayo.

Dónde beber y ocio

No hay clubes nocturnos destacables. En el momento de redactar esta guía, los mejores eran el **Galileo Disco-Pub** (Breña 378) y la **Discoteca Taj Mahal** (Huancavelica 1052). Entrada la noche se recomienda tomar un taxi de vuelta.

Antojitos MÚSICA EN DIRECTO
(Puno 599; ⏲17.00-tarde lu-sa) Casi todas las noches a partir de las 21.00 hay grupos de la zona que tocan en directo en este bar-restaurante.

La Cabaña MÚSICA TRADICIONAL
(Giráldez 652; ⏲17.00-23.00) En este popular restaurante hay música y danza folclórica en directo los fines de semana.

Peña Restaurant Turístico Wanka Wanka MÚSICA TRADICIONAL
(Jirón Parra del Riego 820) En esta peña (bar o club con música en directo) de El Tambo actúan grupos locales como Kjantu y ofrece buena cumbia y música folclórica. Un taxi cuesta 3 PEN.

De compras

Huancayo es el mejor lugar para comprar del centro del Altiplano, tanto si se buscan mercados tradicionales (cuenta con dos mercados importantes), recuerdos o vaqueros de marcas estadounidenses.

Mercado mayorista MERCADO
El colorido mercado de abastos rebasa el recinto cubierto del propio mercado, con puestos que se extienden hacia el este por las vías del ferrocarril. En la sección de carnes venden delicias andinas, como ranas frescas y secas, cuy y pollo, y también una extraordinaria variedad de frutas y verduras. Los encargados de los puestos son cordiales y dejan probar antes de comprar. Al pasear por sus distintas secciones se aprecian los olores de los productos: un curso sensorial intensivo sobre los ingredientes de los platos clásicos peruanos. Es uno de los mercados de ciudad más interesantes de Perú. El mejor día es el domingo, que coincide con el día del mercado semanal de artesanía de Huancayo.

Feria Dominical ARTESANÍA
(Huancavelica) Este mercado dominical de artesanía ocupa varias manzanas de Huancavelica, llega al noroeste de Piura y ofrece cestería, tejidos, bordados, cerámica y tallas en madera. Hay mates burilados (calabazas talladas) y muchos otros objetos de varias aldeas del valle del río Mantaro, lo que resulta útil si no se dispone de tiempo para ir a los pueblos. No hay que perder de vista los objetos de valor.

Casa del Artesano RECUERDOS
(plaza de la Constitución) Esta práctica tienda en la esquina de la plaza vende una amplia gama de recuerdos en un entorno más seguro.

Información

BCP, Interbank, Banco Continental y otros bancos y casas de cambio están en la calle Real. La mayoría de los bancos abren el sábado por la mañana y cuentan con cajeros automáticos. A menos de una cuadra de la calle Real se encuentran los abundantes cibercafés del centro: 1,50 PEN/hora, muchos ofrecen llamadas internacionales.

Clínica Ortega (☎23-5430; Carrín 1124; ⏲24 h) Al suroeste del centro.

Dr Luis Mendoza (☎23-9133; Real 968) Dentista.

Incas del Perú (☎22-3303; www.incasdelperu.org; Giráldez 658) Recomendada fuente de información sobre casi todo en la zona.

Lavandería Chic (Breña 154; ⏲8.00-22.00 lu-sa, 10.00-18.00 do) Autoservicio (10 PEN por colada, lavado, secado y jabón incluidos) y servicio de lavandería (12 PEN por colada).

Oficina principal de correos (Centro Cívico)

Policía de Turismo (☎23-4714, 21-9851; Ferrocarril 580) Información turística y ayuda en urgencias.

Oficina de turismo (Casa del Artesano, Real 481; ⏲10.00-13.30 y 16.00-19.30 lu-vi) En el piso de arriba del mercado de artesanía; información escasa.

ℹ Cómo llegar y salir

Autobús

Huancayo está organizando sus terminales de autobuses y la **terminal Los Andes,** en el extremo septentrional de la Av. Ferrocarril, se ocupa de la mayoría de las salidas hacia el norte hasta Tarma y la selva central. Para ir a Lima (oeste) y los destinos en los valles meridionales como Huancavelica y Ayacucho, las compañías de autobuses siguen teniendo sus oficinas y puntos de salida repartidos por la ciudad. En esta sección no se citan todas las empresas; las que se mencionan son las mejores opciones, o en su defecto, las únicas disponibles.

Desde la terminal Los Andes –un taxi desde el centro de Huancayo cuesta 3 PEN– hay salidas casi cada hora a Satipo (22 PEN, 6-7 h) vía Tarma (10 PEN, 2 h), San Ramón (16 PEN, 4¼ h) y La Merced (16 PEN, 4½ h). Muchos servicios continúan hasta Mazamari (25 PEN, 7½ h). **Selva Tours** (☎21-8427) es una compañía recomendada con salidas cada hora a Satipo y varias a Mazamari.

Para Lima, el precio del billete de ida oscila entre 30 y 60 PEN. Entre 45 y 60 PEN cuesta un asiento reclinable en autobús-cama; por 30 PEN se viaja en asiento normal. El viaje dura 7 horas. Entre las dos opciones hay otros niveles de comodidad. La mejor compañía en cuanto a comodidad es **Cruz del Sur** (☎24-5650; Ayacucho 281-287), seguida de **Etucsa** (☎22-6524; Puno 220), que ofrece salidas más frecuentes (los autobuses-cama salen a las 23.45 y las 24.00). Conviene comprobar los autobuses de cada empresa, o por lo menos sus folletos, antes de decidirse. Si se tiene prisa, **Comité 12** (Loreto 421) tiene taxis *colectivos* a Lima (50 PEN, 5 h).

Para Ayacucho (30 PEN, 8-9 h) se recomienda el servicio de **Expreso Molina** (☎22-4501; Anga-

PUEBLOS DEL VALLE DEL RÍO MANTARO

Dos carreteras principales conectan Huancayo con los pueblos del valle del río Mantaro: en la margen izquierda (este) y en la derecha (oeste) del río, yendo a Huancayo desde el norte. Es mejor concentrar las excursiones del día en una sola ribera; hay pocos puentes.

Quizá sea más interesante el lado oriental, donde se encuentran los pueblos gemelos de **Cochas Grande** y **Cochas Chico,** a unos 11 km de Huancayo. Se trata de los mayores centros de producción de mates burilados (calabazas talladas), que han hecho famoso este distrito. Por extraño que parezca, casi todas las calabazas se cultivan en la costa y se llevan a la sierra desde las zonas de Chiclayo e Ica. Los artesanos del lugar las ponen a secar y luego las decoran con herramientas de tallar madera. Varias casas del pueblo permiten ver cómo se tallan.

En el lado oeste, el pueblo de **Chupaca** tiene un interesante mercado ganadero. Si se sale temprano, se puede visitar y proseguir en autobús hasta **Ahuac,** y subir a pie 1 km hasta la **laguna Ñahuimpuquio,** que cuenta con restaurantes, paseos en barco y cuevas para explorar. De la orilla este sale un sendero que asciende por la cordillera y ofrece magníficas vistas del valle y las ruinas de **Arwaturo,** construido para aprovechar al máximo la luz solar.

Otros pueblos famosos por su artesanía son **San Agustín de Cajas** (mobiliario de mimbre); **Hualhuas** (tejidos de lana y cestería); y **San Jerónimo de Tunán** (filigrana en plata).

Aunque casi todo el comercio se realiza en Huancayo, el acceso a las aldeas resulta fácil. Cuentan con pocas instalaciones, pero la experiencia de ver la elaboración artesana en las propias aldeas es irremplazable. La clave está en entablar amistad con los lugareños.

raes 334), con salidas mañana y noche por una mala carretera, casi sin pavimentar. También hay un servicio que pasa por Rumichaca, una ruta más larga, pero más segura (40 PEN, 10 h).

Transportes Ticllas (☎954-175-420; Ferrocarril 1590), fleta autobuses casi cada hora a Huancavelica (13 PEN, 3-4 h).

Los Canarios (☎21-5149; Puno 739) va a Tarma casi cada hora (10 PEN, 3 h) y para en Jauja y Concepción.

Turismo Central (☎22-3128; Ayacucho 274) tiene autobuses hacia el norte hasta Huánuco (36 PEN, 7 h), Tingo María (36 PEN, 10 h) y Pucallpa (51 PEN, 22 h). Hay una oficina en la terminal Los Andes.

Los microbuses (3 PEN) y colectivos (5 PEN) baratos a Jauja (50 min) y Concepción (2 PEN, 30 min) salen de la plaza Amazonas, en el centro de Huancayo, y van a muchos de los centros de artesanía del valle del río Mantaro, como San Jerónimo de Tunán.

Taxi

Los colectivos a Huancavelica (25 PEN, 2½ h) salen cuando están llenos (mínimo 4 pasajeros) desde varios lugares, como Angares, frente a la terminal de autobuses de Expreso Molina. Los colectivos a los destinos andinos hacia el norte, incluidos Tarma (15 PEN) y La Oroya (PEN18) salen de una práctica ubicación cerca de la terminal Los Andes.

Tren

Huancayo tiene dos estaciones de trenes no comunicadas en diferentes puntos de la ciudad.

El **Ferrocarril Central Andino** (☎226-6363; www.ferrocarrilcentral.com.pe), un tren turístico especial, circula cada quince días desde Lima de mediados de abril a octubre por 120/195 PEN ida/ida y vuelta (85/130 PEN niños). También hay servicios turísticos más caros que incluyen alojamiento en Huancayo. Sale de Lima a las 7.00 los viernes y tarda 12 horas en llegar a Huancayo; regresa a una hora más cómoda, las 18.00 del domingo. Para la noche de vuelta conviene llevar ropa de abrigo y quizá una manta.

Es un trayecto fabuloso, que alcanza los 4829 m y pasa por La Galera, una de las estaciones de ferrocarril más altas del mundo (el Tibet ocupa el primer lugar, seguido de Bolivia). Discurre entre túneles y puentes y es popular entre los amantes del ferrocarril del mundo entero. Para hacer la reserva, lo mejor es entrar en la web de Incas del Perú (www.incasdelperu.org) y rellenar un formulario en línea, o en la web oficial del tren. Los trenes salen de la estación central de trenes.

La **estación de trenes de Chilca** (☎21-6662; Prado cuadra 17 s/n) para ir a Huancavelica se encuentra en el extremo meridional de la ciudad y, tras algunas mejoras en las vías, el tren Macho volvió a funcionar a partir del 2011. Sale de Huancayo a las 6.30 los lunes, miércoles y viernes, y regresa a la misma hora de Huancavelica los martes, jueves y sábados. Los billetes cuestan 9/13 PEN 1ª/vagones bufé, que son cómodos, con asientos acolchados y asegurados; en 1ª clase los asientos están asegurados, con menos acolchado. El verdadero atractivo de este tren es que lo usan los lugareños (y no solo turistas), por lo que tiene mucho colorido, con cientos de vendedores de comida. El servicio tiene fama por sus interrupciones y cambios: Lucho Hurtado, de Incas del Perú, (p. 287) defensor de que se mantenga en funcionamiento la vía, ofrece las últimas actualizaciones.

La taquilla abre de 6.00 a 12.00: la estación no queda cerca, conviene tomar un taxi.

DÍAS DE MERCADO CERCA DE HUANCAYO

Todos los pueblos y ciudades del valle del río Mantaro tienen su propia feria.

Lunes San Agustín de Cajas, Huayucachi

Martes Hualhuas, Pucara

Miércoles San Jerónimo de Tunán, Jauja

Jueves El Tambo, Sapallanga

Viernes Cochas

Sábado Matahuasi, Chupaca, Marco

Domingo Huancayo, Jauja, Mito, Comas

Cómo desplazarse

Los autobuses locales que van a las aldeas cercanas salen de los cruces de calles que aparecen en el plano. No hay más que acudir y llamar al autobús cuando aparezca. Casi todas las líneas tienen autobuses cada pocos minutos. Los autobuses a Cochas (de Giráldez y Huancas) son de color crema-marrón y pasan cada 15 minutos. Para asegurarse, se puede preguntar a otros pasajeros. La oficina de turismo ofrece buena información sobre los autobuses locales.

LOS VALLES MERIDIONALES

Las carreteras se vuelven más agrestes y a menudo están cortadas por fiestas espontáneas, los valles son más escarpados y solitarios, y al igual que los insólitos tesoros de un cofre con la tapa medio abierta, la arquitectura colonial brilla en la intensa luz de la montaña. Es la parte más andina del centro del Altiplano. Sus dos joyas más excepcionales son Huancavelica y Ayacucho, que florecieron con una magnífica opulencia gracias a las minas de plata descubiertas en los ss. XVI y XVII en las colinas cercanas. La región también sufrió un triste capítulo en su historia, pues fue el bastión de Sendero Luminoso, el grupo revolucionario que aterrorizó Perú en la década de 1980 y consiguió que esa zona estuviera vetada a los viajeros. Hoy, estos valles son la zona más pobre de Perú, aunque saben divertirse como nadie: la Semana Santa de Ayacucho es la mejor del país.

Huancavelica

☎067 / 41 350 HAB. / ALT. 3690 M

Es un misterio por qué no recibe más visitantes esta bonita ciudad colonial. Posee hermosas iglesias, encantadoras plazas y aguas termales, y está pintorescamente rodeada de escarpados picos. Hoy en día es de fácil acceso, pues una buena carretera la comunica con Huancayo, 147 km al norte. Aun así, poca gente se acerca a Huancavelica, y en ello radica otro atractivo: es un lugar seguro y tranquilo para tomarse un respiro del Sendero Gringo y empaparse de la vida local. Esto supone participar en una de sus frecuentes fiestas, explorar los mercados y, sobre todo, sentarse a ver pasar a sus habitantes.

Huancavelica fue un estratégico centro inca y, poco después de la conquista, los españoles descubrieron su riqueza mineral. Hacia 1564 era una importante zona productora de azogue (mercurio), imprescindible para la amalgama del mineral de plata que se extraía en otras zonas del virreinato, como Potosí, en la actual Bolivia. La ciudad fue fundada en 1571 con el nombre de Villa Rica de Oropesa: una paradoja, puesto que Huancavelica es hoy la ciudad más pobre de Perú. Adviértase que con frecuencia la ciudad se ve azotada por vientos extremadamente fríos y temperaturas gélidas por la noche.

Puntos de interés y actividades

GRATIS Instituto Nacional de Cultura MUSEO

(INC; ☎45-3420; Raimondi 205; ⏲10.00-13.00 y 15.00-18.00 ma-do) El INC, instalado en un edificio colonial de la plaza San Juan de Dios, ofrece información y exposiciones sobre la zona; su atento director responde a cualquier pregunta. Un pequeño **museo** expone objetos incas, fósiles, trajes locales y pinturas de artistas impresionistas peruanos. Incluso se pueden tomar clases de danzas folclóricas.

Laguna de Choclococha LAGO

Es uno de los muchos lagos que engalanan la carretera de Rumichaca. Situado 70 km al sur de Huancavelica, se puede visitar tomando un autobús con destino a Rumichaca a las 4.30. Se tarda unas 2 horas hasta el "pueblo" de Choclococha (más 10 min a pie); se puede tomar el mismo autobús de regreso a Huancavelica a las 14.00 (pregúntese al conductor). Este lago, ubicado a 4700 m de altitud, es deslumbrante en días soleados, cuando las montañas de los alrededores se reflejan en él. Entre las aves del lugar, se encuentran los cóndores. Es buena zona para el excursionismo y la pesca, y hay restaurantes a la orilla del lago.

Termas

Aguas termales de San Cristóbal BAÑOS

(piscina/ducha 1,50/3 PEN; ⏲8.00-17.00) Estas aguas termales se recogen en dos grandes y algo turbias piscinas. El agua está tibia y se supone que tiene propiedades curativas. Si uno no dispone del equipo para el baño se pueden alquilar toalla, jabón y bañador (aunque su oferta es limitada y poco sugerente). Al final de las empinadas escaleras que llevan a los manantiales se aprecia una bella panorámica de la ciudad. Los jueves suele cerrar por limpieza.

Saccsachaca MANANTIALES

(entrada 1 PEN; ⏲8.00-17.00) Estos manantiales, mucho más espectaculares, se encuentran 2 km al este del centro, por el puente al final de la calle Javier Heraud, junto a Donovan. Se sigue la escarpada carretera que sube por encima del río por la primera de las dos piscinas (Los Incas) y se continúa hasta Tres Boas, donde una serie de piscinas naturales y cascadas se extienden por el valle por encima del río. El agua no está caliente y hay que llevar bañador.

Iglesias

Las iglesias de Huancavelica son célebres por sus altares que, a diferencia del resto de los templos coloniales de Perú, son de plata y no de oro. Hay varias iglesias notables, aunque suelen estar cerradas al turismo. Sí se puede

Huancavelica

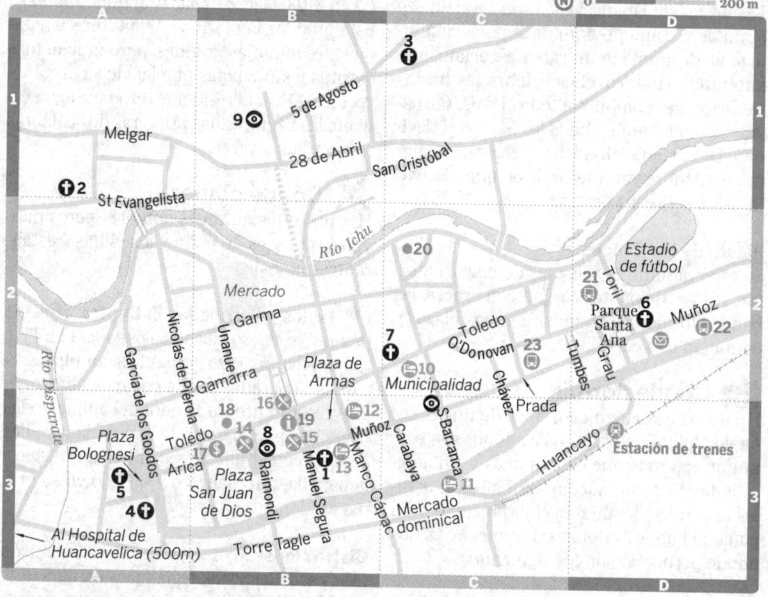

Huancavelica

Puntos de interés

1 Catedral ... B3
2 Iglesia de La Ascensión ... A1
3 Iglesia de San Cristóbal ... C1
4 Iglesia de San Francisco ... A3
5 Iglesia de San Sebastián ... A3
6 Iglesia de Santa Ana ... D2
7 Iglesia de Santo Domingo ... C2
8 Instituto Nacional de Cultura ... B3
9 San Cristóbal Mineral Springs ... B1

Dónde dormir

10 Gran Hostal La Portada ... C2
11 Hospedaje San José ... C3
12 Hotel Ascensión ... B3
13 Hotel Presidente Huancavelica ... B3

Dónde comer

14 Bistro Constanza ... B3
15 Pollos y Parrilladas El Centro ... B3
16 Restaurant Joy ... B3

Información

17 BCP ... B3
18 Lavandería Sam ... B3
19 Oficina de turismo ... B3

Transporte

20 Terminal de combis/colectivos (Colectivos a Huancayo) ... C2
21 Expreso Lobato ... D2
22 Expreso Molina ... D2
23 Transportes Ticllas ... C2

acudir como parte de la congregación cuando están abiertas al culto, normalmente temprano por la mañana entre semana, y durante más horas en domingo. La más antigua de Huancavelica es la **iglesia de Santa Ana,** del s. XVI. La **iglesia de San Francisco,** famosa por sus 11 elaborados altares, data del s. XVII; la **iglesia de Santo Domingo** posee las famosas estatuas de Santo Domingo y la Virgen del Rosario, hechas en Italia; la **iglesia de San Sebastián,** está exquisitamente restaurada; la **iglesia de San Cristóbal;** y la **iglesia de La Ascensión.**

Catedral IGLESIA

El edificio religioso más espectacular de Huancavelica, construido en 1673, se ha restaurado y contiene lo que se cree es el mejor altar colonial de Perú, con intrincadas tallas en cedro y pinturas de la escuela cuzqueña.

Fiestas y celebraciones

Las fiestas de Huancavelica son divertidas y famosas y, como predomina la población indígena, desprenden un sabor especialmente auténtico. Huancavelica celebra las fiestas tradicionales comunes a todo el país: Carnaval, Semana Santa, Todos los Santos y Navidad. La Semana Turística se celebra a finales de septiembre y primeros de octubre. El INC informa sobre las fiestas.

Fiesta de las Cruces RELIGIOSA
Se celebra durante seis días de mayo, en los que los participantes cargan con cruces, las bandas locales tocan música en las plazas y culminan con corridas de toros.

Dónde dormir

Huancavelica cuenta con más de una docena de alojamientos, pero casi todos son económicos o más que económicos y sin agua caliente. Siempre quedan los baños minerales naturales del pueblo como recurso para paliar achaques y dolores. Los mejores sitios donde pernoctar son los siguientes:

Gran Hostal La Portada PENSIÓN $
(☎45-1050; Toledo 252; i/d PEN40/65, i/d sin baño 15/20 PEN) Esta luminosa y nueva oferta llena el hueco que existía entre los alojamientos económicos y el Hotel Presidente. Está orientado a viajeros y sus agradables (e impecables) habitaciones muestran un acogedor color naranja, con televisión por cable y agua caliente, alrededor de un tranquilo patio.

Hotel Presidente Huancavelica HOTEL $$
(☎/fax 45-2760; plaza de Armas; i/d incl. desayuno 195/215 PEN, habitaciones para mochileros i/d 50/70 PEN; wifi) Este correcto y antiguo hotel es algo caro para lo que ofrece, aunque su ubicación es inmejorable. Las habitaciones son sencillas, pero tienen duchas de agua caliente garantizada, teléfono, televisión por cable y servicio de lavandería, sin olvidar su práctico restaurante. También demuestra su capacidad de adaptación con la oferta de habitaciones con descuento para mochileros. Son limpias y aceptables, pero el desayuno no está incluido.

Hospedaje San José PENSIÓN $
(☎45-1014; Huancayo s/n; i/d PEN35/45, sin baño 15/30 PEN) Una atestada entrada en el extremo meridional de la Av. Barranca, junto al mercado, conduce a unas habitaciones grandes, con camas confortables y agua caliente. Muchas con buenas vistas de la ciudad.

Hotel Ascensión HOTEL $
(☎45-3103; Manco Cápac 481; i/d 35/50 PEN) Este hotel de la plaza de Armas ofrece habitaciones aún más grandes, pero mucho más oscuras y anticuadas que las de su elegante vecino, el Hotel Presidente. Promete agua caliente las 24 horas: las primeras dos palabras son verdad, a veces.

Dónde comer

Hay pocos restaurantes notables, pero abundan los locales de pollo y los chifas (restaurantes chinos).

Pollos y Parrilladas El Centro PARRILLA $
(Manuel Segura esq. Muñoz; platos ppales 12-17 PEN; desayuno, almuerzo y cena) Dos amplias secciones, separadas por la cocina, conforman este restaurante y a la hora del almuerzo las necesitan, pues parece que todo Huancavelica acude a comer allí. Se recomienda el bistec a la parrilla, muy sabroso y servido en su propio asador.

Bistro Constanza BISTRÓ $
(Arica esq. Raimondi; tentempiés desde 5 PEN; 8.00-9.00) Nadie pensaba que Huancavelica tendría un bistró, excepto sus propietarios. Las mesas de la terraza no encajan con el estilo de la ciudad, pero quién sabe, quizá la plaza San Juan de Dios se convierta en la veneciana plaza de San Marcos. Sus sándwiches son buenos y también sus pisco sours.

Restaurant Joy PERUANA $
(Toledo 230; platos ppales 10-15 PEN; 9.00-14.00 y 17.00-22.00) Este veterano establecimiento debe de estar haciendo algo bien. Buena trucha asada.

De compras

Hay varios mercados diarios, pero el del domingo es el mejor para ver a lugareños con trajes tradicionales. Serpentea por la Av. Barranca y continúa por Torre Tagle, detrás de la catedral. Casi a diario se vende artesanía en la parte norte de la plaza de Armas y también en los alrededores de la Municipalidad. Los pantalones de lana multicolor son muy populares.

Información

Más de una docena de lugares céntricos proporcionan acceso a internet.

BCP (Toledo 384) Cajero automático Visa, cambia moneda.

Cielo Azul (www.turismocieloazul.com) Lo gestiona la oficina de turismo y ofrece circuitos a lugares cercanos como las minas por unos 20 PEN.

Hospital de Huancavelica (☎45-3369; Av. Andrés Cáceres)

Lavandería Sam (Toledo 346) Razonablemente moderna para lavar la ropa.

Oficina principal de correos (Pasaje Ferrua 105) Junto a la iglesia de Santa Ana.

Oficina de turismo (☎98-004-2093; Manuel Segura 140; ⏲9.00-13.00 y 14.00-19.00 lu) Buena información sobre excursiones, como la de 6 km a la fantasmal mina abandonada de Santa Bárbara, y transporte.

Cómo llegar y salir

Hoy, Huancavelica tiene una carretera asfaltada que comunica con Huancayo (el acceso más fácil). Es una ruta bonita, que asciende por la ladera de la montaña y luego desciende a un estrecho valle fluvial y a Izcuchaca, antes de adentrarse de nuevo a las frondosas praderas alpinas con asentamientos con casas de techo de paja (algunas bellamente pintadas) y rebaños dispersos de llamas. También se puede llegar directamente desde Pisco por un paso a 4850 m de altitud y desde Ayacucho pasando por Rumichaca. Hay autobuses que hacen esas rutas, pero son de la lenta variedad local: repletos de lugareños con sus mercancías.

Con todo, la mejor forma de llegar es en tren desde Huancayo (aunque algo más lenta que en autobús y por una ruta por el lecho del valle).

Si se tiene prisa es mejor tomar un colectivo desde Huancayo: 2½ horas por una espectacular ruta alpina.

Autobús

Los principales autobuses suelen salir desde la terminal terrestre, mal situada 2 km al oeste del centro de la ciudad. Un taxi cuesta 3 PEN. Los billetes se compran en las oficinas del centro. Conviene preguntar de dónde sale el autobús.

Una de las compañías que van a Huancayo (13 PEN, 3 h) es **Transportes Ticllas** (☎95-417-5420; Muñoz 7) con salidas diarias casi cada hora. Hay otras empresas que van con menos frecuencia o por la noche, o que pasan por Huancayo de camino a Lima.

Los autobuses con destino Lima (30 a 40 PEN, 10-13 h) pasan por Huancayo o Pisco. El precio más alto corresponde a los autobús-cama, más lujosos. En general, el trayecto por Huancayo es algo más rápido, pero depende de las condiciones de la carretera. En la ruta vía Pisco se pasa mucho frío por la noche: conviene llevar ropa de abrigo. Algunas compañías en los alrededores del parque Santa Ana ofrecen servicios a Lima, como **Expreso Lobato** (O'Donovan 519), que cuenta con cómodos autobuses nocturnos vía Huancayo.

Hoy en día los autobuses a Ayacucho pasan por Rumichaca por la noche (40 PEN, 7-8 h). Los de **Expreso Molina** (☎45-4244; Muñoz 608) salen a las 23.30. Si no se desea viajar por la noche, la opción más cómoda es tomar un microbús a las 4.30 (!) a Rumichaca. Los microbuses de **San Juan Bautista** salen a diario (10 PEN, 6 h) desde la plaza Túpac Amaru, al oeste de Huancavelica. Después se espera a un autobús dirección Ayacucho que llega desde la costa. Lo habitual es que los autobuses para Lima no lleguen a Rumichaca hasta las 14.00, por lo que se puede intentar el autostop en lugar de esperar durante horas en este lugar bastante inhóspito. Sin embargo, hay que hacerlo siempre en compañía y teniendo en cuenta los riesgos de esta práctica. También se puede llega a Ayacucho en microbús (no es fácil), haciendo transbordo en Lircay y Julcamarca.

Taxi

Los taxis colectivos *a* Huancayo (25 PEN, 2½ h) salen cuando están completos (mínimo 4 pasajeros) de la terminal combi/colectivo de Garma, junto al río.

Tren

Los trenes salen hacia Huancayo a las 6.30 los martes, jueves y sábados. Véase p. 287 para más información.

Ayacucho

☎066 / 151 000 HAB. / ALT. 2750 M

El nombre de esta deslumbrante ciudad colonial, que procede de las palabras quechua *aya* (muerte o alma) y *cuchu* (remoto), pone en evidencia el paso del tiempo. Su condición de capital aislada en un departamento tradicionalmente pobre sirvió de caldo de cultivo para que el profesor Abimael Guzmán fundara allí el movimiento revolucionario maoísta Sendero Luminoso, decidido a derrocar el Gobierno, y que causó miles de muertos en la región durante las décadas de 1980 y 1990 (para más información véase p. 294). Su histórico aislamiento contribuyó a forjar entre su población ese espíritu independiente y orgulloso que se manifiesta en todos los ámbitos, ya sea en festividades únicas, ya sea en su poderosa autosuficiencia cultural.

La sombra del oscuro pasado de Ayacucho se disipó hace tiempo, pero solo ahora los viajeros empiezan a descubrir sus tesoros. Iglesias ricamente decoradas dominan el vívido paisaje urbano junto a edificios coloniales de color melocotón y tonos pastel, con balcones de madera. Entre las numerosas festividades urbanas destaca la celebración de la Semana Santa más antigua de Perú;

Ayacucho

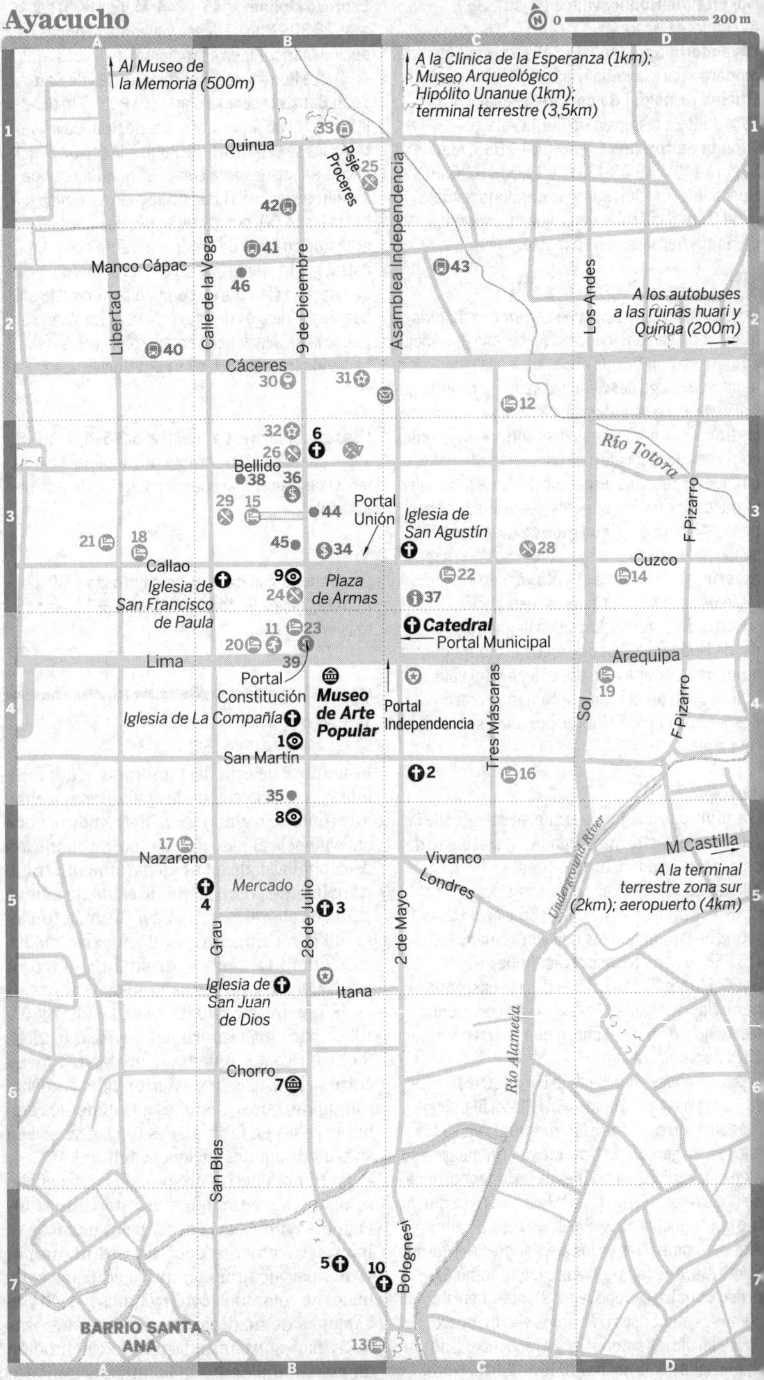
0 200 m
Al Museo de la Memoria (500m)
A la Clínica de la Esperanza (1km); Museo Arqueológico Hipólito Unanue (1km); terminal terrestre (3,5km)
A los autobuses a las ruinas huari y Quinua (200m)
A la terminal terrestre zona sur (2km); aeropuerto (4km)
Quinua
Psje Próceres
Manco Cápac
Libertad
Calle de la Vega
9 de Diciembre
Asamblea Independencia
Los Andes
Cáceres
Río Totora
Bellido
Portal Unión
Iglesia de San Agustín
Callao
Iglesia de San Francisco de Paula
Plaza de Armas
Cuzco
F Pizarro
Catedral
Portal Municipal
Lima
Arequipa
Portal Constitución
Museo de Arte Popular
Portal Independencia
Iglesia de La Compañía
Tres Máscaras
Sol
San Martín
Underground River
Nazareno
Vivanco
M Castilla
Londres
Mercado
Grau
28 de Julio
2 de Mayo
Iglesia de San Juan de Dios
Itana
Río Alameda
Chorro
San Blas
Bolognesi
BARRIO SANTA ANA

Ayacucho

Principales puntos de interés

Catedral C4
Museo de Arte Popular B4

Puntos de interés

1 Centro Turístico Cultural San Cristóbal B4
2 Iglesia de La Merced C4
3 Iglesia de San Francisco de Asís B5
4 Iglesia de Santa Clara B5
5 Iglesia de Santa Teresa B7
6 Iglesia de Santo Domingo B3
7 Museo Andrés Avelino Cáceres B6
8 Plaza Moré B5
9 Prefectura B3
10 Templo de San Cristobal B7

Actividades y circuitos

Via Via .... (véase 23)
11 Wari Tours B4

Dónde dormir

12 Hostal Ayacuchano C2
13 Hostal El Marqués de Valdelirios B7
14 Hostal Florida D3
15 Hostal Marcos B3
16 Hostal Tres Máscaras C4
17 Hotel La Crillonesa A5
18 Hotel San Francisco de Paula A3
19 Hotel Santa Maria D4
20 Hotel Santa Rosa B4
21 Hotel Sevilla A3
22 La Colmena Hotel C3
23 Via Via B4

Dónde comer

24 Café Meil B3
25 Creamz B1
26 El Niño B3
27 La Casona B3
Mamma Mia .... (véase 8)
28 Restaurant Los Álamos C3
Via Via .... (véase 23)
29 Wallpa Suwa B3

Dónde beber

30 Taberna Magia Negra B2

Ocio

31 The Rock (Maxxo) B2
32 Tupana Wasi B3

De compras

33 Mercado de artesanías B1

Información

34 BCP B3
35 Inka Farma B4
36 Interbank B3
37 iPerú C3
38 Lavandería Arco Iris B3
39 Cambio de moneda B4

Transporte

40 Cruz del Sur A2
41 Expreso Internacional Palomino B2
42 Expreso Molina B1
43 Expreso Turismo Las Chankas C2
44 LC Peru B3
45 Star Perú B3
46 Turismo Libertadores B2

las montañas de los alrededores contienen algunas de las atracciones arqueológicas más significativas del país.

Quizá el mayor atractivo de Ayacucho es la autenticidad con la que despliegan sus encantos. Su desarrollo urbano ha sido controlado, su comercialización felizmente limitada, y si se abordan las calles peatonales empedradas del centro a primera hora, es fácil imaginar cómo era varios siglos atrás, en los tiempos de la gloria colonial. Con todo, hoy en día cada vez se ven más estudiantes y gentes de negocios con ropa de diseño, y muchas fachadas coloniales esconden suntuosos alojamientos y sofisticados restaurantes. Lo cierto es que la ciudad andina más atractiva de Perú después de Cuzco está experimentando un resurgimiento, y vale realmente la pena presenciarlo.

Historia

Algunos de los primeros restos humanos de Perú se descubrieron en las cuevas de Pikimachay, cerca de Ayacucho (hoy no conserva nada de interés).

Quinientos años antes del predominio del Imperio inca, los huaris dominaban las tierras altas peruanas. Su capital se encontraba a 22 km de Ayacucho (véase recuadro en p. 298). El nombre original de la ciudad fue San Juan de la Frontera de Huamanga (los lugareños siguen llamándola Huamanga) y tras su fundación en 1540 creció rápidamente, pues los españoles querían protegerla de los ataques de Manco Inca. Desempeñó un papel importante en las batallas por la independencia peruana, que se conmemoran en un monumento cercano (véase recuadro en p. 300).

SENDERO LUMINOSO: UN CONFLICTO INCONCLUSO

Las actividades de Sendero Luminoso en la década de 1980 se centraron en la agitación política, económica y social. Causaron un violento trastorno, en especial en el centro del Altiplano y la jungla del Amazonas, que fueron zonas prohibidas a los viajeros (para más información sobre el conflicto interno de Perú véase p. 505). Pero todo cambió cuando en 1992 se capturó y encarceló de por vida a Guzmán, un antiguo profesor de la Universidad de Ayacucho y fundador de Sendero Luminoso. El mismo camino siguieron sus lugartenientes, lo que provocó el cese de sus actividades, pues Guzmán no tuvo tiempo de preparar un sucesor adecuado para la causa.

Sin embargo, algunos grupos revolucionarios escindidos de Sendero Luminoso continuaron sus acciones en zonas remotas de Perú, aunque de forma esporádica y con un contingente reducido. Esos grupos se apartaron de la filosofía maoísta de Guzmán y en los últimos años su actividad principal ha sido el tráfico de drogas (el Departamento de Estado de EE UU ha confirmado el vínculo del grupo con el tráfico de drogas).

El último enfrentamiento grave en la región de Ayacucho se produjo en abril del 2009, cuando los rebeldes mataron a 13 militares. En agosto del 2011 hubo un incidente con unos turistas que hacían un exclusivo circuito a Choquequirao: se les pidió educadamente que entregaran sus objetos de valor para contribuir a la revolución.

Las noticias de la reaparición de Sendero Luminoso se multiplicaron de forma algo exagerada, porque su último líder, Florindo Flores Hala (alias Artemio), fue capturado en febrero del 2012. Pero, quizá para reclamar su relevancia, Sendero Luminoso llevó a cabo su acción más drástica en abril del 2012, cuando capturaron y mantuvieron como rehenes a 40 trabajadores de un remoto gasoducto transandino. Nadie resultó herido y se liberó a los rehenes a los pocos días.

En la actualidad, según el *Wall Street Journal*, solo quedan unos 500 miembros de Sendero Luminoso. Su actividad se centra en los remotos valles del Amazonas, como el del alto Huallaga, al norte de Tingo María, en el que, casualmente, hay amplias zonas de producción de cocaína que no son seguras para los turistas. Fuera de esas zonas, la amenaza a turistas es mínima y todo lo que se ha listado en este capítulo puede visitarse con tanta seguridad como en el resto de Perú. La aplastante mayoría de los peruanos, hay que recalcarlo, no muestra ninguna lealtad a Sendero Luminoso ni a la búsqueda por parte del ejército de lo que queda de él.

La primera carretera asfaltada que la conectó con el exterior (Lima) se inauguró en 1999, lo que da una idea de su aislamiento. Sin embargo, han encarado el s. XXI y tras la captura de Guzmán en 1992, vuelve a ser un lugar seguro. Sus gentes no hablan mucho de los tiempos oscuros de la década de 1980 y reciben a los viajeros con los brazos abiertos.

Puntos de interés

En Ayacucho hay interesantes iglesias y museos para visitar. Pero si bien los museos tienen horarios de apertura establecidos (con frecuencia alterados), las iglesias son completamente anárquicas. Algunas cuelgan un horario en la puerta, en otras hay que conformarse con lo que haya. Durante la Semana Santa las iglesias están abiertas casi todo el día, pero en otras épocas debe preguntarse en la oficina de turismo, que publica la guía Circuito religioso, con información sobre horarios de apertura. Asistir a una misa (normalmente 6.00-8.00 lu-sa) es un modo interesante de visitarlas.

La **plaza de Armas** (también conocida como plaza Mayor de Huamanga) es una de las más bonitas de Perú y un buen punto de partida para explorar la ciudad. Sus cuatro lados, empezando por el este, son el Portal Municipal, el Portal Independencia, el Portal Constitución y el Portal Unión. En los alrededores hay mansiones coloniales muy bonitas, como las oficinas del departamento de Ayacucho **(Prefectura)**. La oficina de turismo proporciona información sobre cómo visitar esos edificios, que a menudo están abiertos en horas de oficina.

Catedral IGLESIA

(Portal Municipal) Esta espectacular catedral del s. XVII de la plaza de Armas posee un museo de arte religioso. Su sombría fachada no hace honor a su complejo interior, y su ornamentado altar cubierto de pan de oro es uno de los mejores ejemplos del estilo barroco-churrigueresco (en cuyas cornisas y otros detalles de influencia española se mezclan con las andinas, visibles en las representaciones de animales). Ayacucho tiene otras iglesias de estilo churrigueresco. Para más información véase recuadro en p. 296.

Museo de la Memoria MUSEO
(Prolongación Libertad 1229; entrada 2 PEN; ⌚9.00-13.00 y 15.00-17.00) El museo más turbador de Ayacucho, centrado en el impacto que tuvo Sendero Luminoso en la ciudad más afectada por el conflicto, se encuentra en una poco práctica ubicación, 1,5 km al noroeste del centro. Sus sencillos expositores son emotivos: relatos de testigos directos de los horrores y un montaje fotográfico especialmente conmovedor de las madres cuyos hijos perecieron durante el conflicto.

Museo de Arte Popular MUSEO
(Portal Independencia 72; gratis; ⌚8.00-13.00 y 13.30-15.15 lu-vi) Cubre todo el espectro de arte popular ayacuchano: plata, tejido de alfombras y tapices, tallas en piedra y madera, cerámica (las maquetas de iglesias son muy populares) y los famosos **retablos**, coloridas cajas de madera de distintos tamaños, con maquetas de papel maché. Las escenas rurales peruanas o la natividad son las favoritas, pero también son interesantes las que muestran alusiones políticas o sociales. Las fotografías demuestran cuánto ha cambiado Ayacucho en el s. xx. El horario varía con frecuencia.

Museo Andrés Avelino Cáceres MUSEO
(Jirón 28 de Julio 508-512; entrada 4 PEN; ⌚8.00-12.00 o 9.00-13.00 y 15.00-17.00 lu-vi, 9.00-13.00 sa) Se emplaza en la casona Vivanco, una impresionante mansión del s. XVI. Andrés Cáceres, oriundo de Ayacucho, comandó las tropas peruanas en la Guerra del Pacífico (1879-1883) contra Chile. De ahí que el museo alberge mapas y parafernalia militar de la época, y también arte colonial; pregúntese por la pintura de la *Última cena*... ¡con cuy!

Museo Arqueológico Hipólito Unanue MUSEO
(entrada 4 PEN; ⌚9.00-13.00 y 15.00-17.00 ma-do) Está en el Centro Cultural Simón Bolívar de la universidad, situada a más de 1 km al norte del centro urbano, en Independencia. No tiene pérdida. La exposición es reducida y predomina la cerámica huari, aunque también hay reliquias religiosas de otras civilizaciones. En la universidad también se puede visitar la biblioteca, con una exposición gratuita de momias, calaveras y otras curiosidades. Los edificios están emplazados en un jardín botánico. El mejor momento para visitar el museo es por la mañana, ya que a veces el horario de la tarde no se respeta.

Mirador de Carmen Alto MIRADOR
Ofrece fabulosas vistas de Ayacucho y buenos restaurantes. Los taxis cobran 5 PEN para venir hasta aquí, pero se puede tomar un autobús desde el Mercado Central o venir andando (1 h).

Centro Turístico Cultural San Cristóbal PLAZA
(Jirón 28 de Julio 178) Es un edificio colonial transformado en un centro comercial. Aquí se pueden encontrar bares, restaurantes y cafeterías, así como galerías de arte, tiendas de artesanía y puestos de flores. Un buen sitio para pasar el día.

Plaza More PLAZA
(Jirón 28 de Julio 262) Similar al Centro Turístico Cultural San Cristóbal, pero mejor en cuestión de calidad y cantidad de restaurantes y tiendas.

Cursos

Via Via CURSO DE COCINA
(☎31-2834; www.viaviacafe.com; Portal Constitución 4) Ofrece clases de quechua (30 PEN/2 h) y cursos de cocina de especialidades de Ayacucho (50 PEN/4 h) El precio es por clases particulares, mucho más barato en grupos.

Circuitos

Hay varias agencias que organizan circuitos por la zona.

Wari Tours CIRCUITO DE AVENTURA
(☎31-1415; Lima 138) Circuitos multilingües profusos en experiencias a destinos regionales. Los de medio día cuestan 40 PEN.

Fiestas y celebraciones

La oficina de turismo es una buena fuente de información sobre las fiestas menos mayoritarias del departamento.

Semana Santa RELIGIOSA
Se celebra la semana anterior a la Semana Santa, es la mejor fiesta religiosa de Perú y atrae a visitantes de todo el país. La mayoría de los hoteles se llenan con mucha antelación, por lo que hay que reservar con tiempo.

IGLESIAS DE AYACUCHO

Ayacucho, "la ciudad de las iglesias", cuenta con más de 30 iglesias y templos. Como el viajero quizá no tenga tiempo de visitarlas todas, aquí se citan las más importantes.

Templo de San Cristóbal (Jirón 28 de Julio, cuadra 6) Data de 1540 y es la iglesia más antigua de la ciudad.

Iglesia de Santa Clara (Grau en Nazareno) La imagen de Jesús de Nazaret, en el interior, atrae anualmente a miles de peregrinos.

Iglesia de Santo Domingo (Jirón 9 de Diciembre esq. Bellido) Data de 1548 y es una de las iglesias más fotogénicas. Al parecer, fue construida con la piedra de una fortaleza inca y contiene algunos cuadros de estilo churrigueresco extraordinarios.

Iglesia de La Merced (Jirón 2 de Mayo en San Martín) Repleta de arte colonial, data de 1550. A su lado se halla uno de los conventos más antiguos de Perú (1540).

Iglesia de Santa Teresa (Jirón 28 de Julio) Suntuosa iglesia monasterio con un altar tachonado de conchas.

Iglesia de San Francisco de Asís (Jirón 28 de Julio) Sorprendente iglesia de piedra ubicada enfrente del mercado. Contiene retablos y junto a ella hay un bonito convento del s. XVII.

La oficina de turismo proporciona el listado de familias que ofrecen alojamiento.

iPerú publica un folleto gratuito cada año con los actos de la Semana Santa y el recorrido de las procesiones más importantes. Las fiestas empiezan el Viernes de Dolores, el anterior al Domingo de Ramos, y continúan hasta el Domingo de Resurrección. El primer viernes sale la procesión de la Virgen de los Dolores, en la que es costumbre infligir dolor a los penitentes arrojándoles pequeñas piedras con tirachinas. Hay que tener en cuenta que se considera penitente a cualquier asistente, y que los turistas extranjeros suelen ser buenos blancos.

Los días siguientes salen procesiones solemnes y coloridas y se celebran servicios religiosos de gran tradición. Culminan la víspera del Domingo de Resurrección con una gran fiesta que termina al amanecer con fuegos artificiales para celebrar la resurrección de Cristo. Si se desea participar hay que tomar precauciones, ya que la fiesta es desenfrenada. La delincuencia aumenta durante estos días: suelen producirse más robos y violaciones.

Además de los servicios religiosos, la Semana Santa ayacuchana incluye exposiciones de arte, concursos de danzas regionales, conciertos de música local, eventos callejeros, competiciones deportivas (sobre todo ecuestres), ferias agrarias y la elaboración de platos tradicionales.

Dónde dormir

En esos días la oferta de alojamientos no es escasa, pero, además de los muchos hoteles pequeños y hospedajes (pequeñas pensiones familiares) normalmente con instalaciones limitadas, ofrece un creciente número de opciones más lujosas (aunque a precio razonable) con comodidades como agua caliente a todas horas. En Semana Santa los precios suben entre un 25% y un 75%.

Hotel Sevilla HOTEL $$

(31-4388; www.hotelsevillaperu.com; Jirón Libertad 635; i/d desayuno incl. 60/95 PEN;) Es nuevo y uno de los mejores, más luminosos y con mejor relación calidad-precio de Ayacucho. Sus acogedoras habitaciones cuentan con escritorios, pequeñas neveras y microondas y están apartadas de la calle, cruzando un patio. Lo más importante es que los propietarios saben cómo cuidar a sus huéspedes. Está acondicionando un restaurante.

Via Via HOTEL $$

(31-2834; www.viaviacafe.com; Portal Constitución 4; i/d/ste 90/120/130 PEN;) La opción de alojamiento más imaginativa es este nuevo hotel, con una envidiable ubicación en la plaza y habitaciones con decoración alegre y temática de diferentes continentes. Los viajeros sienten que han llegado a un verdadero oasis: cuenta con techo solar, una sala con hamacas y un patio central lleno de plantas.

Hostal Tres Máscaras PENSIÓN $

(31-2921; Tres Máscaras 194; i/d 40/50 PEN, i/d sin baño 18/30 PEN) Con su fresco jardín vallado y su amable personal, es muy agradable para alojarse. Hay agua caliente por las mañanas; más tarde, deberá solicitarse. Una habitación con TV cuesta 5 PEN más. Se puede tomar desayuno continental/estadounidense por 6/7 PEN.

Hotel Santa Rosa HOTEL $$
(☎31-4614; Lima 166; ; i/d desayuno incl. 85/125 PEN; 📶) Este amplio hotel con dos patios gemelos a menos de una cuadra de la plaza de Armas ofrece habitaciones espaciosas, aireadas y bien amuebladas. Algunas cuentan con nevera (un lujo en los Andes Centrales) y todas tienen TV, reproductor de DVD y teléfono. Los baños son grandes y hay agua caliente en las duchas. Tiene un restaurante decente a buen precio.

Hostal El Marqués de Valdelirios PENSIÓN $
(☎31-7040; Bolognesi 720; i/d 50/70 PEN) Este bonito edificio colonial se halla a unos 700 m del centro. Cuenta con un verde jardín donde se sirven comidas. El tamaño y las prestaciones (vistas, balcones, teléfono) de los cuartos varían mucho, pero todos tienen un mobiliario elegante, televisión por cable y ducha de agua caliente.

Hotel Sierra Dorada HOTEL $$
(☎31-9639; www.sierradorada.com.pe; parque del Colegio de Ingenieros; i/d desayuno incl. 90/140 PEN; 📶) Hotel orientado a ejecutivos en un edificio color amarillo intenso situado en una tranquila zona residencial 2 km al norte de la plaza. Las habitaciones no fascinan, pero son muy cómodas.

Hostal Florida PENSIÓN $
(☎31-2565; fax 31-6029; Cuzco 310; i/d 35/50 PEN) Esta pensión orientada a viajeros ofrece un relajante patio ajardinado y habitaciones limpias (las del piso superior son mejores) con baño, TV y agua caliente por la mañana, por la tarde hay que solicitarla. Tiene también un café sencillo.

Hotel San Francisco de Paula HOTEL $$
(☎31-2353; www.hotelsanfranciscodepaula.com; Callao 290; i/d desayuno incl. 70/90 PEN; 📶) Este laberíntico y anticuado hotel no llama la atención, pero es correcto, con zonas comunes decoradas con extraño arte indígena. Tiene restaurante y bar, y unas habitaciones de buen tamaño, embaldosadas, con las habituales instalaciones de precio medio. Las dobles que dan al exterior son mejores que las individuales del interior, que pueden ser diminutas.

Hotel La Crillonesa HOTEL $
(☎31-2350; Nazareno 165; i/d 30/40 PEN) Práctico y popular hotel que ofrece terraza en la azotea con vistas fotogénicas, salón de TV, información sobe circuitos y agua caliente las 24 horas. Sus pequeñas y limpias habitaciones cuentan con camas confortables y televisión por cable, que generalmente funciona. Las mejores son las superiores.

La Colmena Hotel HOTEL $
(☎31-1318; Cuzco 140; i/d 40/60 PEN) En un excelente edificio renovado, este popular hotel suele estar lleno a primera hora de la tarde, porque es uno de los veteranos y por su proximidad a la plaza. Cuenta con un popular restaurante y un agradable patio.

Hostal Ayacuchano HOTEL $
(☎31-9891; Tres Máscaras 588; i/d 15/30 PEN) Habitaciones amplias, bien amuebladas, con televisión por cable y algunas con balcón. No todas las individuales tienen baño privado, pero los baños de algunas de las dobles son espaciosos, con elementos modernos y agua caliente.

Hotel Santa María HOTEL $$
(☎/fax 31-4988; Arequipa 320; i/d 95/125 PEN; 📶) Inaugurado durante el *boom* hotelero de finales de la década de 1990, parece haber acertado con la fórmula. Por fuera impresiona, y aunque el interior es un tanto austero, las habitaciones son cómodas, bastante amplias y están decoradas con buen gusto.

Hostal Marcos PENSIÓN $
(☎31-6867; Jirón 9 de Diciembre 143; i/d desayuno incl. 40/80 PEN) Ofrece doce impolutas habitaciones en un pequeño edificio algo aislado en un callejón, claramente indicado en Jirón 9 de Diciembre. Las habitaciones cuentan con agua caliente las 24 horas y televisión por cable.

Dónde comer

Entre los platos regionales se encuentra la puca picante (estofado de carne de cerdo con patatas, una salsa picante de ají, cacahuete rojo y pimienta) servida con arroz; la patachi (sopa de trigo con alubias, patatas deshidratadas y cordero o res); y el mondongo (sopa de maíz cocinada con cerdo o ternera, pimientos rojos y menta fresca). Los chicharrones y el cuy también abundan, por lo que los vegetarianos no lo tienen fácil: los chifas son la mejor opción. En el Centro Turístico San Cristóbal, algunos establecimientos exclusivos ofrecen comida de calidad en un ambiente

LOS HUARIS

Antes de que los incas gobernaran las tierras altas peruanas, los huaris eran la cultura dominante. Su imperio se extendía al norte, más allá de Chiclayo, y al sur, hasta el lago Titicaca; su capital estaba en la pampa, por encima de Ayacucho. Su hegemonía abarca desde el año 600 al 1100, período durante el cual controlaron otros muchos asentamientos antes ocupados por los moches del norte de Perú, comerciaron con la cultura Tiwanaku (o Tiahuanaco) del sur y establecieron un núcleo de poder en Cuzco.

Los huaris se impusieron gracias al desarrollo de una serie de centros administrativos clave en regiones topográficamente opuestas: Moquegua en la costa sur de Perú, Piquillacta cerca de Cuzco y Viracochapampa en las tierras altas del norte. Esto impulsó el comercio de recursos como la coca, el algodón y el maíz. En su apogeo, el imperio gozó de una riqueza sin precedentes entre las civilizaciones peruanas.

La capital, hoy en día un conjunto de ruinas 22 km al noreste de Ayacucho, albergó a unas 50 000 personas y estuvo dividida en sectores destinados a la agricultura, talleres y un gran área para el entierro de los dignatarios (en el llamado sector Cheqowasi). Los huaris planificaban a lo grande. Su estilo arquitectónico en los espacios públicos era una expresión de poder, donde probablemente se relacionaban los nobles, con plataformas diferentes para la jerarquía según la edad. También destacaron en la cestería y en la cerámica, muy característica, prueba de una sofisticada relación comercial con las culturas vecinas como la de Tiwanaku.

Sin embargo, hacia el año 1000, y por razones que se desconocen, el imperio entró en un período de decadencia. Una hipótesis apunta a que la defensa nunca fue una prioridad, por lo que sus edificios eran vulnerables a los ataques. Sin embargo, su legado de carreteras y asentamientos fue tan importante que siguió siendo utilizado por el Imperio inca casi 500 años después.

pintoresco, aunque turístico, mientras que la plaza More, bajando la calle, ha subido de categoría y ofrece restaurantes para *gourmets:* un indicador de los cambios en Ayacucho. Después de todo, ¿cuántas ciudades de los Andes cuentan con un barrio gastronómico?

Via Via INTERNACIONAL **$$**

(☎31-2834; Portal Constitución 4; platos ppales 14-24 PEN; ⊙10.00-22.00 lu-ju, hasta 24.00 vi y sa) Con un balcón en el piso superior que da sobre la plaza, el Via Via tiene las mejores vistas (y los precios más altos). Se abastece de productos de cultivo ecológico –sus albóndigas picantes son muy tentadoras–, pero sirve cocina de fusión peruano-europea, por lo que siempre se encuentra algo que sacie (como el quinnoto, un risotto de quinua, o salteado de alpaca) y un refrescante vino sudamericano (desde 30 PEN).

Mamma Mia ITALIANA **$$**

(Jirón 28 de Julio 262; pizzas 18-25 PEN; ⊙16.00-24.00) No hay que hacer caso a los cientos de establecimientos que ofrecen pizza en Ayacucho (siguen el ejemplo de Cuzco): este es el único que merece la pena. Su propietario ucraniano ha invertido su extensa experiencia hostelera en crear este evocador local en el que relajarse por la tarde con un café de verdad y buenos pasteles, o acudir después para tomar unas deliciosas pizzas y pastas. Se redondea con un cóctel Mamma Mia: vodka, ron de coco, aguardiente de melocotón y melón.

Café Miel CAFÉ **$**

(Portal Constitución 4; tentempiés desde 2 PEN; ⊙10.00-22.00) Recomendado sobre todo para tomar el desayuno, con un ambiente animado y manteles a cuadros; tiene unas ensaladas de fruta fantásticas, y el mejor café de Ayacucho (recién hecho). Sirven unos almuerzos consistentes, y también un magnífico pastel de chocolate.

El Niño PARRILLA **$**

(Jirón 9 de Diciembre 205; platos ppales 10-20 PEN; ⊙11.00-14.00 y 17.00-23.00) Ubicado en una mansión colonial, tiene mesas en un bonito patio. La especialidad es la parrilla y ofrece variados platos de cocina peruana. La parrillada individual es buena, y puede ser compartida por dos comensales moderados. Es uno de los mejores restaurantes de la ciudad.

La Casona PERUANA **$**

(Bellido 463; platos ppales 12-22 PEN; ⊙7.00-22.30) Muchos viajeros recomiendan este popular restaurante, en un patio con mucho ambiente, por sus generosas raciones. Sirve comida peruana, como su excelente lomo saltado, y a menudo especialidades regionales. El servicio ha mejorado desde la última visita de los autores de esa guía.

Recreo Las Flores PERUANA $
(Jirón José Olaya 106; comidas 12-21,50 PEN; ⌚8.00-18.00) Cuy, cuy y más cuy. A veces es un alivio tener menos opciones en la carta (se elige más deprisa), algo cierto en este recreo (restaurante rústico). Su interior recuerda a una enorme cafetería estilo comunista, sensación que desaparece al acercarse a las ventanas. Este y otros establecimientos cercanos forman el "Barrio Gastronómico", en Conchapata, al sur del centro.

Creamz HELADOS $
(Psj. Próceres 114; helado 8 PEN; ⌚10.00-9.00) Sus sabores incluyen chocolate belga, chicha morada (icónica bebida peruana de maíz morado, dulce y sin fermentar) y Baileys: también sirve verdadero café de cafetera.

Restaurant Los Álamos PERUANA $
(Cuzco 215; platos ppales 12-20 PEN; ⌚7.00-22.00) Ubicado en el atractivo patio del hotel del mismo nombre, cuenta con buen servicio, una extensa carta de opciones peruanas y algunos platos vegetarianos; a veces por las noches hay músicos.

Wallpa Sua COMIDA RÁPIDA $
(calle de la Vega 240; platos ppales 8-20 PEN; ⌚18.00-23.00 lu-sa) Excelente, popular y concurrido restaurante de pollo, con un cuarto de pollo con patatas fritas desde 8 PEN.

Dónde beber y ocio

Es una importante ciudad universitaria, por lo que ofrece varios bares-club en los que bailar o tomar una copa, en su mayoría destinados a estudiantes. Pregúntese en la oficina de turismo por la última peña (bar o club con música folclórica en directo).

Taberna Magia Negra BAR
(Jirón 9 de Diciembre 293; ⌚16.00-24.00 lu-sa) Es más veterano que la mayoría y la gente joven prefiere locales nuevos, pero este bar-galería de arte ofrece obras de arte locales, cerveza, pizza y buena música.

The Rock CLUB
(Cáceres 1035; ⌚hasta 2.00 mi-sa) Es la discoteca más animada, conocida localmente como Maxxo, donde extranjeros y lugareños van a mover el esqueleto. Hay otra discoteca en la misma manzana donde suena sobre todo salsa.

Tupana Wasi MÚSICA EN DIRECTO
(Jirón 9 de Diciembre 206, 2º; ⌚19.00-late lu-sa) Buenos grupos en directo, desde música folclórica a rock.

De compras

Ayacucho es un renombrado centro de artesanía; una visita al Museo de Arte Popular da una idea de la oferta local. La oficina de turismo puede informar sobre artesanos a quienes les encanta recibir a los visitantes en sus talleres. El barrio de Santa Ana es conocido sobre todo por su artesanía: hay varios talleres en la plazuela Santa Ana. El **mercado de artesanía** (Independencia esq. Quinua) está abierto todo el día.

Edwin Pizarro ARTESANÍA
(☎96-618-0666) Los retablos de este taller del barrio de Belén están muy recomendados. Edwin está considerado como uno de los mejores artesanos de esa especialidad y personaliza sus encantadoras creaciones añadiendo figuras relacionadas con el cliente. Queda a 15 minutos a pie del centro de Ayacucho (frente al templo de Belén) y no es fácil de encontrar: ir en taxi es buena idea.

Información

Hay cibercafés en casi todas partes, en especial en el tramo peatonal de Jirón 9 de Diciembre. La mayoría de los hoteles ofrecen wifi.

BCP (Portal Unión 28) Cajero automático Visa.

Clínica de La Esperanza (☎31-7436; Independencia 355; ⌚8.00-20.00)

Inka Farma (Jirón 28 de Julio 250; ⌚7.00-22.30) Farmacia.

Interbank (Jirón 9 de Diciembre 183)

iPerú (☎31-8305; iperuayacucho@promperu.gob.pe; plaza Mayor, Portal Municipal 45, Municipalidad Huamanga; ⌚9.00-18.00 lu-sa, hasta 13.00 do) Es una de las mejores oficinas de turismo de Perú. Consejos prácticos.

Policía (Jirón 28 de Julio 325; ⌚24 h)

Lavandería Arco Iris (Bellido 322) Servicio de lavado y secado, y limpieza en seco.

Cambio de moneda (Portal Constitución) En la esquina suroeste de la plaza de Armas.

Policía de Turismo (☎31-7846; Jirón 2 de Mayo 100; ⌚7.30-20.00)

Correos (Asamblea 293; ⌚8.00-20.00 lu-sa) A 150 m de la plaza de Armas.

Cómo llegar y desplazarse

Avión

El aeropuerto está a 4 km del centro de la ciudad. Un taxi cuesta unos 10 PEN. Los horarios de los vuelos y las líneas aéreas pueden cambiarse sin previo aviso, así que conviene comprobar la información en la página web de la línea aérea para asegurarse. **Star Perú** (☎31-3660; Jirón 9 de Diciembre 127) ofrece vuelos diarios a Lima a las 6.50 y **LC Peru** (☎31-6012; Jirón 9 de Diciembre 160) a las 17.00.

Autobús

La mayoría de los autobuses (a destinos de largo recorrido hacia el norte y sur) llegan y salen de la terminai terrestre del norte de la ciudad, aunque se pueden comprar billetes en las oficinas del centro (al comprarlos pregúntese de dónde sale el autobús). Un taxi cuesta 8 PEN. La terminal terrestre zona sur se ocupa de los destinos regionales al sur de Ayacucho.

Las conexiones de transporte con Lima son por la espectacular y relativamente rápida autopista 24, que atraviesa los Andes pasando por Rumichaca hasta Pisco. Hay más salidas nocturnas que diurnas, pero los viajes de día son más interesantes, ya que se puede contemplar el paisaje. Conviene prestar atención a la hora de escoger el autobús y la empresa. Los precios de los billetes a/desde Lima oscilan entre los 30 PEN para un asiento normal hasta los 60 PEN por una butaca reclinable en la que se puede dormir. El viaje tarda una media de unas 9 horas. Es recomendable llevar ropa de abrigo si se viaja de noche. Las siguientes salidas se efectúan desde la terminal terrestre, a menos que se indique lo contrario.

Expreso Molina (☎31-9989; Jirón 9 de Diciembre 459-73) es una buena opción para ir a Lima. Hay dos salidas diarias y no menos de siete nocturnas, con un servicio "especial" más cómodo, con cama. **Expreso Internacional Palomino** (☎31-3899; Manco Cápac 255) también ofrece un servicio vespertino con cama. Otra opción barata fiable es **Turismo Libertadores** (☎31-3614; Manco Cápac 295).

Por supuesto, toda regla tiene su excepción y **Cruz del Sur** (☎31-2813; Cáceres 1264), el servicio más elegante de Lima, sale de su propia terminal. También cobra los precios de su compañía: 67 PEN arriba o 97 PEN abajo por asientos semirreclinables/reclinables.

Viajar a otros destinos andinos al sur o al norte es complicado. Muchas carreteras no están asfaltadas y se inundan en temporada de lluvias. Los destinos de esta categoría incluyen Andahuaylas, Abancay y Cuzco en el sureste y Huancayo en el norte. Hay que estar preparado para los retrasos. La carretera a Andahuaylas/Abancay/Cuzco está

ALREDEDORES DE AYACUCHO

Los alrededores de Ayacucho ofrecen varias excursiones interesantes, que abarcan la historia regional, desde los tiempos preincaicos a la independencia peruana. Para más información sobre cómo llegar a los siguientes destinos véase arriba. Se puede ir en excursiones de un día con las agencias de Ayacucho por 60 PEN/persona.

Las amplias **ruinas huari** (entrada pequeño museo incluido 3 PEN; ⌚8.00-17.30), a 20 km por encima de Ayacucho por la carretera a Quinua, son algunos de los restos más importantes de la cultura huari (véase recuadro en p. 298), repartidas en campos de extraños cactus opuntia: un lúgubre punto desde el que contemplar la otrora poderosa civilización. Conviene no buscar transporte de regreso muy tarde, los vehículos se llenan.

A 17 km de las ruinas huari se encuentra el bonito pueblo de **Quinua**, con un **museo** (entrada 5 PEN) con un horario imprevisible, que expone reliquias de la batalla por la independencia más importante que se libró en este lugar. Junto al museo se puede ver el salón donde las tropas realistas españolas firmaron su rendición, que puso fin al virreinato del Perú. El **obelisco** (entrada PEN1) blanco de 40 m de altura, que se ve a varios kilómetros de distancia al acercarse a Quinua, está 15 minutos a pie por encima del pueblo, yendo por Jirón Sucre, y conmemora la batalla de Ayacucho, el enfrentamiento decisivo de la guerra de independencia peruana. Desde allí se puede ir a **caballo** hasta unas cascadas aptas para nadar. Toda esta zona –300 Ha del **Santuario Histórico Pampas de Ayacucho**– está protegida.

Las ruinas de **Vilcashuamán**, un antiguo bastión inca (considerado el centro geográfico del Imperio inca), está 115 km al sur de Ayacucho. De su pasada magnificencia ha sobrevivido poco más que una pirámide de cinco pisos llamada *usnu*, coronada por un enorme doble trono de piedra tallada. Desde el desvío a Vilcashuamán solo hay 2 km a **Vischongo**, donde puede pernoctarse (alojamientos básicos). También se puede hacer una excursión de 1½ hora al **bosque de puyas titanca** (véase p. 530).

mejorando y se ha asfaltado en parte. **Expreso Turismo Los Chankas** (Manco Cápac 450), ofrece cuatro salidas diarias a Cuzco (65 PEN, 14-16 h) y Andahuaylas (35 PEN, 6 a 7 h). Es un viaje largo y duro, pero se puede parar y descansar en Andahuaylas. Las salidas se realizan desde la oficina del centro de la ciudad. Conviene saber que en el servicio nocturno a veces se producen robos: se aconseja viajar de día.

Expreso Molina es la mejor opción para ir a Huancayo (30-40 PEN, 9-12 h), con una salida diaria y cinco nocturnas. Los servicios más caros (y largos) se hacen por una ruta más segura vía Rumichaca. El servicio más barato, que incluye la salida durante el día, es una ruta dura (aunque espectacular) de 250 km, solo para los más audaces. Unos 200 de esos kilómetros transcurren por una carretera estrecha, con baches y sin asfaltar entre Huanta y Mariscal Cáceres por el salvaje valle del río Mantaro. En algunas ocasiones la carretera circula por la cima de acantilados sin quitamiedos, con nada más que el vacío entre el autobús y el agitado río al fondo. Si se sufre de vértigo, hay que sentarse en el lado derecho del autobús.

Debe hacerse transbordo en Huancayo para tomar los servicios que llegan hasta Huánuco, Tingo María, Pucallpa y Satipo.

Expreso Molina ofrece salidas nocturnas a Huancavelica. Para viajar durante el día hay que tomar un microbús a Julcamarca, desde donde hay más microbuses a Lircay y después a Huancavelica. Es un viaje muy atractivo, pero se va apretado y es incómodo.

La nueva terminal terrestre zona sur ha puesto orden a las salidas regionales hacia el sur. Los autobuses a Vischongo (10 PEN, 4 h) salen desde allí, y suelen ser por la mañana. Hay también autobuses a Vilcashuamán (14 PEN, 5 h) casi cada hora de 5.00 a 9.00. Un taxi hasta la terminal cuesta 4 PEN.

Hay camionetas y autobuses a muchos pueblos cercanos, como Quinua (3 PEN, 1 h) y las ruinas huari (3 PEN, 40 min), que salen del Paradero Magdalena, en la rotonda del extremo este de la calle Cáceres.

AL NORTE DE TARMA

La autopista pasa por algunos de los paisajes más inhóspitos y más exuberantes de Perú en relativamente poco tiempo. Al subir al Altiplano, se pasa por Junín, situado en la parte sur del lago epónimo, antes de seguir ascendiendo dando tumbos hasta llegar a la ciudad más alta de Perú, la impresionante ciudad minera de Cerro de Pasco. Después la carretera desciende hacia Huánuco, punto de partida para hacer unas fabulosas excursiones arqueológicas, antes de bajar de nuevo a la ceja de la selva en la tropical Tingo María.

Acobamba

064 / ALT. 2950 M

La pintoresca Acobamba, a unos 9 km de Tarma, se ha beneficiado de su proximidad con el **Señor de Muruhuay**, un famoso santuario blanco visible en una montaña a 1,5 km.

Es uno de los principales lugares de peregrinación de Perú, construido en torno a una roca con una imagen de Cristo crucificado. Se dice que la imagen se apareció a unos enfermos de viruela durante una epidemia regional, y que los curó cuando habían sido desahuciados. Los historiadores afirman que la cruz fue tallada con una espada por un oficial realista, uno de los pocos supervivientes tras perder la batalla por la independencia de Junín, aunque esta historia tiene menos adeptos y las leyendas sobre la imagen milagrosa persisten. Una pequeña capilla reemplaza la antigua cabaña con techo de paja que había en 1835 y el actual santuario, inaugurado en 1972, es un edificio moderno con un campanario controlado de forma electrónica y decorado con enormes tapices de San Pedro de Cajas.

La fiesta del Señor de Muruhuay, que tiene lugar durante el mes de mayo, se celebra anualmente desde 1835. Hay servicios religiosos, procesiones, bailes, fuegos artificiales y gran oferta de productos locales. Las paradas venden *chicha* (cerveza de maíz) y cuy, que se recomienda tomar con cautela a menos que uno esté muy curtido. Los visitantes suelen alojarse en la cercana Tarma, aunque Acobamba dispone de algunos establecimientos.

San Pedro de Cajas

064

A 40 km por encima de Tarma, en las montañas, el tranquilo pueblo de San Pedro es el centro de producción de los mejores tapices del país. Casi todo el pueblo se dedica a tejer estos tapices de alta calidad que representan escenas conmovedoras de la vida rural peruana. Se puede observar a los lugareños tejiendo en los talleres que hay en torno a la plaza de Armas: es una de las mejores opciones de contemplar y adquirir esos productos artesanos.

La **Casa del Artesano** (plaza de Armas; 9.00-19.00) es uno de sus talleres más grandes. En la misma calle, bajando desde

¿MINERÍA O SOCAVAMIENTO? LOS PROBLEMAS DE LA RIQUEZA MINERAL DEL ALTIPLANO

La minería es la principal fuente de riqueza de Perú y el centro del Altiplano acapara gran parte de ella. Pero los beneficios que proporciona la extracción de zinc, plomo, plata, cobre y oro (Perú está entre los cuatro mayores exportadores del mundo de esos minerales) suscita interrogantes sobre su distribución y el detrimento que causa al medioambiente. Además, los centros mineros más importantes se encuentran en las zonas más pobres y más contaminadas del país, si no del continente. La extracción o el procesamiento del mineral representa el sustento económico de Cerro de Pasco (una de las mayores minas de zinc y plomo de Sudamérica) y de La Oroya (el principal centro de fundición del Altiplano).

Aunque también puede ser la ruina de esos lugares. El nivel de contaminación es muy alto: La Oroya entró hace poco en la lista de zonas más contaminadas del mundo del Blacksmith Institute, y Doe Run, la compañía que posee la fundición de La Oroya, puso fin a su producción cuando se elaboró esa lista, aunque los residentes han reclamado su reapertura a pesar del riesgo.

Se informa sobre las huelgas por las condiciones laborales y de vida, pero es dolorosamente evidente lo que la gente está dispuesta a soportar para conservar su trabajo en la industria. Y aún más en Cerro de Pasco, donde el pozo propiedad de Volcán Compañía Minera está en medio de la población (irónicamente se la llama la mayor plaza de Armas de Perú). No solo 9 de cada 10 niños tienen niveles de minerales por encima de la media en su sangre (según el estudio realizado por los Centros para el Control de Enfermedades de EE UU), sino que la mayoría del agua disponible se destina a la mina y la de las cañerías solo está disponible unas horas. Gran parte de la población vive en la pobreza. Con todo, existe un peligro más inminente. Las casas se agrupan en torno a la mina y el hundimiento del agujero junto a esas propiedades supone un problema. En el 2008, se permitió que Volcán comprara una parte del centro histórico de la ciudad. Ahora que el pozo está listo para devorar el centro de Cerro de Pasco, el Congreso peruano ha aprobado un proyecto de ley que propone una osada y costosa solución al problema: trasladar la ciudad a 20 km de distancia. Pero, según los funcionarios, costará 500 millones de dólares y más de una década. Y el tiempo, para muchos, se está agotando. Hay que verlo. Puede que pronto Cerro de Pasco no exista: víctima, como muchos pueblos mineros peruanos, de su éxito.

la plaza, hay hospedajes básicos que ofrecen habitaciones. Los colectivos desde Tarma (5 PEN, 1 h) van con regularidad a San Pedro.

A 28 km subiendo hacia San Pedro (nada más pasado el pueblo de Palcomayo) se llega a la **gruta de Huagapo**, una enorme cueva subterránea de piedra caliza, una de las más grandes de Perú. Para recorrerla adecuadamente se necesita equipo de espeleología y experiencia: las instalaciones para turistas se limitan a unas cuantas cuerdas. Contiene cascadas, se angosta y tiene secciones bajo el agua (imprescindible equipo de submarinismo). Se puede recorrer una corta distancia, pero pronto se necesita equipo.

Junín y alrededores

☎064 / ALT. 4125 M

En la cercana pampa de Junín, 55 km al norte de La Oroya, se libró una de las más importantes batallas por la independencia de Perú. En el **Santuario Histórico Chacamarca**, de 25 km², hay un monumento que conmemora este hecho, a 1,5 km de la carretera principal.

En el pueblo de Junín hay hospedajes básicos, con agua fría, que cobran unos 15 PEN por habitación.

A unos 10 km pasado el pueblo se halla el **lago Junín**, que con 30 km de longitud y 14 km de ancho es el mayor del país después del Titicaca. A más de 4000 m de altitud, es el lago más alto de estas dimensiones de toda América, y es conocido por su riqueza ornitológica. Algunos estudiosos afirman que la zona alberga una población permanente de más de un millón de aves. Entre ellas figura una de las especies más raras de Occidente, el zampullín de Junín, y entre los habitantes no alados del lugar, el cuy salvaje. Es una zona poco frecuentada, que se recomienda a todos los interesados en la observación de aves acuáticas y costeras de los Andes. El lago y sus aledaños pertenecen a los 53 km² de la **Reserva Nacional Junín**. Para llegar, hay que tomar un colectivo desde el pueblo de Junín que recorre 5 km al norte de Junín hasta el caserío de **Huayre**; desde allí, un sendero de 1,5 km conduce al lago. Es muy difícil visitarlo o incluso verlo de otra forma, porque está rodeado de pantanos cenagosos.

La amplia y alta puna de esta zona es desoladora, ventosa y muy fría; conviene ir bien abrigado y protegido contra el viento. Los autobuses cubren con frecuencia esta ruta camino de Junín: obsérvense los fugaces rebaños de llamas, alpacas y ovejas.

Cerro de Pasco (Cerro)

☎063 / 66 860 HAB. / ALT. 4333 M

Con una altitud que induce al mal de altura, y un clima helado y lluvioso, este asentamiento minero del Altiplano no va a ser nunca un destino turístico popular. Sin embargo, la primera impresión que causa es de asombro: sus casas y calles se extienden en desorden alrededor de un sorprendente agujero artificial en las montañas yermas, de varios kilómetros de amplitud. Los españoles descubrieron plata en el s. XVII, lo que, junto con sus otras riquezas minerales (véase recuadro en p. 302), lo ha convertido en un lucrativo activo peruano. Últimamente también se ha esforzado en mejorar su imagen y ofrece hoteles decentes para distraer la atención del frío y del industrial clamor. Aparte de ser el lugar más alto del mundo por su tamaño, atrae a algún viajero que lo usa de trampolín para visitar algunas de las formaciones rocosas más espectaculares de Perú. Si se viaja en taxi colectivo por el Altiplano, este es también un lugar adecuado para las conexiones. Debido a su altitud, el oxígeno escasea y las noches son muy frías.

El dinero se cambia en **BCP** (Arenales 162), que cuenta con cajero automático. Está bajo el Hotel Arenales, junto a la estación de autobuses. Hay servicio de urgencias médicas en la **Clínica Gonzales** (☎42-1515; Carrión 99).

Subiendo desde la estación de autobuses, en la plaza Daniel Carrión, el **Hostal Santa Rosa** (☎42-2120; Libertad 269; i/d sin baño 14/20 PEN) ofrece habitaciones básicas y espaciosas que comparten tres baños y una muy preciada ducha de agua caliente. Su propietario es guía y proporciona información sobre cómo visitar las formaciones rocosas del Santuario Nacional Huayllay (véase recuadro abajo). Al otro lado de la plaza se encuentra el alegre y nuevo **Plaza Apart Hotel** (☎42-3391; Prado 118; i/d 80/100 PEN), con acogedoras y amplias habitaciones bien equipadas y televisión por cable, y junto al mejor lugar para comer.

La terminal de autobuses, a cinco cuadras al sur de la plaza de Armas, ofrece autobuses a Huánuco (10 PEN, 3 h), Huancayo (15 PEN, 4 h), Lima (25-40 PEN, 8 h), La Oroya (10 PEN, 2½ h) y Tarma. También hay microbuses a Tarma (6 PEN, 3 h). Los colectivos desde la terminal de autobuses, más rápidos, cobran 20 PEN por ir a Huánuco o Tarma: en el viaje a este último, casi seguro que se hace un transbordo en El Cruce, donde se bifurca la carretera a Tarma.

Huánuco

☎062 / 170 000 HAB. / ALT. 1894 M

Huánuco se encuentra en la importante ruta inca que va de Cuzco a Cajamarca. Era un

MERECE LA PENA

SANTUARIO NACIONAL HUAYLLAY

Una carretera poco transitada sale de Cerro de Pasco hacia el suroeste, hasta Lima, y pasa cerca de Huayllay, una aldea próxima al **Santuario Nacional Huayllay**, de 6,8 km², llamado también "*bosque de piedras*". Es el conjunto de rocas más alto y grande del mundo: sus formaciones afloran de una pampa desolada, con formas que recuerdan a un elefante, una corona real y una alpaca de un aspecto casi real. Es una zona ideal para la escalada. En el santuario también hay baños termales y pinturas rupestres prehistóricas, aunque quizá se necesite un guía para encontrarlas. Raúl Rojas, del Hostal Santa Rosa de Cerro de Pasco, es un guía recomendado (40 PEN/persona). La visita se puede hacer por libre (el acceso al santuario está antes de llegar al pueblo de Huayllay, a 25 km por la carretera de Cerro a Lima) tomando un colectivo desde el parque Minero de Cerro de Pasco, cerca de la terminal de autobuses (6 PEN, de 30 a 40 min). Viajes por cuenta propia: los intrépidos pueden optar por ir hacia Lima desde aquí, pasando por el ondulado valle del Chillón y los pueblos de **Obrajillo** y **Canta**, que ofrecen espectaculares cascadas, paseos a caballo y excursionismo.

Huánuco

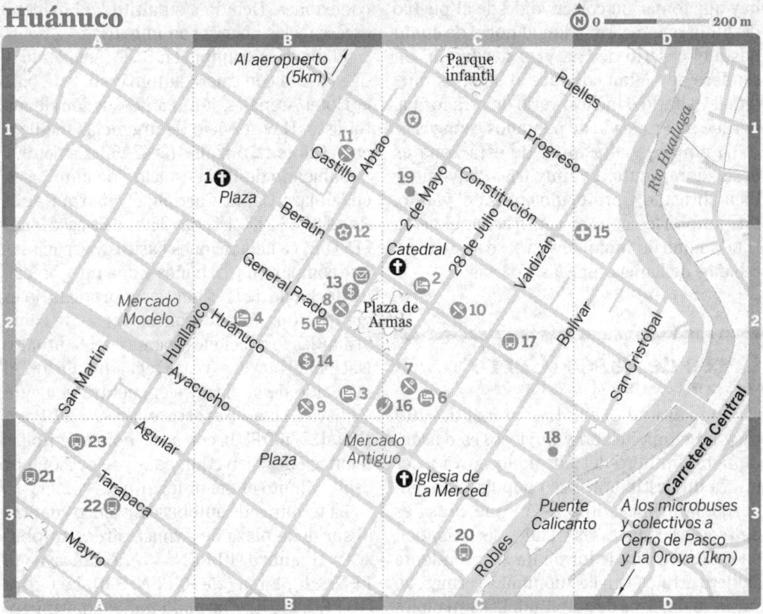

Huánuco

Puntos de interés
1 Iglesia San Francisco B1

Dónde dormir
2 Grand Hotel Huánuco C2
3 Hostal Huánuco B2
4 Hotel Imperial B2
5 Hotel Trapiche Suites B2
6 Sosa Hotel C2

Dónde comer
7 Chifa Khon Wa C2
8 Hotel Real Cafe B2
9 Huapri B2
10 La Piazzetta C2
11 Lookcos Burger Grill B1

Ocio
12 Anambique B2

Información
13 Banco Continental B2
14 BCP B2
15 Hospital Nacional Hermillo Valdizán D2
16 Locutorio público C2

Transporte
17 Bahía Continental C2
18 Comité Autos N° 5 .... C3
19 LC Peru C1
20 León de Huánuco C3
21 Marañon Express A3
22 Turismo Central A3
23 Turismo Unión A3

asentamiento clave al norte del imperio, y creció como núcleo principal de la ruta. Los incas eligieron como su enclave regional a Huánuco Viejo, 150 km al oeste, pero en 1541 su ubicación desprotegida urgió a los españoles a desplazar la población a su actual emplazamiento a orillas del río Huallaga. Poco queda de su pasado colonial, pero la abundancia de restos arqueológicos en las montañas de los alrededores es motivo suficiente para detenerse en este concurrido pueblecito. Los lugareños aseguran que la altitud de Huánaco es perfecta y que tiene el mejor clima de Perú; y viniendo del Altiplano, realmente es balsámico. Es una buena base y un lugar agradable en la ruta selvática de Lima a Pucallpa. Cerca se encuentra uno de los yacimientos arqueológicos andinos más antiguos de Perú, el templo de Kotosh (también llamado templo de las Manos Cruzadas), y en lo alto de las montañas, las aún más impresionantes ruinas de Huánuco Viejo y Tantamayo.

Puntos de interés

En la propia ciudad escasean: se puede visitar la **iglesia San Francisco** (Huallayco esq. Beraún), si está abierta. Es una de las más bonitas de Huánuco, con ricos altares de estilo barroco e interesantes cuadros de la escuela cuzqueña, pero no hay que hacerse muchas ilusiones.

Templo de Kotosh RUINAS
(entrada circuito guiado incl. 5 PEN; 8.00-18.00) Estas algo disipadas ruinas también se conocen como templo de las Manos Cruzadas, debido a la moldura en barro de unas manos cruzadas de tamaño natural, que son lo más notable del lugar. La moldura auténtica data del año 2000 a.C. y hoy se encuentra en Lima, en el Museo Nacional de Antropología, Arqueología e Historia del Perú; en su lugar se halla una copia. Se sabe poco de la cultura kotosh, una de las culturas andinas más antiguas. El recinto del templo se puede visitar con facilidad en taxi (12 PEN incluida la espera de 30 minutos y el regreso). En las montañas, 2 km por encima del yacimiento, la cueva de **Quillaromi** conserva impresionantes pinturas prehistóricas. Kotosh queda unos 5 km al oeste del pueblo, fuera de la carretera de La Unión.

Fiestas y celebraciones

Danza de los negros BAILE TRADICIONAL
En la fiesta más intrigante de Huánuco se conmemora la llegada de los esclavos para trabajar en las minas con máscaras negras y trajes vistosos, y bebiendo hasta la madrugada. Se celebra el 1, 6 y 18 de enero.

Dónde dormir

En el lado sureste de la plaza abundan los alojamientos básicos, poco tentadores, a precios de plaza.

Hostal Huánuco PENSIÓN $
(51-2050; Huánuco 777; i/d 35/40 PEN, i sin baño 15 PEN) Es una mansión tradicional con anticuados suelos de baldosas y una terraza en el 2º piso con vistas a un jardín exuberante y un vestíbulo con cuadros y recortes de periódicos antiguos; en definitiva, un lugar con carácter. Las habitaciones son bonitas, con mobiliario antiguo y camas cómodas. Las duchas tienen agua caliente, aunque tarda en llegar, por lo que debe pedirse con tiempo.

Sosa Hotel HOTEL $
(51-5803; hotelsosa@hotmail.com; General Prado 872; i/d 30/60 PEN) El principal atractivo de este hotel nuevo de cinco pisos son sus grandes baños y duchas embaldosados, con agua caliente, en casi todas las habitaciones, que están limpias y decoradas con buen gusto. Una de ellas tiene *jacuzzi;* también hay un restaurante pequeño abajo.

Hotel Imperial HOTEL $
(51-4758; hotelimperial_hco@hotmail.com; Huánuco 581; i/d 35/60 PEN;) Cerca del mercado, ofrece lo habitual, pero tiene habitaciones de un buen tamaño, agua caliente asegurada, televisión por cable y un café agradable, todo ello en un entorno limpio y seguro.

Hotel Trapiche Suites HOTEL-'BOUTIQUE' $$
(51-7091; hoteltrapichehuanuco@hotmail.com; General Prado 636; i/d 87/114 PEN;) Ya es oficial: los hoteles-*boutique* han llegado a Huánuco. Las habitaciones de este establecimiento poseen obras de arte en las paredes; grandes, cómodas y coloridas camas; bien surtidas mineveras y teléfonos. Está orientado a gentes del mundo de los negocios (que, si ahora mismo existen en la ciudad, pasan desapercibidos) y ofrece una alternativa de lujo razonable a otros hoteles de la ciudad de más categoría.

Grand Hotel Huánuco HOTEL $$
(51-4222; www.grandhotelhuanuco.com; Beraún 775; i/d 135/189 PEN;) En la plaza de Armas, es la estrella de los hoteles de Huánuco. Sus zonas comunes son agradables. Las habitaciones tienen techos altos y sólidos suelos de parqué, así como teléfono y televisión por cable (se ve algo borrosa). Incluye sauna, sala de billar, *jacuzzi,* restaurante y bar.

Dónde comer

El café abierto las 24 horas del Hotel Real es un excelente para tomar un bocado a medianoche o un desayuno al despuntar el sol. Para cenas más formales, acúdase al consolidado restaurante del Grand Hotel Huánuco.

Huapri COMIDA RÁPIDA $
(Jirón 2 de Mayo esq. Huánuco; menú 6 PEN; almuerzo y cena) Es el único establecimiento en el que hay que hacer cola para entrar. Se paga antes (precio fijo para comer lo que se quiera). Las salchipapas (salchichas con patatas fritas) y huevos son muy populares.

Lookcos Burger Grill HAMBURGUESAS $
(Castillo 471; comidas 7,50-15 PEN; ⌚18.00-24.00) Restaurante grande e impoluto donde se sirven hamburguesas y sándwiches consistentes. Popular entre los estudiantes, tiene un piso superior con terraza y un bar moderno que retumba con rock peruano (y a veces karaoke) al anochecer.

Chifa Khon Wa CHINA $
(General Prado 820; platos ppales 10-15 PEN; ⌚10.30-23.00) Es el restaurante chino más grande y popular: gracias a su éxito los propietarios abrieron un hotel decente encima del restaurante. Con dos cocinas, una zona de juegos infantiles y un servicio rápido y atento, cenar aquí es un placer. El arroz frito con pollo (con chiles muy picantes) es una buena opción para comer a mediodía.

La Piazzetta PIZZERÍA $$
(Beraún 845-847; pizza media/grande 19/26 PEN; ⌚18.00-23.00 lu-sa) Este restaurante de primera categoría ofrece una comida italiana de calidad que incluye sabrosas pizzas. El servicio es rápido y hay una amplia carta de vinos chilenos y argentinos.

☆ Ocio

Anambique BAR
(Beraún 635; ⌚18.00-tarde) Un local suave y agradable, con una pequeña pista de baile abajo y un salón acogedor arriba para beber: la sangría de la casa es la que tiene más adeptos.

Información

En la mayoría de las cuadras hay cabinas de internet casi idénticas. La oficina de turismo estaba cerrada definitivamente cuando se redactó esta guía. El mejor recurso en línea sobre Huánuco es www.huanuco.com.

Banco Continental (Jirón 2 de Mayo 1137) Posee dos cajeros automáticos.

BCP (Jirón 2 de Mayo 1005) Cajero automático Visa.

Hospital Nacional Hermillo Valdizán (☎51-3370, 51-2400; Hermillo Valdizán 950) Céntrico.

Locutorio público (Jirón 28 de Julio 810) Llamadas internacionales baratas.

Cómo llegar y salir

Avión

LC Peru (☎51-8113; www.lcperu.pe; Jirón 2 de Mayo 1321) vuela a/desde Lima a diario. El aeropuerto está 5 km al norte del centro. Tómese un taxi (10 PEN) para el traslado.

Autobús y Taxi

Por todas partes hay compañías de autobuses a Lima (20 a 30 PEN, 8 h), Pucallpa (30 PEN, 11 h), La Merced (20 PEN, 6 h), Huancayo (20 PEN, 6 h) y La Unión (15 PEN, 5 h). Entre las mejores figuran:

Bahía Continental (☎51-9999; Valdizán 718) Una de las opciones más lujosas. Tiene autobuses regulares a Lima a las 10.00, y autobuses-camas a las 22.00 y 22.15.

León de Huánuco (☎51-1489; Robles 821) Salidas a Lima a las 10.00, 20.30 y 21.30; La Merced a las 20.00; Pucallpa a las 19.00.

Marañon Express (San Martin 520) Tantamayo a las 2.00 y a las 10.00/13.00.

Turismo Central (☎51-1806; Tarapaca 552) Pucallpa a las 19.00 y 20.00, Huancayo a las 21.30.

Turismo Unión (☎52-6308; Tarapaca 449) La Unión a las 7.15 (15 PEN). Otras empresas situadas cerca de Turismo Unión también viajan hacia el oeste, a los pueblos de la parte oriental de la cordillera Blanca; tanto las carreteras como los autobuses dejan mucho que desear.

Para ir a Tingo María (10 PEN, 3½ h) se toma un autobús o colectivo (18 PEN, 2 h) del **Comité Autos Nº 5** (General Prado 1085) junto al río, en dirección Pucallpa. Cerca hay más *colectivos* a Tingo María.

Los microbuses (10 PEN, 3 h) o *colectivos* (20 PEN, 2 h) a Cerro de Pasco y los *colectivos* a La Oroya y el desvío a Tarma (40 PEN, 3½ h) salen de Paradero de Cayhuayna, a 1 km en mototaxi desde el centro.

La Unión

ALT. 3200 M

Este pequeño pueblo es la primera comunidad importante en la rocosa carretera de Huánuco a Huaraz: una apasionante forma de conectar el centro del Altiplano con la cordillera Blanca. Desde aquí se puede ir de excursión a las grandes ruinas incas de **Huánuco Viejo** (entrada 4 PEN; ⌚8.00-18.00), en una franja de pampa yerma a 3700 m de altitud. Es una caminata de 2 horas por un sendero empinado que sale de detrás del mercado y asciende la montaña hasta una cruz. Hay furgonetas que salen del mercado a las 5.00 y otros vehículos que pueden dejar al viajero a 30 minutos a pie del yacimiento. Las ruinas ocupan 2 km² y contienen más de 1000 edificios y depósitos. Lo más impresionante es el *usnu*, una gran plataforma ceremonial de 4 m de altura con grabados de animales (monos con cara de león) que adorna la entrada. Illa Tupac, figura clave de la resistencia inca al dominio español, defendió Huánuco Viejo hasta 1543, cuando ya muchos asentamientos incas habían caído. Al contemplar hoy las ventajas defensivas del lugar se comprende cómo lo consiguió.

La Unión tiene teléfonos públicos y un **Banco de la Nación** (Jirón 2 de Mayo 798) útil, con un cajero automático de Visa que seguramente es el más remoto de Perú. A solo una calle de aquí se encuentra el **Hostal Picaflor** (Jirón 2 de Mayo 840; i/d sin baño 15/25 PEN), con habitaciones sencillas pero agradables en torno a un patio luminoso. Hay restaurantes básicos como el **Restaurant Recreo** (Jirón 2 de Mayo 971; platos ppales 10-15 PEN), con un relajado comedor en un patio.

Todos los transportes salen y llegan a la bien organizada terminal de autobuses de Comercio, en el extremo oeste del pueblo. Los autobuses salen a las 18.00 a Lima (20 PEN, 10 h) y dos o tres autobuses diarios hacen la ruta este a Huánuco (15 PEN, 5 h) y a Tantamayo (3 h). **La Unión Huánuco** tiene un servicio a Huaraz que sale intempestivamente a las 3.45, y tarda 5 horas.

Tantamayo

ALT. 3400 M

Esta población está comunicada con el exterior solo por una carretera sin asfaltar. El primer indicio de que se está llegando es la amalgama de campos de color verde y marrón que arranca de las abruptas y descarnadas laderas del valle del Alto Marañón. Desde esta aldea tranquila y fría fluye un río que, cientos de kilómetros más abajo, se transforma en el Amazonas. Fue la capital de la cultura precolombina yarowilca, cuyos restos siguen esparcidos por las montañas cercanas. Las ruinas más impresionantes están en **Piruro** y **Susupillo.** Es una de las culturas conocidas de Perú más antiguas, y arquitectónicamente estaba muy avanzada. Construían edificios de hasta seis pisos, conectados interiormente por escaleras en espiral, con una apariencia muy distinta a las construcciones de los incas, a quienes muchos creen que no eran capaces de emular.

Piruro es el más fácil de visitar: queda 1½ hora a pie bajando desde la aldea de Tantamayo y ascendiendo por el otro lado del valle. El sendero es difícil de encontrar y hay que preguntar. Para llegar a Susupillo hay vehículos que van hasta la aldea de Florida, a 20 minutos desde Tantamayo, desde donde hay que seguir a pie hasta el yacimiento.

Entre los alojamientos básicos figuran el acogedor **Albergue Ocaña Althuas** (Capitán Espinosa s/n; i/d sin baño 10/20 PEN), pasada la plaza, pero en la calle principal. Se sirven comidas. Tantamayo tiene teléfonos públicos (que no sirven para llamadas internacionales), los móviles no tienen cobertura y no hay bancos. Los colectivos, microbuses y autobuses desde Huánuco tardan entre 6 y 8 horas en recorrer el trayecto (autobús 20 PEN, taxi *colectivo* 40 PEN). Tantamayo también tiene conexión con La Unión (3 h), desde donde salen autobuses a Lima.

Tingo María

☎062 / 55 000 HAB. / ALT. 649 M

Esta lánguida y húmeda ciudad universitaria y comercial se encuentra en la *ceja de la selva,* aunque su telón de fondo sea montañoso –está flanqueada por montañas cónicas, frondosas–; se asienta firmemente en la exuberante vegetación de la región amazónica y en su pegajoso ambiente tropical. Tingo María, o Tingo en versión abreviada, es un destino popular de fin de semana para los limeños, y los viajeros paran aquí camino del Amazonas.

Su principal atracción es el Parque Nacional Tingo María: una exuberante extensión de naturaleza arbolada con cuevas y buenos sitios para bañarse. Por desgracia, esta aventura comienza con peligro (véase más adelante).

Puntos de interés y actividades

Parque Nacional Tingo María PARQUE

Este parque de 180 km² se encuentra en la parte sur del pueblo, alrededor de la desembocadura del río Monzón, afluente del río Huallaga. Su rasgo característico es la **Bella Durmiente,** una cadena montañosa que se alza sobre la ciudad y que, desde algunos ángulos, parece una mujer tumbada con una corona inca.

El parque también alberga la **cueva de las Lechuzas,** que a pesar de su nombre es el hogar de una colonia de guácharos (las únicas aves nocturnas del mundo que se alimentan de fruta). Además, en la entrada de la cueva hay estalactitas, estalagmitas, murciélagos, loros y otras aves, aunque los guácharos son la principal atracción.

Las grutas se encuentran a unos 6 km de Tingo María; se puede ir en taxi. La entrada al parque cuesta 5 PEN y los guías pueden mostrar los alrededores. El mejor momento para la visita es la mañana, cuando el sol brilla e ilumina la entrada de la cueva, o al atardecer, cuando salen los guácharos. No debe utilizarse el flash para verlos, puesto que esto perturba su sueño y altera sus patrones de reproducción.

En el parque y sus alrededores hay infinitos y magníficos **lugares donde bañarse.** Se recomiendan las **aguas sulfurosas de San Jacintillo,** a 1 km de la cueva de las Lechuzas, el **Velo de las Ninfas** y la **cueva de los Tambos,** 9 km al sur de Tingo, y la **laguna el Milagro,** 35 km al norte de la población. Hay que pagar una entrada simbólica de entre 3 a 5 PEN en cada uno de estos lugares.

Para más información sobre los peligros y advertencias, por desgracia relacionados con el parque, véase derecha. La cueva de las Lechuzas cuenta con protección policial, pero la carretera para llegar sigue siendo peligrosa, al igual que otros destinos remotos.

Dónde dormir y comer

Villa Jennifer HOTEL **$$**
(96-260-3509, 79-4714; www.villajennifer.net; Castillo Grande km 3,4; dc 50 PEN, i/d 100/120 PEN;) Es una tranquila y tropical hacienda y hotel al norte del aeropuerto, regentada por una pareja danesa-peruana. Han hecho maravillas con una exuberante sección de monte tropical rodeado por ríos a ambos lados. El alojamiento es neutro y rústico y ofrece desde habitaciones sencillas con baños compartidos hasta minihogares espaciosos con capacidad para hasta 10 personas. También se puede jugar a ping-pong, dardos y futbolín, ver una película en el salón de DVD o visitar a los animales de la hacienda, entre ellos cocodrilos, tortugas y algunos monos. También ofrece zona de acampada (20 PEN/persona) y habitaciones para mochileros (50 PEN/persona, mínimo 2), mejores que los dormitorios habituales. En su excelente **restaurante** (10.30-18.00) hay que probar la fruta local anona –o chirimoya–, que es deliciosa. También cuenta con dos piscinas y minigolf.

Hostal Palacio PENSIÓN **$**
(56-2319; www.hostal-palacio.com; Raimondi 158; i/d 20/30 PEN) Buena opción económica en el centro, con cuatro pisos de habitaciones alrededor de un patio lleno de plantas. La televisión por cable cuesta 5 PEN/noche, pero las habitaciones tienen teléfonos y se pueden hacer llamadas internacionales.

Información

Se ha informado de robos y violaciones con pistola a viajeros que iban hacia el Parque Nacional Tingo María. Se recomienda especialmente no aventurarse en el territorio alrededor de Tingo sin guía y asegurarse de que se regresa antes del anochecer. La presencia policial en las atracciones clave del parque ha mejorado algo la seguridad, pero hay que recordar que es una zona remota. Además, el valle del Huallaga, que se extiende desde el norte de Tingo hacia Tarapoto, es una zona de producción de cocaína y uno de los últimos bastiones de Sendero Luminoso (véase recuadro en p. 294). Los turistas no son el objetivo de los traficantes de drogas ni de Sendero Luminoso, pero debe tenerse cuidado.

BCP (Raimondi 249) Cambia dólares de EE UU. Posee cajero automático Visa y cambia cheques de viaje.

Oficina principal de correos (plaza Leoncio Prado)

Oficina de turismo (56-2058, 56-2351, ext. 116; Alameda Perú 525) En la plaza Leoncio Prado. Publica información práctica sobre los puntos de interés del Parque Nacional Tingo María.

Cómo llegar y salir

Avión

Hoy en día no hay vuelos desde Tingo María: Huánuco cuenta con el aeropuerto más cercano.

Autobús y Taxi

El transporte cubre sobre todo Lima y los destinos intermedios, como Huánuco, además de aldeas locales y Pucallpa. La carretera entre Tingo y Pucallpa puede ser peligrosa; véase arriba.

Transportes León de Huánuco (56-2030, 962-56-2030; Pimentel 164), entre otros, opera los autobuses a Lima (40-60 PEN, 12 h). Suelen salir a las 7.00 o 19.00. Algunos operadores llegan a Pucallpa (20 PEN, 9 h). **Turismo Ucayali** (Tito Jaime Fernández s/n, esq. cuadra 2) ofrece un servicio más rápido a Pucallpa con taxis colectivos (45 PEN, 4 ½ h).

Al doblar desde la gasolinera por la Av. Raimondi, cerca de la terminal de autobuses León de Huánuco, hay colectivos que salen para Huánuco (18 PEN, 2 h) y otros destinos.

Selva Tours (56-1137; Raimondi 205-207) ofrece automóviles a Tocache (40 PEN, 3-4 h) y Tarapoto (95 PEN, 9 h). Los vehículos a Tarapoto van directos si hay demanda, pero normalmente hay que cambiar en Tocache, en Janjui o en ambos.

Transportes Cueva del Pavos tiene una parada indicada con mototaxis en la cueva de los Búhos, en el Parque Nacional Tingo María. El viaje de ida y vuelta cuesta unos 20 PEN, e incluye la espera en la cueva.

Costa norte

Sumario »

Los mejores restaurantes

» La Sirena d'Juan (p. 355)
» Mar Picante (p. 321)
» Fiesta Chiclayo Gourmet (p. 337)
» Capuccino (p. 349)
» Big Ben (p. 331)

Los mejores alojamientos

» Sunset Hotel (p. 353)
» Loki del Mar (p. 353)
» Chaparrí EcoLodge (p. 343)
» Playa Colán Lodge (p. 346)
» Hostal Colonial (p. 319)

Por qué ir

El apocalíptico paisaje desértico de dunas que conforma la rebelde costa norte de Perú es un asombroso choque de sol y arena que abriga el horizonte a lo largo de unos 1300 km desde Lima hasta la frontera ecuatoriana. Las aguas azules de las mejores playas peruanas bañan un desierto en apariencia baldío, pero por este revuelto litoral hay tal cantidad de ruinas antiquísimas que los arqueólogos se emocionan más que Indiana Jones en busca del arca perdida.

Los viajeros se maravillan ante los tesoros de oro desenterrados en Sipán; quedan fascinados ante la mayor ciudad precolombina de América en Chan Chan; se sorprenden de los restos de la civilización más antigua del continente en Caral. Y mientras, el buen surf, los largos meses de calor y los complejos costeros atraen a los idólatras modernos del sol, lejos de los Andes, toda una aventura seductora y emocionante.

Cuándo ir

Trujillo

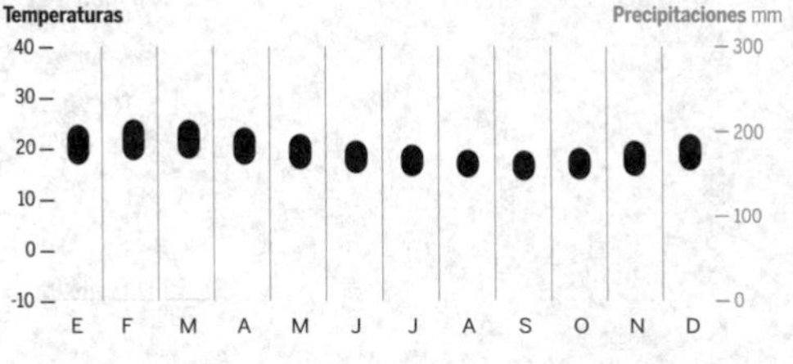

Mar El calor aún es sofocante, pero los precios bajan ligeramente.

Abr-nov Cuanto más al norte, más brilla el sol y hay menos gente.

Nov-feb Surf en Máncora, Huanchaco y Puerto Chicama.

Imprescindible

1. Pasear por las ruinas de **Chan Chan** (p. 325), la mayor ciudad precolombina de las Américas.
2. Mimarse a base de sol, surf y playa en **Máncora** (p. 352), la localidad playera de moda del país.
3. Admirar las vastas riquezas desenterradas de un botín en el **Museo Tumbas Reales de Sipán** (p. 342) en Chiclayo.
4. Cargar con la tabla a cuestas en busca de la esquiva ola perfecta por **Huanchaco** (p. 328), **Puerto Chicama** (p. 332), **Pacasmayo** (p. 333) y **Máncora** (p. 352).
5. Retirarse en las playas (casi) ocultas de **Colán** (p. 346).
6. Desquitarse a base de ceviche en el desierto costero de **Mar Picante** (p. 321), **Big Ben** (p. 331) y **Las Gemelitas** (p. 355).
7. Emprender la búsqueda del huidizo oso de anteojos andino en la rústica **Reserva Ecológica Chaparrí** (p. 343).

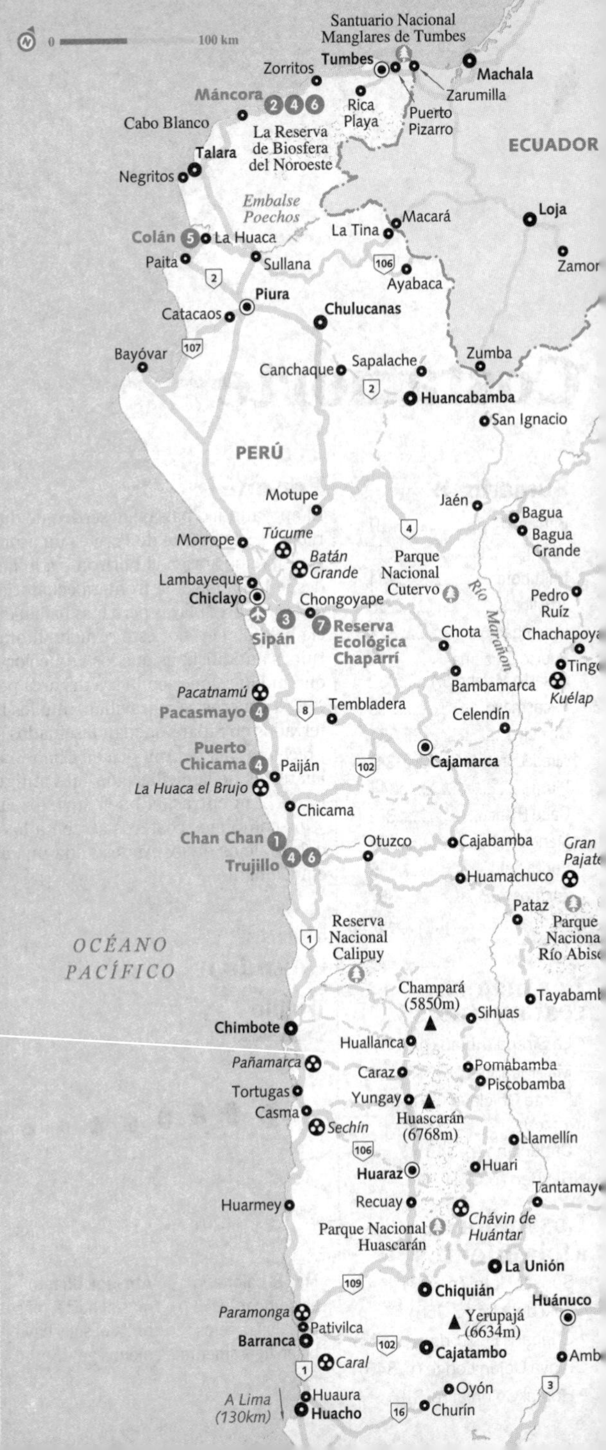

Barranca

01 / 54 000 HAB.

Situada 195 km al norte de Lima, Barranca cuenta con una tranquila plaza con una fuente y un cacofónico flujo de tráfico a lo largo de la carretera Panamericana, que divide la ciudad en dos. En Pativilca, 10 km más al norte, la carretera se bifurca hacia Huaraz y la cordillera Blanca. Se trata de un recorrido espectacular que asciende entre precipicios repletos de cactus y donde las enormes rocas escarpadas dan paso a pastos verdes a medida que se acerca a Huaraz.

Puntos de interés

Caral RUINAS

(adultos 11 PEN; 9.00-16.00) Las monumentales ruinas de la ciudad de Caral, unos 25 km hacia el interior, desconcertaron a los arqueólogos peruanos al revelarse como parte de la civilización más antigua de toda Sudamérica. Antes de este hallazgo se pensaba que Chavín de Huántar, situada cerca de Huaraz y erigida hacia 900 a.C., ostentaba este título. Sin embargo, la cultura caral se estableció en el valle de Supe entre 4500 y 5000 años atrás, es decir, en la época de las primeras grandes ciudades del mundo antiguo (Mesopotamia, Egipto, la India y China). Esta antigua cultura se componía de 18 ciudades-estado y controlaba los tres valles de Supe, Pativilca y Fortaleza, con su asentamiento principal y de gobierno en Caral. En el yacimiento hay seis pirámides de piedra que han sido excavadas, anfiteatros, salas ceremoniales, altares, estructuras de adobe y varias plazas circulares hundidas. Casi todas las pirámides tienen escaleras que llevan hasta su cima, donde antaño se hacían ofrendas. En lo alto se gozará de magníficas vistas del frondoso valle del río Supe.

Los habitantes de Caral-Supe eran expertos en agricultura, construcción, administración pública y en la elaboración de calendarios e instrumentos musicales. Hay constancia de que celebraban complejas ceremonias religiosas entre la élite, lo que hace suponer que se trataba de una cultura jerarquizada y ordenada según su función social. Los arqueólogos del yacimiento creen que hombres y mujeres gozaron de un trato bastante igualitario. Entre los numerosos objetos hallados hay flautas de hueso con milenios de antigüedad y los *quipus* (sistema de transmisión de información mediante cuerdas con nudos, propio de las culturas andinas) más antiguos de Perú. Un gran geoglifo –dibujo tallado en el suelo– llamado Chupacigaro atestigua las sofisticadas mediciones que los carales hacían del movimiento de los astros. En el 2009 la Unesco declaró la Ciudad Sagrada de Caral Patrimonio Mundial.

Pese a que a Caral llegan pocos visitantes, el yacimiento está bien organizado para recibir visitas. Unos rótulos ilustran los puntos de interés. Lo gestiona **Proyecto Especial Arqueológico Caral-Supe/INC** (www.caralperu.gob.pe). Su **oficina en Lima** (01-205-2500; Av. Las Lomas de La Molina 327, Lima 12) tiene un montón de información y organiza excelentes circuitos de un día entero los fines de semana por 90 PEN por persona (suelen incluir una visita a Chupacigaro; para consultar su agenda, véase su página web). El mejor momento para visitar el lugar es en el fin de semana, cuando se vende artesanía y comida local. **Lima Tours** (01-619-6900; www.limatours.com.pe; Jr. de la Unión 1040, Lima Centro), en Lima, organiza caros circuitos privados hasta Caral y Paramonga si se solicita. Los taxis colectivos, desde la calle Berenice Dávila en Barranca hasta la cercana aldea de Caral, salen con bastante frecuencia y cuestan 10 PEN (2 h). Otra opción es un taxi privado, difícil de encontrar, que cuesta 70 PEN por el viaje de ida y vuelta (tiempo de espera incluido); algunos cobran 20 PEN por la misma ruta.

La carretera está en mal estado y puede estar cortada entre diciembre y marzo, en época de lluvias. En el yacimiento hay guías por 29 PEN por grupo (hasta 29 personas).

Paramonga RUINAS

(entrada 4 PEN; cerrado lu) Este templo de adobe está 4 km pasado el desvío hacia la carretera de Huaraz y es obra de la cultura chimú, que gobernó en la costa norte hasta la conquista inca (véase p. 519). Pese a que los detalles de la decoración de este enorme templo han sido casi borrados por la erosión, la construcción escalonada es impresionante y ofrece fantásticas vistas del exuberante valle. Desde Barranca, los colectivos (2,50 PEN, 25 min) salen de la esquina de Ugarte con Lima y paran en un punto a 3 km de la entrada. El viaje de ida y vuelta en taxi privado, con tiempo de espera, ronda los 40 PEN, pero cuesta dar con uno.

Dónde dormir y comer

Casi todos los hoteles están en la calle principal de Barranca.

Hotel Chavín HOTEL **$$**

(235-2253; www.hotelchavin.com.pe; Gálvez 222; i/d/tr 80/145/180 PEN;) El hotel más destacado ofrece cómodas habitaciones que conservan un deslumbrante estilo años setenta que choca con los novísimos suelos de madera y las TV de pantalla plana. En el restaurante, El Libertador, los domingos ofrecen un bufé estilo Las Vegas; los fines de semana por la noche organizan un karaoke.

Hostal Continental HOTEL $
(☎235-2458; A. Ugarte 190; i/d desde 30/45 PEN; 📶) Aunque está muy deteriorado, no deja de ser la mejor opción económica, con habitaciones sencillas ubicadas en un sólido edificio a una cuadra de la plaza de Armas.

Seichi CAFÉ $
(A. Ugarte 184; platos ppales 8,50-15 PEN; ⌚cerrado cena do) En este moderno café preparan sabrosos menús caseros por 7 PEN, y los sirven con una sonrisa. Cuesta encontrarle pegas.

Cafetería El Parador CAFÉ $
(Hotel Chavín, Gálvez 222; desayuno 9-15 PEN, sándwiches 6-12 PEN; ⌚7.00-23.00) Junto al Hotel Chavín, propone algún que otro menú de desayuno, cafés pasables y sándwiches.

Cómo llegar y salir

Turismo Barranca (☎235-3549; Bolognesi esq. plaza de Armas) tiene servicios cada 10 minutos a Lima (15 PEN, 4 h) de 2.30 a 22.00. Si no, párese alguno de los muchos autobuses que van en esa dirección. En sentido inverso, muchos autobuses que realizan el recorrido de la costa paran en Barranca. Para Huaraz, tómese un colectivo (2 PEN) a la gasolinera Pecsa de Pativilca, a 3 km del desvío a Huaraz. Desde ahí, los colectivos salen cuando se llenan (30 PEN, 3 h); los pocos autobuses procedentes de Lima también recogen pasajeros. **Z Buss** (☎964-404-463) ofrece un servicio más regular, con cuatro salidas diarias desde Pativilca (20 PEN, 4 h, 11.00, 12.00, 15.00 y 17.30).

Casma

☎043/ 24 700 HAB.

Esta pequeña y tranquila población costera ofrece poco más que el zumbido de los autobuses de paso. La mayor atracción es el yacimiento arqueológico de Sechín, a unos 5 km. Casma fue un importante puerto colonial (a 11 km) que varios piratas saquearon durante el s. XVII y hoy no es más que un agradable lugar en el radar histórico.

Desde aquí, la Panamericana enlaza con Huaraz por el paso de Callán (4225 m). La carretera está en mal estado, pero posee excelentes vistas panorámicas de la cordillera Blanca. Muchos de sus puntos de interés se encuentran a lo largo de esta vía, entre la plaza de Armas, al oeste, y la gasolinera, al este.

Puntos de interés

Sechín (adultos 5 PEN; ⌚8.00-18.00), 5 km al sureste de Casma, es uno de los yacimientos arqueológicos más antiguos de Perú (hacia el 1600 a.C.). Se halla entre las ruinas más importantes y mejor conservadas de la costa, aunque ha sufrido daños a causa de los desastres naturales y los saqueadores de tumbas.

El pueblo de guerreros que construyó este templo-palacio permanece envuelto en el misterio. El yacimiento comprende tres muros exteriores del templo principal, cubiertos de estelas de 4 m de altura talladas en bajorrelieve que representan guerreros y prisioneros sacrificados. Dentro del templo principal se están excavando estructuras anteriores de barro; no se puede entrar, pero hay una maqueta en el pequeño **museo.**

Para llegar, se puede tomar un mototaxi desde Casma por unos 6 PEN. En la zona de Sechín hay otros yacimientos anteriores que no se han podido excavar por falta de fondos. Desde el museo se divisa a lo lejos el gran cerro de **Sechín Alto.** La cercana fortaleza de **Chanquillo,** que consta de varias torres rodeadas por muros concéntricos, se aprecia mejor desde el aire, como se puede comprobar en las fotos aéreas expuestas en el museo.

El billete de entrada a Sechín permite visitar también las ruinas mochicas de **Pañamarca,** a 10 km hacia el interior por la Panamericana, camino de Nepeña. Estas ruinas están muy deterioradas, pero se pueden ver algunos de los murales cubiertos si se le pide al guarda.

Dónde dormir y comer

Hostal Monte Carlo HOTEL $
(☎41-1421; Nepeña 16; i/d/tr 30/40/70 PEN; 📶) El alojamiento más económico de Casma, cuya dirección es arisca y servicial a la vez, es limpio y luminoso (¡demasiado!). Situado al este de la plaza, todas sus habitaciones son bastante amplias, tienen televisión por cable y techos de bambú. Desde las oficinas de los autobuses Ormeño, sígase al oeste hasta plaza San Martín, donde Nepeña nace hacia la derecha.

Hostal Gregori HOTEL $
(☎9-631-4291; Ormeño 579; i/d 35/55 PEN; 📶) Este hotel blanco con macetas y alguna grieta en su estructura, hoy ha perdido parte de su

encanto. Sin embargo, sus amplias habitaciones gozan de agua caliente y televisión por cable y algunas *chaises longues* de madera donde relajarse.

Hotel El Farol HOTEL **$$**
(☎41-1064; Túpac Amaru 450; i/d desayuno incl. 85/120 PEN;) Es uno de los alojamientos más sofisticados (por así decirlo) de Casma, ubicado en torno a un atractivo jardín con un refinado cenador, bar/restaurante cercado por bambús y una piscina (abierta de noviembre a marzo). Aunque está algo deslucido, es un remanso de paz, con un aire playero marchito.

Hotel Los Poncianas COMPLEJO **$$**
(☎41-1599; www.lasponcianashotel.com; Panamericana Norte km 376; i/d desayuno incl. 125/175 PEN;) Apacible hotel a una cuadra de la carretera principal y a seis de la plaza de Armas, en una zona sin ruidos. Presume de varias piscinas (una para niños). Popular entre las familias peruanas, ofrece el lujo de los complejos de los años setenta que, según se mire, podría ser un atractivo nostálgico.

El Tío Sam PERUANA, CHINA **$**
(☎71-1447; Huarmey 138; platos ppales 14-20 PEN) Medio chifa, medio restaurante regional, es el mejor de Casma. De hecho, su ceviche fue el mejor de la región de Ancash en el 2010. También preparan abundantes fritos, y carnes y marisco apetitosos.

La Careta ASADOR **$**
(Perú 885; platos ppales 9,50-34,50 PEN; desde 18.00, cerrado ma) Con una extraña decoración con cuadros de toros y maquetas de coches, en este popular asador la parrilla crepita todas las noches. Los platos se sirven con patatas fritas y ensalada, que no está mal, aunque las verduras más impresionantes de la casa son las plantas interiores.

Walter's PERUANA **$**
(Bolívar s/n; platos ppales 4,50-18 PEN) En una zona con varios establecimientos que valen la pena, media cuadra al sur de la plaza de Armas, sirven desayunos decentes, a juzgar por su popularidad entre la Policía Nacional. Hay algunos menús, que pueden variarse con huevos revueltos si se desea.

Información

Hay una sucursal de **BCP** (☎71 1314, 71 1471; Bolívar 111). Hay varios cibercafés alrededor de la plaza.

Cómo llegar y salir

Los taxis colectivos a Chimbote salen a menudo desde la oficina de **ETACSA/Las Casmeños** (☎46-5083; Nepeña s/n), media cuadra al este de la plaza de Armas.

Casi todas las compañías de autobús están en Ormeño, frente a la gasolinera, en el extremo este de la ciudad, donde muchos autobuses paran a recoger pasajeros extra. **Cruz del Norte/Transportes Huandoy** (☎41-1633; Ormeño 121) ofrecen servicios frecuentes a Lima y tres salidas diarias a Huaraz a las 9.00, 14.00 y 21.00 (los autobuses del último, y los de Yungay Express, van por la ruta panorámica del paso de Callán). Las furgonetas a Huaraz, más rápidas, también salen desde delante de esta oficina al llenarse.

Tepsa (☎41-2275; Huamay 356) cuenta con cómodos autobuses a Lima con salida diaria a las 12.30. **Erick El Rojo** (☎41-1571; Ormeño 145) tiene cinco salidas diarias a Trujillo y una a las 19.30 a Tumbes. **Etta** (Ormeño s/n), debajo del Hostal Gregori, cubre todas las ciudades de la costa norte, incluidas Máncora y Tumbes, con salidas diarias a las 8.30 y 21.00.

A Sechín se va en mototaxi (6 PEN). Los hay por toda la ciudad, pero en plaza San Martín hay una honesta agrupación que opera bajo el nombre Motocars Virgen de Fátima.

En la tabla de más abajo constan la duración y el precio de referencia de los autobuses de Casma (el precio varía según la calidad y clase del autobús).

AUTOBUSES DE CASMA

DESTINO	PRECIO (PEN)	DURACIÓN (H)
Chimbote	6	1
Huaraz	20-25	2½-3
Lima	20-50	5½
Máncora	50-60	11
Trujillo	10	3
Tumbes	50-60	12-13

Chimbote

Es el mayor puerto pesquero de Perú. El olor de las fábricas que procesan el pescado, situadas en la carretera de acceso a la ciudad, delatan cuál es su actividad principal. Cuesta un poco acostumbrarse al olor del pescado, pero la tranquila plaza abierta en el corazón de la ciudad es menos agobiante. El volumen de la industria pesquera ha disminuido desde la gloriosa década de 1960 debido al exceso de capturas, pero aún se pueden ver las flotillas saliendo cada tarde. Aunque esta localidad portuaria es un centro de tránsito y no una meta turística, quizás se deba pasar la noche en ella si se pretende salir pronto en autobús hacia Huaraz por la escalofriante ruta del cañón del Pato.

Dónde dormir

En Chimbote hay una gran variedad de hoteles, aunque no hay opciones de precio alto.

Hotel San Felipe HOTEL **$$**
(☎32-3401; hsanfelipe@hotmail.com; Pardo 514; i/d desayuno incl. 75/115 PEN; @📶) El mejor alojamiento de la ciudad lo gestiona una simpática familia. Dispone de ascensores, habitaciones limpias con potentes duchas de agua caliente y televisión por cable. Se recomienda tomar el desayuno en la terraza de la 5ª planta, que ofrece vistas a la plaza. En la planta baja hay un casino para sentirse como en Las Vegas.

Hostal Chifa Canton HOTEL **$$**
(☎34-4388; Bolognesi 498; i/d con desayuno 95/120 PEN; @📶) Dispone de amplias habitaciones, con todas las comodidades modernas; algunas con vistas al mar. Las raciones de su excelente chifa dan para dos. Tiene una sala de billares para los huéspedes.

Hospedaje Chimbote HOTEL **$**
(☎51-5006; Pardo 205; i/d 30/40 PEN, sin baño 20/30 PEN) Un equipo formado por siete hermanos regenta este encantador hotel económico, de propiedad familiar desde su apertura en 1959. Las habitaciones parecen celdas y tienen ventanas a un pasillo con mucha luz. Solo disponen de agua caliente las habitaciones con baño propio.

Dónde comer

La chifa del **Hostal Chifa Canton** (Bolognesi 498; platos ppales 8,50-35,50 PEN) es excelente. Si se quiere un café exprés o un plato fusión peruano de categoría, váyase al **Capuccino Café** (Villavicencio 455; platos ppales 20-30 PEN). También hay buenos establecimientos por Bolognesi y Pardo, cerca de la plaza de Armas.

Cómo llegar y salir

Autobús

Hacia Casma (6 PEN, 45 min), los colectivos salen desde la esquina de Pardo con Balta.

Todos los autobuses de largo recorrido salen desde la terminal terrestre, unos 5 km al este de la ciudad (6 PEN en taxi o 1,25 PEN en el colectivo nº 25 de Pardo). **America Express** (☎35-1911) tiene servicios a Trujillo cada 15 minutos de 5.25 a 21.30. Muchas compañías cubren la línea nocturna a Lima, con salidas entre las 22.00 y las 24.00, aunque algunas son diurnas. Entre las empresas más respetadas, algunas con oficina por Bolognesi junto a los bancos, están **Oltursa** (☎35-3585; www.oltursa.pe), **Línea** (☎35-4000; www.linea.pe), **Civa** (☎35-1808; www.turismociva.com) y **Cruz Del Sur** (☎35-2665; www.cruzdelsur.com.pe). Esta última cuenta con los horarios de salida más cómodos y frecuentes, a las 11.00, 14.30, 23.15 y 23.30.

Los vehículos dirigidos a Huaraz y la cordillera Blanca eligen una de estas tres rutas: la

AUTOBUSES DE CHIMBOTE

DESTINO	PRECIO (PEN)	DURACIÓN (H)
Caraz	25	6-7
Chiclayo	15-20	6
Huaraz	25-60	5-8
Lima	25-85	6-7
Máncora	90-120	11
Piura	50-80	8
Trujillo	8	2
Tumbes	40-120	12

deslumbrante aunque irregular carretera del cañón del Pato (p. 314); una carretera en igual estado que cruza las montañas de Casma; o por Pativilca, un recorrido más largo pero asfaltado. El viaje dura entre 7 y 9 horas, según la ruta. **Yungay Express** (☎35-0855) tiene un autobús a las 8.30 hacia Caraz y Huaraz por el cañón del Pato, y dos a las 13.00 y las 22.00 por Casma. **Movil Tours** (☎35-3616; www.moviltours.com.pe) tiene salidas a Huaraz vía Casma, con parada en Caraz, a las 12.30, 23.10, 23.50 y 00.30. Conviene reservar el billete para los autobuses de Huaraz con un día de antelación.

En la tabla constan la duración y el precio de referencia de los autobuses de Chimbote (el precio varía según la calidad y clase del autobús).

Trujillo

☎ 44 / 291 400 HAB.

Las encantadoras calles coloniales de Trujillo parecen no haber cambiado desde hace siglos. Aunque hoy en día hay un montón de taxis haciendo sonar sus cláxones, la ciudad conserva la solera de sus elegantes edificios y muchas iglesias. Fue fundada en 1534 por Francisco Pizarro, que le dio a este rincón del desierto el nombre de su ciudad natal extremeña. Gracias al fértil valle del Moche, Trujillo ha disfrutado de una economía próspera y por ello a sus habitantes les interesa la política. La ciudad tiene fama de ser un vivero de revolucionarios. Estuvo sitiada durante la rebelión inca de 1536 y en 1820 fue la primera ciudad de Perú en declarar su independencia de España. La tradición continuó durante el s. xx, que fue prolijo en bohemios y poetas (entre ellos, César Vallejo, el mejor poeta de Perú), y desafiantes rebeldes puño en alto. Aquí se formó el partido de los trabajadores Alianza Popular Revolucionaria Americana (APRA), muchos de cuyos militantes fueron más tarde masacrados.

En los alrededores se halla la monumental Chan Chan, capital de la cultura chimú, que en su tiempo fue la mayor ciudad de adobe del mundo y de la cual quedan pocos restos. Dispersos en el desierto que rodea Trujillo hay otros yacimientos chimúes, entre los que destacan las impresionantes huacas (templos) del Sol y de la Luna, que datan de hace más de 1500 años. Y si uno ya está un poco harto de tanta cultura antigua podrá relajarse en las playas de Huanchaco, que ofrecen buenas olas y arena y se puede adorar al sol de un modo más moderno.

Puntos de interés

Las mansiones coloniales y las iglesias, casi todas situadas cerca de la plaza de Armas, no tienen horarios fijos. Se recomienda contratar un guía local si se tiene verdadero interés en conocer la historia de la ciudad. Las iglesias suelen estar abiertas para las misas de primera hora de la mañana y por la noche, pero si se accede en estos horarios se debe hacer con respeto y discreción.

Los tonos pastel de las fachadas y las artísticas rejas de hierro forjado aportan un toque de distinción único a los edificios coloniales de Trujillo.

PLAZA DE ARMAS

La amplia y lustrosa plaza principal, quizás la más limpia de las Américas y seguramente una de las más bonitas, alberga un colorido conjunto de edificios coloniales bien conservados y una impresionante estatua dedicada al trabajo, las artes y la libertad. Entre las muchas y elegantes mansiones está el **Hotel Libertador** (Independencia 485).

Los domingos a las 9.00 se celebra la **ceremonia del izamiento de bandera,** que en ocasiones especiales va acompañada de un desfile, caballos de paso y actuaciones de marinera (baile típico de la costa peruana con mucho movimiento romántico de pañuelo).

GRATIS **Casa de Urquiaga** EDIFICIO HISTÓRICO

(Pizarro 446; ⌚9.15-15.15 lu-vi, 10.00-13.00 sa) Esta hermosa mansión colonial, que posee y mantiene el Banco Central de la Reserva del Perú desde 1972, data de 1604, aunque el terremoto de 1619 destruyó por completo la casa original. Reconstruida y conservada de fábula desde entonces, su delicioso mobiliario de época incluye un fascinante escritorio usado por Simón Bolívar, que en 1824 planeó gran parte de su campaña final para liberar a Perú del Imperio español en Trujillo. Además, hay una pequeña colección de cerámicas moche, nazca, chimú y vicús. Se trata de un banco en activo, por lo que la seguridad es alta para ser un lugar de interés gratuito.

GRATIS **Basílica Menor Catedral** IGLESIA

(⌚10.00-11.00) Conocida como la "catedral", esta luminosa iglesia de color ají de gallina (amarillo) que preside la plaza empezó a construirse en 1647, quedó destruida en 1759 y al cabo de poco la reconstruyeron. Tiene una famosa basílica (pero si no se asiste a misa, solo se dispone de una hora al día para verla) y un **museo** (entrada 4 PEN; ⌚9.00-13.00 y

Trujillo

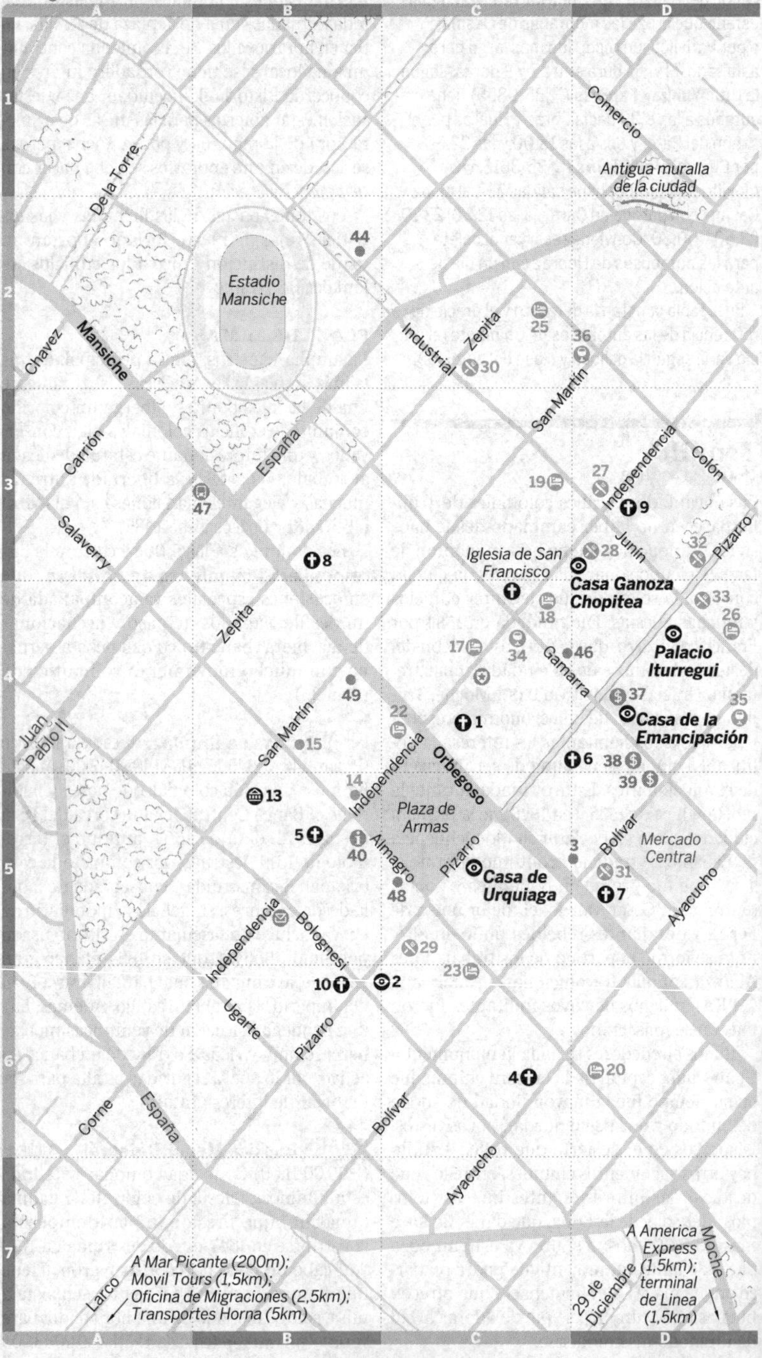
A
B
C
D
1
2
3
4
5
6
7
Comercio
Antigua muralla de la ciudad
De la Torre
44
Estadio Mansiche
Chavez
Mansiche
Industrial
Zepita
25
36
30
San Martín
Carrión
España
19
27
Independencia
Colón
47
9
Salaverry
Junín
32
Pizarro
8
Iglesia de San Francisco
28
Casa Ganoza Chopitea
33
26
18
Zepita
17
34
46
Palacio Iturregui
Gamarra
49
37
35
Casa de la Emancipación
22
1
San Martín
Juan Pablo II
15
Orbegoso
Independencia
6
38
39
14
13
Plaza de Armas
Mercado Central
5
40
Almagro
Pizarro
Bolívar
3
31
Casa de Urquiaga
7
48
Ayacucho
Independencia
Bolognesi
29
23
10
2
Ugarte
Pizarro
20
4
Corne
España
Bolívar
Ayacucho
A America Express (1,5km); terminal de Linea (1,5km)
Moche
A Mar Picante (200m); Movil Tours (1,5km); Oficina de Migraciones (2,5km); Transportes Horna (5km)
Larco
29 de Diciembre

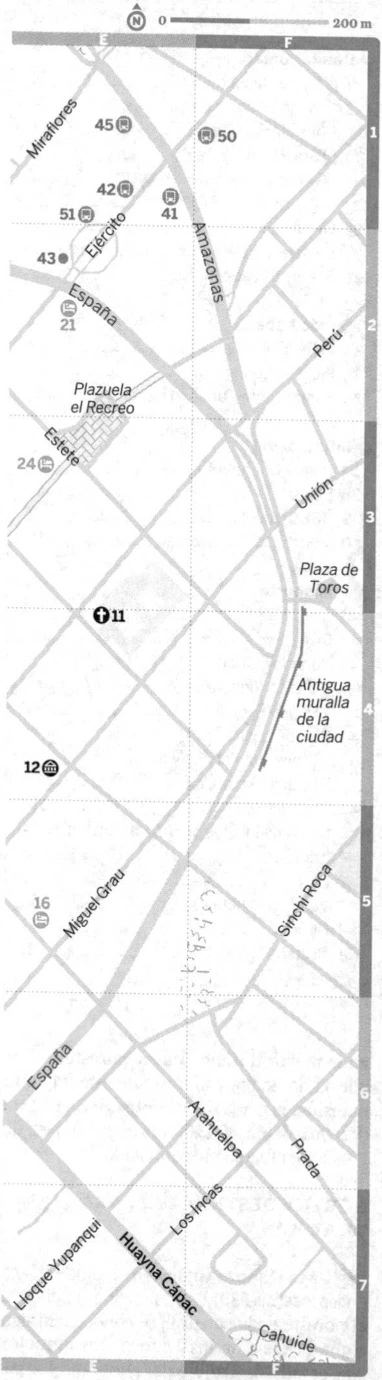

16.00-19.00 lu-vi, 9.00-12.00 sa) de arte religioso y colonial mucho más caro de lo que vale, pero en el sótano hay varios fascinantes frescos (y algún murciélago).

ESTE DE LA PLAZA DE ARMAS

Palacio Iturregui EDIFICIO HISTÓRICO

(Pizarro 688; adultos 5 PEN; 8.00-10.00 lu-sa) Imposible no ver ni reconocer esta mansión amarillo canario del s. XIX. De estilo neoclásico, presenta unas hermosas coronaciones de hierro en las ventanas, 36 esbeltas columnas interiores y techos con molduras de oro. Aquí vivió el general Juan Manuel Iturregui tras su famosa proclamación de independencia. Hoy es un club social privado, de ahí las visitas limitadas. Al patio interior se puede acceder en cualquier momento del día, pero para visitar las decoradas habitaciones hay que atenerse al horario indicado.

Museo de Arqueología MUSEO

(Junín 682; adultos/niños 5/1 PEN; 9.00-17.00 lu-sa, hasta 13.00 do) Este cuidado museo recorre la historia peruana desde el año 12000 a.C. hasta hoy, con especial hincapié en las civilizaciones moche, chimú e inca, así como en culturas menos conocidas como la cupisnique y la salinar. También vale la pena entrar por la casa en sí, una mansión restaurada del s. XVII conocida como La Casa Risco, con asombrosas columnas de cedro y fabulosas pinturas en las paredes del patio.

GRATIS **Casa de la Emancipación** EDIFICIO HISTÓRICO

(Pizarro 620; 9.00-13.00 y 16.00-20.00 lu-sa) En este edificio que mezcla el estilo colonial con el republicano, hoy sede del Banco Continental, se declaró la independencia de Trujillo de la Corona española el 29 de diciembre de 1820. Obsérvense los excepcionales suelos de mármol en cubos de Cajabamba; las galerías están dedicadas a exposiciones de arte itinerantes, al poeta peruano César Vallejo y a muebles de época. Además, acoge eventos musicales (hay carteles por la ciudad).

Casona Orbegoso EDIFICIO HISTÓRICO

(Orbegoso 553) Esta bonita casa señorial del s. XVIII, que debe su nombre al expresidente de Perú, alberga una colección de muebles de época y piezas de arte raídas, pero su atmósfera de estar atrapada en el tiempo está asegurada por el actual cierre por reformas. Durante la preparación de la guía no se sabía cuándo volverían a abrirla.

Trujillo

Principales puntos de interés
Casa de la Emancipación ... D4
Casa de Urquiaga ... C5
Casa Ganoza Chopitea ... D3
Palacio Iturregui ... D4

Puntos de interés
1 Basilica Menor Catedral ... C4
2 Casa de Mayorazgo de Facala ... C6
3 Casona Orbegoso ... D5
Hotel Libertador ... (see 22)
4 Iglesia de Belén ... C6
5 Iglesia de la Compañía ... B5
6 Iglesia de la Merced ... D4
7 Iglesia de San Agustín ... D5
8 Iglesia de Santa Ana ... B3
9 Iglesia de Santa Clara ... D3
10 Iglesia de Santo Domingo ... B6
11 Iglesia del Carmen ... E4
12 Museo de Arqueología ... E4
13 Museo de Zoología ... B5

Actividades y circuitos
14 Chan Chan Tours ... B5
15 Trujillo Tours ... B4

Dónde dormir
16 Gran Hotel Turismo ... E5
17 Hospedaje el Conde de Arce ... C4
18 Hostal Colonial ... C4
19 Hostal el Ensueño ... C3
20 Hostal Solari ... D6
21 Hotel El Brujo ... E2
22 Hotel Libertador ... C4
23 Los Conquistadores Hotel ... C6
24 Pullman Hotel ... E3
25 Residencial Munay Wasi ... C2
26 Saint Germain Hotel ... D4

Dónde comer
27 Café Bar Museo ... D3
28 Casona Deza ... D3
29 Chifa Heng Lung ... C5
30 El Sol Restaurante Vegetariano ... C2
31 Juguería San Agustín ... D5
32 Oviedo ... D3
Restaurant Demarco ... (véase 32)
33 Supermercado Metro ... D4

Dónde beber
34 El Celler de Cler ... C4
35 Picasso Lounge ... D4
36 Restaurante Turístico Canana ... D2

Información
37 Banco Continental ... D4
38 BCP ... D4
39 HSBC ... D5
40 iPerú ... B5

Transporte
41 Cial ... E1
42 Civa ... E1
43 Combis a Chan Chan, Huanchaco y Huaca Esmeralda ... E2
44 Combis a Chan Chan, Huanchaco y Huaca Esmeralda ... B2
45 Cruz del Sur ... E1
46 Venta de billetes de Cruz del Sur ... C4
47 Ittsa ... B3
48 LAN ... C5
49 Venta de billetes de Linea ... B4
50 Oltursa ... F1
51 Ormeño ... E1

Otros edificios históricos ARQUITECTURA
También vale la pena echar un vistazo a la **iglesia de la Merced** (Pizarro), del s. XVII, con su asombroso órgano y la cúpula. El altar, algo curioso, está pintado en la pared, la alternativa barata cuando se quedaron sin fondos para el clásico de oro o de madera tallada. La **iglesia del Carmen** (Colón esq. Bolívar) alberga un impresionante museo carmelita. Durante la preparación de esta guía ambas estaban cerradas.

Al otro lado de Bolívar se alza la **iglesia de San Agustín** (Orbegoso esq. Bolívar; 9.00-12.00 y 16.00-19.30), de 1558, con un elegante altar mayor dorado. Más al sureste está la iglesia de Belén, y al norte de esta hay otra mansión, la **Casa de Mayorazgo de Facala** (Pizarro 314; 9.30-13.00 y 16.00-19.00 lu-vi), de 1709, que alberga el Scotiabank.

NORTE Y OESTE DE LA PLAZA DE ARMAS

Casa Ganoza Chopitea EDIFICIO HISTÓRICO
(Independencia 630) Esta mansión de c. 1735, al noreste de la catedral, se conoce también como la Casa de los Leones y es la mejor conservada de Trujillo del período colonial.

Todos los detalles son asombrosos, desde el elaborado zaguán de entrada hasta los frescos tricentenarios, las columnas de pino de Oregón y los techos rústicos del interior, algunos con badanas.

Adviértase la insignia JHS sobre la entrada, entre el león y la leona (de ahí uno de los nombres de la casa). Significa "Jesús hombre salvador", a raíz del período en que el edificio fue un convento (como la bandeja giratoria junto a los baños). Hoy tal vez lo mejor de todo sea su café Casona Deza (p. 321).

Museo Cassinelli MUSEO
(N. de Piérola 607; entrada PEN 7; ⌚9.00-13.00 y 15.00-18.00 lu-sa) Esta colección arqueológica privada, ubicada en el sótano de una gasolinera Repsol (la del oeste del cruce, no el este), es una maravilla: desde luego, sus casi 2000 piezas de cerámica no deberían estar bajo un grasiento dispensario de combustible. Lo dirige una familia de inmigrantes italianos.

El museo es fascinante y sus piezas merecerían un marco mejor. Entre los objetos más interesantes destacan unas ocarinas de barro que producen cantos de pájaro y notas distintas (se puede pedir al guarda una demostración). En apariencia los recipientes son iguales, pero de ellas surgen sonidos muy diferentes que se corresponden a los cantos de llamada de machos y hembras. Se cree que el feto momificado de una niña de ocho meses, que nació prematura, data del año 250.

Museo de Zoología MUSEO
(San Martín 368; entrada 2 PEN; ⌚9.00-18.00) Este museo expone fundamentalmente una colección de animales peruanos disecados (algunos tienen tanto relleno que parecen más bien su caricatura).

Iglesias ARQUITECTURA
Cerca de la plaza de Armas hay varias iglesias interesantes, aunque casi todas suelen estar cerradas: **iglesia de la Compañía** (Independencia), hoy parte de la Universidad Nacional de Trujillo, **iglesia de Santa Ana** (Mansiche esq. Zepita), **iglesia de Santo Domingo** (Pizarro esq. Bolognesi) e **iglesia de Santa Clara** (Junín esq. Independencia).

Circuitos y guías

En Trujillo hay muchas agencias que cuentan con guías. El billete de entrada no está incluido en los precios de los siguientes circuitos. Si se prefiere contratar un guía por cuenta propia, lo mejor es elegir uno acreditado que conozca bien la zona. En iPerú disponen de una lista con guías acreditados y sus datos de contacto.

Trujillo Tours CIRCUITO CULTURAL
(☎23-3091; www.trujillotours.com; Almagro 301; ⌚7.30-13.00 y 16.00-20.00) Agradable y recomendable, ofrece circuitos de 3 a 4 horas a Chan Chan y Huanchaco (64 PEN), Moche Huacas del Sol y de la Luna (66 PEN), así como por la ciudad (53 PEN).

Chan Chan Tours CIRCUITO CULTURAL
(☎24-3016; chanchantourstrujillo@hotmail.com; Independencia 431; ⌚8.00-13.00 y 15.00-20.00) Esta consolidada agencia, situada en plena plaza, organiza rutas a Chan Chan y Moche Huacas del Sol y de la Luna por 15-20 PEN por persona (mínimo dos) así como viajes más lejanos.

Fiestas y celebraciones

Fiesta de la Marinera DANZA
El concurso nacional de marinera se celebra la última semana de enero.

Festival Internacional de la Primavera FESTIVAL
El más importante de Trujillo, con desfiles, concursos nacionales de danza (incluido, por supuesto, el de marineras), caballos de paso, deportes, concursos de belleza y diversas actividades culturales. Se celebra la última semana de septiembre, y los mejores hoteles se llenan con mucha antelación.

Dónde dormir

Las opciones económicas decentes no abundan en Trujillo. Sin embargo, por un precio algo más elevado, el viajero podrá verse inmerso en el ambiente colonial. Algunos prefieren pernoctar en el cercano pueblo costero de Huanchaco. Muchos hoteles de precio medio son ruidosos, sobre todo las habitaciones que dan a la calle. Para el tamaño y la historia de una ciudad como esta, Trujillo está rezagada en cuanto a hoteles *boutique* y de diseño (de hecho, no existen). En los hoteles, pregúntese por su política medioambiental: a algunos se les acusa de quemar de noche ladrillos de carbón para calentar el agua, una práctica que perjudica el medio ambiente (pero barata) y que, según los niveles de las emisiones, está prohibida en Perú.

Hostal Colonial HOTEL HISTÓRICO **$$**
(☎25-8261; www.hostalcolonial.com.pe; Independencia 618; i/d/tr 60/90/120 PEN; 📶) Esta mansión colonial rosada y renovada con gracia (hoy parte de la red IH aunque no es un albergue),

goza de una fantástica ubicación, a una cuadra de la plaza de Armas. Atrae a los viajeros por su combinación de personal servicial y parlanchín, el servicio de circuitos, el popular café (con servicio de habitaciones), los fabulosos patios, los espacios abiertos y el jardín. Algunas de las habitaciones tienen balcón y buenas vistas de la iglesia de San Francisco, enfrente.

Hotel Libertador HOTEL HISTÓRICO **$$$**
(23-2441; www.libertador.com.pe; Independencia 485; i/d 475/510 PEN, ste desde 668,80 PEN desayuno incl.;) Con sus 79 habitaciones, la joya hotelera de la ciudad ocupa un bonito edificio considerado la "Audrey Hepburn de Trujillo": lleva su edad con una gracia refinada. Sus cuatro estrellas se deben al lujoso y bonito patio con piscina, las abundantes arcadas y las cómodas habitaciones con todo tipo de servicios. Están dispuestas en torno a un luminoso vestíbulo de tres pisos, pero es mejor evitar las que dan a la calle porque suelen ser más ruidosas, a menos que se quiera ver lo que ocurre fuera.

Residencial Munay Wasi PENSIÓN **$**
(23-1462; www.munaywasihostel.com; Colón 250; dc 30 PEN, i/d/tr desayuno incl. 45/70/100 PEN;) Agradable alojamiento económico de gestión familiar que enamora a los viajeros con su bonito garaje/patio (es mejor de lo que suena), sus ocho habitaciones con agua caliente (tres tienen televisión internacional por cable, así como un saloncito común), el acceso a la cocina y un ambiente diferente del que ofrece la mayoría de los lugares de Trujillo. Se duerme en casa ajena, una experiencia distinta.

Hospedaje el Conde de Arce PENSIÓN **$**
(29-5117; elcondedearce@hotmail.com; Independencia 577; dc 20 PEN, i/d 45/60 PEN;) Este sencillo y seguro alojamiento, con un gran patio abarrotado, está en pleno centro. Las habitaciones están viejas pero son amplias, y dan a un luminoso patio de cemento. Supervisan el negocio la joven y simpática Nathaly, hija del propietario, y su adorable pero tímido perro, Tommy. No está mal para Trujillo.

Pullman Hotel HOTEL **$$$**
(47-1645; Pizarro 879; i/d 74/92 PEN;) La moderna recepción da a una vía peatonal cerca de la plazuela El Recreo, de ahí que se oiga poco el ajetreo de la calle. Las habitaciones, inmaculadas, tienen todas las comodidades modernas; en las recién renovadas hay TV LCD y sus baños a lunares aportan un toque simpático. En la recepción son muy amables, el vestíbulo es agradable y está ubicada a 5 minutos a pie de algunas estaciones de autobús del norte.

Los Conquistadores Hotel HOTEL **$$**
(48-1650; www.losconquistadoreshotel.com; Almagro 586; i/d desayuno incl. 200/240 PEN;) Situado cerca de la plaza de Armas, este refinado hotel de 54 habitaciones se modernizó en el 2012. Las nuevas habitaciones rezuman elegancia contemporánea, y hoy no tienen rival en la ciudad. De su vestíbulo destacan las reproducciones doradas de Sipán, en su clásico bar se puede tomar un pisco sour y el restaurante de la planta baja ofrece servicio de habitaciones (7.00-23.00).

Hostal Solari HOTEL **$$**
(24-3909; www.hostalsolari.com.pe; Almagro 715; i/d con desayuno 80/130 PEN;) Ofrece enormes habitaciones decoradas con sobriedad, con suelos con tablas, una zona para dejar el equipaje y otra para descansar, buenos colchones, TV LCD Aquos y neverita. Del servicio de habitaciones se encarga una cafetería y el agradable personal de la recepción puede organizar circuitos y confirmar pasajes de avión.

Gran Hotel Turismo HOTEL **$$**
(24-4181; hotelturismo@speedy.com.pe; Gamarra 747; i/d/tr PEN 55/80/120;) Retrocédase en el tiempo en este hotel *retro,* no por una elección estética sino por su no renovado mobiliario desde los alegres años sesenta. Entre las piezas originales hay un antiguo teléfono que sorprendería a cualquier menor de 20 años. Los pasillos son tan largos como un campo de fútbol; se puede jugar un partidillo al *shuffleboard,* al *curling* o a los bolos. Las acogedoras habitaciones tienen coloridas colchas a lo Austin Powers, pero todo lo demás parece que no ha cambiado en décadas.

Saint Germain Hotel HOTEL **$$**
(25-0574; Junín 585; i/d desayuno incl. 89/140 PEN;) Exclusivo, con excelentes habitaciones y las comodidades habituales en este tipo de hoteles, además de pulcros baños. Las estancias que dan al luminoso patio interior son tranquilas. También hay un café y un bar.

Hostal el Ensueño PENSIÓN **$**
(24-2583; Junín 336; i 20-40 PEN, d 40-50 PEN;) Aunque los pasillos son oscuros y estrechos, las habitaciones son aceptables y tie-

nen baños decentes. A veces permiten que las parejas ocupen las habitaciones individuales: sin duda habrá que apretujarse, pero el bolsillo lo notará. Si esta estuviera llena, los propietarios también gestionan otras tres pensiones en la zona.

Hotel El Brujo HOTEL $$$
(☎47-4545; www.elbrujohotel.com; Independencia 978; i/d desayuno incl. 192/256 PEN; ❄@📶) Tras una renovación total, ha cambiado de nombre y han aumentado los precios; aun así, es una propuesta limpia, agradable y tranquila, muy cerca de varias estaciones de autobuses del norte. Parece orientado a la gente de negocios, con modernas habitaciones enmoquetadas y todo tipo de comodidades (minibar, televisión por cable y escritorio). Tiene servicio de habitaciones las 24 horas y una nueva terraza con vistas a la ciudad. Con pasaporte extranjero descuentan 81 PEN del precio de la habitación.

Dónde comer

En la cuadra 700 de Pizarro convergen las personas influyentes de Trujillo y las familias, que no pasan hambre gracias a la hilera de cafés y restaurantes modernos pero bien de precio. Algunos de los mejores restaurantes se hallan fuera del centro y lo más recomendable es recorrer esta breve distancia en taxi.

Mar Picante PERUANA, MARISCO $$
(www.marpicante.com; Húsares de Junín 412; platos ppales 18-30 PEN; ⏲10.00-17.00) Si el viajero se va de Trujillo sin probar el ceviche mixto con acompañamiento picante de este palacio del marisco rodeado de bambús, es que no ha vivido al límite. Las gambas, el pescado, el cangrejo, las vieiras y la cebolla se sirven en crudo y marinado en el clásico zumo de lima, sobre un lecho de yuca y boniato, acompañado por cancha (maíz tostado), junto con un chupito de fuerte zumo de rocoto que sacudirá las papilas gustativas del comensal en cuanto se vierta por encima. ¡Es el mejor de la costa norte! El servicio es rápido y amable, toda una hazaña teniendo en cuenta que siempre está abarrotado. Tómese un taxi (3,50 PEN) o váyase a pie por Larco en dirección suroeste desde el centro. Húsares de Junín empieza 200 m al sur de España, hacia el sureste.

Casona Deza CAFÉ $
(Independencia 630; platos ppales 10-25 PEN; 📶) Amplio y sugerente café ubicado en una de las mansiones coloniales mejor conservadas de la ciudad: la Casa Ganoza Chopitea (c. 1735), que recuperaron unos hermanos enamorados de Trujillo en una subasta. Sirven un excelente café exprés, postres caseros y pizzas y bocadillos deliciosos, a menudo con productos de cultivo ecológico. Este lugar crea adicción, tanto si se visita por el café, el vino, el sustento o su arquitectura.

Juguería San Agustín ZUMOS $
(Bolívar 526; zumo 2-5 PEN; ⏲8.30-13.00 y 16.00-20.00 lu-sa, 9.00-13.00 do) Se distingue por la serpenteante cola de lugareños que en verano esperan su delicioso zumo. Pero eso no es todo: los sándwiches de pollo (6 PEN) y de lechón (7 PEN), cargados de ingredientes, dejarán un grato recuerdo al volver a casa.

Restaurant Demarco PERUANA $$
(Pizarro 725; platos ppales 10-45 PEN; ⏲7.30-23.00; 📶) Todo un clásico, elegante y con camareros veteranos con fajín y muy serviciales. Ofrece una carta extensa de sofisticados platos de carne y marisco, y económicos menús de mediodía (14,50 PEN) y pizzas. Sirve un riquísimo chupe de camarones: sopa espesa preparada a base de camarones y muy condimentada, con ajo, comino y orégano. Los excelsos postres van desde el clásico tiramisú hasta el enorme tres leches (esponjoso pastel de leche evaporada).

Chifa Heng Lung CHINA $$
(Pizarro 352; platos ppales 10,50-42,50 PEN; ⏲hasta 23.30) Una familia china de veteranos chefs gestiona este apetitoso restaurante donde se preparan intensos platos llenos de sabor para los paladares peruanos. Se sirven los clásicos platos cantoneses, pero con muchas alternativas y sabores.

Café Bar Museo CAFÉ $
(Junín esq. Independencia; platos ppales 6-15 PEN, cócteles 18-22 PEN; ⏲cerrado do) Todos deberían conocer el café predilecto de los lugareños. Las altas paredes de madera y la clásica barra de mármol crean un ambiente a medio camino entre el pub inglés y una cafetería de la Rive gauche.

Oviedo DESAYUNOS, CAFÉ $
(Pizarro 758; desayunos y bocadillos 6-14 PEN; ⏲8.00-24.00) Si el viajero está harto del diminuto plato de huevos que sirven en el hotel para desayunar, entonces debe echar un vistazo a la larga lista de propuestas de este café, desde un clásico continental hasta un copioso criollo (plato peruano picante con

influencias españolas y africanas) servido con chuleta de cerdo.

El Sol Restaurante Vegetariano VEGETARIANA $
(Zepita 704; comidas 3-8 PEN; ⌚8.30-18.00 lu-sa, hasta 16.00 do) Pequeño restaurante en una esquina, cuenta con una reducida pero sorprendente carta de platos que imitan la carne y a diario propone un menú de almuerzo por 5 PEN. Aquí también comen muchos no vegetarianos, lo cual confirma sus deliciosas y copiosas propuestas, que encima incluyen platos macrobióticos.

Supermercado Metro COMPRA DE ALIMENTOS $
(Pizarro 700) Para hacer la compra.

Dónde beber y ocio

El periódico local *La Industria* (www.laindustria.pe) informa a cerca de las actividades relacionadas con el ocio en Trujillo, como exposiciones y otros eventos.

El Celler de Cler BAR
(Gamarra esq. Independencia; platos ppales 12-24 PEN, cócteles 12-18 PEN; ⌚18.00-1.00) Este sugerente bar es el único lugar de Trujillo donde disfrutar de un cóctel en una veranda colonial en un segundo piso. Data de principios del s. XIX y el estilo se completa con las antigüedades que lo decoran, desde una caja registradora norteamericana de los años cincuenta hasta una extraordinaria lámpara de polea inglesa de la época de la Revolución industrial.

Se sirven excelentes platos de pasta y a la parrilla (carne óptima, patatas fritas decepcionantes), pero destaca por los creativos cócteles, como el clásico chilcano (pisco, ginger ale y zumo de lima) con sus múltiples variaciones (rocoto, ají limo, maracuyá, etc). Se recomienda ir el fin de semana o después de la hora punta porque, pese al ambiente del lugar, se oye el ruido del exterior.

Picasso Lounge CAFÉ, BAR
(Bolívar 762) Café bar alargado, casi de lo más moderno de Trujillo, ideal para contemplar las obras de arte contemporáneo local de sus exposiciones bimestrales. Cuando está el barman (de jueves a sábado a partir de las 20.00) se sirve una completa lista de cócteles que incluye algunos creativos combinados con pisco.

Restaurante Turístico Canana MÚSICA EN DIRECTO
(✆San Martín 791; entrada 20 PEN; ⌚desde 23.00 ju-sa) Con buenos platos peruanos de la costa, se recomienda acudir de jueves por la noche a sábado durante las actuaciones de músicos y bailarines locales, a partir de las 23.00 aproximadamente. Como a lo mejor el viajero acaba sumándose a la fiesta, es mejor que empiece a beber pronto.

Información

Peligros y advertencias

En los bares, los hombres tienden a importunar a las mujeres que viajan solas hasta exasperarlas. Ante una situación parecida, se aconseja dejar claro que no se está interesada. Lo mejor es citar a un novio o un marido, aunque sea imaginario. Para más consejos y advertencias a las viajeras, véase la p. 541.

Al igual que en otras muchas ciudades, los niveles de contaminación acústica en Trujillo son elevados. Varias entidades cívicas han protestado contra los constantes bocinazos de los taxistas.

Urgencias

Policía de Turismo (Poltur; ✆29-1770; Independencia 572) De lo más servicial. Visten camisa blanca.

Inmigración

Oficina de Migraciones (✆28-2217; www.digemin.gob.pe; Larco, cuadra 12; ⌚8.00-16.15 lu-vi, 9.00-13.00 sa) Tramitan los visados de los residentes extranjeros y las extensiones de visado de turista.

Asistencia médica

Clínica Peruano Americana (✆24-5181; Mansiche 810) El mejor sitio para recibir atención médica en general; cobran según las posibilidades económicas de cada uno. Los viajeros que no dispongan de seguro médico deben informarlo.

Dinero

Cambiar dinero en Trujillo es un placer, pues algunos bancos se encuentran en magníficos edificios coloniales. Todos poseen cajero automático y aceptan Visa y MasterCard. Si hay mucha cola de espera, se puede acudir a las casas de cambio situadas cerca de Gamarra y Bolívar, que también ofrecen buenos tipos.

Banco Continental (Pizarro 620) Situado en la bonita Casa de la Emancipación. Ofrece buen cambio.

BCP (Gamarra 562) Es el que cobra menos comisión en el cambio de cheques de viaje.

HSBC (Gamarra 574) Cajero sin comisiones.

Correos

Serpost (Independencia 286) Servicios postales.

Información turística

Las compañías locales de circuitos ofrecen información básica sobre la zona.

IPerú (☎29-4561; esq. Almagro 420; ⊙9.00-18.00 lu-sa, 10.00-14.00 do) Ofrece información turística y un listado de guías y agencias de viajes acreditados.

Cómo llegar y salir

Avión

El aeropuerto (TRU) está 10 km al noroeste de la ciudad. **LAN** (☎22-1469; www.lan.com; Almagro 490) tiene tres vuelos diarios de Lima a Trujillo (6.05, 16.50, 20.15) y de vuelta (7.45, 18.45, 22.00). Los billetes suelen costar entre 343 PEN y 486 PEN. **Taca** (☎0-800-1-8222; www.taca.com; César Vallejo Oeste 1345, Real Plaza) cubre la misma ruta dos veces al día por solo 142 PEN, con salidas desde Lima a las 13.05 y las 21.00, y regresos desde Trujillo a las 14.50 y 22.45.

Autobús

Dado que los autobuses salen llenos de Trujillo, se recomienda reservar asiento aunque esta sea con un poco de antelación. Varias empresas que se dirigen a destinos en el sur tienen su terminal en la Panamericana Sur, al final de la Av. Moche y Ejército; conviene preguntar de dónde sale el autobús al comprar el billete.

Línea ofrece servicios a casi todos los destinos de interés y es una de las empresas con autobuses más cómodos.

Hay un enclave de compañías de autobuses en España y Amazonas que ofrece vehículos con salidas nocturnas a Lima (8 h).

Para viajar a Huaraz de día hay que ir a Chimbote y allí tomar otro autobús. Desde Chiclayo hay autobuses más frecuentes hacia Cajamarca y el Altiplano del norte.

Hacia Otuzco, las *combis* están entre las cuadras 17 y 18 de Prolongación Unión, en el noreste de la ciudad. **Tours Pacifico** (☎42-7137; Prolongación Unión, cuadra 22) recorre la ruta de montaña seis veces al día.

America Express (☎26-1906; La Marina 315) Autobuses a Chimbote cada 20 minutos de 4.00 a 22.30; está a 5 PEN de taxi al sur de la ciudad.

Cial (☎20-1760; www.expresocial.com; Ejército con Amazonas 395) Servicio a Lima a las 22.00.

Civa (☎25-1402; www.civa.com.pe; Ejército 285) Servicio a Lima a las 22.00.

Cruz del Sur (☎26-1801; www.cruzdelsur.com.pe; Amazonas 437) Una de las mayores compañías del país y de las más caras. Ofrece cinco rutas diarias a Lima, y los domingos, miércoles y viernes a las 23.45 a Guayaquil. En el centro hay una **oficina de reservas** (Gamarra 439; ⊙9.00-21.00 lu-sa).

El Dorado (☎24-4150; www.transporteseldorado.com.pe; N. de Piérola 1070) Con autobuses rudimentarios a Piura cinco veces al día (12.30, 20.00, 20.30, 22.20, 23.00) y cuatro a Máncora y Tumbes (12.30, 20.00, 20.30, 21.00).

Ittsa (☎25-1415; www.ittsabus.com; Mansiche 143) Servicios a Piura (9.00, 13.30, 23.15, 23.30, 23.45), y 11 salidas hacia Lima de 9.00 a 23.15.

Línea La **oficina de reservas** (☎24-5181; www.linea.pe; San Martín esq. Orbegoso; ⊙9.00-21.00 lu-vi, 9.00-19.00 sa) está en el casco antiguo, aunque los autobuses salen de la **terminal** (☎29-9666; Panamericana Sur 2855) situada en la Panamericana Sur, a 5 PEN en taxi. Tiene nueve servicios diarios a Lima entre las 8.30 y las 22.45; a Piura a las 13.30 y 23.00; a Cajamarca a las 10.30, 13.00, 22.00 y 22.30; seis a Chiclayo entre las 6.00 y las 19.00, con parada en Pacasmayo y Guadalupe; cuatro diarios a Chimbote (5.30, 11.00, 14.00, 19.00); y a Huaraz a las 21.00 y 21.15.

Movil Tours (☎28-6538; www.moviltours.com.pe; América Sur 3959, Ovalo Larco) Especializado en comodísimos trayectos turísticos largos. Tiene un servicio a Lima a las 22.00; salidas a las 10.00, 21.40 y 22.20 a Huaraz (los dos primeros siguen hasta Caraz); un autobús a Chachapoyas a las 16.45; y otro a las 15.00 a Tarapoto. Para llegar a la estación, tómese un taxi (5 PEN) o la *combi* A roja (California/Esperanza) en Av. España y apéese en Ovalo Larco.

Oltursa (☎26-3055; www.oltursa.pe; Ejército 342) Tres servicios diarios a las 12.00, 22.00 y 23.00. Comparte agencia de reservas autorizada con Ittsa en la plaza de Armas, aunque dicha agencia a veces cobra comisiones.

Ormeño (☎25-9782; www.grupo-ormeno.com.pe; Ejército 233) Tiene dos autobuses nocturnos a Lima a las 19.00 y 22.00, y otro (21.00) a Máncora y Tumbes, que sigue hasta Guayaquil, en la costa ecuatoriana. Además, los lunes y viernes hay un servicio (22.00) a Quito, que va hasta Bogotá (Colombia).

Transportes Horna (☎24-3514; América Sur 1368) Con siete salidas diarias a Huamachuco y tres autobuses a Cajamarca (13.30, 20.00 y 23.30).

Turismo Días (☎20-1237; www.turdias.com; N. de Piérola 1079) Delante de El Dorado, tiene cuatro salidas a Cajamarca (10.00, 13.15, 22.30, 23.00) y dos a Cajabamba (20.00, 21.00).

ALREDEDORES DE TRUJILLO

Las *combis* B verdes a la huaca Esmeralda (1 PEN), Chan Chan (1 PEN) y Huanchaco (1,50 PEN) pasan por los cruces de España con Ejército y España con Industrial cada pocos minutos. Los autobuses a La Esperanza se dirigen

AUTOBUSES DE TRUJILLO

DESTINO	PRECIO (PEN)	DURACIÓN (H)
Bogotá	495	56
Cajabamba	25-35	12
Cajamarca	16-135	6-7
Caraz	45-60	8
Chachapoyas	60-75	15
Chiclayo	14-30	3-4
Chimbote	8-57	2
Guayaquil (Ec)	137,50-201	18
Huaraz	35-60	5-9
Lima	25-100	8-9
Máncora	27-70	8-9
Otuzco	6-10	2
Piura	25-45	6
Quito (Ec)	233,80	32
Tarapoto	85-105	18
Tumbes	27-80	9-12

hacia el noroeste por la Panamericana y paran en la huaca Arco Iris. Hacia las huacas del Sol y de la Luna, tómese un taxi (4 PEN) hasta la gasolinera Primax de Óvalo Grau, al sureste del centro, donde las *combis* (1,50 PEN) pasan más o menos cada 15 minutos. Es conveniente vigilar muy bien las pertenencias y esconder los objetos de valor porque se producen robos. El trayecto en taxi a estos destinos cuesta entre 10 y 15 PEN.

Es más difícil llegar al complejo arqueológico de la huaca El Brujo, unos 60 km al noroeste de Trujillo. La ruta más segura es tomar un autobús en Trujillo hacia Chocope (3,50 PEN, 1½ h) desde Óvalo del Papa, al suroeste de la ciudad. Luego se cambia a un colectivo hacia Magdalena de Cao (2,50 PEN, 20 min), donde habrá que acordar con un mototaxi un precio por el viaje de ida y vuelta al complejo con tiempo de espera incluido (lo normal son 5 PEN por trayecto más algo por la espera; pocos viajeros visitan el yacimiento, así que hay pocas alternativas –mejor no dejar nada por atar). También hay autobuses en dirección a Chocope desde la terminal interurbana de autobuses provinciales, al sudeste del centro, pero más vale que los turistas eviten este barrio.

Cómo desplazarse

Para ir al **aeropuerto** (☎46-4013), 10 km al noroeste de Trujillo, se puede llegar pagando poco en la *combi* a Huanchaco, aunque luego hay que caminar el último kilómetro. Se tarda una media hora. Un taxi desde el centro de la ciudad cuesta 15 PEN.

Un recorrido en taxi por la ciudad suele costar unos 3,50 PEN. Si se realiza un recorrido turístico, los taxis cobran entre 20 PEN (en la ciudad) y 25 PEN (fuera) por hora.

Alrededores de Trujillo

Las culturas mochica y chimú dejaron profundas huellas en la zona de Trujillo, aunque no fueron las únicas. En un artículo publicado en *National Geographic* en marzo de 1973, los doctores M. E. Moseley y C. J. Mackey aseguraron conocer más de 2000 yacimientos en el valle del río Moche y desde entonces se han descubierto muchos más.

Desde Trujillo se pueden visitar, en autobús local o taxi, cinco de los yacimientos arqueológicos más importantes. Dos de ellos son fundamentalmente moches y datan aproximadamente del 200 a.C. al 850 d.C. Los otros tres pertenecen a la cultura chimú, datados entre el 850 y el 1500 d.C. También se puede visitar, aunque no tan fácilmente, el yacimiento moche, recientemente excavado, de la huaca El Brujo (a 60 km de Trujillo).

Es una buena idea, incluso si el presupuesto es ajustado, unirse a un circuito organizado, pues las ruinas resultan más interesantes con un buen guía. Otra alternativa es contratar un guía en el yacimiento.

El precio de la entrada a Chan Chan incluye la visita a los yacimientos chimúes de la huaca Esmeralda y la huaca Arco Iris, así como al museo; la visita debe realizarse en un plazo de dos días. Todos los yacimientos están abiertos de 9.00 a 16.30. Las entradas se pueden comprar en cada uno de ellos, excepto en la huaca Esmeralda.

Puntos de interés

Chan Chan RUINA

(adultos 11 PEN; 9.00-16.30) Construida hacia el año 1300 y con una extensión de 20 km², Chan Chan fue la ciudad precolombina más grande de toda América y la mayor ciudad de adobe del mundo. En la cúspide de su hegemonía tenía unos 60 000 habitantes y una gran riqueza en oro, plata y cerámica. Tras ser conquistada por los incas, la ciudad permaneció más o menos intacta, pero con la llegada de los españoles comenzó el saqueo y, en las décadas siguientes, quedó poco más que polvo de oro. Hoy, los restos se conservan en los museos cercanos. Aunque Chan Chan debió de ser una visión fascinante en su día, los efectos devastadores del fenómeno El Niño y las fuertes lluvias han erosionado sus muros de adobe. Lo que hoy maravilla es, sobre todo, la inmensidad del yacimiento (los detalles habrá que imaginarlos).

La capital chimú se componía de 10 unidades arquitectónicas, conocidas como palacios o residencias reales. En cada una había un túmulo funerario con numerosas ofrendas, incluidas docenas de jóvenes doncellas y cámaras repletas de cerámica, tejidos y joyas. El palacio Tschudi, que recibe el nombre de un naturalista suizo, es la única zona parcialmente restaurada de Chan Chan. Quizá en un futuro se restauren más zonas, pero hasta que estén bien señalizadas y vigiladas, su visita comporta el riesgo de sufrir asaltos o robos.

En el complejo del palacio Tschudi se halla la zona de acceso, donde se venden las entradas, tentempiés y recuerdos; también hay retretes y el pequeño **Museo de Sitio Chan Chan** (gratis con la entrada de Chan Chan) donde contratar guías (20 PEN). Las ruinas están bien señaladas, con unos indicadores en forma de pez, de manera que también pueden visitarse sin guía. El billete de entrada a Chan Chan es válido también para los yacimientos chimúes de la huaca Esmeralda y la huaca Arco Iris.

Hay *combis* desde Trujillo a Chan Chan que salen cada pocos minutos desde las esquinas de España con Ejército y España con Industrial. Un taxi desde Trujillo cuesta 10 PEN.

Complejo de Tschudi

También se llama palacio Nik-An, y su elemento principal es un enorme **patio ceremonial** restaurado, cuyos muros interiores, de 4 m de grosor, están decorados casi en su totalidad con dibujos geométricos. Los diseños de la parte baja, junto a la puerta, que representan tres o cuatro nutrias marinas, son los únicos originales y parecen algo más bastos que los modernos. A través de la rampa, al final de la plaza, se accede al segundo piso. Aunque los muros de Chan Chan se han ido derrumbando con el tiempo, los más altos del palacio Tschudi superaron los 10 m de altura.

Alrededor de Trujillo

Si se sale del patio ceremonial y se camina junto al **muro exterior** se verán algunas de las murallas más decoradas y mejor restauradas. Los frisos de adobe muestran bancos de peces con aves marinas sobrevolándolos. A pesar de su aspecto desgastado, conservan un carácter y una fluidez que no expresan las versiones reconstruidas.

Al final de este muro, el camino señalado conduce a una zona laberíntica conocida como **salas de audiencia.** Su función no está clara, pero su importancia se refleja tanto en la calidad como en la cantidad de la decoración de las estancias, que poseen los frisos más interesantes de Tschudi. Los chimúes, al vivir tan cerca de la costa, seguían una dieta a base de pescado, y el mar era para ellos de suma importancia. Peces, olas, aves y mamíferos marinos aparecen representados por toda la ciudad y también en estas salas de audiencia. Para los chimúes, la Luna y el mar tenían gran importancia religiosa, a diferencia de los incas, quienes adoraban al Sol y la Tierra.

Más adelante, la **plaza ceremonial del segundo sector** también posee una rampa al segundo piso. Desde la parte de atrás de la plaza se puede ver un enorme hoyo rectangular que fue en su día un **pozo** que satisfacía las necesidades diarias de agua de las residencias reales.

A la izquierda hay una zona denominada **sector militar,** con varias celdas pequeñas, no muy bien conservadas, donde tal vez vivían los soldados o se utilizaban como almacén. Al lado se encuentra el **mausoleo,** donde se hallaron los restos de un soberano y de personas sacrificadas y objetos ceremoniales. A la izquierda de la tumba principal se descubrió una pirámide con docenas de cuerpos de mujeres jóvenes.

La última zona que se visita es la **sala de la asamblea.** De forma rectangular, tiene 24 asientos en los nichos de las paredes y posee unas propiedades acústicas tan excepcionales que si una persona sentada en cualquiera de los nichos habla, se puede oír con claridad en toda la sala.

Museo de Sitio Chan Chan

Los objetos expuestos giran en torno a Chan Chan y la cultura chimú. Se halla en la carretera principal, unos 500 m antes de la salida a Chan Chan. Hay algunas explicaciones y un espectáculo de luz y sonido cada 30 minutos. Son muy interesantes las fotos aéreas y los mapas que muestran la amplia extensión del yacimiento, puesto que los turistas pueden visitar una pequeña parte del mismo.

Complejo Arqueológico — RUINAS

Huaca Esmeralda

(gratis con la entrada de Chan Chan) Este templo chimú, entre Trujillo y Chan Chan, está al sur de la carretera principal, cuatro cuadras por detrás de la iglesia Mansiche. Es mejor visitarlo en grupo o acompañado de un guía porque se han denunciado robos.

La huaca Esmeralda estaba cubierta de arena y fue descubierta accidentalmente por el propietario de las tierras en 1923. Este intentó excavar las ruinas, pero El Niño de 1925 inició el proceso de erosión que se agravó luego con las lluvias e inundaciones de 1983. Aunque se han restaurado un poco los frisos de adobe, aún se pueden distinguir los característicos diseños chimúes de peces, aves, olas y redes de pesca.

Las *combis* B verdes a la huaca Esmeralda salen de Trujillo cada pocos minutos; pasan por los cruces de España con Ejército y España con Industrial.

Huaca Arco Iris

(gratis con la entrada de Chan Chan) Conocida también en la zona como huaca del Dragón, la **huaca Arco Iris** está en el barrio de La Esperanza, unos 4 km al noroeste de Trujillo.

Data del s. XII y es uno de los templos chimúes mejor conservados. Ello se debe sobre todo a que permaneció enterrado bajo la arena hasta la década de 1960. Un puñado de arqueólogos y huaqueros (saqueadores de tumbas) conocían su ubicación, pero las excavaciones no comenzaron hasta 1963. Por desgracia, El Niño dañó los frisos en 1983.

El lugar estuvo pintado, pero hoy esta quedan huellas apenas visibles de color amarillo. Consta de una muralla defensiva de más de 2 m de grosor que encierra una zona de unos 3000 m^2. El edificio abarca unos 800 m^2 distribuidos en dos plantas, con una altura combinada de 7,5 m. Las paredes tienen una suave forma piramidal y están cubiertas de dibujos en forma de arco iris, casi todos restaurados. A través de unas rampas se accede a la parte superior del templo, desde donde se pueden ver depósitos donde se hallaron huesos de niños que quizá fueron sacrificados. Se supone que fue un templo consagrado a la fertilidad, pues en muchas culturas antiguas el arco iris representaba la lluvia, portadora de vida.

Existe un pequeño **museo** en el yacimiento donde se pueden contratar guías locales.

Los autobuses a La Esperanza se dirigen al noroeste por la Panamericana y paran en la huaca Arco Iris.

Huacas del Sol y de la Luna RUINAS
(www.huacasdemoche.pe; adultos 11 PEN; ⌚9.00-16:00) Los **templos del Sol y de la Luna** superan en más de 700 años de antigüedad a Chan Chan y se atribuyen al período mochica. Están en la orilla sur del río Moche, unos 10 km al sureste de Trujillo por una carretera sin asfaltar. El precio de la entrada incluye una visita guiada.

La huaca del Sol es la estructura individual precolombina más grande de Perú, a pesar de que se ha destruido más de un tercio. Se calcula que se usaron unos 140 millones de ladrillos de adobe en su construcción, muchos de los cuales están marcados con el símbolo del trabajador que los fabricó.

En su época, la pirámide estuvo formada por distintos niveles conectados por empinados tramos de escaleras, enormes rampas y muros con una inclinación de 77º. Sus más de 1500 años de antigüedad han hecho estragos, y hoy parece un montón de ladrillos cubiertos parcialmente por arena. Hay pocas tumbas en su interior, lo que indica que debió utilizarse sobre todo como centro ceremonial. La pirámide, aunque solo sea por su tamaño, es imponente y las vistas desde arriba son excelentes.

Adentrándose unos 500 m en el desierto se halla la huaca de la Luna, más interesante pero más pequeña. Está formada por salas que contienen cerámica, metales preciosos y algunos bellos frisos policromados, característicos de la cultura mochica. Fue construida a lo largo de seis siglos, hasta el 600 d.C., por generaciones sucesivas que prosperaron y completaron la estructura de la generación anterior. Los arqueólogos están retirando de forma selectiva las capas, descubriendo frisos de figuras estilizadas en cada nivel, algunos muy protegidos por las capas posteriores. La visita vale mucho la pena; cada año se descubren frisos nuevos y muchos de los objetos hallados durante las excavaciones pasan a formar parte de la colección permanente del nuevo y excelente **Museo Huacas de Moche** (entrada 3 PEN; ⌚9.00-16.30). Tiene un centro de investigaciones y cine. A la salida se puede echar un vistazo a los puestos de recuerdos; en algunos venden vasijas hechas con moldes originales hallados en el yacimiento. También es interesante ver los viringos, los singulares perros peruanos sin pelo; su temperatura corporal es más alta que la de los perros normales y tradicionalmente se han utilizado para calentar el cuerpo de personas con artritis.

Las *combis* hacia las huacas del Sol y de la Luna pasan por Óvalo Grau, Trujillo, cada 15 minutos aproximadamente. También se llega en taxi (15 PEN).

Complejo arqueológico de la huaca El Brujo RUINAS
(adultos 11 PEN; ⌚9.00-16.00) Este complejo arqueológico consta del yacimiento de la huaca Prieta, el yacimiento mochica de la huaca Cao Viejo (excavado hace poco y con magníficos relieves murales) y la huaca El Brujo, que apenas ha empezado a excavarse. Se encuentra en la costa, a unos 60 km de Trujillo, y es de difícil acceso a no ser que se vaya acompañado por un guía. En realidad no está abierto al público, pues hay poco que ver, pero algunas agencias de Trujillo organizan visitas si se solicita con antelación.

Llegar al complejo por libre es complicado. La ruta más segura es tomar un autobús en Trujillo hacia Chocope (3.50 PEN, 1½ h) desde Óvalo del Papa, al suroeste de la ciudad; luego, cambiar a un colectivo hacia Magdalena de Cao (2,50 PEN, 20 min), donde habrá que acordar con un mototaxi el precio por el viaje de ida y vuelta con tiempo de espera incluido. En este trayecto hay muy poco transporte público.

Huaca Cao Viejo RUINAS
La sección principal de esta huaca es una pirámide truncada de 27 m. Tiene algunos de los mejores frisos de la zona. Estos muestran magníficos relieves multicolores –mucho más vivos que los de las huacas más cercanas a Chiclayo–, con estilizados guerreros, presos y sacerdotes de tamaño natural, así como sacrificios humanos. También hay muchos yacimientos funerarios de la cultura lambayeque, que siguió cronológicamente a la mochica. Toda la zona se encuentra repleta de ruinas interesantes, pero, por desgracia, pocas han sido estudiadas en profundidad. Quienes viven cerca de esta huaca insisten en su energía positiva, y cuando alguien necesita una dosis de buenas vibraciones, se organizan ceremonias.

Huaca Prieta RUINAS
Se trata de uno de los yacimientos precolombinos mejor estudiados del país, aunque para los profanos en la materia resulta más interesante leer sobre esta huaca que visitarla. Aunque no es más que un montón de restos prehistóricos, ofrece magníficas vistas de la zona costera y se puede visitar a la vez que el resto de huacas del complejo arqueológico.

Huanchaco

044 / 41 900 HAB.

Este tranquilo pueblo pesquero, a 12 km de Trujillo, se convirtió de la noche a la mañana en un punto de interés turístico por estar situado en el Sendero Gringo. Aunque parezca la clásica ciudad antigua de postal, su playa es bastante normalita. De todos modos, su ritmo pausado atrae a un cierto tipo de holgazanes de playa y ha logrado conservar gran parte de su atractivo rural. Hoy, la ciudad ofrece a sus visitantes un largo listado de alojamientos y locales de restauración, y a los surfistas, buenas olas.

En verano, multitud de peruanos y extranjeros llegan a sus costas, pues es excelente como base para explorar las ruinas de los alrededores de Trujillo.

El rasgo característico de Huanchaco es que los pescadores locales siguen usando las mismas balsas de junco estrecho representadas en la cerámica moche de hace 2000 años. Se trata de unas estilizadas balsas sobre las que reman y se deslizan por el agua montados sobre ellas en lugar de adentro, con las piernas colgando a los lados; por eso reciben el nombre popular de "caballitos de totora". Huanchaco es de los pocos lugares que quedan en la costa peruana que aún

PUEBLOS PRECOLOMBINOS DE LA COSTA NORTE

Desde hace 5000 años, el norte de Perú ha sido la cuna de una serie de civilizaciones. Las siguientes son las culturas más importantes que florecieron y desaparecieron en las regiones del desierto costero con el paso de los milenios.

Huaca Prieta

La cultura de huaca Prieta, una de las primeras en aparecer en el desierto, se debe a gentes que vivieron en el lugar homónimo (p. 327) entre el 3500 y el 2300 a.C. Fueron cazadores-recolectores que cultivaron algodón y algunas variedades de judías y pimientos, y se alimentaron fundamentalmente de pescado. Estos pueblos precerámicos desarrollaron la elaboración de redes y tejidos, pero no usaron joyas. Su máxima expresión artística se manifiesta en la sencilla decoración grabada en vasijas fabricadas con calabazas secas. Sus viviendas eran chozas semienterradas de una sola habitación, y casi todo cuanto se sabe de ellos se ha ido deduciendo de los restos hallados.

Chavín

Los chavín se establecieron en los alrededores de Huaraz, en los Andes Centrales peruanos, y su influencia cultural fue tan significativa que se extendió hasta la costa, especialmente entre el 800 y el 400 a.C. Para más información sobre la cultura chavín, véase la p. 399.

Mochica

La cultura mochica, que floreció entre los años 100 a.C. y 800 d.C., destaca por su cerámica, tejidos y objetos de metal y, además, por la construcción de enormes pirámides. También tuvo tiempo para el arte y para su organizada religión.

Sus exquisitas obras en cerámica le valieron la entrada en la sala de la fama de las culturas preincaicas. Se consideran las más delicadas y de técnica más evolucionada de todo el país. Las vasijas mochica están decoradas de manera realista, con figuras y escenas agrícolas, animales salvajes y domésticos, fauna marina, construcciones monumentales... En otras vasijas están representadas escenas ceremoniales u objetos cotidianos.

Otros aspectos de la vida social representados son los castigos, intervenciones quirúrgicas (amputación de una extremidad o recomposición de fracturas) y escenas eróticas. Una de las salas del Museo Larco de Lima (p. 67) está dedicada exclusivamente a vasijas eróticas, algunas de ellas muy originales. El Museo Cassinelli de Trujillo (p. 319) también alberga una buena colección mochica.

Los dos yacimientos mochicas más importantes, las huacas del Sol y de la Luna (p. 327), se hallan unos kilómetros al sur de Trujillo.

Su decadencia comenzó hacia el año 700 d.C. y se sabe muy poco de los siglos posteriores. La cultura huari, cuyo centro estaba en la zona de lo que hoy es Ayacucho, en los Andes Centrales, comenzó a extenderse y su influencia se reflejó en las culturas sicán y chimú.

utilizan la técnica de construcción de estas frágiles embarcaciones curvas que, tras usarse unos meses y cuando ya no sirven, se hunden en el agua. Por las playas se ven hileras de estas emblemáticas piezas de artesanía secándose al sol; es la imagen típica de Huanchaco.

Puntos de interés

La playa de arena gris es ideal para bañarse entre diciembre y abril (el resto del año hace bastante frío). También se puede practicar surf todo el año; es perfecta para los principiantes y atrae a una multitud de surfistas.

Para acceder al muelle entre las 10.30 y las 18.30 se cobran 0,50 PEN.

GRATIS **Santuario de la Virgen del Socorro** IGLESIA
(9.00-12.30 y 16.00-19.00) Situada en la parte alta, vale la pena visitarla. Fue construida entre 1535 y 1540, y es la segunda más antigua de Perú. Desde el campanario restaurado las vistas son estupendas.

Actividades

En varios establecimientos de la calle principal alquilan material de surf (15-30 PEN/día por el traje de neopreno y la tabla).

Sicán

Al parecer, el pueblo sicán desciende del mochica y su cultura floreció en la misma zona entre los años 750 y 1375 d.C. Básicamente agricultores, también desarrollaron la metalurgia y se conocen por sus adornos de oro modelados a la cera perdida y por la producción de cobre arsenical, un material parecido al bronce, propio de los yacimientos arqueológicos de la época precolombina del Nuevo Mundo. Expertos herreros, produjeron aleaciones de oro, plata y cobre arsenical en grandes cantidades usando poco más que fuego de madera de algarrobo y soplando aire con cañas para alcanzar los 1000°C necesarios para el trabajo.

Los objetos hallados en los yacimientos sicán indican que también fueron activos comerciantes que se relacionaban con otras culturas lejanas del continente y compraban conchas y caracoles de Ecuador, esmeraldas y diamantes de Colombia, lapislázuli de Chile y oro del Altiplano peruano.

Con una estructura social y religiosa jerárquica, desarrollaron elaboradas prácticas funerarias, cuyas muestras pueden verse en el Museo Nacional Sicán de Ferreñafe (p. 342).

Como ocurrió con otras sociedades preincaicas, los desastres meteorológicos fueron responsables de su desaparición. En sus inicios se asentaron e impulsaron la importante ciudad de Batán Grande (p. 343), al noreste de Trujillo, pero se vieron obligados a trasladarse a Túcume (p. 343) cuando las lluvias provocadas por El Niño devastaron la zona en el s. XIII.

Chimú

El pueblo chimú fue contemporáneo del sicán y su cultura se desarrolló entre los años 850 y 1470 d.C. en torno a la monumental ciudad de Chan Chan (p. 325), al norte de Trujillo. Sus obras resultan menos interesantes que las de los mochicas, ya que tendían más a la producción masiva que a la creación artística. En lugar de pintar las piezas de cerámica, emplearon un método más simple y produjeron las típicas piezas negras que se pueden encontrar en muchas colecciones de cerámica chimú. Aunque la calidad de la cerámica disminuyó, desarrollaron la metalurgia y trabajaron con aleaciones de oro y otros metales.

Los chimúes destacan sobre todo por haber instaurado una sociedad urbana: su gran capital albergaba unas 10 000 viviendas de diferentes calidades e importancia. Los edificios se adornaban con frisos cuyos diseños se moldeaban en las paredes de barro, y las zonas nobles se decoraban con capas de metales preciosos. Utilizaban recipientes para almacenar alimentos y otros productos procedentes de su imperio, que se extendía a lo largo de la costa, desde Chancay hasta el golfo de Guayaquil (al sur de Ecuador). Tenían enormes pozos con accesos de entrada, canales, talleres y templos, y enterraban a sus soberanos en túmulos funerarios rodeados de ricas ofrendas.

En 1471 fueron conquistados por los incas. A lo largo de los siglos, las intensas lluvias han erosionado la decoración moldeada en el adobe, material con el que fue construida la entonces gran metrópoli de Chan Chan.

Muchik SURF
(☎63-4503; www.escueladetablamuchik.com; Larco 650) La escuela de surf más antigua y, según dicen, la más fiable. Hay clases de dos horas por 45 PEN y el alquiler de tabla/traje cuesta 15 PEN/día.

Un Lugar SURF
(☎94-957-7170; Atahualpa 225) Está a dos cuadras de la principal carretera a la playa. En esta escuela de surf/pensión gestionada por el experimentado Juan Carlos se ofrecen clases particulares de 2 horas por 45 PEN. Además se alquilan tablas y trajes y se organizan safaris de surf hasta Puerto Chicama y otros emblemáticos puntos de surf de Perú. Ofrecen sencillas habitaciones de bambú, estilo casita en el árbol, por 15 PEN/persona.

The Wave SURF
(Larco 850) Escuela de surf que alquila material.

Fiestas y celebraciones

Carnaval FESTIVAL, RELIGIOSO
Un gran acontecimiento en Huanchaco; febrero/marzo.

Festival del Mar CULTURAL
En conmemoración de la llegada legendaria de Takaynamo, fundador de Chan Chan, con competiciones de surf y danzas, conferencias culturales, degustaciones de comida y actuaciones musicales, todo ello entre gran jolgorio. Se celebra la primera semana de mayo en años alternos.

Dónde dormir

Naylamp se halla en el norte de la ciudad. Hay algunos pequeños hoteles al sur, en las pequeñas calles perpendiculares a la playa. Todos los establecimientos aquí recogidos tienen duchas con agua caliente y la mayoría, televisión por cable. Excepto en períodos vacacionales y festivos, hacen descuentos de hasta el 50%. Conviene preguntar.

Naylamp PENSIÓN $
(☎46-1022; www.hostalnaylamp.com; Larco 1420; parcela con/sin tienda 10/15 PEN/persona, i/d/tr 35/50/80 PEN; @) El más popular en la categoría económica. Tiene un edificio en el paseo marítimo y otro más grande tras el hotel. Sus grandes y económicas habitaciones comparten un espacioso patio con vistas al mar. Además hay lavandería, cocina y cafetería. Solo falta el agua en la piscina.

Hospedaje Océano PENSIÓN $
(☎46-1653; www.hospedajeoceano.com; Los Cerezos 105; h/tr desde 40/60 PEN; @) Esta pensión familiar muy acogedora está entre el océano y una de las plazoletas más verdes y agradables del pueblo; aquí uno se siente como en casa. Por fuera es como cualquier otra pensión peruana, pero las fabulosas habitaciones de estilo mediterráneo son una agradable sorpresa.

Lo mejor de todo es que la familia elabora unas cremoladas (helados italianos; 2 PEN) caseras de vicio, que aparecen en el nuevo menú diario con todos sus beneficios para la salud (las de coco y capuchino son excelentes).

Hotel Caballito de Totora HOTEL-'BOUTIQUE' $$
(☎46-1154; www.hotelcaballitodetotora.com.pe; La Rivera 348; i 35 PEN, d desde 90 PEN, ste desde 360 PEN, todas con desayuno incl.; @) Aunque las habitaciones normales pueden parecer sosas, las suites son las mejores individuales de Huanchaco y cuentan una decoración moderna, incluso demasiado para Trujillo. Ofrecen una panorámica perfecta del mar, amplias bañeras circulares y patios privados donde relajarse.

Es el único hotel de Huanchaco que puede definirse verdaderamente como *boutique*.

La Casa Suiza PENSIÓN $
(☎46-1285; www.casasuiza.com; Los Pinos 308; dc/i 20/25 PEN, d con/sin baño 65/40 PEN; @) Sus amplias habitaciones tienen murales de temas peruanos hechos con aerógrafo. El pequeño café de la planta baja prepara crujientes pizzas, y el patio de arriba goza de una vista agradable y de alguna que otra barbacoa. Además, alquila bicicletas de buena calidad (medio día 15 PEN). El propietario franco-estadounidense, Philippe Faucon, crea un ambiente agradable cuando está en la ciudad; en su ausencia, la pensión resulta menos acogedora y el trato con la recepción es más complejo.

Surf Hostal Meri ALBERGUE $
(☎46-2264; hostel.meri@gmail.com; La Rivera 720; dc 20 PEN, i/d sin baño 30/50 PEN, tr 75 PEN; @) En este albergue rústico, a una calle de la playa y abarrotado de muebles antiguos ajados, se respira un buen ambiente algo *hippy*. Los propietarios, finoperuanos, son grandes surfistas (también funciona como escuela) y en el recinto hay amplios espacios públicos donde descansar, incluidas un par de fabulosas hamacas y zonas soleadas con vistas al mar.

Hotel Bracamonte　　　　　　HOTEL **$$**

(☑46-1162; www.hotelbracamonte.com.pe; Los Olivos 160; i/d/tr desayuno incl. desde 124/150/197 PEN; @😊📶🏊) Popular, agradable, acogedor y seguro tras los altos muros y la cancela cerrada, es uno de los hoteles más bonitos y antiguos de Huanchaco y sigue siendo una de las mejores elecciones. Es ideal para las familias por los bellos jardines, la sala de juegos, la barbacoa, el restaurante, el bar y la zona infantil; tal vez las habitaciones ejecutivas son las mejor conservadas de la ciudad.

Además, es el hotel con más equipamientos, casi como un complejo vacacional.

Huanchaco Hostal　　　　　　　HOTEL **$**

(☑46-1272; www.huanchacohostal.com; plaza de Armas; i/d/tr 75/120/145 PEN; 📶🏊) Este acogedor hostal, en la pequeña plaza de Armas, dispone de habitaciones espartanas y un bonito patio trasero que oculta una apartada piscina en un jardín.

McCallum Lodging House　　　PENSIÓN **$**

(☑46-2350; mccallum-lodging-house@hotmail.com; Los Ficos 305; dc/i/d/tr 15/25/45/60 PEN; 📶) Pensión de gestión familiar que compensa su rudimentaria construcción con simpatía y compañerismo: los viajeros se reúnen en la cocina común y en el patio con hamacas para charlar de las olas del día. Las habitaciones son sencillas pero limpias, con agua caliente las 24 horas.

My Friend Hospedaje　　　　　PENSIÓN **$**

(☑46-1080; www.myfriendsurfhostal.com; Los Pinos 158; dc/d/tr 10/20/30 PEN; 📶) Atrae a tropeles de mochileros y surfistas con poco presupuesto. En la pequeña cafetería de la planta baja se sirven desayunos, hay duchas eléctricas con agua caliente y además funciona como escuela de surf. No está nada mal.

✘ Dónde comer y beber

En Huanchaco hay variados restaurantes de pescado, sobre todo cerca de los caballitos de totora amontonados en la parte norte de la playa. El ocio gira en torno al *reggae* acompañado de una cerveza; se recomienda Mamacocha en Los Pinos. Los fines de semana los trujillanos bajan al pueblo y el ambiente se anima un poco.

👍 Restaurant Big Ben　PERUANA, MARISCO **$$**

(www.bigbenhuanchaco.com; Larco 836; platos ppales 17-40 PEN; ⏰11.30-17.30; 📶) Sofisticado restaurante de marisco en el extremo norte del pueblo, especializado en ceviches a mediodía (39-46 PEN) y con el marisco de mejor calidad. Aunque el ceviche es el gran imán, en la carta abundan los pescados del día, los sudados (estofados de marisco) y los platos de gambas, cuya guinda es degustarlos en el patio con vistas del tercer piso bajo una sombrilla.

🌿 Otra Cosa　　　　　VEGETARIANA **$**

(Larco 921; platos 6-13 PEN; ⏰desde 8.00; 📶) Restaurante peruano-holandés junto a la playa y punto de reunión de viajeros donde se preparan sabrosos platos vegetarianos, como falafel, crepes, tortilla española, tarta de manzana holandesa y deliciosos burritos con curry. El café también es de cultivo ecológico. La mitad de las propinas se destinan a obra social y a través de una tiendecita de ropa y joyas se colabora con organizaciones locales como Skip (www.skipperu.org) y MySmallHelp Peru (www.mysmallhelp.org).

Mococho　　　　　　PERUANA, MARISCO **$$**

(☑Bolognesi 535; comida de 3 platos 45 PEN; ⏰13.00-15.00, cerrado lu) Muy pequeño y apartado en un jardín tapiado, donde la leyenda del chef Don Víctor sigue viva de la mano de su viuda y su hijo Wen. Los pescadores del pueblo llaman cada mañana a su puerta y le gritan "¡Eh, chino! Hoy hemos pescado ..." y Wen, el único restaurador chinoperuano del pueblo, solo prepara dos platos con cualquiera que sea la captura del día: un ceviche de aperitivo y un pescado entero al vapor (en filetes para comensales solos), con una salsa criolla llena de sabor y color. No es barato, pero el pescado es fresco y el lugar, excelente.

El Caribe　　　　　　PERUANA, MARISCO **$$**

(Atahualpa 150; platos ppales 20-25 PEN; ⏰10.00-17.00) Local predilecto de los lugareños por su marisco a buen precio y la comida criolla. El ceviche cuesta la mitad que en los restaurantes caros y el doble que en los baratos, pero ¿quién comería pescado crudo por menos de 10 PEN?

Jungle Bar Bily　　　　　　BAR, MARISCO

(Larco 420; cócteles 12-18 PEN; cerrado lu; 📶) Los viajeros pululan por este bar temático casi polinesio por su posición (al otro lado del muelle), la buena música (U2, R.E.M.) y un popular ceviche a 15 PEN, entre otros platos de marisco a buen precio. Durante la *happy hour* (18.00-22.00) algunos cócteles cuestan la mitad.

MERECE LA PENA

OTUZCO: CAPITAL DE LA FE DE PERÚ

La pequeña localidad provincial de montaña de Otuzco está a solo 2 horas de Trujillo, de modo que es el único lugar de Perú donde en tan poco tiempo se puede pasar de la costa a las cumbres andinas. Las calles empedradas, el clima fresco y la tranquilidad lo hacen atractivo para ir de excursión y pasar un día o parar de camino a Cajamarca. La moderna iglesia aloja en su exterior la Virgen de la Puerta, en la galería del segundo piso. La santa patrona es el motivo de la popular peregrinación peruana del 15 de diciembre (una de las más importantes de Sudamérica), cuando fieles de todas las edades recorren a pie los 73 km que distan desde Trujillo para demostrar su fe. Por si fuera poco, Trujillo está al nivel del mar, pero Otuzco se halla a 2641 m, con clima más fresco. La creencia del pueblo le ha valido el título de "capital de la fe de Perú".

El viaje por sí solo vale la pena (por carretera, claro), puesto que se atraviesa un excelente paisaje montañoso a través de cultivos subtropicales costeros hasta adentrarse en las regiones agrícolas del Altiplano.

Hay varios alojamientos modestos; destaca el barato **Hostal Los Portales** (hotel losportalesdeotuzco@hotmail.com; Santa Rosa 680; i con/sin baño 30/15 PEN, d con/sin baño 45/30 PEN, tr con/sin baño 60/30 PEN). Algunos restaurantes baratos sirven comida peruana; el **Restaurante Otuzco** (Tacna 451; menús 4-5 PEN) goza de buena fama entre los lugareños.

Tours Pacifico (☎43-6138; Progreso 301) sale hacia Trujillo (6-8 PEN, 1½ h) seis veces al día. En el cruce situado 3,5 km al sur de la ciudad puede tomarse un colectivo a Huamachuco (10 PEN, 3½ h); pasan a las 10.00, 14.30 y 20.00. El taxi hasta el cruce cuesta 1 PEN.

ℹ Información

La mayoría de los servicios están en Trujillo, a poca distancia en automóvil. La página www.huanchacovivo.com recoge información turística útil. Junto a la Municipalidad hay tres cajeros automáticos que aceptan MasterCard y Visa.

Peligros y advertencias

Por la noche hay que ir con cuidado por las calles, puesto que los robos son frecuentes.

Internet

Internet K.M.E.K (La Riviera 735; 1 PEN/h; ⏲15.00-22.00) También cambia dólares estadounidenses.

Correos

Serpost (Manco Cápac 360)

ℹ Cómo llegar y salir

Algunas compañías de autobús (como Línea) tienen oficina de venta de billetes en Huanchaco, aunque los servicios salen de Trujillo. Hay frecuentes *combis* a Huanchaco desde Trujillo (1,50 PEN). Para volver, hay que esperar en la carretera de la playa hasta que el autobús aparezca por el extremo norte. Un taxi a o desde Trujillo cuesta 12 PEN.

Puerto Chicama (Puerto Malabrigo)

☎044

Este pequeño puerto, también llamado Puerto Malabrigo, es famoso entre los aficionados al surf. Al parecer, tiene las olas izquierdas más largas del mundo. El puerto se fundó para exportar los cultivos de azúcar y algodón de las haciendas cercanas. Hoy atrae a surfistas que buscan su dosis de adrenalina en estas playas de olas enormes. En abril suele celebrarse el campeonato nacional de surf.

El largo fondo está causado por una playa plana poco profunda y con la ola correcta, el día correcto, a la hora correcta, ¡se puede surfear en una ola de 2 m a lo largo de 3,2 km! Hay buenas olas todo el año, pero las mejores se producen entre marzo y junio. Se puede alquilar equipo en El Hombre, pero lo mejor es llevar equipo propio, por si acaso. El agua está muy fría durante casi todo el año, excepto de diciembre a marzo.

El hotel francés **El Inti** (☎57-6138; www.intisurfcamp.com; i/d 45/80 PEN, ste 150 PEN; @📶) cuenta con un restaurante con terraza con vistas al mar donde el agradable propietario, Nicholas, antiguo chef en Chamonix-Mont-Blanc, prepara unos impresionantes platos *gourmet* durante todo el año (20-35 PEN;

llámese antes fuera de temporada alta). Hay varios bungalós de bambú con jardín y una espectacular suite nueva en el 2º piso inigualable en el pueblo, con unas fabulosas vistas del mar desde el *jacuzzi*. Al lado está **El Hombre** (☎57-6077; hospedaje-restaurant-elhombre@hotmail.com; i/d sin baño 20/40 PEN, con baño 40/80 PEN), el primer albergue para surfistas, regentado por la hija de la leyenda local "El Hombre", un gurú del surf que ha estado surcando las olas más de 40 años. Situado frente al océano, tiene habitaciones de lo más sencillas, buenos baños comunes, comidas sencillas y buenas (10-14 PEN) y una TV común donde a menudo se ven vídeos de surf.

Algunas tiendas de surf de Huanchaco, como Un Lugar y The Wave (p. 330), organizan safaris de surf hasta Puerto Chicama. Para ir por libre, lo más sencillo es tomar un autobús **El Dorado** (☎24-4150; www.transportes eldorado.com.pe; N. de Piérola 1070, Trujillo) hasta Puerto Malabrigo (6 PEN, 2 h). Una alternativa más rápida es un colectivo a la localidad de Paiján, 40 km más al norte por la Panamericana (7 PEN, 1½ h). Desde allí se puede tomar un colectivo para hacer el trayecto de 16 km a Puerto Chicama (2 PEN, 20 min).

Pacasmayo

☎044 / 25 700 HAB.

Esta animada población costera en cierto modo olvidada tiene muchos edificios coloniales en varias fases de decadencia y una playa preciosa. Los surfistas pueden disfrutar de buenas olas entre mayo y agosto; también es un buen lugar para relajarse en alguno de los complejos turísticos que ofrece y disfrutar de su ambiente nostálgico.

Puntos de interés

Pocos kilómetros al norte, justo antes del pueblo de Guadalupe, hay una pista que lleva al océano y a unas ruinas poco visitadas, las de **Pacatnamú**; se trata de un gran yacimiento que había sido poblado por los gallinazos, moches y chimús y que los arqueólogos consideran uno de los más importantes de la costa.

Muelle Pacasmayo MUELLE

(entrada 1 PEN) El muelle más largo de Perú, según dicen, tiene una historia legendaria. Se construyó entre 1870 y 1874 y su longitud inicial era de 743,4 m. Hoy llega hasta los 544 m después de que el mar se tragara un trozo en 1924. En los años cuarenta, dos vagones de tren con exceso de carga cayeron al agua desde el muelle.

Balin Surf Shop SURF

(Junín 84) Alquiler de tablas y reparaciones.

Dónde dormir y comer

Hay unos pocos hoteles sencillos, limpios y baratos, y algunas ajadas mansiones coloniales reconvertidas y nuevas construcciones a lo largo de la playa.

Hospedaje El Mirador HOTEL $

(☎52-1883; www.pacasmayoperu.com; Aurelio Herrera 10; i/d/tr desde 40/60/90 PEN; @) Entre baldosas, ladrillos y brasileños, este punto de encuentro de surfistas ofrece buenas habitaciones, desde económicas hasta de lujo, con agua caliente, galerías comunes y TV de pantalla plana montados en la pared con canales internacionales. Las más bonitas tienen cocina y reproductor de DVD.

Hotel Pakatnamú HOTEL $

(☎52-2368; www.actiweb.es/hotelpakatnamu; Malecón Grau 103; i/d/tr 75/105/125 PEN; @) En un edificio colonial junto al paseo marítimo, tiene más personalidad que otros. Las lujosas habitaciones tienen TV y nevera, hay un acogedor bar/restaurante y los pasillos abiertos en los extremos dan a una galería con maravillosas vistas del océano.

La Estación Gran Hotel HOTEL $

(☎52-1515; www.hotellaestacion.com.pe; Malecón Grau 69; i/d 90/135 PEN, ste desde 165 PEN, todas con desayuno incl.; @) La majestuosidad de la fachada restaurada de época republicana no se mantiene en el interior, pero cuenta con una fantástica azotea, una piscinita y un bar/restaurante en la planta baja (platos principales 20-30 PEN). Con el mar de fondo, es el mejor de la ciudad, en especial por el fabuloso pescado a lo macho (con una cremosa salsa de ají y ajo).

Información

Hay cajeros de **BCP** (Ayacucho 20), **BBVA** (2 de Mayo 9) y **Banco de la Nación** (8 de Julio con Lima) por la ciudad aunque el más práctico es el de BCP de la plaza de Armas. Hay internet por doquier.

Cómo llegar y salir

Emtrafesa (www.emtrafesa.com.pe; 28 de Julio 104) tiene autobuses frecuentes a Trujillo (8 PEN, 1¾ h), Chiclayo (9 PEN, 1¾ h), Cajamarca (20-30 PEN, 4½ h, 14.00 y 23.30) y otras localidades más al norte.

Chiclayo

074 / 256 900 HAB.

Fundada en el s. XVI por misioneros españoles como una pequeña comunidad rural, desde entonces, Chiclayo ha cambiado mucho. Los misioneros eligieron este enclave por su situación como centro de transportes entre la costa, el altiplano y la selva. Como centro comercial, ha logrado desbancar a otras poblaciones importantes de la región, como la cercana Lambayeque; de hecho, se ha convertido en una animada urbe.

Conocida como la "Ciudad de la Amistad", es un buen lugar para conocer lugareños; además, su gastronomía es única. Destacan también sus curanderos: hay un mercado fascinante donde se puede encontrar toda clase de hierbas medicinales, elixires y objetos chamánicos. Aunque la ciudad ofrece atractivos suficientes, no hay que perderse los yacimientos arqueológicos mochica y chimú de los alrededores.

Puntos de interés

En 1987 se descubrió una tumba real mochica en **Sipán,** 30 km al sureste de Chiclayo. Fue un hallazgo extraordinario, pues los arqueólogos recuperaron cientos de piezas de valor incalculable. Hoy, las excavaciones continúan y, debido a ello, la zona de Chiclayo se ha convertido en una de las regiones más importantes de Perú por sus excepcionales museos, entre los que destaca el excelente **Museo de Lambayeque,** 11 km al norte de Chiclayo. Otros lugares que merecen una visita son las ruinas de **Túcume,** otro buen museo en **Ferreñafe** y algunos pueblos costeros.

La **plaza de Armas** es un buen lugar para pasear; por la noche se llena de parejas, predicadores evangélicos y un ejército de limpiabotas.

Mercado Modelo MERCADO

(Arica entre Balta y Cugilevan; 7.00-20.00 lu-sa, hasta 14.00 do) Uno de los más interesantes de Perú, se extiende varias cuadras. Destaca el mercado de brujos del extremo suroeste. En esos puestos hay toda clase de amuletos, huesos de ballena, pieles de serpiente, frascos con tónicos de todo tipo, cactus alucinógenos e hierbas aromáticas.

Se puede concertar una visita con un brujo o curandero, pero hay que tener cuidado con los farsantes. Conviene acudir con una buena recomendación (véase p. 348).

Catedral IGLESIA

Ubicada en el Parque Principal (plaza de Armas), fue proyectada a finales del s. XIX en estilo neoclásico, pero se edificó en varias fases. En su interior alberga una hermosa talla del Cristo Pobre.

Paseo de las Musas PARQUE

En este agradable parque urbano hay estatuas clásicas de personajes mitológicos.

Las familias con niños pueden visitar el **parque infantil** del extremo oeste de Aguirre.

Circuitos y guías

Las agencias a menudo ofrecen circuitos económicos a Sipán, Túcume, Ferreñafe, Batán Grande, Pimental/Santa Rosa y la Reserva Ecológica Chaparrí, y a los museos de Lambayeque. Los circuitos cuestan entre 50 y 130 PEN, según si incluyen o no el precio de las entradas a los museos.

Moche Tours CIRCUITOS CULTURALES

(23-4637; www.mochetourschiclayo.com.pe; calle 7 de Enero 638; 8.00-20.00 lu-sa, hasta 12.00 do) Muy recomendado por los baratos circuitos diarios con guía.

Sipán Tours CIRCUITOS CULTURALES

(22-9053; www.sipantours.com; calle 7 de Enero 772; 8.30-13.30 y 16.30-20.30) Circuitos guiados en español.

Dónde dormir

Hotel Mochiks HOTEL-'BOUTIQUE' $$

(20-6620; www.hotelmochiks.com; Tacna 615; i/d desayuno incl. 135/180 PEN;) Este nuevo hotel dejó huella nada más abrir. El vestíbulo estrecho y de techos altos, la cafetería y el bar del 2º piso están decorados con rojos y cromados, que contrastan con las habitaciones en suaves tonos beis y más bien pequeñas.

Todo es nuevo y está bien cuidado; lo moderno se compensa con toques indígenas moche. Con sus 25 habitaciones, tiene el tamaño perfecto.

Hotel Embajador HOTEL $

(20-4729; www.hotelembajadorchiclayo.com; calle 7 de Enero 1368; i/d/tr desayuno incl. 80/120/140 PEN;) Excelente opción, con 23 habitaciones y las ideas claras: los colores preferidos son el lima y el naranja. Se trata de un hotel alegre con un valor añadido y personalidad: tiene un café minimalista, espejos trapezoidales en los baños, *jacuzzi* en las suites, ofrece los traslados al aeropuerto y el personal de la recepción es un encanto. Todo está limpio.

Hotel Paraíso HOTEL $
(☎22-8161; www.hotelesparaiso.com.pe; Ruíz 1064; i/d desayuno incl. 80/100 PEN; ❄@📶) Más luminoso y alegre que sus vecinos, cuenta con todas las comodidades modernas de los hoteles más elegantes pero a un precio inferior. Las habitaciones están limpias, con buenos muebles, suelo de baldosas, ducha de agua caliente y televisión por cable. Se puede desayunar en la cafetería abierta las 24 horas. Es el más barato de la cuadra, pero mantiene la cabeza bien alta con respecto a la competencia.

Casa Andina Select Chiclayo
HOTEL-'BOUTIQUE' $$$
(☎23-4911; www.casa-andina.com; Villarreal 115; h/ste desayuno incl. 616/788 PEN; ❄@📶🏊) La cadena peruana de hoteles boutique Casa Andina se apoderó de esta vieja reliquia, el antiguo Gran Hotel Chiclayo. Se estaba llevando a cabo una renovación completa (debería finalizar en 2014), que seguramente lo convertirá en el más elegante de Chiclayo. Cuenta con servicio de habitaciones, spa, cafetería, casino, gimnasio, aparcamiento gratis y bar de deportes. Se incluyen los traslados al aeropuerto.

Hotel Kalu HOTEL $$
(☎22-9293; www.hotelkalu.com; Ruíz 1038; i/d 100/120 PEN; 📶) Ubicado en una bulliciosa calle comercial y decorado al estilo de los años ochenta, es una opción fantástica, aunque el ruido de la calle puede ser un problema (son mejores las habitaciones que no dan al exterior).

Costa Del Sol HOTEL DE NEGOCIOS $$$
(☎22-7272; www.costadelsolperu.com; Balta 399; i/d desayuno incl. 285/350 PEN; ❄@📶🏊) Este hotel de negocios, que pertenece a una cadena del norte del país, es uno de los mejores de la ciudad aunque no todas las críticas coincidan. Ahora debe rendir cuentas a una multinacional de categoría superior, Ramada, que asumió las riendas de la dirección en el 2012. Cuenta con todas las comodidades e instalaciones: piscina, gimnasio, sauna y salas de masajes.

Hostal Sicán HOTEL $
(☎20-8741; hsican@hotmail.com; Izaga 356; i/d/tr desayuno incl. 40/55/75 PEN; @) Atractivo hotel con abundante madera pulida y hierro forjado. Las habitaciones son pequeñas, cómodas y frescas. Todas están revestidas de madera y disponen de TV. Se trata de una excelente opción y se halla en una de las calles adoquinadas con más encanto de Chiclayo.

HUAQUEROS

La palabra "huaquero", muy común en la costa norte de Perú, hace referencia a los saqueadores de huacas. Las huacas son las pirámides, templos, santuarios y necrópolis de relevancia arqueológica.

Desde la llegada de los españoles, las antiguas tumbas de Perú han sido saqueadas para vender las piezas de valor de forma indiscriminada. En principio, se trataba de campesinos pobres que tratan de conseguir dinero. Sin embargo, son uno de los mayores enemigos de los arqueólogos y sus saqueos han sido tan concienzudos que rara vez se encuentra una tumba que no haya sido despojada de sus tesoros.

Hostal Victoria HOTEL $
(☎22-5642; victoriastar2008@hotmail.com; Izaga 933; i/d/tr 30/50/60 PEN; 📶) Fabuloso hallazgo al este de la plaza principal. Es tranquilo, limpio y con alegres habitaciones con piezas de cerámica y tejidos. Se respira un agradable ambiente familiar. Los precios aquí recogidos son para extranjeros; los peruanos pagan un poco más, ¡quizás para compensar por exageradas tarifas de Machu Picchu!

Hostal Colibrí HOTEL $
(☎22-1918; hostalcolibri@gmail.com; Balta 010-A; i/d/tr desayuno incl. 55/80/90 PEN; 📶) Este nuevo hotel, con vistas al frondoso paseo de las Musas, está a un más bien largo paseo del centro, pero su calidad es excelente. Bien iluminado y pintado de vivos colores, es una propuesta moderna, con personal agradable en la recepción, una hamburguesería en la planta baja y una coctelería/cafetería en el 2º piso con vistas al parque. Cuartos de baño alegres.

Pirámide Real HOTEL $
(☎22-4036; piramidereal@hotmail.com; Izaga 726; i/d 30/40 PEN; 📶) Es fácil saltarse su diminuta entrada, dimensiones que tampoco cambian dentro. Pero si uno está dispuesto a renunciar a los amplios espacios, aquí encontrará habitaciones limpias y ordenadas, con escritorio, agua caliente y televisión por cable, nada desdeñable a este precio. Solo hay habitaciones dobles con cama matrimonial (no con dos camas), así que es ideal para parejas.

Chiclayo

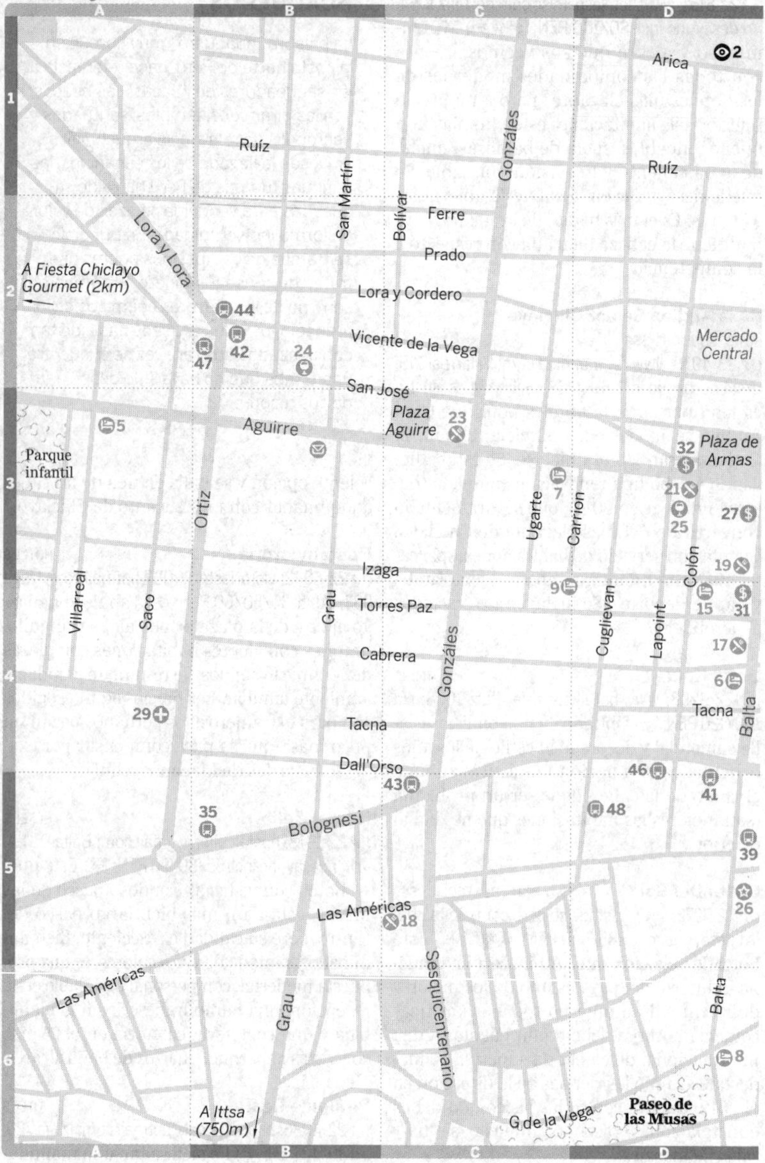

Latinos Hostal HOTEL $$
(☎23-5437; latinohotelsac@hotmail.com; Igaza 600; i/d 90/140 PEN; ❄@📶) Excelente hotel muy bien cuidado y con habitaciones pequeñas perfectas. Algunas de las que dan a la esquina tienen enormes ventanales que brindan buenas vistas de la calle y dejan entrar mucha luz. Personal muy servicial.

Hospedaje San Lucas PENSIÓN $
(☎99-328-4301; pamelacalambrogio@hotmail.com; Aguirre 412; i/d 20/35 PEN; @📶) Básica pero

limpia y en buen estado, esta pensión barata se ajusta con éxito a su lema de "Bienvenidos, mochileros". Desde la planta superior hay buenas vistas de la ciudad, cuenta con duchas eléctricas de agua caliente y los muebles de madera de laurel le dan cierto estilo.

Dónde comer

Chiclayo es uno de los mejores sitios para comer en la costa norte. El arroz con pato a la chiclayana (cocinado con cilantro y cerveza) y la tortilla de manta raya son motivo de orgullo culinario. De postre se recomienda el dulce local que invade sus calles, llamado King Kong, una gran galleta rellena de crema de dulce caramelo hecha de leche y azúcar. Se vende en todas partes. Si uno suspira por un café que no salga de un bote de Nescafé, tiene un Starbucks en el C.C. Real Plaza.

Fiesta Chiclayo Gourmet REGIONAL $$$
(20-1970; www.restaurantfiestagourmet.com; Salaverry 1820; platos ppales 35-49 PEN) Pocas cosas son tan sabrosas como el arroz socarrado del plato de arroz con pato a la chiclayana que preparan en este restaurante. Se trata de un pato de granja de plumas negras y de tres meses de edad, ni un día más.

Las papilas se verán sorprendidas por el maravilloso ceviche a la brasa, el tradicional pescado crudo servido caliente en hojas de maíz tras estar 11 horas al calor. Los pisco sours se preparan en la mesa, el servicio es exquisito y cocinan de fábula los mejores platos de la famosa cocina regional. Llámese para reservar o visítese uno de los otros restaurantes en Lima (p. 86), Trujillo o Tacna. Un trayecto de 5 PEN en taxi cubre los 2 km desde el centro.

El Pescador MARISCO, PERUANA $
(San José 1236; platos ppales 10-20 PEN; 11.00-18.00) En este pequeño escondite secreto de los lugareños se preparan excelentes platos de marisco y regionales a precios irrisorios. El ceviche (10-12 PEN) es tan bueno como el de restaurantes que cobran el doble o incluso el triple; y los platos especiales del fin de semana por menos de 14 PEN, como el cabrito con frijoles (sábados) o el arroz con pato (domingos), son una ganga.

Óscar, el propietario, y su hermano (el chef) se dejan la piel para satisfacer a los clientes.

El Ferrocol MARISCO, PERUANA $
(Las Américas 168; platos ppales 13-27 PEN; 9.00-19.00) Vale la pena ir hasta este garito, un poco alejado del centro, no por el servicio ni por el ambiente, sino porque el chef Lucho prepara uno de los mejores ceviches de toda Chiclayo, servido con unas deliciosas tortitas de choclo. Se puede elegir entre ocho variantes.

Restaurant Romana PERUANA $$
(Balta 512; platos ppales 13-25 PEN; 7.00-1.00;) Un local popular que ofrece platos de

Chiclayo

Puntos de interés

1 Catedral ... E3
2 Mercado Modelo ... D1

Actividades y circuitos

3 Moche Tours ... E3
4 Sipán Tours ... E3

Dónde dormir

5 Casa Andina Select Chiclayo ... A3
6 Costa del Sol ... D4
7 Hospedaje San Lucas ... C3
8 Hostal Colibrí ... D6
9 Hostal Sicán ... C4
10 Hostal Victoria ... F3
11 Hotel Embajador ... E1
12 Hotel Kalu ... E1
13 Hotel Mochiks ... E4
14 Hotel Paraíso ... E1
15 Latinos Hostal ... D4
16 Pirámide Real ... E4

Dónde comer

17 Chez Maggy ... D4
18 El Ferrocol ... C5
19 Hebrón ... D3
20 Heladería Hoppy ... F5
21 Mi Tia ... D3
22 Restaurant Romana ... E4
23 Supermercado Metro ... C3

Dónde beber

24 Sabor y Son Cubano ... B2
25 Tribal Lounge ... D3

Ocio

26 Premium Boulevard ... D5

Información

27 Banco Continental ... D3
28 BCP ... E3
29 Clínica del Pacífico ... A4
30 Dircetur ... F3
31 HSBC ... D4
32 Interbank ... D3
33 iPerú ... E4
34 Oficina de Migraciones ... E6

Transporte

35 Cial ... B5
36 Civa ... E5
37 Colectivos a Ferreñafe ... F2
38 Cruz del Sur ... E5
39 Empresa Transcade ... D5
Emtrefesa ... (véase 39)
40 LAN ... E4
41 Línea ... D5
Terminal de microbuses ... (véase 46)
42 Microbuses a Lambayeque y Pimentel ... B2
43 Movil Tours ... C5
44 Oltursa ... B2
Venta de billetes de Oltursa ... (véase 22)
45 Ormeño ... F6
46 Tepsa ... D4
47 Transportes Chiclayo ... B2
48 Turismo Dias ... D5

cocina tradicional. El comensal que se sienta con fuerzas puede probar para desayunar el llamado chirimpico: un guiso de callos y vísceras de cabra, ideal contra la resaca (aunque también puede provocar una). O si no, las sabrosas e imbatibles *humitas* (pasta de maíz con queso envuelta en chala) a 3.50 PEN o un plato de la extensa carta de huevos.

También sirven otros platos: pasta, filetes de ternera, marisco, pollo, chicharrones de cerdo con yuca... De todo.

Chez Maggy PIZZERÍA **$**

(Balta 413; pizzas 12-31 PEN; ⏲18.00-23.00) No es lo que era con Papa Giuseppe, pero sus pizzas, elaboradas en un horno de leña, tienen una rica base crujiente e ingredientes frescos. Y las hay de tamaño individual.

Mi Tía PERUANA, HAMBURGUESERÍA **$**

(Aguirre 662; hamburguesas 1-6 PEN) En este sencillo local peruano se forman larguísimas colas de legiones de adictos a sus hamburguesas a un céntimo (¡con montones de patatas fritas!), que casi salen gratis si se piden para llevar (1-4 PEN). Dentro cuestan más (2-6 PEN) y se pueden acompañar con uno de los muchos platos típicos del país servidos por el sonriente personal.

El suspiro de limeña (dulce de leche con merengue) a 3 PEN tiene el tamaño perfecto para luego no sentirse culpable.

Heladería Hoppy POSTRES **$**

(www.heladoshoppychiclayo.blogspot.com; Haya de la Torre, C.C. Open Plaza; bolas 3-7 PEN) Si se sueña con un helado que no sea industrial, aquí los preparan artesanales y decentes, sobre todo teniendo en cuenta que todos los italianos emigraron a Brasil y Argentina. Entre los buenos sabores están el pisco sour y la lúcuma; también hay batidos y tentempiés.

Hebron PERUANA $$
(www.hebron.com.pe; Balta 605; platos ppales desde 16 PEN; ⌚24 h; ☎) Este llamativo restaurante contemporáneo de dos pisos es una pollería (restaurante especializado en pollos asados) de lujo, aunque el plato principal deja tan poco impresionado como el naranja de las paredes. Aun así, los comensales acuden en tropel, sobre todo las familias, por la gigantesca zona de juegos infantil. El bufé libre del almuerzo dominical cuesta 27 PEN.

Supermercado Metro COMPRA DE ALIMENTOS $
(Gonzáles esq. Aguirre; ⌚8.00-22.00) De calidad.

Dónde beber

Tribal Lounge BAR, MÚSICA EN DIRECTO
(Lapoint 682; cócteles 12-22 PEN; ⌚cerrado lu) Este animado bar de temática rock está gestionado por un lugareño que pasó 10 años en San Francisco. Buenos cócteles y buena música (acústicos los jueves, rock los viernes y sábados a partir de las 24.00). Perfecto para empinar el codo.

Sabor y Son Cubano BAR, DISCOTECA
(San José 155; entrada 10 PEN; ⌚cerrado do) Aquí los mayores de 35 años pueden mover el esqueleto los fines de semana, con música tropical, salsa clásica y merengue.

Ocio

Premium Boulevard DISCOTECA
(www.premiumboulevard.com; Balta 100; entrada 5-10 PEN; ⌚cerrado do) Esta enorme discoteca tiene capacidad para casi 1500 fiesteros, que se dividen entre una pequeña sala de karaoke, la gran discoteca y una enorme sala de conciertos que acoge actuaciones nacionales e internacionales. Se respira un ambiente bullicioso al son de salsa, merengue, cumbia, bachata y *reggaetón*.

Información

Urgencias

Policía de Turismo (☎37-6389; Sáenz Peña 830) Útil para denunciar incidentes.

Inmigración

Oficina de Migraciones (☎20-6838; www.digemin.gob.pe; La Plata 30; ⌚8.30-12.30 y 14.00-16.00) Cerca del paseo de Las Musas; gestiona problemas de visados.

Asistencia médica

Clínica del Pacífico (www.clinicadelpacifico.com.pe; Ortiz 420) La mejor de la ciudad.

Dinero

Hay varios bancos en la cuadra 6 de Balta, así como unos prácticos cajeros automáticos dentro del Supermercado Metro, frente a la estación Emtrafesa. Las oficinas de cambio ofrecen buenos tipos y un servicio rápido.

Banco Continental (Balta 643)

BCP (Balta 630) Con cajero automático Visa y MasterCard las 24 horas.

HSBC (Balta esq. Izaga) Cajero sin comisión.

Interbank (Colón esq. Aguirre)

Correos

Serpost (Aguirre 140; ⌚9.00-19.00 lu-vi, hasta 13.00 sa) Al oeste de plaza Aguirre.

Información turística

Dircetur (☎23-8112; Sáenz Peña 838; ⌚7.30-13.00 y 14.00-16.30 lu-vi) Buena información regional.

MICROBUSES REGIONALES DE CHICLAYO

DESTINO	PRECIO (PEN)	DURACIÓN (H)
Batán Grande	5	¾
Chongoyape	3,50	1½
Ferreñafe	2	½
Lambayeque	1,50	¼
Pimentel	1,60	½
Monsefú	2	¼
Sipán	3	¼
Túcume	2,50	1

iPerú (☎20-5703; calle 7 de Enero 579; ⌚9.00-18.00 lu-sa, 9.00-13.00 do) La mejor fuente de la ciudad; también en el aeropuerto.

ℹ Cómo llegar y salir

Avión

El aeropuerto (CIX) está 1,5 km al este de la ciudad; el trayecto en taxi cuesta 5 PEN. **LAN** (☎27-4875; www.lan.com; Izaga 770) vuela de Lima a Chiclayo a diario a las 4.00 y 20.10, con regreso a la capital a las 5.50, 18.15 y 22.00. Una compañía más económica es **Taca** (☎0-800-1-8222; www.taca.com; Cáceres 222, C.C. Real Plaza), que sale de Lima a las 6.10 y 15.30 y vuelve a las 8.20 y 17.55; hay billetes por tan solo 97 PEN.

Autobús

Cruz del Sur, Movil Tours, Línea, Ittsa y Oltursa suelen tener los autobuses más cómodos.

Cial (☎20-5587; www.expresocial.com; Bolognesi 15) Uno a Lima a las 19.30.

Civa (☎22-3434; www.civa.com.pe; Bolognesi 714) Tiene los autobuses cómodos a Lima más baratos, con salidas a las 17.00 y 20.45; también a las 20.00 y 20.30; a Jaén a las 9.30 y 21.30; a Tarapoto a las 17.45 y 18.30; y a Chachapoyas a las 18.00. Ahora también hay un servicio a Guayaquil a las 18.15, que es más cómodo y mucho más conveniente que el de Ormeño.

Cruz del Sur (☎23-7965; www.cruzdelsur.com.pe; Bolognesi 888) Cuatro salidas a Lima entre las 7.00 y las 20.00.

Empresa Transcade (☎23-2552; Balta 110) Tiene autobuses a Jaén (14 PEN) a las 8.30 y 20.30.

Emtrafesa (☎22-5538; www.emtrafesa.com; Balta 110) Un autobús a Jaén (22.45) y muchos a Trujillo y Pacasmayo.

Ittsa (☎23-3612; www.ittsabus.com; Grau 497) Un autobús-cama a Lima a las 20.00.

Línea (☎23-2951; www.linea.pe; Bolognesi 638) Con un cómodo servicio a Lima a las 20.00 y cada hora a Trujillo y Piura. También tiene autobuses a Chimbote a las 9.15, 19.30 y 23.00; a Cajamarca a las 10.00, 11.30, 22.00 y 22.45; y a Jaén a las 14.15 y 23.00.

Movil Tours (☎27-1940; www.moviltours.com.pe; Bolognesi 199) Con dos autobuses a Lima a las 19.30 (autobús-cama) y 20.00; uno a Tarapoto a las 18.30; y uno a Chachapoyas a las 21.00.

Oltursa Terminal (☎22-5611; www.oltursa.pe; Vicente de la Vega 101); Oficina de ventas (Balta esq. Izaga) Cuatro autobuses-cama a Lima entre las 19.00 y las 21.00.

Ormeño (☎23-4206; www.grupo-ormeno.com.pe; Haya de la Torre 242) Los más cómodos a Ecuador y otros puntos más lejanos, incluida una salida a las 3.00 a Tumbes y Guayaquil así como otra a Bogotá los martes y viernes a la 1.00.

Tepsa (☎23-6981; www.tepsa.com.pe; Bolognesi 504) Autobús-cama a Lima a las 20.30 (de lunes a sábados) y a las 19.30 (domingos).

Transportes Chiclayo (☎22-3632; www.transporteschiclayo.com; Ortiz 10) Con autobuses a Piura cada media hora de 4.30 a 20.30; y a Máncora y Tumbes a las 10.00 y 21.30. También hay una salida a Cajamarca a las 23.00 y una a Tarapoto a las 18.00.

Turismo Dias (☎23-3538; www.turdias.com; Cuglievan 190) Con un servicio a Lima más

AUTOBUSES DE LARGO RECORRIDO

DESTINO	PRECIO (PEN)	DURACIÓN (H)
Bogotá	486	48
Cajamarca	16-40	6
Chachapoyas	30-50	10
Chimbote	20-25	6
Guayaquil (Ec)	81	17
Jaén	20-25	6
Lima	40-125	12-14
Máncora	30-35	6
Pacasmayo	9	2
Piura	12-14	3
Tarapoto	45-120	14
Tumbes	25-50	8
Yurimaguas	65-70	20

económico a las 20.00, así como salidas a Cajamarca a las 6.45, 17.00, 21.45 y 22.30. La terminal de Tepsa junto a su oficina de venta de billetes alberga una docena de pequeñas compañías que tienen al menos seis autobuses a Cajamarca a lo largo del día, dos nocturnos a Tumbes (ambos a las 20.30); a Chachapoyas a las 20.00, 20.30 (de lunes a sábados) y 19.30 (domingos); al menos seis diarios a Tarapoto; a Yurimaguas a las 10.00, 19.00 y 22.30; y servicios frecuentes a Jaén. Estos horarios suelen cambiar con la programación mensual, por lo que se aconseja consultarlos con tiempo.

La estación de microbuses en la esquina de San José y Lora ofrece salidas regulares a Lambayeque y Pimentel.

Hay servicios frecuentes a Ferreñafe, Sipán, Monsefú y Chongoyape; salen desde la **terminal de microbuses Epsel** (Nicolás de Pierola con Oriente).

Las *combis* a Túcume salen desde Leguia 1306, al norte del centro.

Alrededores de Chiclayo

Como en los últimos años los precios de los guías se han duplicado, apenas tiene sentido viajar por libre a la mayoría de los yacimientos arqueológicos de la zona de Chiclayo; resulta mucho más conveniente hacerlo con un circuito organizado.

SIPÁN

La historia de Sipán es como el guión de una película de Indiana Jones, con un tesoro enterrado, huaqueros, policía, arqueólogos y un asesinato. El **yacimiento** (adultos 8 PEN; 9.00-17.00), también llamado Huaca Rajada, fue descubierto por los huaqueros del pueblo vecino. Cuando el arqueólogo local Walter Alva se percató de la enorme cantidad de objetos de gran valor que circulaban en el mercado negro a principios de 1987, supo de inmediato que un enorme yacimiento estaba siendo saqueado en la zona de Chiclayo. La investigación posterior le condujo a los montículos de Sipán. A simple vista, parecen colinas de tierra, pero se trata de un grupo de enormes pirámides truncadas, erigidas en el año 300 d.C., en cuya construcción se usaron millones de ladrillos de adobe.

Cuando fue descubierta, los huaqueros ya habían saqueado una tumba importante, pero la rápida acción de los arqueólogos locales y de la policía impidió que se produjeran más robos. Por fortuna, los ladrones no habían encontrado la excepcional tumba mochica conocida como el *Señor de Sipán*. En un primer momento, la relación de los arqueólogos con los lugareños fue muy tensa, y la policía disparó contra un huaquero, que resultó muerto. Los vecinos de Sipán pensaban que el yacimiento les pertenecía y que el descubrimiento no les reportaba ningún beneficio. Para resolver el problema, se les empezó a dar formación para que participaran en las excavaciones, la conservación y la seguridad del yacimiento. Hoy, Sipán ofrece empleo fijo a muchos de ellos.

El Dr. Alva publicó la historia en los números de octubre de 1988 y junio de 1990 de la revista *National Geographic* y en el número de mayo de 1994 de *Natural History*.

El Señor de Sipán resultó ser uno de los principales dirigentes mochica, como evidencia su rico entierro en un ataúd de madera rodeado de cientos de objetos de oro, cerámica y piedras semipreciosas, así como su séquito, formado por su esposa, dos chicas, un joven, un jefe militar, un abanderado, dos guardias, dos perros y una llama. En otra tumba importante descansaba el sacerdote, acompañado en su viaje a la otra vida por numerosos tesoros, así como unos cuantos niños, un guardián a quien se le cortaron los pies y una llama sin cabeza. Los arqueólogos no comprenden por qué se mutilaron esas partes del cuerpo, pero creen que los integrantes más importantes de la clase alta mochica se llevaban con ellos al más allá a todo su séquito en vida.

Algunas tumbas se han restaurado y reproducen con copias su aspecto original de hace más de 1500 años. Frente a la entrada se alza el **Museo de Sitio Sipán** (entrada 8 PEN; entrada incl. en la del yacimiento; 9.00-17.00 lu-vi), que abrió en enero del 2009 y merece la pena una visita, aunque las piezas más impresionantes, como el *Señor de Sipán y el sacerdote,* se colocaron en el Museo Tumbas Reales de Sipán, en Lambayeque, tras una exposición mundial itinerante. Pueden contratarse guías (30 PEN).

Las agencias de Chiclayo ofrecen circuitos guiados a diario por unos 50 PEN. También se puede tomar un autobús a Sipán (3 PEN; 45 min) desde la terminal de microbuses Epsel de Chiclayo.

LAMBAYEQUE

074 / 47 900 HAB.

Situada a unos 11 km al norte de Chiclayo, fue en su día la ciudad más importante de la zona. Hoy en día este honor corresponde a Chiclayo.

Puntos de interés

Lo más interesante de la ciudad son los museos. Ambos están a 15 minutos a pie de la plaza. Una cuadra al sur de la plaza principal se encuentra la **Casa de la Logia**, de la que se dice que tiene el balcón más largo de Perú: mide 67 m y tiene 400 años de antigüedad. La mayoría de los visitantes proceden de circuitos organizados de Chiclayo.

Museo Tumbas Reales de Sipán MUSEO
(entrada 10 PEN; 9.00-17.00 ma-do, última entrada a 16.00) Inaugurado en noviembre del 2002, es el orgullo del norte de Perú. Se trata de una construcción piramidal de color burdeos, especialmente diseñada para albergar los maravillosos hallazgos de Sipán, que nada tiene que envidiar a los mejores museos del mundo. No está permitido sacar fotos y hay control de seguridad a la entrada.

Se guía a los visitantes por todo el museo y se les muestran algunos de los numerosos hallazgos procedentes de la tumba en el mismo orden en que los encontraron los arqueólogos; este detalle aislado, poco común en los museos, añade interés a la visita. En la primera sala hay cerámicas que representan dioses, personas, plantas, llamas y otros animales. En la 2ª planta se pueden ver piezas exquisitas, como los pendientes de turquesa y oro con representaciones de patos y ciervos, y el mismo *Señor de Sipán*. La avanzada técnica y el meticuloso trabajo que requieren la creación de estas joyas las sitúan entre los objetos más hermosos e importantes de la América precolombina. En la planta baja se pueden observar reproducciones fidedignas de las tumbas en el momento en que fueron halladas. Hay expuestos algunos objetos deslumbrantes, como unas placas pectorales de oro con representaciones de animales marinos, como pulpos y cangrejos. Incluso las sandalias del *Señor de Sipán* fueron elaboradas con metales preciosos (se le transportaba a todas partes y nunca tenía que andar). Es interesante la explicación sobre la nariguera, que servía para ocultar que los nobles eran iguales a los demás: la nobleza se relacionaba con los animales divinos.

Cabe destacar que la iluminación y distribución son excepcionales, sobre todo el gran diorama móvil del *Señor de Sipán y su séquito,* que incluye hasta perros sin pelo peruanos ladrando.

Museo Bruning MUSEO
(adultos 8 PEN; 9.00-17.00) Este museo fue en su día una muestra de los hallazgos arqueológicos de la región, pero hoy está eclipsado por el Museo Tumbas Reales de Sipán. Con todo, sigue albergando una buena colección de objetos de las culturas chimú, mochica, chavín y vicús. Los arqueólogos en ciernes disfrutarán de las exposiciones que presentan el desarrollo de la cerámica de distintas culturas y las piezas que muestran cómo se hicieron los objetos de cerámica y de metal. Los amantes de la arquitectura y la escultura quizá encuentren interesante el edificio de inspiración corbusiana, sus estatuas de bronce y sus murales de azulejos. Las maquetas de varios yacimientos importantes son útiles para poner en perspectiva la arqueología de la zona.

Cómo llegar y salir

La terminal de microbuses en la esquina de San José con Lora y Lora, en Chiclayo, tiene autobuses regulares a Lambayeque (1,50 PEN, 20 min), que paran a una manzana del Museo Bruning.

FERREÑAFE

074 / 34 500 HAB.

Esta vieja ciudad, situada 18 km al noreste de Chiclayo, merece la pena por su excelente Museo Nacional Sicán (adultos 8 PEN; 9.00-17.00 ma-do). La cultura sicán floreció en la zona de Lambayeque entre el 750 y el 1375 d.C. (véase p. 329), en torno a la misma época que la cultura chimú. El principal yacimiento sicán en Batán Grande se halla en una zona remota del campo ubicada al norte; el mejor modo de visitarlo es mediante un circuito desde Chiclayo (p. 334) o Pacora (p. 344). El espléndido museo expone réplicas de las tumbas de 12 m de profundidad encontradas en el yacimiento, que se hallan entre las mayores de América del Sur. Se trata de sepulturas enigmáticas, como la del *Señor de Sicán,* que fue hallado boca abajo en posición fetal, con la cabeza separada del cuerpo. A su lado yacían dos mujeres y dos adolescentes, y estaba cubierto por un sofisticado sistema de seguridad para evitar los robos de los saqueadores: polvo de cinabrio, de color rojo, que resulta tóxico cuando se inhala. Otra tumba importante contenía un noble sentado con las piernas cruzadas mirando hacia el este y con una máscara y un tocado de oro y plumas, rodeado de otras tumbas menores y nichos con los cuerpos de un hombre y 22 mujeres. La visita al yacimiento, muy poco frecuentado, merece la pena. Los circuitos guiados desde Chiclayo hasta Ferreñafe y Túcume rondan los 50 PEN por persona; si no, tómese un colectivo (2,50 PEN) en Prado al este de Peña. Desde la terminal de microbuses Epsel de Chiclayo también salen combis a menudo hacia Ferreñafe (2 PEN).

TÚCUME

074 / 7900 HAB.

He aquí un inmenso pero poco conocido **yacimiento** (adultos 8 PEN; 8.00-16.30), unos 30 km al norte de Lambayeque en la Panamericana. Es un conjunto de más de 200 Ha de muros desmoronados, plazas y más de 26 pirámides. Fue la capital de la cultura sicán (véase p. 329), que se trasladó después a la vecina Batán Grande hacia 1050, cuando la zona quedó afectada por el paso de El Niño. Las pirámides que hoy se pueden ver se componen de estructuras realizadas por varias civilizaciones. Los niveles inferiores pertenecen a la cultura sicán; los dos superiores, así como los muros que los rodean, fueron obra de los chimúes. Se han llevado a cabo pocas excavaciones y no se han hallado grandes tumbas, pero es la propia extensión del yacimiento lo que hace que la visita sea memorable.

Se puede contemplar desde un impresionante mirador que hay en el cerro Purgatorio. Llamado antes cerro la Raya, cambió su nombre cuando los españoles trataron de evangelizar a los lugareños (a los no cristianos se les trataba de demonios y se los arrojaba desde el cerro para matarlos). En el recinto hay un pequeño pero atractivo **museo** (gratis con la entrada al yacimiento; cerrado lu) con algunos objetos interesantes. Hay guías por 30 PEN.

Desde Chiclayo (2,50 PEN) las *combis* salen desde Leguía 1306, al norte del centro. También puede tomarse una en Lambayeque (pregúntese en el Museo Bruning). Los circuitos guiados rondan los 50 PEN por persona (p. 334).

Reserva Ecológica Chaparrí RESERVA NATURAL
(www.chaparri.org; entrada de día/con noche 10/30 PEN; 7.00-17.00) Se trata de una **reserva privada** situada 75 km al este de Chiclayo, que abarca 34 000 Ha y fue fundada por la comunidad de Santa Catalina y el famoso fotógrafo naturalista peruano Heinz Plenge. Ofrece una atmósfera insólita para esta costa, ya que es uno de los pocos lugares del mundo donde se puede avistar el rarísimo oso con anteojos en su hábitat natural; se han contado unos 25 ejemplares (más otros dos en cautividad por rehabilitación). Además, es el sueño de cualquier ornitólogo, ya que habitan más de 237 especies de aves, incluidos el cóndor andino, el cóndor real, varias especies de águila y la rara pava aliblanca. También se encuentran aquí algunas especies amenazadas, como jaguares, osos hormigueros y mustelas andinas. Casi un tercio de estos vertebrados solo existen en este rincón del mundo. Y también hay uno o dos simpáticos zorros.

Se puede pernoctar en el delicioso y rústico **Chaparrí EcoLodge** (25-5717; www.chaparrilodge.com; i/d comidas y guía incl. 275/550 PEN), que albergan unos bungalós de bambú y adobe con estilo a la sombra de la alta cumbre homónima. Dispone de agua caliente por inducción solar y electricidad con paneles solares, y cada habitación tiene su propio patio con hamaca. No es muy sofisticado, pero es lo bastante bonito como para sorprender gratamente. En las comidas se sirven platos caseros típicos peruanos en una mesa común junto a un arroyo. Los amantes de la naturaleza lo encontrarán ideal.

Se puede realizar una excursión de un día por cuenta propia tomando un autobús desde la terminal de microbuses Epsel de Chiclayo hasta Chongoyape (3,50 PEN), donde deberá ponerse en contacto con la asociación de guías locales, **Acoturch** (97-889-6377), para organizar el transporte y contratar un guía obligatorio por unos 140 PEN hasta tres personas para recorrer la reserva. De no contactar con la asociación, pásese por la tienda **Fotografía Carrasco** (Chiclayo esq. Olala), donde esta familia se encarga de todo, incluso de proporcionar alojamiento en una zona de acampada muy rústica en un hermoso paraje por encima de Chongoyape.

Otra opción es contratar un circuito de un día en Moche Tours (p. 334), en Chiclayo, que incluye transporte y guía por 130 PEN por persona (mínimo 4 personas).

Batán Grande y Chota

A mitad del camino entre Chiclayo y Chongoyape sale una pequeña carretera a la izquierda que lleva hasta las ruinas sicán de **Batán Grande,** un importante yacimiento arqueológico donde se han identificado unas 50 pirámides y excavado varias tumbas. Por iniciativa del Dr. Walter Alva, entre otros, el yacimiento se ha transformado en el **Santuario Histórico Bosque de Pomac;** pero aún no dispone de infraestructura turística. La reserva protegida está dentro de uno de los mayores bosques tropicales secos del mundo y tiene más de 50 especies de aves. Frondosos algarrobos ofrecen una agradable sombra en el camino. Las *combis* a Batán Grande salen desde la terminal de Epsel de Chiclayo (5 PEN), pero es mejor ir en un circuito organizado.

Una buena manera de visitar la zona es a lomos de un caballo del **Rancho Santana** (☎97-971-2145; www.cabalgatasperu.com; camping con/sin alquiler de tienda 10/5 PEN, h 35 PEN por persona desayuno incl.; @), en Pacora, unos 45 km al noreste de Chiclayo. Los lectores hablan maravillas de sus experiencias a lomos de un caballo de paso peruano en este rústico rancho abarrotado de animales. Es de propiedad suiza y también ofrece un sencillo pero amplio bungaló con hamacas y un gigantesco baño; se preparan sencillas comidas y se proporciona leche fresca si se solicita, aunque los huéspedes pueden usar la cocina. Los dueños conocen bien las culturas de Lambayeque y recogen a los viajeros en Chiclayo para hacer cabalgatas por el bosque de Pomac, Batán Grande y las pirámides de Túcume que van de medio día a tres días. Además cuidan de sus caballos de forma excepcional y hacen que hasta el jinete más inexperto se sienta cómodo. Sus circuitos brindan una estupenda relación calidad-precio; la excursión de medio día vale 45 PEN y la de tres días 300 PEN. También se puede acampar por 5 PEN en el rancho (con derecho a uso de la cocina y lavandería).

Una pintoresca carretera llena de baches asciende hacia el este desde Chongoyape por los Andes hasta llegar a **Chota** (a unos 2400 m de altitud); es un viaje de 170 km que dura alrededor de 8 horas. Hay dos o tres autobuses diarios desde Chiclayo. En Chota, un autobús diario realiza el trayecto lleno de baches hasta Cajamarca (5 h) por Bambamarca y Hualgayoc.

Piura

☎073 / 252 200 HAB.

Tras varias horas atravesando el desierto de Sechura, Piura aparece como un espejismo en el horizonte, envuelta en olas temblorosas de calor. Es difícil abstraerse de la sensación de aislamiento de este entorno inol-

Piura

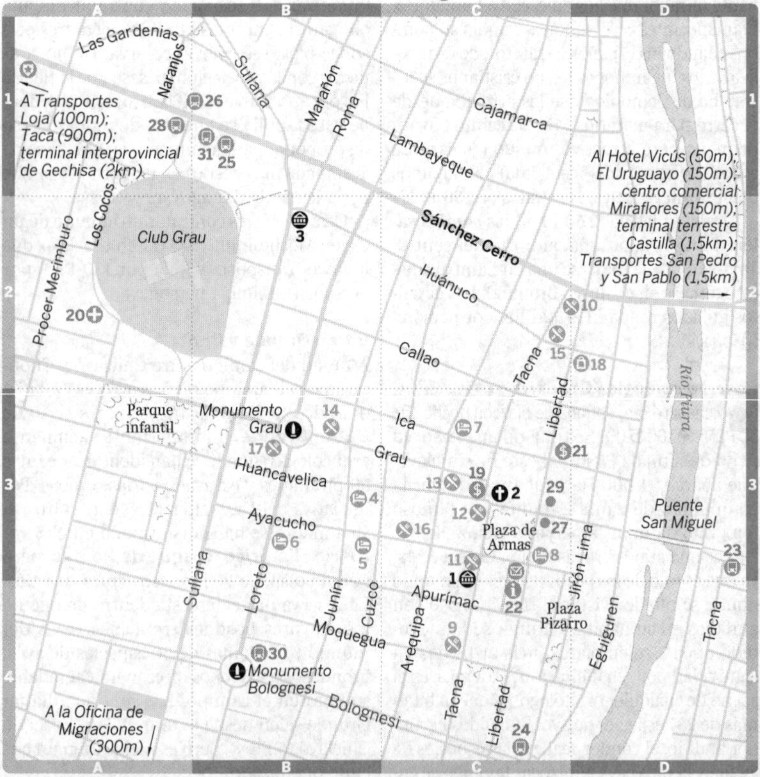

vidable, donde los primeros colonizadores tuvieron que arreglárselas solos. La ciudad, alejada de la costa, sufre un verano tórrido que obliga a buscar constantemente lugares con aire acondicionado y paseos a la sombra. Se puede andar por las encantadoras calles empedradas y estrechas y admirar las casas coloniales del centro: poco más ofrece esta ciudad a los turistas. Por ser un nudo de comunicaciones entre las poblaciones del norte suele ser lugar de paso obligado para pasar la noche, cuando a veces la brisa sopla tras la puesta de sol.

De pernoctar aquí, lo recomendable son las comidas, ya que Piura es una de las localidades costeras donde se come mejor.

Puntos de interés

El Jirón Lima, una manzana al este de la plaza de Armas, ha conservado su carácter colonial mejor que el resto de zonas de Piura.

GRATIS **Museo Municipal Vicús** MUSEO
(Huánuco 893; 9.00-17.00 ma-sa, 9.00-13.00 do) Este monolito de cuatro plantas ofrece un análisis escaso pero decente de la cultura vicús; lo más destacado es la **sala de Oro** (entrada 4 PEN; 9.00-17.00 ma-vi) subterránea, donde se exponen algunas piezas excelentes, como un cinturón de oro decorado con una cabeza de gato dorada de tamaño real, una auténtica maravilla.

GRATIS **Casa Grau** MUSEO
(Tacna 66; 8.00-13.00 y 15.00-18.00 lu-vi, hasta 12.00 sa) En esta casa colonial nació el almirante Miguel Grau el 27 de julio de 1834. Restaurada por la Marina peruana, hoy alberga un museo naval. El almirante Grau fue un héroe de la Guerra del Pacífico contra Chile (1879-1883) y capitán del buque *Huáscar*, construido por los ingleses, del que hay una maqueta en el museo.

Catedral IGLESIA
(plaza de Armas) La **catedral** se erigió en 1588, año en que Piura se estableció en su ubicación actual. El impresionante altar lateral cubierto de oro de la Virgen de Fátima, construido a principios del s. XVII, fue en su día el altar mayor. El cuadro de san Martín de Porres es obra del conocido pintor peruano Ignacio Merino, de mediados del s. XIX.

Dónde dormir

Hotel Las Arenas HOTEL $$
(30-5554; www.hotellasarenas.com.pe; Loreto 945; i con/sin aire acondicionado 110/90 PEN, d con/sin aire acondicionado 140/120 PEN, todas con desayuno incl.;) Esta casona reformada ofrece un poco más de personalidad que otros hoteles. Se lleva la palma por la deliciosa piscinita con tentadores banquitos de mimbre y abundantes macetas con plantas, los preciosos suelos aunque no peguen

Piura

Puntos de interés
1 Casa Grau ... C3
2 Catedral ... C3
3 Museo Municipal Vicús ... B2

Dónde dormir
4 Hospedaje Aruba ... B3
5 Hospedaje San Carlos ... B3
6 Hotel Las Arenas ... B3
7 Intiotel ... C3
8 Los Portales ... C3

Dónde comer
9 Capuccino ... C4
10 Chifa Canton ... D2
11 Don Parce ... C3
12 Heladería el Chalán ... C3
13 Heladería el Chalán ... C3
14 Heladería el Chalán ... B3
Matheo's ... (véase 14)
15 Matheo's ... C2
16 Snack Bar Romano ... C3
17 Supermercado Multiplaza ... B3

De compras
18 Centro Artesanal Norte ... D2

Información
19 BCP ... C3
20 Clínica San Miguel ... A2
21 HSBC ... C3
22 iPerú ... C4

Transporte
Autobuses a Catacaos ... (véase 23)
23 Civa ... D3
24 Cruz del Sur ... C4
25 El Dorado ... B1
26 Ittsa ... B1
27 LAN ... C3
28 Línea ... A1
29 Peruvian Airlines ... C3
30 Tepsa ... B4
31 Transportes Chiclayo ... B1

MERECE LA PENA

BIENVENIDOS AL PIURAÍSO

Si uno quiere perderse unos días en una auténtica playa peruana de arena blanca aún no invadida por los extranjeros, debe poner rumbo a Colán, 15 km al norte de Paita, el puerto principal de Piura, unos 50 km al oeste de la ciudad. Paita es una localidad portuaria colonial polvorienta y decadente, como un brote natural del desierto, con el ambiente solitario del salvaje Oeste pero, en cuanto se atisba Colán al desviarse de la carretera principal, se recupera la emoción de descubrir un lugar desconocido. Pero Colán no solo alberga la iglesia colonial más antigua de Perú (parece sacado de una novela de Cormac McCarthy), sino que esta playa es el destino estival de moda entre la jet set peruana, aunque el resto del año está casi desierta. En la bahía hay una playa de aguas poco profundas perfecta para zambullirse.

En la calle principal se suceden montones de restaurantes y hay varios lugares excelentes donde relajarse unos días. El mejor alojamiento es **Playa Colán Lodge** (☎073-31-3974; www.playacolanlodge.com.pe; bungalós de 2/4/5 personas 178/220/233 PEN; 🏊). Construido con una combinación de materiales naturales, es como la casa de Robinson Crusoe pero en versión elegante, con bonitos bungalós de tonos pastel por la playa. Hay muchas hamacas, palmeras con sombra, cancha de tenis, bar y restaurante. De estilo Máncora, el **Luna Nueva** (☎073-66-1761; www.lunanuevadecolan.com; h con vistas al mar/a la piscina desayuno incl. 60/50 PEN por persona; 📶🏊) tiene el mejor restaurante de la ciudad y habitaciones algo estrechas pero bien cuidadas, que dan a una terraza común bañada por la marea dos veces al día. Como opción económica está el **Hospedaje Frente del Mar** (☎073-70-3117; h 50-80 PEN), con un buen restaurante junto a la playa, varias habitaciones rústicas en la parte trasera y dos más nuevas y bonitas hacia la calle.

Desde la terminal interprovincial de Gechisa en Piura hay autobuses a Paita cada 15 minutos (4 PEN, 1 h). Los colectivos salen desde la **terminal** principal (Zanjon esq. Loreto) de Paita, cerca del mercado, en dirección a Colán (3 PEN, 20 min) y Sullana (6 PEN, 1¼ h).

(quizás en otra época) y las habitaciones bien cuidadas.

Tiene una pequeña cafetería y a los extranjeros les descuentan 10 PEN de la tarifa.

Mango Verde B&B $$

(☎32-1768; www.mangoverde.com.pe; Country 248; h sin aire acondicionado 100 PEN, i/d con sin aire acondicionado 120/160 PEN, todas con desayuno incl.; ❄📶) Este elegante B&B, situado 2 km al norte de la plaza de Armas en una verde área residencial, ofrece 19 habitaciones con mucho encanto y logra crear un ambiente industrial y acogedor a la vez (p. ej., tentadoras terrazas comunes con lujosos muebles de jardín y escaleras de acero). La cerámica de Catacaos y los objetos que lo decoran le añaden un poco de color; las habitaciones son más bien sencillas pero con todas las comodidades modernas. No es para echar cohetes pero ponen más empeño que en otros alojamientos.

Hotel Vicús HOTEL $

(☎34-3201; Guardia Civil B-3; i/d/tr 60/80/105 PEN; ❄@📶🏊) Es un hotel de lo más correcto, aunque está un poco descuidado. Las habitaciones están dispuestas a modo de motel de carretera norteamericano en un frondoso patio común y tienen todo lo que uno desearía, incluido el aire acondicionado en las tres matrimoniales.

Goza de una buena posición pasado el puente desde el centro, en una zona relativamente tranquila, y la mejor marcha nocturna solo dista una cuadra. Ya está todo dicho.

Intiotel HOTEL-'BOUTIQUE' $$$

(☎28-7600; www.intiotel.com; Arequipa 691; i/d desayuno incl. 200/260 PEN; ❄@📶) De lo más innovador para Piura, este nuevo hotel es la alternativa moderna del lugar, con pasillos impersonales que conducen a habitaciones inmaculadas decoradas con cuadros con gusto y minibar plateado estilo *retro,* TV de pantalla plana y bonitos baños. Tiene centro de convenciones y servicio de habitaciones las 24 horas.

Los Portales HOTEL HISTÓRICO $$$

(☎32-1161; www.losportales.com.pe; Libertad 875; i/d desayuno incl. desde 382/441 PEN; ❄@📶🏊) Este bello edificio colonial restaurado es ideal para vivir los sueños de grandeza de un conquistador. Está en la plaza de Armas y sus hermosas zonas comunes llevan a un restaurante junto a una piscina y a habitaciones con televisión por cable, minibar y grandes camas. Entre los hoteles de alta gama, es el más bonito, pero en el bar de la planta baja (el clásico bar de hotel) retumba la música los fines de semana y por todo el edificio, a todas horas, se escucha un raro hilo musical.

Hospedaje San Carlos PENSIÓN $

(☎30-6447; Ayacucho 627; i/d/tr 45/60/ 80 PEN; 📶) Este nuevo hospedaje, que supera por poco a los demás alojamientos económicos, ofrece habitaciones inmaculadas y arregladas, con TV. Las traseras son ideales para personas con el sueño ligero.

Hospedaje Aruba PENSIÓN $

(☎30-3067; Junín 851; i/d sin baño 25/35 PEN, i/d con baño 30/50 PEN) Pequeñas habitaciones espartanas, blancas y luminosas, con lo básico.

Dónde comer

Si se quieren probar las delicias regionales, la cercana población de Catacaos es de visita obligada. Los vegetarianos estarán encantados con la abundancia de platos sin carne.

MERECE LA PENA

REFUGIOS DE ARTESANÍA: CATACAOS Y CHULUCANAS

Catacaos

Esta activa, polvorienta y pequeña población situada 12 km al suroeste de Piura se autoproclama capital artesanal de la región. Y con razón: su **mercado de artesanía** (⏲10.00-16.00) es el mejor del norte de Perú. Se extiende a lo largo de varias manzanas, cerca de la plaza de Armas y en él se pueden encontrar excelentes tapices, tejidos, joyas de oro y plata, tallas de madera, cerámica (incluidas piezas de Chulucanas), artículos de piel y demás. El mercado está muy animado los fines de semana, por lo que se aconseja visitarlo esos días para disfrutar del ambiente.

Además, Catacaos destaca por su gastronomía. Hay docenas de picanterías que abren a diario a la hora del almuerzo. Se pueden probar las especialidades de la zona, como la chicha, el seco de chabelo (guiso de plátano y carne de res), el seco de cabrito, los tamales verdes, el copus (cabeza de cabra seca curada en vinagre y guisada) y muchos otros platos no tan atrevidos. Se comenta que se cobra más a los turistas, por lo que conviene asegurarse con antelación de los precios. Varias buenas picanterías anuncian sus especialidades en Jr. Zepita, una calle que da a la plaza de Armas.

Desde la Av. Tacna de Piura salen frecuentes *combis* y *colectivos* hacia Catacaos (1,50-2 PEN, 15 min).

Chulucanas

Este pueblo, situado unos 55 km al este de Piura, poco antes de que el desierto de Sechura dé paso a las primeras estribaciones de los Andes, es conocido por su característica **cerámica:** unas vasijas vidriadas de colores terrosos con formas antropomórficas. Muy apreciada fuera del país, ha sido declarada patrimonio cultural de Perú.

El mejor lugar para comprarla es **La Encantada,** un puesto en las afueras de la ciudad, situado en un enclave rural tranquilo cuyos habitantes se dedican en exclusiva a la artesanía. Allí vivió los últimos años de su vida Max Inga, famoso en la localidad por sus estudios sobre la cerámica de las culturas tallan y vicús, y que fomentó el resurgimiento de este arte. Los artesanos son amables y suelen mostrar encantados el proceso de producción, desde la extracción de arcilla a la aplicación del ahumado de hoja de mango con el que realizan los característicos dibujos en blanco y negro. De Chulucanas a la aldea hay 30 minutos en mototaxi (10 PEN) por una vía de 7 km sin asfaltar. Se aconseja empezar la búsqueda de piezas por **Cerámica Inge** (Los Ceremistas 591). De todos modos, visitar Chulucanas es más bien para fanáticos, ya que cargar con esta excelente pero frágil cerámica por todo el país no es lo más indicado.

Desde la terminal terrestre de Castilla, en Piura, los autobuses de Civa salen con frecuencia hacia Chulucanas (4 PEN, 1 h).

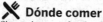

DE COMPRAS PARA LOS CHAMANES

Es el destino ideal si apetece la aventura. Las 10 horas de viaje por una carretera de montaña desde Piura en dirección este merecen la pena, pues esta zona es famosa en todo Perú por los brujos y curanderos que viven y trabajan en los alrededores de las lagunas de Huaringas. Mucha gente acude allí para curarse mediante estas antiguas prácticas de sanación, y la gran mayoría son peruanos (hay pocos extranjeros). No resulta difícil encontrar información y guías.

La mística ciudad de Huancabamba, rodeada de montañas envueltas en niebla, se halla al comienzo del largo y estrecho río del mismo nombre. Las riberas del Huancabamba son muy inestables y continuamente se están erosionando: la ciudad sufre hundimientos y deslizamientos con frecuencia; por este motivo se la denomina "la ciudad que camina".

Cuando se habla de brujería, muchos imaginan personas con sombreros puntiagudos que vuelan sobre escobas y preparan brebajes burbujeantes. Sin embargo, en Perú, consultar a brujos y curanderos es una práctica aceptada y de larga tradición, que se remonta a antes de la colonización española.

Gentes de toda condición social acuden a los chamanes, y se pagan grandes sumas de dinero por sus servicios. Ofrecen la curación de todo tipo de dolencias, desde dolores de cabeza a cánceres, así como a remediar la mala suerte y, lo más popular, el mal de amores.

La zona lacustre de **Huaringas,** cerca de Huancabamba, a casi 4000 m de altitud, es conocida por sus poderes curativos y atrae a visitantes de toda Sudamérica. El lago más importante de la zona es la **laguna Shimbe,** aunque la cercana **laguna Negra** es la más frecuentada por los curanderos.

Una ceremonia puede durar toda la noche y conlleva el uso de plantas alucinógenas, como el cactus de San Pedro, cantos, invocaciones y danzas, y suele acabar con un baño en las frías aguas de la laguna. Algunas ceremonias incluyen el uso de sustancias más poderosas, como la ayahuasca (en quechua significa "enredadera del alma") que provoca fuertes alucinaciones. Su ingesta suele producir vómitos. Para más información sobre los posibles peligros de ingerir ayahuasca, véase recuadro en p. 445. Los curanderos también usan ícaros, canciones místicas y cantos para conducir a una experiencia espiritual. Alcanzar el título de maestro curandero requiere años de estudio.

Si se está interesado en realizar una visita de este tipo en Huancabamba se debe tener en cuenta que esta tradición se toma muy en serio y que a los curiosos y escépticos se les recibe con hostilidad. Los curanderos con mejor reputación se encuentran en la zona de los lagos. La pequeña **oficina de información turística** (⏲8.00-18.00), en la estación de autobuses, dispone de un sencillo mapa de la zona y de un listado de brujos y curanderos acreditados. Cerca de los lagos, en Salala, los chamanes o sus "agentes" ofrecen sus servicios, pero hay que tener cuidado con los farsantes: lo mejor es llegar con un nombre de referencia. También conviene saber que hay brujos que trabajan "en el lado oscuro". Se suele pagar unos 200 PEN por una visita.

En la zona los hoteles son rudimentarios y la mayoría tienen baños compartidos y agua fría. El **Hostal-El Dorado** (☎47-3016; Medina 116; i/d sin baño 15/28 PEN) está en la plaza de Armas y su propietario es servicial.

Desde la terminal de autobuses de Huancabamba, **Civa** (☎96-971-4205), **Turismo Express** (☎34-4330) y **Transportes San Pedro y San Pablo** (☎47-3617) tienen un servicio matutino entre las 7.30 y las 8.00 a Piura (20 PEN, 8 h). Hay otros tres autobuses por la tarde hacia Piura entre las 17.00 y las 19.00. Para visitar los lagos, tómese la *combi* de las 5.00 desde esta terminal hasta la localidad de Salala (5-7 PEN, 2 h), desde donde se pueden organizar rutas a caballo hasta los lagos (20-25 PEN).

Hoy en día, los ajetreados peruanos se conectan a la red para consultar a sabios chamanes que saben de negocios a través de la mensajería instantánea. Pero no es lo mismo que los cantos a medianoche con baños helados en lagos remotos de los Andes.

Capuccino CAFÉ $$
(www.capuccino-piura.com; Tacna 786; platos ppales 22-45 PEN; cerrado do;) Este moderno café es toda una ganga: ofrece bocadillos y ensaladas *gourmet* (14-22 PEN) perfectos para almorzar (aunque suele estar está vacío) y, de noche, se preparan platos más sofisticados para cenas elegantes acompañadas de una botella de vino. Destaca por la creatividad (lomo saltado, lasaña, mero en salsa de soja y salsa de maracuyá), y los postres (tarta de queso con Toblerone, tarta de pecán) están de muerte.

Los adictos a la cafeína notarán que es de lo mejor en cuanto al exprés (4,50 PEN) y que además sirven unas excelentes patatas fritas. Es inexcusable que sirvan ají de bote (incluso los restaurantes más sencillos lo preparan a mano), pero la elegante cocina lo compensa todo.

Chifa Canton CHINA $$
(Sánchez Cerro esq. Tacna; platos ppales para dos 22-32 PEN) En los restaurantes chinos peruanos la buena comida casi siempre está asegurada y esta chifa no es una excepción. El ruido de la calle es una lata, pero los platos frescos y sabrosos son el antídoto perfecto cuando se está harto de ceviche.

Heladería el Chalán POSTRES $
(Tacna 520; tentempiés 6,50-19 PEN) En esta cadena de comida rápida se preparan hamburguesas y bocadillos, aunque destaca la excelente selección de zumos y los montones de sabores de los fresquísimos helados. Se recomiendan el manjar blanco y el limón.

Los otros establecimientos están en Grau 173 y 453.

Snack Bar Romano DESAYUNOS, PERUANA $
(Ayacucho 580; menús 6-22 PEN, platos ppales 7,50-15 PEN; cerrado do) Este local predilecto de los lugareños, con una excelente lista con varios menús del día, lleva años abierto. Los ceviches, los sudados y las especialidades locales están sabrosísimos.

Don Parce DESAYUNOS, PERUANA $$
(www.donparce.com; Tacna 642; platos ppales 16-33 PEN;) De lo más agradable, con una larga lista de platos clásicos peruanos y también del día, ubicado en un entorno colonial cerca de la plaza de Armas. Lo mejor es su menú de mediodía de tres platos, que incluye un copioso plato principal de carne.

El Uruguayo ASADOR $$$
(Guardia Civil esq. Cayeta, centro comercial Miraflores; bistecs 25-70 PEN; desde 18.30) Los amantes de la carne se dan cita en este asador uruguayo que ha caído en desgracia en Trujillo, pero no así en Piura. Los cortes van de 200 a 500 g, se dividen por regiones (Uruguay, Argentina, América) y se acompañan con un sinfín de aderezos (chimichurri, vinagreta, ají). Es un asador como dios manda, algo que escasea por esta zona.

Matheo's VEGETARIANA $
(Libertad 487; comidas 9-14 PEN) Sus dos céntricos establecimientos son el antídoto perfecto a las abundantes parrilladas que hay por todo el país. La carta vegetariana recoge muchas versiones de platos del lugar pero sin carne, algo increíble. El segundo local está en Tacna 532.

Supermercado Multiplaza COMPRA DE ALIMENTOS $
(Óvalo Grau) Para hacer la compra.

Dónde beber

Centro comercial Miraflores BAR
(Guardia Civil esq. Cayeta) Toda la marcha que merece la pena en Piura discurre en este pequeño centro comercial al este del centro. Si se busca un buen bar, éntrese en Atiko (cócteles 12-22 PEN). Si lo que se quiere es mover el esqueleto, súbase hasta Queens (entrada 25-30 PEN), que se alborota los fines de semana cuando se llena de gringos y de peruanos con dinero que bailan al ritmo de una ecléctica mezcla de música internacional. Si alguno de estos locales cerrase, no hay por qué preocuparse: algún otro abriría en el mismo sitio.

De compras

Centro Artesanal Norte ARTESANÍA
(Huánuco esq. Libertad; 9.30-13.30 y 16.00-20.00 lu-vi, hasta 13.30 do) Lo cierto es que la galería de artesanía es un diminuto centro comercial con una docena de tiendas distintas donde se venden productos regionales, desde cestas hasta tejidos o cerámica de Chulucanas. Con unos precios justos y negociables, es perfecto para hacer alguna compra si no se dispone de tiempo para ir hasta los pueblecitos artesanos de las afueras.

Información

Hay internet por doquier y casi todos los alojamientos tienen lavandería.

Asistencia médica

Clínica San Miguel (www.csmpiura.com; Los Cocos 111-153; ⌚24 h) Excelente.

Dinero

Las casas de cambio están en el cruce de Ica con Arequipa.

BCP (Grau 133)

HSBC (Libertad esq. Ica) Cajero automático sin comisión.

Correos

Serpost (Ayacucho esq. Libertad; ⌚9.00-19.00 lu-vi, hasta 13.00 sa) También en la plaza.

Información turística

iPerú (☎32-0249; Ayacucho 377; ⌚9.00-18.00 lu-sa, hasta 13.00 do) Con mostrador también en el aeropuerto.

Oficina de Migraciones (☎33-5536; www.digemin.gob.pe; Sullana esq. Integración) Gestiona problemas de visados.

ℹ Cómo llegar y salir

Avión

El aeropuerto (PIU) está en la orilla suroeste del río Piura, a 2 km del centro. Los horarios cambian a menudo.

LAN (☎30-2145; www.lan.com; Libertad 875) vuela de Lima a Piura a las 6.10, 16.45 y 19.40, con regreso a Lima a las 8.30, 11.30, 18.30 y 21.50. Mucho más baratas son **Taca** (0-800-1-8222; www.taca.com; Sánchez Cerro 234, C.C. Real Plaza), con salidas desde Lima a las 5.50 y 17.00 y regresos a las 8.15 y 20.50, y la advenediza **Peruvian Airlines** (☎32-4206; www.peruvianairlines.pe; Libertad 777), que despega de Lima a las 18.00 y vuelve a las 20.00.

Autobús

INTERNACIONAL

El trayecto habitual hacia Ecuador es por la Panamericana vía Tumbes hasta Machala. **Civa** (☎34-5451; www.civa.com.pe; Tacna esq. Castilla) es la compañía más cómoda, con una salida diaria a las 21.45. Si no, **Transportes Loja** (☎30-5446; www.cooperativaloja.com; Sánchez Cerro Km 1) va por La Tina hasta Macará (12 PEN, 4 h) y Loja (28 PEN, 8 h) a las 9.30, 13.00 y 21.00. Los autobuses realizan una parada para formalizar los trámites fronterizos y luego siguen.

NACIONAL

Varias compañías tienen oficina en la cuadra 110 de Sánchez Cerro, aunque para ir a Cajamarca y atravesar los Andes septentrionales, lo mejor es ir hasta Chiclayo y allí tomar otro medio.

Civa (☎34-5451; www.excluciva.pe; Tacna esq. Castilla) Autobuses a Lima a las 17.00, 18.00 y 18.30, frecuentes a Chulucanas y dos a Huancabamba a las 9.30 y 18.30 (los dos últimos salen desde la terminal terrestre de Castilla).

Cruz del Sur (☎32-0473; www.cruzdelsur.com.pe; Bolognesi con Jirón Lima) Cómodos autobuses a Lima a las 15.00, 17.30, 18.30 y 19.30, y uno a Trujillo a las 15.00.

El Dorado (☎32-5855; www.transporteseldorado.com.pe; Sánchez Cerro 1119) Con 14 servicios a Tumbes entre las 6.30 y las 12.30, con parada en Máncora.

CRUCE DE FRONTERA: A ECUADOR POR LA TINA

El puesto fronterizo de La Tina carece de hoteles, pero la población ecuatoriana de Macará (a 3 km de la frontera) dispone de servicios adecuados. A La Tina se llega en taxi colectivo (12 PEN, 2½ h) desde Sullana, 40 km al norte de Piura; hay salidas todo el día. Una alternativa mejor es **Transportes Loja** (☎073-30-5446; www.cooperativaloja.com; Sánchez Cerro Km 1, Piura), con tres autobuses diarios desde Piura (9.30, 13.00 y 21.00) que van directos hasta Loja (28 PEN, 8 h).

El puente internacional que cruza el río Calvas hace de frontera y está abierto las 24 horas. Los trámites son sencillos si se tienen los documentos en regla. No hay bancos, aunque se puede cambiar dinero en la frontera o en Macará. Para cuando se publique esta guía, ya estará listo el nuevo puente y habrán renovado las oficinas de inmigración, ubicadas en un único edificio en el puente que comparten las autoridades peruanas y ecuatorianas.

Los viajeros que llegan a Ecuador encontrarán taxis (1 US$) y colectivos (0,50 US$) para ir hasta Macará. En general se concede una tarjeta turística T3 a casi todas las nacionalidades. Esta permite una estancia de 90 días en Ecuador y debe devolverse antes de dejar el país. En Macará hay un **consulado** (☎07-269-4030; www.consuladoperumacara.com; Bolívar 134) peruano. Para más información sobre Ecuador, véase la guía de Lonely Planet *Ecuador y las islas Galápagos*.

AUTOBUSES DE PIURA

DESTINO	PRECIO (PEN)	DURACIÓN (H)
Chiclayo	12-15	3
Chimbote	35	8
Guayaquil (Ec)	50-60	10-12
Huancabamba	25-20	8
Lima	59-135	12-16
Loja (Ec)	28	8
Mancará (Ec)	12	4
Máncora	16-25	3
Trujillo	25-45	6
Tumbes	16-25	5

Eppo (☎30-4543; www.eppo.com.pe; Panamericana 243) Servicios rápidos a Máncora cada media hora desde la nueva estación detrás de la Real Plaza en la Panamericana.
Ittsa (☎33-3982; www.ittsabus.com; Sánchez Cerro 1142) Autobuses a Trujillo (9.00, 13.30, 23.15), Chimbote (23.00), y un autobús-cama a Lima a las 18.00.
Línea (☎30-3894; www.linea.pe: Sánchez Cerro 1215) Autobuses cada hora a Chiclayo entre las 5.00 y las 20.00, y a Trujillo a las 13.30 y 23.00.
Tepsa (☎30-6345; www.tepsa.com.pe; Loreto esq. Bolognesi) A Lima a las 15.00, 17.00, 18.30 y 21.00.
Transportes Chiclayo (☎30-8455; www.transporteschiclayo.com; Sánchez Cerro 1121) Cada hora a Chiclayo.
Transportes San Pedro y San Pablo (☎34-9271; terminal terrestre de Castilla) Un semicama a Huancabamba a las 18.00.
Al este del puente peatonal de San Miguel hay autobuses y *combis* en dirección a Catacaos (1,50-2 PEN, 15 min). Los autobuses a Sullana (2 PEN, 45 min) y Paita (4 PEN, 1 h) salen desde la **terminal interprovincial de Gechisa** (Prolongación Sánchez Cerro), a 5 PEN en taxi al oeste de la ciudad. Los autobuses a Chulucanas y Huancabamba lo hacen desde la **terminal terrestre de Castilla** (Panamericana s/n), también llamada "El Bosque", a 3,50 PEN de mototaxi, al este de la ciudad.

Taxi

Si se va hacia Máncora, Punta Sal o Tumbes puede optarse por las combis de **Sertur** (☎96-997-6501; www.serturonline.com), mucho más rápidos, que salen cada hora entre las 6.30 y las 20.30 desde la terminal interprovincial de Gechisa (25 PEN, 3½ h).

Cabo Blanco

☎073

La Panamericana discurre paralela al mar desde el norte de Talara y a menudo desde ella se divisa la costa. Esta es una de las zonas petroleras más importantes: las bombas de extracción se ven por doquier, tanto en tierra como en plataformas marinas.

Unos 40 km al norte de Talara se encuentra la tranquila población de Cabo Blanco, famosa en todo el mundo por la pesca deportiva. Está en una suave bahía rocosa y frente a ella se balancea en el mar la flota de barcos de pesca, allí donde las corrientes cálidas de Humboldt y El Niño crean un rico microcosmos de vida marina. Se dice que sirvió de inspiración al escritor Ernest Hemingway para escribir su famosa obra *El viejo y el mar* después de pescar aquí a principios de la década de 1950. La pieza más grande capturada fue un merlín negro de 710 kg, pescado en 1953 por Alfred Glassell Jr. Aún es un buen lugar para la pesca con caña, aunque es más probable pescar un atún de unos 20 kg que un merlín negro, cuya población ha disminuido y, si se encuentran, los ejemplares rara vez sobrepasan los 100 kg. No obstante, en las competiciones de pesca se han capturado algunos de 300 kg. De noviembre a enero, unas magníficas olas de 3 m atraen a los surfistas incondicionales.

A través del Hotel El Merlín y otros de la zona se pueden alquilar barcos para pesca de altura con aparejos de buena calidad; cuestan 1350 PEN por seis horas, con bebidas y almuerzo incluidos. Los mejores meses para pescar son enero, febrero y septiembre.

LAS CINCO MEJORES OLAS DE LA COSTA NORTE

Los surfistas empedernidos gozarán de mucha acción en la costa norte, desde la ola más larga del mundo en Puerto Chicama hasta el buen surf de Máncora. En la mayoría de los lugares hay buen oleaje todo el año. Para información detallada sobre surf en Perú, véase p. 34.

Los Órganos (abajo) Playa rocosa con buenas olas tubulares que alcanzan los 2 m. Solo para surfistas experimentados.

Cabo Blanco (p. 351) Tubo perfecto que alcanza entre 1 y 3 m de altura y rompe en las rocas. También es esta para veteranos.

Puerto Chicama (p. 332) En un buen día es la ola más larga del mundo (¡hasta 2 km!). Ofrece un buen oleaje todo el año para todos los niveles.

Máncora (p. 352) Popular y de fácil acceso, con olas decentes de unos 2 m de altura. Para todos los niveles.

Huanchaco (p. 328) Olas con tubo largas y bien formadas. Perfectas para todos los niveles.

Hotel El Merlín (☎25-6188; www.elmerlin.webs.com; i/d con desayuno desde 60/100 PEN; ❄📶) cuenta con 14 enormes habitaciones con hermosos suelos de piedra, duchas privadas con agua caliente y balcones con vistas al océano. No está demasiado frecuentado.

Cabo Blanco está a varios kilómetros por una carretera llena de curvas que sale de Las Olas, población situada en la carretera Panamericana. Se puede llegar tomando una de las rancheras (2 PEN, 20 min) que realizan regularmente el trayecto.

Máncora

☎073 / 9700 HAB.

Es el lugar de veraneo más famoso de la costa peruana. En los meses de verano, extranjeros y privilegiados de la clase adinerada peruana llegan en masa para tomar el sol en su playa, que se extiende varios kilómetros en la región más soleada del país. La oferta hotelera es muy variada: hay complejos lujosos y alojamientos para presupuestos ajustados, todos cerca del mar. También hay muchos restaurantes donde degustar pescado y marisco recién traídos del mar. Además, el lugar atrae a los surfistas por sus olas y tiene una animada vida nocturna que permite mantenerse activo tras anochecer. No obstante, pese al auge del turismo, Máncora ha conseguido mantener su encanto de pueblo pesquero de antaño.

Situado a medio camino entre Talara y Tumbes, lo atraviesa la carretera Panamericana, a 100 m de la playa, donde se convierte en Av. Piura y luego en Av. Grau en su recorrido por el pueblo. En el período estival, entre diciembre y marzo, está lleno de gente y los precios del alojamiento se doblan; sin embargo, el resto del año el clima sigue siendo bueno, y por ello, es uno de los pocos pueblos costeros que no quedan desiertos después del verano.

Actividades

Hay varias playas desiertas en los alrededores de Máncora; se puede solicitar un taxi en el hotel o pedir información para ir en autobús o a pie (en este caso, hay que estar preparado para andar varios kilómetros).

Surf y 'Kitesurf'

Aunque hay buenas olas durante todo el año, la mejor temporada va de noviembre a febrero. Los Órganos es una popular zona de surf. Además de Máncora, los surfistas expertos frecuentan Los Órganos, Lobitos, Talara y Cabo Blanco. En el extremo sur de la playa de Máncora varios establecimientos alquilan tablas (10/20 PEN hora/día); se aconseja el que está delante de Del Wawa. **Máncora Surf Shop** (Piura 352) vende tablas y ropa y propone clases a unos 50 PEN/h. La amable Pilar, de **Laguna Camp** (☎41-1587; www.vivamancora.com/lagunacamp), también ofrece clases de surf a 50 PEN por 90 minutos de instrucción (incluido alquiler de tabla). Los que deseen algo más de riesgo, pueden asistir a clases de *kitesurf* (624 PEN, 6 h); hay que preguntar en **Del Wawa** (☎25-8427; www.delwawa.com).

Baños de barro

Unos 11 km al este de Máncora, subiendo por el boscoso valle de Fernández, hay unas **fuentes termales** (entrada 3 PEN) con un barro finísimo, perfecto para tratamientos faciales. Se dice que las aguas sulfurosas y el barro tienen poderes curativos. Se puede llegar en mototaxi (50 PEN, incluido el tiempo de espera).

Senderismo

Se puede alquilar una camioneta (unos 75 PEN con espera incluida) para explorar el interior desde la costa desértica y subir por el valle de Fernández, pasar las fuentes termales y llegar hasta el final de la carretera (cerca de 1½ h). Desde allí se continúa durante 2 horas a pie a través de bosques con distintas especies de árboles y aves singulares hasta llegar a las pozas de Los Pilares, ideales para darse un baño. También se puede visitar esta zona contratando un circuito.

Circuitos y guías

Ursula Behr, de **Iguana's** (☎63-2762; www.iguanastrips.com; Piura 245), organiza excursiones de un día al bosque seco de Los Pilares, que comprenden vadear brillantes cascadas, darse un baño, pasear a caballo, sumergirse en los baños de barro y almorzar, por 180 PEN/persona. Las excursiones de un día en kayak por el mar son perfectas para observar aves y cuestan 140 PEN por persona.

Dónde dormir

Los precios de los hoteles de Máncora varían según la temporada; entre enero y mediados de marzo (temporada alta) suben hasta un 50% con respecto al resto del año, sobre todo los fines de semana. Durante las tres semanas de vacaciones más importantes (Navidad y Año Nuevo, Semana Santa y Fiestas Patrias), los precios se pueden triplicar y los hoteles exigen estancias de varias noches y suelen estar abarrotados. Los precios aquí indicados corresponden a la temporada alta.

Las habitaciones económicas son más caras que en otros puntos de la costa, pero hay camas baratas en hospedajes del centro y de la zona sur de la playa. Al sur del pueblo, por la antigua Panamericana, surge una Máncora distinta, con varios complejos apacibles repartidos por kilómetros de playas a menudo solitarias, como Las Pocitas y Vichayito. Todos tienen restaurante (aquí están dos de los más importantes del norte) y se puede acceder en mototaxi (7-10 PEN). Más al sur, la zona es tranquilísima y es más fácil encontrar bungalós individuales.

Sunset Hotel HOTEL-'BOUTIQUE' $$$

(☎25-8111; www.sunsetmancora.com; antigua Panamericana 196; i/d desayuno incl. 180/250 PEN; ❄📶🏊) Este hotelito coqueto podría muy bien ser la portada de una revista de viajes. Cuenta con bonito mobiliario y estupendas esculturas de roca inspiradas en temas acuáticos, habitaciones de buen tamaño con buenos colchones, duchas con agua caliente, balcones y vistas al mar. Dispone de cinco acogedoras habitaciones, supervisadas por sus propietarios argentinos.

La piscina es diminuta y el acceso al océano, rocoso, pero tras un breve paseo se llega a una playa de arena, si uno consigue alejarse del restaurante italiano del hotel, uno de los mejores de la zona.

👍 **Loki del Mar** ALBERGUE $

(☎25-8484; www.lokihostel.com; dc 28-36 PEN, h 86 PEN, todas con desayuno incl.; ❄@📶🏊) Los animales sociales emigran en manada hasta el rey de los albergues playeros, aunque en realidad es un modesto complejo turístico disfrazado de alojamiento para mochileros. En el edificio encalado se esconden amplios dormitorios colectivos con camas anchísimas y habitaciones privadas para quienes quieran la atmósfera del albergue pero sin los ronquidos de fondo.

El ambiente gira en torno a la enorme piscina, el bar y la zona de descanso, donde se exponen bien claras las reglas del *beer pong* (especie de ping-pong alcohólico) y una tabla con las actividades gratuitas (casi todas) del día. De lo bueno, lo mejor entre los albergues.

Casa de Playa COMPLEJO $$

(☎25-8005; www.casadeplayamancora.net; antigua Panamericana km 1217; i/d desayuno incl. 180/220 PEN; 📶🏊) Es de lo más agradable, y ofrece modernas y elegantes habitaciones decoradas con cálidos tonos naranjas y amarillos. A las habitaciones se accede por frondosos corredores con todo tipo de plantas.

Las habitaciones más grandes disponen de agua caliente, cuadros y un balcón con hamaca y hermosas vistas. Hay un sugerente *lounge* de dos pisos donde relajarse frente al mar.

Hotelier HOTEL $$

(☎25-8702; www.hotelier.pe; Antigua Panamericana km 1217; i/d desayuno incl. desde 150/220 PEN; ❄📶🏊) Si se viaja por la gastronomía, este artístico hotel es el lugar perfecto. El propietario, Javier Ruzo, es hijo de Teresa Ocampo, una famosa chef de Perú, que durante 30 años estuvo al mando de un programa de televisión sobre cocina. Javier, también chef y hombre polifacético, continúa aquí con la tradición familiar en el fabuloso restaurante (p. 355), pero además es un artista y fotógrafo cuyas obras (poemas, cuadros, fotos) confieren una personalidad única a las distintas habitaciones.

Claro de Luna HOTEL $$
(☎25-8080; www.clarodelunamancora.com; antigua Panamericana km 1216; i/d desayuno incl. 130/220 PEN; @) Los viajeros ponen por las nubes este coqueto alojamiento de ambiente casero, gestionado por una familia argentina. De las nueve habitaciones, cinco dan a la playa y cuatro a un jardincito. Los precios no cambian y todas están decoradas con gracia. Todo el mundo tiene diversión asegurada: hay dos piscinas, una sala de proyección de películas, piraguas y un delicioso patio/*lounge* con vistas al océano (con una copa de un tinto argentino como guinda).

DCO Suites HOTEL-'BOUTIQUE' $$$
(☎25-8171; www.hoteldco.com; ste desayuno incl. desde 710 PEN; @) Esta relativa novedad del panorama hotelero ha puesto muy alto el listón de los alojamientos de moda y hoy es la avezada elección de la jet set, las estrellas de rock, las parejas en luna de miel y otros nómadas con un buen bolsillo. A pesar del patrón cromático (un llamativo turquesa y blanco), que o gusta o se odia, las amplias habitaciones cuentan con batas tipo quimono (de hombre y de mujer), duchas con efecto lluvia y paredes de arenisca que encajan como un puzle arquitectónico.

El triunfo son el servicio, la intimidad y el lujo, tanto en las cabañas de la playa con cortinas, en el notable *spa* exterior o en la pequeña piscina infinita.

Del Wawa HOTEL $
(☎25-8427; www.delwawa.com; 8 de Octubre s/n; i/d 50/100 PEN;) Esta meca de los surfistas está en plena playa, pero parece que se toman las cosas un poco a la ligera: abundante pintura desconchada, peligrosos calentadores de agua caliente oxidados y un personal distante en la recepción.

De todos modos, las habitaciones de adobe de vivos colores que dan al océano tienen una ubicación insuperable, así como las del 2º piso, más nuevas y de colores cálidos, en un anexo posterior. Goza de la zona común más idílica del pueblo, con fabulosas vistas de las mejores olas desde un conjunto de cómodas tumbonas a la sombra; además, alquilan tablas, hay clases de *kitesurf* y Christa, de Máncora Yoga, imparte clases cada mañana. Si al viajero le toca una buena habitación, habrá cantado bingo.

Hostal Las Olas HOTEL $$
(☎25-8099; www.lasolasmancora.com; i/d/tr desayuno incl. desde 80/140/220 PEN;) Este genial alojamiento para parejas en cálidos tonos mediterráneos, ofrece habitaciones blancas minimalistas con toques de madera. El acogedor y pequeño restaurante da a uno de los mejores fondos y es el sueño de todo observador de olas.

Las habitaciones del 2º y 3er piso, más nuevas, son más grandes y tienen enormes terrazas con vistas al océano; las más baratas, sin embargo, están bajo la caja de la escalera y se nota como un terremoto en cuanto la gente sube a disfrutar de su mejor morada.

Laguna Surf Camp BUNGALÓ $
(☎99-401-5628; www.vivamancora.com/lagunacamp/index.html; Veraniego s/n; h 40 PEN/persona;) Este tranquilo alojamiento es un tesoro oculto, situado a una cuadra de la playa y rodeado por su propio oasis rústico. Los bungalós de bambú estilo indonesio más antiguos están dispuestos alrededor de un agradable jardín de arena cerca del agua, y las abundantes hamacas a la sombra proporcionan una dosis de ocio. Hay otros cuatro bungalós más nuevos, que son más amplios y por 50 PEN son una ganga.

La simpática propietaria, Pilar, que también es instructora de surf, captó la esencia de Máncora años atrás y dio en el clavo. Habrá piscina en breve.

Kokopelli ALBERGUE $
(☎25-8091; www.hostelkokopelli.com; Piura 209; dc 30 PEN, h 95 PEN, todas con desayuno incl.; @) Alojamiento de gestión peruano-holandesa, es el albergue más discreto del pueblo, pero no por ello el menos equipado: tiene una pequeña piscina, un bonito bar, dormitorios colectivos alegres y tres habitaciones privadas con caja fuerte, algo insólito en los albergues peruanos. Es un buen plan B.

Marcilia Beach Bungalows BUNGALÓ $
(☎69-2902; www.marciliadevichayito.com; antigua Panamericana km 1212; h con/sin vistas al mar 140/120 PEN, todas con desayuno incl.; @) Una simpática pareja peruana puso en marcha estos rústicos bungalós en la playa de Vichayito tras años trabajando en el sector de los cruceros. Los bungalós tienen agua caliente

con calentador eléctrico y unos baños muy bonitos, aunque el plato fuerte está junto al mar: el viajero sentirá que la franja de playa es como un paraíso privado.

Dónde comer

El pescado es el rey de la gastronomía de Máncora, pero el resto de alimentos son de importación, lo que aumenta su precio. Si se prefiere hacer la compra, en la calle principal hay varios supermercados pequeños.

La Sirena d'Juan MARISCO, PERUANA $$

(25-8173; Piura 316; platos ppales 30-35 PEN; cerrado ma;) Juan, un lugareño que ha sabido labrarse el camino al éxito, ha convertido su íntima marisquería de la calle principal en el mejor restaurante del norte de Perú. La estrella es el atún fresco de aleta amarilla, tanto si lo prepara como tiradito (especie de *sashimi* peruano) en curry amarillo como si es a la plancha con chutney de mango, pimiento rojo y rocoto.

En la carta también hay originales raviolis y platos típicos peruanos con un giro de clase (como el cabrito a la cerveza negra). El espacio es pequeño y de estilo rústico francés, y el servicio es personal y puntual. Para los precios de Máncora es caro, pero en casa quizá se pagaría el triple. En temporada alta es mejor reservar con antelación.

Donde Teresa MARISCO, PERUANA $$$

(25-8702; antigua Panamericana km 1217, Hotelier; platos ppales 32-70 PEN;) Antes de Gastón Acurio, estaba Teresa Ocampo, la chef más famosa de Perú (incluso antes de que la comida peruana fuera famosa). Ahora vive en Texas, pero su hijo Javier mantiene vivo el sueño en la playa de Las Pocitas, a 5 PEN de mototaxi. Se recomiendan los siguientes platos, entre otros: ají de gallina ahumado, arroz salteado con marisco, cualquier cosa con atún de aleta amarilla y el memorable pudin de pan empapado en pisco.

Javier ha vivido en Francia, China y quién sabe dónde más, así que ha mejorado sus destrezas e ¡incluso arponea sus propias capturas de vez en cuando! Si esta leyenda no existiera, los peruanos se amotinarían. Llámese con antelación en enero, febrero y julio.

Las Gemelitas MARISCO $$

(Bastidas 154; platos ppales 15-20 PEN) Este restaurante con paredes de caña, a tres cuadras de la Panamericana, detrás de la oficina de Cruz del Sur, prepara el marisco de fábula y poco más. El ceviche es genial (estimulante por el énfasis en el picante) y fuentes fidedignas aseguran que es uno de los pocos lugares de la vieja Máncora que usan pescado fresco de verdad.

Tao TAILANDESA, CHINA $$

(Piura 240; platos ppales 12-35 PEN; cerrado lu) Los aromas del sudeste asiático llegan hasta la Av. Piura procedentes de este concurrido restaurante chinotailandés. La gente acude por los novedosos sabores: se sirven curries rojos, amarillos, verdes y panang, salteados fusión y fideos. Aunque muchos platos se preparan con el atún local, la carta también incluye el cerdo, la ternera, el pollo y las verduras. Es un restaurante elegante, pero siempre está lleno de mochileros en busca de una cena de categoría culinaria superior.

Green Eggs and Ham DESAYUNOS $

(Grau 503; comidas 15-18 PEN; 7.30-16.30) Este local de desayunos inspirado en las ilustraciones de *Dr Seuss* no tiene nada de infantil: cuenta con un batallón de fans estadounidenses nostálgicos de sus desayunos (panqueques, tostadas, tortitas de patata). Pero el plato fuerte es el patio del 2º piso: solo una hilera de altas palmeras lo separa de las olas.

Angela's Place DESAYUNOS, VEGETARIANA $

(Piura 396; desayunos 6,50-14 PEN, platos ppales 5-12 PEN; desde 8.00) Angela, la maga austríaca del pan, empezó a vender sus deliciosos panes de boniato, yuca y trigo en su bici hace muchos años. Hoy se pueden comprar en su alegre café de la calle principal, junto con creativos y abundantes platos vegetarianos (¡y veganos!), enérgicos desayunos variados y dulces de pastelería.

La Postrería POSTRES $

(Piura 233; postres 8-12 PEN; cerrado mi) Este adorable café está regentado por una encantadora limeña que sabe cómo preparar un buen café con leche; aquí uno podrá hincarle el diente a postres tan deliciosos como el suspiro limeño (dulce de leche con merengue), brownies, tartas de queso y la popular tarta de manzana. Buena música de fondo, de The Cure a Death Cab o Smashing Pumpkins (cuando eran buenos).

Beef Grill HAMBURGUESERÍA, ASADOR $$

(Piura 253; hamburguesas 18-23 PEN; desde 17.00) Las mejores hamburguesas de la costa norte son perfectas para combatir la tristeza del marisco, aunque en la cocina se preparan otros platos de carne más elaborados.

AUTOBUSES DE MÁNCORA

DESTINO	PRECIO (PEN)	DURACIÓN (H)
Chiclayo	26-50	6
Chimbote	80	14
Guayaquil (Ec)	60-114	9
Lima	65-165	14-18
Piura	15-30	3½
Sullana	12.50	2½
Trujillo	27-60	9-10
Tumbes	10-15	2

Jugería Mi Janett ZUMOS **$**
(Piura 677; zumos 3-6 PEN) Los mejores del pueblo; se sirven enormes jarras de jugos de la fruta tropical preferida.

Información

No hay una oficina de información, pero la página www.vivamancora.com ofrece información muy útil y abundante. Hay cajeros automáticos de BCP, BBVA, Globalnet y Banco de la Nación por la calle principal, pero solo el último es un banco. Por la misma zona hay lugares con acceso a internet.

Banco de la Nación (Piura 625; ⌚8.30-14.30 lu-vi) Cambian dólares estadounidenses.

Medical Center (www.medicalcentermancora.com; Panamericana s/n; ⌚24 h) En caso de picadura de raya o de fractura de un hueso, acúdase a esta completa clínica situada en la entrada norte del pueblo.

Cómo llegar y salir

Avión

Star Perú (☎01-705-9000; www.starperu.com) vuela desde Talara, 40 minutos en autobús al sur de Máncora. El vuelo sale de Lima a las 13.30 y vuelve desde Talara a las 16.50. Hay billetes por 108 PEN. Otra opción es volar a Piura con LAN, Taca o Peruvian Airlines (p. 350) o a Tumbes con LAN (p. 361) y luego seguir por carretera hasta aquí.

Autobús

Las oficinas de muchas empresas de autobuses están en el centro, aunque la mayoría de los trayectos hacia el sur parten de Tumbes. Hay *combis* regularmente a Tumbes (10 PEN, 2 h) que recorren la calle principal hasta que se llenan. También hay autobuses-cama directos de Máncora a Lima (14 h); otros servicios realizan paradas en ciudades intermedias de camino a Lima (18 h). Los microbuses realizan el trayecto regularmente entre Máncora y Punta Sal (3 PEN, 30 min).

Cial (☎96-540-2235; Piura 520) Un autobús hacia Lima a las 17.30.

Civa (☎25-8086; Piura 704) Con un servicio económico a Lima a las 15.30 y otros autobuses mejores a las 17.30 y 18.30; también hay uno a medianoche a Guayaquil.

Cruz del Sur (☎25-8232; Grau 208) Con un autobús-cama a Lima a las 17.30; autobuses a Trujillo y Chimbote los martes, viernes y domingos a las 22.30; y una salida hacia Guayaquil desde Lima a las 9.00 los lunes, jueves y sábados.

El Dorado (☎96-964-2226; Grau 201) Seis autobuses diarios a Piura entre las 9.30 y 21.30; autobuses a Chiclayo (9.30, 21.30, 23.30, 24.00) y Trujillo (9.30, 21.30, 23.00). Hay un autobús hacia Tumbes que recoge pasajeros siete veces al día.

Emtrafesa (☎41-1324; Grau 193) Servicios a Chiclayo a las 21.30 y 22.00; a Trujillo a las 20.30, 21.30 y 22.00.

Eppo (☎25-8140; Piura 679) Autobuses rápidos y cada hora a Sullana y Piura entre las 4.00 y las 20.00.

Oltursa (☎25-8276; Piura 509) Autobús-cama a Lima (¡con wifi!) a las 17.30 y 18.00 de lunes a sábado; a las 16.00 y 16.30 los domingos.

Tepsa (☎25-8672; Grau 113) A Lima a las 18.00.

Sertur (☎49-6805; Piura 624) Colectivos rápidos a Piura (cada hora de 7.00 a 21.00) y Tumbes (cada hora de 8.00 a 18.00).

Punta Sal

☎072 / 3300 HAB.

La amplia bahía de Punta Sal, 25 km al norte de Máncora, es de arena fina con tramos rocosos, perfecta para nadar en el mar en calma. No hay surfistas, y se ha convertido en un tranquilo oasis de complejos turísticos de ambiente familiar.

Saliendo de la Panamericana en el km 1192 se llega al **Hotel Punta Sal** (☎59-6700; www.puntasal.com.pe; i/d por persona pensión completa incl. desde 280/479 PEN, bungalós para 2 desde 582 PEN;), junto al mar, que fue modernizado en el 2011. Es mucho más bonito de lo que los carteles del viejo Panamericana Punta Sal Club Hotel hacen pensar y es perfecto para las familias. Entre los infinitos pasatiempos hay un minigolf, juegos náuticos, esquí acuático, tenis, voleibol, pingpong, billares y una piscina con tumbonas. Ah, y una reproducción a tamaño real de un galeón español. El conjunto de coloridos bungalós junto a la playa es fantástico, todos disponen de fabulosas terrazas y cómodos sofás. Se puede practicar la pesca de altura por 2183 PEN por día en un barco con capacidad para seis pescadores.

Las 23 habitaciones con vistas al océano del **Hotel Caballito de Mar** (☎54-0048; www.hotelcaballitodemar.com; i/d por persona pensión completa incl. desde 95,50/191 PEN;) se basan en un precipicio marino y tienen bonitos toques de bambú y patio privado. Cuanto más arriba están, y más lejos de la playa, más baratas son y con mejores vistas. Además hay un restaurante, bar, *jacuzzi*, sala de juegos y una magnífica piscina cuyas aguas que casi se hunden en el mar. Se ofrecen actividades como la pesca, paseos en barco y esquí acuático. El aire acondicionado cuesta 50 PEN más al día.

Uno de los pocos alojamientos económicos de esta playa es **Las Terrazas de Punta Sal** (☎50-7701; www.lasterrazasdepuntasal.com.pe; i/d sin baño 25/50 PEN, h desde 80 PEN;), de gestión inglesa, con habitaciones de calidad en el edificio principal y otras diminutas de bambú en la parte trasera. En el restaurante de la terraza, con fabulosas vistas del atardecer, preparan pizzas en un horno de ladrillo con fuego de leña. Durante la preparación de la guía lo estaban reformando completamente, así que el servicio será mejor en el futuro.

Hay microbuses que realizan el trayecto entre Máncora y Punta Sal (3 PEN, 30 min) regularmente.

Zorritos

☎072 / 9400 HAB.

Se halla a unos 35 km al sur de Tumbes y es el pueblo de pescadores más grande de la zona. Más al sur, las playas son más bonitas, pero estas costas son interesantes por su fauna de **aves marinas**. Por los alrededores se pueden ver rabihorcados, pelícanos, garcetas y otras aves migratorias.

En el km 1235 está el **Grillo Tres Puntas Ecohostel** (☎79-4830; parcela de acampada 15 PEN, h con/sin baño 50/20 PEN por persona, todas con desayuno incl.;), construido principalmente por voluntarios con materiales naturales como el bambú y la caña. Todo, hasta el agua, es reciclado. En la playa hay unas cabañas rústicas con terrazas y hamacas. Los lugares de acampada tienen electricidad y un cobertizo para protegerse del sol. Hay un artístico patio elevado, decorado con madera flotante, ideal para tomarse una cerveza al atardecer. Todas las habitaciones comparten un baño exterior decorado con un mosaico de baldosas y conchas. Si al viajero le gustan los perros, tiene que pedirle al propietario español que le enseñe sus 20 perros sin pelo del Perú, que cría (también hay dos con pelo, pero son los segundones). Organizan excursiones a los baños de barro cercanos, así como un popular circuito de cinco días con alojamiento en hostal y *camping* por playas, montaña, lagunas y los baños de barro, que cuesta solo 550 PEN por persona, ¡todo incluido! Es rústico, pero también de lo más idílico.

En Zorritos mismo está **Puerta del Sol** (☎54-4294; hosppuertadelsol@hotmail.com; Piaggio 109; h 40 PEN por persona desayuno incl.;), un sencillísimo hospedaje. Tiene un diminuto jardín dividido por un sinuoso caminito y áreas de verde césped. Solo le falta el gnomo. Las habitaciones son sencillas y limpias, y hay un acceso a la playa, aunque no tiene vistas al mar.

Entre las opciones de precio medio está el **Hotel Los Cocos** (☎9867-1259; www.hotelloscocos.com; Panamericana km 1242; d desayuno incl. 200 PEN;), delante de la playa, con grandes habitaciones con muebles de bambú, algunos cuadros y balcones con hamacas y vistas al mar. Tiene piscina y también hay una zona infantil y una sala de juegos.

Hay *combis* a Zorritos que salen con regularidad de Tumbes (2,50 PEN, 1 h aprox.). Desde el sur, hay que tomar cualquier autobús que vaya a Tumbes.

Tumbes

☎072 / 128 600 HAB.

A 30 km de la frontera con Ecuador, Tumbes destaca por ser la única zona verde de la costa de Perú, donde los desiertos se con-

CRUZAR LA FRONTERA: A ECUADOR POR TUMBES

Las prácticas sospechosas en el paso fronterizo de Aguas Verdes entre Ecuador y Perú le han valido el poco honroso título de "peor frontera de Sudamérica". Cuesta demostrar con pruebas si merece o no dicha corona, pero no está de más ser cauteloso.

Es más que recomendable tomar un autobús directo con una de las principales compañías, como **Cruz del Sur, Civa, Ormeño** o **Cifa International** (p. 361), de modo que uno se baje en la Oficina de Migraciones para sellar el pasaporte y vuelva al autobús de inmediato. Los timadores operan ya incluso en Máncora, donde engañan a los viajeros vendiéndoles traslados en furgoneta hasta la frontera y recordándoles que allí tendrán que cambiar de autobús. Por ello, el viajero no piensa mal si la furgoneta se para cerca de la frontera a causa de un "obstáculo en la carretera", "una huelga de tráfico" o una "manifestación" (aunque las palabras clave son "un paro"). De la furgoneta se pasa al viajero a otro vehículo conducido por alguien que le explica lo que ocurre y le dice que trabaja para las compañías de autobús que normalmente cubren el trayecto, pero que ahora solo pueden circular los automóviles. Entonces, el vehículo se detiene entre las dos fronteras, el conductor le habla sobre los funcionarios corruptos y le pide dinero para sobornarlos como canon por las medidas adicionales de transporte. Algunos viajeros han pagado más de 100 US$ por tal privilegio. De todos modos, si hay que hacer un transbordo, que sea en *combis* o colectivos y evitando ir solo como pasajero, incluso en los taxis oficiales. Sobra decir que hay que ignorar a los vendedores callejeros de Tumbes, que acosan a los extranjeros por todas partes.

Otra perla de sabiduría: mejor cambiar moneda en la frontera porque proliferan las estafas y los billetes falsos. Mucha gente se ofrece como porteador o guía; en su mayoría insisten hasta el aburrimiento, así que si no se precisa ayuda, conviene evitarlos.

Y ahora...¡hacia Ecuador! Los colectivos (3,50 PEN, 25 min) y las *combis* (2 PEN; 40 min) para Aguas Verdes, en la frontera Perú-Ecuador, salen desde varios puntos de la ciudad, aunque el más práctico para los viajeros es la esquina de Puell con Tumbes o la de Castilla con Feijoo (esta, cerca del mercado). El taxi completo son 15 PEN. A menos que se tenga una verdadera pasión por merodear por polvorientas ciudades de frontera, evítese la localidad ecuatoriana fronteriza de Huaquillas. Lo mejor es tomar el autobús directamente hasta Machala o Guayaquil, ya en el interior del país.

La **Oficina de Migraciones** (El Complejo; ☎072-56-1178; ⏲24 h) peruana se halla en medio del desierto en Aguas Verdes, a unos 3 km de la frontera. Los viajeros que salen de Perú deben sellar aquí el pasaporte (si se va en transporte público hay que asegurarse de que este efectúa una parada para formalizar el trámite). Desde allí se puede tomar un mototaxi para volver a la frontera (3 PEN).

Aguas Verdes es, de hecho, una larga calle llena de puestos ambulantes que se extiende hasta el pueblo ecuatoriano de Huaquillas, por el puente internacional sobre el río Zarumilla. Si se debe pernoctar en la frontera, hay varios hoteles en Aguas Verdes, todos ellos ruidosos y básicos. Hay varios alojamientos bonitos en Huaquillas, pero más vale pasar la noche en Tumbes o viajar otras 2 horas en autobús hasta Machala, donde los hay mucho mejores.

La oficina ecuatoriana de inmigración está en una construcción enorme blanquiazul llamada **CEBAF** (Centro Binacional de Atención de Frontera; ⏲24 h), unos 4 km al norte del puente. Un taxi desde el puente cuesta 2,50 US$ e insisten bastante en que se pague en dólares y no en nuevos soles. Si alguno los acepta, se paga más (10 PEN). Pocos extranjeros necesitan un visado para entrar en Ecuador, pero todos deben poseer la tarjeta de embarque o Tarjeta Andina, disponible gratis en la oficina de inmigración; al abandonar el país tiene que devolverse. Si se extravía no hay que pagar una multa, pero no se permite volver a entrar en el país hasta pasados 90 días. La ley exige un billete de vuelta y dinero suficiente (20 US$ diarios), pero rara vez se comprueba que se tengan. Los turistas pueden pasar 90 días al año en Ecuador sin extender su estancia en un consulado; si se supera este período, se puede pagar una multa de entre 200 y 2000 US$ al salir.

Véase la guía *Ecuador y las islas Galápagos* de Lonely Planet para más información.

vierten en manglares como por arte de magia y las reservas ecológicas se extienden en todas direcciones. Además, es un centro de comunicaciones para alcanzar las excelentes y populares playas de Máncora, situadas a 2 horas en dirección sur.

Durante la guerra fronteriza de 1940-1941 entre Ecuador y Perú, Tumbes fue un punto crítico de conflicto, y hoy sigue siendo una población acuartelada con una fuerte presencia militar. Suele ser un sitio caluroso y (según la época) polvoriento o infestado de bichos, por lo que casi ningún viajero se queda mucho tiempo. Pero como ciudad fronteriza, no es de las peores: tiene una agradable plaza, interesantes mosaicos, un bonito paseo por encima del río y varias calles peatonales donde pasar una noche decente. Son notables sus cercanas reservas naturales nacionales, de interés para los amantes de la naturaleza, aunque casi todos los viajeros se apresuran por dejar atrás la ciudad.

◉ Puntos de interés

Al este de la plaza de Armas, en Grau, se levantan unas **casas** de principios del s. XIX construidas con bambú y madera, que parecen desafiar a la gravedad y mantenerse en pie por casualidad. En la plaza hay varios restaurantes con terraza, ideales para descansar. Las **calles peatonales** del norte de la plaza, sobre todo Bolívar, albergan monumentos grandes y modernos, y son muy frecuentadas por jóvenes y mayores.

Unos 5 km al sur de la ciudad, cerca de la Panamericana, hay un yacimiento arqueológico que perteneció a la cultura tumpis y donde posteriormente los incas construyeron el fuerte que encontró Pizarro. Esta historia se narra en el diminuto museo del yacimiento, el **Museo de Cabeza de Baca** (adultos 4 PEN; ☺8.30-16.00 lu-sa), donde también se exponen varias vasijas de 1500 años de antigüedad procedentes de la zona de Tumbes, algunas chimús e incas. Una vitrina está dedicada a las piezas confiscadas en la aduana antes de que consiguieran sacarlas ilegalmente del país. Durante la preparación de la guía estaban construyendo un museo más grande.

☞ Circuitos y guías

Preference Tours (☑52-5518; turismomundial@hotmail.com; Grau 427; ☺9.00-19.30 lu-sa, hasta 11.00 do) propone algunos de los circuitos más baratos de la ciudad si se viaja en un grupo de tres o más personas; es la agencia "preferida" para visitar los cercanos parques y reservas.

🛏 Dónde dormir

Casi todos los hoteles de Tumbes son de categoría económica y suelen tener solo agua fría (lo que no supone un problema debido al calor asfixiante). Hay que asegurarse de que la habitación dispone de un ventilador que funciona, sobre todo en los meses de verano (de diciembre a marzo). En la temporada de lluvias y durante las dos cosechas anuales de arroz hay muchos mosquitos y frecuentes cortes de agua y electricidad. En el extremo más bajo de esta categoría habrá que tener cuidado con los objetos de valor.

👍 **Casa César** HOTEL-'BOUTIQUE' $$
(☑52-2883; www.casacesartumbes.com; Huáscar 311; i/d desayuno incl. desde 110/160 PEN; ❋🛜) Este antiguo alojamiento económico ha sufrido un cambio radical: hoy es un hotel-*boutique* de categoría media, de aspecto agradable, profesional y bonito. El elegante mobiliario de diseño anima la estética blanca minimalista.

Las 20 habitaciones llevan el nombre de un animal de la fauna autóctona y se dividen entre las estándar menos elegantes y las coloridas y luminosas ejecutivas. Para Tumbes, es un progreso y el precio es correcto.

Hotel Feijoo HOTEL $$
(☑52-2126; www.hotelfeijoo.com; Bolognesi 272; i con/sin aire acondicionado 70/50 PEN, d con/sin aire acondicionado 90/70 PEN; ❋🛜) A una cuadra de la plaza de Armas, es uno de los alojamientos más baratos con aire acondicionado, todo un extra en la tórrida Tumbes. Las habitaciones y los baños modernos son muy amplios, otro plus, y dan a un luminoso vestíbulo abierto. En la recepción no atienden con una sonrisa, pero la relación calidad-precio es evidente.

Hotel Costa del Sol HOTEL DE NEGOCIOS $$$
(☑52-3991; www.costadelsolperu.com; San Martín 275; i/d desayuno incl. 285/350 PEN; ❋@🛜🏊) Es el hotel de más categoría de la ciudad, con un restaurante decente, un agradable bar con jardín, *jacuzzi*, piscina con zona para niños, un pequeño casino y gimnasio. Las cómodas habitaciones están decoradas con cálidos colores y se renovaron en el 2012 cuando Ramada se hizo con las riendas del negocio; todas gozan de las comodidades modernas. Ofrecen un cóctel fresco, que se agradece.

Hostal Roma HOTEL $
(☑52-4137; Bolognesi 425; i/d/tr 45/70/95 PEN; 🛜) En plena plaza de Armas, es un alojamiento económico-medio con habitaciones cómodas y limpias, con duchas de agua caliente, po-

tentes ventiladores, teléfono y televisión por cable. Dan una cálida bienvenida, acostumbrados como están a los extranjeros, pero es un hotel ruidoso e incluso el sistema de interfonos está encendido a todas horas.

Con el lavabo inclinado los artículos de aseo no se tienen en pie, pero recuérdese qué categoría de hotel es: sin arriesgarse a que te roben el ordenador pero sin llegar a hipotecarse.

Hotel Rizzo Plaza HOTEL **$$**
(☎52-3991; www.rizzoplazahotel.com; Bolognesi 216; i/d desayuno incl. 98/148 PEN; ❄@📶) Los lectores hablan bien de este elegante hotel a poca distancia de la plaza de Armas. Con un centro de negocios, tiene un aspecto más bien elegante, con personal profesional, baños más bien pequeños y excesivas plantas de plástico.

Hospedaje Lourdes PENSIÓN **$**
(☎52-2966; Mayor Bodero 118; i/d/tr 40/60/70 PEN; 📶) Limpio, seguro y agradable, ofrece habitaciones austeras (para Tumbes) con ventilador, teléfono, TV y ducha caliente.

Hospedaje Italia PENSIÓN **$**
(☎52-3396; Grau 733; i/d/tr 25/40/50 PEN) Buen alojamiento para las parejas por sus habitaciones dobles, todas ellas amplias y con mucha luz natural, suelos embaldosados y TV, aunque la falta de wifi es un inconveniente.

Hospedaje Amazonas PENSIÓN **$**
(☎52-5266; Tumbes 317; i/d/tr 30/45/55 PEN) Pensión antigua aunque cuidada, a juzgar por la capa de pintura que le estaban dando durante la preparación de la guía. Para una noche, las grandes habitaciones dan la talla, con ventilador, agua caliente y TV. Quizás lo mejor es que está al lado de Cruz del Sur.

Dónde comer

En la plaza de Armas hay bares y restaurantes, muchos con terrazas protegidas del sol. Es un lugar agradable para sentarse y ver pasar a la gente mientras se disfruta de una cerveza fría o se espera el autobús.

Restaurant Sí Señor PERUANA, MARISCO **$$**
(Bolívar 115; platos ppales 15-35 PEN) Restaurante clásico de toda la vida, situado en una tranquila esquina de la plaza, con agradables mesitas junto a la calle y lentos ventiladores en el interior. Preparan todo tipo de platos, con especial hincapié en el pescado y el marisco. Si uno está indeciso ante la vertiginosa carta, pruébese el pescado al vapor con jengibre, recomendado por los camareros, que no parece nada del otro mundo, pero que resulta un plato sabroso y sano. Bueno.

Moka CAFÉ **$**
(www.mokatumbes.com; Bolognesi 252; tentempiés 5-10 PEN; ⌚8.00-13.00 y 16.30-23.00) Esta cafetería moderna desentona tanto en Tumbes que la gente se sorprende al verla. Aquí hay montones de tartas para chuparse los dedos, frappuccinos de sabores, zumos, batidos y cafés exprés no precisamente exprés (aunque la máquina es buena). Para desayunar o tomar un rápido tentempié, óptese por el sabroso menú de *croissantwiches* (pruébese el de ensalada de pollo con aguacate).

No hay que confundir este café con la heladería situada dos números antes, a menos que apetezca un dulce.

Las Terrazas MARISCO, PERUANA **$$**
(Araujo 549; platos ppales 15-30 PEN) Algo apartado del centro, este popular local merece una visita (el trayecto en mototaxi cuesta 1,50 PEN). Abarrotado a diario con hambrientos comensales, se sirven generosos platos de marisco, o ceviche o cualquier cosa desde pescado hasta langosta o pulpo. Todo se prepara según el estilo de la costa norte y de viernes a lunes tienen música a partir de las 15.00.

Se halla en la elegante terraza de un 3er piso, con manteles y ambiente festivo, algo inesperado a juzgar por la rudimentaria fachada del edificio.

Classic Restaurant MARISCO, PERUANA **$$**
(Tumbes 185; menú 7 PEN, platos ppales 20-27 PEN; ⌚8.00-17.00) Es un lugar pequeño, tranquilo y elegante, maravilloso para escapar de la tórrida ciudad y descansar con un gran almuerzo, como hacen los tumbeños bien relacionados. Ofrece sobre todo comida de la costa y resulta agradable por el aire acondicionado. El menú diario a 7 PEN es una ganga.

Información

Las agencias de viajes locales, además de organizar circuitos, proporcionan información turística.

Peligros y advertencias

El cruce de la frontera tiene mala reputación. Para información detallada sobre advertencias, véase recuadro en p. 358.

Urgencias

Policía de Turismo (Poltur; ☎97-288-0013; San Pedro 600, 2º piso)

Inmigración

Consulado de Ecuador (☎52-5949; www.mecuadorperu.org.pe; Bolívar 129, 3er piso; ⏲8.00-13.00 lu-vi) En la plaza de Armas.

Oficina de Migraciones (☎52-3422; www.digemin.gob.pe; Panamericana km 1275,5) En la Panamericana, 2 km al norte de la ciudad. Gestiona problemas de visados.

Asistencia médica

Clínica Feijoo (www.clinicafeijoo.blogspot.com; Castilla 305) Una de las mejores de Tumbes.

Dinero

Banco Continental (Bolívar 129)

BCP (Bolívar 261) Cambia cheques de viajes y dispone de cajero automático.

Correos

Serpost (San Martín 208; ⏲9.00-19.00 lu-vi, hasta 13.00 sa) Servicio postal en la cuadra al sur de plaza Bolognesi.

Información turística

iPerú (☎50-6721; Malecón III Milenio, 3er piso) Proporciona información útil. Se llega caminando por Bolognesi al sur hacia el paseo marítimo.

Cómo llegar y salir

Avión

El aeropuerto (TBP) está 8 km al norte de la ciudad. **LAN** (☎52-4481; www.lan.com; Bolognesi 250) tiene un vuelo diario desde Lima con salida a las 17.30 y regreso a las 19.55. Para extranjeros hay billetes a partir de 379 PEN.

Star Perú (☎50-8548; www.starperu.com; San Martín 275) sale de Lima a las 13.30, y vuelve a las 15.45, solo lunes y viernes.

Autobús

Lo habitual es encontrar un autobús a Lima en un plazo de 24 horas tras llegar a Tumbes, pero a veces están llenos (sobre todo en vacaciones y grandes festividades). En ese caso, se puede tomar un autobús hacia el sur a cualquier ciudad importante e intentarlo desde allí.

Algunas compañías ofrecen un servicio especial con paradas limitadas, aire acondicionado, baños y un vídeo con el volumen muy alto. Otras tienen servicios de lujo en autobuses-cama sin paradas.

Otros servicios más lentos paran en Piura, Chiclayo y Trujillo. Si se va hacia Máncora o Piura, es mejor optar por un colectivo, más rápido.

Si el viajero se dirige a Ecuador, lo más sencillo es hacerlo con Cifa, una empresa ecuatoriana, o con Ormeño. Civa sale en plena noche y Cruz del Sur solo tres días a la semana. Todas efectúan parada en la frontera para formalizar los trámites del pasaporte.

Cial (☎52-6350; www.expresocial.com; Tumbes 958) Un autobús-cama a Lima a las 15.30.

Cifa (☎52-5026; www.cifainternacional.com; Tumbes 958) Hacia Machala (con transbordo en Huaquillas) y Guayaquil seis veces al día, ambas localidades en Ecuador, cada 2 horas de 6.00 a 17.00.

Civa (☎52-5120; www.excluciva.pe; Tumbes 587) Servicios semi-cama más baratos a Lima a las 13.30 y 16.30 y un autobús-cama a las 15.30. El autobús a Guayaquil sale a las 2.00.

Cruz del Sur (☎52-6200; www.cruzdelsur.com.pe; Tumbes 319) Un autobús-cama a Lima a las 15.30 y a Guayaquil los lunes, jueves y sábados a las 11.00.

El Sol (☎50-9252; Piura 403) Autobuses económicos a Chiclayo (26 PEN) a las 8.15 y las 9.30. También tiene un servicio a Lima (55 PEN) que pasa por Chiclayo (20 PEN) y Trujillo (28 PEN) a las 20.20.

Oltursa (☎52-2894; www.oltursa.pe; Tumbes 948) Un autobús-cama a Lima a las 15.30 y 16.00 (de lunes a sábado), a las 14.00 y 14.30 los domingos. También un servicio diario a Trujillo y Chiclayo a las 20.00.

Ormeño (☎52-2894; www.grupo-ormeno.com.pe; Tumbes 1187) Salida a Lima a las 19.30 vía Chiclayo y Trujillo. Un autobús directo a Guayaquil a las 9.30.

Sertur (☎94-199-1662; www.serturonline.com; Tumbes 502) Furgonetas más rápidas a Máncora y Piura cada 30 minutos de 5.30 a 20.30.

Shaday Adornay (☎61-8672; Tumbes esq. Piura) Furgonetas más rápidas a Máncora y Piura cada hora de 7.00 a 22.00.

Tepsa (☎52-2428; www.tepsa.com.pe; Tumbes 199) A Lima a las 16.00.

Transportes Chiclayo (☎52-5260; www.transporteschiclayo.com; Tumbes 570) Autobuses diarios a Chiclayo vía Máncora a las 12.30 y 21.00.

Transportes El Dorado (☎52-3480; www.transporteseldorado.com.pe; Tacna 251) Trece autobuses diarios a Piura y salidas hacia Chiclayo y Trujillo a las 19.30, 21.00 y 22.30.

En los alrededores del mercado, los *colectivos* hacia Puerto Pizarro salen desde la esquina de Castilla con Feijoo; hacia Zorritos, las *combis* salen desde Castilla cerca de Ugarte; hacia Rica Playa, las *combis* están en Ugarte 404 cerca de Castilla. Como las paradas no están señalizadas, pregúntese a los lugareños. Hacia Máncora hay furgonetas con aire acondicionado y más rápidas, concentradas en la esquina de

AUTOBUSES DE TUMBES

DESTINO	PRECIO (PEN)	DURACIÓN (H)
Chiclayo	30-50	8
Guayaquil (Ec)	25-118	6
Lima	50-165	16-18
Máncora	7-25	1½-2
Machala (Ec)	12	3
Piura	16-30	4-5
Puerto Pizarro	1,50	¼
Rica Playa	4	1½
Trujillo	27-37	11
Zorritos	2,50	¾

Tumbes con Piura. En el mismo cruce, pero en la esquina sudoeste, hay salidas frecuentes de *combis*, más baratos y más lentos. Hay autobuses a Casitas a las 13.00 (10 PEN, 5 h).

Cómo desplazarse

Un taxi al aeropuerto ronda los 20 PEN. No hay servicio de *combis* al aeropuerto.

Alrededores de Tumbes

PUERTO PIZARRO

☎072

Unos 14 km al norte de Tumbes, el característico frente oceánico cambia su aspecto de desierto costero, que se extiende más de 2000 km desde el centro de Chile hasta el norte de Perú, para dar paso a los bosques de mangles que dominan gran parte de la costa ecuatoriana y colombiana. Este cambio de entorno conlleva la presencia de una enorme variedad de **aves**, pues unas 200 especies diferentes migratorias visitan esta zona. Se pueden alquilar barcas para recorrer los manglares. Uno de los circuitos visita un **santuario de cocodrilos** donde se cría la especie autóctona de Perú, en peligro de extinción. También se puede visitar la cercana **isla de Aves** (aunque no está permitido atracar) para observar los nidos de varias especies de aves marinas, especialmente entre las 17.00 y 18.00, cuando grandes bandadas de aves vuelven para pasar la noche. Se puede recorrer la costa de Puerto Pizarro en barco por 30 PEN por hora y barco; puede hacerse un circuito por los manglares y los lugares antes mencionados por 40 PEN por barco con hasta seis pasajeros. Dos buenas opciones son **Turmi** (☎97-298-6199; Grau s/n), la asociación de barqueros, perfecta para pequeños grupos y viajeros por libre; o **Manglaris Tours** (☎78-3734; Grau s/n), con barcos más grandes y precios bajos de incluso 7 PEN por el circuito base. Ambos se encuentran por la pasarela hacia el muelle. Las agencias de viajes de Tumbes también organizan circuitos guiados por la zona.

Desde Tumbes, una excursión de un día rápida, fácil y que puede hacerse por libre es a la **isla Hueso de Ballena**, con algunos establecimientos donde almorzar. Están un poco destartalados, pero el **Restaurante Hueso de Ballena** (platos ppales 25-28 PEN; ⌚9.00-18.00) es casi idílico, en plena playa y con algunas hamacas. Con su promesa de una "orgía de marisco", es un buen lugar donde saborear la especialidad local, las conchas negras, así como el ceviche, los arroces de marisco, los chicharrones y las sopas, con ingredientes recién pescados. En barco cuesta 25 PEN ida, vuelta y tiempo de espera.

Existe un servicio regular de *combis* entre Puerto Pizarro y Tumbes (1,50 PEN, 15 min).

RESERVA DE BIOSFERA DEL NOROESTE

Consiste en cuatro enclaves protegidos que cubren una superficie total de 2344 km² en el departamento de Tumbes y el norte de Piura. La falta de fondos estatales hace que haya relativamente pocas infraestructuras o instalaciones turísticas. Mucho de lo que existe en la actualidad está financiado por organizaciones privadas como la Fundación Peruana para la Conservación de la Naturaleza (FPCN; también llamada ProNaturaleza), con la ayuda de organizaciones internacionales como WWF.

En Tumbes es posible obtener información en la oficina de **Sernanp** (072-52-6489; www.sernanp.gob.pe; Panamericana Norte 1739, Tumbes; 8.30-12.30 y 15.30-17.30 lu-vi), el departamento gubernamental que administra la región. Para visitar por libre cualquier zona protegida es necesario obtener los permisos; son gratuitos y se tarda poco en tramitarlos, aunque por motivos de seguridad ahora se desaconsejan las visitas.

Algunas agencias de circuitos de Tumbes, así como el Grillo 3 Puntos Ecohostel en Zorritos, organizan rutas a las dos áreas más visitadas: el Parque Nacional Cerros de Amotape y el Santuario Nacional los Manglares de Tumbes. Dada la escasa infraestructura de carreteras, la visita en los meses lluviosos, entre diciembre y abril, puede ser complicada.

Parque Nacional Cerros de Amotape

El ecosistema del bosque tropical seco de Cerros de Amotape está protegido por este parque de 1515 km², la porción más grande de la reserva de la Biosfera y hábitat de animales y plantas como jaguares, cóndores y osos hormigueros, aunque los especímenes más vistos son loros, venados y pecaríes. La tala de árboles a gran escala, la caza ilegal y el exceso de pastoreo son algunas de las amenazas a las que se enfrenta este hábitat, difícil de encontrar en otros lugares. El mejor lugar donde avistar todo un abanico de animales salvajes es en la Zona Reservada de Tumbes, hoy dentro de los límites de Amotape. El bosque se parece al bosque tropical seco de otras zonas de Amotape, pero como se halla en una zona más oriental de las montañas, es más húmedo y la flora y la fauna son algo distintas, con presencia de cocodrilos, monos aulladores y nutrias. También se observan varios tipos de orquídeas y un amplio abanico de aves.

Es recomendable contratar un **guía** para observar la fauna; se encuentran en **Rica Playa**, un pequeño y agradable pueblo situado dentro del parque. No hay hoteles, pero se puede acampar y las familias del lugar venden comida.

Las agencias de Tumbes también organizan circuitos por 230 PEN para hasta cuatro personas.

Santuario Nacional los Manglares de Tumbes

Creado en 1988, se encuentra en la costa y está separado de las otras tres reservas de bosque tropical seco. Con una extensión de tan solo 30 km², tiene un papel decisivo en la conservación del único bosque de mangles de Perú.

Para visitarlo se puede ir a Puerto Pizarro y tomar una carretera de tierra que se dirige al noreste hasta una pequeña comunidad llamada **El Bendito.** Allí hay que preguntar por alguien con canoa que haga de guía. También hay circuitos guiados desde Puerto Pizarro, aunque allí los manglares no están en la zona protegida del santuario. Las visitas dependen de las mareas.

Las agencias de Tumbes también organizan circuitos por 150 PEN hasta cuatro personas.

Huaraz y las cordilleras

Sumario »

Los mejores alojamientos

- » Albergue Churup (p. 372)
- » Lazy Dog Inn (p. 372)
- » Llanganuco Mountain Lodge (p. 392)
- » Hotel San Sebastián (p. 372)
- » Andes Lodge Perú (p. 403)

Los mejores restaurantes

- » Mi Chef Kristof (p. 374)
- » Café Andino (p. 374)
- » Chili Heaven (p. 375)
- » Rinconcito Minero (p. 375)
- » Buongiorno (p. 401)

Por qué ir

Las cordilleras, hipocentro de las aventuras al aire libre de Perú, son uno de los mejores lugares de Sudamérica para practicar excursionismo y senderismo. Sea cual sea la ruta elejida, siempre habrá picos helados aflorando entre extensos valles de color verde lima. Entre estos prodigiosos gigantes se esconden decenas de lagos prístinos de color jade, cuevas de hielo y fuentes termales. La cordillera Blanca es la cadena montañosa más alta del mundo después de los Himalayas y sus 18 suntuosas cumbres de más de 6000 m así lo corroboran.

Huaraz es como un corazón palpitante cuyos caminos y carreteras actúan como arterias. Los planes para hacer audaces escaladas en hielo, proezas en bicicleta de montaña y escalada en roca se traman tomando unas cervezas en bares con chimeneas, a menudo interrumpidos por una breve visita a las enigmáticas ruinas de 3000 años de antigüedad de Chavín de Huántar, en el valle oriental.

Cuándo ir

Huaraz

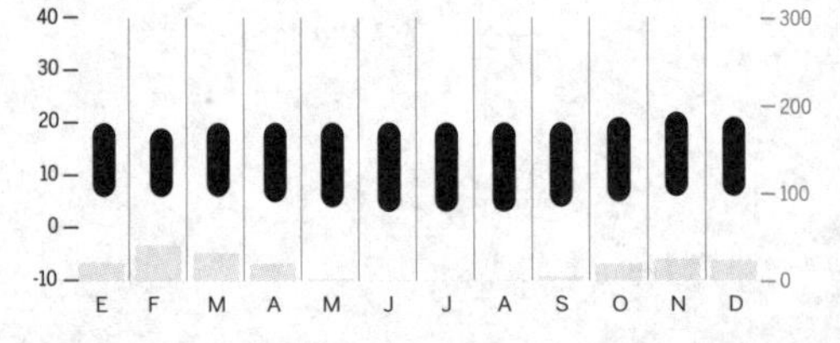

May-sep La estación seca es ideal para hacer senderismo en la cordillera.

Oct-dic Ambiente relajado y mayor disponibilidad de guías cualificados de senderismo.

Dic-abr Húmedo y lluvioso, pero los senderistas bien equipados disfrutan del silencio.

HUARAZ

043 / 48 500 HAB. / ALT. 3091 M

Desde los tejados de esta indiscutible capital del reino de las aventuras andinas se pueden contemplar sus dominios: una de las cordilleras más impresionantes del mundo. Casi borrada del mapa por el terremoto de 1970, Huaraz no es precisamente bonita, pero posee una personalidad carismática de larga tradición.

Esta es la metrópoli del senderismo por antonomasia. Durante la temporada alta, sus calles se llenan de centenares de excursionistas y aventureros que han vuelto de las montañas o planean su próxima expedición

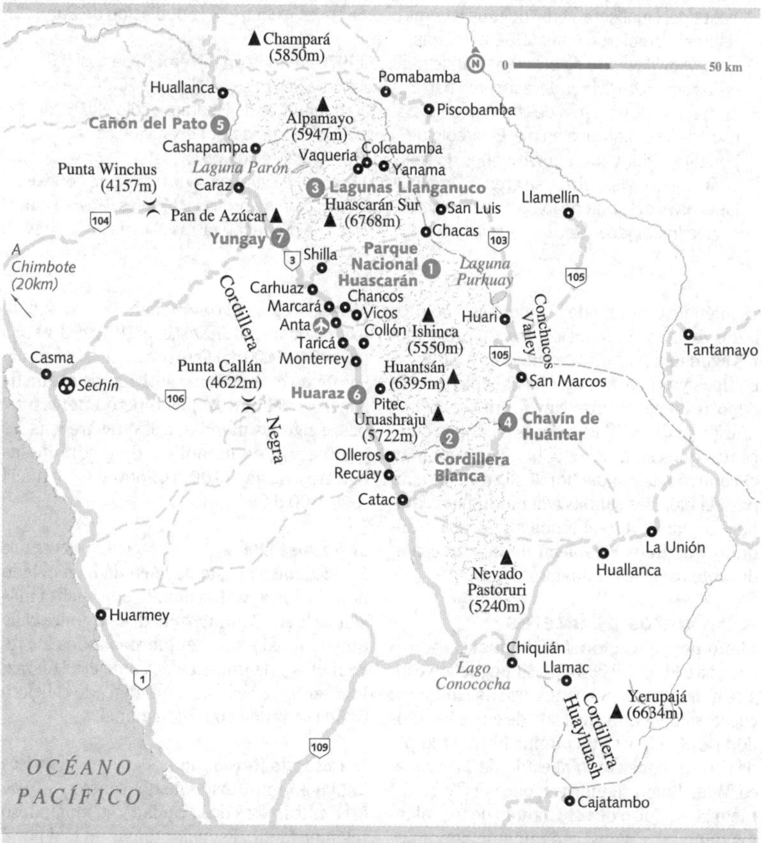

Imprescindible

1 Peregrinar durante semanas por los majestuosos picos del **Parque Nacional Huascarán** (p. 381).

2 Recorrer la asombrosa autopista entre Huaraz y Chiquián, en la que el paisaje de la **cordillera Blanca** (p. 381) y la **cordillera Huayhuash** (p. 386) parecen obras de arte.

3 Comprobar la popularidad del senderismo en las **lagunas Llanganuco** (p. 392) y la **laguna 69** (p. 385), dos de las mejores excursiones en las cordilleras.

4 Explorar los misteriosos pasadizos de las ruinas de **Chavín de Huántar** (p. 398).

5 Viajar a través de las paredes rocosas de 1000 m de altura del asombroso **cañón del Pato** (p. 394).

6 Relajarse en un idílico refugio de montaña de la cordillera, como el **Lazy Dog Inn** (p. 372) o el **Llanganuco Mountain Lodge** (p. 392).

7 Pasear por la tumba de un pueblo desaparecido, en **Yungay** (p. 391).

TEMBLORES Y CORRIMIENTOS DE TIERRA

El historial de aluviones, mezclas mortíferas de avalancha, cascadas y corrimiento de tierras, se remonta a casi 300 años, pero tres de ellos, más recientes, han tenido consecuencias catastróficas.

El primero se produjo en 1941, cuando una avalancha en el valle de Cojup, al oeste de Huaraz, desbordó la laguna Palcacocha y sus aguas inundaron Huaraz: murieron 5000 personas y arrasó el centro de la ciudad. En 1962, una enorme avalancha procedente del Huascarán bajó por sus laderas occidentales y destruyó la población de Ranrahirca: perecieron unas 4000 personas.

El peor desastre se produjo el 31 de mayo de 1970, cuando un terremoto de casi 8,0 en la escala de Richter devastó gran parte del centro de Perú y se cobró unas 70 000 vidas humanas. Murió cerca de la mitad de los 30 000 habitantes de Huaraz, y solo el 10% de la ciudad se mantuvo en pie. El pueblo de Yungay fue sepultado por el aluvión causado por el temblor y murieron muchos de sus 25 000 habitantes (p. 391).

Tras estos desastres, se creó un organismo estatal (Hidrandina) encargado de controlar el nivel del agua de los lagos mediante la construcción de presas y túneles. Hoy en día se han instalado sistemas de aviso, aunque a veces se producen falsas alarmas.

reuniéndose en uno de los muchos y bonitos bares de la localidad. Docenas de proveedores ayudan a planificar excursiones, alquilan equipos y organizan una inacabable lista de deportes de aventura. Hay infinidad de restaurantes de calidad y bares de copas en el centro que están hasta la bandera y animan el cotarro hasta altas horas. Si se va en temporada baja, las salidas a la montaña recompensan igual, pero el ambiente es más tranquilo y algunos establecimientos hibernan durante la estación lluviosa.

Puntos de interés

Monumento Nacional Wilkahuaín RUINAS

(entrada 5 PEN; 9.00-17.00) El pequeño vestigio huari situado 8 km al norte de Huaraz se conserva de maravilla. Data de entre los años 600 y 900 d.C. y es una imitación del templo de Chavín construido al estilo de Tiahuanaco. Wilkahuaín significa en quechua "casa del nieto". Cada piso de este templo de tres plantas tiene siete salas, cada una de las cuales antaño estaba llena de momias. Los cuerpos se mantenían secos gracias a un sistema de conductos de ventilación.

Los taxis cuestan unos 20 PEN; se puede pedir una *combi* (furgoneta; 1 PEN aprox.) en las paradas de autobuses que hay junto al río Quilcay, en la ciudad. La subida de 2 horas hasta Wilkahuaín es una excursión fácil, que sirve como primera adaptación al medio y ofrece un gratificante panorama de la vida rural andina, ya que atraviesa granjas y aldeas. Pregúntese en el lugar si es seguro emprender el camino, y véase "Peligros y advertencias" (p. 376).

Museo Regional de Ancash MUSEO

(plaza de Armas; adultos/niños 5/1 PEN; 8.30-17.15 ma-sa, 9.00-14.00 do) Este museo atesora el mayor fondo de esculturas antiguas de piedra de América del Sur. Pequeño pero interesante, posee algunas momias, calaveras trepanadas y un jardín de monolitos de piedra de las culturas recuay (400 a.C.-600 d.C.) y huari (600-1100 d.C.).

Jirón José Olaya ARQUITECTURA, MERCADO

Se encuentra al este de la ciudad, en el lado derecho de la Av. Raymondi, una cuadra más allá de la Av. Confraternidad. Es la única calle que ha quedado indemne tras todos los terremotos y da una idea de cómo era Huaraz; los domingos se instala un mercado callejero donde se vende comida regional.

Mirador de Retaqeñua MIRADOR

Está a 45 minutos a pie del centro y ofrece excelentes vistas de la ciudad y su montañoso telón de fondo. Es mejor tomar un taxi por 8 PEN (véase "Peligros y advertencias" p. 376).

Actividades

Excursiones y montañismo

Huaraz resulta un punto de partida ideal para las expediciones por la montaña o las excursiones de un día por la región. Hay numerosos proveedores que lo organizan todo: solo hay que presentarse en el lugar indicado a la hora señalada. Muchos viajeros con experiencia acampan, caminan y escalan por las montañas sin ayuda local, pero no hay que olvidar que cargar con una pesada mochila a través de un paso de montaña a 4800 m es una experiencia ardua y que, además, se precisa tener unas nociones básicas de orientación en la montaña. Véase "Senderismo y montañismo" (p. 379), en el apartado "Las cordilleras", para más información.

Escalada en roca

La escalada en roca es una de las actividades principales en la cordillera Blanca. Los escaladores avezados tendrán opciones de escalada deportiva compleja, especialmente en Chancos, Recuay (p. 396) y Hatun Machay (p. 397). Para escaladas de varios días conviene ir a la famosa Torre de Parón (p. 394), conocida localmente como la Esfinge. Casi todas las agencias de senderismo ofrecen también salidas de alpinismo para todos los niveles. Hay muchas que alquilan el equipo; si se callejea un poco y se recopila suficiente información, se puede organizar la expedición por cuenta propia. En Huaraz, Galaxia Expeditions y Monttrek ofrecen paredes de escalada.

Escalada en hielo

Con glaciares suficientes como para pasarse toda una vida clavando el piolet en el hielo, la cordillera Blanca es un paraíso tanto para quienes desean aprender a escalar en hielo o alcanzar nuevos picos y altitudes. Como muchas de sus cumbres requieren ciertos conocimientos técnicos, la escalada en hielo se convierte en una actividad importante, y muchos operadores turísticos o de excursionismo ofrecen escaladas, alquiler de material y lecciones. Las mejores agencias de senderismo, citadas en "Circuitos y guías" (p. 369), tienen años de experiencia en escalada en hielo y material seguro. En el Parque Nacional Huascarán (p. 381) es obligatorio ir con un guía cualificado.

Bicicleta de montaña

Mountain Bike Adventures BICICLETA DE MONTAÑA
(☎42-4259; www.chakinaniperu.com; Lúcar y Torre 530, 2º; ⏱9.00-13.00 y 15.00-20.00) Esta agencia, con más de 10 años de experiencia, recibe repetidas visitas de ciclistas de montaña por su aceptable catálogo de bicicletas, su trato afable y experto y su historial sin mácula. Su propietario, que se dedicó durante un tiempo a practicar el ciclismo de montaña en EE UU, reside desde hace años en Huaraz y conoce mejor que nadie los senderos de la región. Ofrece alquiler de bicicletas para los viajeros independientes (si se demuestra competencia mecánica) o circuitos guiados, de fáciles de 5 horas a viajes de 12 días por la cordillera Blanca. El alquiler y los circuitos de un día cuestan a partir de 100 PEN/día.

Voluntariado

Para saber en qué pueden ayudar los voluntarios consúltense los paneles de anuncios en los populares cafés gringos y en los carteles de la localidad.

Seeds of Hope VOLUNTARIADO
(☎94-352-3353; www.peruseeds.org) Organización que trabaja con los niños más desfavorecidos de Huaraz y proporciona alojamiento a los voluntarios por una módica cantidad.

Teach Huaraz Peru VOLUNTARIADO
(☎42-5303; www.teachhuarazperu.org) Trabaja principalmente con niños y organiza clases de inglés y otro tipo de experiencias para voluntarios; es posible alojarse con algunas familias locales. Las agencias especializadas en turismo comunitario y sostenible también pueden contribuir a organizar diversas actividades de voluntariado en la región. Lo mejor es concertar las actividades con antelación, aunque a veces las agencias aceptan a voluntarios a corto plazo o improvisadamente.

Turismo comunitario

Más que una expresión de moda en el ámbito viajero, el turismo comunitario es una experiencia alternativa al viaje tradicional de baja interacción, de contemplación a distancia, que caracteriza a las vacaciones organizadas por centros veraniegos o grandes grupos turísticos. Ofrece a los viajeros un contacto directo con la población autóctona, principal accionista y beneficiario de los proyectos de turismo que ella misma planea (a menudo con la ayuda de organizaciones externas). Las actividades van desde la preparación de comida tradicional hasta la participación en las tareas de granja y producción de artesanías, y en muchos casos se pueden combinar las actividades de voluntariado con una estancia en familia. Además de turismo de montaña, las siguientes agencias ofrecen turismo comunitario y pueden ayudar a organizar viajes para entrar en contacto con el tejido tradicional, la agricultura, la cocina y demás aspectos de la vida autóctona. Casi todo lo que se realiza a través de estas agencias aporta beneficios a las familias locales y contribuye al desarrollo del turismo comunitario en la región.

Respons Sustainable Tourism Center CIRCUITO CULTURAL
(☎42-7949; www.respons.org; calle 28 de Julio 821; ⏱9.00-13.00 y 15.00-19.30) Sirve de centro de información del turismo comunitario en la zona: organiza estancias en familia, vende

Huaraz

productos elaborados por las indígenas y comparte información gratis.

Mountain Institute CIRCUITO CULTURAL (☎42-3446; www.mountain.org; Ricardo Palma 100) Organiza viajes por el Camino Inca (p. 385) y excursiones a las comunidades andinas de Vicos y Humacchuco en la cordillera Blanca.

Otras actividades

En la cordillera Blanca no hay pistas de esquí, pero los más osados y que se atrevan a cargar

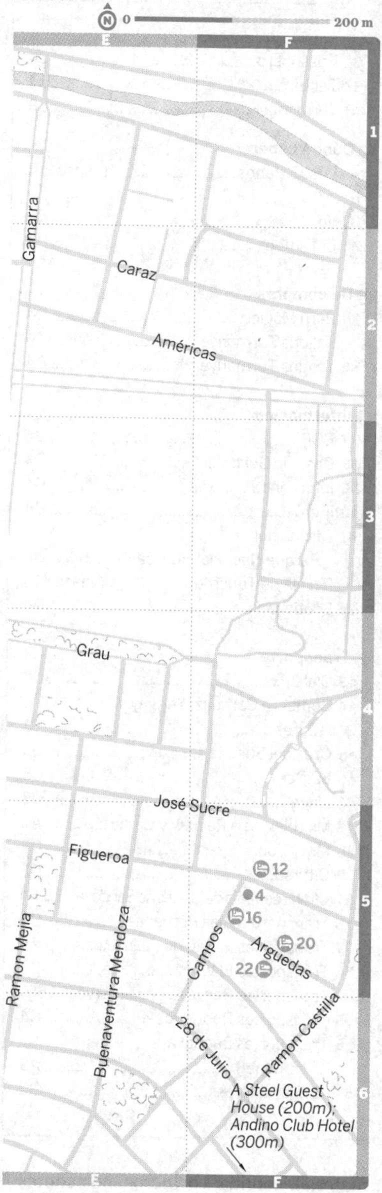

con el equipo pueden practicar el **esquí** de montaña. Conviene consultar con los lugareños sobre las condiciones del momento. A veces se ofrece el **descenso de aguas bravas** por el río Santa, pero está muy contaminado (los residuos de una explotación minera que hay río arriba y el deficiente sistema de desagüe no ayudan mucho); hay quien ha enfermado después de practicarlo y no se recomienda.

Los **paseos a caballo** son otra opción; aunque en Huaraz no hay ningún proveedor que se dedique específicamente a ello, muchas agencias de viajes facilitan el alquiler de caballos. En los alrededores de Huaraz, el Lazy Dog Inn tiene sus propios caballos y organiza excursiones por las montañas cercanas. Respons Sustainable Tourism Center organiza paseos de un día por el pueblo de Yungar, en la cordillera Negra, que cuestan a partir de 160 PEN.

El **parapente** y el **paracaidismo** se practican cada vez más, aunque hay que llevar el equipo propio. Jangas, 20 minutos al norte de Huaraz, Wilcacocha, 40 minutos al sureste, y Huata, junto a Caraz, son los puntos más populares de lanzamiento en la cordillera Negra. Monttrek facilita la información más actualizada.

☞ Circuitos y guías

Circuitos de un día

En Luzuriaga hay muchas agencias que organizan salidas a puntos de interés locales y excursiones de varios días. Una de las más populares es la visita a las ruinas de Chavín de Huántar (p. 398); la segunda atraviesa Yungay y llega a las preciosas lagunas Llanganuco (p. 392), con una magnífica panorámica del Huascarán y otras montañas; una tercera va por Caraz hasta la espectacular laguna Parón (p. 394), rodeada de cumbres nevadas; y la última se adentra por la zona de Caraz para ver las enormes puyas (p. 394) y continúa hasta el nevado Pastoruri, donde hay cuevas de hielo, glaciares y manantiales minerales.

Todas estas excursiones cuestan entre 35 y 45 PEN; los precios varían según los integrantes y normalmente incluyen transporte (suelen ser microbuses) y guías, pero no la entrada a los lugares de interés ni la comida. Los circuitos duran todo un día; conviene llevar el almuerzo, ropa de abrigo, agua potable y protección solar; salen a diario durante la temporada alta, pero en otras épocas dependen de la demanda. Es mejor no ir a Chavín de Huántar en lunes, pues las ruinas y el museo están cerrados.

De las muchas agencias de Huaraz, **Pablo Tours** (☎42-1145; www.pablotours.com; Luzuriaga 501) y **Sechín Tours** (☎42-1419; www.sechintours.com; Morales 602) son las más populares entre los viajeros.

Huaraz

Puntos de interés
1 Museo Regional de Ancash ... C5

Actividades, cursos y circuitos
2 Active Peru ... D4
3 Andean Kingdom/Infinite Adventures ... C3
Casa de Guías ... (véase 38)
Galaxia Expeditions ... (véase 27)
4 Huascarán ... F5
5 Montañero ... C4
6 Monttrek ... C4
7 Mountain Bike Adventures ... C3
8 MountClimb ... C6
Pablo Tours ... (véase 21)
9 Respons Sustainable Tourism Center ... D5
10 Sechín Tours ... C3

Dónde dormir
11 Albergue Benkawasi ... A6
12 Albergue Churup ... F5
13 Aldo's Guest House ... C4
14 B&B My House ... B5
15 Cayesh Guesthouse ... D4
16 Churub II ... F5
17 Edward's Inn ... A3
Familia Meza Lodging ... (véase 7)
18 Hospedaje Raymundi ... C2
19 Hostal Schatzi ... D3
20 La Casa de Zarela ... F5
21 Monte Blanco Hotel ... C3
22 Olaza's Bed & Breakfast ... F5

Dónde comer
Café Andino ... (véase 7)
23 California Cafe ... B5
24 Chili Heaven ... D4
25 El Horno ... C4
26 La Brasa Roja ... C6
27 Mi Chef Kristof ... C4
28 Novaplaza ... D3
29 Pastelería Café Turmanyé ... D4
30 Rinconcito Minero ... D3
31 Rossonero ... C4
32 Taita ... D4
33 Terracota Fusion ... C6

Dónde beber
Los 13 Buhos ... (véase 24)

Ocio
34 El Tambo ... D3

De compras
35 Perú Mágico ... D4
Tejidos Turmanyé ... (véase 29)
36 Tejidos Turmanyé ... D4

Información
37 BCP ... C4
38 Casa de Guías ... D4
39 Interbanc ... C4
40 iPerú ... C4
41 Oficina del Parque Nacional Huascarán ... B6
Policía de Turismo ... (véase 40)
42 Scotiabank ... D4

Transporte
43 Clal ... C4
44 Combis a Carhuaz, Yungay y Caraz ... C1
45 Cruz del Sur ... D3
46 LC Perú ... C6
47 Línea ... D3
48 Microbuses a Recuay y Catac ... A6
49 Movil Tours ... D3
50 Oltursa ... D2
51 Oficina de venta de billetes de Sandoval ... B4
52 Transportes Alas Peruanas ... D3
53 Transportes El Rápido ... A5
54 Transportes El Veloz ... D3
Transportes Renzo ... (véase 50)
55 Transportes Rodríguez ... B4
56 Transportes Sandoval (Terminal) ... A3
57 Yungay Express ... D2

Senderismo y alpinismo

Los alpinistas y senderistas encontrarán un listado de guías cualificados en la **Casa de Guías** (☎42-1811; www.casadeguias.com.pe; parque Ginebra 28G; ⏲9.00-13.00 y 16.00-20.00 lu-sa), sede de la **Asociación de Guías de Montaña de Perú.** Todas las agencias citadas a continuación organizan variadas expediciones de senderismo y escalada, que incluyen guías, material, comida, cocineros, portadores y transporte. Según el número de participantes, la duración del viaje y lo que se incluya, se paga desde menos de 90 PEN por una fácil salida de un día, hasta 670 PEN por persona y día en las más técnicas de montaña. No conviene basar la elección solo en el precio, pues se corresponde con las prestaciones. La siguiente lista no es exhaustiva; puede

ELEGIR UN OPERADOR DE EXCURSIONES

Antes de abonar el importe de una excursión guiada conviene asegurarse de lo que incluye la tarifa, además de preguntar a la compañía o al guía por el listado de servicios, productos y precios de lo que se ofrece. En caso de no obtener lo convenido, quizá se pueda hacer algo o tal vez no, pero ese listado garantiza al menos que la compañía ha entendido con claridad lo que el cliente espera.

Conviene informar con absoluta sinceridad del nivel de experiencia y preparación física que se posee, y es también fundamental adaptarse bien al medio antes de salir de excursión. A menudo los grupos emprenden grandes caminatas o ascensos poco después de llegar a Huaraz, con el predecible resultado del mal de altura y la necesidad de regresar. Hay que dedicar un tiempo a aclimatarse a Huaraz: tras un par de excursiones de adaptación se podrá disfrutar de una caminata de varios días sin problemas.

Antes de elegir un guía conviene plantearse ciertas preguntas. La respuesta determinará la diferencia de precio.

» ¿Se puede conocer antes al guía? Es bueno contactar directamente con la persona con la que se va a pasar mucho tiempo, quizá días y noches.

» ¿Se utilizará el transporte público o el privado?

» ¿Se dispone de un cocinero y un arriero (portador de mula)?

» ¿Habrá una tienda aparte para la cocina y otra para el baño?

» ¿Cuántas comidas y tentempiés diarios se prevén? Muchos senderistas se quejan del escaso desayuno y de las comidas poco energéticas.

» Normalmente se proporciona comida y cobijo a los guías, cocineros y arrieros; debe acordarse de antemano. La comida deshidratada empaquetada no abunda en la cordillera Blanca. Lo más probable es que se lleve comida local, que pesa más y acarrearla requiere un mayor esfuerzo.

» ¿Cuánta gente participará en la excursión? Un grupo numeroso reduce el precio, pero no siempre es cómodo andar con una docena de extraños.

» ¿Se puede revisar el material antes de salir? Si no se dispone de saco de dormir propio hay que asegurarse de que se obtiene uno lo bastante largo y cálido (para temperaturas de -15°C), y revisar las tiendas para que no tengan agujeros y resistan la lluvia.

haber cambios, los buenos establecimientos empeoran y los malos mejoran. Un recurso eficaz es preguntar a otros viajeros que acaben de llegar de una excursión para que recomienden (o desaconsejen) guías a partir de su experiencia. También el South American Explorers Club (p. 98) es una excelente fuente de información y tiene mapas.

Véase también la p. 379 y el recuadro arriba.

Skyline Adventures SENDERISMO, ALPINISMO
(☎42-7097; www.skyline-adventures.com; pasaje Industrial 137) Situada a las afueras de Huaraz, está muy recomendada y proporciona guías para excursiones y escaladas. Organiza cursos de alpinismo de 6 y 10 días.

Active Peru SENDERISMO
(☎99-648-3655; www.activeperu.com; Gamarra 699) Agencia belga bien considerada que también alquila equipo.

Monttrek SENDERISMO, ESCALADA
(☎42-1124; www.monttrek.com.pe; Luzuriaga 646, 2º) Reputada agencia con abundante información y mapas útiles. Organiza escalada, bicicleta de montaña y parapente. También alquila equipo de calidad.

Huascarán SENDERISMO
(☎42-2523; www.huascaran-peru.com; Campos 711) Organiza circuitos y está bien valorada.

Montañero SENDERISMO, ALPINISMO
(☎42-6386; parque Ginebra) Esta excelente agencia organiza excursiones y escalada. También alquila y vende equipo.

Galaxia Expeditions CIRCUITOS, SENDERISMO
(☎42-5335; www.galaxia-expeditions.com; parque Periodista) Agencia peruana que utiliza buen equipo, pero tiene fama de ser imprevisible. También organiza circuitos locales, escaladas y tiene un pared de escalada cubierta.

MARTES GUERRA

Si se está en Huaraz el martes de carnaval, un día de intensas guerras de agua, quizá se desee adquirir un impermeable o enfrentarse al frío de las alturas en bañador. En el llamado Martes Guerra, miles de niños recorren la ciudad con cubos en busca de fuentes públicas para emprender encarnizadas batallas de agua. Las mujeres, los jubilados y los turistas son sus principales objetivos. Hay policía por todas partes, e incluso el ejército, pero no consiguen controlar a esos desenfrenados malhechores del líquido. Si no se desea acabar empapado, es mejor permanecer en el hotel.

Fiestas y celebraciones

Carnaval RELIGIOSA

En Huaraz es muy animado y acuden muchos turistas peruanos que acaban empapados en su versión del **martes de carnaval.** Unas coloridas procesiones fúnebres por el ño carnavalón (rey del carnaval) convergen en la plaza de Armas durante el **miércoles de ceniza.** Una vez allí, se lee su 'testamento', una oportunidad ideal para criticar a los políticos y demás autoridades locales. Luego, la procesión continúa hasta el río, donde se arroja el ataúd. Los participantes se visten con ropas coloridas y cabezas hechas de papel maché, y algunas representan a personajes famosos.

El Señor de la Soledad RELIGIOSA

Huaraz empieza a rendir homenaje a su patrón el 3 de mayo. En esta fiesta de una semana hay fuegos artificiales, música, bailes, procesiones con elaborados disfraces y mucha bebida.

Semana de Andinismo ALPINISMO

Se celebra anualmente en junio, atrae a alpinistas de varios países y se organizan competiciones y exhibiciones.

Dónde dormir

Los precios aquí indicados corresponden a la media en temporada alta (la estación seca). Las tarifas pueden duplicarse en los períodos vacacionales, cuando es casi imposible encontrar una cama libre. Tal vez por considerarse un centro de senderismo, escalada y montañismo, Huaraz ofrece muchas opciones de alojamiento económicas.

Especialmente en la temporada alta, los huaracinos acuden a recibir los autobuses de Lima para ofrecer alojamiento barato en sus hogares. Los hostales también contratan a gente que recoge a los clientes que llegan en autobús, pero hay que tener cuidado con los timos o los precios abusivos; no se debe pagar nada a nadie hasta haber visto la habitación.

Albergue Churup ALBERGUE-'BOUTIQUE' $$

(☎42-4200; www.churup.com; Figueroa 1257; dc 28 PEN, i/d desayuno incl. 69/99 PEN; @) Este albergue familiar muy popular sigue cosechando elogios de los viajeros con bajo presupuesto. En cada piso hay mullidas y alegres zonas comunes de relax e inmaculadas y cómodas habitaciones. En el último hay un enorme salón con chimenea que brinda unas impagables vistas panorámicas de la cordillera. Por si eso fuera poco, la afable familia Quirós, en especial su heredero al trono del turismo, Juan, son excelentes anfitriones y ofrecen café y bar, cocina comunal y una oficina de viajes que alquila equipo de senderismo. Es tan popular que han abierto un nuevo e igual de hogareño Churup II, a una cuadra, en Arguedas. Imprescindible reservar.

Lazy Dog Inn HOTEL $$

(☎94-378-9330; www.thelazydoginn.com; i/d sin baño 135/210 PEN, d interior casa principal desde 280 PEN, cabañas 310 PEN, desayuno y cena incl.; @) Regentado por los canadienses Diana y Wayne, este ecohotel de lujo dedicado al turismo sostenible y comunitario se encuentra a la entrada de la quebrada Llaca, 8 km al este de Huaraz. Construido artesanalmente en adobe, ofrece alojamiento en las cómodas habitaciones dobles del edificio principal o en cabañas privadas más elegantes, que cuentan con chimenea y *jacuzzi*.

Brinda abundantes opciones de senderismo, incluidas muchas excursiones de un día desde el hotel o a caballo. También ofrece trabajo voluntario a corto plazo.

Hotel San Sebastián HOTEL $$

(☎42-6960; www.sansebastianhuaraz.com; Italia 1124; i/d desayuno incl. 170/198 PEN; @) Este hotel de cuatro pisos, un atractivo refugio urbano, es un hallazgo de arquitectura neocolonial. Sosegado y tranquilo, sus balcones y arcadas dan a un jardín con césped y a un patio interior con una relajante fuente. Todas las habitaciones tienen escritorios, buenas camas, duchas de agua caliente y televisión por cable. Muchas cuentan con balcones, pero si no se consigue una, hay terrazas comunales en varios pisos.

Steel Guest House PENSIÓN $$
(☎42-9709; www.steelguest.com; pasaje Maguina 1467; i/d desayuno incl. 110/145 PEN; @☎) Es la opción de precio medio perfecta. Las habitaciones de esta encantadora pensión se han decorado a la perfección con tejidos andinos y están limpísimas, incluidos sus bonitos suelos de madera. El propietario adora a sus huéspedes y hace que se sientan como en casa de la abuela. Muchos servicios redondean su oferta, como televisión por cable, hamacas exteriores, billar, sauna y una hermosa terraza en la azotea con macetas y excelentes vistas a Huascarán.

Olaza's Bed & Breakfast PENSIÓN $$
(☎42-2529; www.olazas.com; Arguedas 1242; i/d/tr desayuno incl. 80/100/140 PEN; @☎) Este elegante y pequeño hotel tiene ambiente de *boutique,* espaciosos baños y camas confortables, pero lo mejor es el gran salón de la parte superior y su terraza con vistas panorámicas. El propietario es una figura clave en el senderismo y turismo de Huaraz; aconseja sobre cualquier lugar al que se quiera ir. Incluye la recogida en la estación de autobuses.

Hotel Colomba HOTEL $$
(☎42-1501; www.huarazhotel.com; Francisco de Zela 210; i/d desayuno incl. desde 150/200 PEN; @☎) Las habitaciones de este maravilloso y sorprendente oasis rodean un denso y recortado bosque de setos y algunas dan a una larga y relajante veranda. Sus extensos jardines cuentan con columpios, por lo que es una excelente opción para familias que buscan un lugar seguro y cerrado donde puedan corretear los niños. Está un poco al norte del centro, otro extra para las familias.

Andino Club Hotel HOTEL $$$
(☎42-1662; www.hotelandino.com; Pedro Cochachín 357; i/d desde 280/338 PEN, d con balcón 433 PEN; @☎) Este hotel de 54 habitaciones y gerencia suiza sacrifica el encanto hogareño, pues su estructura es demasiado parecida a la de una cadena hotelera, pero sus inmaculadas habitaciones tienen unas vistas excelentes y cuentan con todas las comodidades. Las que poseen balcón merecen el gasto, por sus vistas de postal al pico Huascarán, chimeneas y terrazas llenas de plantas.

Su restaurante, Chalet Suisse, sirve comida internacional y peruana, además de especialidades suizas.

Familia Meza Lodging PENSIÓN $
(☎94-369-5908; Lúcar y Torre 538; h 20 PEN/persona) Esta encantadora pensión familiar, que comparte edificio con el Café Andino (cuya wifi puede usarse) y Mountain Bike Adventures, ofrece alegres habitaciones y está decorada con detalles hogareños. Y lo que es más, los propietarios son muy hospitalarios y curan cualquier ataque de morriña. Los baños y duchas de agua caliente se comparten y cuenta con una zona comunal con una pequeña cocina.

Si se consigue la individual del último piso, las vistas hipnotizan.

Way Inn Lodge HOTEL, REFUGIO $$
(☎99-220-790; www.thewayinn.com; acampada 15 PEN, dc 35 PEN, d sin baño pensión completa 290 PEN, bungalós con pensión completa 360-420 PEN; @) Con una soberbia ubicación montañosa entre los valles de Cojup y Quilcayhuanca, a 15 km de Huaraz, ofrece desde habitaciones tipo cueva de los Picapiedra a bungalós de lujo bien equipados con chimenea. Se ha convertido en un centro de recogimiento espiritual que ofrece 10 días de retiro con ayahuasca (bebida alucinógena) (1400 PEN depósito más donativo).

Solo acepta huéspedes durante los cinco días de intervalo entre los retiros. También ofrece especialistas en medicina china y ayurveda, e intenta ser autosuficiente, con bosque de alimentos de permacultura. Los retiros de ayahuasca son extremadamente serios y agradables.

Jo's Place PENSIÓN $
(☎42-5505; josplacehuaraz@hotmail.com; Villazón 278; acampada 10 PEN, dc 15 PEN, i/d 30/45 PEN, i/d sin baño 25/35 PEN; @☎) En este poco ceremonioso y algo caótico establecimiento regentado por un inglés llamado Jo destacan los brillantes toques de color y una zona con césped. Es muy popular entre senderistas y alpinistas (permite acampar y hay sitio para secar el equipo), y ofrece cuatro pisos conectados por altas y estrechas escaleras que conducen a un laberinto de habitaciones básicas, solo algunas con baños (pero con agua caliente). Ofrece periódicos británicos y desayuno inglés.

Cayesh Guesthouse PENSIÓN $
(☎42-8821; Morales 867; dc 20 PEN, i/d sin baño 25/40 PEN, con baño 30/50 PEN; ☎) En Cayesh se preocupan por los gustos del mochilero: ofrecen una amplia biblioteca de DVD, uso ilimitado de cocina y consigna. Las habitaciones son sencillas, pero con camas cómodas desde las que se ven unos espléndidos picos.

Albergue Benkawasi PENSIÓN $
(☎43-3150; www.huarazbenkawasi.com; parque Guardia Civil 928; dc 15 PEN, i/d/tr 35/60/90 PEN; @📶) Con sus paredes de ladrillo visto y sus colchas escocesas, tiene ambiente de chalét de montaña de la década de 1970. El propietario y su mujer peruano-libanesa son jóvenes y divertidos, y no se encuentra un dormitorio mejor por 15 PEN como los suyos de cuatro camas.

La Casa de Zarela PENSIÓN $$
(☎42-1694; www.lacasadezarela.hostel.com; Arguedas 1263; i/d 70/90 PEN; 📶) La amabilidad del Zarela es proverbial. Las 16 habitaciones tienen duchas de agua caliente y cocina, y acceso a muchos patios pequeños donde relajarse con un libro. Merece la pena ver las evocadoras fotografías en blanco y negro de los alrededores, pues proporcionan mejores vistas que las de su pequeña terraza, que no da a ningún pico impresionante.

Hostal Schatzi PENSIÓN $$
(☎42-3074; http://hostalschatzi.com; Bolívar 419; i/d 75/90 PEN; 📶) Sus carismáticas y pequeñas habitaciones, con vigas a la vista y excelentes paisajes desde el último piso (la mejor es la nº 6) rodean un frondoso jardín. Es una apuesta segura con banda sonora de gorjeo de pájaros.

Monte Blanco Hotel HOTEL $$
(☎42-6384; www.monteblancohotel.com; José de la Mar 620; i/d/tr 60/100/130 PEN; 📶) Este acogedor hotel está ubicado en la ajetreada calle Luzuriaga y ofrece habitaciones espartanas limpias y relucientes, con abundante luz natural. En los pasillos hay grandes sofás con cojines; fiable opción de reserva.

Hospedaje Raymondi PENSIÓN $
(☎42-1082; Raymondi 820; i/d 40/60 PEN, i/d sin agua caliente 20/40 PEN; 📶) Si hay que tomar un autobús temprano, es una buena opción económica cuyo práctico propietario recibe en un antiguo y gran vestíbulo. Ofrece oscuras y austeras habitaciones decoradas con dibujos de colores. Todas tienen camas cómodas y escritorios, y las más caras cuentan con duchas de agua caliente (las más baratas son algo húmedas, conviene evitarlas). Posee un estupendo café para desayunar. En su fachada solo pone: "Hospedaje".

Aldo's Guest House PENSIÓN $
(☎42-5355; Morales 650; i/d/tr 35/50/75 PEN; @📶) Los viajeros con presupuesto ajustado lo adoran. Situado en pleno centro, es pequeño y hogareño y está decorado con colores vivos. Todas las habitaciones tienen televisión por cable y baño privado con ducha de agua caliente, y se puede utilizar la cocina o encargar desayuno y almuerzo.

B&B My House PENSIÓN $
(☎42 3375; www.micasahuaraz.jimdo.com; calle 27 de Noviembre 773; i/d desayuno incl. 60/80 PEN; 📶) Un pequeño y luminoso patio, y seis habitaciones hogareñas con escritorios y ducha de agua caliente reciben en este acogedor B&B. Cuenta con un alegre jardín comunal.

Edward's Inn PENSIÓN $
(☎42-2692; www.edwardsinn.com; Bolognesi 121; dc/i/d 25/35/70 PEN; @📶) Las habitaciones de esta popular pensión disponen de agua caliente, pero son muy básicas. Posee un pequeño césped y Edward, su propietario, es un guía de rescate bien informado.

Dónde comer

Los horarios de los restaurantes de Huaraz son flexibles, abren menos horas en temporada baja y cierran tarde cuando hay más turismo.

👍 **Mi Chef Kristof** PERUANA, DE FUSIÓN $$
(Parque del Periodista, 2º; platos ppales 20-29 PEN; ⏲cerrado do; 📶) El chef belga Kristof es una persona directa que no está dispuesta a que solo se hable de su cocina de fusión peruano-europea. ¿Por qué comer aquí? "En general es mejor que otros restaurantes", explica con una sonrisa. Y tiene razón, sus platos, como la sabrosa ternera guisada con cerveza negra sobre un lecho de patatas fritas o el pollo con *ratatouille* y su pasta fresca son excelentes. Tampoco se queda corto a la hora de enviar un aperitivo de maracuyá con pisco antes de sentarse a la mesa de los comensales y hablar por los codos. Es un viaje culinario en alfombra mágica gracias a un gran chef con una personalidad impresionante.

👍 **Café Andino** CAFÉ $
(www.cafeandino.com; Lúcar y Torre 530, 3º; desayuno 8,50-20 PEN, platos ppales 7-25 PEN; @📶✍) Este moderno café en un piso superior cuenta con espacio y luz a raudales, cómodos salones, obras de arte, fotos, chimenea, libros y música enrollada. Es el refugio y lugar de encuentro para los viajeros en Sudamérica. Sirve desayuno a todas horas (*waffles* belgas, huevos rancheros), los tentempiés que se añoran (¡nachos!) y es el mejor punto

de información sobre el senderismo por la zona.

Chris, su propietario estadounidense, es adicto al café de las cordilleras y tuesta sus propios granos de cultivo ecológico. En 1997, fue él quien introdujo una excepcional forma de prepararlo: había llegado el año anterior y tuvo que moler granos de cultivo ecológico de Alaska con una piedra en el patio del Edwards Inn y colar el café con un pañuelo para su dosis matutina. No es broma.

Chili Heaven INDIA, TAILANDESA **$$**
(Parque Ginebra; platos ppales 18-35 PEN) Si apetece comida india o tailandesa, los picantes *curries* de este establecimiento regentado por un inglés se apoderan de las papilas gustativas nada más llegar, las sacuden sin piedad y después las liberan como si se hubieran muerto y se hubieran ido al cielo del chile (de ahí el nombre). También envasa sus propias salsas e importa cervezas inglesas poco comunes en el país. Serio antídoto a la comida peruana.

Taita PERUANA **$**
(Larrea y Laredo 633, 2º; platos ppales 4,50-15 PEN; 10.00-15.00) Este evocador refugio es un buen lugar para probar chocho, la versión alpina del ceviche en la que el lupino (una legumbre andina) reemplaza el pescado. También sirve ceviche, leche de tigre (zumo de ceviche) y chicharrones en un agradable local cuyas paredes están cubiertas de suelo a techo con fotografías históricas de reinas de la belleza, equipos de deporte, escolares y otros momentos Kodak huaracinos. De primera.

Rinconcito Minero PERUANA **$**
(Morales 757; menú 7-12 PEN;) Para tomar menús del día peruanos baratos y caseros. La pizarra con unas 10 opciones incluye un excelente lomo saltado, trucha asada, tacutacu y similares, todo servido en un acogedor y limpio comedor, decorado con gusto con tejidos andinos. Es muy popular.

California Café DESAYUNO, CAFÉ **$**
(www.huaylas.com; calle 28 de Julio 562; desayuno 10-22 PEN; 7.30-18.30, hasta 14.00 do;) Este enrollado imán para viajeros regentado por un californiano sirve desayunos a todas horas, almuerzos ligeros y ensaladas. Es ideal para pasar el rato escuchando la magnífica colección de música del mundo o leyendo uno de los numerosos libros que se intercambian.

La Brasa Roja PERUANA **$**
(Luzuriaga 915; platos ppales PEN10-26) ¡Aleluya! La búsqueda del pollo salvador en Perú acaba en este local. Esta exclusiva pollería (restaurante especializado en pollo asado) es la definitiva escala barata para repostar. No solo el pollo es perfecto, sino que sirve cinco salsas –¡cinco!– en vez de las tres habituales (la de aceitunas negras y la de mostaza aparecen por sorpresa) con actuación de un violinista. En serio.

El Horno PIZZERÍA **$**
(www.elhornopizzeria.com; parque Periodista; *pizzas* 9,50-23,50 PEN, platos ppales 12-26 PEN; cerrado do) Quizá uno sepa prepararlas en una parrilla o en un horno de leña, pero El Horno consigue que canten. Su variedad de brochetas de carne y excelentes *pizzas* de masa fina son la mejor elección. Suele llenarse con grupos de senderistas, por lo que conviene llegar temprano.

Pastelería Café Turmanyé DESAYUNO, CAFÉ **$**
(Morales 828; www.arcoiristurmanye.com; bocadillos 3,50-9 PEN, pasteles 1,50-5 PEN; desde 7.00, cerrado do) Es muy lento, pero la excelente paella, bocadillos y exquisitos pasteles y tartas de estilo español son todo un éxito. Su colaboración con la Fundación Arco Iris local, que ayuda a niños y madres jóvenes, también merece elogios.

Terracota Fusión CHINA **$**
(Sal y Rosas 721; platos ppales 6,50-20 PEN) Esta chifa familiar parece sencilla a primera vista, pero cuenta con un agradable salón, con lámparas de inspiración asiática y un acogedor e impecable ambiente. Su comida no está muy salada –un refrescante cambio– y sirve abundantes platos para una persona (generosos) o toda la familia (enormes).

Rossonero POSTRES **$**
(Luzuriaga 645, 2º; postres 3,50-7,50 PEN;) Esta moderna y decadente guarida anunciada como “sofá-café” es en realidad una exclusiva cafetería de postres. Sirve distintas variantes de tres leches y pasteles de queso, pacana y chocolate –todos los imaginables– y helados caseros como el dulce de leche con canela y oporto.

Novaplaza COMPRA DE ALIMENTOS**$**
(Bolívar esq. Morales; 7.00-23.30) Es un buen supermercado donde proveerse para una excursión o comprar comida.

Dónde beber

En este lado de los Andes, no hay mejor lugar que Huaraz para darse un respiro y tomarse unas copas.

Sierra Andina CERVECERÍA

(Centenario 1690; www.sierraandina.com; pinta/jarra 7/30 PEN; ⌚15.00-22.00) Los 5 PEN del taxi son muy poco dado lo que ofrece esta genuina microcervecería que fue la salvación cervecera de Huaraz en el 2011. Dos estadounidenses de Colorado, entusiastas de la cerveza, elaboran cerveza rubia, blanca y ámbar, además de negra, para deleite de los amantes de esta bebida.

El equipo es de primera y el espacio un poco improvisado, estilo Berlín (mientras haya alcohol nadie se fija en los muebles de segunda mano). Buenos ratos.

Los 13 Buhos BAR

(parque Ginebra; ⌚17.00-hasta tarde) Enrollado café-bar en el recién renovado parque Ginebra. Su propietario, Lucho, fue el primer cervecero artesano de Huaraz y ha publicado artículos en inglés en los periódicos criticando la producción en masa de cervezas peruanas. Elabora y embotella cinco buenísimas opciones, incluidas cervezas rojas y negras con coca. Su nuevo establecimiento está lleno de obras de arte local y desnudos de Spencer Tunick. Es el mejor bar para relajarse y conversar bebiendo una refrescante cerveza.

Ocio

El Tambo BAR, CLUB

(José de la Mar 776; ⌚hasta 4.00) Si se añora menear el esqueleto, es la discoteca más popular, con árboles en las pistas de baile y muchos rincones en los que esconderse. Está de moda entre extranjeros y peruanos, y pincha de tecnocumbia a Top 20, salsa y reggae, pasando por todos los estilos intermedios.

De compras

Hay suéteres, bufandas, gorros, calcetines, guantes, ponchos y mantas de lana gruesa a precios baratos si uno necesita equiparse para las montañas; muchos de estos artículos se venden en las paradas de los callejones peatonales que salen de Luzuriaga o en la feria artesanal que hay a la salida de la plaza de Armas. Algunas tiendas del parque Ginebra y varias agencias que alquilan equipo y ropa, también venden equipo y ropa de escalada de calidad.

Perú Magico JOYERÍA, ARTESANÍA

(José Sucre entre Farfán y Bolívar; ⌚9.00-14.00 y 15.00-21.00 lu-sa) Ofrece un surtido de joyería, tejidos y cerámica del país, y es la tienda oficial de la camiseta más popular de los Andes, Inka Spirit (antes Andean Expressions).

Tejidos Turmanyé ROPA

(José Sucre 883; ⌚8.00-17.00) Vende bonitas telas locales y prendas de punto para ayudar a la fundación que ofrece formación laboral a las madres jóvenes.

Información

Peligros y advertencias

Es importante dedicar un tiempo a la aclimatación. La altitud de Huaraz provoca dificultades al respirar y dolor de cabeza los primeros días, por lo que no conviene hacer esfuerzos excesivos. La altitud de las montañas circundantes puede ocasionar el soroche (mal de altura) si no ha habido un período de aclimatación previo. Véase la p. 556 para más información sobre el mal de altura.

Huaraz es una ciudad segura y se comenten pocos delitos; por desgracia se producen robos a senderistas y turistas, en especial en la zona del mirador de Retaqeñua y las ruinas de Wilkahuaín (a veces también escrito como Wilcawain), y temprano por la mañana cuando los cansados mochileros llegan en autobuses nocturnos. En estos casos, hay que estar alerta e ir en grupo, o tomar un taxi para evitar problemas.

Urgencias

Casa de Guías (☎42-1811; www.casadeguias.com.pe; parque Ginebra 28G; ⌚9.00-13.00 y 16.00-20.00 lu-sa) Ofrece cursos de seguridad y asistencia, y salva vidas si se tienen problemas en las montañas, pero solo si se practica senderismo o escalada con uno de los guías titulados por la Asociación de Guías de Montaña (AGM). Esta asociación proporciona un listado de guías, que también aparece en su web. Antes de hacer una excursión o escalada es necesario inscribirse en ella.

Policía de Turismo (☎42-1351; plaza de Armas; ⌚8.00-20.00) En el lado occidental de la plaza de Armas.

Asistencia médica

Clínica San Pablo (www.sanpablo.com.pe; Huaylas 172; ⌚24 h) Al norte de la ciudad, es el mejor centro médico de Huaraz.

Dinero

Todos estos bancos disponen de cajeros automáticos y cambian dólares estadounidenses y euros.

BCP (Luzuriaga 691)
Interbank (José Sucre 687)
Scotiabank (José Sucre 760)

Correos

Serpost (☎42-1031; Luzuriaga 702) Servicios postales.

Información turística

Las agencias de viajes mencionadas en la p. 369 y los puntos de encuentro de turistas en Huaraz son buenas fuentes de información local y sobre senderismo. El periódico **'Huaraz Noticias'** (www.huaraznoticias.com) también es una buena fuente de información.

iPerú (☎42-8812; plaza de Armas, pasaje Atusparia, oficina 1; ⏲9.00-18.00 lu-sa, hasta 13.00 do) Ofrece información turística general, pero escasa en cuestión de senderismo.

Oficina del Parque Nacional Huascarán (☎42-2086; www.sernanp.gob.pe; Sal y Rosas 555; ⏲8.30-13.00 y 14.30-18.00 lu-vi, hasta 12.00 sa) El personal dispone de poca información sobre la visita al parque.

ℹ Cómo llegar y salir

Avión

LC Perú (☎42-4734; www.lcperu.pe; Luzuriaga 904) ofrece vuelos diarios de Lima a Huaraz a las 8.40 y de regreso a las 10.10. El **aeropuerto** (ATA) de Huaraz está, de hecho, en Anta, 23 km al norte de la ciudad. Un taxi cuesta unos 20 PEN.

Autobús

Las *combis a* Caraz, Carhuaz y Yungay salen cada pocos minutos durante el día desde un solar al norte de la calle 13 de Diciembre, y pueden dejar al viajero en cualquier punto de la ruta. Los microbuses hacia el sur por el callejón de Huaylas a Recuay, Catac y otros destinos salen de la terminal de la calle 27 de Noviembre esquina Confraternidad Internacional Oeste.

Hay muchas compañías con salidas a Lima; conviene comparar y escoger el precio/clase/horario que más convenga. Casi todas salen a media mañana o a última hora de la tarde. Algunos autobuses empiezan la ruta en Caraz y recogen pasajeros en Huaraz. En temporada alta se recomienda reservar asiento al menos con un día de antelación.

Dos rutas de autobús llegan a Chimbote, en la costa norte. La más escalofriante es la que circula por el callejón de Huaylas, lleno de baches, y pasa por el estrecho y emocionante cañón del Pato (véase p. 394) antes de descender a la costa. La ruta más habitual cruza Punta Callán, de

AUTOBUSES DE HUARAZ

DESTINO	TARIFA (PEN)	DURACIÓN (H)
Caraz	6	1½
Carhuaz	3	¾
Casma	23	4-8
Catac	3,50	1
Chacas	25	5
Chavín	12	2½
Chimbote	20-60	5-9
Chiquián	10	4½
Huallanca	12	4
Huari	15	5
La Unión	15	4
Lima	35-100	8
Llamac	25	5
Llamellin	18	8
Monterrey	1	¼
Pomabamba	30	8-9
Recuay	3-10	½-1
San Luis	25	5
Trujillo	35-60	7
Yanama	25	4
Yungay	5	1

4225 m, y ofrece unas espectaculares vistas de la cordillera Blanca antes de bajar a Casma y continuar hacia el norte.

Hay muchas compañías pequeñas con autobuses destartalados y valerosos que cruzan la cordillera y llegan a los pueblos al este de Huaraz.

De las siguientes compañías de largo recorrido, Oltursa, Cruz del Sur, Movil Tours y Línea son las más recomendadas.

Cial (☎42-9253; www.expresocial.com; Morales 650) Buen autobús nocturno de precio medio a Lima, a las 22.30.

Cruz del Sur (☎42-8726; www.cruzdelsur.com.pe; Bolívar 491) Servicios directos de lujo a Lima a las 11.00 y las 22.00.

Línea (☎42-6666; www.linea.pe; Bolívar 450) Excelentes autobuses a las 21.15 y 21.30 a Chimbote y Trujillo.

Movil Tours (www.moviltours.com.pe) Taquilla (Bolívar 452) Terminal (☎42-2555; Confraternidad Internacional Oeste 451) Autobuses a Lima a las 9.30, 13.00 y 14.30 y cuatro autobuses nocturnos entre las 22.00 y las 23.00. Autobuses a Chimbote vía Casma a las 21.40, 22.20 y 23.10, los dos primeros continúan hasta Trujillo.

Oltursa (☎42-3717; www.oltursa.pe; Raymundi 825) Los autobuses más cómodos a Lima a las 13.15 y 22.30.

Sandoval Taquilla (☎42-8069; Cáceres 338) Terminal (Cáceres esq. Confraternidad) Ocho salidas diarias a Chavín que continúan hasta San Marcos y Huari. Autobuses a Llamellin a las 7.30, 13.00 y 19.30.

Transportes Alas Peruanas (☎42-2396; Lucar y Torre 444) Autobuses a Chimbote vía Casma a las 4.00, 8.00, 13.00 y 20.30.

Transportes El Rápido (☎42-2887; calle 28 de Julio, cuadra 1) Autobuses a las 5.00 y las 14.00 a Chiquián vía Recuay; a las 6.00, 13.00 y 15.00 a Huallanca; y a las 6.00 y 13.00 a La Unión.

Transportes El Veloz (☎22-1225; pasaje Villarán y Loli 143) Autobuses a Yanama y Pomabamba a las 6.15, 7,15 y 18.30, y a Chacas a las 8.00, 17.00 y 23.00.

Transportes Renzo (☎94-360-8607; Raymundi 821) Intrincado servicio a las 6.45 y 19.00 a Pomabamba, con parada en Piscobamba, Yanama, Colcabamba y Vaquería. Servicio a San Luis vía Chacas a las 20.00 de lunes a sábado y a las 15.40 los domingos.

Transportes Rodríguez (☎97-112-5201; calle 27 de Noviembre esq. Gridilla) Autobús nocturno barato a Lima a las 22.30.

Turismo Nazario (☎78-6960; Tarapaca 1436) Autobús directo a las 5.00 a Llamac.

Yungay Express (☎42-4377; Raymundi 930) Autobús a las 7.15 a Chimbote vía cañón del Pato y a las 9.00, 14.00 y 22.00 vía Casma.

Cómo desplazarse

Un trayecto en taxi por Huaraz cuesta unos 3 PEN. Hay una parada de taxis en el puente de Fitzcarrald y otra en la Av. Luzuriaga.

LAS CORDILLERAS

Huaraz está encajada en un valle surcado por el río Santa. Al oeste se alza la cordillera Negra, y al este, la nevada cordillera Blanca. Una carretera asfaltada recorre el valle del Santa, conocido popularmente como el callejón de Huaylas, que comunica una hilera de asentamientos y ofrece a los visitantes unas perfectas vistas de las majestuosas elevaciones.

La cordillera Negra, aunque es bonita, no está nevada y suele quedar eclipsada por las sobrecogedoras cumbres cubiertas de nieve de la cordillera Blanca.

La cordillera Blanca, de unos 20 km de ancho y 180 km de longitud, es una sucesión de cumbres dentadas, crestas afiladas, lagos de color turquesa y verdes valles cubiertos por glaciares. En esta zona relativamente reducida hay más de 50 picos de 5700 m o más. En América del Norte solo hay tres montañas de estas dimensiones y en Europa no hay ninguna. El Huascarán, que culmina a 6768 m, es la cima más alta de Perú y de cualquier territorio tropical.

Al sur de la cordillera Blanca se halla la cordillera Huayhuash, más pequeña y más alejada, pero no por ello menos espectacular. Alberga la segunda montaña más alta de Perú, el Yerupajá (6634 m) y es la cordillera más escarpada y la menos visitada.

Los altos valles que en su día utilizaron las culturas precolombinas e incas como pasajes para dirigirse a los asentamientos orientales, hoy son explorados por los excursionistas y montañeros que se deleitan ante el espectáculo que les brinda la naturaleza.

Las principales zonas de senderismo de las cordilleras incluyen sectores de la cordillera Blanca, que en su mayor parte está rodeada por el Parque Nacional Huascarán, y la cordillera Huayhuash, hasta el sur de Huaraz. Hay opciones para todos los gustos: desde excursiones cortas de uno o dos días a travesías de varias semanas con requisitos técnicos en escalada. Cada año acuden hordas de extranjeros, muchos de los cuales se decantan por la ruta a Santa Cruz, muy transitada en la temporada alta. Sin embargo, en la cordillera Huayhuash se puede hacer un circuito de 10 días mucho menos frecuentado que el de Santa Cruz y por el que optan los viajeros más hábiles; esta excursión permite disfrutar con tranquilidad de la agreste belleza de la cadena y del agradable trato de las comunidades del altiplano. La cordillera Blanca ofrece infinidad de rutas alternativas que brindan unas vistas sobrecogedoras de la provincia y que se pueden combinar con excursiones más largas. Entre unas y otras, uno puede pasarse meses caminando por ella.

Para consejos e información sobre senderismo responsable en Perú, véase recuadro en p. 371.

Senderismo y montañismo

Cuándo ir

Se hacen excursiones durante todo el año, pero la estación seca (de mediados de mayo a septiembre) es la más popular, con buen tiempo y vistas más despejadas. En cualquier caso, conviene consultar siempre el último parte metereológico, ya que en esta época suelen producirse imprevisibles nevadas, tormentas de viento y eléctricas. De diciembre a abril es la época más lluviosa; por las tardes suele llover y nublarse, y los senderos se embarran, pero aun así, se puede emprender la marcha con el equipo adecuado. Algunos excursionistas prefieren esta época porque casi todos los senderos más populares están vacíos. Para alpinismo más serio, los escaladores deberían optar por la estación seca.

El Sernamp (Servicio Nacional de Áreas Naturales Protegidas por el Estado; la agencia gubernamental que se ocupa de los parques nacionales, reservas y otras zonas protegidas por el Ministerio del Ambiente), organismo que gestiona el Parque Nacional Huascarán, requiere que toda actividad que se desarrolle en él, incluidas excursiones, senderismo y escalada, se realice con guías autorizados.

Guías de senderismo y mapas

La guía *Trekking in the Central Andes (Senderismo en los Andes Centrales)* de Lonely Planet propone las mejores excursiones por la cordillera Blanca y la cordillera Huayhuash. Un buen recurso para la región de Huayhuash es el detallado *Climbs and Treks of the Cordillera Huayhuash of Peru* (2005), de Jeremy Frimer, aunque está agotado y solo puede consultarse en Huaraz. La mejor visión de conjunto de la escalada en la cordillera Blanca es *Classic Climbs of the Cordillera Blanca Peru* (2003), de Brad Johnson, que se reimprimió en el 2009.

Cordilleras Blanca & Huayhuash de Felipe Díaz es un excelente mapa a escala 1:300 000, que da una idea general de la zona, los pueblos, los senderos más importantes y el plano de las ciudades, pero no es lo suficientemente detallado como para incluir los senderos más remotos. Hace poco se ha llevado a cabo el mismo trabajo en la región de Cuzco. El Alpenvereinskarte (Club Alpino Alemán) publica los mapas más detallados y exhaustivos de la región; hay que buscarlos

ELEGIR UN PICO

La cordillera Blanca, que posee 18 cumbres con glaciares a más de 6000 m de altitud y unas 50 a más de 5700 m, es una de las más importantes del mundo para los alpinistas. Si a la variedad de opciones de escalada se añaden unos accesos generalmente cortos y casi ningún papeleo o tasa de escalada (la entrada al parque sí se paga), el atractivo es obvio. Huascarán Sur es el indiscutible decano del grupo, y Alpamayo el más bello según escaladores y fotógrafos de todo el mundo, pero Pisco es sin duda el más popular por su acceso directo y sus moderadas exigencias técnicas.

Pero esto puede cambiar. Debido al calentamiento global los glaciares de la cordillera Blanca están menguando y experimentando importantes transformaciones, y en los últimos años las rutas se han alterado.

Estos son los 10 ascensos más populares (y las cumbres más altas) de la cordillera Blanca, y abarcan desde rutas relativamente fáciles a dura escalada en hielo.

- » Huascarán Sur (6768 m)
- » Chopicalqui (6345 m)
- » Copa Sur (6188 m)
- » Quitaraju (6036 m)
- » Tocllaraju (6034 m)
- » Alpamayo (5947 m)
- » Pisco (5752 m)
- » Ishinca (5550 m)
- » Urus (5497 m)
- » Maparaju (5326 m)

LOS 15 MINUTOS DE FAMA DE ARTESONRAJU

Si el espectacular pico de Artesonraju (5999 m) resulta familiar es porque su cumbre apareció durante buena parte de las décadas de 1980 y 1990 en el logotipo de Paramount Pictures. Esa famosa imagen es la cara noreste, vista desde la quebrada Arhuaycocha (también conocida como mirador Alpamayo).

actualizados (a escala 1:100 000) *Cordillera Blanca Nord* (hoja 0/3a) y *Cordillera Blanca Sur* (hoja 0/3b). Para la cordillera Huayhuash se recomienda el mapa topográfico *Cordillera Huayhuash* a escala 1:50 000 de Alpine Mapping Guild (aunque está agotado y no va a reimprimirse). Estos mapas se pueden conseguir en Caraz, Huaraz y en los clubes de la South American Explorers. También pueden consultarse los mapas topográficos de la cordillera Blanca y la cordillera Huayhuash distribuidos por Skyline Adventures (p. 371), disponibles en el Café Andino (p. 374) y otros establecimientos selectos.

El IGN publica seis mapas a escala 1:100 000 de las cordilleras, aunque están algo anticuados y suelen utilizar nombres atípicos de los sitios.

Circuitos y guías

La Casa de Guías y las agencias de Huaraz (p. 369), y Pony Expeditions en Caraz (p. 394) disponen de guías de montaña cualificados, arrieros y cocineros. Si se desea organizar un equipo propio para realizar una expedición, las agencias de senderismo también facilitan guías particulares, cocineros y animales de carga.

Si no se tiene mucha prisa, se puede contratar el servicio de arrieros y mulas en las aldeas que están al principio de cada camino, sobre todo en Cashapampa, Colcabamba y Vaquería, entre otras. Los animales de carga que se emplean son caballos, burros y mulas, y a veces llamas, pero estas últimas no pueden llevar mucho peso. Antes de salir conviene tener buenas referencias del arriero, fijar los objetivos de la excursión (p. ej., paso, rutas) y comprobar en qué estado están los animales de carga (que no lleven sobrecarga y sean animales sanos y sin heridas).

La Dirección de Turismo y el sindicato de guías establecen los precios. Se pagan unos 30 PEN/día por caballo, 20 PEN por burro o mula y 40 PEN/día por arriero. Las tarifas oficiales de los guías son 90-150 PEN por día para un guía de senderismo, 150-300 PEN para un guía de escalada y 300-360 PEN para un guía de alpinismo técnico.

Los guías y arrieros cualificados tienen un carné con foto expedido por las autoridades turísticas (hay que pedir las credenciales). Hasta los montañeros más expertos deberían ir acompañados de un guía local, pues solo él sabe qué ha pasado últimamente en las montañas. Los precios no incluyen la comida y puede que al arriero se le tenga que proporcionar una tienda y pagarle el viaje de vuelta. Se suele proporcionar comida y alojamiento al personal contratado, conviene confirmar qué está incluido antes de salir.

Equipo y alquileres

Si se carece de experiencia o de equipo de montañismo no supone un problema, ya que hay infinidad de establecimientos que ofrecen guías, alquilan equipos y organizan aventuras completas. Si se trata de un circuito, las agencias de senderismo (véase p. 369) proporcionan de todo, desde tiendas de campaña a piolets. Algunos también alquilan solo el material. Dos agencias fiables que alquilan equipo de escalada de calidad son **MountClimb** (☎42-4322; www.mountclimb.com.pe; Uribe 732, Huaraz) y **Monttrek** (☎42-1124; www.monttrek.com.pe; Luzuriaga 646, 2º, Huaraz).

Como suele helar por las noches, hay que llevar un saco de dormir adecuado, ropa impermeable (se necesita todo el año), un sombrero de ala y gafas de sol. También son necesarios un buen filtro solar y repelente de insectos, fáciles de encontrar en Huaraz.

Información

Para estar al corriente del senderismo y conocer la situación del momento conviene llamar a la Casa de Guías (p. 369), que tiene información sobre el tiempo, las condiciones del terreno, guías y alquiler de mulas. También venden mapas topográficos de IGN y Alpenvereinskarte.

Las agencias de senderismo y de alquiler de equipos también son buenas fuentes de información local y pueden orientar sobre excursiones de un día. Para más consejos, conviene visitar algunos locales de Huaraz, como el Café Andino (p. 374) y el California Café (p. 375), cuyos propietarios extranjeros están al tanto sobre cuestiones locales, venden mapas y guías de excursionismo y proporcionan consejos, además de suculentas delicias.

Cordillera Blanca

Es una de las zonas más impresionantes del continente, y la cordillera tropical más alta del mundo. Comprende algunas de las montañas de mayor altitud de Sudamérica. Entre los leviatanes andinos se encuentra el majestuoso nevado Alpamayo (5947 m), calificado en su día como la "montaña más bella del mundo" por el Club Alpino Alemán. Pero hay otros nevados, como el Huascarán (el más alto de Perú, con 6768 m), el Pucajirca (6046 m), el Quitaraju (6036 m) y el Santa Cruz (nevado Pucaraju; 6241 m).

Situada en zona tropical, esta cordillera se verá afectada por el calentamiento global; hay pruebas manifiestas de que los glaciares han disminuido de tamaño, y la línea de nieve ha retrocedido en las últimas décadas. Otros peligros que amenazan al parque son la basura y el efecto del pastoreo a grandes altitudes para los árboles *qeñua (Polylepis)*, en peligro de extinción. Para más información sobre estos factores, contáctese con el Instituto de Montaña de Huaraz.

PARQUE NACIONAL HUASCARÁN

A principios de la década de 1960, el montañero peruano César Morales Arnao fue el primero en señalar que debían protegerse la flora, la fauna y los yacimientos arqueológicos de la cordillera Blanca, pero su proyecto no se materializó hasta 1975, con la creación del parque nacional. Este parque, de 3400 km², comprende casi toda la cordillera Blanca por encima de los 4000 m, incluye más de 600 glaciares y casi 300 lagos, y protege especies tan extraordinarias y en peligro de extinción como la gigantesca planta *Puya raimondii*, el oso de anteojos y el cóndor andino.

Los visitantes del parque deben inscribirse (es necesario el pasaporte) y pagar la entrada en la oficina del parque en Huaraz. Cuesta 5 PEN por persona y día o 65 PEN por pase de una semana (en el momento de redactar esta guía se estaba ultimando un pase de 21 días por el mismo precio). También es posible inscribirse y pagar la entrada en los puestos de control. Los funcionarios del PNH no venden permisos del parque a senderistas o alpinistas que no utilicen los servicios de una agencia local o los de un guía local autorizado.

La recaudación de las entradas sirve para el mantenimiento de los senderos, el salario de los guardabosques y para paliar los efectos de las legiones de visitantes que frecuentan la zona. Como la mayoría de los que transitan por la zona son extranjeros, es lógico que el dinero de sus entradas contribuya a la conservación del parque nacional.

El sendero Santa Cruz

Este camino asciende por el espectacular valle de la quebrada Santa Cruz y cruza el paso de Punta Unión (4760 m) antes de descender a la quebrada Huaripampa, al otro lado. Transcurre por asombrosos lugares: lagos color esmeralda, vistas magníficas de muchos de los picos de la cordillera, lechos multicolores de flores silvestres alpinas y los floridos *qeñuas* (quinua) rojos. Otra visión menos estimulante, como en otros senderos muy transitados, son la cantidad de bostas de vaca que cubren valles y praderas. ¡Cuidado!

La de Santa Cruz es una de las rutas más populares de Perú para los senderistas internacionales, y está bien señalizada casi en todo el trayecto. Se requieren unos 13 km de recorrido diario (5-8 h), con ascensos que van de los 500 a los 700 m. Al tercer día se pasa por un descenso de 900 m que pone a prueba las rodillas.

El primer y segundo día son los más duros, pero quizá los más gratificantes, ya que se pasa por muchas cascadas pequeñas y por una serie de lagos y zonas pantanosas interconectadas. El primer lago, pequeño, es la **laguna Ichiccocha** (también llamada laguna Chica), seguida de la **laguna Jatuncocha** (o laguna Grande), mucho mayor. En el 2012, una avalancha en la cara noreste del nevado Artisonraju, entre estas lagunas y el campamento de Taullipampa (4250 m), reventó la presa de hielo y barro que contenía la pequeña **laguna Artesón Bajo**, al sur del sendero, vertió su contenido por el valle y se llevó por delante un buen tramo del sendero. Los senderistas que recorren esta ruta por primera vez no notan la diferencia, pero los veteranos reparan en que se ha alterado. En el momento de redactar esta guía se estaba arreglando. Taullipampa está en un precioso prado a los pies del majestuoso **nevado Taulliraju** (5830 m). La lengua glaciar de los

DATOS BÁSICOS: SANTA CRUZ

Duración: cuatro días

Distancia: 50 km

Dificultad: fácil-moderada

Inicio: Cashapampa (2900 m)

Final: Vaquería (3700 m)

flancos del Taulliraju es muy activa, y de ella suelen desgajarse grandes fragmentos, sobre todo bajo el sol de la tarde. Al sur, los nevados Artesonraju (6025 m) y Parón (5600 m) dominan el paisaje.

Al tercer día los senderistas se sentirán orgullosos cuando superen el **paso de Punta Unión** (4760 m), que surge desde abajo, en un corte angular, como una ininterrumpida pared rocosa. El panorama que se contempla a ambos lados es cautivador. Al oeste se hallan la quebrada Santa Cruz y sus lagos, y al sureste, pasados unos lagos, la quebrada Huaripampa desciende abruptamente. Luego, el descenso de este corte del paso es una espiral cerrada en torno a un contrafuerte rocoso que avanza hacia las lagunas Morococha, atraviesa densos bosques de *qeñua* y sigue hasta un campamento, en Paria (3850 m).

El cuarto día ofrece el gratificante descenso hasta la aldea de **Huaripampa** y sus tradicionales casas quechua con techo de paja. Hay cuyes –destinados a servir de cena– corriendo por las pequeñas plataformas de madera, bajo los tejados. Se termina en Vaquería (3700 m), desde donde se puede llamar a un colectivo, un camión o un microbús para bajar a Yungay y a Huaraz.

La construcción de una gran ruta de tránsito local a las lagunas Llanganuco y más allá

Sendero Santa Cruz

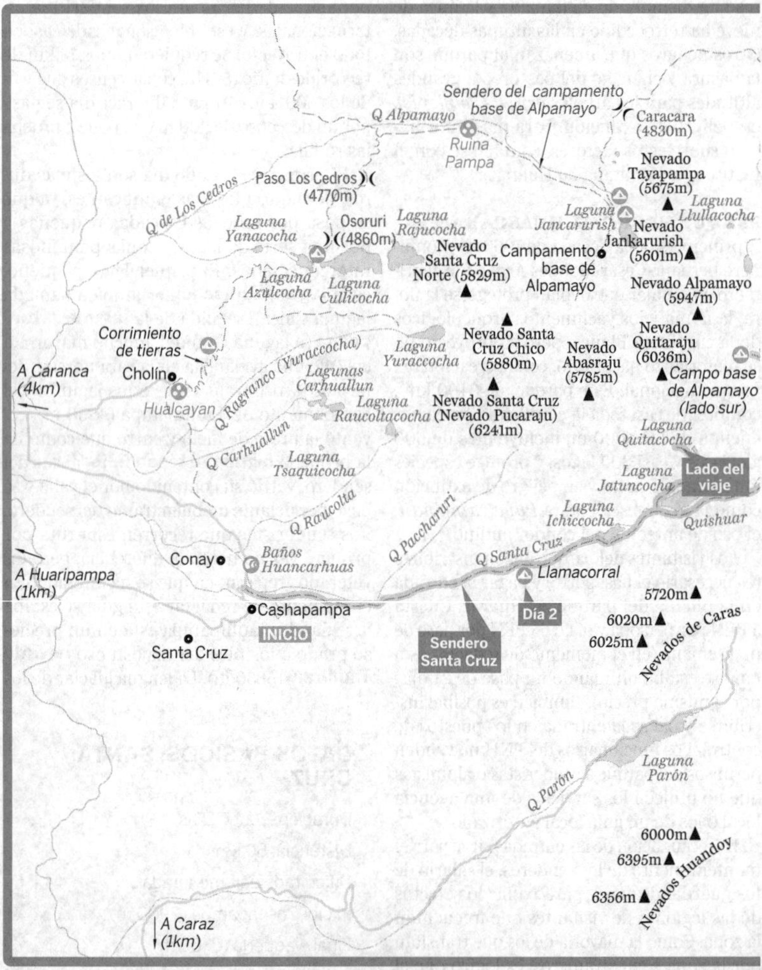

ha acortado el sendero, y los grupos aclimatados pueden completarlo en tres días, aunque con cuatro se disfruta más de la flora alpina y se exploran mejor los valles cercanos. En la excursión adicional de 14 km a la **laguna Quitacocha** (segundo día) y al espectacular **valle** inferior del nevado Quitaraju (6036 m) se invierten de 5 a 6 horas, con un ascenso/descenso de 800 m. Durante el segundo día también se puede realizar la empinada caminata de 12 km (7-8 h, 700 m ascenso/descenso) al **campamento base de Alpamayo** (lado sur), que lleva hasta el campamento de escaladores que hay debajo del magnífico **nevado Alpamayo** (5947 m). Al tercer día, una excursión secundaria de 10 km a la **quebrada Paria** (quebrada Vaquería) supone un ascenso pronunciado de 3 horas y 600 m a la sombra del **nevado Chacraraju** (6108 m), bajo su muy activo glaciar con cascada de hielo. Hay otro desvío de 11 km y 4 o 5 horas de camino hasta la **quebrada Ranincuray** (cuarto día) con ascenso/descenso de 800 m que compensa a los excursionistas con unas vistas impactantes, una magnífica acampada y el acceso a las lagunas Tintacocha.

El trayecto también puede extenderse más allá de Vaquería: se sigue la carretera de salida y se toma el sendero que asciende al paso de Portachuelo de Llanganuco hasta llegar

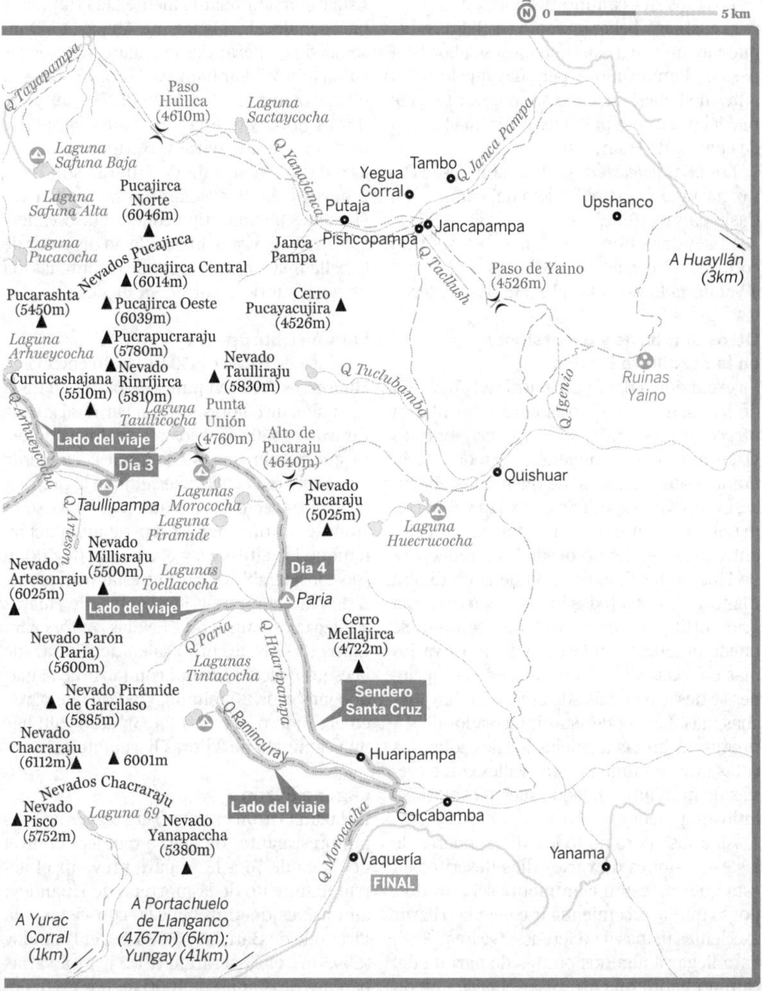

DESPROPÓSITOS EN HUAYHUASH

Algunos viajeros se han quejado de que los guardias comunitarios del circuito de la cordillera Huayhuash a veces escriben una fecha incorrecta en el recibo para luego multarlos en el control de un campamento, por lo que conviene estar atento a las transacciones y no echar a andar hasta que todo cuadre.

a la **quebrada Llanganuco** y sus lagos de color verde jade.

Los ríos del camino proporcionan agua para cocinar y beber (excepto en el tercer día, que hay que acarrearla cuando se aborda el paso de Punta Unión), pero hay que hervirla antes de beberla. Es necesario llevar una copia del pasaporte para enseñarla en el punto de control de Huaripampa.

Los taxis *colectivos* suelen subir desde Caraz hasta el principal inicio del camino, en Cashapampa (8 PEN, 1½ h).

El sendero también se hace en sentido contrario, los colectivos diarios de Huaraz a Vaquería llevan a la cabecera del sendero.

Otros senderos y excursiones en la cordillera Blanca

La excursión a Santa Cruz atrae a la mayoría de los visitantes, pero la cordillera Blanca ofrece otras opciones y un paisaje y unas vistas que dejan boquiabierto, y todo eso sin tanta gente. Una serie de quebradas –Ishinca, Cojup, Quilcayhuanca, Shallap y Rajucolta (citadas de norte a sur)–, corren paralelas entre sí ascendiendo desde los alrededores de Huaraz hasta el corazón de la cordillera Blanca, y en casi todas hay un lago (o dos) a gran altura en algún punto del camino. Se puede practicar senderismo de uno a varios días en todas ellas. La mayoría de las opciones se describen más adelante, pero hay muchas más. Los senderistas interesados deben preguntar en las agencias locales sobre las rutas que comunican estos valles con travesías de gran altitud, y que suelen explorarse individualmente.

Algunos –pero no todos– los senderos de las excursiones de varios días descritos en esta guía no están claramente señalizados, por lo que se recomienda ir con guía o llevar excelentes mapas de referencia (véase p. 379). Para llegar a algunos puntos de partida del camino habrá que atravesar el accidentado y bello valle de Conchucos (al este de la cordillera Blanca), donde hay algunos pueblos indígenas agradables que por un módico precio ofrecen servicios básicos y vívidas experiencias culturales al explorador intrépido (véase p. 367). Los excursionistas menos ambiciosos, que no están ansiosos por acampar o alojarse en refugios, pueden plantearse una de las excursiones de un día que parten de alguno de los circuitos más largos, y que empiezan temprano pero regresan a tiempo de tomar un transporte hasta el albergue. Para hacer estos recorridos se requiere también la entrada al parque (5 PEN).

Huaraz-Wilkahuaín-Laguna Ahuac

Esta excursión relativamente fácil (un día) y bien señalizada a la laguna Ahuac (4560 m) se puede empezar desde Huaraz o desde las ruinas de Wilkahuaín (p. 366). Desde esta última (a una carrera de 20 PEN en taxi) son unas 4 horas y es excelente para aclimatarse o, simplemente, para hacer una excursión agradable; si se sale de Huaraz son unas 2 horas más. Por el camino se pueden ver vizcachas peludas, tipo conejo, curioseando. Y, alzando la vista, imposible no disfrutar de la bella imagen de las grandes montañas del extremo sur de la cordillera Blanca.

Laguna Churup

La aldea de **Pitec** (3850 m), justo encima de Huaraz, es un buen punto de partida para la excursión de 6 horas hasta la hermosa laguna Churup (4450 m), a los pies del nevado del mismo nombre. Se puede ir por la izquierda o por la derecha del valle, aunque la mayoría elige el trayecto de la izquierda. Esta excursión de un día suele servir de adaptación, aunque las altitudes y el ascenso de 600 m son considerables y hay que estar bien preparado para emprenderlos. Un taxi de Huaraz a Pitec cuesta unos 60 PEN; las *combis* para Llupa (3 PEN, 30 min) salen de Huaraz, de la esquina de Raymondi con Luzuriaga, más o menos cada 30 minutos (pídase que paren en el sendero que va a Pitec); desde allí hay una caminata de 2 horas hasta Pitec.

Laguna Parón

La laguna Parón (4200 m) era tal vez las más pintoresca antes de que se redujera el nivel del agua de 75 a 15 m para prevenir el derrumbamiento de la morrena de Huandoy; aun así, es de gran belleza, con vistas a la Pirámide de Garcilaso (5885 m), el Huandoy (6395 m), el Chacraraju (6112 m) y a varias paredes de granito de 1000 m. Los excursionistas suelen tomar un camión o un taxi para recorrer los 25 km hasta la planta de Electroperú, en la laguna Parón, y piden al taxi que espere durante la excursión (180 PEN). Durante unas 2 horas se rodea el terreno llano alrededor del lago, y luego se asciende al valle unos 4 km hasta alcanzar un campamento a 4200 m. Esta excursión de un día puede extenderse: se pasa una noche aquí y luego se va al glaciar Parón (4900 m), al pie de Artesonraju. Véase p. 392 para más información sobre cómo empezar esta excursión en Caraz.

Laguna 69

Aunque se disfruta más en una bonita excursión nocturna, suele hacerse en una larga excursión de día. El lago es la joya de las cordilleras y es un paseo perfecto para aclimatarse. La zona de acampada está de camino a la laguna, y es una maravilla: uno puede despertar con la diáfana visión matutina del Chopicalqui (6354 m) y el Huascarán Sur (6345 m) y Norte (6655 m). Por la mañana, se ascenderá fatigosamente hasta la Laguna 69, a los pies del Chacraraju (6112 m), para después bajar pasando por las célebres Lagunas Llanganuco. En solo dos días se verá un buen puñado de bellos lagos. Los senderos a la Laguna 69 parten de cerca del Yurac Corral (3800 m), en el extremo septentrional de un gran recodo de la carretera a Llanganuco.

Valle del Quilcayhuanca

Esta excursión de tres a cuatro días, también desde Pitec, solo presenta una dificultad moderada, aunque es necesario estar aclimatado para acometerla. Asciende por el valle de Quilcayhuanca a través de *qeñuas* y praderas exuberantes, hasta llegar a la laguna Cuchillacocha y Tullpacocha. Por el camino se aprecian asombrosas vistas del nevado Cayesh (5721 m), el Maparaju (5326 m), el Tumarinaraju (5668 m) y media docena de picos más que superan los 5700 m. Como el camino no está bien señalizado, lo mejor es ir con guía (o utilizar buenas técnicas de orientación y tener un mapa topográfico).

El Camino Inca

Para recorrer el Camino Inca que va de Huari a la ciudad de Huánuco, un trayecto que ahora empieza a desarrollarse, se requieren entre tres y seis días. Pasa por zonas bien conservadas del antiguo Camino Inca y desemboca en Huánuco Viejo, uno de los enclaves militares más importantes de los incas al norte de Perú. La organización de esta ruta se lleva a cabo conjuntamente con el proyecto Inka Naani. Su objetivo es fomentar el turismo que respeta la herencia cultural de la región y relaciona varias iniciativas independientes de turismo responsable. Todos los guías son locales y se puede disponer de porteadores y refugios de adobe llamados tambos (palabra de origen quechua que significa "lugar de descanso") para pernoctar a la intemperie. Contáctese con el Instituto de Montaña o con el Respons Sustainable Tourism Center (p. 367) de Huaraz.

Excursiones por el callejón de Conchucos

Si no se dispone de tiempo, pero se quiere cruzar la cordillera y acercarse a picos helados, la solución es emprender la relativamente fácil excursión de dos a tres días de **Olleros a Chavín de Huántar.** Se puede empezar el recorrido de 40 km en cualquiera de los dos pueblos, aunque la mayoría sale de Olleros (1390 hab.), en el callejón de Huáylas que discurre por el lado oeste de la cordillera Blanca, donde se pueden conseguir llamas como animales de carga. Hay pueblos bonitos y carreteras preincaicas con magníficas vistas del Uruashraju (5722 m), el Rurec (5700 m) y el Cashan (5716 m), montañas que salpican el paisaje hasta llegar a los 4700 m de altitud en el paso de Punta Yanashallash. El final del recorrido, en el callejón de Conchucos, es fenomenal. Lo mejor es que al llegar a Chavín uno podrá recompensar su cuerpo sumergiéndose en las aguas termales y, al día siguiente, madrugar para visitar las ruinas sin tantos turistas. Los ciclistas más esforzados pueden recorrer la ruta en bicicleta de montaña. Para llegar a Olleros hay que tomar una *combi* en Huaraz que vaya rumbo sur, apearse en el puente de Bedoya y subir la cuesta de 30 minutos hasta Olleros. Los taxis cuestan unos 30 PEN.

Si este sendero ha estimulado el gusto por el senderismo, se puede proseguir hasta Huari en autobús (véase p. 402) o andando por la carretera, y comenzar el también impresionante **sendero de Huari a Chacas,** que avanza por el flanco este de la cordillera Blanca. Conviene reservar para acampar cerca de laguna Purhuay, un pintoresco paraje donde merece la pena pernoctar. La sencilla ruta de dos a tres días pasa por otros lagos, alcanza su punto culminante en un puerto de montaña de 4550 m y termina con el descenso a través de los brumosos bosques tropicales de altura del valle Parhua (3500 m).

Tras descansar en la entrañable localidad de Chacas, se puede seguir la marcha, uno o dos días más, de **Chacas a Yanama.** De las tres, esta es la excursión más corta y la que atraviesa el paso más bajo, a "solo" 4050 m. Desde Chacas se pasa por las municipalidades de Sapcha y Potaca para acabar la excursión en Yanama; también se puede seguir hasta el valle de Keshu, donde hay buenos sitios para acampar. Colcabamba, a unas pocas horas más desde Yanama, es el final de la ruta de Santa Cruz; los excursionistas con más aguante pueden completar este titánico circuito antes de volver a Huaraz.

Honda-Ulta

Este circuito que empieza en Vicos y termina en la aldea de Shilla, cerca de Carhuaz, es un recorrido de dificultad moderada excepto en el cruce de los pases de gran altitud de la laguna Yanayacu (4850 m) y Portachuelo Honda (4750 m). A lo largo del camino, los grupos pueden detenerse en la diminuta comunidad de Juitush y la bella aldea de Chacas (p. 403), así como deleitarse con las vistas del Yanaragra (5987 m), el Pucaranra (6156 m), el Palcaraju (6274 m) y un par de lagos remotos. Si se desea hacer una ruta poco transitada y disfrutar de pueblos indígenas con gran personalidad de camino, es una excelente excursión.

Los Cedros-Alpamayo

Esta es una de las caminatas más vertiginosas y exigentes de la cordillera, una ruta de 90 km formada por ascensos muy largos a pasos de gran altitud, un increíble paisaje alpino (que incluye el regio lado norte del nevado Alpamayo) y por comunidades tradicionales quechuas sin accesos viales. Se empieza en Cashapampa (como el sendero de Santa Cruz) o Hualcayan y se termina en Pomabamba. Solo se recomienda a excursionistas experimentados y adaptados al medio, habituados a orientarse bien. La ruta es relativamente recta, pero no está señalizada. El excursionista puede recompensarse con merecidos chapuzones en fuentes termales minerales al inicio y al final del camino.

Cordillera Huayhuash

Suele quedar relegada a un segundo plano, por detrás de su hermana, la cordillera Blanca. No obstante, Huayhuash atesora un conjunto también impresionante de glaciares, cimas y lagos, todos ellos agrupados en una zona de tan solo 30 km de ancho. Cada vez son más los viajeros que descubren este accidentado y remoto territorio, donde los desfiladeros bordean los barrancos de esta cordillera de altas cumbres. Diversos puertos de montaña, por encima de los 4500 m, son un reto para los excusionistas más avezados. Lo más emocionante es esa sensación de hallarse en una tierra indómita, sobre todo cuando se pasa por el inalterado extremo oriental. Además, hay más probabilidades de ver cóndores andinos que excursionistas con burros de carga.

A finales del 2001, el Ministerio de Agricultura de Perú la declaró "zona protegida", una medida de protección transitoria sobre unos 700 km^2 de tierra casi virgen. Desde entonces, el ministerio ha retirado las ayudas oficiales para que arraiguen las tareas de conservación, privadas y comunitarias. Algunas comunidades cuyos territorios tradicionales se encuentran en el centro de la cordillera Huayhuash se han reconocido como Áreas de Conservación Privada. En el momento de redactar esta guía ocho distritos a lo largo del circuito **Llamac** (p. 397), **Pocpa, Jirishanca, Quishuarcancha, Tupac Amaru, Guñog, Huallapa** y **Pacllón** cobraban cuotas de 15 a 40 PEN, con un coste total del circuito de 165 PEN, que se encarece cada año. Una parte de los beneficios se invierten en mejorar la seguridad de los excursionistas, y la otra se emplea en las tareas de conservación. Con su aportación, el viajero contribuye a la iniciativa comunitaria de conservación, pero conviene llevar suficiente cambio y pedir siempre un recibo del pago. A veces el precio para los senderistas sin animales de carga es menor, pues se considera que no se incluye el "coste del pasto".

DATOS BÁSICOS: CORDILLERA HUAYHUASH

Duración: 10 días

Distancia: 115 km

Dificultad: exigente

Inicio/final: Llamac

Pueblos cercanos: Chiquián, Llamac y Cajatambo

Circuito por la cordillera Huayhuash

Esta impresionante excursión rodea un compacto amasijo de altos picos, entre ellos el Yerupajá (6617 m), la segunda montaña tropical más alta del mundo, y atraviesa diversos puertos de montaña con vistas vertiginosas.

Los flancos orientales están bañados por lagos espectaculares y con fantásticas zonas de acampada (ideales para pescar truchas) por donde pasear a gusto.

El ascenso diario varía de 500 a 1200 m, aunque hay un par de días en medio y al final del recorrido en que hay descensos importantes, que pueden ser tan duros como ir cuesta arriba. El promedio diario es de unos 12 km de recorrido, que requieren entre 4 y 8 horas de camino, aunque tal vez deba superarse al menos un día de 10 o 12 horas de esfuerzo. Muchos excursionistas se toman días extras para descansar a lo largo del circuito, en

Circuito por la cordillera Huayhuash

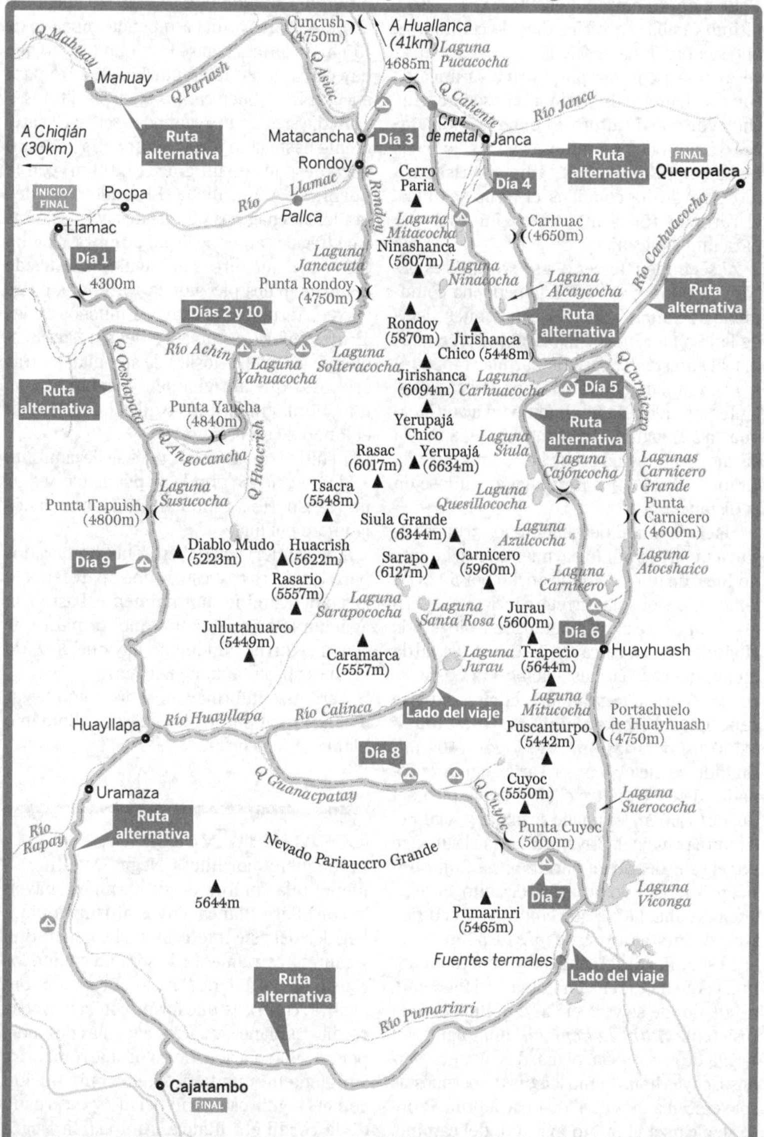

parte porque su longitud y altitud lo hacen excesivamente duro y en parte para disfrutar de las sensacionales vistas. Otros prefieren una versión reducida y caminan solo unos cinco días por el apartado lado este del Huayhuash. A continuación se describe el circuito Huayhuash clásico, pero hay otros recorridos secundarios y otras rutas alternativas que merecen uno o dos días más de camino.

El sendero empieza en **Llamac** (p. 397), último pueblo en varios días de camino, ya que se abandona la "civilización" para atravesar una pequeña plataforma preincaica con excelentes paisajes montañosos y cactus cholla de 4 m de altura. El **paso Pampa Llamac** irrumpe con fabulosas vistas de picos helados: el Rondoy (5870 m), el Jirishanca (6094 m) de dos colmillos, el Yerupajá Chico, el Yerupajá (6634 m) y otros, ¡no está mal para un primer día!

Al segundo y tercer día se cruzan tres pasos a 4500 m y se llega a la pequeña comunidad de **Janca** (4200 m), con bonitas vistas de la laguna Mitacocha (4230 m). Al cuarto día, al sureste del paso de Carhuac (4650 m) se contemplan panoramas montañosos excelentes y se alcanza finalmente un acantilado que da a la laguna Carhuacocha (4138 m) y a las montañas heladas que hay detrás de Siula Grande (6344 m) y Yerupajá, alzándose en la distancia.

Hacia la mitad del sendero los grupos llegan a un breve tramo pavimentado del Camino Inca, de unos 1,5 m de ancho por 50 m de largo, restos de una carretera inca que se dirigía al sur desde el yacimiento arqueológico de Huánuco Viejo, cerca de La Unión. Se tarda un par de días más hasta la **laguna Carnicero** (4430 m), la **laguna Mitucocha**, la parte superior del **Portachuelo de Huayhuash** (4750 m), y la **laguna Viconga** (4407 m). Cuando se alcanza a ver varias cimas coronadas de nieve, entre ellas el doble pico del Cuyoc (5550 m), se puede acampar y seguir el circuito principal, o avanzar hacia el suroeste por el valle del río Pumarinri hacia **Cajatambo**, abandonando pronto el circuito. Si se sigue más allá, habrá que emprender el difícil paso de Punta Cuyoc, de más de 5000 m.

Al séptimo día el sendero se encumbra por una pequeña cadena en Pumarinri (5465 m), desde donde se verá el **Cuyoc**. Búsquese la resistente *Stangea henricii*, una planta en forma de escarapela, plana, de color gris verdoso, cuyas hojas como lenguas superpuestas solo crecen a más de 4700 m de altitud. Pronto se alcanza el punto más alto del camino, marcado con una modesta pila de piedras.

Al octavo día se puede proseguir por el circuito directo, pasando de largo la aldea de Huayllapa, salir del circuito atravesando Huayllapa y el pueblo de Uramaza hasta Cajatambo, o hacer una excursión adicional al valle del río Calinca hasta las lagunas Jurau, Santa Rosa y Sarapococha, donde hay algunos de los mejores paisajes montañosos de todo el camino. El circuito tradicional va más allá del piramidal Jullutahuarco (5449 m), tachonado de glaciares, y una estupenda **cascada** de 100 m de altura. Sígase hasta un laguito que hay cerca de Punta Tapuish (4800 m) para encontrar un buen *camping* en las alturas.

Al día siguiente el camino desciende suavemente hasta la **laguna Susucocha** (4750 m) poco después de un cruce (4400 m) con la quebrada Angocancha. El sendero bordea praderas cenagosas y asciende hacia las rocas y pedregales antes de llegar a **Punta Yaucha** (4840 m), que ofrece maravillosas vistas de los principales picos de la cordillera, entre ellos el Yerupajá, al este, y a muchos de las alturas inferiores heladas del sureste. Búsquense las huellas fósiles de amonitas y otras criaturas que antiguamente vivían bajo el mar, e imagínense los Andes hundidos en el fondo de un océano.

El último día es corto, pues se llega pronto a Llamac, desde donde se puede conseguir un transporte a Chiquián y a Huaraz hacia la mitad del día.

Los senderistas deben estar preparados para los perros agresivos que aparecen a lo largo del camino; normalmente, basta con agacharse a recoger una piedra para que echen a correr, aunque no hay que lanzarla si no es absolutamente necesario.

Para más información sobre cómo llegar a la cabecera del sendero desde Chiquián o Llamac, véase p. 397.

Cordillera Negra

La pequeña cordillera Negra vive literalmente a la sombra de su hermana mayor, la cordillera Blanca, cuyos altísimos picos helados del este interceptan el sol matutino y cubren teatralmente de sombra cuanto los rodea. La cordillera Negra debe su nombre al obvio contraste que forma con la hermosa cordillera Blanca, y parece algo más desnuda, por su silueta árida, de color marrón barro, simplemente montañosa, en comparación con el asombroso perfil helado y escarpado de la cordillera Blanca. Aun así, la Negra desempeña un papel ecológico importante en la región, ya que impide que los vientos cálidos del Pacífico alcancen a los glaciares de la Blanca y provoquen su descongelación. Es también una importante zona agrícola y minera para la población local.

Aunque no esté a la altura de las ofertas recreativas que ofrece la cordillera grande del otro lado del callejón de Huaylas, la Negra tiene algunas atracciones magníficas, especialmente para los escaladores en roca, que encontrarán excelentes escaladas en Recuay y Hatun Machay (p. 397). En bicicleta de montaña se pueden recorrer interminables kilómetros de carreteras y senderos por un paisaje escarpado; hay agencias de guías de bicicleta de montaña (p. 367) en Huaraz que conocen bien estos recorridos.

Los excursionistas de un día también pueden explorar estas rutas. Si se alquila un camión para ir a Punta Callan (4225 m), sobre Huaraz, o a Curcuy (4520 m), por encima de Recuay, se puede descender andando hasta los pueblos. Otra excursión recomendable es el ascenso de 3 horas a las ruinas de Quitabamba, cerca de Jangas. Tómese el colectivo en dirección a Carhuaz para descender en La Cruz de la Mina y búsquense indicaciones a las ruinas.

Las aldeas de esta zona no reciben mucho turismo, por lo que es posible relacionarse con los indígenas que suelen llevar un estilo de vida tradicional y sin contacto exterior.

AL NORTE DE HUARAZ

Cuando el río Santa se abre paso hacia el norte a través del callejón de Huaylas, una carretera sigue cada uno de sus meandros y recorre tranquilas poblaciones hasta Caraz, desde donde sigue hasta el impresionante cañón del Pato. A lo largo del valle, los blancos picos andinos de la cordillera Blanca asoman cual centinelas al acecho. De todas estas cumbres, el respetable Huascarán, está a menos de 14 km de la carretera a vista de cóndor. Desde dichos pueblos parten las rutas de senderismo y dos carreteras de tierra que osan cruzar la cordillera: una por Carhuaz y la otra por Yungay.

Monterrey

☎043 / 1100 HAB. / ALT. 2800 M

Este pequeño pueblo arracimado alrededor de algunas instalaciones turísticas, 9 km al norte de Huaraz, se ha ganado un lugar en los mapas por sus **aguas termales** (entrada 3,50 PEN; ⏲6.00-17.00). El cercano y deteriorado Real Hotel Baños Termales Monterrey gestiona las termas. Los autobuses finalizan su recorrio justo delante.

Las termas se dividen en dos secciones; las piscinas bajas están más concurridas y, cuando se visitó para redactar esta guía, poco calientes, mientras que las salas privadas ofrecen el tipo de calor que se va buscando.

El color marrón del agua no debe disuadir a los visitantes; conviene saber que se debe a su alto contenido en hierro y no a prácticas antihigiénicas. Se recomienda visitarlas por la mañana, ya que se limpian cada noche. Los fines de semana y días festivos las piscinas están hasta los topes.

Dónde dormir y comer

Aunque en Monterrey hay un buen hotel y dos excelentes restaurantes, es mejor ir en una excursión de un día desde Huaraz. Los domingos muchos restaurantes celebran una comilona tradicional peruana llamada pachamanca (*pacha* significa "tierra" y *manca* "horno" en quechua), un magnífico festín de pollo, cerdo, cordero, cuy, maíz, patatas y otras verduras cocinados durante varias horas sobre piedras caldeadas.

El Patio de Monterrey HOTEL **$$**
(☎42-4965; www.elpatio.com.pe; i/d 189/222 PEN; @☜) Es la mejor opción, con una arquitectura colonial y un mobiliario de la misma época en las habitaciones, muchas de las cuales son espaciosas y tienen bañera, ducha, teléfono y TV. Algunas (376 PEN) tienen capacidad para hasta cuatro personas, y unas pocas, chimenea. Casi todas dan a un jardín o bordean un bonito patio con una fuente; otras tienen un balcón. El desayuno (15 PEN) y la cena (desde 25 PEN) están disponibles en el acogedor restaurante-bar con chimenea.

El Cortijo PERUANA **$$$**
(carretera Huaraz; platos ppales 15-60 PEN; ⏲8.00-19.00) Este excelente restaurante sirve avestruz (cuando se consigue en Perú), cuy (cobaya) y otras carnes. Las mesas del exterior rodean la fuente del jardín, verde y florido, con columpios para los niños.

El Ollón de Barro PERUANA **$$**
(km 7; comidas 12-28 PEN; ⏲11.00-17.00 ma-do jul, 11.00-17.00 sa y do ago-jun) Un seto casi impenetrable protege el amplio y atractivo jardín con frontón, columpios y árboles que rodean esta acogedora opción. Sirve un exquisito coca

REFUGIOS REMOTOS

La organización italiana sin ánimo de lucro Don Bosco, con sede en Marcará, regenta tres **refugios** (☎44-3061; www.rifugi-omg.org; ⏲may-sep) en lo más profundo de la cordillera, erigidos por el sacerdote salesiano Ugo de Censi. Cuentan con calefacción y radio, suministros médicos básicos, 60 camas, y cobran 92 PEN/noche/cama, desayuno y cena (130 PEN con almuerzo). Los beneficios se destinan a proyectos de ayuda local. El Refugio Perú (4765 m), a 2 horas andando desde Llanaganuco, es un buen campamento base para escalar el Pisco. El Refugio Ishinca (4350 m) está a 3 horas a pie del pueblo de Collón, en el valle de Ishinca. Por último, el Refugio Huascarán (4670 m) se halla a 4 horas a pie de Musho. Senderistas, montañeros y paseantes son bienvenidos.

sour y prepara especialidades regionales peruanas como ceviche de pato y pachamanca (distintas carnes cocinadas en un 'horno' de piedras calientes).

Cómo llegar y salir

Desde Huaraz se llega a Monterrey en los autobuses locales, que van hacia el norte por Luzuriaga, al oeste por la calle 28 de Julio, al norte por la calle 27 de Noviembre, al este por Raymondi y al norte por Fitzcarrald. Conviene tomar uno temprano, pues se llenan rápidamente. El viaje de 20 minutos cuesta 1 PEN. Un taxi entre Huaraz y Monterrey cuesta 7 PEN.

Carhuaz

☎043 / 7100 HAB. / ALT. 2638 M

Situada 35 km al norte de Huaraz, Carhuaz presume de poseer una de las plazas más bonitas del valle, cuyos jardines de rosas y altas palmeras hacen que su paseo por ella sea una experiencia muy placentera. En el colorido mercado dominical cabe de todo: frutas frescas, hierbas y artesanías que venden los campesinos que bajan de las montañas cercanas. De esta población sale una carretera que pasa por la cordillera Blanca, vía la bella quebrada Ulta y el paso de Punta Olímpica, hasta Chacas y San Luis.

La fiesta anual de **la Virgen de La Merced** de Carhuaz se celebra del 14 al 24 de septiembre con procesiones, pirotecnia, bailes, corridas de toros y mucha bebida, tanta, que se suele denominar ¡"la borrachera de Carhuaz"!

En la plaza de Armas está el **Banco de la Nación**, con un cajero automático Visa/Plus.

Dónde dormir y comer

No hay que perderse la omnipresente delicia local, la raspadilla, un sorbete de hielo de la cordillera Blanca rociado con sirope de fruta.

Hostal El Abuelo HOSTAL $$
(☎39-4456; www.elabuelohostal.com; calle 9 de Diciembre 257; i/d desayuno incl. 105/140 PEN; @☎) Este excelente hostal-*boutique*, con inmaculadas y encantadoras habitaciones en una gran casa de estilo antiguo es el establecimiento más ilustre en el que hospedarse. Todas las habitaciones de matrimonio cuentan con camas *king-size*. Se está construyendo un nuevo anexo que ofrecerá vistas andinas.

Hotel La Merced HOTEL $
(☎39-4280; Ucayali 724; i/d sin baño 20/40 PEN, h 45 PEN) Es uno de los más veteranos del pueblo, con innumerables ventanas desde las que exaltar a la cordillera y abundantes carteles religiosos que propician la introspección. Las habitaciones están limpias y tienen duchas de agua caliente.

Alojamiento Cordillera Blanca PENSIÓN $
(☎94-389-7678; Aurora 247; i/d PEN24/45) Ofrece estrechas, aunque limpias, habitaciones para los que deseen llegar en sábado por la noche y despertarse en medio del bullicio del mercado.

Café Arte Andino El Abuelo CAFÉ, PERUANA $
(plaza de Armas; desayuno 4-10 PEN, sándwiches 6-14 PEN) El arquitecto/cartógrafo local Felipe Díaz (quizá se tiene su mapa) es el propietario de este agradable café en la plaza, el mejor lugar para comer, además de tienda. Ofrece bonita cerámica, bolsos hechos a mano, tapices, los mapas de Díaz e información local.

Gerardos Chickens PERUANA $
(2 de Mayo esq. La Merced) Sirve el mejor pollo asado que la mayoría por 8-15 PEN. Frente a la terminal de Huaraz.

Cómo llegar y salir

Los microbuses a Yungay (3 PEN, 30 min) y Caraz (3,50 PEN, 45 min) se toman en la plaza de Armas.

Las *combis* a Huaraz (3 PEN, 50 min) salen de una pequeña terminal en la primera cuadra de La Merced. Los autobuses que salen por la mañana y por la tarde desde Huaraz a Chacas y San Luis también pasan por la plaza, al igual que los que circulan entre Caraz y Lima, y entre Huaraz y Chimbote.

Yungay

043 / 12 600 HAB. / ALT. 2458 M

Como pocos visitantes deciden pasar la noche aquí, esta apacible localidad cuenta con pocos servicios turísticos, pero disfruta del mejor punto de partida para ir a las populares lagunas Llanganuco a través de una carretera de tierra que continúa por la cordillera hasta más allá de Yanama. Sorprende que este pequeño nudo de carreteras, rodeado de montañas, fuera el epicentro de una historia desgarradora.

La población original de Yungay, hoy una zona llena de escombros unos 2 km al sur de la ciudad nueva, es el vestigio de la peor catástrofe natural ocurrida en los Andes. El terremoto del 31 de mayo de 1970 liberó 15 millones de metros cúbicos de granito y hielo de la cara occidental del Huascarán Norte. El aluvión se precipitó 3 km en caída vertical hasta Yungay, a 15 km de distancia. El pueblo y la mayoría de sus 25 000 habitantes quedaron sepultados.

Dónde dormir y comer

En el mercado de Yungay, cercano a la plaza, hay varios establecimientos baratos y rústicos para comer.

Hostal Gledel PENSIÓN $

(39-3048; Aries Graziani; i/d sin baño 15/25 PEN) La generosa señora Gamboa alquila 13 habitaciones espartanas, alegradas por coloridas colchas y colchones nuevos. Durante la estancia prodiga al menos un abrazo y una muestra de su cocina. Es el mejor alojamiento, y el más económico, de la localidad (merecidamente popular).

Hostal Sol de Oro PENSIÓN $

(39-3116; Santo Domingo 7; i/d/tr 20/30/40 PEN) Es otra opción aceptable, con luminosas y limpias habitaciones, colchones firmes y duchas de agua caliente. Las que cuentan con TV cuestan 8 PEN más.

INDISPENSABLE

CAMPO SANTO

El 31 de mayo de 1970, cuando gran parte del mundo estaba viendo el partido inaugural de la Copa Mundial de Fútbol entre México y la Unión Soviética, se produjo un terremoto de magnitud cercana al 8,0 en los departamentos peruanos de Ancash y La Libertad. La sacudida de 45 segundos convirtió una superficie de 83 km² en zona catastrófica, pero la liberación de unos 50 millones de metros cúbicos de roca, hielo y nieve en la cara norte del Huascarán causó el mayor desastre producido por un cataclismo en la historia andina. El aluvión se precipitó a una velocidad media de 280-335 km/h y sepultó Yungay y a casi todos sus habitantes. Todo un pueblo desapareció en 3 minutos.

En el lugar en el que se alzaba Yungay Viejo, **Campo Santo** (entrada 2 PEN; 8.00-18.00), se alza una imponente estatua de Cristo en un montículo del cementerio del pueblo, desde el que se contempla el camino seguido por el aluvión. Paradójicamente fue el cementerio que salvó la vida a 92 personas, que tuvieron el tiempo justo para ascender a él y librarse del aluvión. Estos y otros 300 habitantes que veían un espectáculo circense en el estadio del pueblo fueron los únicos supervivientes de sus 25 000 pobladores.

Unos jardines llenos de flores adornan el camino que siguió el aluvión, junto con algunas tumbas y monumentos que conmemoran las miles de personas que yacen sepultadas a 8 y 12 m de profundidad. En la antigua plaza de Armas asoma la punta de la torre de la catedral, lo que queda de un autobús de Expreso Ancash y cuatro extremos de palmeras que sobrevivieron a la arremetida (una de ellas sigue viva). Se ha construido una réplica de la fachada de la catedral en honor a los muertos. Cerca, todos los yungayanos nacidos antes de 1955 están enterrados en una tumba excavada por la madre naturaleza.

Los vendedores de la entrada exponen fotos de antes y después de la tragedia, que permiten hacerse una idea de la destrucción que causó el desastre. El lugar está declarado cementerio nacional y está prohibida cualquier excavación.

Restaurant Turístico Alpamayo PERUANA $
(7-20 PEN) Rodeado de jardines y al lado de la carretera principal, en el extremo septentrional del pueblo, es un lugar agradable, con un cenador en el que tomar trucha, cuy (cobaya) o chicharrones.

AFUERAS DEL PUEBLO

Llanganuco Mountain Lodge HOTEL $$$
(☎94-366-9580; www.llanganucolodge.com; camping 15 PEN, dc sin/con pensión completa 38/135 PEN, i/d con pensión completa desde 183/228 PEN) A unos 45 minutos en taxi desde Yungay en dirección a las lagunas Llanganuco, este alojamiento recomendado, dirigido por el británico Charlie Good, ocupa una posición privilegiada desde donde explorar los lagos de la zona o emprender el sendero de Santa Cruz. Se puede elegir entre un camping con duchas de agua caliente y vistas asombrosas o habitaciones con camas con colchones ortopédicos y balcón.

Tito, un aspirante a chef, se encarga de la excelente comida y Shackleton y Dino, dos perros crestados rodesianos, son las mascotas. Está junto a las recién excavadas ruinas de Keushu, en la orilla de una antigua laguna con vistas a los tres picos más altos de la cordillera. Los taxis que salen frente al hospital de Yungay cobran 30 PEN la ida y 40 PEN la vuelta.

Humacchuco Community Tourism Project PENSIÓN $$
(☎94-497-6192; www.respons.org; desde 190 PEN/persona incl. comidas) Seis miembros de la comunidad de Humacchuco cuidan de un albergue cómodo que forma parte de un programa consolidado de turismo sostenible. Los visitantes pueden informarse sobre la cultura local y la administración de los recursos naturales, saborear una pachamanca y hacer excursiones guiadas, entre ellas la de un día a la laguna 69. Puede personalizarse el programa a través de Respons (p. 367), en Huaraz.

Cómo llegar y salir

Hay microbuses desde una pequeña terminal en la carretera a Caraz (2 PEN, 15 min), Carhuaz (3,50 PEN, 30 min) y Huaraz (5 PEN, 1¼ h). Los autobuses que circulan desde Caraz a Lima y desde Huaraz a Chimbote recogen a pasajeros en la plaza de Armas.

Los viejos autobuses que van de Huaraz a Pomabamba por las lagunas Llanganuco pasan por aquí cada día.

Lagunas Llanganuco

Una pista de tierra asciende a 1350 m de altura y serpentea durante más de 28 km hasta el valle del Llanganuco y sus dos sensacionales lagos, también conocidos como laguna Chinancocha y laguna Orconcocha, 28 km al noreste de Yungay. Estas primigenias lagunas, escondidas en un valle glacial a 1000 m de la línea de nieve, brillan al sol con sus intensos tonos turquesa y esmeralda. Un sendero de media hora rodea Chinancocha y pasa por un embarcadero y una zona de *picnic* en los que los riscos cortados a pico llegan hasta el lago. Se puede recorrer en barca por 5 PEN y es una popular excursión de un día desde Huaraz, aunque hay que contar con 6 horas de viaje de ida y vuelta. Siguiendo la carretera pasado el lago hay un mirador con unas vistas soberbias a los gigantes de Huascarán (6768 m), Chopicalqui (6345 m), Chacraraju (6108 m), Huandoy (6395 m) y otros. La carretera continúa por el paso de Portachuelo (4760 m) hasta Yanama, al otro lado de la cordillera Blanca; varios vehículos salen a primera hora de la mañana desde Huaraz a Yanama y más allá.

Para llegar a las lagunas Llanganuco se puede ir en un circuito organizado desde Huaraz o en autobús o taxi desde Yungay. En la temporada alta, de junio a agosto, hay microbuses frecuentes desde la pequeña terminal de Yungay, en la carretera principal (15 PEN), que permiten estar 2 horas en la zona del lago. También se cobra la entrada al parque nacional (unos 5 PEN). El resto del año, existe un servicio de microbuses si hay suficiente demanda. Los taxis colectivos cuestan 15 PEN por persona y por trayecto. Las mejores vistas se disfrutan a primera hora de la mañana, en especial en temporada baja.

Caraz

☎043 / 13 100 HAB. / ALT. 2270 M

Es una buena base de operaciones alternativa, con unas bellas vistas de las montañas circundantes, y disfruta de un ambiente más relajado que la bulliciosa Huaraz. Hay rutas de senderismo y excursionismo en todas direcciones, algunas de un día y otras más largas. Caraz fue uno de los pocos sitios del valle que fue arrasado por el terremoto y el aluvión, pero aún conserva un ligero porte colonial. Su plaza de Armas no estaría fuera de lugar en un pueblo mucho más pequeño.

Caraz

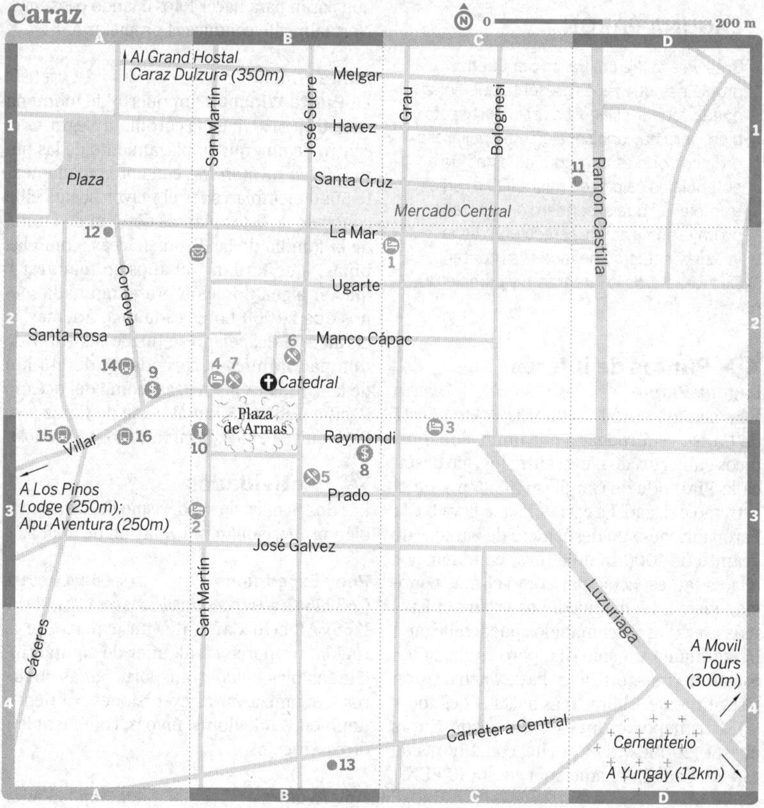

Caraz

Actividades y circuitos
- Pony Expeditions .... (véase 5)

Dónde dormir
1. Cordillera Blanca Hotel C2
2. Hostal Chavín B3
3. Hostal La Casona C3
4. La Perla de Los Andes B2

Dónde comer

5. Café de Rat B3
6. Cafetería La Terraza B2
7. Heladería Caraz Dulzura B2

Información

8. Banco de la Nación B3
9. BCP A2
10. Cámara de Turismo B3

Transporte

11. Colectivos a Cashapampa y Pueblo Parón D1
12. Colectivos a Huallanca A2
13. Colectivos a Yungay y Huaraz B4
14. Cooperativa Ancash A2
15. Transportes Rodríguez A3
16. Yungay Express A3

Caraz es tanto el punto final de la famosa pista de Llanganuco a Santa Cruz (que también se puede hacer en sentido inverso saliendo desde aquí) como el punto de partida para las pistas más abruptas que se internan en las zonas septentrionales de la cordillera Blanca. Desde aquí es fácil acceder a la vertiente norte del Alpamayo (5947 m), considerada antaño la montaña más bonita del mundo por su silueta norte afilada como un cuchillo y perfectamente piramidal.

LAGUNA PARÓN

Si se va a la laguna Parón por cuenta propia hay que tener presente que no se puede rodear el lago. La orilla norte está bien, pero hay una sección muy peligrosa en la sur, que es infranqueable debido a potenciales caídas de hasta 100 m en el tramo en el que el sendero desaparece, no hay señalización y crece una resbaladiza vegetación pegada a la montaña. Dos forasteros lo intentaron y perecieron.

Puntos de interés

Laguna Parón LAGUNA

Este lago de postal (4200 m), 25 km al este de Caraz, está rodeado por impresionantes picos cubiertos de nieve, entre los que destaca la Pirámide de Garcilaso (5885 m), en el extremo del lago. La carretera que lleva hasta Parón atraviesa un desfiladero de paredes de granito de 1000 m de altura; conducir por ella es tan espectacular como el más conocido viaje a Llanganuco. Los excursionistas más avezados y aclimatados pueden llegar a la laguna en un solo día, pero es más fácil tomar un transporte local hasta Pueblo Parón y seguir a pie 4 horas más hasta el destino.

El transporte organizado desde Caraz cuesta 120 PEN ida y vuelta, con 2 horas de espera. Cada hora adicional cuesta 10 PEN.

Cañón del Pato CAÑÓN

Desde Caraz, si se sigue hacia el norte por el callejón de Huaylas, se atraviesa el excepcional **cañón del Pato.** Es aquí donde las cordilleras Blanca y Negra parecen fundirse, pues hay tramos en que solo hay una separación de 15 m y donde las paredes se elevan a una altura de 1000 m. La aterradora carretera serpentea por un desfiladero que se adentra entre rocas verticales, pasa por una escarpada garganta y atraviesa 35 túneles excavados a mano en la roca de granito. A ambos lados de la carretera se ciernen paredes colosales y ásperas. Cuando se empieza a vislumbrar la planta hidroeléctrica del valle, se tiene la impresión de que en el paraje podría esconderse la guarida secreta del peor enemigo de James Bond. Para disfrutar de las mejores vistas durante el trayecto en autobús, conviene sentarse a mano derecha (si se mira al conductor).

Si se desea hacer un viaje menos escalofriante por este fascinante cañón, Pony Expeditions (derecha) organiza taxis turísticos a Trujillo (1000 PEN, 7 h) para hasta cuatro personas, que paran para hacer fotos cuando convenga. Normalmente conduce el propietario.

Punta Winchus AL AIRE LIBRE

La **Punta Winchus,** un puerto de montaña remoto, a 4157 m en la cordillera Negra, es el centro de un gran emplazamiento de las puyas *(Puya raimondii),* con aproximadamente 5000 ejemplares: es el mayor bosquecillo conocido de estas plantas de 10 m de altura, de la familia de las Bromeliáceas (como las piñas), que tardan 100 años en madurar y que en plena floración presentan nada menos que 20 000 flores cada una. Además, si el día está despejado se puede disfrutar de una panorámica sorprendente de 145 km de la cordillera Blanca, así como del océano Pacífico. Está 45 km al oeste de Caraz y se llega en vehículos de circuitos organizados.

Actividades

Las dos tiendas de senderismo de Caraz también proporcionan información detallada.

Pony Expeditions SENDERISMO, ALQUILER

(☎39-1642; www.ponyexpeditions.com; José Sucre 1266) Alberto Cafferata, un experto de la región, proporciona alquiler de equipo (incluidas bicicletas), transporte, guías, arrieros y organiza varias excursiones. Su tienda también vende libros, mapas, combustible y otros artículos.

Apu Aventura SENDERISMO, ESCALADA

(☎97-543-6438; www.apuaventura.pe; parque San Martín 103) Luis es un guía experimentado que organiza excursiones, paseos a caballo y escalada, y alquila equipo. También ofrece circuitos en quad por la cordillera Negra y planea ofrecer kayaks en las lagunas cercanas. Tiene su oficina en Los Pinos Lodge.

Dónde dormir

Caraz aún no ha alcanzado el desarrollo turístico de Huaraz y cuenta con instalaciones sencillas y alojamientos económicos. Los precios apenas varían en todo el año.

Los Pinos Lodge HOSTAL $

(☎39-1130; www.lospinoslodge.com; parque San Martín 103; i/d 120/140 PEN, dc 30 PEN, i/d sin baño 35/60 PEN, todas con desayuno incl.; @ wifi) Este popular hostal se encuentra en una laberíntica mansión multicolor, profusamente decorada, que ofrece excepcionales habitaciones para todos los presupuestos. Las más nuevas son casi de *boutique,* embellecidas con colores tierra, TV de pantalla plana y baños con paredes de piedra. Los espaciosos dormitorios están igual de bien equipados, con bonitos suelos de madera y TV.

Tiene algunos patios ajardinados magníficos, y un restaurante peculiar donde sirven el desayuno y algún tentempié. El dueño, Luis, organiza salidas de senderismo y circuitos por los alrededores.

La Perla de Los Andes HOTEL $
(☎39-2007; hostal_perladelosandes@hotmail.com; Villar 179; i/d 35/55 PEN; 📶) Acogedor hotel de excelente precio que muestra sus múltiples capas de madera pulida con orgullo y cuenta con una fabulosa ubicación en la tranquila plaza de Caraz. Las habitaciones son pequeñas, pero tienen televisión por cable, colchones firmes, duchas de agua caliente, y algunas, balcones con excelentes vistas a la plaza. Abundante luz natural y solícito personal.

Grand Hostal Caraz Dulzura HOTEL $
(☎39-1523; www.hostalcarazdulzura.com; Sáenz Peña 212; i/d/tr desayuno incl. 45/70/120 PEN; 📶) Este refugio rural limpio y hogareño, 10 cuadras al norte de la plaza por la Av. Córdova, proporciona una excelente relación calidad-precio. Las habitaciones son luminosas y tienen duchas de agua caliente y cómodas camas. Cuenta con un patio con una rocosa colina como telón de fondo y una sala de TV con algunas sorpresas, como lámparas hechas con cajas registradoras.

Hostal Chavín HOTEL $
(☎39-1171; chavinhostel@hotmail.com; San Martín 1135; i/d/tr/c 40/60/80/100 PEN; 📶) Su propietario tiene relación con la dirección de turismo local y proporciona información, circuitos y transporte, por lo que es una práctica opción. Las habitaciones son sencillas, pero disponen de TV y duchas de agua caliente, y el hotel está junto a la plaza.

Cordillera Blanca Hotel HOTEL $
(☎46-7936; hotelcordillerablanca@hotmail.com; Grau 903; i/d 25/40 PEN; 📶) Este hotel de varios pisos frente al mercado carece de todo lo que pudiera darle personalidad, pero sus inmaculadas habitaciones de intensos colores y relucientes baños tienen buena relación calidad-precio. El restaurante de la parte de abajo, el Chifa El Dragon Rojo, es una pollería tradicional con toques chinos.

Hostal La Casona PENSIÓN $
(☎39-1334; Raymondi 319; h 15 PEN/persona, h sin baño 10 PEN/persona; @) Aunque muchas de las habitaciones grandes son oscuras y carecen de ventanas, su atractivo patio y animado propietario lo convierten en un favorito entre los económicos.

CAÑÓN DE LA MONJA MUERTA

En la versión en español del programa de televisión del History Channel del 2012 sobre el cañón del Pato en *Rutas Mortales: Los Andes* se cambió su nombre –poco impactante– por el de "cañón de la Monja Muerta", mucho más aterrador. ¡Horror!

Dónde comer

Café de Rat DESAYUNO, PIZZERÍA $
(José Sucre 1266; desayuno 5-12 PEN, *pizzas* desde 15 PEN; 🕗7.00-11.00 y 17.00-21.00; 📶) Este evocador restaurante-café con vigas de madera sirve sándwiches, pasta y café para el desayuno y cena, pero cierra para el almuerzo. También ofrece intercambio de libros, dardos, bar y música; es un local excelente, en especial el piso superior, con chimenea y vistas a la plaza. Está encima de Pony Expeditions.

Café La Terraza DESAYUNO, PERUANA $
(José Sucre 1107; menú 7 PEN, platos ppales 12-20 PEN; 🕗cerrado lu) Sirve el mejor café y muchas opciones para el desayuno (¡tortitas!), *pizzas* y pasta, en un acogedor y alegre local. Sirve menús del día a buen precio.

Cafetería El Turista DESAYUNO, PERUANA $
(San Martín 1127; desayuno 4-10 PEN; 🕗6.30-12.00 y 17.00-20.00) Este diminuto café es un lugar fenomenal para desayunar a primera hora; es como el escenario de María, su exuberante dueña, donde se desenvuelve a sus anchas. Habla por los codos de sus viajes.

Heladería Caraz Dulzura HELADOS $
(plaza de Armas; helado 2-6 PEN) Esta popular heladería se llena los días de calor. También sirve algunas comidas locales, pero se centra en sus dulces productos.

Información

La **Cámara de Turismo** (☎39-1029; plaza de Armas; 🕗8.00-13.00 y 14.30-17.00 lu-vi), en la plaza de Armas, tiene un horario irregular y poca información turística.

El **BCP** (Villar esq. Córdova) y el **Banco de la Nación** (Raymondi 1051) cambian moneda y cheques de viaje, y cuentan con cajeros automá-

AUTOBUSES DE CARAZ

DESTINO	TARIFA (PEN)	DURACIÓN (H)
Carhuaz	3,50	¾
Cashapampa	8	1½
Chimbote	25-60	6
Huallanca	7	1
Huaraz	6	1¼
Lima	30-75	8-9
Pueblo Parón	5	1
Yungay	2	¼

ticos. La sucursal de **Serpost** (San Martín 909) está al norte de la catedral.

Cómo llegar y desplazarse

Caraz suele ser la última parada de los autobuses que atraviesan el callejón de Huaylas. La mayoría de los autobuses costeros pasan por Huaraz.

Autobús

LARGO RECORRIDO

Transportes Rodríguez (☎79-4375; Villar 411) ofrece autobuses a Lima a las 20.30 con servicios económicos y semi-cama en días alternos. **Cooperativa Ancash** (☎39-1126; Córdova 139) ofrece servicios a Lima a las 11.00, 19.00 y 20.00. **Movil Tours** (☎39-1184; pasaje Santa Teresita 334) ofrece el autobús-cama más cómodo a Lima a las 21.00 y buenos servicios económicos a las 7.30, 13.00 y 20.30. También ofrece un autobús-cama a Chimbote vía Casma a las 20.10.

Yungay Express (☎39-1492; Villar 316) ofrece un autobús diario a Chimbote vía el cañón del Pato que sale a las 9.00 y dos vía Casma a las 12.00 y las 20.00.

ZONA DE CARAZ

Los microbuses a Yungay, Carhuaz y Huaraz salen de la estación de la carretera central.

Taxis

Los taxis colectivos *a* Cashapampa (8 PEN, 1½ h), donde está el extremo norte del sendero de Llanganuco-Santa Cruz, salen cuando están llenos de la esquina de Ramón Castilla con Santa Cruz. Los colectivos al pueblo de Parón (5 PEN, 1 h), a 9 km de la famosa laguna Parón, salen de la misma esquina. Los colectivos a Huallanca, para ir al cañón del Pato y más allá, salen de la Av. Córdova esquina La Mar cuando están llenos.

Hay mototaxis (1 PEN), pero Caraz puede recorrerse fácilmente a pie.

AL SUR DE HUARAZ

Esta zona abarca la parte sur de la cordillera Blanca y la majestuosa cordillera Huayhuash, una parte de los Andes insuperable por su "sobrecogedor paisaje montañoso". Varios picos superan los 6000 m de altitud, apiñándose para formar una sierra casi ininterrumpida de cumbres vertiginosas. **Yerupajá** (6617 m), la segunda montaña más alta de Perú, es el pico que corona la tarta, seguido de **Siulá Grande** (6344 m), donde el alpinista Joe Simpson cayó en una grieta y estuvo a punto de perecer, pero sobrevivió; contó su experiencia en el libro y el documental, *Tocando el vacío*. El agreste y gratificante circuito de 10 días en la cordillera Huayhuash (véase p. 386), que comienza en el pueblo de Llamac, es la atracción estrella.

El puente Bedoya, unos 18 km al sur de Huaraz, marca el comienzo de una carretera sin asfaltar de 2 km hasta la comunidad de **Olleros**, el punto de partida para la excursión de tres días por la cordillera Blanca hasta Chavín de Huántar (véase p. 398). Respons Sustainable Tourism Center (p. 367), en Huaraz, organiza una pintoresca excursión de un día (90 PEN/2 personas, menos por persona en grupos más grandes) a la aldea de **Huaripampa**, pocos minutos al sur de Huaraz, para ver cómo las mujeres tiñen y tejen la lana con plantas de su propio jardín y en sus propios telares artesanales.

Recuay (2900 hab.) es un pueblo a 25 km de Huaraz, uno de los pocos que sobrevivió al terremoto de 1970. **Catac** (2300 hab.), 10 km al sur de Recuay, es más pequeño y un buen punto de partida para las excursiones en busca de la exótica *Puya raimondii*.

Más al sur, a 70 km de Huaraz por la carretera a Lima y cerca del pueblo de Pampas

Chico, **Hatun Machay** (www.andeankingdom.com/hatunmachay; acampada 20 PEN, dc 30 PEN, curso de 3 días incl. comidas, equipo y transporte desde Huaraz 405 PEN/2 personas) es el paraíso para las escaladas en roca. Los encargados de **Andean Kingdom/Infinite Adventures** (☎42-7304; www.andeankingdom.com; parque Ginebra, Huaraz), en Huaraz han realizado docenas de rutas de escalada en este "bosque de rocas" en lo alto de la cordillera Negra. Todo el conjunto, que incluye las rutas de escalada y un gran refugio rústico con cocina comunitaria, está al servicio del cliente que desee iniciarse en la escalada en roca, así como del más veterano. Por si fuera poco, dos senderos en los alrededores de esta zona pasan por restos arqueológicos de tallas rocosas y ofrecen vistas al océano Pacífico (en días despejados); son magníficas excursiones de adaptación en media jornada.

Chiquián

☎043 / 3700 HAB. / ALT. 3400 M

Este tranquilo pueblo de montaña fue tradicionalente la base de operaciones para los excursionistas del circuito de la cordillera Huayhuash. Hoy en día puede circunvalarse por la nueva carretera (sin asfaltar) que llega hasta la cabecera de un sendero en Llamac, pero se estará mucho más cómodo aquí. La llegada por carretera al pueblo ofrece vistas magníficas del Huayhuash.

A finales de agosto se celebra un festival anual en honor a **Santa Rosa de Lima,** con bailes, desfiles, música y corridas de toros.

Dónde dormir y comer

Hotel Los Nogales PENSIÓN $

(☎44-7121; www.hotelnogaleschiquian.com; Comercio 1301; i/d/tr 30/50/70 PEN;) Colorido, limpio y atractivo, es un estupendo establecimiento a tres cuadras de la plaza. Las habitaciones rodean un patio muy bonito de estilo colonial y sirve comidas. Los propietarios y empleados son muy agradables y el agua caliente, televisión por cable, wifi y servicio de café en la habitación rematan la oferta. Se trata de uno de los cinco mejores alojamientos de la región.

Gran Hotel Huayhuash HOTEL $

(☎44-7049; 28 de Julio esq. Amadeo; i/d 30/50 PEN, i/d sin baño 20/40 PEN, desayuno incl.; @) Opción más contemporánea con bonitas habitaciones, algunas con buenas vistas, agua caliente y TV de pantalla plana nuevos. El restaurante es uno de los mejores del pueblo, pero no está muy bien regentado. El propietario es una buena fuente de información sobre la zona.

Miky PERUANA $

(2 de Mayo s/n, 2º; menús 4-7 PEN; cerrado do) Ser barato y el mejor a menudo requiere intervención divina. Una estrella alumbra este festivo y bien regentado restaurante, el mejor para tomar menús del día. El autor de esta guía preguntó por la opción más limpia y se encontró con que todo el pueblo comía en él. Sirve unas fantásticas sopas de primero y el jugoso lomo saltado fue uno de los mejores que había probado (y probó muchos). Fabuloso por solo 4 PEN.

Cómo llegar y salir

Los viajeros interesados en Chiquián y la cordillera Huayhuash encontrarán autobuses directos desde Lima. Sin embargo, como es probable que se necesiten unos días para aclimatarse, conviene saber que en Huaraz hay más distracciones. **Turismo Cavassa** (☎44-7036; Bolognesi 421) ofrece autobuses a/desde Lima que salen a las 9.00 a diario desde ambas ciudades (25 PEN, 8 h).

Si se va a hacer el circuito Huayhuash, se toma el autobús de las 8.00 de **Turismo Nazario** (☎78-9699; Comercio 1050) a Llamac (10 PEN, 2½ h), que continúa después de su salida a las 5.00 de Huaraz (10 PEN, 2 h). **Transportes San Bartolome** (☎44-7084; Bolognesi s/n) también va a Llamac (6-8 PEN) y Quero (6 PEN, 2½ h) a las 8.00. Desde Quero se puede ir a pie a Mahuay y Matacancha hasta la cabecera alternativa del sendero. También hay una *combi* a las 9.00 a Quero (7 PEN). **Transportes El Rapido** (☎44-7096; Figueredo 209) va a Huaraz a las 5.00 y las 14.00 (10 PEN).

Se puede ir de Chiquián a Huallanca, aunque el servicio, en el mejor de los casos, es irregular. Hay que preguntar en la localidad. Huallanca (1950 hab.) cuenta con un hotel sencillo, y hay medios de transporte que siguen hasta La Unión y Huánuco.

El viaje entre Huaraz y Chiquián, ya sea envuelto en niebla por la mañana desde el primero (mejor sentarse a la izquierda) o por la tarde desde el segundo (mejor sentarse a la derecha), permite ver uno de los paisajes más bonitos de Perú.

Llamac

☎043 / ALT. 3300 M

Este destartalado pueblo de ladrillo y adobe es el tradicional punto de arranque del circuito de Huayhuash. A pesar de que hoy una carretera asfaltada permite circunvalar Chiquián y que los viajeros pueden comenzar temprano los senderos, ofrece pocos servicios, aunque posee una pequeña plaza de Armas con una desvencijada iglesia cubierta de buganvillas. La cabecera del sendero está detrás de la Municipalidad. Los extranjeros pagan una entrada al pueblo de 15 PEN, la primera del circuito.

Los senderistas cuentan con dos rudimentarias opciones de alojamiento. El **Hostal Los Andenes** (San Pedro s/n; h con/sin agua caliente 15/10 PEN/persona) ofrece habitaciones muy básicas con baños compartidos y cálidas mantas de lana, y es casi el único lugar en el que comer. Los viajeros toman menús de 5 a 12 PEN en un pequeño comedor con una TV de pantalla plana en la que ponen DVD. No tiene teléfono para hacer reservas, hay que llamar al teléfono público del pueblo: ☎83-0785. La otra opción es el **Hospedaje Santa Rosa** (☎94-338-0659; Bolognesi s/n; h 6 PEN/persona), aún más básico, con baños compartidos y una dulce propietaria, Igima.

Turismo Nazario (☎82-4431; Grau s/n) sale de Huaraz a Llamac (25 PEN, 4½ h) vía Chiquián (15 PEN, 2 h) a las 5.00 a diario y regresa de Llamac a las 11.30. **Transportes San Bartolome** (☎83-0827; Bolognesi s/n) va a Chiquián a la misma hora en un autobús más tosco, pero más barato (6 PEN, más 2 PEN por el equipaje).

CALLEJÓN DE CONCHUCOS

El valle de Conchucos (llamado localmente el callejón de Conchucos) discurre paralelo al callejón de Huaylas en el lado este de la cordillera. Salpicado de joyas remotas y poco visitadas, este valle cautivador de aldeas andinas de postal tiene mucha historia. Esta región está intercomunicada por senderos excelentes, pero poco frecuentados y sin explotar. La infraestructura turística es escasa: hay unos cuantos hoteles acogedores y sencillos, y un transporte irregular que recorre carreteras malas que se vuelven imposibles durante la estación lluviosa. Quienes hagan el esfuerzo de ir, se encontrarán recompensados del largo viaje por la hospitalidad de los campesinos quechuas y el imponente paisaje montañoso.

Chavín de Huántar, en el extremo sur del valle, es la zona más accesible de todo el territorio y atesora algunas de las ruinas preincaicas más importantes y misteriosas de todo el continente. Desde Huari, al norte de Chavín, se puede ir hacia el norte hasta Pomabamba en autobuses bastante irregulares o emprender la marcha a pie rumbo al norte, bordeando los picos orientales de la cordillera Blanca hasta Chacas y Yanama (véase la p. 402).

Chavín de Huántar

☎043 / 2000 HAB. / ALT. 3250 M

El apacible pueblo de Chavín colinda en el extremo norte con las ruinas. Con demasiada frecuencia recibe a viajeros en viaje organizado desde Huaraz, pero solo se quedan un día. Sin embargo, este atractivo municipio andino ofrece excelentes infraestructuras turísticas, un montón de actividades en plena naturaleza y algunos de los alojamientos con mejor relación calidad-precio de la cordillera. Si uno pernocta aquí, debería visitar los impresionantes yacimientos arqueológicos a primera hora de la mañana para evitar las muchedumbres.

La calle principal es 17 de Enero Sur, que parte de la bonita plaza de Armas rumbo sur, pasando por varios restaurantes, cibercafés y la entrada al yacimiento arqueológico. El **Banco de la Nación** (7.00-17.30 lu-vi, 9.00-13.00 sa), en la plaza de Armas, posee un cajero automático Visa/Plus. La Municipalidad, junto a la plaza, cuenta con una pequeña, pero útil, **oficina de información turística** (☎45-4235 ext. 106; Bolívar s/n; 8.00-12.30 y 14.30-17.30).

Puntos de interés

Chavín de Huántar RUINAS

(adultos/estudiantes 10/5 PEN; 9.00-17.00 ma-do)
Declarado Patrimonio Mundial por la Unesco en 1985, es el lugar por excelencia de mediados-finales del período formativo (c. 1200-500 a.C.), uno de los muchos centros ceremoniales relativamente independientes y competitivos repartidos por todos los Andes centrales. Se trata de un fabuloso logro en construcción antigua, con grandes estructuras tipo templo y laberínticos pasadizos subterráneos (hoy iluminados artificialmente). A pesar de que se construyó sobre las ruinas y desaparecieron obras de arte en piedra, y un gran corrimiento de tierras tras una intensa temporada de lluvias en 1945 cubrió gran parte de la zona, sigue bastante intacto como para ofrecer una imagen completa de una de las sociedades más complejas y antiguas de Perú.

EL PERÍODO CHAVÍN

Considerado como uno de los períodos culturales más antiguos e importantes de Perú, se desarrolló en el marco preincaico del 1200 al 500 a.C. Los chavín y sus contemporáneos ejercieron una gran influencia, en especial durante los años formativos entre el 800 y el 500 a.C., cuando destacaron en la producción de patatas y otros cultivos del Altiplano, la cría de animales, la cerámica, la producción de metales y la ingeniería de edificios y canales. Los arqueólogos de Chavín se refieren a ese momento de relevancia política como el Horizonte Chavín, aunque también se utiliza Horizonte Temprano o Formativo tardío.

Su deidad principal era felina (el jaguar o el puma), aunque se adoraba también en menor medida a los dioses cóndor, águila y serpiente. Las representaciones de estas deidades son muy estilizadas y se encuentran en muchos yacimientos chavín y en numerosos objetos extraordinarios, como el obelisco Tello del Museo Nacional de Chavín, el *Lanzón,* al que también se suele llamar "dios sonriente", que se erige en los túneles subterráneos del yacimiento chavín, y la estela Raimondi en el Museo Nacional de Antropología, Arqueología e Historia del Perú de Lima (p. 67). La estela Raimondi (que hoy se considera demasiado frágil para ser trasladada a Chavín) tiene la talla de una figura humana, a veces llamada el "dios de los báculos", con cara de jaguar y largas varas en cada mano, una imagen que ha aparecido en yacimientos arqueológicos de las costas norte y sur de Perú, lo que sugiere el amplio alcance de esta cultura. Al parecer, las imágenes de estos enormes pilares de piedra indican la creencia en un universo tripartito que consistía en los cielos, la tierra y el inframundo, o, tal como señala una teoría alternativa, un cosmos compuesto de aire, tierra y agua, aunque siguen siendo conjeturas y los arqueólogos no han encontrado pruebas que las avalen.

En el importante centro ceremonial de Chavín los sacerdotes ostentaban un enorme poder y se relacionaban ante todo con las clases altas de la sociedad, a las que persuadían con formidables rituales de difícil explicación, en ocasiones aterradores. Una teoría sostiene que los sacerdotes se basaban en una compleja observación y comprensión de los cambios estacionales, de los ciclos de lluvia y sequía, y del movimiento del sol, la luna y las estrellas para elaborar calendarios que contribuyeron a la supremacía agrícola de Chavín, pero no hay pruebas de la existencia de dichos calendarios. Otras teorías apuntan a que los líderes de Chavín estaban llegando al punto de liberarse de servir al sistema y aspiraban a una autoridad basada en la fe, en vez de cumplir un cometido agrícola. Algunos arqueólogos afirman que durante este período había también sacerdotisas que desempeñaron un papel importante en el culto. Al parecer, Chavín continúa sumido en el misterio.

Chavín está compuesto por una serie de templos antiguos y otros más nuevos construidos entre el 1200 y el 500 a.C., pero la mayor parte de las estructuras visibles hoy en día provienen de un período de construcción intenso entre el 900 y el 700 a.C. En el centro hay una plaza central, algo hundida, que como el resto del yacimiento posee un extenso y bien diseñado sistema de alcantarillado. Una amplia escalera sale de la plaza y asciende hasta el portal del edificio más grande e importante, llamado el Castillo, que ha sobrevivido a intensos terremotos a lo largo de los años. Está construido en tres niveles diferentes, con mampostería de piedra y mortero (a veces incorpora bloques de piedra tallada), y antaño sus muros estaban adornados con cabezas clavas (bloques tallados con formas antropomorfas o zoomorfas, quizá inducidas por los alucinógenos, con puntas en la parte trasera para insertarlas en los muros). Solo se conserva una de ellas en su lugar original, aunque las otras pueden verse en el museo local de las ruinas.

Los túneles que hay debajo del Castillo son una prodigiosa obra de ingeniería, formada por una laberíntica red de corredores, conductos y cámaras. En el centro de ese complejo se encuentra un monolito de granito blanco de 4,5 m de altura exquisitamente tallado, conocido como **Lanzón de Chavín.** El bajorrelieve del Lanzón, como otras imágenes aterradoras de la cultura chavín, representa una cabeza humana de la cual salen serpientes, con unos feroces colmillos de apariencia casi felina. Es muy probable que se tratara de un objeto de culto por su ubicación central en el recinto ceremonial. Llamado también

TIERRA DE LOS PERDIDOS

Cuando la Antamina Mining Company necesitó una carretera asfaltada para transportar el equipo de minería de Yanacancha al cruce de Conococha (200 km al este de Huaraz), la construyó ella misma. Durante las excavaciones del 2009 tuvo lugar un inesperado descubrimiento: más de 100 huellas y restos fosilizados de al menos 12 especies de animales prehistóricos, que los paleontólogos relacionaron con el período Cretácico temprano (hace unos 120 millones de años). Se encontraron esqueletos completos de grandes reptiles marinos conocidos como sauropterigios, además de restos de esqueletos de otras especies extinguidas de cocodrilos, reptiles voladores llamados pterosaurios, reptiles similares a peces llamados ictiosaurios y... ¡huellas de dinosaurios!

El lugar, conocido como **Huellas de los Dinosaurios,** se encuentra entre los kilómetros 77 y 83 de la carretera entre San Marcos y Huallanca. Cuando se redactó esta guía la única forma de visitarlo era en vehículo privado, pero se prevé organizar excursiones de un día desde Chavín de Huántar y Huaraz a partir del 2013.

el "dios sonriente", su apariencia no es nada amistosa.

Algunas peculiaridades arquitectónicas atractivas, como la curiosa colocación de los canales de agua y el uso de minerales muy pulimentados para reflejar la luz, permitieron que los arqueólogos de Stanford creyeran que el conjunto se utilizó como lugar para infundir temor y conmoción. Los sacerdotes manipulaban imágenes y sonidos para atraer a los descreídos: emitían extraños ecos con sus trompetas de caracola marina (pututos), amplificaban el sonido del flujo de la corriente del agua a través de canales especialmente diseñados y reflejaban la luz del sol a través de los huecos de ventilación. Probablemente suministraban alucinógenos –como el cactus San Pedro– a los desorientados novicios antes de entrar en el oscuro laberinto. Estas prácticas otorgaron a los sacerdotes un poder reverencial.

El nuevo y excelente **Museo Nacional de Chavín** (entrada gratis; ⌚9.00-17.00 ma-do), cofundado por los gobiernos peruano y japonés, acoge pututos, cabezas clavas, cerámica, además del magnífico obelisco Tello, otro objeto de piedra de culto con bajorrelieves de un caimán y otros animales salvajes. El obelisco se trasladó a un museo de Lima mucho antes del corrimiento de tierras de 1945 que destruyó gran parte del museo capilla original y se devolvió a Chavín en el 2009.

Para aprovechar mejor la visita vale la pena contratar un guía (30 PEN) o hacer una visita guiada de un día (que incluye transporte) desde Huaraz. Esta última opción es la más económica, puesto que es difícil encontrar un autobús de regreso a Huaraz a última hora del día y quizá haya que optar por un colectivo sin licencia (25 PEN, piratas) o retroceder pasando por San Marcos (2 PEN, 15 min) para tomar una *combi* oficial (25 PEN, 2½ h) o colectivo (20-25 PEN, 2½ h) para ir a Huaraz.

Actividades

A unos 30 minutos a pie al sur de la localidad hay unos relajantes **baños termales** (entrada 3 PEN) sulfurosos que constan de cuatro baños privados y una piscina más grande. Conviene fijarse bien en el camino pequeño y señalizado que baja hasta el río. La Cafetería Renato (véase p. 401) organiza **paseos a caballo** con caballos de paso peruanos por 40 PEN/hora (guía incluido).

Desde Chavín se puede emprender una excursión de unas cuantas horas que pasa por un valle sublime, en dirección a Olleros, hasta un elevado puerto de montaña que brinda unas vistas impresionantes del Huantsán (6395 m), la montaña más alta del sur de la cordillera Blanca. Para quienes prefieran caminatas más largas, **Don Donato** (☎45-4136; J. Tello Sur 275), de la Asociación de Servicios de Alta Montaña, organiza una excursión de cuatro días (480 PEN) que rodea la parte posterior de la cordillera Blanca, pasa por diversos lagos alpinos y desemboca en el valle de Carhuascancha.

Dónde dormir y comer

Chavín tiene muy buenos alojamientos. También se puede acampar junto a las ruinas con el permiso del guarda.

La mayoría de los restaurantes se encuentran en la calle 17 de Enero Sur y en los hoteles, y suelen cerrar a la puesta de sol. Conviene ir pronto.

Hostal Chavín Turístico PENSIÓN $$
(☎45-4051; soniavalenciapozo@hotmail.com; Maytacapac 120; i/d 40/80 PEN; @) Esta nueva y familiar opción es el mejor lugar donde alojarse y ofrece habitaciones bien equipadas, con bonitas colchas, amplios baños y –lo más grato– sin pintura desconchada o tuberías oxidadas. Está limpio como una patena, bien atendido y más cerca de las ruinas que las opciones de la plaza. No hay internet, pero los propietarios disponen de un módem 3G que puede utilizarse en un portátil o en el de ellos.

La Casona PENSIÓN $
(☎45-4116; www.lacasonachavin.com.pe; plaza de Armas 130; i/d/tr 35/60/90 PEN) Las cuidadas habitaciones de esta casa antigua son un tanto oscuras, pero su bonito patio lleno de plantas es un excelente lugar para relajarse y empaparse del ambiente. Algunas habitaciones disponen de TV o balcón a la plaza. Su gerente estadounidense ha asombrado a los lugareños con su cultivo del cactus San Pedro y sueños de construir un complejo cercano a las ruinas.

Hostal Inca PENSIÓN $
(☎45-4021; enrique9541@hotmail.com; plaza de Armas; i/d PEN30/60) La reputación de este seguro y popular establecimiento es tan firme como sus cimientos coloniales y ofrece habitaciones muy respetables (aunque las duchas tienen poca presión y son estrechas). Posee un pequeño jardín cuidado. También acoge el laboratorio donde se lleva a cabo el programa actual de excavación de las ruinas.

Buongiorno PERUANA $$
(calle 17 de Enero Sur s/n; platos ppales 17-38 PEN; ⏲7.00-19.00) En un cordial entorno de jardín urbano, este agradable lugar sirve platos sofisticados. Su lomo a la pimienta, un favorito peruano con salsa de vino, nata y pimienta (27 PEN), tiene la calidad de un restaurante de tres estrellas de Lima y el ceviche de trucha es una opción muy popular.

Sus cocineros recogen hierbas de cultivo ecológico en sus amplios jardines, un buen detalle. Está a 50 m cruzando el puente desde la entrada a las ruinas. Es mejor el ambiente a la hora del almuerzo.

Cafetería Renato DESAYUNO, PERUANA $
(plaza de Armas; desayuno 3-12 PEN; ⏲desde 7.00) En la plaza de Armas, sirve deliciosos desayunos locales e internacionales, además de yogures caseros, queso y manjar blanco (dulce de leche). Cuenta con un maravilloso jardín para relajarse mientras se espera el autobús; además, los propietarios organizan excursiones a caballo.

Chavín Turístico PERUANA $
(calle 17 de Enero Sur 439; platos ppales 10-20 PEN; ⏲7.00- 20.30) Esta opción segura, sobre todo por su trucha al ajo y el sudado de trucha, muestra en una pizarra sus platos tradicionales y ofrece unas desvencijadas mesas en un pequeño patio. La comida es sabrosa y los arqueólogos locales opinan que es la opción más fiable.

Dónde beber

Mama Rawana BAR
(plaza de Armas 110) Es uno de los mejores bares de las cordilleras e ideal para tomar una cerveza fría. En este acogedor local se disfruta arrimado a la barra de madera de pino –tras agacharse para pasar su baja puerta– o en una de sus mesas. Es razón suficiente para pasar una noche en el pueblo.

Cómo llegar y salir

Una carretera panorámica atraviesa la cordillera Blanca, pasa por Catac y bordea la laguna Querococha, a 3980 m. Desde allí hay vistas de las cumbres de Pucaraju (5322 m) y Yanamarey (5237 m). Atraviesa el túnel de Kahuish (a 4516 m de altitud), que corta el paso de Kahuish; al salir del túnel y bajar hacia Chavín, hay la gigantesca estatua de Cristo que bendice la travesía; fue construida por misioneros italianos.

Los autobuses turísticos realizan excursiones de un día desde Huaraz. Para más detalles sobre Transportes Sandoval y otras compañías que ofrecen múltiples salidas diarias a Chavín (12 PEN, 3 h), véase p. 369. En Chavín, **Transportes Sandoval** (☎99-083-7068; gran terminal terrestre, Julio Cetello s/n) sale de su reluciente y nueva estación de autobuses al sur de la plaza. Va a Huaraz ocho veces diarias entre las 4.00 y las 21.00 (12 PEN, 3 h) y a Huari (6 PEN, 2 h) hacia el norte. **Turismo Andino** (☎94-498-8425, gran terminal terrestre, Julio Cetello s/n) ofrece salidas a Lima a las 6.00 y las 18.30 (40 PEN, 10 h).

Para ir hacia el norte por el lado oriental de la cordillera Blanca la mayoría de los autobuses que salen de Huaraz continúan hasta Huari (6 PEN, 2 h), desde donde se puede hacer transbordo a alguno de los poco frecuentes autobuses que pasan desde Lima. Hay colectivos frecuentes desde la gran terminal terrestre a San Marcos (2 PEN, 15 min) desde donde se pueden tomar colectivos a Huari (6 PEN, 45 min) y *combis*/colectivos a Huaraz (20-25 PEN, 2½ h) desde la llamada plaza Chupa, dos cuadras al norte de la pintoresca plaza de Armas.

Los senderistas pueden ir andando hasta Chavín desde Olleros en unos tres días; es un trayecto conocido, pero poco frecuentado (véase p. 385).

Al norte de Chavín

La carretera que toma rumbo norte desde Chavín atraviesa los pueblos de San Marcos (8 km), Huari (40 km, 2 h), San Luis (100 km, 5 h), Pomabamba y, al final, Sihuas (4000 hab.). Cuanto más al norte se llega, más difícil se hace el transporte, que puede desaparecer durante la estación lluviosa.

Desde Sihuas se puede continuar hasta Huallanca (al final del cañón del Pato) pasando por Tres Cruces y luego volver al callejón de Huaylas. Este viaje de ida y vuelta es espectacular, remoto y poco transitado.

Hay dos carreteras con desvíos pintorescos que retroceden al callejón de Huaylas. La que va desde Chacas a Carhuaz por el puerto de montaña de Punta Olímpica (4890 m) es espectacular. La carretera de Yanama a Yungay atraviesa otro impresionante paso (4767 m) y llega al valle famoso por las lagunas Llanganuco, con vistas a los imponentes picos de Huascarán, Chopicalqui y Huandoy (6395 m).

HUARI

☎043 / 4700 HAB. / ALT. 3150 M

Es una pequeña localidad quechua que se aferra a la ladera de la montaña. Desde sus empinadas y adoquinadas calles ofrece unas vistas panorámicas de casi 360 grados. El domingo es el día de mercado, cuando los campesinos de los pueblos vecinos bajan a Huari acarreando frutas y verduras. Su **fiesta** anual, la Señora del Rosario, se celebra a primeros de octubre con la extraña tradición de comer gato (a los residentes de Huari se les llama en broma en quechua *mishikanka,* que literalmente significa "gatos fritos", pero en sentido figurado "comedores de gato"). Posee una pequeña y moderna plaza de Armas y otra mayor, la plaza Vigil (conocida como El Parque) a una cuadra, donde se encuentran las compañías de autobuses (estos salen de una terminal a unas cuadras de distancia). Junto al mercado está el **Banco de la Nación,** que cuenta con un cajero automático Visa/Plus.

Para deleitarse con unas buenas vistas del valle solo hay que subir la cuesta desde el hotel El Dorado hasta el mirador. Una buena salida de un día es ir a la **laguna Purhuay,** un lago precioso a unos 5 km de distancia. En dos o tres días de excursión se puede pasar el lago que surge en el pueblo de Chacas. Hay otra excursión de tres a cuatro días que recorre la antigua calzada inca hasta Huánuco (véase p. 385).

Hay varios alojamientos baratos, pero **El Dorado** (Simon Bolívar 353; h 30 PEN, i/d sin baño 10/20 PEN) es el mejor de ellos y, a pesar de no tener teléfono ni taza de váter, es el más popular del lugar. El **Hostal Paraíso** (☎45-3029; Simón Bolívar 263; i/d 20/30 PEN, i/d sin baño 10/20 PEN) es más o menos igual. Ofrece habitaciones sencillas y un patio con vegetación. Ningún hotel cuenta con internet, pero es posible conectarse en **Cybershalom** (Ancash 773; 1 PEN/h; ⏲7.00-23.00).

No hay muchas opciones para comer, pero **Chifa Dragón Andino** (Libertad 660; platos ppales 9-15 PEN; ⏲desde 12.00, cerrado do) sirve comida china decente.

Los colectivos a San Marcos, para un viaje más rápido a Huaraz, salen de detrás del mercado (6 PEN, 45 min). **Transportes Sandoval** (☎45-7643; Ancash 812, plaza Vigil) va a Huaraz seis veces diarias (15 PEN, 4½ h) y comparte oficina con **Chavín Express,** que va a Lima (35 PEN, 11 h) una vez al día a las 17.30. **Turismo Andino** (☎99-342-7102; Ancash 836, plaza Vigil) va a Lima (40 PEN, 10 h) a las 9.00 y las 17.30, y a Chacas (15 PEN, 2½ h) a las 4.00. Para ir a Pomabamba (25 PEN, 6½ h), **El Solitario** (☎99-342-7102; Ancash 836, plaza Vigil) pasa por la carretera principal a las 17.00 los miércoles, jueves, sábados y domingos. Hay más opciones si se va antes a Huaraz, pero queda muy a desmano y en otra dirección. Si se desea continuar por cuenta propia hasta San Luis, para seguir hasta Chacas, Yanama y Pomabomba, un taxi cuesta entre 200 y 300 PEN, según la habilidad para negociar. La carretera es accidentada y bonita.

A la laguna Purhuay se puede ir en taxi (100 PEN ida y vuelta, incluido el tiempo de espera).

YANAMA

☎043 / 500 HAB. / ALT. 3400 M

Yanama es un diminuto pueblo rodeado de montañas donde lo más excitante que ha ocurrido en la pasada década es su conexión a la red eléctrica en el 2005. La localidad solo se halla a 1½ horas a pie (o a 20 minutos conduciendo) desde el final de la popular excursión a Santa Cruz (véase p. 381) y es un buen punto de parada para que montañeros y ciclistas repongan fuerzas. Las **fiestas** locales de Santa Rosa se celebran en agosto.

MERECE LA PENA

CHACAS

Esta atractiva localidad de montaña se halla en lo alto de una cresta, a 3360 m, rodeada de fértiles colinas y como invitado ocasional el pico nevado de la cordillera. Su carismática plaza mayor está dominada por una magnífica iglesia erigida por una organización italiana sin ánimo de lucro, Don Bosco, con sede en Marcará y fundada por el padre Ugo de Censi, un sacerdote salesiano.

Las casas blancas que rodean la plaza armonizan con el fondo montañoso. Muchas cuentan con elaborados balcones de madera, además de puertas y contraventanas pintadas con colores alegres que piden a gritos la foto de rigor. Lo mejor de todo es que la localidad es muy apacible: apenas hay tráfico y en casi todas las esquinas se pueden ver las pequeñas y sonrientes mujeres sentadas hilando lana. Es un refugio magnífico para unos cuantos días. Cuenta con algunos teléfonos, y, por sorprendente que parezca, hay acceso a **internet** (8.00-12.00 y 14.00-22.00; 2 PEN/h) en el recargado edificio de la Municipalidad, junto al **Banco de la Nación**, en la plaza (no dispone de cajero automático).

Se pueden hacer fantásticas caminatas de dos a tres días desde Chacas hasta Huari o Yanama, desde donde los mejor preparados pueden emprender la excursión de Santa Cruz (p. 381).

El acogedor **Hostal Asunción** (79-4482; Bolognesi 370; i/d 25/30 PEN, i sin baño 10 PEN) se encuentra en la plaza de Armas y un par de habitaciones tienen ventanas a la plaza. Una agradable pareja regenta el **Hospedaje Alameda** (95-395-5816; Lima 305; i/d 30/40, i/d sin baño 15/20 PEN), que cuenta con un bonito patio y habitaciones igual de sencillas (¡camas calientes!), además de otras más bonitas y nuevas con baño. Ambos cuentan con agua caliente. Pilar Ames (la propietaria del restaurante El Cortijo en Monterrey, p. 389) ofrece el alojamiento más cómodo del pueblo en el **Hostal Pilar** (en Monterrey 42-3813; Ancash 110; d 150 PEN), con instalaciones modernas. Como allí se alojan los participantes de un circuito local, solo se abre a aquellos que han reservado con antelación.

A pesar de ser idílico, pernoctar en el pueblo es un problema por la comida: **Zazón Andino** (Lima s/n; menú 5 PEN; cerrado sa cena), en la plaza, es la mejor (¿y única?) opción y prepara algunos menús comestibles que sirve una camarera de 11 años (hay que asumirlo).

Transportes Renzo (95-957-1581; Lima 37) y **Transportes El Veloz** (78-2836; Buenos Aires s/n) van a Huaraz (23-25 PEN, 4½ h), el primero a las 17.00 y el segundo a la 1.00 y 13.00, vía Punto Olímpica y Carhuaz. **Transportes Andino** (78-2994; Buenos Aires s/n) ofrece un autobús a Lima a las 4.00 (50 PEN, 16 h).

Las *combis* a San Luis (5 PEN, 1 h) salen de Bolognesi esquina Buenos Aires, una cuadra al este de la plaza, desde donde se pueden tomar autobuses a Pomabamba (Chavin Express, 15 PEN, 4 h), Huaraz (Transportes El Veloz, 25 PEN, 5 h) o Lima (Chavin Express, 45 PEN, 12 h).

Un autobús diario parte cada mañana de Yungay a Yanama, pasando por las famosas lagunas Llanganuco y a 1 km del pueblo de **Colcabamba** (360 hab.), el punto de partida para el circuito de senderismo de Llanganuco a Santa Cruz. En Yanama, las instalaciones son rudimentarias y las duchas pueden llegar a ser tan heladas como el aire de la montaña. La **Municipalidad** (plaza de Armas; 8.00-13.00 y 14.00-17.00 lu-vi) dispone de la única conexión a internet, pero ofrece un ordenador gratis para uso de los vecinos.

Andes Lodge Perú (76-5579; www.andeslodgeperu.com; Jirón Gran Chavín s/n; i/d 70/120 PEN, i/d sin baño 60/100 PEN, todas desayuno incl.) está a un par de cuadras de la plaza de Armas y es uno de los mejores refugios de montaña del callejón de Huaylas. Regresar para encontrar sus comidas caseras, duchas de agua caliente, cómodas camas con edredones de plumas y solícitos propietarios peruanos después de un día en las montañas es todo un placer. Organiza excursiones por toda la zona, incluida la laguna 69 y visitas a granjeros y tejedores locales. Todas las habitaciones incluyen el desayuno, y la pensión completa por persona y día cuesta 30 PEN más.

Un par de hospedajes ofrecen habitaciones austeras por 15 PEN/persona, pero el alojamiento más barato es el **Hostal El Pino** (☎97-150-0759; i/d/tr sin baño 15/25/45 PEN), detrás de la iglesia nueva, con un enorme pino enfrente. Es excepcionalmente acogedor y ofrece camas sencillas, pero cómodas, y duchas eléctricas con neblinosas vistas de las montañas. Los mismos propietarios regentan el mejor restaurante del pueblo, en la plaza, el **Restaurant El Pino II** (menús 8-12 PEN), en el que habrá que entrar si se desea pernoctar en la pensión.

En Colcabamba, hay familias que ofrecen cama y cena por entre 20 y 25 PEN por persona.

Algunos colectivos van a Yungay desde la plaza entre las 12.00 y las 13.00 (15 PEN, 3½ h), también se puede tomar un autobús de Transportes Renzo o Transportes El Veloz que salen de Pomabamba y pasan a las 12.00 y las 22.00. Evidentemente, el viaje es espectacular.

POMABAMBA

☎043 / 4400 HAB. / ALT. 2950 M

Conocida como la "Ciudad de los Cedros" (obsérvese el ejemplar de la plaza), es un lugar fenomenal para pasar algún tiempo antes de partir hacia las montañas. Resulta ideal para llenarse los pulmones de refrescante troposfera y empaparse del ambiente rural. En este pueblo empiezan y acaban muchas excursiones que cruzan la cordillera.

Una serie de **aguas termales** (entrada 1 PEN) naturales privadas esperan a los cansados excursionistas en las afuera del pueblo. En el pueblo, las duchas de agua caliente no son omnipresentes. A veces se puede contratar a un guía de senderismo desde aquí, pregúntese en el hotel. El **Banco de la Nación** (Huamachuco, cuadra 5) cuenta con un cajero automático Visa/Plus y en el pueblo hay acceso a internet.

Piscobamba es la siguiente población que se encuentra yendo a San Luis o a Huari; lo único que ofrece son unas vistas aceptables de las montañas.

Pomabamba cuenta con una mejor gama de alojamientos que otros pueblos de la cordillera Blanca. De los económicos destaca el **Hospedaje Las Begonias** (☎45-1057; lasbegonias_20@yahoo.es; Huamachuco 274; i/d 25/45 PEN, i/d/tr sin baño 20/40/60 PEN) ubicado en una encantadora casa colonial, con una exuberante entrada y un amplio balcón de madera. Las habitaciones tienen fabulosos suelos de madera y baños con duchas de agua caliente; todo ello regentado por una de las parejas más hospitalarias de las cordilleras. Han abierto un anexo menos evocador a pocas puertas, pero las habitaciones son igual de buenas. Para un alojamiento más lujoso hay que subir las empinadas escaleras desde la plaza al **Hotel Mirador** (☎45-1067; Moquequa esq. Centenario; i/d 40/70 PEN, i/d sin baño 30/50 PEN), que ofrece acogedoras habitaciones, restaurante y amplias vistas a la plaza y las montañas. El más barato es el genial **Alojamiento Estrada** (☎50-4615; Huaraz 209; i/d sin baño 15/30 PEN), detrás de la iglesia de la plaza de Armas, que cuenta con un pequeño patio y una propietaria que sin duda se adhiere a la teoría de que la limpieza lo es todo (intentó quitar el polvo de la mochila del autor antes de que entrara). Adora a los clientes con curiosidad de abuela, un cambio que se agradece después de algunos bruscos recibimientos experimentados por viajeros fuera de Huaraz. Dispone de agua caliente si se avisa con una hora de tiempo. Por encima en la escala económica, pero por debajo en la hospitalaria está el **Hostal Leo** (☎97-144-3298; Peru s/n; i/d 25/30 PEN), en la plaza, que ofrece habitaciones con buena relación calidad-precio, con confortables colchas y baños. Por extraño que parezca solo ofrece agua caliente en los baños compartidos.

Miky's Pollería (Huamachuco 330; ¼ pollo 9 PEN) prepara un decente pollo a la brasa y mejores patatas fritas que la mayoría. **Davis David** (Huaraz 269; menús 5 PEN) sirve los platos clásicos locales y un menú respetable durante el día.

Todos los autobuses a Huaraz y Lima salen de la plaza de Armas o junto a ella, en la calle Huaraz. **Chavin Express** (☎63-1779; Huaraz 452) va a Lima (50 PEN, 18 h) dos veces al día a las 5.00 y 13.00 vía Hauri. **El Solitario** (☎51-4422; Centenario 285) ofrece un autobús a Lima a las 6.00 (55 PEN) vía Huari (25 PEN) los domingos, lunes, jueves y viernes. Ambos dejan en Chavín de Huántar (30 PEN, 9 h). **Transportes Renzo** (☎45-1088; Huaraz 430) va a Huaraz (35 PEN, 8 h) vía Yanama (10 PEN, 3½ h) a las 8.45 y las 19.00 a diario. **Transportes El Veloz** (☎94-303-6951; Peru s/n) hace la misma ruta a las 8.45, 18.00 y 18.45.

Hay *combis* a Sihuas y Piscobamba a diario desde el centro urbano.

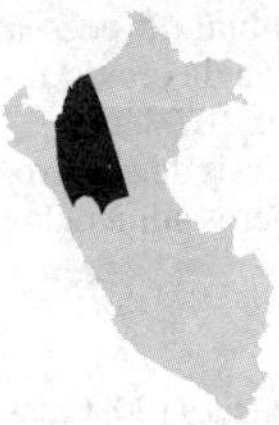

Norte del Altiplano

Sumario »

Los mejores restaurantes

» Magredana (p. 412)
» La Patarashca (p. 435)
» La Olla de Barro (p. 432)
» La Casa de Seizo (p. 431)
» El Tejado (p. 422)

Los mejores alojamientos

» Posada del Puruay (p. 411)
» Gocta Andes Lodge (p. 425)
» Kentitambo (p. 428)
» Estancia Chillo (p. 427)
» Pumarinri Amazon Lodge (p. 433)

Por qué ir

Los vastos tramos inexplorados de selva y las cordilleras siempre envueltas en neblina guardan celosamente los secretos de la sierra norte, donde los picos de los Andes y los exuberantes bosques se extienden desde la costa hasta la profunda selva amazónica. Entre reliquias de reyes incas y ruinas de los guerreros moradores de los bosques nubosos en medio de la selva, los accesos a estos puntos se encuentran en los primeros estadios.

Las calles adoquinadas de Cajamarca atestiguan el principio del fin del otrora poderoso Imperio inca y aún hoy se observan restos de las obras de estos famosos mamposteros andinos. Hace poco que los bosques nubosos de Chachapoyas han desvelado su gran tesoro arqueológico: la imponente fortaleza de Kuélap, que se aferra a una escarpada cumbre caliza. En Tarapoto, puerta a la jungla, el Amazonas espera paciente en la periferia, como lleva siglos haciendo, engalanado con su cornucopia de maravillosa flora y fauna.

Cuándo ir

Cajamarca

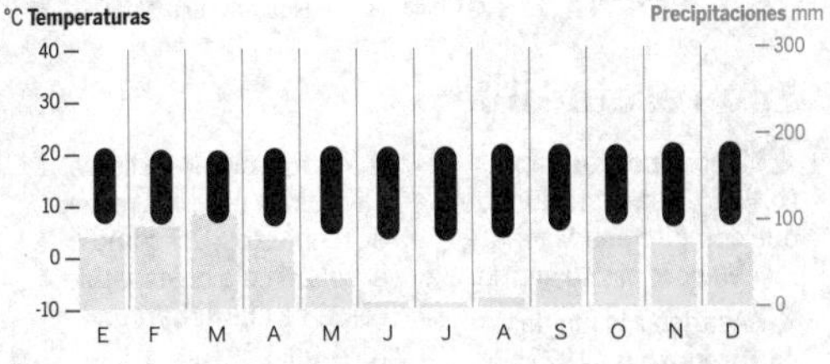

Ene-abr Abundantes lluvias, todo frondoso y lleno de vida, con grandes cascadas.

Feb-mar Que empiece el alboroto: es carnaval en Cajamarca.

Jun-oct Las lluvias y los corrimientos de tierras han cesado. Disfrútese del sol.

Cajamarca

☎076 / 146 000 HAB. / ALT. 2750 M

Esta es la localidad más importante del norte del Altiplano, una refinada metrópoli colonial con una voluntad de hierro, acunada por un lánguido valle y protegida por recias montañas. Al descender hacia el valle por la carretera se divisan los tejados de tejas rojas de las viviendas locales, que parecen aferrarse a sus raíces de pequeña aldea. La ciudad, rodeada de fértiles tierras de cultivo, pertenece por igual a los campesinos ataviados con sombreros de ala ancha y a los jóvenes urbanitas que frecuentan los restaurantes y bares de moda. En el centro colonial, la amplia plaza de Armas está rodeada de majestuosas iglesias. Muchas de las decadentes mansiones barrocas de antaño que flanquean sus callejuelas adoquinadas se han convertido en fantásticos hoteles y elegantes restaurantes.

La situación ha ido cambiando poco a poco. No hace mucho, la mina de oro de Yanacocha (véase recuadro en p. 407) ha inyectado a Cajamarca una gran dosis de efectivo, un constante flujo de ingenieros adinerados y un gran malestar incívico.

Historia

Conquistada por los incas hacia 1460, Cajamarca se convirtió en un importante centro de la ruta inca andina que enlazaba Cuzco con Quito.

Tras la muerte del Inca Huayna Cápac en 1525, lo que quedaba del imperio, que por aquel entonces abarcaba desde el sur de Colombia hasta el centro de Chile, se dividió entre sus dos hijos: Atahualpa se quedó con el norte, y Huáscar, con el sur. Esta solución no debió de ser del agrado de todos, ya que pronto estalló una guerra civil. En 1532, cuando Atahualpa y sus tro-

Imprescindible

❶ Trepar por **Kuélap** (p. 426), una gran ciudadela que compite con Machu Picchu pero sin su gentío.

❷ Acariciar la jungla en **Tarapoto** (p. 432) sin abandonar una carretera asfaltada.

❸ Zambullirse en la adrenalina bajo los 771 m de la **catarata de Gocta** (p. 425) cerca de Chachapoyas.

❹ Contemplar de cerca cientos de momias recién descubiertas, así como el colibrí cola de espátula cerca de **Leimebamba** (p. 427).

❺ Descansar unos días disfrutando en el ambiente colonial de **Cajamarca** (p. arriba).

❻ Emprender el irrepetible viaje en autobús de **Cajamarca** a **Chachapoyas** (p. 421) por un camino de baches que bordea peñascos, uno de los más espectaculares y aterradores de Perú.

❼ Pasar una noche memorable saboreando elixires amazónicos a base de raíces en **Chachapoyas** (p. 436) o **Tarapoto** (p. 436).

EL ORO DE LAS MONTAÑAS

Las montañas de los alrededores de Cajamarca están repletas de oro. Pero no hace falta sacar el cubo y la pala, ya que no se trata de las pepitas doradas que ansiaban los buscadores, sino del denominado "oro invisible", formado por gran cantidad de motas minúsculas que solo se pueden extraer mediante técnicas de minería muy avanzadas y nocivas.

La mina de oro de Yanacocha –cuyo mayor accionista es la empresa de Denver Newmont Mining Corporation– está formada por canteras abiertas en los campos que rodean Cajamarca y es una de las más productivas del mundo. Hasta el momento se ha extraído oro por un valor superior a 7000 millones de US$. Ello, sumado a los nuevos empleos y a la llegada de ingenieros internacionales a Cajamarca, ha supuesto el aumento de la riqueza de la región, aunque para muchos lugareños no es oro todo lo que reluce.

Según una investigación conjunta del New York Times y el programa de PBS Frontline World, la historia de la mina está ensombrecida por múltiples casos de corrupción.

En el 2000, un gran vertido tóxico de mercurio cuestionó las prioridades de los dirigentes, pues parecía que era más importante el oro que la seguridad. El preciado metal se obtiene lavando vastas zonas con una solución de cianuro, una técnica peligrosa que se vale de recursos hídricos de los que también dependen los campesinos locales. Un control medioambiental interno llevado a cabo por la empresa en el 2004 confirmó las sospechas de los aldeanos: sus reservas de agua estaban siendo contaminadas y los peces perecían.

En el otoño del 2004, muchos campesinos, desengañados, se manifestaron en contra de la apertura de una nueva mina en la zona de Quilish y se enfrentaron violentamente con la policía. Tras semanas de conflicto, la empresa empezó a ceder y desde entonces ha revaluado sus prioridades y ha mejorado la seguridad y su currículo ambiental.

En un intento por evitar futuras protestas, el Gobierno del presidente Ollanta Humala aprobó en el 2012 la Ley de consulta previa, por la que las compañías mineras deben negociar con las comunidades locales antes de poner en marcha un proyecto de extracción. No obstante, ese mismo año se dispararon de nuevo las alarmas en Cajamarca cuando Newmont presentó un plan de 4800 millones de US$ para la mina de oro y cobre de Conga. Pese a que la empresa argumentó que dicho plan generaría hasta 7000 empleos en la región, inyectaría 50 000 millones de US$ en la economía local y no dañaría las cuencas de la zona, los lugareños lo rechazaron. Bajo el lema "Conga no va", se declaró una huelga general regional que duró meses, con manifestaciones diarias y protestas en Cajamarca, Celendín y la región aledaña, que se saldó al menos con ocho muertos; aunque oficialmente acabó cuando se declaró el estado de emergencia durante dos meses en julio del 2012, la situación no volvió a la normalidad hasta septiembre. Durante la redacción de esta guía hubo continuas huelgas.

Con casi el 50% del territorio de Cajamarca cedido a las empresas mineras, en su mayoría con muchos recursos fluviales incluidos, no parece cercana la solución de este grave problema.

pas victoriosas se dirigían hacia el sur, a Cuzco, para hacerse con el control de todo el imperio, se detuvieron en Cajamarca para descansar unos días, y el soberano acampó junto a las fuentes de aguas termales, hoy conocidas como Baños del Inca. Fue entonces cuando se enteró de que los españoles estaban cerca.

Francisco Pizarro y sus tropas, compuestas por 168 hombres, llegaron el 15 de noviembre de 1532 a Cajamarca: la ciudad estaba desierta, pues la mayoría de sus 2000 habitantes estaban con Atahualpa en las termas. Los españoles pasaron la noche intranquilos, conscientes de la superioridad numérica de las cercanas tropas incas, cuyos efectivos se estimaban entre 40 000 y 80 000 hombres. Los españoles decidieron convocar a Atahualpa en la plaza y, si se presentaba la ocasión, capturarlo.

Atahualpa dejó la mayor parte de sus tropas fuera, mientras él entraba con un séquito de nobles y unos 6000 hombres armados con hondas y hachas. Fue recibido por el fraile español Vicente de Valverde, quien quiso explicarle su condición de hombre religioso y le entregó una Biblia. Se dice que Atahualpa, furioso, tiró el libro al suelo, por lo que Valverde se sintió plenamente justificado para lanzar el ataque.

Cajamarca

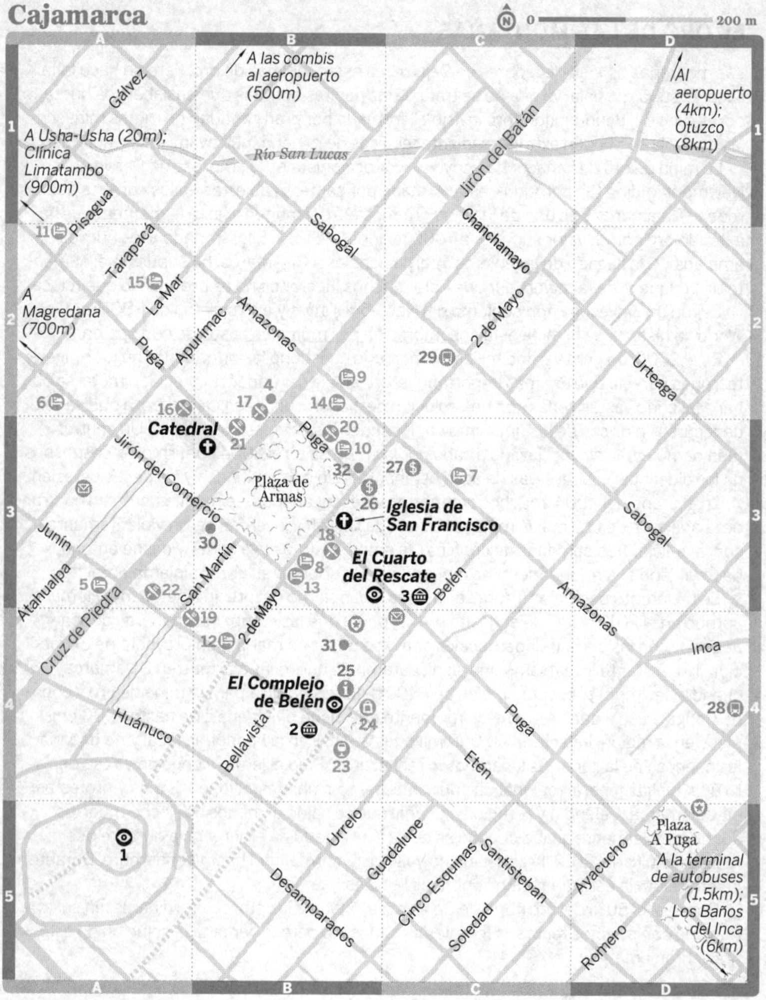

Tronaron los cañones, y la caballería española se abalanzó sobre Atahualpa y sus tropas. Los indígenas se espantaron por el asalto a caballo y por los cañones, que no habían visto jamás. Con sus hachas de mano y hondas no podían competir con los bien armados españoles, que blandían sus afiladas espadas desde una posición aventajada sobre caballos. Así es como el pequeño grupo de españoles logró matar hasta 7000 hombres y capturar a Atahualpa: se habían convertido en conquistadores.

Atahualpa se dio cuenta de inmediato de la codicia española y les ofreció un recinto lleno de oro y dos veces de plata a cambio de su libertad. Estos aceptaron, y poco a poco empezaron a llegar grandes cantidades de oro a Cajamarca. Casi un año después, el pago del rescate se había completado: unos 6000 kg de oro y 12 000 kg de plata se habían fundido y convertido en lingotes. A precios actuales, supondría casi unos 180 millones de PEN, aunque es imposible calcular el valor artístico de los ornamentos y útiles que se fundieron.

Cuando Atahualpa sospechó que no iba a ser liberado, envió mensajes desesperados a sus seguidores de Quito para que acudieran a Cajamarca a rescatarle. Al tener noticia de estos mensajes y asustados por las posibles

Cajamarca

Principales puntos de interés
Catedral ... B3
El Complejo de Belén ... B4
El Cuarto del Rescate ... B3
Iglesia de San Francisco ... B3

Puntos de interés
1 Cerro Santa Apolonia ... A5
2 Museo Arqueológico y Etnográfico ... B4
3 Museo de Arte Religioso ... C3

Actividades y circuitos
4 Clarín Tours ... B2
Mega Tours ... (véase 10)

Dónde dormir
5 El Cabildo ... A3
6 El Portal del Marqués ... A2
7 Hospedaje Los Jazmines ... C3
8 Hostal Casona del Inca ... B3
9 Hostal Jusovi ... B2
10 Hostal Plaza ... B3
11 Hostal Portada del Sol ... A2
12 Hotel Cajamarca ... B4
13 Hotel Casa Blanca ... B3
14 Las Américas Hotel ... B2
15 Los Pinos Inn ... A2

Dónde comer
16 Cascanuez Café Bar ... A2
17 Chifa Hong Kong ... B2
18 Don Paco ... B3
19 El Marengo ... A4
Espresso Bar Los Jazminas ... (véase 7)
20 Heladería Holanda ... B3
21 Querubino ... B3
Salas ... (véase 20)
22 Sanguchon.com ... A3

Dónde beber
23 Gruta 100 ... B4

De compras
24 Colors & Creations ... B4

Información
25 Dirección de Turismo ... B4
26 Interbank ... B3
27 Scotiabank ... C3
Puesto de información turística ... (véase 26)

Transporte
28 Civa ... D4
29 Combis a Los Baños del Inca ... C2
30 LAN ... B3
31 LC Perú ... B4
32 Línea Ticket Office ... B3

consecuencias, los españoles condenaron a muerte a Atahualpa. El 26 de julio de 1533 lo llevaron al centro de la plaza para quemarlo en la hoguera, pero en el último momento el inca "aceptó" el bautismo, y como recompensa, su condena fue sustituida por una muerte más rápida: la horca.

Gran parte de los edificios incas de Cajamarca fueron demolidos y sus piedras utilizadas para construir las iglesias y mansiones españolas. La enorme plaza donde Atahualpa fue capturado y después ahorcado estaba más o menos en el mismo lugar que la actual plaza de Armas. El único edificio inca que sigue en pie es el Cuarto del Rescate, donde estuvo encarcelado Atahualpa.

Puntos de interés

En la magnífica plaza de Armas de Cajamarca hay un jardín bien cuidado cuyos setos están podados artísticamente en forma de llamas y otros animales andinos. La exquisita fuente central, que data de hacia 1692, conmemora el bicentenario de la llegada de Colón a América. Al caer la tarde, los lugareños se congregan en esta plaza para pasear y comentar los acontecimientos del día, un pasatiempo popular en todo el norte de Perú.

Dos iglesias dan a la plaza: la catedral y la iglesia de San Francisco. Ambas suelen iluminarse por la noche, sobre todo los fines de semana.

El Complejo de Belén EDIFICIO HISTÓRICO
(adultos/estudiantes 5/2 PEN; 9.00-13.00 y 15.00-18.00 ma-sa, 9.00-13.00 do) El extenso complejo colonial, la iglesia y el hospital de Belén se construyeron enteramente con piedra volcánica entre 1627 y 1774. El hospital estaba a cargo de monjas y contaba con 31 pequeños dormitorios, a modo de celdas, uno junto al otro en un edificio en forma de T. En la fachada puede verse una curiosa estatua de una mujer con cuatro pechos, tallada por artesanos locales, que al parecer representa una afección común en una de las poblaciones cercanas.

La iglesia barroca contigua, con una profusa decoración exterior, es una de las me-

EL CARNAVAL DE CAJAMARCA

En Perú, el carnaval se celebra por todo lo alto a principios de la Cuaresma, generalmente en febrero. No todas las fiestas reciben la misma atención, y todos coinciden en que las de Cajamarca son las más animadas.

Los preparativos empiezan con meses de antelación. A veces, en cuanto termina un carnaval ya se empieza a planificar el del año siguiente. En Cajamarca se lo toman muy en serio. Los festejos duran nueve días, en los que se baila, se come, se canta y hay disfraces, desfiles y mucha juerga. Se trata de una fiesta de lo más húmeda, ya que hay abundantes peleas de agua, peores (o mejores, según como se mire) que las de ningún otro lugar: hay que advertir que los lugareños no se limitan a empaparse de agua unos a otros, sino que utilizan pintura, aceite y otros líquidos.

Los hoteles se llenan con semanas de antelación, los precios se ponen por las nubes y cientos de personas acaban durmiendo en la misma plaza. Se trata de una de las fiestas más divertidas del país y a las que decididamente vale la pena asistir.

jores de Cajamarca. Posee una cúpula y un púlpito de gran valor artístico, además de varias tallas de madera interesantes, entre ellas un Cristo de aspecto cansado, sentado en un trono con las piernas cruzadas. Destacan los grandes querubines que soportan el elaborado centro, que se supone representa el peso del cielo. La oficina de turismo se encuentra en una de las salas interiores del complejo.

Iglesia de San Francisco IGLESIA, MUSEO
(entrada 3 PEN; ⏲9.00-12.00 y 16.00-18.00 lu-vi) Los campanarios de la iglesia de San Francisco se acabaron de construir en el s. xx, cuando ya la monarquía española no podía exigir la tasa extraordinaria por la finalización. En su interior se pueden admirar elaboradas tallas de piedra y altares, y en la entrada hay una interesante colección de corazones sagrados de plata. Se recomienda la visita al pequeño Museo de Arte Religioso, donde pueden verse pinturas del s. XVII realizadas por artistas indígenas, así como las catacumbas donde muchos monjes fueron enterrados. La capilla de la Dolorosa, a la derecha de la nave, profusamente esculpida, se considera una de las mejores de la ciudad.

El Cuarto del Rescate RUINAS
(⏲9.00-13.00 y 15.00-18.00 ma-sa, 9.00-13.00 do) Es el único edificio inca que sigue en pie en Cajamarca. A pesar de su nombre, no se trata de la sala donde se acumuló el rescate, sino del lugar donde Atahualpa fue encarcelado. Tiene tres puertas y varios nichos con forma de trapecio, una característica de la arquitectura inca, y aunque está bien construido, no puede compararse con los edificios incas de la zona de Cuzco. En la entrada hay varios cuadros modernos que representan la captura y el encarcelamiento de Atahualpa. La piedra del edificio está bastante desgastada, y hace poco se recubrió la estructura con una gran cúpula protectora.

La entrada (5 PEN) incluye el Complejo de Belén y el Museo de Etnografía si se visitan el mismo día.

Catedral IGLESIA
(⏲7.00-8.00 y 18.30-19.30 lu-sa, 7.00-8.00, 10.00-11.00 y 18.30-19.30 do) La catedral de Cajamarca es un edificio achaparrado iniciado a finales del s. XVII y terminado hace poco. Como muchas de las iglesias locales, no tiene campanario. Esto se debe a que la Corona española exigía un impuesto extraordinario a todas las iglesias acabadas; por tanto, dejarlas sin campanario permitía eludir dicho impuesto. Por desgracia, hoy en día solo se abre durante las misas a causa del robo de las coronas de varios santos en el 2010.

Museo Arqueológico y Etnográfico MUSEO
(⏲9.00-13.00 y 15.00-18.00 ma-sa, 9.00-13.00 do) Este pequeño museo, con escasas piezas, se halla en el Antiguo Hospital de Mujeres, a pocos metros del Complejo de Belén; en sus pocas salas se exponen trajes y tejidos típicos locales, herramientas domésticas y agrícolas, instrumentos musicales y piezas hechas de madera, hueso, piel y piedra, así como otras muestras de la cultura de Cajamarca. Hay grandes fotografías y algunas obras de arte moderno que ilustran la vida tradicional de los campesinos del distrito.

Cerro Santa Apolonia MIRADOR
(entrada 1 PEN; ⏲7.30-18.00) Este mirador ajardinado tiene vistas a Cajamarca desde el

suroeste y es todo un símbolo de la ciudad. Se puede llegar fácilmente subiendo las escaleras que hay al final de la calle 2 de Mayo y andando por los caminos en espiral de la cima de la colina. Las rocas de la cumbre fueron talladas con anterioridad a la llegada de los españoles, en su mayor parte durante el período inca, aunque se cree que algunas datan originalmente del período chavín. Se dice que desde una de ellas, conocida como Trono del Inca por su forma de asiento, el soberano vigilaba sus tropas.

Circuitos y guías

Las agencias de turismo ofrecen información, organizan circuitos económicos por la ciudad y los alrededores, y asesoran sobre el alquiler de vehículos (unos 80 US$ por día). Los más famosos son los que van a Cumbe Mayo (20 PEN), Los Baños del Inca (15 PEN), Granja Porcón (20 PEN) y Ventanillas de Otuzco (15 PEN). A menudo, las agencias combinan esos circuitos. Los viajeros valoran positivamente las siguientes agencias.

Clarin Tours CIRCUITOS
(☎36-6829; www.clarintours.com; Jirón del Batán 165; ⊙9.30-12.00 y 15.30-19.00)

Mega Tours CIRCUITOS
(☎34-1876; www.megatours.org; Puga 691; ⊙8.00-20.00)

Fiestas y celebraciones

Carnaval FESTIVAL
La fiesta de Carnaval de Cajamarca es una de las celebraciones más famosas y bulliciosas del país (p. 410). Se celebra pocos días antes de la Cuaresma.

Dónde dormir

El precio de muchos hoteles, así como de otros lugares, sube durante las fiestas y en la temporada seca (de mayo a septiembre). Las tarifas citadas a continuación corresponden a la temporada de mayo a septiembre.

Posada del Puruay HOTEL HISTÓRICO $$$
(☎36-7028; www.posadapuruay.com.pe; km 4,5 carretera Porcón; i/d desayuno incl. 240/300 PEN; @☎) Esta lujosa hacienda de 1822 restaurada, en un recinto de 23 Ha cerca de la carretera a la Granja Porcón, es todo un hallazgo. El relajante entorno conduce a un delicioso hotel colonial con un servicio refinado y el atractivo de antaño. Las amplias habitaciones, rebosantes de encanto antiguo y muebles de época, rodean un patio impecable con fuente. Apto para familias y también para una escapada romántica.

Hospedaje Los Jazmines HOSTAL HISTÓRICO $$
(☎36-1812; www.hospedajelosjazmines.com.pe; Amazonas 775; i/d 50/80 PEN, sin baño 40/60 PEN; @☎) En la tierra de los patios coloniales, este hostal de gestión alemana destaca por su frondosidad y su extensa versión del jardín posterior. Las cómodas habitaciones disponen de agua caliente y televisión por cable, algunas con paredes de ladrillo visto. Pero lo mejor es el Espresso Bar que gestionan los dueños de la Heladería Holanda, donde se prepara el mejor café exprés de la ciudad y hoy es punto de encuentro de viajeros y lugar de trabajo. La nota negativa es la poca pericia gestionando las reservas o contestando correos electrónicos, pero sin duda mejorará.

Hostal Casona del Inca HOTEL HISTÓRICO $$
(☎36-7524; www.casonadelincaperu.com; calle 2 de Mayo 458-460; i/d/tr desayuno incl. 100/150/180 PEN; @☎) Puede que uno dude de su solidez al advertir que las paredes de este edificio colonial parecen estar algo inclinadas. Y así es, pero no hay de qué preocuparse. Su envejecido y carnavalesco aspecto lo convierte en un establecimiento popular entre los gringos y aumenta su encanto. Las habitaciones, más o menos en sintonía, son limpias y acogedoras, algunas con duchas diminutas y cortinas de baño cortas, así que es mejor echar un vistazo primero. Que nadie espere poder dormir hasta tarde con esos viejos suelos de madera que crujen.

El Cabildo HOTEL HISTÓRICO $$
(☎36-7025; Junín 1062; i/d/tr desayuno incl. 100/130 PEN; @☎) Esta enorme casona histórica esconde un conjunto variado de habitaciones antiguas bien conservadas y elegantes. Algunas de ellas tienen dos niveles y en todas hay madera reluciente y una decoración exquisita. En el centro de la casona hay un bonito patio con una fuente y estatuas.

Hotel Cajamarca HOTEL HISTÓRICO $$
(☎36-2532; www.hotelcajamarca.com.pe; calle 2 de Mayo 311; i/d desayuno incl. 130/180 PEN; @☎) Tras la renovación, las habitaciones de este hotel amplio y pulcro, ubicado en una casa colonial, cuentan con baños nuevos y modernos y cómodas camas. Hay un maravilloso patio y un restaurante recomendable donde a veces dan conciertos. Algunas habitaciones de la parte trasera tienen un ambiente más

selvático. En su agencia de viajes organizan excursiones.

El Portal del Marqués HOTEL HISTÓRICO $$$
(☎34-3999; www.portaldelmarques.com; Jirón del Comercio 644; i/d desayuno incl. 157/192 PEN; @📶) Esta casona colonial restaurada, dispuesta alrededor de unos cuidados jardines, cuenta con habitaciones estándar con moqueta, TV de pantalla plana, neverita y caja fuerte. El jardín cuenta con una iluminación romántica, ideal para relajarse por la noche.

Los Pinos Inn HOTEL HISTÓRICO $$
(☎36-5992; www.lospinosinn.com; La Mar 521; i/d desayuno incl. 100/140 PEN; @📶) Con aspecto de museo pero sin ser ostentoso, este hotel ocupa un majestuoso edificio colonial, con escaleras de mármol, azulejos, antigüedades y reproducciones de época. Los amplios pasillos, con enormes espejos dorados, conducen a las habitaciones, grandes y distintas, todas ellas con buenas camas. La suite de dos habitaciones, perfecta para dos parejas que viajen juntas, ofrece vistas a la montaña y una majestuosa zona común.

Hostal Laguna Seca COMPLEJO $$$
(☎58-4300; www.lagunaseca.com.pe; i/d desayuno y traslados al aeropuerto incl. 319/393 PEN; ❄@📶🏊) Situado a 6 km de Cajamarca, cerca de Los Baños del Inca, este complejo de copropiedad suizo-peruana se gestiona desde Lima. Sus habitaciones ofrecen todas las comodidades modernas y grandes baños con profundas bañeras; las ejecutivas (444 PEN), mucho más bonitas, tienen camas *king size*. Se puede pasear a caballo (30 PEN/h) y alquilar bicicletas (9 PEN/h) y los más hedonistas pueden mimarse con un masaje o un tratamiento en el *spa*.

Hostal Plaza HOTEL HISTÓRICO $
(☎36-2058; Puga 669; i/d/tr 30/50/70 PEN, sin baño 15/30/40 PEN; 📶) El mejor hotel económico ocupa una vieja casona colonial con dos patios interiores. Las 10 habitaciones privadas a buen precio están decoradas con vivos colores, muchos objetos y algún que otro animal disecado, aparte de televisión por cable y agua caliente las 24 horas; en los baños comunes el agua solo sale caliente por las mañanas y por las noches.

Las Américas Hotel HOTEL DE NEGOCIOS $$$
(☎36-3951; Amazonas 622; i/d desayuno incl. 155/205 PEN; @📶) Esta propiedad contemporánea se escapa del típico "acogedor hotel colonial", y el servicio es muy profesional. Cuenta con un vestíbulo central lleno de plantas y también con un centro de convenciones, salón y ascensor. Las 38 habitaciones están enmoquetadas y disponen de neverita, televisión por cable y excelentes colchones; tres tienen *jacuzzi* y seis, balcón, por eso conviene echar un vistazo antes. Un restaurante se ocupa del servicio de habitaciones y desde la terraza de la azotea –es una pena que se use tan poco– se goza de vistas de la plaza y de la iglesia.

Hotel Casa Blanca HOTEL HISTÓRICO $$
(☎36-2141; www.hotelcasablancaperu.com; calle 2 de Mayo 446; i/d/tr desayuno incl. 100/140/180 PEN; @📶) Esta vieja construcción ennoblecida de la plaza de Armas rezuma personalidad, en especial en la alucinante vidriera que corona la recepción. Las habitaciones van de diminutas a relativamente amplias, y disponen de televisión por cable, baño reformado y neverita. Extrañamente, es todo bastante oscuro, por eso se recomienda ocupar una habitación entre la 205 y la 213, que rodean un techo abierto con luz natural.

Casa Mirita ALOJAMIENTO PARTICULAR $
(☎36-9361; www.casa-mirita.blogspot.com; Cáceres 1337; i sin baño 15 PEN, h 25 PEN; @) Este sencillísimo alojamiento familiar está en un barrio residencial al sureste del centro, a 2 PEN de mototaxi. Resulta interesante para quienes optan por estancias largas o quieren alejarse de la oferta para gringos. Llevan las riendas dos hermanas, una cocinera, Mirita, y una funcionaria de turismo, Vicki. Las habitaciones son rústicas y se puede usar la cocina o bien pagar las comidas (5 PEN). Pernoctar aquí es toda una experiencia, pero son poquísimos los turistas que llegan hasta esta zona.

Hostal Jusovi HOTEL $
(☎36-2920; hostaljosuvicajamarca@hotmail.com; Amazonas 637; i/d/tr 40/50/60 PEN; 📶) Opción económica decente que presume de habitaciones modestas e inmaculadas. Algunas tienen televisión por cable y se agradece la terraza de la azotea con vistas a la aguja de la catedral. Wifi en la recepción.

Dónde comer

Magredana FUSIÓN $$
(Sara Macdougal 140-144; platos ppales 29-40 PEN; ⏲cerrado lu, do cena) La carta más creativa de los Andes peruanos llega de la mano de un

chef irlandés que ha cocinado en 11 países, sin mencionar que acompañó a Van Morrison por el mundo durante casi una década. El menú refleja este recorrido, con influencias de la India, España, Tailandia y su Irlanda natal, que sigilosamente se abre paso entre la ecléctica variedad de platos sofisticados. Destaca el pollo de la casa, relleno de cerdo, pistachos y hierbas, enrollado con beicon y con una salsa de vino tinto y estragón. El lugar está un poco descuidado, pero la comida borra cualquier rareza percibida al llegar. Shaun, el chef, permanecerá solo tres años, así que visítese antes del 2014.

Heladería Holanda POSTRES $
(www.heladosholanda.com.pe; Puga 657; helado 2-4 PEN) Su diminuta entrada en la plaza de Armas da a un gran café naranja donde sirven tal vez el mejor helado del norte de Perú. El personal colma a los clientes con muestras de algunos de sus cerca de 20 sabores (los mejores son los de la zona) y de las frutas regionales que el propietario holandés compra directamente a familias de agricultores, según su filosofía de comercio justo. Dulces aparte, el personal está formado por madres solteras y personas con discapacidades auditivas, de acuerdo con el proyecto social iniciado por el propietario. Hay otras sucursales en el centro comercial El Quinde y en Los Baños del Inca.

Querubino PERUANA $$
(Puga 589; platos ppales 17-36 PEN; ⌚cerrado ma) Restaurante elegante con chefs de verdad que cocinan versiones de platos típicos peruanos con un toque de clase, así como alguna que otra falacia creativa y platos de temporada. En la carta predominan las carnes y el marisco, pero se recomienda salirse del menú y probar los espaguetis a la huancaína, con pasta fresca y salsa huancaína (queso blanco y ají amarillo) y lomo fino: cremosa, sabrosa y deliciosa.

Don Paco PERUANA $$
(Puga 726; platos 12-20 PEN; ⌚cerrado lu) Oculto cerca de la plaza, es conocido tanto por los vecinos de la zona como por los forasteros. Tiene algo para todo el mundo, incluidos desayunos típicos y riquísimas interpretaciones de los platos clásicos peruanos, además de otros de la gastronomía novocajamarquina más sofisticada, como el *cordon bleu* de pollo con jamón andino y queso local en salsa de granada y la recomendable pechuga de pato con salsa de saúco.

Sanguchon.com COMIDA RÁPIDA/BAR $
(Junín 1137; bocadillos 5,90-13,50 PEN; ⌚18.00-24.00; 📶) Popularísimo bar a la moda con una amplia carta de hamburguesas y bocadillos y alguna propuesta vegetariana (con una explicación de lo que significa "vegetariano"). Los sabrosos bocados son muy convenientes y también el alborotado bar.

Chifa Hong Kong CHINA $$
(Jirón del Batán 133; platos ppales 9,50-27 PEN) El nivel de este chino está por encima de la media peruana y es que el chef cantonés cuenta con dos décadas de experiencia cocinando salteados, fideos y demás. La vasta carta se apoya sobre todo en el pollo, la ternera, el cerdo y el pato, y todo está buenísimo.

Cascanuez Café Bar CAFÉ $
(Puga 554; platos ppales 6-26 PEN; ⌚desde 7.30; 📶) Bonito café donde desayunar o tomar un almuerzo frugal, aunque la gente acude en manada por los dulces: solo de la tarta tres leches preparan nueve variantes (¡pruébese la de chocolate!).

El Marengo PIZZERÍA $
(Junín 1201; *pizzas* 11,50-25,50 PEN; ⌚7.00-23.00) El horno de ladrillo avivado con leña calienta esta diminuta pizzería donde sirven las mejores *pizzas* de la ciudad. Apiñados en su interior y con una jarra de sangría, es la velada perfecta.

Centro comercial El Quinde COMPRA DE ALIMENTOS $
(www.elquinde.com; Av. Hoyos Rubio, cuadra 7; ⌚10.00-22.00) Alberga el supermercado más próximo a la ciudad (Metro), unos 2,5 km al norte de la plaza de Armas.

Dónde beber

Usha-Usha BAR
(Puga 142; entrada 5 PEN; ⌚cerrado do y lu) El excéntrico músico local, Jaime Valera, lleva este pequeño bar con grafitos y ha conseguido crear un lugar un poco más íntimo y con buen ambiente. El viajero se llevará el inolvidable recuerdo de escucharlo cantar con pasión con sus amigos músicos.

Gruta 100 COCTELERÍA
(Santisteban esq. Belén; ⌚cerrado do y lu) Local cavernoso lleno de desvencijados muebles *retro* y varias salas donde esconderse con un pisco sour. En una sala contigua, rodeada por un balcón, hay música en directo los viernes.

De compras

A lo largo de la calle 2 de Mayo, al sur de Junín, hay pequeñas tiendas que venden artesanía de la zona y del resto de Perú.

Colors & Creations

(Belén 628; 9.00-13.00 y 15.00-19.00 lu-sa, 10.00-13.00 y 15.00-18.00 do) Se trata de una cooperativa regentada por artesanos donde venden objetos de artesanía de una calidad excelente.

Información

Casi en cada cuadra hay acceso a internet.

Urgencias

Policía de Turismo (Politur; Jirón del Comercio 1013; 7.45-13.00 y 17.00-20.00) Cuerpo especial encargado de delitos contra turistas.

Policía Nacional (36-2165; Puga esq. Ayacucho; 24 h) Hacia la zona este de la ciudad.

Asistencia médica

Clínica Limatambo (www.limatambo.com.pe; Puno 265; 24 h) La mejor; en el oeste de la ciudad.

Dinero

Interbank (36-2460; calle 2 de Mayo 546) Cambia cheques de viaje y cuenta con un cajero automático que acepta Visa y MasterCard.

Scotiabank (Amazonas 750) Igual que Interbank.

Correos

Serpost (Apurimac 626)

Información turística

Dirección de Turismo (36-2997; www.regioncajamarca.gob.pe; El Complejo de Belén; 7.30-13.00 y 14.30-17.00 lu-vi) Información turística y venta de mapas locales (1,50 PEN). También tiene un pequeño **quiosco de información** (830-12.30 y 15.30-17.30 lu-vi) junto a la iglesia de San Francisco.

Cómo llegar y salir

Avión

Los vuelos pueden tener un horario variable, e incluso retrasarse o cancelarse, por lo que conviene confirmarlos y llegar con antelación al **aeropuerto** (CJA), que está a unos 4 km de la ciudad.

LC Perú (36-3115; www.lcperu.pe; Jirón del Comercio 1024) es la compañía más barata en esta ruta, con dos vuelos diarios de Lima a Cajamarca a las 5.10 y 15.10, y vueltas a las 7.15 y 5.15.

LAN (36-7441; www.lan.com; Jirón del Comercio 832) tiene tres vuelos entre Lima y Cajamarca, con salidas desde la capital a las 5.40, 10.30 y 15.30, y regresos desde Cajamarca a las 7.35, 12.40 y 16.50.

Autobús

Cajamarca sigue siendo un importante centro de transportes. La mayor parte de las terminales de autobús se encuentran cerca de la calle 3 de Atahualpa, a 1,5 km en dirección sureste del centro, en la carretera a los Baños del Inca (no hay que confundirse con Atahualpa, en el centro del pueblo).

La principal ruta va en dirección oeste hacia la carretera Panamericana cerca de Pacasmayo, en la costa, y luego se dirige hacia el norte hasta Chiclayo (8 h), o hacia el sur, a Trujillo (8 h) y Lima (14 h).

La carretera que va hacia el sur es el antiguo camino a Trujillo (mín. 15 h) que pasa por Cajabamba (4½ h) y Huamachuco (7½ h). Para ir a Huamachuco y luego a Trujillo hay que hacer transbordo en Cajabamba. El viaje a Trujillo dura entre dos y tres veces más por esta carretera sin asfaltar que por la nueva, que pasa por Pacasmayo, a pesar de que solo son 60 km más. El paisaje es más bonito por la carretera antigua, pero los autobuses que la transitan son más incómodos y menos frecuentes.

La abrupta carretera que va en dirección norte a Chota (5 h) atraviesa el atractivo campo de Bambamarca, donde se celebra un concurrido mercado los domingos por la mañana. Los autobuses van entre Chota y Chiclayo por una carretera dura.

La pintoresca carretera en dirección este llega hasta Celendín (p. 417), y luego avanza dando tumbos por los Andes, pasado Chachapoyas, hasta las tierras bajas amazónicas.

Cial (36-8701; www.expresocial.com; Atahualpa 684) Hay autobuses económicos/autobuses-cama a Lima a las 18.00 (de lunes a sábado) y 17.00 (domingos).

Civa (36-1460; www.civa.com.pe; Ayacucho 753) Buenos autobuses a Lima a las 18.30.

Cruz del Sur (36-2024; www.cruzdelsur.com.pe; Atahualpa 844) Buen autobús-cama a Lima a las 19.00.

Línea (36-6100; Atahualpa 306) La línea más cómoda de autobús-cama a Lima con salidas a las 18.00 y 18.30; a Chiclayo a las 10.45, 13.30, 22.50 y 23.00; a Trujillo a las 10.30, 13.00, 22.00, 22.15, 22.30 y 22.40. Con otra taquilla en la plaza de Armas.

Royal Palace's (34-3063; Reyna Farge 130) Servicios a Celendín a las 9.30 y 12.30; autobuses baratos a Trujillo (22.00) y Lima (18.00, 18.30 y 20.00); y a Cajabamba a las 23.00.

Tepsa (36-3306; www.tepsa.com.pe; Sucre 422) Cómodos autobuses-cama a Lima a las 18.00.

AUTOBUSES DE CAJAMARCA

DESTINO	PRECIO (PEN)	DURACIÓN (H)
Bambamarca	15	3½
Cajabamba	10-20	4
Celendín	10	3½
Chachapoyas	50	12-13
Chiclayo	20-45	6
Chota	15-20	4
Huamachuco	20	6
Leimebamba	35	8
Lima	80-130	16
Piura	45	9
Trujillo	20-40	6

Tour Atahualpa (☎96-491-6371; Atahualpa 299) Autobuses a Cajabamba a las 2.00 y 11.00, a Celendín a las 4.30 y 13.00 y a Chota a las 10.00 vía Bambamarca.

Transportes Chiclayo (☎36-4628; www.transporteschiclayo.com; Atahualpa 283) Con un autobús hacia Chiclayo a las 23.00, práctico para trasladarse a Mancorá o Tumbes, en el norte.

Transportes Horna (☎36-3218; www.transporteshorna.pe; Atahualpa 312) Cinco autobuses diarios a Trujillo entre las 8.00 y las 23.00; dos salidas a Cajabamba a las 12.30 y 2.30; y una diaria a las 2.30 a Huamachuco.

Transportes Rojas (☎34-0548; Atahualpa 309) Servicios a Cajabamba a las 2.00, 8.00, 9.00, 11.00, 14.00 y 16.00; a Celendín a las 15.00 y a Chota vía Bambamarca a las 19.00.

Turismo Dias (☎34-4322; www.turdias.com; Atahualpa 307) Autobuses a Trujillo a las 10.00, 13.15, 22.00 y 23.00; a Chiclayo a las 10.30, 13.45 y 21.45; y un autobús directo a Piura a las 22.30, la mejor opción para llegar a Mancorá. Los autobuses salen desde su terminal en Vía de Evitamiento 1370.

Virgen del Carmen (☎98-391-5869; Atahualpa 333-A) Una salida diaria a las 4.00 a Chachapoyas vía Celendín y Leimebamba.

Las *combis* hacia Ventanillas de Otuzco (1 PEN, 20 min) salen desde la esquina de Tayabambo con Los Gladiolos, 500 m al norte por Tarapaca, en la zona del mercado. Pasan por el aeropuerto (0,50 PEN) aunque en taxi es mucho más rápido (7 PEN).

Las *combis* A (microbuses) hacia Los Baños del Inca (1 PEN, 25 min) salen a menudo desde Sabogal, cerca de la calle 2 de Mayo.

Alrededores de Cajamarca

A los lugares de interés cercanos de Cajamarca se puede llegar en transporte público, a pie, en taxi o en un circuito guiado. Muchas empresas que organizan circuitos reúnen a sus clientes para formar grupos grandes; también se pueden organizar salidas individuales, bastante más costosas.

LOS BAÑOS DEL INCA

Atahualpa estaba acampado junto a estas **aguas termales** (⌚5.00-20.00) cuando llegó Pizarro (de ahí su nombre). Hoy en día es posible zambullirse en las mismas aguas en las que el soberano inca se curaba las heridas de guerra, que se encuentran dentro de un atractivo complejo, en un paisaje lleno de árboles y arbustos podados. El agua se canaliza a compartimentos privados (de 4 a 6 PEN por 30 min) en los que caben hasta seis personas. Hay una piscina pública (3 PEN), que se limpia los lunes y viernes, y se ofrece un servicio de sauna y otro de masajes, cada uno por 10-20 PEN. Acuden cientos de visitantes cada día, por lo que se recomienda ir por la mañana para evitar las masas. Frente a los baños principales hay un **Complejo Recreativo** (entrada 1 PEN; ⌚8.00-20.00), con piscinas, zona de juegos infantiles y "toboganes de los incas", todo un éxito entre los niños, pero que estaban cerrados por reformas indefinidamente durante la preparación de la guía. Los baños se encuentran a 6 km de Cajamarca, y hay alguna opción de alojamiento (p. 411). Las *combis* a Los Baños del Inca (1 PEN, 25 min) salen desde Sabogal en Cajamarca; como alternativa puede contratarse un circuito organizado desde Cajamarca (15 PEN). Es necesario llevar la propia toalla porque allí no las suministran, aunque se pueden comprar a alguno de los pocos vendedores. Luego, crúcese la calle para relajarse con un dulce de la Heladería Holanda (p. 413).

CUMBE MAYO

A unos 20 km en dirección suroeste de Cajamarca, Cumbemayo (del quechua *kumpi mayo,* que significa "canal de agua bien hecho") es una asombrosa obra de ingeniería preincaica. Este complejo hidráulico cuenta con acueductos tallados en la roca hace unos 2000 años y que se prolongan en zigzag durante 9 km; el objetivo de su construcción sigue siendo incierto, ya que Cajamarca posee abundante provisión de agua. Hay otras formaciones rocosas talladas a modo de altares y tronos, así como unas cuevas cercanas con numerosos **petroglifos.** Se trata de una zona abrupta y azotada por los vientos. Sobre sus formaciones rocosas erosionadas, algunas de las cuales parecen grupos de escaladores petrificados, se cuentan muchas historias supersticiosas.

El yacimiento es accesible a pie por un camino señalizado que sale del cerro Santa Apolonia, en Cajamarca. Se tarda unas 4 horas si se toman los atajos más obvios; hay que preguntar la dirección a todo transeúnte. Varias empresas de Cajamarca ofrecen circuitos guiados en autobús (entre 20-25 PEN), lo que es una buena opción, dado que el transporte público a Cumbemayo es esporádico.

VENTANILLAS DE OTUZCO Y COMBAYO

Se trata de necrópolis preincaicas con abundantes nichos funerarios excavados en una ladera. A las de Otuzco, situadas en un bonito paisaje a 8 km de Cajamarca en dirección noreste, es fácil llegar a pie tanto desde Cajamarca como desde los Baños del Inca. Las de Ventanillas de Comballo, más grandes y mejor conservadas, están a 30 km y la mejor forma de visitarlas es con un circuito desde Cajamarca (20-25 PEN). Los autobuses que se dirigen al lugar salen con frecuencia desde el norte de la plaza de Armas de Cajamarca (1 PEN, 20 min).

Cajabamba

☎076 / 14 400 HAB. / ALT. 2655 M

Para llegar a Cajabamba por la antigua carretera se tardan al menos 15 horas. A pesar de que el paisaje es más interesante y se pasa por pueblos más bonitos que por la carretera de Pacasmayo, el trayecto en autobús es muy duro y lo frecuentan pocos turistas.

La agradable Cajabamba descansa sobre un saliente natural con vistas a las granjas y a las plantaciones. Las casas encaladas, los tejados de tejas rojas y la sorprendente plaza de Armas con su intrincada reja de mármol le confieren una estética colonial. La **Feria de La Virgen del Rosario** se celebra el primer domingo de octubre con corridas de toros, procesiones, bailes y una juerga bucólica general, y se instala un interesante mercado de

MERECE LA PENA

MARCAHUAMACHUCO

Las enormes ruinas del fuerte de montaña preincaico de **Marcahuamachuco** (entrada gratis) están 10 km a las afueras de Huamachuco por una pista transitable solo en todoterreno o camión. Este yacimiento, que data de alrededor del 400 a.C., está rodeado por una alta muralla defensiva y contiene interesantes estructuras circulares de varios tamaños. Al parecer, la cultura de Marcahuamachuco se desarrolló aparte de las civilizaciones vecinas de su época. En temporada seca se puede acceder a 5 km del yacimiento en taxi desde Huamachuco (12 PEN), pero el resto del camino debe hacerse a pie. Hay que llevar la comida y bebida necesarias.

Hostal Colonial (☎51-1101; Castilla 347; i/d 35/60 PEN, tr sin baño 45 PEN; wifi), en una agradable casa de estilo colonial (para variar), es el mejor alojamiento y cuenta con un buen restaurante en la planta baja.

Transportes Horna (☎44-0016; Carrion 1101) tiene una salida a las 16.30 hacia Cajamarca y varias al día hacia Trujillo (25 PEN, 6 h). **Transportes Los Andes** (☎44-1555; pasaje Hospital 109) tiene 10 salidas diarias a Cajabamba, donde puede tomarse otro autobús hacia Cajamarca. Al menos hay tres colectivos diarios a Otuzco, que parten en cuanto se llenan desde cerca de la plaza (10 PEN, 4 h).

ganado los lunes. Hay varios lugares de interés a menos de una hora a pie de Cajabamba, entre ellos las cavernas de **Chivato** y las lagunas de montaña de **Ponte** y **Quengococha.** Para visitarlas, conviene informarse en el **Hostal La Casona** (35-8285; Bolognesi 720).

Hay un **Banco de la Nación** (plaza de Armas) con cajero automático de Visa/Plus.

Hostal La Casona (35-8285; Bolognesi 720; i/d 20/29 PEN) se lleva el premio al mejor alojamiento, con habitaciones más bien pequeñas y bonitas, con duchas de agua caliente, televisión por cable y, algunas, con balcón y vistas a la plaza.

La comida supera la decoración en **Don Lucho** (Prado 227; platos ppales 5-15 PEN), a media cuadra por detrás de la iglesia. Hay menús fijos con platos típicos peruanos por 6 PEN, aunque también sirven a la carta.

Transportes Rojas (97-617-1144; Grau 135) tiene autobuses a Cajamarca (10 PEN, 4½ h) a las 3.00, 5.00, 8.30, 11.30, 13.30 y 16.00. **Transportes Horna** (55-1132; Grau 136) tiene uno diario a Cajamarca (10 PEN, 4½ h) a las 8.00 así como dos salidas a Huamachuco a las 8.00 y 13.30 (10 PEN, 3 h). **Los Andes** (31-5138; Martínez 152) también viaja a Huamachuco 10 veces al día (10 PEN, 2½ h).

Celendín

076 / 16 600 HAB. / ALT. 2625

Este pequeño pueblo, al que se llega sin problemas desde Cajamarca por una carretera sin asfaltar, es un lugar plácido y adormecido, visitado tan solo por aquellos que toman el camino salvaje y pintoresco a Chachapoyas. Celendín es famoso por sus sombreros de paja de gran calidad, que pueden adquirirse en el interesante mercado de los domingos. Es idóneo para observar la vida tradicional de la sierra y relacionarse con los autóctonos.

Hay un **Banco de la Nación** (calle 2 de Mayo 530) con cajero automático de Visa/Plus. La fiesta anual de **La Virgen del Carmen** se celebra entre el 1 de julio y el 6 de agosto, pero los mejores días para verla son del 28 de julio al 3 de agosto, con fuegos artificiales, procesión y corridas con toreros mexicanos y españoles en el tradicional coso de madera.

En Llanguat, a 30 minutos en automóvil, hay **aguas termales** (entrada 3 PEN) y baños de barro que aliviarán los doloridos músculos. También se puede llegar con una *combi* de las 7.00 desde la plaza de Armas (5 PEN, 45 min) los lunes, miércoles, viernes y sábados. La vuelta es sobre las 12.00.

La organización holandesa **Proyecto Yannick** (77-0590; www.celendinperu.com; Jirón Unión 333) ofrece la oportunidad de trabajar como voluntario con niños con síndrome de Down, y su directora, Susan, organiza los circuitos y el transporte privado a las aguas termales. Se puede ir a la oficina para obtener un plano e información sobre hoteles, parajes de la zona y transporte. Susan también alquila una **habitación** (i/d sin baño 20/25 PEN) en su casa, al lado de la plaza.

En plena plaza de Armas, el **Hostal Celendín** (55-5041; Unión 305; i/d 28,50/43 PEN; @) cuenta con habitaciones ajadas pero atractivas, con suministro de agua caliente más o menos fiable, algunas con balcón y fabulosas vistas de la plaza; también tiene un popular restaurante. El **Hostal Turistas** (55-5047; Gálvez 507; i/d 45/60 PEN) es moderno y nuevo, con nueve habitaciones al lado de la plaza.

La Reserva (José Gálvez 420; comidas 4-32 PEN) es un popular restaurante, con un ambiente cálido y salas a varios niveles. **Carbón & Leña** (80-5736; calle 2 de Mayo 416; comidas 4-28 PEN; 17.00-23.00) usa la materia prima de su nombre para asar pollos y *pizzas*, aunque también preparan platos especiales de carne, como el chancho con aguaymanto (salsa peruana de capulí; 12 PEN), si se pide con antelación.

Transportes Rojas (55-5108; Pardo 258) tiene autobuses diarios a Cajamarca (10 PEN, 4 h) a las 5.00 y **Royal Palace's** (77-6872; Unión 313) también tiene salidas para Cajamarca (10 PEN) a las 4.00 y 14.00. **Virgen del Carmen** (79-2918; Cáceres 112), situada detrás del mercado, cubre las rutas a Chachapoyas (35 PEN, 9 h) vía Leimebamba (25 PEN, 4 h) a las 9.00 y a Cajamarca (10 PEN, 3½ h) a las 15.00.

Chachapoyas

041 / 22 900 HAB. / ALT. 2335 M

Chachapoyas, también llamada Chachas, es una ciudad tranquila y encalada, aislada por bosques nubosos altos y un conjunto de carreteras irregulares sin asfaltar. Desempeñó un papel importante en el comercio entre la selva y la costa hasta la década de 1940, cuando se construyó la carretera asfaltada que atraviesa el cercano Pedro Ruiz, pero que no pasa por ella. Se trata de la remota capital del departamento de Amazonas, una amable ciudad colonial, hoy concurrida por su mercado, que constituye una excelente base para explorar

Chachapoyas

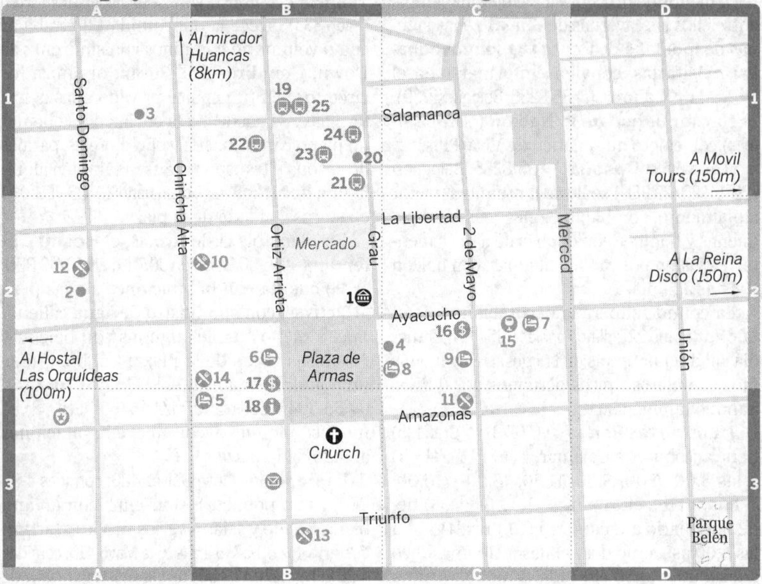

las impresionantes ruinas de la cultura de los temibles chachapoyas ("gentes de las nubes").

La ciudad está rodeada de bosques nubosos poco explorados que ocultan algunos de los tesoros arqueológicos más fascinantes y menos conocidos de Perú. A pesar de los estragos del clima y del paso del tiempo –y de los más recientes saqueadores de tumbas y buscadores de tesoros–, algunas ruinas han sobrevivido en un estado notablemente bueno. Kuélap es sin duda el más famoso de estos yacimientos arqueológicos, aunque hay muchos otros desperdigados por la selva.

Historia

Los chachapoyas fueron conquistados, aunque no del todo subyugados, por los incas, varias décadas antes de la llegada de los españoles. Al parecer, cuando aparecieron los europeos, el jefe local, el curaca Huamán, les ayudó a derrotar a los incas. Dada la escasa influencia inca, el pueblo chachapoyas nunca aprendió a hablar en quechua y hoy en día hablan casi exclusivamente español. Según los historiadores locales, San Juan de la Frontera de las Chachapoyas fue la tercera ciudad fundada por los españoles en Perú (después de Piura y Lima), y es cierto que en un momento dado fue la séptima población del país por su tamaño.

Puntos de interés

GRATIS Instituto Nacional de Cultura MUSEO
(INC; Ayacucho 904; ⏲8.00-13.00 y 15.00-17.00 lu-vi) Pueden verse seis momias y piezas de cerámica de varios períodos precolombinos.

Miradores MIRADOR
A unos 10 minutos a pie en dirección noroeste por Salamanca se halla el **mirador Guayamil,** desde el cual se aprecia una bonita vista panorámica. Con 30 PEN de taxi (ida y vuelta) se llega al **mirador Huancas** (entrada 1 PEN; ⏲7.30-17.30), con vistas al valle de Utcubamba. La excursión de vuelta a pie por la carretera es fácil (1½ h).

Actividades

Senderismo

Cada vez es más frecuente optar por el senderismo para visitar los numerosos lugares de interés y ruinas cercanas a Chachapoyas, y es fácil organizar las salidas desde el pueblo. El recorrido más popular es a Gran Vilaya; se tarda entre cuatro y cinco días, y se va desde Choctámal hasta el cañón del Marañón, atravesando un prístino bosque nuboso y pasando por varias ruinas, así como por el paradisíaco valle de Belén. Otra

Chachapoyas

excursión popular es la que lleva a la laguna de los Cóndores (p. 428); se trata de un duro viaje a pie y a caballo de tres días desde Leimebamba. Ambas son aptas para caminantes en buena forma y con resistencia. Se organizan excursiones a las demás ruinas del distrito y se adaptan a las necesidades del viajero.

Circuitos y guías

Todas las agencias de viajes se encuentran cerca de plaza de Armas. Se recomienda preguntar a otros viajeros por sus experiencias antes de decidirse por una. Habrá que pagar entre 100 y 150 PEN por persona para las salidas de senderismo de más de un día (un poco más si el grupo es de menos de cuatro personas) y unos 50-90 PEN para las excursiones de un día.

Chachapoyas Tours CIRCUITO GUIADO
(94-196-3327; www.kuelapperu.com; Santo Domingo 432) Sus circuitos de un día por la zona tienen muy buena prensa. La agencia organiza también excursiones de varios días. Durante la redacción de esta guía la oficina estaba cerrada por los daños causados por el terremoto.

Turismo Explorer CIRCUITO GUIADO
(47-8162; www.turismoexplorerperu.com; Grau 509) Esta empresa también cuenta con buena reputación y su especialidad son las excursiones de varios días.

Dónde dormir

La mayoría de los alojamientos son económicos.

Hostal Las Orquídeas PENSIÓN $$
(47-8271; www.hostallasorquideas.com; Ayacucho 1231; i/d desayuno incl. 60/100 PEN; @) De gran valor y simpatía, esta elegante pensión ofrece habitaciones con suelos embaldosados (algunas más grandes que otras), luminosas y abiertas a una zona común decorada con alegres colores y muebles de madera. En las habitaciones renovadas, los baños de losas de granito presentan innovadores lavabos casi como en los hoteles *boutique*. El personal ayuda con la organización de las excursiones y las reservas de viajes, y la tarifa incluye los traslados desde la estación de autobuses.

Casa Vieja Hostal PENSIÓN-'BOUTIQUE' $$
(47-7353; www.casaviejaperu.com; Chincha Alta 569; i/d desayuno incl. desde 95/145 PEN; @) Las comodísimas habitaciones de esta elegante mansión reformada hacen de este lugar una elección muy especial. Todas tienen chimeneas decorativas o funcionales y grandes ventanas que dan a un verde jardín. El toque moderno lo dan los TV de pantalla plana.

LOS CHACHAPOYAS

Los chachapoyas o "gentes de las nubes" controlaron la vasta extensión de tierra que rodea la actual Chachapoyas desde el año 500 d.C. hasta 1493 aproximadamente, cuando los incas conquistaron la zona y pusieron fin al aislamiento chacha. Se sabe muy poco acerca de este pueblo. Al parecer, fueron grandes guerreros, poderosos chamanes y prolíficos constructores, responsables de una de las culturas más avanzadas de la selva de Perú. Hoy en día, gracias a las muchas tumbas encontradas en los acantilados y a las numerosas aldeas de estructura circular que siguen en pie, los arqueólogos disponen de mayor información para llegar a un conocimiento más profundo de su cultura.

Los chachapoyas, a pesar de que vivían bastante aislados en su reino de bosques nubosos y se desarrollaron al margen de las civilizaciones vecinas, comerciaron con otras zonas de Perú. En teoría, rendían un culto extremo a los guerreros; las cabezas trofeo representadas y los cráneos humanos hallados muestran signos de trepanación y de habérseles arrancado el cuero cabelludo intencionadamente. La expansión del Imperio inca en el s. XV fue combatida con una resistencia feroz, y las luchas esporádicas prosiguieron hasta mucho después de la conquista inicial.

Interesados en el medio ambiente mucho antes de la aparición de Greenpeace, los chachapoyas construyeron estructuras en perfecta armonía con su entorno y supieron aprovechar las contribuciones tanto estéticas como prácticas de la naturaleza. Se cree que veneraban importantes criaturas de la naturaleza de su entorno: la serpiente, el cóndor y el puma eran poderosos representantes del mundo natural, así como las cuevas, los lagos y las montañas.

Sus construcciones circulares se complementaban con intrincados frisos de albañilería, decorados con formas en zigzag y romboides. Los edificios se cubrían con techos de paja, muy altos y empinados para facilitar el drenaje de las frecuentes lluvias de la zona. Cientos de ruinas ilustran su arquitectura, pero ninguna destaca tanto como la impresionante ciudadela fortificada de Kuélap, rodeada por una colosal muralla de 20 m de altura y que encierra numerosos templos y viviendas.

Se incluye el desayuno, que se toma en el maravilloso Terra Mia Cafe de al lado. Aplican descuentos de hasta el 30% de octubre a enero.

Casa Andina HOTEL **$$**
(☎96-933-5840; www.casa-andina.com/classic-chachapoyas; km 39 carretera Pedro Ruiz; h/ste desde 208/281 PEN; @☎❄) El último establecimiento de esta respetada cadena de hoteles-*boutique* peruana ofrece 21 habitaciones en una hacienda de estilo colonial ubicada en un lugar inmejorable en el valle de Utcubamba, rodeado de plantaciones de chirimoyas junto a la carretera sin asfaltar a Leimebamba. Aunque las habitaciones decepcionan por su sencillez, cuentan con gruesos colchones y grandes baños (evítense las habitaciones tradicionales: la superiores son más amplias); el desayuno servido en la galería junto al río se encarga de borrar cualquier otro mal recuerdo. Aquí lo más importante es su posición.

Hotel Revash PENSIÓN **$**
(☎47-7391; www.chachapoyaskuelap.com.pe; Grau 517; i 35-60 PEN, d 70-150 PEN; @☎) Pernoctar aquí tiene un precio excepcional y además permite darse una ducha bien caliente. Las habitaciones son coloridas y caprichosas, y las más caras son muy amplias y en tonos lavanda. Si bien en su agencia de viajes son un poco agresivos, los viajeros suelen quedar satisfechos. Antes de instalarse, confírmese el precio.

Hostal La Villa de París HOTEL **$$**
(☎54-5631; www.hostalvillaparis.com; Prolongación 2 de Mayo, cuadra 5; i/d 85/135 PEN, bungaló 295 PEN, todas con desayuno incl.; @☎❄) A solo 1,5 km de la plaza principal, este encantador hotel de estilo colonial decorado con muebles de madera y antigüedades da la sensación de ser más caro de lo que en realidad es. Sus grandes ventanas y balcones permiten la entrada de la luz. Los bungalós de tres habitaciones y cocina pequeña salen a cuenta si se reparte por parejas.

Hostal Belén PENSIÓN **$**
(☎47-7830; www.hostalbelen.com; Ortiz Arrieta 540; i/d 45/55 PEN; @☎) Ofrece 11 habitaciones pequeñas pero limpias, con una pared de

vivos colores que anima la relativa oscuridad. Ubicado en un edificio bien conservado de la plaza.

Hostal Johumaji PENSIÓN $
(☎47-7819; hostaljohumajieirl@hotmail.com; Ayacucho 711; i/d/tr desde 20/30/45 PEN; @) De los hoteles más baratos, este es el mejor, con habitaciones pequeñas y espartanas bien iluminadas y con duchas eléctricas de agua caliente. Pese a que los viajeros se quejan del ruido de la calle, es un lugar agradable y limpio. Televisión por cable 5 PEN.

Hotel Karajía HOTEL $
(☎31-2606; calle 2 de Mayo 546; i/d sin baño 20/30 PEN, i/d 25/45 PEN;) Es el más lúgubre entre los baratos. Las habitaciones son correctas, con agua caliente, televisión por cable y algún que otro adorno, como las fundas de las tapas del retrete o las colchas de motivos caleidoscópicos.

LA RUTA A CHACHAPOYAS: UNA ELECCIÓN DIFÍCIL

Tras haberse empapado de sol en la costa y del ambiente colonial en las montañas, a menudo los viajeros desean experimentar un poco de vidilla en la jungla y en los bosques nubosos, así que se ponen rumbo a Tarapoto o Chachapoyas. Pero antes hay que tomar una decisión: ¿se tiene el estómago, la paciencia y los nervios suficientes para afrontar la bella y panorámica pero desquiciante ruta de montaña por Celendín y Leimebamba? ¿O no sería mejor optar por la ruta larga pero asfaltada de Chiclayo? Esta es la cuestión.

Vía Celendín

Esta irregular pero hermosa carretera cruza un paso a 3085 m antes de caer en picado hasta el río Marañón, en la pobre y abrasadora aldea de **Balsas** (975 m), a 55 km de Celendín. La carretera asciende de nuevo a través de maravillosos bosques nubosos y un terreno cubierto de un exuberante manto de tonos verdes. Aflora 57 km después en el **Abra de Barro Negro** (3678 m), que brinda el mirador más alto del recorrido del río Marañón, a más de 3,5 km por debajo en vertical. Durante este tramo del viaje las fantasmagóricas nubes bajas y la niebla abrazan las comunidades aisladas y se desplazan entre las montañas. Entonces, la carretera desciende durante 32 km hasta Leimebamba, en la parte alta del valle del río Utcubamba, y sigue el curso fluvial en su descenso hasta Tingo y Chachapoyas. Los últimos 20 km están asfaltados desde hace poco. Pero antes de ese punto, uno siente como en cada curva se acerca el fin de su vida y su única esperanza es que el conductor conozca la carretera como la palma de su mano. Se recomienda llevar agua y comida (y quizá un válium), ya que los pocos restaurantes del camino no están muy surtidos.

Con los años, el estado de la carretera ha mejorado, aunque sigue siendo una ruta propensa a accidentes y con cierta dosis de peligro (¿emoción?). Pero hay buenas noticias: en el 2012 el Gobierno peruano aprobó su asfaltado, que debería completarse "en algunos años" (tiempo peruano), según dijo un lugareño.

De camino hacia el norte, el paisaje se contempla mejor en el lado izquierdo del autobús, pero el derecho es aconsejable para quien sufra de vértigo.

Vía Chiclayo

Esta es la ruta que suelen elegir los viajeros, más larga y mucho menos emocionante. Desde la antigua carretera Panamericana, 100 km al norte de Chiclayo, hay una carretera asfaltada que va en dirección este, pasa por el Abra Porculla, a 2145 m (el más bajo del país), atraviesa la divisoria continental andina y avanza por el valle del río Marañón. A unos 190 km del desvío de la Panamericana, se llega a Jaén, punto de partida de un nuevo acceso a Ecuador (p. 422). Siguiendo hacia el este, hay una carretera secundaria que llega hasta el pueblo de Bagua Chica, en un valle bajo cercado (a unos 500 m de altitud), que según los peruanos es el lugar más cálido del país. El autobús suele atravesar Bagua Grande (28 830 hab.) por la calle principal y luego sigue por el valle del río Utcubamba hasta la localidad de Pedro Ruiz, situada en un cruce de carreteras a unas 1½ horas de Bagua Grande. Aquí nace una carretera asfaltada en dirección sur hasta Chachapoyas, a 54 km y en torno a 1¼ horas de camino.

CRUCE DE FRONTERAS: ECUADOR VÍA JAÉN

Para cruzar la frontera con Ecuador ya no es necesario recorrer durante días las carreteras tortuosas hacia la costa. Una buena carretera sale desde Jaén en dirección norte hasta San Ignacio (10 720 hab.), a 107 km, cerca de la frontera. Desde finales de 1998, cuando se firmó el tratado de paz entre ambos países se puede cruzar a Ecuador por este remoto lugar.

Se parte de **Jaén** (70 690 hab.), un centro agrícola de rápido crecimiento y que cuenta con todos los servicios de una población de tamaño medio... además de mala fama por los delitos callejeros y, a juzgar por los carteles, por un serio problema de dengue (llévese repelente). Entre los buenos hoteles están el **Prim's Hotel** (☎076-43-1039; www.primshotel.com; Palomino 1353; i sin aire acondicionado 50 PEN, i/d con aire acondicionado desde 70/90 PEN, todas desayuno incl.; ❄📶), con habitaciones sencillas y modernas, personal agradable y una chifa en la planta baja; o el mejor de la ciudad, el **Hotel El Bosque** (☎076-43-1492; hoteleraelbosque@hotmail.com; Muro 632; i/d/tr desayuno incl. 100/130/160 PEN; ❄📶🏊), con bungalós en un jardín con piscina. El **Hotel Cancún** (☎076-43-3511; Palomino 1413; i/d 35/45 PEN; 📶) es una buena opción económica, con duchas de agua caliente y televisión por cable. Para comer, en **La Cabaña** (Bolívar 1332; platos ppales 15-20 PEN), en el Parque Central, preparan de todo para todos los bolsillos, incluidos platos del día, bocadillos (4-12 PEN), zumos, batidos y otras creaciones más sofisticadas.

Desde Jaén, hay *autos* (20 PEN, 2½ h) y *combis* (12 PEN, 2½ h) hacia **San Ignacio**, con un sencillo hotel y restaurantes, desde la Av. Pakumuros en el barrio de Pueblo Libre. Aquí debe tomarse otro colectivo que circula por la carretera de baches hasta **La Balsa** (15 PEN, 2 h), junto al río Blanco, que separa Perú de Ecuador. Antes se cruzaba en una balsa, de ahí el nombre, pero hoy un nuevo puente comunica ambos países. Con los papeles en regla los trámites fronterizos son rápidos, aunque hay pocos extranjeros en este punto.

Una vez en Ecuador, hay rancheras (camiones con filas de asientos de madera) esperando a los pasajeros para hacer el incómodo e impredecible (por la meteorología) trayecto de 10 km a Zumba (6 US$, entre 1½ y 2½ h). Desde aquí, hay autobuses hacia Loja (7,50 US$, 6 h), desde donde puede seguirse hacia el famoso "valle de la longevidad" de Vilcabamba. Si se parte de Jaén al alba, se puede llegar a Vilcabamba en un día.

Dónde comer

Al desplazarse en dirección este por los Andes, Chachapoyas es el primer lugar en el que se empiezan a encontrar platos de estilo amazónico, aunque con algunas variantes locales. Los juanes (arroz al vapor con pescado o pollo, envuelto en hojas de banano) se preparan con yuca en vez de arroz. La cecina, que en las tierras bajas se hace con cerdo, aquí se prepara con carne de vacuno.

El Tejado — PERUANA $$

(Santo Domingo 426; platos ppales 15-25 PEN) Este encantador restaurante pequeño no parece gran cosa por fuera, pero oculta un delicioso patio interior y un comedor. Es ideal para almorzar, con menús fijos por 7 PEN de lunes a viernes; su especialidad es el tacu-tacu (plato fusión afroperuano a base de arroz, judías y una proteína), que preparan de nueve formas distintas. Su lomo saltado está tan rico que los comensales enmudecen, sobre todo cuando lo sirven con la sabrosísima salsa picante de pimientos de la casa.

Café Fusiones — CAFÉ, DESAYUNOS $

(Chincha Alta 445; desayuno 6-9 PEN, tentempié 1,50-4,50 PEN; ⏱desde 7.00 lu-sa; 📶) Los viajeros se dan cita en este café artístico donde se sirven cafés y exprés de cultivo ecológico, excelentes desayunos (con platos regionales como los juanes), magdalenas con manjar blanco y hamburguesas de lentejas, entre otros. Cómodos sofás.

La Tushpa — ASADOR, PERUANA $

(Ortiz Arrieta 753; platos ppales 12-30 PEN) En este clásico asador de Chachapoyas la lentitud es legendaria, pero la espera merece la pena. Aunque la carta a base de carnes no parece nada del otro mundo, cobra fuerza con el cuadril, un corte de ternera suculento, y con interesantes creaciones como el lomo fino con salsa picante de pisco. También hay bastantes platos de cerdo y pollo, todos ellos servidos con deliciosas salsas de la casa, como el ají o el chimichurri. Restaurante destacado.

Terra Mia Café DESAYUNOS, PERUANA $
(Chincha Alta 557; desayuno 8-13,50 PEN; ⏲desde 7.00; 📶) Las dos modernas hermanas de la Casa Vieja abrieron este sofisticado café junto a su hotel. Presume de máquina de café exprés y de una maravillosa carta de desayunos regionales e internacionales y excelentes bocadillos preparados con crujiente pan francés. Todo ello se disfruta en un ambiente acogedor y limpio.

Dulcería Santa Elena POSTRES $
(Amazonas 800-804; platos ppales 1-5 PEN) Un viejo gruñón sirve las mejores pastas del pueblo; si el viajero le cae bien, a lo mejor le invita a algo.

Dónde beber y ocio

Chachapoyas es famosa por sus licores artesanales, elaborados con todo tipo de hierbas y sabores frutales; irlos catando es un buen pasatiempo.

La Reina BAR, DISCOTECA
(Ayacucho 520; ⏲16.00-2.00) Local artístico donde lubricar las neuronas a base de licores de frutas exóticas y del Amazonas, en chupito (2 PEN) o en jarra (desde 16 PEN). De los 10 sabores a elegir, la mora es el más popular y el maracuyá el mejor; el siete raíces y el chuchuhuasi son dos famosos afrodisíacos amazónicos. Sus propietarios también llevan la mejor discoteca de la ciudad, varias cuadras más abajo, en Ayacucho 345 (entrada 2 PEN).

Información

Banco de la Nación (Ayacucho esq. 2 de Mayo) Con cajero automático Visa/MasterCard.
BCP (Ortiz Arrieta) Cambia dólares estadounidenses y cheques de viaje. Tiene un cajero automático.
International Language Center (☎47-8807; www.ilc-peru.com.pe; Salamanca 1112; ⏲8.00-13.00 y 16.00-19.00) Aparte de dar clases de varios idiomas, el simpático propietario distribuye información turística gratis. Dispone de un depósito donde guardar el equipaje uno o dos días.
iPerú (☎47-7292; Arrieta 582; ⏲8.00-19.00) Mapas, información sobre transportes y consejos excelentes.
Policía Nacional (☎47-7017; Amazonas 1220)
Serpost (Salamanca 945) Servicios postales.

Cómo llegar y salir

Avión

A pesar de que Chachapoyas cuenta con un aeropuerto, cuando se redactó esta guía ninguna compañía aérea operaba desde el mismo.

Autobús y taxi

La ruta a Chiclayo, con mucho tránsito, y la posterior etapa hasta Lima empieza por el panorámico trayecto hasta Pedro Ruiz por el río Utcubamba. **Civa** (☎47-8048; Salamanca 956) tiene un autobús diario a Chiclayo (18.30) y Lima (13.00). La comodísima **Movil Tours** (☎47-8545; La Libertad 464) tiene un autobús exprés a Lima a las 13.00, uno a Trujillo vía Chiclayo a las 19.30 y uno directo a Chiclayo a las 20.00.

Virgen del Carmen (☎79-7707; Salamanca 956) tiene una salida diaria a las 5.00 por la panorámica carretera de montaña (p. 421) hacia Cajamarca vía Celendín y Leimebamba, aunque

AUTOBUSES DE CHACHAPOYAS

DESTINO	PRECIO (H)	DURACIÓN (H)
Bagua Grande	22	2¼
Cajamarca	55	12
Celendín	35	8
Chiclayo	30-55	9
Leimebamba	10-20	3
Lima	80-135	22
María	15	2½
Pedro Ruiz	5	¾
Tingo Viejo	8	¾
Trujillo	75	12

se muestran algo reacios a vender billetes solo hasta Leimebamba. **Transportes Karlita** (☎97-502-0813; Salamanca 956) también viaja hasta esta ciudad a las 12.00 y 16.00, y normalmente hay un colectivo un poco más caro que espera junto a la oficina en el que suben quienes no han conseguido billete. **Transportes Hidalgo** (☎94-194-0571; Grau esq. Pasaje Reina) sale hacia Leimebamba (10 PEN, 2½ h) a las 12.30 y 16.00 a diario. **Poderoso Cautivo** (☎94-194-0571; Pasaje Reina s/n) parte a las 12.00 y 16.00 a diario.

Para ir directamente y por libre a Kuélap hay que levantarse pronto y sacrificarse un poco. **Transportes Roller** (☎94-174-6658; Grau 300) tiene un autobús a las 4.00 hasta Tingo Viejo, María y La Marca, donde hay una pequeña taquilla y un aparcamiento hacia Kuélap, con regreso a las 6.00. Desde aquí hasta las ruinas se tarda 15 minutos a pie por un caminito de piedras. Si no, se puede tomar uno de los frecuentes microbuses o taxis colectivos hacia Tingo Viejo y María con salida desde la cuadra 300 de Grau, desde donde habrá que añadir otras 2 horas (desde María) o de 5 a 6 (desde Tingo Viejo) de viaje.

Para adentrarse aún más en la cuenca del Amazonas, **Los Diplomáticos** (☎96-450-9665; Arrieto, cuadra 4) ofrece *combis* a Pedro Ruiz cada 15 minutos entre las 4.00 y las 18.00. En el cruce se puede esperar uno de los autobuses en dirección este para seguir hasta Tarapoto (35 PEN, 7 h), que pasan con más frecuencia entre las 16.00 y las 23.00. Para otros destinos se recomienda preguntar por camiones y microbuses. Para llegar a Jaén y a la ruta fronteriza a Ecuador (p. 422) es necesario subirse a una *combi* a Bagua Grande, que también sale a menudo desde la cuadra 300 de Grau con Pasaje Reina y luego cambiar a un colectivo hasta Jaén (7-10 PEN, 1 h).

Si se sale pronto por la mañana y se dispone de suficiente tiempo, se pueden visitar algunos lugares de interés alrededor de Chachapoyas en microbús público.

Un taxi a Kuélap o a alguno de los otros lugares cercanos a Chachapoyas y a Leimebamba cuesta 150 PEN.

Alrededores de Chachapoyas

Las montañas que rodean Chachapoyas se caracterizan por su vistoso paisaje y sus abundantes vestigios de la cultura de los chachapoyas. Existen numerosos yacimientos arqueológicos en la zona, la mayoría de ellos aún por excavar y muchos casi totalmente absorbidos por la exuberante selva. A continuación se citan algunos de los principales puntos de interés, pero hay más esperando a ser descubiertos.

GRAN VILAYA

El nombre de Gran Vilaya se refiere a los numerosos valles que se extienden hacia el oeste desde Chachapoyas y que llegan hasta el río Marañón. Contigua a la húmeda Amazonia, esta región se encuentra inmersa en un microcosmos único de trópicos de gran altitud y bosques nubosos perennemente húmedos, que dieron lugar al nombre de los chachapoyas: "la gente de las nubes". Se trata de un valle muy fértil que ha mantenido a extensos pueblos de la cultura chachapoya y luego inca. Hasta el momento se han hallado más de 30 yacimientos arqueológicos en sus montañas. Los más importantes, como **Paxamarca**, **Pueblo Alto**, **Pueblo Nuevo** y **Pirquilla** están conectados por sinuosos caminos de cabras, igual que hace siglos, y muchos aún están por excavar y solo se pueden visitar en excursiones que duran más de un día. Los impecables caminos incas se abren paso por los cerros y atraviesan ciudades en ruinas, camufladas por la selva.

En la entrada de Gran Vilaya se encuentra el **valle de Belén**, sobrecogedor e increíblemente verde. El tramo final del amplio y serpenteante río Huaylla, que se enrosca como una serpiente, atraviesa el suelo llano del valle, donde pastan caballos y vacas, y está rodeado de majestuosas colinas envueltas en neblina; las vistas son hipnóticas.

La mayoría de las agencias de viajes de Chachapoyas ofrecen circuitos de senderismo por la zona.

KARAJÍA

En este extraordinario yacimiento funerario hay seis colosales sarcófagos en lo alto de un acantilado despejado. Cada una de las tumbas está construida en madera, arcilla y paja, y tienen la forma humana estilizada. Estas figuras miran al valle situado más abajo, donde una vez estuvo la aldea de Chachapoyas; hoy pueden apreciarse las ruinas de piedra dispersas entre los campos. Originalmente había ocho sarcófagos emparejados, pero el tercero y el octavo (desde la izquierda) se derrumbaron, por lo que los ataúdes contiguos se abrieron, y dentro se encontraron momias, así como varios objetos relacionados con los difuntos. Aún pueden verse huesos dispersos cerca de los ataúdes. Solo los personajes

MERECE LA PENA

CATARATA DE GOCTA

No se sabe cómo pero esta **catarata** de 771 m (adultos/niños 5/1 PEN; ⊙6.00-16.00) logró esquivar al Gobierno peruano, los exploradores internacionales y los satélites fisgones hasta el 2005, cuando el alemán Stefan Ziemendorff y un grupo de lugareños emprendieron una expedición para cartografiar la catarata y registrar su altura. Había sido considerada entre la tercera y la decimoquinta más alta del mundo, lo que dio lugar a un revuelo internacional en la carrera por clasificar las cascadas más altas. Al parecer, su medición fue bastante acertada, por lo que hoy se sitúa en quinto lugar por detrás de la de Mongefossen, en Noruega, con 773 m de altura. Tanto si apasionan o no los datos, la cascada es impresionante y puede accederse a ella. Lo más fácil es ir desde Chachapoyas en un circuito organizado por unos 90 PEN –incluye el transporte y un guía local para la excursión de 2 horas hasta la catarata– pero también se puede ir por libre tomando una *combi* en Chachapoyas hasta Pedro Ruiz (5 PEN, 45 min) y luego un mototaxi hasta Cocachimba (15 PEN, 45 min) o caminar los últimos 6 km desde Pedro Ruiz. La Asociación de Turismo de la Comunidad ofrece guías por 30 PEN.

Según la tradición popular, en la cascada vive una sirena que vigila un tesoro escondido (¿sirenas tan tierra adentro?). Con suerte, tal vez se vea el raro pájaro naranja llamado gallito de las rocas o, de presenciar milagros a menudo, el choro de cola amarilla, un primate endémico poco común. En la época de lluvias surgen otras cascadas.

El **Gocta Andes Loge** (☎041-63-0552; www.goctalodge.com; i/d 169/209 PEN; ≋), en el pueblito de **Cocachimba**, es bastante nuevo y destaca en el norte del Altiplano, ya que se halla en un entorno idílico, con unas vistas perfectas de la cascada, tanto desde las habitaciones como desde la pequeña piscina. Las habitaciones, amplias pero sencillas, tienen calientes edredones de plumón y un balcón que enmarca las cascadas como si de un cuadro se tratara. Por el recinto hay pollos, gallinas y llamas (¿en cautividad?) y de vez en cuando pasa algún que otro pájaro exótico.

Si el bolsillo no da para tanto, el pueblito apoya un pequeña iniciativa de turismo con varias opciones más baratas, algunos restaurantes y tiendas.

más destacados, como chamanes, guerreros y caciques, se enterraban con semejante reverencia. Se cree que las calaveras sobre las tumbas representan trofeos de enemigos o quizá provengan de sacrificios humanos. La entrada cuesta 5 PEN.

Karajía está 45 minutos a pie desde la diminuta localidad de Cruz Pata, que se halla a 2 horas de Chachapoyas. Hay microbuses desde Chachapoyas que viajan a Luya (5,50 PEN, 50 min), desde donde sale un microbús a Cruz Pata (4,50 PEN, 50 min). Dicho esto, lo más conveniente es ir con un circuito de un día desde Chachapoyas (60 PEN); la excursión y el tiempo de viaje son perfectos para contemplar durante unos minutos con los prismáticos el conjunto de acantilados a 400 m de distancia.

REVASH

Cerca de la ciudad de Santo Tomás se encuentra este excelente yacimiento de varios edificios funerarios de colores vivos, oculto en los acantilados de caliza. Con el aspecto de atractivas aunque inaccesibles cabañas veraniegas, estas *chullpas* fueron construidas con pequeñas piedras unidas con barro, que después se enyesaron y embellecieron con pintura de color rojo y crema. Esta preferencia local por una decoración vistosa sigue patente en la actualidad. A pesar de que gran parte del yacimiento fue saqueado hace mucho tiempo, los arqueólogos llegaron a encontrar los esqueletos de 11 adultos y un menor, junto con un ajuar de gran riqueza, con instrumentos musicales y útiles de hueso. Hay varias pictografías que decoran las paredes de los acantilados detrás de las tumbas, así como una cueva hoy vacía que originalmente contenía más de 200 fardos funerarios a 1 km del complejo principal.

La manera más corta de llegar hasta el yacimiento es con una *combi* hacia Leimebamba, apeándose en Yerbabuena, desde donde queda una excursión a pie de 1½ horas o un trayecto en taxi (40 PEN ida y vuelta). Si al viajero le gusta la caza, pregúntese en el pueblo por un hombre que alquila caballos. Desde Chachapoyas un circuito de un día ronda los 90 PEN.

LA JALCA (JALCA GRANDE)

Esta bonita aldea de montaña, conocida también como Jalca Grande, es una pequeña municipalidad adoquinada que ha sabido conservar gran parte de sus raíces históricas, a pesar de que la modernización está penetrando poco a poco. Se sigue hablando en quechua, y en sus casas de paredes redondas con tejado de paja se aprecia el influjo del estilo de los chachapoyas. Una de ellas, conocida como la **Choza Redonda**, es una residencia tradicional de techo alto que al parecer fue habitada hasta 1964. Sigue estando en excelente estado, y sirvió de modelo para la recreación de las casas de Kuélap y Levanto. En las ruinas de **Ollape**, a media hora a pie en dirección oeste, hay varias plataformas de casas y balcones circulares decorados con motivos complejos. Para llegar al lugar, hay que subirse a un autobús de la ruta Chachapoyas-Leimebamba y pedir parada en el desvío hacia La Jalca, desde el cual hay que andar durante 3 horas por un camino de tierra.

YALAPE

En la carretera entre Chachapoyas y Levanto se hallan estas ruinas de edificios residenciales de piedra caliza; se trata de una buena excursión de un día, fácil de realizar desde Chachas. Con buenas vistas de Levanto, Yalape posee una robusta muralla con algunos frisos interesantes, todo ello visiblemente afectado por el abundante crecimiento del bosque. Se encuentra a 4 horas a pie desde Chachapoyas o a media hora desde Levanto. Hay alguna que otra *combi* hacia Levanto entre las 4.30 y las 6.00 (6 PEN, 1 h) desde el cruce de Cuarto Centenario con Sosiego, 1 km al sureste de la plaza de Chachapoyas; permiten apearse en Yalape.

Kuélap

ALT. 3100 M

Esta fabulosa fortaleza en ruinas, cuya grandeza es digna de rivalizar con la de Machu Picchu, está en las montañas del suroeste de Chachapoyas y es el yacimiento arqueológico mejor preservado y más accesible de todos los del distrito. Se trata de una ciudadela monumental fortificada en piedra, sobre una escarpada montaña caliza, desde la cual se pueden contemplar excepcionales vistas panorámicas. Curiosamente el lugar recibe muy pocos visitantes, pero aquellos que llegan hasta ella tienen la ocasión de conocer una de las ruinas precolombinas más significativas e impresionantes de toda América del Sur.

Puntos de interés y actividades

Construida entre los años 500 y 1493, y redescubierta en 1843, **Kuélap** (adultos/estudiantes/niños 15/8/2 PEN; 8.00-17.00) está formada por millones de metros cúbicos de piedra en perfecto estado de conservación. Juan Crisóstomo Nieto, el juez de la zona de Chachapoyas que descubrió las ruinas, dijo en un principio que para su construcción se había usado más piedra que para la Gran Pirámide de Egipto, una comparación que en términos matemáticos no tiene sentido, pero que transmite a la perfección la idea: ¡aquí hay mucha piedra! Pese a que la cantería no es tan elaborada como la de los incas, la fortaleza ovalada de 700 m de perímetro está rodeada por una imponente muralla casi impenetrable que alcanza una media de 20 m de altura. El acceso a este baluarte se realiza a través de tres profundas y estrechas puertas; se creía que eran un ingenioso sistema de seguridad que obligaba a los atacantes a formar en filas de a uno, por lo que eran muy vulnerables, pero posteriormente se ha visto que los terremotos, la erosión, la lluvia y el mortero dañado quizá desplazaran las murallas de su posición original, de ahí los pasajes más estrechos de lo proyectado en un principio.

Dentro hay dos niveles con vestigios dispersos de más de 400 viviendas circulares, algunas decoradas con frisos en forma de zigzag o de rombo; todas tuvieron un altísimo techo de paja. Una de las viviendas ha sido reconstruida. En su época de apogeo, Kuélap albergó hasta 3500 personas. La estructura más enigmática, llamada **El Tintero**, tiene la forma de un gran cono invertido. En su interior, una cámara subterránea contiene los restos de sacrificios de animales, por lo que los arqueólogos creen que se trataba de algún tipo de edificio religioso. El arqueólogo del yacimiento, Alfredo Narváez, ha hallado otros esqueletos de llama y tumbas en los alrededores de El Tintero que confirman esta teoría. Según una hipótesis elaborada por un equipo de la Universidad de San Diego en 1996, también podría haber sido un calendario solar. También hay una torre de vigilancia desde la cual se aprecian excelentes vistas panorámicas. La cima de la montaña en la que se halla la ciudadela está rodeada de vegetación, altísimos árboles cubiertos de bromelias y orquídeas exóticas.

Circuitos y guías

Los guardas de Kuélap son muy amables y serviciales; casi siempre hay uno dispuesto a guiar a los visitantes y responder a sus preguntas. Don José Gabriel Portocarrero Chávez, encargado de la taquilla, lleva años en el yacimiento; ya no ejerce de guía, pero puede poner en contacto con alguno (30 PEN).

Dónde dormir y comer

Kuélap en sí cuenta con una oferta de alojamiento limitada aunque una gran familia regenta varios establecimientos sencillos a los que, desde las ruinas, se llega por un sendero a menudo embarrado. En las localidades vecinas hay variados alojamientos, que pueden resultar prácticos como base para explorar la zona.

El **Hospedaje El Bebedero** (☎98-978-3432; h 15 PEN por persona) y el **Hospedaje El Imperio** (☎94-173-5833; h 10-15 PEN por persona) son las mejores propuestas junto a las ruinas. En ninguna hay electricidad pero El Imperio, bajo el mando de Teodula Rocha, la simpática mujer de don José, tiene agua corriente. Abre un puesto de tentempiés cerca de la taquilla cada dos semanas, así que habrá que buscarla por allí o preguntarle a don José. Se recomienda llevar saco de dormir. En ambos las comidas caseras rondan los 5-10 PEN. En el cercano INC Hostel se puede acampar gratis, pero sus habitaciones siempre están ocupadas por el equipo de excavación de Kuélap.

Las siguientes opciones de alojamiento más cercanas se encuentran en el pueblecito de María, a 2 horas a pie desde Kuélap y conectado a Chachapoyas por un servicio diario de microbús. Aquí hay media docena de **hospedajes** (h 15 PEN por persona) encantadores y casi idénticos (sus letreros están hechos en el mismo taller de impresión). Todos ofrecen habitaciones limpias y modestas, con agua caliente de suministro eléctrico y en algunas se preparan copiosas comidas para los huéspedes por 6 PEN. El **Hospedaje el Torreón** (☎94-170-8040; Av. Kuélap s/n; i/d 20/30 PEN) es la mejor apuesta, con habitaciones decentísimas que ponen énfasis en las coloridas colchas y con agua caliente. Como la simpática propietaria no cocina, habrá que salir a un restaurante o comprar una de las tartas que vende en el pueblo.

En Tingo Vieja, 3 km por debajo de Tingo Nuevo, en la base más lejana de Kuelap, está el sencillo **Hospedaje León** (☎94-171-5685; i/d 15/25 PEN, sin baño 10/20 PEN), con diminutas habitaciones bucólicas, agua caliente de suministro eléctrico y, a sus riendas, una agradable pareja de ancianos que hace años supieron exprimir bien el negocio del turismo. La **Estancia Chillo** (☎041-63-0510; h 120 PEN por persona, desayuno y cena incl.), 5 km al sur de Tingo Viejo, es uno de los alojamientos más bonitos y peculiares de la zona. El bello recinto de estilo hacienda cuenta con habitaciones rústicas con colchas llamativas, y posee un jardín de buganvillas con loros. Todos los aparatos que se ven están realizados a mano por Óscar Arce Cáceres, el propietario, que por lo visto quiere vender la propiedad. Llámese antes. Desde aquí pueden organizarse excursiones (150 PEN/día) y alquilarse caballos (40-200 PEN/día) para dar paseos y visitar las cercanas ruinas.

Cómo llegar y desplazarse

Hay un camino empinado de 9,8 km que empieza en el extremo sur de Tingo Viejo y llega hasta las ruinas, situadas a unos 1200 m por encima del pueblo; está señalizado y es fácil de seguir, pero se trata de una subida ardua que dura entre 5 y 6 horas. Es imprescindible llevar agua. Durante la temporada lluviosa (de octubre a abril), el camino se vuelve muy embarrado y a veces es difícil de seguir. Desde María también se puede llegar a pie a Kuélap en unas 2 horas.

Transportes Roller (Grau 302) tiene un autobús a Kuélap (15 PEN, 2½ h), vía Tingo Viejo, Choctámal y María, que sale de Chachapoyas a las 4.00 y vuelve de Kuélap a las 6.00. Como alternativa, en Kuélap se puede preguntar por la mejor manera de conseguir transporte de vuelta a Chachapoyas con alguno de los taxis colectivos o de las *combis* privadas que hagan el trayecto. Entre Tingo Viejo y Chachapoyas circulan *combis* a menudo (8 PEN, 50 min). Muchas agencias organizan excursiones de un día desde Chachapoyas.

Leimebamba

1100 HAB. / ALT. 2050 M

Este cordial pueblo adoquinado se encuentra cerca del nacimiento del río Utcubamba. Posee un encanto tranquilo que se conserva gracias a su relativo aislamiento. La ciudad próxima más grande está a varias horas por caminos de tierra. Los caballos son aún un medio de transporte muy popular y la amabilidad de sus habitantes es legendaria en la región. Está rodeado de yacimientos arqueológicos de la época de Chachapoyas y se trata de un lugar estupendo como base para explorar la provincia.

Puntos de interés y actividades

Museo Leimebamba MUSEO
(www.museoleymebamba.org; adultos/estudiantes 15/8 PEN; 10.00-16.30) Situado 3 km al sur del pueblo, forma parte de un complejo extraordinario patrocinado por la Sociedad Arqueológica Austriaca. Alberga las momias halladas en la laguna de los Cóndores, la mayor parte de las cuales están envueltas y pueden verse a través de vitrinas, aunque hay algunas abiertas, que impresionan. También se exponen piezas de cerámica, tejidos, figurillas de madera y fotografías de la laguna de los Cóndores. Un mototaxi desde el pueblo cuesta 5 PEN.

La Congona RUINAS
Se trata de la más cautivadora de las muchas ruinas antiguas cercanas a Leimebamba y sin duda merece la caminata de 3 horas necesaria para acceder al lugar. Este yacimiento, cubierto de vegetación, contiene varias viviendas circulares muy bien conservadas que, cosa extraña en la cultura chachapoya, se edificaron sobre una base cuadrada. En el interior, las casas están adornadas con intrincados nichos, y en el exterior hay una amplia terraza circular que rodea cada estructura. El yacimiento destaca por la detallada decoración de los edificios, en particular por los numerosos y sofisticados frisos. Se puede subir a una alta torre por una asombrosa escalinata circular para contemplar una hermosa vista del valle.

Desde Leimebamba se tardan 2 horas hasta el yacimiento por un sendero que empieza en la parte baja de la calle 16 de Julio. Se recomienda ir con guía, que suele costar unos 90 PEN por el circuito entero de 5 horas.

Laguna de los Cóndores YACIMIENTO ARQUEOLÓGICO
Esta zona de Perú fue objeto de atención en 1996, cuando un grupo de campesinos encontró seis *chullpas* (antiguos mausoleos andinos) en un acantilado a 100 m por encima de un lago en el bosque nuboso. Este yacimiento funerario, con sus 219 momias y más de 2000 objetos ha brindado a los investigadores la posibilidad de acercarse con mayor detalle a la cultura chachapoya. El hallazgo fue tan espectacular que Discovery Channel ofreció un documental sobre el descubrimiento y se construyó un museo en Leimebamba para albergar los tesoros.

Algunas de las tumbas, enyesadas y pintadas en blanco o en rojo y amarillo ocre, están decoradas con los típicos frisos en zigzag de los chachapoyas. Todas ellas se encuentran apiñadas en el acantilado, en un saliente natural con una espectacular vista a la laguna de los Cóndores (nombre que se dio al lago para que fuera más atractivo para los turistas, no porque puedan verse cóndores en la zona).

La única manera de acceder a la laguna es tras una ardua subida de 10 a 12 horas, a pie y a caballo, desde Leimebamba. El circuito básico dura tres días: uno de ascenso, uno de visita y otro para las 8 o 9 horas de regreso. Tanto en Leimebamba como en las agencias de viajes de Chachapoyas pueden contratarse caballos y guías; estos cobran unos 450 PEN por los tres días.

Circuitos y guías

Muchos guías locales (pregúntese en los museos) organizan excursiones a las tumbas y a otros yacimientos; algunos se pueden visitar fácilmente en un día, mientras que otros requieren de varios. Homer Ullilen, el hijo del propietario del **Albergue Turístico de la Laguna de los Cóndores** (Amazonas 320), es un buen guía local. Normalmente se pagan unos 50 PEN al día (no incluye la comida) y 30 PEN por los caballos. **Wira Wira Tours** (94-185-6029; bifar952@yahoo.com; Próspero, cuadra 3) también es muy recomendable.

Dónde dormir y comer

Los buenos lugares donde comer están cerca del museo. Hay un puñado de pollerías y puestos sencillos por el pueblo, pero los trabajadores de las ONG que pasan temporadas en la zona no dan mucho por ellos. En el pueblo, se aconseja La Casona.

Kentitambo PENSIÓN-'BOUTIQUE' $
(97-111-8259; info@vilayatours.com; i/d desayuno incl. 300/450 PEN;) Esta maravillosa pensión romántica de dos habitaciones pertenece a un historiador gringo/inca que participó en el equipo original de construcción del Museo Leimebamba. Se trata de un alojamiento moderno para amantes de la naturaleza refinados. Las camas *king size* y las duchas con agua de lluvia filtrada son las bazas de los coloridos bungalós de estilo quincho antisísmicos, aunque el plato fuerte son los amplios porches delanteros con hamacas en contacto directo con el entorno natural, ideales para contemplar las exóticas aves que se reúnen en la propiedad. Está junto al KentiKafé.

La Casona PENSIÓN $$
(☎83-0106; www.casonadeleymebamba.com; Amazonas 221; i/d desayuno incl. 95/160 PEN; 📶) Agradable y destartalada pensión, gestionada por una pareja de hermanos con mucha personalidad y un encanto hogareño. Las habitaciones viejas tienen suelos de madera, pero todas cuentan con nuevos baños con agua caliente. El desayuno es sorprendente, con café de máquina exprés y queso, mantequilla y leche caseros, de sus vacas. Algunas habitaciones tienen balconcito con vistas a una tranquila calle, desde otras se ven los tejados del pueblo y el entorno montañoso. Nelly, la matriarca, está a cargo de la sencilla cocina para los huéspedes, aunque admite a otros comensales si avisan antes.

Albergue Turístico de la Laguna de los Cóndores PENSIÓN $
(☎79-7908; www.loscondoreshostal.com; Amazonas 320; i/d sin baño 15/30 PEN, desayuno incl. 50/100 PEN) Situado a media cuadra de la plaza, es de gestión familiar, con un frondoso patio y muchas zonas cómodas donde sentarse, cubiertas con gruesas mantas de colores. Tiene agua caliente y habitaciones acogedoras, y se pueden organizar circuitos por la zona. Si se opta por lo barato, los baños compartidos permiten sacar un mayor partido a los soles invertidos.

KentiKafé CAFÉ $
(www.museoleymebamba.org/kentikafe.htm; tentempiés 2,50-5 PEN; ⏲8.30-17.30; 📶) Se halla a un breve paseo cuesta arriba por la calle del Museo Leimebamba, en lo alto de una colina con vistas al museo y al valle. Tiene unos doce comederos que visitan los colibríes de cola de espátula (p. 431) y otras 16 especies de colibríes –¡toman unos 5 kg de néctar al día!–. Mientras se espera la llegada de alguno, se puede saborear el café *gourmet* recién hecho y deleitarse con una de las tartas caseras o los maravillosos bocadillos, como el de pollo con aguacate; como alternativa se pueden pagar 10 PEN para visitar los comederos situados en una zona más tranquila, alejada del tintineo de las tazas de café.

El Mishqui PERUANA $
(☎95-355-2111; Austria s/n; menús 15-18 PEN; ⏲7.00-22.00) La guapa cocinera, Doris, se toma muy en serio su papel de chef. Hay que llamar antes, pero improvisa sencillos menús en la parte delantera de su casa, arreglada con elegantes manteles y cubertería. Está frente al museo.

De compras

AMAL ARTESANÍA
(San Augustín 429; ⏲9.00-18.00) Situada en la misma plaza, es una cooperativa de mujeres artesanas que vende confecciones de primera calidad y tejidos locales. De todos modos, es mejor ir al pequeño taller, a 5 minutos a pie por la carretera al museo. Allí se las ve trabajando y se puede elegir el material para confeccionar cualquier cosa, desde mochilas hasta fundas para ordenador, monederos o manteles.

Información

Hay una comisaría de policía en la plaza y un punto con acceso a internet delante de Transportes Karlita. Llévese dinero en efectivo porque no hay cajeros.

Cómo llegar y salir

Hidalgo Tours (☎94-194-0571; Bolívar 608) sale hacia Chachapoyas (10 PEN, 2½ h) a las 5.00 y las 6.30 a diario. **Poderoso Cautivo** (☎94-194-0571; San Agustín 314) lo hace a las 5.00 y las 7.00, también a diario y por el mismo precio. **Transportes Karlita** (☎97-194-3024; Amazonas esq. 16 de Julio) tiene los servicios más madrugadores, a las 4.00 y las 5.00. Resérvese plaza la noche anterior. Un taxi a Chachapoyas cuesta 100-120 PEN. **Virgen del Carmen** (☎96-483-3033; Plaza de Armas) cuenta con un autobús diario a Chachapoyas (10 PEN, 2½ h) desde Celendín que pasa por aquí sobre las 15.00. En dirección contraria, hacia Celendín (25 PEN, 5 h) y Cajamarca (30 PEN, 8 h) pasan sobre las 8.00. De vez en cuando, algún camión o vehículo privado puede llevar a Chachapoyas y Celendín a quienes paguen.

Pedro Ruiz

Este polvoriento pueblo de paso se encuentra en el cruce de la carretera de Chiclayo-Tarapoto y el desvío a Chachapoyas. Viniendo de Chachapoyas, uno puede tomar un autobús hacia el este o hacia el oeste. El viaje en dirección este desde Pedro Ruiz es espectacular, ya que sube por dos encumbrados desfiladeros y pasa por una preciosa laguna, y entre medio atraviesa un fantástico paisaje de vegetación típica de selva de altura.

Hay un cajero automático de Visa/MasterCard en Marginal, delante de la gasolinera PetrolPeru.

Dónde dormir y comer

En las calles principales, Cahuide y Marginal, se suceden los restaurantes locales. Al parecer, el mejor, es Virgen de Chuquichaca (platos principales 7-15 PEN), cuyo lomo saltado no está mal.

Casablanca Hotel HOTEL $
(☎83-0171; Marginal 122; i/d/tr 25/45/65 PEN) Entre los lamentables hoteles de Pedro Ruiz, destaca este junto al cruce de carreteras. Las habitaciones, sencillas pero decentes, tienen televisión por cable y agua caliente. Se aconseja ocupar una lejos de la ruidosa carretera.

Cómo llegar y salir

Los autobuses de la costa recogen pasajeros en dirección a Rioja o Moyobamba (25-30 PEN, 5 h) y Tarapoto (30-35 PEN, 7 h) y, en sentido opuesto, a Chiclayo (30 PEN, 7 h) y Lima (65-135 PEN, 18-22 h). Los más cómodos son los de **Movil Tours** (☎83-0085; Cahuide 653), que salen hacia el este a las 6.00 y las 11.00 y hacia el oeste, a Lima, a las 14.00, 14.30 y 19.30. **Civa** (☎94-172-7323; Marginal s/n) tiene salidas en dirección este a las 15.00 y la 1.00; y oeste, a Chiclayo y Lima, a las 14.00 y las 20.00. Otras opciones más económicas son **GH Bus** (☎79-4314; Cahuide 841), al este a las 13.00 y a Lima a las 11.00 y las 12.30; y **TSP** (☎99-845-5075; Cahuide 890), hacia Tarapoto a las 16.00, 19.00 y 22.30 y Lima a las 17.00 y las 20.00. También hay otras alternativas.

Llegando desde Tarapoto, Los Diplomaticos (☎96-450-9774; Marginal s/n), al lado de la gasolinera PetrolPeru, tiene *combis* a Chachapoyas (5 PEN) cada 30 minutos aproximadamente.

Moyobamba

☎042 / 41.800 HAB. / ALT. 860 M

Capital del departamento de San Martín, fue fundada en 1542, pero los numerosos terremotos (los más recientes en 1990 y 1991) han contribuido al deterioro de sus edificios históricos. Sin embargo, es una población muy agradable, ideal para pasar un par de días; los guías locales cada vez ofrecen más lugares de interés para visitar. La región es famosa por las orquídeas; en octubre se celebra un festival y a la entrada del pueblo hay un monumento a esta flor.

En el bonito malecón, siete cuadras al noreste de la plaza, se suceden bares y discotecas para jóvenes, con buenas vistas del frondoso valle fluvial más abajo.

Puntos de interés y actividades

Baños Termales de San Mateo AGUAS TERMALES
(entrada 1,50 PEN; ⏲5.00-21.00) Baños bien conservados, con temperaturas sobre los 40°C, situados 5 km al sur del pueblo. Un mototaxi cuesta 5 PEN. Los fines de semana se abarrotan de lugareños.

Centro Waqanki de orquídeas JARDINES
(www.waqanki.com; carretera a los baños termales de San Mateo; entrada 0,50 PEN; ⏲8.00-18.00) Este centro, a unos 3 km del pueblo, alberga unas 150 especies de orquídeas que crecen a lo largo de unos senderos que serpentean por

INDISPENSABLE

SOLO PARA PÁJAROS... Y MONOS

Las 2960 Ha del **Área de Conservación Privada Abra Patricia-Alto Nieva** (☎084-24-5256; www.ecoanperu.org; entrada 40 PEN; i/d 318/530 PEN, sin baño 265/477 PEN, todas con comidas y entrada incl.), unos 40 minutos al este de Pedro Ruiz por la carretera a Moyobamba (el colectivo desde Nuevo Cajamarca cuesta 35 PEN), son un paraíso para la observación de las aves gestionado por la Asociación de Ecosistemas Andinos (ECOAN). Es el hábitat natural de más de 300 especies, 23 de la cuales están amenazadas. El **Owlet Lodge** de ECOAN ofrece habitaciones grandes, tranquilas y limpísimas a los amantes de la naturaleza y a cualquiera que desee alejarse del mundanal ruido. Las deliciosas comidas se sirven en un comedor con vistas a un bosque en el que jamás ha entrado ni una motosierra. Aunque recalan grupos organizados para observar algunas especies endémicas como la tangara de bufanda amarilla, el titirijí papamoscas de Lulu y la rarísima lechucita bigotona, también es ideal para avistar el amenazadísimo mono choro de cola amarilla.

UN COLIBRÍ MARAVILLOSO

No hay que ser un experto observador de aves para quedarse prendado por el colibrí cola de espátula o colibrí maravilloso *(Loddigesia mirabilis)*, un fantástico ejemplar poco común que vive en escasos hábitats de bosque de maleza entre los 2000 y los 2900 m, en el valle de Utcubamba, al norte de Perú. Como ocurre con la mayoría de las especies de aves, los machos de colibrí cola de espátula son mucho más vistosos que las hembras, con una brillante corona azul, el pecho verde y un atractivo conjunto de largas plumas curvadas que salen de su parte trasera y forman una ancha "raqueta" o "espátula". Y son capaces de manejar esas plumas traseras de espátula de forma independiente durante el ritual del cortejo: las cruzan una sobre otra o las balancean por delante de la cabeza mientras se mantienen en el aire frente a la hembra.

Para algunos peruanos del valle de Utcubamba lo más espectacular de la anatomía de los colibríes es su corazón, considerado un alimento afrodisíaco. Quizá su caza sea una de las causas por la cual su población es muy reducida (tal vez queden menos de 1000 parejas), aunque los esfuerzos por conservarlos llevados a cabo en la región han permitido que la gente tome conciencia de su precaria situación y la necesidad de protegerlos, pues su hábitat está desapareciendo con rapidez por la deforestación y el desarrollo de la agricultura. Hay centros de conservación, como KentiKafé (p. 429) en Leimebamba y el **Centro de Interpretación del Colibrí Maravilloso** (entrada PEN 26.50; h 120 PEN por persona, desayuno incl.; ⏲6.00-18.00), conocido como **Huembo,** 15 minutos al oeste de Pomacochas en la carretera a Pedro Ruiz. Aquí las probabilidades de ver uno de estos colibríes en todo su apogeo son altas. Durante la preparación de esta guía había cuatro machos, tres hembras y cuatro crías revoloteando. Huembo cuenta con comederos repartidos por una reserva privada de 12 Ha que atrae a esta y otras variedades de colibrí; destacan también las espectaculares vistas del valle y de la carretera abajo. Además, se puede pernoctar. Tómese un colectivo en Pedro Ruiz (15 PEN, 15 min).

el hermoso bosque y que pueden recorrerse en circuitos de 2, 4 y 6 horas.

Circuitos y guías

Tingana Magic ECOCIRCUITO
(☎56-3163; www.tinganaperu.com; Reyes Guerra 422; ⏲8.00-13.00 y 14.00-17.00 lu-vi) Organiza circuitos por la zona hasta las impresionantes cataratas de Paccha y Lahuarpía, a 30 minutos en automóvil, y también ofrece excursiones a cuevas y reservas ecológicas.

Dónde dormir y comer

La Casa de Seizo BUNGALÓ $
(☎79-4766; rumipata@hotmail.com; carretera a los baños termales de San Mateo; i/d/tr 35/60/90 PEN; 📶) A 5 minutos a pie de los baños de San Mateo y del centro Waqanki, este alojamiento (antes Hospedaje Rumipata) está en un entorno frondoso e idílico a las fueras de Moyobamba. La pareja japoneso-peruana/venezolana que lo regenta son una delicia y además, unos excelentes cocineros: todo es un verdadero placer, tanto si Seizo pesca una tilapia de su estanque y la filetea en sashimi delante de los comensales, como si prepara su pescado con soja, ajo y jengibre o sirve el pollo ahumado al café. Disponen de habitaciones en la casa principal, bien amuebladas, y de un conjunto de bungalós con techo de paja, que estaban desplazando más hacia el interior del bosque durante la preparación de la guía. Las comidas cuestan 10-20 PEN pero es una experiencia inestimable.

El Portón PENSIÓN $
(☎86-6121; casahospedajeelporton@hotmail.com; San Martín 449; i/d 50/80 PEN; 📶) Esta tranquila propuesta ofrece habitaciones alrededor de un jardín bien cuidado donde cuelgan varias hamacas y hay un comedorcito. Las habitaciones son pequeñas, pero todo es nuevo y el ambiente hogareño, lo que supone un plus frente a la competencia.

Hospedaje Bet-El PENSIÓN $
(☎56-2796; Callao 517-537; i/d/tr desayuno incl. 41/57/85 PEN) Si no es un problema tanta imaginería cristiana, es una buena opción, con habitaciones que dan a un atrio interior dominado por un árbol. No hay agua caliente (está de camino), pero el exprés de la cafetería adjunta está hirviendo, quizá la mejor razón para alojarse aquí.

Hospedaje Santa Rosa PENSIÓN $
(☎50-9890; Canga 478; i/d desde 15/30 PEN; @ wifi) Otra propuesta para presupuestos limitados con varias habitaciones rudimentarias con agua fría y dispuestas en torno a un patio. Hay alguna que otra maceta que alegra esta especie de jungla de cemento. Pídase una habitación con asiento del inodoro a menos que se prefiera sin.

La Olla de Barro AMAZÓNICA, REGIONAL $$
(www.laolladebarro.com; Canga con Filomeno; platos ppales 6-18 PEN; ⏰cerrado cena do) Institución local decorada en estilo tiki donde desafiar a los compañeros de viaje a probar las hormigas fritas o el caimán, mientras se saborea la fenomenal inchicapi (sopa de pollo con cacahuetes, cilantro y yuca). Es el mejor lugar donde catar los platos locales de la jungla y, aparte de la sopa, se sirven bebidas de frutas exóticas regionales como la camu-camu o la cocona y montones de pescados de río (evítese el paiche salvaje de octubre a febrero, cuando se prohíbe su pesca por la casi extinción comercial; se trata de una especie amenazada). No hay que perdérselo.

El Matador ASADOR $
(Puno C-2; platos ppales 15-20 PEN; ⏰desde 18.00 lu-sa) Fantástico establecimiento de lujo (para Moyobamba) donde sirven pollo y cinco cortes de carne a la parrilla: solomillo, punta de solomillo, bistec, chuletas de cerdo y costillar. La carta cuenta con más tintos de lo habitual, pero el tentador patio es perfecto para una Cusqueña bien fría.

Información

BCP (calle de Alvarado 903) Cambia dinero y tiene un cajero automático.

Dircetur (☎56-2043; San Martín 301; ⏰7.30-13.00 y 14.30-17.30 lu-vi) Servicial pero con información regional bastante limitada para los viajeros.

Oficina de información turística (☎56-2191 ext. 542; www.turismosanmartin.com; Canga 262; ⏰8.00-13.00 y 14.30-17.15 lu-vi) Oficina municipal donde conseguir mapas e información.

Cómo llegar y salir

Los colectivos a Rioja (4 PEN, 30 min) y Tarapoto (20 PEN, 2 h) salen a menudo desde la terminal Cajamarca, en la esquina de Benavides con Filomeno, tres cuadras al este de la plaza de Armas; y desde la cuadra 200 de Benavides.

La terminal de autobuses está en Grau, a 1 km del centro. La mayor parte de los autobuses entre Tarapoto y Chiclayo paran allí para recoger pasajeros.

Tarapoto

☎042 / 65 900 HAB. / ALT. 356 M

La localidad más grande y animada del departamento de San Martín se posa a horcajadas entre las laderas andinas y el límite de las vastas junglas de Perú oriental. Esta sofocante metrópoli de la selva toca la cuenca del Amazonas con la punta de los dedos, pero mantiene el contacto con el resto del país y la civilización a través de una larga carretera asfaltada. Desde aquí se puede profundizar aún más en el Amazonas, o bien sencillamente disfrutar de la zona de selva más accesible. Hay una gran oferta de lugares para alojarse y para comer, y buenas conexiones con la costa. Además, abundan los puntos de interés naturales cercanos, como cataratas y lagunas, y se puede practicar el descenso de aguas bravas.

Puntos de interés

En Tarapoto hay poco que hacer, aparte de relajarse por la plaza Mayor, aunque pueden realizarse varias excursiones a localidades, cascadas y lagos de los alrededores. En Maynas hay un pequeño museo gestionado por la universidad.

Laguna Azul LAGO
También llamada laguna del Sauce, es un lugar popular al que se accede en *ferry* por el río Huallaga, a 45 km, y siguiendo en automóvil durante otros 45 minutos. Hay circuitos de día (85 PEN por persona, 2 personas mínimo) así como excursiones en las que se pernocta. En ella se puede nadar, ir en barca y pescar, y entre el alojamiento disponible hay desde acampada hasta bungalós de lujo. A diario hay *combis* que pasan cerca de Sauce desde la parada de autobús del distrito Banda de Shilcayo, al este de la ciudad. Los taxistas la conocen.

Cataratas de Ahuashiyacu CATARATAS
De 40 m, están a unos 45 minutos de Tarapoto a Yurimaguas. Cerca hay un pequeño restaurante y un buen sitio para nadar. Los circuitos de 5 horas cuestan 28-65 PEN por persona. También es popular la excursión (de precio similar) a las **cataratas de Huacamaillo**, en la que hay que caminar unas 2 horas y vadear el río varias veces. Ambas cataratas son accesibles en transporte público

y luego a pie, pero hay que contar con información muy detallada para no perderse; se recomienda ir con un guía.

Chazuta ALDEA

Tras 2 horas de carretera se pueden visitar las impresionantes cascadas de **Tununtunumba**, de 40 m y tres tramos, un pequeño museo con urnas funerarias preincaicas y piezas de artesanía, y un puerto junto al río Huallaga excelente para pescar. Las agencias de viaje de Tarapoto están empezando a promocionar lo que llaman el "turismo místico", en el que se incluye la visita a un brujo local. Los circuitos de un día a Chazuta (70-125 PEN) dependen del estado de la carretera. Las combis salen de Jirón Olaya cuatro veces al día.

Lamas ALDEA

Es un pequeño pueblo indígena que, por desgracia, perdió muchos de sus edificios coloniales debido al terremoto del 2005. Sin embargo, se trata de un destino habitual para excursionistas por su pequeño museo y su artesanía. Cada año, la población celebra la Fiesta de Santa Rosa de Lima durante la última semana de agosto. Aunque hay microbuses y colectivos desde la cuadra 10 de Jirón Ugarte, resulta más fácil ir con un circuito guiado (28-55 PEN por persona, 4-6 horas), que suele incluir la visita a las cascadas de Ahuashiyacu.

Actividades

'Rafting'

Los especialistas locales en descensos organizan salidas por las aguas bravas del río Mayo, a 30 km de Tarapoto, y del bajo río Huallaga, de junio a noviembre. Las salidas más cortas (de medio día, a partir de 70 PEN por persona) son en su mayor parte de las clases II y III, mientras que las más largas (de hasta seis días, solo de julio a octubre) incluyen rápidos de las clases III y IV. Pueden hacerse descensos de los rápidos de clase III desde la parte superior del Mayo, a 100 km de Tarapoto. Se puede alquilar un kayak inflable con guía obligatorio por 100 PEN por medio día. Se recomienda **Ecorutas** (☎52-3082; Hurtado 435), que antepone la seguridad; o bien **Kuriyacu** (☎94-279-3388; www.kuriyacu.com).

Rehabilitación/Ayahuasca

Los brujos desempeñan un papel esencial en los pueblos de la selva. Unos kilómetros al norte de Tarapoto está el **Centro Takiwasi** (☎52-2818; www.takiwasi.com; Prologación Alerta 466), dedicado a la rehabilitación de toxicómanos, abierto a principios de los años 1990 por el médico francés Jacques Mabit. Aquí combinan el uso de plantas y medicinas tradicionales amazónicas, tal como las usan los brujos o los curanderos, con una mezcla de psicoterapia. Se trata de un método que requiere mucha resistencia, ya que se sigue una intensa terapia basada en el vómito y se utiliza ayahuasca (brebaje alucinógeno preparado con lianas de la selva) como parte del proceso de curación. Los programas de rehabilitación para todo tipo de males rondan los 3000 PEN al mes, aunque no abandonan a nadie por falta de fondos. Puede solicitarse información, así como organizarse una sesión introductoria en el mismo centro.

Circuitos y guías

Las siguientes agencias autorizadas poseen varios años de experiencia en el turismo de la zona.

Martín Zamora Tours CIRCUITOS GUIADOS

(☎52-5148; www.martinzamoratarapoto.com; Grau 233) Operador de referencia para circuitos de un día y otras excursiones más largas a lagos y cataratas de la zona y viajes culturales.

Quiquiriqui Tours CIRCUITOS GUIADOS

(☎52-4016; www.qtperu.com; San Martín 373-377) Agencia completa de viajes y circuitos donde reservan vuelos; ofrecen información sobre circuitos de calidad a puntos de interés locales; también los organizan.

Dónde dormir

Pumarinri Amazon Lodge REFUGIO EN LA JUNGLA $$$

(☎042-52-6694; www.pumarinri.com; carretera Chazuta km 16; i/d/ste desayuno incl. 159/209/309 PEN; ❄≋) Este retiro con techos de caña está 30 km al este de Tarapoto, a orillas del río Huallaga, rodeado por una selva montañosa de transición, ideal para escapar de la melancolía de los mototaxis. La mayoría de las habitaciones son de un lujo sencillo pero muy cómodas y con terrazas con vistas al río; en las del anexo más nuevo también hay televisión por satélite de pantalla plana, aire acondicionado y *jacuzzis* donde caben hasta tres personas. Se pueden hacer excursiones a las cercanas cascadas, caminatas en busca de la rana punta de flecha, paseos en barco y también observar alguna de las cerca de 260 especies de aves catalogadas en un radio de

Tarapoto

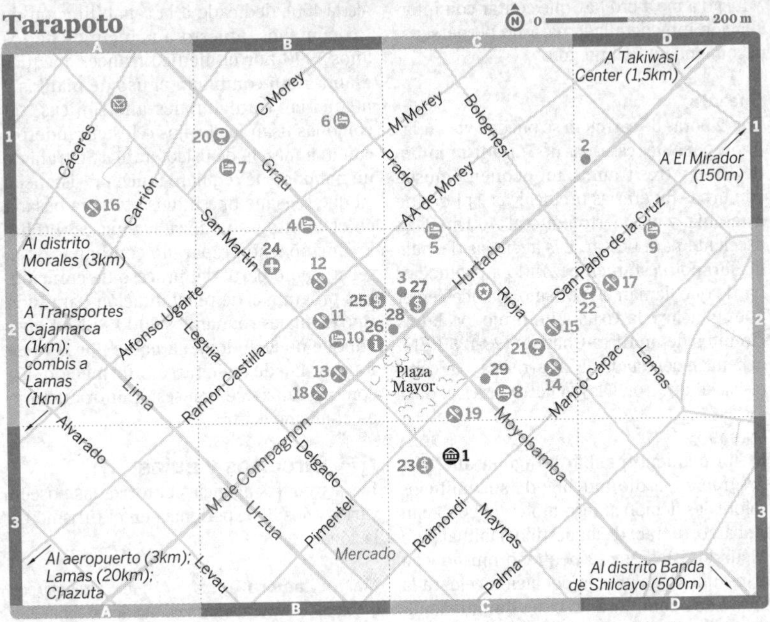

16 km. A la vuelta, el cocinero formado en Lima puede preparar una gamitana pescada directamente del estanque donde las crían. Salen muy a cuenta los paquetes de tres días y dos noches (450 PEN) que incluyen las comidas, excursiones y traslados.

La Patarashca Hospedaje PENSIÓN $
(☎52-3899, 52-7554; www.lapatarashca.com; Lamas 261; i sin/con aire acondicionado 50/70 PEN, d sin/con aire acondicionado 90/135 PEN, tr sin a.a. 120 PEN, todas desayuno incl.;) Escondido en un extenso recinto con abundante fauna selvática, las habitaciones disponen de duchas con agua caliente de suministro eléctrico (algunas parecen metidas a presión en los diminutos baños) y televisión por cable, muebles bonitos y un aire hogareño y acogedor. Un par de guacamayos dan vida al lugar, así como el mejor restaurante regional del pueblo, al que se llega por una pequeña pasarela.

Tucan Suites APARTHOTEL $$$
(☎52-8383;TK; www.tucansuites.com; 1 de Abril 315; i/d 209/249 PEN, apt. desde 369 PEN;) Este nuevo y rompedor aparthotel en el barrio de Banda de Shilcayo es el primer hotel de cuatro estrellas de Tarapoto. Las amplias suites de una y dos habitaciones cuentan con cocina. Ocho de las habitaciones dúplex tienen pequeñas cocinas al aire libre. El restaurante da a una terraza en tres niveles con piscina. Imposible no dormir profundamente.

El Mirador PENSIÓN $
(☎52-2177; www.elmiradorentarapoto.blogspot.com; San Pablo de la Cruz 517; i/d/tr desayuno incl. 60/85/95 PEN;) Los viajeros se quedan embelesados en este agradable alojamiento, quizá porque la matriarca los colma del amor de una abuela o tal vez por el excelente desayuno servido en una terracita con hamacas y vistas a la jungla. Las habitaciones de la casa principal tienen ventilador, duchas calientes y televisión por cable; las del nuevo anexo prometen aire acondicionado, más espacio y baños de color amarillo. Como está a varias cuadras del centro se oye menos el ruido de los mototaxis. La tarifa incluye los traslados al aeropuerto.

Casa de Palos PENSIÓN $
(☎94-031-7681; www.casadepalos.pe; Prado 155; i/d con ventilador 60/90 PEN, con aire acondicionado 80/100 PEN, todas con desayuno incl.;) Esta pequeña pensión ofrece nueve estilosas habitaciones con suelos de cemento sin pulir y cabezales rústicos con tejidos que rodean un improvisado patio selvático lleno de canarios y diminutos monos embobados (enjaulados).

Tarapoto

Punto de interés

1	Museo Regional	C3

Actividades y circuitos

2	Ecorutas	D1
3	Martin Zamora Tours	C2

Dónde dormir

4	Alojamiento Grau	B1
5	Casa de Palos	C2
6	Hospedaje Misti	B1
7	Hotel Monte Azul	B1
8	Hotel Nilas	C2
9	La Patarashca Hospedaje	D2
10	La Posada Inn	B2

Dónde comer

11	Banana's Burgers	B2
12	Café d' Mundo	B2
13	Café Plaza	B2
14	Chifa Tai Pai	C2
15	El Brassero	C2
16	El Rincón Sureño	A1
17	La Patarashca	D2
18	Supermercado la Inmaculada	B2
19	Taca	C2
	Tío Sergio Amazónico	(véase 15)

Dónde beber

20	La Alternativa	B1
21	La Fruta Madre	C2
22	Stonewasi Taberna	D2

Información

23	BCP	C3
24	Clínica San Martín	B2
25	Interbank	B2
26	Oficina de información turística	B2
27	Scotiabank	C2

Transporte

28	LAN	C2
29	Star Perú	C2

En el segundo piso hay una amplia azotea donde desayunar.

La Posada Inn PENSIÓN $$
(☎52-2234; laposada_inn@latinmail.com; San Martín 146; i/d desayuno incl. 55/110 PEN, con aire acondicionado 70/120 PEN; ❄📶) Pintoresco hotel con techos con travesaños y una sugerente escalera de madera. Las elegantes habitaciones son una mezcla ecléctica: algunas tienen balcón, otras aire acondicionado y otras necesitan suelos nuevos. A pesar de estar en pleno centro de la ciudad es muy tranquilo.

Hotel Monte Azul HOTEL $$
(☎52-2443; www.hotelmonteazul.com.pe; Morey 156; i/d 75/109 PEN, con aire acondicionado 109/159 PEN, todas con desayuno incl.; ❄@📶) Es un lugar acogedor, ordenado y luminoso, y su precio supone una excelente inversión. El agradable personal siempre se muestra disponible y todas las habitaciones tienen colchones de calidad y neverita. La tarifa incluye la recogida en el aeropuerto.

Alojamiento Grau PENSIÓN $
(☎52-3777; Grau 243; i/d/tr 25/50/75 PEN; 📶) Agradable alojamiento de gestión familiar, propone habitaciones sencillas, limpias y tranquilas, con duchas con agua caliente, y ventanas hacia el interior. Buena opción económica.

Hospedaje Misti PENSIÓN $
(☎52-2439; Prado 341; i/d/tr desde 25/45/50 PEN) El frondoso patio que enmarca las habitaciones compensa el alojamiento modesto. Los diminutos baños con agua fría dan poco margen de maniobra pero hay TV y ventilador. Está bien para quien tiene un presupuesto limitado.

Hotel Nilas HOTEL $$
(☎52-7331/2; www.hotelnilas.com; Moyobamba 173; i/d desayuno incl. 130/180 PEN; ❄@📶🏊) Alojamiento de categoría media-baja, de tres plantas, con una tentadora piscina que podría considerarse una ventaja por este precio, pero para ser honestos, las habitaciones no son nada del otro mundo y no les iría mal una remodelación. Tiene un gimnasio, un restaurante y un centro de convenciones.

Dónde comer

Antes de irse de Tarapoto, hay que probar el inchicapi (sopa de pollo con cacahuetes, cilantro y yuca) y los juanes (arroz al vapor con pollo o pescado envuelto en hoja de plátano).

👍 **La Patarashca** AMAZÓNICA/REGIONAL $$
(www.lapatarashca.com; San Pablo de la Cruz 362; platos ppales 13-32 PEN; 📶) En este informal restaurante situado en un segundo piso se preparan excelentes platos de la cocina ama-

zónica regional. No hay que perderse la ensalada de chonta, con delgadas hojas de esta palmera local, aguacates y una vinagreta; o la patarashca, consistente en copiosas bandejas de gambas gigantes o pescado bañado con una salsa caliente de tomate, pimiento dulce, cebolla, ajo y sacha culantro, envuelto en hoja de bijao. Evítese consumir el paiche salvaje de octubre a febrero, período en que se prohíbe la pesca por su casi extinción comercial.

Tío Sergio Fast Food Amazónico PERUANA **$**
(San Pablo de la Cruz 244; platos ppales 7-20 PEN; 24 h;) Interesante y nuevo restaurante que ofrece excelentes platos preparados en una cocina abierta, en un entorno a la moda y a precios irrisorios. Los propietarios ya eran conocidos en todo el pueblo por su tienda de chorizos y cerdos ahumados regionales, que cobran un papel destacado en su carta de hamburguesas, pastas caseras y bocadillos (incluso hay un menú infantil). El patio trasero con parasoles es muy agradable y nunca cierra. Es una mina.

Café d' Mundo ITALIANA **$$**
(calle de Morey 157; platos ppales 8-32 PEN, *pizza* 15-32 PEN; 18.00-24.00) Moderno bar restaurante oscuro y con iluminación nocturna a la luz de las velas, cuenta con una terraza y cómodas salas interiores. Su puntal son las buenas *pizzas* (se recomienda la caprese con aguacate), pero la corta carta también incluye algunas interesantes lasañas y otras pastas con un toque regional. La surtida barra ayudará a pasar una relajante velada. Con la comida y el ambiente como protagonistas, el servicio queda en un segundo plano.

Chifa Tai Pai CHINA **$**
(Rioja 252; platos ppales PEN 13-27; 11.30-14.00 y 17.00-23.00) Si aún no se ha catado la gastronomía de la jungla, esta excelente chifa es el sitio ideal, con sus enormes e interesantes propuestas de cocina chino-peruana de fusión. El nombre del establecimiento también es un plato, *tai pai* a la plancha, a base de gambas, pato, cerdo y pollo. Con una ración comen dos personas.

El Brassero ASADOR **$**
(San Pablo de la Cruz 254; platos ppales 13-22 PEN; cerrado do) Si bien la especialidad son las costillas de cerdo a la pimienta, con orégano o en salsa agridulce, en sus brasas asan de todo, incluidas hamburguesas, pollo y chorizo. Atención comensales a lo que se pide y a lo que a uno le sirven aunque todo está sabroso y sus menús fijos del almuerzo por 8 PEN salen a cuenta.

Café Plaza CAFÉ **$**
(San Martín 109; tentempiés 7-10 PEN, desayuno 12-20 PEN;) Moderna cafetería donde apostar fuerte por un café exprés de los buenos. También se sirven tentempiés, dulces y rápidos desayunos regionales a base de juanes del tamaño de una pelota de *softball*. Muy popular entre gringos y adictos a la cafeína.

El Rincón Sureño ASADOR **$$$**
(Leguia 458; filetes 20-63 PEN) El restaurante más bonito de la ciudad es un asador de aspecto elegante, con salas forradas de madera y de ambiente recogido, con arcadas, parafernalia de granja y camareros enfajados. Según los lugareños, la carne es de primera, pero el bife a la pimienta por 25 PEN resulta decepcionante. Puede que haya que tirar la casa por la ventana con el bife de chorizo a 65 PEN, una pieza mejor de carne peruana preparada al estilo argentino. Para Tarapoto, la carta de vinos es impresionante.

Banana's Burgers HAMBURGUESERÍA **$**
(calle de Morey 102; hamburguesas 5-14 PEN; hasta 4.00) Hamburguesería con barra y taburetes donde se sirven zumos regionales.

Supermercado la Inmaculada COMPRA DE ALIMENTOS **$**
(calle de Compagnon 126; 8.30-22.00) Supermercado bien surtido.

Dónde beber

La Alternativa BAR
(Grau 401; 9.00-20.00) Pasar la noche en este bar es como beber algo en una farmacia medieval o en una película de Tarantino, en un ambiente que evoca la época en que el alcohol se usaba como medicamento (para curar enfermedades, no problemas emocionales) y el farmacéutico de turno suministraba algún tipo de elixir sacado de un frasco. Aquí los estantes están abarrotados de botellas polvorientas cual botica llenas de uvachado y otros 15 mejunjes naturales caseros a base de raíces, brotes y demás, a remojo en licor de caña. La iluminación taciturna y la guitarra sonando de fondo son un extra.

Stonewasi Taberna BAR
(Lamas 218; cócteles S6-18) Lleva varios años en el candelero y sigue siendo el mejor bar

del norte del Altiplano, un lugar donde ver y dejarse ver en Tarapoto. Las mesas de coser recicladas junto a la calle se llenan de tahúres, conductores de mototaxi y gente guapa que se agolpa para divertirse al son de música *house* y *rock* internacional.

La Fruta Madre ZUMOS
(Rioja 240; zumos 5,50-6,50 PEN; ⏲cerrado do) Bar de zumos bastante tentador y nombre gracioso.

Información

BCP (Maynas 130) Cambia cheques de viaje y tiene un cajero automático.
Clínica San Martín (San Martín 274; ⏲24 h) La mejor asistencia médica de la ciudad.
Interbank (Grau 119) Cajero automático.
Oficina de Información Turística (☎52-6188; Hurtado s/n; ⏲8.00-20.00 lu-sa, hasta 13.00 do) Es la oficina de la Municipalidad, en la plaza Mayor.
Policía Nacional (☎52-2141; Rioja esq. Hurtado)
Scotiabank (Hurtado 215) Cambia cheques de viaje y tiene cajero automático.
Serpost (San Martín 482) Servicios postales.

Cómo llegar y salir

Avión

El **aeropuerto** (TTP) está 3 km al suroeste del centro, a 4 PEN de mototaxi.

LAN (☎52-9318; www.lan.com; Hurtado 183) tiene dos vuelos diarios desde Lima a las 9.20 y las 20.20, y con regreso a las 11.00 y las 22.00. Hay un tercer vuelo, pero el horario varía según el día de la semana. Los billetes parten de 372 PEN.

Star Perú (☎52-8765; www.starperu.com; San Pablo de la Cruz 100) cuenta con dos vuelos diarios Lima-Tarapoto y viceversa a distintas horas según el día, a partir de 258,50 PEN. También sale de Tarapoto a Pucallpa a las 18.30 los martes y sábados, con regreso a Tarapoto los lunes y jueves a las 18.45. Para este trayecto se consiguen billetes por 291,90 PEN. Asimismo, se puede volar a Iquitos con salidas diarias a las 15.15, menos los lunes y miércoles que son a las 13.45. La vuelta es a las 17.00 menos los lunes y miércoles, que es a las 15.30. Hay billetes por 283 PEN.

Taca (☎0-800-1-8222; www.taca.com; plaza Mayor 182) vuela desde Lima a las 20.00, con vuelta a las 22.00 a diario por 167,20 PEN.

Autobús y Taxi

Hay varias empresas que se dirigen en dirección oeste por la carretera asfaltada que va a Lima, pasando por Moyobamba, Chiclayo y Trujillo, y suelen salir entre las 8.00 y las 16.00. Toda estas compañías están en una misma cuadra en Salaverry y las calles perpendiculares en el distrito de Morales, a 2 PEN de mototaxi desde el centro. Para ir a Chachapoyas hay que hacer transbordo en Pedro Ruiz.
Civa (☎52-2269; www.civa.com.pe; Salaverry 840) Tiene un cómodo autobús a Lima a las 14.45 con parada en Chiclayo y Trujillo.

AUTOBUSES DE TARAPOTO

DESTINO	TARIFA (PEN)	DURACIÓN (H)
Chazuta	8	½
Chiclayo	40-80	14
Jaén	40	9-12
Juanjuí	15	3
Lamas	5	¾
Lima	100-165	26-30
Moyobamba	20	2
Pedro Ruiz	40-45	7
Piura	60	16-17
Pucallpa	100	16-18
Sauce	15	4
Tingo María	80	13
Tocache Nuevo	50	8
Trujillo	65-150	15-18
Yurimaguas	15-20	2½

CONSEJO DE VIAJE

El viaje rumbo sur por Bellavista hasta Juanjuí (145 km), luego Tocache Nuevo, Tingo María (485 km) y finalmente Pucallpa (674 km) solo es seguro de día. Durante la redacción de la guía, la carretera solo estaba asfaltada hasta Juanhuí y de Tocache Nuevo a Tingo María, con obras de por medio. A ser posible, evítese viajar de noche.

Ejetur (☎52-6827; Salaverry 810) Con el mayor número de salidas hacia Chiclayo y Trujillo a las 8.00, 9.30, 12.00, 13.30 y 16.00.
El Gran Pajatén (☎50-3035; Olaya 1278) *Combis* a Chazuta a las 10.30, 12.30, 15.30 y 18.00.
Expreso Huamanga (☎94202-6486; Salaverry 655) Autobuses más baratos y lentos a Chiclayo vía Jaén por el paso fronterizo alternativo a Ecuador (véase p. 422), a las 12.00 y las 16.30.
Movil Tours (☎52-9193; www.moviltours.com.pe; Salaverry 880) Los excelentes autobuses exprés a Lima salen a las 8.00 y las 13.00; hay una salida a las 15.00 a Trujillo y una a las 16.00 a Chiclayo.
Transmar Express (☎53-2392; Moraca 117) Sale los lunes, miércoles y viernes a las 8.00 hacia Pucallpa vía Juanjuí, Tocache Nuevo y Tingo María.
Transportes Cajamarca (☎59-9122; Ugarte 1438) Con colectivos a Yurimaguas y Moyobamba a lo largo del día.
Transportes Chiclayo (☎94-952-1716; www.transporteschiclayo.com; pasaje Menéndez 104) Cómodo autobús-cama a Chiclayo a las 16.00.
Transportes Gilmer (☎53-0749; Ugarte 1346) Recorre la carretera recién asfaltada a Yurimaguas cada 2 horas, de 5.00 a 19.00.
TSP (☎97-963-9716; Aviación 100) Con un autobús directo a Piura a las 12.00, un buen horario para luego hacer transbordo hacia Mancorá.

Cómo desplazarse

Hay mototaxis circulando por la calle. Un paseo corto por la ciudad vale 1,50 PEN, ir a las terminales de autobús cuesta de 2 a 3 PEN.

Cuenca del Amazonas

Sumario »

Los mejores restaurantes

» Frío y Fuego (p. 480)
» Burgos's House (p. 447)
» Das Tee Haus (p. 465)
» Amazon Bistro (p. 480)
» Mercado de Belén (p. 480)

Los mejores alojamientos

» Casa Morey (p. 479)
» Hacienda Concepción (p. 450)
» La Casa Fitzcarraldo (p. 478)
» Ceiba Tops (p. 488)
» Manu Paradise Lodge (p. 459)

Por qué ir

La extensión más protegida del bosque con mayor biodiversidad del mundo, el extraño, abrasador y seductor país dentro de un país que es la cuenca del Amazonas de Perú, está cambiando. Su inmensidad e impenetrabilidad ha protegido sus comunidades indígenas y su fauna del mundo exterior. Hay tribus que nunca han tenido contacto con la civilización exterior. En una hectárea de su selva crecen más especies de plantas que en cualquier país europeo y su fauna es tan fantástica que desafía al cómic occidental más imaginativo.

Pero según avanza el s. XXI, en esta jungla arbórea, la explotación de sus abundantes recursos naturales amenaza con dañarla de forma irreparable. El Amazonas peruano ofrece una excelente observación de la naturaleza, incursiones en la indómita selva desde la mejor selección de refugios en la jungla y vibrante vida en las ciudades, pero también necesita protección. Cuando se avanza por accidentadas carreteras y embravecidos ríos, uno se sentirá como los primeros exploradores que atrajeron la atención internacional a esta región.

Cuándo ir

Iquitos

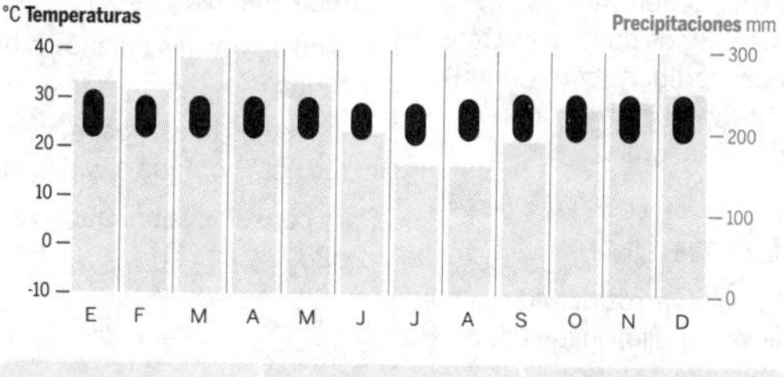

Ene Ideal para visitar las cascadas cercanas a La Merced.

Abr y may La lluvia amaina y anuncia la época del cortejo de muchas aves.

Jun Finalizan las lluvias; es tiempo de fiestas, como la de San Juan en Iquitos.

PRINCIPALES PUNTOS DE ENTRADA

» Puerto Maldonado (sur del Amazonas): conectado por carretera, río y avión.

» La Merced/San Ramón: conectado por carretera.

» Pucallpa (centro del Amazonas): conectado por carretera, río y avión.

» Iquitos (norte del Amazonas): conectado por río y avión.

Datos básicos

» Altitud: 0-1800 m

» Porcentaje de superficie arbolada: 60%

» Ciudad principal: Iquitos

» Principales industrias: turismo, café, agricultura, pesca, procesamiento de cocaína

» Precipitaciones anuales: 3000-3500 mm

Webs

Uno de los mejores recursos independientes son las oficinas de la South American Explorer (www.saexplorers.org) en Lima o Cuzco; también pueden verse las webs de refugios como www.manuexpeditions.com (Manu) o www.inkaterra.com (sur del Amazonas).

Comidas

» Juane: arroz hervido, con arroz o pollo, envuelto en una hoja de bijao.

» Ceviche: versión Amazonas, con pescado de agua dulce.

» Parrillada de la selva: carne marinada con salsa de coquitos de Brasil.

Lo que hay que saber

En la aventura amazónica hay que concederse tiempo: su imprevisible clima ocasiona retrasos por corrimientos de tierras, naufragios o vuelos cancelados. El transporte por carretera y río suele ir lleno y sufrir atascos incluso con buen tiempo.

SELVÁMONOS

El festival de música de la jungla, Selvámonos (p. 465), cerca de Oxapampa, cuenta con un espectacular escenario en un parque nacional que vale la pena por sí mismo. Si se le añade música electrónica, cumbia, *reggae* y un festival cultural paralelo, resulta un evento ineludible en la agenda de fiestas peruanas de junio.

Lista para la jungla

En el primer viaje a la jungla se descubre que todo es más relajado a como aparece en las películas. La jungla se ha organizado para proteger a los delicados turistas. Gracias a los alojamientos y la siguiente lista se estará preparado para la mayoría de las eventualidades.

» Dos pares de calzado, uno para la jungla y otro para el campamento.

» Ropa de sobra, con la humedad se moja pronto; también una toalla de repuesto.

» Binoculares y cámara con zoom, para fotos de cerca de la naturaleza.

» Linterna para los paseos nocturnos.

» Repelente de mosquitos con DEET; hay bichos por todas partes.

» Filtro solar y gafas de sol, a pesar del follaje a menudo se está directamente expuesto al sol.

» Botiquín básico para mordeduras, picaduras y diarrea.

» Bolsas de plástico para impermeabilizar el equipo y meter la basura no biodegradable para llevársela.

» Impermeable ligero.

» Saco de dormir, colchón o hamaca si se duerme en el exterior.

» Libros, los teléfonos móviles y la TV no funcionan; la electricidad está limitada a varias horas al día.

Para consejos sobre observación de la naturaleza, véase p. 528.

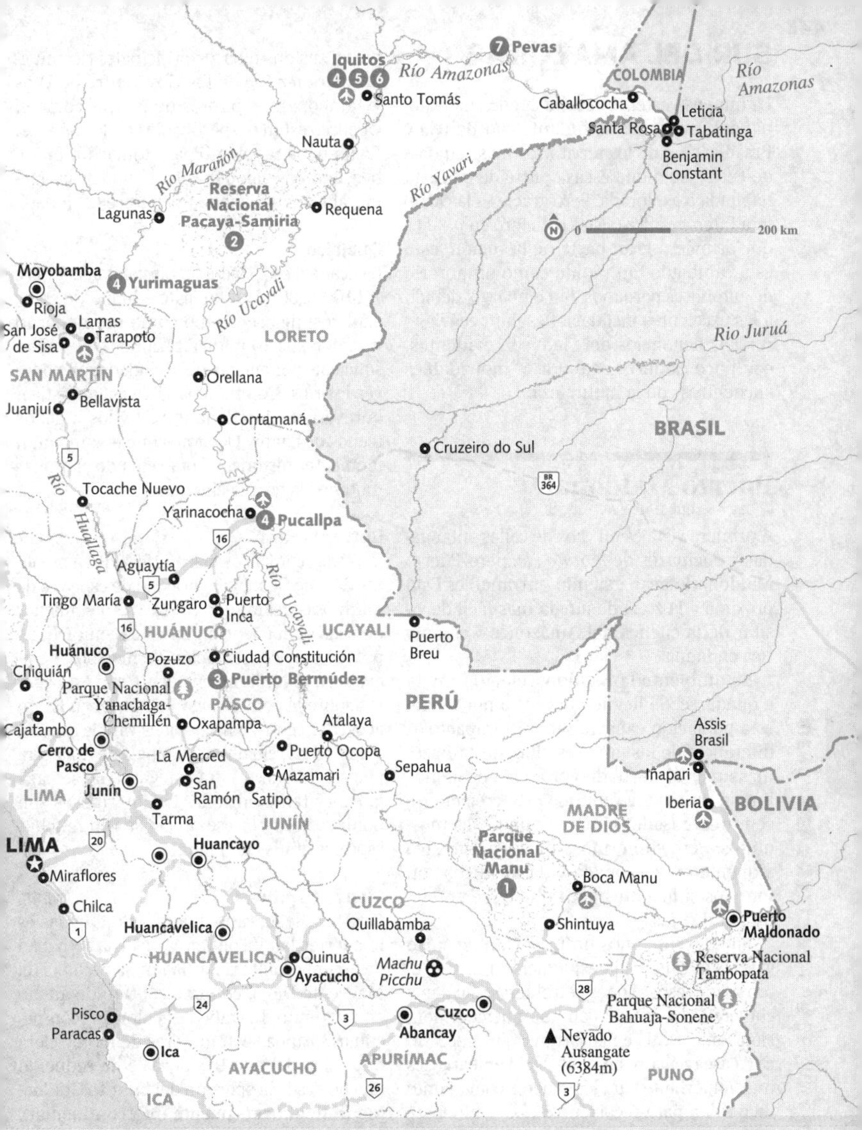

Imprescindible

1 Viajar por tierra a través de montañas, bosque nuboso y jungla hasta el **Parque Nacional Manu** (p. 460).

2 Ver animales y aves amazónicos en el **río Tambopata** (p. 454) y la **Reserva Nacional Pacaya-Samiria** (p. 474).

3 Embarcarse en **Puerto Bermúdez** (p. 466) para un viaje memorable hasta un pueblo asháninka.

4 Tumbarse en una hamaca en una embarcación fluvial de **Pucallpa** (p. 466) o **Yurimaguas** (p. 472) a **Iquitos** (p. 747).

5 Hacer un viaje al principal mercado de la jungla de Perú en el distrito flotante de **Belén** (p. 475), Iquitos.

6 Probar la diversa, maravillosa y a menudo extraña oferta culinaria de **Iquitos** (p. 474).

7 Admirar la galería de Francisco Grippa de **Pevas** (p. 489), en la profunda selva.

SUR DEL AMAZONAS

La inmensa extensión de la cuenca meridional del Amazonas colindante con Bolivia y Brasil es uno de los territorios más remotos de Perú y solo una escasa parte de ella está habitada o explorada. Pero gracias a la carretera Interoceánica (véase recuadro en p. 444), que atraviesa gran parte de la región, esto está cambiado tan rápido como un horario de autobuses peruanos. Sin embargo, debido a las excelentes instalaciones para ecoviajeros, los beneficios del viaje son evidentes: con poco esfuerzo se tendrán inolvidables encuentros con la naturaleza.

Puerto Maldonado

☎082 / 56 000 HAB. / ALT. 250 M

A primera vista es un caos de calles enfangadas y bocinazos de *mototaxis*, pero Puerto Maldonado acaba siendo entrañable. Está próxima a la zona de jungla más fácil de visitar de la cuenca del Amazonas y es muy rica en fauna.

Su ambiente lánguido y relajado invita a quedarse. Se llegue por aire o por tierra, esta población causará un gran impacto. A diferencia de las grandes ciudades amazónicas más al norte de Perú, esta es menos limpia y refinada (aunque está creciendo), con un abrasador clima y numerosos mosquitos. Pero su hermosa plaza, progresivo alojamiento y animada vida nocturna son motivos suficientes para quedarse en ella un par de días.

Fue durante años un importante centro gracias al caucho, la explotación forestal, el oro y las prospecciones petrolíferas y su papel comercial ha entrado en una nueva dimensión como escala en la carretera Interoceánica (véase recuadro en p. 444). Sin embargo, es muy importante para los viajeros como punto de partida para recorrer los ríos Tambopata y Madre de Dios, que convergen en él. Estas maravillas acuáticas ofrecen los escenarios primarios de la jungla más accesibles del país, pero también cuentan con excelentes alojamientos para los que prefieren el lujo. Sin duda, Puerto Maldonado ofrece más oportunidades de ver, sentir y oír la jungla amazónica que ningún otro lugar en Perú.

Puntos de interés y actividades

En Puerto Maldonado hará falta un medio de transporte: a pesar de que el centro es compacto, sus dos puertos principales (los muelles para *ferries* de los ríos Madre de Dios y Tambopata) y puntos de interés como el Obelisco están desperdigados en las afueras. Es un buen momento para tomar un mototaxi, que, en cualquier caso, es una de las memorables experiencias que ofrece la ciudad.

Obelisco TORRE

(Fitzcarrald esq. Madre de Dios; entrada 2 PEN; ⏲10.00-16.00) Aunque este edificio de color azul cósmico se diseñó como un moderno mirador, sus 30 m de altura no se elevan lo suficiente por encima de la ciudad para poder ver los ríos. Con todo, la vista es fantástica: la reverberación de la jungla y los muchos techos de chapa. Hay fotos que documentan momentos históricos, como cuando el primer mototaxi llegó a la ciudad.

Butterfly Farm GRANJA

(Av. Aeropuerto km 6; entrada 20 PEN) Perú presume de tener la mayor variedad de especies de mariposas del mundo (unas 3700) y muchas de ellas se encuentran en este bien dirigido proyecto de conservación de mariposas iniciado en 1996. También cuenta con expositores sobre la conservación de la selva. Es un acogedor centro para quienes van de camino a uno de los refugios de la jungla de Inkaterra y, si se pertenece a esa categoría, no se paga la exorbitante entrada. Las mariposas son bonitas, pero por ese precio se ven muchas especies gratis en la jungla.

Puerto Capitanía PUERTO

Este muelle cercano a la plaza de Armas es una forma barata de ver parte de la actividad de un importante río de la jungla peruana (el Madre de Dios), con unos 500 m de ancho en ese punto. El tráfico es colorido (con peculiares canoas con motores de motocicleta que salen del puerto), pero se ha reducido mucho desde la apertura del **puente Guillermo Billinghurst** (puente Intercontinental), por el que discurre la carretera Interoceánica a unos cientos de metros al noroeste. Atrás quedan los días en que decrépitos catamaranes cruzaban al otro lado del río a conductores y vehículos en dirección a Brasil, junto con el constante flujo de barcos más pequeños que iban y venían a un puerto u otro entre el resoplido de jadeantes motores. Bienvenidos al s. XXI.

Infierno CULTURA INDÍGENA

A una hora al sureste de Puerto Maldonado está **Infierno**, hogar y núcleo de actividad

Puerto Maldonado

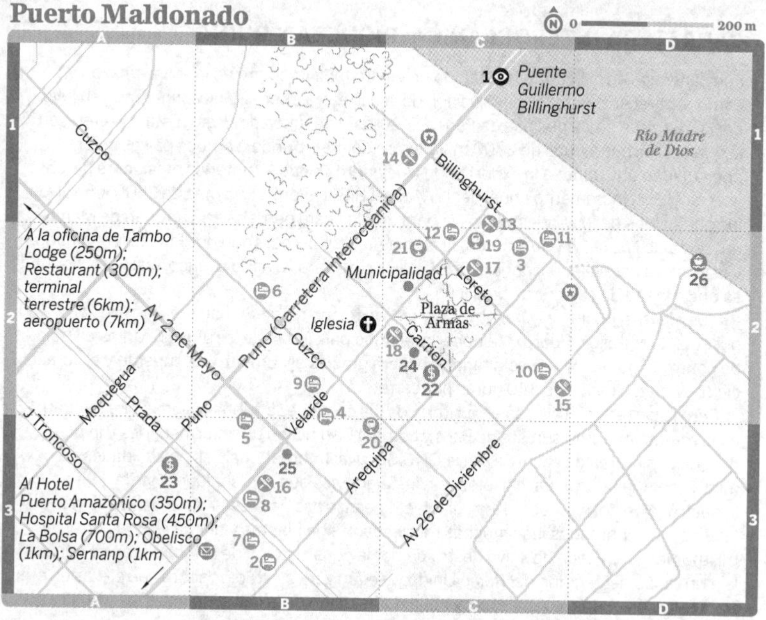

Puerto Maldonado

Puntos de interés

1 Puente Guillermo Billinghurst (Puente Intercontinental)....C1
Puerto Capitanía (Muelle de Madre de Dios)....(véase 26)
Tambopata Hostel....(véase 10)

Dónde dormir

2 Oficina de Cayman Lodge Amazonie....B3
3 Oficina de Corto Maltes....C2
Oficina Estancia Bello Horizonte....(véase 17)
4 Hospedaje Rey Port....B2
5 Hospedaje Royal Inn....B3
6 Oficina de Inkaterra....B2
7 Oficina de Libertador Tambopata Lodge....B3
8 Paititi Hostal....B3
9 Oficina de Señora Leny Mejía Lodge....B2
10 Tambopata Hostel....C2
11 Wasai Lodge....C2
12 Oficina de Yakari Canopy Adventure....C2

Dónde comer

13 Burgos's House....C1
14 Burgos's House....C1
15 El Catamaran....C2
16 La Casa Nostra....B3
17 Los Gustitos del Cura....C2
18 Pizzería El Hornito/Chez Maggy....C2

Dónde beber

19 Discoteca Witite....C2
20 Gecko's....B3
21 Tsaica....C2

Información

22 BCP....C2
23 Casa de cambio....A3
24 Locutorio....C2

Transporte

25 LAN Peru....B3
26 Muelle de Madre de Dios (*ferry*)....D2

de la comunidad indígena de los ese-eja. Es un animado y extenso asentamiento que está cimentando su reputación, junto con otros lugares del Amazonas, gracias a los rituales con ayahuasca que realizan los chamanes locales (véase p. 445). Hay que organizar el transporte en automóvil o motocicleta, pues los mototaxis no resisten el viaje.

CARRETERA INTEROCEÁNICA: RIQUEZA Y RUINA

Pocos hechos en la historia han tenido un efecto tan inmediato en la selva amazónica como al parecer tendrá la construcción de la carretera Interoceánica: finalizada en julio del 2011, une la costa pacífica de Perú con la costa atlántica de Brasil. Esta carretera, en la que se invirtieron más de 2800 millones de dólares, brinda a ambos países una gran oportunidad en cuanto a la exportación (Alejandro Toledo, el anterior presidente peruano, calculó un incremento anual del 1,5% en el PIB de Perú). Sus más de 2500 km salvan los obstáculos de los Andes y la selva para unir la costa peruana en San Juan de Marcona, cerca de Nazca, vía Cuzco, con el sur del Amazonas, pasando por Puerto Maldonado, y la frontera brasileña en Iñapari. Desde allí la carretera va a Río Branco, en Brasil, donde se une a la red de carreteras brasileña.

Sus efectos, positivos y negativos, ya se han hecho notar. Se han creado miles de puestos de trabajo y Puerto Maldonado, la principal ciudad de la ruta, que antes carecía de conexión por carretera asfaltada, prospera gracias al aumento del turismo y el comercio (hoy Cuzco está solo a 10 horas por carretera).

Pero la carretera atraviesa el territorio de las cerca de 15 tribus aisladas que habitan en el remoto extremo sureste de Perú y comporta el riesgo de enfermedades y la pérdida de sus tierras de caza. Según la ONG Survival International, las posibilidades de migración que aporta una carretera sin instalaciones que la respalden, tendrá, junto con la destrucción del hábitat natural, un efecto desastroso para esos pueblos. Y, además de los 15 grupos humanos, hay muchas más especies de plantas y animales que corren el mismo riesgo. La zona de selva destruida por la construcción de la Interoceánica equivale a un tercio del tamaño del Reino Unido y, según varios estudios sobre carreteras en el Amazonas brasileño, puede suponer la deforestación de la selva, de entre 40 y 60 km a ambos de sus lados.

Con todo, la devastación que ha causado la construcción de la carretera es menos importante que la que puede traer consigo la gente que ahora cuenta con un mejor acceso a lo más remoto de la selva. Periódicos como el *Peruvian Times* o el *Guardian* han informado sobre la aparición de "prosibares" (bares a menudo con prostitutas menores de edad) en unas rutas que los prospectores de minas y los leñadores, que ya constituían una amenaza ecológica en esa parte del Amazonas, ahora pueden recorrer con mayor facilidad. Antaño, estos ecosistemas eran famosos por ser los más diversos e intocados del mundo. Siguen siéndolo, pero uno se pregunta, ¿por cuánto tiempo?

Cursos

Tambopata Hostel CURSOS
(☎57-4201; www.tambopatahostel.com; Av. 26 de Diciembre 234) Organiza divertidas clases de salsa y cocina peruana a precios razonables.

Circuitos y guías

Casi todos los visitantes llegan en circuitos organizados con antelación y se alojan en un refugio de la selva, lo cual es práctico, pero no es la única opción. Al llegar también se puede organizar un circuito en las oficinas del refugio, en las que se suele conseguir un descuento por un circuito que costaría más en Lima o Cuzco. También cabe la posibilidad de buscar un guía independiente. Conviene tener presente que si se contrata a uno que no esté afiliado a un refugio o a uno sin licencia, se tienen menos recursos en caso de que el viaje sea un desastre.

La elección del guía es una lotería. Los independientes ofrecen circuitos más baratos, pero se tiene noticia de malas experiencias. Se aconseja tener cuidado con los que esperan en el aeropuerto para llevar a los viajeros a hoteles "recomendados" solo para recibir una comisión. Algunas agencias son poco honestas, hay que preguntar en varias e intentar no adelantar dinero; si se paga, se debe exigir un recibo firmado. Cuando se acuerde el precio con el encargado de un barco hay que asegurarse de que incluye el viaje de vuelta y si cubre o no el coste de las entradas.

Hay unos 30 guías con licencia oficial concedida por el Ministerio de Industria y Turismo. Muchos de los mejores trabajan a jornada completa para alguno de los refugios de la selva. Los guías cobran entre 75 y 175 PEN por persona y día, según el destino y el número de viajeros. Contratar un guía con más gente reduce el coste. De hecho, algunos solo aceptan circuitos con un mínimo de tres personas. Hacer un circuito requiere viajar en barcos que zarpan de Puerto Maldonado: estos consumen mucha gasolina y salen muy caros, lo que (junto con el precio de la entrada a los parques) influye en la tarifa de los circuitos guiados.

Se recomiendan los siguientes guías:

Gerson Medina Valera CIRCUITO GUIADO
(☎57-4201; www.tambopatahostel.com) Antiguo guía de Rainforest Expeditions con mucha experiencia en circuitos para observar aves. Sus excursiones de uno a tres días por el lago Sandoval (unos 175 PEN/persona/día) incluyen todos los gastos. Informa sobre los animales y aves que es posible ver en Tambopata, así que uno sabe a qué atenerse. También organiza excursiones de pesca personalizadas (175-300 PEN/persona).

Nilthon Tapia Miyashiro CIRCUITO GUIADO
(☎982-788-174; nisa_30@hotmail.com) Conocido y experimentado guía que también puede localizarse a través del Tambopata Hostel.

Jony Valles Rengifo CIRCUITO GUIADO
(☎982-704-736; jhovar@hotmail.com) Habla inglés y francés.

Dónde dormir

Aparte de la plétora de alojamiento sencillo y barato, hoy la ciudad ofrece desde agradables establecimientos para mochileros hasta confortables refugios y hoteles. Se advierte de que no todos los refugios tienen oficinas de reserva en Puerto Maldonado. Algunos solo las tienen en Cuzco, Lima o EE UU.

En las afueras de Puerto Maldonado hay una docena de refugios de la selva (véanse pp. 450, 454 y 455).

Tambopata Hostel ALBERGUE $
(☎57-4201; 26 de Diciembre 234; www.tambopatahostel.com; dc/i/d 25/50/80 PEN, i/d sin baño 40/70 PEN;) Puerto Maldonado tiene por fin el alojamiento para mochileros que tanto necesitaba. Es limpio y tranquilo y ofrece dormitorios y habitaciones privadas que dan a un patio ajardinado con hamacas. El precio incluye un contundente desayuno. Dispone de taquillas y el propietario es uno de los mejores guías de la jungla.

Anaconda Lodge ALBERGUE $$
(☎79-2726; Av. Aeropuerto km 6; www.anacondajunglelodge.com; bungaló i/d/tr 100/160/220 PEN, bungaló sin baño i/d 50/80 PEN;) Este albergue, a las afueras de la ciudad y con un jardín tropical, parece más alejado de lo que sugiere su ubicación (el tranquilo aeropuerto de Maldonado). Tiene ocho bungalós de dos dormitorios con baño compartido y cuatro de lujo con instalaciones privadas; todos con mosquiteras. También hay parcelas de acampada (20 PEN/persona), una pequeña piscina y un espacioso bar-restaurante de dos plantas que sirve excelente comida tailandesa y desayunos a base de crepes.

Wasai Lodge REFUGIO $$
(☎57-2290; www.wasai.com; Billinghurst esq. Arequipa; i/d 130/170 PEN;) Este pequeño refugio

PELIGRO: AYAHUASCA

En todo el Amazonas peruano hay numerosos lugares que ofrecen la posibilidad de tomar ayahuasca. Es el derivado de una enredadera alucinógena de la jungla utilizada durante siglos por los chamanes para entrar en trance, que en la actualidad es muy popular entre los occidentales. La ayahuasca se toma en una ceremonia que puede durar de horas a días, dependiendo de quién lleve a cabo los rituales. Pero hay que tener cuidado al tomarla, pues puede producir graves efectos secundarios, como fuertes convulsiones y un acelerado aumento de la presión arterial. Y, mezclada con ciertas sustancias el resultado puede ser fatal.

También conviene informarse sobre la ceremonia a la que se va a acudir: aparte de los chamanes que ofrecen una experiencia ritual genuina (aunque en ellas siguen presentes los riesgos mencionados anteriormente) también hay charlatanes que han robado y en ocasiones violado a extranjeros confiados tras tomar esa bebida. Además de varios chamanes independientes, la gran mayoría de los refugios de la jungla ofrecen ceremonias con ayahuasca. En este capítulo se han reseñado muchos de ellos, aunque no porque ofrezcan esas ceremonias. Lonely Planet no recomienda tomar ayahuasca y las personas que deseen hacerlo deben asumir que corren un riesgo.

LOS MEJORES REFUGIOS DE LA JUNGLA

Los mejores refugios del Amazonas para...

Aislamiento Tahuayo Lodge (p. 487)

Lujo Ceiba Tops (p. 488)

Observación de aves Tambopata Research Center (p. 456), Cock-of-the-Rock Lodge (p. 460)

Observación de animales Manu Wildlife Center (p. 461)

Conocer la selva Otorongo Lodge (p. 487)

Desvanecido encanto colonial Amazonia Lodge (p. 460)

Aventura económica Yakari Canopy Adventure (p. 451)

Cocina con clase Hacienda Concepción (p. 451)

Encuentros con indígenas Casa Matsiguenka Lodge (p. 461), Posada Amazonas (p. 455)

ofrece confortables bungalós de madera con vistas al Madre de Dios. Unos cuantos tienen aire acondicionado por 30 PEN adicionales, pero todos cuentan con mini neveras, duchas con agua caliente, televisión por cable y vistas al río. La iluminación de las habitaciones es pésima, por lo que se recomienda llevar una linterna. Hay un buen restaurante (platos principales de 15 a 20 PEN), servicio de habitaciones, bar y una pequeña piscina. Organiza viajes por los alrededores.

Hotel Puerto Amazónico HOTEL **$$**
(☎57-2170, 50-2354; http://hotelpuertoamazonico.com; León Velarde 1080; i/d 180/240 PEN, bufé de desayuno incl.; ❄📶🏊) Puerto Maldonado lo necesitaba, quizá es algo caro, pero sus habitaciones son de las mejores de la ciudad. Cuanto más se paga, más grande es el TV de pantalla plana de la habitación. Las vistas desde la azotea también son de las mejores, aunque por el precio uno esperaría un ascensor.

Kapieivi Eco Village REFUGIO **$$**
(☎79-5650; katherinapz@hotmail.com; carretera Tambopata km 1,5; 100/125 PEN, bungaló 1-2 personas desayuno incl.; 🏊) Este rústico refugio recomendado por lectores, 2 km al suroeste de la ciudad, permite que los mochileros experimenten la vida en un refugio con varios bungalós (para 1, 2 o 4 personas) en una parcela de jungla cerrada, sin pagar un alto precio. Sus reformas incluyeron baños en los bungalós y la instalación de una piscina. Sus propietarios ofrecen comida vegetariana, ceremonias de ayahuasca y clases de yoga. La comida y bebida cuesta 18 PEN adicionales por persona y día.

Hospedaje Royal Inn PENSIÓN **$**
(☎57-3464; 2 de Mayo 333; i/d 35/50 PEN; 📶) Buena elección, con muchas habitaciones grandes y limpias, con ventiladores. El patio conoció mejores días, pero los propietarios han reformado las habitaciones desde la última visita del autor, por lo que es una decente opción económica. Todas disponen de televisión por cable. Las que dan al patio son menos ruidosas que las que dan a la calle.

Paititi Hostal HOTEL **$$**
(☎57-4667; fax 57-2567; Prada 290; i/d 80/110 PEN desayuno incl.; 📶) Nuevo y céntrico hostal, cuenta con habitaciones amplias y bien ventiladas, muchas de ellas con muebles de madera antiguos, además de teléfono y televisión por cable. Incluye desayuno continental e incluso agua caliente por la noche, algo muy poco amazónico.

Hospedaje Rey Port PENSIÓN **$**
(☎57-1177; Velarde 457; i/d 20/40 PEN, 10/20 PEN sin baño) Generaciones de buscadores de gangas han descubierto sus "encantos". Las habitaciones están bastante limpias y disponen de ventiladores, pero no son maravillosas. Las de la planta baja que dan al patio, con baños compartido, son más baratas, pero en el piso de arriba hay 10 habitaciones grandes, y mugrientas, con baños por 15 PEN/persona.

Dónde comer

Las especialidades regionales incluyen juanes (arroz al vapor con pescado o pollo, envuelto en hoja de banana), chilcano (caldo con trocitos de pescado aromatizado con cilantro), parrillada de la selva (barbacoa de carne marinada, a menudo de caza, con salsa de coquitos de Brasil), y el omnipresente plátano, que se sirve cocido o frito como acompañamiento de muchas comidas.

También se puede tener en cuenta el restaurante con extraordinario ambiente del Wasai Lodge (p. 445).

La Casa Nostra CAFÉ $
(Velarde 515; tentempiés 3-8 PEN; ⊙8.00-13.00 y 17.00-23.00) Se ha envanecido un poco, pero sigue siendo lo bastante bueno como para destacar: sirve desayunos variados, tamales, buenos zumos, tentempiés y el mejor café de Puerto Maldonado.

Los Gustitos del Cura POSTRES $
(Loreto 258; tentempiés 3-8 PEN; ⊙11.00-22.00) Si apetece un dulce o el mejor helado de la ciudad hay que dejarse caer por esta pastelería francesa con un bonito patio en la parte de atrás. Sirve bocadillos, pasteles y bebidas, y además vende *objets d'art* autóctonos.

El Catamaran CEVICHE $$
(Jirón 26 de Diciembre 241; platos ppales 18-30 PEN; ⊙7.30-15.00) Ideal para tomar el estupendo ceviche de agua dulce, tal como demuestra el contingente de lugareños que lo frecuenta. En la parte de atrás hay una terraza con mesas y vistas al río.

Restaurant PERUANA $
(Av. 2 de Mayo esq. Madre de Dios; platos ppales 10-15 PEN; ⊙cena) No tiene nombre, número de la calle ni de teléfono, pero los lugareños lo conocen muy bien, pues acuden en masa a comer su excelente pescado con arroz y plátano. La comida se elabora en una parrilla en la terraza y las mesas se llenan pronto.

Burgos's House PERUANA $$
(Velarde 127; platos ppales 15-23 PEN; ⊙11.00-24.00) Se ha convertido en el restaurante más destacado de Puerto Maldonado. Se define como el exponente de la gastronomía novoamazónica –como la novoandina, pero con esas atrevidas adaptaciones culinarias de la cocina de la jungla–, aunque prepara a la perfección platos clásicos del Amazonas peruano, aunque no sean especialmente innovadores. Es un restaurante grande, bien ventilado y con un solícito personal que sirve abundantes platos vegetarianos junto con sus especialidades de pescado. Posee una sucursal en Puno 106.

Pizzería El Hornito/Chez Maggy PIZZERÍA $$
(Carrión 271; *pizzas* 21-30 PEN; ⊙18.00-hasta tarde) Este frecuentado local de iluminación tenue situado en la plaza de Armas sirve pasta y grandes *pizzas* hechas en un horno de leña, las mejores de la ciudad.

Dónde beber y ocio

La vida nocturna en Puerto Maldonado, aunque nada comparable a la de Lima o Cuzco, es de las más animadas del Amazonas. En las discotecas no suele haber música en directo, pero en los bares y clubes la aporrean hasta altas horas durante los fines de semana.

Discoteca Witite CLUB
(Velarde 153) Este local de brillantes colores ha resistido el paso del tiempo. Recibe a una clientela mixta y los fines de semana la fiesta dura toda la noche.

Tsaica BAR
(Loreto 327; ⊙ma-sa) Animado, con enrollado arte indígena en las paredes.

Gecko's BAR
(Cuzco cuadra 2 s/n) Bar con decoración burda, billar y extraños cócteles de plantas de la jungla; al lado, el restaurante El Tambo sirve saludables comidas durante el día por 6 PEN.

La Bolsa MÚSICA EN DIRECTO
(⊙hasta 2.00 ju-sa) Amplio local conocido como peña (bar o club con música folclórica en directo), con mesas junto al río Tambopata. Si se desea tomar una copa con vistas, este es el mejor lugar.

De compras

Por su proximidad a las tribus de la zona, en muchos de los refugios de los alrededores, como Posada Amazonas, en el Río Tambopata, se venden mejores piezas de artesanía local que en la propia ciudad.

Información

Inmigración

Se puede entrar en Brasil a través del pueblo fronterizo de Iñapari (véase recuadro en p. 448).

Oficina de Migraciones (☎57-1069; Av. 28 de Julio 467; ⊙8.00-13.00 lu-vi) Sella el pasaporte para salir de Perú por Puerto Heath (río) o Iberia (carretera) hacia Bolivia (véase p. 449). También renueva visados y tarjetas de turista.

Acceso a internet

Internet es más lento que en otras ciudades peruanas y cuesta unos 2 PEN/hora.

Locutorio (Carrión cuadra 2) En la plaza. También llamadas internacionales.

PASOS FRONTERIZOS: BRASIL POR PUERTO MALDONADO

Una buena carretera asfaltada que forma parte de la carretera Interoceánica va de Puerto Maldonado a Iberia e Iñapari, a 233 km de Puerto Maldonado, en la frontera brasileña. Pasa por pequeños asentamientos de pueblos que viven del cultivo de nueces del Brasil, la ganadería y la tala. Pasados 170 km se llega a **Iberia,** donde hay algunos hoteles sencillos. El pueblo de **Iñapari** se halla 70 km más allá de Iberia.

Los trámites de la frontera peruana se pueden realizar en Iñapari. Los comercios de la plaza principal aceptan y cambian moneda peruana y brasileña. Si se sale de Perú, lo mejor es deshacerse de los nuevos soles aquí. Se pueden negociar pequeños pagos en efectivo en dólares estadounidenses, y los hoteles y autobuses suelen dar sus precios en esta moneda. Desde Iñapari se puede cruzar por el nuevo puente hasta **Assis Brasil,** que tiene mejores hoteles (precios a partir de unos 10 US$/persona).

Los ciudadanos de EE UU deben solicitar un visado brasileño con antelación, ya sea en EE UU o en Lima. La importante ciudad brasileña de Río Branco está a 325 km (6-7 h) por carretera asfaltada, vía Brasiléia (100 km, 2 h).

Para información más detallada se aconseja la guía de Brasil de geoPlaneta o bien *The Amazon Travel Guide,* que puede adquirirse en la **tienda en línea de Lonely Planet** (http://shop.lonelyplanet.com).

Lavanderías

Lavandería (Velarde 926) Donde llevar la ropa ensuciada en la jungla.

Asistencia médica

Hospital Santa Rosa (☎57-1019, 57-1046; Cajamarca 171)

Dinero

Como era de esperar, desde la apertura de la carretera Interoceánica resulta más fácil cambiar reales brasileños y moneda boliviana: conviene preguntar dónde ofrecen el mejor tipo de cambio.

BCP (Carrión 201) En la plaza de Armas. Cambia efectivo en dólares estadounidenses y cheques de viaje. Su cajero acepta Visa.

Casa de cambio (Puno esq. Prada) Tiene tasas estándar para dólares estadounidenses.

Correos

Oficina de correos (Velarde) Está al suroeste de la plaza de Armas.

Información turística

Sernanp (☎57-3278; www.sernanp.gob.pe/sernanp; Av. 28 de Julio 875) La oficina del parque nacional proporciona información y cobra la entrada (en general se encargan los guías); la entrada estándar a la reserva de Tambopata cuesta 30 PEN, pero sube otros 65 PEN en visitas a zonas alejadas de los refugios ribereños.

Puesto de información turística (aeropuerto) Lo dirige el Ministerio de Industria y Turismo, y tiene información limitada sobre circuitos y refugios de la selva.

Cómo llegar y salir

La mayoría de los viajeros vuela desde Lima o Cuzco, pero hoy en día también se puede ir en autobús. Los largos viajes por el río desde Manu o Bolivia solo se recomiendan (cuando es posible) a los viajeros más curtidos y aventureros.

Avión

El aeropuerto está a 7 km de la ciudad. **LAN** (☎57-3677; www.lan.com; Velarde 503) y **Star Perú** (☎57-3564; www.starperu.com; Velarde 151) ofrecen vuelos diarios a/desde Lima vía Cuzco. Los horarios y las líneas aéreas pueden cambiar de un año a otro, pero muchas agencias de viajes del centro tienen información actualizada.

Barco

Los barcos para hacer excursiones o ir río abajo a destinos como el lago Sandoval, río Heath y la frontera boliviana (para más información sobre pasos fronterizos a Brasil o Bolivia véanse los recuadros en pp. 448 y 449) se contratan en el muelle de *ferries* del río Madre de Dios. Pero resulta difícil encontrar barcos que remonten el río Madre de Dios a contracorriente hasta Manu. Es mucho más sencillo llegar hasta allí desde Cuzco. A veces hay alguien que llega a Puerto Maldonado en barco desde Manu (en el sentido de la corriente) o desde la frontera boliviana (a contracorriente), aunque estos trayectos no son muy habituales. Si aun así uno se inclina por la primera opción, Amazon Trails Perú en Cuzco (p. 458) organiza trayectos en barco/autobús que incluyen un viaje a Manu. El transporte no es muy frecuente, por lo que habrá que prepararse para esperas de varios días.

En el muelle de Tambopata, 2 km al sur de la ciudad (se llega en *mototaxi*), hay barcos públicos que suben por el Tambopata hasta la comunidad de Baltimore. El *Tiburón* sale dos veces por semana –hoy en día los lunes y jueves– y puede dejar al viajero en los refugios entre Puerto Maldonado y Baltimore. El billete cuesta 20 PEN o menos, según adónde se vaya. Todos los pasajeros deben parar en el puesto de control La Torre, donde se presentan el pasaporte y los permisos de Sernanp (30 PEN). Para información sobre los permisos de Sernanp, véase p. 448.

Los barcos a los refugios de la jungla zarpan de ambos muelles, según la ubicación del refugio. Algunos viajeros de los refugios del río Tambopata se ahorran 2 horas de transporte fluvial río arriba yendo por la accidentada carretera a Infierno (cerca de 1 h) y tomando el barco allí. El viaje a Infierno debe organizarse con antelación. Allí no hay ningún lugar donde alojarse y ningún barco aguarda al viajero.

Autobús y taxi

Camiones, microbuses y colectivos (taxis compartidos) parten de Puerto Maldonado con destino a Laberinto (1½ h) y pasan por el desvío a Baltimore, en el km 37 de la carretera a Cuzco. Salen sobre todo por la mañana y con menor frecuencia por la tarde desde la esquina de Ica y Rivero. Los colectivos de **Mi Nuevo Peru** (☎57-4325; Piura esq. Ica) a Iñapari (30 PEN, 3 h), junto a las fronteras con Brasil y Bolivia, salen cuando tienen cuatro pasajeros. Otras compañías cuyas oficinas se hallan en la misma manzana también anuncian este viaje. Una furgoneta cuesta unos soles menos, pero el viaje es mucho más incómodo y largo.

Los autobuses de la nueva **terminal terrestre** (Av. Elmer Faucett esq. Av. Aeropuerto) circulan por la carretera Interoceánica (nueva y asfaltada) hacia el suroeste a Cuzco y hacia el noreste a Río Branco, Brasil. Muchas compañías cuentan con autobuses por la mañana o la noche (20.00) a Cuzco (50 PEN, 10 h). Hay menos opciones a

PASOS FRONTERIZOS: BOLIVIA POR PUERTO MALDONADO

Desde la zona de Puerto Maldonado hay tres formas de llegar a Bolivia. Una es ir a Brasiléia, en Brasil (véase recuadro en p. 448), y cruzar el río Acre en *ferry* o por el puente a **Cobija,** en Bolivia, donde hay hoteles, bancos, una pista de aterrizaje con vuelos de horarios imprevisibles al interior de Bolivia y una carretera de grava que cruza varios río hasta la ciudad de **Riberalta** (7-12 h según la estación). Desde Iberia, en Perú, situada en la carretera Interoceánica a Iñapari, también sale una carretera a Cobija, pero el transporte público utiliza sobre todo la ruta Iñapari/Assis Brasil.

En Puerto Maldonado también se puede alquilar un barco en el muelle del Madre de Dios para ir a **Puerto Pardo,** en la frontera Perú-Bolivia. A unos minutos de Puerto Pardo en barco está **Puerto Heath,** un campamento militar en el lado boliviano. El viaje dura medio día y cuesta 100 US$ negociables. El barco lleva a varios pasajeros. Con suerte habrá un barco de carga que esté dispuesto a llevar pasajeros por un precio más barato.

Se puede seguir bajando el río por el lado boliviano, pero organizarlo cuesta días (incluso semanas) y no es barato. Es mejor viajar en grupo para repartir los gastos, y se deben evitar los meses secos de julio a septiembre (cuando el nivel del río está muy bajo). Desde Puerto Heath se sigue bajando el río Madre de Dios hasta Riberalta (en la confluencia del Madre de Dios con el Beni, en el norte de Bolivia), donde hay conexiones por carretera y avión: una aventura clásica en el Amazonas (aunque ardua) con la que no puede competir ningún viaje por carretera. El alojamiento y la comida se hallan por el camino (hay que llevar hamaca). Cuando el nivel de las aguas del río lo permite, un carguero y un barco de pasajeros viaja desde Puerto Maldonado hasta Riberalta y de vuelta unas dos veces al mes, aunque los extranjeros rara vez hacen este viaje. Desde Puerto Heath, una pista de tierra lleva hasta **Chivé** (1½ h en autobús), desde donde se puede seguir hasta Cobija (6 h).

En Puerto Maldonado pondrán el sello de salida de Perú. En Bolivia, el sello de entrada se puede obtener en Puerto Heath o en Cobija. Sin embargo, no se expiden visados, por lo que habrá que solicitar uno con antelación en Lima o en el país de origen. Los ciudadanos estadounidense han de pagar 135 US$ en efectivo por un visado para entrar en Bolivia.

Estos trámites son lentos.

Río Branco y estas incluyen las de **Movil Tours** (☎989-176-309), que salen los martes y viernes a las 12.30 (100 PEN, 9-10 h). Se aconseja comprar los billetes con la mayor antelación posible.

Cómo desplazarse

Los mototaxis llevan a dos o tres pasajeros (con poco equipaje) al aeropuerto por 7 PEN. Los desplazamientos cortos por la ciudad cuestan 2 PEN o menos (1 PEN en un mototaxi Honda de los años noventa).

Para visitar los alrededores se puede alquilar una moto; se aconseja ir acompañado por si se sufre una avería o un accidente. Se pueden alquilar en varios sitios, sobre todo en Prada, entre Velarde y Puno. Cobran unos 10 PEN/hora y suelen tener motos pequeñas de 100cc. Es divertido conducir una, pero los intrépidos conductores locales y las pésimas carreteras hacen que esta opción sea algo intimidante. Se pueden negociar descuentos por el alquiler de un día.

Alrededores de Puerto Maldonado

RÍO MADRE DE DIOS

Este importante curso fluvial fluye por Puerto Maldonado hacia el este en dirección a Bolivia y Brasil a través de la Amazonia. Durante la estación húmeda adquiere un tono marrón, fluye con rapidez e impresiona al arrastrar enormes troncos u otros desechos de la selva río abajo. El principal reclamo para los visitantes es pasar unos días en alguno de los refugios de la jungla, que se encuentran entre 20 minutos y 3 horas río abajo desde Puerto Maldonado. Desde el río se accede al resto de destinos de interés: el lago Sandoval, el lago Valencia y el río Heath (el lago Sandoval y el río Heath cuentan con refugios).

Se puede también pescar y hacer excursiones por la selva, visitar playas y comunidades indígenas. Y en algunas de estas excursiones es posible acampar o alojarse en sencillos refugios con techos de paja. En estos alojamientos suelen suministrar unas botas largas de goma para recorrer los fangosos senderos de la jungla. Para información sobre el equipo necesario, véase p. 440.

Las tarifas de los refugios de los ríos Madre de Dios y Tambopata se dan en dólares estadounidenses e incluyen el transporte, a menos que se indique lo contrario. El equipaje por persona suele ser limitado pero puede dejarse en las oficinas de alojamiento de Puerto Maldonado.

Puntos de interés y actividades

Al lago Sandoval (p. 453) se llega desde algunos refugios. Un par de pasarelas colgantes (Inkaterra Reserva Amazónica y Yakari Canopy Adventure) proporcionan una alternativa a las actividades habituales en la jungla. A la última se llega por una **tirolina** de 200 m (véase Yakari Canopy Adventure, p. 457).

Centro de Investigación Educacional Hacienda Concepción CENTRO DE VISITANTES
(www.wcupa.edu/aceer, www.inkaterra.com) El refugio reconstruido de Inkaterra, donde antes se desarrollaron los proyectos medioambientales de ITA y Aceer, es un importante centro de investigaciones, interesante para los ecoturistas, que ofrece una exposición sobre la conservación, conferencias esporádicas y un laboratorio para los científicos. Se construyó en el solar de la casa de uno de los primeros médicos que ejerció en el Amazonas. El refugio Hacienda Concepción dispone de un buen restaurante y alojamiento; el refugio Inkaterra Reserva Amazónica está a 7 km.

Dónde dormir

La mayoría de los refugios se encuentran a lo largo de los ríos. A continuación se reseñan diversos albergues junto al río a medida que se alejan de Puerto Maldonado, sin tener en cuenta el precio.

Corto Maltes REFUGIO **$$$**
(☎082-57-3831; www.cortomaltes-amazonia.com; Billinghurst 229, Puerto Maldonado; i 3 días y 2 noches 255 US$) Es el refugio más cercano a Puerto Maldonado. A solo 5 km de la ciudad, ofrece 15 cómodos bungalós, con mosquiteras, techos altos, colchones sólidos , pinturas de los indígenas shipibo, patios con hamacas, y alegres detalles de decoración en las zonas comunes. Hay electricidad desde el anochecer hasta las 10.30 y las duchas tienen agua caliente. Sus amables propietarios franceses están orgullosos de ofrecer un excelente menú de fusión peruano-europeo.

Tambo Lodge REFUGIO **$$$**
(☎082-57-2227; tambojunglelodge@hotmail.com; Ancash 250, Puerto Maldonado; 3 días y 2 noches 210 US$/persona) Nada más pasar Corto Maltes está este agradable refugio con 14 bungalós grandes, todos con duchas con agua caliente y abundante suministro de agua potable, situados en un claro de una selva secundaria. Tiene una alegre zona principal de bar-restaurante

con muchos juegos de mesa y organiza viajes al lago Sandoval, 5 km a pie, y a la isla Monkey (en teoría alberga todas las especies de monos del Amazonas).

Hacienda Concepción REFUGIO $$$
(Inkaterra; www.inkaterra.com; 3 días y 2 noches i/d 357/616 US$, cabañas i/d 434/704 US$) Cuzco (084-24-5314; plaza Nazarenas 167); Lima (01-610-0400; Andalucía 174, Miraflores); Puerto Maldonado (082-57-2823; Cuzco 436;) Este luminoso y atractivo refugio es uno de los mejores del sur del Amazonas. Sus instalaciones tienen la calidad propia de las de Inkaterra, pero no sus precios, lo que es su principal reclamo. Sus espaciosas habitaciones, decoradas con madera reciclada, le harán sentir como un acaudalado de principios del s. xx y cuenta con un bar con mosquiteras en las ventanas, zona de relajamiento y restaurante (de excelente comida). Su tranquila ubicación es difícil de igualar; hay, además, un centro de estudios de la selva y un laboratorio, una *cocha* (palabra indígena para laguna) privada cercana y el lago Sandoval a tiro de piedra. Dispone de electricidad de 5.30 a 9.30 y de 18.00 a 23.00 y es uno de los pocos refugios de la jungla con cobertura para móviles y wifi. Las habitaciones están repartidas en el 2º piso, con vistas al claro en la jungla y rodeadas por una terraza, mientras que las cabañas tienen vistas a la *cocha* y, según el personal, han gustado a famosos como Mick Jagger. Reservas en Inkaterra.

Inkaterra Reserva Amazónica REFUGIO $$$
(www.inkaterra.com; 3 días y 2 noches cabaña i/d 673/1082 US$); Cuzco (084-24-5314; plaza Nazarenas 167); Lima (01-610-0400; Andalucía 174, Miraflores); Puerto Maldonado (082-57-2823; Cuzco 436) Esta lujosa opción, descendiendo el Madre de Dios a casi 16 km de Puerto Maldonado, ofrece una mejor visión de la jungla. Sus circuitos incluyen 10 km de senderos privados y un conjunto de oscilantes y angostas pasarelas sobre el dosel forestal que alcanzan los 35 m por encima del suelo de la selva para observar la flora y la fauna.

Tiene una recepción de dos pisos en forma de cono con techo tradicional de paja, restaurante, bar (construido en torno a una higuera), biblioteca y zona de relajación. Además, sirve unos de los mejores platos del sur del Amazonas y atiende a viajeros con regímenes especiales. Ofrece barbacoas al aire libre, zonas para sentarse en la planta superior, con vistas o para observar aves, y un edificio aparte que alberga un centro de interpretación. Dispone también de cerca de 40 rústicas cabañas individuales con baño y porche con dos hamacas. Las seis suites tienen grandes baños, escritorios y dos camas de tamaño medio cada una.

EcoAmazonia Lodge REFUGIO $$$
(www.ecoamazonia.com.pe; 3 días y 2 noches 240-260 US$/persona); Cuzco (084-23-6159; Garcilaso 210, oficina 206); Lima (01-242-2708; Palacios 292, Miraflores); Puerto Maldonado (082-57-3491; Lambayeque 774) A unos 30 km de Puerto Maldonado, ofrece un gran bar-restaurante con techo de paja y bellas vistas del río desde la segunda planta. Cuenta con 47 bungalós rústicos, con mosquiteras, baño y una pequeña zona de estar. Desde este refugio salen varios senderos, entre ellos una dura caminata de 14 km hasta un lago y varias rutas más cortas. También organizan circuitos en barco a lagos de los alrededores y por los ríos, y ceremonias de ayahuasca, si se solicitan con antelación.

Estancia Bello Horizonte REFUGIO $$$
(082-57-2748, 982-720-950; www.estanciabellohorizonte.com; J. M. Grain 105, Puerto Maldonado; 3 días y 2 noches 240 US$/persona;) Es un excelente refugio alejado del río. A 20 km de Puerto Maldonado, en la ribera oriental del Madre de Dios, el último tramo hacia la Estancia Bello Horizonte discurre por una carretera privada de 6 km a través de una densa jungla. Los bungalós, construidos con madera local en una zona elevada con vistas a la selva, cuentan con habitaciones pequeñas y cómodas, con baños y hamacas para descansar. El edificio principal dispone de una zona para comer, leer, beber y relajarse, y sus jardines cuentan con campo de fútbol, pista de voleibol, piscina y senderos señalizados por la selva.

Yakari Canopy Adventure REFUGIO $$
(973-978-847; www.yakaricanopy.com; Velarde 144, Puerto Maldonado; 3 días y 2 noches 150 US$/persona) Es más un centro de aventuras que un refugio y ofrece la primera tirolina de 200 m de largo del sur del Amazonas, que lleva a una escalofriante pasarela colgante a 27 m de altura. Cuando se recupera el aliento se puede hacer kayak en el tramo más cercano del Madre de Dios. Está pasado el lago Sandoval, rodeado de pantanos llenos de fauna. Este sencillo refugio solo cuenta con una habitación para nueve personas, pero hay planes de ampliarlo.

Alrededores de Puerto Maldonado

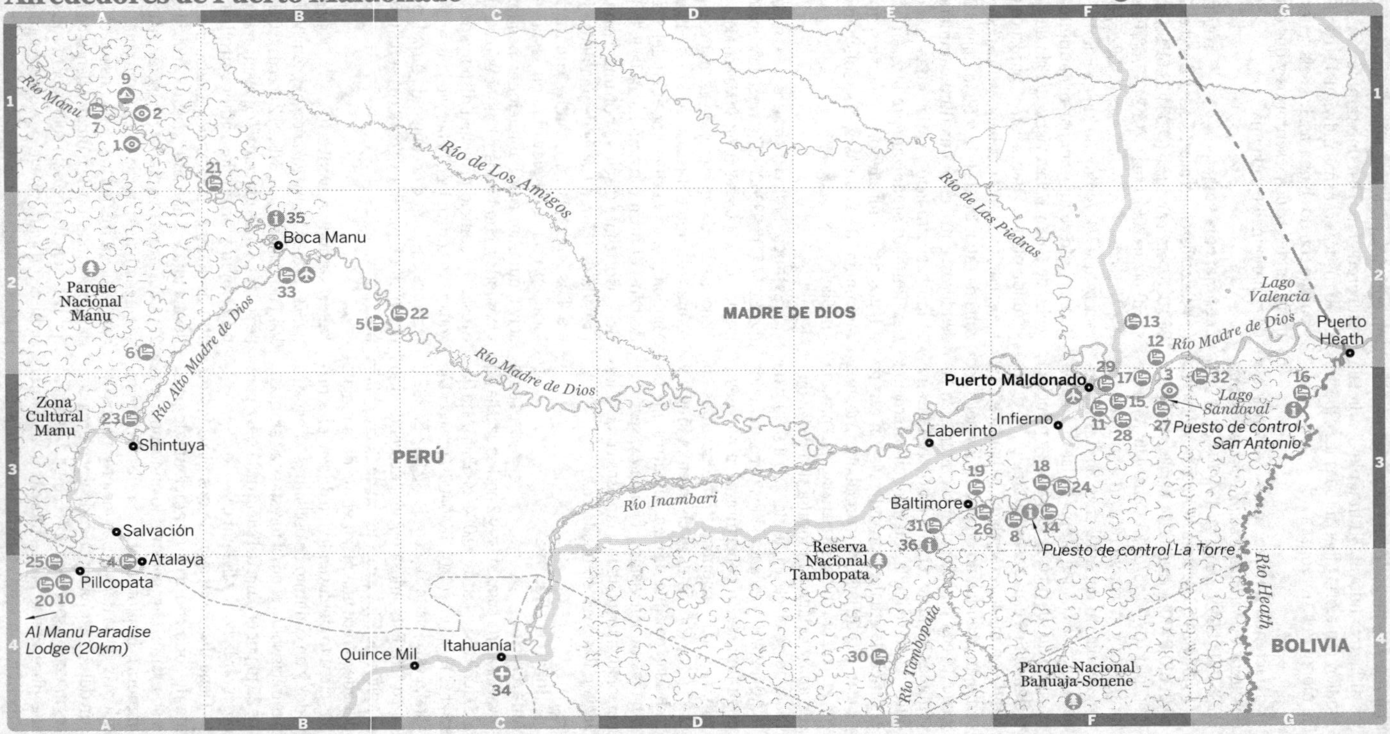

Alrededores de Puerto Maldonado

Puntos de interés

1 Cocha Otorongo ... A1
2 Cocha Salvador ... A1
Centro de Investigación Educacional Hacienda Concepción ... (véase 15)
3 Lago Sandoval ... F3

Dónde dormir

4 Amazonia Lodge ... A4
5 Blanquillo Lodge ... B2
6 Bonanza Ecological Reserve ... A2
7 Casa Matsiguenka Lodge ... A1
8 Cayman Lodge Amazonie ... F3
9 Cocha Salvador Safari Camp ... A1
10 Cock-of-the-Rock Lodge ... A4
11 Corto Maltes ... F3
12 EcoAmazonia Lodge ... F2
13 Estancia Bello Horizonte ... F2
14 Explorer's Inn ... F3
15 Hacienda Concepción ... F3
16 Heath River Wildlife Center ... G3
17 Inkaterra Reserva Amazónica ... F3
18 Inotawa ... F3
19 Libertador Tambopata Lodge ... E3
20 Manu Cloud Forest Lodge ... A4
21 Manu Lodge ... B1
22 Manu Wildlife Center ... C2
23 Pantiacolla Lodge ... A3
24 Posada Amazonas ... F3
25 Rainforest Lodge ... A4
26 Refugio Amazonas ... E3
27 Sandoval Lake Lodge ... F3
28 Señora Leny Mejía Lodge ... F3
29 Tambo Lodge ... F3
30 Tambopata Research Center ... E4
31 Wasai Tambopata Lodge ... E3
32 Yakari Canopy Adventure ... G3
33 Yine Lodge ... B2

Información

34 Hospital ... C4
35 Puesto de control Limonal ... B2
36 Puesto de control Malinowsky ... E3

LAGO SANDOVAL

Se trata de un bello lago rodeado de variada selva tropical y situado a 2 horas de Puerto Maldonado por el río Madre de Dios. Los permisos para visitar el lago (incluidos circuitos con guía autorizado y estancias en el refugio) cuestan 30 PEN/día o 60 PEN por estancias de hasta cuatro noches. Aunque hay excursiones de un día, lo mejor para observar la fauna y la flora de los alrededores es pernoctando al menos una noche. La mitad del trayecto se hace en barco y la otra mitad a pie. El viaje en barco desde Puerto Maldonado hasta el inicio del camino y la posterior recogida cuesta unos 100 PEN (conviene regatear: por ese precio pueden ir varias personas); si se solicita, el barquero puede hacer de guía. Con un poco de suerte se divisarán caimanes, tortugas, aves exóticas, monos y, tal vez, las singulares nutrias gigantes que viven en el lago y se encuentran en peligro de extinción.

Desde los refugios de la jungla también se llega al lago por un sendero de 3 km transitable todo el año, situado entre la Reserva Amazonica Lodge y la EcoAmazonia Lodge, pero en el otro lado (sur) del río. Desde el final del mismo se pueden recorrer 2 km más por otro sendero más estrecho y asilvestrado hasta el económico Willy Mejía Cepa Lodge o tomar un barco por el lago hasta Sandoval Lake Lodge, el mejor refugio de la zona.

Willy Mejía Cepa Lodge REFUGIO $

(☎982-684-700; lenitokon@hotmail.com; Velarde 487 interior, Puerto Maldonado; h 25 US$/persona) Lleva dos décadas ofreciendo alojamiento económico. En el refugio pueden dormir 20 personas en habitaciones de tipo bungaló con baños compartidos. También venden bebidas embotelladas. El precio incluye sencillas comidas caseras, alojamiento y excursiones; el de las habitaciones varía: ofrece descuentos según el número de integrantes del grupo y la temporada.

Sandoval Lake Lodge REFUGIO $$$

(InkaNatura; www.inkanatura.com; 3 días y 2 noches i/d 425/650 US$); Cuzco (☎084-23-1138; Ricardo Palma J1 Urb. Santa Mónica & Plateros 361); Lima (☎01-440-2022; Manuel Bañón 461, San Isidro) Este refugio de InkaNatura está al otro lado del lago, frente al Willy Mejía. Llegar a él forma parte de la diversión. Tras la caminata de 3 km hasta el lago (hay *rickshaws* de bicicleta para el equipaje y para personas con movilidad reducida), se embarca en canoas para surcar los angostos canales que atraviesan un bosque inundado de palmeras habitado por guacamayos de vientre rojo; luego, se rema en silencio por el bello lago hasta el refugio. Con suerte, se verá a la amenazada nutria gigante de río, de la que hay varias parejas en el lago (por la mañana temprano es más probable verlas). También se podrán observar varias especies de monos y un puñado de aves y reptiles. En el refugio organizan caminatas hasta el bosque con guías bien informados.

El amplio albergue se halla en lo alto de una colina, unos 30 m por encima del lago y rodeado de bosque primario. Se construyó con maderas sobrantes, sin haber talado árboles del bosque primario, algo que llena de orgullo a sus propietarios (lo han hecho otros refugios, aunque no siempre se dice). Las habitaciones, con duchas de agua caliente y ventiladores en el techo, son las mejores de la zona. El enorme y espacioso bar-restaurante invita a relajarse y a charlar. Hay que reservar en **InkaNatura**.

LAGO VALENCIA

Está situado a unos 60 km de Puerto Maldonado, al lado del río Madre de Dios y cerca de la frontera con Bolivia. Hacen falta por lo menos dos días para visitar la zona, aunque se recomiendan tres o cuatro. Se dice que es el mejor de la zona para **pescar** y para la **observación de aves**, así como de la **fauna y flora** (conviene llevar prismáticos). Desde el lago salen senderos que se adentran en la selva. Los refugios más próximos a Puerto Maldonado organizan circuitos; los guías independientes, también.

RÍO HEATH

A unas 2 horas al sur del río Madre de Dios y a lo largo del Heath (que delimita la frontera entre Perú y Bolivia), está el **Parque Nacional Bahuaja-Sonene** (entrada 30 PEN), que alberga parte de la mejor fauna del Amazonas peruano, incluidas rarezas como el aguará guazú y el mono araña, aunque son difíciles de ver. La infraestructura del parque, uno de los más grandes del país, es limitada, y los circuitos para ver fauna se hallan aún en una fase primitiva. El parque engloba parte de la extensa reserva natural Tambopata-Madidi, que abarca 14 000 km² de Perú y Bolivia. La entrada se paga en Sernanp (p. 448), en Puerto Maldonado: en los puntos de control del camino no venden entradas.

El sencillo **Heath River Wildlife Center** (i/d 4 días y 3 noches 725/1150 US$), con 10 habitaciones, es propiedad del pueblo indígena ese-eja de Sonene, que proporciona guías y servicios culturales. En el Parque Nacional Bahuaja-Sonene hay senderos y los biólogos de campo han declarado esta zona como una de las más biodiversas del sureste de Perú: es demasiado pronto para saber si la construcción de la carretera Interoceánica la alterará. Suelen verse carpinchos, y se organizan circuitos guiados a una cercana *collpa* (banco de arcilla), atracción popular de loros y guacamayos. Hay agua caliente y el precio incluye la entrada al parque. La primera y la última noche de los circuitos se pasan en el Sandoval Lake Lodge (p. 453). Para las reservas contáctese con **InkaNatura** (www.inkanatura.com; Cuzco, ☎084-23-1138; Ricardo Palma J1, Urb. Santa Mónica y Plateros 361; Lima, ☎01-440-2022; Manuel Bañón 461, San Isidro).

RÍO TAMBOPATA

Este río desemboca en el Madre de Dios, en Puerto Maldonado, y es uno de sus principales afluentes. Hay barcos que remontan el río y pasan por buenos refugios antes de llegar a la **Reserva Nacional Tambopata** (entrada hasta 4 noches 100 PEN), una importante zona protegida dividida entre la reserva y una **zona de amortiguamiento.** La entrada al parque se paga en las oficinas de Sernanp (p. 448), en Puerto Maldonado, a menos que se vaya en un circuito guiado (la mayoría de las veces), en cuyo caso se paga en la oficina del refugio pertinente. Para entrar en la reserva propiamente dicha (como en el Tambopata Research Center), y no solo en la zona de amortiguamiento, se debe pagar una cuota adicional.

Los viajeros que se dirijan río arriba por el Tambopata deberán dar su número de pasaporte en el puesto de control **La Torre,** al lado del Explorer's Inn y mostrar los permisos de entrada obtenidos en Puerto Maldonado. La reserva solo puede visitarse si se contrata una estancia con guía en uno de sus refugios. Uno de los lugares más destacados de la misma es la Collpa de Guacamayos, uno de los bancos de arcilla naturales más grandes del país. Atrae a cientos de pájaros; todo un espectáculo.

El listado de los siguientes refugios aparece por orden de llegada desde Puerto Maldonado. Además de estos puede entrarse en la web de la asociación de Tambopata, http://tambopataecotours.com: refugios pequeños, en general en casas de familias locales (3 días y 2 noches 100-350 US$/persona). Algunos se encuentran en la pequeña comunidad de Baltimore, pasado el Refugio Amazonas. Un barco de pasajeros desde Puerto Maldonado llega hasta Baltimore dos veces a la semana; también puede irse en autobús o a pie. Se toma cualquier vehículo desde Puerto Maldonado en dirección Laberinto hasta el km 37. Desde allí hay un sendero a Baltimore (2-3 h). No hay transporte público a puntos más arriba del río.

POLLOS PUNKS

Cuando el barco pasa junto a la orilla del río Tambopata hay que escuchar con atención. Si se oyen muchos siseos, gruñidos y ruidos de ramitas, es probable que se haya tropezado con el intrincado ritual de apareamiento de una de las aves más raras del Amazonas, el hoacín. Se trata de un enorme pollo silvestre con la cara azul y un gran penacho de plumas en la cabeza (de ahí que se apode el "pollo punk"). Los científicos no han logrado clasificarlo en ninguna familia aviar, debido principalmente a las dos garras que los polluelos tienen en cada ala. Para huir de sus depredadores, se lanzan del nido al río y usan dichas garras para trepar por su fangosa orilla. El ala con garras es una característica que no tiene ninguna otra criatura alada desde el pterodáctilo. Pero el aspecto del hoacín se ve eclipsado por su horrendo olor (por su dieta exclusiva a base de hojas, que necesita de múltiples microorganismos en su estómago para hacer la digestión), que suele delatarlos. Su carne tiene mal sabor, de modo que rara vez se cazan y son unas de las pocas aves autóctonas con una población floreciente.

Posada Amazonas REFUGIO **$$$**

(Rainforest Expeditions; www.perunature.com; i/d 3 días y 2 noches 485/750 US$) Cuzco (☎084-24-6243; cusco@rainforest.com.pe; Portal de Carnes 236); Lima (☎01-421-8347; postmaster@rainforest.com.pe; Aramburu 166, Miraflores); Puerto Maldonado (☎082-57-2575; pem@rainforest.com.pe; Av. Aeropuerto km 6, CPM La Joya) Es el primero de los tres refugios en el Tambopata propiedad de Rainforest Expeditions y está a 2 horas de Puerto Maldonado por el río Tambopata, más 10 minutos a pie. Se halla en el territorio de la comunidad ese-eja de Infierno y entre sus guías hay miembros de la tribu (otros refugios utilizan guías "nativos", pero suelen ser mestizos.) Se pueden ver guacamayos y loros en una pequeña *collpa* cercana y nutrias gigantes en un lago de los alrededores. Los guías suelen ser naturalistas peruanos de distintas especialidades. El guía permanece con el viajero durante toda su estancia. También se visita el Centro Ñape donde la comunidad ese-eja prepara medicinas naturales a partir de plantas autóctonas. Se puede recorrer un sendero y observar esas plantas medicinales. Cercano al refugio, un mirador a 30 m de altura brinda vistas soberbias del dosel forestal de la selva tropical. El refugio tiene 30 habitaciones dobles grandes con duchas privadas y ventanas abiertas (sin cristales) que dan a la selva. Proporcionan mosquiteras. A mediodía y entre las 17.30 y las 21.00 hay electricidad.

Explorer's Inn REFUGIO **$$$**

(www.explorersinn.com; i/d 3 días y 2 noches 238/396 US$) Cuzco (☎084-23-5342; Plateros 365); Lima (☎01-447-8888, 01-447-4761; sales@explorersinn.com; Alcanfores 459, Miraflores); Puerto Maldonado (☎082-57-2078) Está a 58 km de Puerto Maldonado (3-4 h por el río) y cuenta con 15 rústicas habitaciones dobles y 15 triples, con baños y ventanas con mosquitera. Lleva en activo desde los años 1970 y está situado en un agradable claro cubierto de hierba. El edificio central del refugio dispone de restaurante, bar y un pequeño museo; fuera hay un campo de fútbol y un jardín de plantas medicinales. El albergue se halla en la antigua Zona Reservada Tambopata Candamo, de 55 km² (hoy rodeada por la Reserva Nacional Tambopata, mucho más grande). En esta área se han registrado más de 600 especies de aves, lo que supone un récord mundial en cuanto a número de especies avistadas en una zona. Pese a dichos informes (documentados científicamente), el turista medio verá mucho más que en cualquier otro de los refugios del río Tambopata en la visita estándar de dos noches. Los 38 km de senderos que rodean el refugio pueden explorarse por cuenta propia o con guías naturalistas. Los circuitos de cuatro noches incluyen una visita a los bancos de arcilla de guacamayos (individual/doble 620/1040 US$).

Cayman Lodge Amazonie REFUGIO **$$$**

(☎082-57-1970; www.cayman-lodge-amazonie.com; Arequipa 655, Puerto Maldonado; i/d 3 días y 2 noches 400/560 US$) A unos 70 km de Puerto Maldonado, lo regenta la inquieta francesa Anny y su compañero peruano Daniel, y rezuma un ambiente abierto y relajado, lleno de plataneros, coconas (árbol que da un fruto tropical del mismo nombre de aspecto parecido al tomate) y mangos en un frondoso jardín tropical. Las actividades incluyen visitas a las Lagunas Sachavacayoc y Condenado, también ofrecen un programa sobre chamanismo, de entre cinco y siete días, donde se puede aprender medicina tropical e incluso tratar cualquier enfermedad. Hay un bar y zona de restaurante enorme. Las habitaciones son más bien pequeñas, pero más que confortables, y las ventanas tienen mosquiteras. Una de sus características es la casita de la hamaca, desde donde se ve el atardecer sobre el río Tambopata. La entrada a la reserva no está incluida.

Libertador Tambopata Lodge REFUGIO **$$$**
(082-57-1726, 082-968-0022; www.tambopatalodge.com; Prada 269, Puerto Maldonado; i/d 3 días y 2 noches 417/676 US$) Más lujoso y cerca del bosque secundario, pero dentro de la Reserva Nacional de Tambopata; un breve trayecto en barca desde aquí lleva al bosque primario. Los circuitos de cuatro días o más (i/d desde 688/1160 US$) incluyen la visita a los lagos cercanos y al salegar, y cuenta con guías naturalistas. Por los 12 km de senderos señalizados se puede pasear solo o acompañado por un guía. Cuenta con bungalós individuales, algunos de los cuales tienen agua caliente generada por energía solar. Cada uno tiene un patio de baldosas con una mesa y sillas, y todos dan al exuberante jardín tropical. Tiene restaurante y un acogedor bar aparte.

Refugio Amazonas REFUGIO **$$$**
(Rainforest Expeditions; www.perunature.com; 4 días y 3 noches i/d 695/1070 US$) Cuzco (084-24-6243; cusco@rainforest.com.pe; Portal de Carnes 236); Lima (01-421-8347; postmaster@rainforest.com.pe; Aramburu 166, Miraflores); Puerto Maldonado (082-57-2575; pem@rainforest.com.pe; Av. Aeropuerto km 6, CPM La Joya) Es mejor para estancias más largas puesto que se llega en un trayecto algo largo en barco por el río. Está construido sobre una reserva privada de 20 km² en la zona de amortiguamiento de la Reserva Nacional Tambopata. A pesar de que parece estar algo aislado, no carece de comodidades, tiene una recepción grande, zona de comedor y de bebidas. Las habitaciones son cómodas y parecidas a las de la Posada Amazonas. Las actividades incluyen una ruta por los nogales de Brasil y acampada, y para los niños, una ruta adaptada por la selva. El aumento de los remontes ofrece más posibilidades de ver animales. Conviene hacer la reserva en **Rainforest Expeditions.**

Wasai Tambopata Lodge REFUGIO **$$**
(082-57-2290; www.wasai.com; Billinghurst esq. Arequipa, Puerto Maldonado; i/d 80/160 US$/día) Es el penúltimo refugio en el río después de Baltimore y, a diferencia del resto, no ofrece ecoactividades programadas. Así que si lo que se desea es relajarse, leer un libro, beber una cerveza o recorrer sus 20 km de senderos bien señalizados, este es el sitio ideal. Asimismo, también se puede pescar o hacer piragüismo. Tiene cuatro grandes bungalós y dos más pequeños, y puede alojar a un máximo de 40 huéspedes. Además, tiene una alta torre de observación que brinda buenas vistas de la jungla circundante. El precio no incluye el transporte. Los circuitos de cuatro días y tres noches (d 504 US$) se hacen en el Tambopata y el lago Sandoval, pero no en la zona reservada de Tambopata.

Tambopata Research Center REFUGIO **$$$**
(Rainforest Expeditions; www.perunature.com; i/d 5 días y 4 noches 1015/1590 US$) Cuzco (084-24-6243; cusco@rainforest.com.pe; Portal de Carnes 236); Lima (01-421-8347; postmaster@rainforest.com.pe; Aramburu 166, Miraflores); Puerto Maldonado (082-57-2575; pem@rainforest.com.pe; Av. Aeropuerto km 6, CPM La Joya) Tras 7 horas por el río desde Puerto Maldonado se llega a este importante centro de investigación y refugio, famoso por el salegar cercano que la mayoría de las mañanas atrae de cuatro a 10 especies de loros y guacamayos. Se investiga por qué los guacamayos comen arcilla, sus costumbres migratorias, su dieta, cómo hacen los nidos y las técnicas para construir nidos de manera artificial. El albergue es bastante sencillo, con 18 habitaciones dobles que comparten cuatro duchas y cuatro baños, pero debido a la distancia, los precios son más caros que en otros lugares. Merece el gasto si se desea ver muchos guacamayos, aunque los propietarios aclaran que a veces, debido al mal tiempo y otros factores, no van al salegar. Normalmente se pasa la primera y última noche del viaje en el Refugio Amazonas. La última parte del camino se realiza a través de un territorio remoto, donde se pueden ver carpinchos (el roedor acuático más grande del mundo) y otros animales poco frecuentes. Conviene tener el pasaporte a mano para el puesto de control Malinowsky. Hay que hacer la reserva en Rainforest Expeditions.

ZONA DE MANU

Abarca el Parque Nacional Manu y gran parte de la jungla y bosque nuboso circundantes. Ocupa casi 20 000 km² y es uno de los mejores lugares de Sudamérica para ver variada fauna tropical. Se divide en tres zonas. La más grande es la natural, que comprende un 80% de la superficie total del parque y está cerrada a visitantes no autorizados. La entrada a casi todo el parque está restringida a los grupos indígenas de la zona, en especial a los machiguenga, que continúan viviendo como lo han hecho durante generaciones; algunos grupos apenas si han tenido contacto con personas ajenas y parecen no desearlo. También pueden acceder los científicos que investigan la fauna y flora. El segundo sector, aún dentro del parque propiamente dicho, es la zona reservada, donde se permite la investigación controlada y el turismo. Solo hay un par de alojamientos oficiales. Se trata de la parte nororiental y ocupa cerca de un 10% de la zona total del parque. El tercer sector, que cubre el área suroriental, es la zona cultural, y en ella se concentra casi toda la actividad turística. Para pasar de la zona cultural a la zona reservada es necesario ir por el río Madre de Dios hasta el principal poblado de tránsito del parque, Boca Manu. Paradójicamente, al sureste de Boca Manu, fuera del parque nacional, es donde hay más opciones de ver fauna, en especial en los salegares de guacamayos y tapires cercanos al Manu Wildlife Center (p. 461).

Circuitos a la zona del Manu

Es importante saber con exactitud el recorrido del circuito: el Manu abarca una zona muy extensa que incluye el parque nacional y gran parte de la zona de los alrededores. Algunos circuitos, como los que van al Manu Wildlife Center, en realidad ni siquiera penetran en el parque. Aun así, se recomienda el Manu Wildlife Center para la observación de la fauna y flora. Las empresas que no pueden entrar en el parque, ofrecen circuitos por fuera del mismo. Otras trabajan juntas y comparten albergues, guías y servicios de transporte. Por eso la agencia en cuya oficina se contrata el circuito tal vez no sea la misma con la que finalmente se haga. Gran parte combinan, a petición de sus clientes, el Manu con circuitos por el resto de Perú.

Las empresas que se mencionan en esta sección fueron autorizadas por el servicio del parque nacional para trabajar en el Manu y mantienen un compromiso de conservación y prácticas de bajo impacto en el hábitat. Los permisos para organizar circuitos en este parque son limitados. Solo se permite la entrada de unos 3000 visitantes al año. Por tanto, hay que reservar con mucha antelación. Se debe ser flexible con los planes de viaje, pues los retrasos son habituales. El mejor modo de ver Manu es yendo en autobús y barco y regresando en avión.

El precio de los circuitos depende de si se entra o no a la zona reservada, de si se acampa o se pernocta en un refugio, de si llega y se marcha por tierra o en avión. Un circuito por el área reservada no garantiza ver más fauna, aunque, dado que se trata de selva virgen, hay más posibilidades de ver animales grandes. Las compañías más caras merecen la pena. Ofrecen guías más fiables y experimentados, mejor equipo, mayor variedad de comida, un seguro apropiado y poseen experiencia en casos de emergencia. Garantizan que parte del dinero se dedicará a la conservación del Manu, pues muchas de estas agencias financian programas de conservación.

Todas incluyen transporte, comida, agua potable, guías, permisos y equipo de *camping* o mosquiteras en las habitaciones de los albergues. Si se acampa, se deberá llevar consigo sacos de dormir, repelente de insectos, protección solar, linterna con pilas de repuesto, ropa adecuada y bebidas embotelladas. Se recomienda sobre todo llevar prismáticos y cámara con zoom.

Todos los refugios y operadores de circuitos de excursiones a Manu indican sus precios en dólares estadounidenses.

Crees CIRCUITO DE AVENTURA
(www.crees-manu.org) Cuzco (☎26-2433; Urb. Mariscal Garmarra B-5, Zona 1); Reino Unido (☎0044-207-581-2932; 7-8 Kendrick Mews, Londres) Ofrece viajes de "voluntourismo" de una semana a la zona reservada (1150 US$; sábados abril-diciembre) en los que los participantes colaboran en proyectos como reforestación y supervisión de jaguares y, al mismo tiempo, ven partes de la jungla a las que no llegan los turistas. Si una semana no es suficiente, también hay proyectos de voluntariado a largo plazo (hasta 16 semanas).

Bonanza Tours CIRCUITO DE AVENTURA
(☎084-50-7871; www.bonanzatoursperu.com; Suecia 343, Cuzco) Ryse Choquepuma y sus hermanos, que crecieron en Manu y la conocen mejor que la mayoría, dirigen esta empresa familiar local. Los circuitos parten de la casa familiar, que se ha transformado en un refugio bien equipado. Sus tierras casi dan al parque y cuenta con senderos y paredes de arcilla que atraen a abundante fauna. Incluye baños en aguas termales, clases de tala de cocoteros y una noche especial de cacería arrastrándose y gateando.

La opción de cuatro días/tres noches, con dos noches en el refugio de la familia y otra en su nuevo refugio junto a Pilcopata cuesta 435 US$. También organiza circuitos más largos en la zona reservada.

Pantiacolla Tours CIRCUITO DE AVENTURA (084-23-8323; www.pantiacolla.com; Garcilaso 265 interior, 2º, Cuzco) Cuenta con tres refugios en la región del Manu. Los viajeros suelen recomendarlo por sus circuitos con guías informados y responsables, oriundos de la zona. Ofrece varios circuitos y ayuda a financiar la conservación de la reserva natural. Los viajes cuestan a partir de 1275 US$ por persona por siete días, por tierra, y combinan el alojamiento en *camping* y refugio. Esta agencia trabaja con grupos locales de indígenas en su Yine Project, resumido en su web.

Manu Expeditions CIRCUITO DE AVENTURA (084-22-5990, 084-22-4235; www.manuexpeditions.com; Clorinda Matto de Turner 330, Urb. Magisterial, Cuzco) Posee la única zona de acampada con tiendas en el parque nacional y es copropietaria del Manu Wildlife Center, con más de dos décadas de experiencia en Manu. Sus guías son excelentes, pero si se tiene la suerte de salir con el propietario, Barry Walker, ornitólogo británico y veterano residente en Cuzco, se está en las mejores manos, en especial si se está interesado en la observación de aves. Una excursión popular sale de Cuzco todos los domingos (salvo de enero a marzo, época en que solo hay salidas el primer domingo de cada mes) y dura nueve días. Incluye el transporte por tierra a Manu con dos noches en el *camping* de la empresa, Cocha Salvador Tented Camp, tres en el Manu Wildlife Center, otras tres en otros refugios y el vuelo de vuelta a Cuzco. Cuesta 2445 US$ por persona, si dos personas comparten habitación. Si se organiza con antelación, parte del trayecto por tierra puede realizarse en bicicletas de montaña. También ofrecen viajes personalizados de distinta duración.

Manu Nature Tours CIRCUITO DE AVENTURA (084-25-2721; www.manuperu.com; Pardo 1046, Cuzco) Opera el respetable Manu Lodge, el único refugio completamente equipado dentro de la reserva y abierto todo el año. También hay una red de 20 km de senderos y visitas guiadas a los lagos y torres de observación. El circuito de cinco días, con la ida o la vuelta en avión, vale 1628 US$ por persona en habitación doble; tiene salidas fijas todos los jueves. Incluye los guías naturalistas y todas las comidas; por un suplemento se puede realizar parte del trayecto por tierra en bicicletas de montañas o hacer rafting en aguas bravas. También ofrecen otros circuitos más largos. Esta empresa organiza salidas al Manu Cloud Forest Lodge (véase p. 459).

Amazon Trails Peru CIRCUITO DE AVENTURA (084-43-7374, 984-714-148; www.amazontrails-peru.com; Tandapata 660, Cuzco) Empresa muy recomendada, con la sólida reputación de ofrecer el mejor servicio entre los operadores turísticos económicos. Los circuitos facilitan información muy peculiar sobre los lugares que se visitan. Organiza itinerarios a sitios menos conocidos, como la supuesta ubicación de la legendaria ciudad inca de El Dorado y si se va a Puerto Maldonado, organiza transporte en barco/autobús para evitar ir hasta Cuzco. Proporciona binoculares de gran potencia. Los circuitos de seis días a la zona reservada cuestan a partir de 1370 US$.

InkaNatura CIRCUITO DE AVENTURA (www.inkanatura.com) Cuzco (084-25-5255; Ricardo Palma J1 Urb. Santa Mónica & Plateros 361); Lima (01-440-2022; Manuel Bañón 461, San Isidro); EE UU (Tropical Nature Travel; 1-877-888-1770, 1-352-376-3377; POB 5276, Gainesville FL 32627-5276) Agencia internacional muy respetada, copropietaria del Manu Wildlife Center. Combina visitas allí con viajes a otras zonas de la selva peruana meridional, como las Pampas del Heath, junto a Maldonado, donde también posee un refugio.

De Cuzco a Manu

Este espectacular viaje brinda ocasiones excelentes de **observar aves** en los refugios en ruta, así como algunos de los contrastes de paisaje más impresionantes de Perú. La ruta abarca desde los pelados montes andinos hasta el bosque nuboso, antes descender por una húmeda y calurosa maraña de jungla en tierras bajas. Se puede llegar por cuenta propia a Boca Manu, a una hora del punto de entrada a la zona reservada. Es un desafío, pero es posible, aunque para entrar en la zona reservada o maximizar las opciones de ver fauna se necesitará un guía y por tanto formar parte de un circuito. Casi todos los refugios de la ruta ofrecen alojamiento, pero se aconseja avisar con antelación.

Si se viaja por tierra, la primera etapa del viaje requiere tomar un autobús o camión (o furgoneta si se hace un circuito) desde Cuzco, pasando por Paucartambo a Shintuya. Los autobuses de **Gallito de las Rocas** (☎084-22-6895; Av. Diagonal Angamos 1952, Cuzco) salen a las 5.00 los lunes, miércoles y viernes a Pilcopata (20 PEN, 10-12 h con buen tiempo) y regresan de Pilcopata los mismos días a las 18.00. Hay que tomar un taxi hasta el punto de partida. Los camiones son más baratos y salen de vez en cuando desde el cuzqueño Coliseo Cerrado para Shintuya (unas 24 horas en temporada seca). Son habituales los retrasos, averías y acumulaciones de gente, y en temporada de lluvias (e incluso en la seca) los vehículos resbalan en la carretera. Es más seguro, cómodo y fiable tomar los autobuses turísticos más caros que ofrecen los operadores de circuitos de Cuzco. Muchas de estas compañías ofrecen circuitos a Manu.

Puntos de interés y actividades

Tras Paucartambo la carretera continúa 1½ horas hasta la entrada del Parque Nacional Manu (zona cultural; entrada 10 PEN para los viajeros independientes en el desvío a Tres Cruces, a otros 13 km). En las siguientes 6 horas hasta Pilcopata se atraviesa un espectacular **bosque nuboso** que ocupa una húmeda elevación de 1600 m y alberga miles de especies de aves, muchas de las cuales aún no están clasificadas. Hay varios refugios para la **observación de aves** (incluido, si se tiene suerte, el poco común gallito de las rocas, con un llamativo plumaje escarlata y ceremonioso ritual de apareamiento).

El siguiente pueblo, **Pilcopata,** marca el final de la ruta del autobús público y todo contacto con el mundo exterior: posee el último teléfono público (y cobertura para móviles) antes de llegar a Manu, junto con la principal comisaría de policía de Manu. Cuenta con hoteles sencillos (camas unos 15 PEN) y tiendas. Hay furgonetas temprano por la mañana a Atalaya (45 min) y Shintuya (3 h).

La carretera más allá de Pilcopata es impracticable en temporada de lluvias, por lo que la mayoría de los vehículos renuncian a continuar en **Atalaya** y se cambian a un barco (todas las agencias de circuitos de Manu continúan en barco desde allí). Se puede seguir por una accidentada carretera hasta **Salvación** (donde hay una oficina del parque nacional) y **Shintuya** (con pocos alojamientos básicos), pero no tiene sentido, pues no hay barcos para descender el río. Pasado Shintuya, en **Itahuanía** está el hospital de urgencias de Manu.

El largo viaje en barco bajando el alto Madre de Dios desde Atalaya a **Boca Manu,** en la confluencia con el río Manu, suele durar casi un día. Boca Manu cuenta con pocas y básicas instalaciones y es famoso por construir las mejores embarcaciones fluviales de la región: es muy interesante verlas en las distintas etapas de construcción. Los viajeros independientes han de saber que si no hacen un circuito con una agencia de circuitos de Manu autorizada no podrán entrar en la zona reservada, aunque sí continuar bajando el río Manu hasta el Manu Wildlife Center y Puerto Maldonado. La pista de aterrizaje de Boca Manu solo pueden utilizarla los aviones privados, por lo que muchas compañías se sirven de la otra ruta a Manu (vuelo a Puerto Maldonado, viaje por carretera a Iñapari y viaje remontando el Madre de Dios).

Dónde dormir

En esta ruta hay varios buenos refugios y, aunque no hay ninguno en la zona reservada o la zona natural del Parque Nacional Manu, ofrecen buenas oportunidades para observar aves. No hay que asumir que solo con entrar en la zona reservada se verá mejor fauna. Los refugios se concentran en el bosque nuboso o en el curso alto del río Madre de Dios después de Atalaya: la mayoría admiten viajeros independientes, pero los grupos de circuitos o los circuitos afiliados a refugios tienen prioridad. Si se desea alojarse en uno de los siguientes es conveniente reservar con al menos una noche de antelación. Se han listado los refugios según su distancia a Cuzco.

Bosque nuboso

Manu Paradise Lodge REFUGIO **$$$**
(☎084-22-4156; www.manuparadiselodge.com; Urb. Magisterio 2ª etapa, Cuzco; i/d comidas incl. 85/140 US$) A 6 horas de Cuzco y con vistas al pintoresco valle del río Kosñipata, tiene capacidad para 16 personas en espaciosas habitaciones con baños con agua caliente. Uno de sus atractivos es un acogedor bar-comedor con telescopios para observar la fauna. Anuncia su amplia variedad de circuitos (3-6 noches) en su web. Organiza circuitos de *rafting* y bicicleta de montaña. Su atractivo principal es la observación de aves.

Manu Cloud Forest Lodge REFUGIO **$$$**
(☎084-25-2721; www.manuperu.com; Pardo 1046, Cuzco; i/d 3 días y 2 noches 748/1096 US$/persona) Está en el mismo tramo de carretera que el Cock-of-the-Rock. Es un refugio de 16 a 20 camas con 6 habitaciones con duchas de

agua caliente y un restaurante. Ofrece buenas opciones de observar aves en un bosque nuboso situado en tierras altas. El transporte y la sauna se pagan aparte. El precio incluye las actividades y la habitación y pensión completa solo cuesta 120 US$ por persona y noche. Se reserva en Manu Nature Tours.

Cock-of-the-Rock Lodge REFUGIO **$$$**
(www.inkanatura.com; i/d 3 días y 2 noches comidas incl.785/1270 US$) Cuzco (☎084-25-5255; Ricardo Palma J1 Urb. Santa Mónica & Plateros 361); Lima (☎01-440-2022; Manuel Bañón 461, San Isidro) A pocos minutos a pie de un *lek* (zona de apareamiento) de gallitos de las rocas, ofrece una excepcional observación de aves en bosque nuboso a 1600 m de altura. Al parecer, se pueden fotografiar gallitos de las rocas machos a 7 m de distancia. Este refugio propiedad de InkaNatura dispone de restaurante y 12 rústicas cabañas dobles con baño y agua caliente. El precio incluye el transporte ida y vuelta desde Cuzco, en el que se tardan 8 horas (con paradas en los puntos de interés).

Rainforest Lodge REFUGIO **$$**
(☎084-50-7871; www.bonanzatoursperu.com; Suecia 343, Cuzco; comidas incl. 40 US$/persona) Este rústico refugio cercano a Pilcopata (si se quiere se puede ir a disfrutar de la vida nocturna del pueblo) es una opción mucho más barata y buena escala en el viaje. Ofrece ocho cabañas con capacidad hasta para 18 personas, con baños compartidos. Está en la base de un bosque nuboso (a 1 h en coche de un lugar con excelente observación de aves en bosque nuboso).

Curso alto del río Madre de Dios

Resulta difícil alojarse por cuenta propia en estos refugios, pues hay pocos barcos que no estén asociados con las agencias de circuitos.

Amazonia Lodge REFUGIO **$$**
(☎084-23-1370; www.amazonialodge.com; Matará 334, Cuzco; h 85 US$/persona, comidas incl.) En una antigua hacienda colonial en las estribaciones de los Andes ofrece un entorno diferente (aunque necesita una reforma). Cuenta con camas limpias y cómodas, y duchas comunales con agua caliente. Hay senderos forestales y excelentes posibilidades de observar fauna (con circuitos guiados). Carece de electricidad y hay pocos mosquitos. Puede encargarse del transporte, que también reservan las agencias de circuitos de Cuzco. Está en la otra orilla del río en Atalaya y puede alquilarse un barco para cruzarlo.

Pantiacolla Lodge REFUGIO **$$**
(☎084-23-8323; www.pantiacolla.com; Garcilaso 265 interior, 2º, Cuzco; i/d 145/180 US$, con baño compartido 125/150 US$ comidas incl.) Ofrece 14 habitaciones dobles, 11 con baño compartido y 3 con baño privado. El precio incluye las comidas, pero no el transporte o los circuitos, aunque junto al refugio hay senderos (algunos ascienden a un bosque nuboso a 900 m de altura), un salegar de loros y aguas termales. Hay disponibles distintas opciones de transporte y circuitos guiados. Es necesario reservar el barco para ir al refugio, que está en la linde del parque nacional, antes del pueblo de Itahuanía. Reservas en Pantiacolla Tours.

Bonanza Ecological Reserve REFUGIO **$$**
(☎084-50-7871; www.bonanzatoursperu.com; Suecia 343, Cuzco; comidas incl. 85 US$/persona) Este refugio familiar pasado Itahuanía en dirección a la comunidad de Bonanza ofrece ocho cabañas dobles colindantes con un extenso claro, un amplio restaurante y zona de dos pisos con hamacas para relajarse; los baños son compartidos y la electricidad proviene de placas solares. Hay senderos que llevan a la densa selva cercana a la zona natural. Su mayor atractivo es una casa en un árbol desde la que se ve una pared de arcilla a la que acuden tapires.

Yine Lodge REFUGIO **$$$**
(☎084-23 8323; www.pantiacolla.com; Garcilaso 265 interior, 2º, Cuzco; i/d 145/180 US$, con baño compartido 125/150 US$ comidas incl.) Sencillo refugio que ofrece el mejor alojamiento en Boca Manu (junto a la pista de aterrizaje). Cuenta con seis habitaciones con duchas y baños compartidos, y está regentado por el pueblo yine, junto con Pantiacolla Tours, a quien es necesario hacer la reserva.

Parque Nacional Manu

Este parque comienza en las laderas orientales de los Andes, desciende en picado hasta las tierras bajas y alberga una gran diversidad en una cordillera de bosque nuboso y hábitats tropicales. Gran parte del parque está estrictamente protegido, algo muy raro en otras partes del mundo.

Fue creado en 1973 por el Gobierno peruano. La Unesco lo declaró Reserva de la Biosfera en 1977 y, 10 años después, Patrimonio Mundial. Ha conservado una gran extensión de selva virgen y su fauna, gracias entre otras razones a que su ubicación es muy remota y relativamente inaccesible, no ha podido ser explotada por los caucheros, cazadores y demás (aunque existe una disputa entre los lugareños y Hunt Oil, a quien el Gobierno otorgó una concesión para extraer hidrocarburos en la zona cultural de Manu).

Está prohibido entrar en el parque sin un guía. Se pueden organizar circuitos en grupo desde Cuzco (véase p. 215) o con operadores turísticos internacionales. Es un viaje caro; los que solo dispongan de un presupuesto reducido, deberían visitar otras zonas de la Amazonia peruana. Si, con todo, pretenden visitar Manu, puede resultar algo más económico organizar la excursión desde Cuzco y sobre todo ser flexibles. Se aconseja no tener un vuelo internacional justo después de un viaje a Manu, pues en ocasiones la vuelta se retrasa varios días.

Las agencias de viajes se encargan de los permisos necesarios para entrar en el parque. El paquete estándar incluye transporte, alojamiento, comida y guías. Las visitas suelen ser de una semana, pero se pueden organizar estancias de tres noches en un albergue.

La mejor época para ir es durante la estación seca (de junio a noviembre), ya que puede resultar imposible acceder al Manu durante el período de lluvias (de enero a abril) o cuando solo pueden entrar los viajeros que se hospeden en los dos albergues situados dentro del parque.

Hay selva virgen río arriba al noroeste de Boca Manu. En el puesto de control Limonal, a una hora aproximadamente desde Boca Manu, puede pagarse la entrada al parque (150 PEN/persona; suele estar incluida en el circuito). Seguir a partir de aquí solo es posible con un guía y un permiso. Cerca de Limonal hay unos cuantos senderos.

A 2 horas río arriba se encuentra el lago en forma de herradura de **Cocha Juárez**, en el que hay nutrias gigantes de río. A 4 horas más, **Cocha Salvador**, uno de los lagos más grandes y bonitos del parque, cuenta con *camping* y excursiones guiadas. A media hora en barca está **Cocha Otorongo**, otro lago en forma de herradura con una torre de observación de fauna. No son hábitats abiertos como las llanuras africanas. Su espesa vegetación oculta a muchos animales, por lo que un guía experimentado es muy útil para verlos.

En un viaje de una semana se pueden ver muchísimas especies de aves, varias de monos y tal vez algún mamífero grande, entre los que se cuentan jaguares, tapires, osos hormigueros, tamandúas, carpinchos, pecaríes y nutrias gigantes. Son muy escurridizos y se puede considerar todo un éxito si se consiguen ver uno o dos durante un par de semanas. Entre los mamíferos más pequeños están los kinkajús, pacas, agutíes, ardillas, corzuelas, ocelotes y armadillos y otros animales como las tortugas de río y los caimanes (que se ven a menudo), serpientes (más difíciles de divisar) y otras variedades de reptiles y anfibios. También abundan las mariposas y multitud de insectos menos agradables.

Dentro del parque hay dos albergues.

El **Manu Lodge** cuenta con 14 habitaciones dobles con mosquiteras en las ventanas y cómodas camas. En un edificio separado están las duchas, con agua fría, y los servicios. Está en Cocha Juárez, a 1 km del río Manu. Pagando un extra se puede subir a una plataforma colgante; también organiza descensos en el río. La red de 20 km de senderos que salen del refugio rodean el lago y van más allá, ofrecen buenas opciones de ver fauna. Cuenta con 12 habitaciones dobles y bar-comedor junto a un lago con nutrias gigantes. Hay que ponerse en contacto con **Manu Nature Tours** (☎084 25 2721; www.manuperu.com; Pardo 1046, Cuzco).

El Cocha Salvador Safari Camp está detrás del Manu Lodge. Este campamento tiene unas plataformas sobre las que se asientan varias tiendas con catres y ropa de cama. Cuenta con duchas modernas, baños y servicio de comidas. Manu Expeditions utiliza de vez en cuando el más rústico **Casa Machiguenga Lodge** (☎084-22-5990, 084-22-4235; www.manuexpeditions.com; Clorinda Matto de Turner 330, Urb. Magisterial, Cuzco) construido al estilo tradicional de la tribu de los machiguenga.

Otras opciones incluyen hacer *camping* en las orillas arenosas del río Manu o cerca de algunos lagos; los operadores turísticos proporcionan el material necesario. Durante la época de lluvias (de enero a abril), estas zonas están inundadas y no se puede acampar en el parque. Se debe llevar repelente de insectos.

Manu Wildlife Center y alrededores

Un viaje de 2 horas en barco al sureste de Boca Manu por el río Madre de Dios conduce hasta este **centro** (i/d 4 días y 3 noches 1345/2190 US$), un refugio selvático propiedad de **InkaNatura Travel** (☎084-25-5255; www.inkanatura.com; Cuzco Ricardo Palma J1, Urb. Santa Mónica y Plateros 361; Lima ☎01-440-2022;

Manuel Bañón 461, San Isidro) y **Manu Expeditions** (☎084-22-5990, 084-22-4235; www.manuexpeditions.com; Clorinda Matto de Turner 330, Urb. Magisterio, Cuzco); ambos admiten reservas. Aunque no está dentro de la Reserva de la Biosfera, se recomienda para la observación de fauna y flora. Se emplaza en medio de un jardín tropical y cuenta con 22 cabañas dobles con mosquiteras y duchas de agua caliente, un bar y una sala con hamacas. Algunos de los circuitos que incluyen la opción citada anteriormente comienzan con un vuelo a Puerto Maldonado y remontan el río Madre de Dios para llegar al Manu Wildlife Center, una opción que permite explorar tramos poco conocidos. Hay otras variantes que incluyen acampada de una/dos noches en el parque.

Paseando por los 48 km de senderos alrededor del centro se pueden ver 12 especies de monos, así como otros ejemplares de fauna y flora local. Cuenta con dos plataformas cubiertas, una de ellas está siempre disponible para los huéspedes que quieran ver el dosel de la selva tropical y observar las aves.

Tras una caminata de 3 km por la selva se llega a una *collpa* donde se ha levantado una plataforma con mosquiteras para observar la actividad nocturna de los tapires. Con paciencia las posibilidades de ver fauna son excelentes. Durante el día la actividad en los bancos de arcilla es escasa.

Cerca, otra *collpa* a la que se llega en barca por el Madre de Dios atrae a varias especies de loros y guacamayos. Por las mañanas se ven cientos de bandadas, las mayores, desde finales de julio a septiembre. Cuando llega la estación de lluvias su número disminuye y en junio las aves no visitan el salegar. En mayo y a principios de julio tampoco hay mucha actividad, aunque los ojos expertos podrán avistar algunas bandadas.

La collpa de guacamayos se visita en un catamarán cubierto en el que se pueden ocultar hasta 20 personas para observar la fauna y flora. Es lo bastante estable para utilizar el trípode y el teleobjetivo, y llega hasta la mitad del río. La tripulación tiene experiencia y nunca se acerca demasiado para no molestar a los pájaros.

Además de los senderos y los salegares hay un par de lagos cercanos que se pueden visitar en catamarán y donde pueden verse nutrias gigantes (y otros animales). Si se desea ver las *collpas* de guacamayos y tapires, los lagos, el dosel forestal y recorrer los senderos en busca de fauna, se deberá planear una estancia de tres noches en el Manu Wildlife Center. También se pueden negociar estancias más breves o más largas.

El rústico **Tambo Blanquillo Lodge**, cercano al Manu Wildlife Center, ofrece habitaciones con baño o baños compartidos. Algunas compañías de Cuzco combinan esta opción económica con un circuito que incluye otros refugios de la zona de Manu, pero los precios varían. No es posible alojarse solo en Blanquillo. Entre los operadores de circuitos se cuentan **Pantiacolla Tours** (☎084-23-8323; www.pantiacolla.com; Saphy 554, Cuzco).

Los que continúen río abajo por el Madre de Dios, pasando las zonas de lavado de oro hasta Puerto Maldonado, no podrán observar mucha naturaleza virgen. Amazon Trails Perú (p. 458) también se encarga del transporte para continuar en barco/autobús, pero hasta Puerto Maldonado el transporte es escaso y casi todos los visitantes regresan a Cuzco.

CENTRO DEL AMAZONAS

Los *limeños* visitan esta región relativamente accesible –8 horas en autobús– para gozar de un descanso en el Amazonas durante los fines de semana largos o las vacaciones. La provincia tropical de Chanchamayo es muy diferente de la franja desértica del litoral o los montes andinos. La última hora del viaje es destacable por el rápido cambio de vegetación y clima según se desciende desde los Andes hasta la selva Central. Esta zona es conocida por la producción de café y fruta y comprende las dos ciudades principales La Merced y San Ramón, en las que se incluyen otras remotas comunidades. Gracias a la mejor red de transportes, hay más posibilidades de contactar con las tribus de la selva aquí que en otra parte del Amazonas. Además, aguardan dos accidentadas rutas para aventureros, que podrán abrirse paso por Satipo y Puerto Bermúdez a través del cinturón central amazónico peruano hasta la ciudad portuaria de Pucallpa, punto de partida de viajes por el río para adentrarse aún más en la selva.

La Merced y San Ramón

☎064 / 40 000 HAB. / ALT. 800 M

San Ramón está 295 km al este de Lima, y La Merced pasados 11 km. Los dos asentamientos clave de Chanchamayo son bastante agradables. La resistencia de los asháninkas a los colonizadores hizo que estas poblaciones no se fundaran hasta el s. XIX. Hoy son populares destinos vacacionales nacionales y estupendas bases para explorar el exuberante paisaje de los alrededores, con fotogénicas colinas boscosas y cascadas que vierten sus aguas en el valle del río Chanchamayo. Conviene reservar el alojamiento en temporada alta, cuando el precio de las habitaciones casi se duplica.

Puntos de interés y actividades

Las escaleras del extremo noroccidental de la **Av. 2 de Mayo** ofrecen buenas vistas de La Merced, y desde el balcón de la punta suroccidental se goza de una bella vista del río.

En los alrededores de San Ramón hay muchas **cascadas.** La frecuentada **catarata El Tirol,** de 35 m, se halla 5 km al este de San Ramón, a un lado de la carretera de La Merced. Se puede tomar un taxi para recorrer los primeros 2 km; los últimos 3 km transcurren por umbrosos senderos y arroyos forestales. Saliendo de la carretera a Pichanaqui por el puente Yurinaki están las **cataratas Velo de la Novia** y **Bayoz.** Las agencias de La Merced o Tarma organizan circuitos para visitarlas.

En La Merced hay un alegre **mercado diario,** así como un interesante **mercado de fin de semana** que visitan los indígenas en San Luis de Shuaro, a 22 km de La Merced. Los asháninkas acuden de vez en cuando a La Merced para vender objetos de artesanía.

Dónde dormir

En La Merced están casi todos los alojamientos decentes. En San Ramón hay varios hoteles de lujo.

LA MERCED

No hay que buscar mucho en las manzanas del centro para encontrar un hospedaje barato, por 20 PEN por persona o menos. Una opción limpia es el **Hospedaje Santa Rosa** (Av. 2 de Mayo 447).

Hotel Heliconia HOTEL $$
(53-1394; http://heliconiahotel.blogspot.co.uk; Junín 922; i/d 90/130 PEN, desayuno incl.;) Es el mejor de los dos nuevos hoteles del centro de La Merced, sus habitaciones con aire acondicionado son enormes y disponen de frigoríficos y relucientes baños. El desayuno se disfruta en un alegre entorno, y las vistas son sobre todo al parque Integración.

Hostal Fanny PENSIÓN $
(77-5530, 964-879-547; Tarma, cuadra 1; i/d 40/80 PEN) Limpio y agradable, con habitaciones de buen tamaño, bien decoradas y ventiladas, y un restaurante. Dos dobles con bañera.

Hotel Elio's HOTEL $
(53-1229; Palca 281; i/d 40/60 PEN) Junto a la plaza, con habitaciones tan grandes que las camas se pierden en ellas; escritorios, ventiladores, televisión por cable y baños impecables. Las que dan a la calle son muy ruidosas.

Hotel Rey HOTEL $
(53-1185; www.hotelrey.net; Junín 103; i/d 60/80 PEN) Muy popular y los propietarios lo saben. Sus luminosos y acogedores pasillos conducen a habitaciones con ventiladores, televisión por cable y duchas de agua caliente. El restaurante del piso superior sirve comida decente y ofrece buenas vistas.

SAN RAMÓN

La ciudad no tiene nada especial. Los mejores sitios donde alojarse están en las afueras, en la carretera de La Merced.

Rio Grande Inn HOTEL $$
(33-2193, 95-71-3316; www.riogrande-bungalow.com; carretera Central km 97; i/d 90/120 PEN, desayuno incl.;) Moderno y bien equipado, se halla junto al río Chanchamayo. Las habitaciones cuentan con paneles de madera y minineveras, además de las instalaciones propias de un hotel exclusivo. Posee una bonita piscina y un restaurante que sirve comidas ligeras y refrescos. Los viajeros solos pagan precio de habitación doble en temporadas de gran demanda.

Dónde comer

Las opciones son muy básicas.

Restaurant Shambari Campa PERUANA $$
(Tarma 389, La Merced; platos ppales 18-27 PEN; 6.30-12.30) Este pequeño y famoso restaurante en la plaza ofrece una carta muy extensa, que incluye un sensacional chancho (cerdo de la selva).

Los Koquis PERUANA $
(Tarma 376, La Merced; platos ppales 16-25 PEN; 11.00-23.00) Apartado de la plaza por un frondoso pasaje, atrae a sus clientes con especialidades de la jungla.

Chifa Felipe Siu CHINA $
(Progreso 440, San Ramón; comidas unos 12 PEN; 11.00-14.00 y 6.30-23.00) Los lugareños dicen que es el mejor restaurante chino del Amazonas.

De compras

Chanchamayo Highland Coffee CAFÉ
(☎53-1198; http://highlandproducts.com.pe) Es el único sitio donde se puede probar y comprar el café que da fama a Chanchamayo. Perú es uno de los mayores productores de café del mundo, aunque lo exporta casi todo. Es efectista pero agradable, y junto a la tienda se pueden ver exposiciones sobre la producción cafetera y las antiguas máquinas empleadas en la misma. Está 1 km al noreste de la estación de autobuses en la carretera a Satipo. Sirve una buena gama de mermeladas locales y helados.

Información

Ambos pueblos cuentan con un BCP con cajero automático y muchos teléfonos públicos. La Merced dispone de mejores instalaciones.

Hospital (☎53-1002; Tarma, cuadra 1; La Merced) Pequeño.

Cibercafé (Palca Cuadra 2 s/n, La Merced)

Comisaría de policía (Julio Piérola esq. Passuni, La Merced)

Correos (Av. 2 de Mayo, La Merced)

Telecentro (Palca esq. Junín, La Merced) En la plaza de Armas.

Cómo llegar y salir

Avión

La pista de aterrizaje de Chanchamayo está a 30 minutos a pie desde San Ramón. Los *mototaxis* llevan allí (por 3 PEN aprox.). En teoría operan aviones pequeños a casi cualquier parte de la región, pero la pista está desierta casi siempre.

Autobús

La terminal de autobuses está a 1 km cuesta abajo del centro de La Merced. Está bien organizada, pero como gran parte del transporte depende de los taxis colectivos (salen cuando están llenos), los horarios son irregulares, conviene ir temprano y preguntar.

Hay autobuses directos desde Lima a Chanchamayo, aunque muchos viajeros interrumpen el viaje en Tarma. Se aconseja viajar los 70 km desde Tarma a San Ramón de día para disfrutar de las vistas durante el espectacular descenso de 2200 m. Entre las compañías que van a Lima (25-35 PEN, 8 h) desde la terminal de La Merced está **Junín** (☎en Tarma 32-1234), que también ofrece autobuses nocturnos de lujo a Lima (70 PEN).

Otras empresas también van a Lima, como Transportes Salazar, con varias salidas diurnas y nocturnas. Sus oficinas están en la terminal o al otro lado de la calle, en Prolongación Tarma. Selva Tours dispone de una oficina en la terminal y cobra 25 PEN por el viaje de 4½ horas a Huancayo (con paradas en Tarma y Jauja), que salen casi cada hora durante el día. Hay autobuses frecuentes de varias compañías con destino a Tarma (10 PEN aprox., 2½ h).

El transporte a la jungla se efectúa en grandes microbuses o camionetas. Los colectivos recorren algunas rutas por un precio algo más elevado. Hay microbuses a Pichanaqui (5 PEN, 1½ h) y Satipo (8 PEN, 2½ h) cada media hora. La **Empresa Santa Rosa** tiene microbuses frecuentes a Oxapampa (10 PEN, 3 h), donde se hace transbordo para ir a Pozuzo (4 h más). Las camionetas a Puerto Bermúdez (30 PEN, 8 a 10 h) salen desde fuera de la estación cuando se llenan. Hay que estar allí a las 4.00. La duración del viaje depende de las condiciones de la carretera, pero siempre es un trayecto duro, sobre todo si se viaja al descubierto (en cuyo caso se aconseja llevar gafas de sol, una chaqueta impermeable y guantes para no hacerse ampollas al agarrase al vehículo).

Taxi

Hay colectivos de cuatro pasajeros que van a Tarma (20 PEN, 1¾ h), Oxapampa (18 PEN, 2 h), Pichanaqui (10 PEN, 1 h) y Satipo (20 PEN, 2 h) desde paradas señalizadas en el complejo de la terminal.

Cómo desplazarse

Los microbuses que unen La Merced con San Ramón y los hoteles que hay entre ambas poblaciones salen cada pocos minutos (1,50 PEN, 15 min) desde fuera de la terminal de autobuses. Los conductores tratan de cobrar más si creen que el viajero se hospeda en uno de dichos hoteles. Los *mototaxis* cobran 1 PEN por llevar desde la estación hasta el centro de La Merced.

Satipo

☎064 / 15 700 HAB. / ALT. 630 M

Esta agradable ciudad de la jungla es el centro de la producción frutícola y cafetera de la región, a 130 km por carretera al sureste de La Merced. La carretera se asfaltó en el 2000 para proporcionar salida a los productos, por lo que la población está creciendo rápidamente. Es interesante para los viajeros como comienzo de un sendero poco transitado y un viaje por el río hasta Pucallpa (aunque pocos forasteros emprenden el viaje).

Su atractiva plaza mayor dispone de un BCP (con cajero automático) y muchas tiendas de helados/pasteles.

Entre sus abundantes alojamientos destacan el cómodo **Hostal El Palmero** (☎54-

5020; Manuel Prado 228; i/d 20/30 PEN) orientado a turistas y el mejor, el **Hostal San Luis** (☎54-5319; Grau 173 esq. Leguía; i/d PEN40/60), en el que la cafetería del piso de abajo sirve sus espaciosas habitaciones. El Hostal El Palmero organiza circuitos guiados a las cercanas cascadas y petroglifos. El mejor restaurante es **El Bosque** (Manuel Prado 554; platos ppales unos 15 PEN), en un encantador patio (sirve comidas de 8.00 a 17.00).

En el aeropuerto cercano a Satipo se pueden fletar avionetas. Los microbuses y colectivos salen con frecuencia a Pichanaqui, donde se cambia para ir a La Merced, o van directos a La Merced, con menos frecuencia. Hay autobuses más grandes que salen por la mañana y la noche a La Merced (10 PEN), y algunos continúan hasta Lima, como **Turismo Central** (☎964-101-123; Los Incas 339), que ofrece autobuses a Lima (56 PEN) y Huancayo (26 PEN). El transporte público rara vez utiliza la espectacular, pero difícil carretera de regreso a Huancayo vía Comas.

Los colectivos, estacionados en la esquina de Francisco Irazola y Bolognesi, salen a Mazamari (5 PEN, 30 min), Puerto Ocapa (25 PEN, 2 h) y finalmente, por una deteriorada carretera, a Atalaya, en la confluencia de los ríos Urubamba, Tambo y Ucayali. Desde allí es posible encontrar barcos a Pucallpa, a 450 km río abajo (un viaje que dura hasta 3 días). Si se emprende ese viaje conviene saber que se hace en lo más remoto de la jungla, con peligros como saboteadores de plantaciones armados.

Oxapampa

☎063 / 7800 HAB. / ALT. 1800 M

Este bonito enclave productor de café y centro ganadero situado 75 km al norte de La Merced tiene un aire alpino. Quizá por ello en el s. XIX atrajo a unos 200 colonos de Alemania, cuyos descendientes (muchos rubios y con ojos azules) viven en Oxapampa y en el más pequeño, más abajo y germánico **Pozuzo** (4 horas al norte de Oxapampa en microbús diario; mayor tiempo en la estación de lluvias), y han conservado muchas de sus costumbres. Los edificios tienen cierto aire tirolés, algo sorprendente en estas regiones; siguen preparando especialidades culinarias austriacas y germanas, e incluso quedan algunas familias que hablan el alemán antiguo. Oxapampa dispone de un BCP en la plaza mayor y alojamientos decentes.

Puntos de interés

Al norte de Oxapampa se alzan las colinas coronadas de nubes del poco frecuentado **Parque Nacional Yanachaga-Chemillén.** Este parque posee un espectacular bosque nuboso y diversa flora y fauna, incluido el raro oso andino (oso de anteojos). Visitarlo es complicado. En primer lugar, se ha de obtener un permiso de la **oficina INRENA** (☎46-2544; San Martín, cuadra 2). Luego hay que viajar en un microbús en dirección Pozuzo durante 60 km hasta Yuritunqui, donde se halla un puesto de guardabosques, donde se paga una entrada de 30 PEN. Cerca hay alojamientos sencillos en bungalós. Debe llevarse saco de dormir y provisiones. En la oficina de Oxapampa se puede anunciar por radio la llegada para que los guardas sepan que el viajero está de camino.

Fiestas y celebraciones

Selvámonos REFUGIO

Se celebra en junio en el Parque Nacional Yanachaga-Chemillén y es uno de los festivales de Perú que más ha dado que hablar desde su aparición en el 2010. Es un excelente escaparate para la música contemporánea peruana: ofrece innovador *rock,* música electrónica, *reggae* y disparatadas versiones de cumbia. También organiza simultáneamente la Semana Kultura, en la que se celebran distintos actos musicales y culturales en pueblos cercanos.

Dónde dormir y comer

D'Palma Lodge CABAÑAS $$

(☎46-2123; www.depalmalodge.com; final de Thomas Schauss; cabañas para 2 personas 200 PEN) Este grupo de cabañas de estilo suizo, en una exuberante ladera por encima del pueblo, invita a la relajación. En algunas se puede cocinar, pero también cuenta con un rústico restaurante-bar con mucho estilo.

Hostal Papaquell PENSIÓN $

(☎33-7070; Bolognesi 288; i/d 45/60 PEN) Frente a la plaza, ofrece amplias y cómodas habitaciones con mobiliario de madera y encantadores baños con agua caliente.

Das Tee Haus CAFÉ $

(Bolívar 473; tentempiés y comidas ligeras 3-12 PEN; ⌚8.30-12.30 y 16.40-20.30) Bueno para picar algo y casi el único en el que tomar buen café en la principal región productora de café de Perú, pero eso no es todo: esta maravillosa casa del té de propietario alemán ofrece buenos pasteles caseros, helados y sabrosas lasañas. Un paso de gigante culinario para Oxapampa.

Cómo llegar y salir

Los autobuses a Pozuzo salen a las 6.00, 10.00 y 13.00 desde la plaza de Armas de Oxapampa por una accidentada carretera. La agradable estación de autobuses de Oxapampa está a ocho manzanas del centro en la carretera de La Merced, asfaltada en gran parte. El transporte a La Merced (autobuses 10 PEN, taxis colectivos 18 PEN) sale de allí y también hay autobuses directos a Lima por la noche.

Puerto Bermúdez

063 / 1000 HAB. / ALT. 500 M

Mirando a las piraguas amarradas en la ribera embarrada del río Pachitea, que fluye por el aletargado Puerto Bermúdez, es difícil imaginar que desde aquí se pueda iniciar un trayecto en barco que llega al Amazonas, y desde allí, al Atlántico.

En la zona al sureste de Puerto Bermúdez habitan los asháninkas, el mayor grupo indígena del Amazonas peruano. Durante el período más activo de Sendero Luminoso (véase p. 470), la guerrilla intentó adoctrinarlos para que se unieran a ellos. Al no tener éxito, los guerrilleros intentaron intimidarlos masacrando a muchos asháninkas. Hoy es uno de los mejores lugares del Amazonas para tener contacto con tribus indígenas. El Albergue Humboldt organiza las visitas.

El **Albergue Humboldt** (83-0020, 963-722-363; www.alberguehumboldt.com; h sin baño 19 PEN; @), cercano al río, es el mejor para alojarse. Tiene pequeñas habitaciones rústicas con duchas compartidas con agua fría, hamacas o parcelas de *camping* en su seguro y recogido jardín. Por la mañana no hay electricidad. El desayuno y cena, más té y café, cuestan 20 PEN extra por día. Sirve cerveza fría y cuenta con una buena biblioteca de libros/DVD, y acceso a internet. Jesús López de Dicastillo, su hospitalario propietario vasco, organiza excursiones culturales y de senderismo en el territorio asháninka con guías locales por 100 PEN por persona y día, según el número de participantes y la distancia recorrida, incluidos comida, barcos y alojamiento en refugios sencillos. A veces se puede ayudar a los indígenas en sus actividades diarias, como la construcción de barcos. Es muy recomendable para viajeros de escaso presupuesto.

La calle principal tiene restaurantes sencillos y un cibercafé. Las furgonetas a La Merced salen a las 6.00; este arduo viaje se ha acortado a 6 horas gracias a la nueva carretera "semiasfaltada". Más al norte se deteriora, aunque también se ha arreglado. El duro viaje a Pucallpa vía Ciudad Constitución y Puerto Inca se hace en furgoneta (12 h) y hoy en día en colectivo (6-8 h). En la estación seca el río puede estar muy bajo para ir por él y la carretera es una mejor opción. En los meses de lluvia la carretera puede ser infranqueable y conviene ir en barco. Ya no hay vuelos a Puerto Bermúdez.

Pucallpa

061 / 205 000 HAB. / ALT. 154 M

El activo puerto de Pucallpa tiene un aspecto menos selvático que el de otras ciudades amazónicas. A pesar de ser un importante centro de distribución de mercancías por el ancho y amarronado río Ucayali, que atraviesa la ciudad de camino al río Amazonas, la selva parece muy lejana. Tras muchos kilómetros de viaje tropical, Pucallpa se muestra poco impresionante y anodina, y el precipitado desarrollo moderno de su centro apenas disimula la sencillez de las chabolas que hay a pocas cuadras. Con todo, es el punto de partida para una espectacular aventura por el río hacia el norte hasta Iquitos y, si el tiempo y el deseo lo permiten, a Brasil y el Atlántico.

Más allá de la ciudad hay una razón para quedarse: el encantador lago Yarinacocha, con refugios ribereños donde relajarse e interesantes comunidades indígenas para visitar.

Puntos de interés

Muchos viajeros visitan la cercana Yarinacocha, más interesante que Pucallpa y con buen alojamiento.

A unos 4 km del centro de Pucallpa, saliendo de la carretera al aeropuerto, está el **Parque Natural** (adultos/niños 3/1 PEN; 9.00-17.00). Es un zoo amazónico en un exuberante recinto, con un museo que exhibe cerámica de los shipibos y otras piezas, un pequeño parque infantil y un bar. Los autobuses que van al aeropuerto pueden dejar aquí, o también se puede tomar un *mototaxi* por unos 4 PEN.

Dónde dormir

Las siguientes habitaciones tienen todas baño, ventilador y televisión por cable.

Antonio's Hotel HOTEL $$
(57-3721; www.hotelantonios.com; Progreso 545; i/d 100/120 PEN;) Las enormes habitaciones están equipadas con cómodos colchones, minineveras y bonitos baños alicatados con duchas con agua caliente. Su jardín alberga una de las mejores piscinas de Pucallpa. Las tarifas más caras incluyen la recogida en el aeropuerto y aire acondicionado.

Grand Hotel Mercedes HOTEL $$
(57-5120; www.grandhotelmercedes.com; Raimondi 610; i 90-110 PEN, d 130-160 PEN;) Recién remodelado. Todas sus habitaciones cuentan con aire acondicionado y minineveras. Es limpio y confortable, rezuma elegancia clásica, con un hermoso patio ajardinado y una piscina abierta al público (3 PEN).

Hotel Luz de Luna HOTEL $$
(57-1729, www.hotelluzdelunaeirl.com.pe; San Martín 283; i/d/ste 130/150/300 PEN, desayuno incl.;) Ofrece amplias habitaciones con camas con gruesos colchones, mininevera, teléfono y TV de 21 pulgadas con reproductor de DVD. Desde el restaurante de la planta superior se disfruta de excelentes vistas. También tiene una terraza en la azotea y un café. Además, hay varias suites con *jacuzzis*.

Hospedaje Komby PENSIÓN $
(57-1562; hostalkomby@hotmail.com; Ucayali 360; i 50-70 PEN, d 65-95 PEN;) En el claro dilema por ofrecer habitaciones económicas o de lujo, se decidió por algo intermedio. En general es un alojamiento limpio, pero sencillo, animado por una pequeña piscina.

Hostal Arequipa PENSIÓN $$
(57-1348; www.hostal-arequipa.com; Progreso 573; i/d 50/65 PEN, 80/100 PEN con aire acondicionado;) Es una opción de precio medio popular, profesional y a menudo llena, con agua caliente, minineveras, restaurante y agradables zonas comunes decoradas con arte shipibo. Las habitaciones con aire acondicionado, más caras, incluyen desayuno continental.

Hospedaje Barbtur PENSIÓN $
(57-2532; Raimondi 670; i/d 30/40 PEN, sin baño 20/30 PEN) Este hotel familiar es el más económico: pequeño, acogedor, bien cuidado y con duchas de agua fría.

Hotel Sol del Oriente HOTEL $$$
(57-5510; www.soldelorientehoteles.com; San Martín 552; i/d/ste 230/285/460 PEN, i/d con *jacuzzi* 285/320 PEN;) Es lo mejor que se puede encontrar en la misma Pucallpa. No es ostentoso pero sí confortable. Sus habitaciones algo anticuadas tienen buen tamaño, televisión por cable, minineveras y buenas y constantes duchas de agua caliente. Al llegar sirven un cóctel de bienvenida.

Dónde comer y beber

En Pucallpa hay buenas cafeterías y heladerías, pero pocos restaurantes notables. Puesto que hace tanto calor durante el día, suelen abrir a la 7.00 para desayunar.

Algunos cafés como **Fuente Soda Tropitop** (Sucre 401) sirven deliciosos pasteles y helados. Si se va a hacer un viaje largo conviene avituallarse en el **Supermercado Los Andes** (Portillo 545).

C'est Si Bon CAFÉ $
(Independencia 560; tentempiés 7-15 PEN) En la plaza, prepara el mejor café de Pucallpa. También merecen la pena sus desayunos, helados, bocadillos y demás tentempiés.

Restaurant Kitty PERUANA $
(Tarapaca 1062; menús 5-15 PEN; 7.00-23.00 lu-sa, hasta 17.00 do) Está limpio y es popular, y a mediodía atrae a una clientela de lugareños que acude a probar sus variados platos clásicos peruanos.

Chez Maggy PIZZERÍA $$
(Inmaculada 643; *pizza* mediana 21-23 PEN) Sirve *pizzas* soberbias elaboradas en un horno de leña. Tiene un moderno interior exento del plástico que caracteriza a los restaurantes vecinos. Su curiosa sangría de sabor tropical combina bien con todos los platos.

Restaurant El Golf MARISCO $$
(Huáscar 545; platos ppales 20 PEN; 10.00-17.00 ma-do;) Este lujoso restaurante ofrece una variedad de ceviche elaborado con pescado de agua dulce, es mejor el de doncella local que el de paiche, en peligro de extinción.

Chifa Mey Lin CHINA $$
(Inmaculada 698; platos ppales 15-27 PEN; cerrado do) Se lleva la palma por ser la mejor chifa (restaurante chino) de Pucallpa. Ofrece un espacioso y agradable comedor y, para rematarlo, al lado hay un karaoke.

Araguana 'PUB'
(Inmaculada cuadra 2) Este disco-pub es el más animado de las medio decentes opciones de

Pucallpa

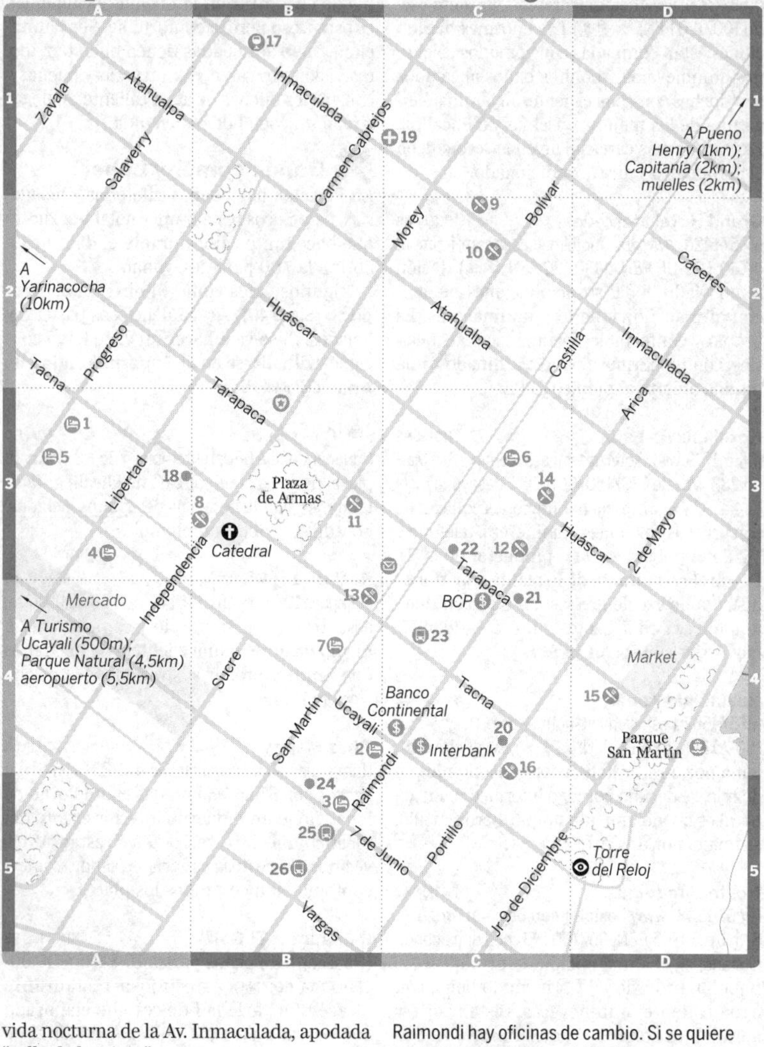

vida nocturna de la Av. Inmaculada, apodada "calle de la *pizza*".

De compras

Los indígenas shipibo venden recuerdos por las calles de la ciudad Hay más artesanía cerca de Yarinacocha. Para más información, véase p. 471.

Información

Las cabinas de internet abundan en todas las cuadras, entre ellas en la cuadra 3 de Tacna. Varios bancos tienen cajeros y cambian dinero y cheques de viaje. En las cuadras 4, 5 y 6 de Raimondi hay oficinas de cambio. Si se quiere contratar un guía para visitar la selva se debe ir a Yarinacocha.

Centro de llamadas (Tacna 388) Llamadas internacionales.

Clínica Monte Horeb (☎57-1689; Inmaculada 529; ⏲24 h)

Lavandería Gasparin (Portillo 526; ⏲9.00-13.00 y 16.00-20.00 lu-sa) Autoservicio o servicio de lavandería.

Viajes Laser (☎57-1120; fax 57-3776; www.laserviajes.pe; Raimondi 399) La Western Union está en una de las mejores agencias de viajes de Pucallpa.

Pucallpa

Dónde dormir

1 Antonio's Hotel ... A3
2 Grand Hotel Mercedes ... B4
3 Hospedaje Barbtur ... B5
4 Hospedaje Komby ... A3
5 Hostal Arequipa ... A3
6 Hotel Luz de Luna ... C3
7 Hotel Sol del Oriente ... B4

Dónde comer

8 C'est Si Bon ... B3
9 Chez Maggy ... C2
10 Chifa Mey Lin ... C2
11 Fuente Soda Tropitop ... B3
12 Las Vegas ... C3
13 Parrilladas El Braserito ... B4
14 Restaurant El Golf ... C3
15 Restaurant Kitty ... D4
16 Supermercado Los Andes ... C4

Dónde beber

17 Araguana ... B1

Información

18 Centro de llamadas ... A3
19 Clínica Monte Horeb ... C1
20 Lavandería Gasparin ... C4
21 Viajes Laser ... C4
Western Union ... (véase 21)

Transporte

22 LAN Peru ... C3
23 León de Huánuco (a Lima) ... C4
24 Star Perú ... B5
25 Transporte a ciudades del Amazonas ... B5
26 Turismo Central ... B5

Cómo llegar y salir

Avión

El aeropuerto de buen tamaño de Pucallpa está 5 km al noroeste. **LAN Peru** (☎1-213-8200, ext. 3; Tarapaca 805) ofrece dos vuelos diarios a/desde Lima, que salen de la capital a las poco convenientes horas de las 5.00 y 20.30, y regresan de Pucallpa a las 6.45 y las 22.10. **Star Perú** (☎59-0586; Jirón 7 de Junio 865) ofrece un vuelo directo de precio similar, que sale a las 7.00 y las 17.00, y regresa a las 11.50 y las 19.50. El vuelo de la mañana desde Lima suele continuar hasta Iquitos.

Algunas pequeñas aerolíneas locales que utilizan avionetas atienden otros pueblos y asentamientos (como Atalaya, en el río Ucayali, Contamina, Tarapoto y Yurimaguas); algunas disponen de oficinas en el aeropuerto: conviene preguntar. El equipaje en los mismos se limita a 10 kg por pasajero.

Barco

El puerto de Pucallpa cambia de sitio en función del nivel del agua. Durante las aguas altas (enero-abril) los barcos amarran en el muelle que da al parque San Martín, en el centro de Pucallpa.

Cuando el nivel del agua baja, el puerto se desplaza a varios puntos de la orilla, como **Puerto Henry** (Manco Cápac s/n), y acaba unos 3 km al noreste de la ciudad, adonde se llega en mototaxi (3 PEN). Es muy extenso. Los destinos suelen nombrarse según la carretera de intersección más cercana.

Pero, esté donde esté el puerto, los barcos navegan en el río Ucayali desde Pucallpa a Iquitos (100 PEN, con comida básica y la opción de colgar la hamaca propia, 3 a 5 días). Las cabañas con dos o cuatro literas y baños ofrecen mejor servicio de comidas y cuestan hasta 400 PEN.

Los barcos anuncian las fechas de salida y los destinos en pizarras cerca de los muelles, pero es mejor hablar directamente con el capitán o con el responsable de la carga. Los viajeros deben presentar sus documentos la mañana de su partida en **Capitanía** (M. Castilla 754), adonde conviene ir para consultar la última información fiable sobre un horario o itinerario. En Capitanía, solo los encargados de la documentación tienen información exacta sobre las salidas de los barcos. Cuando el río está alto zarpan a diario, pero en la temporada seca se reduce mucho la frecuencia.

Conviene escoger un barco que tenga buena pinta. El *Henry* V es uno de los mejor equipados y tiene capacidad para hasta 250 pasajeros.

No se trata de una travesía que pueda afrontarse alegremente; véase la p. 552 para más información sobre los viajes en barco. Hay que llevar una hamaca y repelente de insectos (se pueden conseguir en el mercado de Pucallpa). En el barco venden bebidas embotelladas, pero se recomienda llevar botellas grandes de agua o zumo.

Para negociar los precios para un pasaje en barco por el río es mejor preguntar en cualquiera de ellos. Nunca se debe pagar antes de que el

TRIBUS DEL AMAZONAS

La inmensa cuenca del Amazonas, con su jungla inaccesible y escondidos afluentes, es el refugio de tribus muy diversas. En Perú hay unas 15 tribus que nunca o en contadas ocasiones han tenido contacto con el mundo exterior. El Amazonas peruano ofrece a los viajeros la oportunidad de conocer culturas indígenas: ni en Brasil ni en Bolivia existe esta posibilidad de interacción. Ofrecer excursiones para ver tribus del Amazonas es tan problemático como en el resto del mundo. Las comunidades corren el riesgo de ser explotadas y esas experiencias a menudo son burdas y están orientadas al turismo en masa. A continuación se listan algunos de los pueblos indígenas del Amazonas peruano que pueden visitarse e interactuar con ellos con seguridad y cierto grado de autenticidad.

TRIBU	CARACTERÍSTICAS	UBICACIÓN DE LA VISITA
Shipibo	Viven en pequeños afluentes; las mujeres elaboran una delicada alfarería y tejidos de diseños geométricos característicos. En su mayoría están habituados al contacto con el exterior.	Santa Clara, Yarinacocha, cerca de Pucallpa. También en el río Ucayali, en sencillas casas con techo de paja en plataformas.
Matsiguenka	Visten sus típicas cusmas (túnicas blancas con franjas rojas, verticales los hombres y horizontales las mujeres). Es una de las tribus más integradas de la zona de Manu, pero son vecinos de otras que viven aisladas voluntariamente y apenas si tienen contacto con el exterior.	Zona reservada, Parque Nacional Manu
Asháninka	Conocidos históricamente por su feroz resistencia a los conquistadores españoles y hace poco a Sendero Luminoso; se pintan la cara con intensos tintes, como el del extracto de semillas de achiote. Muchos están acostumbrados al contacto con el exterior.	Puerto Bermúdez, centro del Amazonas.

viajero y su equipaje estén ya a bordo del elegido; y solo al capitán. Se aconseja llegar siempre al puerto con mucha antelación, pues la caza de barco puede llevar horas. Casi todos salen o al rayar el alba o bien ya avanzada la tarde o al anochecer.

En el viaje por río a Iquitos (100 PEN, 2-4 días desde Pucallpa) puede pararse en varias comunidades, como Contamaná (30 PEN, 15-20 h) y Requena, y continuar en el siguiente barco que pase (aunque en esos pueblos hay poco que hacer). También se puede preguntar por las lanchas motoras a Contamaná (unos 100 PEN, 5 h), que salen a las 6.00 casi a diario. El viaje de ida y vuelta (6 a 7 h) va contracorriente.

A veces hay barcos pequeños que suben por el río hasta Atalaya. Se puede preguntar en Capitanía o en el puerto.

Los "guías" del paseo marítimo de Pucallpa no se recomiendan. Para hacer excursiones por la selva se aconseja contratar un servicio fiable en Yarinacocha.

Autobús

Un autobús directo a/desde Lima (70-100 PEN) tarda 18-20 horas en la estación seca; el viaje puede interrumpirse en Tingo María (20 PEN, 9 h) o Huánuco (12 h). La carretera está asfaltada, pero es vulnerable a las inundaciones y la erosión. Hoy hay policía armada en los tramos de la ruta en los que se producían robos y el viaje es más seguro; con todo, es mejor hacer el tramo Pucallpa-Tingo María de día.

León de Huánuco (☎57-5049; Tacna 765) va a Lima a las 8.30, 13.00 (autobús-cama) y las 17.30. Otra buena empresa es **Turismo Central** (☎59-1009; Raimondi 768), que tiene una salida matinal y dos por la tarde.

Turismo Ucayali (☎57-2735; Centenario 150) ofrece vehículos a Tingo María (45 PEN, 4½ h) que salen cada hora durante el día.

Varias compañías en la cuadra 7 de Raimondi ofrecen camionetas y autobuses a ciudades más remotas del Amazonas, como Puerto Bermúdez y Puerto Inca.

Cómo desplazarse
Los mototaxis al aeropuerto o Yarinacocha cuestan unos 6 PEN. Los taxis valen 10 PEN.

Yarinacocha
Unos 10 km al noroeste del centro de Pucallpa se encuentra Yarinacocha, un bonito lago formado en un meandro del río donde se puede ir en barca o en canoa, observar la fauna y flora, visitar comunidades indias y comprar su artesanía. El lago formó parte del Ucayali, pero hoy está cerrado, aunque hay un pequeño canal que conecta los dos cuerpos de agua durante la temporada de lluvias. Merece la pena pasar un par de días aquí.

El pueblo de **Puerto Callao**, a orillas del río, es un alivio del caos de Pucallpa. Está destartalado y solo hay un camino de tierra que flanquea los ajetreados muelles. Las águilas ratoneras deambulan junto a los peatones, y las *peki-pekis* no paran en todo el día.

Hay algunos alojamientos buenos, así como varios sitios en los que sirven comida aceptable. También se pueden alquilar **barcos**; de hecho, los encargados de vender esos circuitos asaltan a los turistas para llevarlos a su embarcación. Hay que escoger bien el barco, asegurarse de que tenga chalecos salvavidas de aspecto nuevo y bastante gasolina para el viaje, y pagar al final del circuito. Se pueden observar delfines de río, perezosos, iguanas de un metro de longitud y aves exóticas como la jacana, que tiene los dedos de las patas muy largos, lo que le permite caminar sobre las plantas flotantes de ríos y lagos, y el martín pescador verde metálico de la Amazonia. La temporada seca suele ser la mejor para la **pesca**.

Circuitos y guías
Muchos propietarios de *peki-pekis* ofrecen circuitos. Conviene tomarse el tiempo necesario para elegir uno. También hay guías que organizan circuitos a pie por los bosques de los alrededores, incluidas excursiones nocturnas.

Gilber Reategui Sangama (☎57-9018; junglesecrets@yahoo.com), propietario del barco *La Normita* en Yarinacocha, es un guía recomendado. Tiene equipo para las expediciones (sacos de dormir, mosquiteras, agua potable), es un gran conocedor de la zona y es respetuoso con la fauna, la flora y las personas. Es seguro y fiable y cocina para los viajeros; cobra unos 125 PEN por persona al día, o 25 PEN por hora, con un mínimo de dos personas, para una media de tres a cinco días. Gilber vive en la aldea junto al lago de Nueva Luz de Fátima y ofrece circuitos para alojarse con su familia. Su padre es un chamán con 50 años de experiencia. **Ucayali Tours** (☎961-728-108; http://ucayali-tour.blogspot.co.uk), que cobra 90 PEN por circuitos guiados en Yarinacocha y las vías fluviales más distantes del río Ucayali, es otra buena empresa de guías, regentada por un padre y su hijo, y recomendada por los lectores. Otro buen guía con barco propio es **José Selva** (☎961-740-671); se puede preguntar por él en el muelle de Puerto Callao.

Sin embargo, otros guías dirán que los antes citados no están disponibles o ya no trabajan allí. Un buen barquero se deslizará lentamente por las aguas para que se puedan observar las aves de la orilla o los perezosos en los árboles. La puesta de sol es una buena hora para disfrutar del lago.

Los viajes en barco a las aldeas shipibo de **San Francisco** (adonde también se llega por carretera) o, mejor, de **Santa Clara** (a la que solo se llega en barco) también son populares. Los viajes más breves se cobran a unos 20 PEN/hora por el barco, que puede llevar a varias personas. Se puede regatear.

Dónde dormir y comer
En el muelle de Puerto Callao hay varios restaurantes baratos y animados bares. Los mejores están en la parte derecha mirando al lago, en la que se encuentra La Maloka y el cercano **Anaconda**, un restaurante flotante, entre otras opciones.

La Maloka Ecolodge REFUGIO **$$**
(☎59-6900; lamaloka@gmail.com; Puerto Callao; i/d 120/180 PEN; ❄) Es el único sitio decente para alojarse en el puerto y merece la pena pagar más por su confort. Está en el extremo derecho del muelle. Construido justo encima del agua, sus amplias y austeras habitaciones se alzan sobre pilares sobre el lago. Tiene un tranquilo restaurante al aire libre y un bar con vistas al lago; los delfines rosados suelen exhibir sus aletas. El recinto también cuenta con una pequeña reserva de animales salvajes enjaulados.

La Jungla BUNGALÓ **$**
(☎57-1460; bungalós 70-80 PEN/persona) En la orilla del Yarinacocha, al noreste del muelle de Puerto Callao, ofrece bungalós rústicos para hasta cuatro personas. Tiene un zoo, un tapir y un espacioso bar-restaurante. El

padre del propietario organiza excursiones por la jungla cercana.

Pandisho Amazon Ecolodge REFUGIO $$$
(59-1597, 961-65-9596; www.amazon-ecolodge.com; 2 días y 1 noche comidas incl. 310 PEN/persona) A unos 40 minutos de Puerto Callao, tiene ocho habitaciones con baño y electricidad durante 3 horas por las noches. Su bar es muy frecuentado entre los lugareños los fines de semana, cuando hay música. Los circuitos incluyen el transporte del aeropuerto al lago, un cóctel de bienvenida y un programa completo de paseos para ver fauna y visitar comunidades indígenas, ¡y para pescar pirañas! Se aconseja preguntar por la oferta más económica, que solo incluye la habitación.

NORTE DEL AMAZONAS

La cuenca norte del Amazonas es la cuna del río que le dio nombre, el cual mana de las profundidades de la selva peruana y llega hasta el océano Atlántico, a través de Brasil. En esta remota región escasean los asentamientos. Yurimaguas, en el oeste, e Iquitos, en el noreste, son los más importantes.

Yurimaguas

065/ 45 000 HAB. / ALT. 181 M

Este aletargado y anodino puerto es una de las poblaciones mejor conectadas del Amazonas peruano y la puerta de acceso al tramo septentrional del río. Lo visitan viajeros en busca de barcos que desciendan por el río Huallaga hasta Iquitos y el Amazonas propiamente dicho o quienes desean ver uno de los paraísos más ricos en fauna de Perú, la Reserva Nacional Pacaya-Samiria, accesible desde aquí. Aunque en Yurimaguas se ofrecen muchos, es mejor conseguir un guía para la jungla en Lagunas. Una carretera asfaltada conecta Yurimaguas con Tarapoto, hacia el sur.

Dónde dormir y comer

Pocos hoteles tienen agua caliente. Otros alojamientos económicos flanquean la cuadra 3 de Arica y la cuadra 4 de Jáuregui. Hay pocas opciones para comer, se recomiendan los restaurantes de los hoteles.

Hostal El Naranjo HOTEL $
(35-2650; Arica 318; i/d 40/60 PEN;) Limpio y tranquilo; tiene habitaciones con ventiladores en el techo y televisión por cable. Algunas de las más caras cuentan con aire acondicionado. Las que dan al patio interior tienen vistas a la bonita piscina. Ofrece agua caliente y acceso a internet (2 PEN/h), y tiene un buen restaurante.

Yacuruña PENSIÓN $
(965-735-767; malecón Shanusi 200; h sin baño 25 PEN) Estupendo refugio rústico junto al río. Cuatro sencillas habitaciones decoradas con gusto comparten un baño. Organiza circuitos a puntos de interés cercanos y a la reserva Pacaya-Samiria. Se llega por las escaleras de la plaza.

Río Huallaga Hotel & Business Center HOTEL PARA EJECUTIVOS $$
(35-3951; www.riohuallagahotel.com; Arica 111; i/d 150/200 PEN;) Entró en escena en el 2010 con el tipo de servicio impecable del que carecía Yurimaguas: habitaciones espaciosas y bien diseñadas, piscina/bar, tres restaurantes (los mejores de la ciudad) e incluso agencia de circuitos. Por supuesto, las vistas al río Huallaga están incluidas.

Porta Péricos HOTEL $$
(35-3462; www.puertopalmeras.com.pe; San Miguel 820; i/d desde 125/155 PEN, desayuno incl.;) Situado al norte, en las afueras, con vistas al río Paranapura. Su aireada ubicación suple el aire acondicionado. Su reciente renovación incluyó 20 bungalós y un *jacuzzi* para la piscina.

La Prosperidad PERUANA $
(Progreso 107; platos ppales 10 PEN; ma-do) Este popular bar para jóvenes familias y guías de la jungla sirve zumos tropicales, hamburguesas y pollo.

De compras

Las tiendas que venden hamacas, imprescindibles para un viaje en barco por el río, están en la parte norte del mercado.

Información

El **Consejo Regional** (plaza de Armas) y **Kumpanamá Tours** (50-2472; Jáuregui 934) ofrecen información. Es mejor organizar circuitos a Pacaya-Samiria en Lagunas. El Banco Continental (con cajero automático Visa) y BCP cambian moneda de EE UU y cheques de viaje. Las cabinas de internet y para llamadas aparecen y desaparecen, pero siempre hay varias junto a la plaza.

Cómo llegar y desplazarse

Avión

Hoy en día no hay ninguna compañía aérea con servicio a Yurimaguas. El aeropuerto principal más cercano es el de Tarapoto.

Barco

El puerto principal de La Boca está 13 cuadras al norte del centro. Los barcos de carga que salen de Yurimaguas siguen el río Huallaga hasta el río Marañón y navegan por él hasta Iquitos; el trayecto dura entre tres y cinco días con múltiples paradas para cargar y descargar mercancía. Normalmente hay salidas diarias, excepto los domingos. Los billetes cuestan entre unos 80-100 PEN en cubierta (se puede colgar la hamaca y se sirve comida sencilla) o entre unos 150-180 PEN una litera en un camarote doble o cuádruple en la cubierta superior, donde la comida es mejor y el equipo estará más seguro. En el barco venden agua embotellada, refrescos y aperitivos; hay que llevar repelente de insectos. En la **Bodega Davila** (☎35-2477), junto al muelle, informan sobre los horarios de salida y tipos de barco. Los de Eduardo (cinco) se consideran los mejores (aunque los lectores han informado de prácticas de crueldad contra los animales). Puede hacerse un alto en Lagunas (de 20 a 30 PEN, de 10 a 12 h), justo antes de que el río Huallaga se una con el Marañón.

También salen botes más lentos y pequeños y lanchas motoras a Lagunas (100 PEN, 3½-4½ h) desde un puerto mejor situado 200 m al noroeste de la plaza de Armas.

A veces los barcos de crucero con destino a Iquitos amarran en Yurimaguas. En La Boca se pueden consultar los horarios de salida.

Autobús

Dentro de los parámetros amazónicos, la nueva carretera asfaltada brinda un fácil acceso a Yurimaguas. Hay autobuses y taxis que llegan y salen de sus oficinas, 2 km al suroeste del centro. Varias compañías ofrecen sus servicios para ir a Tarapoto (15 PEN, 2½ h), que parten desde sus oficinas en la carretera de Tarapoto. Entre ellas se cuenta **Trans Gilmer Tours** (☎942-627-415; Víctor Sifuentes s/n), con salidas cada 2 horas. Cerca de allí, numerosas compañías de colectivos van a Tarapoto (25 PEN; 2 h) desde las cuadras 5 y 6 de Sifuentes. Salen cuando han conseguido a cuatro pasajeros.

Taxi

Los mototaxis cobran 1,50 PEN a cualquier punto de la ciudad.

Lagunas

☎065/ 4500 HAB. / ALT. 148 M

Esta fangosa población plagada de mosquitos es el mejor punto de partida para empezar un viaje a la Reserva Nacional Pacaya-Samiria. Es extensa y remota, pero cuenta con tiendas (más caras que en otros lugares de Perú), aunque su oferta es limitada, por lo que conviene llevar provisiones de reserva. No dispone de servicios para cambiar dinero y apenas hay teléfonos públicos.

Circuitos y guías

Los guías locales organizan excursiones para visitar Pacaya-Samiria. Es ilegal cazar dentro de la reserva, aunque se permite la pesca para consumo propio. La tarifa habitual es de 120-150 PEN por persona y día por guía, barco y alojamiento en cabañas, tiendas y estaciones forestales. La comida y la entrada al parque se pagan aparte, pero los guías pueden cocinar para el viajero.

Hace unos años, dado el gran número de guías en Lagunas se creó una asociación oficial. Después se dividieron en dos organizaciones y la reputada **Estypel** (☎40-1080; www.estypel.com; Jr. Padre Lucero 1345), dirigida por el acreditado guía Juan Manuel Rojas Arévalo, está considerada la mejor. Su oficina está junto al mercado. La otra es **Etascel** (☎40-1007; etascel@hotmail.com; Fiscarrald 530), al final de una calle lateral cerca del mercado. Ambas proporcionan trabajo a los guías, por lo que resulta difícil conseguir uno en particular. Juan Guerro, que trabaja para Estypel, y Kleber Saldaña, de Etascel, son guías experimentados que cuentan con buenos informes por parte de los viajeros. Sin embargo, no se sabe qué guía se tendrá hasta que se llega.

Además de esas dos asociaciones, **Huayruro Tours** (www.peruselva.com; Lagunas ☎40-1186; Alfonso Aiscorbe 2; Yurimaguas ☎35-3951; Rio Huallaga Hotel, Arica 111), es una destacada asociación, excelente para organizar circuitos. Los hay de hasta 22 días y coopera en programas como el de la reintroducción de tortugas en la reserva.

Dónde dormir y comer

El alojamiento ha mejorado, pero sigue siendo muy básico. Los albergues sirven comida barata. Para pollo y el plátano frito se recomienda el sencillo restaurante de la plaza.

Hostal Eco PENSIÓN $
(☎50-3703; hospeco@hotmail.com; h 25-40 PEN) Siete habitaciones sencillas y limpias alrede-

dor de un pequeño patio; todas con baños privados y lamparillas para cuando se corta la electricidad.

Hostal Samiria PENSIÓN $
(☎40-1061; Fitzcarrald; h 25-40 PEN) Es tal vez la mejor opción de Lagunas. Las habitaciones son pequeñas, pero están limpias, con TV y baños decentes. Destaca su solitario patio central al que dan las habitaciones, que cuenta con una zona de hamacas. Está cerca del mercado.

Cómo llegar y salir

Los barcos que bajan por el río desde Yurimaguas a Lagunas tardan entre 10 y 12 horas y salen de Yurimaguas entre las 7.00 y las 8.00 casi a diario. Los horarios se anuncian en los tablones del puerto tanto en Yurimaguas como en Lagunas con un día de antelación. Si se continúa hasta Iquitos o se regresa a Yurimaguas pregúntese que emisora de radio está en contacto con los capitanes por si hubiera problemas. Hay lanchas motoras a Yurimaguas que llegan a Lagunas entre las 12.00 y las 14.00 para hacer el trayecto de 4 a 5 horas contracorriente.

Reserva Nacional Pacaya-Samiria

Con una extensión de 20 800 km² es el más grande de todos los parques y reservas del país. Más de 40 000 personas viven en Pacaya-Samiria (www.pacaya-samiria.com) y sus alrededores. Entre 20 y 30 guardas forestales trabajan para atender las necesidades de los habitantes y proteger su flora y fauna. También les enseñan a obtener beneficios de los recursos naturales renovables y cuidar de la floreciente población de animales y plantas. A finales de 1998, unos cazadores furtivos asesinaron a tres guardas forestales.

Alberga animales acuáticos como el manatí del Amazonas, delfines de río rosas y grises, dos especies de caimanes, tortugas sudamericanas gigantes de río, unas 450 especies de aves y muchos otros animales. La zona próxima a Lagunas ha sido víctima de la explotación; hacen falta varios días para penetrar en las zonas más vírgenes. Con 15 días se puede llegar al **lago Cocha Pasto**, donde hay opciones de ver jaguares y mamíferos grandes. Otros puntos destacados incluyen la **quebrada Yanayacu**, cuyas plantas tiñen sus aguas de negro; el **lago Pantean**, donde se verán caimanes y se pueden recoger plantas medicinales, y **Tipischa de Huana**, donde hay nenúfares gigantes *Victoria regia*, tan grandes que un niño pequeño puede dormirse encima sin hundirse. La oficina de la reserva en Iquitos ofrece información oficial.

El mejor modo de visitar la reserva es en una rudimentaria canoa con un guía desde Lagunas (véase p. 473), con varios días de acampada y exploración de la zona. También hay cómodos barcos que llegan desde Iquitos (véase p. 477). El refugio más cercano es el Hatuchay Hotel Pacaya-Samiria (p. 488).

Si se va desde Lagunas, Santa Rosa es el principal punto de acceso, donde se paga la entrada al parque (20 PEN/persona/día).

La mejor época para la visita es la estación seca, cuando hay más posibilidades de ver a los animales en las riberas de los ríos. A finales de mayo la lluvia cede. El nivel del agua tarda un mes en descender, de modo que julio y agosto son los mejores meses para visitar la zona (y la pesca es excelente). De septiembre a noviembre no está mal. La lluvia más torrencial llega en enero. Los meses de febrero a mayo son los peores. Entre febrero y junio hace mucho calor.

Se recomienda llevar suficiente repelente de insectos, bolsas de plástico para cubrir el equipaje y estar preparado para acampar al aire libre.

Iquitos

☎065 / 430 000 HAB. / ALT. 130 M

Está comunicada por avión y por río, pero es la mayor ciudad del mundo a la que no se puede acceder por carretera. Iquitos es una próspera y animada metrópoli de la jungla. Una selva sin adulterar está justo enfrente de los elegantes bares y restaurantes con aire acondicionado que flanquean la ribera. Triciclos motorizados surcan las calles mientras los lugareños se reúnen en las plazas centrales. Chozas de adobe se mezclan con magníficas mansiones de azulejos. Diminutas canoas talladas a partir de un solo tronco se codean en el río con colosales cruceros. Quizá se llegue a Iquitos para vivir la aventura de un viaje en barco por el Amazonas, pero esta floreciente ciudad tentará a quedarse más tiempo en ella, ya sea para probar su cocina tropical, gozar de su animada vida nocturna o explorar uno de los mercados más fascinantes de Perú en el barrio flotante de chabolas de Belén. Debido a que todo ha de "importarse", es una ciudad más cara que otras.

Historia

Iquitos se fundó en la década de 1750 como misión jesuita y rechazó los ataques de las tribus indígenas que no querían ser convertidas. En la década de 1870 el *boom* del caucho multiplicó por 16 su población y en los siguientes 30 años compartió al tiempo la riqueza más fastuosa con la pobreza más abyecta. Los barones del caucho se hicieron inmensamente ricos, mientras que a los caucheros (la mayoría indígenas de tribus locales y mestizos pobres) prácticamente se les esclavizó y muchos murieron de enfermedades o trato inhumano.

Cuarenta años después, un empresario británico sacó clandestinamente las semillas del árbol del caucho de Brasil y se sembraron enormes plantaciones en la península de Malaca. Resultaba mucho más fácil recolectar la resina de las hileras de árboles en las plantaciones que de los ejemplares esparcidos por la cuenca amazónica. Los precios cayeron en picado. A finales de la I Guerra Mundial, la fiebre del caucho se había esfumado.

Iquitos sufrió un grave declive económico en las décadas posteriores y se mantuvo con una combinación de tala de árboles, agricultura (coquitos de Brasil, tabaco, plátanos y barbasco, una vid venenosa utilizada por los indios para pescar y que hoy se utiliza en la fabricación de insecticidas) y captura de animales salvajes para zoológicos. En la década de 1960, el descubrimiento de petróleo la convirtió en una próspera y moderna ciudad. En los últimos años, el turismo también ha jugado un papel importante en su desarrollo.

Puntos de interés

Las atracciones culturales de Iquitos, aunque limitadas, empequeñecen las de otras ciudades del Amazonas. En el Malecón, en la esquina con Morona, hay un antiguo edificio que alberga la **Biblioteca Amazónica** (la mayor colección de documentos históricos de la cuenca del Amazonas) y el pequeño **Museo Etnográfico.** Ambos abren entre semana (entrada para ambos, 3 PEN). En el museo hay figuras a tamaño natural que reproducen a miembros de varias tribus de la Amazonia.

Casa de Fierro EDIFICIO HISTÓRICO

(Putumayo esq. Próspero, plaza de Armas) Todas las guías de viaje hablan de la majestuosa casa de hierro diseñada por Gustave Eiffel. Se construyó en París en 1860 y se importó pieza a pieza hacia 1890 para embellecer la ciudad. Eran los días de opulencia de la fiebre del caucho. Es la única superviviente de las tres casas de hierro diferentes que se importaron. Parece un montón de chapas sujetas con pernos, antaño fue sede del Iquitos Club y hoy, en tiempos más humildes, una tienda.

Azulejos EDIFICIO HISTÓRICO

Otros vestigios de la edad dorada de la ciudad son los azulejos hechos a mano e importados de Portugal para decorar las mansiones de los magnates del caucho. Muchos edificios de Raimondi y del malecón Tarapacá están decorados magníficamente, algunos de los mejores pertenecen al Gobierno.

Belén BARRIO

En el extremo sureste de la ciudad está el barrio flotante de chabolas de Belén, una serie de cabañas construidas sobre balsas que se mecen en el río. Cuando el nivel del agua está bajo, las balsas se posan sobre el barro del lecho seco del río, algo bastante insalubre. Sin embargo, durante la mayor parte del año, flotan sobre el agua y forman un espectáculo exótico y colorido. Unas 7000 personas viven en Belén e innumerables canoas recorren las casas vendiendo y comercializando productos de la selva. El mejor momento para visitar este barrio de chabolas es a las 7.00, cuando llegan los comerciantes. Hay que tomar un taxi hasta "Los Chinos", caminar hasta el puerto y alquilar una canoa para adentrarse en el barrio.

El **mercado de Belén,** enfrente del barrio, es ruidoso y está abarrotado, pero en él se puede encontrar todo tipo de productos exóticos entre las bolsas de arroz, azúcar, harina y los utensilios para la casa. No hay que perderse la corteza de los árboles chuchuhuasi, que se macera en ron durante semanas y se sirve como bebida tonificante en muchos bares locales. El chuchuhuasi y otras plantas amazónicas son ingredientes comunes en las fórmulas a base de hierbas, fabricadas en Europa y en EE UU y se emplean para reducir el dolor y la artritis. Se hacen compras interesantes pero conviene vigilar las carteras.

Actividades

Golf

Amazon Golf Club GOLF

(☎963-1333, 975-4976; Quistacocha; entrada 60 PEN/día incl. alquiler de palos; ⏲6.00-18.00) Por sorprendente que pueda parecer se pueden hacer uno o dos recorridos por los nueve hoyos del único campo de golf de todo el Amazonas. Fundado en el 2004 por un grupo de nostálgicos expatriados, este campo de 2140 m se construyó en una zona de monte

Iquitos

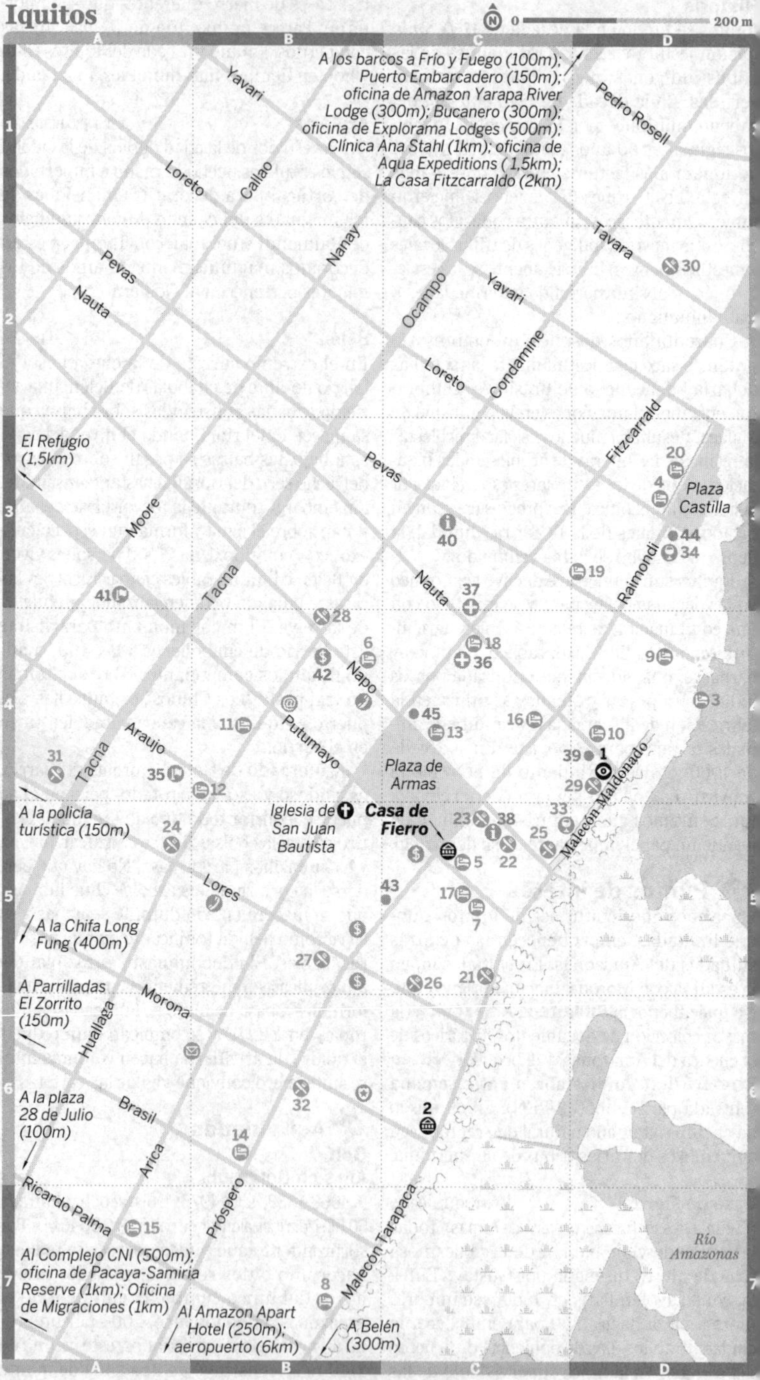
0
200 m
A los barcos a Frío y Fuego (100m); Puerto Embarcadero (150m); oficina de Amazon Yarapa River Lodge (300m); Bucanero (300m); oficina de Explorama Lodges (500m); Clínica Ana Stahl (1km); oficina de Aqua Expeditions (1,5km); La Casa Fitzcarraldo (2km)
El Refugio (1,5km)
A la policía turística (150m)
A la Chifa Long Fung (400m)
A Parrilladas El Zorrito (150m)
A la plaza 28 de Julio (100m)
Al Complejo CNI (500m); oficina de Pacaya-Samiria Reserve (1km); Oficina de Migraciones (1km)
Al Amazon Apart Hotel (250m); aeropuerto (6km)
A Belén (300m)
Plaza Castilla
Plaza de Armas
Iglesia de San Juan Bautista
Casa de Fierro
Río Amazonas
Yavari
Pedro Rosell
Loreto
Callao
Tavara
Nanay
Pevas
Nauta
Ocampo
Condamine
Fitzcarrald
Moore
Tacna
Raimondi
Napo
Putumayo
Araujo
Malecón Maldonado
Lores
Morona
Huallaga
Brasil
Arica
Ricardo Palma
Próspero
Malecón Tarapaca

Iquitos

Principales puntos de interés
- Casa de Fierro ... C5

Puntos de interés
- Biblioteca Amazónica ... (véase 2)
- 1 Dawn on the Amazon Tours & Cruises ... D4
- 2 Museo Etnográfico ... C6

Dónde dormir
- 3 Camiri ... D4
- 4 Casa Morey ... D3
- 5 Oficina de Cumaceba Lodge ... C5
- 6 El Dorado Hotel & Suites ... B4
- 7 Flycatcher Tours ... C5
- 8 Flying Dog Hostel ... B7
- 9 Hospedaje La Pascana ... D4
- 10 Hostal El Colibrí ... D4
- 11 Hostal Florentina ... B4
- 12 Hotel Acosta ... B4
- 13 Hotel El Dorado Plaza ... C4
- 14 Hotel Europa ... B6
- 15 Hotel Victoria Regia ... A7
- 16 La Casa Del Francés ... C4
- 17 Mad Mick's Bunkhouse ... C5
- 18 Marañón Hotel ... C4
- Oficina Muyuna Amazon Lodge ... (véase 17)
- Oficina de Otorongo Lodge ... (véase 17)
- 19 Oficinas de Paseos Amazónicos ... D3
- 20 Posada del Cauchero ... D3

Dónde comer
- 21 Amazon Bistro ... C5
- 22 Antica ... C5
- 23 Ari's Burger ... C5
- Dawn on the Amazon Café ... (véase 1)
- 24 El Sitio ... A5
- 25 Fitzcarraldo Restaurant-Bar ... C5
- 26 Gran Maloca ... C5
- 27 Ivalú ... B5
- 28 Kikiriki ... B4
- 29 La Noche ... D4
- 30 La Vecina ... D2
- 31 Mercado Central ... A4
- 32 Supermercado Los Portales ... B6

Dónde beber
- 33 Arandú Bar ... C5
- 34 Musmuqui ... D3

De compras
- Mad Mick's Trading Post ... (véase 17)

Información
- 35 Consulado de Colombia ... A4
- 36 Dr. Carlos Vidal Ore ... C4
- 37 Dr. Rafael Urrunaga (dentista) ... C3
- 38 iPerú ... C5
- 39 Lavandería Imperial ... D4
- 40 Oficina de la Reserva Nacional Pacaya-Samiria ... C3
- 41 Consulado de España ... A3
- 42 Western Union ... B4

Transporte
- 43 LAN Peru ... C5
- 44 Oficinas de lanchas motoras ... D3
- 45 Star Perú ... C4

bajo a las afueras de Iquitos y cuenta, aparte de los nueve *greens*, con la sede del club, de madera. El hoyo 4 es una belleza. El viajero podrá jugar frente a una isla rodeada de aguas infestadas de pirañas. ¡Que no pesque pelotas perdidas! Cuando se acabe, el club incluirá un bar, una piscina y una pista de tenis. Hasta entonces, los cofundadores Mike Collis y Bill Grimes informan sobre cómo jugar en la oficina de la ciudad.

Cruceros por el río

Cruzar el Amazonas es caro. Los viajes más cortos pueden costar más de 1000 US$. También es un pasatiempo muy popular y a menudo es necesario reservar con antelación (y se consiguen descuentos). Como es natural, los cruceros se centran en el río Amazonas, tanto corriente abajo (noreste) hacia la frontera de Brasil-Colombia, como corriente arriba hasta Nauta, donde convergen los ríos Marañón y Ucayali. Pasado Nauta, el viaje sigue ascendiendo por estos dos ríos hasta la Reserva Nacional Pacaya-Samiria. También se organizan viajes por los tres ríos que rodean Iquitos: el Itaya, el Amazonas y el Nanay. Los precios se dan en dólares estadounidenses. Una útil web para reservar gran parte de los siguientes es www.amazoncruise.net.

Dawn on the Amazon Tours & Cruises CRUCEROS
(☎22-3730, 965-939-190; www.dawnontheamazon.com; malecón Maldonado 185, Iquitos; excursiones 74,75 US$/persona incl. almuerzo, cruceros varios días 199 US$/persona/día) Esta pequeña agencia tiene la mejor oferta para los viajeros independientes. El *Amazon I* es una bella

embarcación de madera de 11 m de eslora con mobiliario moderno, ya sea para excursiones de un día o para cruceros más largos de hasta dos semanas. El precio incluye un guía, todas las comidas y transbordos. Se puede viajar con el anfitrión Bill Grimes y con su veterana tripulación por el Amazonas o bien por sus afluentes, más tranquilos (los cruceros más grandes solo pueden surcar los ríos principales). Aunque muchos operadores de cruceros ofrecen salidas e itinerarios fijos, Bill los adapta según las preferencias. El que recorre tres ríos es uno de los favoritos y a bordo la pesca y la observación de aves son las actividades más populares.

Aqua Expeditions CRUCEROS
(☎60-1053, 965-83-2517; www.aquaexpeditions.com; Prolongación Iquitos 1187; crucero Marañón y Ucayali 3 noches en suite 2685 US$/persona) Es el operador de los lujosos barcos *MV Aria* y *MV Aqua* y ofrece dos salidas semanales a la reserva Pacaya-Samiria. El *MV Aqua,* de 40 m de eslora, cuenta con 12 amplias y lujosas cabinas-suite (de más de 22 m^2) y el *MV Aria,* botado en el 2011, dispone también de espléndidos acomodos, pero en 16 suites de similar tamaño, y *jacuzzi*. Ambos poseen unos bellos salones. Los viajes duran tres, cinco y siete días.

Los cruceros tienen amplias cubiertas para ver el río, una completa tripulación y guías. El precio incluye las comidas y además cuentan con pequeñas lanchas para hacer excursiones. Entre su oferta de actividades se incluye la visita a comunidades indígenas (para ver sus danzas y comprar objetos de artesanía), caminatas y observación de aves y delfines rosados (en los barcos grandes no se ve mucha fauna rara).

GreenTracks CRUCEROS
(☎en EE UU 970-884-6107, 800-892-1035; www.greentracks.com; 416 Country Rd 501, PMB 131 Bayfield, CO81122; 7 días y 6 noches i/d 2750/5000 US$) Tiene tres barcos de lujo surcando el Amazonas peruano y ofrece excursiones de cuatro a siete días a la reserva Pacaya-Samiria. El *Ayapua* es un barco de 20 pasajeros de la era del *boom* del caucho que se usa para viajes de siete días y seis noches: habitaciones con aire acondicionado, un bar e incluso una biblioteca. El *Clavero* es un barco más pequeño y ofrece la misma excursión. El *Delfín I* es una embarcación más moderna, en la que caben 12 pasajeros y hace cruceros de cuatro y cinco días a la reserva. Para más información, hay que contactar con la empresa en EE UU.

Fiestas y celebraciones

San Juan MÚSICA TRADICIONAL
(22-27 de jun) Es la gran fiesta del año y se celebra en torno al día de San Juan, el 24 de junio (el día principal). Lo festejan la mayoría de los pueblos del Amazonas, pero Iquitos honra al santo con mayor fervor, con bailes, peleas de gallos y, sobre todo, comida y frivolidad. El plato típico son los juanes (arroz espolvoreado con cúrcuma y mezclado con pollo, olivas o huevos cortados, envuelto en una hoja de bijao). La noche del 23 los lugareños se bañan en el río, pues se considera que ese día las aguas del Itaya tienen propiedades curativas.

Great Amazon River Raft Race DEPORTE ESPECTÁCULO
(http://grarr.org) Descenso anual del río entre Nauta e Iquitos en embarcaciones artesanales. Tiene lugar en septiembre u octubre.

Dónde dormir

En Iquitos hay variedad de alojamientos, desde hostales para un presupuesto limitado hasta la comodidad de un 5 estrellas. Los mosquitos no suelen ser un problema.

Los mejores hoteles suelen estar llenos los viernes y sábados, y durante las festividades importantes como San Juan. La temporada más concurrida es de mayo a septiembre, cuando los precios aumentan ligeramente.

La mayoría de los hoteles económicos disponen de baños y ventiladores, a menos que se indique lo contrario; los establecimientos de precio medio cuentan con aire acondicionado y baño, normalmente con agua caliente. Se indica el precio de las habitaciones estándar; en días festivos pueden ser más caros.

La Casa Fitzcarraldo PENSIÓN **$$**
(☎60-1138/39; http://lacasafitzcarraldo.com; Av. La Marina 2153; h 180-350 PEN;) En un apacible jardín amurallado lejos del caos urbano, brinda el alojamiento más interesante. Toma su nombre de la película de Werner Herzog, pues el director y su equipo se alojaron aquí durante el rodaje de *Fitzcarraldo* (véase p. 482). Se aconseja elegir la habitación con suelo de caoba donde se alojó Mick Jagger, la suite verde exuberante de Klaus Kinski o bien una de las otras cinco estancias de diseño exclusivo. Tiene una cabaña en lo alto de un árbol (¡con wifi!) y una hermosa piscina (5 PEN para el público general), y el precio incluye un gran desayuno. También hay un bar restaurante, un minicine y varios residentes de cuatro patas.

Casa Morey HOTEL- 'BOUTIQUE' $$$
(☎23-1913; www.casamorey.com; Loreto 200; i/d 155/260 PEN, desayuno incl.; ❄📶🏊) Esta antigua mansión del barón del caucho Luis F. Morey data de 1910 y en su reforma ha recuperado su antiguo esplendor, con 14 suites lo bastante grandes como para albergar algunos hoteles enteros. Cuenta con abundantes azulejos, grandes baños con bañeras, vistas al río, patio con una piscina pequeña, biblioteca con una fabulosa colección de libros relacionados con el Amazonas y un gran comedor (los azulejos no son originales) en el que disfrutar del desayuno.

Camiri ALBERGUE $
(☎965-982-854; marcelbendayan@hotmail.com; final de Pevas cuadra 1; dc/d 30/100 PEN) En este albergue-bar flotante, al que se accede por una pasarela sobre el río, se disfruta de un memorable hospedaje, relajado y rústico, en Iquitos. Ofrece dormitorios para seis o diez personas. Las vistas al río son exquisitas y el propietario es una mina de información. Tras una reciente ampliación, el bar es el lugar con más ambiente para tomar una copa junto al río en Iquitos. Las noches suelen ser desenfrenadas.

Amazon Apart Hotel APARTAMENTO $$
(☎26-6262; www.amazonaparthotel.com; Aguirre 1151; i/d PEN150/180, ste 144-221 PEN; ❄@🏊) Este luminoso, nuevo y bien equipado hotel está algo apartado, pero es su única desventaja. Acoge varios niveles de amplias y coloridas estancias, todas con aire acondicionado y minineveras, y muchas además con cocina propia. También ofrece internet, un restaurante que prepara un excelente ceviche y una atractiva piscina.

Flying Dog Hostel ALBERGUE $
(☎en Lima 01-445-6745; http://flyingdogperu.com; malecón Tarapaca entre Brasil y Ricardo Palma; dc/d 30/75 PEN) Forma parte de la misma cadena con albergues en Lima y Cuzco, y es otra buena opción económica, con habitaciones luminosas y limpias, agua caliente y acceso a cocina. Las dobles son algo caras, pero algunas cuentan con baño.

Posada del Cauchero PENSIÓN $$
(☎22-2914; ermivaya@yahoo.es; Raimondi 449; i/d/ste 100/120/180 PEN; ❄🏊) Encima del restaurante del mismo nombre, tiene 12 enormes habitaciones tipo chalé (7 con aire acondicionado), algunas de ellas son suites. Todas están decoradas con arte de temática tribal. Tiene una piscina y unas de las mejores vistas del río en Iquitos.

Hotel El Dorado Plaza HOTEL DE LUJO $$$
(☎22-2555; www.grupo-dorado.com; Napo 258; h desde 575 PEN, desayuno incl.; ❄📶🏊) Tiene una ubicación privilegiada en la plaza, es moderno y tal vez el mejor de la ciudad. Sus 64 habitaciones son espaciosas y bien equipadas, algunas con vistas a la plaza y otras a la piscina. Cuenta con *jacuzzi*, sauna, gimnasio, restaurante, varias suites, servicio de habitaciones 24 horas, dos bares y un personal muy atento. Los precios de las habitaciones suelen reducirse cuando el hotel no está muy lleno. El mismo grupo dirige **El Dorado Hotel & Suites** (☎23-2574; Napo 362; i/d/ste 230/273/410 PEN), algo más barato y que permite utilizar las instalaciones del hotel de la plaza.

Hotel Acosta HOTEL $$
(☎23-1761; www.hotelacosta.com; Araujo esq. Huallaga; i/d 165/195 PEN; ❄📶) Pertenece a los propietarios del Victoria Regia, por lo que este elegante hotel está en buenas manos. Las habitaciones son grandes y están decoradas con tonos tierra; disponen de minineveras, aire acondicionado, cajas fuertes y escritorios. El restaurante está en la planta baja.

La Casa del Francés PENSIÓN $
(☎23-1447; info@lacasadelfrances.com; Raimondi 183; dc/i/d 20/40/45 PEN) Un seguro patio con hamacas conduce a esta agradable opción económica, que ofrece habitaciones amplias y sencillas de estilo colonial, con inmaculados baños con azulejos.

Mad Mick's Bunkhouse ALBERGUE $
(☎965-754-976; michaelcollis@hotmail.com; Putumayo 163; dc 15 PEN) A tiro de piedra de la plaza de Armas, es el alojamiento más barato de la ciudad: un oscuro dormitorio de ocho camas (4 literas), con un baño (interesantes grafitos) que atrae a hordas de personas con presupuestos ajustados.

Hospedaje La Pascana PENSIÓN $
(☎23-5581, 23-1418; www.pascana.com; Pevas 133; i/d/tr 40/50/65 PEN) Es seguro y agradable, con un pequeño y verde jardín. Lleva abierto tres décadas, es muy popular entre los viajeros y a menudo está lleno. El intercambio de libros y su encantadora cafetería, que sirve café recién hecho, refuerzan su atractivo. El desayuno continental cuesta 7,50 PEN.

Hostal El Colibrí PENSIÓN $
(☎24-1737; Nauta 172; i 45-60 PEN, d 60-80 PEN; ❄) Buena opción económica cerca del río y la plaza mayor, con agradables y espaciosas habitaciones con ventiladores y TV. El gerente, cordial con los viajeros, añadió tres pisos de habitaciones en el 2009. Las que disponen de aire acondicionado son más caras.

Hostal Florentina PENSIÓN $
(☎23-3591; Huallaga 212; i 55-75 PEN, d 75-85 PEN, tr 120-140 PEN) Las habitaciones de esta antigua casa colonial son pequeñas pero muy silenciosas. Disponen de televisión por cable, mosquitera e inmaculados baños, y están muy apartadas de la carretera, con un encantador patio para colgar hamacas en la parte trasera. Las habitaciones con ventiladores son más baratas que las que cuentan con aire acondicionado.

Hotel Victoria Regia HOTEL $$$
(☎23-1983; www.victoriaregiahotel.com; Ricardo Palma 252; i/d 231/264 PEN, desayuno incl.; ste 300-400 PEN; ❄@≋) Una ráfaga de helador aire acondicionado recibe a los huéspedes de este confortable hotel. Ofrece excelentes camas y habitaciones de buen tamaño equipadas con modernas luces para leer, minineveras, secadores de pelo y bañeras en los baños. Una de las suites cuenta con *jacuzzi*. Su piscina cubierta y buen restaurante-bar atraen a una selecta clientela y hombres de negocios, aunque no es mucho mejor que otros hoteles de la ciudad que cobran 100 PEN menos.

Marañón Hotel HOTEL $$
(☎24-2673; www.hotelmaranon.com; Nauta 289; i/d 99/130 PEN, desayuno continental incl.; ❄@☰≋) Cuenta con baldosas de luz por todas partes y un restaurante con servicio de habitaciones. Las habitaciones disponen de baños de buen tamaño, minibares y las habituales comodidades. Buena relación calidad-precio.

Hotel Europa HOTEL $$
(☎23-1123; www.europahoteliquitos.net; Próspero 494; i/d 100/150 PEN; ❄) Este hogareño hotel es una de las mejores gangas de precio medio y proporciona todo lo que se espera en su categoría: amplias y limpias habitaciones, aire acondicionado, minineveras, buen restaurante y servicio de lavandería.

Dónde comer

La ciudad tiene estupendos restaurantes pero, por desgracia, muchas especialidades regionales incluyen animales en peligro de extinción, como el chicharrón de lagarto (caimán frito) y la sopa de tortuga. El paiche, un pescado de río local, está recuperándose gracias a los programas de reproducción. Los platos más ecológicos incluyen ceviche de pescado de río, chupín de pollo, una sabrosa sopa de pollo, huevo y arroz, y juanes.

Para abastecerse, hay que ir al **Supermercado Los Portales** (Próspero esq. Morona).

👍 **Frío y Fuego** DE FUSIÓN $$
(☎965-607-474; embarcadero Av. La Marina 138; platos ppales 15-35 PEN; ⏲12.00-16.00 y 19.00-23.00 ma-sa, 12.00-17.00 do) Para probar la mejor comida de la ciudad hay que ir en barco a este paraíso flotante para *gourmets* en la desembocadura del río Itaya. Se centra en platos de pescado de río (todos los de la omnipresente doncella del Amazonas son deliciosos), pero sus parrillas también son muy tentadoras: p. ej., tiernos medallones de ternera con hojas de bijao rellenas de mozzarella y pimiento. Por la noche ofrece las mejores vistas de Iquitos, mientras se inicia la velada con una copa de tinto chileno cerca de la piscina del restaurante. La dirección es el punto de embarque del barco.

👍 **Mercado de Belén** MERCADO $
(Próspero esq. Jirón 9 de Diciembre) En los mercados de Iquitos se puede comer bien, en especial en el de Belén, cuyos menús del día, que incluyen jugo especial (zumo de la jungla) cuestan menos de 5 PEN. Hay que buscar especialidades como carnosos gusanos del Amazonas, *ishpa* (intestinos de sábalo y grasa) y *sikisapa* (hormigas cortadoras de hojas fritas; el abdomen es la parte más sabrosa) y cuidar de los objetos de valor. Otro buen mercado para comidas baratas es el **Mercado Central** (Lores cuadra 5).

Amazon Bistro INTERNACIONAL $$
(Malecón Tarapaca 268; desayunos 12 PEN, platos ppales 15-40 PEN; ⏲6.00-24.00) Es el mejor de los nuevos restaurantes: decorado con mucho cariño por su propietario belga, con estilo de bar de desayunos neoyorquino (en versión Amazonas) y mesas en un altillo que da al comedor principal. Las *pizzas* son sabrosas, pero su cocina se niega a que la encasillen: sirve bistecs argentinos, por no mencionar su influencia belga, que se nota en las crepes, los caracoles, su variedad de cervezas belgas… y el mejor café de la ciudad. También es un buen lugar para tomar una copa por la noche.

El Sitio PARRILLA $

(Lores esq. Huallaga; parrillas desde 3 PEN; cena) Gran variedad de deliciosas carnes a la parrilla con la novedad añadida de ver cómo las prepara un cordial argentino. Permanece abierto hasta que se van los clientes.

Dawn on the Amazon Café INTERNACIONAL $$

(Malecón Maldonado 185; platos ppales unos 20 PEN; 7.30-22.00) Este nuevo café es un imán para los viajeros en el malecón y ofrece una carta dividida entre comida estadounidense, peruana, española y (lógicamente) china. Conviene elegir lo que desee el paladar, pero hay que saber que el pescado hervido es muy bueno. Los ingredientes no contienen glutamato monosódico y sirve platos para la dieta de ayahuasca.

Ari's Burger ESTADOUNIDENSE $$

(Próspero 127; comidas 10-25 PEN; 7.00-3.00) Este limpio, animado y muy iluminado local en la plaza de Armas se conoce como *"Gringolandia"*. Dos de sus paredes están abiertas a la calle y permiten buenas vistas de la plaza y la gente. Está abierto casi a todas horas y sirve comida de estilo estadounidense, platos locales y helados, cambia dólares estadounidenses y es muy popular entre turistas y lugareños. Sirve los postres más empalagosos de Iquitos.

Parilladas El Zorrito PARRILLA $

(Fanning 355; platos ppales 5-10 PEN) En este animado local con muy buen ambiente y lleno de gente la comida se elabora en una parrilla al aire libre. Se aconseja probar sus juanes y su pescado de río. Las raciones son enormes. Los fines de semana ofrece además excelente música en directo.

Antica ITALIANA $$

(Napo 159; platos ppales 22-24 PEN; 7.00-24.00) Es el mejor restaurante italiano de la ciudad. Sirve sobre todo *pizzas* (tiene un horno de leña), pero también la pasta ocupa un lugar relevante; la lasaña es una elección excelente. Es difícil escoger entre su surtido de vinos italianos de importación.

Ivalú PERUANA $

(Lores 215; tentempiés desde 2 PEN; desayuno y almuerzo) Es uno de los locales más populares para tomar zumos y pasteles, que complementa con tamales (pollo o pescado en masa de maíz, envueltos en hojas de bijao). Normalmente abre a las 8.00; por lo que conviene ir mejor antes que después, si se quiere tener mesa.

La Vecina CEVICHE $

(Tavara West 352; ceviche pequeño/grande 8/15 PEN; almuerzo) La carta de este hogareño establecimiento solo ofrece ceviche, pero no decepciona.

Bucanero MARISCO $$

(Av Marina 124; platos ppales 25 PEN; 11.00-17.00;) Este restaurante, con un menú donde reina el pescado, brinda excelentes vistas del río en un entorno civilizado con aire acondicionado. Su pescado a la plancha con chicharrones combina a la perfección con una Iquiteña helada (cerveza de Iquitos).

Gran Maloca PERUANA $$

(Lores 170; menú 15 PEN, platos ppales 25-42 PEN; 12.00-22.00;) En este restaurante amazónico se respira el ambiente del desaparecido mundo de los días del *boom* del caucho: manteles de seda, espejos que ocupan toda la pared e imaginativas delicias regionales como chupín de pollo, venado del Amazonas con coco tostado y la deliciosa tortilla Loretan con hojas de bijao.

Chifa Long Fung CHINA $

(San Martín 454; platos ppales 10-20 PEN; 12.00-14.30 y 19.00-24.00) Cerca de la plaza 28 de Julio hay varios chifas y otros restaurantes baratos, este es un poco más caro, pero merece la pena.

Fitzcarraldo Restaurant-Bar INTERNACIONAL $$

(Napo 100; platos ppales 15-40 PEN; 12.00-hasta tarde;) Es una opción lujosa en la ribera, con buena comida y servicio. Prepara sabrosas *pizzas* (también para llevar) y distintos platos locales e internacionales. Cuidado con su helador aire acondicionado.

Kikiriki COMIDA RÁPIDA $

(23-2020; Napo 159; cuarto de pollo desde 7,50 PEN; cena) Bautizado con la onomatopeya del canto del gallo, es un buen lugar para tomar pollo asado. Lo sirve en un lecho de plátano frito, estilo jungla, con un toque de la legendaria salsa verde picante. También para llevar.

La Noche INTERNACIONAL $$

(Malecón Maldonado 177; sándwiches 10 PEN, platos ppales 20 PEN; 7.00-hasta tarde) No es lo que era, pero sigue siendo bueno, con una ubicación de primera y posibilidad de cenar frente a la calle o en un balcón con vistas al malecón (también cuenta con un salón en el

EL AMAZONAS DE HERZOG

El director alemán Werner Herzog, considerado un artista obsesivo e interesado en filmar la "realidad misma", rodó dos largometrajes en la jungla peruana: *Aguirre, la cólera de Dios* (1972) y *Fitzcarraldo* (1982). El solo hecho de finalizarlos es ya más loable que las películas en sí.

Klaus Kinski, actor principal de *Aguirre*, era un hombre de carácter cambiante con tendencia a los arrebatos de ira. El documental de Herzog, *Mi enemigo íntimo*, retrata incidentes como cuando Kinski pegó a un extra que hacía de conquistador de forma tan brutal que solo el casco que llevaba debido a su papel lo salvó de la muerte. Casi al final de la filmación, tras varios altercados con un cámara en el río Nanay, Kinski estuvo a punto de abandonar el rodaje en una lancha motora. Herzog tuvo que amenazarle con una escopeta para que se quedara. Sin embargo, en *Mi enemigo íntimo*, que cuenta ambas versiones del incidente, Herzog admite que estuvo a punto de lanzar una bomba incendiaria a la casa donde se alojaba Kinski y, según otros integrantes del equipo, Herzog a menudo exageraba. La biografía de Kinski, *Yo necesito amor* –aunque escrita en parte por Herzog– muestra al director como un bufón que no tenía ni idea de hacer películas.

Durante el rodaje de *Fitzcarraldo*, el primer actor elegido para el papel protagonista enfermó y el segundo, Mick Jagger, abandonó el plató para hacer una gira con los Rolling Stones. Tras un año de filmación, Herzog se vio obligado a llamar a Kinski una vez más. El colérico actor pronto se enfrentó a los machiguenga, que hacían de extras. Incluso los jefes de esta comunidad preguntaron a Herzog si quería que mataran a Kinski. Mientras rodaban cerca de la frontera entre Perú y Ecuador estalló la guerra entre ambos países y el ejercito destruyó el plató. Hubo sequías tan extremas que los ríos quedaron sin agua y el barco de vapor del equipo permaneció varado durante semanas. A ello siguieron inundaciones que destrozaron el barco (de estas se habla en la *Conquista de lo inútil*, los diarios cinematográficos de Herzog). Si se desea saber más cosas sobre el rodaje de la película se aconseja hablar con el personal de La Casa Fitzcarraldo (véase p. 478), propiedad de la hija del productor ejecutivo de *Fitzcarraldo*.

Con Herzog resultaba difícil trabajar. Filmaba catástrofes ocurridas en el plató y las usaba en el montaje final. Una vez dijo que rodar en el Amazonas era desafiar a la propia naturaleza. El hecho de que acabara dos películas en la jungla peruana demuestra que, en cierto modo, la desafió verdaderamente, y triunfó.

piso superior para relajarse). Sirve auténtico café exprés y sándwiches para *gourmets* durante el almuerzo, mientras que el pescado de río y sus crujientes ensaladas enaltecen la carta de la cena.

Dónde beber y ocio

Iquitos es una ciudad muy animada y el malecón su piedra angular.

Arandú Bar BAR
(Malecón Maldonado 113; ⏲hasta tarde) Es el más marchoso de varios bares colosales del malecón, estupendo para ver gente. Pincha clásicos temas de *rock* a todo trapo.

Musmuqui BAR
(Raimondi 382; ⏲hasta 24.00 do-ju, hasta 3.00 vi y sa) Animado bar, popular entre los lugareños. Tiene dos plantas y una amplia gama de cócteles afrodisíacos elaborados a base de plantas amazónicas.

Complejo CNI MÚSICA EN DIRECTO
(Cáceres cuadra 10; ⏲ma-sa) En la mejor discoteca de Iquitos actúa el famoso grupo local Illusion y los fines de semana bailan cientos de iquiteños.

El Refugio BAR
(⏲hasta 3.00 ju-sa) Su alegre ambiente y su ubicación junto a un lago en forma de herradura del río Nanay, en la parte occidental de la ciudad, son atractivos, incluso si la decoración (mujeres escasamente vestidas) no seduce.

De compras

En la primera cuadra de Napo hay tiendas que venden artesanía típica de la jungla, cara pero de muy buena calidad. Un buen sitio para comprar es el mercado de artesanía San Juan, situado en la carretera al aeropuerto (los conductores de autobús y los taxistas lo conocen). No deben comprarse artículos hechos de huesos y pieles de animales, pues se elaboran con fauna de la jungla. Es ilegal importar muchos de dichos productos a EE UU y Europa.

En **Mad Mick's Trading Post** (☎965-75-4976; michaelcollis@hotmail.com; Putumayo 163; ⌚8.00-20.00) se puede comprar, alquilar o intercambiar casi todo lo necesario para hacer una expedición a la selva. Mick volverá a comprar los artículos que no se deseen conservar a la mitad de su precio (si están en buenas condiciones).

ℹ Información

Peligros y advertencias

Los vendedores ambulantes y supuestos guías trabajan a comisión y tienden a ser agresivos; muchos son demasiado insistentes y poco honestos. Algunos lectores han informado de robos a turistas por parte de estos guías. El viajero hará mejor en tomar sus propias decisiones hablando por su cuenta directamente con hoteles, refugios y compañías de circuitos. Hay que tener especial cuidado en Belén, muy pobre, donde los pequeños robos son muy frecuentes. En Iquitos no ha habido casi ningún delito violento.

Urgencias

Policía nacional (☎23-1123; Morona 126) Comisaría de policía más céntrica.
Policía turística (POLTUR; ☎24-2081; Lores 834)

Inmigración

Si se va a llegar o salir de Brasil o Colombia hay que sellar el pasaporte en la frontera.
Consulado de Brasil (☎23-5151; Lores 363)
Consulado de Colombia (☎23-1461; Araujo 431; ⌚9.00-12.30 y 14.00-16.30 lu-vi)
Oficina de Migraciones (☎23-5371; Cáceres, cuadra 18)

Acceso a internet

En general cuesta 3 PEN/hora; la wifi de los hoteles suele tener mejor conexión.
Cyber (Putumayo 374) Muchos ordenadores; sirve cerveza; está casi siempre abierto.

Lavandería

Lavandería Imperial (Nauta cuadra 1; ⌚8.00-20.00 lu-sa) Con monedas; 12 PEN por carga.

Asistencia médica

Clínica Ana Stahl (☎25-2535; www.caas-peru.org; Av. La Marina 285; ⌚24 h) Buena clínica privada.
Dr. Carlos Vidal Ore (☎975-3346; Fitzcarrald 156)
HappyDent (Putumayo 786) Dentista.

Dinero

Varios bancos cambian cheques de viaje, permiten retirar dinero de tarjetas de crédito y tienen cajeros, como la sucursal de **BCP** (Próspero esq. Putumayo), que tiene un cajero seguro. Todos tienen tipos de cambio competitivos. Para cambiar dólares estadounidenses en efectivo de forma rápida, se puede ir a uno de los cambistas de Próspero, entre Lores y Brasil. Casi todos son sitios decentes, pero uno de los timos habituales es dar el cambiazo de un billete de 100 PEN por uno de 20 PEN. Hay que ser cauto al cambiar dinero en la calle. Para información sobre dinero falso, véase p. 538. Lo mejor para cambiar moneda brasileña o colombiana es hacerlo en la frontera. En **Western Union** (Napo 359) se pueden hacer envíos de dinero.

Correos

Oficina de correos (Arica 402; ⌚8.00-18.00 lu-vi, hasta 16.30 sa) Céntrica.

Información turística

Aparte de los sitios antes mencionados, varios guías y refugios de la selva ofrecen información turística con el objetivo de promocionar sus servicios.
iPerú Aeropuerto (☎26-0251; vestíbulo principal, aeropuerto Francisco Secada Vignetta; ⌚cuando aterrizan o despegan aviones); Centro (☎23-6144; Napo 161; ⌚9.00-18.00 lu-sa, 9.00-13.00 do)
Oficina de la Reserva Nacional Pacaya-Samiria (☎22-3555; Chávez 930-942, Pevas 339; ⌚8.00-16.00 lu-vi) La entrada a la reserva cuesta 60 PEN tres días.

ℹ Cómo llegar y salir

Avión

El pequeño pero activo aeropuerto de Iquitos, a 7 km del centro, recibe vuelos de Lima, Pucallpa, Tarapoto y la ciudad de Panamá.

LAN Perú (☎23-2421; Próspero 232) opera los vuelos más caros, con dos servicios matinales y dos por la tarde a Lima. **Star Perú** (☎23-6208; Napo 256) también tiene vuelos a/desde Lima por Tarapoto o Pucallpa. Cuesta unos 120 US$ a Lima y algo menos a Pucallpa o Tarapoto. **Copa Airlines** (☎en Panamá 1-800-359-2672; www.copaair.com) ofrece dos vuelos semanales a la ciudad de Panamá (miércoles y sábado).

Las empresas chárter del aeropuerto ofrecen aviones de cinco pasajeros a casi cualquier lugar del Amazonas, si se tienen 500 US$ de sobra.

Barco

Iquitos es el mayor puerto del río y el mejor organizado del país. En teoría se puede realizar

CRUZAR LA TRIPLE FRONTERA ENTRE PERÚ, COLOMBIA Y BRASIL

Hasta en medio del Amazonas los funcionarios de fronteras se ciñen a los trámites e impiden el paso si los documentos no están en regla. Con un pasaporte válido y un visado o tarjeta de turista vigente cruzar la frontera no supone ningún problema.

Al salir de Perú hacia Brasil o Colombia se recibe un sello de salida en el puesto de seguridad peruano antes de la frontera. Los barcos suelen parar aquí el tiempo suficiente para hacerlo; se puede preguntar al capitán.

Los puertos de la triple frontera se hallan a varios kilómetros y están conectados por *ferries* públicos. Se llega a ellos por aire o por barco, pero no por carretera. La ciudad más grande es Leticia, en Colombia, una bonita población fronteriza que presume de tener los mejores hoteles y restaurantes y un hospital. Se puede volar de **Leticia** a Bogotá en vuelos comerciales casi a diario. Otra opción es tomar el barco que pasa con escasa frecuencia hacia Puerto Asís, en el río Putumayo; el viaje puede durar 12 días. Desde allí los autobuses siguen adentrándose en Colombia.

Los dos puertos pequeños de Brasil son **Tabatinga** y **Benjamin Constant;** en ambos hay hoteles sencillos. Tabatinga tiene un aeropuerto con vuelos a Manaos. Si se va a volar a Manaos hay que pedir un sello oficial de entrada brasileño en la comisaría de policía de Tabatinga. Tabatinga es una prolongación de Leticia y se puede ir a pie o en taxi de una a otra sin documentos de migración, a no ser que se vaya a continuar hacia Brasil o Colombia. Los barcos salen de Tabatinga río abajo y suelen parar una noche en Benjamin Constant y seguir hasta Manaus, a una semana de allí. Se tarda casi una hora en llegar a Benjamin Constant en *ferry*. Los ciudadanos estadounidenses necesitan un visado para entrar en Brasil. Hay que solicitarlos con tiempo en EE UU o en Lima.

Perú se encuentra en la parte sur del río, donde las corrientes desplazan con frecuencia la orilla. Casi todos los barcos que salen de Iquitos dejan al viajero en el pueblecito de Santa Rosa, donde hay servicios peruanos de migración. Las lanchas a motor llegan a Leticia en unos 15 minutos. Para los viajeros que van a Colombia o Brasil, Lonely Planet y geoPlaneta tienen guías de ambos países.

Si se llega desde Colombia o Brasil hay barcos en Leticia y Tabatinga hacia Iquitos. Se suele pagar 10-15 US$ por una noche en un viaje en carguero de dos días o 75 US$ por uno "más rápido" (12-14 h), que zarpan a diario. Las tarifas y salidas son los mismos que los del viaje de vuelta, aunque descender el río desde Iquitos a la triple frontera es más rápido. Se puede subir a un crucero que remonte o descienda el río, pero hacen escalas de camino.

No hay que olvidar que pueden surgir imprevistos y aquí siempre se podrá comer, cambiar dinero, dormir y tomar un barco; basta con preguntarlo por ahí.

todo el trayecto desde Iquitos hasta el océano Atlántico, pero la mayoría de los barcos que salen de aquí solo surcan aguas peruanas y los viajeros se ven obligados a cambiar de barco en la frontera entre Colombia y Brasil (véase recuadro arriba). Si se desea ir por el río se llega a uno de los tres puertos que están a entre 2 y 3 km al norte del centro.

Hay tres puertos principales de interés para el viajero.

Desde **Puerto Masusa** (Av. La Marina), unos 3 km al norte del centro, zarpan los cargueros a Yurimaguas (río arriba; de 3 a 6 días) y Pucallpa (río arriba; de 4 a 7 días). Los billetes cuestan 100 PEN por un espacio para una hamaca y hasta 180 PEN por un diminuto camarote. Salen barcos casi todos los días para ambos puertos, pero las salidas son más frecuentes para los destinos intermedios, más cercanos. Las embarcaciones *Eduardo* a Yurimaguas son bastant confortables, pero los lectores han informado del maltrato a animales transportados en ellos.

Los que navegan río abajo a la frontera peruana con Brasil y Colombia también salen de Puer to Masusa. Hay dos o tres salidas semanales qu efectúan este viaje de dos días (de 50 a 80 PEN persona). Paran en Pevas (espacio para hamaca 20 PEN; 15 h aprox.) y otros puertos en ruta. Lo barcos amarran más cerca del centro si el nivel del agua es muy elevado (de mayo a julio).

Los Henry Boats recorren la ruta Iquitos-Pucallpa y tienen su propio **puerto** (☎965-67-8622; ⏲7.00-19.00), en la Av. La Marina, más cerca del centro.

En ambos puertos hay pizarras que anuncian los barcos que zarpan, el horario y el lugar de donde zarpan y si admiten pasajeros. Aunque hay agencias en la ciudad que se encargan de todos los trámites, en general es mejor acercarse al muelle. Solo hay que fiarse del capitán en lo que se refiere a la estimación de la hora de salida, y hay que tener cuidado, pues las fechas de salida escritas en las pizarras cambian de un día a otro.

Muchas veces se puede pasar la noche a bordo, mientras se espera la salida, y hacerse con la mejor hamaca. Hay que vigilar el equipaje. Para dormir, lo pueden guardar bajo llave.

Finalmente está el pequeño puerto Embarcadero, para lanchas motoras a la triple frontera (con Colombia y Brasil). Salen a diario a las 6.00, salvo los lunes. El billete se debe comprar con antelación. Las oficinas de las lanchas se concentran en Raimondi, cerca de la plaza Castilla. Los precios habituales son 170 PEN a Pevas o 200 PEN por el viaje de 10-12 horas a Santa Rosa, en el lado peruano, comidas incluidas.

Se puede reservar un camarote en un crucero en dirección a Leticia (véase p. 484) si hay disponibles, aunque suele ser más fácil si va de Leticia a Iquitos (el capitán suele apiadarse más si se está estancado en Leticia).

Cómo desplazarse

Los escuadrones de activos mototaxis son el transporte más auténtico. Son muy divertidos, aunque no muy seguros en caso de accidente. Siempre hay que entrar en ellos por el lado de la acera –el tráfico hace caso omiso de los pasajeros que los abordan– y mantener piernas y brazos dentro del vehículo en todo momento. Es habitual que haya roces y se tuerzan los guardabarros. La mayoría de los trayectos por Iquitos cuestan 1,50 PEN; un mototaxi al aeropuerto cuesta 7 PEN y los taxis, más difíciles de localizar, 15 PEN.

Desde las proximidades de la plaza 28 de Julio salen autobuses y camiones a muchos destinos cercanos, incluido el aeropuerto. Los autobuses a este último destino se anuncian con el letrero Nanay-Belén-Aeropuerto y van hacia el sur por Arica.

Una carretera asfaltada se extiende 102 km a través de la selva hasta Nauta, en el río Marañón, cerca de su confluencia con el río Ucayali. Los pasajeros de los barcos fluviales desde Yurimaguas pueden desembarcar en Nauta y allí tomar un autobús local hasta Iquitos, lo que ahorra unas 6 horas. Los barcos que salen de Pucallpa no paran en Nauta. Las furgonetas a Nauta tardan 2 horas y salen desde la esquina de Próspero y José Gálvez. Es posible darse un chapuzón en las calas y playas que hay por el camino.

Alrededores de Iquitos

PUEBLOS Y LAGOS CERCANOS

A unos 16 km de la ciudad, pasado el aeropuerto, se encuentra **Santo Tomás**, famoso por su alfarería y sus máscaras. Tiene algunos bares con vistas a Mapacocha, un lago formado por un afluente del río Nanay. Para alquilar una barca basta con preguntar en los alrededores (una motora con conductor cuesta unos 30 PEN). **Santa Clara** está a unos 15 km, en las orillas del río Nanay. Cuando desciende el nivel del agua se puede disfrutar de las playas de arena blanca (jul-oct) y alquilar barcas. Se llega a ambas aldeas en *mototaxi* (15 PEN aprox.) o en furgoneta por 2 PEN desde la parada de furgonetas de Nauta.

Corrientillo es un lago cercano al río Nanay, con unos cuantos bares diseminados por sus orillas. Es muy popular en la zona para bañarse los fines de semana y disfrutar de bonitas puestas de sol. Está a unos 15 km de la ciudad y los motocarros cobran unos 15 PEN.

Pilpintuwasi Butterfly Farm GRANJA

(☎065-23-2665; www.amazonanimalorphanage.org; Padre Cocha; entrada 20 PEN; ⏰9.00-16.00 ma-do) Se recomienda visitar este invernadero y criadero de mariposas amazónicas, entre las que se incluye la asombrosa morfo azul *(Morpho menelaus)* y la mariposa búho *(Caligo eurilochus)*. Aunque los que acaparan la atención son los animales exóticos. Hay traviesos monos, un tapir, un oso hormiguero y Pedro Bello, un majestuoso jaguar, todos recogidos al quedarse huérfanos y aquí se cuidan y protegen. Se accede en barca desde Bellavista-Nanay, un pequeño puerto 2 km al norte de Iquitos, hasta la aldea de Padre Cocha. Las barcas salen durante todo el día. La granja está bien señalizada y se halla a 15 minutos a pie cruzando la aldea desde el muelle de Padre Cocha.

Laguna Quistacocha LAGO

Salen varios microbuses cada hora desde cerca de la plaza 28 de Julio (Bermúdez esq. Moore; 2 PEN) y mototaxis (12 PEN) que van a este lago, 15 km al sur de Iquitos. Hay un pequeño **zoo** de fauna local que ha mejorado los últimos años y junto a él una **piscifactoría** con un paiche de 2 m de largo. Dicha especie de río está en peligro de extinción por la pérdida de su hábitat y por su popularidad gastronómica. El programa de cría que llevan a cabo trata de paliarlo. Una pasarela rodea la laguna, donde se puede nadar y alquilar botes de pedales (entre 5 y 10 PEN). Hay varios restaurantes y un sendero para ir andando hasta el río Itaya. Los fines de semana recibe muchas visitas. La entrada cuesta 3 PEN.

Expediciones y refugios en la jungla

Guías privados

Los guías de la jungla abordarán al viajero en todo Iquitos. Algunos son operadores independientes y muchos trabajan para un refugio. Se sabe de experiencias diversas con guías privados. Todos han de poseer un permiso o licencia, de no ser así se recomienda consultar en la oficina de turismo. Conviene pedir referencias de los guías y ser cauteloso (véase también "Peligros y advertencias" en p. 483). Los mejores refugios suelen acaparar los mejores guías.

Gerson Pizango CIRCUITO GUIADO

(☎965-012-225; www.amazonjungleguide.com; 50-70 US$/persona/día) Es uno de los mejores guías independientes de Iquitos, recomendado por los lectores. Personaliza los circuitos según las peticiones de los viajeros, que pueden incluir visitas a las comunidades locales cercanas a su pueblo natal, a 260 km de Iquitos, además de observación de aves en afluentes poco transitados. El precio puede negociarse, según la distancia recorrida.

Refugios

Hay muchos refugios río arriba y río abajo desde Iquitos. Conviene escogerlos con calma, pues la oferta de programas y actividades varía en cuanto a calidad. Algunos alojamientos de lujo y refugios más rústicos ofrecen zonas de acampada, excursionismo y pesca (la mejor época es entre julio y septiembre), y otros viajes alternativos de aventura. Casi todos los refugios tienen oficinas en Iquitos.

Muchos de estos refugios pueden reservarse desde el extranjero o en Lima, pero si se llega a Iquitos sin reserva no hay problema para encontrar refugios o circuitos, y cuestan menos. Se acepta el regateo, aunque los operadores muestren listados con precios fijos. Si se tiene pensado reservar una vez allí, se aconseja no acudir durante el período vacacional peruano, pues se llena de gente. También recibe muchas visitas de junio a septiembre (meses secos y vacaciones de verano de viajeros europeos y estadounidenses).

Los refugios están a cierta distancia de Iquitos, por lo que el transporte por el río está incluido en el precio. Gran parte de la zona que rodea la ciudad, hasta 50 km de distancia, no es jungla virgen. La posibilidad de ver grandes mamíferos es muy remota y la visita a tribus locales está orientada al turismo. A pesar de todo, puede verse cómo es la vida en la jungla y observar aves, insectos y pequeños mamíferos. En los refugios más remotos se ve más fauna.

Una excursión clásica de dos días incluye un viaje por el río de 2 a 3 horas a un refugio de la jungla razonablemente confortable y con la comida incluida, un almuerzo en la selva, una visita guiada a una aldea indígena para comprar piezas de artesanía y ver sus danzas, una cena en el refugio, un paseo nocturno en piragua para ver caimanes con reflectores y paseos por la jungla en busca de fauna. Un viaje así cuesta unos 300 US$, según la agencia de viajes, la distancia y la comodidad del albergue. En los más largos se recorre una parte mayor de selva y el coste por noche es más rentable.

En esta zona norteña de la jungla peruana accesible desde Iquitos hay buenos refugios que procuran una gratificante experiencia de la selva. Los precios que se indican son aproximados; se acepta el regateo y la comida, circuitos y transporte desde Iquitos deberían estar incluidos. Los refugios proporcionan contenedores de agua purificada para beber, pero conviene llevar de reserva para el viaje. Los siguientes refugios se citan por orden de distancia desde Iquitos.

Paseos Amazónicos REFUGIO $$$

(www.paseosamazonicos.com; 3 días y 2 noches 220-260 US$/persona); Iquitos (☎065-23-1618; Pevas 246) Lima (☎01-241-7576; oficina 4, Bajada Balta 131, Miraflores) Esta compañía gestiona tres refugios. Uno de los más reputados es el Amazonas Sinchicuy Lodge, ubicado en un pequeño afluente del Amazonas, 30 km al noreste de Iquitos. Sus 32 habitaciones, donde pueden dormir hasta cuatro personas, tienen duchas privadas con agua fría y se iluminan con faroles. En algunas hay acceso para sillas de ruedas. Se puede visitar durante un día de excursión desde Iquitos. El de Tambo Yanayacu Lodge, con techo de hojas de palmera, está 60 km al noreste de Iquitos y tiene 10 habitaciones rústicas con baños privados. Suministra tiendas para las expediciones a la selva. Las estancias en ambos refugios pueden combinarse en un solo viaje, incluidas visitas a comunidades yagua. Por último, el Tambo Amazonico Lodge está unos 160 km río arriba en el río Yarapa. Es más un terreno de acampada con dos dormitorios al aire libre para 20 personas, provistos de camas y mosquiteras. Organiza salidas de acampada, incluida una visita a la Reserva Nacional Pacaya-Samiria.

Cumaceba Lodges REFUGIO $$$
(www.cumaceba.com) Iquitos (065-23-2229; Putumayo 188; 3 días y 2 noches i 260-370 US$, d 210-260 US$); Cuzco (084-25-4881; Portal Panes 123 oficina 107) Lleva en el negocio desde 1995 y regenta tres refugios económicos. Los tres tienen guías, brindan una experiencia amazónica a viajeros de presupuesto limitado.

El primero, Cumaceba Lodge, está a unos 35 km de Iquitos río abajo. Cuenta con 15 habitaciones con mosquiteras en las ventanas y duchas, y organiza viajes más aventurados. A 90 km de Iquitos río abajo, el Amazonas Botanical Lodge propone el estudio de las plantas de la selva y la observación de aves. Sus rústicos bungalós con baño están en plena jungla primaria y cuenta con un jardín botánico (y una gran piscina). Además, ofrece ceremonias de ayahuasca y un viaje a la granja de paiches. Por último, unos 180 km río arriba pasada Nauta está el Piranha Ecoexplorer Lodge, que ofrece varias actividades de aventura. Su programa de cinco días incluye pesca con lanza, acampada y una excursión para ver los nenúfares *Victoria regia*, de colosal tamaño. El alojamiento es rústico, en la línea de los otros refugios de Cumaceba.

Otorongo Lodge REFUGIO $$$
(065-22-4192, 965-75-6131; www.otorongoexpeditions.com; Departamento 203, Putumayo 163, Iquitos; 5 días y 4 noches d 761 US$/persona) Los viajeros informan de su excelente experiencia en este rústico refugio relativamente nuevo, situado a 100 km de Iquitos. Cuenta con 12 habitaciones con baño y una relajada zona común, instalado en un mágico afluente del Amazonas y rodeado por pasarelas para maximizar la observación de la fauna. Lo regenta un halconero capaz de imitar un gran número de sonidos de aves y permite observar de cerca una increíble variedad de fauna. Los lectores lo recomiendan para conocer la selva amazónica. La oferta de cinco días incluye visitas fuera de las rutas marcadas a comunidades de los alrededores, y salidas de acampada que permiten adentrarse más en la jungla. Ofrece un precio de 50 US$ diarios a los viajeros de camino a la frontera colombiana. Se recomienda preguntar por las excursiones de "pesca extrema", el propietario es un experto.

Amazon Yarapa River Lodge REFUGIO $$$
(065-993-1172; www.yarapa.com; Av. La Marina 124, Iquitos; 4 días y 3 noches i/d 1020/1840 US$, i/d sin baño 940/1680 US$; @) Situado a unos 130 km subiendo por el río Yarapa desde Iquitos, se trata de un refugio impresionante. Tiene un enorme y excelente laboratorio biológico tropical que suele usar la Cornell University (EE UU) para sus investigaciones y clases de posgrado. La electricidad proviene de energía solar y cuenta con conexión telefónica vía satélite. Además, mantiene sus instalaciones de forma impecable, su bar-restaurante luce elaboradas tallas de madera obra de artistas locales, visibles también en las cabeceras de las camas, y las habitaciones, totalmente equipadas con mosquiteras, están unidas por pasarelas también protegidas. Hay ocho habitaciones con inmensos baños y 16 cómodos dormitorios comparten un gran número de baños bien equipados. Con todos los científicos que vienen aquí, los guías son excelentes. Sus barcos tardan de 3 a 4 horas desde Iquitos y tienen un baño a bordo. Muy recomendado.

Tahuayo Lodge REFUGIO $$$
(1-813-907-8475, 1-800-262-9669; www.perujungle.com; 10305 Riverburn Dr, Tampa, Florida 33647, EE UU; 8 días y 7 noches 1295 US$/persona) En estos lares se oyen mucho las palabras "Pacaya-Samiria" pero esa no es más que una de las varias reservas de la jungla septentrional. Este refugio, a 140 km de Iquitos, tiene acceso exclusivo a la reserva de 2500 km² de Tamshiyacu-Tahuayo, una zona de selva virgen donde se han registrado 93 especies de mamíferos. Sus 15 cabañas se hallan a 65 km subiendo por un afluente del Amazonas, están construidas sobre altos pilares de madera y unidas por pasarelas; la mitad tiene baños privados. También hay un laboratorio con una biblioteca. Aquí hay más posibilidades de ver fauna que en los refugios antes citados. Suelen verse hasta los titíes pigmeos que viven cerca. Los visitantes también pueden alojarse en el cercano Tahuayo River Research Center, que tiene una amplia red de senderos.

Muyuna Amazon Lodge REFUGIO $$$
(065-24-2858; www.muyuna.com; planta baja, Putumayo 163, Iquitos; 3 días y 2 noches i/d 485/805 US$) Situado a unos 140 km de Iquitos subiendo por el río Yanayacu, es un refugio rodeado por 10 lagos bien conservados en una zona remota menos colonizada que la jungla, que se halla más abajo del río. Sus 10 bungalós de techos de paja alzados sobre pilares de madera pueden alojar entre dos y seis personas. Tienen duchas privadas con agua fría y un balcón con una hamaca. Todos

están protegidos con mosquiteras. Sus atentos propietarios viven en Iquitos y mantienen su refugio de forma activa. Se aseguran del reciclaje. Cuando el nivel de agua está alto, sube hasta los bungalós, que están conectados con el edificio del albergue-comedor con pasarelas elevadas cubiertas. Para la iluminación se utilizan lámparas de queroseno. Los guías son muy buenos y garantizan la observación de monos, perezosos, delfines y de la rica fauna avícola típica de la varzea (bosque inundado) amazónica cercana. Entre ella se encuentra el piuri y el paujil del Amazonas (*Crax globulosa*), ave en peligro de extinción de la zona occidental, que solo se puede observar en Muyuna.

Hatuchay Hotel Pacaya-Samiria REFUGIO **$$$**
(www.hatuchayhotelsperu.com; 4 días y 3 noches 640 US$ para 1/2 personas) Iquitos (☎065-22-5769); Lima (☎1-446-2739; Av. José Pardo 601, oficina 602-703, Miraflores) Este excelente refugio (el antiguo Pacaya-Samiria Amazon Lodge) a 190 km río arriba desde Marañón, está pasado Nauta, en las afueras de la reserva Pacaya-Samiria (es el único refugio dentro de la zona de amortiguamiento de la reserva), a 4 horas de Iquitos. Organiza estancias de una noche dentro de la reserva. Las habitaciones tienen duchas privadas y porches con vistas al río. Hay electricidad por la noche. Ofrece programas especiales para la observación de aves.

Explorama Lodges REFUGIO **$$$**
(☎065-25-2530; www.explorama.com; Av. La Marina 340, Iquitos) Esta veterana y recomendable compañía regenta varios refugios y respalda activamente el ACTS (Amazon Conservatory of Tropical Studies, Conservatorio Amazónico para Estudios Tropicales). Tiene un laboratorio en la famosa pasarela del dosel forestal, suspendida 35 m por encima del suelo. Se puede organizar el viaje para visitar uno o varios albergues y combinarlo con visitas al puente colgante. Preparan presupuestos sin compromiso y se puede contactar con ellos para otras alternativas. Organizan bufé libre para comer y cenar, tienen lanchas rápidas (50 km/h) y hacen un descuento del 50% a los menores de 12 años y también a grupos. Los amables, eruditos y bien entrenados guías son de la zona. Los que se mencionan a continuación están dirigidos por Explorama:

ACTS Field Station REFUGIO **$$$**
(srmadigosky@widener.edu; 115 US$/persona) Está cerca del puente colgante, tiene 20 habitaciones en edificios similares a los del Explorama Lodge. Hay que reservar con tiempo, pues lo utilizan investigadores y grupos cuando se organizan talleres. Los científicos que deseen alojarse aquí deben ponerse en contacto con el director de investigaciones científicas, el doctor S. Madigosky, a través de su dirección de correo electrónico. La estación se visita casi siempre como parte de un programa que incluye pernoctación en otros refugios.

Ceiba Tops REFUGIO **$$$**
(3 días y 2 noches i/d 515/910 US$/persona; ❄@≋) A unos 40 km al noreste de Iquitos, en el Amazonas, se halla este refugio y complejo, el mejor preparado de la zona y que pertenece a Explorama. Tiene 75 habitaciones y suites de lujo, todas con confortables camas y mobiliario, ventiladores, ventanas con mosquiteras, porches y espaciosos baños con duchas con agua caliente. Su terreno ajardinado rodea el complejo de la piscina, que tiene hidromasaje, tobogán de agua y una caseta para las hamacas. El restaurante (con mejores comidas que los otros refugios de Explorama) colinda con un bar con música amazónica en directo a diario. Organiza breves caminatas guiadas y paseos en barca que brindan una visión de la selva. Cerca hay un bosque primario donde se pueden observar las fabulosas *Victoria regia*. Este refugio se recomienda a los viajeros que no buscan grandes aventuras. Celebra reuniones para incentivar negocios.

Explorama Lodge REFUGIO **$$$**
(3 días y 2 noches i/d 475/850 US$/persona) Este refugio, unos 80 km más hacia el interior del Amazonas, cerca de su intersección con el río Napo, fue uno de los primeros que se construyó en la zona de Iquitos (1964) y conserva su rústico atractivo. Se compone de varios edificios grandes con techos de hojas de palmera. Sus 55 habitaciones tienen baños privados con agua fría. Los edificios están conectados por pasarelas cubiertas e iluminados con lámparas de queroseno. Dispone de guías para acompañar a los viajeros por algunos de los senderos que se adentran en la selva.

ExplorNapo Lodge REFUGIO **$$$**
(5 días y 4 noches i/d 1095/1990 US$/persona) Está en el río Napo, a 157 km de Iquitos. Es un refugio sencillo con 30 habitaciones con duchas compartidas de agua fría. Su mejor baza son las caminatas guiadas por senderos en un remoto bosque primario, la observación de aves, un jardín etnobotánico lleno de plantas (que atiende un chamán local) y una visita a la cercana Canopy Walkway (pasarela del

dosel forestal; caminata de media hora). Debido a la distancia, la primera y última noche del paquete de cinco días y cuatro noches se pasan en el Explorama Lodge. ExplorTambos Camp, otra propiedad de Explorama, está a 2 horas a pie. Es un campamento autoproclamado "primitivo" en el que caben hasta 16 personas: al reservar hay que indicar si se prefiere pernoctar en el campamento, que ofrece mejor observación de aves que el resto de los refugios.

Flycatcher Tours CIRCUITO DE AVENTURA
(☎065-24-1228; Putumayo 155, Iquitos; 7 días de aventura en la naturaleza 999 US$/persona) Esta empresa, antes Amazon Adventure Expeditions, se recomienda por sus largas excursiones en la jungla. Se trata de auténticas aventuras guiadas donde uno se procura su comida y sobrevive en la naturaleza hasta dos semanas. Su operador tiene un refugio base, el Yarapa, situado a 220 km de Iquitos, punto de partida para hacer excursiones a sus tierras vírgenes, a 450 km de Iquitos en el afluente de Aucayacu. Los precios se aplican a medida, según la distancia recorrida y el tiempo invertido.

Pevas

Situada unos 145 km río abajo desde Iquitos, es la población más antigua del Amazonas peruano. Fue fundada por los misioneros en 1735 y hoy tiene unos 5000 habitantes pero ningún automóvil, oficina de correos ni bancos. Su primer teléfono se instaló en 1998. Los habitantes son mestizos o indios procedentes de uno de los cuatro grupos étnicos de la zona. Pevas es la ciudad más interesante entre Iquitos y la frontera colombiana; los cruceros que cubren la travesía Iquitos-Leticia suelen hacer breves escalas aquí.

Su principal atractivo es el estudio y galería de arte de uno de los artistas peruanos vivos más famosos, **Francisco Grippa,** quien construye sus lienzos a mano con corteza local, parecida a la que antaño usaban las tribus locales para hacer sus tejidos. Los cuadros expuestos son el resultado de sus dos décadas de observación del pueblo, los lugares y costumbres amazónicos. No hay que perderse la enorme casa con su torre vigía de tejado rojo sobre la colina, que se alza por encima del puerto.

Hospedaje Rodríguez (☎83-0296; Brasil 30; i/d con ducha compartida 20/25 PEN), bajando de la plaza de Pevas, ofrece el mejor alojamiento. Las habitaciones dan a un agradable patio.

La rústica pero bella **Casa de la Loma,** sita en una colina a las afueras de Pevas, ofrece vistas del Amazonas y varias actividades, entre las que se incluyen paseos nocturnos, pesca de pirañas y visitas a las comunidades indígenas de los alrededores. Las reservas son problemáticas. Solo se puede contactar con el propietario a través de un teléfono móvil que rara vez funciona. Los precios no son fijos, pero son a partir de unos 15 PEN por una cama en una de sus cinco habitaciones oscuras con mosquiteras y duchas compartidas. Es el lugar idóneo para conocer la ciudad y sus habitantes participando de una de sus fiestas o comprando en el mercado. Bajando desde la plaza al río, hay que girar por la primera calle a la izquierda, que llega hasta el puente. Desde allí un sendero conduce por el bosque hasta la entrada.

Francisco Grippa también tiene habitaciones sencillas en su casa en lo alto de la ciudad y a veces las ofrece.

Se puede comer en el **Hospedaje Rodríguez** y en el más frecuentado restaurante y sala de billares **El Amigo** (⌚almuerzo).

Los cargueros con destino Leticia paran a petición en Pevas, así como los barcos rápidos que salen a diario (excepto los lunes) hacia la frontera entre los tres países (y lo mismo si se viene de Leticia). Esos lentos cargueros (20 PEN, 15 h) y los barcos rápidos (170 PEN, río abajo/río arriba 3½/5 h) también conectan Pevas con Iquitos. Los operadores de circuitos incorporan un viaje paquete a Pevas. Si se llega por cuenta propia, se corre cierto riesgo de quedar atrapado hasta que aparezca algún barco.

Comprender Perú

población por km²

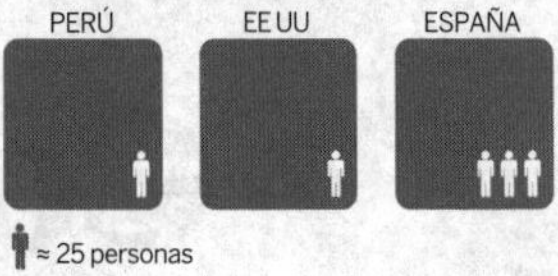

Perú hoy

Un 'boom' sin parangón

La estabilidad ha sido un bien escaso en Perú, que ha sufrido varias dictaduras durante parte del s. xx. Sin embargo, la primera década del nuevo milenio ha traído una inusitada gentileza. Su economía crece, la inversión extranjera está en alza y las exportaciones del país –en agricultura, minería y productos manufacturados– han aumentado. El turismo también sube y, según Mincetur, el organismo estatal encargado del turismo, el número de visitantes extranjeros pasó de 1,3 a 2,6 millones entre el 2003 y el 2011.

Además, a partir del 2000 ha vivido elecciones pacíficas que le han aportado estabilidad. En el 2011, un antiguo oficial del ejército, Ollanta Humala, hijo de un abogado laboralista quechua de Ayacucho, fue elegido presidente, y la inclusión social pasó a ser uno de sus objetivos prioritarios. Una de las primeras leyes aprobadas fue la obligatoriedad de consultar a los pueblos indígenas sobre las actividades de minería que afectaran a sus territorios.

Renacimiento cultural

Esta buena racha ha propiciado la actividad cultural, en gran parte centrada en su cocina. Hoy, Lima es un bastión de los *gourmets*. La Mistura, una feria culinaria anual organizada por el famoso chef Gastón Acurio, reunió a más de 400 000 personas en el 2011.

El incesante interés por la comida ha tenido un efecto dominó en otros ámbitos culturales. Los jóvenes diseñadores de moda crean líneas vanguardistas con tejidos de alpaca. Los innovadores grupos musicales fusionan el folk con la música electrónica y el arte contem-

Los mejores libros

Los últimos días de los incas (2007) Relata el enfrentamiento entre civilizaciones que hizo historia.

La tía Julia y el escribidor (1977) Novela de Mario Vargas Llosa sobre un escritor enamorado de una mujer mucho mayor que él.

Jugando en los campos del señor (1965) Novela inspirada en los conflictos en el Amazonas, escrita por Peter Mathiessen y llevada al cine por Héctor Babenco.

Los mejores álbume

Arturo 'Zambo' Cavero (1993) Legendario cantante melódico.

Canela Fina (2005) Baladas del trío Los Morochucos, de la década de 1940.

Coba Coba (2009) Clásicos afroperuanos con un toque de música electrónica.

grupos religiosos

(% de la población)

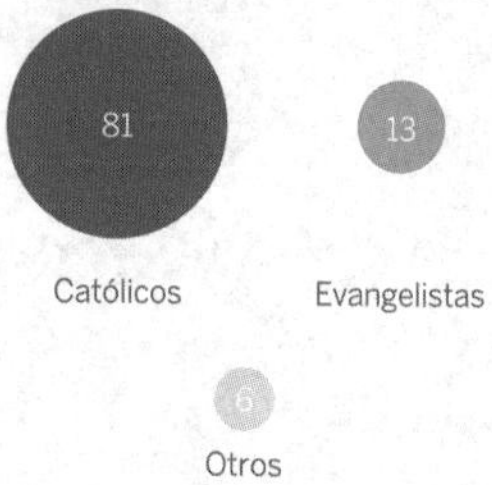

si Perú tuviera 100 habitantes

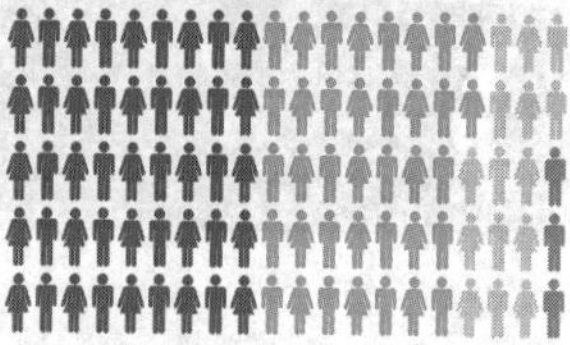

45 serían indígenas
37 serían mestizos (mezcla indígena)
15 serían blancos
3 serían negros o asiáticos

poráneo se ha modernizado: el Museo de Arte de Lima (MALI) se ha reformado íntegramente y han aparecido un puñado de galerías de arte en los barrios bohemios de Lima.

Un largo camino

Aún quedan retos importantes. Pese a que la pobreza ha descendido un 23%, el *boom* económico no ha beneficiado a todos: la pobreza en el medio rural es casi el doble que la de la media nacional.

Además, Sendero Luminoso, el grupo guerrillero maoísta que puso al país al borde de la guerra civil en la década de 1980, ha resurgido y ha lanzado ataques contra la policía y e importantes proyectos industriales. Aunque no supone una amenaza (al parecer solo cuenta con 500 miembros), según la Agencia Antidrogas de EE UU se financia con el tráfico de cocaína (hoy Perú rivaliza con Colombia en producción de cocaína). Además, en abril del 2012, un fallido ataque gubernamental a uno de los bastiones de Sendero Luminoso se saldó con la muerte de 10 policías, lo que generó críticas al Gobierno.

Pero, sobre todo, hay que hacer frente a cuestiones medioambientales. Cuando se redactaba esta guía, la noticia de la apertura de una mina de oro en la región provocó meses de agitación social en la norteña ciudad de Cajamarca, debido a su posible efecto en el abastecimiento de agua. Y, por supuesto, está la cuestión del Amazonas, hoy partido por la carretera Interoceánica, una ruta comercial que conecta Perú y Brasil física y económicamente. Es una maravilla de la ingeniería, pero ha suscitado un temor entre los científicos por su impacto sobre una de las últimas grandes zonas naturales del mundo.

Las mejores películas

La teta asustada (2009) Dirigida por Claudia Llosa. Sobre una joven que sufre una dolencia relacionada con un trauma.
Contracorriente (2009) Un pescador llega a un acuerdo con el fantasma de su novio.

Qué hacer y qué no

» Los peruanos son muy educados. Ninguna negociación comienza sin un "buenos días" o un "buenas tardes".
» Antes de fotografiar a personas en las comunidades indígenas ha de pedirse permiso y no sorprenderse si requieren un pago.
» Es ilegal comprar antigüedades precolombinas y sacarlas del país.

Historia

En 1532, cuando Francisco Pizarro desembarcó en la costa peruana para conquistar aquella tierra en nombre de Dios y de la Corona española, los Andes ya habían sido testigos del auge y decadencia de otras civilizaciones. En el 1000 a.C. habitan en ellos los chavín, que no fue una civilización en el sentido clásico, sino la época en que los pueblos de los Andes empezaron a compartir una iconografía cultural. También los guerreros huaris, que hacia el 600 d.C. ocuparon la zona comprendida entre Chiclayo y Cuzco y construyeron una red de importantes calzadas. Y, por supuesto, los incas, administradores de un reino en pleno desarrollo que comenzaba en algún lugar del sur de Colombia y acababa en la mitad del actual Chile.

Sin embargo, la llegada de Pizarro supuso el inicio de uno de los cambios más bruscos de la historia peruana. La conquista cambio radicalmente la vida andina, alteró la economía, los sistemas políticos, la religión y el idioma. Hasta cierto punto, la historia moderna de Perú está formada por una serie de réplicas de aquel choque brutal entre incas y españoles, un conflicto que sigue arraigado en la psique peruana. Aun así, sus circunstancias particulares han dado lugar a fenómenos increíbles: nuevas culturas, nuevas razas, nuevas voces, nueva cocina y, finalmente, una nueva civilización.

Las iglesias históricas más majestuosas

- » Iglesia de Santo Domingo, Lima
- » Catedral de Ayacucho
- » Iglesia de La Compañía de Jesus, Cuzco
- » Iglesia de San Pedro, Andahuaylillas
- » Monasterio de Santa Catalina, Arequipa
- » Catedral de Trujillo

Primeros pobladores

Existen varios debates sobre desde cuando hay vida humana en Perú. Algunos expertos creen que los hombres poblaron los Andes ya en el 14000 a.C. (y existe al menos un informe académico que asegura que incluso en una fecha anterior). Sin embargo, la prueba arqueológica más concluyente sitúa a los humanos en esa zona alrededor del 8000 a.C. En las cuevas de Lauricocha (cerca de Huánuco) y Toquepala (a las afueras de Tacna) hay pinturas que muestran escenas de

CRONOLOGÍA

8000 a.C.

Cazadores y recolectores pintan escenas de caza en cuevas cerca de Huánuco y en Toquepala. Son los primeros testimonios de vida humana en Perú.

c. 3000 a.C.

Primeros asentamientos en la costa de Perú; se construyen algunos de los primeros centros ceremoniales en Caral, al norte de la actual Lima.

3000 a.C.

Se empiezan a cultivar patatas, calabazas, algodón, maíz, lúcuma y quinua. Al parecer, las llamas, alpacas y cobayas ya habían sido domesticadas hacía unos mil años.

caza de aquel tiempo. En la última se ve un grupo de cazadores acorralando y matando lo que parece ser un grupo de camélidos.

En el 4000 a.C. comenzó la domesticación de llamas y cobayas en el Altiplano, seguido del cultivo de patatas, calabazas, algodón, lúcuma (una fruta), quinua, maíz y judías. En el 2500 a.C., aquellos cazadores-recolectores se agruparon en asentamientos en la costa del Pacífico y sobrevivieron gracias a la pesca y la agricultura. Aquellos primitivos peruanos vivían en sencillas viviendas de una habitación, pero también construyeron muchas estructuras para sus prácticas ceremoniales o rituales. Algunas de las más antiguas –templos en plataformas elevadas frente al océano que contienen enterramientos humanos– datan del tercer milenio a.C.

En los últimos años los estudios en estos yacimientos arqueológicos han demostrado que esas sociedades tempranas estaban más desarrolladas de lo que se creía. Perú está considerado, junto con Egipto, la India y China, como una de las seis cunas de la civilización (un lugar en el que la urbanización acompañó a la innovación agrícola), la única del hemisferio sur. Las excavaciones en Caral (p. 311), 200 km al norte de Lima por la costa, siguen descubriendo pruebas de lo que constituye la civilización más antigua de América.

Un grupo del Altiplano, más o menos contemporáneo de esos asentamientos en la costa, construyó el enigmático templo de Kotosh (p. 305), cerca de Huánuco, cuya estructura se cree tiene 4000 años. En el yacimiento hay dos túmulos-templos con nichos y frisos decorativos en las paredes, unas de las construcciones más sofisticadas erigidas en el Altiplano durante ese período.

Arcilla y tejidos

Del 1800 al 900 a.C. apareció la cerámica y una producción textil más elaborada. Algunas de las cerámicas más antiguas de esta época se hallaron en los yacimientos costeros de Las Haldas (en el valle de Casma, al sur de Chimbote) y en la huaca La Florida, un templo inexplorado en el corazón de Lima. La cerámica evolucionó: pasó de cuencos sencillos sin decoración a recipientes de muy buena calidad esculpidos con incisiones. En el Altiplano, el pueblo Kotosh produjo unas piezas muy especializadas, hechas con arcilla de color negro, rojo o marrón.

También en esa época se empezaron a utilizar los telares, que producían sencillos tejidos de algodón, y se hicieron mejoras en la agricultura, como el cultivo en terrazas.

Horizonte Chavín

Fue un fértil período de desarrollo de la cultura andina que se manifestó en el campo artístico y religioso, quizá de forma independiente,

BIBLIÓFILOS

Se puede estudiar material de investigación original del tiempo de la colonia (de textos sencillos a comunicados escaneados) en la web de la Biblioteca Nacional. Se entra en www.bnp.gob.pe y se accede al enlace "Biblioteca Virtual".

1000 a.C.
Comienza el Horizonte Chavín, un período en el que varias comunidades del Altiplano y la costa comparten deidades religiosas.

200 a.C.
La cultura nazca de la costa meridional crea una serie de enormes glifos que adornan el desierto hasta hoy en día.

1 d.C.
Surge en la costa meridional la cultura paracas-necrópolis, conocida por sus tejidos intrincados, con imágenes estilizadas de guerreros, animales y dioses.

200
La cultura tiahunaco inicia su dominación de 400 años en la zona del lago Titicaca, internándose en la actual Bolivia y el norte de Chile.

en un amplio sector del centro y norte del Altiplano, además de en la costa, que duró aproximadamente del 1000 al 300 a.C. y cuyo nombre proviene de Chavín de Huántar (p. 398). Su rasgo más destacado es la repetida representación de una estilizada deidad felina que quizá simbolizaba las transformaciones espirituales experimentadas bajo los efectos de las plantas alucinógenas. Una de las imágenes más famosas de esa figura de múltiples cabezas está presente en la estela Raimondi, un bajorrelieve tallado que se encuentra en el Museo Nacional de Antropología, Arqueología e Historia del Perú en Lima (p. 67).

El felino de Chavín también aparece representado profusamente en la cerámica de la época, en especial en la austera arcilla negra de la cultura cupisnique, que floreció en la costa norte.

También se desarrolló el arte de la orfebrería en oro, plata y cobre, además de conseguirse importantes avances en el tejido y en la arquitectura. En resumen, fue un período en el que la cultura comenzó a florecer en los Andes.

Para más información sobre Chavín, véase p. 516.

El nacimiento de las culturas locales

A partir del 300 a.C. muchos asentamientos locales adquirieron importancia a escala regional. Al sur de Lima, en la zona alrededor de

LOS SANTOS DE PERÚ

El primer siglo de la colonización peruana dio un inusual número de santos católicos, cinco en total, como la muy venerada santa Rosa de Lima (1556-1617), una devota criolla, que hizo voto de castidad y practicó la mortificación física (llevaba un cilicio y dormía en una cama de trozos de cristal y cerámica.) Asimismo, destacaron san Juan Macías (1585-1645), que ayudaba a los necesitados, y san Martín de Porres (1579-1639), el primer santo de negro del Nuevo Mundo.

¿Por qué tantos? En gran parte se debió al empeño español en reemplazar el ancestral orden indígena por las tradiciones traídas de España. Las autoridades católicas, mediante un proceso conocido como extirpación, intentaban erradicar las creencias religiosas indígenas prohibiendo el culto a los antepasados y quemando los ídolos religiosos precolombinos. Aquel proceso dio lugar a una cosecha de personas santas que los dirigentes católicos podían utilizar como ejemplo de beatitud. Los sacerdotes predicaban las maravillas de gente corriente que rechazaba las posesiones mundanas y demostraba una humildad extrema, cualidades que la Iglesia quería inculcar en su nueva grey. En aquellos tiempos hubo muchas canonizaciones y hoy esos santos siguen siendo parte esencial de la cultura espiritual peruana.

En la iglesia de Santo Domingo de Lima, p. 57 pueden verse las reliquias de esos santos.

500

En el norte, la cultura mochica construye las huacas del Sol y de la Luna, templos de adobe situados a las afueras de la actual Trujillo.

NATHANBENN/ALAMY ©

» Máscara de oro mochica.

600

Los huaris pueblan la zona de Ayacucho y consolidan un imperio que abarca desde Cuzco a Chiclayo; están estrechamente vinculados a la cultura tiahuanaco de Bolivia.

c. 800

Los independientes chachapoyas construyen Kuélap, una ciudadela en el norte del Altiplano formada por 400 construcciones elevadas, incluidas sus típicas moradas circulares.

la península de Paracas, vivía una comunidad costera cuya etapa más destacada se conoce como paracas-necrópolis (1-400 d.C.), llamada así por el gran yacimiento funerario donde se descubrieron algunos de los mejores tejidos precolombinos del continente: unas telas coloridas e intrincadas que representan a criaturas marinas, guerreros felinos y estilizadas figuras antropomorfas. (Para más información sobre los paracas véase p. 517.)

En el sur, el pueblo nazca (200 a.C.-600 d.C.) realizaba unos enormes y enigmáticos dibujos en un paisaje desértico que solo pueden verse desde el aire. Conocidas como Líneas de Nazca (p. 123), se descubrieron a principios del s. xx, aunque su verdadera finalidad sigue suscitando debates. Esa cultura también es conocida por sus delicados tejidos y su cerámica, en la que se utilizó por primera vez en la historia peruana una técnica polícroma de pintura.

Al mismo tiempo, la cultura mochica se asentó en la zona cercana a Trujillo entre el 100 y el 800 d.C. Fue un pueblo muy artístico (a él se deben unos de los retratos más extraordinarios de la historia) y dejaron tras de sí importantes túmulos, como las huacas del Sol y de la Luna (templos del Sol y de la Luna; p. 327), cerca de Trujillo, y el lugar de enterramiento de Sipán (p. 341), en las afueras de Chiclayo. Este último alberga una serie de tumbas –en excavación desde 1987–, que constituyen uno de los hallazgos arqueológicos más importantes de Sudamérica desde Machu Picchu.

Una sequía catastrófica durante la segunda mitad del s. vi puede haber contribuido a la desaparición de la cultura mochica. Para más información sobre ese pueblo véase p. 518.

La cultura preincaica de tiahuanaco se estableció en torno al lago Titicaca y está estrechamente vinculada a la huari en muchos sentidos. *Tiwanaku: Ancestors of the Inca* (Tiwanaku: antepasados de los incas), de Margaret Young-Sánchez, ofrece un compendio ilustrado de su arte e historia.

La expansión huari

Cuando la influencia de los estados regionales disminuyó, los huaris (un grupo étnico procedente de la cuenca de Ayacucho) aparecieron como una fuerza a tener en cuenta durante 500 años a partir del 600 d.C. Eran guerreros conquistadores que construyeron y mantuvieron importantes puestos de avanzada en un amplio territorio que abarcaba desde Chiclayo a Cuzco. Aunque su antigua capital se hallaba en las afueras de la actual Ayacucho (sus ruinas aún se pueden visitar; p. 300), también controlaban Pachacámac, el gran centro ceremonial a las afueras de Lima (p. 101), a donde acudía gente de toda la región para rendirles tributo.

Como ocurre con muchas culturas conquistadoras, los huaris intentaron someter a otros pueblos imponiendo sus propias tradiciones. Entre el 700 y el 1100, la influencia huari se hizo notar en el arte, la tecnología y la arquitectura de gran parte de Perú. Esa influencia incluye las elaboradas túnicas teñidas y los delicados tejidos con esti-

El fotógrafo Martín Chambi (1891-1973) es conocido por sus bellas fotografías en blanco y negro de Cuzco de principios del s. xx, un expresivo retrato de la ciudad antes de la llegada del turismo en masa. Pueden verse en www.martinchambi.org.

c. 850
Los chimúes desarrollan el enorme centro urbano de Chan Chan, construido con adobe en las afueras de la actual Trujillo.

1100-1200
Aparecen los incas en Cuzco. Según la leyenda, un ser divino llamado Manco Cápac y su hermana Mama Ocllo les condujeron a esa zona.

1438-1471
El reinado de Inca Yupanqui (Pachacutec) inicia el período de expansión del Imperio inca. Se erigen Machu Picchu y Sacsayhuamán.

1492
Financiado por la Corona española, el explorador Cristóbal Colón llega al continente americano.

lizadas figuras humanas y dibujos geométricos, algunos de los cuales contienen 398 hilos por pulgada linear. Pero, sobre todo, destacaron en la construcción de una amplia red de calzadas y por el desarrollo del sistema agrícola en terrazas, una infraestructura que aprovecharon los incas al tomar el poder varios siglos después.
Para más información, véase p. 518.

Reinos regionales

Finalmente, un grupo de pequeñas naciones-estado que prosperaron desde el año 1000 hasta la conquista inca a principios del s. xv reemplazó a los huaris. Uno de los más importantes y estudiados es el de los chimúes, radicado en la zona de Trujillo y cuya capital fue la célebre Chan Chan (p. 325), la ciudad de adobe más grande del mundo. Su economía se basó en la agricultura y su sociedad estaba muy jerarquizada, con una sólida clase de artesanos que producía tejidos pintados y hermosas cerámicas de tinte negro.

Los sicanes, de la zona de Lambayeque, estrechamente vinculados a los chimúes, fueron célebres metalurgistas que fabricaban los tumi, unos cuchillos ceremoniales de hoja redondeada que se utilizaban en los sacrificios (el tumi se ha convertido en el símbolo nacional de Perú y sus réplicas se encuentran en todos los mercados de artesanía).

Hacia el sur, en las cercanías de Lima, el pueblo chancay (1000-1500) produjo unos delicados tejidos con dibujos geométricos y una cerámica toscamente graciosa, en la que la mayoría de figuras parece estar bebiendo.

En el Altiplano hubo otras culturas importantes en esa época. En una zona relativamente aislada e inaccesible del valle del Utcubamba, en el norte de los Andes, el pueblo chachapoyas, habitantes del bosque nuboso (p. 519), erigieron un amplio asentamiento en la montaña Kuélap (p. 426), una de las ruinas del Altiplano más intrigantes e importantes del país. Hacia el sur, varios pequeños reinos del Altiplano cercanos al lago Titicaca dejaron tras ellos unas impresionantes *chullpas* (torres funerarias). Los mejores ejemplos se hallan en Sillustani (p. 181) y Cutimbo (p. 183).

Durante este período también se empezaron a formar cacicazgos en la región amazónica.

En la cultura popular la imagen de los pueblos indígenas tiende a ser el de apacibles sirvientes en vastas tierras vírgenes, pero *1491: New Revelations of the Americas Before Columbus*, de Charles C. Mann, en el que los incas aparecen profusamente, indica que el continente contaba con una avanzada urbanización y gran desarrollo tecnológico.

La llegada de los incas

Según la tradición inca su civilización nació cuando Manco Cápac y su hermana Mama Ocllo, hijos del Sol, emergieron del lago Titicaca para establecer una civilización en el valle del Cuzco. Si Manco Cápac fue una figura histórica está por debatir, pero lo cierto es que

1493
Inca Huayna Cápac inicia su reinado y extiende el imperio hasta Colombia. Su prematura muerte en 1525 deja al reino dividido: las consecuencias son funestas.

1532
Atahualpa vence en la larga guerra por controlar los territorios incas. Casi al mismo tiempo, los españoles llegan a Perú. En menos de un año, Atahualpa muere.

1572
Túpac Amaru, el rey que había establecido un estado independiente de los españoles en Vilcabamba, es capturado y decapitado por las autoridades coloniales.

» Sacsayhuamán (p. 235).

la civilización inca se estableció en la zona de Cuzco en algún momento del s. XII. El reinado de los primeros Incas (reyes) no fue nada extraordinario y durante un par de siglos solo fueron un pequeño estado regional.

Su expansión comenzó a principios del s. XV, cuando el noveno rey, el Inca Yupanqui, defendió Cuzco –contra todo pronóstico– contra el pueblo invasor chanka procedente del norte. Tras la victoria adoptó el nombre de Pachacutec ("transformador de la tierra") y pasó los siguientes 25 años conquistando gran parte de los Andes. Bajo su reinado, los incas pasaron de ser un feudo regional del valle del Cuzco a un vasto imperio con unos 10 millones de súbditos conocido como Tahuantinsuyo ("tierra de cuatro regiones"). Ese reino abarcaba gran parte del moderno Perú, además de partes de Ecuador, Bolivia y Chile. Todo ello fue aún más sorprendente por el hecho de que los incas, como grupo étnico, nunca sumaron más de 100 000 individuos.

Al parecer, Pachacutec hizo el trazado de Cuzco en forma de puma y mandó construir unos fabulosos monumentos de piedra en honor a las victorias incas, como el de Sacsayhuamán (p. 235), el templo-fortaleza de Ollantaytambo (p. 245) y seguramente Machu Picchu (p. 253). También mejoró la red de calzadas que unían el imperio, desarrolló aún más los sistemas agrícolas en terrazas e hizo del quechua la lengua franca.

Armas, gérmenes y acero de Jared Diamond, galardonada con el premio Pulitzer, es un serio análisis desde el punto de vista biológico de las razones por las cuales algunas sociedades europeas sometieron a otras. Trata en detalle la batalla de Cajamarca y la captura de Atahualpa por parte de los españoles.

Breve reinado de Atahualpa

Otros reyes incas continuaron la expansión. El nieto de Pachacutec, Huayna Cápac, que subió al trono en 1493, tomó gran parte del moderno Ecuador y llegó hasta Colombia, por lo que pasó gran parte de su vida gobernando y comandando sus ejércitos en el norte, en vez de en Cuzco.

En aquel tiempo la presencia española ya se dejaba sentir en los Andes. La viruela y otras enfermedades transmitidas por los soldados europeos se extendían por todo el continente americano. Eran tan rápidas que llegaron a Perú antes que los propios españoles y se cobraron miles de vidas, incluida seguramente la de Huayna Cápac, que murió de un tipo de peste en 1525.

Sin un plan claro de sucesión, la muerte prematura del emperador dejó tras de sí un vacío de poder que enfrentó a dos de sus muchos vástagos: Atahualpa, que había nacido en Quito y estaba al mando del ejército de su padre al norte, y Huáscar, con sede en Cuzco. Atahualpa venció en abril de 1532, pero debido a la cruel naturaleza del conflicto, los incas se granjearon numerosos enemigos por todos los Andes. Por ello, cuando cinco meses más tarde llegaron los españoles, algunas tribus se mostraron dispuestas a cooperar con ellos.

1609

El Inca Garcilaso de la Vega, escritor y pensador mestizo, publica *Comentarios reales*, una crónica sobre la vida de los incas antes y después de la conquista.

1611

Nace en el sur del Altiplano Diego Quispe Tito, uno de los pintores más famosos del movimiento de arte religioso llamado Escuela de Cuzco.

1613

Guamán Poma de Ayala redacta una relación de 1200 páginas al rey español sobre el maltrato que sufren los indígenas. En 1908 se encontró la obra en un archivo danés.

1671

Santa Rosa de Lima, patrona de Perú y las Américas, es canonizada por el papa Clemente X.

La invasión española

En 1528 el explorador Francisco Pizarro y su mano derecha, Diego de Almagro, desembarcaron en Tumbes, un importante puesto de avanzada en la costa norte de Perú. Los hospitalarios nativos les ofrecieron carne, fruta, pescado y cerveza de maíz. Durante una visita a la ciudad descubrieron con gran regocijo gran abundancia de oro y plata. Los exploradores regresaron rápidamente a España y la corte financió una expedición más importante.

De vuelta a Tumbes en septiembre de 1532, traían un cargamento de armas, caballos y esclavos, además de un batallón de 168 hombres. Tumbes, la rica ciudad que habían visitado hacía solo cuatro años estaba devastada por las epidemias y una reciente guerra civil inca. Al mismo tiempo, Atahualpa avanzaba desde Quito a Cuzco para reclamar su duramente conquistado trono. Cuando llegaron los españoles se encontraba en el asentamiento del altiplano de Cajamarca, disfrutando de los baños minerales de la zona.

Pizarro pronto dedujo que en aquel imperio reinaba el caos. Acompañado por sus hombres se dirigió a Cajamarca y se presentó ante Atahualpa con saludos reales y promesas de hermandad. Pero aquellas corteses propuestas se transformaron enseguida en un ataque por sorpresa en el que murieron miles de incas y Atahualpa fue hecho prisionero (por sus caballos, armaduras y el acero de sus hojas los españoles eran casi invencibles frente a unos incas armados solo con porras, hondas y cascos de mimbre).

En un intento por recuperar su libertad Atahualpa ofreció a los españoles una recompensa en oro y plata. Los incas intentaron reunir uno de los rescates más famosos de la historia y llenar una habitación entera con esos valiosos metales para aplacar los deseos de los españoles. Pero nunca era suficiente. Los españoles mantuvieron ocho meses cautivo a Atahualpa, antes de ejecutarlo con garrote vil por ahorcamiento a los 31 años de edad.

El imperio inca nunca se recuperó de ese fatídico encuentro. La llegada de los españoles produjo el catastrófico colapso de la sociedad indígena. Un estudioso calcula que en un siglo la población nativa –unos 10 millones al llegar Pizarro– se redujo a 600 000.

Los escritores más influyentes

- El Inca Garcilaso de la Vega, cronista
- Ricardo Palma, folclorista
- Abraham Valdelomar, ensayista
- César Vallejo, poeta
- José Carlos Mariategui, teórico político
- Mario Vargas Llosa, escritor

En Lima, entre los ss. XVI-XIX, muchas mujeres se cubrían la cabeza con un pañuelo, que las tapaba por completo salvo un ojo: los lugareños las apodaron "las tapadas". El origen de esa tradición es incierto (hay quien asegura que es árabe), pero permitió a las mujeres atreverse a estar solas en público.

La colonia tumultuosa

Tras la muerte de Atahualpa, los españoles se dedicaron a consolidar su poder. El 6 de enero de 1535 Pizarro estableció su nuevo centro administrativo a orillas del río Rímac, en la costa central. Con el tiempo se convertiría en Lima, la llamada "Ciudad de Reyes" (en honor a los Reyes Magos) y capital del Virreinato de Perú, un imperio que durante más de 200 años abarcó gran parte de Sudamérica.

1717
La Corona española establece el virreinato de Nueva Granada, que comprende el actual Ecuador, Colombia y Panamá, y reduce el poder y alcance del virreinato peruano.

1781
El noble inca Túpac Amaru II (José Gabriel Condorcanqui) es ejecutado por los españoles en Cuzco, tras liderar una infructuosa rebelión indígena.

1810
Nace en Lima el pintor Pancho Fierro, un acuarelista conocido por dibujar la vida diaria; sus cuadros ayudaron a definir una identidad peruana exclusiva.

1821
José de San Martín declara la independencia de Perú, pero la soberanía no se consigue hasta que Simón Bolívar derrota a los españoles en Junín y Ayacucho tres años después.

Fue un período de gran agitación, pues al igual que en el resto de América los españoles impusieron el reinado del terror. Hubo frecuentes rebeliones. El hermanastro de Atahualpa, Manco Inca (que en un principio se alió con los españoles y fue un emperador títere de Pizarro) intentó recuperar el control del Altiplano en 1536 –sitió la ciudad de Cuzco durante casi un año–, pero finalmente se vio forzado a retirarse. En 1544, un contingente de soldados españoles le asesinó a puñaladas.

En este período, los españoles también luchaban entre ellos, divididos en una complicada serie de facciones rivales en puja por el poder. En 1538, Almagro fue condenado a la horca tras su intento de tomar Cuzco. Tres años más tarde, Pizarro fue asesinado en Lima por un grupo de partidarios de Almagro. Otros conquistadores corrieron suerte parecida. Los ánimos se calmaron con la llegada del virrey Francisco de Toledo, un eficaz administrador que puso orden en la emergente colonia.

Hasta su independencia, Perú estuvo gobernado por una serie de virreyes españoles nombrados por la Corona. Los españoles ocuparon los cargos de más prestigio, mientras que los criollos (hijos de españoles nacidos en la colonia) solían verse relegados a los cuadros medios. Los mestizos –nacidos de padres de distinta raza– se encontraban aún más abajo en la escala social. Los indígenas puros se encontraban en el nivel inferior, explotados como peones (trabajadores prescindibles) en encomiendas, un sistema feudal que otorgaba tierras a los colonos españoles e incluía la propiedad de todos los indígenas que vivieran en ellas.

La tensión entre los indígenas y los españoles llegó al límite a finales del s. XVIII, cuando la Corona española impuso nuevos impuestos que tuvieron un duro impacto en los indígenas. En 1780, José Gabriel Condorcanqui –descendiente del Inca Túpac Amaru– arrestó y ejecutó a un administrador español, acusado de crueldad. Aquello desencadenó una rebelión indígena que se propagó a Bolivia y Argentina. Condorcanqui tomó el nombre de Túpac Amaru II y recorrió la región instigando a la revolución.

La represalia española fue rápida y brutal. En 1781, el líder indígena fue capturado y llevado a rastras a la plaza principal de Cuzco, donde antes de ser descuartizado pudo ver durante un día entero cómo asesinaban a sus seguidores, su esposa y sus hijos en una orgía de violencia. Varias partes de su cuerpo fueron expuestas en poblaciones de todos los Andes para disuadir a los posibles rebeldes.

La independencia

A comienzos del s. XIX los criollos de muchas colonias españolas estaban harto insatisfechos con su escaso poder en la administración y

Emperadores incas importantes

» Manco Cápac (c. 1100), fundador de Cuzco

» Mayta Cápac (s. XIII), comenzó la expansión

» Inca Yupanqui (s. XIV), "Pachacutec"

» Huayna Cápac (ss. XV-XVI), continuó la expansión en el norte

» Atahualpa (1497-1533), último soberano

1826

Las últimas tropas españolas zarpan de Callao. A continuación, el país se sume en un período de anarquía.

1872

El escritor Ricardo Palma publica el primero de una serie de libros conocidos como *Tradiciones peruanas*, crónica de un inconfundible folclore criollo.

1879-1883

Chile entra en guerra contra Perú y Bolivia por el control de las tierras ricas en nitrato del desierto de Atacama. Perú pierde la guerra y Tarapacá, su región más meridional.

1845

Ramón Castilla inicia el primero de sus cuatro mandatos presidenciales no consecutivos y consigue estabilizar relativamente al país.

los altos impuestos de la Corona, lo que propició revueltas en todo el continente. En Perú, los vientos del cambio llegaron de dos direcciones. Tras dirigir campañas independentistas en Argentina y Chile, el revolucionario argentino José de San Martín entró a Perú en 1820 por el puerto de Pisco. Con la llegada de San Martín, las fuerzas realistas se retiraron al Altiplano, lo que le permitió tomar Lima sin obstáculos. El 28 de julio de 1821 declaró la independencia. Sin embargo, la verdadera independencia no se materializó hasta tres años más tarde. Con el grueso de las fuerzas españolas en el interior, San Martín necesitó más hombres para derrotar a los españoles por completo.

Simón Bolívar, el revolucionario venezolano que había dirigido las luchas por la independencia en Venezuela, Colombia y Ecuador, tomó el relevo. En 1823, los peruanos otorgaron poderes dictatoriales a Bolívar (un honor que ya había recibido en otros países). En la segunda mitad de 1824, él y su lugarteniente Antonio José de Sucre habían derrotado a los españoles en las batallas decisivas de Junín y Ayacucho. En esta última, los revolucionarios se enfrentaron a una increíble desigualdad numérica, pero aún así consiguieron capturar al virrey y negociar una rendición. Como parte del acuerdo, los españoles retirarían todas sus fuerzas de Perú y Bolivia.

En la web de la Biblioteca Nacional Danesa, www.kb.dk/permalink/2006/poma/info/en/frontpage.htm, se encuentra escaneado el manuscrito del s. XVII de Guamán Poma de Ayala (con ilustraciones), que documenta las atrocidades coloniales contra los pueblos indígenas.

La nueva república

El idealismo revolucionario pronto topó con la dura realidad de tener que gobernar. Entre 1825 y 1841 el régimen cambió dos docenas de veces, pues los caudillos regionales luchaban sin cesar por el poder. La situación mejoró en la década de 1840 gracias a la explotación de los inmensos depósitos de guano cercanos a la costa peruana: las deyecciones de aves, ricas en nitratos, aportaron grandes beneficios como fertilizantes en el mercado internacional. La historia peruana del s. XIX está literalmente plagada de chistes escatológicos.

El país gozó de bastante estabilidad bajo el gobierno de Ramón Castilla, un mestizo que fue elegido para su primer mandato en 1845. Los ingresos procedentes del *boom* del guano (para el que Castilla había sido fundamental) le ayudaron a aplicar las mejoras económicas, tan necesarias. Abolió la esclavitud, liquidó parte de la deuda externa y creó un sistema de escuelas públicas. Castilla fue presidente tres veces más a lo largo de dos décadas; en ocasiones por la fuerza y en otras provisionalmente (una vez durante menos de una semana). Tras su último mandato, sus rivales le exiliaron, pues querían neutralizarle políticamente. Falleció en 1867 en el norte de Chile mientras intentaba regresar a Perú. En el Panteón de los Próceres, en el centro de Lima (p. 63), se halla su impresionante cripta.

1892

Nace en el Altiplano el poeta César Vallejo; muere a los 46 años, pero sus sobrios textos, socialmente comprometidos, lo convierten en una de las figuras literarias transformadoras del continente.

1895

Nicolás de Piérola es elegido presidente. Empieza un período de relativa estabilidad gracias al *boom* de la economía mundial.

1911

El historiador estadounidense Hiram Bingham llega a las ruinas de Machu Picchu; su "descubrimiento" de la antigua ciudad aparece en *National Geographic.*

1924

Víctor Raúl Haya de la Torre, un líder político del norte, funda el APRA, un partido populista y antiimperialista que inmediatamente es declarado ilegal.

La Guerra del Pacífico

Tras la muerte de Castilla, el país volvió a sumirse en el caos. Una sucesión de caudillos despilfarraron los enormes beneficios del *boom* del guano y, en general, administraron la economía de un modo deplorable. Además, estallaron conflictos militares con Ecuador (por asuntos fronterizos) y España (que intentaba dominar sus antiguas colonias sudamericanas). Dichos conflictos vaciaron las arcas de la nación. En 1874, Perú estaba en bancarrota.

Por tanto, el país quedó en una posición muy débil para afrontar el conflicto con Chile y Bolivia, que iba en aumento y tenía como objetivo el control de las tierras ricas en nitrato del desierto de Atacama. Las fronteras de la zona no se habían definido claramente y el aumento de las tensiones desembocó en combates militares abiertos. Para empeorar la situación, el presidente Mariano Prado abandonó el país con destino a Europa en vísperas del conflicto. La guerra fue desastrosa para Perú en todos los aspectos (por no mencionar a Bolivia, que perdió su costa). A pesar de las valerosas acciones de algunos militares peruanos (como el almirante de la Armada Miguel Grau), los chilenos estaban mejor organizados y tenían más recursos, incluido el apoyo de los británicos. En 1881, se internaron en Perú por tierra y ocuparon Lima; la saquearon y se llevaron los valiosos contenidos de la Biblioteca Nacional. Cuando acabó el conflicto en 1883, Perú había perdido para siempre Tarapacá (su región más meridional) y hasta 1929 no volvió a recuperar la zona alrededor de Tacna.

EXPORTACIÓN DEL GUANO

A mediados del s. XIX las exportaciones de guano de Perú sumaban más 20 millones de dólares al año y hoy suman más de 517 millones de dólares. En 1869 el país exportaba anualmente más de medio millón de toneladas de fertilizante rico en nitratos.

Una nueva era intelectual

A finales del s. XIX, la situación empezó a mejorar para Perú. La economía mundial al alza ayudó a su recuperación económica, gracias a la exportación de azúcar, algodón, caucho, lana y plata. En 1895, Nicolás de Piérola fue elegido presidente y se inició un período conocido como "la República Aristocrática". Se erigieron hospitales y escuelas y el presidente emprendió personalmente una campaña para construir carreteras y vías férreas.

Ese período fue testigo de un cambio radical en el pensamiento intelectual peruano. Las postrimerías del s. XIX habían sido una época en que muchos pensadores (sobre todo de Lima) habían intentado forjar la noción de una identidad intrínsecamente peruana, basada en la experiencia criolla. Entre ellos resultó fundamental Ricardo Palma, un escritor y erudito célebre por haber reconstruido la Biblioteca Nacional de Lima, que había sido saqueada. A partir de 1872 publicó un conjunto de escritos sobre las tradiciones folclóricas criollas bajo el título de *Las tradiciones peruanas;* hoy en día es de lectura obligada para todos los escolares peruanos.

1928

El periodista y pensador José Carlos Mariátegui publica los *Siete ensayos de interpretación de la realidad peruana,* en los que critica duramente el carácter feudal de la sociedad del país.

1932

Más de mil seguidores de la APRA son ejecutados por el ejército en las ruinas de Chan Chan tras una sublevación en Trujillo.

1948

El general Manuel Odría asume el poder durante ocho años, impulsa la inversión extranjera y toma represalias contra el movimiento de la APRA.

1962

Mario Vargas Llosa publica *La ciudad y los perros*, una novela experimental ambientada en una academia militar de Lima.

Sin embargo, a medida que llegaba el cambio de siglo, los círculos intelectuales empezaron a experimentar el auge del indigenismo, un movimiento continental que propugnaba un papel político y social predominante de los pueblos indígenas. En Perú, esto se tradujo en un movimiento cultural amplio, pero fragmentado. El historiador Luis Valcárcel atacó el modo en que su sociedad degradaba al sector indígena. El poeta César Vallejo escribió obras aclamadas por la crítica cuya temática era la opresión de los indígenas y José Sabogal lideró una generación de artistas plásticos que exploraron los temas indígenas en su pintura. En 1928, el periodista y pensador José Carlos Mariátegui redactó una obra marxista de gran influencia *(Siete ensayos de interpretación de la realidad peruana),* en la que criticaba el carácter feudal de la sociedad peruana y elogiaba los aspectos comunitarios del orden social inca (hoy en día sigue siendo una lectura vital para la izquierda latinoamericana).

En este clima, Víctor Raúl Haya de la Torre (líder político nacido en Trujillo) fundó en 1924 la Alianza Popular Revolucionaria Americana, también conocida como APRA. Este partido defendía valores populistas, elogiaba a "Indoamérica" y abogaba por un movimiento contra el imperialismo estadounidense. El régimen autocrático de Augusto Leguía lo declaró ilegal y siguió siéndolo hasta bien entrado el s. xx. Haya de la Torre tuvo que vivir escondido y en el exilio en varios momentos de su vida y en una ocasión estuvo encarcelado 15 meses como prisionero político.

Dictaduras y revolucionarios

Tras la Gran Depresión de 1929 la historia del país entró en una nebulosa de dictaduras salpicadas por períodos de democracia. Leguía, un barón del azúcar de la costa norte, gobernó en un par de ocasiones: primero fue elegido (1908-1912) y luego llegó al poder tras un golpe de Estado (1919-1930). En su primer mandato se enfrento a múltiples conflictos fronterizos y en el segundo reprimió la libertad de prensa y a los disidentes políticos.

Su sucesor, el coronel Luis Sánchez Cerro, tuvo un par de mandatos cortos en la década de 1930. Su gobierno fue turbulento, pero algunos sectores lo elogian porque derogó la ley de conscripción vial, según la cual los hombres sanos debían trabajar en la construcción de carreteras. Aquella ley afectaba especialmente a los indígenas, que no podían pagar la cuota de exención. En 1948 subió al poder otro dictador: el antiguo coronel del ejército Manuel Odría, que dedicó su mandato a tomar medidas enérgicas contra la APRA y fomentar la inversión estadounidense.

Sin embargo, el dictador peruano más fascinante del s. xx fue Juan Velasco Alvarado, antiguo comandante en jefe del ejército que tomó

SENDERO LUMINOSO

El fundador de Sendero Luminoso, Abimael Guzmán, tomó ese nombre de una máxima del escritor y fundador del Partido Comunista José Carlos Mariátegui: "el marxismo-leninismo abrirá un sendero luminoso a la revolución".

1968

El general Juan Velasco Alvarado toma el poder tras un golpe de Estado; en sus siete años de mandato impone un programa populista que incluye la "peruanización" de la industria.

1970

En el norte de Perú, un terremoto de 7,7 grados en la escala de Richter se salda con casi 80 000 muertos, 140 000 heridos y 500 000 personas sin hogar.

1980

El grupo guerrillero Sendero Luminoso comete su primera acción violenta –quema de unas urnas electorales– en la región de Ayacucho, un incidente que despierta poco interés por parte de la prensa.

1980

Fernando Belaúnde Terry es el primer presidente elegido democráticamente tras 12 años de dictadura militar, pero su mandato se ve acosado por la inestabilidad económica.

el poder en 1968. Cuando al parcer su gobierno se creía conservador, resultó ser un inveterado populista, tanto que algunos miembros de la APRA se quejaron de que les había robado su programa. Estableció una agenda nacionalista que incluía la "peruanización" de varias industrias (garantizaba la propiedad con mayoría peruana). Elogió al campesinado indígena, defendió un programa radical de reformas agrarias y convirtió el quechua en lengua oficial. También limitó la libertad de prensa, lo cual enfureció a la estructura del poder en Lima. A la larga, sus políticas económicas fracasaron. En 1975, su salud se deterioró y fue sustituido por otro régimen militar más conservador.

Conflicto Interno

Perú regresó al gobierno civil en 1980, cuando el presidente Fernando Belaúnde Terry ganó las primeras elecciones en las que podían participar los partidos de izquierda, incluida la APRA, ya legalizada. El mandato de Belaúnde fue de todo menos tranquilo. Las reformas sociales y agraria pasaron a un segundo plano, mientras el presidente intentaba poner en marcha una economía moribunda.

En aquel momento comenzó el auge sin precedentes de un grupo maoísta radical en la pobre región de Ayacucho. Fundado por el profesor de filosofía Abimael Guzmán, Sendero Luminoso quería nada más y nada menos que destruir el orden social a través de la lucha armada. Durante las dos décadas siguientes la situación alcanzó intensos niveles de violencia y el grupo asesinó a líderes políticos y activistas sociales, atacó comisarías de policía y universidades y en una ocasión colgó perros muertos por el centro de Lima (sus actividades consiguieron que el grupo entrara en la lista de organizaciones terroristas extranjeras del Departamento de Estado de EE UU). Otro grupo izquierdista de guerrillas entró en acción al mismo tiempo, el Movimiento Revolucionario Túpac Amaru (MRTA), que centró sus ataques en la policía y las fuerzas armadas.

Para sofocar la violencia, el Gobierno envió al ejército, un torpe cuerpo que no sabía cómo enfrentarse a la insurgencia guerrillera. Hubo casos de tortura, violaciones, desapariciones y masacres, sin que nada de ello detuviera a Sendero Luminoso. Atrapados en medio del conflicto, decenas de miles de campesinos pobres sufrieron la mayor parte de las bajas.

En 1985, Alan García fue elegido presidente. En un principio su elección generó grandes esperanzas. Era joven, popular y un orador de gran talento, así como el primer miembro del APRA que había ganado unas elecciones presidenciales. Sin embargo, su programa económico fue catastrófico: su decisión de nacionalizar los bancos y limitar el pago de la deuda externa llevó al país a la bancarrota. A finales de la década

El continente olvidado es un aclamado (aunque denso) legajo político de Michael Reid, colaborador del *Economist*. Se publicó en el 2009 y estudia las tensas relaciones del continente con EE UU y Europa, además de su desarrollo económico y político en las últimas tres décadas.

1983

En una de las mayores masacres del Conflicto Interno, se asesina a ocho periodistas en el pueblo andino de Uchuraccay.

1985

Alan García es elegido presidente. Su mandato se caracteriza por la hiperinflación y los atentados de grupos terroristas. Huye del país en 1992 por malversación de fondos.

1987

Cerca de Lambayeque se descubre la excepcional tumba intacta de un guerrero-sacerdote mochica conocido como el "Señor de Sipán".

1990

Alberto Fujimori es elegido presidente. Su gobierno autoritario logra mejoras económicas, pero las acusaciones de corrupción desprestigian su administración.

de 1980, Perú se enfrentaba a un increíble índice de hiperinflación del 7500%. Miles de personas quedaron sumidas en la pobreza más absoluta. Había escasez de alimentos y disturbios. Durante toda esta época, Sendero Luminoso y el MRTA intensificaron sus ataques. El Gobierno se vio obligado a declarar el estado de excepción.

Dos años después de finalizar su mandato, García huyó del país tras ser acusado de desfalcar millones de dólares. Regresó a Perú en el 2001, cuando finalmente prescribieron los cargos.

El 'Fujishock'

Con el país en pleno caos, las elecciones presidenciales de 1990 cobraron suma importancia. Los candidatos a la presidencia fueron el famoso novelista Mario Vargas Llosa y el menos conocido agrónomo de origen japonés Alberto Fujimori. Durante la campaña, Vargas Llosa presentó un programa de "tratamiento económico de choque"; muchos pensaron que aumentaría el número de peruanos pobres. Fujimori ofreció una alternativa al statu quo y ganó sin mayor esfuerzo. Pero en cuanto ocupó el cargo, implementó un plan económico aún más austero que, entre otras cosas, aumentó el precio de la gasolina en un 3000%. A la larga, las medidas (conocidas como "el Fujishock") consiguieron reducir la inflación y estabilizar la economía, pero para el peruano medio resultaron catastróficas.

The Peru Reader, de Orin Starn, Carlos Iván Degregori y Robin Kirk, es un conjunto de indispensables artículos que abarcan todas las épocas históricas –desde extractos de las crónicas españolas a ensayos sobre la economía de la cocaína– para los estudiosos de la historia peruana.

En abril de 1992, Fujimori dio un autogolpe de Estado. Disolvió el Congreso legislativo y formó un Congreso totalmente nuevo donde predominaban sus aliados. Los peruanos, acostumbrados a los caudillos, toleraron la toma de poder, pues esperaban que Fujimori ayudara a estabilizar la situación económica y política, cosa que hizo. La economía creció. A finales de ese año los líderes de Sendero Luminoso y el MRTA habían sido capturados (aunque no antes de que Sendero Luminoso hubiera asesinado brutalmente a la activista social María Elena Moyano y detonara coches-bomba letales en el elegante distrito de Miraflores de Lima).

Sin embargo, el Conflicto Interno no cesó. En diciembre de 1996, 14 miembros del MRTA asaltaron la residencia del embajador japonés, tomaron como rehenes a cientos de destacadas personalidades y, entre otras peticiones, exigieron que el Gobierno liberase a los miembros encarcelados del MRTA. Pronto la mayoría de rehenes fueron liberados, pero mantuvieron cautivos a 72 hombres hasta abril, cuando los comandos peruanos irrumpieron en la embajada, mataron a todos los secuestradores y liberaron a los cautivos.

Al final de su segundo mandato, el Gobierno estaba debilitado por las numerosas acusaciones de corrupción. Fujimori se presentó como candidato para un tercer mandato en el 2000 (lo que era técnicamen-

1992

Abimael Guzmán, fundador de Sendero Luminoso, es arrestado en Lima. Se hallaba escondido en una escuela de danza en el próspero barrio de Surco.

1994

El chef Gastón Acurio inaugura Astrid y Gastón en el distrito de Miraflores, en Lima. Su restaurante ayuda a catapultar la cocina peruana a escala internacional.

1996

La guerrilla del Movimiento Revolucionario Túpac Amaru (MRTA) asalta la residencia del embajador de Japón en Lima y mantiene a 72 rehenes durante cuatro meses.

2000

Fujimori huye a Japón tras salir a la luz unos vídeos en los que aparece el jefe del servicio de inteligencia sobornando a funcionarios y medios de comunicación. El Congreso peruano le destituye del cargo.

UN NOBEL PARA PERÚ

En el 2010 se concedió el Premio Nobel de Literatura a Mario Vargas Llosa (1936), el escritor peruano vivo más famoso, por una obra que exploraba los caprichos del amor, el poder y la corrupción. El premio era la culminación de una vida extraordinaria: de joven, Vargas Llosa tuvo una aventura amorosa con la cuñada de su tío, con la que se casaría después (historia que novelaría en *La tía Julia y el escribidor*). En la década de 1970 llegó a las manos con el también premio nobel, el colombiano Gabriel García Márquez por razones que nunca se han revelado. La década siguiente se presentó a la presidencia, pero perdió. Ha escrito novelas, relatos cortos y ensayos políticos. Tras ganar el Premio Nobel comentó a un periodista: "La muerte me encontrará con la pluma en la mano".

te inconstitucional) y siguió en el poder, a pesar de no contar con la mayoría simple necesaria para asegurarse la victoria. Sin embargo, ese mismo año se vio obligado a huir del país cuando se descubrió que su jefe de seguridad, Vladimiro Montesinos, había malversado fondos gubernamentales y sobornado a funcionarios y medios de comunicación. Muchos de estos actos fueron grabados: los 2700 "Vladivídeos" dejaron a la nación absorta ante la pantalla cuando se emitieron por primera vez en el 2001. Desde el extranjero, Fujimori presentó su renuncia formal al cargo de presidente, pero el Congreso rechazó este gesto, le destituyó y le declaró "moralmente incapaz" para gobernar.

Aún así, en Perú se volvería a hablar de Fujimori. En el 2005 regresó a Sudamérica y fue arrestado en Chile para que se enfrentara a las antiguas acusaciones de corrupción, secuestro y violación de derechos humanos. Le extraditaron a Perú en el 2007 y ese mismo año fue declarado culpable de haber ordenado un allanamiento ilegal. Dos años más tarde fue declarado culpable de haber ordenado ejecuciones extrajudiciales; y tres meses después, de haber desviado millones de dólares de fondos estatales a Montesinos. En el 2009 se declaró culpable de haber realizado escuchas telefónicas y llevado a cabo sobornos. En la actualidad está cumpliendo 25 años en prisión. Al mismo tiempo, Montesinos cumple 20 años por soborno y venta de armas a los rebeldes colombianos.

The Conquest of the Incas, de John Hemming, un clásico del género publicado en 1970, es de lectura obligada para todo el que desee entender la ascensión y decadencia del efímero Imperio inca.

El siglo XXI

Hasta el momento el nuevo milenio se porta bien con Perú. En el 2001, Alejandro Toledo (un limpiabotas que estudió económicas en Stanford) se convirtió en el primer presidente de etnia quechua. Hasta entonces, Perú había tenido presidentes mestizos, pero nunca un indígena puro. Por desgracia, Toledo heredó una política y una economía

2001

Alejandro Toledo es el primer presidente indígena que gobierna un país andino.

2003

La Comisión de la Verdad y Reconciliación publica su informe final sobre el Conflicto Interno. Se calcula que causó unos 70 000 muertos.

BLOOMBERG VIA GETTY IMAGES ©

» Plaza Bolívar.

2005

Comienza en el sur de la cuenca del Amazonas la construcción de la carretera Interoceánica, que abre una ruta comercial terrestre entre Perú y Brasil.

TRAS EL CONFLICTO INTERNO

Uno de los logros más notables de la presidencia de Alejandro Toledo (2001-2006) fue la creación de la Comisión de la Verdad y Reconciliación, que estudió los innumerables actos de violencia en masa que se produjeron durante el Conflicto Interno (1980-2000). A pesar de que la Comisión carecía de autoridad judicial, sus audiencias públicas fueron actos emotivos y catárticos. Hombres y mujeres de todas las edades y razas testificaron en contra de las masacres, violaciones y desapariciones a manos del ejército y distintos grupos guerrilleros durante ese terrible período.

En agosto del 2003 la Comisión publicó su informe final, que reveló que el número de víctimas de aquel conflicto era el doble del que se había calculado: casi 70 000 personas habían sido asesinadas o habían desaparecido. Junto con el informe final la Comisión también organizó una exposición de fotografías llamada *Yuyanapaq* ("recordar" en quechua), que hoy en día está expuesta en el Museo de la Nación de Lima (p. 66). Aun con el paso de los años es una conmovedora exposición que sigue resultando una experiencia muy emotiva.

desastrosas. La situación empeoró por su falta de mayoría en el Congreso, que le restó efectividad en plena recesión económica.

A Toledo le sucedió –nada menos que– Alan García, de la APRA, que fue reelegido en el 2006. Su segundo mandato fue mucho más estable. La economía se mantuvo a flote y el Gobierno invirtió dinero en mejorar infraestructuras como puertos, autopistas y la red eléctrica, no sin dificultades. Para empezar hubo denuncias de corrupción (el Consejo de Ministros de García se vio obligado a dimitir en el 2008 tras las acusaciones de soborno) y también se enfrentó al delicado tema de cómo gestionar la riqueza mineral del país. En el 2008, García ratificó una ley que permitía a las empresas extranjeras explotar los recursos naturales del Amazonas. Aquella ley generó una violenta reacción por parte de varias tribus del Amazonas que condujo a un fatídico callejón sin salida en la norteña ciudad de Bagua en el 2009.

El Congreso peruano revocó la ley, pero es una cuestión que sigue siendo un desafío para el nuevo presidente, Ollanta Humala. Se creyó que este antiguo oficial del ejército elegido en el 2011 sería un populista en la línea de Hugo Chávez (la Bolsa de Lima cayó de forma vertiginosa cuando fue elegido), pero su Gobierno se ha mostrado muy respetuoso con los negocios. Aunque la economía ha funcionado bien durante su mandato, el descontento civil por una mina de oro en el norte y un fallido ataque a un campamento de Sendero Luminoso en el Altiplano, hizo que a mediados del 2012 su índice de valoración cayera en picado.

2006

Alan García es elegido para un segundo mandato presidencial no consecutivo tras una segunda vuelta.

2009

Fujimori es declarado culpable por malversación de fondos. También se le condena por autorizar un allanamiento ilegal y ordenar ejecuciones extrajudiciales.

2011

El populista y antiguo oficial del ejército Ollanta Humala se hace cargo de la presidencia tras vencer en una estrecha segunda vuelta electoral a Keiko, hija de Fujimori.

2012

Perú recibe el premio al mejor destino culinario del mundo en World Travel Awards.

La vida en Perú

Perú, que posee un territorio que comprende desierto, altiplano y jungla, se promociona como una tierra de contrastes. Algo que puede también aplicarse a sus habitantes: el país es una mezcla de ricos y pobres, y es moderno y antiguo, agrícola y urbano, indígena y blanco. La cohabitación puede resultar difícil, pero también muy enriquecedora. Así ha sido la vida en Perú durante siglos.

En 1971, el sacerdote peruano Gustavo Gutiérrez articuló los principios de la teología de la liberación, una teoría que vincula el pensamiento cristiano con la justicia social. En el 2003 recibió el premio Príncipe de Asturias de Comunicación y Humanidades.

Población

Perú es esencialmente una sociedad bicultural: una parte es indígena y la otra tiene influencia europea. La gran mayoría habla español y mantiene la tradición criolla, el legado cultural de los hijos de españoles nacidos en Perú que administraron la colonia. Ese grupo está compuesto por una mezcla de blancos (15%) y mestizos, personas con sangre indígena y europea (37%). Los cargos de liderazgo y con mayor bienestar económico normalmente los ocupan personas de este grupo, en especial los blancos o de piel clara.

Cerca de un 45% de la población de Perú son indígenas puros, lo que lo sitúa entre los tres países de Latinoamérica con más alta proporción de indígenas. La inmensa mayoría vive en zonas rurales de los Andes y trabaja en la agricultura (para profundizar sobre ese sector de la población véase p. 521).

Los afroperuanos, asiáticos y otros grupos de inmigrantes representan solo el 3% de la población.

Más del 75% de los peruanos vive en las ciudades, lo que supone un gran contraste con la década de 1960, en la que más de la mitad de la población vivía en el campo. Esa situación ha creado tensión en las infraestructuras municipales, y algunas cuestiones como el alcantarillado y la electricidad siguen sin resolverse, sobre todo en los asentamientos ilegales conocidos como "pueblos jóvenes".

VIVA EL PERÚ... ¡CARAJO!

Debido a las enormes diferencias entre los pueblos que habitan un territorio tan amplio, la identidad nacional siempre ha sido un tema espinoso. Sin embargo, si hay algo que los une es un sólido sentimiento de desafío. En la década de 1950, el periodista Jorge Donayre Belaúnde escribió un poema a su patria titulado *Viva el Perú... ¡Carajo!* Esos versos son un tributo épico a Perú, con todos sus defectos, que describe la vida en los pueblos andinos y en las chabolas urbanas. "A los peruanos –escribió Donayre–, no les asustan las circunstancias difíciles, ni los terremotos catastróficos, ni su enrevesada geografía ni los hábitos corruptos de sus políticos. Frente a la adversidad, poseen un obstinado sentimiento de seguridad". Medio siglo después de que Donayre escribiera esto, nada ha cambiado.

Viva el Perú... ¡Carajo!

Forma de vida

Aunque el país ha experimentado un reciente *boom* económico, aún existe una enorme diferencia entre ricos y pobres. El salario mínimo mensual es de unos 250 US$ y, según un informe de la ONU del 2010, casi un tercio de la población vive por debajo del umbral de pobreza. Aunque la tasa oficial de desempleo es solo de un 5,6%, el subempleo es endémico. En Lima se calcula que un 42,5% de la población está subempleada.

En las zonas rurales los pobres sobreviven gracias a la agricultura de subsistencia, en casas tradicionales de adobe u hojalata, sin electricidad y fontanería. En las ciudades, los más pobres viven en chabolas, mientras que las clases baja y media lo hacen en casas o apartamentos. Las viviendas urbanas de los adinerados suelen ser grandes casas independientes, a menudo rodeadas de altos muros.

En general, en las casas viven miembros de más de una generación.

Cortesía social

Los peruanos son educados, incluso ceremoniosos. Estrechar la mano es adecuado en situaciones de negocios, pero con los amigos lo habitual son los abrazos. Las mujeres se saludan con un beso, al igual que los hombres y las mujeres. Los indígenas no se besan y si dan la mano suele ser con poca energía.

Los lugareños están acostumbrados a tener menos espacio personal que los viajeros occidentales: los asientos en los autobuses están muy juntos.

FÚTBOL

Todo lo que se quiera saber sobre los equipos peruanos de fútbol –grandes y pequeños– se encuentra en www.peru.com/futbol.

Religión

A pesar de que existe la libertad religiosa, Perú sigue siendo un país mayoritariamente católico romano. Más del 81% de la población asegura serlo (aunque solo el 15% de ellos va a misa cada semana). La Iglesia tiene apoyo del Estado: posee un estatus en gran parte libre de impuestos y el catolicismo es la religión oficial del Ejército. Todos los obispos y hasta una octava parte del clero recibe un salario mensual del Estado, lo que ha provocado las protestas de algunos grupos evangelistas. Ellos y otros grupos protestantes son una fuerza en aumento que representa el 13% de la población.

Mujeres en Perú

Las mujeres pueden votar y tener propiedades, pero su situación sigue siendo delicada en un país dominado por el machismo. La tasa de analfabetismo femenino es más del 16%, el triple que la masculina, y la diferencia entre lo que ganan las mujeres y los hombres es de 56 céntimos frente a un dólar. Con todo, la situación ha mejorado. Se han aprobado leyes que prohíben la violencia doméstica y las agresiones sexuales, y las mujeres integran el 28% de las profesiones liberales del país y casi un tercio del Congreso.

Deportes espectáculo

El fútbol es el deporte rey. La temporada empieza a finales de marzo y acaba en noviembre. Aunque existen muchos equipos, Perú no se ha clasificado para la Copa del Mundo desde 1982. Los mejores equipos están en Lima y el clásico tradicional es el partido entre Alianza Lima y el Universitario de Deportes (la U).

Las corridas de toros también cuentan con seguidores, en especial en Lima. La temporada comienza en octubre y acaba a primeros de diciembre: en la Plaza de Acho (p. 94) de Lima torean matadores internacionales.

Gastronomía de Perú

En Perú el concepto de "fusión" siempre ha formado parte de la cocina diaria. En los últimos 400 años los guisos andinos se han combinado con los sofritos asiáticos y los platos españoles de arroz han absorbido los sabores del Amazonas para crear la famosa cocina criolla del país. En la última década, una generación de jóvenes innovadores y experimentales ha catapultado la comida local al estrellato gastronómico.

Antaño, en Perú, a los invitados importantes se les ofrecían comidas francesas y *whisky* escocés. Hoy en día sus restaurantes más exclusivos centran su atención en impecables interpretaciones de los platos favoritos andinos, como la quinua y la cobaya. El panorama gastronómico ha florecido y las empresas dedicadas al turismo han empezado a incorporar una experiencia culinaria en sus circuitos. En el 2000 se instaló en Perú la primera sede del Instituto Cordon Bleu en Latinoamérica y en el 2009 la revista *Bon Appétit* describió a Lima como "la nueva gran ciudad gastronómica".

La fiebre gastronómica ha contagiado a todos los peruanos y hoy incluso el más humilde vendedor callejero de chicharrones presta atención a su preparación y presentación. En gran parte se debe al famoso y mediático chef Gastón Acurio, cuyas técnicas culinarias y visión del

Los chefs más influyentes

- » Gastón Acurio, Astrid y Gastón
- » Pedro Miguel Schiaffino, Malabar
- » Rafael Osterling, Rafael
- » Rafael Piqueras, Fusión
- » Virgilio Martínez, Central Restaurante

NOVOANDINA Y LA NUEVA OLA PERUANA

El actual renacimiento gastronómico peruano hunde sus raíces en la década de 1980, cuando en el país reinaba la confusión y la economía caía en picado. El periodista Bernardo Roca Rey empezó a experimentar con ingredientes andinos en su cocina, asando cobaya, utilizando extrañas variedades de patatas y preparando *risotto* con quinua (un plato conocido como *quinotto*). Al mismo tiempo, Cucho La Rosa, chef del El Comensal (hoy cerrado), actualizaba las recetas peruanas mejorando las técnicas culinarias: cociendo al vapor en vez de hirviendo o dorando en vez de friendo. Estos primeros protagonistas detallaron sus descubrimientos en artículos de periódicos y libros de recetas. Esa cocina se denominó "novoandina", pero por los problemas de la época no llegó a convertirse en un verdadero movimiento.

Sin embargo, en 1994 las circunstancias cambiaron. La economía se recuperaba y la situación política empezaba a mejorar. Cuando Gastón Acurio (que había estudiado cocina en Le Cordon Bleu de París) abrió Astrid y Gastón en Lima, puso en práctica los principios en que se basaron los pioneros de la cocina novoandina: interpretar la cocina peruana desde la perspectiva de la alta cocina. El restaurante se convirtió pronto en un lugar de peregrinación. Desde entonces han surgido otros chefs innovadores, como Rafael Piqueras y Pedro Miguel Schiaffino. Entre todos han ampliado la definición de novoandina y han añadido influencias e ingredientes europeos, chinos y japoneses: hoy la comida peruana en un fenómeno cultural mundial.

negocio (posee más de 30 restaurantes en todo el mundo) le han procurado un estatus de estrella del *rock*.

En resumen, en Perú no se pasa hambre: desde los humildes establecimientos de Moyobamba a los modernos de Miraflores, es un país entregado a deleitar el paladar.

Alimentos básicos y especialidades

La escarpada topografía del país propició la aparición de infinitas cocinas regionales, pero a escala nacional, gran parte de la cocina comienza y acaba en la humilde patata, que procede de los Andes (todas las variedades de patatas tienen su origen en un solo progenitor de Perú).

Los platos más destacados son la ocopa (patatas con salsa picante de cacahuetes), las papas a la huancaína (patatas cubiertas con una cremosa salsa de queso) y la causa (terrinas de puré de patata rellenas de marisco, verdura o pollo). También son muy populares las papas rellenas, un puré de patata relleno de carne picada y frito. Las patatas también se encuentran en las sopas, conocidas como chupe y en el lomo saltado, la sencilla ternera salteada que encabeza todas las cartas peruanas.

Otras comidas populares son los tamales, con sus diferentes variedades regionales, como las humitas (con maíz tierno) y los juanes (con mandioca).

Diccionario de Gastronomía Peruana Tradicional, de Sergio Zapata Acha, es una obra imprescindible que ofrece más 3000 entradas. Los 10 años de investigación que llevó realizar esta obra se premiaron con varias menciones en World Cookbook Awards.

La costa

En la costa abundan los productos del mar y, naturalmente, el ceviche es el protagonista. Esta preparación de pescado, gambas u otro marisco marinados en zumo de lima, cebolla, cilantro y chile se sirve fría y normalmente con maíz hervido y boniato. El pescado se adoba en el zumo gracias a un proceso de oxidación (sin embargo, algunos chefs han empezado a reducir el marinado, con lo que algunos ceviches se sirven con una textura similar a la del sushi). Otro popular cóctel de marisco es el tiradito, un ceviche con influencia japonesa, que consiste en finas tiras de pescado servidas sin cebolla y a veces con una cremosa salsa de pimientos picantes.

El pescado se prepara en una docena de formas: al ajo, frito o a la chorrillana (cocinado con vino blanco, tomates y cebollas), este último procede de la ciudad de Chorrillos, al sur de Lima. Las sopas y guisos también son una popular comida básica, como el aguadito (un caldoso *risotto*), el picante (un guiso picante) y el chupe (sopa de marisco), que pueden llevar pescado, marisco y otros ingredientes.

Otros platos que suelen aparecer en las cartas de marisco son las conchitas a la parmesana (vieiras horneadas con queso), pulpo al olivo (pulpo con salsa de aceitunas machacadas) y chorros a la chalaca (mejillones con salsa de maíz tierno). Un plato típico de la costa norte, cerca de Chiclayo, son las tortillas de manta raya.

Pero también el cerdo, el pollo y la ternera tienen seguidores. El ají de gallina (guiso de tiras de pollo con nueces) es un plato típico peruano. Un par de platos locales del norte que merecen repetirse son el arroz con pato a la chiclayana (pato y arroz guisados con cilantro, típico de Chiclayo) y el seco de cabrito (cabrito guisado con cilantro, chile y cerveza).

En la costa, donde hay una importante presencia asiática, se encuentran restaurantes peruano-chinos conocidos como chifas. Su comida tiene una gran influencia cantonesa: platos sencillos sin salsas pesadas.

El cuy –conejillo de indias o cobaya– fue una importante fuente de proteínas de los pueblos precolombinos en todos los Andes. En los últimos años, Perú ha empezado a exportarla: es muy proteica y baja en grasa y colesterol.

Altiplano

En el frío Altiplano abundan las sopas, que suelen ser una copiosa y reconfortante experiencia, preparadas con verdura, calabaza, patatas, hierbas locales y distintas carnes. La sopa a la criolla (una suave y cre-

UN MANUAL DEL PISCO

El pisco, el omnipresente licor de uva servido en todas las ocasiones, tanto en las más usuales como en las trascendentales, es la bebida nacional. Su producción se remonta a la colonia española de Ica, cuando se destilaba en las haciendas y se vendía a los marineros que pasaban por el puerto de Pisco. En aquellos tiempos era el aguardiente local: una buena forma de ser estafado y al día siguiente levantarse como si alguien le hubiera golpeado la cabeza con un martillo.

A principios del s. XX hizo su aparición el pisco sour (con zumo de lima y azúcar) y rápidamente se convirtió en la bebida predilecta. En las últimas décadas su producción se ha sofisticado y los piscos tienen más matices y sabor (sin el efecto del día siguiente).

Los tres principales tipos de pisco peruano son el quebranta, el italia y el acholado. El quebranta (un pisco de olor puro) y el italia (ligeramente aromático) reciben el nombre de la variedad de uva con la que se elaboran, y el acholado es una mezcla de variedades que tiene más alcohol (mejor para mezclarlo). Existen muchos piscos de producción limitada, elaborados con mosto y conocidos como mosto verde. Poseen un fragante olor y saben mejor sin mezclarlos.

Las marcas más conocidas son Tres Generaciones, Ocucaje, Ferreyros y La Botija, y Viñas de Oro, Viejo Tonel, Estirpe Peruano, Lablanco y Gran Cruz son las mejores. Todo el pisco que se compre en una botella que recuerda a la cabeza de un inca será un inusual objeto de decoración, nada más.

mosa sopa de fideos con ternera y verdura) suele estar presente en las cartas, al igual que el caldo de gallina (una nutritiva sopa de pollo con patatas y hierbas). En la zona cercana a Arequipa, el chupe de camarones (sopa de camarones de río) es un plato habitual.

En el Altiplano también se preparan innumerables platos con cobaya. A menudo se prepara asada o chactada (frita bajo rocas calientes). Tiene un sabor muy parecido al del conejo y suele servirse entera. La trucha de río –cocinada en infinidad de formas– es muy popular.

Arequipa cuenta con una cocina regional muy variada. La zona es famosa por sus picantes (guisos picantes con trozos de queso blanco), rocoto relleno (pimientos rojos rellenos de carne) y solterito (ensalada de judías).

En las ocasiones señaladas, como las bodas, las familias se reúnen para preparar pachamanca: una mezcla de carnes marinadas, verdura, queso, pimientos y hierbas aromáticas asada en piedras calientes enterradas.

> El turrón de Doña Pepa fue preparado por primera vez en 1880 por una esclava que, tras recuperar la movilidad en sus brazos paralizados, quiso honrar al Cristo de los Milagros.

Amazonas

En los últimos años los ingredientes amazónicos, aunque no son tan populares en todo el país, han empezado a abrirse camino. Entre ellos están los caracoles y el pescado de río (como el paiche y la doncella), el aguaje (fruto del moriche), la yuca (mandioca) y la chonta (palmitos). Los juanes (una hoja de bijao rellena de arroz, yuca, pollo o cerdo) son un sabroso alimento básico de la zona.

Postres

Los postres suelen ser muy dulces. El suspiro limeño es el más famoso y se prepara con manjar blanco coronado de merengue. Los alfajores y la crema volteada (flan) también son muy populares. La mazamorra morada, un pudin de maíz morado con trozos de fruta de origen afroperuano, es más ligera y afrutada.

En octubre las pastelerías venden turrón de Doña Pepa, un pegajoso pastel bañado en melaza, que se toma en honor al Señor de los Milagros.

Bebidas

Existen todas las marcas de refrescos, pero a los lugareños les encanta la Inca Kola, que sabe a chicle y tiene un espectacular tono amarillo nuclear. Los zumos de fruta fresca y las bebidas tradicionales como la chicha morada, una refrescante bebida sin alcohol elaborada con maíz morado, también son populares.

Aunque el país exporta café a todo el mundo, muchos peruanos lo toman instantáneo: algunos restaurantes sirven sobres de Nescafé o un oscuro café condensado que se mezcla con agua caliente. En las zonas más cosmopolitas y turísticas han proliferado las cafeterías que sirven café exprés y capuchino. También abundan los tés y los mates (infusiones de hierbas), que incluyen la manzanilla, la menta y el mate de coca. Este último no coloca, pero calma las dolencias de estómago.

La web culinaria Yanuq (www.yanuq.com) contiene una amplia base de datos de recetas peruanas.

Cerveza y vino

Las marcas de cerveza más conocidas son Pilsen Callao, Brahma, Cristal y Cusqueña, que son rubias suaves. La Arequipeña y la Trujillana son variedades regionales que se sirven en la zona de esas ciudades. En los Andes, la chicha (cerveza de maíz) casera es muy popular. Tiene un sabor algo dulce y contiene poco alcohol. En los pueblos de los Andes, una bandera roja cercana a una puerta indica que se vende chicha.

Los vinos locales han mejorado mucho. Las mejores marcas son Tabernero, Tacama, Ocucaje y Vista Alegre. El pisco también es muy popular (véase recuadro en p. 513).

Dónde comer y beber

En su mayoría los restaurantes de Perú son negocios familiares y los establecimientos locales atienden a una clientela variada de familias, turistas, adolescentes y hombres de negocios. A la hora del almuerzo

LOS MEJORES RESTAURANTES

En conjunto, los autores de esta guía han pasado meses en la carretera y han probado cientos de comidas. Los establecimientos siguientes son tan buenos que hicieron brotar sus lágrimas y colmaron de placer sus paladares:

Arequipa En Zig Zag la suculenta bandeja de carne de alpaca, ternera y cordero –asadas en piedras volcánicas– es una delicia para los carnívoros (p. 152).

Cuzco El pulpo a la parrilla y los crujientes tacos de polenta de Cicciolina (además de su encantador servicio) constituyen una irresistible cena (p. 223).

Huancayo Huancahuasi (p. 284) ofrece las papas a la huancaína (patatas hervidas con salsa de queso) más cremosas del país en un patio lleno de flores.

Huaraz: En Mi Chef Kristof, el extrovertido chef Kristof sirve sabrosa comida de fusión peruano-belga, como estofado de ternera con cerveza negra (p. 374).

Iquitos En la desembocadura del río Itaya, Frío y Fuego ofrece unas excelentes vistas nocturnas de Iquitos y unos deliciosos platos elaborados con pescado del Amazonas (p. 480).

Lima El Verídico de Fidel sirve unos ceviches tremendamente afrodisíacos (p. 83).

Máncora El fresco atún de aleta amarilla, pescado en el Pacífico, merece su precio en La Sirena d'Juan (p. 355).

Tarapoto En La Patarashca no hay que perderse el plato del mismo nombre: una bandeja de pescado o gambas del Amazonas a la parrilla, rociado con tomates, ajo y cilantro (p. 435).

Trujillo El Mar Picante es famoso por servir unas raciones enormes del divino ceviche mixto, lleno de gambas, pescado, cangrejo y vieiras (p. 326).

muchos ofrecen un menú de dos o tres platos. Suelen tener muy buen precio (si no se desea el menú hay que pedir la carta).

Las cevicherías son muy populares en la costa. En las zonas rurales los restaurantes más informales como las picanterías son lo más habitual. En algunos casos están en casas particulares.

Comida rápida

Perú cuenta con una animada cultura de comida callejera. Los productos más populares son los anticuchos (brochetas de corazón de ternera), el ceviche, los tamales, los huevos duros de codorniz y el choclo con queso (maíz hervido con queso). También son muy populares y deliciosos los picarones (rosquillas dulces fritas).

Para tomar una comida barata y sabrosa se puede ir a alguna de las muchas pollerías (establecimientos de pollo asado) que abundan por todas partes.

En el libro *El arte de la cocina peruana* de Tony Custer y Miguel Etchepare se descubrirán unas suntuosas fotografías y recetas. Para disfrutar de un delicioso avance se puede entrar en www.artperu cuisine.com.

Vegetarianos y 'veganos'

En un país en el que muchas personas sobreviven a base de patatas la gente puede sorprenderse de que alguien elija ser vegetariano. Sin embargo, esa actitud ha empezado a cambiar y algunas de las grandes ciudades cuentan con restaurantes exclusivamente vegetarianos.

Con todo, los restaurantes normales también sirven platos vegetarianos. Muchas de las ensaladas de patatas, como las papas a la huancaína, la ocopa y la causa se preparan sin carne, al igual que la palta a la jardinera, un aguacate relleno de verdura. La sopa de verdura, la tortilla y el tacu tacu (judías y arroz fritos) son otras opciones. Las chifas también son un buen recurso para las comidas vegetarianas. Con todo, antes de pedir conviene preguntar si son platos vegetarianos, pues "sin carne", significa sin carne roja o de cerdo y pueden acabar sirviendo una comida con pollo o marisco.

Los veganos lo tienen más difícil. La cocina peruana se basa en los huevos, los productos lácteos y sus múltiples combinaciones. La mejor opción es la compra de alimentos.

Perú antiguo

Según los incas, un *pachacuti* era un cataclismo que dividía las distintas épocas de la historia. Para las culturas indígenas que habitaban Perú en el s. XVI la llegada de los españoles fue el mayor *pachacuti* imaginado. Como suelen hacer todos los conquistadores, los europeos arrasaron la historia nativa: fundieron los objetos de oro, quemaron los iconos religiosos y prohibieron sus antiguas tradiciones.

Por ello, los historiadores han tenido que reconstruir gran parte de la historia precolombina de Perú estudiando los objetos funerarios (ninguna cultura andina dejó documentos escritos). Por suerte, su legado material es abundante. Esta zona albergó civilizaciones grandes y pequeñas, cada una con sus propias deidades y tradiciones. Los viajeros verán suntuosos tejidos, impresionantes cerámicas y monumentales construcciones, tan bien diseñadas que no solo sobrevivieron a la conquista, sino también a siglos de funestos terremotos.

Para los amantes de *Indiana Jones*, la aventura comienza aquí.

Las mejores ruinas

- Machu Picchu, Valle Sagrado
- Chan Chan, Trujillo
- Sillustani, Puno
- Chavín de Huántar, Huaraz
- Huacas del Sol y de la Luna, Trujillo
- Kuélap, Chachapoyas

Caral

A un par de cientos de kilómetros al norte de Lima se halla uno de los yacimientos arqueológicos más interesantes de Perú. Puede no parecer gran cosa –media docena de polvorientos templos tumulares, algunos anfiteatros a nivel más bajo y restos de estructuras de adobe y piedra– pero lo es. Es la ciudad conocida más antigua de América: Caral (p. 311).

Esta antigua sociedad ubicada en el valle del Supe se desarrolló de forma simultánea hace 5000 años con las de Mesopotamia y Egipto, y es 1500 años anterior a las primeras civilizaciones de México. Poco se sabe del pueblo que construyó este impresionante centro urbano de 626 Ha, pero los arqueólogos, liderados por Ruth Shady Solís, antigua directora del Museo Nacional de Antropología, Arqueología e Historia del Perú de Lima (p. 67), han conseguido desenterrar algunos preciosos objetos.

El libro *Tejidos milenarios del Perú* es una enciclopedia suntuosamente ilustrada de todos los tipos de tejido que se realizaron entre la cultura chavín e inca. El legado es tan rico que, de hecho, el libro tiene más de 800 páginas y pesa más de 10 kg.

Caral fue un centro religioso que veneraba a sus hombres santos y pagaba tributos a desconocidas deidades agrícolas (a veces con sacrificios humanos). Cultivaban algodón, calabaza, judías y chiles, recolectaban fruta y eran hábiles pescadores. Los hallazgos arqueológicos incluyen restos de tejido, collares, tumbas ceremoniales y toscas figuras de arcilla sin cocer con formas femeninas. Las primeras excavaciones en la zona comenzaron en 1996 y aún queda por estudiar gran parte del complejo.

Chavín

Si Caral es la prueba de una temprana urbanización, Chavín de Huántar (p. 398), cerca de Huaraz, representa la expansión de una religión unificada y una iconografía artística. En una amplia zona del norte de los Andes, aproximadamente del 1000 al 300 a.C., una estilizada deidad felina empezó a aparecer en tallas, frisos, cerámica y tejidos de la época. Al igual que en Caral, solo se dispone de información fragmentada sobre las sociedades de la época, pero su importancia es manifiesta: es el momento que anuncia el verdadero nacimiento del arte en Perú.

Todavía no está claro si el templo de Chavín de Huántar era la capital o solo un importante centro ceremonial, pero no cabe duda de que el emplazamiento es extraordinario. Los restos de este recargado complejo ceremonial –construido a lo largo de cientos de años– incluyen una serie de templos y un patio a nivel más bajo, con frisos de piedra de jaguares y la imponente cordillera Blanca como telón de fondo. Se ha hallado cerámica de toda la región llena de ofrendas, incluidas conchas de lugares tan lejanos como la costa ecuatoriana y huesos tallados (algunos humanos) con motivos sobrenaturales. Lo más destacado es un laberinto de galerías bajo el complejo del templo, en una de las cuales hay una roca de casi 5 m de altura, que muestra la talla de una deidad antropomórfica con colmillos conocida como Lanzón, una criatura de aspecto feroz que seguro volvía creyente a todo el mundo.

The Moche of Ancient Peru: Media and Messages (Los mochica del antiguo Perú: medios de comunicación y mensajes), de Jeffrey Quilter, publicado por el museo Peabody de la Universidad de Harvard es una excepcional introducción a la historia, el arte y la arquitectura de la cultura mochica de la costa norte.

Paracas y Nazca

Al Horizonte Chavín le siguió el desarrollo de una serie de etnias más pequeñas y regionales. En la costa sur, entre el 700 a.C. y el 400 d.C. aproximadamente, la cultura paracas –situada cerca de la actual Ica– produjo algunos de los tejidos más célebres jamás creados. Los más impresionantes se tejieron durante el período conocido como paracas-necrópolis (del 1 al 400 d.C.), llamado así por una tumba masiva en la península de Paracas, descubierta por el famoso arqueólogo peruano Julio Tello en la década de 1920 (véase recuadro abajo).

Los datos históricos sobre esta cultura son escasos, pero los espléndidos tejidos hallados en las tumbas –capas de telas delicadamente tejidas que envuelven a las momias– proporcionaron información muy valiosa sobre su vida cotidiana y sus creencias. Las prendas muestran flores, peces, aves, cuchillos y gatos, y algunos animales se representan con dos cabezas. También son importantes las figuras humanas: guerreros que portan cabezas reducidas como trofeos y criaturas antropo-

EL PADRE DE LA ARQUEOLOGÍA PERUANA

Mucho de lo que se sabe sobre las culturas precolombinas más importantes de Perú se debe a un solo hombre: Julio C. Tello (1880-1947), el elogiado "padre de la arqueología peruana". Tello, que se autodefinía como un "indio de la montaña", nació en el pueblo de Huarochirí, el Altiplano, al este de Lima. Estudió medicina en la Universidad Nacional Mayor de San Marco Lima y más tarde arqueología en la Universidad de Harvard, un gran logro para un indígena pobre del Perú de comienzos del s. XX.

En la década de 1920 llevó a cabo una serie de innovadores estudios arqueológicos en los centros huari cercanos a Ayacucho y en el complejo del templo de Chavín de Huántar, en el que una ornamentada estela –el obelisco Tello– lleva su nombre (está expuesta en el Museo Nacional de Chavín, p. 400). En 1927 descubrió cientos de fardos funerarios en la península de Paracas, una importante fuente de información sobre esa cultura preincaica. Y lo que es más, aportó rigor científico a los pujantes trabajos arqueológicos en Perú. En el s. XIX, en las excavaciones a menudo se destruía más de lo que se conservaba y el saqueo era ampliamente aceptado. Tello ayudó a que se aprobaran leyes que protegían los yacimientos arqueológicos más importantes.

Para saber más sobre esta carismática figura se recomienda el libro *The Life and Writings of Julio C Tello: America's First Indigenous Archeologist* (Vida y obra de Julio C. Tello: primer arqueólogo indígena de América), publicado por University of Iowa Press, que por primera vez reúne sus escritos clave.

mórficas sobrenaturales dotadas de alas, lengua de serpiente y garras (el Museo Larco de Lima, p. 67, exhibe algunos ejemplos fantásticos). Muchas de las momias halladas en ese yacimiento mostraban deformaciones craneales y en la mayoría estaba claro que la cabeza se había prensado intencionalmente utilizando dos tablas.

Aproximadamente en el mismo período, la cultura nazca (200 a.C. al 600 d.C.), en el sur, producía cerámica pintada y unos increíbles tejidos que mostraban objetos de la vida cotidiana (judías, aves y peces), además de unos sobrenaturales hombres medio gato medio halcón con intensos colores. Los nazca eran unos expertos bordadores: algunos tejidos muestran diminutas figurillas colgantes (el Museo Andrés del Castillo de Lima, p. 63 expone algunas muestras muy bien conservadas) Sin embargo, esta cultura es más conocida por las Líneas de Nazca (p. 123), una serie de misteriosos geoglifos dibujados en una superficie de 500 km² en el desierto del sur de Perú.

The Art of Ancient Peru, de Ferdinand Anton, es un excelente manual del arte prehispánico de Perú. Sus descripciones son concisas y accesibles, y contiene casi 300 imágenes fotográficas a gran escala.

Mochica

No existe civilización andina que pueda compararse en producción de cerámica a la mochica (p. 328), una cultura que habitó la costa norte peruana entre el 100 y el 800 d.C. A pesar de no ser básicamente urbanos, construyeron sofisticados centros ceremoniales, como las huacas del Sol y de la Luna (p. 327), llenas de frisos, en las afueras de la actual Trujillo y el recargado lugar de enterramiento de Sipán (p. 341), cerca de Chiclayo. Poseían una cuidada red de carreteras y una serie de corredores de relevos que llevaban mensajes, seguramente en símbolos tallados en pallares (judía del Perú, gruesa y grande).

Con todo, destacaron sobre todo en los retratos de su cerámica: sus representaciones de personas (con cicatrices y todo) son marcadamente realistas. Los artesanos solían hacer varios retratos de una misma persona a lo largo de su vida. De hecho, un estudioso documentó 45 piezas que mostraban a la misma persona. Otras cerámicas representan actividades masculinas como la caza, el combate y los sacrificios rituales. Sin embargo, eso no significa que no supieran nada del amor: son famosas sus figuras eróticas de parejas en posturas acrobáticas (expuestas en el Museo Larco de Lima, p. 67).

Huari

Aproximadamente del 600 al 1100 d.C., los Andes fueron testigos del nacimiento del primer reino realmente expansivo. Los huari (p. 298) fueron unos ávidos constructores de un imperio que se extendió desde su base cercana a Ayacucho a un territorio que abarcó casi todo el Altiplano, además de una parte de la costa norte. Avezados agricultores mejoraron su producción desarrollando un sistema de terrazas y creando complejas redes de canales de riego.

Al igual que muchas culturas conquistadoras de la región, los huaris construyeron sobre lo que ya existía, y usurparon y destruyeron la infraestructura existente creada por estados regionales más pequeños. Por ejemplo, el centro ceremonial costero de Pachacámac (p. 101) lo edificó la cultura lima, pero lo amplió la huari. Pero también existen lugares plenamente huaris. A las afueras de Ayacucho se encuentran los restos de lo que antaño fue una ciudad de 1500 Ha (p. 300) y en Piquillacta (p. 260), cerca de Cuzco, hay un centro ceremonial huari. Por desgracia, su arquitectura era más tosca que la de los incas, por lo que sus edificios no han soportado bien el paso de los años.

Sin embargo, en cuestión de tejidos, fueron expertos creadores de elegantes telas con profusos y estilizados dibujos. Eran unos maestros del color y utilizaron más de 150 tonos distintos, que aplicaron a sus tejidos y dibujos teñidos. Muchos tejidos muestran diseños abstractos y geométricos, además de figuras sobrenaturales, la más común es la de una deidad alada sujetando un bastón.

Chimú y Chachapoyas

Tras la desaparición de los huaris surgieron una serie de pequeñas naciones-estado en distintos rincones del país. Son demasiado numerosas para citarlas todas (para más información véase p. 496), pero dos de ellas merecen destacarse por su legado artístico y arquitectónico.

La primera es la cultura chimú, ubicada en las cercanías de la actual Trujillo. Esta sofisticada sociedad construyó entre el 1000 y 1400 d.C. la mayor ciudad precolombina conocida en América. Chan Chan (p. 325) es un extenso complejo de 36 km^2 que antaño albergó a unas 60 000 personas. A pesar de que con el tiempo esta ciudad de adobe se ha ido deteriorando, se han restaurado parte de los frisos geométricos del complejo y hoy es posible tener una idea de su pasado esplendor. Los chimú eran unos consumados artesanos y metalúrgicos que, entre otras cosas, produjeron unos curiosos tejidos llenos de borlas.

En el interior del bosque nuboso del norte del Altiplano se halla la ciudadela de Kuélap (p. 426), construida por la cultura chachapoyas en el remoto valle del Utcubamba, que se comenzó alrededor del 800 d.C. Es una estructura increíble o, para ser precisos, una serie de estructuras. Consta de más de 400 moradas circulares, además de inusuales piezas de arquitectura que desafían la gravedad, como el cono invertido conocido como El Tintero. El recinto incorpora una estrecha cumbre y está rodeado por una muralla de 6 a 12 m de altura que hacía a la ciudad casi impenetrable. Por ello hay quien apunta que si los incas hubieran librado su última batalla contra los españoles allí, en vez de a las afueras de Cuzco, quizá la historia habría sido muy diferente.

ARQUEOLOGÍA

La web www.arqueologia.com.ar/peru/ ofrece unos útiles enlaces con noticias de arqueología de Perú. También ofrece cronologías y algunas sencillas fotos dedicadas a diferentes grupos culturales.

Incas

Fueron los mejores ingenieros y constructores de un imperio de Perú. Gracias a su contacto directo con los españoles, es la cultura andina precolombina mejor documentada, no solo en las crónicas españolas, sino también por los relatos de los descendientes incas (el más famoso de esos escritores fue el Inca Garcilaso de la Vega, que vivió en el s. XVI).

Los incas fueron una civilización quechua descendiente de pastores de alpacas del sur de los Andes. Durante varias generaciones, del 1100 d.C. hasta la llegada de los españoles en 1532, fueron expandiéndose hasta convertirse en un imperio altamente organizado que se llegaba más allá de la latitud 37°, de Colombia a Chile. Fue un estado absolutista con un gran ejército, cuyo poder supremo residía en el Inca, o emperador (su historia es fascinante. Para más información véase p. 496).

Su sociedad se regía por un severo sistema de castas compuesto por los nobles, los artesanos y mercaderes, y los campesinos. Estos últimos

LOS MEJORES MUSEOS ARQUEOLÓGICOS

- Museo Nacional de Antropología, Arqueología e Historia del Perú (p. 67), Lima
- Museo Larco (p. 67), Lima
- Museo Inka (p. 203), Cuzco
- Museo Nacional de Chavín (p. 400), Chavín de Huántar
- Museo Santuarios Andinos (p. 142), Arequipa
- Museo Tumbas Reales de Sipán (p. 342), Lambayeque
- Museo Nacional Sicán (p. 341), Ferreñafe

realizaron la mayoría de la obras públicas incas. Los ciudadanos pagaban tributos a la Corona en forma de trabajo –normalmente tres meses al año– lo que les permitió la creación y mantenimiento de monumentos, canales y calzadas. Los incas también mantuvieron un sistema de comunicaciones muy eficaz que consistía en un grupo de *chasquis* (corredores de relevos), que hacían el viaje de 1600 km entre Quito y Cuzco en solo siete días (hoy un viajero medio tarda de tres a cuatro días en completar el Camino Inca de Ollantaytambo a Machu Picchu, de tan solo 43 km). A pesar de su régimen brutal (guerras sangrientas, sacrificios humanos), también contaban con un notable sistema de asistencia social, que almacenaba el excedente de alimentos para distribuirlos a las zonas y personas que los necesitaran.

IMPERIO INCA

En su momento de máximo esplendor el Imperio inca fue más extenso que el romano y contaba con 40 000 km de calzadas. Una red de *chasquis* (corredores) mantenía conectado el territorio y llevaba pescado recién capturado de la costa a Cuzco en 24 horas.

En el terreno cultural, los incas desarrollaron una importante tradición musical, literatura oral y tejidos, en general de colores llamativos y lisos, con dibujos abstractos y geométricos. Pero son conocidos sobre todo por su monumental arquitectura. La capital de Cuzco (p. 194), y las construcciones de Sacsayhuamán (p. 235), Pisac (p. 236), Ollantaytambo (p. 245) y el fabuloso Machu Picchu (p. 253) son ejemplos notables de su estilo imperial de construcción. Las rocas talladas, sin mortero, están colocadas tan juntas que resulta imposible introducir un cuchillo entre ellas. Lo más interesante es que construían los muros en ángulo y las ventanas en forma trapezoidal para que resistieran la actividad sísmica. El exterior de sus edificios es austero, pues optaron por decorarlos en el interior con ricas colgaduras en las paredes hechas con metales preciosos.

A pesar de estar en ruinas, sus estructuras, cobijadas por bellos parajes naturales, son un espectáculo inolvidable. Incluso los españoles reconocieron su majestuosidad, aunque las derribaran para construir sus propios monumentos. "Ahora que los gobernantes incas han perdido su poder —escribió el cronista español Pedro Cieza de León en el s. XVI— todos estos palacios, jardines y otras de sus grandes obras se han derrumbado y solo sobreviven sus restos. Pero, puesto que se construyeron con sólidas piedras y la mampostería es excelente, se elevarán como monumentos conmemorativos durante muchos siglos". Y estaba en lo cierto. La civilización inca no sobrevivió al *pachacuti* español, pero su arquitectura sí, un legado de las grandes sociedades, que se empiezan a comprender.

Perú indígena

A pesar de que el orden social quedó indeleblemente marcado por las costumbres españolas, el alma peruana sigue siendo rotundamente indígena. Según la oficina del censo del país, esta escarpada parte de los Andes sudamericanos alberga 52 etnias, 13 familias lingüísticas y 1786 comunidades nativas. De hecho, casi la mitad de los más de 29 millones de peruanos se siente amerindio. Esos grupos aglutinan un número infinito de rituales, tradiciones artísticas y formas de vida, un legado cultural tan rico como antiguo.

La vida tras la conquista

Tras la conquista española, las autoridades coloniales cambiaron la forma de vida de los pueblos de los Andes. Los indígenas, cuya existencia había sido eminentemente agrícola, se vieron forzados a vivir en reducciones. Esas reducciones urbanizadas facilitaban la evangelización y permitían a los españoles el control político, cultural y social de los nativos. En ellas a menudo se les prohibía hablar sus lenguas nativas o vestir sus trajes tradicionales.

En el s. XVII, una vez consolidado el poder de los españoles, muchos indígenas regresaron al campo. Pero en vez de trabajar en los *aillus* (grupos autosuficientes) que existían en los tiempos precolombinos, se les forzó a que lo hicieran en un sistema de peonaje por deuda. Por ejemplo: a una familia nativa se le otorgaba una parcela de subsistencia en las tierras de un hacendado español. A cambio, el campesino trabajaba para el patrón. En muchos casos a los campesinos no se les permitía salir de la tierra en que vivían.

Ese sistema se mantuvo en vigor hasta entrado el s. XX.

El cambio en el s. XX

En los últimos 100 años se han hecho importantes progresos. Desde los movimientos sociales indigenistas de la década de 1920, varias constituciones y leyes han garantizado la protección legal y tierras comunales a los indígenas (al menos sobre el papel, aunque no siempre en la práctica). En 1979 la Constitución peruana reconoció el derecho de sus ciudadanos a adherirse a su "identidad cultural" y estableció el derecho a la educación bilingüe (hasta entonces el sistema público de enseñanza había llevado a cabo un sistemático esfuerzo por eliminar el uso de las lenguas nativas y había presionado a los indígenas para su aculturación y asimilarlos a la sociedad española-criolla). Al año siguiente se retiraron las restricciones de voto a los analfabetos, lo que permitió a los indígenas participar en el proceso político.

En el 2011 el presidente Humala ratificó una ley que obliga a consultar a los pueblos nativos sobre las actividades mineras y de excavación que vayan a realizarse en sus territorios.

Palabras españolas derivadas del quechua

- Coca
- Cóndor
- Guano
- Llama
- Pampa
- Puma
- Quinua

En español, la palabra adecuada para denominarlos es indígena. Llamarlos indios puede resultar insultante, en especial si lo hace un extranjero. La palabra "cholo" (campesino indio) se considera despectiva, aunque algunos peruanos la utilizan como atributo de poder.

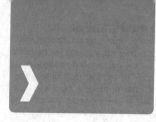

Presión de la pobreza y el medioambiente

A pesar de que los indígenas dan pasos adelante, siguen encontrando muchos obstáculos. Los indígenas duplican en número los casos de extrema pobreza en comparación con los peruanos de ascendencia europea. Además, su acceso a los servicios básicos es problemático. Casi el 60% de las comunidades indígenas no tiene acceso a instalaciones sanitarias y el país sufre una alta tasa de mortalidad materna (mayor que la de Iraq o la Franja de Gaza) que afecta especialmente a las mujeres indígenas.

El racismo está muy presente en la sociedad peruana. Según un estudio realizado por la Universidad Nacional Agraria en la década de 1990, el 81% de los indígenas que viven en Lima había sido víctima de discriminación, en especial en cuestiones laborales.

Quizá el problema más importante al que se enfrentan algunas etnias es la pérdida de tierras. Pero también lo es la explotación de los recursos naturales en zonas cada vez más remotas y cuyos territorios no están bien definidos ni las necesidades de las comunidades indígenas satisfactoriamente atendidas por el Gobierno Federal de Lima. Según AIDESEP –una organización indígena peruana que representa a varios grupos étnicos de la selva–, hoy en día se están llevando a cabo prospecciones y extracciones petrolíferas en más del 80% de los territorios indígenas del Amazonas.

Multitud de culturas

Las culturas indígenas se identifican por su región o su nombre, como Arequipa o Chachapoyas. Pero debido a que existen más de mil culturas regionales solo en los Andes peruanos, resulta más fácil identificar a los grupos por su lengua. Predomina el quechua –la lengua franca de los incas–, que es la lengua nativa que más se habla en América y se oye en todos los Andes. En Perú es la lengua materna de más del 13% de la población.

El aimara es la segunda lengua indígena más utilizada y habitualmente la hablan más del 2% de peruanos, en especial en la zona del lago Titicaca. Casi un 1% de los peruanos habla alguno de los más de 50 dialectos regionales, entre los que se incluyen los de muchas culturas del Amazonas.

Quechua

Los descendientes de los incas (junto con los muchos pueblos que conquistaron los incas) habitan gran parte de la columna vertebral andina de Perú y forman el grupo indígena más numeroso del país. Sin embargo, el departamento de Cuzco sigue siendo el centro simbólico de

'OLLANTAY': LA GRAN EPOPEYA LITERARIA QUECHUA

Ollantay cuenta la historia de dos amantes desventurados: Ollanta, un famoso guerrero de origen humilde, y Cusi Cuyllur, una encantadora princesa inca. Debido a que Ollanta no es noble, las convenciones sociales impiden que pueda casarse con su amada. A pesar de todo, reúne el valor suficiente como para pedir al emperador Pachacutec la mano de su hija. El emperador enfurece ante la osadía de los jóvenes amantes, expulsa a Ollanta de Cuzco y encarcela a su hija. Se entablan varias batallas, nace una niña y, tras muchas intrigas palaciegas, los amantes vuelven a reunirse.

Ollantay es una obra en quechua clásico, el tipo de quechua que se hablaba en tiempos de la conquista. Pero como los incas no dejaron un lenguaje escrito, su origen es incierto: nadie sabe quién lo escribió ni cuándo. Apareció por primera vez en los manuscritos de un sacerdote del s. XVIII llamado Antonio Valdés, que trabajaba en el departamento de Cuzco. Algunos estudiosos suponen que Valdés escribió *Ollantay* y otros opinan que es uno de los muchos poemas épicos transmitidos oralmente entre los incas y que Valdés solo lo recogió. También hay quien cree que Valdés escribió una obra indígena que se adaptaba a los gustos españoles. A pesar de todo es una obra de teatro muy popular en Perú y una de las grandes obras en quechua.

la vida quechua. Los quechua tradicionales se denominan a sí mismos como *runakuna* y llaman *mistikuna* a los mestizos o indígenas que adoptaron la cultura española-peruana. Entre los *runakuna* el ritual de mascar coca está considerado como la mayor señal de una identidad propia. Sin embargo, conforme los indígenas adoptan las costumbres criollas, esas características distintivas pierden nitidez.

A pesar de todo, muchas personas siguen hablando su lengua, mascando coca y vistiendo sus trajes tradicionales. Los hombres visten ponchos de intensos colores y gorros con orejeras, llamados chullos. Los vestidos de las mujeres son más elaborados y vistosos: sombrero hongo o de copa plana con una especie de chal tejido o jersey, y múltiples capas de faldas tejidas a mano y brillantes (la falda de muchas capas se considera muy femenina). A menudo se combinan elementos de vestimenta tradicional y occidental.

Aimara

Aunque subyugados por los incas de lengua quechua en el s. xv, los aimara mantuvieron su propia lengua e identidad. Era una sociedad tradicionalmente agrícola que se vio reducida casi a la esclavitud debido al peonaje por deuda y posteriormente obligada a trabajar en las minas de plata de Bolivia. En Perú se encuentran en la zona cercana a Puno y el lago Titicaca.

A pesar de que su identificación con las costumbres indígenas es manifiesta, en su vida espiritual están presentes algunos elementos españoles. La mayoría de indígenas ha incorporado el Dios católico a sus creencias. Al igual que los quechua, muchos aimara practican el sincretismo, que aúna las costumbres indígenas con el pensamiento católico. El 2 de febrero se celebra una importante fiesta en honor a La Virgen de la Candelaria en Puno. Sin embargo, esa virgen se identifica con Pachamama y con elementos naturales como los relámpagos y la fertilidad.

Culturas del Amazonas

En el vasto Amazonas peruano viven más de 330 000 indígenas de más de cinco docenas de etnias, algunas estrechamente relacionadas y otras muy diferentes en cuanto a tradiciones y lengua.

Dentro de este grupo, los más numerosos son los asháninka (llamados también campa). Representan cerca de una cuarta parte de la población indígena del Amazonas peruano y habitan numerosos valles al este del centro del Altiplano (por su situación sufrieron con dureza el Conflicto Interno, cuando Sendero Luminoso hizo incursiones hacia el este).

El segundo grupo más importante del Amazonas son los aguaruna, que ocupan los valles de los ríos norteños del Marañón, el Nieva y el Santiago. Este grupo no solo resistió los intentos de conquista inca, sino que también repelió a los españoles. De hecho, siguen ocupando las tierras anteriores a la conquista y sobreviven gracias a la horticultura, la caza y la pesca.

Existen muchos otros grupos étnicos más pequeños, como los shipibo, los matsiguenka y las llamadas "tribus no contactadas", que han aparecido en primera plana en los últimos años. Esos grupos son extremadamente vulnerables a la pérdida de tierras y a la contaminación producida por la extracción de petróleo y minerales. Para los grupos más remotos el mayor problema es la inmunidad: en la década de 1980 más de la mitad de los nahuas, del sur del Amazonas, murieron tras contraer enfermedades propagadas por trabajadores de las compañías petrolíferas.

Para más información sobre las culturas del Amazonas véase p. 470.

VIDA QUECHUA

The Hold Life Has: Coca and Cultural Identity in an Andean Community (Arraigo vital: coca e identidad cultural en una comunidad andina), *de* Catherine Allen, es un estudio bien escrito sobre la vida de los quechua en Perú. Este intrigante estudio etnográfico, actualizado en el 2002, trata desde sus sistemas de creencias a los rituales de la vida cotidiana en el sur del Altiplano.

Música y arte

La patria de dos imperios, uno indígena y otro europeo, posee una rica tradición cultural y artística. Tal vez los hitos más importantes se han alcanzado en el ámbito de la música (indígena y de otros géneros), la pintura y la literatura; esta captó todas las atenciones en el 2010 cuando el novelista peruano Mario Vargas Llosa recibió el Premio Nobel.

Lecturas de ficción obligatorias

» *La guerra del fin del mundo,* Mario Vargas Llosa

» *Guerra a la luz de las velas,* Daniel Alarcón

» *Crónica de San Gabriel,* Julio Ramón Ribeyro

Música

Como su pueblo, la música peruana es una fusión intercontinental de elementos. Las culturas precolombinas aportaron las flautas de bambú, los españoles incorporaron los instrumentos de cuerda y los africanos añadieron el ritmo fluido de la percusión. En líneas generales, la música varía bastante según la región: en la costa predominan los landós de influencia africana con sonidos de percusión bajos; en los Andes se escuchan agudos huaiños con numerosos instrumentos de viento de bambú; y en cualquier danza del litoral suenan valses criollos.

En las últimas décadas, el huaiño se ha fundido con el sonido de las guitarras reverberadas y de la cumbia colombiana (música de baile afrocaribeña) para producir la chicha, un sonido bailable muy identificado con la región amazónica. (Entre los grupos famosos de chicha están Los Shapis y Los Mirlos). La cumbia también es popular. Grupo 5, oriundos de Chiclayo, destacan en este género.

En la costa, la música criolla modulada con guitarras halla sus raíces en España y África. El estilo criollo más famoso es el vals peruano, un vals de tres tiempos de movimientos rápidos y lleno de complejas melodías de guitarras. Algunos de los cantantes históricos de este género son la también compositora Chabuca Granda (1920-1983), Lucha Reyes (1936-1973) y Arturo Zambo Cavero (1940-2009). Este último era admirado por su voz cavernosa y sus emotivas interpretaciones. El landó está estrechamente relacionado con este tipo de música, pero añade patrones de llamada-respuesta. En este estilo destacan las cantantes Susana Baca (n. 1944) y Eva Ayllón (n. 1956).

De las infinitas variedades musicales del país, puede que la más marchosa sean los ritmos afroperuanos de la costa. Para iniciarse, una excelente elección, o descarga, es la antología *Afro-Peruvian Classics: The Soul of Black Peru* producida por David Byrne.

Artes gráficas

El movimiento artístico más famoso del país data de los ss. XVII-XVIII, cuando los artistas de la escuela cuzqueña produjeron miles de pinturas religiosas, en su mayoría anónimas. Las obras, creadas por artistas nativos y mestizos, suelen representar a santos con vestidos de oro, con un estilo inspirado en el manierismo y el gótico tardío, pero con huellas de la iconografía y la paleta cromática indígenas. Hoy estos lienzos cuelgan en museos e iglesias de todo Perú, y en muchos mercados de artesanía se venden reproducciones.

Uno de los artistas más famosos del s. XIX es Pancho Fierro (1807-1879), hijo ilegítimo de un cura y una esclava, que pintó acuarelas de

ARTESANÍA TRADICIONAL

Perú goza de una larga tradición en la producción de magnífica artesanía y arte popular. Estas son las piezas más destacables:

» **Tejidos** En todo el país se producen complejos tejidos con patrones geométricos y antropomórficos. Algunos de los más bonitos se producen en los alrededores de Cuzco (p. 229).

» **Cerámica** Las piezas más impresionantes son las elaboradas según la tradición precolombina de los moche, en la costa norte. También vale la pena la de estilo chancay: figuras redondas con arcilla de color arena. Se encuentran en los mercados de artesanía de Lima (p. 93).

» **Arte religioso** Abunda en todas las regiones, pero los retablos de Ayacucho (p. 299) son los más espectaculares.

personajes cotidianos de las calles limeñas: pescaderos, maestros y religiosos católicos ataviados con lujosas prendas.

A principios del s. xx, un movimiento indigenista liderado por el pintor José Sabogal (1888-1956) alcanzó relevancia nacional. Sabogal solía pintar figuras indígenas e incorporaba diseños precolombinos en sus obras. Como director de la Escuela Nacional Superior Autónoma de Bellas Artes de Lima, influyó en toda una generación de pintores que buscaban inspiración en la tradición andina, como Julia Codesido (1892-1979), Mario Urteaga (1875-1957) y Enrique Camino Brent (1909-1960).

Literatura

Mario Vargas Llosa (n. 1936) es el escritor peruano más famoso, aclamado junto a otras celebridades latinoamericanas del s. xx como Gabriel García Márquez, Julio Cortázar y Carlos Fuentes. Sus novelas recuerdan a James Joyce por la complejidad, con saltos en el tiempo y multitud de perspectivas. También es un agudo observador social, que centra su atención en la manifiesta corrupción de la clase gobernante y en los rasgos propios de la sociedad peruana. Sus más de veinte novelas han sido traducidas a muchos idiomas. Un buen inicio es *La ciudad y los perros*, basada en su experiencia en el colegio militar peruano. (Los soldados de esta vieja academia respondieron al escritor quemando ejemplares).

Otro sagaz observador es Alfredo Bryce Echenique (n. 1939), cronista de las costumbres de la clase alta en novelas como *El huerto de mi amada*, donde relata la aventura de una mujer de 33 años con un adolescente en la Lima de los años cincuenta. Julio Ramón Ribeyro (1929-1994) demostró la típica propensión peruana al humor negro. Aunque nunca fue un autor de éxito, la crítica lo aclama por sus obras reveladoras, centradas en los antojos de la vida de la clase media baja.

También destaca la prometedora estrella de la literatura Daniel Alarcón (n. 1977), un escritor peruano-estadounidense cuyos galardonados relatos han sido publicados en la revista *New Yorker*. Debutó en el 2007 con la novela *Radio Ciudad Perdida*, sobre un país que se recupera de una guerra civil, y cosechó un gran éxito.

Si Vargas Llosa es el gran novelista del país, César Vallejo (1892-1938) es el gran poeta. Durante su carrera solo publicó tres breves poemarios –*Los heraldos negros*, *Trilce* y *Poemas humanos*– pero siempre se le ha considerado uno de los exponentes latinoamericanos de la lírica más innovadores del s. xx. Vallejo solía tratar temas existenciales y era famoso por llevar el lenguaje hasta sus límites, con la invención de palabras cuando las existentes no le valían.

CÉSAR VALLEJO

César Vallejo es uno de los poetas más famosos del mundo y ha influido en los escritores de todo Occidente. Sus poesías se han publicado en un único volumen bajo el título *Obra poética completa*.

El entorno natural

Las mejores áreas protegidas

- Cañón del Colca, Arequipa
- Cordillera Blanca, Ancash
- Lago Titicaca, Puno
- Parque Nacional Manu, Amazonas
- Islas Ballestas, Pisco

Se desconoce el origen de la palabra "Andes". Para algunos historiadores procede del quechua *anti*, que significa "este", o del término aimara *anta*, "de color cobrizo". Curiosamente, las montañas no se acaban en la costa del Pacífico: 100 km mar adentro hay un tramo cuya profundidad iguala la altura de los Andes.

Pocos países tienen un territorio tan accidentado, amenazador y diverso como Perú. Con sus 1285220 km^2, es el tercer país más grande de América Latina; es mayor que España, Portugal y Francia juntos y equivale a un sexto de Australia. Se halla en el trópico, al sur del Ecuador, y abarca tres zonas geográficas muy distintas: la árida costa del Pacífico, la escarpada cordillera de los Andes y una buena porción de la cuenca del Amazonas.

No importa la zona que se visite, nunca se viajará en línea recta. Los serpenteantes ríos, los profundos barrancos y las zigzagueantes carreteras de montaña hacen que moverse por el paisaje peruano sea como esquivar obstáculos naturales, pero intercalados con muchas emociones y lugares de una belleza sorprendente.

El país

En la costa, una estrecha franja de tierra situada a menos de 1000 m de altitud abraza el largo litoral nacional, de 3000 km de largo. Consiste en un monte bajo y un desierto que acaba fundiéndose en el sur con el desierto chileno de Atacama, uno de los rincones más secos de la Tierra. En la costa están Lima, la capital, y varios importantes centros agrícolas, oasis irrigados por montones de ríos que descienden de los Andes. Estas localidades constituyen parajes poco comunes: de un desierto baldío se pasa a una explosión de campos verdes en tan solo unos metros. La costa comprende parte del terreno más llano de Perú, por lo que no es de extrañar que la mejor carretera del país, la Panamericana, atraviese el país pasando junto al Pacífico.

Los Andes, la segunda mayor cordillera del mundo, forma la espina dorsal de Perú. La cadena montañosa se eleva abrupta desde la costa, crece bruscamente y en pendiente de norte a sur, y alcanza alturas espectaculares de más de 6000 m a 100 km tierra adentro. La cima más alta del país, Huascarán (6768 m), al noreste de Huaraz, es el pico tropical más alto del planeta y la sexta montaña más alta de América. Aunque los Andes peruanos están en los trópicos, sus montes están cubiertos de glaciares que superan los 5000 m de altitud. Entre los 3000 y los 4000 m se halla el Altiplano andino agrícola, que abastece a más de un tercio de la población peruana.

Las laderas orientales de los Andes reciben mucha más lluvia que las occidentales y se cubren de frondosos bosques nubosos según descienden a la selva en las tierras bajas del Amazonas. Aquí, el paisaje ondulado apenas se eleva más de 500 m sobre el nivel del mar, ya que varios afluentes desembocan en el gran río Amazonas, el mayor del mundo. El clima es húmedo y caluroso todo el año, y las lluvias suelen concentrarse entre diciembre y mayo.

Fauna y flora

El país, con pliegues y curvas en su geografía y profundos valles fluviales, acoge un sinfín de ecosistemas, cada uno con un clima, una elevación, una vegetación y un tipo de suelo propio. De ahí que presuma de una espectacular variedad de plantas y animales. Las colonias de leones marinos ocupan los afloramientos rocosos de la costa, mientras que estridentes grupos de guacamayos de vivos colores bajan a las orillas del Amazonas para comer arcilla. En los Andes, las escasas vicuñas (especie amenazada de la familia de la alpaca) trotan en grupo y los cóndores se adaptan a las corrientes de los vientos. Perú es uno de los 12 países del mundo considerados "megadiversos".

Animales

Los apasionados de la fauna visitan Perú para ver un sinfín de aves, así como camélidos, delfines de agua dulce, mariposas, jaguares, anacondas, guacamayos y osos de anteojos, y muchos más...

Adrian Forsyth y Ken Miyata son los autores de uno de los libros más atractivos sobre la vida en la selva, *Tropical Nature: Life and Death in the Rain Forests of Central and South America*. Es un manual básico sobre la vida en los trópicos de las tierras bajas, documentado en parte en la cuenca amazónica.

Aves

En Perú hay más de 1800 especies de aves. Desde los más diminutos colibríes hasta el majestuoso cóndor andino, la variedad es colorida y casi infinita, pues se descubren nuevas especies con regularidad. En la costa del Pacífico es fácil ver aves marinas de toda índole, sobre todo en el sur, donde se agrupan en los afloramientos de la orilla. Allí se verán exuberantes flamencos chilenos, colosales pelícanos peruanos, orondas golondrinas de mar incas con mostachos de plumas blancas y relucientes picos naranjas, colonias de pájaros bobos pardos (alcatraces) inmersos en sus complejas danzas de apareamiento, cormoranes y pingüinos Humboldt en peligro de extinción caminando con su típico balanceo por las islas Ballestas (p. 113).

En el Altiplano, el ave más famosa es el cóndor andino. Puede pesar hasta 10 kg y tiene una envergadura de más de 3 m. Es el rey de los aires (de la familia de los buitres), cuyo reinado se extendía por toda la cordillera andina desde Venezuela hasta Tierra del Fuego. Está considerado el pájaro volador más grande del mundo y entró en la lista de especies amenazadas en la década de 1970 en gran medida por la pérdida del hábitat y la contaminación. Pero también estuvo a punto de extinguirse a causa de la caza, por creer que algunas partes de su cuerpo aumentaban la virilidad masculina y alejaban las pesadillas. Los cóndores suelen anidar en acantilados inaccesibles situados a gran altura para proteger a las crías de sus depredadores. Se alimentan sobre todo de carroña y suelen avistarse fácilmente cuando aprovechan las corrientes térmicas en los cañones de Arequipa (p. 164).

Un ave que también habita a gran altitud es la gaviota andina, que frecuenta los lagos y ríos a 4500 m de altura. Los montes también

PERROS PERUANOS SIN PELO

Si se visitan varios de los puntos de interés más antiguos de Perú se gozará de una extraña e impresionante visión canina: perros sin pelo, algunos con pequeños mechones al estilo mohicano en la coronilla, merodeando por las ruinas. Se trata de una raza preincaica cuyas raíces andinas se remontan a casi 3000 años. El llamado perro viringo o perro calato ("desnudo") aparece representado en la cerámica mochica, chimú y chancay.

Con el paso de los siglos, según se fueron introduciendo razas extranjeras, la población de perros peruanos pelones menguó. Pero, en los últimos años empieza a crecer. Criadores de Lima se esfuerzan por mantener la raza viva y el Gobierno los emplea como atracción especial en los puntos de interés precolombinos. En el 2009 incluso se los galardonó con un sello conmemorativo.

albergan varias especies de ibis, como el ibis de la puna, que habita las ciénagas lacustres, así como cerca de doce tipos de pájaros churretes, una clase de hornero (sus nidos de arcilla recuerdan a hornos) autóctono de los Andes. Entre las especies de la zona se cuentan también patos torrenteras que anidan en pequeñas cuevas junto al agua, gansos andinos, carpinteros de pechera moteados andinos, jilgueros andinos negros y amarillos y, naturalmente, todo un despliegue de colibríes (véase recuadro a la derecha).

Si se desciende hacia el Amazonas se verán las aves más icónicas de los trópicos, incluidas las chillonas bandadas de loros y guacamayos engalanados con su brillante plumaje. También se pueden observar grupos de arasaríes, tucanes, periquitos, tucancitos, ibises, majestuosos trompeteros de alas grises, pájaros paraguas, gallitos de las rocas de color carmesí, halcones planeadores y águilas arpía. La lista es interminable.

Aves de Perú, de Thomas Schulenberg y otros autores, es una detallada guía de las aves del país de 660 páginas, editada por el Centro de Ornitología y Biodiversidad CORBIDI.

Mamíferos

El Amazonas también alberga muchos mamíferos. Allí habitan más de dos docenas de especies de monos, incluidos los aulladores, los acróbatas monos araña y los tities de grandes ojos. Con la ayuda de un guía también se verán perezosos, murciélagos, pecaríes (parecidos a cerdos), osos hormigueros, armadillos y coatíes (parientes de cola listada de los mapaches). Y, con mucha suerte, nutrias gigantes de río, capibaras (roedores de gran tamaño), delfines de río, tapires y tal vez hasta uno de la media docena de esquivos felinos, como el legendario jaguar.

Hacia el oeste, los bosques nubosos, a caballo entre el Amazonas y las laderas orientales del Altiplano, son el hogar del oso de anteojos, en peligro de extinción. El único úrsido de Sudamérica es un peludo mamífero negro, que se reconoce por las manchas blancas en forma de anteojo de su cara. Crece hasta alcanzar los 1,80 m de altura. El Altiplano alberga los rebaños errantes de camélidos. Los más fáciles de ver son las llamas y las alpacas, que están domesticadas y se crían como ganado por su lana. Las vicuñas y los guanacos solo viven en libertad. Asimismo, en los taludes del Altiplano pueden verse vizcachas. También habitan allí zorros, ciervos, cobayas y pumas.

En la costa, enormes leones marinos y focas pueblan las islas Ballestas (p. 113). Frente a la costa se avistan delfines, pero apenas se ven ballenas. En la franja desértica del litoral hay unas cuantas especies únicas de animales terrestres. Una de ellas es el zorro de Sechura, casi

OBSERVACIÓN DE FAUNA

Leones marinos, vicuñas, guacamayos color escarlata y perezosos. Muchos viajeros visitan Perú para observar su extraordinaria fauna. He aquí algunos consejos para sacar mayor partido de ello:

» Estar dispuesto a viajar: en la costa la fauna es escasa y en ciertas áreas del Altiplano se ha abusado de la caza. Para ver fauna habrá que ir a zonas remotas.

» Contratar a un guía local experto: sabrá qué buscar y dónde.

» Levantarse muy pero muy temprano: los animales suelen mostrarse más activos al alba y al anochecer.

» Llevarse unos prismáticos ligeros. Mejorarán mucho la observación.

» Guardar silencio: los animales suelen evitar los ruidosos grupos de humanos, así que es mejor susurrar; en el Amazonas es mejor ir en una piragua que en una motora.

» Tener expectativas realistas: la vegetación puede ser densa y los animales, tímidos; con una sola excursión no siempre basta.

VOLADORES EMPEDERNIDOS

Para muchos amantes de las aves que visitan Perú, la observación de los pequeños colibríes supone una de las más atractivas experiencias. Se han documentado más de 100 especies en el país, y sus nombres están a la altura de su exquisita belleza: colibrí esmeraldino, coqueta coronada, brillante pechigamuza o ángel gorgiamatista. Especies como el picaflor andino de vientre rojo, que vive en la puna (prados del Altiplano), han desarrollado una increíble estrategia para sobrevivir a las frías noches. Entran en un estado de letargo, una especie de hibernación nocturna, reduciendo la temperatura de su cuerpo hasta 30°C y ralentizando así su metabolismo.

Una de las especies más insólitas es el maravilloso colibrí cola de espátula que habita en el valle de Utcubamba, en el norte de Perú. Los machos adultos lucen dos vistosas espátulas plumosas en la cola que emplean en los ritos de apareamiento para atraer a las hembras.

en peligro de extinción. Es el zorro de menor tamaño de Sudamérica (habita en el norte de Perú) y tiene una cola rematada en negro, pelo claro del color de la arena y un apetito omnívoro de pequeños roedores y vainas.

Reptiles, anfibios, insectos y vida marina

La mayor variedad de reptiles, anfibios y vida marina se halla en la cuenca del Amazonas. Aquí hay cientos de especies, como sapos, ranas arborícolas y diminutas ranas punta de flecha (antaño los indígenas impregnaban la punta de los dardos con su veneno mortal). En los ríos abundan los bancos de pirañas, paiches y doncellas (peces de agua dulce), mientras que en el aire se percibe el constante zumbido de miles de insectos: ejércitos de hormigas, escuadrones de escarabajos, saltamontes longicornios, insectos palo, orugas, arañas, mantis religiosas, polillas transparentes y mariposas de todo tipo. Divisar una morfo azul volando es todo un acontecimiento: el azul tornasolado de sus alas, que abiertas alcanzan hasta 10 cm, es una visión alucinante.

Naturalmente, también hay toda clase de reptiles, como tortugas de tierra y de agua, lagartos, caimanes y, por supuesto, la anaconda, una boa acuática que puede llegar a medir más de 10 m de largo. Tiende emboscadas a su presa a orillas del agua, se enrosca alrededor de la víctima y la ahoga en el río. Los caimanes, tapires, ciervos, tortugas y pecaríes son platos sabrosos para ella. Las víctimas humanas son muy raras. Mucho más preocupante para los humanos es el crótalo, una letal víbora de color rojo pardo que se esconde en troncos huecos y merodea entre las raíces descubiertas de los árboles. Por fortuna, es una criatura solitaria y rara vez asoma por senderos frecuentados.

Travellers' Wildlife Guides: Peru (Guías de la naturaleza para viajeros: Perú) *de* David Pearson y Les Beletsky, es una obra útil que recoge las aves, los mamíferos, los anfibios, los reptiles y los hábitats de ecosistemas más importantes y frecuentes del país.

Plantas

A grandes altitudes, sobre todo en las cordilleras Blanca y de Huayhuash, a las afueras de Huaraz, abunda una flora y fauna característicos. Entre las plantas de la región se cuentan altramuces autóctonos, espigadas matas de icho, imponentes árboles queñua (Polylepis) con su específica corteza roja y rizada parecida al papel, además de insólitas bromeliáceas (véase p. 526). Muchas flores silvestres alpinas brotan durante la temporada de senderismo, entre mayo y septiembre.

En el sur se verá el típico ecosistema de la puna. Se trata de una zona con una flora muy limitada de hierbas secas, plantas en cojín, pequeñas matas de hierbas, maleza y árboles enanos. Muchas plantas de este entorno han desarrollado hojas pequeñas y gruesas, menos sensibles a la congelación y la radiación. En el norte hay tierras de

LAS FLORES GIGANTES DE LAS MONTAÑAS

La Puya raimondii alcanza una altura de más de 10 m y su explosiva forma de cigarro puro incrustado de flores parece sacado de un libro del doctor Seuss. La planta de flores más alta del mundo pertenece a la misma familia de la piña (bromeliáceas) y tarda un siglo o más en madurar. Cuando florece, cada planta luce hasta 8000 flores blancas parecidas a lirios. Solo lo hace una vez en la vida y luego muere. Algunos de los más fabulosos ejemplares de Puya raimondii se hallan en los Andes peruanos, en el rocoso paisaje montañoso a las afueras de Huaraz, cerca de Catac (p. 396) y Punta Winchus (p. 394).

páramos, propios de un clima más duro y por tanto menos poblados de hierba y con una extraña mezcla de paisajes, incluidos pantanos de turba, valles de glaciares, lagos alpinos, humedales y terrenos de matorrales y bosque.

Vegetación del bosque nuboso y de la selva

A medida que las laderas orientales andinas descienden hacia el Altiplano occidental del Amazonas, el escenario natural va cambiando. Los bosques nubosos tropicales –llamados así porque atrapan (y ayudan a formar) nubes que impregnan la selva de una fina niebla– dan lugar a delicadas formas de flora. Los árboles de estos bosques están adaptados a las abruptas laderas, los suelos rocosos y un clima feroz. Se caracterizan por sus densos doseles de hojas pequeñas y retorcidas de escasa altura y por las ramas cubiertas de musgo que sirven de base a todo un conjunto de plantas, como las orquídeas, los helechos y las bromeliáceas. La neblina y la densa vegetación confieren al bosque nuboso un fabuloso halo de misterio.

En la selva amazónica, la densidad es sorprendente: decenas de miles de especies de plantas viven unas encima de otras o alrededor. Hay higuerones (llamados matapalos), palmeras, helechos, epifitas, bromeliáceas, orquídeas, hongos, musgo y lianas, por citar solo unas cuantas. Algunos árboles –como la palma que camina– presentan unas extrañas raíces parecidas a zancos. Se hallan sobre todo donde se dan inundaciones periódicas, por lo que se cree que dichas raíces mantienen los troncos rectos durante las mismas.

El Sistema de Información Botánica Andina (www.sacha.org) es una auténtica enciclopedia en línea sobre plantas florales de las zonas costeras y los Andes peruanos.

La miríada de árboles amazónicos impresiona. Un buen ejemplo de ello es la ceiba (también llamada Kapok o árbol del algodón de seda), que tiene alrededor de su base grandes troncos planos a modo de soporte, conocidos como arbotantes. El tronco de una ceiba puede llegar a medir 3 m de diámetro y alcanza los 50 m de altura antes de llegar a las primeras ramas. Estas se extienden en una enorme corona de forma algo plana. La asombrosa altura de muchos árboles amazónicos, algunos de los cuales superan los 80 m, crea un ecosistema completo en la capa del dosel, poblada por criaturas que jamás descienden al suelo forestal.

Desierto costero

En marcado contraste con el Amazonas, el desierto costero suele ser yermo, salvo por las zonas que rodean fuentes de agua, que llegan a convertirse en lagunas bordeadas de palmeras. De lo contrario, su escasa vida vegetal se limita a cactos y demás plantas suculentas, así como a lomas (una mezcla de hierbas y especies herbáceas en áreas propensas a la neblina). En la costa del extremo norte, en las reservas ecológicas situadas alrededor de Tumbes (p. 538), hay un pequeño grupo de manglares, así como un ecosistema forestal seco tropical, cosa poco habitual en Perú.

Parques nacionales

La vasta riqueza faunística de Perú está protegida por una red de parques y reservas nacionales con 60 áreas que cubren cerca del 15% del país. La más nueva es la Zona Reservada Sierra del Divisor, que se creó en el 2006 para proteger 1500000 Ha de selva forestal en la frontera brasileña. El Instituto Nacional de Recursos Naturales (Inrena), organismo del Ministerio de Agricultura, administra todas estas zonas.

Por desgracia, faltan recursos para conservar áreas protegidas, que permanecen sujetas a la caza, pesca, tala y minería furtivas. El Gobierno no tiene fondos para contratar a suficientes guardabosques y dotarlos del equipo necesario para patrullar los parques. Sin embargo, varias agencias internacionales y ONG contribuyen con dinero, personal y recursos para ayudar a su conservación y en proyectos educativos.

Un compañero neotropical, de John Kricher, es una introducción a la flora, la fauna y los ecosistemas de los trópicos del Nuevo Mundo, incluidas las regiones costeras y del Altiplano.

Cuestiones medioambientales

Perú se enfrenta a grandes retos con la administración de sus recursos naturales, acuciado por problemas que consisten básicamente en la falta de un buen código de leyes medioambientales estrictas y en su inhóspito territorio. La deforestación y la erosión son dos de las preocupaciones principales, así como la polución industrial, el crecimiento urbano y los constantes intentos de erradicación de las plantaciones de coca en algunas laderas andinas (véase recuadro abajo). Además, la carretera Interoceánica que atraviesa el corazón del Amazonas podría poner en peligro miles de kilómetros cuadrados de selva.

Deforestación y problemas hídricos

A nivel del suelo, se ha producido una grave erosión a causa de la tala indiscriminada en las tierras altas para obtener leña y en las selvas por sus valiosas maderas duras, y en ambas zonas para despejar tierras destinadas a la agricultura, las excavaciones petrolíferas y la explotación minera. En el Altiplano, donde la deforestación y el pastoreo excesivo de los bosques andinos y la puna son extremos, la calidad del suelo se deteriora a pasos agigantados. En la selva amazónica, la deforestación ha conducido a la erosión y al declive de especies precursoras como las ranas. La erosión también ha supuesto una disminución de la calidad del agua en la zona, donde los sedimentos impiden que se desarrollen los microorganismos de la base de la cadena alimenticia.

LA HOJA DE COCA: PASADO Y PRESENTE

El cultivo de la planta de coca se remonta al menos a 5000 años y tradicionalmente se le ha dado usos prácticos y religiosos. En la época prehispánica, mascar coca era un tratamiento para todo, desde un simple dolor de muelas hasta el agotamiento. También se usó durante mucho tiempo como ofrenda sagrada en los rituales religiosos. Cuando llegaron los españoles en el s. xv trataron de prohibir su cultivo. Sin embargo, al final cedieron al comprobar que mascar la coca era un elemento vital en los grupos de trabajo indígenas de la colonia (inhibe el apetito y es estimulante).

Hoy la lucha que rodea la coca sigue vigente, pero está relacionada sobre todo con su subproducto, la cocaína (en su elaboración se emplea una pasta derivada de las hojas de coca que se trata con queroseno y se refina hasta convertirla en polvo). En un intento de cortar el flujo de esta narcótico, EE UU ha instaurado programas de erradicación de las plantas de coca en Perú. Tales programas apenas han logrado frenar su cultivo (o el comercio de cocaína), pero los herbicidas usados han causado daños en algunas tierras agrícolas de las comunidades indígenas. Quienes critican los planes estadounidenses –como los cocaleros peruanos o el presidente de Bolivia Evo Morales– exigen que se regule su erradicación. De todos modos, es un problema que tardará en resolverse.

Otros problemas son la polución del Altiplano producida por la minería. En el litoral, muchas playas de algunas ciudades costeras se han declarado no aptas para el baño por la contaminación de las aguas residuales. En el sur, la polución y la sobrepesca están causando una disminución continua del pingüino de Humboldt (desde los años ochenta la población se ha reducido en más de un tercio).

Medidas de protección

A principios de la década de 1990, Perú dio los primeros pasos para formular un código nacional de recursos medioambientales y naturales, pero el Gobierno (ocupado en una cruenta guerra de guerrillas en el Altiplano) carecía de los fondos y de la voluntad política necesarios para aplicarlo. En 1995 el Congreso de Perú creó un Consejo Nacional de Medio Ambiente (CONAM) para dirigir su política medioambiental. Si bien se han cosechado algunos éxitos (como la imposición de multas a los principales contaminadores por malas prácticas), la aplicación de las políticas aún es débil.

Monga Bay (http://es.mongabay.com) es una excelente fuente en línea de noticias e información sobre el Amazonas y otras selvas del mundo entero.

Se están tomando medidas para ayudar a proteger el medio ambiente del país. Actualmente el Gobierno peruano y los intereses privados de la industria turística se han unido para desarrollar proyectos de viajes sostenibles por el Amazonas. En el 2005 Perú se convirtió en uno de los 17 países latinoamericanos, en colaboración con España, en firmar la Declaración del Río Amazonas, que exige salvaguardas medioambientales que garanticen la biodiversidad y el desarrollo de estrategias turísticas que luchen contra la pobreza rural e incentiven el desarrollo regional de modo sostenible.

Guía de supervivencia

Datos prácticos A-Z

Acceso a internet

La mayoría de las regiones cuenta con excelentes conexiones a internet y precios razonables; los hoteles y albergues suelen tener wifi u ordenadores. Las pensiones familiares, sobre todo fuera de las áreas urbanas, están algo rezagadas en este sentido. Hay cibercafés por casi todas partes, incluso en los pueblecitos donde son la única diversión del viernes noche para los jóvenes. Cuesta desde 1 PEN por hora, tarifa que aumenta mucho en las zonas más remotas.

En esta obra, @ indica que hay ordenador y ᯤ que hay wifi.

Aduana

Perú permite importar 3 litros de alcohol y 20 cajetillas de cigarrillos, 50 puros o 250 gr de tabaco, libres de impuestos y regalos por valor de 300 US$. Legalmente se puede entrar con objetos como un ordenador portátil, una cámara de fotos, un reproductor portátil de música, una piragua, material de escalada, una bicicleta de montaña y otros similares para uso personal.

Es ilegal sacar del país piezas precolombinas o coloniales, así como introducirlas en la mayoría de los países. Si se compran reproducciones, que sea en un establecimiento acreditado y pídase una factura detallada. También es ilegal comprar objetos hechos con animales de especies amenazadas, así como transportarlos por el país.

En Perú, las hojas de coca son legales, pero no en la mayoría de los países, ni siquiera como bolsitas de té. Si uno es sometido a un análisis de consumo de drogas se debe saber que la coca deja restos en la orina, incluso si se consume como té.

Si se pretende volver a casa con un producto caro o poco común, conviene informarse en el servicio aduanero propio sobre las posibles restricciones o tasas aplicables. Muchos países permiten que sus ciudadanos importen un cierto número de objetos libres de impuestos, aunque la normativa podría cambiar.

Alojamiento

Perú tiene alojamiento para todos los bolsillos, sobre todo en los núcleos urbanos y turísticos. Aquí se enumeran según criterios de preferencia y teniendo en cuenta la relación calidad-precio. Las tarifas corresponden a una habitación con baño propio en temporada alta, a menos que se especifique lo contrario.

Muchos establecimientos ofrecen servicio de lavandería y de consigna breve (pídase un recibo). Las habitaciones simples solo tienen una cama; las dobles, dos; y las matrimoniales, una cama doble o una *queen size*.

Casi ningún alojamiento se libra de los problemas de ruido, por eso se recomienda elegir bien la habitación. Se aconseja pedir verla antes de decidirse.

A veces las escuelas de idiomas ofrecen alojamientos en familias. Hay pocas zonas de acampada.

Precios

Se indican los que corresponden a la temporada alta. Cabe decir que pueden fluctuar según el tipo de cambio.

Los extranjeros están exentos del pago del impues-

PRECIOS DEL ALOJAMIENTO

Se establecen tres rangos:

Económico Dormitorio colectivo o habitación doble hasta 85 PEN

Precio medio Entre 85-250 PEN por habitación doble

Precio alto Más de 250 PEN por habitación doble

to hotelero del 18% (a veces incluido en el precio en soles) pero deberán presentar el pasaporte y la tarjeta de turista para que hagan una fotocopia. El recargo del 7% o más aplicado por las transacciones con tarjeta de crédito no incluye la tasa de cambio que pueda establecer el propio banco nacional. En algunos lugares aceptan dólares estadounidenses, pero el tipo de cambio suele ser malo.

En los refugios lejanos del Amazonas y en populares destinos playeros como Máncora, predominan las tarifas de todo incluido propias de los complejos.

En Cuzco, la demanda es muy alta en temporada alta (de junio a agosto). Otros períodos de alta ocupación son Inti Raymi, Semana Santa y Fiestas Patrias (véase p. 540), para los que es obligatorio reservar antes. En Lima los precios no varían durante el año; por internet pueden encontrarse ofertas de última hora. Pagar en efectivo siempre ayuda; para las estancias largas, pídase un descuento.

Apartamentos

Hay un número limitado de alquileres para períodos breves, sobre todo en Lima, que satisfacen las exigencias de un cliente medio-alto. Para más información, visítese www.vrbo.com o www.cyberrentals.com.

Albergues

Hostelling International (www.hihostels.com) tiene albergues en las principales áreas turísticas del país, como Lima, Cuzco y Arequipa. Aparte de esta red, en las principales localidades turísticas (sobre todo en Lima) existe un abanico de alojamientos, desde albergues con fiesta continua hasta otros más tranquilos. La mayoría cuenta con todos los servicios. Los precios van de 10 a 35 PEN por persona.

DUCHAS DE AGUA CALIENTE

Los alojamientos económicos no siempre tienen agua caliente y algunos solo ciertas horas del día. Conviene saber que los más madrugadores pueden agotar las reservas.

Atención con las duchas eléctricas. Para tener agua caliente hay que encenderlas y esperar unos minutos. Si la presión es baja, el agua es más caliente. Bajo la ducha es mejor no tocar el calentador para evitar calambres. Consejo para viajeros altos: mucho cuidado.

Hoteles

ECONÓMICOS

Los hostales, hospedajes y albergues son los más baratos de Perú. Ofrecen habitaciones pequeñas, con baño propio o compartido. En las ciudades principales, suelen tener duchas de agua caliente, que escasean en las zonas más rurales y remotas. Algunos incluyen un sencillo desayuno, a base de café de sobre y tostadas.

Evítense las habitaciones de aspecto poco seguro; compruébese que las puertas y las ventanas cierran bien. Vale la pena comparar antes de decidirse.

PRECIO MEDIO

Las habitaciones suelen tener baño propio con duchas de agua caliente y pequeños calefactores o ventiladores, y algunas también aire acondicionado. Suelen contar con televisión por cable, teléfono y caja fuerte. Normalmente se incluye el desayuno continental o norteamericano.

PRECIO ALTO

Los hoteles de categoría superior suelen contar con baños propios con bañera, teléfonos con línea internacional directa, prácticos enchufes de doble voltaje, calefacción central o aire acondicionado, secador de pelo, caja fuerte, televisión por cable y acceso a internet (de alta velocidad, por cable o wifi); en algunas habitaciones hay neverita, microondas o cafetera. En los más grandes puede que incluso haya un bar, una cafetería o un restaurante (o varios), aparte de servicio de habitaciones y de conserje y personal atento que habla varios idiomas. Asimismo, pueden contar (sobre todo en Lima) con centro de convenciones, *spa* y salón de belleza. En el Amazonas, donde están más aislados, los alojamientos tienen menos servicios y son más rústicos.

Reservas

Como muchos vuelos que aterrizan en Lima llegan tarde por la noche, no es aconsejable buscar un alojamiento nada más llegar. Conviene reservar con antelación la primera noche; la mayoría de los hoteles ofrecen servicio de recogida en el aeropuerto. En el resto del país, es importante reservar para estancias durante las principales festividades (como Inti Raymi en Cuzco) o las vacaciones, como Semana Santa, cuando es fiesta en todo Perú. En el Amazonas, resérvese para los alojamientos más remotos. En los pueblecitos y en las zonas menos turísticas, el alojamiento se ocupa a medida que uno llega.

En los alojamientos baratos podrían no guardar la reserva si se llega tarde. Incluso habiendo reservado, se recomienda confirmar la hora de llegada. En los hoteles de precio medio y alto se puede hacer el *check-in* tarde, aunque suele pedirse un depósito. En algunos alojamientos, sobre todo en el Amazonas, también se solici-

LO BÁSICO

» El principal diario de Perú es *El Comercio* (www.elcomercioperu.com.pe), de tendencia gubernamental. También se publica *La República* (www.larepublica.com.pe), algo más de izquierdas.

» El semanario político y cultural más famoso es Caretas (www.caretas.com.pe), mientras que *Etiqueta Negra* (etiquetanegra.com.pe) se centra en la cultura. Como publicación bilingüe de viajes destaca la mensual *Rumbos* (www.rumbosdelperu.com).

» La televisión por cable y satélite, que permite ver la CNN o incluso noticias japonesas, llega a casi todas partes.

» La corriente eléctrica es de 220 V, 60 Hz CA. Las tomas de corriente estándar admiten clavijas de patillas redondas y algunas son de doble voltaje, en las que enchufar clavijas planas. De todos modos, puede que incluso se necesite un adaptador para evitar sobrecargas.

» Perú utiliza el sistema métrico, pero la gasolina se mide en galones estadounidenses (1 galón equivale a 3,78 litros).

ta el pago total o parcial por adelantado. Hay que tener un plan de viaje definido antes de pagar por anticipado, ya que conseguir un reembolso puede ser todo un reto.

Reservar por internet sale a cuenta, aunque fuera de temporada alta a veces ofrecen tarifas inferiores si no se reserva. Sin embargo, en los hoteles de precio alto hay frecuentes ofertas de última hora, por eso se recomienda visitar su página web para obtener un descuento o contratar un paquete promocional.

Comunidad homosexual

Perú es un país católico muy conservador. Si bien muchos peruanos toleran la homosexualidad de los viajeros extranjeros sin preguntar demasiado, el tema de los derechos políticos o legales de los gays es inexistente en el país. Si se habla en público, la respuesta más común es la hostilidad. De ahí que muchos gays peruanos no declaren abiertamente su condición y muchos hombres, por la naturaleza de su cultura peruana, se identifican como heterosexuales aunque practiquen sexo con otros hombres o con prostitutas transexuales. A los hombres afeminados, aunque sean heterosexuales, a veces los llaman maricones, si bien la palabra se ha convertido en un insulto general que también se emplea en broma.

No es muy frecuente ver muestras de afecto de parejas homosexuales en público. Fuera de las discotecas de ambiente, lo mejor es no llamar demasiado la atención.

Un problema creciente es la transmisión del VIH/sida, también entre heterosexuales. La ciudad más tolerante es Lima, pero es un dato relativo. Cuzco, Arequipa y Trujillo también son metas más abiertas de lo habitual.

Las banderas con los colores del arcoíris que cuelgan en Cuzco y los Andes no son la del orgullo gay, sino la del Imperio inca.

Los viajeros homosexuales pueden obtener información en varias organizaciones:

Deambiente.com (www.deambiente.com) Revista en línea sobre política y cultura pop y con una sección de la vida nocturna.

Gay Lima (http://lima.gaycities.com/) Guía práctica de los últimos locales gays y de ambiente de la capital, con otros muchos enlaces.

Gayperu.com (www.gayperu.com) Moderna guía en línea con todo tipo de información, desde bares hasta lavabos públicos; gestiona una agencia de viajes (www.gayperutravel.com).

Global Gayz (www.globalgayz.com) Excelente información sobre el panorama homosexual y político de Perú, con enlaces a recursos internacionales.

Lima Tours (plano p. 60; ☎01-619-6901; www.limatours.com.pe; Jirón Belén 1040, Lima centro) Agencia de viajes no exclusivamente homosexual, pero con viajes de grupos gays por el país.

Movimiento Homosexual de Lima (☎01-332-2945;

PRECIOS DE LA COMIDA

Los restaurantes se organizan según las preferencias de los autores y valorando la relación calidad-precio. Los de precio medio y alto cargan un 10% por el servicio y una tasa del 19%. Para saber más sobre la gastronomía peruana, véase p. 511. Los rangos de precios son:

Económico Platos principales por menos de 20 PEN

Precio medio Platos principales entre 20-45 PEN

Precio alto Platos principales más de 45 PEN

www.mhol.org.pe; Mariscal Miller 822, Jesús María) La organización activista de gays y lesbianas más famosa.

Purpleroofs.com (www.purpleroofs.com) Gran portal LGBT con enlaces a varios operadores y alojamientos gays de Perú.

Rainbow Peruvian Tours (plano p. 78; ☎01-215-6000; www.perurainbow.com; Río de Janeiro 216, San Isidro, Lima) Agencia de viajes, propiedad de un homosexual, con sede en Lima.

Correos

El sistema postal privatizado está gestionado por **Serpost** (www.serpost.com.pe). El servicio es bastante eficiente y fiable, pero carísimo. Casi todo el correo internacional tarda unas dos semanas en llegar desde Lima, y más desde provincias.

A través de la lista de correos se puede recibir correo en cualquier oficina grande. Para recoger los envíos se deberá llevar el pasaporte y pedirle al funcionario que busque bajo la inicial de los apellidos y del nombre. Hay que recordar a los remitentes que escriban el apellido del destinatario de forma clara, en mayúsculas y subrayado para evitar errores. Por ejemplo:

Margarita SILVA
Lista de Correos
Correo Central
Lima
Perú

Para el correo exprés y los paquetes son mucho más fiables las empresas de mensajería internacionales como **Federal Express** (www.fedex.com/pe) y **DHL** (www.dhl.com.pe), aunque solo cuenten con puntos de entrega en Lima u otras ciudades importantes. También son más caras que Serpost.

Cuestiones legales

La embajada es de poca ayuda si se tienen problemas legales en Perú, donde existe la presunción de culpabilidad hasta que se demuestre lo contrario. En caso de ser la víctima, acúdase a la policía de turismo (Poltur), con comisarías en las principales ciudades.

Algunos agentes de policía (incluso de la Poltur) tienen fama de corruptos, pero los sobornos son ilegales. Como la mayoría de los viajeros no tendrá que tratar con la policía de tráfico, el único lugar donde (quizá) se pague una pequeña suma a un agente es en las fronteras terrestres. También es una práctica ilegal y si uno tiene el tiempo y la fuerza de mantenerse en sus trece, a lo mejor hasta le dejan pasar sin pagar.

Evítese toda conversación con cualquiera que ofrezca drogas. De hecho, hablar con desconocidos en la calle es peligroso. Ha habido casos de viajeros detenidos justo después por agentes de paisano acusándoles de hablar con narcotraficantes. Si al viajero lo parara un agente de civil, no debe entregar ningún documento ni dinero. Nunca hay que subirse a un vehículo de nadie que diga ser policía; es mejor insistir en ir a pie hasta una comisaría fiable. Las sanciones por posesión de drogas, incluso de cantidades pequeñas, son muy severas; la sentencia mínima es de varios años de cárcel.

En caso de ser encarcelado, hay que comunicárselo a alguien lo antes posible. Las detenciones prolongadas antes del proceso son frecuentes. Los peruanos llevan comida y ropa a los familiares encarcelados, donde las condiciones son muy duras.

Si uno cree que un hotel o un operador turístico le ha estafado debe presentar la reclamación en el **Instituto Nacional de Defensa de la Competencia y de la Protección de la Propiedad Intelectual** (Indecopi; ☎01-224-7800; www.indecopi.gob.pe) de Lima.

DOCUMENTOS IMPORTANTES

Antes de salir hay que fotocopiar todos los documentos importantes (pasaporte, tarjetas de crédito, seguro de viaje, carné de conducir, etc.). Una copia debe dejarse en casa y la otra llevarse encima, separada de los originales.

Cursos de idiomas

Hay escuelas en Lima, Cuzco, Arequipa, Huaraz, Puerto Maldonado y Huancayo. Se puede estudiar quechua con clases particulares o en uno de los varios centros de Lima, Cuzco y Huancayo.

De compras

Donde hay turistas se vende arte y artesanía. Entre los recuerdos más populares están los jerséis y las bufandas de lana de alpaca, las telas, la cerámica, las máscaras, las joyas de oro y plata y lo preferido por los mochileros: las camisetas de Inca Kola. Aunque en Lima abunda la artesanía, puede costar encontrar objetos regionales muy especializados.

En los puestos callejeros y mercados, donde solo se aceptan pagos en efectivo, lo normal es regatear. Los precios son fijos en las tiendas de más categoría, donde a lo mejor añaden una tasa por las operaciones con tarjeta de crédito.

Descuentos

El carné oficial de estudiante internacional (ISIC), con fotografía, garantiza un descuento del 50% en algunos museos y atracciones y en circuitos organizados. Las tarjetas de jubilados no son válidas.

Dinero

La moneda peruana es el nuevo sol (PEN). Para conocer los tipos de cambio, véase p. 17.

Se recomienda llevar dinero en efectivo, tarjeta de débito y de crédito, que pueden usarse para adelantar pagos en caso de urgencia. Al cambiar moneda, pídanse billetes pequeños, ya que los de 100 PEN cuesta cambiarlos en compras pequeñas y pueblecitos, donde se aconseja llevar suelto. En los lavabos públicos a menudo se cobra una pequeña cantidad y conseguir cambio para un billete puede resultar casi imposible.

El mejor lugar para cambiar divisas son las casas de cambio, rápidas, con un horario amplio y a menudo con mejores tipos que los bancos. En muchos lugares aceptan dólares estadounidenses. Hay que rechazar los billetes rotos, que muchos peruanos no aceptarán. Tampoco se aconseja cambiar divisas en la calle, ya que circula dinero falso. Para más información, véase abajo.

Para más información sobre precios y dinero, véase p. 16.

Cajeros automáticos

Los hay en casi todas las ciudades y pueblos, así como en los principales aeropuertos, terminales de autobuses y zonas comerciales. Pertenecen a los circuitos internacionales Plus (Visa), Cirrus (Maestro/MasterCard), American Express y otras redes, y aceptan la tarjeta del viajero siempre y cuando tenga un pin de cuatro dígitos. Para evitar problemas, notifíquese al banco personal que se usará la tarjeta en el extranjero.

Los cajeros son una forma práctica de obtener dinero en efectivo, pero con comisiones por lo general más bajas que las casas de cambio. Se pueden sacar tanto dólares como nuevos soles. El banco del viajero aplicará un recargo por cualquier operación en un cajero extranjero.

Suelen estar abiertos las 24 horas. Por motivos de seguridad, úsense los situados dentro de los bancos con guardas de seguridad y mejor de día.

Dinero en efectivo

Los nuevos soles se emiten en billetes de 10 PEN, 20 PEN, 50 PEN, 100 PEN y 200 PEN (poco frecuentes). Se dividen en 100 céntimos, acuñados en monedas color cobre de 0,05 PEN, 0,10 PEN y 0,20 PEN, y color plata de 0,50 PEN y 1 PEN. Las monedas de 2 PEN y 5 PEN están forjadas en dos metales, con un centro cobrizo y un contorno plateado.

En muchos negocios orientados al turismo aceptan US$, aunque el transporte local, las comidas y otros imprevistos deben pagarse con nuevos soles.

Cambio de divisas

Llevar efectivo permite obtener con rapidez el mejor tipo de cambio. El dólar estadounidense es la mejor moneda para cambiar, aunque cada vez más los principales centros turísticos aceptan el euro. También pueden cambiarse otras monedas fuertes, pero cuesta más y solo puede hacerse en ciudades importantes. Las divisas no deben presentar defectos.

Los cambistas se juntan en las esquinas de la calle

DINERO FALSO

La circulación de moneda estadounidense y peruana falsa es un problema grave. Los comerciantes son muy cautos a la hora de aceptar billetes grandes y el viajero debería hacer lo mismo. Todos tienen una técnica para comprobar si un billete es falso: algunos notan la calidad distinta del papel, otros huelen la tinta falsa. El viajero debería buscar una serie de indicios; las nuevas monedas imitan algunos de los rasgos de seguridad pero no todos. No debe aceptarse un billete desgastado, rasgado o dañado, incluso los pequeños, puesto que en muchos negocios no los aceptarán.

Hay que vigilar lo siguiente:

» Comprobar la marca de agua: muchos billetes falsos la tienen, pero en los auténticos hay una parte sobre un papel mucho más fino.

» La escritura de la parte superior debería estar en relieve: pásese el dedo para comprobar si sobresale y luego por la parte posterior.

» La línea bajo dicha escritura está formada por palabras diminutas: si es una línea recta es falso.

» El valor del billete escrito en el lateral debe ser metálico y ligeramente verde, azul y rosa en las puntas: los billetes falsos solo son rosas y sin holograma.

» En la tira metálica que recorre el billete se lee la palabra "Perú" repetida en caracteres diminutos si se mira a contraluz: en los billetes falsos también aparece, pero las letras no se ven tan claras y cuesta leerlo.

» Las diminutas hebras de colores y los puntos holográficos distribuidos por el billete deberían estar incrustados, no pegados.

Rafael Wlodarski

SOBRE LOS PRECIOS

Aquí se indican en nuevos soles peruanos. Sin embargo, muchos alojamientos que ofrecen paquetes, hoteles de categoría superior, agencias y operadores de viajes solo los expresan en dólares estadounidenses. En dichos casos, constan en dólares.

En los últimos años ambas monedas han sufrido fluctuaciones, por lo que las cifras de esta guía podrían diferir de las reales.

cerca de los bancos y las casas de cambio, y ofrecen tipos competitivos aunque no siempre son honestos. Los cambistas oficiales deben vestir un chaleco con una placa que los identifica como operadores legales. Resultan prácticos tras el cierre habitual de otros establecimientos o en las fronteras, donde no hay alternativa.

Tarjetas de crédito

En muchos hoteles de precio alto y tiendas se aceptan tarjetas de crédito, pero suelen aplicar un recargo del 7% (o más) por su uso. Esta tasa no depende del tipo de cambio del establecimiento sino del que elige el banco propio cuando la operación aparece en la cuenta, a veces semanas después. Puede que el banco aplique también un recargo o tasas adicionales por las transacciones con moneda extranjera.

Las tarjetas de mayor aceptación son Visa y MasterCard, aunque en algunos establecimientos y cajeros también aceptan American Express y alguna otra. Antes de partir, conviene informar al banco del uso de la tarjeta en el extranjero.

Impuestos, propinas y devoluciones

En los aeropuertos peruanos, la tasa por salida internacional (p. 547) se puede pagar en US$ o en nuevos soles (solo en efectivo), aunque quizá ya esté incluida en el precio del billete. Los hoteles caros añaden un 19% de IVA y un 10% por el servicio; este no suele incluirse en los precios indicados. Los extranjeros solo pueden solicitar la devolución del IVA (véase p. 534). Algunos restaurantes cobran más de un 19% por varios impuestos, más el 10% del servicio o propina. Donde no lo hacen, puede dejarse una propina del 10% si el servicio es bueno. Los taxistas no suelen esperar una propina (a menos que ayuden con un equipaje pesado), pero sí los mozos y los guías de los circuitos. Para las compras no se devuelve el IVA.

Electricidad

Se usan los siguientes enchufes.

220V/60Hz

220V/60Hz

Embajadas y consulados

La mayoría de las embajadas están en Lima y hay algunos servicios consulares en los principales centros turísticos, como Cuzco.

Es importante saber bien qué problemas puede solucionar la embajada y cuales no. No será muy comprensiva si el viajero acaba en la cárcel por un delito, aunque sea legal en el país de origen. En cambio, si a uno le roban el dinero y los documentos, ayudan a conseguir un nuevo pasaporte.

Llámese con antelación para comprobar el horario de apertura o fijar una cita. Aunque cuentan con personal suficiente en horas de oficina, la atención al público a menudo es más limitada; a continuación se recogen estos horarios. Para conocer los números de contacto en caso de emergencia y fuera de horas, visítese la página del país.

Bolivia Lima (☎01-440-2095; Los Castaños 235, San Isidro; ⌚8.00-16.00); Puno (☎/fax 051-35 1251; 2º piso, Jirón Arequipa 136; ⌚8.00-14.00 lu-vi)

Brasil (☎01-512-0830; www.embajadabrasil.org.pe; Av. José Pardo 850, Miraflores, Lima; ⌚9.30-12.00 y 16.00-17.00 lu-vi)

Chile (☎01-710-2211; chileabroad.gov.cl/peru; Av. Javier Prado Oeste 790, San Isidro, Lima; ⌚9.00-17.00 lu-ju, 9.00-14.00 vi)

Colombia Lima (☎01-441-0954; Av. Jorge Basadre 1580, San Isidro; ⌚8.30-13.00 y 14.30-17.30 lu-vi); Iquitos (☎065-23-6246; Araujo 431; ⌚9.00-12.30 y 14.00-16.30 lu-vi)

Ecuador Lima (☎01-212-4171; www.mecuadorperu.org.pe; Las Palmeras 356, San Isidro; ⌚9.00-13.00 lu-vi); Tumbes (☎072-525-949; 3er piso, Jirón Bolívar 129, Plaza de Armas; ⌚9.00-13.00 y 16.00-18.00 lu-vi)

España (☎01-513-7930; www.maec.es/subwebs/Consulados/Lima; Calle Los Pinos, San Isidro, Lima; ⌚8.30-13.00 lu-vi)

EE UU (☎01-618-2000; lima.usembassy.gov; Av. La Encalada s/n, cuadra 17, Monterrico, Lima; ⌚8.00-11.30 lu-vi) Es una fortaleza; llámese antes de personarse. Para información actualizada sobre el visado, visítese www.lonelyplanet.com.

Para prorrogar la estancia, obtener un sello de salida o una nueva tarjeta de entrada, véase la información sobre las oficinas de migraciones en p. 545.

Fiestas oficiales

Los períodos vacacionales más importantes abarcan los días antes y después de una fiesta oficial.

Durante las Fiestas Patrias, la mayor fiesta nacional, parece que todo el país viaja. Las principales fiestas nacionales, regionales y religiosas son:

Año Nuevo 1 de enero

Viernes Santo Marzo/abril

Día de los Trabajadores 1 de mayo

Inti Raymi 24 de junio

Fiestas de San Pedro y San Pablo 29 de junio

Fiestas Patrias 28-29 de julio

Fiesta de Santa Rosa de Lima 30 de agosto

Combate de Angamos 8 de octubre

Todos los Santos 1 de noviembre

Fiesta de la Inmaculada Concepción 8 de diciembre

Navidad 25 de diciembre

Hora local

Es 5 horas menos que la del meridiano de Greenwich (GMT) y coincide con la costa este norteamericana (EST). Cuando en Lima son las 12.00, en Los Ángeles son las 9.00, en Ciudad de México las 11.00, en Nueva York las 12.00 y en Madrid las 18.00.

Perú no sigue el Daylight Saving Time (DST), por lo que debe sumarse una hora a todas las precedentes entre el primer domingo de abril y el último domingo de octubre.

Hay que acostumbrarse a esperar: la puntualidad no es un punto fuerte en América Latina. Los autobuses pocas veces salen o llegan a la hora. Los viajeros más perspicaces organizarán sus itinerarios con cierto margen de maniobra. No hay que olvidar el despertador de viaje: los autobuses de largo recorrido y los circuitos a menudo salen antes de las 6.00.

Horario comercial

Los horarios varían y sufren cambios, sobre todo en las localidades pequeñas, donde suelen ser irregulares. Los que aquí se indican son a título orientativo, y el servicio puede ser lento.

En la mayoría de las ciudades hay cajeros automáticos abiertos 24 horas. En Lima casi todos los servicios tienen horarios amplios. En otras ciudades grandes, los taxistas suelen saber qué tiendas y farmacias abren hasta tarde.

Aquí solo se indica el horario si difiere del indicado a continuación.

Tiendas 9.00-18.00, algunas 9.00-18.00 sa

Oficinas y centros estatales 9.00-17.00 lu-vi

Bancos 9.00-18.00 lu-vi, 9.00-13.00 sa

Restaurantes 10.00-22.00, muchos cierran entre 15.00-18.00

Museos A menudo cerrados los lunes.

Lavabos públicos

Las cañerías peruanas dejan mucho que desear. Es posible que al tirar de la cadena el baño se inunde, por eso no debe caer nada aparte de las deposiciones humanas. Incluso una pequeña cantidad de papel de váter puede taponar el sistema, de ahí el cubo de plástico que colocan para tirar el papel. No parece muy higiénico, pero es mucho mejor que encontrarse con el suelo inundado o el lavabo atascado. En los hoteles y restaurantes bien gestionados, incluso los baratos, vacían la basura y limpian el baño a diario. En las áreas rurales, a lo mejor solo hay una destartalada letrina de madera construida en un agujero en el suelo.

Cuesta encontrar lavabos públicos si no es en terminales de transporte, restaurantes y museos, aunque en los restaurantes suelen permitir que los viajeros los usen (a veces pagando). En los de las terminales suele haber un empleado que cobra unos 0,50 PEN por entrar y da una mísera cantidad de papel higiénico. Como este se acaba con frecuencia, es mejor llevar siempre encima.

Mapas y planos

El mejor mapa de carreteras es el Mapa Vial 1:2 000 000

de Lima 2000, disponible en las mejores librerías. El *Peru South and Lima* 1:1 500 000 (Sur de Perú y Lima) de International Travel Maps cubre con detalle el país al sur de una línea horizontal trazada por Tingo María y cuenta con un buen callejero de Lima, San Isidro, Miraflores y Barranco en el revés.

De necesitar mapas topográficos, acúdase al **Instituto Geográfico Nacional** (IGN; ☎01-475-3030, ext 119; www.ign.gob.pe; Aramburu 1190-98, Surquillo, Lima; ⊙8.00-18.00 lu-vi, hasta 13.00 sa), donde venden mapas de referencia, entre otros. En enero, el IGN cierra pronto, así que llámese antes. También existen mapas topográficos de senderismo, aunque cuesta encontrar los que cubren las zonas fronterizas. Asimismo, se venden CD-ROM y mapas geológicos y demográficos.

En las sedes del club South American Explorers en Lima (véase recuadro en p. 98) y Cuzco (p. 209) también hay mapas de carreteras, topográficos y callejeros.

Los mapas topográficos más actualizados suelen encontrarse en los establecimientos deportivos de los principales centros senderistas, como Cuzco, Huaraz y Arequipa. Si se dispone de un GPS, téngase en cuenta que la corriente es de 220 V, 60 Hz CA y llévese siempre una brújula.

Mujeres viajeras

En América Latina el machismo está muy presente. La mayoría de las mujeres viajeras no sufrirán más que algún piropo o silbido. Claro que si la viajera es de piel clara y pelo rubio será el centro de atención. Para los peruanos las extranjeras son libertinas y unas conquistas sexuales más fáciles que las peruanas, y a menudo flirtean con las mujeres solteras.

Las miradas, los silbidos y los pitidos en la calle son el pan de cada día y no debería dárseles mayor importancia. Muchos hombres dedican su tiempo libre a piropear a las mujeres (a veces de forma simpática, otras más vulgar). En cualquier caso, no pretenden ofender. Un hombre casi nunca sigue con la cháchara (a menos que se haya herido su virilidad). La mejor respuesta es ignorar cualquier provocación y mirar adelante. Si alguien es especialmente insistente, puede soltarse una frase como "estoy casada" para reprimir cualquier pasión. De necesitar ayuda de un lugareño, las viajeras advertirán que los peruanos son muy protectores con respecto a las mujeres que viajan solas, y expresarán su sorpresa y preocupación si les dicen que recorren el país sin la familia o el marido.

Los seductores con labia suelen pegarse a las gringas, sobre todo en ciudades turísticas como Cuzco. Muchos de estos casanovas, llamados bricheros en Perú, buscan a alguien que los mantenga, por eso se aconseja tomarse con el máximo escepticismo cualquier declaración de amor eterno. Los hombres no están exentos.

Al conocer a hombres en lugares públicos hay que usar el sentido común. En Perú, exceptuando algunas ciudades grandes, es muy raro que una mujer entre en un bar a tomarse una cerveza y las que lo hacen suelen ser prostitutas. Si a la viajera una noche le apetece tomarse un cóctel, mejor que opte por un restaurante. Asimismo, si un hombre ve que una mujer bebe bastante podría malinterpretarlo como un signo de promiscuidad. Al conocer a alguien es importante dejar claro si solo se busca una amistad. Lo mismo con los guías de los circuitos y de actividades. Cuando se conoce a alguien, conviene no contarle dónde se está alojada hasta que se tiene la certeza de que es de fiar.

En las localidades del Altiplano, las mujeres se visten de forma bastante conservadora y pocas veces llevan pantalón corto, más bien faldas largas. Los pantalones están bien, pero las bermudas, minifaldas y blusas transparentes podrían captar una atención no deseada.

Como en cualquier parte del mundo, se puede ser víctima de una violación o de un asalto. Basta con usar el sentido común (incluso en los pueblecitos). Algunos consejos:

- evítese hacer autostop
- mejor no montarse en taxis sin licencia, sobre todo de noche (los que tienen licencia llevan una pegatina con la autorización en el parabrisas)
- evítese caminar sola por zonas desconocidas de noche

DIRECCIONES EN PERÚ

En Perú se puede recibir el correo en los apartados postales (abreviado "apartado", "Apto" o "AP"), o en las casillas postales ("casilla" o "CP"). En algunas direcciones se indica s/n (sin número) o la cuadra detrás del nombre de la calle.

Solo en Lima y en la vecina Callao es necesario indicar el código postal. Los más usados por los viajeros son Lima 1 (Lima Centro), Lima 4 (Barranco), Lima 18 (Miraflores) y Lima 27 (San Isidro). Siempre hay que escribir "Lima" junto a estos códigos.

» si un desconocido se acerca por la calle y pregunta algo, es mejor responder solo si apetece: nunca hay que dejar de caminar porque los posibles atacantes podrían rodear a la viajera

» evítense los autobuses nocturnos por zonas de bandoleros, ya que ha habido casos de violaciones durante los asaltos

» cuidado con el entorno más inmediato; se han producido ataques en pleno día en puntos muy turísticos y en populares rutas de senderismo

» cuando se contrata un circuito privado o a un guía para una actividad es mejor buscar a alguien recomendado o de una agencia de fiar

Las viajeras que sufran una agresión sexual pueden denunciarla en la comisaría de policía más próxima o en la policía turística. Sin embargo, en estos casos los peruanos se muestran a favor del agresor, no de la víctima. La violación a menudo se considera una deshonra y cuesta que sea objeto de proceso. Como la policía tiende a ser de poca ayuda, se recomienda llamar a la embajada o al consulado (p. 539) para pedir consejo, incluso para buscar ayuda médica, que debería ser una prioridad.

En cuanto a temas más mundanos, cuesta encontrar tampones en las localidades pequeñas, por eso es mejor hacer acopio en las ciudades. Las píldoras anticonceptivas y otros métodos contraceptivos (incluso los preservativos) escasean fuera de las áreas metropolitanas y no siempre son de fiar, así que es mejor cargar con lo necesario desde casa. Los índices de contagio por VIH están aumentando, sobre todo entre las jóvenes. El aborto es ilegal menos cuando la vida de la madre está en peligro.

Las siguientes organizaciones proporcionan información útil:

Centro de La Mujer Peruana Flora Tristán (☎01-433-1457; www.flora.org.pe; parque Hernán Velarde 14, Lima; ⌚13.00-17.00 lu-vi) Grupo de apoyo social y político feminista que lucha por los derechos humanos y de la mujer en Perú, con página web y una biblioteca en Lima.

Instituto Peruano de Paternidad Responsable (Inppares; ☎01-640-2000; www.inppares.org) Organización que gestiona una docena de clínicas de salud reproductiva y sexual para ambos sexos en todo el país, incluida Lima.

Precauciones

Las historias disparatadas sobre los viajes por Perú no escasean, con manifestaciones periódicas, robos y conductores de autobús que toman las curvas como en un circuito de la F1. Está claro que no es un país para pusilánimes. Los autobuses suelen ir abarrotadísimos. Las carreteras principales pueden quedar cerradas durante días o incluso semanas a causa de controles de carretera o violentas manifestaciones políticas. Y la miseria del país, donde más de la mitad de la población vive por debajo del umbral de la pobreza, contribuye a la proliferación de los delitos. De todos modos, la mayor molestia que sufrirá el viajero será un episodio de diarrea, así que es mejor no arruinarse el viaje con paranoias.

Como en cualquier parte del mundo actuar con sentido común ayuda mucho.

Robos, asaltos y otros crímenes

La situación ha mejorado mucho desde los años ochenta, sobre todo en Lima. Aunque algunos delitos callejeros como el robo de carteras, los tirones de bolsos y los asaltos siguen siendo frecuentes. Con mucho, el delito más extendido son los robos ordinarios; hay muchos menos casos de asaltos, pero ocurren.

Con las precauciones básicas y sentido común es menos probable sufrir un robo. Estos son algunos consejos:

» los carteristas frecuentan los lugares concurridos, como las terminales de autobuses, estaciones de trenes, mercados y fiestas; llévese la mochila delante o el bolso protegido bajo el brazo;

» los ladrones buscan blancos fáciles, como carteras abultadas en un bolsillo trasero o una cámara a la vista; métase el dinero en el bolsillo delantero y guárdese la cámara si no se utiliza;

» los pasaportes y las grandes sumas de efectivo deben guardarse en una riñonera o en un bolsillo con cremallera o cerrado; o mejor aún, en la caja fuerte del hotel;

» los tirones pueden producirse al dejar el bolso en el suelo (solo unos segundos) o al dormir en un autobús nocturno; nunca debe colocarse la bolsa con la cartera y el pasaporte en el compartimento superior de un autobús;

» no hay que guardar los objetos de valor en bolsas que se pierden de vista;

» mimetizarse ayuda: ir por ahí con material de senderismo nuevo o con una chaqueta de piel reluciente llama la atención; mejor vestir con sencillez;

» las joyas y los relojes caros están mejor en casa;

» los hoteles, sobre todo los baratos, no siempre son de confianza; se recomienda cerrar con candando la maleta con los objetos de valor dentro o usar los depósitos de seguridad;

» camínese con seguridad aunque se esté perdido; si hay que consultar el mapa, mejor dentro de una tienda o un restaurante.

Algunos ladrones trabajan en parejas o grupos. Uno provoca la distracción mientras el otro comete el robo. Puede tratarse de una pandilla de niños que se pelean delante del viajero, o una persona mayor que se tropieza "sin querer", o quizá alguien que vierte algo en la ropa. Algunos rajan la mochila con la navaja, tanto si se lleva a la espalda como si está en el compartimento del equipaje de un autobús.

En algunos casos, se han producido robos y asaltos a mano armada a senderistas que recorrían caminos populares de la zona de Huaraz (p. 376) y en rutas de la jungla en el sur (p. 264). Para evitarlo, puede viajarse en grupo con un guía local. Aparte, los alrededores de Tingo María (p. 308), en el extremo oriental del Altiplano central, son una zona famosa de bandolerismo, donde proliferan los robos armados y otros crímenes. Aquí se aconseja llevar a cabo toda actividad de día, incluso los viajes en autobús.

En Cuzco se han denunciado robos con arma y violaciones en taxis. De noche, desde el aeropuerto o la terminal de autobuses siempre hay que subirse en un taxi oficial. Si se advierte una amenaza, es mejor desprenderse de las pertenencias que sufrir ningún daño.

En los últimos años se han producido secuestros exprés, sobre todo en algunos barrios bajos de los alrededores del aeropuerto limeño. El atacante (o atacantes) armado agarra a alguien del interior de un taxi o lo rapta en plena calle y luego lo obliga a ir al banco más cercano a sacar efectivo en el cajero. Quienes no oponen resistencia no suelen sufrir daños físicos graves.

La policía de turismo (Poltur) patrulla las principales ciudades y áreas turísticas y es de ayuda en asuntos delictivos. Si uno no sabe bien dónde encontrarla, puede ponerse en contacto con la sede central de Lima. Si se es víctima de un delito, debe denunciarlo ante ella de inmediato. Luego, infórmese de lo ocurrido a la embajada. No podrán hacer mucho, pero mantienen un registro de los delitos contra los extranjeros con el fin de alertar a otros ante posibles peligros.

De poseer un seguro de viajes y tener que hacer una reclamación, Poltur facilita un informe policial. Las compañías aéreas vuelven a emitir un billete perdido pagando una tasa (aunque ahora casi no es necesaria porque la mayoría son electrónicos). En las embajadas expiden de nuevo el pasaporte en caso de robo, aunque antes tal vez exijan algún tipo de identificación. Con el nuevo documento, váyase a la oficina de inmigración peruana más cercana para obtener la tarjeta turística. Para más información sobre los asuntos legales, véase p. 537.

Para saber más sobre asuntos relacionados con la seguridad de las mujeres viajeras, véase p. 541.

Corrupción y fraude

El ejército y la policía (a veces incluso la turística) tienen fama de corruptos. Si bien un extranjero puede sufrir un mínimo acoso (en general el pago de un soborno), la mayoría de los agentes son amables con los turistas, o los dejan en paz.

Puede que lo peor sean los insistentes charlatanes que se reúnen en las estaciones de autobús, trenes, aeropuertos y otros núcleos turísticos para ofrecer de todo, desde habitaciones de hotel con descuentos hasta circuitos locales. Muchos, entre ellos los taxistas, dicen lo que sea para conducir al viajero hasta los lugares a los que representan. Al viajero le dirán que el establecimiento que busca es un célebre antro de la droga, que está cerrado o lleno. No hay que hacerles caso. Si surgieran dudas sobre el lugar escogido para pernoctar, pídase ver una habitación antes de pagar nada.

Tampoco es aconsejable reservar hoteles, viajes ni transportes mediante estos agentes independientes. A menudo piden adelantos en efectivo por un servicio que nunca llegará a cumplirse. Lo mejor es acudir siempre a una agencia respetable y recomendada.

Problemas con el transporte

Hay que elegir la compañía de autobuses con atención. Las más baratas tienden a contratar a conductores temerarios y sufren averías en carretera. En el Altiplano se puede pasar muchísimo frío viajando de noche (llévese una manta o saco de dormir). En algunas zonas, los viajes nocturnos también están sujetos a los asaltos de los bandoleros de la carretera, que montan barricadas de la nada y se llevan los objetos de valor de los pasajeros. Para más información sobre el transporte terrestre en Perú, véase p. 548.

Peligros medioambientales

Algunos peligros naturales del país son los terremotos y las avalanchas. El rescate en zonas remotas suele hacerse a pie porque los helicópteros

CONSEJOS GUBERNAMENTALES

En las siguientes páginas estatales se ofrecen consejos de viaje e información sobre los puntos conflictivos del momento.

Ministerio de Asuntos Exteriores y de Cooperación de España (☎91 379 17 00; www.exteriores.gob.es)

Departamento de Estado de EE UU (☎888-407-4747; travel.state.gov)

no consiguen acceder a ciertos puntos de la topografía del país. Quizá la amenaza más común es la diarrea, por el consumo de agua o comida contaminada. También se puede sufrir mal de altura, picaduras de animales e insectos, quemaduras del sol, golpes de calor e incluso hipotermia; en la mayoría de estos casos pueden tomarse medidas de precaución. Para obtener consejo médico, véase p. 555.

Manifestaciones y otros conflictos

Durante el Conflicto Interno, a lo largo de la década de 1980 y entrada la de 1990, el terrorismo, los conflictos civiles y los secuestros cerraron regiones enteras, tanto a extranjeros como a viajeros nacionales. Por suerte, la situación ha mejorado y los viajeros pueden recorrer gran parte del territorio sin problemas. Pero Perú sigue siendo un país políticamente inestable y se ven manifestaciones a menudo. En general, su repercusión en los turistas es poca, tal vez cortes de carretera, pero a veces se vuelven violentas. Durante la estancia en el país se aconseja estar al corriente de la actualidad; si se corta una carretera o se limita una zona, respétese tal situación. Ser extranjero no garantiza la inmunidad ante actos violentos.

Según las noticias, un nuevo foco de Sendero Luminoso (véase p. 294) ha causado incidentes violentos aislados en zonas rurales de las provincias de Ayacucho, Cuzco, Huancavelica, Huánuco, Junín y San Martín. En general son ataques dirigidos al ejército o a la policía. Pero es mejor ser precavido: evítese viajar por zonas aisladas de estas regiones de noche y antes de emprender ninguna ruta de senderismo lejana, consúltese con un operador respetable.

Asimismo, las zonas de tráfico de drogas pueden ser peligrosas, y más de noche. Evítese el tramo alto del valle del río Huallaga entre Tingo María y Juanjui y el valle del río Apurímac cerca de Ayacucho, donde se produce la mayor parte del cultivo ilegal de coca del país. Actúese con la misma prudencia cerca de la frontera colombiana, donde también prolifera el narcotráfico. Para más información sobre asuntos legales relacionados con las drogas, véase p. 537.

Minas antipersona

En 1998 por fin se resolvió medio siglo de conflicto armado en la región de la cordillera del Cóndor, en la frontera nororiental de Perú con Ecuador. Sin embargo, la zona no está limpia de municiones sin detonar. Crúcese solo por los pasos fronterizos oficiales, sin apartarse del camino señalado al viajar por esta región.

Seguro de viaje

Es muy recomendable contar con una póliza en caso de robo, pérdida, accidente o enfermedad. Muchas incluyen una tarjeta con un número de teléfono gratuito o a cobro revertido que brinda asistencia 24 horas (llévese siempre encima). No todos los seguros compensan por el equipaje extraviado. Léase la letra pequeña para comprobar si excluye "actividades peligrosas", como submarinismo, motociclismo o incluso senderismo. También conviene cerciorarse de que el seguro es válido en los peores casos, como evacuaciones o vuelos de regreso. En el mercado diversos tipos de pólizas disponibles. Suelen estar bien de precio las de STA Travel (www.statravel.com) y otras organizaciones de viaje económicas.

Cualquier robo o pérdida debe denunciarse a la policía local (o autoridades aeroportuarias) en un plazo de 24 horas. Para cursar una reclamación hay que guardar todos los papeles.

Teléfono

Todavía quedan algunos teléfonos públicos de **Movistar** (www.movistar.com.pe), sobre todo en los pueblitos. Funcionan con tarjetas de teléfono que pueden adquirirse en los supermercados y colmados. A menudo en los cibercafés se puede llamar a un teléfono a través de internet o de ordenador a ordenador (p. ej., con Skype), hablar por poco dinero o incluso gratis.

Para llamar a Perú desde el extranjero hay que marcar el prefijo internacional del país donde se está, luego el nacional de Perú (51), después el prefijo regional sin el 0 y por último, el número local. Al realizar una llamada internacional desde Perú, márquese el prefijo internacional (00) seguido del prefijo del país al que se llama, luego el prefijo regional y al final, el número local.

En Perú los números de móvil empiezan con 9. Los que empiezan con 0800 suelen ser gratuitos si se llama desde un fijo particular. Para realizar una llamada a cobro revertido o con tarjeta mediante AT&T, márquese ☎0800-50288. Las páginas amarillas pueden consultarse por internet en www.paginasamarillas.com.pe.

Teléfonos móviles

Los terminales tribanda GSM pueden usarse en Perú (GSM 1900). Otros sistemas empleados son CDMA y TDMA. Como es un sector de rápidos cambios se recomienda informarse antes de partir: basta con realizar una búsqueda por internet y navegar entre los infinitos productos del mercado. En Lima y otras ciudades grandes se venden móviles en puestos del mercado por unos 48 PEN; luego basta colocar una tarjeta SIM, disponible por 14 PEN. La compañía Claro ofrece un popular plan con tarjeta prepago. En las ciudades y en los centros turísticos importantes también los alquilan. En las montañas y en la jungla la cobertura puede ser escasa.

Tarjetas telefónicas

Disponibles en todas partes, las ofrecen muchas compañías y a muchos precios. Algunas están pensadas para llamadas internacionales. Otras tienen un chip que registra el crédito cuando se introduce la tarjeta en un teléfono apropiado. Otras funcionan marcando un código en el teléfono personal que informa del crédito y permite realizar la llamada; estas pueden usarse con casi todos los aparatos.

Trabajo

Quienes van a Perú en un breve viaje de negocios normalmente pueden entrar con visado turístico. Muchos hoteles caros tienen centros de negocios bien equipados y teléfonos para llamar directamente al extranjero (IDD) en la habitación; pregúntese al hacer la reserva. Los mejores hoteles ofrecen instalaciones de doble voltaje y transformadores eléctricos a petición, mientras que los de lujo tienen personal de conserjería que puede facilitar de todo. Los hoteles más pequeños y casas de huéspedes suelen tener personal eficiente en la recepción, capaz de ayudar a los huéspedes en viaje de negocios.

Cada vez cuesta más conseguir un permiso de residencia y laboral para Perú, y lo mismo para lograr un puesto sin el debido visado de trabajo. Muchos de los trabajos suelen conseguirse por el boca a oreja (camareros, personal del hotel, guías de la jungla) pero las posibilidades son pocas. Si se buscan trabajos para breves períodos o prácticas a través de una organización de voluntariado, véase p. 546.

Sobre legislación y condiciones laborales para extranjeros se puede consultar en www.mintra.gob.pe, y sobre ofertas de empleo en wwwcomputrabajo.com pe y http://acciontrabajo.com.pe.

Viajeros con discapacidades

Perú ofrece pocos servicios para estos viajeros. Los carteles en braille o los teléfonos para personas con discapacidades acústicas casi no existen, las rampas para sillas de ruedas y los ascensores son pocos e infrecuentes, y en las aceras abundan los baches y las grietas. La mayoría de los hoteles carecen de habitaciones habilitadas para sillas de ruedas, o al menos no las designan como tal. Las dimensiones de los baños permiten que una persona sin discapacidades entre a duras penas, y son menos aún los adaptados para una silla de ruedas. En las zonas rurales tal vez sean baños a la turca.

Sin embargo, los peruanos con discapacidades se mueven y normalmente reciben la ayuda de los demás. Por ejemplo, no es raro ver a alguien llevando en brazos a una persona con problemas de movilidad hasta el asiento de un autobús. Si el viajero necesita ayuda, basta un poco de educación y amabilidad. A ser posible, viájese con un compañero sin discapacidades.

Algunas organizaciones que ofrecen información en este ámbito son:

Access-Able Travel Source (www.access-able.com) Listados parciales de transportes, circuitos, alojamiento, atracciones y restaurantes adaptados.

Apumayo Expediciones (☎/fax 084-24-6018; www.apumayo.com; Interior 3, calle Garcilaso 265, Cuzco) Compañía de circuitos de aventura que lleva a viajeros con discapacidades a Machu Picchu y otros yacimientos históricos del Valle Sagrado.

Conadis (☎01-332-0808; www.conadisperu.gob.pe; Av. Arequipa 375, Santa Beatriz, Lima) Agencia gubernamental con información y apoyo para gente discapacitada.

Emerging Horizons (www.emerginghorizons.com) Revista de viajes para discapacitados, con consejos prácticos y noticias.

Mobility International USA (MIUSA; ☎/TTY 541-343-1284; www.miusa.org; Suite 343, 132 E Broadway, Eugene, OR 97401, EE UU) Programas internacionales de desarrollo e intercambio para personas discapacitadas.

Society for Accessible Travel & Hospitality (SATH; ☎212-447-7284; www.sath.org; Suite 610, 347 Fifth Ave, Nueva York, NY 10016, EE UU) Buena fuente de información general de viajes.

Viajeros en solitario

Los principales destinos turísticos del país son aptos para este tipo de viajeros. Los albergues baratos con cocina común se prestan a los intercambios sociales y son muchas las escuelas de idiomas, circuitos y organizaciones de voluntariado que brindan la oportunidad de conocer a otras personas.

Saliendo de las zonas más populares, este tipo de infraestructura es más escasa, por lo que el viajero pasará más tiempo solo. No se aconseja ir por libre a ninguna excursión larga por zonas salvajes.

Para recomendaciones más concretas relativas a mujeres viajeras, véase p. 541.

Visados

Salvo algunas excepciones, no se necesita visado para entrar en Perú. Los turistas pueden permanecer de 30 a 90 días, período que se sella en el pasaporte y en la tarjeta turística denominada Tarjeta Andina de Migración. No hay que perderla, pues tiene que devolverse al salir del país. El funcionario de inmigración del punto de entrada determina la duración de la estancia.

De perder la tarjeta, visítese una oficina de migraciones (www.digemin.gob.pe) para obtener una nueva. Es posible conseguir una ampliación en las oficinas de Lima, Arequipa, Cuzco, Iquitos, Puerto Maldonado, Puno y Trujillo, así como cerca de las fronteras chilena y ecuatoriana. En internet hay información y módulos. Para más información sobre las prórrogas, hágase clic en Servicios para Extranjeros y Prórroga de Permanencia. Cuesta en torno a unos 12 PEN por el derecho de trámite y otros 20 US$ por la extensión de 30 días. Se permiten dos ampliaciones al año.

Si alguien pretende trabajar, acudir a la escuela o residir en Perú por un período superior, debe obtener un visado por adelantado. Este trámite se realiza en la embajada o consulado peruano del propio país.

Siempre hay que llevar encima el pasaporte y la tarjeta de turista, sobre todo en las zonas remotas (la ley lo exige en el Camino Inca). Por seguridad, se recomienda fotocopiar ambos documentos y guardarlos en un lugar distinto que los originales.

Voluntariado

Para conseguir trabajo como voluntario por lo general se pregunta en las academias de idiomas, donde suelen informar de programas adecuados para sus alumnos. El South American Explorers (SAE) cuenta con una base de datos en línea de voluntarios y también con carpetas con informes de voluntarios extranjeros depositadas en los clubes del SAE en Lima (véase recuadro en p. 18) y Cuzco (p. 209).

En las organizaciones con y sin ánimo de lucro proponen trabajos de voluntariado si se contactan con antelación. Algunas de estas son:

Action Without Borders (www.idealist.org) Base de datos en línea sobre trabajos de tipo social, prácticas y voluntariado.

Cross-Cultural Solutions (☎en EE UU 800-380-4777, en Reino Unido 0845-458-2781; www.crossculturalsolutions.org) Proyectos educativos y de servicios sociales en Lima y Ayacucho; la tarifa del programa incluye apoyo profesional en el país.

Earthwatch Institute (☎en EE UU 800-776-0188; www.earthwatch.org) Donaciones para ayudar a los científicos en las expediciones arqueológicas, ecológicas y otras en la cuenca del Amazonas y en los Andes.

Global Crossroad (☎en EE UU 866-387-7816, en Reino Unido 0800-310-1821; www.globalcrossroad.com) Voluntariado, prácticas y trabajos en los Andes. Programas de verano de inmersión cultural para gente de 18 a 29 años, con clases de lengua, estancia en casas particulares, voluntariado y turismo.

Global Volunteers (☎en EE UU 800-487-1074; www.globalvolunteers.org; 375 E Little Canada Rd, St Paul, MN 55117, EE UU) Propuestas de voluntariado por breves períodos ayudando a los huérfanos limeños.

HoPe Foundation (☎084-24-9885, en los Países Bajos 0413-47-3666; www.stichtinghope.org; Casilla 59, Correo Central, Cuzco) Apoyo educativo y sanitario en los Andes.

Kiya Survivors/Peru Positive Action (☎1273-721902; www.kiyasurvivors.org; 1 Sussex Rd, Hove BN3 2WD, Reino Unido) Organiza programas de voluntariado de dos a seis meses para profesores y terapeutas adjuntos para trabajar con niños con necesidades especiales en Cuzco, Urubamba en el Valle Sagrado y Máncora en la costa norte.

ProWorld Service Corps (☎en EE UU 877-429-6754, en Reino Unido 018-6559-6289; www.myproworld.org) Organización muy recomendable con un programa de experiencias culturales, académicas y de servicios de 2 a 26 semanas, en zonas que incluyen el Valle Sagrado y el Amazonas. Colabora con ONG de todo Perú y ofrece trabajos a particulares o grupos.

Volunteers for Peace (VFP; ☎802-259-2759; www.vfp.org; 1034 Tiffany Rd, Belmont, VT 05730, EE UU) Coloca a voluntarios en programas en campos de trabajo por breves períodos, normalmente en Lima o Ayacucho. Las tarifas de los programas son más que razonables y a veces la mitad se paga directamente a las comunidades locales.

Working Abroad (www.workingabroad.com) Red por internet de trabajos de voluntario básicos (como desarrollo social, restauración medioambiental, derechos de los indígenas, música y arte tradicionales), con informes de viajes en el campo.

AECID (☎511-2027000; www.aeci.org.pe) La Agencia Española de Cooperación Internacional para el Desarrollo realiza varios programas y dispone en su web de un directorio de organizaciones no gubernamentales españolas en Perú.

Transporte

CÓMO LLEGAR Y SALIR

Llegada al país

Entrar en Perú suele ser bastante sencillo si se tiene un pasaporte válido hasta al menos seis meses después de la fecha de partida. Cuando se llega en avión, los ciudadanos estadounidenses deben mostrar el billete de vuelta o bien un billete abierto; no se puede entrar en Sudamérica con solo un billete de ida. Para más información sobre el visado véase p. 545.

Al llegar en avión o por tierra, puede que los funcionarios de inmigración sellen el pasaporte por un período de solo 30 días, aunque lo normal son 90 días. Si ocurre esto, conviene detallar cuántos días adicionales se van a necesitar y enseñar el billete de salida del país.

El soborno (llamado coima de forma coloquial) es ilegal, pero es posible que algunos funcionarios intenten cobrar "tasas" adicionales en la frontera.

Avión

Perú (y sobre todo Lima) está conectado con toda América y con Europa por una red de vuelos directos. Para viajar a otros lugares es necesario hacer algún transbordo. Ahora el precio del billete ya suele incluir la tasa de 31 US$ por salida internacional.

Aeropuertos y líneas aéreas

Ubicado en la ciudad portuaria de Callao, el **aeropuerto internacional Jorge Chávez** (código LIM; ☎01-517-3100; www.lap.com.pe; Callao) de Lima ha llevado a cabo unas importantes reformas en las terminales, que hoy cuentan con tiendas y muchos servicios. Se trata de un gran centro neurálgico al que llegan vuelos de todo el continente americano, así como vuelos regulares desde Europa. Puede consultarse la información de último minuto sobre las salidas y llegadas en el portal del aeropuerto o llamando al ☎01-511 6055. Véase p. 98 para detalles sobre los servicios del aeropuerto y la p. 99 para las opciones de transporte a/desde el aeropuerto. El otro aeropuerto internacional de Perú es el de Cuzco (p. 231), que está conectado con el de La Paz, en Bolivia.

LÍNEAS AÉREAS QUE VUELAN A Y DESDE PERÚ

Los teléfonos y las direcciones siguientes son de las oficinas en Lima; al llamar desde fuera de la capital hay que marcar ☎01. Antes de acudir a alguna se aconseja llamar o comprobar la dirección en las páginas amarillas, ya que cambian de sede con frecuencia.

Aerolíneas Argentinas (código ARG; ☎513-6565; www.aerolineas.com.ar)
Aeroméxico (código AMX; ☎705-1111; www.aeromexico.com)
Air Europa (código AEA; ☎652-7373; www.aireuropa.com)
Air France (código AFR; ☎213-0200; www.airfrance.com)
Alitalia (código AZA; ☎241-1026; www.alitalia.it)
American Airlines (código AAL; ☎211-7000; www.aa.com)
Avianca (código AVA; ☎440-4104; www.avianca.com)
Copa Airlines (código CMP; ☎610-0808; www.copaair.com)
Delta Airlines (código DAL; ☎211-9211; www.delta.com)
Iberia (código IBE; ☎411-7800; www.iberia.com.pe)
KLM (código KLM; ☎213-0200; www.klm.com)
LAN (código LPE; ☎213-8200; www.lan.com)
Spirit Airlines (código SIP; ☎517-2563; www.spirit.com)
TACA (código TAI; ☎511-8222; www.taca.com)
TAM (código TAE; ☎202-6900; www.tam.com.br)
United Airlines (código UAL; ☎712-9230; www.united.com)

Billetes

Puede resultar relativamente caro viajar a Sudamérica desde cualquier parte del mundo. La temporada alta para volar a/desde Perú abarca desde finales de mayo hasta principios de septiembre, y también las principales fiestas. En otros períodos se consiguen tarifas más bajas. Para encontrar billetes más baratos, se puede contactar con agencias de viajes especializadas en destinos de América Latina o comparar precios en internet. A menudo, las agencias de viajes económicas ofrecen descuentos a los estudiantes extranjeros con carné internacional de estudiante (el ISIC es muy conocido) y a los menores de 26 años. Una opción recomendable es **STA Travel** (www.statravel.com), que dispone de oficinas en todo el mundo. Además, la agencia apoya a Planeterra, una fundación para el desarrollo de las comunidades.

Los billetes comprados en Perú están sujetos a un impuesto del 19%. Es necesario confirmar de nuevo cualquier vuelo con 72 horas de antelación, por teléfono o por internet, para evitar quedarse en tierra. Si se viaja a zonas remotas, conviene dejar esos trámites en manos de una agencia acreditada.

BILLETES 'ROUND-THE-WORLD'

Existen muy buenas ofertas para viajeros que deseen visitar muchos países en distintos continentes con los billetes "Round-the-World". En general, los itinerarios desde EE UU y Europa requieren un mínimo de cinco escalas y tal vez incluyan destinos poco habituales como Tahití. Las tarifas varían mucho; se recomienda **Air Treks** (www.airtreks.com). Este tipo de billete siempre tiene restricciones, así que conviene leer la letra pequeña con atención.

Europa

Hay vuelos directos a Perú desde Ámsterdam y Madrid, pero suele ser más barato hacer transbordo en EE UU, Centroamérica o Colombia.

España

Iberia (☎902 400 500; www.iberia.com) fleta vuelos directos desde Madrid a Lima (desde 560 €). También realizan vuelos directos **Lan Airlines** (☎902 112 424; www.lan.com), desde 551 €, o **Air Europa** (☎902 401 501; www.air-europa.com), desde 628 €. Desde Barcelona operan con vuelos de una escala: Iberia (desde 945 €), KLM (927 €), Lan (885 €) o Avianca (869 €).

Latinoamérica

Hay vuelos directos a Perú desde muchas ciudades latinoamericanas como Bogotá, Buenos Aires, Caracas, Guayaquil, La Paz, México D. F., Ciudad de Panamá, Quito, Río de Janeiro, San José de Costa Rica, Santiago de Chile o São Paulo. Las líneas aéreas latinoamericanas más importantes que viajan a Lima son LAN, Copa y TACA.

Las agencias de viajes latinoamericanas recomendadas son:

ASATEJ Viajes (www.asatej.com) En México, Argentina y Uruguay.

Student Travel Bureau (STB; ☎11-3038-1551; www.stb.com.br) En Brasil.

Estados Unidos

Hay vuelos directos (sin escalas) a Lima desde Atlanta, Dallas-Fort Worth, Houston, Los Ángeles, Miami y Nueva York. En otros casos, los vuelos hacen escala dentro del país o en ciudades importantes de América Latina como México D. F. o Bogotá.

Las agencias estadounidenses especializadas en destinos latinoamericanos son:

Exito ravel(☎800-655-4053; www.exitotravel.com)

Latin America for Less (☎1-817-230-4971; latinamericaforless.com)

Por tierra y río

Es imposible viajar por tierra desde el norte hasta Sudamérica debido a la barrera natural de la región del Darién que interrumpe la carretera Panamericana (puede intentarse, pero haría falta una semana para abrirse camino a través de una jungla pantanosa y llena de traficantes de droga). Entrar conduciendo por las vecinas Bolivia, Brasil, Chile, Colombia y Ecuador supone una planificación logística minuciosa. Véase p. 545 para información importante sobre visados, oficinas de migración y trámites fronterizos.

Ormeño (☎01-472-1710; www.grupo-ormeno.com.pe) es la principal compañía internacional de autobuses que viaja a Chile, Ecuador, Colombia, Bolivia y Argentina. Existen otras regionales más pequeñas que cubren la ruta transfronteriza, pero con servicios más limitados. El único tren que cruza la frontera peruana es el que enlaza Arica, en Chile, con Tacna en la costa meridional del país.

Se viaje como se viaje, puede que salga más barato comprar un billete hasta la frontera, cruzarla y luego comprar otro para seguir la ruta al otro lado, aunque adquirir un billete transfronterizo suele ser mucho más rápido, seguro y sencillo. Cuando se viaja en autobús hay que asegurarse con la compañía de lo que el precio del billete incluye, si el servicio es directo o si se hará transbordo en la frontera (supone una larga espera).

Se puede ir a Perú en barco desde algunos puntos del río Amazonas en Brasil y desde Leticia (Colombia), además de otras ciudades portuarias peruanas de la costa del Pacífico.

A continuación se citan los principales puntos de entrada y de salida de Perú.

Bolivia

Suele entrarse a Perú por carretera a través del lago Titicaca (véase recuadro en p. 182); el paso fronterizo de Yunguyo es mucho más seguro y mucho menos caótico que el de Desaguadero. Hay muchas opciones de transporte para ambas rutas, la mayor parte de las cuales obligan a cambiar de autobús en la frontera. Aunque es toda una hazaña logística, se puede entrar a Bolivia por Puerto Maldonado (véase recuadro en p. 448).

Brasil

Se puede viajar por tierra entre Perú y Brasil a través de Iñapari (véase recuadro en p. 448). Desde Iquitos, lo más sencillo es ir a lo largo del Amazonas hasta Tabatinga, en Brasil, pasando por Leticia (Colombia). Para más información véase recuadro en p. 484.

Chile

Yendo por la carretera Panamericana, la frontera principal está entre Arica (Chile) y Tacna, en la costa meridional de Perú (véase recuadro en p. 135). Los autobuses de largo recorrido a Tacna salen de Lima, Arequipa y Puno. Los taxis colectivos son la manera más rápida y fiable de desplazarse entre Tacna y Arica. Además, también se puede cruzar en tren, aunque es mucho más lento; los trámites de frontera se llevan a cabo en las respectivas estaciones. Los vuelos a Tacna desde Arequipa son económicos, pero se llenan con mucha antelación. Como alternativa, Ormeño opera autobuses desde Lima que llegan hasta Santiago, en Chile. Desde Arequipa, Ormeño se dirige a Santiago (Chile) y Buenos Aires.

Colombia

La manera más cómoda de viajar entre Perú y Colombia es a través de Ecuador. Ormeño ofrece un servicio directo entre Lima y Bogotá, que pasa por Ecuador, aunque resulta más cómodo hacer el largo trayecto por partes.

Si se está en la selva, es más rápido ir en barco por el Amazonas entre Iquitos y Leticia (Colombia), desde donde salen vuelos a Bogotá. Para más información sobre los trámites fronterizos pertinentes, véase recuadro en p. 484.

Ecuador

La forma más común de entrar y salir de Ecuador es a través de la carretera Panamericana por Tumbes (véase recuadro en p. 358). También hay una carretera a Loja por La Tina, en Ecuador (véase recuadro en p. 350). Además, se puede entrar por Jaén (véase recuadro en p. 422). **Cifa** (☎072-52 5120) ofrece un servicio de autobús entre Tumbes (Perú) y Machala o Guayaquil (Ecuador). **Transportes Loja** (☎073-30 5446) tiene autocares entre Piura y Machala o Loja (Ecuador). Los autobuses de Ormeño viajan todas las semanas entre Lima y Quito.

Circuitos

Existe una amplia oferta de circuitos para quienes prefieren viajar en compañía o disponen de poco tiempo. Viajar con un guía experto es un plus. Vale la pena para las actividades al aire libre especializadas, como descenso de ríos, alpinismo, observación de aves y bicicleta de montaña.

Para reservar un circuito una vez en Perú, el mayor número de agencias se halla en Lima, Cuzco, Arequipa, Puno, Trujillo, Huaraz, Puerto Maldonado e Iquitos. Si se buscan circuitos especializados, individuales o de grupos reducidos, por lo general se contrata a un guía, a partir de 20 US$ por hora u 80 US$ al día más gastos (el tipo de cambio puede alterar la tarifa); los circuitos en otros idiomas suelen ser más caros. Sale más barato con un estudiante o un guía no oficial, pero ya se sabe: no todos son buenos. En esta guía se recogen las referencias de algunos guías locales.

Para obtener más información visítese la página www.leaplocal.org, de una iniciativa que fomenta el turismo social responsable. Los operadores de circuitos para la comunidad gay se recogen en la p. 536.

Desde España

Ambar Viajes (☎913 645 912; www.ambarviajes.com; Toledo 73, Cava Alta 17, 28005 Madrid) Agencia independiente que ofrece expediciones y viajes de aventura a Perú.

Andes Fénix (☎91 576 63 08; www.andesfenix.com; Jorge Juan 96, bajos 8, 28009 Madrid) Agencia de viajes especializada en Perú que ofrece numerosas y variadas propuestas para conocer el país. Muy recomendable.

Deviaje (☎915 779 899; www.deviaje.com; Serrano 41, 28001 Madrid) Completa oferta al país andino con circuitos personalizados.

Tuareg Viatges (☎93 265 23 91; www.tuaregviatges.es; Consell de Cent 378, Barcelona) Agencia de viajes alternativos y de aventura que ofrece la posibilidad de realizar senderismo por la cordillera Blanca (Huayhuash) y el Valle Sagrado así como una travesía Arequipa-Titicaca-Cuzco y litoral Pacífico.

Otras opciones son las siguientes mayoristas:

Julia Tours (☎93 402 69 00; www.juliatours.es)

Politours (☎93 317 50 99; www.politours.com)

Transrutas (☎93 231 50 11; www.transrutas.com)

Desde Estados Unidos

EE UU tiene buenas conexiones entre vuelos, y es el país con el mayor número de agencias que ofertan circuitos por Perú en el mundo.

Adventure Center (☎510-654-1879, 800-228-8747; www.adventurecenter.com; Suite 200, 1311 63rd St, Emeryville, CA 94608) Concentra a operadores que ofrecen varios tipos de viajes.

Adventure Life (☎406-541-2677, 800-344-6118; www.adventure-life.com; Suite 1, 1655 S 3rd St W, Missoula, MT 5980) Itinerarios de senderismo andino, exploración amazónica y multideportivos; agencia respetable con guías, hoteles de gestión familiar y transporte local.

Explorations (☎239-992-9660, 800-446-9660; www.explorationsinc.com; 27655 Kent Rd, Bonita Springs, FL 34135) Ofrece excursiones por el Amazonas que incluyen cruceros guiados por biólogos, expediciones con estancia en cabañas y excursiones para pescar en la Reserva Nacional Pacaya-Samiria.

International Expeditions (☎205-428-1700, 800-234-9620; www.ietravel.com; One Environs Park, Helena, AL 35080) Ofrece circuitos por el Amazonas, estancias en refugios en la jungla o en barcazas de río, con hincapié en la historia natural y la observación de aves.

Mountain Travel Sobek (☎510-594-6000, 888-831-7526; www.mtsobek.com; 1266 66th St, Emeryville, CA 94608) Oferta lujosos circuitos de senderismo por el Camino Inca o la cordillera Blanca, además de excursiones de *rafting* ocasionales por río Tambopata.

Southwind Adventures (☎303-972-0701, 800-377-9463; www.southwindadventures.com; PO Box 621057, Littleton, CO 80162) Operador turístico peruano-estadounidense que organiza itinerarios de senderismo, ciclismo, *rafting* y paseos en barco en los Andes, el Amazonas y las Islas Galápagos.

Tropical Nature Travel (☎352-376-3377, 877-888-1770; www.tropicalnaturetravel.com; PO Box 5276, Gainesville, FL 32627) Organiza itinerarios de varias jornadas por el Amazonas, además de circuitos de senderismo y *rafting* o excursiones culturales y arqueológicas.

Wilderness Travel (☎510-558-2488, 800-368-2794; www.wildernesstravel.com; 1102 Ninth St, Berkeley, CA 94710) Ofrece lujosos itinerarios de senderismo por el Altiplano y el Amazonas que duran entre cuatro días y dos semanas.

Wildland Adventures (☎206-365-0686, 800-345-4453; www.wildland.com; 3516 NE 155th St, Seattle, WA 98155) Ofrece itinerarios de senderismo culturales y respetuosos con el medio ambiente por el Valle Sagrado y la cordillera Blanca, además de circuitos por el Amazonas.

Desde Europa

Andean Trails (☎44-131-467-7086; www.andeantrails.co.uk; 33 Sandport St, Lieth, Edimburgo, Escocia EH6 5QG) Circuitos de bicicleta de montaña, escalada, senderismo y *rafting* por algunos lugares insólitos.

Guerba Adventure & Discovery Holidays (☎01373-826-611; www.guerba.co.uk; Wessex House, 40 Station Rd, Westbury, Wiltshire BA13 3JN, UK) Ofrece circuitos de senderismo y actividades en familia por los Andes y el Amazonas.

Huwans Clubaventure (☎08-2688-2080; www.clubaventure.fr; 18 rue Séguier, 75006 París, Francia) Empresa francesa respetable de senderismo y circuitos.

Journey Latin America (☎020-3432-1507; www.journeylatinamerica.co.uk; 12 & 13 Heathfield Tce, Chiswick, London W4 4JE, UK) Oferta de excursiones e itinerarios de senderismo culturales por las cordilleras Blanca y de Huayhash, además de Machu Picchu.

CÓMO DESPLAZARSE

Perú cuenta con un constante flujo de vuelos y autobuses que comunican el país. En concreto, las rutas terrestres hacia la jungla han mejorado considerablemente. No hay que olvidar que pueden cancelarse vuelos y autobuses por mal tiempo. Otro obstáculo en las rutas regionales son las huelgas; consúltese con un experto el itinerario previsto por el viajero.

Avión

Los horarios y precios de los vuelos nacionales cambian con frecuencia. Cada año cierran algunas líneas aéreas y se inauguran otras. Los aviones modernos llegan a casi a todas las ciudades grandes, mientras que a las poblaciones pequeñas solo lo hacen aviones de hélices.

Líneas aéreas en Perú

La mayoría de las líneas aéreas hacen el trayecto desde Lima a las capitales regionales, pero el servicio entre ciudades provinciales es limitado. Las compañías nacionales más reputadas y fiables son las siguientes:

LAN (código LPE; ☎01-213-8200; www.lan.com) Es la más importante del país y tiene vuelos a Arequipa, Chiclayo, Cuzco, Iquitos, Juliaca, Piura, Puerto Maldonado, Tacna, Tarapoto y Trujillo. Además, dispone de conexiones entre Arequipa y Cuzco, Arequipa y Juliaca, Arequipa y Tacna, Cuzco y Juliaca, y Cuzco y Puerto Maldonado.

Peruvian Airlines (código PVN; ☎716-6000; www.peruvianairlines.pe) Vuela a Lima, Arequipa, Cuzco, Piura, Iquitos y Tacna.

Star Perú (código SRU; ☎01-705-9000; www.starperu.com) Tiene vuelos a Ayacucho, Cajamarca, Cuzco, Iquitos, Pucallpa, Puerto Maldonado, Taiara y Tarapoto. Cuenta con conexiones entre Tarapoto e Iquitos.

TACA (código TAI; ☎01-511-8222; www.taca.com) Compañía centroamericana que hace el trayecto entre Lima y Cuzco. Gran parte de las líneas aéreas nacionales cuentan con oficinas en Lima (p. 99). Otras compañías más pequeñas se enumeran en esta guía bajo cada destino. Es probable que haya que hacer transbordos para llegar a las ciudades más lejanas. Además, no hay vuelos diarios a las ciudades pequeñas. Muchos de los aeropuertos de estas poblaciones no son más que una pista de aterrizaje de tierra.

Lléguese al aeropuerto con 2 horas de antelación. A veces hay *overbooking*, la facturación suele ser caótica y los vuelos incluso pueden salir antes de la hora oficial por aviso de mal tiempo.

Billetes

Muchos viajeros se desplazan en una dirección por tierra y luego regresan en avión para ahorrar tiempo. Hay que comprar los billetes para los destinos menos populares con la mayor anticipación posible, ya que se trata de vuelos poco frecuentes que se llenan pronto.

En las zonas alejadas, lo mejor es adquirir los billetes y confirmar los vuelos en las oficinas de las líneas aéreas. No obstante, se puede hacer por internet o mediante una agencia de viajes acreditada. A veces se pueden comprar billetes en el aeropuerto si quedan plazas, pero es mejor no depender de esta opción. Es casi imposible conseguir billetes para las fechas inmediatamente anteriores a las fiestas más importantes (p. 540), sobre todo Semana Santa y las Fiestas Patrias (última semana de julio). Lo normal es que haya *overbooking*.

Conviene asegurarse de que las reservas están confirmadas entre 72 y 24 horas antes del vuelo, pues sus horarios varían o se cancelan con frecuencia, por lo que

Rutas aéreas de Perú

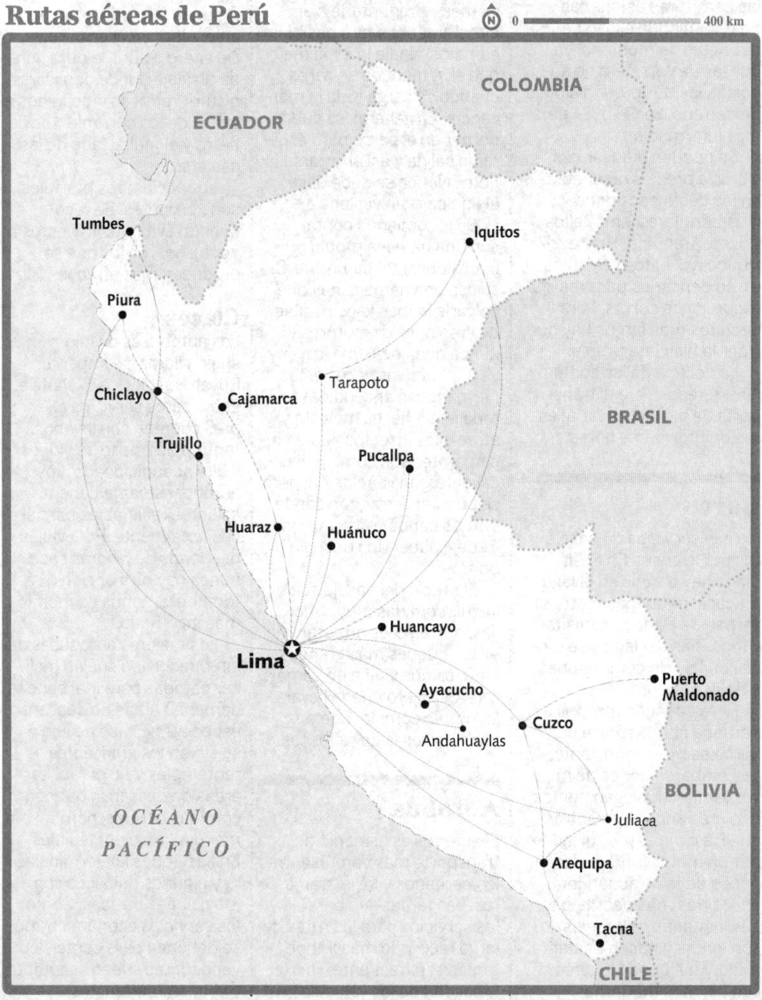

incluso merece la pena llamar directamente a las líneas aéreas o al aeropuerto justo antes de dirigirse hacia allí. La confirmación es necesaria sobre todo en la temporada alta.

Bicicleta

Las autovías son estrechas y de dos direcciones, y los conductores son una seria amenaza. Pasear en bicicleta es mucho más agradable y seguro, aunque también mucho más arduo, fuera de las carreteras asfaltadas. Se recomienda el uso de bicicletas de montaña, ya que las de carretera no soportan las duras condiciones del terreno. Véase p. 34 para más información.

Se pueden alquilar bicicletas a precios razonables en los destinos turísticos más populares, entre ellos Cuzco, Arequipa, Huaraz y Huancayo. Estos vehículos están pensados para realizar excursiones cortas. Para circuitos más largos hay que traer la bicicleta propia.

La política de las compañías aéreas sobre el transporte de bicicletas varía; es mejor informarse antes.

Barco

No hay servicios de pasajeros por la costa. En el Altiplano hay barcos en el lago Titicaca; pequeñas motoras zarpan de Puno para visitar varias islas del lago y se ofrece servicio de catamaranes a Bolivia.

En la cuenca amazónica peruana el transporte por barco es muy importante. Las embarcaciones de mayor tamaño navegan por los ríos más anchos, mientras que las canoas propulsadas por un motor fuera borda hacen de taxis acuáticos en los ríos más pequeños. Las llamadas *peki-pekis* son lentas y hacen bastante ruido. En algunos lugares se ven lanchas modernas.

Algunos viajeros sueñan con recorrer el Amazonas balanceándose en una hamaca en la borda de un barco de transporte de plátanos con la bodega llena de mercancía. Es posible hacerlo desde Pucallpa o Yurimaguas hasta Iquitos y adentrarse en Brasil por el río (véase p. 484).

En los puertos hay pizarras con los nombres de los barcos, su destino y la hora de salida (suelen ser optimistas). El capitán tiene que recoger los documentos de autorización en Capitanía el día de la salida, así que es mejor preguntarle a él directamente sobre posibles cambios. Nadie lo sabe mejor que él. A menudo se zarpa cuando se carga toda la mercancía. En general, se puede dormir en el barco para esperar la salida y así ahorrarse el hotel. Nunca se debe dejar el equipaje sin vigilancia.

Se recomienda contar con una hamaca propia o bien alquilar un camarote. Si se usa una hamaca hay que colgarla lo más lejos posible de la sala de los motores y nunca debajo de una luz, ya que muchas veces estas permanecen encendidas toda la noche: es molesta y atrae a los insectos. Muchos camarotes son como jaulas calientes sin ventilación, pero se pueden cerrar con candado. Los baños son sencillos y suele haber una ducha a bordo.

El precio del pasaje suele incluir comidas muy sencillas, que a veces no están mal en los buques más grandes, para los que viajen en camarote. El viajero puede llevar su propia comida. Suele haber botellas de refrescos.

Autobús

El autobús es el medio de transporte más común entre los peruanos y los extranjeros. Las tarifas son baratas y los servicios para las rutas de largo recorrido más importantes son frecuentes, pero la calidad de los vehículos varía. Por las rutas rurales más alejadas suelen circular vehículos viejos y destartalados. En los asientos posteriores se notan más los baches.

Muchas ciudades carecen de una terminal de autobuses principal. Para un informe detallado de las principales compañías con oficina en Lima, véase p. 99. Los autobuses pocas veces salen y llegan puntuales, así que la duración de los viajes aquí recogidos solo es una previsión optimista. Durante la estación lluviosa, los autobuses pueden sufrir grandes retrasos, sobre todo en el Altiplano y en la selva. De enero a abril, la duración de un viaje puede duplicarse o sufrir retrasos indefinidos a causa de los corrimientos de tierra y el mal estado de las carreteras.

Los accidentes mortales son corrientes. Se recomienda evitar los trayectos nocturnos, en los que se producen más atracos.

Clases

Los autobuses de lujo suelen llamarse Imperial, Royal, Business o Executive. Estos caros servicios exprés cuentan con lavabos, tentempiés, pase de vídeos y aire acondicionado. Los autobuses-cama tienen asientos reclinables parcial o casi totalmente. Para viajes de menos de 6 horas casi nunca hay otra opción que tomar el autobús económico, más incómodo.

Los mejores autobuses de largo recorrido suelen realizar paradas para ir al baño y comer en áreas de descanso especiales. En los de lujo se sirven insignificantes tentempiés y no paran. Las áreas de descanso ofrecen comidas baratas, pero a menudo poco apetecibles. En casi todas las terminales hay algunos quioscos con provisiones básicas. Como los servicios económicos no se detienen para comer, los vendedores suben al autobús y venden tentempiés.

Precios y reservas

Los horarios y las tarifas cambian con frecuencia y varían según la empresa; por tanto, los precios que aparecen en esta guía son solo orientativos. Los horarios de las grandes compañías como **Cruz del Sur** (www.cruzdelsur.com.pe), **Ormeño** (www.grupo-ormeno.com), **Transportes Línea** (www.transporteslinea.com.pe) y **Oltursa** (www.oltursa.com.pe) pueden consultarse por internet, pero no se pueden hacer reservas (al menos de momento).

Las tarifas varían según si es temporada alta o no. Se recomienda comprar el billete al menos un día antes para los viajes de largo recorrido y nocturnos, o con destino a zonas remotas con pocos servicios. La mayoría de las agencias permite reservar, pero aplican un recargo. Excepto en Lima, resulta más barato tomar un taxi hasta la terminal y comprar el billete uno mismo.

Equipaje

En las terminales hay que vigilarlo con mucha atención; algunas disponen de consignas.

Por lo general, los bultos colocados en el compartimento del equipaje están seguros. Otra cosa es el equipaje de mano. Mientras el viajero duerme, puede que le quiten cosas. Por eso se desaconseja usar los compartimentos superiores y se recomienda llevar consigo cosas que quepan entre las piernas o en el regazo.

Automóvil y motocicleta

En Perú las distancias son largas, de ahí que sea mejor desplazarse en autobús o volar hasta una región y allí alquilar un automóvil. A menudo alquilar un taxi es más barato y sencillo.

En los puestos de carretera, la policía o el ejército lleva a cabo meticulosos controles de documentos. Los conductores que ofrecen algo de dinero para pasar con menos contratiempos lo consideran un "obsequio" o una "multa en el acto" para seguir adelante. Para más consejos sobre temas legales, véase p. 537.

Permiso de conducir

El permiso de conducir del país de origen basta para alquilar un vehículo. El carné internacional solo es necesario si se va a conducir durante más de 30 días.

Alquiler

Las principales empresas de alquiler de vehículos cuentan con oficina en Lima (p. 100) y en algunas otras ciudades grandes. Una opción consiste en alquilar una moto de cross. Se pueden dar paseos cortos en moto por el centro de los pueblos de la selva, pero no se puede ir mucho más lejos.

Es posible alquilar un automóvil económico por 25 US$ al día sin el 19% de IVA, el "súper" seguro de colisión, el seguro por accidente personal y otros, lo que al final puede ascender a más de 100 US$ al día, sin contar el kilometraje extra. Los vehículos todoterreno son más caros.

Hay que asegurarse de que se entiende bien el acuerdo de alquiler antes de firmarlo. En general, hay que tener tarjeta de crédito y el conductor debe ser mayor de 25 años.

Normas de circulación y peligros de la carretera

Los vehículos de alquiler no suelen estar en las mejores condiciones, las carreteras tienen muchos baches (incluso la asfaltada Panamericana), la gasolina es cara y los conductores son agresivos y consideran que los límites de velocidad, las señales de tráfico y los semáforos son solo guías, y no normas. Además, las señales de tráfico suelen ser pequeñas y confusas.

Se conduce por el lado derecho de la carretera. No se recomienda conducir de noche, dada la condición de las autovías, los autobuses que circulan con exceso de velocidad y los camiones, mal iluminados y muy lentos.

El robo es muy común, por lo que no hay que dejar el vehículo aparcado en la calle. De noche conviene aparcarlo en algún lugar con vigilancia (es común en los hoteles de mayor categoría).

Hay pocas gasolineras (llamadas "grifos") y están muy dispersas.

Autostop

Nunca es totalmente seguro hacer autostop en ningún país y no se recomienda; quien decida hacerlo debe tener en cuenta que se expone a un riesgo muy grande. Es mejor viajar en pareja y comentarle a alguien adónde se pretende ir. En Perú no es una opción muy práctica porque hay pocos automóviles particulares, el transporte público es barato y los camiones hacen las veces de autocares en las zonas más apartadas.

Transporte local

En la mayor parte de los pueblos y ciudades es fácil ir a cualquier sitio a pie o en taxi. Desplazarse en autobús, micro o *combi* puede resultar difícil, pero es muy barato.

Autobús

Los autobuses locales son lentos y siempre están llenos, pero resultan baratísimos. Lo mejor es preguntar a la gente del lugar, ya que a menudo los itinerarios varían.

Una alternativa es tomar un micro o una *combi*, que en ocasiones se conocen como "colectivos", aunque este término suele hacer referencia a los taxis. Los micros y las *combis* son microbuses y furgonetas colmadas de pasajeros. Se identifican por etiquetas adhesivas en los paneles exteriores y por la placa con el destino que aparece en el parabrisas. Paran en cualquier punto de la ruta, tanto para recoger pasajeros como para que bajen. El conductor suele sacar la cabeza por la ventana y va gritando el destino. Una vez dentro, hay que apresurarse a ocupar cualquier asiento disponible, de lo contrario se viajará de pie. El conductor pasa a cobrar el billete aunque se puede pagar al apearse. La seguridad no es una de las prioridades de los conductores de *combis*. El único lugar en el que el pasajero puede ponerse cinturón de seguridad es en el asiento de delante, pero en caso de un choque frontal (algo habitual), es el peor sitio.

Taxi

Hay taxis en todas partes. Algunos vehículos privados llevan una pequeña etiqueta adhesiva en el parabrisas, pero no siempre poseen licencia. Los que sí la tienen son más seguros y llevan el número de teléfono de la compañía en el techo, iluminado; aunque son algo más caros, siempre resulta más fiable llamar al taxi por teléfono que pararlo en la calle.

Pregúntese siempre lo que cuesta por anticipado, puesto que no llevan taxímetros. Normalmente, se suele pactar el precio; es aconsejable enterarse previamente de las tarifas habituales, sobre todo para un trayecto largo. Un recorrido corto en casi todas las ciudades no llega a 5 PEN. No es común dar propinas, a menos que se haya viajado en el mismo taxi por un período largo o que el taxista haya ayudado con el equipaje.

El alquiler de un taxi para viajes largos cuesta algo más que alquilar un automóvil, pero evita muchos de los problemas señalados anteriormente. No todos los taxistas están dispuestos a recorrer largas distancias; antes de contratar a uno hay que ver su licencia.

Tren

La compañía ferroviaria privada, **PeruRail** (☎084-58-1414), cuenta con servicios diarios entre Cuzco y Aguas Calientes, es decir, Machu Picchu Pueblo, y también tres veces por semana entre Cuzco y Puno, a orillas del lago Titicaca; para más información sobre ambas líneas, véase p. 234. Se han suspendido indefinidamente los trenes de pasajeros entre Puno y Arequipa, pero hay servicios chárter para grupos. Otras dos compañías también ofrecen el servicio entre Cuzco y Aguas Calientes.

Si al viajero le gustan los trenes, no debe perderse el encantador **Ferrocarril Central Andino** (☎01-226-6363; www.ferrocarrilcentral.com.pe), que alcanza la vertiginosa altitud de 4829 m. Suele circular semanalmente entre Lima y Huancayo de mediados de abril a octubre. En Huancayo, hay otros trenes más baratos hasta Huancavelica con salidas diarias desde una estación distinta. Para más información sobre ambos servicios véase p. 287. Existe otro tren histórico con encanto y barato que circula a diario entre Tacna, en la costa sur peruana, y Arica, en Chile (véase p. 138).

Salud

Entre las enfermedades que pueden sufrirse en Perú se incluyen las infecciones transmitidas por los mosquitos, como la malaria, la fiebre amarilla y el dengue, aunque son poco frecuentes en regiones templadas.

La única vacuna obligatoria para entrar en Perú es la de la fiebre amarilla, y solo si se proviene de un país de África o América en el que esté presente. Con todo, se recomienda a los que visiten la jungla, al igual que las pastillas contra la malaria.

Botiquín

» antibióticos

» antidiarreicos (p. ej., loperamida)

» analgésicos suaves, tipo aspirina o paracetamol

» antiinflamatorios (p. ej., ibuprofeno)

» antihistamínicos (contra el mareo, las alergias como la fiebre del heno, las picaduras de insectos)

» antiséptico para cortes y heridas (p. ej., Betadine)

» crema a base de esteroides o cortisona (para la urticaria provocada por hiedra o zumaque venenosos y otras reacciones alérgicas)

» vendas, tiritas y otros protectores para las heridas

» esparadrapo

» tijeras, imperdibles, pinzas

» termómetro (recuérdese que los de mercurio están prohibidos en los aviones)

» navaja

» repelente de insectos con dietiltoluamida (DEET) para la piel

» insecticida con permetrina para ropa, tiendas de campaña y mosquiteras

» crema solar de alta protección

» tratamiento contra la deshidratación tras una diarrea, muy importante en el caso de niños

» pastillas y filtros purificadores de agua

» acetazolamida (contra el mal de altura)

Webs

Organización Mundial de la Salud (http://www.who.int/ith/es/index.html) Descarga gratis de *Viajes internacionales y salud.*

MD Travel Health (www.mdtravelhealth.com) Recomendaciones sanitarias en viajes.

Asistencia médica

Lima cuenta con clínicas 24 horas. Véase el listado en la web de la **embajada de EE UU** (lima.usembassy.gov/acs_peru.html). Las zonas rurales cuentan con servicios médicos básicos. Aunque se disponga de un seguro de viaje quizá haya que pagar en efectivo.

Ante problemas médicos graves suele evacuarse al paciente. Para un listado de evacuaciones y compañías de seguros de viaje véase la web del **Departamento de Estado de EE UU** (travel.state.gov/travel/tips/brochures/brochures_1215.html).

Las farmacias o boticas se identifican con una cruz verde o roja, y cuentan con la mayoría de medicamentos disponibles en otros países.

Enfermedades infecciosas

La mayoría de las siguientes enfermedades las transmiten los mosquitos. Conviene tomar precauciones para minimizar la posibilidad de ser picado (p. 556). Estas también protegen de otras enfermedades transmitidas por insectos como la bartonelosis (fiebre de la Oroya), la leishmaniasis y la enfermedad de Chagas.

Cólera

Es una infección intestinal que se contagia a través de comida o agua contaminadas y causa una intensa diarrea que puede provocar una deshidratación mortal. Se trata con rehidratación oral y posiblemente antibióticos.

Dengue

Es una infección viral transmitida por mosquitos de charcas o contenedores artificiales de agua. Se suele contraer en entornos urbanos densamente poblados como Lima y Cuzco.

Sus síntomas, parecidos a los de la gripe, incluyen fiebre, dolor muscular, de las articulaciones y de cabeza, náuseas, vómitos y a menudo sarpullido. El dolor corporal incomoda, pero suele curarse en pocos días.

Se toman analgésicos como el acetaminofen/paracetamol y debe beberse abundante líquido. Los casos graves pueden requerir hospitalización.

Malaria

La transmite la picadura de mosquitos, en general entre el anochecer y el amanecer. Provoca fiebre alta, en ocasiones acompañada de escalofríos, dolor de cabeza y corporal, debilidad, vómitos o diarrea. En los casos más graves provoca confusión, ataques de apoplejía, el coma y la muerte.

Es muy recomendable tomar las píldoras contra la malaria si se va a viajar a cualquier parte de Perú, excepto a Lima y alrededores, el litoral al sur de Lima y las zonas montañosas (entre ellas los alrededores de Cuzco, Machu Picchu, lago Titicaca y Arequipa). La mayoría de los afectados se localizan en Loreto, en la zona noreste del país, donde ha alcanzado un nivel epidémico.

Fiebre tifoidea

La causa la ingestión de comida o agua contaminada por *Salmonella typhi* y provoca fiebre en casi todos los casos. Otros síntomas son dolor de cabeza, malestar, dolores musculares, mareo, pérdida de apetito, náuseas, dolor abdominal, diarrea o estreñimiento. También puede provocar perforación de los intestinos, hemorragia intestinal, confusión, delirio y, rara vez, el coma.

La vacuna suele administrarse por vía oral, pero también por vía parenteral. Se trata con un antobiótico del grupo de las quinolonas, como ciprofloxacino o levofloxacina.

Fiebre amarilla

Es una infección viral muy grave, transmitida por un mosquito de las zonas boscosas. Los síntomas recuerdan a los de una gripe: fiebre, escalofríos, dolor de cabeza, dolores musculares y abdominales, vómitos, pérdida de apetito y náuseas. Suelen desaparecer al cabo de unos días, pero una de cada seis personas entra en una segunda fase más tóxica caracterizada por fiebre recurrente, vómitos, apatía, ictericia, insuficiencia renal y hemorragias que pueden provocar la muerte. No existe tratamiento, solo cuidados paliativos.

La vacuna de la fiebre amarilla es del todo recomendable para los que vayan a visitar las zonas selváticas de Perú de altitud inferior a los 2300 m. Casi todos los casos se producen en los departamentos de la selva central. La vacuna ha de administrarse al menos 10 días antes de una potencial exposición; es efectiva durante 10 años.

Riesgos específicos

Mal de altura

Puede provocarlo la ascensión rápida a altitudes superiores a 2500 m. En Perú lo están Cuzco, Machu Picchu y el lago Titicaca. La buena forma física no lo previene. Los síntomas incluyen dolor de cabeza, náuseas, vómitos, mareo, malestar, insomnio y pérdida de apetito. Los casos más graves pueden presentar fluido en los pulmones (edema pulmonar de gran altitud) o hinchazón del cerebro (edema cerebral de gran altitud). Si los síntomas persisten más de 24 horas hay que descender al menos 500 m y acudir al médico.

La mejor prevención es pasar un par de noches o más cada 1000 m de ascensión. Puede tomarse acetazolamida 24 horas antes del ascenso. Una alternativa natural es el ginkgo.

También es importante evitar los esfuerzos, tomar comidas ligeras y no consumir alcohol. Si los síntomas no son leves o no desaparecen rápido hay que acudir a un médico, pues los casos más graves pueden provocar la muerte.

Hipotermia

Para prevenirla conviene ponerse varias capas de ropa: la seda, la lana y los tejidos sintéticos térmicos son buenos aislantes. Es esencial llevar gorro, impermeable, comida y muchos líquidos. Una manta térmica de repuesto es muy útil.

Los síntomas incluyen agotamiento, entumecimiento, escalofríos, dificultad al hablar, letargo, tropiezos, vahídos, calambres, violentos arranques de energía y un comportamiento irracional.

El tratamiento incluye cambiar la ropa húmeda por seca, tomar líquidos calientes –nada de alcohol– y comida rica en calorías, fácil de digerir. No hay que dar friegas, si son demasiado bruscas pueden provocar un paro cardíaco.

Picaduras de mosquito

La mejor protección es llevar manga larga, pantalones largos, sombrero, calzado que no sean sandalias y repelente de insectos con un 25% o 35% de DEET, cuya protección dura unas 6 horas. Para los niños de 2 a 12 años debe tener un 10% de DEET o menos, que dura unas 3 horas.

Los repelentes de insectos elaborados con ciertos productos botánicos como el aceite de eucalipto y de soja cumplen su cometido, pero solo duran de 1½ a 2 horas.

Si se duerme al raso o en lugares en los que haya

mosquitos conviene utilizar una mosquitera con malla de 1,5 mm, preferentemente tratada con permetrina y meter los extremos bajo el colchón.

Insolación y golpe de calor

Conviene no exponerse al sol del mediodía, llevar gafas de sol, sombrero de ala ancha y filtro solar con protección SPF para los rayos UVA y UVB. No debe olvidarse que el sol es más intenso a medida que aumenta la altitud.

La deshidratación y la insuficiencia de sales pueden causar el agotamiento por calor. Cuando se llega a un clima caluroso hay que tomar muchos líquidos y evitar el exceso de alcohol o la actividad agotadora. La exposición larga y continua al sol puede provocar un golpe de calor.

Agua

En general, beber agua corriente no resulta seguro. Hervirla bien durante un minuto es la forma más efectiva de desinfectarla; en altitudes superiores a 2000 m debe hacerse durante 3 minutos.

También puede desinfectarse con yodo o pastillas purificadoras, o utilizar un filtro de agua o Steripen. Las tiendas de material para actividades al aire libre son buena fuente de información.

Salud de las mujeres

Viajar a Lima es relativamente seguro si se está embarazada, pero encontrar atención obstétrica fuera de la capital puede ser difícil. No se recomienda que las mujeres embarazadas asciendan a grandes altitudes. Durante el embarazo no debe administrarse la vacuna de la fiebre amarilla.

Glosario

altiplano – altiplanicie, meseta. Hace especial referencia a las altas y yermas tierras de la cordillera andina, aunque el término se emplea sobre todo en Bolivia. Véase "puna"

apu – ser tutelar personificado en una montaña. Del quechua *apu*, literalmente "jefe", "superior", "mandatario"

areneros – pequeños vehículos, con tracción a las cuatro ruedas, que se usan para desplazarse por las dunas del desierto costero

autobús-cama – autobús de larga distancia y dos pisos cuyos asientos se transforman en camas. El primer piso es más espacioso y caro. Suele incluir baños, proyectar películas de vídeo y ofrecer tentempiés

ayahuasca – potente infusión alucinógena hecha con las hojas de una liana salvaje y usada por los chamanes y los curanderos tradicionales

caballitos – botes tradicionales fabricados con totora; se pueden encontrar en los alrededores de Huanchaco

cajón – instrumento de percusión que consiste básicamente en lo que su nombre indica: una caja hueca sobre la que el músico se sienta y cuya parte frontal golpea con las palmas de las manos. Típico de la música afroperuana

camión – medio de transporte muy común en la cuenca amazónica y en algunos lugares apartados de la sierra

cerro – pico nevado

chacra o chakra – voz de origen quechua, granja, alquería

chasqui – en el Tahuantinsuyo, mensajero que transmitía órdenes y noticias

chicha – bebida alcohólica obtenida de la fermentación del maíz

chicha (música) – mezcla de la música andina tradicional con el *pop-rock* occidental

chifa – restaurante de comida china

chullpas – antiguas torres funerarias andinas descubiertas en los alrededores del lago Titicaca

cocha – en quechua, "lago". Se encuentra en el nombre de muchos de ellos, por ejemplo Conocoha

colectivo – en general, cualquier medio de transporte público; más concretamente hace referencia a los taxis compartidos, microbuses o lanchas fluviales

colpa – pared de arcilla natural que acuden a lamer los mamíferos y pájaros para obtener sales minerales. Se encuentran en la cuenca amazónica

combi – pequeños microbuses que cubren rutas urbanas o de cercanías

criollo/criolla – peculiar o propio del país, en especial aplicado a manifestaciones culturales de la costa: música criolla, comida criolla, etc.

cuadra – manzana

cuy – cobaya o conejillo de indias

cuzqueño o cusqueño – gentilicio de Cuzco

escuela cuzqueña – escuela de Cuzco. Movimiento artístico colonial que combinó el estilo de arte español y el estilo de arte andino

garúa – llovizna muy fina, niebla; típica de la costa peruana

grifo – surtidor de gasolina

AYMARA Y QUECHUA

Aunque la siguiente lista de palabras y expresiones es, evidentemente, muy limitada, puede resultar útil en regiones en las que se hablan estas lenguas. La pronunciación es igual a la española.

Un apóstrofo significa una oclusión de la glotis.

Expresiones básicas

Español	Aymara	Quechua
¿Cómo se dice...?	*¿Cun sañasauca'ha...?*	*¿Imainata nincha chaita...?*
¿Cuánto?	*¿K'gauka?*	*¿Maik'ata'g?*
Gracias.	*Yuspagara.*	*Yusulipayki.*
Hola.	*Kamisaraki.*	*Napaykullayki.*
Por favor.	*Mirá.*	*Allichu.*
Repita, por favor.	*Uastata sita.*	*Ua'manta niway.*
Se llama...	*Ucan sutipa'h...*	*Chaipa'g sutin'ha...*

Algunas palabras útiles

Español	Aymara	Quechua
agua	*uma*	*yacu*
alojamiento	*korpa*	*pascana*
amigo	*kgochu*	*kgochu*
casa	*uta*	*huasi*
comida	*manka*	*mikíuy*
cóndor	*malku*	*condor*
hombre	*chacha*	*k'gari*
llama	*yama-karhua*	*karhua*
luna	*pha'gsi*	*kiya*
joven	*wuayna*	*huayna*
madre	*taica*	*mama*
no	*janiwa*	*mana*
padre	*auqui*	*tayta*
pico nevado	*kollu*	*riti-orko*
río	*jawira*	*mayu*
ruinas	*champir*	*champir*
sed	*phara*	*chchaqui*
sendero	*tapu*	*chakiñan*
sol	*yinti*	*inti*
mujer	*warmi*	*warmi*
sí	*jisa*	*ari*

Números

Español	Aymara	Quechua
1	*maya*	*u'*
2	*paya*	*iskai*
3	*quimsa*	*quinsa*
4	*pusi*	*tahua*
5	*pesca*	*phiska*
6	*zo'hta*	*so'gta*
7	*pakalko*	*khanchis*
8	*quimsakalko*	*pusa'g*
9	*yatunca*	*iskon*
10	*tunca*	*chunca*

gringo/gringa – en general cualquier extranjero, proceda de donde proceda

guanaco – camélido grande y salvaje que habita por toda Sudamérica. Actualmente, está en peligro de extinción en Perú

huaca – del quechua *waca,* "dios tutelar de la casa". Sepulcro prehispánico

huahua – del quechua *wawa,* niño de pecho

huaqueros – salteadores de tumbas o yacimientos prehispánicos en general

huayno – canción tradicional andina

INRENA – Instituto Nacional de Recursos Naturales. Agencia gubernamental encargada de la administración de los parques naturales, reservas, santuarios de vida salvaje y demás espacios protegidos

Inti – dios del Sol en el antiguo Perú. Esposo de Pachamama, diosa de la Tierra

jirón – vía urbana compuesta de varias calles

marinera – baile popular de la costa de Perú en el que se agitan pañuelos de una manera insinuante

motocarro, mototaxi – triciclo de alquiler

muña – planta que se utiliza como condimento en las comidas cuzqueña y puneña, de suave sabor a menta

nevado – pico de nieves perpetuas

nuevo sol – unidad monetaria de Perú

pachamama – la "madre tierra"

paiche – pez de agua dulce, uno de los más grandes del planeta que vive en ríos y lagos

Panamericana – principal carretera de América Latina. Discurre desde México hasta Argentina (a excepción del llamado tapón del Darién, entre Panamá y Colombia). En algunos países se la conoce como Interamericana

peki-peki – canoas con motores de dos tiempos y ejes muy largos al final de los cuales se encuentra la hélice. Típicas de la cuenca amazónica. El nombre es una onomatopeya del sonido que produce el motor

peña – bar o club donde se programan actuaciones en directo de música folclórica

picantería – pequeño establecimiento donde se sirven chicha y comidas

pongo – paso angosto y peligroso de un río; antiguamente, indígena que trabajaba como criado

puna – altiplano

puya – planta de la familia de las bromeliáceas, la misma familia que las piñas

quebrada – paso estrecho entre montañas; hendidura entre estas

quena – flauta autóctona de la cordillera andina, fabricada habitualmente con caña de bambú, aunque también pueden ser de hueso o barro

quero – vasos ceremoniales incas

quinta – casa donde se sirve comida andina

sillar – cada una de las piedras que forma parte de una construcción en sillería

soroche – mal de altura

tambo – en épocas prehispánicas, especie de casa de postas o almacenes en los que hacían escala los chasquis o se aprovisionaban los funcionarios reales en viaje oficial. Hoy en día, pequeña tienda rural

totora – planta, muy común en las zonas lacustres, con la que los indígenas confeccionan esteras, barcas e, incluso, las islas flotantes del lago Titicaca

vals peruano – vals alegre acompañado por una guitarra. Es popular en las zonas costeras

vicuña – especie salvaje amenazada similar a la alpaca. Es el camélido de menor tamaño

zampoña – tradicional flauta andina

entre bastidores

LA OPINIÓN DEL LECTOR

Agradecemos a los lectores cualquier comentario que ayude a que la próxima edición pueda ser más exacta. Toda la correspondencia recibida se envía al equipo editorial para su verificación. Es posible que algún fragmento de esta correspondencia se use en las guías o en la web de Lonely Planet. Aquellos que no quieran ver publicados sus textos ni su nombre, deben hacerlo constar. La correspondencia debe enviarse, indicando en el sobre Lonely Planet/Actualizaciones, a la dirección de geoPlaneta en España: Av. Diagonal 662-664. 08034 Barcelona. También puede remitirse un correo electrónico a: viajeros@lonelyplanet.es. Para información, sugerencias y actualizaciones, se puede visitar www.lonelyplanet.es.

NUESTROS LECTORES

Gracias a los viajeros que consultaron la última edición y escribieron a Lonely Planet para enviar información, consejos útiles y anécdotas interesantes:
Virgou Albat, Stephanie Allan, Fernando Álvarez, Melanie Anderson, Kristin Annexstad, Raja Antony, Lisa Arcobelli, Anita Armold, Josh Austin, Matt Ball, Paul y Gail Banyard, Matthew Barker, Marcelo Barucca, Irmgard Bauer, Zoe Baumgart, Josh Berk, Adrian Berteletti, Lorraine Bligh, Vera Boersting, Rick Bohn, Giovanna Botticella, Tim Brandle, Anna Lena Brischke, Chris Brooker, Maya Brunner, Michel Bruno, Dennis Brunt, Gabriele Buondonno, Leslie Burneo, Brigitte Cannuel, Janine Carger, Jose Cerf, Eirik Chambe-Eng, David Claveau, Shea Codd, Rosana Collado, Elaine Connio, Christophe R. Côté, Peter Cottrell, Peter Dam, Michael Dassa, Andy De Groot, Anthony De Lannoy, Inger Dehn, Andrea Dekkers, Laurie Devault, Edwin Deventer, Karyn Dirse, Reuben Dunagan, Milagros Echevarría, Noelle Ehrenkaufer, Ruth Eldridge, Rosa Elena, Hila Elinav, Lars Elle, Omer Feitelson, Maite Fernández, María Ferrándiz, Raquel Flecha, Margo Freistadt, Alex Fuller-Young, Amanda Fulmer, Alessandra Furlan, Barbara Gaetani, Jose Gagliardi, Terri Gaines, Susanne Galla, Belén Garau, Gabriela Gardiner, David Gaviller, Daniel Geissler, Chantale Germain, Harry Geurkink, Matt Gillespie, Annie Gingras, Alejandro Gómez, Eric Guay, Caterina Gut, Dries Haesendonck, Lisa Hardy, Eddy Heftend, Hannah Henze, Marjolein Herweijer, Katy Hinton, Stuart Hobbs, Matthew Hodges, Lizet Hoenderdos, Esther Hoenen, Randall Holmes, Dana Howell, Magdalena, Karin, Troch y Marten Ijzerman, Anja Irmisch, María Isabel, Thomas Mcfarlane Jelstrom, Ron Jerome, Bonnie Johnson, Laura Joseph, Monica Kelsh, Gadi Kenny, Kathy Kieffer, Guy Kingsbury, Edward Kirk-Wilson, Timo Koivu, Teresa Krafftt, Wouter Krikke, John Landry, Roberto Lapalma, Roberto Larrabure, Sarah Larsen, Russ Lawrence, Pia Lehtonen-Davies, Elizabeth Leodler, Francesca Lewis, Meg Lewis, Larissa Liepins, Peter Lintner, Jenny Little, Eugenia Lleal, Imogen Lockyer, Kate Lomas, Rocio Lozano, Gabriel Melo Lozano, Ralph Maclean, Francesco Maconi, Kim Macquarrie, Eleni Macrakis, Nicholas Maple, Thomas Marcilly, Hayley Markel, Stephan Marks, Santi Martí, Brian Mcfarland, Rachel Atau Mcfarland, Les Meteorites, Sasha Moazed, Nathalie Moerker, Dennis Mogerman, Gian Monteleone, Francis Moore, Patricia Moreno, Ruben Bustamante Moreno, Daina Morris, Charles Motley, Tristan Mules, Eric Neemann, Stuart Nelson, Courtney Newlon, Wang Feng Ng, Sofie Hougaard Nielsen, Mads Niemann, Pamela Nieto, Judith Nijeboer, Angela Nurse, Beth O'Leary, Michele Oechsle, Ida Oldhoff, Juan Oltra, Sandra Otto, Alice Pajard, Nilla Palmer, Mateusz Papla, Marcos Pardo, Matt Pepe, Diane Perlman, Ruth Anne Phillips, Barbara Prescott, Lauren Radebaugh, Victor Radulescu, Jonathan Rae, Jorge Ore Rebatta, Eder Reis, José Antonio Remón, Marissa Rensen, Mohammad Husam Rezek, Liz Rha, Adam Rheingans, Ron Richardson, Moritz

Riess, Philipp Ringgenberg, Ignacio Riveira, Alexandre Robert, Federico Rodrigo, Maïté Rolin, Bram Rouges, Solen Roussel, Darren Rubbo, Carlos Rueda, Wendy Rushbrooke, Marta Saenz, Véronique Salavert, Andrea Saul, Gianna U Schorno, Chip Scialfa, Max Seelhofer, Cathy Shumaker, Elizabeth Shumaker, Eva-Carol Simpson, José Solves, Francois Sonnet, Veronika Stalz, Eliki Stathakopoulos, Martijn Steijn, Dave Stokes, Lionel Stoller, Jesus Tejera, Richard Thiel, Jemma Thornes, Jessica Thrall, Rolf y Sanne Tijsma, Marie Timmermans, Jaime Quiroz Tirado, Anne Tonkin, Maksim Turlov, Amy Uccello, Shirley Van Der Griendt, Bert Vanderfe, Annie Vanslambrouk, Jan Verendel, Pierre Verkerk, Margaret Vile, Felix Wagner, Susan Waldock, Leora Walter, Milo Wende, Wayo Whilar, Mirjam Wildeboer, Kristina Willas, Jana Wille, Rachel Wright, Shellene Wyrick, Kai Xue, Hillary Yacobucci, Jenipher Young-Hall, Jan Zapal, Patricia Zeballos, Allen Zhang, Roland Zimmermann.

AGRADECIMIENTOS

Carolyn McCarthy

Muchas gracias a todos los chefs y vendedores callejeros que aumentaron mi nivel de satisfacción. También agradezco la amistad, consejos y ayuda de Daniel Fernández Dávila, Milton, Michael e Illa Liendo, Arturo Rojas, Jorge Riveros-Cayo, Louise Norton, Edgar (en Puno), Elizabeth Shumaker, Marco Palomino, John Leivers y Paolo Greer. Y a mis esforzados coautores, un pisco sour bien frío para empezar.

Carolina A. Miranda

Gracias a mi marido, que tolera mis viajes (y las dolencias estomacales que me provocan) y a Arturo Rojas, que siempre me enseña algo nuevo sobre la comida peruana. También quiero dar las gracias a Juan Cincunegui, el paciente bibliotecario del monasterio de Santo Domingo de Cuzco, por crearme interés por tantos libros maravillosos, y al pueblo de Perú, siempre cortés y generoso. Y que viva el Perú, ¡carajo!

Kevin Raub

Muchas gracias a mi mujer, Adriana Schmidt Raub, que no me vio mucho durante el 2012. En Lonely Planet, como siempre, a Kathleen Munnelly. Durante el viaje a Carolyn McCarthy, Carolina Miranda, Camille Ulmer y a todo el personal de SAE, Moche Tours, Julio y Mauro Olaza, Chris Benway, Kristof Van Den Bussche, Bruni Frampton, Dr. John Rick, Charlie Good, Alberto Cafferata, Daniel Fernández-Dávila, Fidel Elera, Lluis Dalmau, Maya Ortiz y Susan van der Wielen.

Brendan Sainsbury

Gracias a todos los nunca mencionados conductores de autobuses, voluntarios de la información turística, restauradores, flautistas, meteorólogos, chefs de cocina novoandina y transeúntes que me ayudaron a documentarme. Gracias en especial al guía y montañero Carlos Zárate, por su tiempo e interesante información sobre Arequipa y el cañón del Colca.

Luke Waterson

Gracias a todos los capitanes de barco y conductores de colectivos y *combis*, que, además de hacer posibles e incluso agradables los arduos viajes por los Andes y el Amazonas (en general), rara vez dejaron de sonreír e indicarme lugares maravillosos que explorar. Ryse, eres el siguiente: ¡gracias por evitar que me ahogara! También quiero dar las gracias a mis maravillosos padres, que me aguantaron durante la redacción, a Lucho Hurtado de Huancayo por enésima vez, a Pauline de Ayacucho, a Gerson de Puerto Maldonado y a Bill y Marcel de Iquitos.

RECONOCIMIENTOS

Datos del mapa climatológico adaptados de Peel MC, Finlayson BL & McMahon TA (2007) 'Updated World Map of the Köppen-Geiger Climate Classification', *Hydrology and Earth System Sciences*, 11, 163344.

Fotografía de cubierta: isla de Ticonata, lago Titicaca, Jean-Pierre Degas/Hemis©.

ESTE LIBRO

Esta es la traducción al español de la quinta edición de *Peru* de Lonely Planet. Fue documentada y escrita por Carolyn McCarthy, Carolina A. Miranda, Kevin Raub, Brendan Sainsbury y Luke Waterson. La anterior edición fue escrita por Carolina A. Miranda y Luke Waterson, junto con Aimée Dowl, Katy Shorthouse y Beth Williams.

GeoPlaneta, que posee los derechos de traducción y distribución de las guías Lonely Planet en los países de habla hispana, ha adaptado para sus lectores los contenidos de este libro.

Lonely Planet y geoPlaneta quieren ofrecer al viajero independiente una selección de títulos en español; esta colaboración incluye, además, la distribución en España de los libros de Lonely Planet en inglés e italiano, así como un sitio web, www.lonelyplanet.es, donde el lector encontrará amplia información de viajes y las opiniones de los viajeros.

Gracias a Ryan Evans, Larissa Frost, James Hardy, Bella Li, Annelies Mertens, Trent Paton, Kirsten Rawlings, Raphael Richards, Kerrianne Southway, Gerard Walker.

índice

La **negrita** indica los mapas.
El azul indica las fotografías.

La **negrita** indica los mapas.
El **azul** indica las fotografías.

D

E

La **negrita** indica los mapas.
El **azul** indica las fotografías.

J

K

La **negrita** indica los mapas.
El **azul** indica las fotografías.

Q

R

La **negrita** indica los mapas.
El **azul** indica las fotografías.

cómo utilizar esta guía

Simbología para encontrar el tema deseado:

- Puntos de interés
- Playas
- Actividades
- Cursos
- Circuitos
- Fiestas y eventos
- Alojamiento
- Dónde comer
- Dónde beber
- Ocio
- Comercios
- Información/transporte

Simbología de información práctica:

- Teléfono
- Horario
- Aparcamiento
- Prohibido fumar
- Aire acondicionado
- Acceso a internet
- Acceso wifi
- Piscina
- Buena selección vegetariana
- Menú en inglés
- Apto para niños
- Apto para mascotas
- Autobús
- *Ferry*
- Metro
- Subway
- London Tube
- Tranvía
- Tren

Las reseñas aparecen en orden de preferencia del autor.

Atención a estos iconos:

- Recomendación del autor
- GRATIS Gratis
- Propuesta sostenible

Los autores han seleccionado lugares que han demostrado un gran sentido de la responsabilidad, apoyando a comunidades y productores locales, habiendo creado un entorno laboral sostenible o llevando a cabo proyectos de conservación.

Leyenda de los mapas

Puntos de interés

- Playa
- Templo budista
- Castillo
- Templo cristiano
- Templo hindú
- Templo islámico
- Templo judío
- Monumento
- Museo/Galería de arte
- Ruinas
- Lagar/viñedo
- Zoo
- Otros puntos de interés

Actividades, cursos y circuitos

- Submarinismo/buceo
- Canoa/kayak
- Esquí
- Surf
- Natación
- Senderismo
- Windsurf
- Otra actividad/curso/circuito

Alojamiento

- Alojamiento
- *Camping*

Dónde comer

- Lugar donde comer

Dónde beber

- Lugar donde beber
- Café

Ocio

- Ocio

De compras

- Comercio

Información

- Oficina de correos
- Información turística

Transporte

- Aeropuerto
- Puesto fronterizo
- Autobús
- Teleférico/funicular
- Ciclismo
- *Ferry*
- Metro
- Monorraíl
- Aparcamiento
- S-Bahn
- Taxi
- Tren
- Tranvía
- Estación de metro
- U-Bahn
- Otros transportes

Red de carreteras

- Autopista
- Autovía
- Ctra. principal
- Ctra. secundaria
- Ctra. local
- Callejón
- Ctra. sin asfaltar
- Zona peatonal
- Escaleras
- Túnel
- Puente peatonal
- Circuito a pie
- Desvío del circuito
- Camino de tierra

Límites

- Internacional
- 2º rango, provincial
- En litigio
- Regional, suburbano
- Parque marino
- Acantilado
- Muralla

Núcleos de población

- Capital (nacional)
- Capital (2º rango)
- Ciudad/gran ciudad
- Pueblo/aldea

Otros

- Cabaña/refugio
- Faro
- Puesto de observación
- Montaña/volcán
- Oasis
- Parque
- Puerto de montaña
- Zona de *picnic*
- Cascada

Hidrografía

- Río/arroyo
- Agua estacional
- Pantano/manglar
- Arrecife
- Canal
- Agua
- Lago seco/salado/estacional
- Glaciar

Áreas delimitadas

- Playa, desierto
- Cementerio cristiano
- Cementerio (otro tipo)
- Parque/bosque
- Zona deportiva
- Edificio de interés
- Edificio de especial interés

Brendan Sainsbury

Costa sur, Arequipa y la tierra de los cañones Brendan, un expatriado británico que vive en Vancouver, Canadá, visitó por primera vez Perú en una épica odisea por Sudamérica a principios del s. XXI; en aquella ocasión le cayó una lluvia de granizo en el Machu Picchu, se perdió en las salinas bolivianas y en Punta del Este enseñó a algunos uruguayos el baile del grupo Madness. Desde entonces ha cubierto numerosos países de habla española para Lonely Planet, como Cuba, México, Puerto Rico y España.

Luke Waterson

Centro del Altiplano, Cuenca del Amazonas Dos experiencias casi fatales (en una por poco se ahoga en el río Madre de Dios) condujeron a un emotivo sexto viaje a Perú. Ha estado viajando (en autostop y barcos de dudosa seguridad) por el país desde el 2004. Sus escritos sobre extraños encuentros en Latinoamérica, Cuba y Centroeuropa han aparecido en varias publicaciones, incluidas 15 guías para Lonely Planet y la revista británica *Real Travel,* en la que colaboró en su relanzamiento. Es la segunda vez que trabaja en *Perú.* Para todo lo relacionado con Sudamérica o Centroamérica se le puede tuitear a @lukewaterson1.

LOS AUTORES

Carolyn McCarthy

Coordinadora y autora; Lima, Lago Titicaca, Cuzco y el Valle Sagrado. Carolyn McCarthy descubrió la cumbia en el Camino Inca hace muchos años. En este viaje probó cientos de delicias peruanas, ascendió el Wayna Picchu y tuvo que ir a una clínica. Otros de sus títulos para Lonely Planet son *Argentina*, *Panama*, *Yellowstone & Grand Teton National Parks*, *Estados Unidos*, *The Travel Book*, *Best in Travel* y *Trekking in the Patagonian Andes*. También ha escrito para *National Geographic*, *Outside* y *Lonely Planet Magazine*, entre otras publicaciones. Escribe un blog sobre América: www.carolynswildblueyonder.blogspot.com.

Carolina A. Miranda

Comprender Perú De padre peruano, Carolina ha pasado su vida yendo a Perú para comer ceviche y tomar pisco sour. Estudiosa de la historia peruana (posee una licenciatura en Estudios Latinoamericanos), ha leído a Mario Vargas Llosa bailado valses peruanos y pasado incontables horas estudiando las artes y tejidos de los Andes. También prepara un excelente ají de gallina. Puede contactarse con ella en C-Monster.net o en Twitter a @cmonstah.

Más información sobre Carolina en:
lonelyplanet.com/members/carolinamiranda

Kevin Raub

Costa Norte, Huaraz y las cordilleras, Norte del Altiplano Kevin Raub creció en Atlanta y comenzó su carrera como periodista musical en Nueva York para las revistas *Men's Journal* y *Rolling Stone*. Aparcó la vida del *rock 'n' roll* por la escritura de viajes y se mudó a Brasil. Para *Perú* recorrió más de 2500 km de la costa norte en su Renault de color beige. Incluso se mantuvo firme ante un engaño de la Policía Nacional en una de las nueve ocasiones que lo pararon. Después optó por los autobuses para documentarse sobre las zonas del norte del Altiplano y Huaraz. Es su vigésima guía para Lonely Planet. Puede contactarse con él en www.kevinraub.net.

Más información sobre Kevin en:
lonelyplanet.com/members/kraub

PÁGINA ANTERIOR MÁS AUTORES

geoPlaneta
Av. Diagonal 662-664 08034 Barcelona
viajeros@lonelyplanet.es
www.geoplaneta.com - www.lonelyplanet.es

Lonely Planet Publications (oficina central)
Locked Bag 1, Footscray, Melbourne, VIC 3011, Australia
☎ 61 3 8379 8000 - fax 61 3 8379 8111
(oficinas también en Reino Unido y Estados Unidos)
www.lonelyplanet.com - talk2us@lonelyplanet.com.au

Perú
5ª edición en español – julio del 2013
Traducción de *Peru*, 8ª edición – abril del 2013
1ª edición en español – mayo del 2001

Editorial Planeta, S.A.
Con la autorización para la edición en español de Lonely Planet Publications Pty Ltd A.B.N. 36 005 607 983, Locked Bag 1, Footscray, Melbourne, VIC 3011, Australia

ISBN: 978-84-08-11498-7
Depósito legal: B. 14.998-2013
Impresión y encuadernación: Talleres Gráficos Soler
Printed in Spain – Impreso en España